Ordnance Survey

STREET ATLAS
Staffordshire

Contents

- **III** Key to map symbols
- **IV** Key to map pages
- **VI** Administrative and post code boundaries
- **1** Street maps
- **282** Extra-large-scale maps of town centres
  - 282 Hanley
  - 283 Longton
  - 284 Newcastle-under-Lyme
- **285** Town maps
  - 285 Congleton
  - 285 Macclesfield
  - 286 Buxton
  - 286 Chesterfield
  - 287 Derby
  - 287 Matlock
- **288** Index of hospitals, railway stations, schools, shopping centres, street names and universities

PHILIP'S

First edition published 1995
First colour edition published 1998 by

Ordnance Survey® and	George Philip Ltd
Romsey Road	an imprint of Reed Consumer Books Ltd
Maybush	Michelin House, 81 Fulham Road,
Southampton	London SW3 6RB
SO16 4GU	and Auckland and Melbourne

ISBN 0-540-07549-3 (hardback)
ISBN 0-540-07550-7 (spiral)

© Crown copyright 1998
© George Philip Ltd 1998

All rights reserved. No part of this publication may be reproduced, stored in a retrieval system or transmitted, in any form or by any means, electronic, mechanical, photocopying, recording or otherwise, without the permission of the Publishers and the copyright owner.

To the best of the Publishers' knowledge, the information in this atlas was correct at the time of going to press. No responsibility can be accepted for any errors or their consequences.

The representation in this atlas of a road, track or path is no evidence of the existence of a right of way.

The mapping between pages 1 and 287 (inclusive) in this atlas is derived from Ordnance Survey® Large Scale and Landranger® mapping, and revised using Land-line® data.

Ordnance Survey, Land-line and Landranger are registered trade marks of Ordnance Survey, the national mapping agency of Great Britain.

Printed and bound in Spain by Cayfosa

Digital Data

The exceptionally high-quality mapping found in this book is available as digital data in TIFF format, which is easily convertible to other bit-mapped (raster) image formats.

The index is also available in digital form as a standard database table. It contains all the details found in the printed index together with the National Grid reference for the map square in which each entry is named and feature codes for places of interest in eight categories such as education and health.

For further information and to discuss your requirements, please contact the Ordnance Survey Solutions Centre on 01703 792929.

Key to map symbols

22a (motorway shield)	**Motorway** (with junction number)
(green band)	**Primary route** (dual carriageway and single)
(red band)	**A road** (dual carriageway and single)
(yellow band)	**B road** (dual carriageway and single)
(cream band)	**Minor road** (dual carriageway and single)
(thin line)	Other minor road
(dashed line)	Road under construction
(hatched band)	Pedestrianised area
(dot-dash line)	County and Unitary Authority boundaries
(black line)	Railway
(grey line)	Tramway, miniature railway
(thin double line)	Rural track, private road or narrow road in urban area
(line with bar)	**Gate or obstruction to traffic** (restrictions may not apply at all times or to all vehicles)
(dashed line)	Path, bridleway, byway open to all traffic, road used as a public path

The representation in this atlas of a road, track or path is no evidence of the existence of a right of way.

170 / 52 / 267	Adjoining page indicators

The map area within the pink band is shown at a larger scale on the page indicated by the red block and arrow.

Abbr	Full	Abbr	Full
Acad	Academy	Mon	Monument
Cemy	Cemetery	Mus	Museum
C Ctr	Civic Centre	Obsy	Observatory
CH	Club House	Pal	Royal Palace
Coll	College	PH	Public House
Ent	Enterprise	Recn Gd	Recreation Ground
Ex H	Exhibition Hall	Resr	Reservoir
Ind Est	Industrial Estate	Ret Pk	Retail Park
Inst	Institute	Sch	School
Ct	Law Court	Sh Ctr	Shopping Centre
L Ctr	Leisure Centre	Sta	Station
LC	Level Crossing	TH	Town Hall/House
Liby	Library	Trad Est	Trading Estate
Mkt	Market	Univ	University
Meml	Memorial	YH	Youth Hostel

(BR logo)	British Rail station
M	Metrolink station
⊖	Underground station
D	Docklands Light Railway station
M	Tyne and Wear Metro
(train icon)	Private railway station
(bus icon)	Bus, coach station
♦ (green)	Ambulance station
♦ (orange)	Coastguard station
♦ (red)	Fire station
♦ (dark blue)	Police station
+ (green)	Accident and Emergency entrance to hospital
H	Hospital
+	Church, place of worship
i	Information centre (open all year)
P P&R	Parking, Park and Ride
PO	Post Office
(pink block)	Important buildings, schools, colleges, universities and hospitals
Prim Sch	
River Medway	Water name
(blue line)	Stream
(blue band)	River or canal (minor and major)
(light blue)	Water
(light blue box)	Tidal water
(green)	Woods
	Houses
House	Non-Roman antiquity
VILLA	Roman antiquity

■ The dark grey border on the inside edge of some pages indicates that the mapping does not continue onto the adjacent page

■ The small numbers around the edges of the maps identify the 1 kilometre National Grid lines

The scale of the maps is 5.52 cm to 1 km (3½ inches to 1 mile)

The scale of the map on pages numbered in red is 11.04 cm to 1 km (7 inches to 1 mile)

Scale: 0 — ¼ — ½ — ¾ — 1 mile; 0 — 250m — 500m — 750m — 1 kilometre
0 — 220 yards — 440 yards — 660 yards — ½ mile; 0 — 125m — 250m — 375m — ½ kilometre

IV

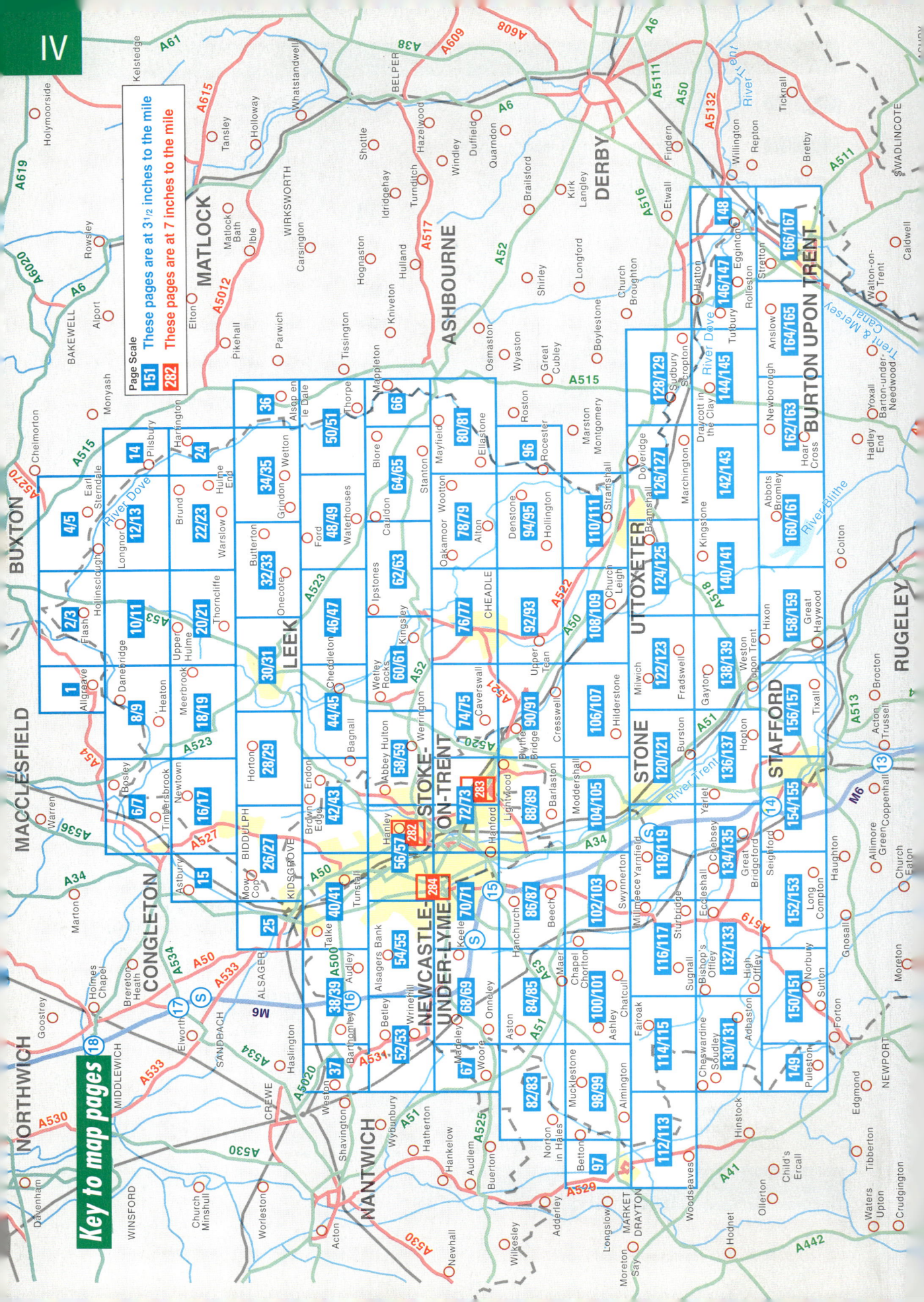

Key to map pages

Page Scale
- 151 These pages are at 3½ inches to the mile
- 282 These pages are at 7 inches to the mile

V

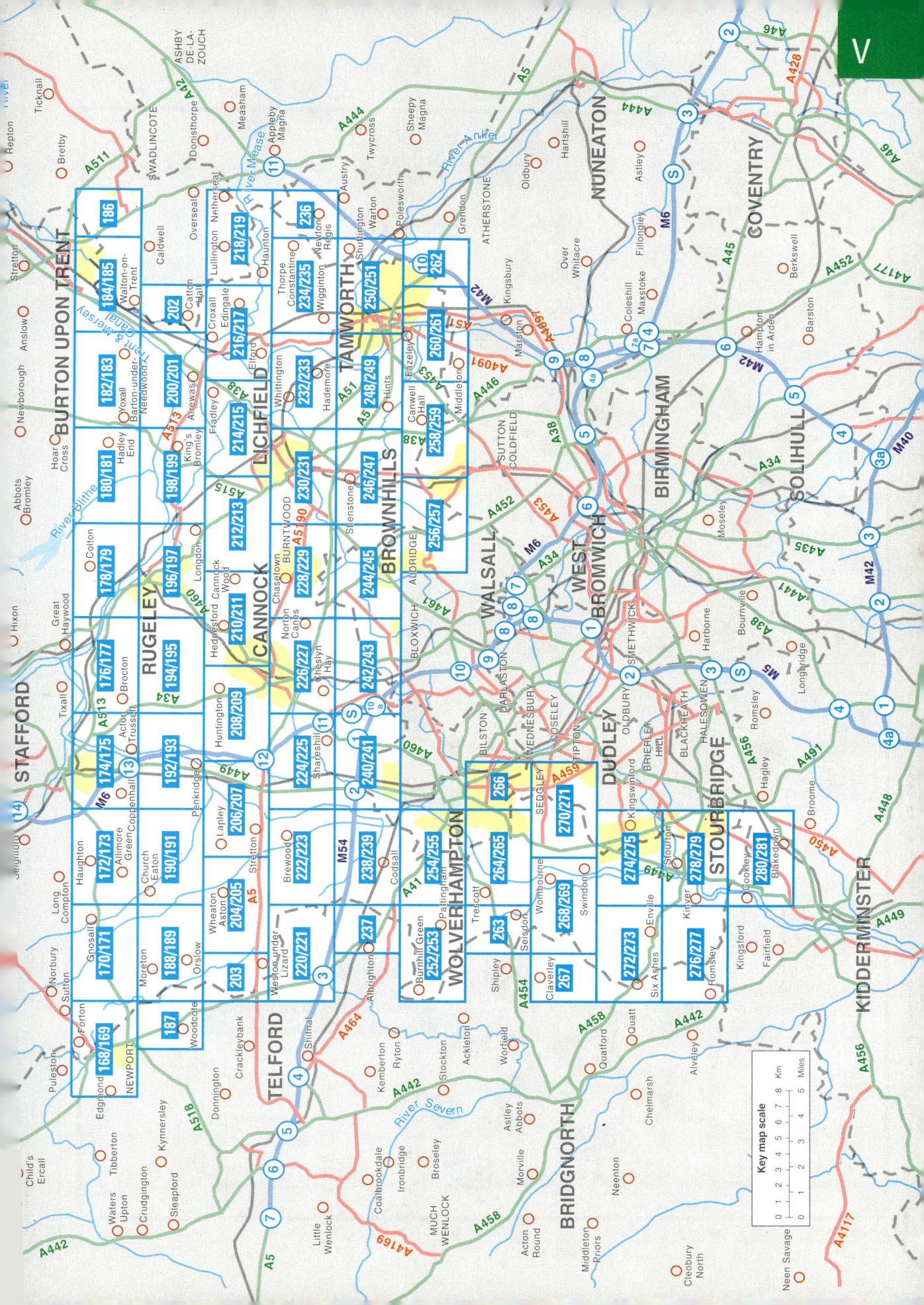

VI

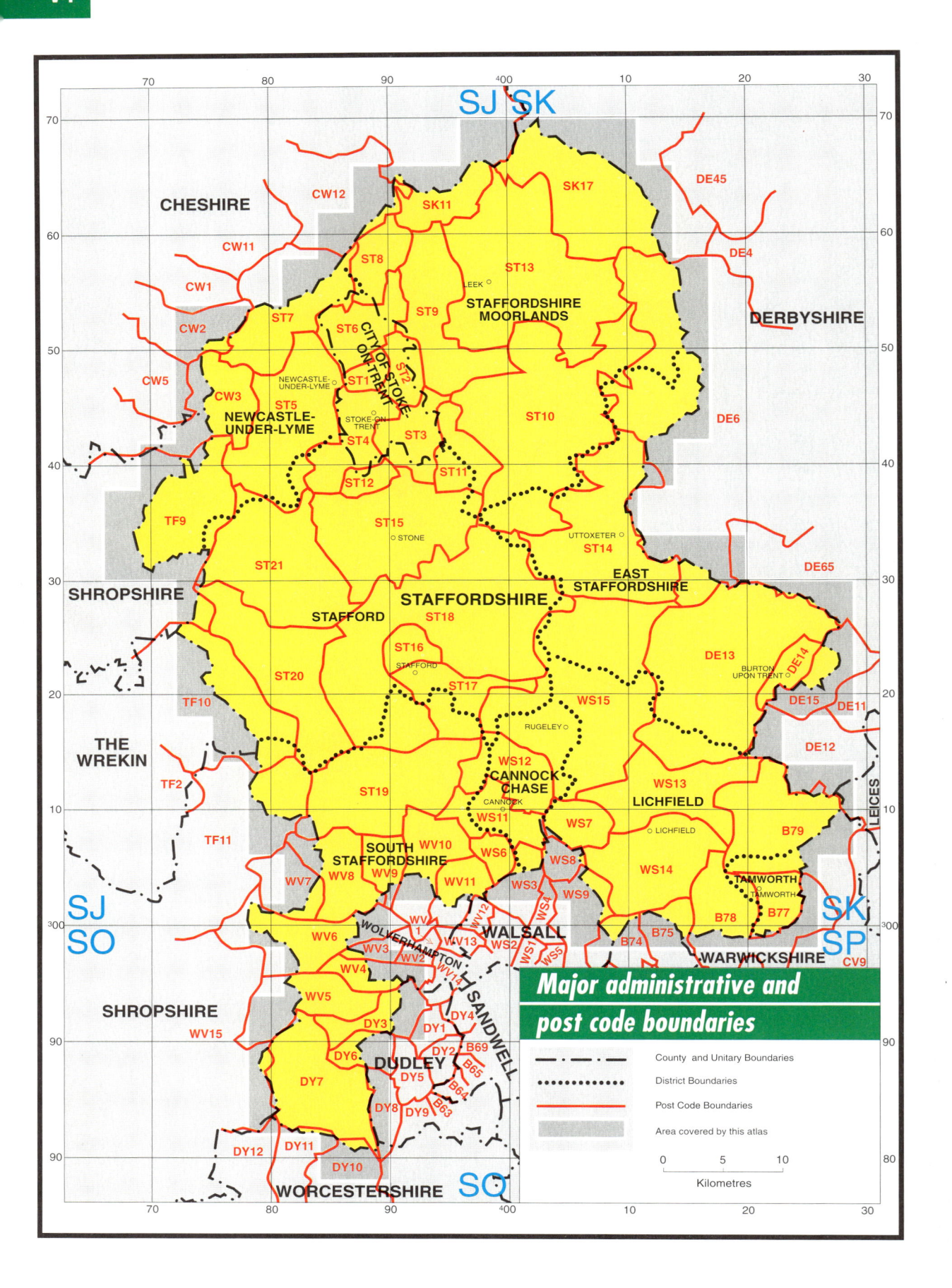

Major administrative and post code boundaries

- — · — County and Unitary Boundaries
- ········ District Boundaries
- —— Post Code Boundaries
- ▒ Area covered by this atlas

Map Grid 1

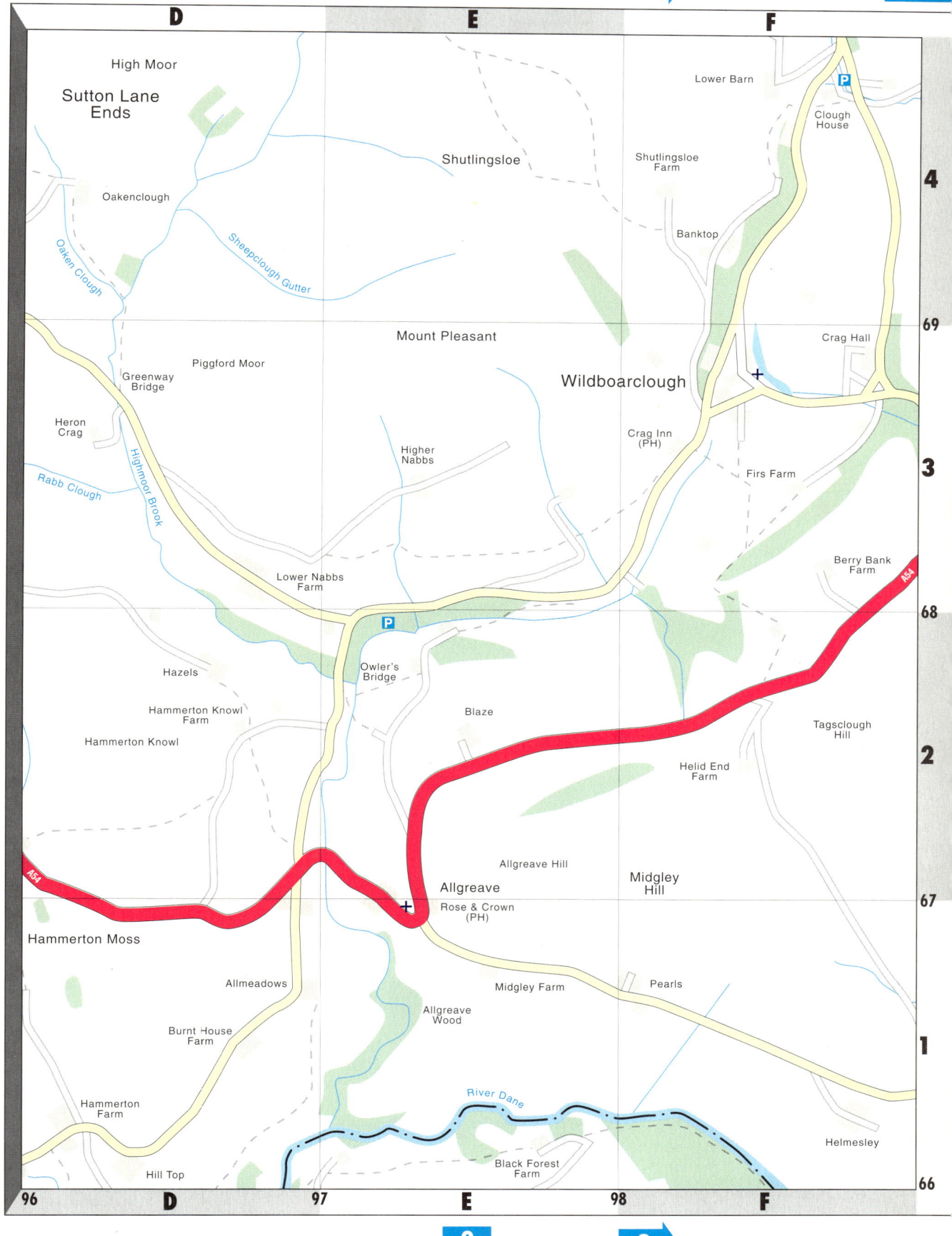

Grid references (top): D, E, F
Grid references (bottom): 96, D, 97, E, 98, F
Row numbers (right): 4, 69, 3, 68, 2, 67, 1, 66

Place names

- High Moor
- Sutton Lane Ends
- Oakenclough
- Oaken Clough
- Sheepclough Gutter
- Shutlingsloe
- Lower Barn
- Clough House
- Shutlingsloe Farm
- Banktop
- Mount Pleasant
- Crag Hall
- Piggford Moor
- Greenway Bridge
- Wildboarclough
- Heron Crag
- Highmoor Brook
- Higher Nabbs
- Crag Inn (PH)
- Firs Farm
- Rabb Clough
- Lower Nabbs Farm
- Berry Bank Farm
- A54
- Owler's Bridge
- Hazels
- Blaze
- Hammerton Knowl Farm
- Tagsclough Hill
- Hammerton Knowl
- Helid End Farm
- Allgreave Hill
- Midgley Hill
- A54
- Allgreave
- Rose & Crown (PH)
- Hammerton Moss
- Allmeadows
- Midgley Farm
- Pearls
- Burnt House Farm
- Allgreave Wood
- Hammerton Farm
- River Dane
- Hill Top
- Black Forest Farm
- Helmesley

1

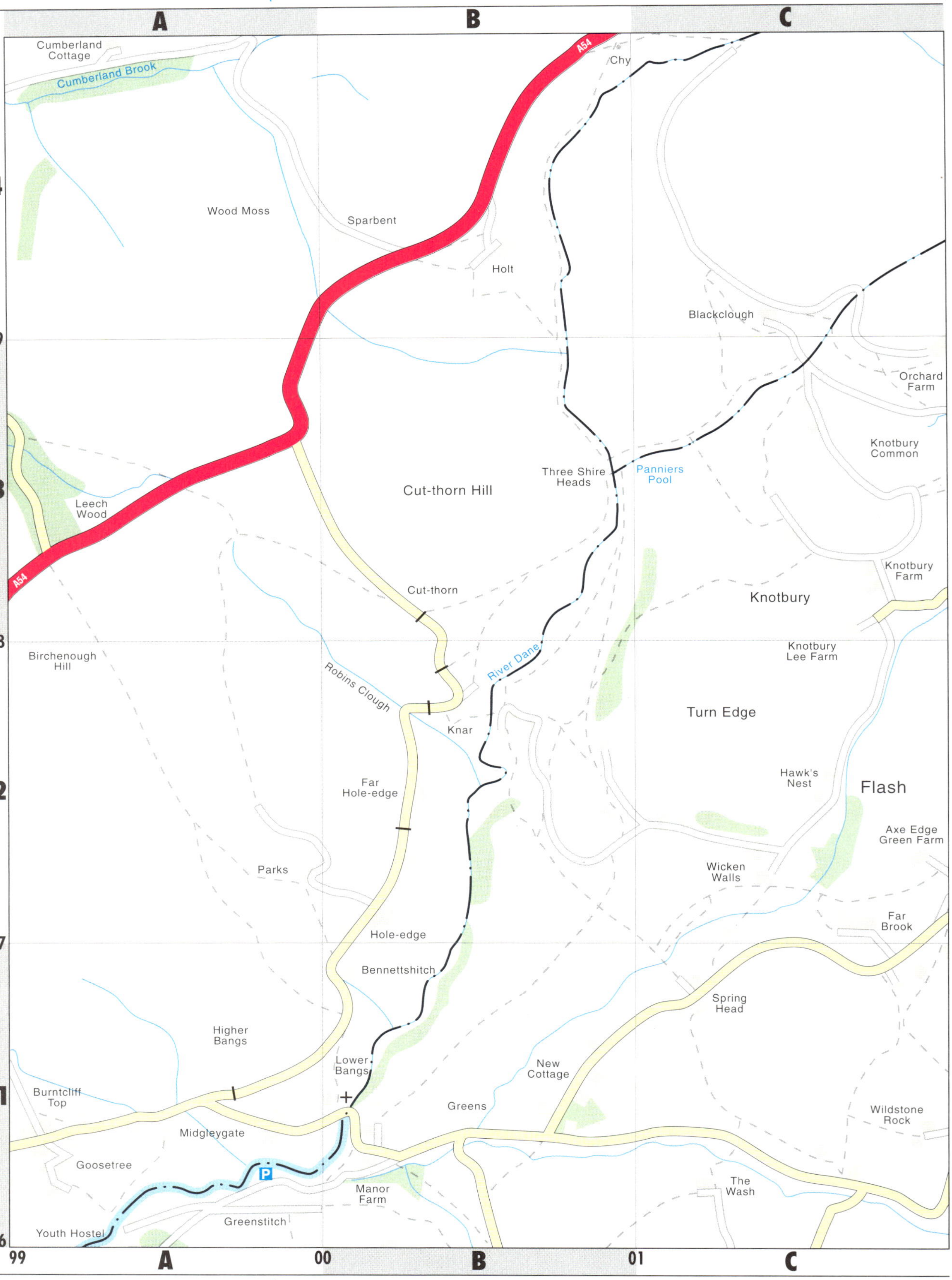

A
B
C
4
69
3
68
2
67
1
66
99
00
01
Cumberland Cottage
Cumberland Brook
A54
Chy
Wood Moss
Sparbent
Holt
Blackclough
Orchard Farm
Knotbury Common
Three Shire Heads
Panniers Pool
Cut-thorn Hill
Leech Wood
Cut-thorn
Knotbury Farm
Knotbury
Birchenough Hill
Robins Clough
River Dane
Knotbury Lee Farm
Knar
Turn Edge
Far Hole-edge
Hawk's Nest
Flash
Axe Edge Green Farm
Parks
Wicken Walls
Far Brook
Hole-edge
Bennettshitch
Spring Head
Higher Bangs
Lower Bangs
New Cottage
Burntcliff Top
Greens
Wildstone Rock
Midgleygate
Goosetree
P
Manor Farm
The Wash
Greenstitch
Youth Hostel

1
10

4

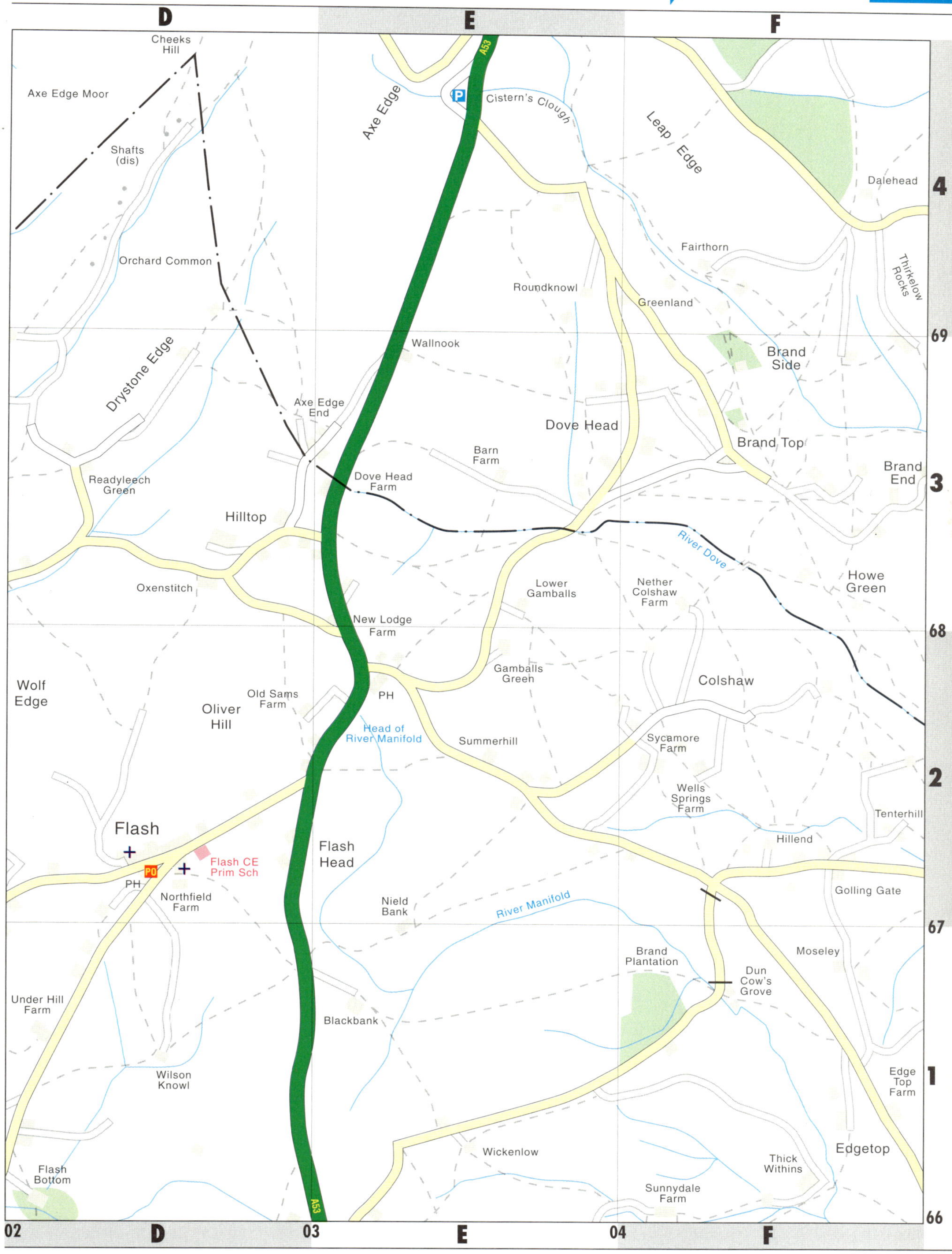
D
E
F
Cheeks Hill
Axe Edge Moor
Shafts (dis)
Orchard Common
Axe Edge
Cistern's Clough
Leap Edge
Dalehead
Fairthorn
Thirkelow Rocks
Roundknowl
Greenland
Wallnook
Drystone Edge
Brand Side
Axe Edge End
Dove Head
Brand Top
Barn Farm
Dove Head Farm
Readyleech Green
Brand End
Hilltop
River Dove
Oxenstitch
Lower Gamballs
Nether Colshaw Farm
Howe Green
New Lodge Farm
Wolf Edge
Gamballs Green
Colshaw
Old Sams Farm
Oliver Hill
PH
Head of River Manifold
Summerhill
Sycamore Farm
Wells Springs Farm
Tenterhill
Flash
Hillend
Flash Head
PO
Flash CE Prim Sch
PH
Northfield Farm
Nield Bank
River Manifold
Golling Gate
Brand Plantation
Moseley
Dun Cow's Grove
Under Hill Farm
Blackbank
Wilson Knowl
Edge Top Farm
Wickenlow
Edgetop
Thick Withins
Flash Bottom
Sunnydale Farm
A53
A53
4
69
3
68
2
67
1
66
02
03
04

11
4

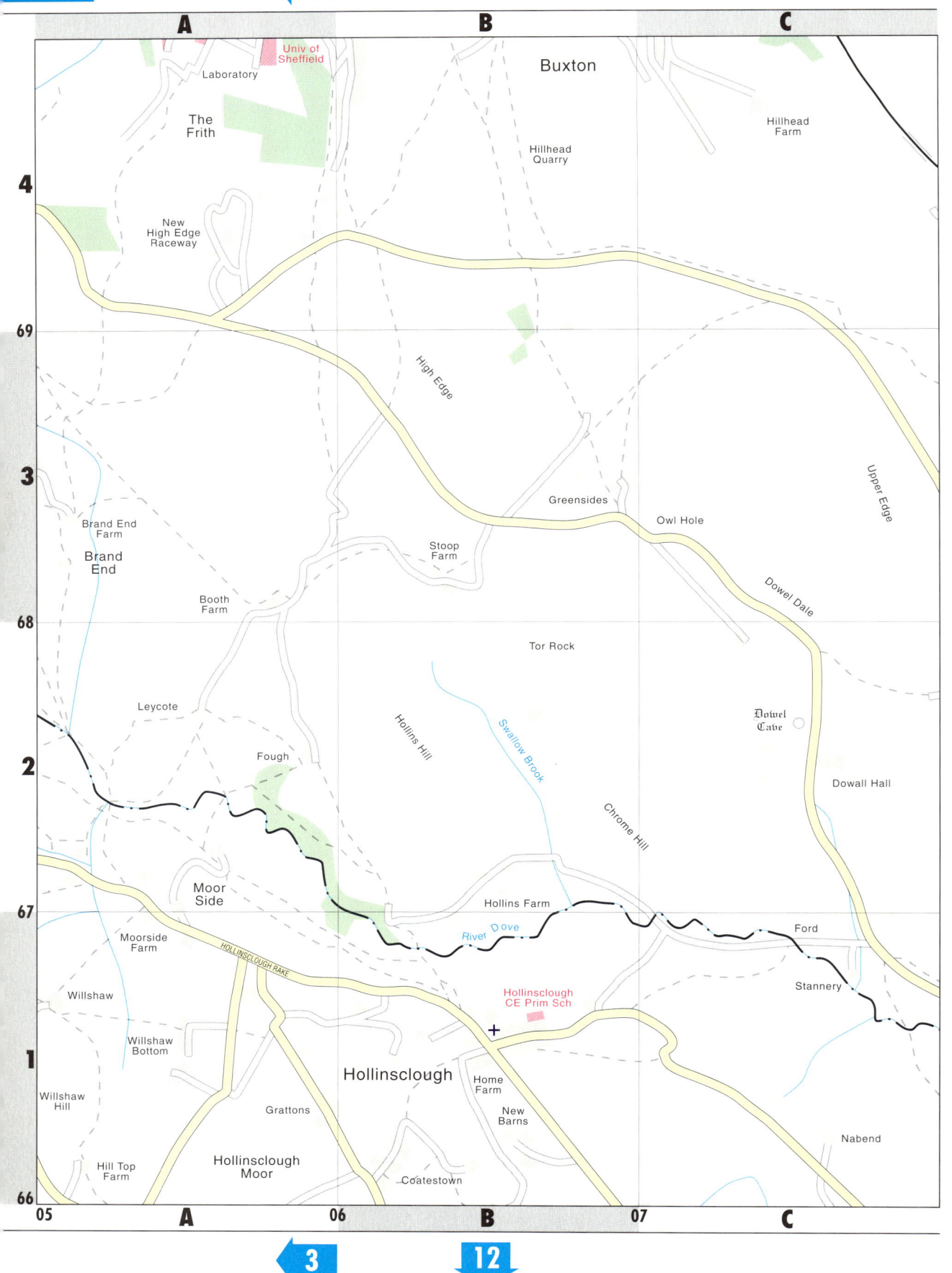

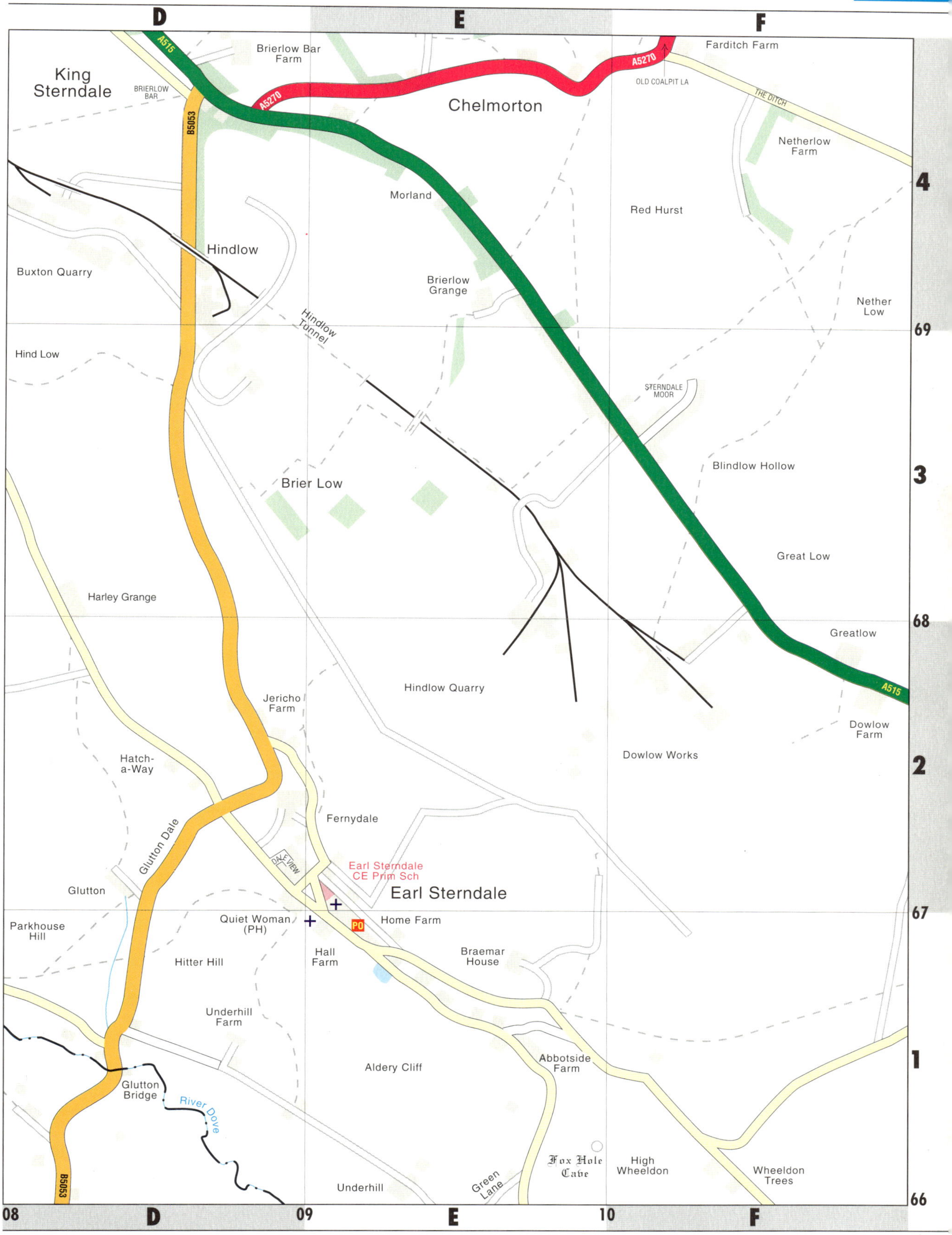
D
E
F
King Sterndale
BRIERLOW BAR
Brierlow Bar Farm
A515
A5270
Chelmorton
Farditch Farm
OLD COALPIT LA
THE DITCH
Netherlow Farm
B5053
Morland
Red Hurst
4
Hindlow
Buxton Quarry
Brierlow Grange
Nether Low
Hindlow Tunnel
69
Hind Low
STERNDALE MOOR
Blindlow Hollow
Brier Low
3
Great Low
Harley Grange
68
Greatlow
Hindlow Quarry
Jericho Farm
Dowlow Farm
Hatch-a-Way
Dowlow Works
2
Fernydale
Glutton Dale
DALE VIEW
Earl Sterndale CE Prim Sch
Earl Sterndale
Glutton
67
Parkhouse Hill
Quiet Woman (PH)
PO
Home Farm
Hitter Hill
Hall Farm
Braemar House
Underhill Farm
Aldery Cliff
Abbotside Farm
1
Glutton Bridge
River Dove
Fox Hole Cave
High Wheeldon
Wheeldon Trees
Underhill
Green Lane
66
08
09
10

13

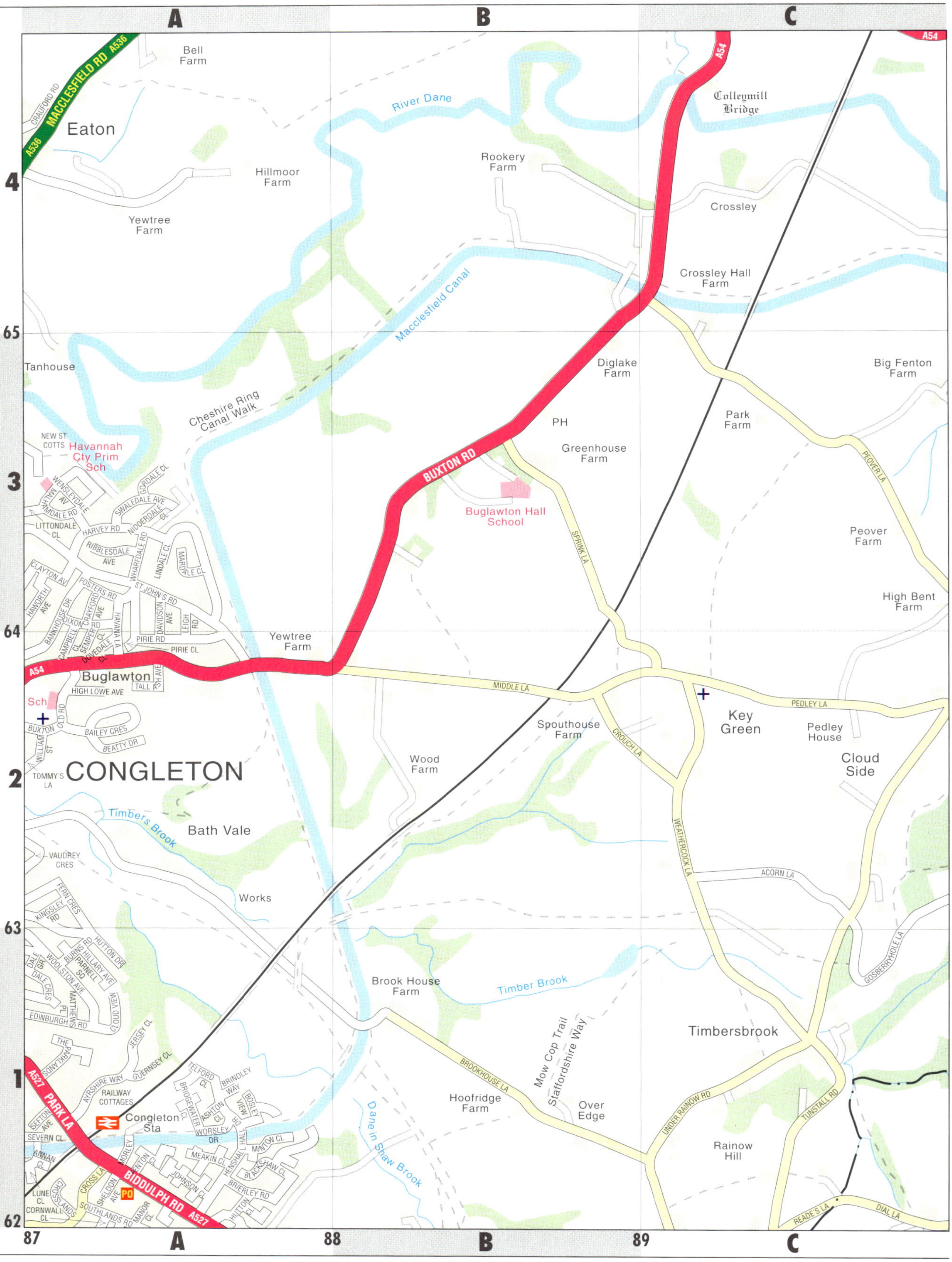
A
B
C
A536
MACCLESFIELD RD
CRAUFORD RD
Bell Farm
Eaton
Hillmoor Farm
Yewtree Farm
River Dane
Rookery Farm
A54
Colleymill Bridge
Crossley
Crossley Hall Farm
Macclesfield Canal
Tanhouse
Cheshire Ring Canal Walk
Diglake Farm
Big Fenton Farm
Park Farm
PH
Greenhouse Farm
PEOVER LA
NEW ST COTTS
Havannah Cty Prim Sch
BUXTON RD
Buglawton Hall School
Peover Farm
SPRINK LA
High Bent Farm
Yewtree Farm
Buglawton
HIGH LOWE AVE
Sch
BAILEY CRES
BEATTY DR
MIDDLE LA
Spouthouse Farm
CROUCH LA
Key Green
PEDLEY LA
Pedley House
Cloud Side
Wood Farm
TOMMY'S LA
CONGLETON
Timbers Brook
Bath Vale
VAUDREY CRES
WEATHERCOCK LA
ACORN LA
Works
Brook House Farm
Timber Brook
GOSBERRYHOLE LA
Mow Cop Trail
Staffordshire Way
Timbersbrook
BROOKHOUSE LA
Hoofridge Farm
Over Edge
UNDER RAINOW RD
TUNSTALL RD
RAILWAY COTTAGES
Congleton Sta
A527
PARK LA
BIDDULPH RD
PO
Dane in Shaw Brook
Rainow Hill
READE'S LA
DIAL LA
4
65
3
64
2
63
1
62
87
88
89

8

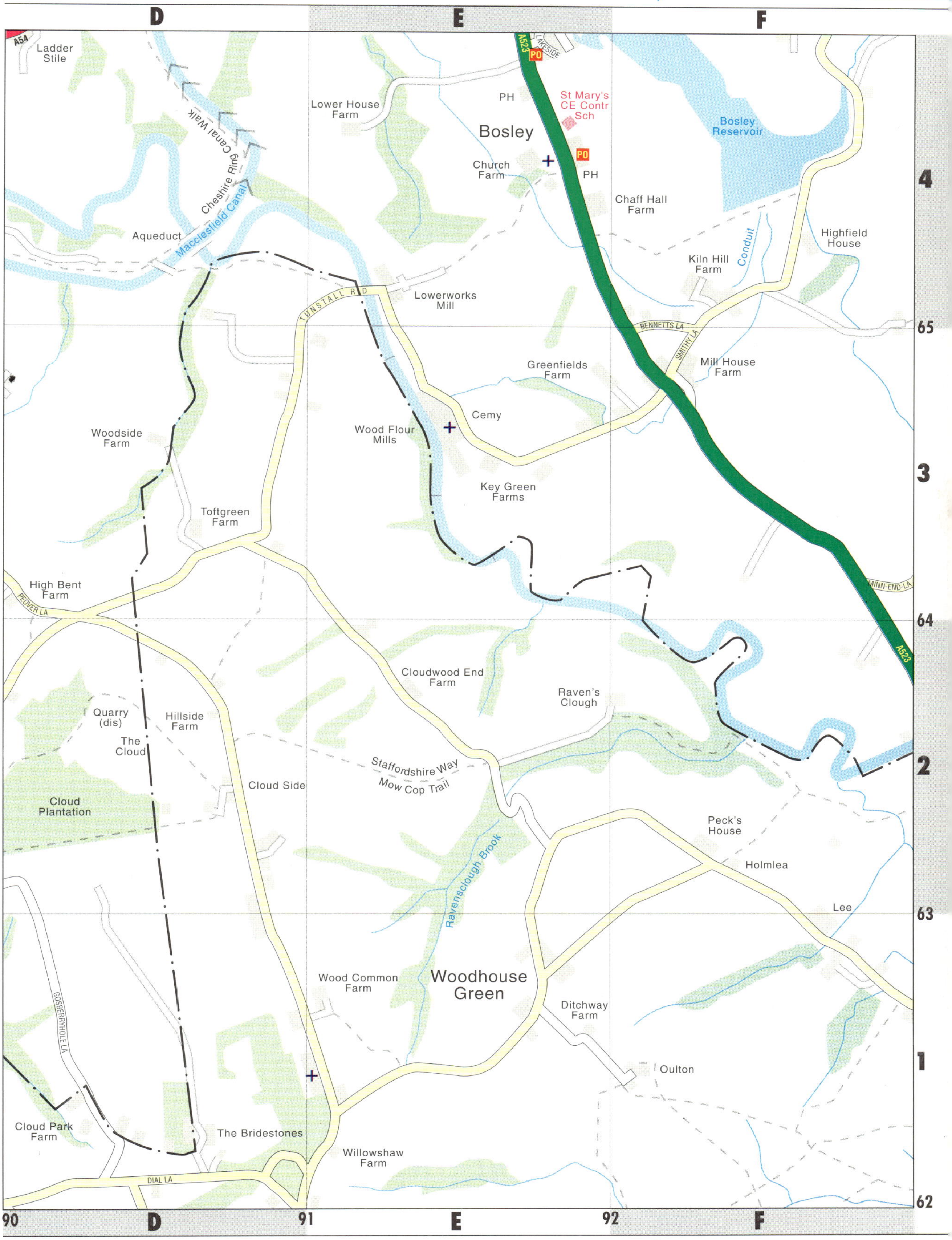
D
E
F
Ladder Stile
A54
Lower House Farm
PH
Bosley
St Mary's CE Contr Sch
PO
A523
LAKESIDE
Bosley Reservoir
Church Farm
PH
Cheshire Ring Canal Walk
Macclesfield Canal
Aqueduct
Chaff Hall Farm
Highfield House
Kiln Hill Farm
Conduit
Lowerworks Mill
TUNSTALL RD
BENNETTS LA
SMITHY LA
Greenfields Farm
Mill House Farm
Cemy
Wood Flour Mills
Woodside Farm
Key Green Farms
Toftgreen Farm
High Bent Farm
PEOVER LA
MINN-END-LA
Cloudwood End Farm
Raven's Clough
Quarry (dis)
Hillside Farm
The Cloud
Staffordshire Way
Mow Cop Trail
Cloud Side
Cloud Plantation
Peck's House
Holmlea
Ravensclough Brook
Lee
GOSBERRYHOLE LA
Wood Common Farm
Woodhouse Green
Ditchway Farm
Oulton
Cloud Park Farm
The Bridestones
Willowshaw Farm
DIAL LA
4
65
3
64
2
63
1
62
90
91
92

17
8

7

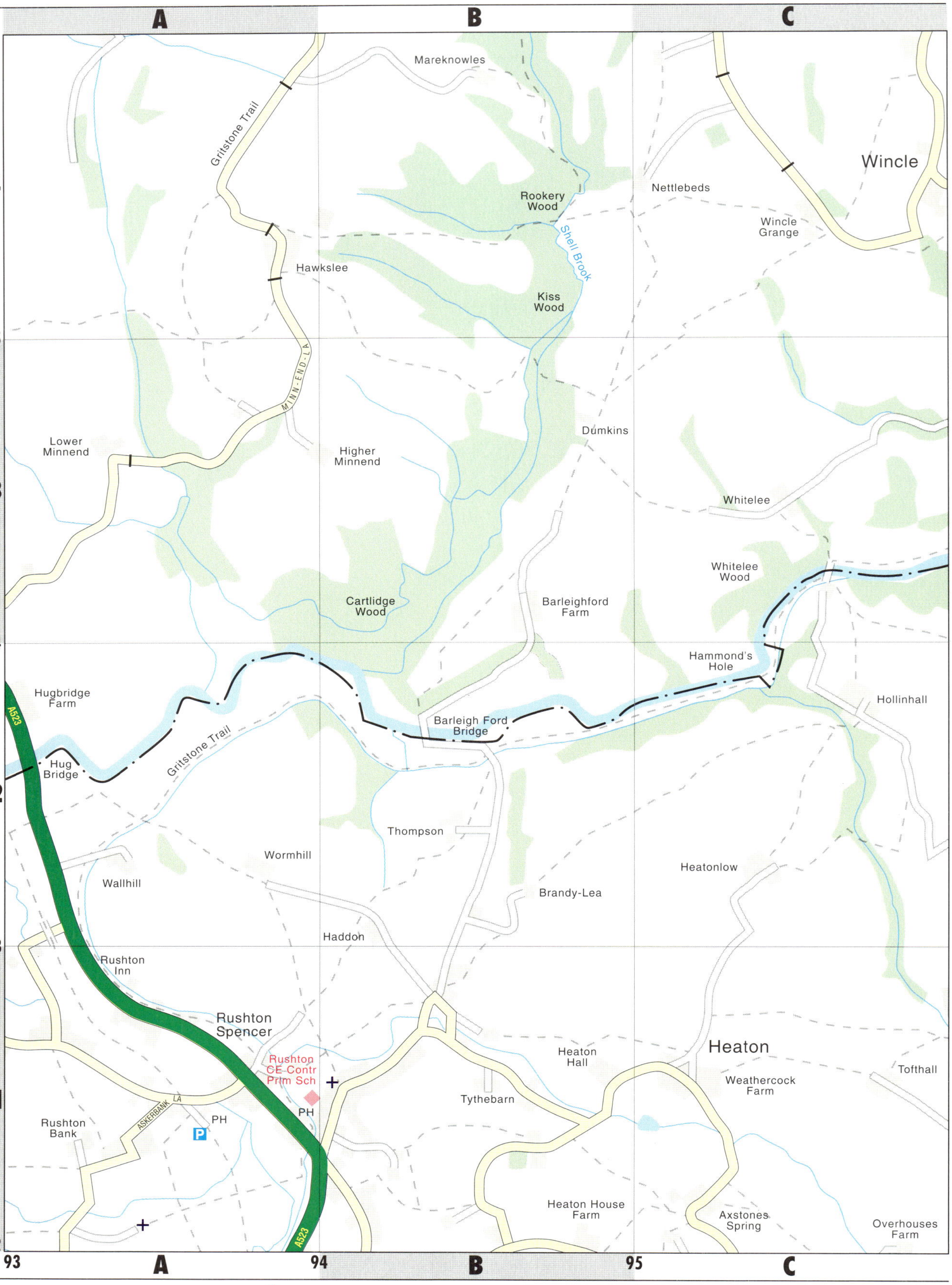
A
B
C
Mareknowles
Gritstone Trail
Wincle
Rookery
Wood
Nettlebeds
Wincle
Grange
Shell Brook
Hawkslee
Kiss
Wood
MINN-END-LA
Dumkins
Lower
Minnend
Higher
Minnend
Whitelee
Whitelee
Wood
Cartlidge
Wood
Barleighford
Farm
Hammond's
Hole
Hugbridge
Farm
Hollinhall
A523
Barleigh Ford
Bridge
Gritstone Trail
Hug
Bridge
Thompson
Wormhill
Heatonlow
Wallhill
Brandy-Lea
Haddon
Rushton
Inn
Rushton
Spencer
Heaton
Heaton
Hall
Tofthall
Rushton
CE Contr
Prim Sch
Weathercock
Farm
Tythebarn
ASKERBANK LA
PH
PH
P
Rushton
Bank
Heaton House
Farm
Axstones
Spring
Overhouses
Farm
A523
4
65
3
64
2
63
1
62
93
94
95

7
18

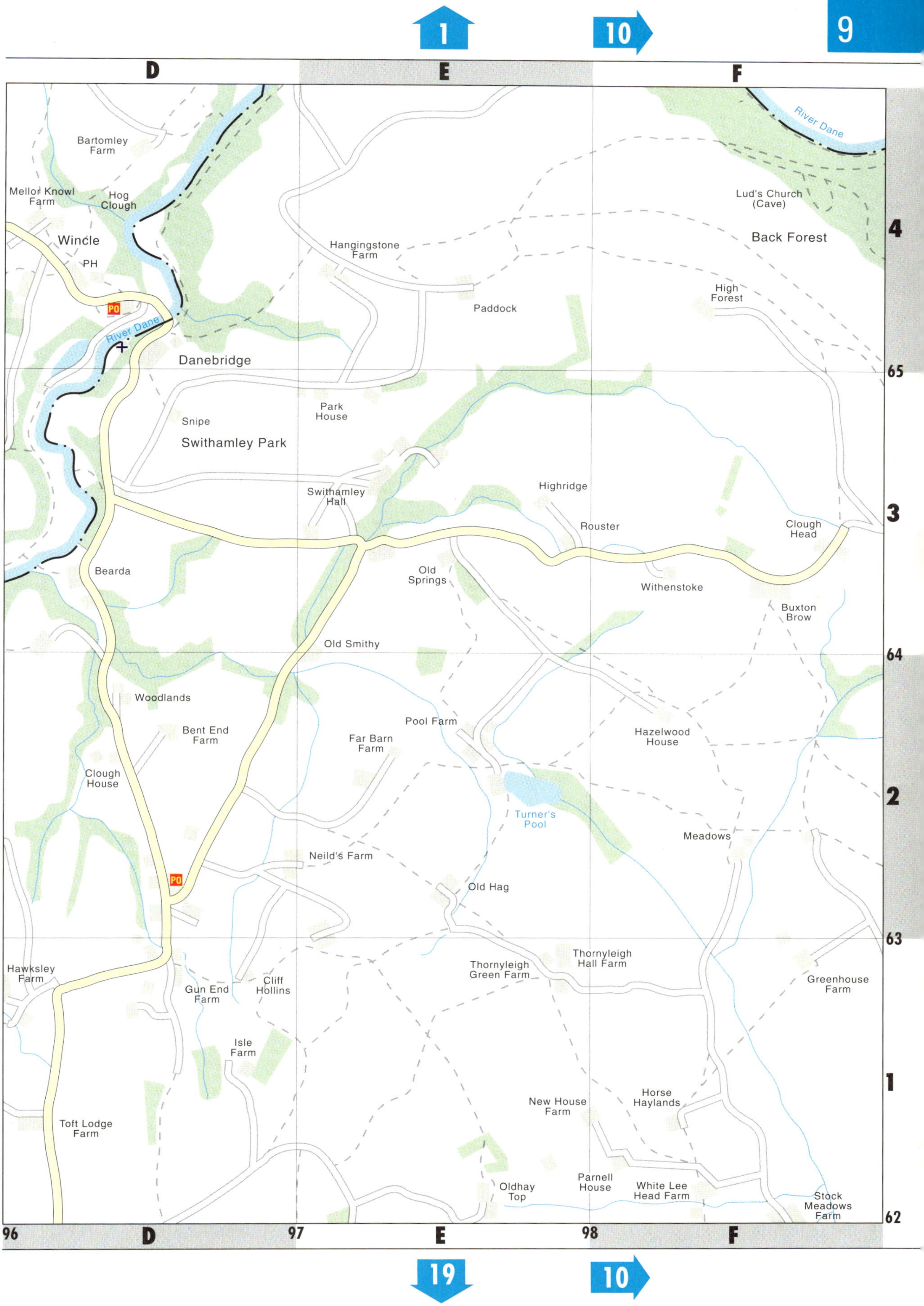
1
10
D
E
F
River Dane
Bartomley Farm
Mellor Knowl Farm
Hog Clough
Wincle
PH
PO
Danebridge
Hangingstone Farm
Paddock
Lud's Church (Cave)
Back Forest
High Forest
Park House
Snipe
Swithamley Park
Swithamley Hall
Highridge
Rouster
Clough Head
Bearda
Old Springs
Withenstoke
Buxton Brow
Old Smithy
Woodlands
Bent End Farm
Pool Farm
Far Barn Farm
Hazelwood House
Clough House
Turner's Pool
Meadows
Neild's Farm
Old Hag
Hawksley Farm
Gun End Farm
Cliff Hollins
Thornyleigh Green Farm
Thornyleigh Hall Farm
Greenhouse Farm
Isle Farm
New House Farm
Horse Haylands
Toft Lodge Farm
Oldhay Top
Parnell House
White Lee Head Farm
Stock Meadows Farm
4
65
3
64
2
63
1
62
96
97
98
19
10

3
12

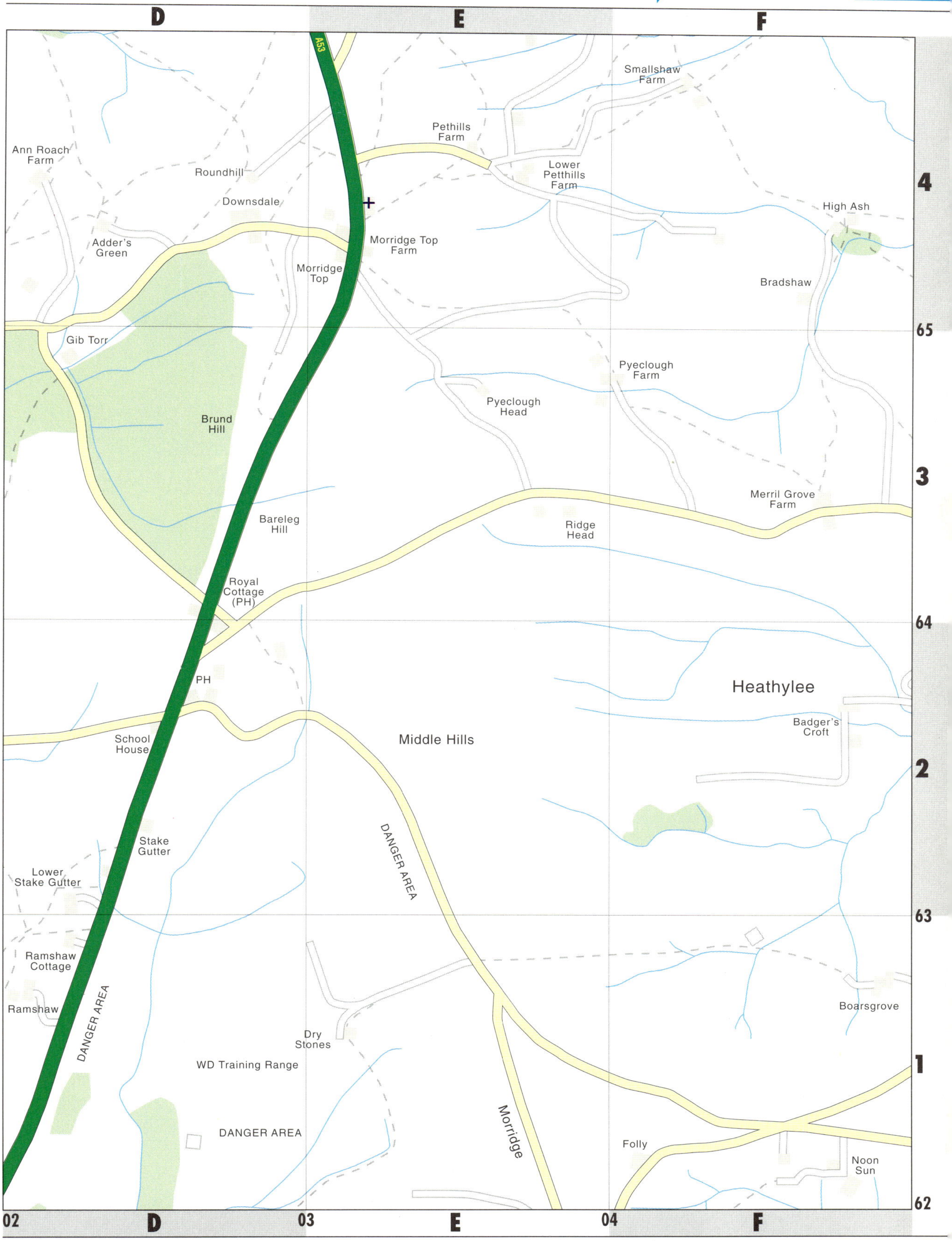
D
E
F
A53
Smallshaw Farm
Pethills Farm
Ann Roach Farm
Roundhill
Lower Pethills Farm
4
Downsdale
High Ash
Adder's Green
Morridge Top Farm
Morridge Top
Bradshaw
65
Gib Torr
Pyeclough Farm
Pyeclough Head
Brund Hill
3
Merril Grove Farm
Bareleg Hill
Ridge Head
Royal Cottage (PH)
64
PH
Heathylee
Badger's Croft
School House
Middle Hills
2
DANGER AREA
Stake Gutter
Lower Stake Gutter
63
Ramshaw Cottage
Boarsgrove
Ramshaw
DANGER AREA
Dry Stones
1
WD Training Range
Morridge
DANGER AREA
Folly
Noon Sun
62
02
03
04

21
12

11
4

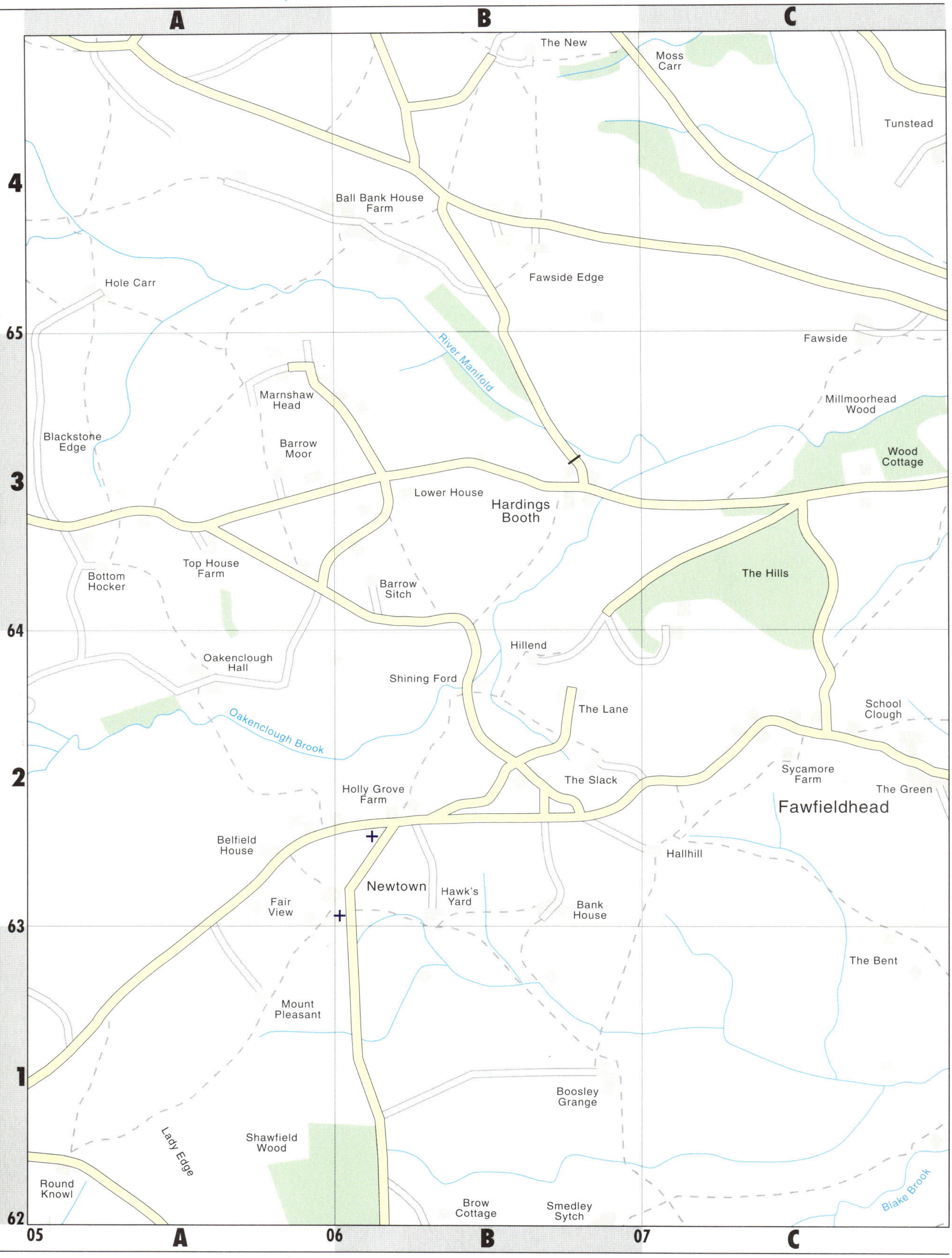
A
B
C
4
65
3
64
2
63
1
62
05
06
07
The New
Moss Carr
Tunstead
Ball Bank House Farm
Hole Carr
Fawside Edge
Fawside
River Manifold
Marnshaw Head
Millmoorhead Wood
Blackstone Edge
Barrow Moor
Wood Cottage
Lower House
Hardings Booth
Bottom Hocker
Top House Farm
Barrow Sitch
The Hills
Hillend
Oakenclough Hall
Shining Ford
The Lane
School Clough
Oakenclough Brook
Sycamore Farm
The Slack
Holly Grove Farm
The Green
Fawfieldhead
Belfield House
Hallhill
Newtown
Hawk's Yard
Fair View
Bank House
The Bent
Mount Pleasant
Boosley Grange
Lady Edge
Shawfield Wood
Round Knowl
Brow Cottage
Smedley Sytch
Blake Brook

11
22

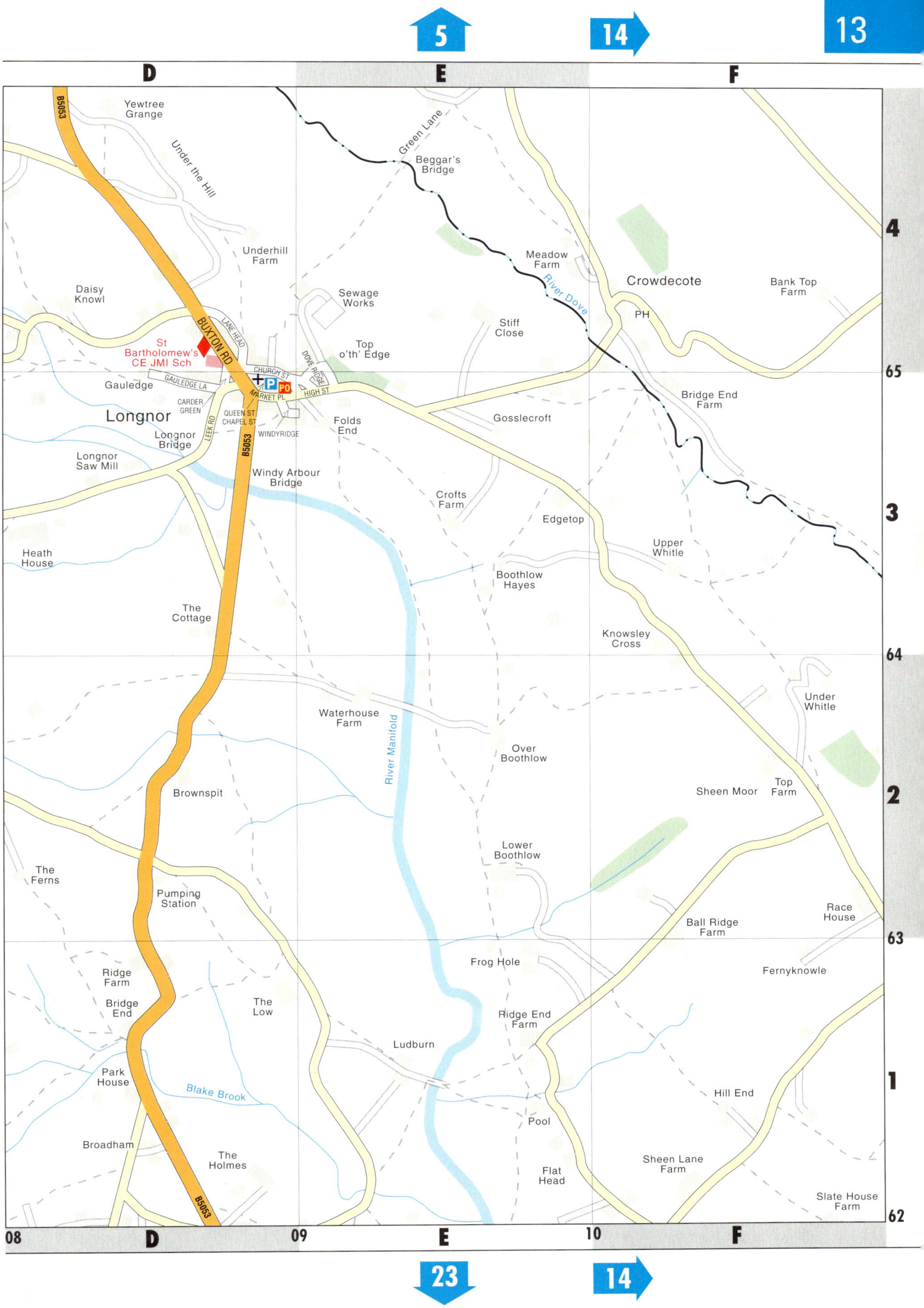
5
14
D
E
F
B5053
Yewtree Grange
Under the Hill
Green Lane
Beggar's Bridge
Underhill Farm
Meadow Farm
River Dove
Crowdecote
Bank Top Farm
PH
Daisy Knowl
Sewage Works
Stiff Close
BUXTON RD
LANE HEAD
St Bartholomew's CE JMI Sch
Top o'th' Edge
DOVE RIDGE
CHURCH ST
GAULEDGE LA
Gauledge
MARKET PL
HIGH ST
PO
Bridge End Farm
CARDER GREEN
Longnor
QUEEN ST
CHAPEL ST
LEEK RD
WINDYRIDGE
Folds End
Gosslecroft
Longnor Bridge
Longnor Saw Mill
Windy Arbour Bridge
Crofts Farm
Edgetop
Upper Whitle
Heath House
Boothlow Hayes
The Cottage
Knowsley Cross
Waterhouse Farm
River Manifold
Under Whitle
Over Boothlow
Brownspit
Sheen Moor
Top Farm
Lower Boothlow
The Ferns
Pumping Station
Race House
Ball Ridge Farm
Frog Hole
Fernyknowle
Ridge Farm
Bridge End
The Low
Ridge End Farm
Ludburn
Park House
Blake Brook
Hill End
Pool
Broadham
The Holmes
Flat Head
Sheen Lane Farm
Slate House Farm
4
65
3
64
2
63
1
62
08
09
10
23

13

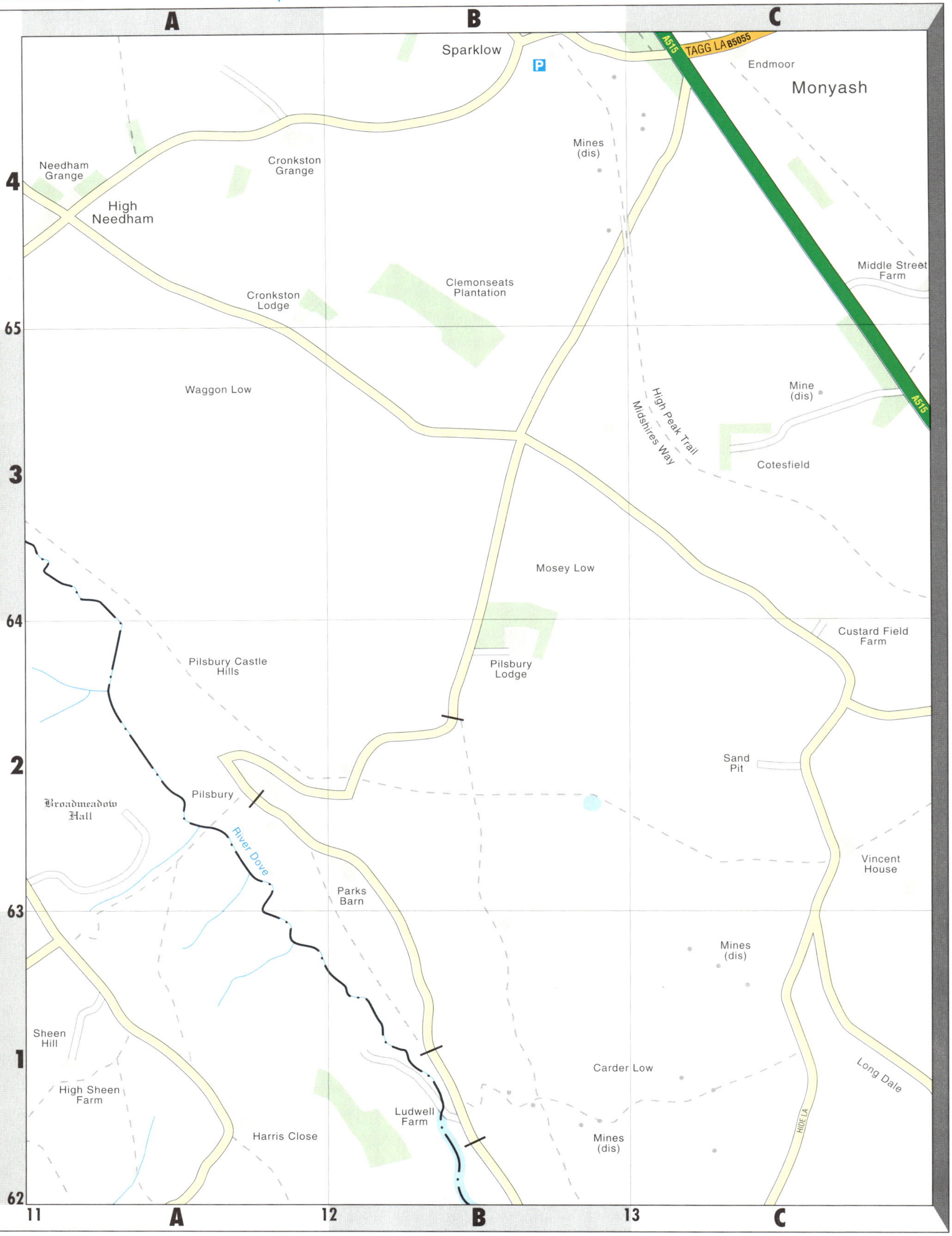
A
B
C
4
65
3
64
2
63
1
62
11
12
13
Sparklow
P
A515
TAGG LA B5055
Endmoor
Monyash
Mines
(dis)
Needham
Grange
Cronkston
Grange
High
Needham
Middle Street
Farm
Clemonseats
Plantation
Cronkston
Lodge
Waggon Low
Mine
(dis)
High Peak Trail
Midshires Way
Cotesfield
A515
Mosey Low
Custard Field
Farm
Pilsbury Castle
Hills
Pilsbury
Lodge
Sand
Pit
Pilsbury
Broadmeadow
Hall
River Dove
Vincent
House
Parks
Barn
Mines
(dis)
Sheen
Hill
Carder Low
Long Dale
High Sheen
Farm
Ludwell
Farm
Harris Close
Mines
(dis)
HIDE LA

13

24

16

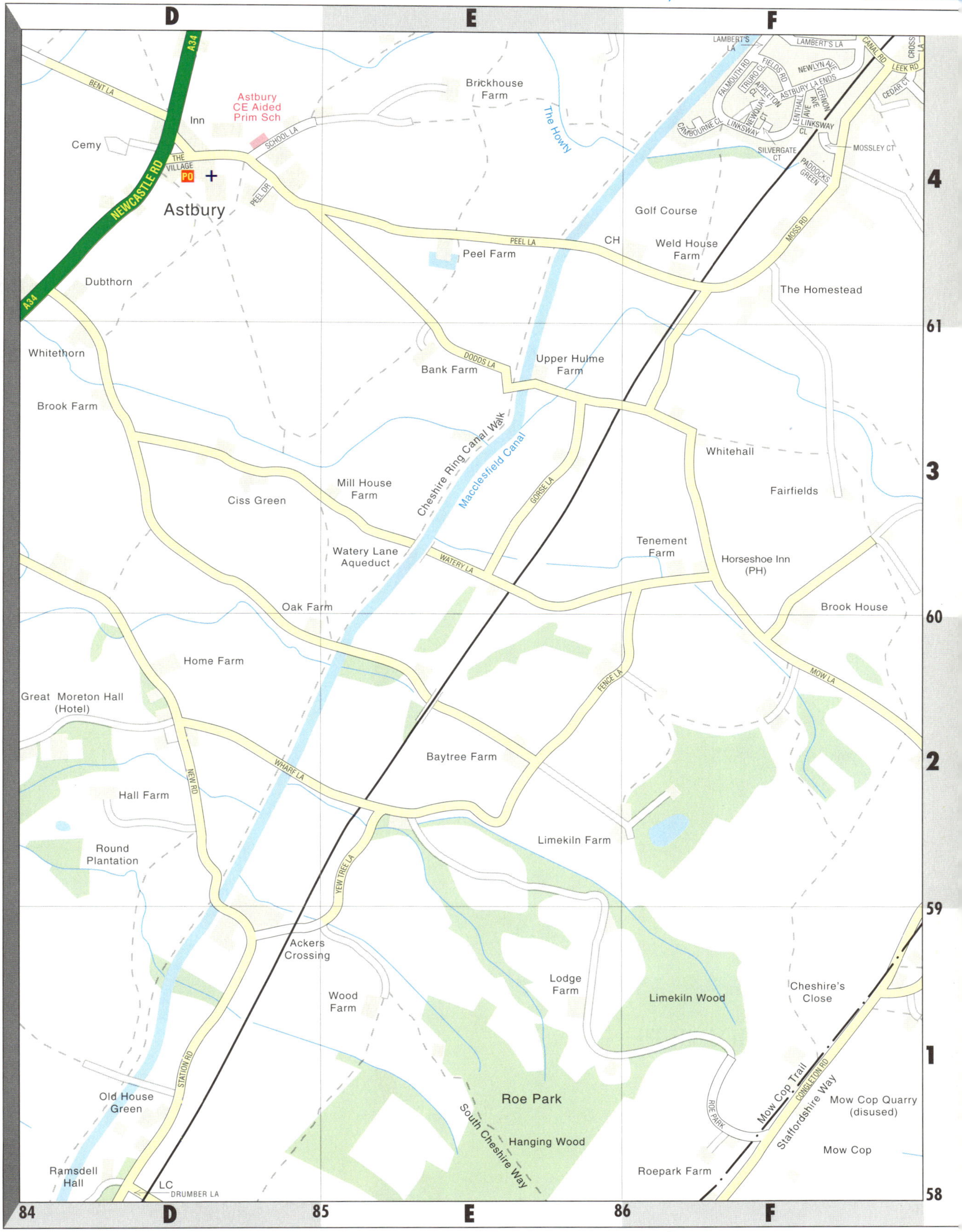

D
E
F
A34
BENT LA
Astbury CE Aided Prim Sch
Inn
Cemy
SCHOOL LA
THE VILLAGE
PO
NEWCASTLE RD
Astbury
PEEL DR
Brickhouse Farm
The Howty
LAMBERT'S LA
LAMBERT'S LA
CANAL RD
CROSS LA
LEEK RD
CEDAR CT
NEWLYN AVE
FIELDS RD
FALMOUTH RD
TRURO CL
APPLETON CL
ASTBURY LA ENDS
NEWQUAY CT
LENTHALL AVE
VERNON AVE
CAMBOURNE CL
LINKSWAY
LINKSWAY CL
SILVERGATE CT
MOSSLEY CT
PADDOCKS GREEN
Golf Course
4
PEEL LA
CH
Weld House Farm
Peel Farm
MOSS RD
Dubthorn
The Homestead
61
Whitethorn
DODDS LA
Upper Hulme Farm
Bank Farm
Brook Farm
Cheshire Ring Canal Walk
Macclesfield Canal
Whitehall
3
Mill House Farm
Ciss Green
GORSE LA
Fairfields
Tenement Farm
Watery Lane Aqueduct
WATERY LA
Horseshoe Inn (PH)
Oak Farm
Brook House
60
Home Farm
MOW LA
Great Moreton Hall (Hotel)
FENCE LA
Baytree Farm
2
WHARF LA
NEW RD
Hall Farm
Limekiln Farm
Round Plantation
YEW TREE LA
59
Ackers Crossing
Wood Farm
Lodge Farm
Limekiln Wood
Cheshire's Close
1
STATION RD
Roe Park
Mow Cop Trail
CONGLETON RD
Staffordshire Way
Mow Cop Quarry (disused)
Old House Green
South Cheshire Way
Hanging Wood
ROE PARK
Mow Cop
Ramsdell Hall
LC
DRUMBER LA
Roepark Farm
58
84
D
85
E
86
F

26

16

15
6

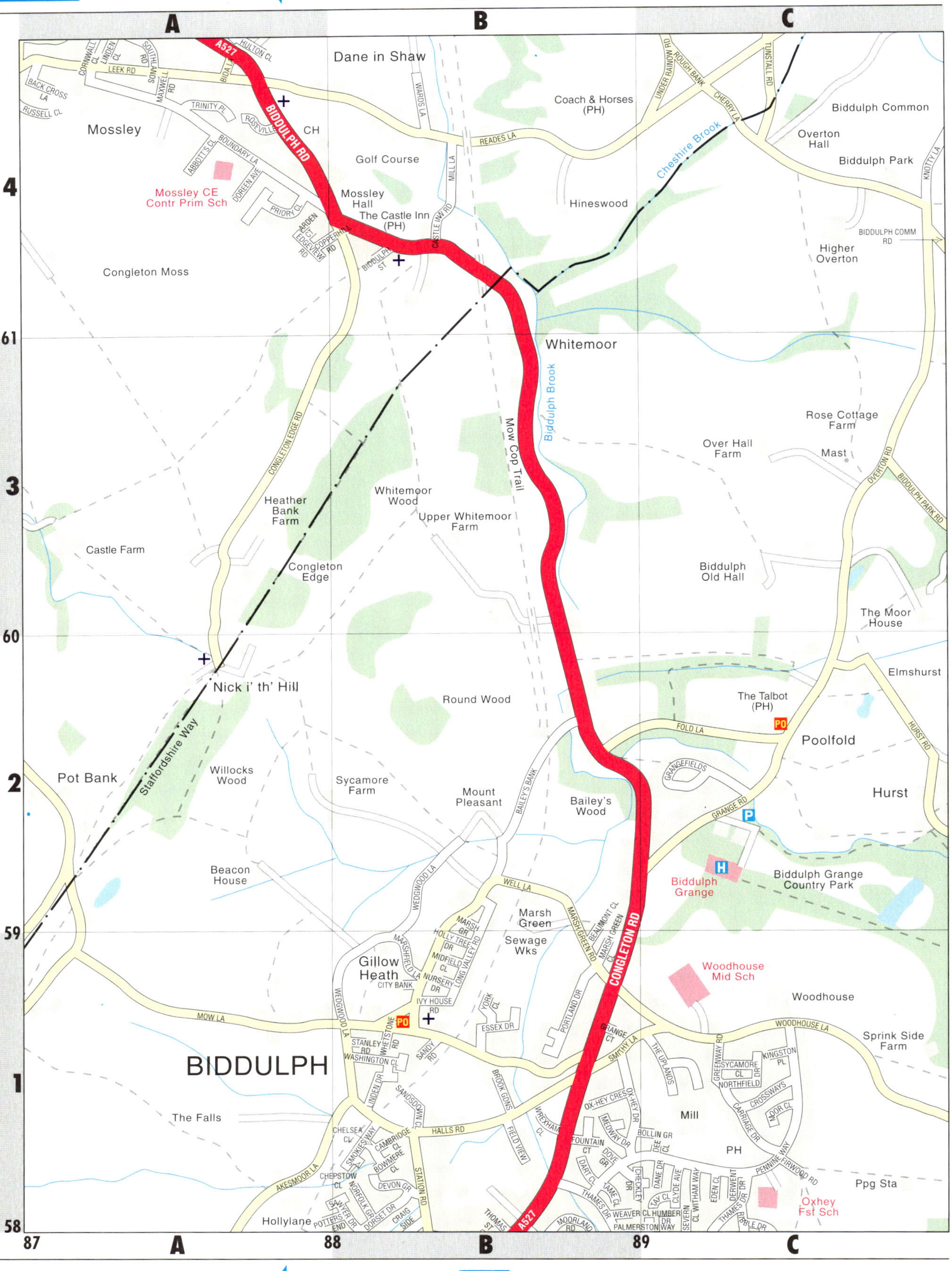

A
B
C
4
3
2
1
61
60
59
58
87
88
89
Dane in Shaw
Mossley
CH
Golf Course
Mossley Hall
The Castle Inn (PH)
Mossley CE Contr Prim Sch
Coach & Horses (PH)
Biddulph Common
Overton Hall
Biddulph Park
Hineswood
Higher Overton
Cheshire Brook
Congleton Moss
Whitemoor
Biddulph Brook
Mow Cop Trail
Rose Cottage Farm
Over Hall Farm
Mast
Heather Bank Farm
Whitemoor Wood
Upper Whitemoor Farm
Castle Farm
Congleton Edge
Biddulph Old Hall
The Moor House
Elmshurst
Nick i' th' Hill
Round Wood
The Talbot (PH)
Poolfold
Staffordshire Way
Pot Bank
Willocks Wood
Sycamore Farm
Mount Pleasant
Bailey's Wood
Hurst
Beacon House
Biddulph Grange
Biddulph Grange Country Park
Marsh Green
Sewage Wks
Gillow Heath
Woodhouse Mid Sch
Woodhouse
Sprink Side Farm
BIDDULPH
The Falls
Mill
PH
Ppg Sta
Oxhey Fst Sch
Hollylane
A527
BIDDULPH RD
CONGLETON RD
LEEK RD
READES LA
FOLD LA
GRANGE RD
WELL LA
MOW LA
HALLS RD
WOODHOUSE LA
CONGLETON EDGE RD
BAILEY'S BANK
WEDGWOOD LA
MARSH GREEN RD
STATION RD
AKESMOOR LA
TUNSTALL RD
UNDER RAINOW RD
ROUGH BANK
CHERRY LA
OVERTON RD
BIDDULPH PARK RD
HURST RD
KNOTTY LA
BIDDULPH COMM RD
MILL LA
WARDS LA
CASTLE INN RD

15
27

7
18

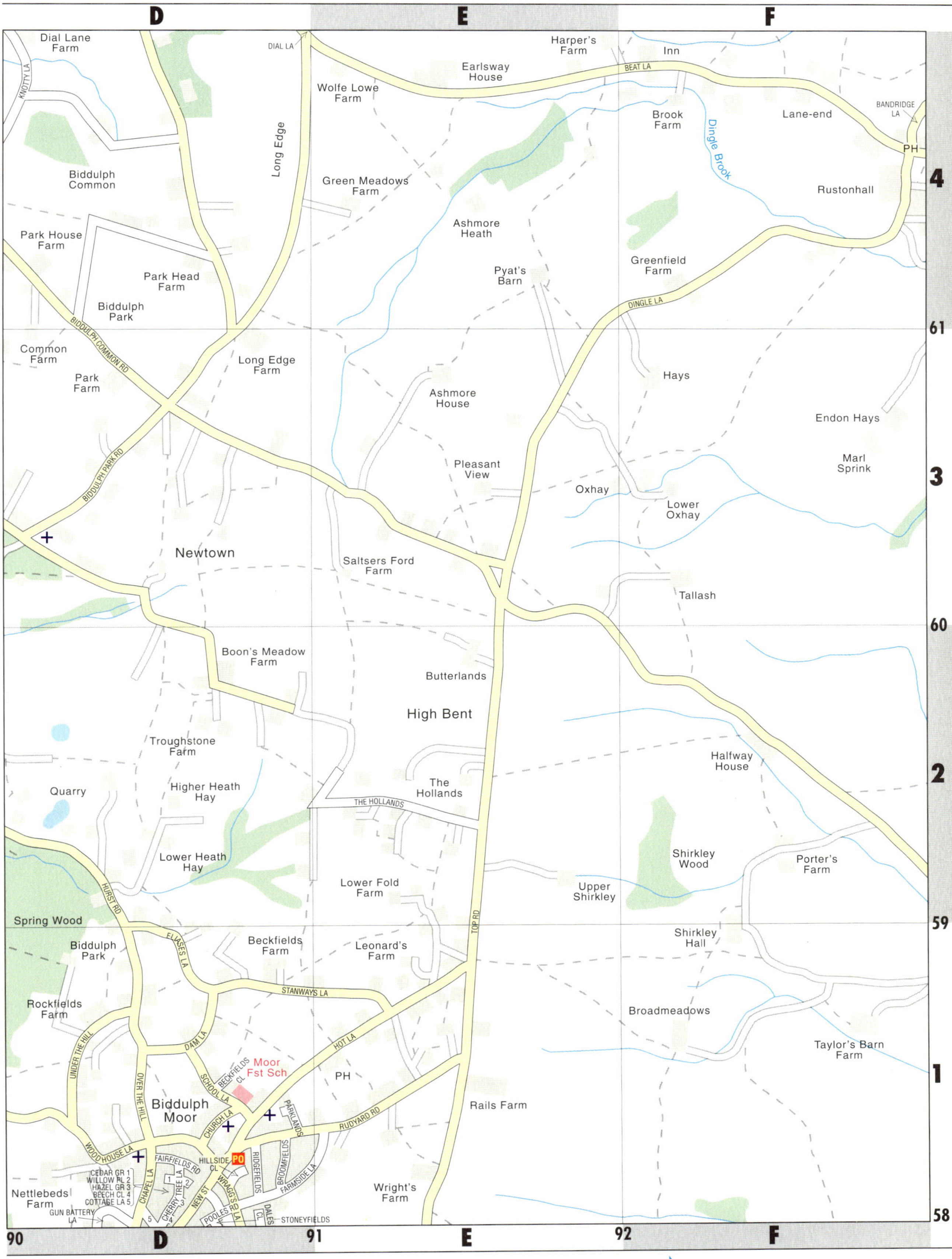
D
E
F
Dial Lane Farm
KNOTTY LA
DIAL LA
Harper's Farm
Inn
Earlsway House
BEAT LA
Wolfe Lowe Farm
Long Edge
Brook Farm
Lane-end
BANDRIDGE LA
PH
Dingle Brook
Biddulph Common
Green Meadows Farm
Rustonhall
4
Park House Farm
Ashmore Heath
Greenfield Farm
Park Head Farm
Pyat's Barn
Biddulph Park
DINGLE LA
61
BIDDULPH COMMON RD
Common Farm
Long Edge Farm
Hays
Park Farm
Ashmore House
Endon Hays
Marl Sprink
BIDDULPH PARK RD
Pleasant View
3
Oxhay
Lower Oxhay
Newtown
Saltsers Ford Farm
Tallash
60
Boon's Meadow Farm
Butterlands
High Bent
Troughstone Farm
Halfway House
2
Quarry
Higher Heath Hay
The Hollands
THE HOLLANDS
Shirkley Wood
Porter's Farm
Lower Heath Hay
HURST RD
Lower Fold Farm
Upper Shirkley
Spring Wood
TOP RD
59
Biddulph Park
ELIASES LA
Beckfields Farm
Leonard's Farm
Shirkley Hall
STANWAYS LA
Rockfields Farm
Broadmeadows
UNDER THE HILL
DAM LA
HOT LA
Taylor's Barn Farm
OVER THE HILL
BECKFIELDS CL
Moor Fst Sch
PH
1
SCHOOL LA
Biddulph Moor
PARKLANDS
Rails Farm
CHURCH LA
RUDYARD RD
WOOD HOUSE LA
FAIRFIELDS RD
HILLSIDE CL
PO
RIDGEFIELDS
BROOMFIELDS
FARMSIDE LA
CEDAR GR 1
WILLOW PL 2
HAZEL GR 3
BEECH CL 4
COTTAGE LA 5
CHAPEL LA
CHERRY TREE LA
NEW ST
WRAGG'S RD
DALES CL
POOLES RD
Nettlebeds Farm
GUN BATTERY LA
STONEYFIELDS
Wright's Farm
58
90
D
91
E
92
F

28
18

17
8

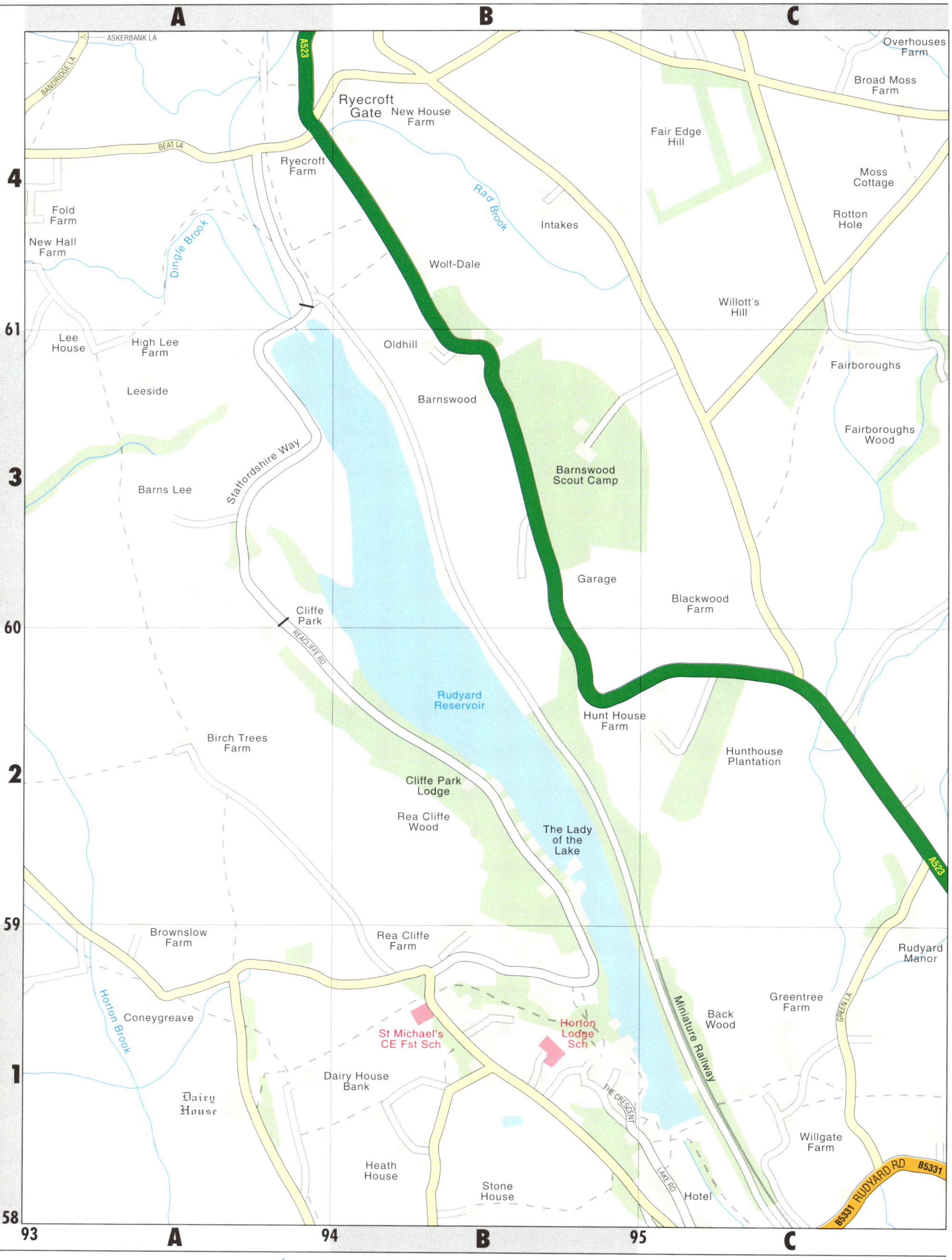
A
B
C
ASKERBANK LA
BANDRIDGE LA
BEAT LA
A523
Ryecroft Gate
New House Farm
Ryecroft Farm
Fold Farm
New Hall Farm
Dingle Brook
Rad Brook
Intakes
Wolf-Dale
Fair Edge Hill
Overhouses Farm
Broad Moss Farm
Moss Cottage
Rotton Hole
Willott's Hill
Lee House
High Lee Farm
Leeside
Oldhill
Barnswood
Fairboroughs
Fairboroughs Wood
Barnswood Scout Camp
Staffordshire Way
Barns Lee
Garage
Blackwood Farm
Cliffe Park
REACLIFFE RD
Rudyard Reservoir
Hunt House Farm
Hunthouse Plantation
Birch Trees Farm
Cliffe Park Lodge
Rea Cliffe Wood
The Lady of the Lake
Brownslow Farm
Rea Cliffe Farm
Rudyard Manor
Horton Brook
Coneygreave
St Michael's CE Fst Sch
Horton Lodge Sch
Miniature Railway
Back Wood
Greentree Farm
GREEN LA
Dairy House
Dairy House Bank
THE CRESCENT
Willgate Farm
Heath House
Stone House
LAKE RD
Hotel
B5331 RUDYARD RD
B5331
4
61
3
60
2
59
1
58
93
94
95

17
29

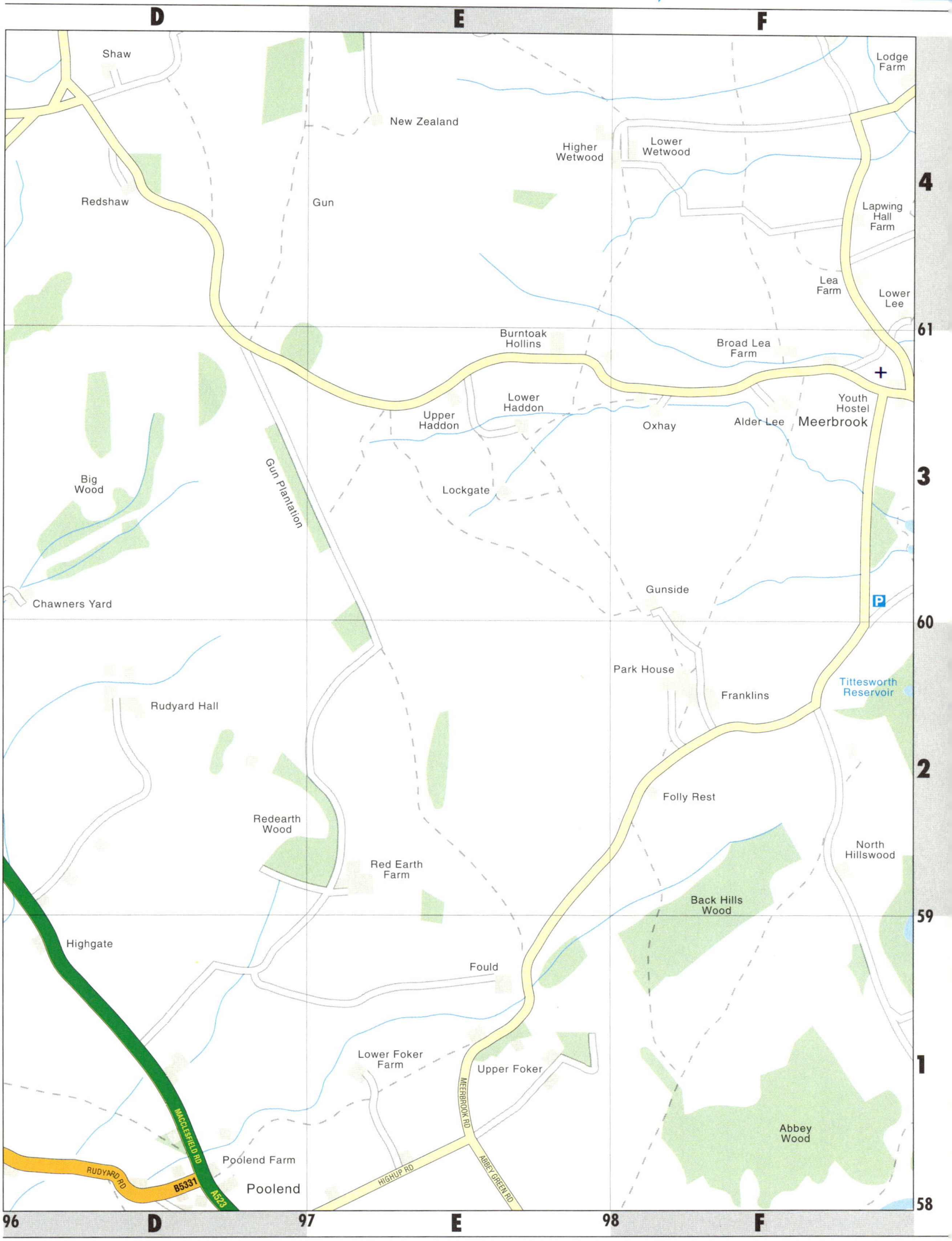
D
E
F
Shaw
New Zealand
Lodge Farm
Higher Wetwood
Lower Wetwood
Redshaw
Gun
Lapwing Hall Farm
Lea Farm
Lower Lee
Burntoak Hollins
Broad Lea Farm
Lower Haddon
Upper Haddon
Oxhay
Alder Lee
Youth Hostel
Meerbrook
Big Wood
Gun Plantation
Lockgate
Chawners Yard
Gunside
Park House
Franklins
Tittesworth Reservoir
Rudyard Hall
Folly Rest
Redearth Wood
Red Earth Farm
North Hillswood
Back Hills Wood
Highgate
Fould
Lower Foker Farm
Upper Foker
MEERBROOK RD
MACCLESFIELD RD
Abbey Wood
ABBEY GREEN RD
HIGHUP RD
RUDYARD RD
B5331
A523
Poolend Farm
Poolend
4
61
3
60
2
59
1
58
96
97
98

19
10

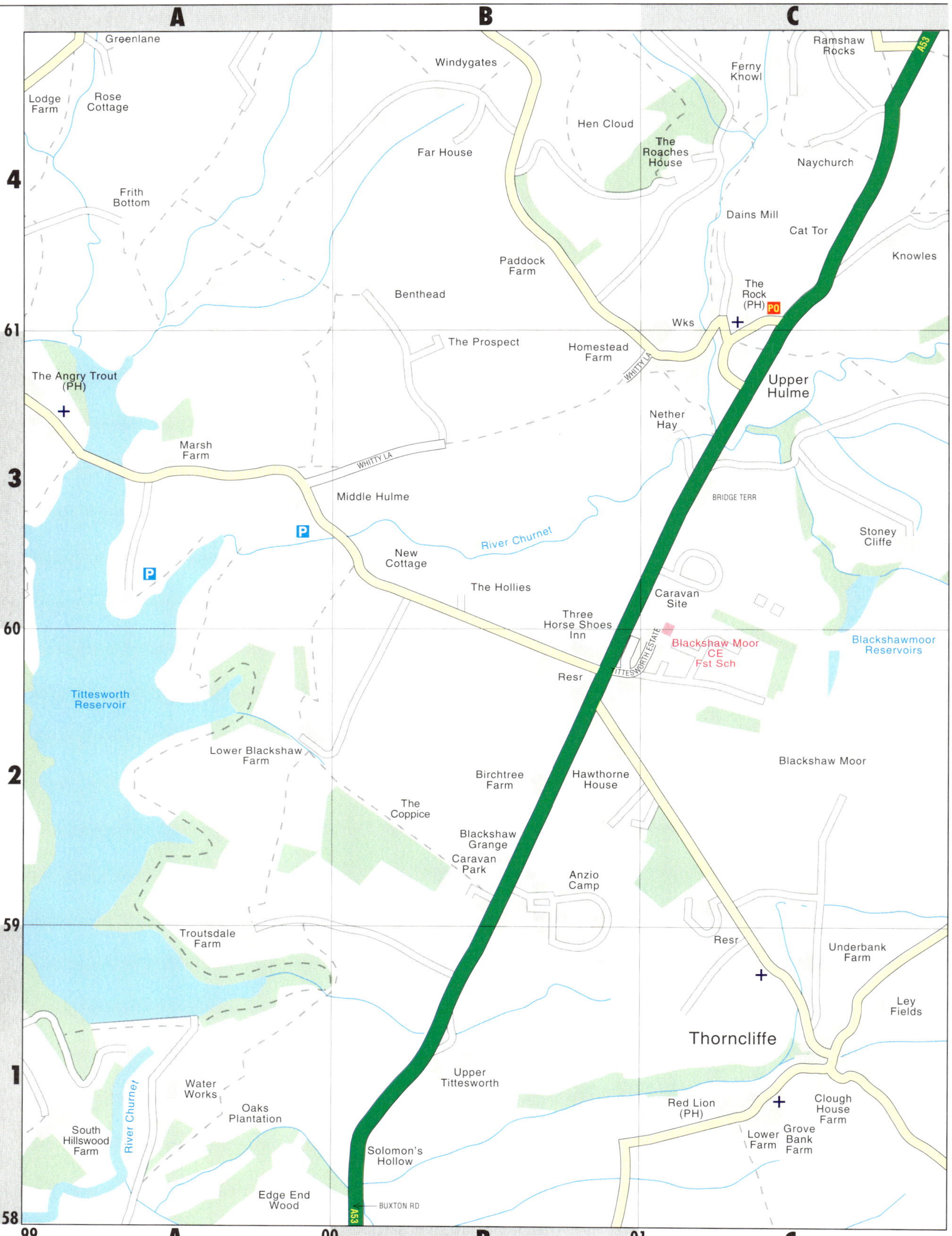
A
B
C
Greenlane
Windygates
Ramshaw Rocks
Ferny Knowl
Lodge Farm
Rose Cottage
Hen Cloud
The Roaches House
Far House
Naychurch
Frith Bottom
Dains Mill
Cat Tor
Knowles
Paddock Farm
Benthead
The Rock (PH)
PO
Wks
The Prospect
Homestead Farm
WHITTY LA
Upper Hulme
The Angry Trout (PH)
Nether Hay
Marsh Farm
WHITTY LA
Middle Hulme
BRIDGE TERR
River Churnet
New Cottage
Stoney Cliffe
The Hollies
Caravan Site
Three Horse Shoes Inn
TITTESWORTH ESTATE
Blackshaw Moor CE Fst Sch
Blackshawmoor Reservoirs
Resr
Tittesworth Reservoir
Lower Blackshaw Farm
Blackshaw Moor
Birchtree Farm
Hawthorne House
The Coppice
Blackshaw Grange
Caravan Park
Anzio Camp
Troutsdale Farm
Resr
Underbank Farm
Ley Fields
Thorncliffe
Water Works
Upper Tittesworth
Oaks Plantation
Red Lion (PH)
Clough House Farm
South Hillswood Farm
River Churnet
Lower Farm
Grove Bank Farm
Solomon's Hollow
Edge End Wood
BUXTON RD
A53
A53
4
61
3
60
2
59
1
58
99
00
01

19
31

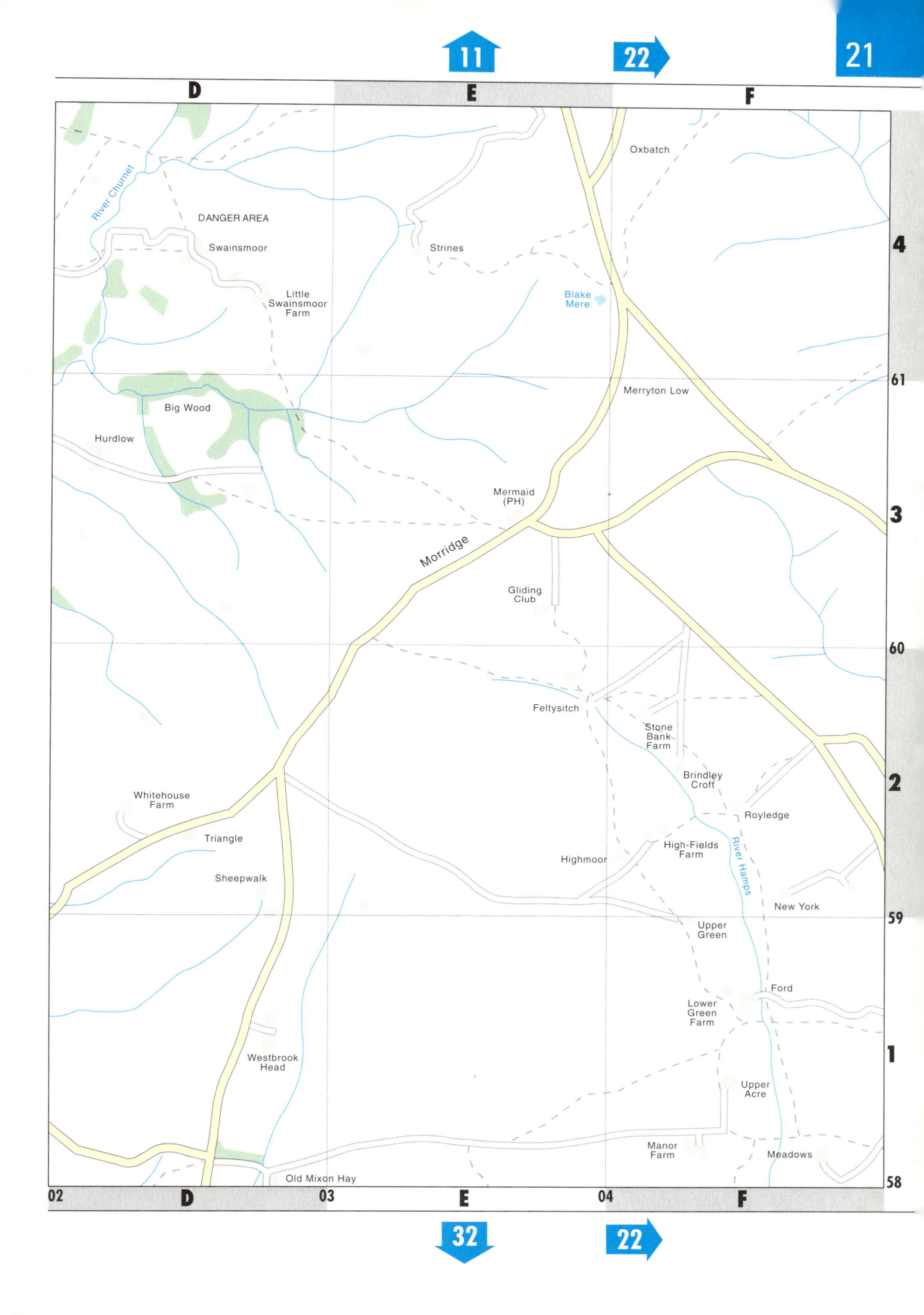

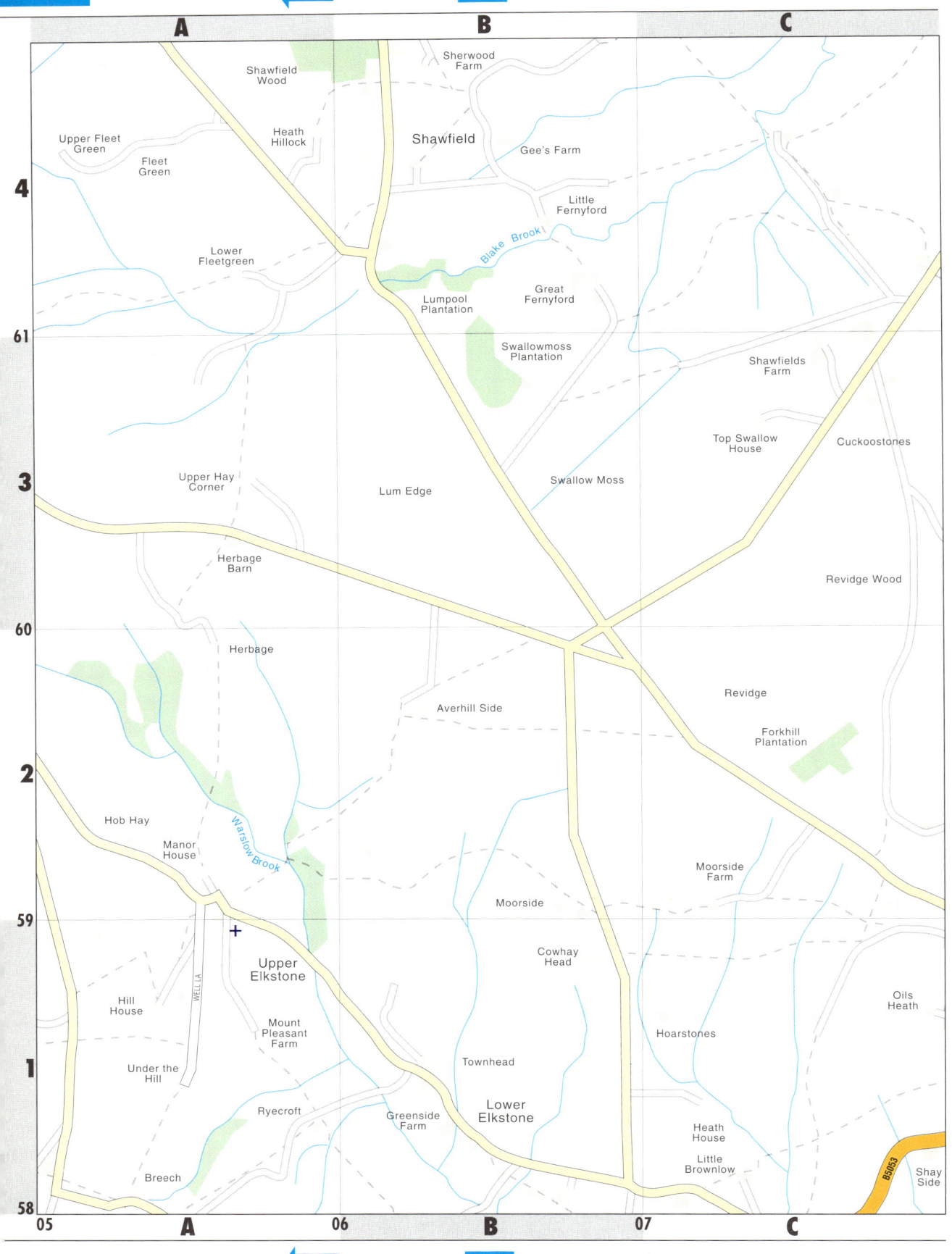

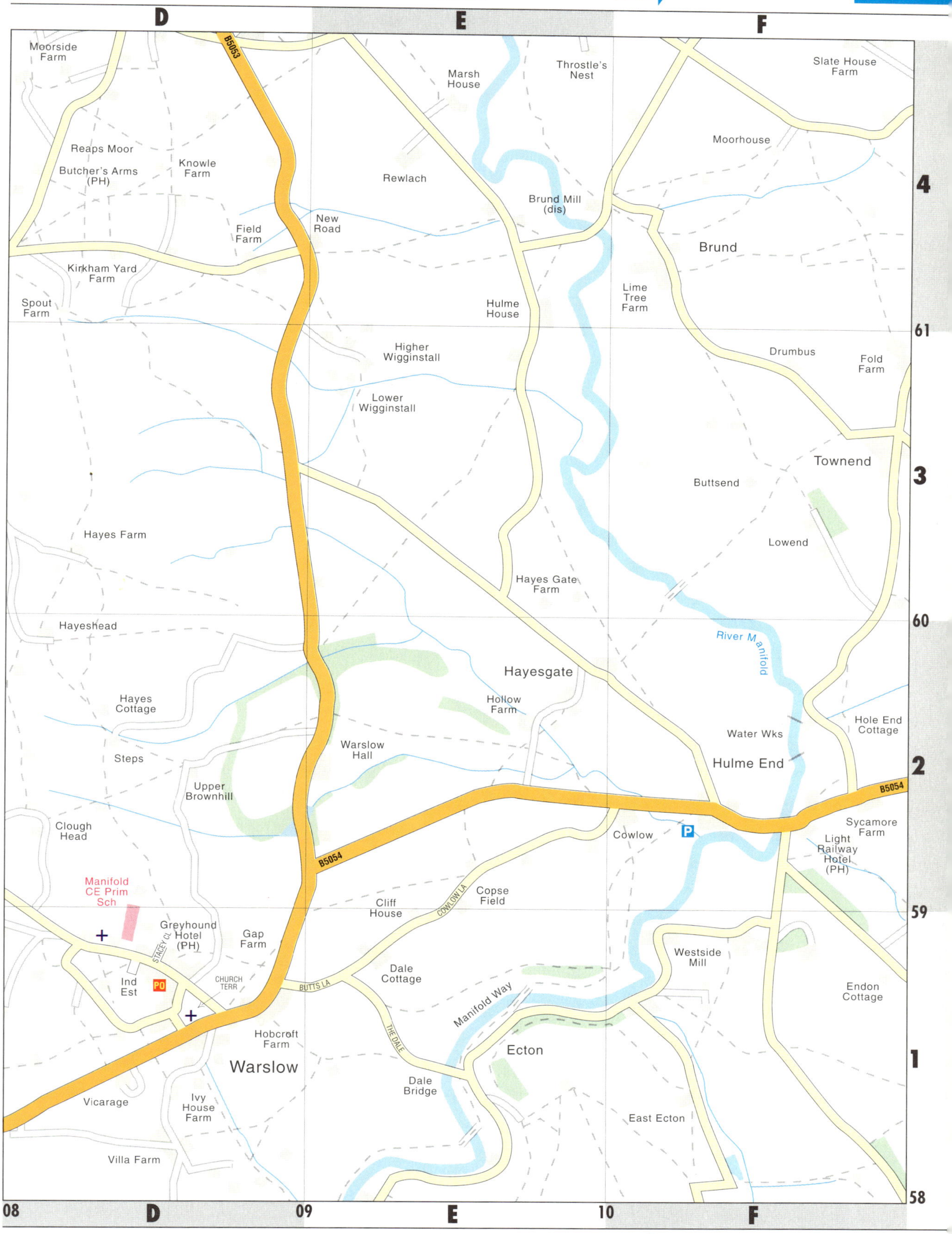
D
E
F
Moorside Farm
B5053
Marsh House
Throstle's Nest
Slate House Farm
Reaps Moor
Knowle Farm
Butcher's Arms (PH)
Rewlach
Moorhouse
Brund Mill (dis)
4
Field Farm
New Road
Brund
Kirkham Yard Farm
Spout Farm
Hulme House
Lime Tree Farm
61
Higher Wigginstall
Drumbus
Fold Farm
Lower Wigginstall
3
Townend
Buttsend
Hayes Farm
Lowend
Hayes Gate Farm
Hayeshead
60
River Manifold
Hayesgate
Hollow Farm
Hayes Cottage
Water Wks
Hole End Cottage
Warslow Hall
Steps
Hulme End
2
Upper Brownhill
B5054
Clough Head
Cowlow
Sycamore Farm
Light Railway Hotel (PH)
B5054
Copse Field
Cliff House
COWLOW LA
Manifold CE Prim Sch
59
Greyhound Hotel (PH)
STACEY CL
Gap Farm
Westside Mill
Ind Est
PO
CHURCH TERR
BUTTS LA
Dale Cottage
Endon Cottage
Manifold Way
Hobcroft Farm
THE DALE
Ecton
1
Warslow
Dale Bridge
Vicarage
Ivy House Farm
East Ecton
Villa Farm
58
08
09
10

23
14
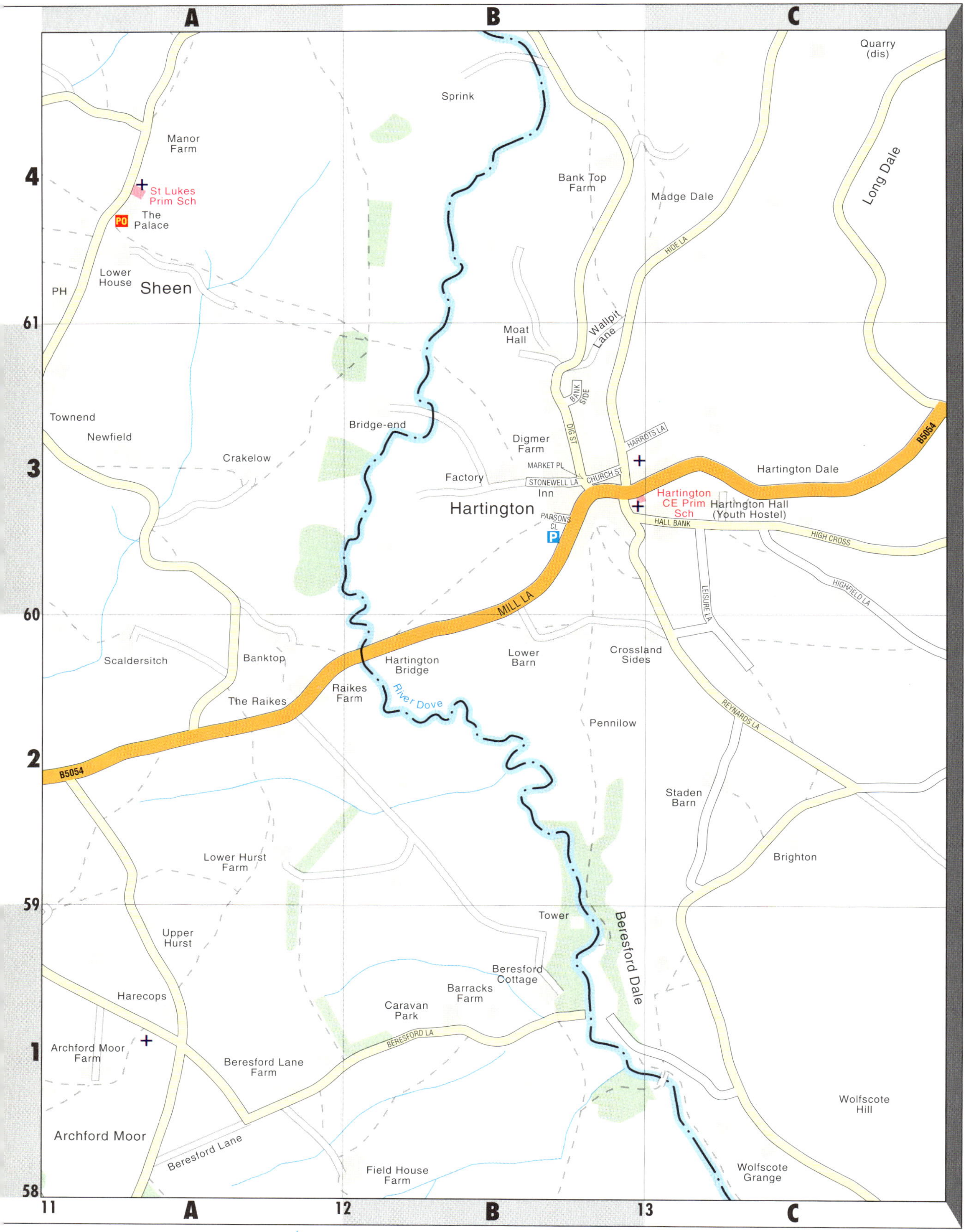
A
B
C
Quarry (dis)
Sprink
Manor Farm
St Lukes Prim Sch
PO
The Palace
Lower House
Sheen
PH
Bank Top Farm
Madge Dale
Long Dale
HIDE LA
Moat Hall
Wallpit Lane
BANK SIDE
DIG ST
Townend
Newfield
Bridge-end
Digmer Farm
HARROTS LA
Crakelow
MARKET PL
Factory
STONEWELL LA
CHURCH ST
Inn
Hartington
Hartington CE Prim Sch
Hartington Hall (Youth Hostel)
Hartington Dale
B5054
PARSONS CL
P
HALL BANK
HIGH CROSS
MILL LA
LEISURE LA
HIGHFIELD LA
Scaldersitch
Banktop
Hartington Bridge
Lower Barn
Crossland Sides
Raikes Farm
The Raikes
River Dove
REYNARDS LA
Pennilow
B5054
Staden Barn
Brighton
Lower Hurst Farm
Tower
Upper Hurst
Beresford Dale
Beresford Cottage
Barracks Farm
Harecops
Caravan Park
BERESFORD LA
Archford Moor Farm
Beresford Lane Farm
Wolfscote Hill
Archford Moor
Beresford Lane
Wolfscote Grange
Field House Farm
4
61
3
60
2
59
1
58
11
12
13
23
35

26

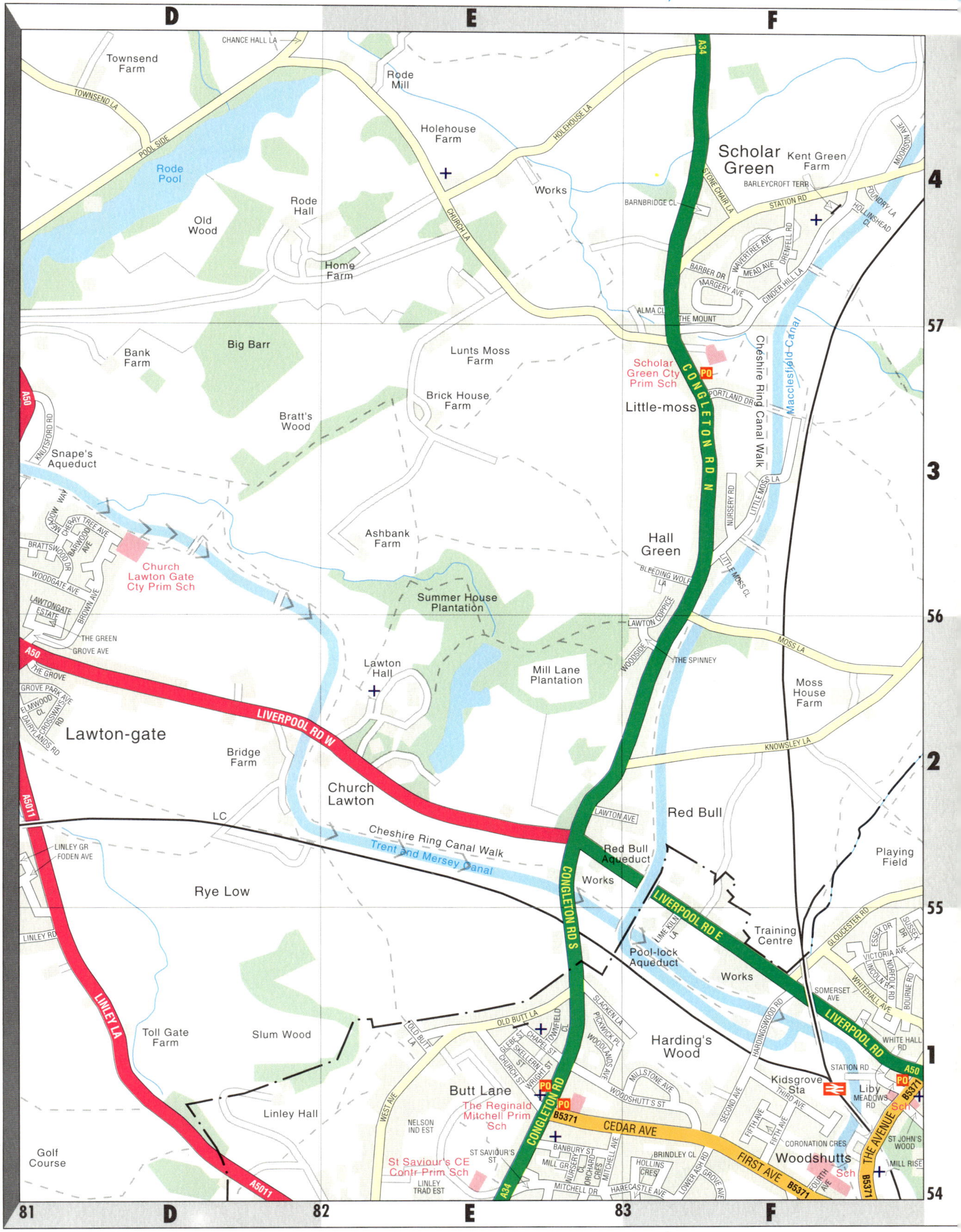
D
E
F
Townsend Farm
CHANCE HALL LA
TOWNSEND LA
POOL SIDE
Rode Pool
Old Wood
Rode Hall
Rode Mill
Holehouse Farm
HOLEHOUSE LA
CHURCH LA
Home Farm
Works
A34
Scholar Green
Kent Green Farm
BARLEYCROFT TERR
MOORSON AVE
STONE CHAIR LA
BARNBRIDGE CL
STATION RD
FOUNDRY LA
HOLLINSHEAD CL
WAVERTREE AVE
GRENFELL RD
BARBER DR
MEAD AVE
MARGERY AVE
CINDER HILL LA
ALMA CL
THE MOUNT
4
57
Bank Farm
Big Barr
Lunts Moss Farm
Scholar Green Cty Prim Sch
PO
Cheshire Ring Canal Walk
Macclesfield Canal
A50
Brick House Farm
PORTLAND DR
Little-moss
Bratt's Wood
CONGLETON RD N
KNUTSFORD RD
Snape's Aqueduct
3
NURSERY RD
LITTLE MOSS LA
MEADOW WAY
CHERRY TREE AVE
BARWOOD AVE
BRATTSWOOD DR
Church Lawton Gate Cty Prim Sch
Ashbank Farm
Hall Green
LITTLE MOSS CL
BLEEDING WOLF LA
WOODGATE AVE
LAWTONGATE ESTATE
BROWN AVE
Summer House Plantation
LAWTON COPPICE
56
THE GREEN
GROVE AVE
MOSS LA
A50
THE GROVE
Lawton Hall
WOODSIDE
THE SPINNEY
Mill Lane Plantation
Moss House Farm
GROVE PARK AVE
ELMWOOD CL
CROSSWAYS RD
DAIRYLANDS RD
LIVERPOOL RD W
Lawton-gate
Bridge Farm
KNOWSLEY LA
2
A5011
Church Lawton
LC
LAWTON AVE
Red Bull
Cheshire Ring Canal Walk
Trent and Mersey Canal
LINLEY GR
FODEN AVE
Red Bull Aqueduct
Playing Field
Works
Rye Low
CONGLETON RD S
LIVERPOOL RD E
LINLEY RD
LIME KILN LA
Training Centre
55
GLOUCESTER RD
ESSEX DR
SUSSEX DR
VICTORIA AVE
Pool-lock Aqueduct
Works
SOMERSET AVE
LINCOLN RD
NORFOLK RD
WHITEHALL AVE
BOURNE RD
LINLEY LA
OLD BUTT LA
TOWNFIELD CL
SLACKEN LA
HARDINGSWOOD RD
LIVERPOOL RD
WHITE HALL RD
Toll Gate Farm
Slum Wood
GLEBE ST
CHAPEL ST
PICKWICK PL
WOODLANDS AVE
Harding's Wood
1
SKELLERN ST
CHURCH ST
WRIGHT ST
MILLSTONE AVE
STATION RD
A50
Kidsgrove Sta
Liby
MEADOWS RD
B5371
Butt Lane
The Reginald Mitchell Prim Sch
B5371
WOODSHUTTS ST
THIRD AVE
SECOND AVE
Linley Hall
WEST AVE
NELSON IND EST
CEDAR AVE
FIFTH AVE
FIFTH AVE
Sch
THE AVENUE
ST JOHN'S WOOD
CORONATION CRES
Golf Course
ST SAVIOUR'S ST
BANBURY ST
MILL GR
NURSERY CL
ORCHARD CRES
MITCHELL AVE
BRINDLEY CL
HOLLINS CRES
Woodshutts
MILL RISE
St Saviour's CE Contr Prim Sch
LOWER ASH RD
GROVE AVE
FIRST AVE
FOURTH AVE
Sch
B5371
A34
A5011
LINLEY TRAD EST
MITCHELL DR
HARECASTLE AVE
B5371
54
81
82
83
D
E
F

40
26

25
15

A B C

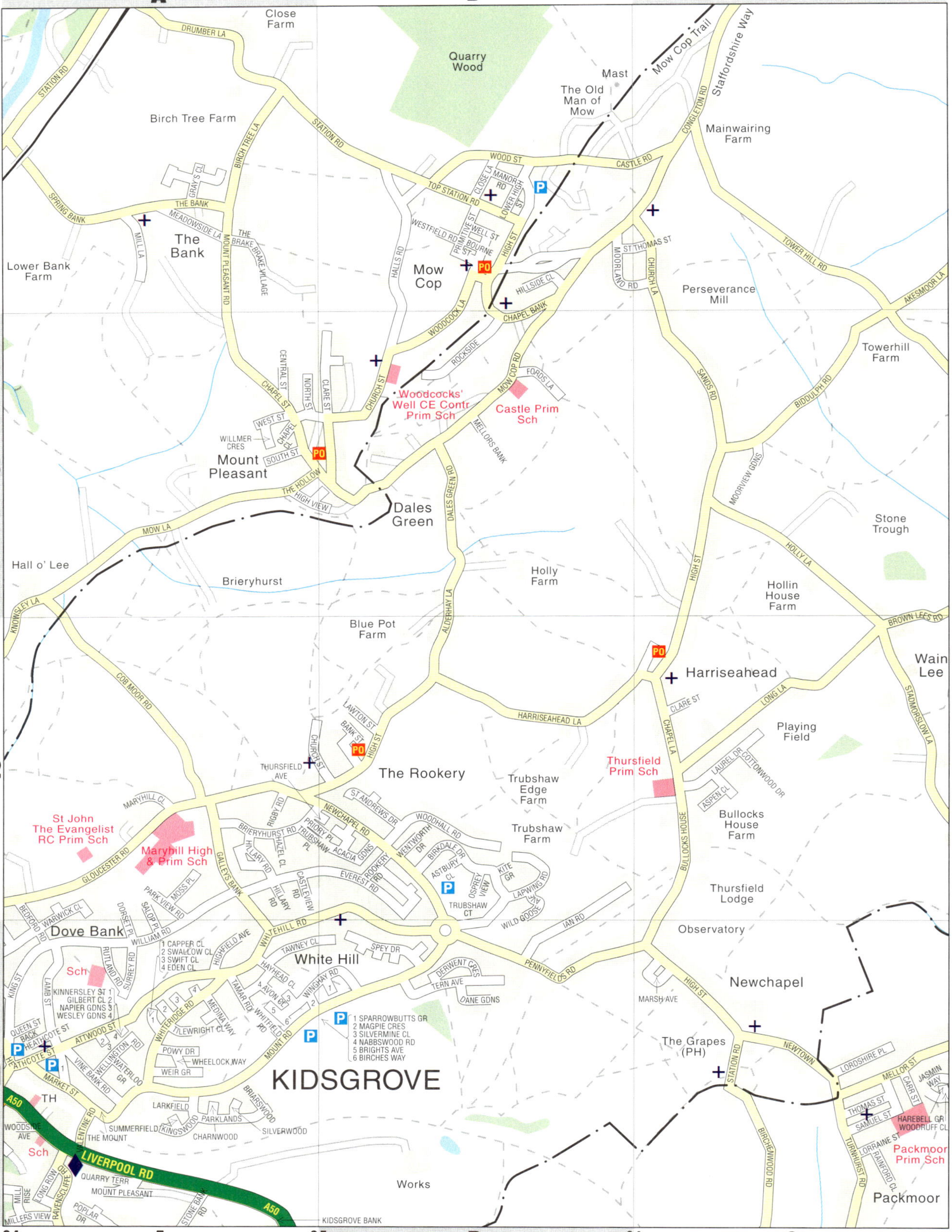

A B C

25
41

16
28

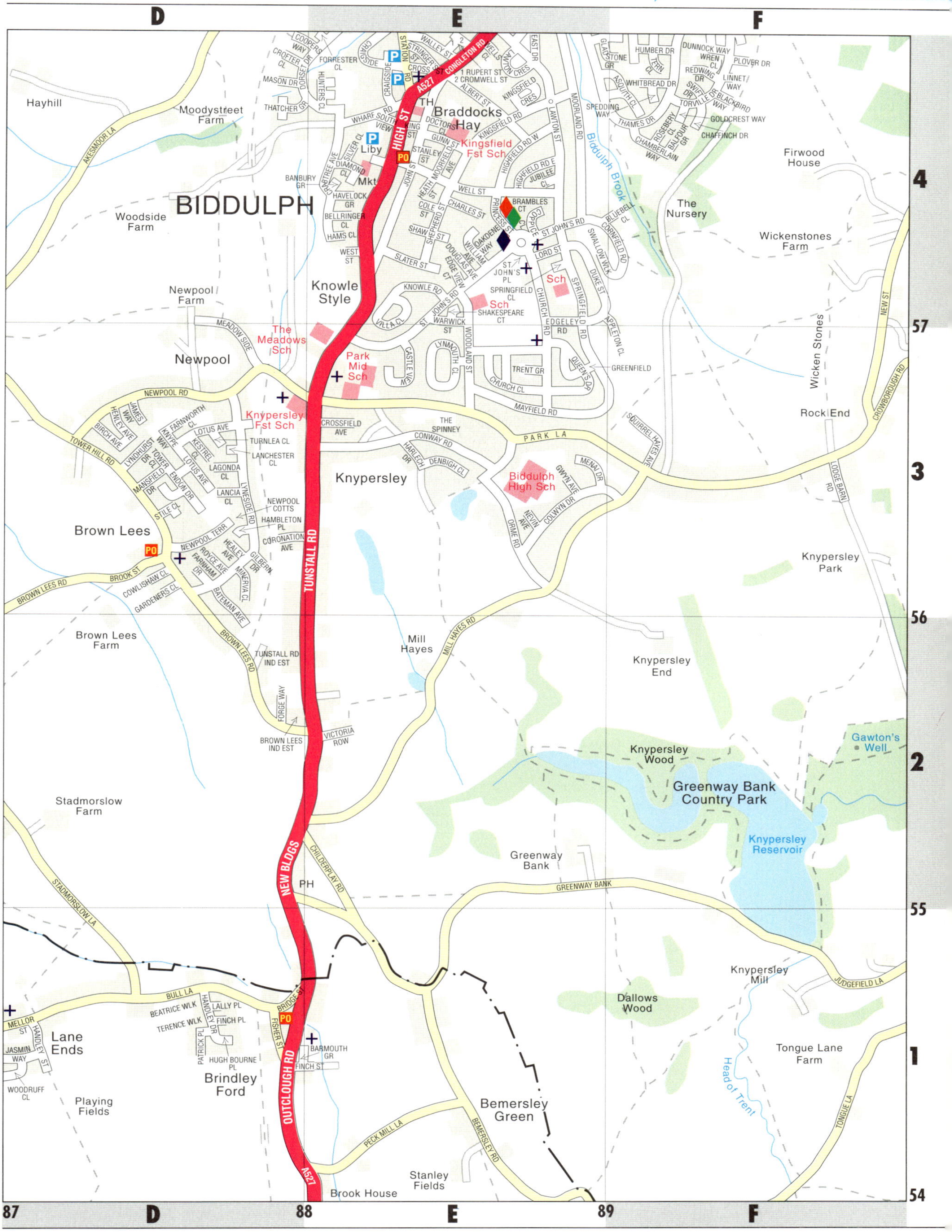
D
E
F
4
57
3
56
2
55
1
54
87
88
89
BIDDULPH
Hayhill
Moodystreet Farm
AKESMOOR LA
Woodside Farm
Newpool Farm
Newpool
Knowle Style
Braddocks Hay
Mkt
Liby
TH
PO
P
Kingsfield Fst Sch
The Meadows Sch
Park Mid Sch
Knypersley Fst Sch
Sch
Knypersley
Biddulph High Sch
Brown Lees
Brown Lees Farm
Stadmorslow Farm
Mill Hayes
Greenway Bank
Knypersley Wood
Greenway Bank Country Park
Knypersley Reservoir
Gawton's Well
Firwood House
The Nursery
Wickenstones Farm
Wicken Stones
Rock End
Knypersley Park
Knypersley End
Knypersley Mill
Dallows Wood
Tongue Lane Farm
Head of Trent
Lane Ends
Playing Fields
Brindley Ford
Bemersley Green
Stanley Fields
Brook House
PH
Biddulph Brook
HIGH ST
A527
CONGLETON RD
TUNSTALL RD
NEW BLDGS
OUTCLOUGH RD
NEWPOOL RD
TOWER HILL RD
BROWN LEES RD
BROOK ST
PARK LA
MAYFIELD RD
MILL HAYES RD
GREENWAY BANK
STADMORSLOW LA
BULL LA
PECK MILL LA
BEMERSLEY RD
JUDGEFIELD LA
TONGUE LA
LODGE BARN RD
CROWBOROUGH RD
NEW ST
SQUIRREL HAYES AVE
CHILDERPLAY RD
MOORLAND RD
LAWTON ST
KINGSFIELD RD
HIGHFIELD RD W
WELL ST
CHARLES ST
ST JOHN'S RD
CHURCH RD
SPRINGFIELD RD
DUKE ST
APPLETON CL
GREENFIELD
WOODLAND ST
TRENT GR
CHURCH CL
QUEEN'S DR
EDGELEY RD
CASTLE VIEW
LYNMOUTH CL
VILLA CL
WARWICK ST
KNOWLE RD
JOHN'S RD
SHAKESPEARE CT
SPRINGFIELD CL
ST JOHN'S PL
LORD ST
SWALLOW WALK
CORNFIELD RD
BLUEBELL CL
BRAMBLES CT
SLATER ST
SHAW ST
SHEPHERD ST
COLE ST
WEST ST
HAMS CL
BELLRINGER CL
HAVELOCK GR
BANBURY GR
DIAMOND CL
SILVER CL
CRABTREE AVE
WHARF RD
THATCHER GR
MASON DR
CROFTER CL
COOPERS WAY
FORRESTER CL
HUNTERS CL
DORSET DR
CRAIGSIDE
STATION RD
CROSS ST
1 RUPERT ST
2 CROMWELL ST
ALBERT ST
KINGSFIELD CRES
DOCTORS CL
GUNN ST
STANLEY ST
MODERFIELD AVE
HEATH ST
JOHN ST
HIGHFIELD RD E
JUBILEE CL
SPEDDING WAY
GLADSTONE GR
HUMBER DR
TERN CL
WHITBREAD DR
ASQUITH CL
THAMES DR
CHAMBERLAIN WAY
ROSEBERY CL
BALFOUR GR
DUNNOCK WAY
WREN CL
PLOVER DR
REDWING DR
LINNET WAY
SWIFT DR
TORVILLE DR
BLACKBIRD WAY
GOLDCREST WAY
CHAFFINCH DR
THE SPINNEY
CONWAY RD
HARLECH DR
DENBIGH CL
MENAI DR
GWYN AVE
COLWYN DR
NEVIN AVE
ORME RD
CROSSFIELD AVE
TURNLEA CL
LANCHESTER CL
LAGONDA CL
LANCIA CL
LYNESIDE RD
NEWPOOL COTTS
HAMBLETON PL
CORONATION AVE
GILBERN DR
MINERVA CL
BATEMAN AVE
HEALEY AVE
ROYCE AVE
FARNHAM DR
NEWPOOL TERR
COWLISHAW CL
GARDENERS CL
STILE CL
MANSFIELD DR
TOWER WAY
ENDON DR
LYNDHURST DR
KESTREL CL
LOTUS AVE
KNYPE WAY
FARNWORTH CL
BIRCH AVE
HENLEY AVE
JAMES WAY
MEADOW SIDE
TUNSTALL RD IND EST
FORGE WAY
BROWN LEES IND EST
VICTORIA ROW
MELLOR ST
JASMIN WAY
HANDLEY ST
WOODRUFF CL
BEATRICE WLK
TERENCE WLK
HANDLEY DR
LALLY PL
FINCH PL
PATRICK PL
HUGH BOURNE PL
BRIDGE ST
FISHER ST
BARMOUTH GR
FINCH ST

42
28

27
17

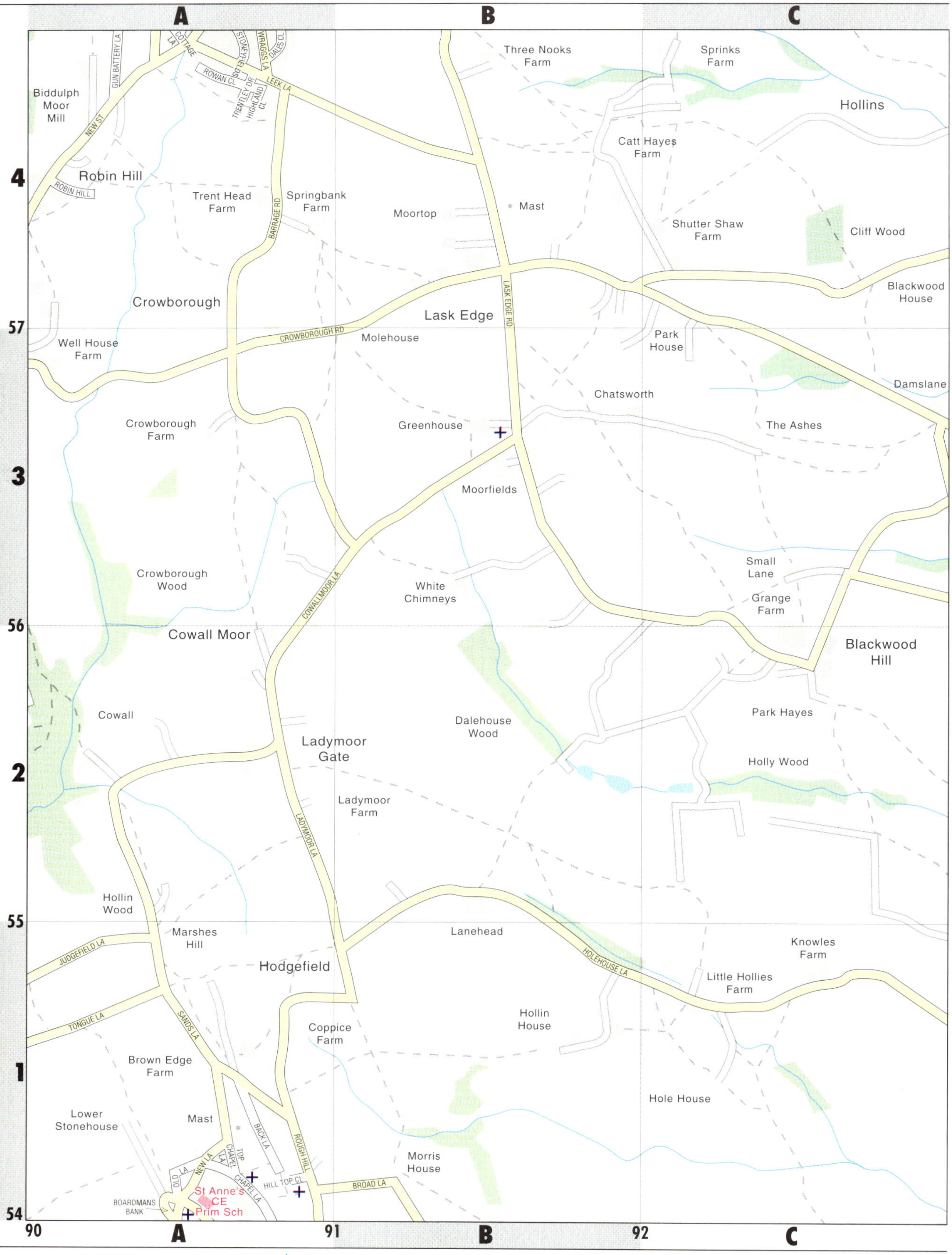
A
B
C
4
57
3
56
2
55
1
54
90
91
92
Biddulph Moor Mill
GUN BATTERY LA
COTTAGE LA
STONEYFIELDS
WRAGGS LA
DALES CL
ROWAN CL
TRENTLEY DR
HIGHLAND CL
LEEK LA
NEW ST
Robin Hill
ROBIN HILL
Trent Head Farm
Springbank Farm
BARRAGE RD
Moortop
Mast
Three Nooks Farm
Sprinks Farm
Hollins
Catt Hayes Farm
Shutter Shaw Farm
Cliff Wood
Blackwood House
Crowborough
Lask Edge
LASK EDGE RD
CROWBOROUGH RD
Molehouse
Well House Farm
Park House
Damslane
Chatsworth
Crowborough Farm
Greenhouse
The Ashes
Moorfields
Crowborough Wood
White Chimneys
COWALL MOOR LA
Small Lane
Grange Farm
Cowall Moor
Blackwood Hill
Cowall
Park Hayes
Dalehouse Wood
Ladymoor Gate
Holly Wood
Ladymoor Farm
LADYMOOR LA
Hollin Wood
Marshes Hill
Lanehead
HOLEHOUSE LA
Knowles Farm
JUDGEFIELD LA
Hodgefield
Little Hollies Farm
TONGUE LA
SANDS LA
Coppice Farm
Hollin House
Brown Edge Farm
Hole House
Lower Stonehouse
Mast
BACK LA
ROUGH HILL
NEW LA
CHAPEL LA
TOP CHAPEL LA
Morris House
OLD LA
HILL TOP CL
BROAD LA
BOARDMANS BANK
St Anne's CE Prim Sch

27
43

18
30

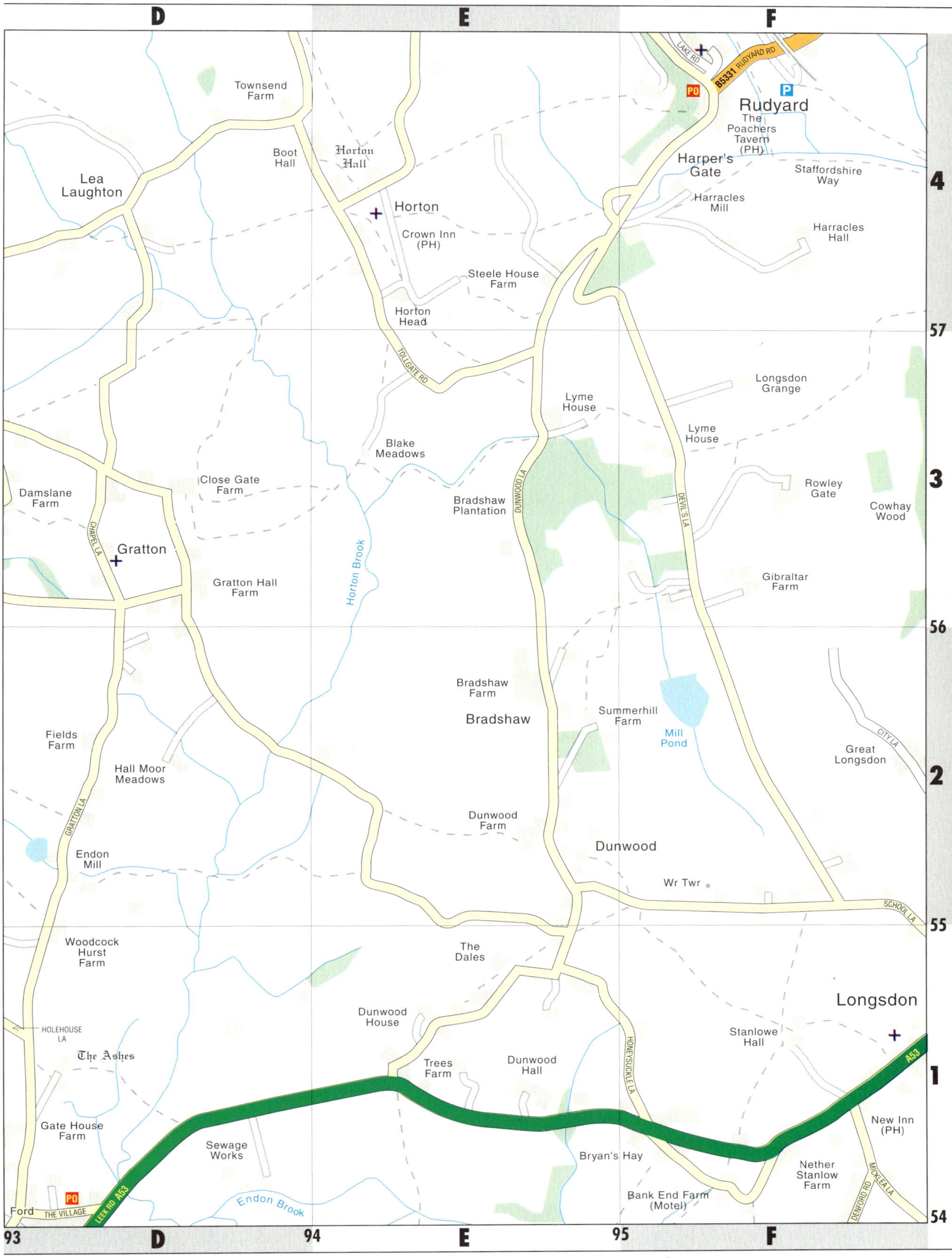
D
E
F
Townsend Farm
Boot Hall
Horton Hall
Lea Laughton
Horton
Crown Inn (PH)
Steele House Farm
Horton Head
TOLLGATE RD
LAKE RD
B5331 RUDYARD RD
PO
P
Rudyard
The Poachers Tavern (PH)
Harper's Gate
Staffordshire Way
Harracles Mill
Harracles Hall
Longsdon Grange
Lyme House
Lyme House
Blake Meadows
Rowley Gate
Cowhay Wood
Damslane Farm
Close Gate Farm
Bradshaw Plantation
DUNWOOD LA
DEVIL'S LA
CHAPEL LA
Gratton
Gratton Hall Farm
Horton Brook
Gibraltar Farm
Bradshaw Farm
Bradshaw
Summerhill Farm
Mill Pond
Fields Farm
Hall Moor Meadows
CITY LA
Great Longsdon
GRATTON LA
Endon Mill
Dunwood Farm
Dunwood
Wr Twr
SCHOOL LA
Woodcock Hurst Farm
The Dales
Longsdon
Dunwood House
HOLEHOUSE LA
The Ashes
Trees Farm
Dunwood Hall
HONEYSUCKLE LA
Stanlowe Hall
A53
Gate House Farm
Sewage Works
Bryan's Hay
New Inn (PH)
Nether Stanlow Farm
Endon Brook
Bank End Farm (Motel)
MICKLEA LA
DENFORD RD
PO
Ford
THE VILLAGE
LEEK RD A53
4
57
3
56
2
55
1
54
93
94
95

44
30

29
19

C3
1 SCHOOL ST
2 ST GEORGE ST
3 BRITANNIA ST
4 OVERTON BANK
5 MARKET PL
6 STEP ROW
7 JOLLIFFE ST
8 PROSPECT PL
9 CORNHILL ST
10 DANESGATE
11 BRUNSWICK ST
12 CROMWELL ST
13 SMITHFIELD
14 TALBOT ST

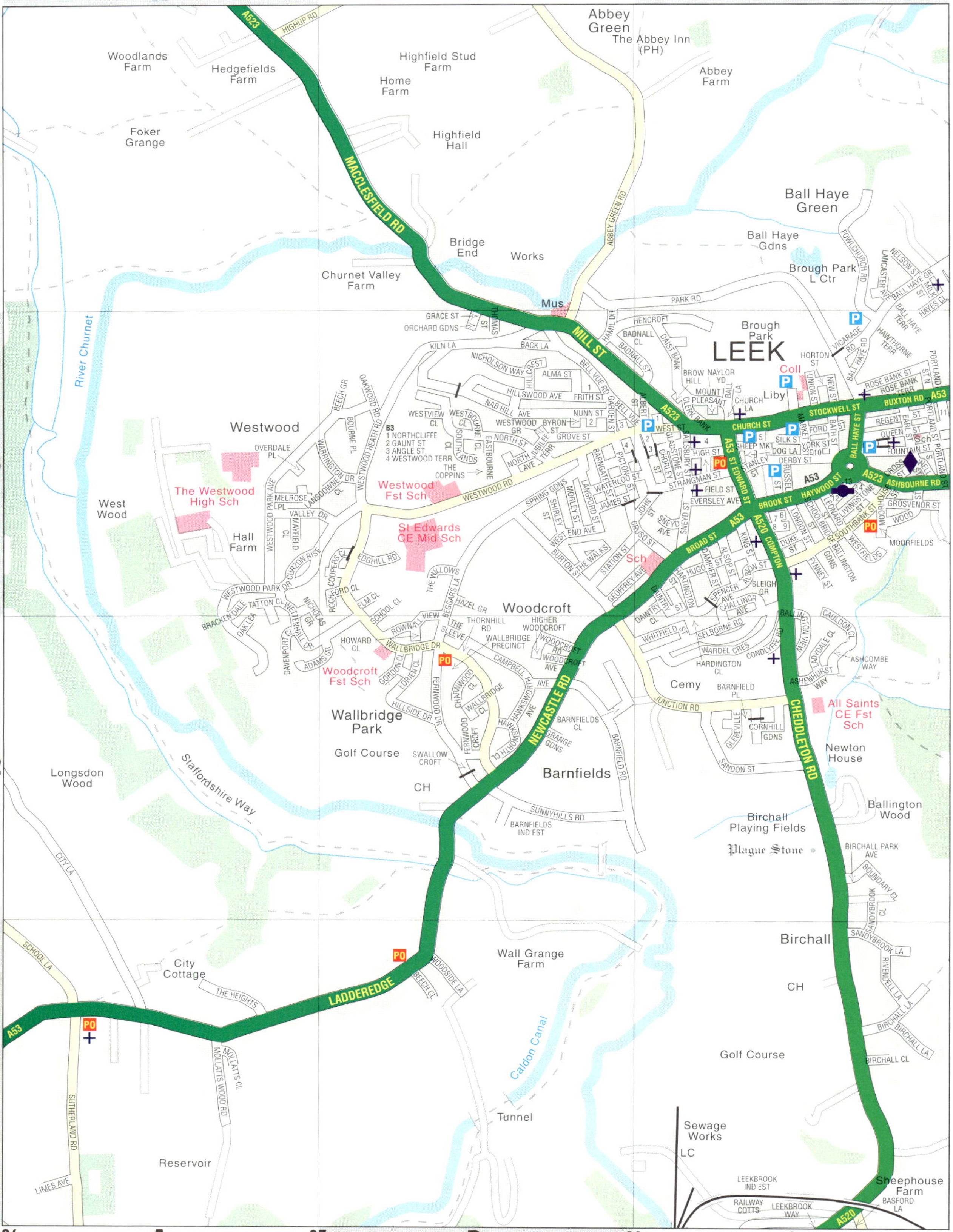

A
B
C

29
45

20
32

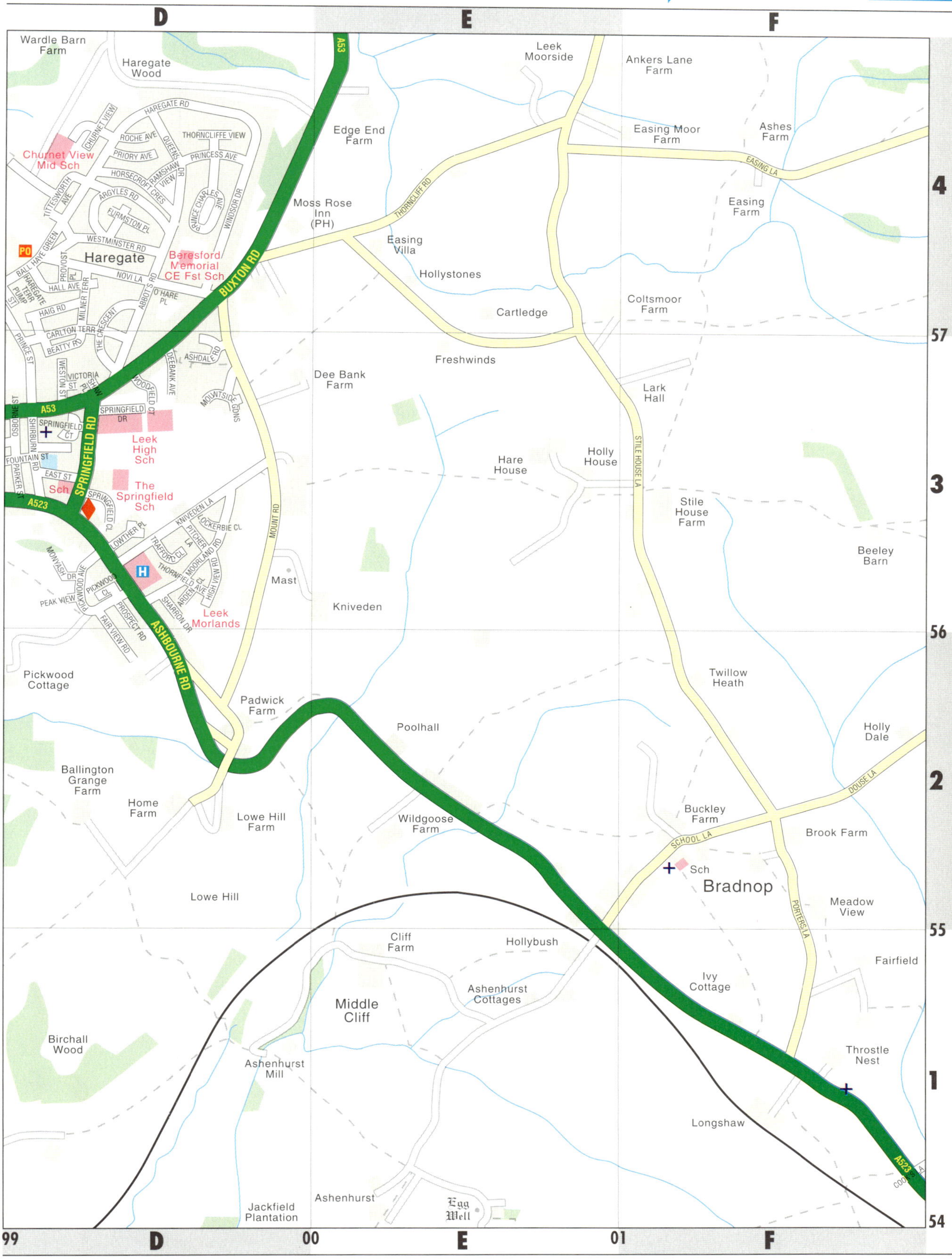
D
E
F
Wardle Barn Farm
Haregate Wood
A53
Leek Moorside
Ankers Lane Farm
HAREGATE RD
CHURNET VIEW
ROCHE AVE
THORNCLIFFE VIEW
Churnet View Mid Sch
PRIORY AVE
PRINCESS AVE
Edge End Farm
Easing Moor Farm
Ashes Farm
EASING LA
HORSECROFT CRES
RAMSHAW VIEW
QUEENS DR
ARGYLES RD
CHARLES AVE
WINDSOR DR
TITTESWORTH AVE
FURMSTON PL
PRINCE CHARLES AVE
Moss Rose Inn (PH)
THORNCLIFF RD
Easing Farm
4
PO
WESTMINSTER RD
Haregate
Beresford Memorial CE Fst Sch
BUXTON RD
Easing Villa
BALL HAYE GREEN
PROVOST PL
NOVI LA
HAREGATE TERR
PUMP ST
HALL AVE
MILNER TERR
ABBOT'S RD
O'HARE PL
Hollystones
HAIG RD
THE CRESCENT
Coltsmoor Farm
Cartledge
CARLTON TERR
BEATTY RD
PRINCE ST
57
ASHDALE RD
Freshwinds
WESTON ST
VICTORIA ST
SHAW PL
DEEBANK AVE
WOODFIELD CT
Dee Bank Farm
Lark Hall
MOUNTSIDE GDNS
A53
OSBORNE ST
SPRINGFIELD DR
SPRINGFIELD CT
SHIRBURN RD
SPRINGFIELD RD
Leek High Sch
STILE HOUSE LA
Holly House
Hare House
FOUNTAIN ST
PARKER ST
EAST ST
Sch
The Springfield Sch
3
A523
SPRINGFIELD CL
KNIVEDEN LA
LOCKERBIE CL
PITCHER LA
MOUNT RD
Stile House Farm
LOWTHER PL
TRAFFORD CL
MOORLAND RD
Beeley Barn
MONYASH DR
PICKWOOD AVE
H
THORNFIELD AVE
HIGH VIEW RD
Mast
PEAK VIEW
PICKWOOD CL
ARDEN CL
SHARRON DR
Kniveden
PROSPECT RD
Leek Morlands
FAIR VIEW RD
ASHBOURNE RD
56
Pickwood Cottage
Twillow Heath
Padwick Farm
Poolhall
Holly Dale
Ballington Grange Farm
2
DOUSE LA
Home Farm
Lowe Hill Farm
Wildgoose Farm
Buckley Farm
Brook Farm
SCHOOL LA
Sch
Bradnop
Lowe Hill
Meadow View
PORTERS LA
55
Cliff Farm
Hollybush
Fairfield
Middle Cliff
Ashenhurst Cottages
Ivy Cottage
Birchall Wood
Throstle Nest
Ashenhurst Mill
1
Longshaw
A523
COOMBES LA
Jackfield Plantation
Ashenhurst
Egg Well
54
99
00
01

46
32

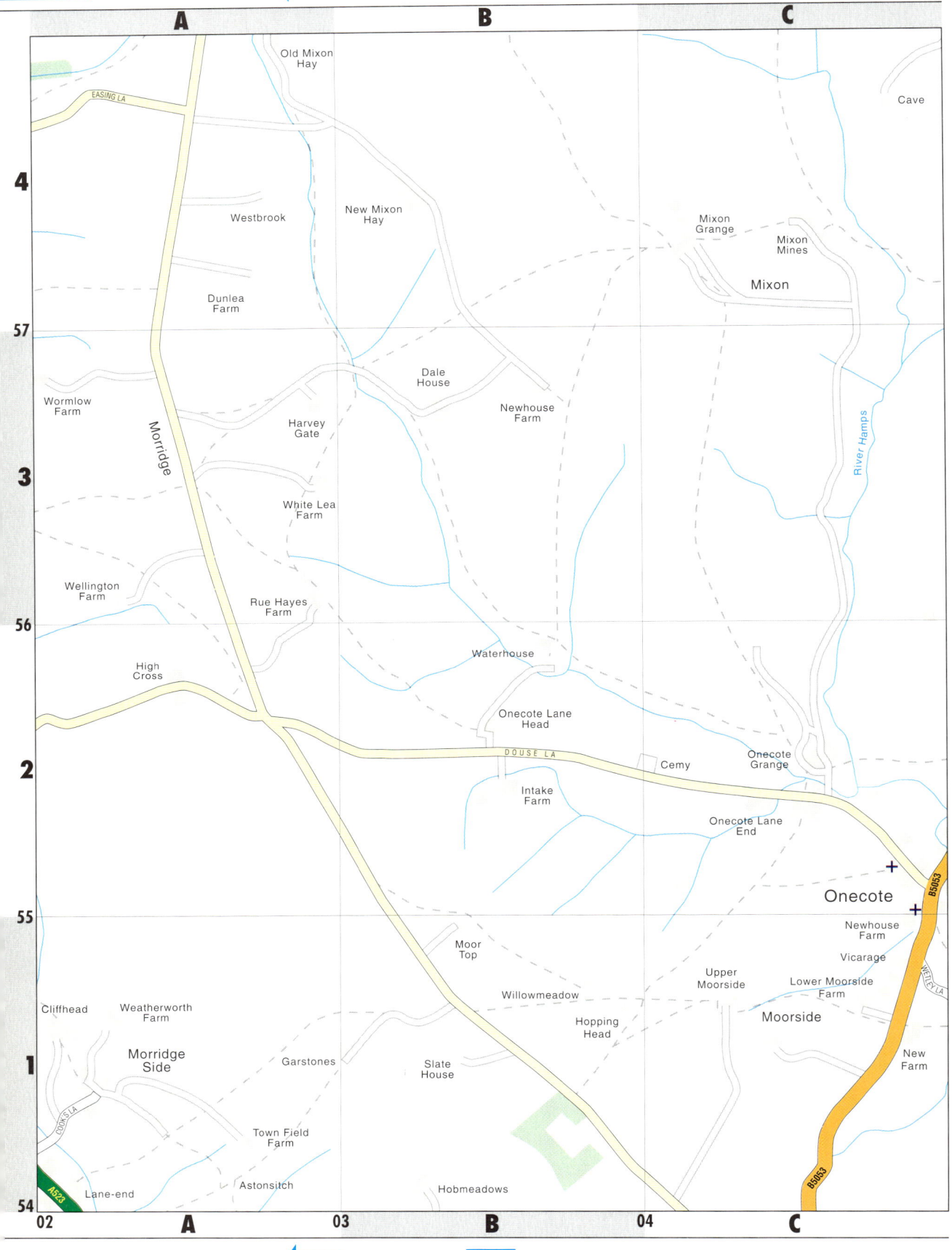

22
34

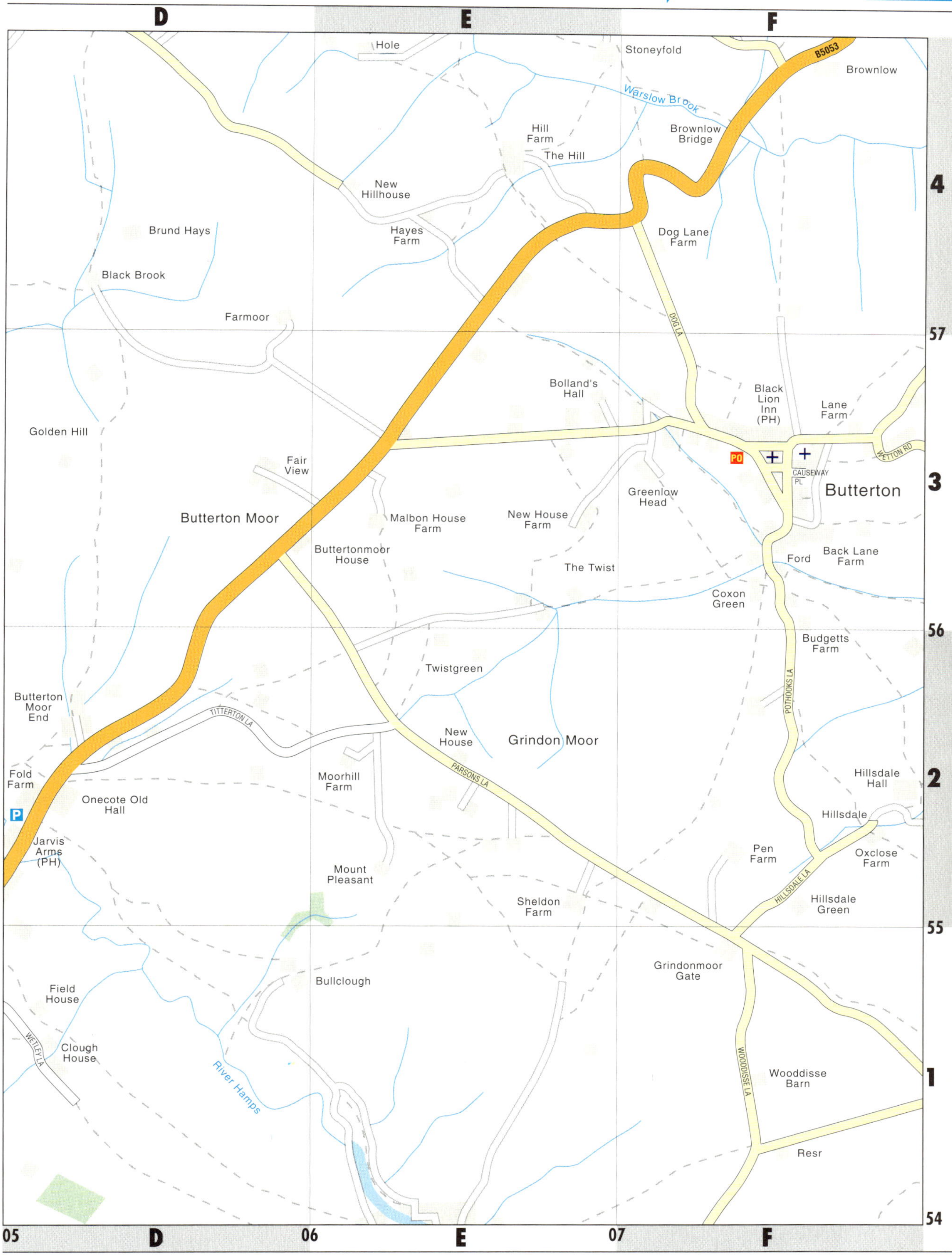
D
E
F
Hole
Stoneyfold
B5053
Brownlow
Warslow Brook
Hill Farm
Brownlow Bridge
The Hill
New Hillhouse
4
Brund Hays
Hayes Farm
Dog Lane Farm
Black Brook
Farmoor
DOG LA
57
Bolland's Hall
Black Lion Inn (PH)
Lane Farm
Golden Hill
PO
WETTON RD
Fair View
CAUSEWAY PL
Greenlow Head
Butterton
3
Butterton Moor
Malbon House Farm
New House Farm
Buttertonmoor House
Ford
Back Lane Farm
The Twist
Coxon Green
56
Budgetts Farm
Twistgreen
POTHOOKS LA
Butterton Moor End
TITTERTON LA
New House
Grindon Moor
Fold Farm
PARSONS LA
Moorhill Farm
Hillsdale Hall
2
Onecote Old Hall
P
Hillsdale
Jarvis Arms (PH)
Pen Farm
Oxclose Farm
Mount Pleasant
HILLSDALE LA
Sheldon Farm
Hillsdale Green
55
Grindonmoor Gate
Bullclough
Field House
WETLEY LA
Clough House
River Hamps
WOODDISSE LA
Wooddisse Barn
1
Resr
54
05
D
06
E
07
F

48
34

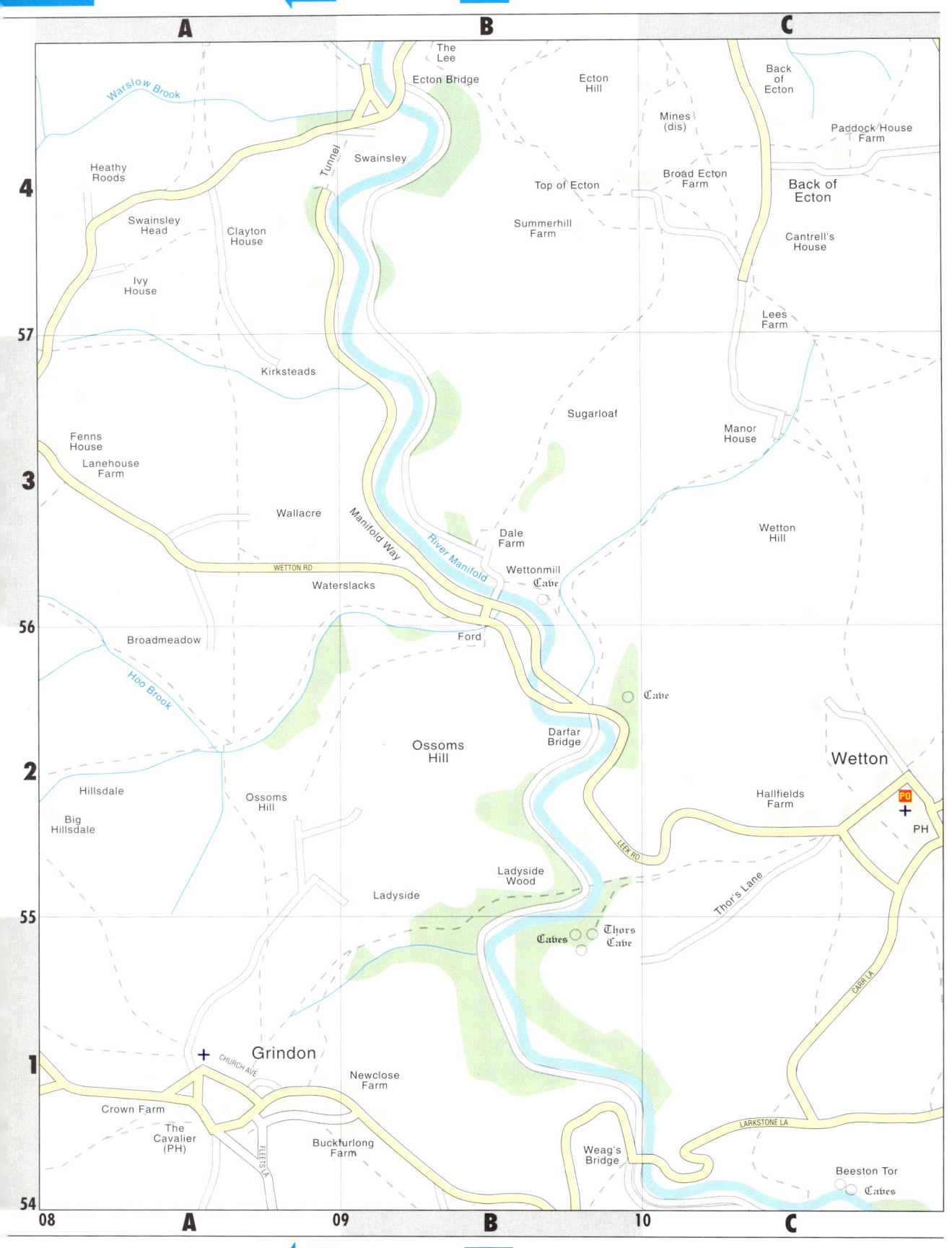

24
36
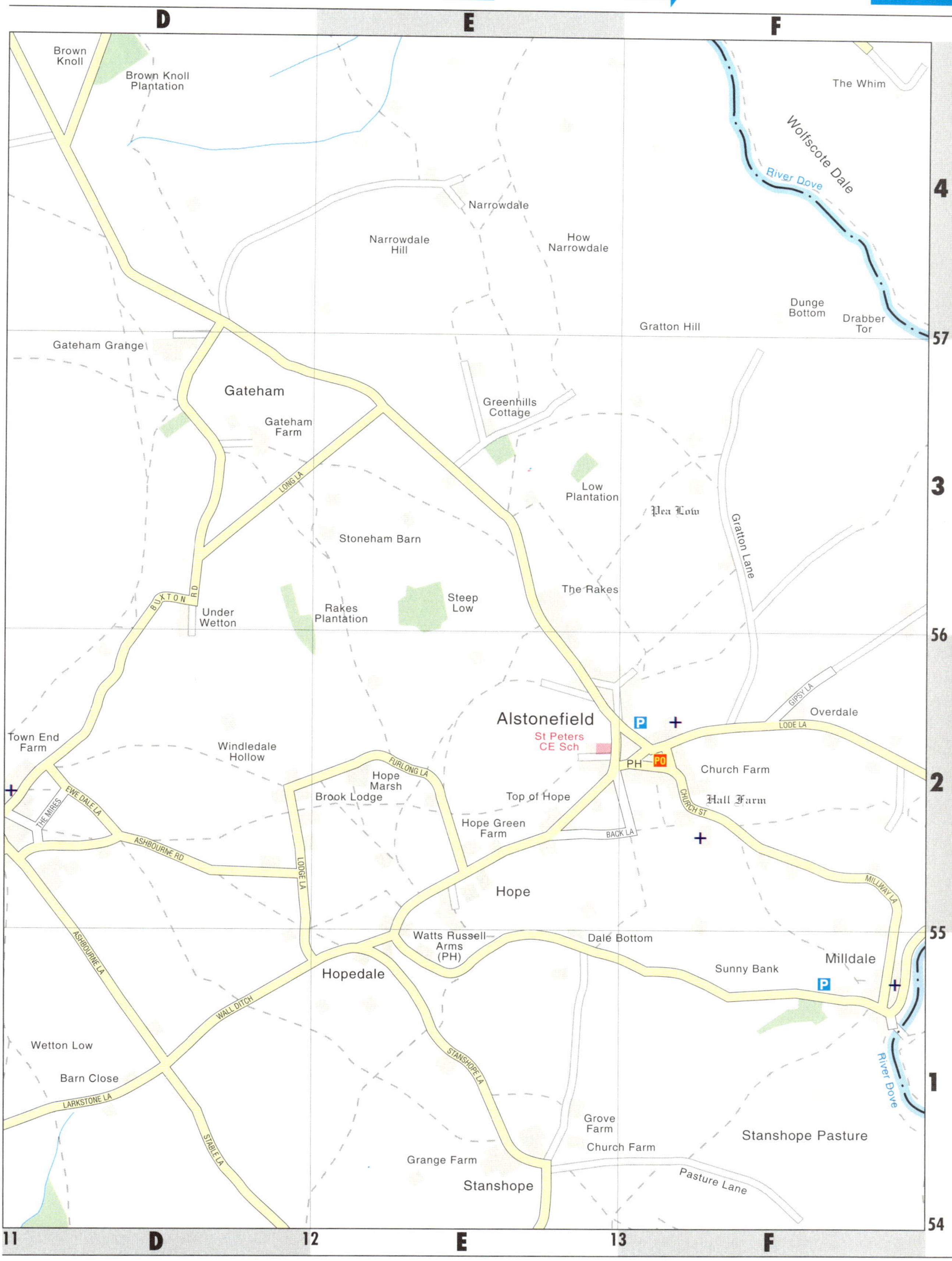
D
E
F
Brown Knoll
Brown Knoll Plantation
The Whim
Wolfscote Dale
River Dove
Narrowdale
Narrowdale Hill
How Narrowdale
Dunge Bottom
Drabber Tor
Gratton Hill
Gateham Grange
Gateham
Gateham Farm
Greenhills Cottage
Low Plantation
Pea Low
Gratton Lane
LONG LA
Stoneham Barn
The Rakes
Steep Low
Rakes Plantation
BUXTON RD
Under Wetton
Alstonefield
St Peters CE Sch
P
PH
PO
GIPSY LA
Overdale
LODE LA
Church Farm
Hall Farm
Town End Farm
Windledale Hollow
FURLONG LA
Hope Marsh
Brook Lodge
Top of Hope
Hope Green Farm
EWE DALE LA
THE MIRES
ASHBOURNE RD
LODGE LA
BACK LA
CHURCH ST
Hope
MILLWAY LA
Watts Russell Arms (PH)
Dale Bottom
Hopedale
Sunny Bank
Milldale
ASHBOURNE LA
WALL DITCH
STANSHOPE LA
Wetton Low
Barn Close
LARKSTONE LA
STABLE LA
Grove Farm
Church Farm
Grange Farm
Stanshope
Pasture Lane
Stanshope Pasture
River Dove
4
57
3
56
2
55
1
54
11
12
13
50
36

35

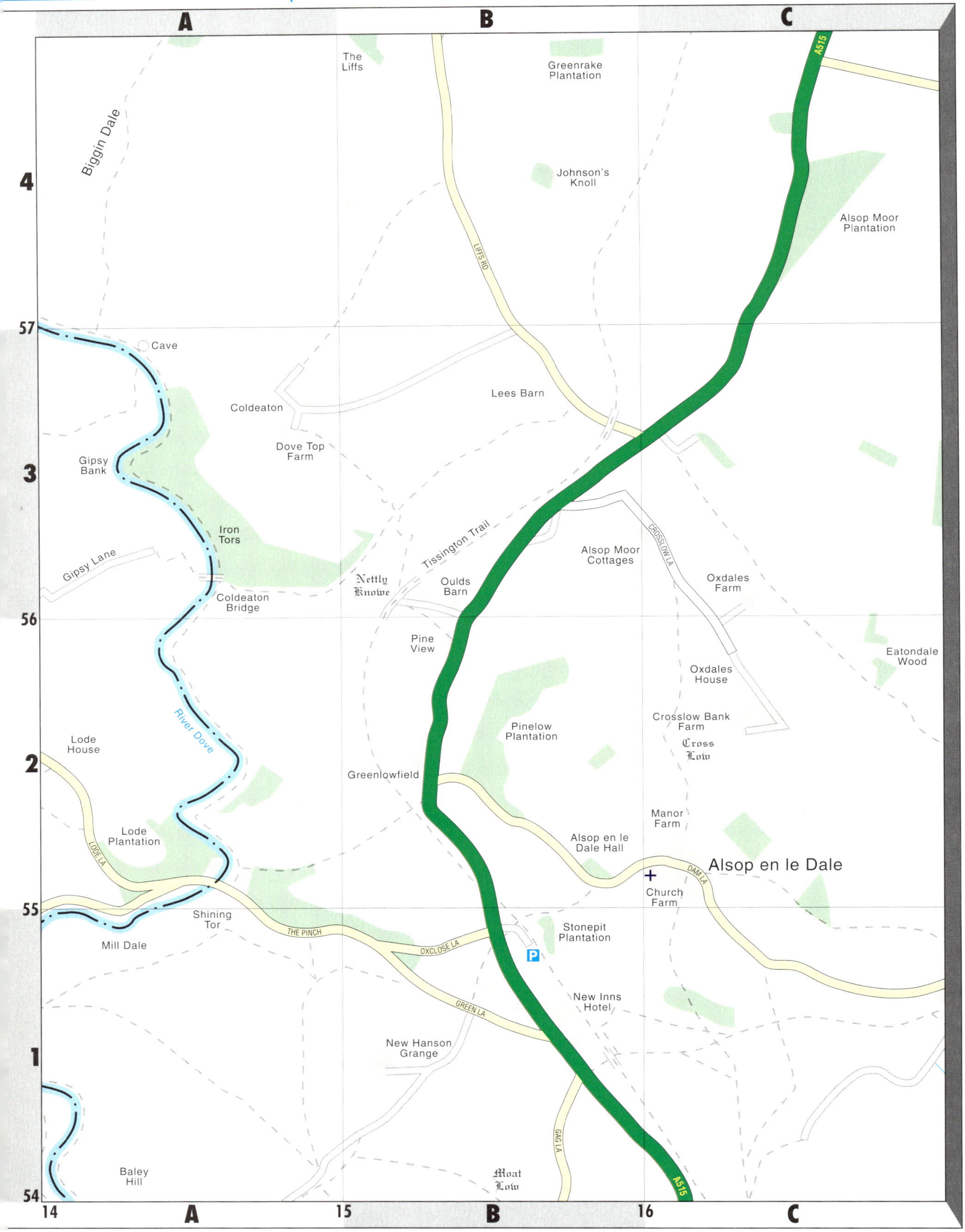

A
B
C
4
57
3
56
2
55
1
54
14
15
16
The Liffs
Greenrake Plantation
A515
Biggin Dale
Johnson's Knoll
Alsop Moor Plantation
LIFFS RD
Cave
Lees Barn
Coldeaton
Dove Top Farm
Gipsy Bank
Iron Tors
Tissington Trail
CROSSLOW LA
Alsop Moor Cottages
Gipsy Lane
Nettly Knowe
Oulds Barn
Oxdales Farm
Coldeaton Bridge
Pine View
Eatondale Wood
Oxdales House
River Dove
Pinelow Plantation
Crosslow Bank Farm
Cross Low
Lode House
Greenlowfield
Manor Farm
Lode Plantation
LODE LA
Alsop en le Dale Hall
DAM LA
Alsop en le Dale
Church Farm
Shining Tor
THE PINCH
Stonepit Plantation
Mill Dale
OXCLOSE LA
P
GREEN LA
New Inns Hotel
New Hanson Grange
GAG LA
Baley Hill
Moat Low

35
51

38
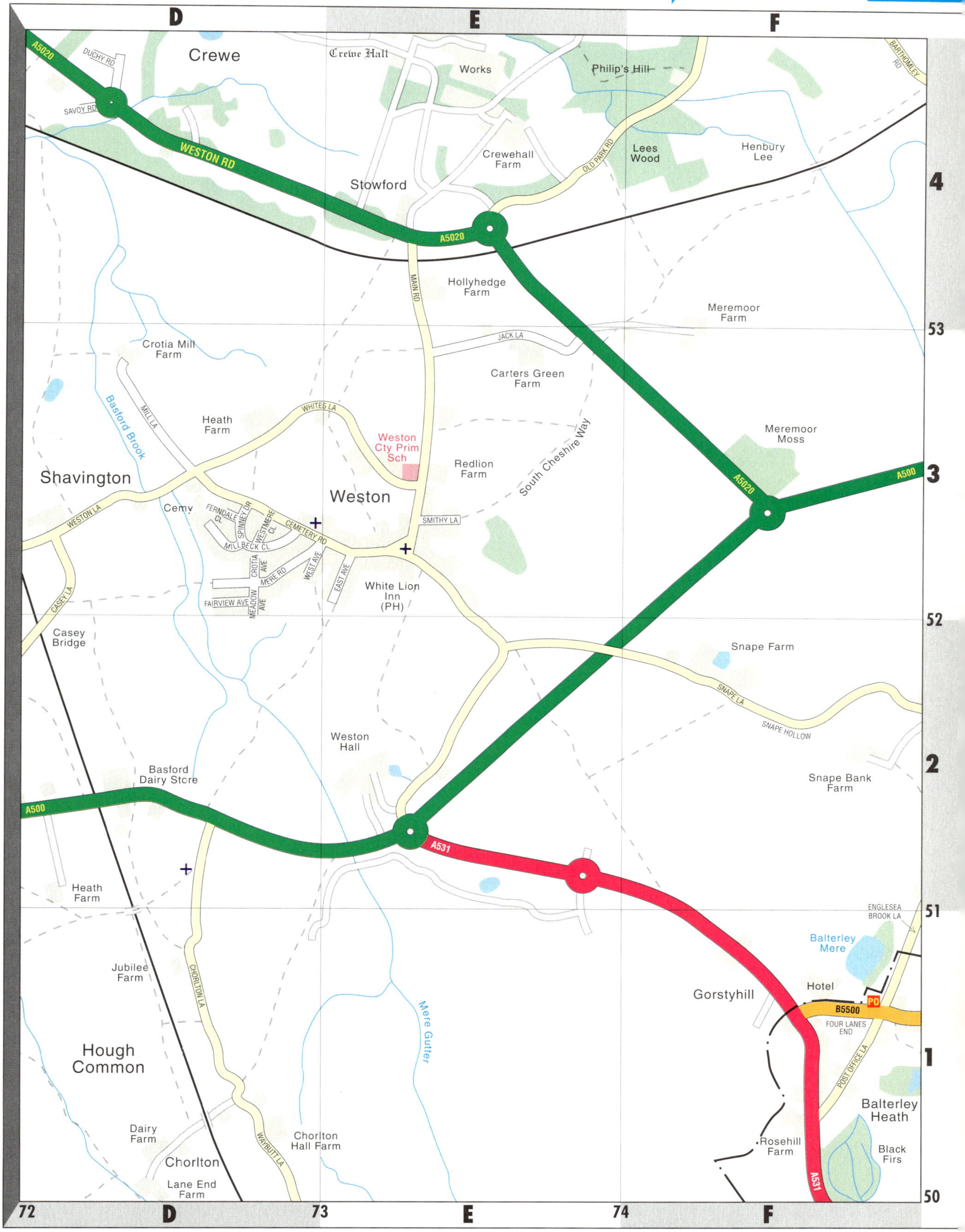

D
E
F
Crewe
Crewe Hall
Works
Philip's Hill
A5020
DUCHY RD
SAVOY RD
WESTON RD
Crewehall Farm
Stowford
OLD PARK RD
Lees Wood
Henbury Lee
BARTHOMLEY RD
Hollyhedge Farm
MAIN RD
Meremoor Farm
JACK LA
Crotia Mill Farm
Carters Green Farm
Basford Brook
MILL LA
Heath Farm
WHITES LA
Weston Cty Prim Sch
Redlion Farm
South Cheshire Way
Meremoor Moss
Shavington
Weston
A500
Cemy
FERNDALE CL
SPINNEY DR
WESTMERE CL
CEMETERY RD
SMITHY LA
WESTON LA
MILLBECK CL
CROTIA AVE
MERE RD
WEST AVE
EAST AVE
White Lion Inn (PH)
CASEY LA
FAIRVIEW AVE
MEADOW AVE
Casey Bridge
Snape Farm
SNAPE LA
SNAPE HOLLOW
Weston Hall
Basford Dairy Store
Snape Bank Farm
A531
Heath Farm
ENGLESEA BROOK LA
Balterley Mere
Jubilee Farm
Hotel
Gorstyhill
B5500
PO
FOUR LANES END
CHORLTON LA
Mere Gutter
Hough Common
POST OFFICE LA
Balterley Heath
Dairy Farm
Chorlton Hall Farm
Rosehill Farm
Black Firs
Chorlton
WAYBUTT LA
Lane End Farm
4
53
3
52
2
51
1
50
72
73
74

52
38

37

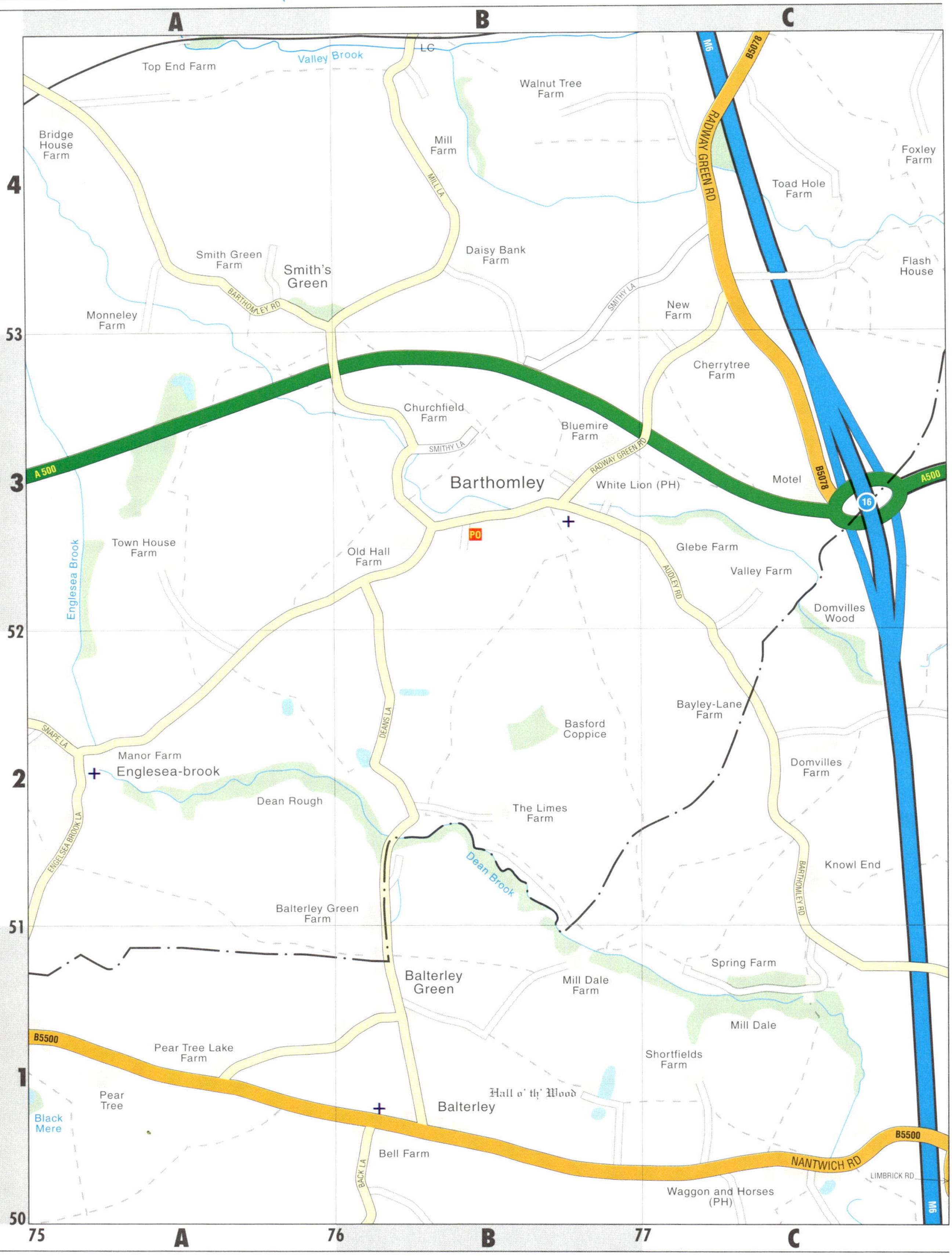
A
B
C
4
53
3
52
2
51
1
50
75
76
77
Valley Brook
LC
Top End Farm
Walnut Tree Farm
M6
B5078
Bridge House Farm
Mill Farm
MILL LA
RADWAY GREEN RD
Foxley Farm
Toad Hole Farm
Smith Green Farm
Smith's Green
Daisy Bank Farm
Flash House
BARTHOMLEY RD
SMITHY LA
New Farm
Monneley Farm
Cherrytree Farm
Churchfield Farm
Bluemire Farm
SMITHY LA
RADWAY GREEN RD
A 500
Barthomley
White Lion (PH)
Motel
B5078
A500
16
PO
Town House Farm
Old Hall Farm
Glebe Farm
Englesea Brook
Valley Farm
AUDLEY RD
Domvilles Wood
Bayley-Lane Farm
DEANS LA
Basford Coppice
SNAPE LA
Manor Farm
Englesea-brook
Domvilles Farm
Dean Rough
The Limes Farm
ENGLESEA BROOK LA
Dean Brook
Knowl End
BARTHOMLEY RD
Balterley Green Farm
Spring Farm
Balterley Green
Mill Dale Farm
Mill Dale
B5500
Pear Tree Lake Farm
Shortfields Farm
Pear Tree
Hall o' th' Wood
Balterley
Black Mere
Bell Farm
B5500
NANTWICH RD
LIMBRICK RD
BACK LA
Waggon and Horses (PH)
M6

37
53

40

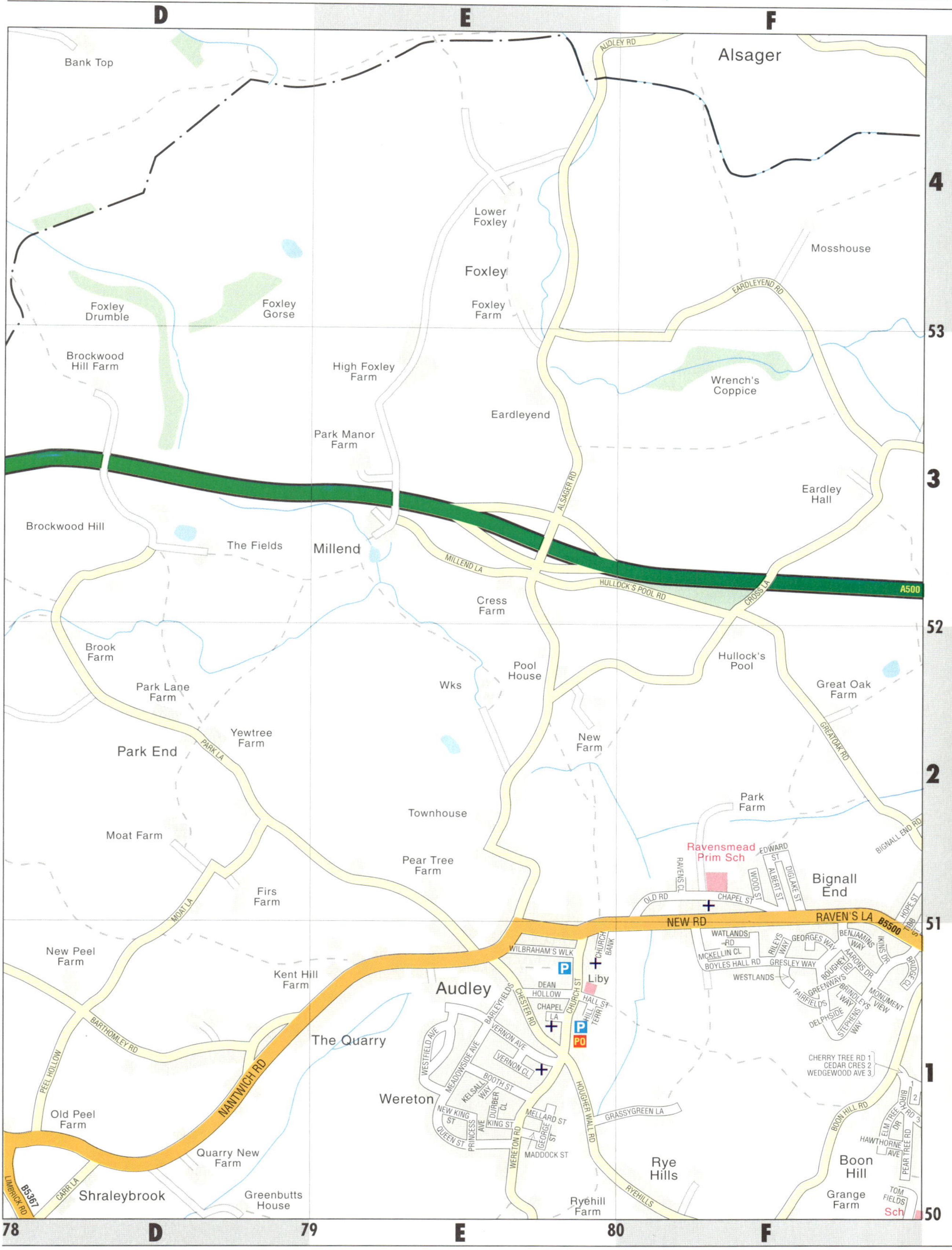
D
E
F
Bank Top
Alsager
AUDLEY RD
4
Lower
Foxley
Foxley
Mosshouse
EARDLEYEND RD
Foxley
Drumble
Foxley
Gorse
Foxley
Farm
53
Brockwood
Hill Farm
High Foxley
Farm
Wrench's
Coppice
Eardleyend
Park Manor
Farm
ALSAGER RD
Eardley
Hall
3
Brockwood Hill
The Fields
Millend
MILLEND LA
HULLOCK'S POOL RD
CROSS LA
A500
Cress
Farm
52
Brook
Farm
Hullock's
Pool
Pool
House
Great Oak
Farm
Park Lane
Farm
Wks
Yewtree
Farm
Park End
PARK LA
New
Farm
GREATOAK RD
2
Townhouse
Park
Farm
Moat Farm
Ravensmead
Prim Sch
EDWARD
ST
BIGNALL END RD
Pear Tree
Farm
RAVENS CL
WOOD ST
ALBERT ST
DIGLAKE ST
Bignall
End
Firs
Farm
OLD RD
CHAPEL ST
MOAT LA
NEW RD
RAVEN'S LA
B5500
HOPE ST
TOBB
51
New Peel
Farm
WILBRAHAM'S WLK
CHURCH BANK
WATLANDS RD
RILEYS WAY
GEORGES WAY
BENJAMINS WAY
IKINS DR
MCKELLIN CL
BOYLES HALL RD
GRESLEY WAY
AARONS DR
BRIDGE CL
Kent Hill
Farm
Liby
WESTLANDS
BOUGHEY RD
GREENWAYS
Audley
DEAN
HOLLOW
BARLEYFIELDS
CHESTER RD
CHURCH ST
HALL ST
HILL TERR
FAIRFIELDS
BRINDLEYS WAY
MONUMENT VIEW
CHAPEL
LA
DELPHSIDE
STEPHENS WAY
BARTHOMLEY RD
The Quarry
VERNON AVE
PO
WESTFIELD AVE
MEADOWSIDE AVE
VERNON CL
CHERRY TREE RD 1
CEDAR CRES 2
WEDGEWOOD AVE 3
1
PEEL HOLLOW
NANTWICH RD
BOOTH ST
KELSALL WAY
DURBER CL
Wereton
NEW KING ST
KING ST
PRINCESS AVE
MELLARD ST
HOUGHER WALL RD
GRASSYGREEN LA
BIRCH RD
BOON HILL RD
ELM TREE DR
Old Peel
Farm
QUEEN ST
WERETON RD
GEORGE ST
MADDOCK ST
HAWTHORNE AVE
PEAR TREE RD
Quarry New
Farm
Rye
Hills
Boon
Hill
CARR LA
B5367
LIMBRICK RD
Shraleybrook
Greenbutts
House
Ryehill
Farm
RYEHILLS
Grange
Farm
TOM FIELDS
Sch
50
78
79
80

54
40

39
25

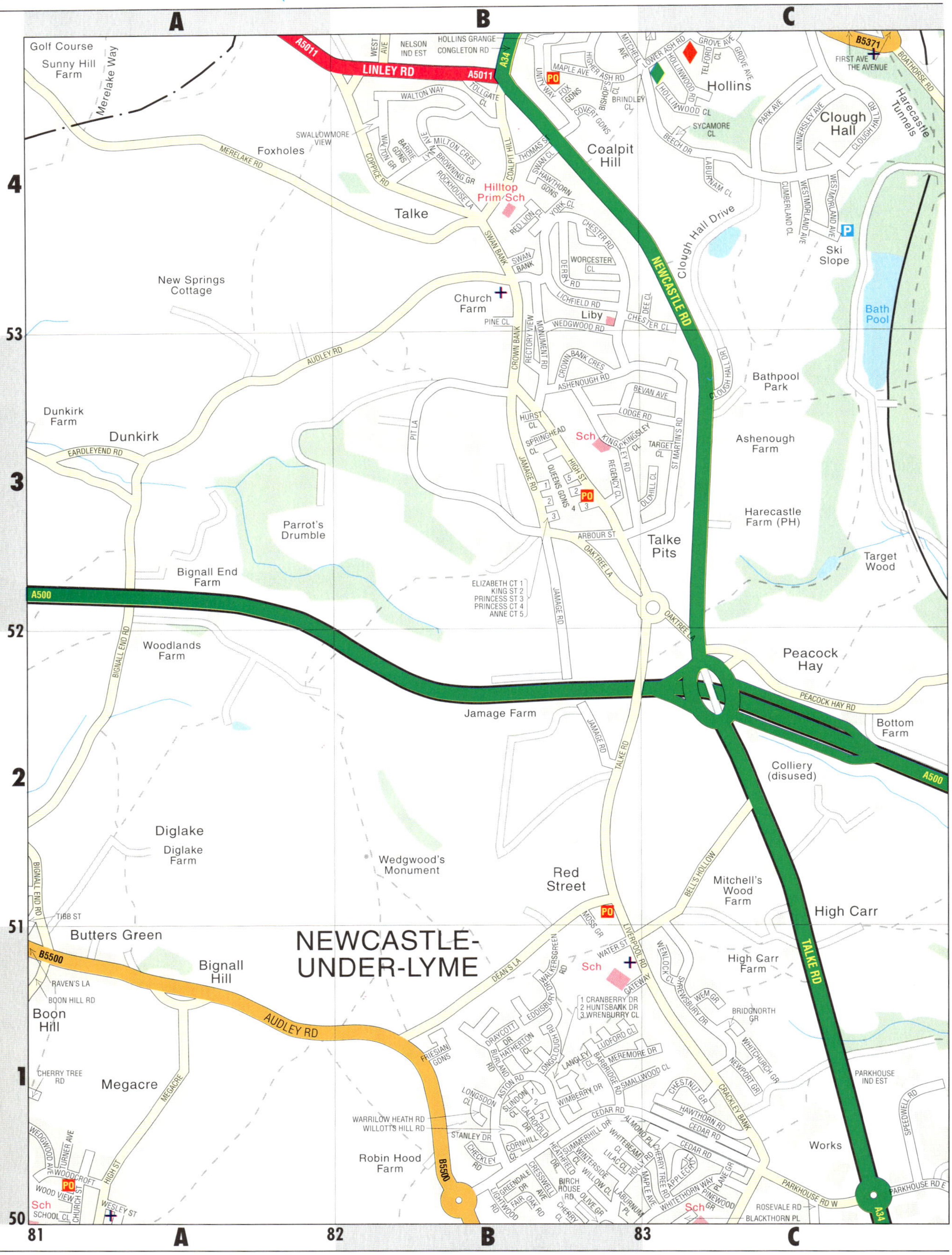
A
B
C
4
53
3
52
2
51
1
50
81
82
83
Golf Course
Sunny Hill Farm
Merelake Way
A5011
LINLEY RD
A5011
WEST AVE
NELSON IND EST
HOLLINS GRANGE
CONGLETON RD
A34
TOLLGATE CL
WALTON WAY
SWALLOWMORE VIEW
Foxholes
MERELAKE RD
MILTON CRES
BROWNING GR
BARRIE GDNS
WALTON GR
COPPICE RD
ROCKHOUSE LA
COALPIT HILL
THOMAS ST
SWAN CL
HAWTHORN GDNS
Hilltop Prim Sch
Talke
RED LION CL
YORK CL
CHESTER RD
SWAN BANK
WORCESTER CL
DERBY RD
LICHFIELD RD
Liby
WEDGWOOD RD
CHESTER CL
DEE CL
UNITY WAY
FOX GDNS
MAPLE AVE
HIGHER ASH RD
BISHOPS CL
COVERT GDNS
BRINDLEY CL
MITCHELL AVE
LOWER ASH RD
HOLLINWOOD RD
HOLLINWOOD CL
TELFORD CL
GROVE AVE
Hollins
SYCAMORE CL
BEECH DR
LABURNAM CL
Coalpit Hill
NEWCASTLE RD
Clough Hall Drive
PARK AVE
KINNERSLEY AVE
Clough Hall
CLOUGH HALL RD
CUMBERLAND CL
WESTMORLAND AVE
WESTMORLAND AVE
B5371
FIRST AVE
THE AVENUE
BOATHORSE RD
Harecastle Tunnels
Ski Slope
Bath Pool
New Springs Cottage
Church Farm
PINE CL
AUDLEY RD
CROWN BANK
RECTORY VIEW
MONUMENT RD
CROWN BANK CRES
ASHENOUGH RD
BEVAN AVE
LODGE RD
CLOUGH HALL DR
Bathpool Park
Dunkirk Farm
Dunkirk
EARDLEYEND RD
PIT LA
HURST CL
SPRINGHEAD CL
Sch
KINGSLEY CL
KINGSLEY RD
TARGET CL
ST MARTIN'S RD
JAMAGE RD
QUEENS GDNS
HIGH ST
REGENCY CL
OLDHILL CL
Ashenough Farm
Parrot's Drumble
ARBOUR ST
OAKTREE LA
Talke Pits
Harecastle Farm (PH)
Target Wood
Bignall End Farm
A500
ELIZABETH CT 1
KING ST 2
PRINCESS ST 3
PRINCESS CT 4
ANNE CT 5
JAMAGE RD
OAKTREE LA
Woodlands Farm
BIGNALL END RD
Peacock Hay
PEACOCK HAY RD
Jamage Farm
JAMAGE RD
TALKE RD
Bottom Farm
Colliery (disused)
A500
Diglake
Diglake Farm
Wedgwood's Monument
Red Street
BELL'S HOLLOW
Mitchell's Wood Farm
High Carr
BIGNALL END RD
TIBB ST
Butters Green
NEWCASTLE-UNDER-LYME
MOSS GR
WATER ST
LIVERPOOL RD
GATEWAY
WENLOCK CL
SHREWSBURY DR
WEM GR
High Carr Farm
BRIDGNORTH GR
TALKE RD
B5500
RAVEN'S LA
BOON HILL RD
Boon Hill
Bignall Hill
AUDLEY RD
DEAN'S LA
WALKERSGREEN RD
EDDISBURY DR
1 CRANBERRY DR
2 HUNTSBANK DR
3 WRENBURRY CL
FRIESIAN GDNS
DRAYCOTT DR
HATHERTON CL
BURLAND RD
LONGCLOUGH RD
LANGLEY CL
LUDFORD CL
MEREMORE DR
BARBRIDGE RD
SMALLWOOD CL
CHESTNUT GR
CRACKLEY BANK
WHITCHURCH GR
NEWPORT GR
PARKHOUSE IND EST
CHERRY TREE RD
Megacre
MEGACRE
LONGSDON CL
ASTON RD
SLINDON CL
CALROFOLD DR
WIMBERRY DR
CEDAR RD
HAWTHORN RD
CEDAR RD
ALMOND PL
WARRILOW HEATH RD
WILLOTTS HILL RD
STANLEY DR
CHECKLEY RD
CORNHILL CL
HEATHFIELD DR
SUMMERHILL DR
WINTERSIDE CL
WHITEBEAM CL
LILAC CL
HOLLY RD
CHERRY TREE RD
CEDAR RD
APPLECROFT
PLANE GR
Works
SPEEDWELL RD
WEDGWOOD AVE
TURNER AVE
WOODCROFT
WOOD VIEW
PO
Sch
SCHOOL CL
CHURCH ST
HIGH ST
WESLEY ST
Robin Hood Farm
B5500
GREENDALE DR
CRESSWELL AVE
FAIR OAK RD
LIGHTWOOD RD
BIRCH HOUSE RD
CHERRY CL
WILLOW CL
OLIVE GR
LABURNUM PL
MAPLE AVE
WHITETHORN WAY
PINEWOOD GR
Sch
ROSEVALE RD
BLACKTHORN PL
PARKHOUSE RD W
PARKHOUSE RD E
A34

39
55

26
42

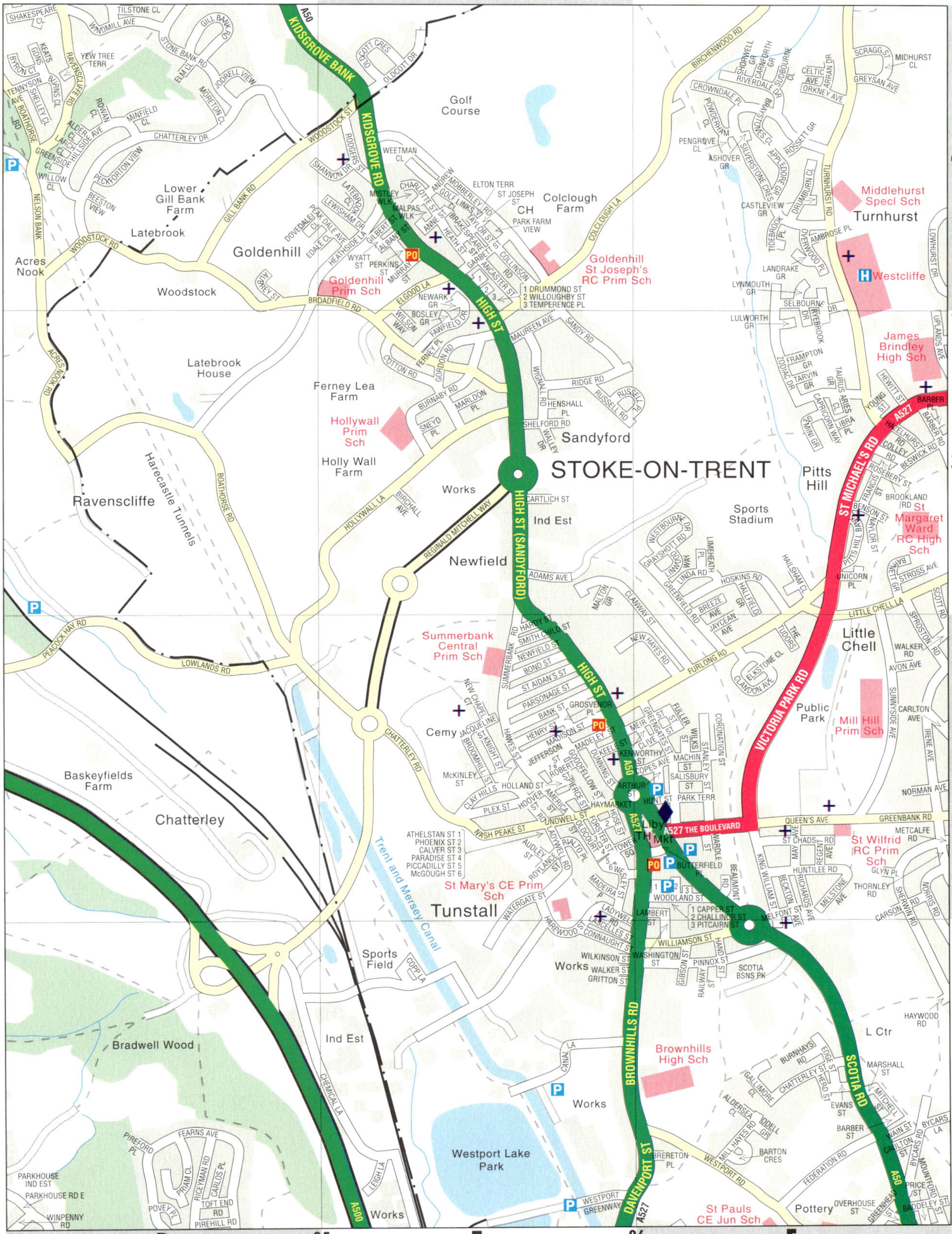
D
E
F
4
53
3
52
2
51
1
50
84
85
86
STOKE-ON-TRENT
Goldenhill
Golf Course
Lower Gill Bank Farm
Latebrook
Acres Nook
Woodstock
Latebrook House
Ferney Lea Farm
Hollywall Prim Sch
Holly Wall Farm
Ravenscliffe
Harecastle Tunnels
Works
Newfield
Ind Est
Sandyford
Colclough Farm
Goldenhill St Joseph's RC Prim Sch
Goldenhill Prim Sch
CH
Middlehurst Specl Sch
Turnhurst
Westcliffe
James Brindley High Sch
Pitts Hill
Sports Stadium
St Margaret Ward RC High Sch
Little Chell
Public Park
Mill Hill Prim Sch
Summerbank Central Prim Sch
Cemy
Baskeyfields Farm
Chatterley
Trent and Mersey Canal
St Mary's CE Prim Sch
Tunstall
St Wilfrid RC Prim Sch
Sports Field
Bradwell Wood
Ind Est
Brownhills High Sch
L Ctr
Westport Lake Park
Works
St Pauls CE Jun Sch
Pottery
Parkhouse Ind Est
KIDSGROVE BANK
KIDSGROVE RD
HIGH ST
HIGH ST (SANDYFORD)
BROWNHILLS RD
DAVENPORT ST
SCOTIA RD
VICTORIA PARK RD
ST MICHAEL'S RD
A527 THE BOULEVARD
A50
A527
A500
WOODSTOCK RD
BROADFIELD RD
GILL BANK RD
COLCLOUGH LA
BIRCHENWOOD RD
HOLLYWALL LA
REGINALD MITCHELL WAY
PEACOCK HAY RD
LOWLANDS RD
CHATTERLEY RD
FURLONG RD
LITTLE CHELL LA
QUEEN'S AVE
GREENBANK RD
NASH PEAKE ST
WESTPORT RD
CHEMICAL LA
ATHELSTAN ST 1
PHOENIX ST 2
CALVER ST 3
PARADISE ST 4
PICCADILLY ST 5
McGOUGH ST 6
1 DRUMMOND ST
2 WILLOUGHBY ST
3 TEMPERENCE PL
1 CAPPER ST
2 CHALLINOR ST
3 PITCAIRN ST

56
42

41
27

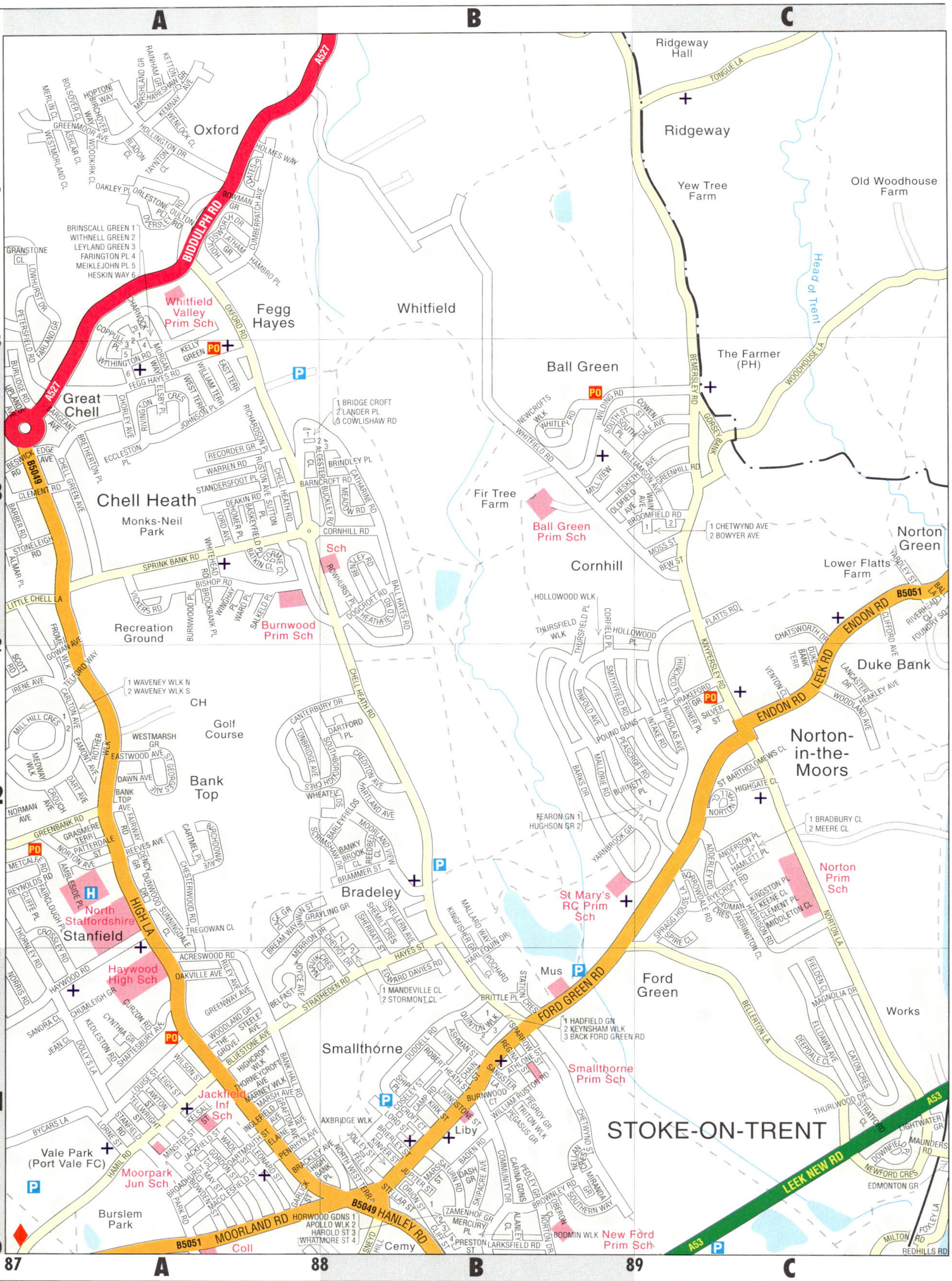
A
B
C
4
53
3
52
2
51
1
50
87
88
89
Oxford
Ridgeway Hall
Ridgeway
Yew Tree Farm
Old Woodhouse Farm
Head of Trent
Fegg Hayes
Whitfield
Whitfield Valley Prim Sch
The Farmer (PH)
Ball Green
Great Chell
Chell Heath
Monks-Neil Park
Fir Tree Farm
Ball Green Prim Sch
Norton Green
Lower Flatts Farm
Cornhill
Sch
Burnwood Prim Sch
Recreation Ground
Duke Bank
CH
Golf Course
Norton-in-the-Moors
Bank Top
Norton Prim Sch
Bradeley
St Mary's RC Prim Sch
North Staffordshire
Stanfield
Haywood High Sch
Mus
Ford Green
Works
Smallthorne
Smallthorne Prim Sch
Jackfield Inf Sch
Liby
STOKE-ON-TRENT
Vale Park (Port Vale FC)
Moorpark Jun Sch
Burslem Park
Coll
Cemy
New Ford Prim Sch
A527
BIDDULPH RD
B5049
HIGH LA
B5051
MOORLAND RD
B5049 HANLEY RD
FORD GREEN RD
ENDON RD
LEEK RD
A53
LEEK NEW RD
CHELL HEATH RD
OXFORD RD
BEMERSLEY RD
KNYPERSLEY RD
WOODHOUSE LA
TONGUE LA
SPRINK BANK RD
NORTON LA
BELLERTON LA
STRATHEDEN RD
HAYES ST
GREENBANK RD
LITTLE CHELL LA
BRINSCALL GREEN 1
WITHNELL GREEN 2
LEYLAND GREEN 3
FARINGTON PL 4
MEIKLEJOHN PL 5
HESKIN WAY 6
1 BRIDGE CROFT
2 LANDER PL
3 COWLISHAW RD
1 CHETWYND AVE
2 BOWYER AVE
1 WAVENEY WLK N
2 WAVENEY WLK S
FEARON GN 1
HUGHSON GR 2
1 BRADBURY CL
2 MEERE CL
1 MANDEVILLE CL
2 STORMONT CL
1 HADFIELD GN
2 KEYNSHAM WLK
3 BACK FORD GREEN RD
HORWOOD GDNS 1
APOLLO WLK 2
HAROLD ST 3
WHATMORE ST 4

41
57

28
44

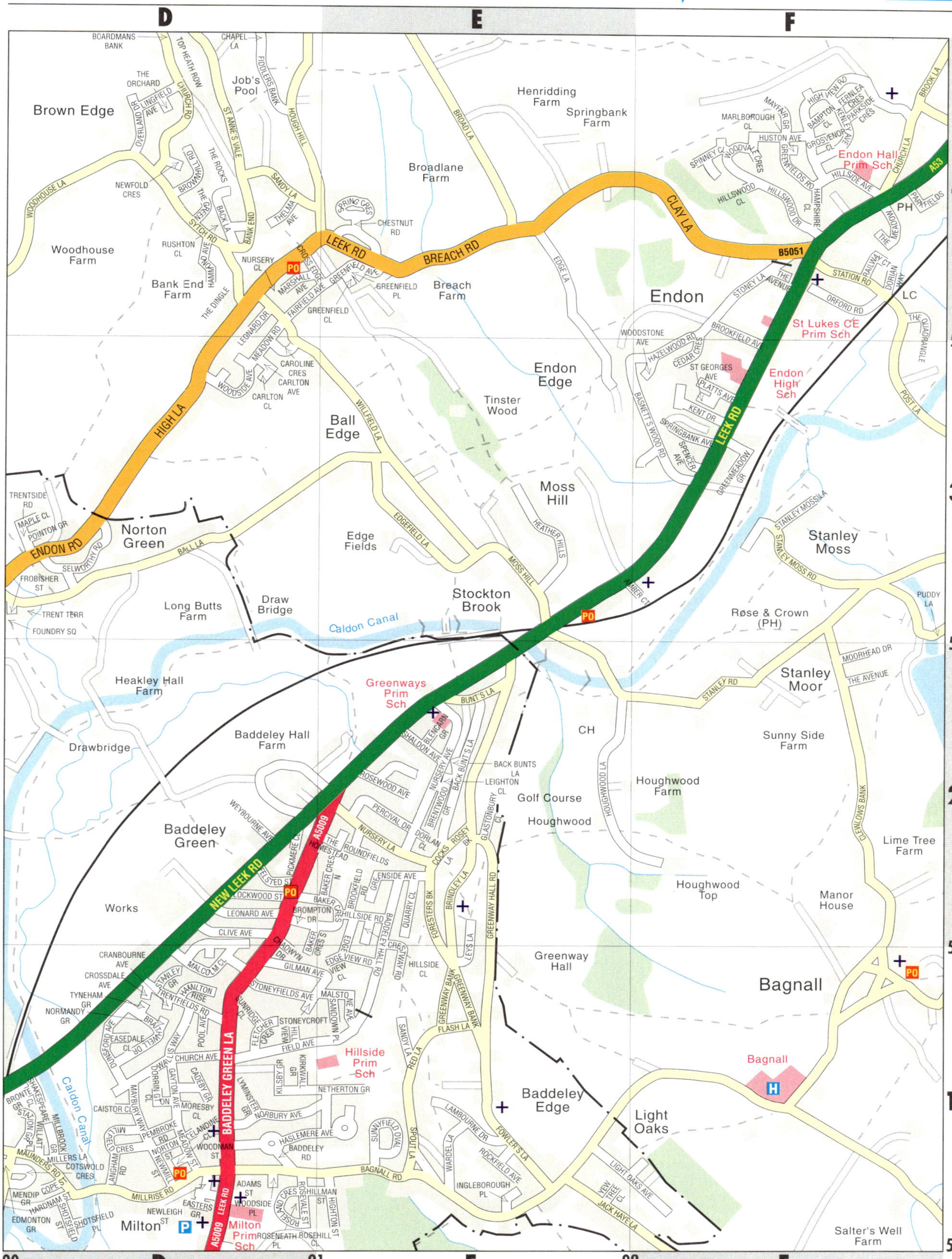
D
E
F
Brown Edge
BOARDMANS BANK
CHAPEL LA
TOP HEATH ROW
Job's Pool
FIDDLERS BANK
HOUGH HILL
THE ORCHARD
LINGFIELD AVE
OVERLAND DR
CHURCH RD
ST ANNE'S VALE
THE ROCKS
SANDY LA
WOODHOUSE LA
NEWFOLD CRES
BROWN LEES RD
THE GREEN
BACK LA
THELMA AVE
SPRING CRES
CHESTNUT RD
SYTCH RD
BANK END
RUSHTON CL
Woodhouse Farm
NURSERY CL
HAMIL AVE
Bank End Farm
THE DINGLE
LEEK RD
CROSS EDGE
MARSHALL AVE
FAIRFIELD AVE
GREENFIELD AVE
GREENFIELD PL
GREENFIELD CL
BREACH RD
Breach Farm
Broadlane Farm
BROAD LA
Henridding Farm
Springbank Farm
CLAY LA
B5051
EDGE LA
LEONARD DR
MEADOW RD
CAROLINE CRES
CARLTON AVE
CARLTON CL
WOODSIDE AVE
HIGH LA
Ball Edge
WILLFIELD LA
Endon Edge
Tinster Wood
Moss Hill
HEATHER HILLS
EDGEFIELD LA
Edge Fields
MOSS HILL
TRENTSIDE RD
MAPLE CL
POINTON GR
ENDON RD
Norton Green
SELWORTHY RD
BALL LA
FROBISHER ST
Long Butts Farm
Draw Bridge
TRENT TERR
FOUNDRY SQ
Stockton Brook
Caldon Canal
Heakley Hall Farm
Greenways Prim Sch
BUNT'S LA
Drawbridge
Baddeley Hall Farm
BLENCARN GR
SHALDON AVE
NURSERY AVE
BACK BUNT'S LA
BACK BUNTS LA
LEIGHTON CL
ROSEWOOD AVE
BRENTWOOD GR
GLASTONBURY CL
PERCIVAL DR
DORLAN CL
ROSEY BK
COCKS LA
WEYBOURNE AVE
Baddeley Green
A5009
HOMESTEAD
ROUNDFIELDS
NURSERY LA
PICKMERE CL
BAKER CRES N
ENSIDE AVE
BROOKFIELD RD
BRINDLEY LA
GREENWAY HALL RD
FORESTERS BK
QUARRY CL
NEW LEEK RD
LOCKWOOD ST
LEONARD AVE
BROMPTON DR
HILLSIDE RD
BADDELEY HALL RD
BAKER CRES
Works
CLIVE AVE
LEYS LA
CHADWYN DR
EDGE VIEW RD
CRANBOURNE AVE
MALCOLM CL
GILMAN AVE
VIEW CL
HILLSIDE CL
CROSSDALE AVE
STANLEY GR
HAMILTON RISE
STONEYFIELDS AVE
MALSTONE AVE
TYNEHAM GR
TRENTFIELDS RD
NORMANDY GR
SUNRIDGE CL
STONEYCROFT
SANDOWN PL
GREENWAY BANK
FLASH LA
EASEDALE CL
POOL AVE
FLETCHER CRES
HILL VIEW
FIELD AVE
SANDY LA
RED LA
WALLIS WAY
CHURCH AVE
BADDELEY GREEN LA
Hillside Prim Sch
KILSBY GR
KIRKWALL GR
LYMINSTER GR
NETHERTON GR
CADEBY GR
DORRINGTON CL
GAYTON AVE
MORESBY CL
NORBURY AVE
MAYBURY WAY
PEMBROKE RD
CASTOR CL
CELANDINE CL
WOODMAN ST
HASLEMERE AVE
BADDELEY RD
SUNNYFIELD OVAL
SPOUT LA
MILLBROOK GR
MILLERS LA
COTSWOLD CRES
LANGHAM RD
NORTON ST
NEWMILL ST
MILLRISE RD
ADAMS ST
WOODSIDE PL
ROSEVALE ST
HILLMAN ST
HIGHTON ST
BAGNALL RD
MAUNDERS RD
MENDIP GR
COPE ST
HARDNAM ST
SHOTSFIELD ST
SHOTSFIELD PL
EASTERS GR
NEWLEIGH ST
EDMONTON GR
Milton
Milton Prim Sch
ROSELAND CRES
ROSENEATH PL
ROSEHILL CL
LEEK RD
Caldon Canal
WARDLE LA
LAMBOURNE DR
FOWLER'S LA
ROCKFIELD AVE
INGLEBOROUGH PL
Baddeley Edge
Light Oaks
LIGHT OAKS AVE
YEW TREE CL
JACK HAYE LA
Golf Course
Houghwood
HOUGHWOOD LA
Houghwood Farm
Houghwood Top
Greenway Hall
CH
Endon
SPINNEY CL
WOODVALE CRES
MARLBOROUGH CL
MAYFAIR GR
HUSTON AVE
GREENFIELDS RD
HIGH VIEW RD
BAMPTON CL
GROSVENOR CL
FERNLEA CRES
KENILWORTH AVE
PARKSIDE CRES
Endon Hall Prim Sch
HILLSIDE AVE
HILLSWOOD CL
HILLSWOOD DR
HAMPSHIRE CL
CHURCH LA
BROOK LA
A53
PH
PARKFIELDS
THE MEADOW
THE AVENUE
STONEY LA
STATION RD
RAILWAY CT
DORIAN WAY
ORFORD RD
LC
WOODSTONE AVE
BROOKFIELD AVE
St Lukes CE Prim Sch
THE QUADRANGLE
HAZELWOOD RD
CEDAR CRES
ST GEORGES AVE
PLATTS AVE
Endon High Sch
KENT DR
BASNETTS WOOD RD
SPRINGBANK AVE
SPENCER AVE
GREENMEADOW GR
POST LA
STANLEY MOSS LA
STANLEY MOSS RD
Stanley Moss
AMBER CT
PO
Rose & Crown (PH)
PUDDY LA
MOORHEAD DR
THE AVENUE
STANLEY RD
Stanley Moor
Sunny Side Farm
CLEWLOWS BANK
Lime Tree Farm
Manor House
Bagnall
Bagnall
H
Salter's Well Farm
P
4
3
2
1
53
52
51
50
90
91
92

58
44

43
29

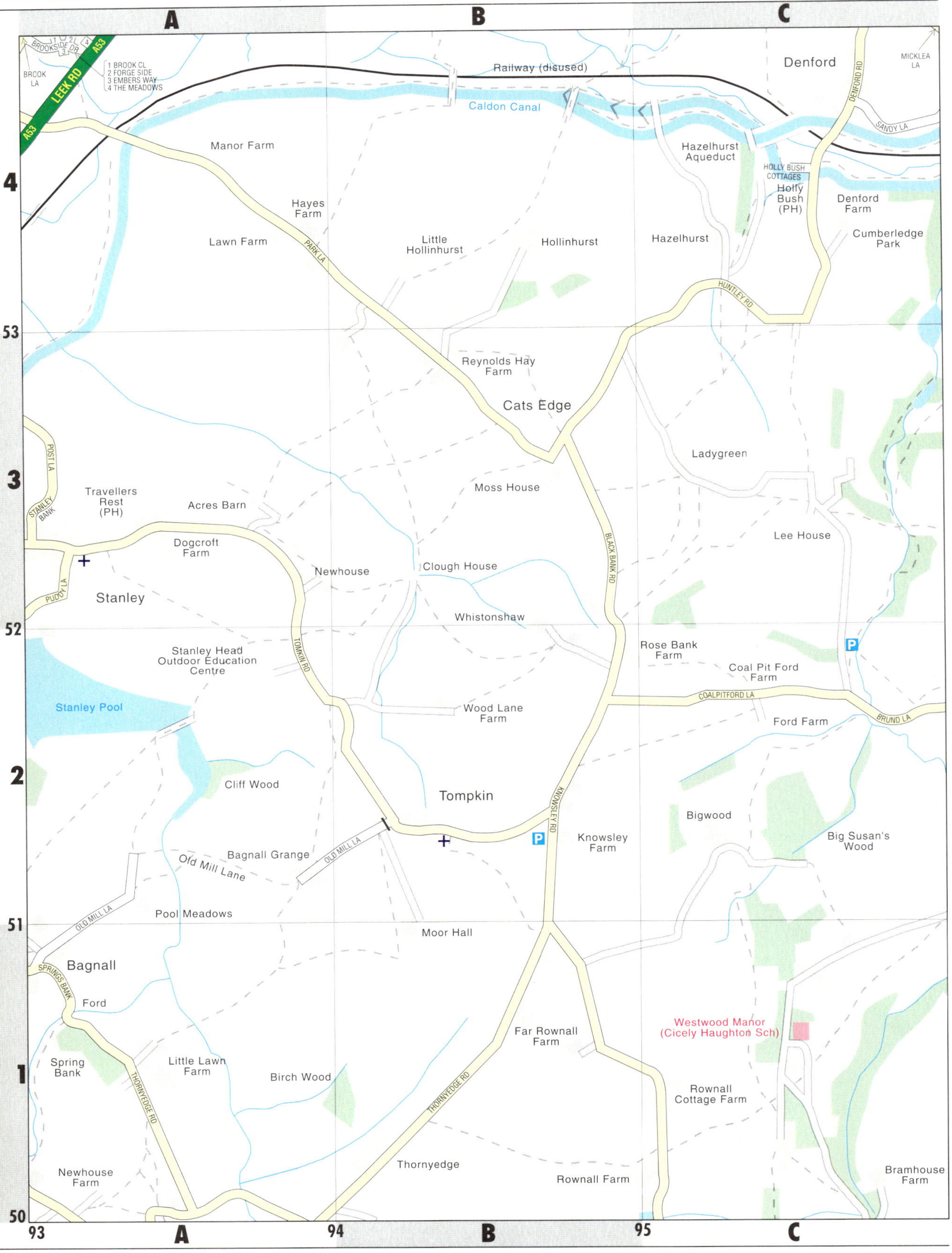
A
B
C
4
53
3
52
2
51
1
50
93
94
95
BROOKSIDE DR
BROOK LA
1 BROOK CL
2 FORGE SIDE
3 EMBERS WAY
4 THE MEADOWS
LEEK RD
A53
Railway (disused)
Caldon Canal
Denford
DENFORD RD
MICKLEA LA
SANDY LA
Manor Farm
Hazelhurst Aqueduct
HOLLY BUSH COTTAGES
Holly Bush (PH)
Denford Farm
Cumberledge Park
Hayes Farm
Lawn Farm
PARK LA
Little Hollinhurst
Hollinhurst
Hazelhurst
HUNTLEY RD
Reynolds Hay Farm
Cats Edge
Ladygreen
POST LA
STANLEY BANK
Travellers Rest (PH)
Acres Barn
Moss House
Lee House
Dogcroft Farm
Newhouse
Clough House
BLACK BANK RD
PUDDY LA
Stanley
Whistonshaw
Stanley Head Outdoor Education Centre
TOMKIN RD
Rose Bank Farm
Coal Pit Ford Farm
COALPITFORD LA
Wood Lane Farm
Stanley Pool
Ford Farm
BRUND LA
Cliff Wood
Tompkin
KNOWSLEY RD
Bigwood
Knowsley Farm
Big Susan's Wood
Bagnall Grange
OLD MILL LA
Old Mill Lane
Pool Meadows
OLD MILL LA
Moor Hall
Bagnall
SPRINGS BANK
Ford
Westwood Manor (Cicely Haughton Sch)
Far Rownall Farm
Spring Bank
Little Lawn Farm
THORNYEDGE RD
Birch Wood
THORNYEDGE RD
Rownall Cottage Farm
Newhouse Farm
Thornyedge
Rownall Farm
Bramhouse Farm

30
46

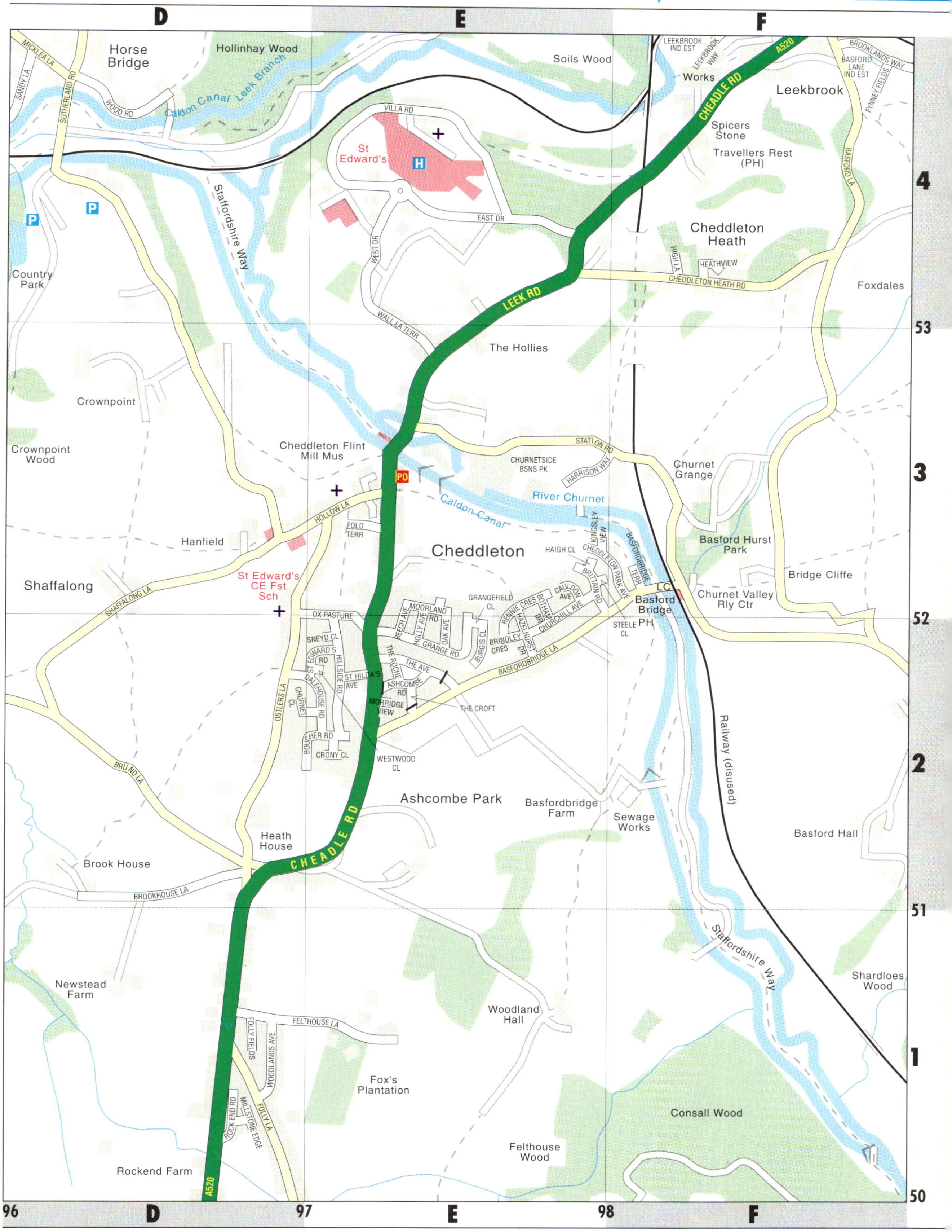
D
E
F
Horse Bridge
Hollinhay Wood
Caldon Canal Leek Branch
Soils Wood
MICKLEA LA
SANDY LA
SUTHERLAND RD
WOOD RD
VILLA RD
St Edward's
H
EAST DR
WEST DR
WALL LA TERR
Staffordshire Way
P
Country Park
LEEKBROOK IND EST
LEEKBROOK WAY
Works
A520
CHEADLE RD
Leekbrook
BROOKLANDS WAY
BASFORD LANE IND EST
FYNNEY FIELDS
Spicers Stone
Travellers Rest (PH)
BASFORD LA
Cheddleton Heath
HIGH LA
HEATHVIEW
CHEDDLETON HEATH RD
Foxdales
LEEK RD
The Hollies
Crownpoint
Crownpoint Wood
Cheddleton Flint Mill Mus
STATION RD
CHURNETSIDE BSNS PK
HARRISON WAY
Churnet Grange
PO
River Churnet
Caldon Canal
HOLLOW LA
FOLD TERR
Hanfield
Shaffalong
St Edward's CE Fst Sch
Cheddleton
HAIGH CL
KINGSLEY VIEW
CHEDDLETON PARK AVE
BRITTAIN RD
BASFORDBRIDGE TERR
Basford Hurst Park
Bridge Cliffe
LC
Basford Bridge
PH
Churnet Valley Rly Ctr
STEELE CL
SHAFFALONG LA
OX PASTURE
MOORLAND RD
BEECH AVE
HOLLY AVE
OAK AVE
GRANGE RD
GRANGEFIELD CL
BURGIS CL
RENNIE CRES
BRINDLEY CRES
HAZELHURST DR
BOTHAM DR
CHURCHILL AVE
CAULDON AVE
BASFORDBRIDGE LA
SNEYD CL
ST EDWARD'S RD
HILLSIDE RD
ST HILDA'S AVE
THE ROCHE
THE AVE
ASHCOMBE RD
MORRIDGE VIEW
THE CROFT
DALEHOUSE RD
CHURNET CL
OSTLERS LA
BOOTHER RD
CRONY CL
WESTWOOD CL
BRUND LA
Ashcombe Park
Basfordbridge Farm
Sewage Works
Railway (disused)
Basford Hall
Heath House
CHEADLE RD
Brook House
BROOKHOUSE LA
Staffordshire Way
Newstead Farm
Woodland Hall
Shardloes Wood
FELTHOUSE LA
FOLLY FIELDS
WOODLANDS AVE
Fox's Plantation
ROCK END RD
MILLSTONE EDGE
FOLLY LA
Consall Wood
Felthouse Wood
Rockend Farm
A520
4
53
3
52
2
51
1
50
96
97
98

60
46

45
31

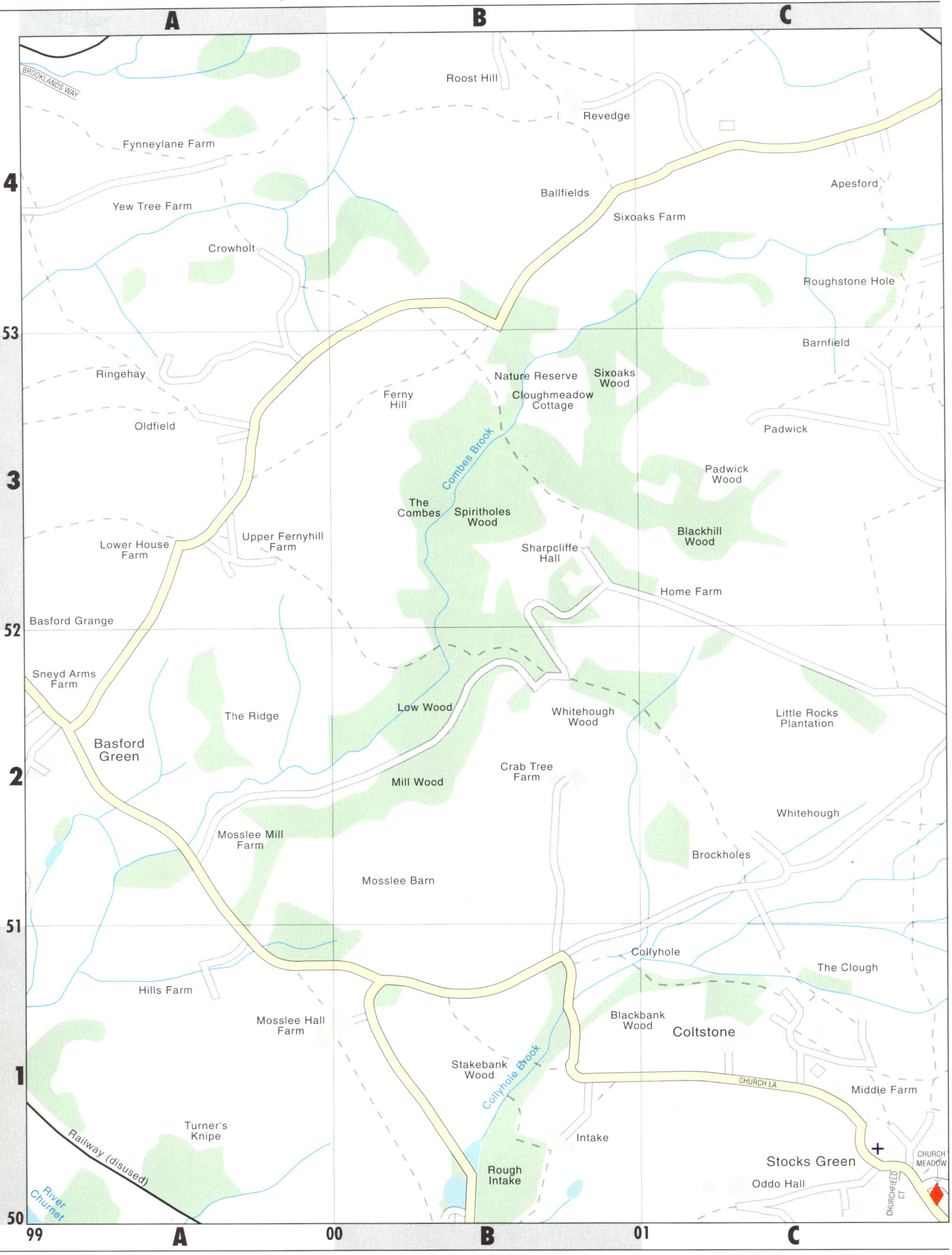
A
B
C
4
53
3
52
2
51
1
50
99
00
01
BROOKLANDS WAY
Roost Hill
Revedge
Fynneylane Farm
Yew Tree Farm
Ballfields
Apesford
Sixoaks Farm
Crowholt
Roughstone Hole
Barnfield
Ringehay
Nature Reserve
Sixoaks Wood
Ferny Hill
Cloughmeadow Cottage
Oldfield
Padwick
Combes Brook
Padwick Wood
The Combes
Spiritholes Wood
Blackhill Wood
Lower House Farm
Upper Fernyhill Farm
Sharpcliffe Hall
Home Farm
Basford Grange
Sneyd Arms Farm
Low Wood
Whitehough Wood
Little Rocks Plantation
The Ridge
Basford Green
Crab Tree Farm
Mill Wood
Whitehough
Mosslee Mill Farm
Brockholes
Mosslee Barn
Collyhole
The Clough
Hills Farm
Mosslee Hall Farm
Blackbank Wood
Coltstone
Stakebank Wood
Collyhole Brook
CHURCH LA
Middle Farm
Turner's Knipe
Railway (disused)
Intake
Rough Intake
Stocks Green
Oddo Hall
CHURCH MEADOW
CHURCHFIELD CT
River Churnet

45
61

32
48

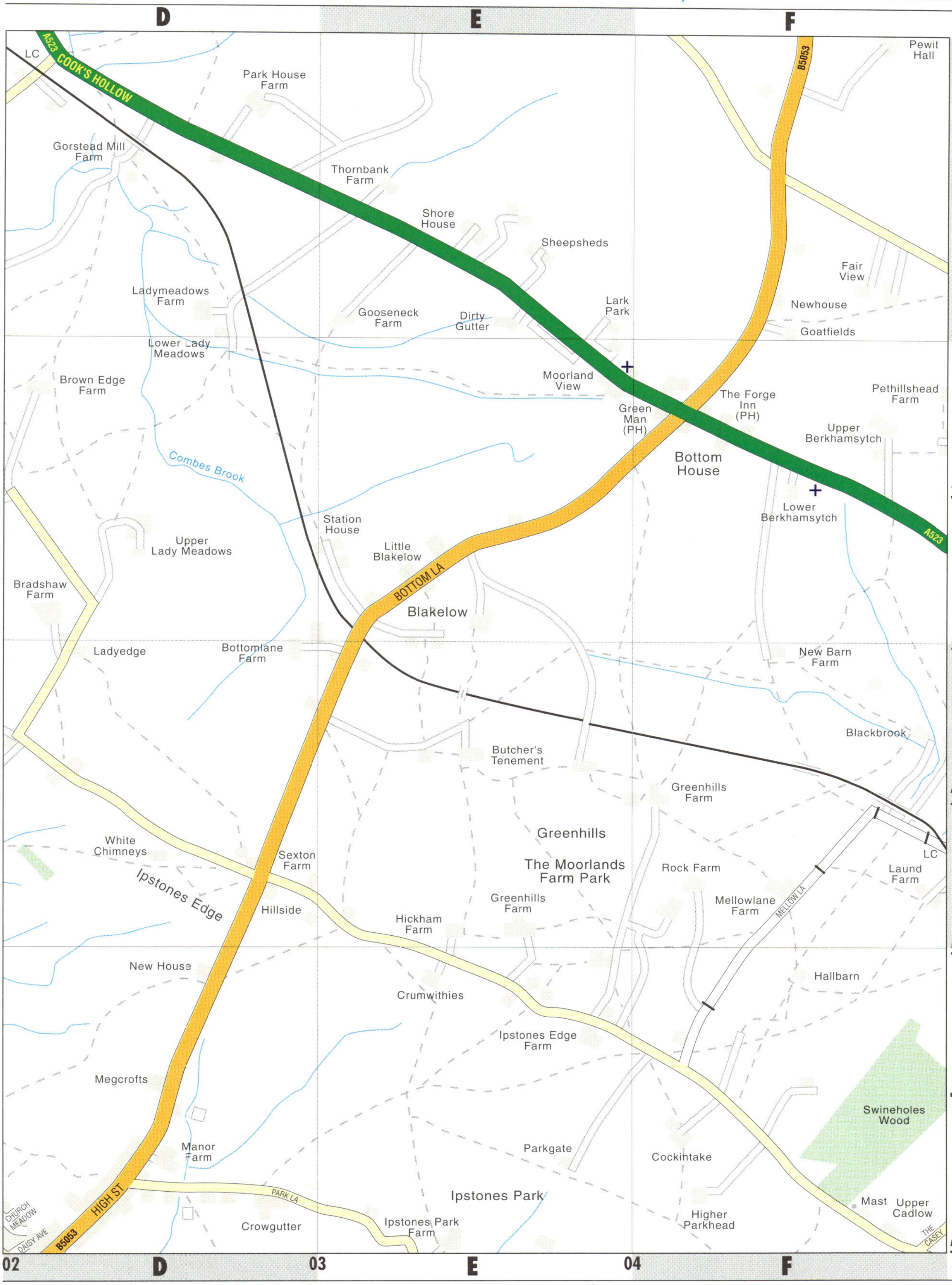
D
E
F
A523
COOK'S HOLLOW
LC
Park House
Farm
Gorstead Mill
Farm
Thornbank
Farm
Shore
House
Sheepsheds
B5053
Pewit
Hall
Fair
View
Newhouse
Goatfields
Ladymeadows
Farm
Gooseneck
Farm
Dirty
Gutter
Lark
Park
Lower Lady
Meadows
Brown Edge
Farm
Moorland
View
Green
Man
(PH)
The Forge
Inn
(PH)
Pethillshead
Farm
Upper
Berkhamsytch
Bottom
House
Combes Brook
Lower
Berkhamsytch
Station
House
Upper
Lady Meadows
Little
Blakelow
A523
Bradshaw
Farm
BOTTOM LA
Blakelow
Ladyedge
Bottomlane
Farm
New Barn
Farm
Blackbrook
Butcher's
Tenement
Greenhills
Farm
Greenhills
The Moorlands
Farm Park
White
Chimneys
Sexton
Farm
Rock Farm
LC
Laund
Farm
Ipstones Edge
Hillside
Greenhills
Farm
Hickham
Farm
Mellowlane
Farm
MELLOW LA
New House
Hallbarn
Crumwithies
Ipstones Edge
Farm
Megcrofts
Swineholes
Wood
Manor
Farm
Parkgate
Cockintake
HIGH ST
PARK LA
Ipstones Park
Mast
Upper
Cadlow
CHURCH
MEADOW
DAISY AVE
B5053
Crowgutter
Ipstones Park
Farm
Higher
Parkhead
THE
CASEY
4
53
3
52
2
51
1
50
02
D
03
E
04
F

62
48

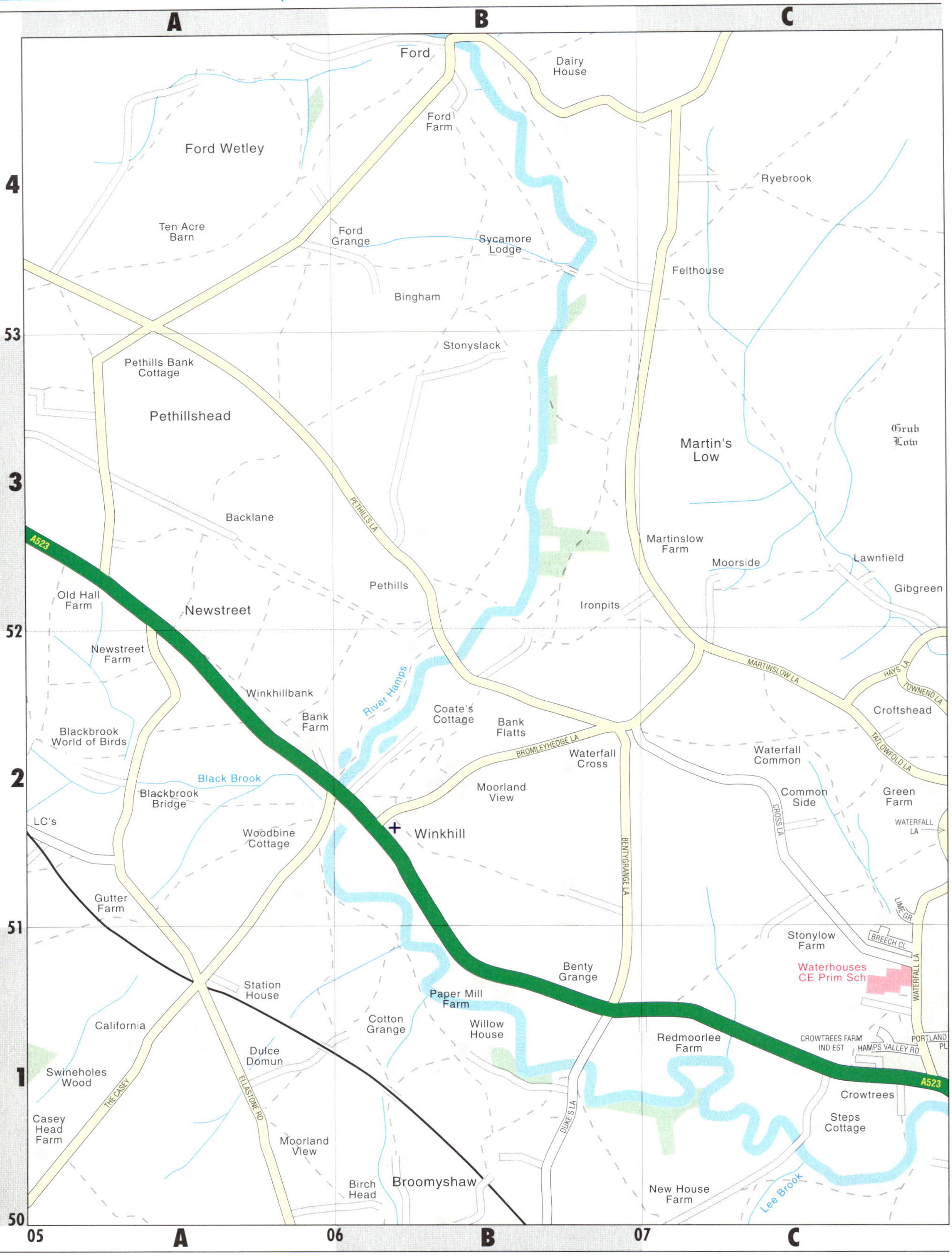
A
B
C
4
3
2
1
53
52
51
50
05
06
07
Ford
Dairy House
Ford Farm
Ford Wetley
Ryebrook
Ten Acre Barn
Ford Grange
Sycamore Lodge
Felthouse
Bingham
Stonyslack
Pethills Bank Cottage
Pethillshead
Martin's Low
Grub Low
PETHILLS LA
Backlane
Martinslow Farm
A523
Moorside
Lawnfield
Pethills
Gibgreen
Old Hall Farm
Newstreet
Ironpits
Newstreet Farm
MARTINSLOW LA
HAYS LA
TOWNEND LA
Winkhillbank
River Hamps
Croftshead
Coate's Cottage
Bank Farm
Bank Flatts
Blackbrook World of Birds
BROMLEYHEDGE LA
Waterfall Cross
Waterfall Common
TATLOWFOLD LA
Black Brook
Moorland View
Common Side
Green Farm
Blackbrook Bridge
CROSS LA
WATERFALL LA
LC's
Woodbine Cottage
Winkhill
BENTYGRANGE LA
Gutter Farm
LIME GR
Stonylow Farm
BREECH CL
Benty Grange
Waterhouses CE Prim Sch
Station House
WATERFALL LA
Paper Mill Farm
California
Cotton Grange
Willow House
Redmoorlee Farm
CROWTREES FARM IND EST
HAMPS VALLEY RD
PORTLAND PL
Dulce Domun
Swineholes Wood
Crowtrees
THE CASEY
ELLASTONE RD
DUKE'S LA
Steps Cottage
Casey Head Farm
Moorland View
Birch Head
Broomyshaw
New House Farm
Lee Brook

34
50

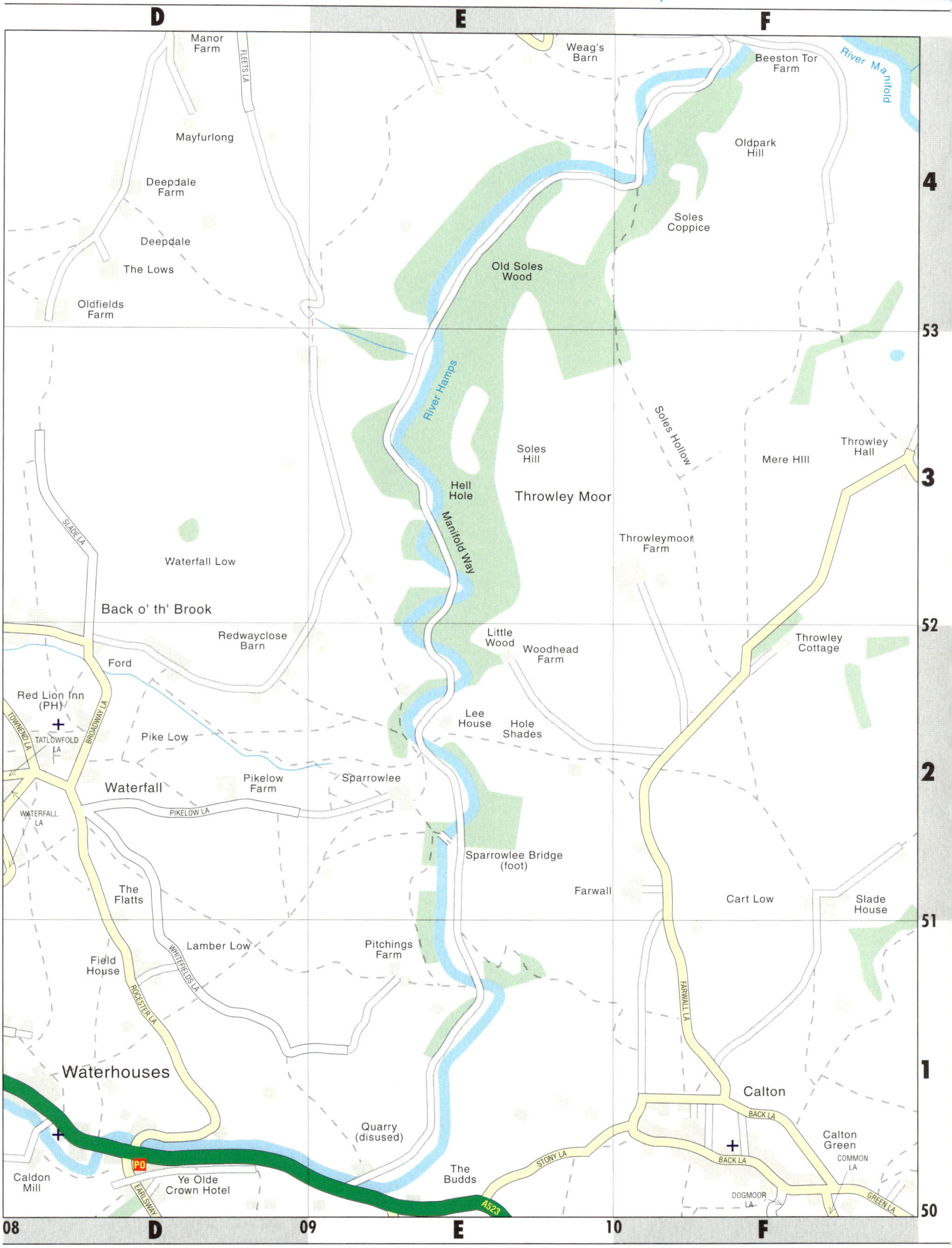
D
E
F
Manor Farm
FLEETS LA
Weag's Barn
Beeston Tor Farm
River Manifold
Mayfurlong
Oldpark Hill
Deepdale Farm
Soles Coppice
Deepdale
The Lows
Old Soles Wood
Oldfields Farm
4
53
River Hamps
Soles Hollow
Throwley Hall
Soles Hill
Mere Hill
Hell Hole
Throwley Moor
3
SLADE LA
Manifold Way
Throwleymoor Farm
Waterfall Low
Back o' th' Brook
52
Redwayclose Barn
Little Wood
Woodhead Farm
Throwley Cottage
Ford
Red Lion Inn (PH)
TOWNEND LA
TATLOWFOLD LA
BROADWAY LA
Pike Low
Lee House
Hole Shades
2
Waterfall
Pikelow Farm
Sparrowlee
PIKELOW LA
WATERFALL LA
Sparrowlee Bridge (foot)
The Flatts
Farwall
Cart Low
Slade House
51
Lamber Low
Pitchings Farm
Field House
WHITEFIELDS LA
ROCESTER LA
FARWALL LA
1
Waterhouses
Calton
BACK LA
Quarry (disused)
Calton Green
BACK LA
COMMON LA
STONY LA
PO
Caldon Mill
Ye Olde Crown Hotel
The Budds
EARLSWAY
A523
DOGMOOR LA
GREEN LA
50
08
09
10

64
50

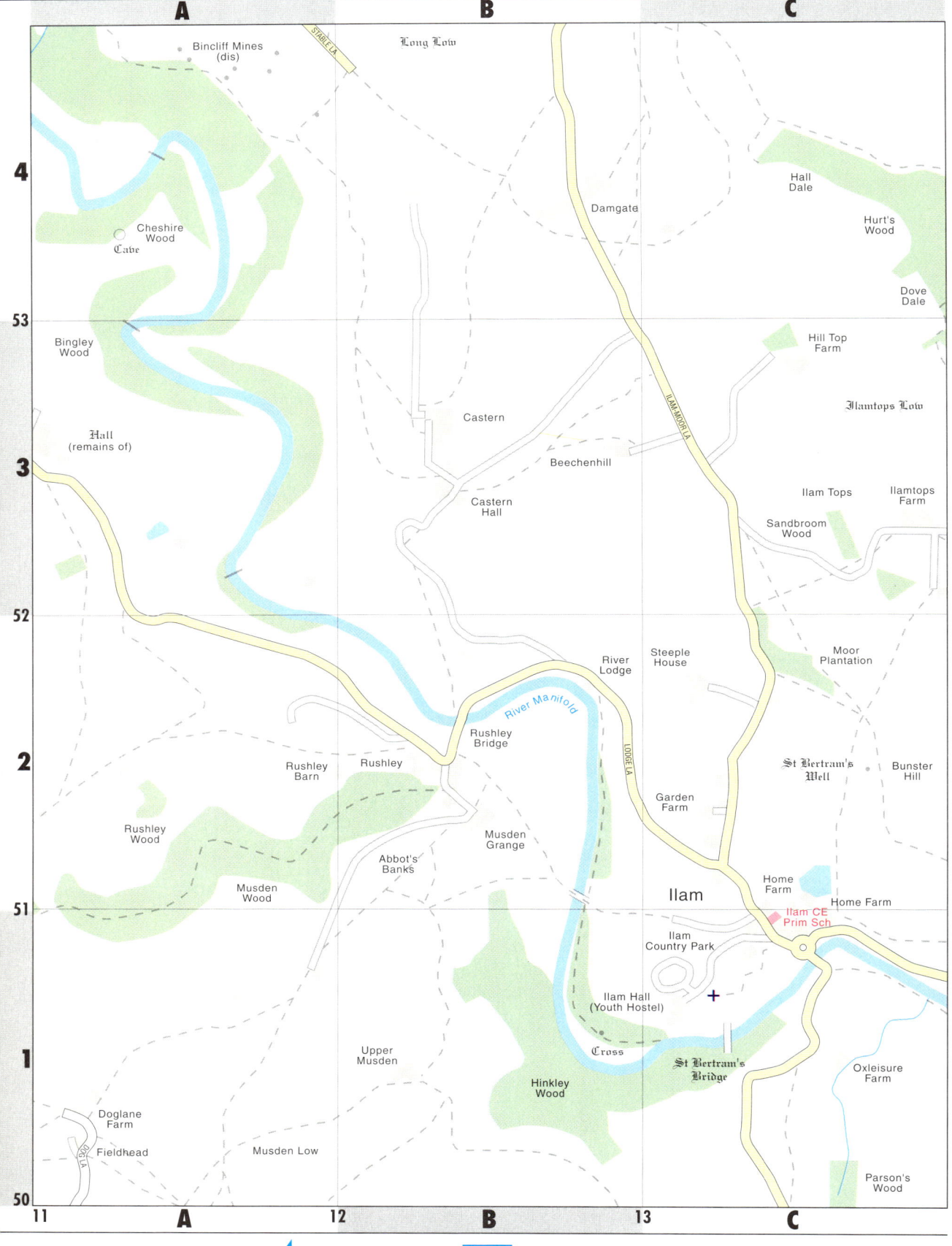

36
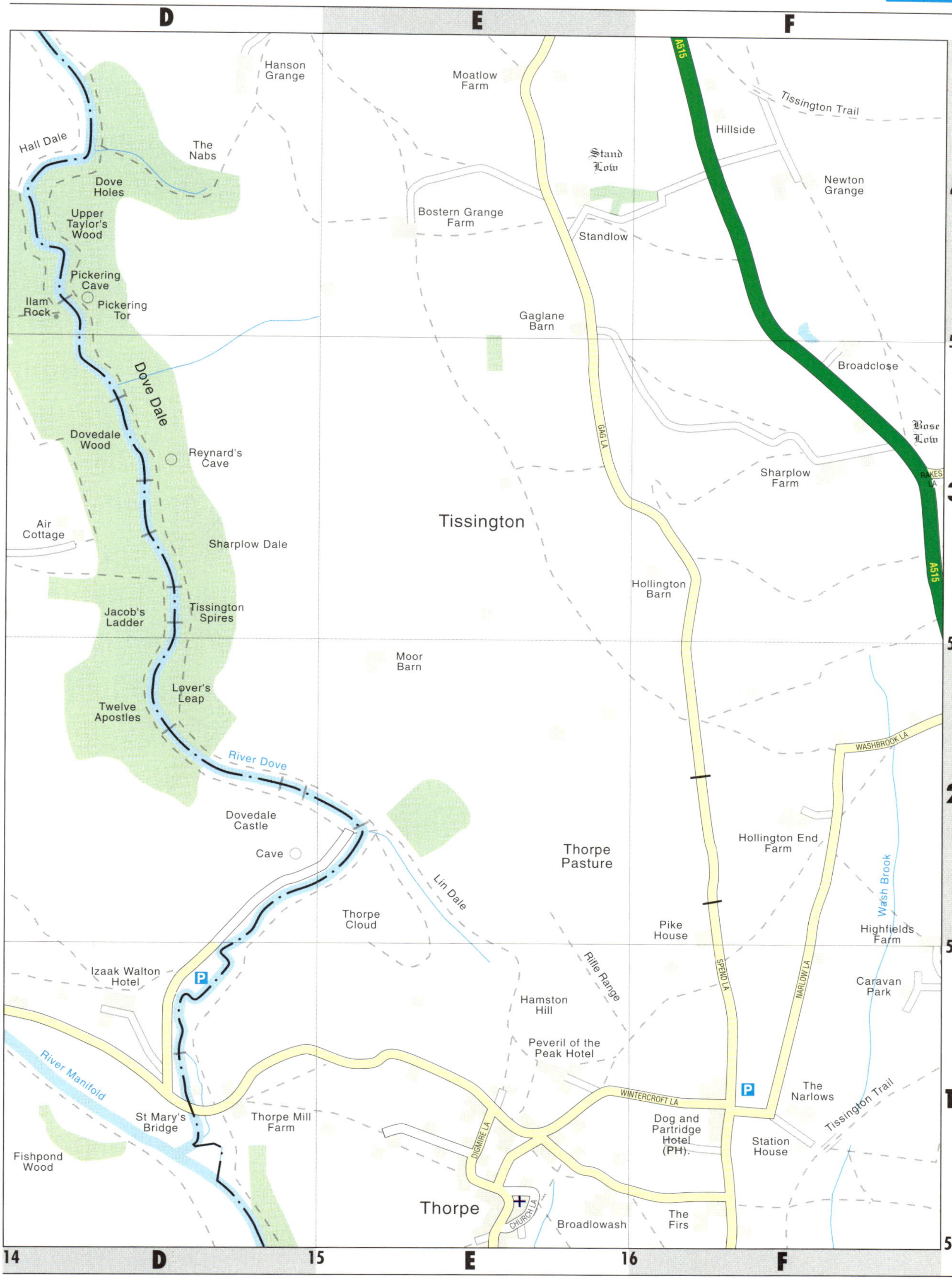
D
E
F
Hanson Grange
Moatlow Farm
Tissington Trail
Hillside
Hall Dale
The Nabs
Stand Low
Newton Grange
Dove Holes
Upper Taylor's Wood
Bostern Grange Farm
Standlow
Pickering Cave
Pickering Tor
Ilam Rock
Gaglane Barn
Broadclose
Dove Dale
Rose Low
Dovedale Wood
Reynard's Cave
Sharplow Farm
RAKES LA
GAG LA
Tissington
Air Cottage
Sharplow Dale
A515
Hollington Barn
Jacob's Ladder
Tissington Spires
Moor Barn
Lover's Leap
Twelve Apostles
River Dove
WASHBROOK LA
Dovedale Castle
Thorpe Pasture
Hollington End Farm
Cave
Lin Dale
Wash Brook
Thorpe Cloud
Pike House
Highfields Farm
Izaak Walton Hotel
Rifle Range
SPEND LA
NARLOW LA
Caravan Park
Hamston Hill
Peveril of the Peak Hotel
River Manifold
WINTERCROFT LA
The Narrows
St Mary's Bridge
Thorpe Mill Farm
Dog and Partridge Hotel (PH)
Station House
Tissington Trail
Fishpond Wood
DIGMIRE LA
Thorpe
CHURCH LA
Broadlowash
The Firs
4
53
3
52
2
51
1
50
14
15
16
66

37

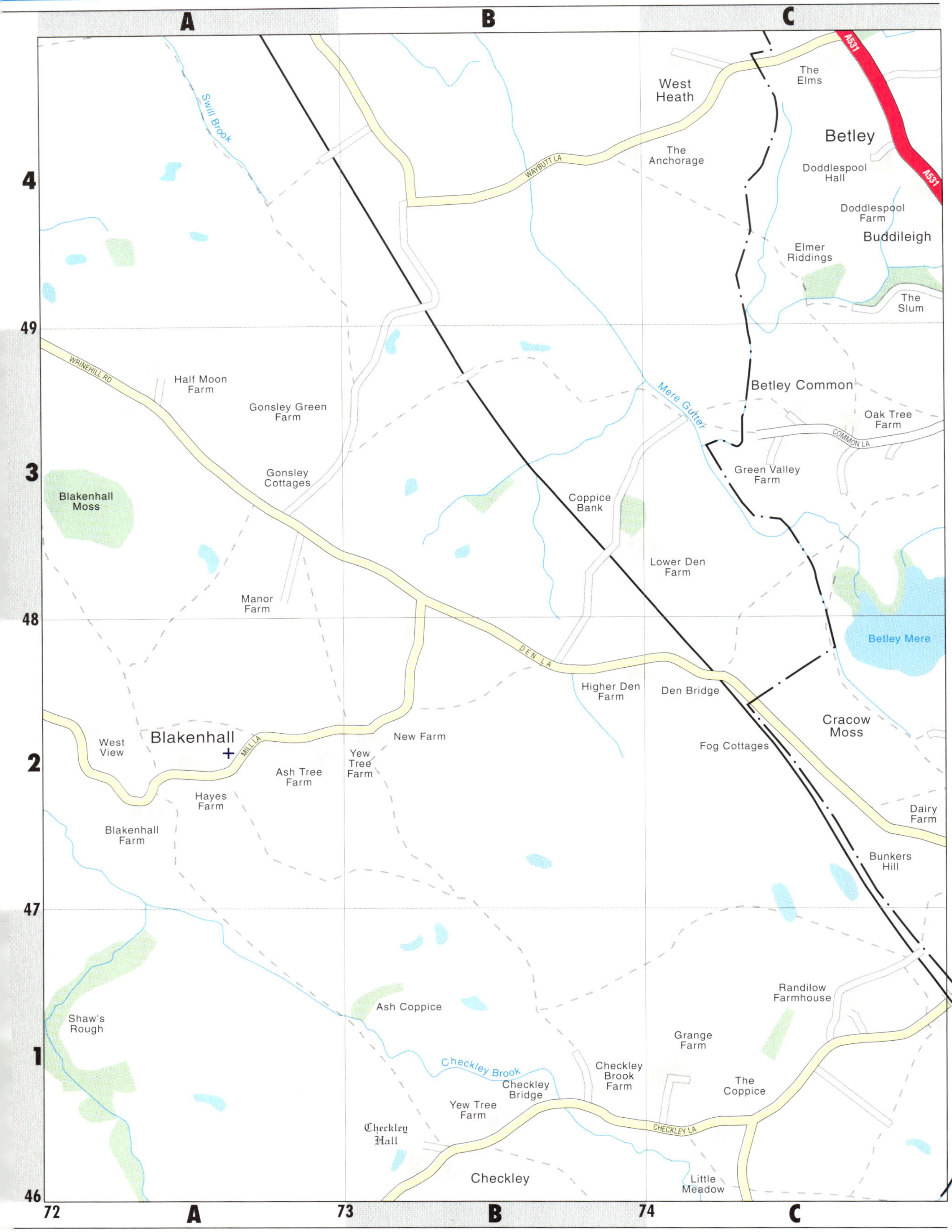
A
B
C
4
49
3
48
2
47
1
46
72
73
74
Swill Brook
WAYBUTT LA
West Heath
The Anchorage
The Elms
A531
Betley
Doddlespool Hall
Doddlespool Farm
Buddileigh
Elmer Riddings
The Slum
WRINEHILL RD
Half Moon Farm
Gonsley Green Farm
Gonsley Cottages
Blakenhall Moss
Mere Gutter
Betley Common
Oak Tree Farm
COMMON LA
Green Valley Farm
Coppice Bank
Lower Den Farm
Manor Farm
Betley Mere
DEN LA
Higher Den Farm
Den Bridge
Cracow Moss
Fog Cottages
West View
Blakenhall
MILL LA
New Farm
Yew Tree Farm
Ash Tree Farm
Hayes Farm
Blakenhall Farm
Dairy Farm
Bunkers Hill
Shaw's Rough
Ash Coppice
Randilow Farmhouse
Grange Farm
Checkley Brook
Checkley Bridge
Checkley Brook Farm
The Coppice
Yew Tree Farm
Checkley Hall
CHECKLEY LA
Checkley
Little Meadow

67

38
54

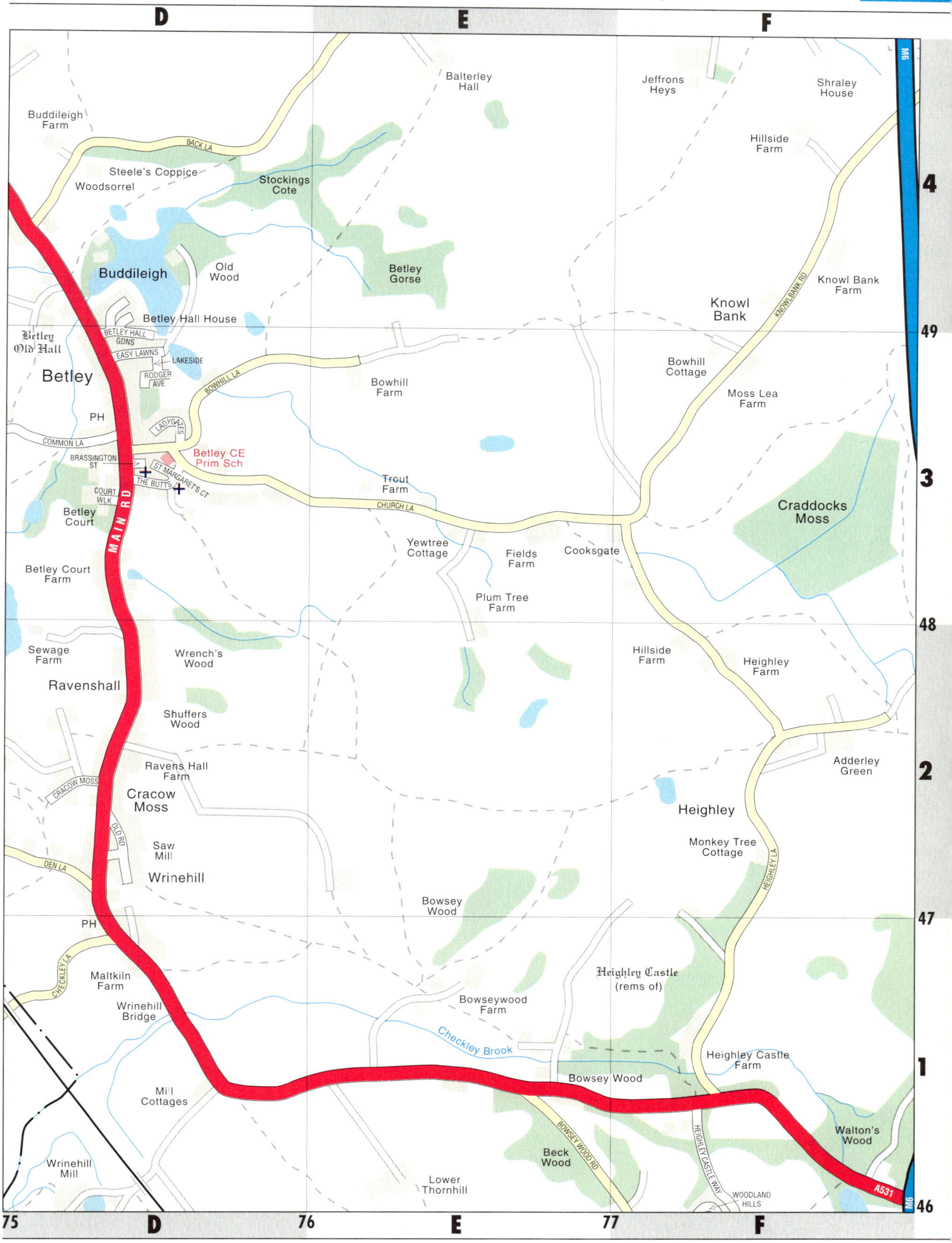
D
E
F
Balterley Hall
Jeffrons Heys
Shraley House
Buddileigh Farm
Hillside Farm
BACK LA
Steele's Coppice
Woodsorrel
Stockings Cote
4
Buddileigh
Old Wood
Betley Gorse
Knowl Bank Farm
Knowl Bank
KNOWLBANK RD
Betley Hall House
Betley Old Hall
BETLEY HALL GDNS
EASY LAWNS
LAKESIDE
RODGER AVE
49
BOWHILL LA
Bowhill Cottage
Betley
Bowhill Farm
Moss Lea Farm
PH
LADYGATES
COMMON LA
BRASSINGTON ST
Betley CE Prim Sch
ST MARGARET'S CT
THE BUTTS
Trout Farm
3
COURT WLK
CHURCH LA
Craddocks Moss
Betley Court
MAIN RD
Yewtree Cottage
Fields Farm
Cooksgate
Betley Court Farm
Plum Tree Farm
48
Sewage Farm
Wrench's Wood
Hillside Farm
Heighley Farm
Ravenshall
Shuffers Wood
Ravens Hall Farm
Adderley Green
2
CRACOW MOSS
Cracow Moss
Heighley
OLD RD
Monkey Tree Cottage
Saw Mill
DEN LA
Wrinehill
HEIGHLEY LA
Bowsey Wood
PH
47
CHECKLEY LA
Maltkiln Farm
Heighley Castle (rems of)
Wrinehill Bridge
Bowseywood Farm
Checkley Brook
Heighley Castle Farm
1
Bowsey Wood
Mill Cottages
BOWSEY WOOD RD
Walton's Wood
Beck Wood
HEIGHLEY CASTLE WAY
Wrinehill Mill
Lower Thornhill
WOODLAND HILLS
A531
M6
46
75
D
76
E
77
F

68
54

53 39

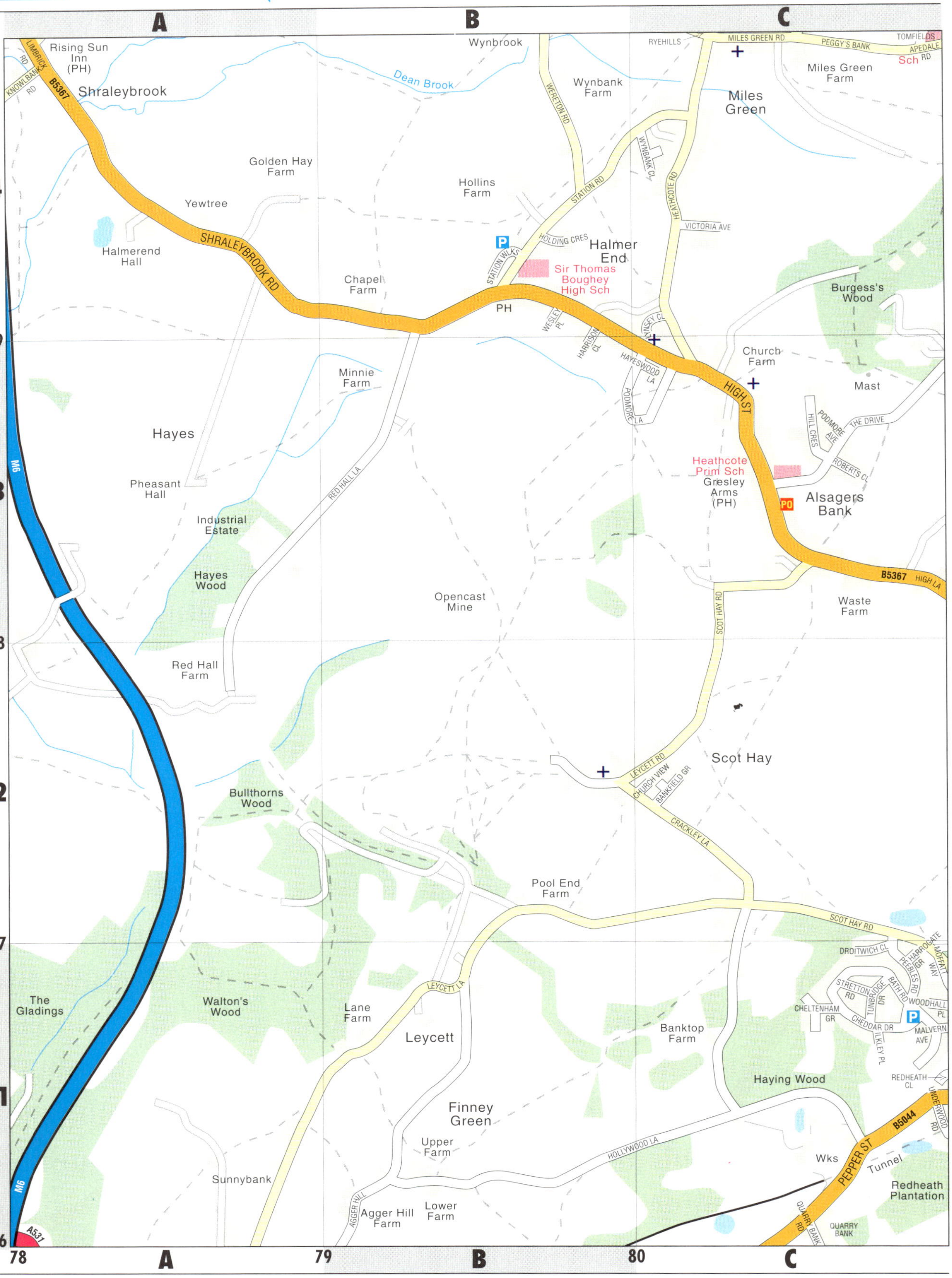
A
B
C
Rising Sun Inn (PH)
Shraleybrook
Wynbrook
Dean Brook
Wynbank Farm
Miles Green Farm
Miles Green
Golden Hay Farm
Hollins Farm
Yewtree
Halmerend Hall
SHRALEYBROOK RD
B5367
Halmer End
Sir Thomas Boughey High Sch
Chapel Farm
PH
Burgess's Wood
Church Farm
Mast
Minnie Farm
Hayes
Pheasant Hall
Industrial Estate
Heathcote Prim Sch
Gresley Arms (PH)
Alsagers Bank
PO
Hayes Wood
Opencast Mine
Waste Farm
Red Hall Farm
Scot Hay
Bullthorns Wood
Pool End Farm
The Gladings
Walton's Wood
Lane Farm
Leycett
Banktop Farm
Haying Wood
Finney Green
Upper Farm
Sunnybank
Agger Hill Farm
Lower Farm
Wks
Tunnel
Redheath Plantation
HIGH ST
HIGH LA
STATION RD
WERETON RD
HEATHCOTE RD
VICTORIA AVE
HOLDING CRES
RED HALL LA
SCOT HAY RD
LEYCETT RD
CRACKLEY LA
LEYCETT LA
HOLLYWOOD LA
PEPPER ST
B5044
M6
A531
4
3
2
1
49
48
47
46
78
79
80

53 69

40
56

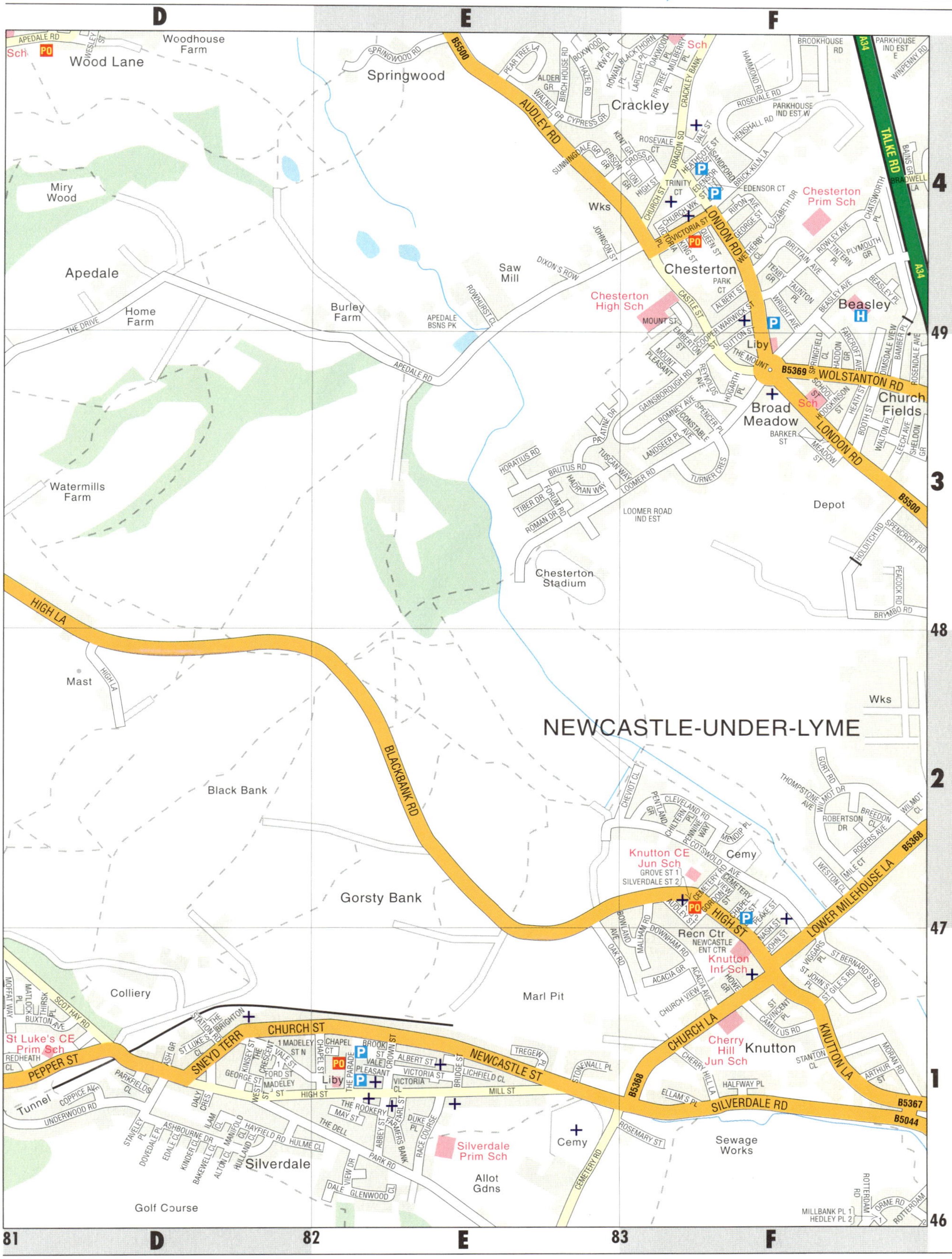
D
E
F
Woodhouse Farm
Wood Lane
Sch
PO
APEDALE RD
Springwood
SPRINGWOOD RD
B5500
AUDLEY RD
Crackley
Sch
CRACKLEY BANK
HAMMOND RD
BROOKHOUSE RD
PARKHOUSE IND EST E
PARKHOUSE IND EST W
ROSEVALE RD
HENSHALL RD
A34
TALKE RD
WINPENNY RD
BRADWELL LA
Miry Wood
Apedale
Home Farm
THE DRIVE
Burley Farm
Saw Mill
DIXON'S ROW
APEDALE BSNS PK
ROWHURST CL
APEDALE RD
Wks
JOHNSON ST
Chesterton
Chesterton High Sch
Chesterton Prim Sch
LONDON RD
VICTORIA ST
CHURCH ST
EDENSOR CT
ELIZABETH DR
BRITTAIN AVE
ROWLEY AVE
TINTERN PL
PLYMOUTH GR
CHATSWORTH PL
BEASLEY AVE
Beasley
H
P
PARK CT
ALBERT ST
CASTLE ST
MOUNT ST
Liby
THE MOUNT
B5369
WOLSTANTON RD
Church Fields
Broad Meadow
Sch
BARKER ST
MEADOW ST
LONDON RD
PALATINE DR
GAINSBOROUGH RD
ROMNEY AVE
CONSTABLE AVE
SPENCER PL
LANDSEER PL
TUSCAN WAY
TURNER CRES
HORATIUS RD
BRUTUS RD
HADRIAN WAY
TIBER DR
FORUM RD
ROMAN DR
LOOMER RD
LOOMER ROAD IND EST
Depot
B5500
HOLDITCH RD
SPENCROFT RD
PEACOCK RD
BRYMBO RD
Chesterton Stadium
4
49
3
48
2
47
1
46
HIGH LA
Mast
HIGH LA
Watermills Farm
NEWCASTLE-UNDER-LYME
Wks
BLACKBANK RD
Black Bank
Gorsty Bank
CHEVIOT CL
PENTLAND GR
CLEVELAND RD
CHILTERN PL
PENNINE WAY
COTSWOLD AVE
MENDIP PL
Cemy
THOMPSTONE AVE
GORT RD
WILMOT DR
BREEDON CL
ROBERTSON DR
ROGERS AVE
WILMOT CL
WESTON CL
MILE CT
LOWER MILEHOUSE LA
B5368
Knutton CE Jun Sch
GROVE ST 1
SILVERDALE ST 2
CEMETERY RD
CEMETERY VIEW
HIGH ST
PO
P
Recn Ctr
NEWCASTLE ENT CTR
Knutton Inf Sch
BOWLAND AVE
OAK RD
MALHAM RD
DOWNHAM RD
ACACIA GR
ACACIA AVE
CHURCH VIEW
NASH ST
JOHN ST
PEAKE ST
ST BERNARD'S RD
VIGGARS PL
ST JOHN'S PL
ST GILES RD
Colliery
Marl Pit
ST VINCENT PL
CAMILLUS RD
CHURCH LA
Cherry Hill Jun Sch
Knutton
CHERRY HILL LA
STANTON CL
KNUTTON LA
MORAN RD
ARTHUR ST
St Luke's CE Prim Sch
MOFFAT WAY
MATLOCK PL
THIRSK PL
BUXTON AVE
SCOT HAY RD
PEPPER ST
REDHEATH CL
Tunnel
COPPICE AVE
UNDERWOOD RD
PARKFIELDS CL
ASH GR
ST LUKE'S CL
STATION RD
THE BRIGHTON
SNEYD TERR
CHURCH ST
KINSEY ST
THE CRESCENT
VALE ST
FORD ST
GEORGE ST
MADELEY ST
WEST ST
HIGH ST
1 MADELEY ST N
CHAPEL CT
CHAPEL ST
PO
Liby
P
THE PARADE
BROOK ST
VALE PLEASANT
CROWN ST
ALBERT ST
VICTORIA ST
VICTORIA CL
BRIDGE ST
LICHFIELD CL
NEWCASTLE ST
TREGEW PL
MILL ST
STONEWALL PL
B5368
ELLAM'S PL
HALFWAY PL
SILVERDALE RD
B5367
B5044
THE ROOKERY
MAY ST
THE DELL
ABBEY ST
FARMERS BANK
EARL ST
DUKE PL
RACE COURSE
STAVELEY PL
DOVEDALE PL
ASHBOURNE DR
EDALE CL
KINDER PL
BAKEWELL CL
ILAM CL
ALTON CL
HULLAND CL
MANIFOLD CL
HAYFIELD RD
HULME CL
Silverdale
PARK RD
VIEW DR
DALE
GLENWOOD CL
Silverdale Prim Sch
Allot Gdns
Cemy
ROSEMARY ST
CEMETERY RD
Sewage Works
Golf Course
MILLBANK PL 1
HEDLEY PL 2
ROTTERDAM RD
ORME RD
ROTTERDAM
81
D
82
E
83
F

70
56

56

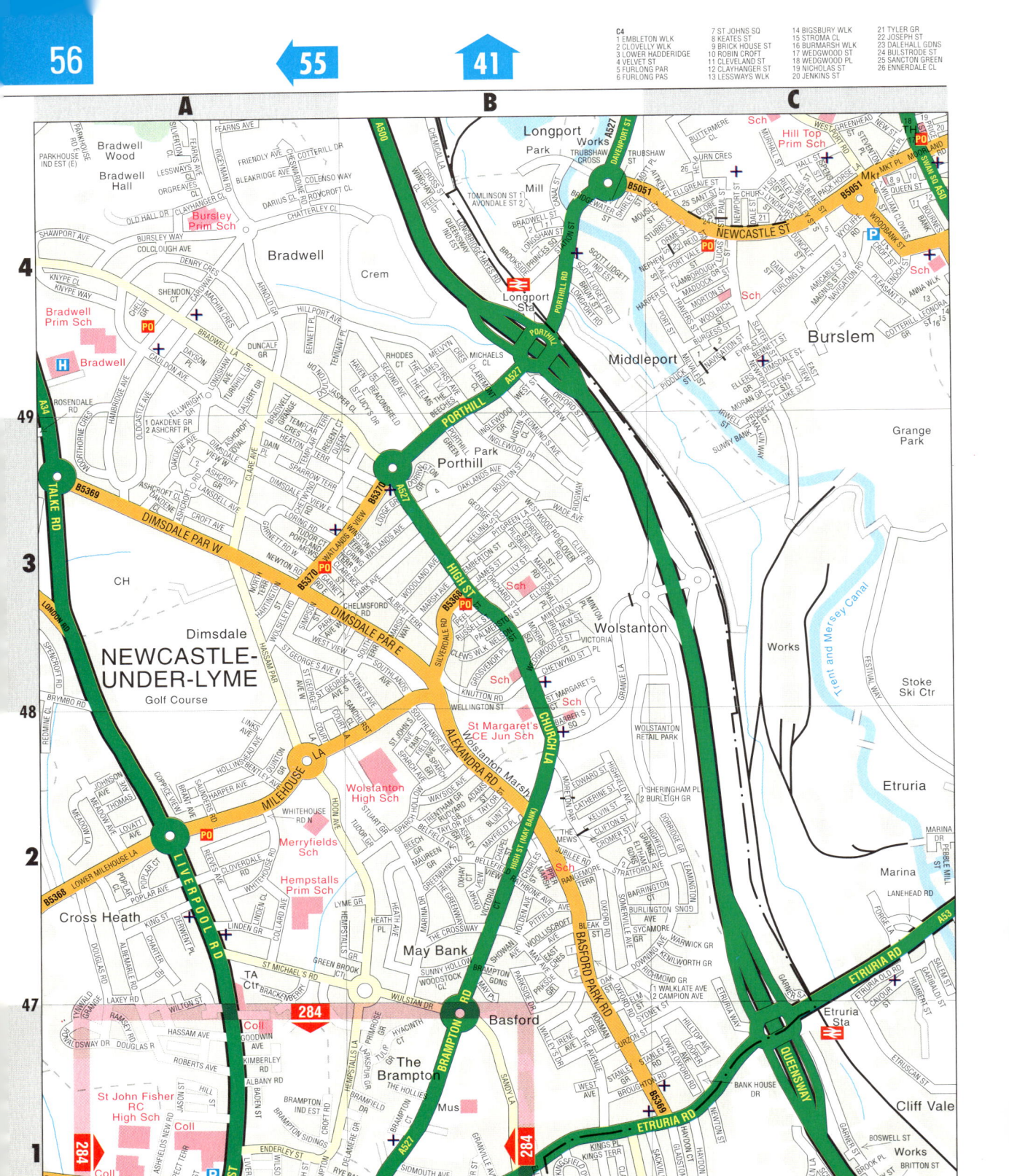

← 55   ↑ 41

C4
1 EMBLETON WLK
2 CLOVELLY WLK
3 LOWER HADDERIDGE
4 VELVET ST
5 FURLONG PAR
6 FURLONG PAS
7 ST JOHNS SQ
8 KEATES ST
9 BRICK HOUSE ST
10 ROBIN CROFT
11 CLEVELAND ST
12 CLAYHANGER ST
13 LESSWAYS WLK
14 BIGSBURY WLK
15 STROMA CL
16 BURMARSH WLK
17 WEDGWOOD ST
18 WEDGWOOD PL
19 NICHOLAS ST
20 JENKINS ST
21 TYLER GR
22 JOSEPH ST
23 DALEHALL GDNS
24 BULSTRODE ST
25 SANCTON GREEN
26 ENNERDALE CL

For full street detail of the highlighted area see page 284.

← 55   ↓ 71

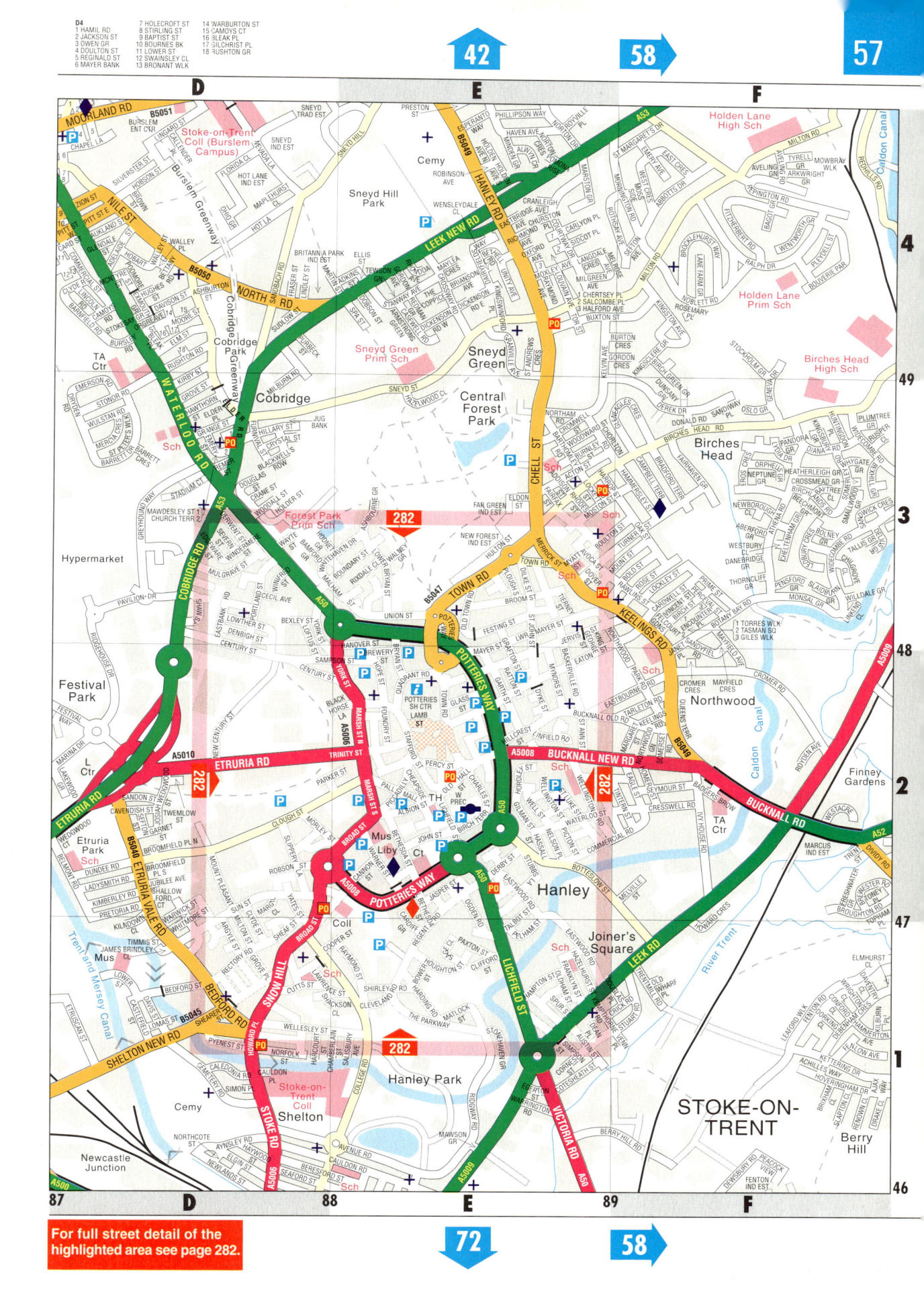

D4
1 HAMIL RD
2 JACKSON ST
3 OWEN GR
4 DOULTON ST
5 REGINALD ST
6 MAYER BANK
7 HOLECROFT ST
8 STIRLING ST
9 BAPTIST ST
10 BOURNES BK
11 LOWER ST
12 SWAINSLEY CL
13 BRONANT WLK
14 WARBURTON ST
15 CAMOYS CT
16 BLEAK PL
17 GILCHRIST PL
18 RUSHTON GR

For full street detail of the highlighted area see page 282.

57
43

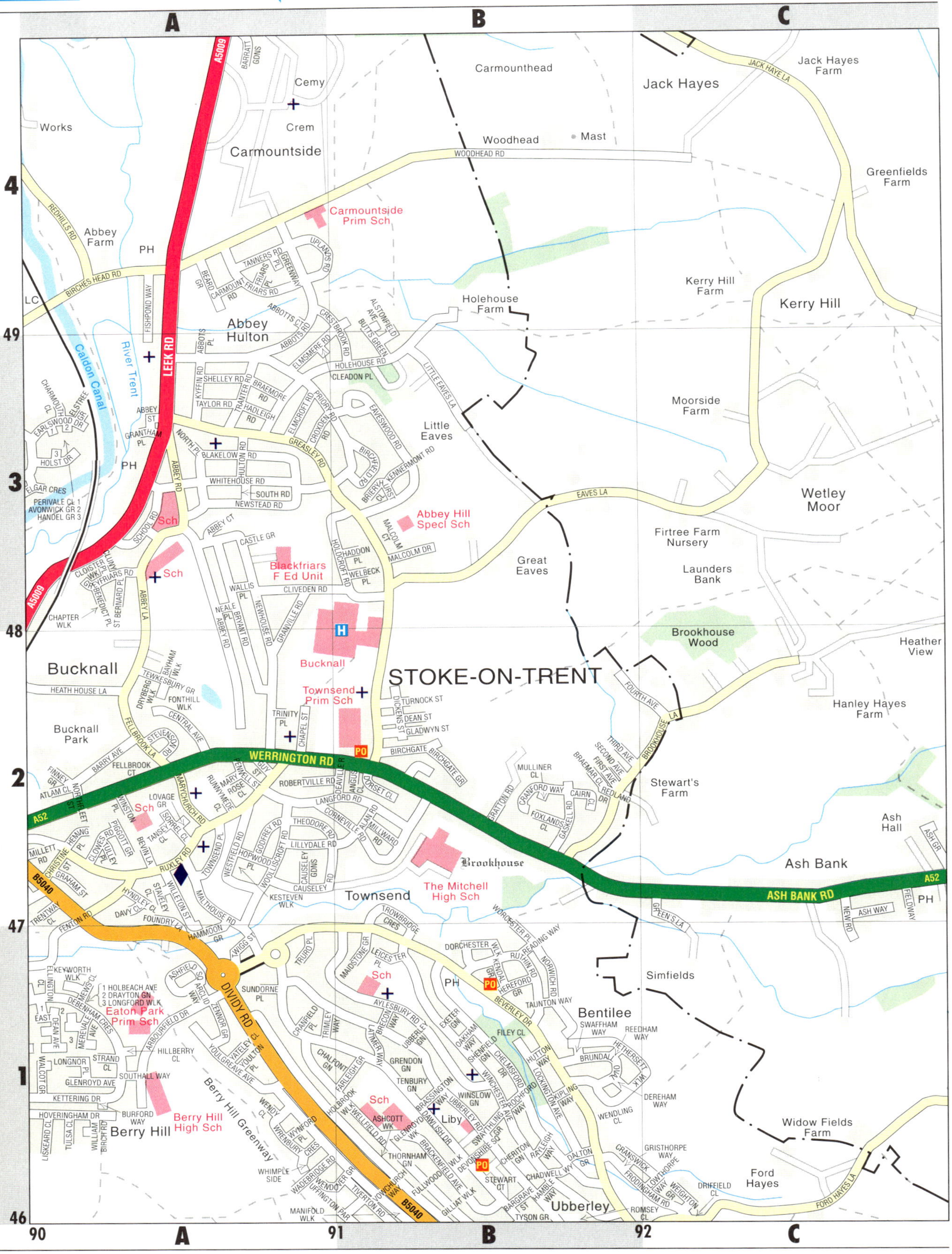
A
B
C
4
49
3
48
2
47
1
46
90
91
92
Carmounthead
Jack Hayes
Jack Hayes Farm
JACK HAYE LA
Cemy
Crem
Works
Carmountside
Woodhead
Mast
WOODHEAD RD
Greenfields Farm
A5009
BARRATT GDNS
Carmountside Prim Sch
Abbey Farm
PH
REDHILLS RD
BIRCHES HEAD RD
LC
TANNERS RD
FRIARS PL
GREENWAY
UPLANDS RD
BEARD GR
CARMOUNT RD
FRIARS RD
Kerry Hill Farm
Kerry Hill
Holehouse Farm
Abbey Hulton
ABBOTS PL
ABBOTTS CL
ABBOTS RD
CRESTBROOK RD
ALSTONFIELD AVE
BUTTS GREEN
ELMSMERE RD
HOLEHOUSE RD
CLEADON PL
LITTLE EAVES LA
FISHPOND WAY
LEEK RD
River Trent
Caldon Canal
KYFFIN RD
SHELLEY RD
BRAEMORE RD
TAYLOR RD
TRANTER RD
HADLEIGH RD
ELMCROFT RD
PRIORY RD
CROYDEN RD
EAVESWOOD RD
Moorside Farm
Little Eaves
CHARMOUTH CL
ELSTREE GR
EARLSWOOD DR
HOLST DR
ABBEY ST
GRANTHAM PL
NORTH PL
BLAKELOW RD
HULTON RD
GREASLEY RD
BIRCHFIELD RD
KENNERMONT RD
BRIERY CL
HURST CL
WHITEHOUSE RD
SOUTH RD
NEWSTEAD RD
ABBEY RD
ELGAR CRES
PERIVALE CL 1
AVONWICK GR 2
HANDEL GR 3
Sch
EAVES LA
Wetley Moor
Abbey Hill Specl Sch
SCHOOL RD
ABBEY CT
CASTLE GR
MALCOLM CT
MALCOLM DR
HADDON PL
WELBECK PL
HOLDCROFT RD
Firtree Farm Nursery
Great Eaves
Launders Bank
Blackfriars F Ed Unit
CLIVEDEN RD
WALLIS PL
CLOISTER WK
GREYFRIARS RD
CLUNY PL
BENEDICT PL
ST BERNARD PL
ABBEY LA
CHAPTER WLK
NEALE PL
ABBEY RD
BRYANT RD
NEWHOUSE RD
GRANVILLE RD
H
Brookhouse Wood
Heather View
Bucknall
STOKE-ON-TRENT
HEATH HOUSE LA
BAYHAM WLK
TEWKESBURY GR
FONTHILL WLK
DRYBERG WLK
Townsend Prim Sch
TURNOCK ST
DICKENS ST
DEAN ST
GLADWYN ST
FOURTH AVE
TRINITY PL
CHAPEL ST
Hanley Hayes Farm
Bucknall Park
CENTRAL AVE
STEVENSON RD
FELLBROOK LA
BARRY AVE
FELLBROOK CT
PO
BIRCHGATE
BIRCHGATE GR
THIRD AVE
BROOKHOUSE LA
SECOND AVE
FIRST AVE
BRAEMAR CL
REDLAND DR
FINNEY GR
ATLAM CL
NORTHFLEET ST
WERRINGTON RD
ROBERTVILLE RD
DEAVILLE RD
ANGUS CL
DORSET CL
MULLINER CL
Stewart's Farm
A52
LOVAGE GR
MARYCHURCH RD
RUNNYMEDE CL
MARY ROSE CL
LANGFORD RD
CRANFORD WAY
CAIRN CL
GRATTON RD
FOXLANDS CL
GASKELL RD
Ash Hall
ASH GR
WINSTON PL
SORREL CL
TANSEY CL
CORNEVILLE RD
ALAN RD
MILLWARD RD
THEODORE RD
GODFREY RD
HEMING PL
CLOWES RD
PIGGOTT GR
BEVIN LA
LILLYDALE RD
MILLETT RD
CHRISTINE ST
GRAHAM ST
RUXLEY RD
TOWNSEND PL
WESTFIELD RD
HOPWOOD PL
WOOLLISCROFT RD
CAUSELEY GDNS
CAUSELEY
KESTEVEN WLK
Brookhouse
The Mitchell High Sch
Ash Bank
ASH BANK RD
PH
B5040
HYNDLEY CL
STAVELEY CL
WILLETON ST
MALTHOUSE RD
Townsend
TROWBRIDGE CRES
GREEN'S LA
ASH WAY
NEW RD
FIELDWAY
TRENTWAY CL
FENTON RD
DAVY CL
FOUNDRY LA
HAMMOON GR
WORCESTER PL
READING WAY
WIGG ST
TRURO PL
MAIDSTONE GR
LEICESTER PL
DORCHESTER WLK
RUTHIN RD
NORWICH RD
KENDAL GR
HEREFORD GR
KEYWORTH WLK
ELLINGTON CL
1 HOLBEACH AVE
2 DRAYTON GN
3 LONGFORD WLK
ASHFIELD SQ
ARCLID WAY
SUNDORNE PL
Sch
PH
BEVERLEY DR
TAUNTON WAY
Simfields
Eaton Park Prim Sch
DEBENHAM CRES
MEWS CL
EAST DR
DEAN AVE
MEREVALE AVE
ARBOURFIELD DR
LENNOR GR
DIVIDY RD
YATELEY CL
YOULTON PL
CRANFIELD PL
TRIMLEY WAY
AYLESBURY RD
BRECON WAY
EXETER GN
UBBERLEY GN
OAKHAM WAY
SHEFFIELD GN
FILEY CL
CHELMSFORD DR
Bentilee
SWAFFHAM WAY
REEDHAM WAY
HETHERSETT WLK
LONGNOR PL
STRAND CL
HILLBERRY CL
YOULGREAVE AVE
CHALFONT GN
FARLEIGH GR
LATIMER WAY
GRENDON GN
HUTTON WAY
BRUNDALL OVAL
WALCOT GR
GLENROYD AVE
SOUTHALL WAY
Berry Hill Greenway
TENBURY GN
BRASSINGTON WAY
WINSLOW GN
WINCHESTER AVE
ROCHFORD WAY
LOCKINGTON AVE
KIPLING WAY
DEREHAM WAY
KETTERING DR
WENDY CL
HOLBROOK WLK
ASHCOTT WK
Liby
UBBERLEY RD
SWAYTHLING GR
WENDLING CL
HOVERINGHAM DR
BURFORD WAY
Berry Hill High Sch
WYNFORD PL
WELLFIELD RD
GLENROYD WK
DAWLISH DR
Widow Fields Farm
LISKEARD CL
TULSA CL
WILLIAM BIRCH RD
Berry Hill
WRENBURY CRES
THORNHAM GN
BRACKENFIELD AVE
DEVONSHIRE SQ
CHERITON GN
RAYLEIGH WAY
DALTON GR
CRANSWICK GR
GRISTHORPE WAY
WHIMPLE SIDE
WADEBRIDGE RD
WENDOVER GR
UFFINGTON PAR
TIVERTON RD
YOVECHURCH WAY
FULLWOOD WLK
GILLIAT WLK
STEWART CT
CHADWELL WAY
HAMBLE WAY
FRODINGHAM RD
LOWTHORPE WAY
WEIGHTON GR
Ford Hayes
DRIFFIELD CL
FORD HAYES LA
MANIFOLD WLK
BARGRAVE ST
TYSON GR
Ubberley
ROMSEY CL

57
73

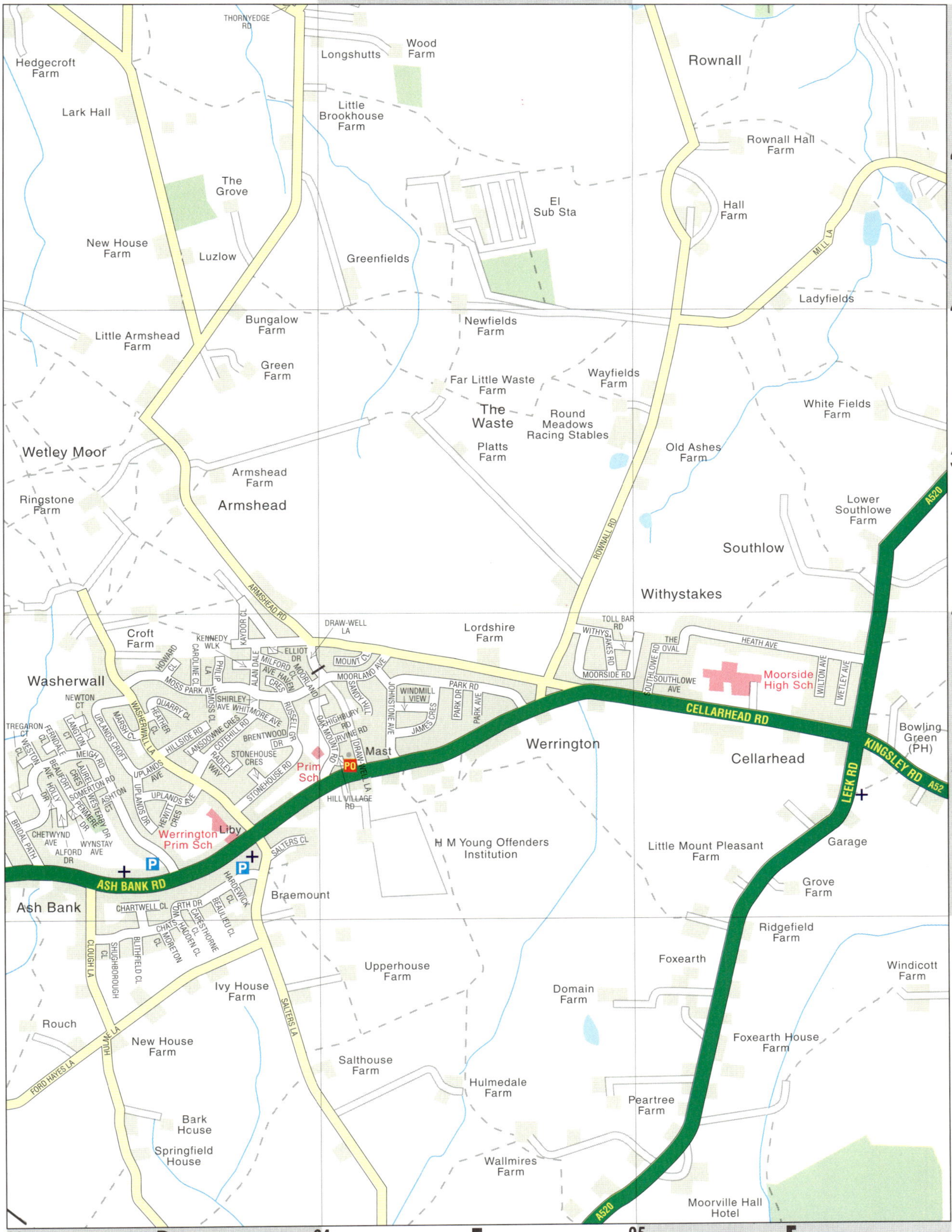
D
E
F
Hedgecroft Farm
Lark Hall
The Grove
New House Farm
Luzlow
Longshutts
Wood Farm
Little Brookhouse Farm
Greenfields
El Sub Sta
Rownall
Rownall Hall Farm
Hall Farm
Ladyfields
Bungalow Farm
Little Armshead Farm
Green Farm
Newfields Farm
Far Little Waste Farm
Wayfields Farm
The Waste
Round Meadows Racing Stables
Platts Farm
White Fields Farm
Old Ashes Farm
Wetley Moor
Armshead Farm
Armshead
Ringstone Farm
Lower Southlowe Farm
Southlow
Withystakes
Lordshire Farm
Croft Farm
Washerwall
Moorside High Sch
CELLARHEAD RD
Werrington
Cellarhead
Bowling Green (PH)
KINGSLEY RD
A52
A520
LEEK RD
Mast
PO
Prim Sch
Werrington Prim Sch
Liby
ASH BANK RD
Ash Bank
Braemount
H M Young Offenders Institution
Little Mount Pleasant Farm
Garage
Grove Farm
Ridgefield Farm
Foxearth
Windicott Farm
Upperhouse Farm
Domain Farm
Ivy House Farm
Rouch
New House Farm
Foxearth House Farm
Salthouse Farm
Hulmedale Farm
Peartree Farm
Bark House
Springfield House
Wallmires Farm
Moorville Hall Hotel
ARMSHEAD RD
ROWNALL RD
MILL LA
SALTERS LA
FORD HAYES LA
HULME LA
CLOUGH LA
93
94
95
4
3
2
1
49
48
47
46

59
45

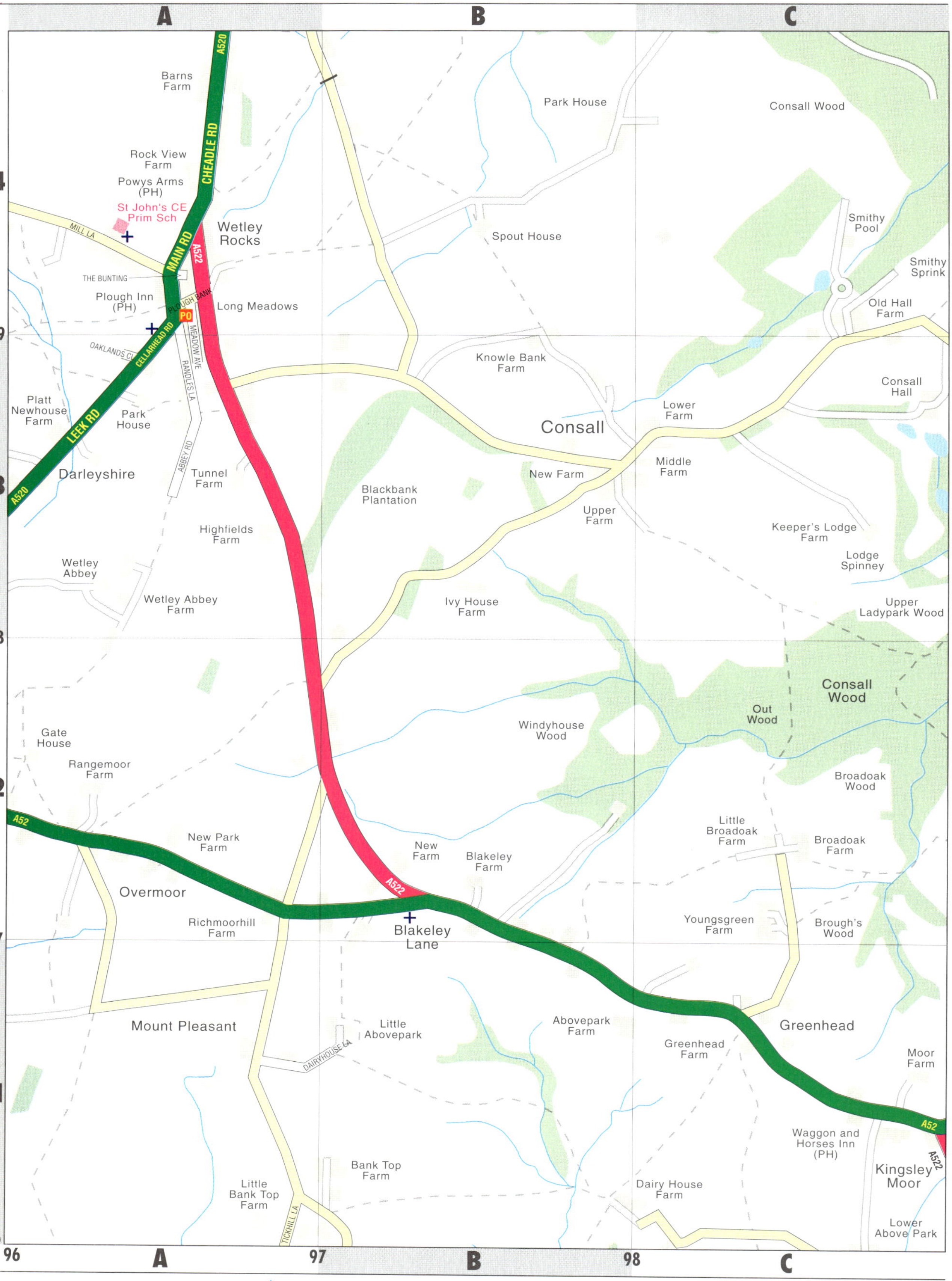
A
B
C
4
49
3
48
2
47
1
46
96
97
98
Barns Farm
A520
CHEADLE RD
Rock View Farm
Powys Arms (PH)
St John's CE Prim Sch
MILL LA
MAIN RD
A522
Wetley Rocks
THE BUNTING
Plough Inn (PH)
PLOUGH BANK
PO
Long Meadows
OAKLANDS CL
CELLARHEAD RD
MEADOW AVE
RANDLES LA
Platt Newhouse Farm
LEEK RD
Park House
ABBEY RD
Darleyshire
Tunnel Farm
Highfields Farm
Wetley Abbey
Wetley Abbey Farm
Park House
Consall Wood
Spout House
Smithy Pool
Smithy Sprink
Old Hall Farm
Knowle Bank Farm
Consall Hall
Lower Farm
Consall
Middle Farm
New Farm
Blackbank Plantation
Upper Farm
Keeper's Lodge Farm
Lodge Spinney
Ivy House Farm
Upper Ladypark Wood
Consall Wood
Out Wood
Windyhouse Wood
Gate House
Rangemoor Farm
Broadoak Wood
Little Broadoak Farm
Broadoak Farm
A52
New Park Farm
New Farm
Blakeley Farm
Overmoor
Richmoorhill Farm
Blakeley Lane
Youngsgreen Farm
Brough's Wood
Mount Pleasant
Little Abovepark
Abovepark Farm
Greenhead Farm
Greenhead
Moor Farm
DAIRYHOUSE LA
Waggon and Horses Inn (PH)
Kingsley Moor
Bank Top Farm
Little Bank Top Farm
TICKHILL LA
Dairy House Farm
Lower Above Park

59
75

46
62

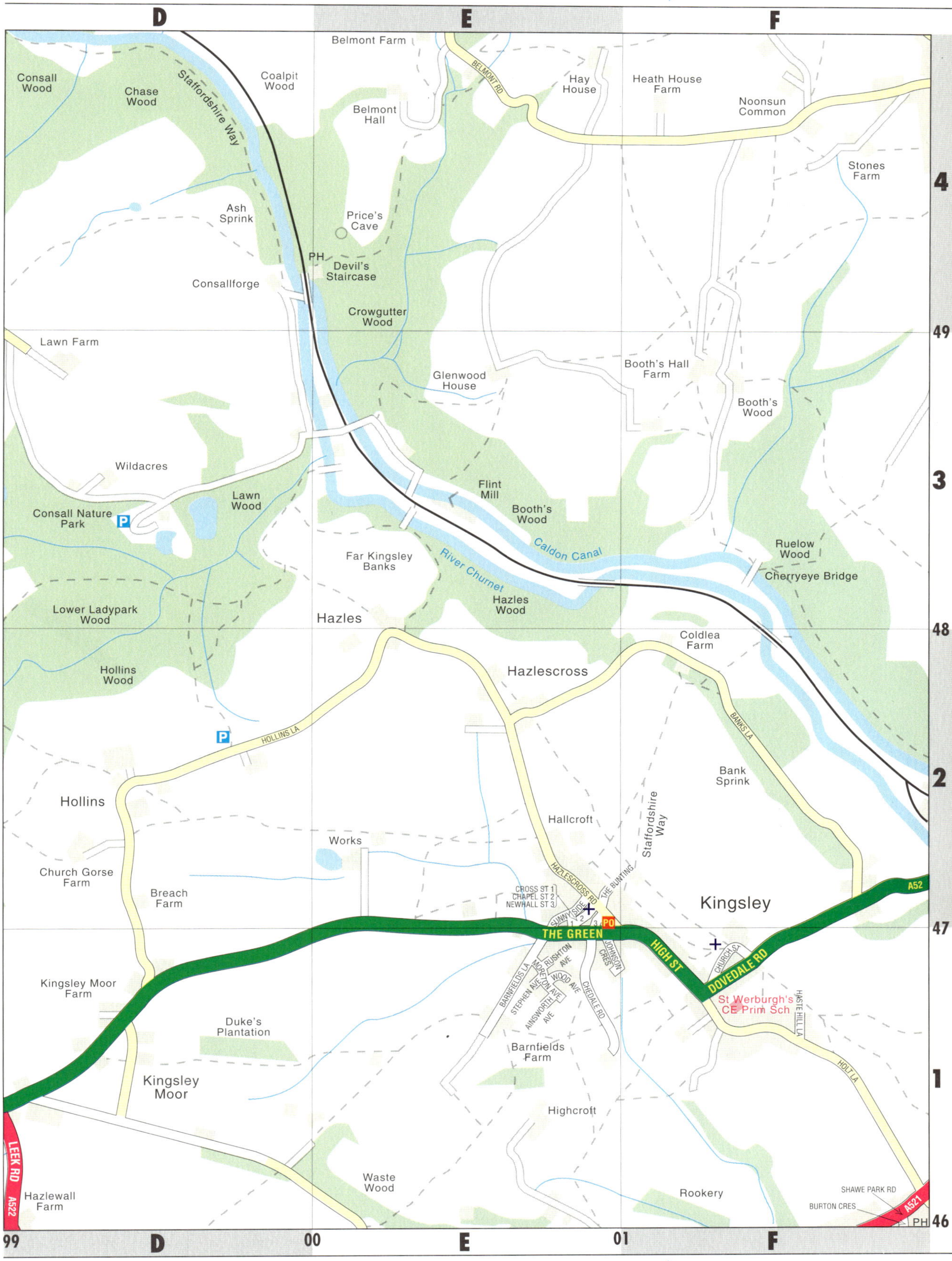
D
E
F
Belmont Farm
Consall Wood
Chase Wood
Staffordshire Way
Coalpit Wood
Belmont Hall
BELMONT RD
Hay House
Heath House Farm
Noonsun Common
Stones Farm
4
Ash Sprink
Price's Cave
PH
Devil's Staircase
Consallforge
Crowgutter Wood
Lawn Farm
49
Glenwood House
Booth's Hall Farm
Booth's Wood
Wildacres
Flint Mill
3
Lawn Wood
Booth's Wood
Consall Nature Park
P
Caldon Canal
Far Kingsley Banks
River Churnet
Ruelow Wood
Cherryeye Bridge
Lower Ladypark Wood
Hazles Wood
Hazles
48
Coldlea Farm
Hollins Wood
Hazlescross
BANKS LA
P
HOLLINS LA
Bank Sprink
2
Hollins
Hallcroft
Staffordshire Way
Works
Church Gorse Farm
HAZLESCROSS RD
THE BUNTING
A52
Breach Farm
CROSS ST 1
CHAPEL ST 2
NEWHALL ST 3
SUNNY SIDE
PO
Kingsley
47
THE GREEN
HIGH ST
RUSHTON AVE
JOHNSON CRES
CHURCH ST
DOVEDALE RD
Kingsley Moor Farm
BARNFIELDS LA
STEPHEN AVE
MORETON AVE
WOOD AVE
CHEDDALE RD
AINSWORTH AVE
St Werburgh's CE Prim Sch
HASTE HILL LA
Duke's Plantation
Barnfields Farm
HOLT LA
1
Kingsley Moor
Highcroft
LEEK RD
A522
Waste Wood
Hazlewall Farm
Rookery
SHAWE PARK RD
BURTON CRES
A521
PH
46
99
D
00
E
01
F

61
47

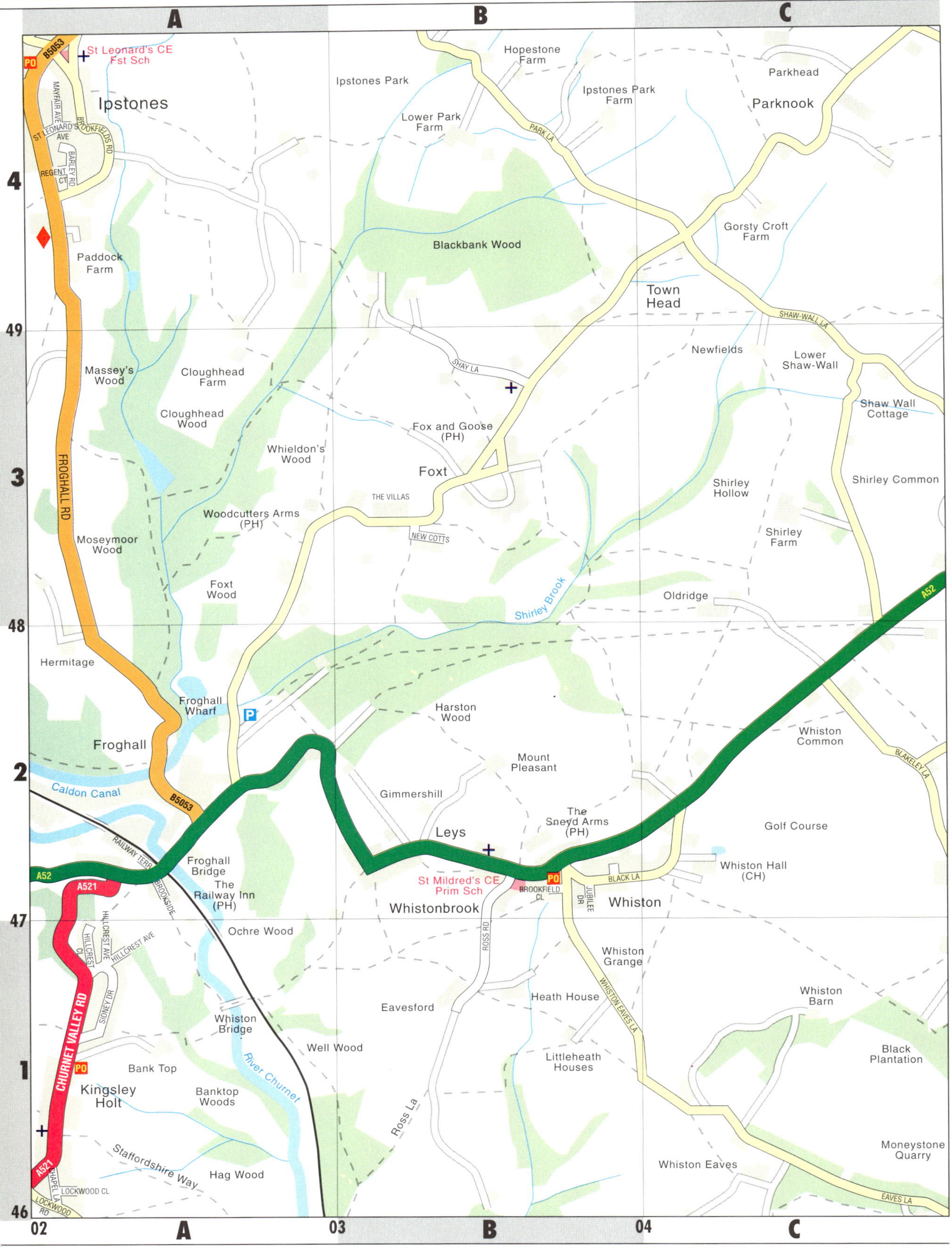
A
B
C
4
49
3
48
2
47
1
46
02
03
04
St Leonard's CE Fst Sch
PO
B5053
Ipstones
MAYFAIR AVE
ST LEONARD'S AVE
BROOKFIELDS RD
BARLEY RD
REGENT CT
Paddock Farm
Massey's Wood
FROGHALL RD
Cloughhead Farm
Cloughhead Wood
Moseymoor Wood
Hermitage
Froghall Wharf
P
Froghall
Caldon Canal
B5053
RAILWAY TERR
BROOKSIDE
A52
A521
HILLCREST AVE
HILLCREST CL
SIDNEY DR
CHURNET VALLEY RD
PO
Kingsley Holt
Bank Top
Banktop Woods
Staffordshire Way
Hag Wood
A521
CHAPEL LA
LOCKWOOD CL
LOCKWOOD RD
Froghall Bridge
The Railway Inn (PH)
Ochre Wood
Whiston Bridge
River Churnet
Well Wood
Woodcutters Arms (PH)
Foxt Wood
Whieldon's Wood
Hopestone Farm
Ipstones Park
Lower Park Farm
PARK LA
Blackbank Wood
SHAY LA
Fox and Goose (PH)
Foxt
THE VILLAS
NEW COTTS
Shirley Brook
Harston Wood
Mount Pleasant
Gimmershill
Leys
St Mildred's CE Prim Sch
Whistonbrook
The Sneyd Arms (PH)
PO
BROOKFIELD CL
JUBILEE DR
BLACK LA
ROSS RD
Eavesford
Ross La
Heath House
Littleheath Houses
Whiston Grange
WHISTON EAVES LA
Whiston
Ipstones Park Farm
Parkhead
Parknook
Gorsty Croft Farm
Town Head
SHAW-WALL LA
Newfields
Lower Shaw-Wall
Shaw Wall Cottage
Shirley Common
Shirley Hollow
Shirley Farm
Oldridge
A52
Whiston Common
BLAKELEY LA
Golf Course
Whiston Hall (CH)
Whiston Barn
Black Plantation
Moneystone Quarry
Whiston Eaves
EAVES LA

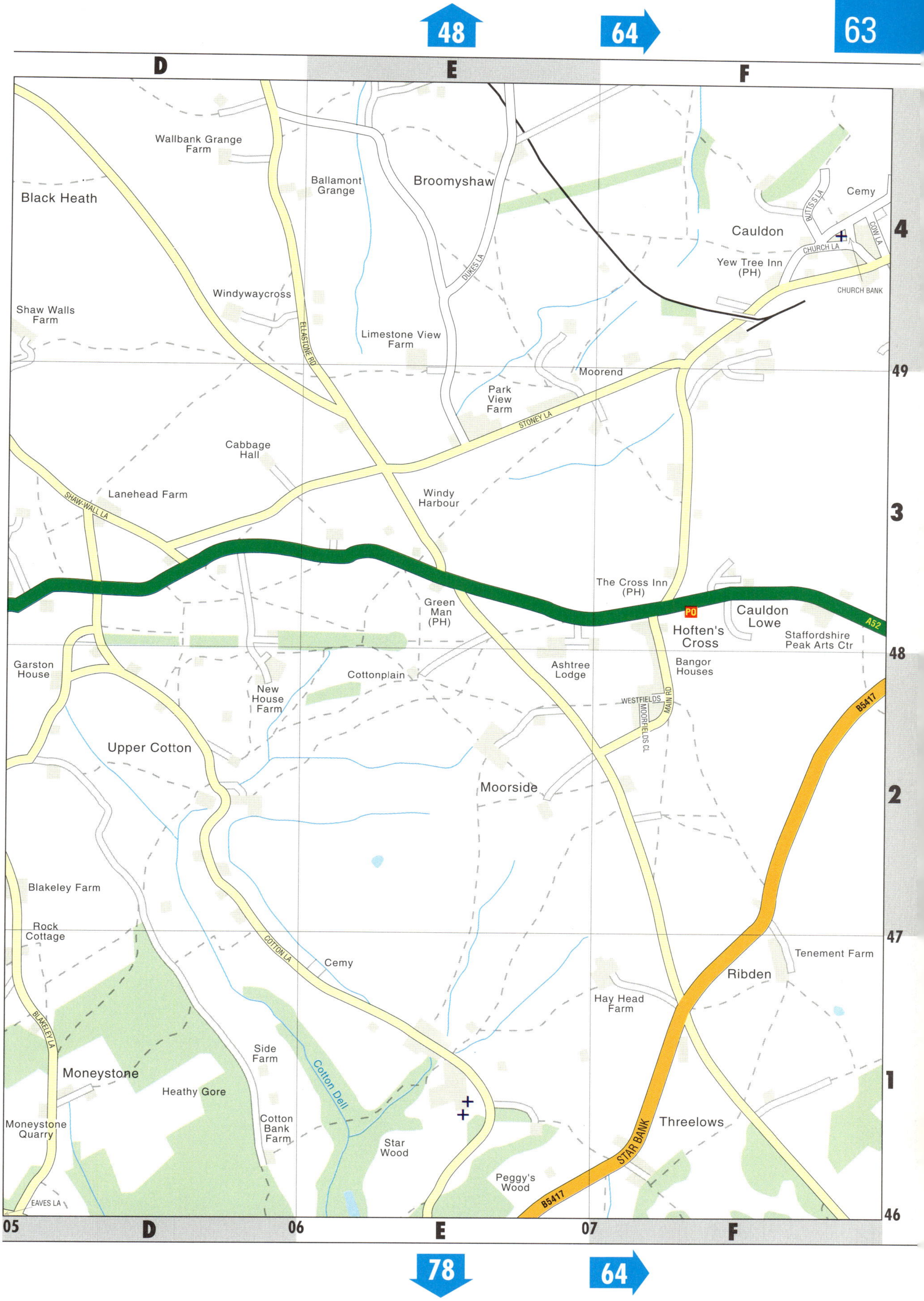
48
64
D
E
F
Wallbank Grange Farm
Ballamont Grange
Broomyshaw
Black Heath
Cemy
Cauldon
BUTTS'S LA
COW LA
CHURCH LA
Yew Tree Inn (PH)
CHURCH BANK
Windywaycross
DUKES LA
Shaw Walls Farm
ELLASTONE RD
Limestone View Farm
Moorend
Park View Farm
STONEY LA
Cabbage Hall
Lanehead Farm
SHAW-WALL LA
Windy Harbour
The Cross Inn (PH)
Green Man (PH)
PO
Cauldon Lowe
Hoften's Cross
Staffordshire Peak Arts Ctr
A52
Garston House
New House Farm
Cottonplain
Ashtree Lodge
Bangor Houses
WESTFIELDS
MOORFIELDS CL
MAIN RD
B5417
Upper Cotton
Moorside
Blakeley Farm
Rock Cottage
COTTON LA
Cemy
Tenement Farm
Ribden
Hay Head Farm
BLAKELEY LA
Side Farm
Cotton Dell
Moneystone
Heathy Gore
Moneystone Quarry
Cotton Bank Farm
Star Wood
Threelows
STAR BANK
Peggy's Wood
B5417
EAVES LA
4
49
3
48
2
47
1
46
05
06
07
78
64

63
49

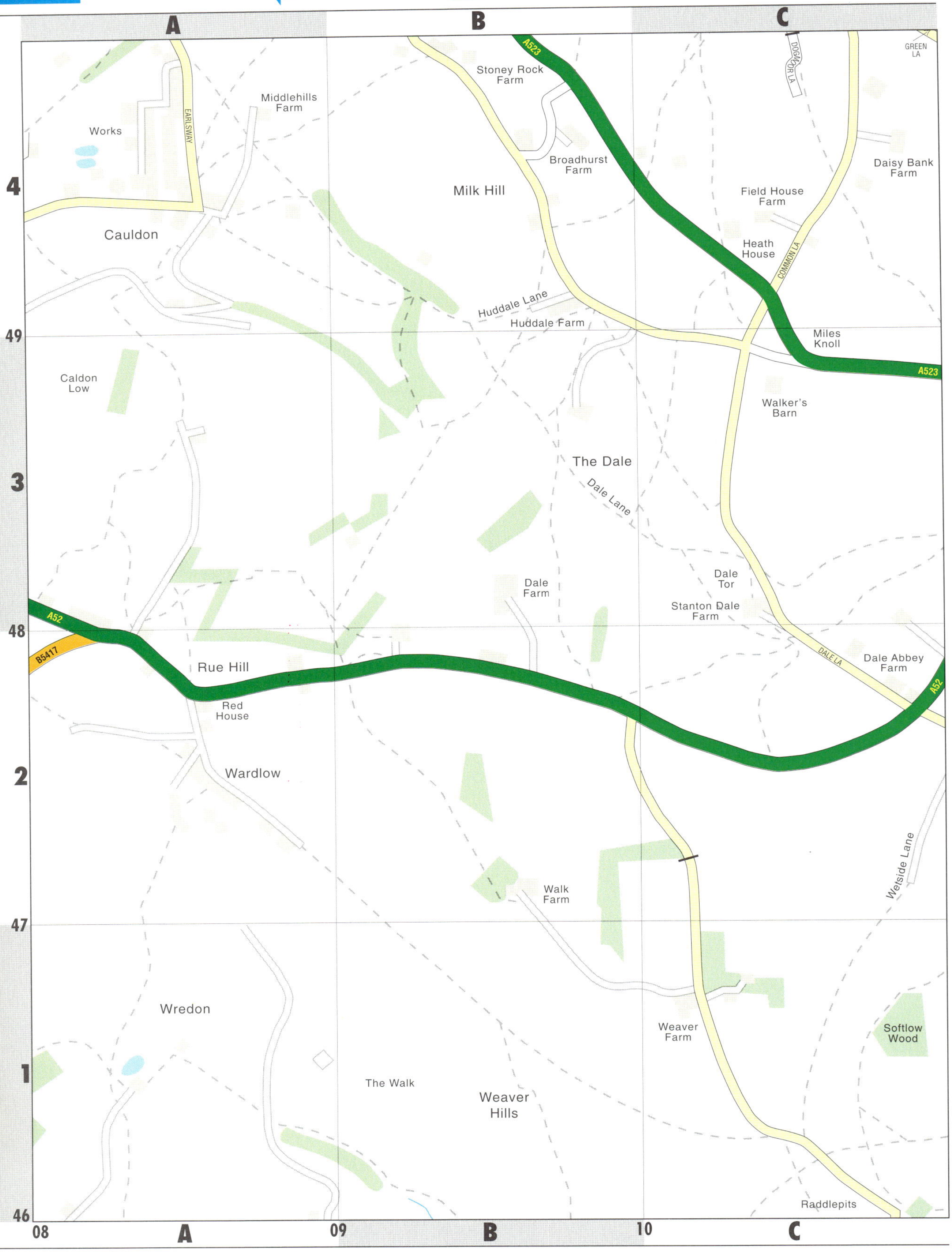
A
B
C
4
49
3
48
2
47
1
46
08
09
10
GREEN LA
DOGMOOR LA
EARLSWAY
Works
Middlehills Farm
Stoney Rock Farm
A523
Broadhurst Farm
Milk Hill
Daisy Bank Farm
Field House Farm
Heath House
COMMON LA
Cauldon
Huddale Lane
Huddale Farm
Miles Knoll
Caldon Low
Walker's Barn
The Dale
Dale Lane
Dale Farm
Dale Tor
Stanton Dale Farm
A52
B5417
Rue Hill
Red House
DALE LA
Dale Abbey Farm
Wardlow
Wetside Lane
Walk Farm
Wredon
Weaver Farm
Softlow Wood
The Walk
Weaver Hills
Raddlepits

63
79

50
66

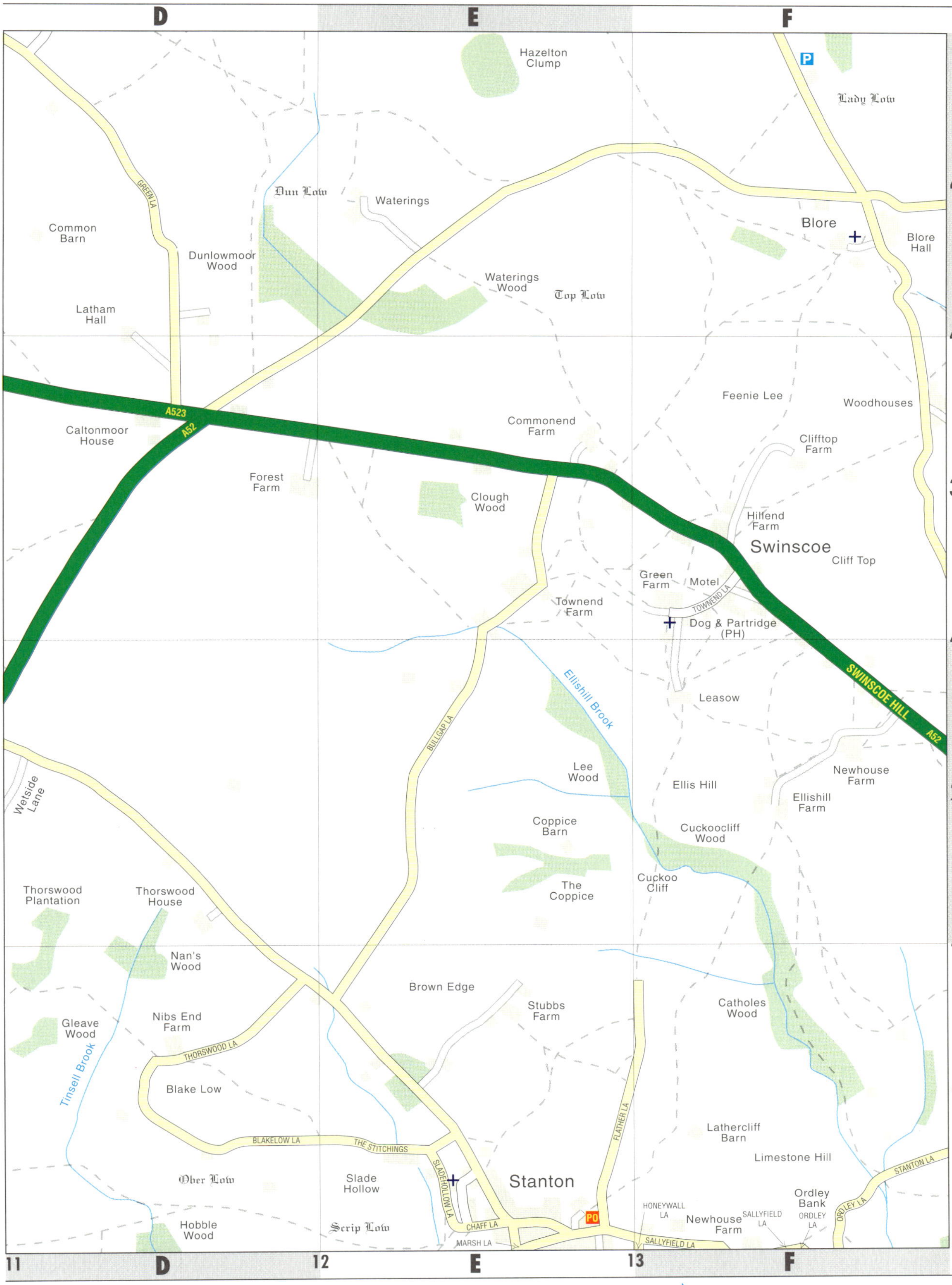
D
E
F
Hazelton Clump
Lady Low
Dun Low
Waterings
GREEN LA
Common Barn
Dunlowmoor Wood
Blore
Blore Hall
Waterings Wood
Top Low
Latham Hall
Feenie Lee
Woodhouses
A523
A52
Caltonmoor House
Commonend Farm
Clifftop Farm
Forest Farm
Clough Wood
Hilfend Farm
Swinscoe
Cliff Top
Green Farm
Motel
Townend Farm
TOWNEND LA
Dog & Partridge (PH)
Ellishill Brook
Leasow
SWINSCOE HILL
BULLGAP LA
Wetside Lane
Lee Wood
Ellis Hill
Newhouse Farm
Ellishill Farm
Coppice Barn
Cuckoocliff Wood
Cuckoo Cliff
The Coppice
Thorswood Plantation
Thorswood House
Nan's Wood
Brown Edge
Stubbs Farm
Catholes Wood
Gleave Wood
Nibs End Farm
THORSWOOD LA
Tinsell Brook
Blake Low
FLATHER LA
Lathercliff Barn
BLAKELOW LA
THE STITCHINGS
Limestone Hill
STANTON LA
Ober Low
Slade Hollow
SLADEHOLLOW LA
Stanton
PO
HONEYWALL LA
Newhouse Farm
SALLYFIELD LA
Ordley Bank
ORDLEY LA
Hobble Wood
Scrip Low
CHAFF LA
MARSH LA
SALLYFIELD LA
4
49
3
48
2
47
1
46
11
12
13

80
66

65
51

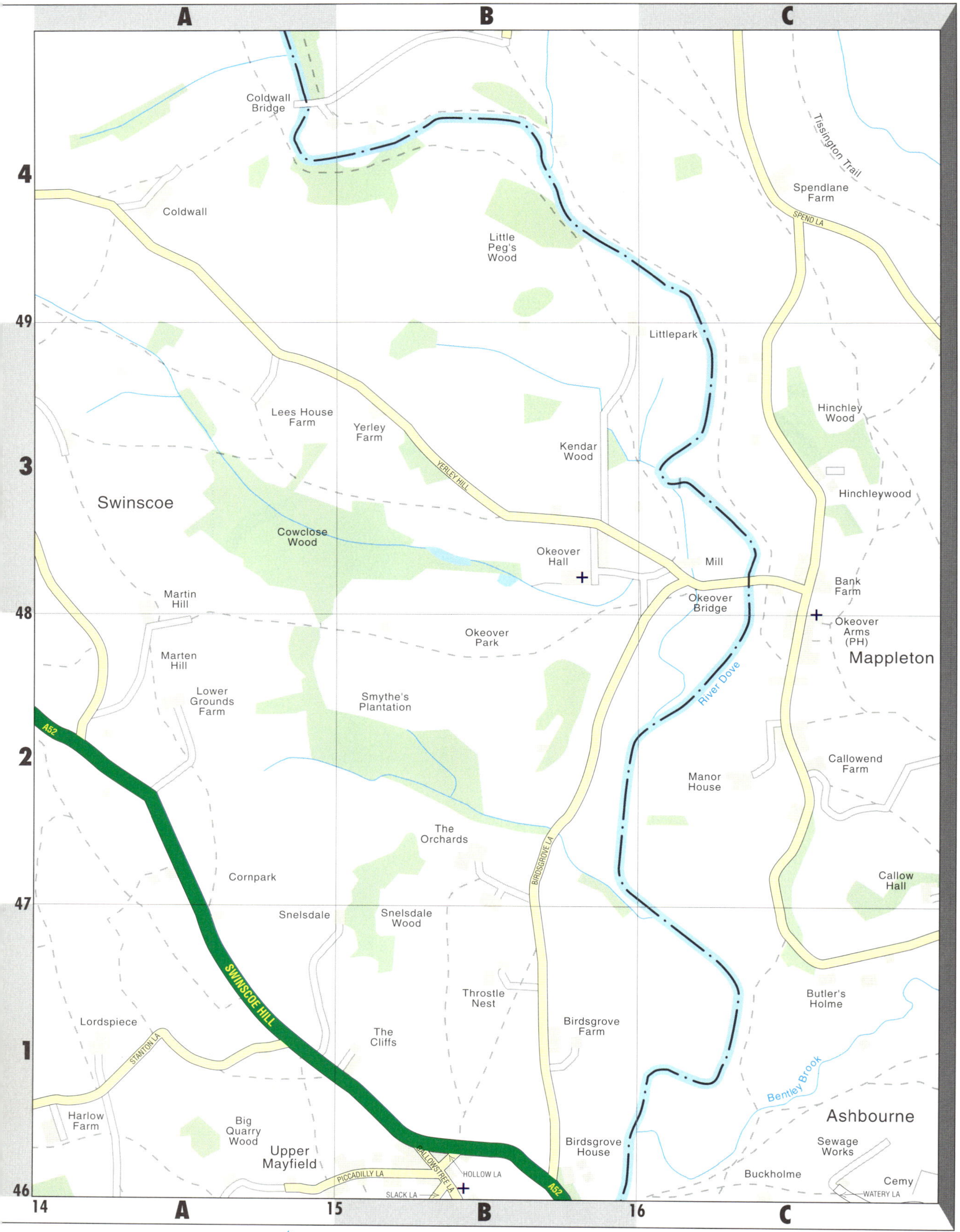
A
B
C
4
49
3
48
2
47
1
46
14
15
16
Coldwall Bridge
Coldwall
Tissington Trail
Spendlane Farm
SPEND LA
Little Peg's Wood
Littlepark
Hinchley Wood
Lees House Farm
Yerley Farm
Kendar Wood
YERLEY HILL
Hinchleywood
Swinscoe
Cowclose Wood
Okeover Hall
Mill
Bank Farm
Martin Hill
Okeover Bridge
Okeover Arms (PH)
Okeover Park
Mappleton
Marten Hill
River Dove
Lower Grounds Farm
Smythe's Plantation
A52
Callowend Farm
Manor House
The Orchards
BIRDSGROVE LA
Cornpark
Callow Hall
Snelsdale
Snelsdale Wood
SWINSCOE HILL
Throstle Nest
Butler's Holme
Lordspiece
Birdsgrove Farm
STANTON LA
The Cliffs
Bentley Brook
Harlow Farm
Big Quarry Wood
Ashbourne
Upper Mayfield
Birdsgrove House
Sewage Works
GALLOWSTREE LA
PICCADILLY LA
HOLLOW LA
Buckholme
Cemy
SLACK LA
WATERY LA

65
81

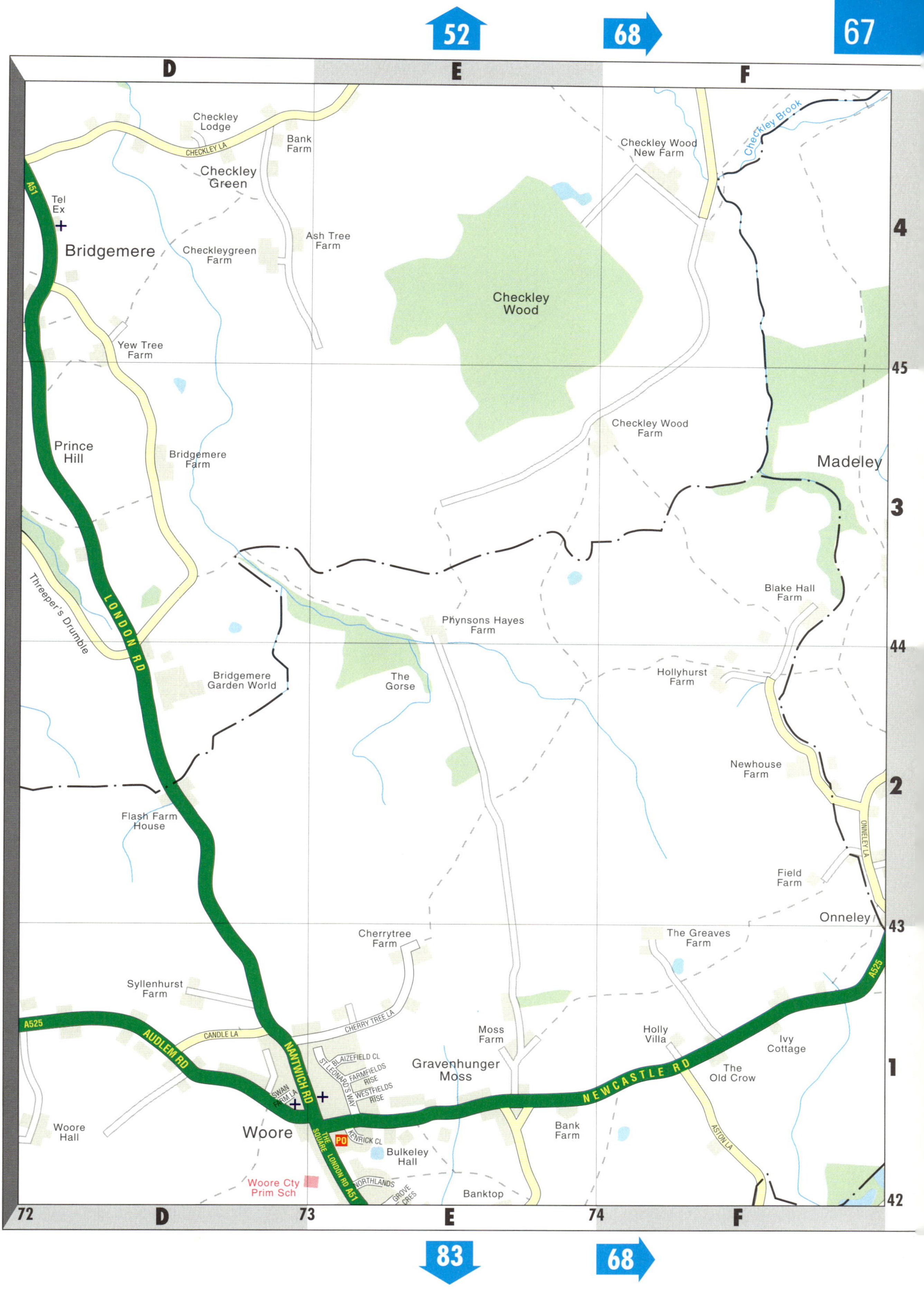
52
68
D
E
F
Checkley Lodge
Bank Farm
CHECKLEY LA
Checkley Green
Checkley Wood New Farm
Checkley Brook
A51
Tel Ex
Bridgemere
Checkleygreen Farm
Ash Tree Farm
Checkley Wood
Yew Tree Farm
Checkley Wood Farm
Prince Hill
Bridgemere Farm
Madeley
Threeper's Drumble
LONDON RD
Blake Hall Farm
Phynsons Hayes Farm
Bridgemere Garden World
The Gorse
Hollyhurst Farm
Newhouse Farm
ONNELEY LA
Flash Farm House
Field Farm
Onneley
Cherrytree Farm
The Greaves Farm
Syllenhurst Farm
A525
CHERRY TREE LA
CANDLE LA
AUDLEM RD
Moss Farm
Holly Villa
Ivy Cottage
NANTWICH RD
BLAIZEFIELD CL
FARMFIELDS RISE
WESTFIELDS RISE
ST LEONARD'S WAY
Gravenhunger Moss
NEWCASTLE RD
The Old Crow
SWAN FARM LA
Woore Hall
Woore
THE SQUARE
PO
KENRICK CL
Bulkeley Hall
Bank Farm
ASTON LA
Woore Cty Prim Sch
LONDON RD A51
NORTHLANDS
GROVE CRES
Banktop
4
45
3
44
2
43
1
42
72
73
74
83
68

67
53

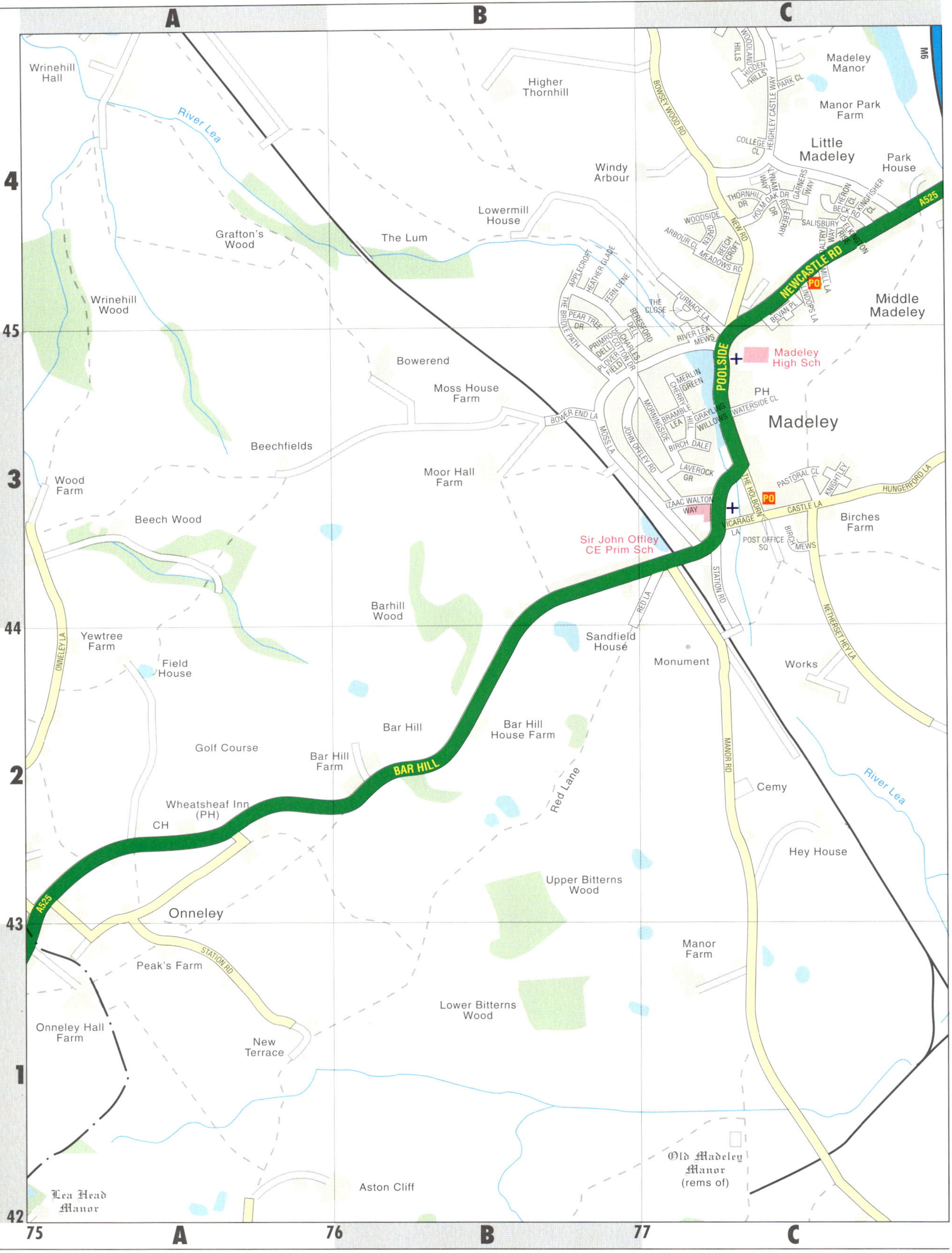
A
B
C
4
45
3
44
2
43
1
42
75
76
77
Wrinehill Hall
River Lea
Higher Thornhill
Madeley Manor
Manor Park Farm
Little Madeley
Park House
M6
Windy Arbour
Lowermill House
Grafton's Wood
The Lum
Wrinehill Wood
Middle Madeley
A525
NEWCASTLE RD
Madeley High Sch
Bowerend
Moss House Farm
POOLSIDE
PH
Madeley
Beechfields
Moor Hall Farm
Wood Farm
Beech Wood
Sir John Offley CE Prim Sch
Birches Farm
CASTLE LA
HUNGERFORD LA
Barhill Wood
Yewtree Farm
Field House
Sandfield House
Monument
Works
ONNELEY LA
Bar Hill
Bar Hill House Farm
Golf Course
Bar Hill Farm
BAR HILL
Red Lane
Cemy
Wheatsheaf Inn (PH)
CH
Hey House
Upper Bitterns Wood
Onneley
Peak's Farm
STATION RD
Manor Farm
Lower Bitterns Wood
Onneley Hall Farm
New Terrace
Old Madeley Manor (rems of)
Aston Cliff
Lea Head Manor
MANOR RD
NETHERSET HEY LA
BOWSEY WOOD RD
NEW RD
RED LA
STATION RD
MOSS LA
JOHN OFFLEY RD
BOWER END LA
VICARAGE LA
POST OFFICE SQ
WATERSIDE CL
PASTORAL CL
KNIGHTLEY
THE HOLBORN
IZAAC WALTON WAY
LAVEROCK GR
BIRCH DALE
BRAMBLE LEA
CHERRY HILL
MERLIN GREEN
RIVER LEA MEWS
FURNACE LA
THE CLOSE
BERESFORD DELL
PEAR TREE DR
THE BRIDLE PATH
APPLECROFT
HEATHER GLADE
FERN DENE
WOODSIDE
ARBOUR CL
MEADOWS RD
BEECH CROFT
THORNHILL DR
HOLM OAK DR
SALISBURY
BEVAN PL
LINDOPS LA
COLLEGE CL
HEIGHLEY CASTLE WAY
PARK CL
HIDDEN HILLS
WOODLAND HILLS
PO

67
84

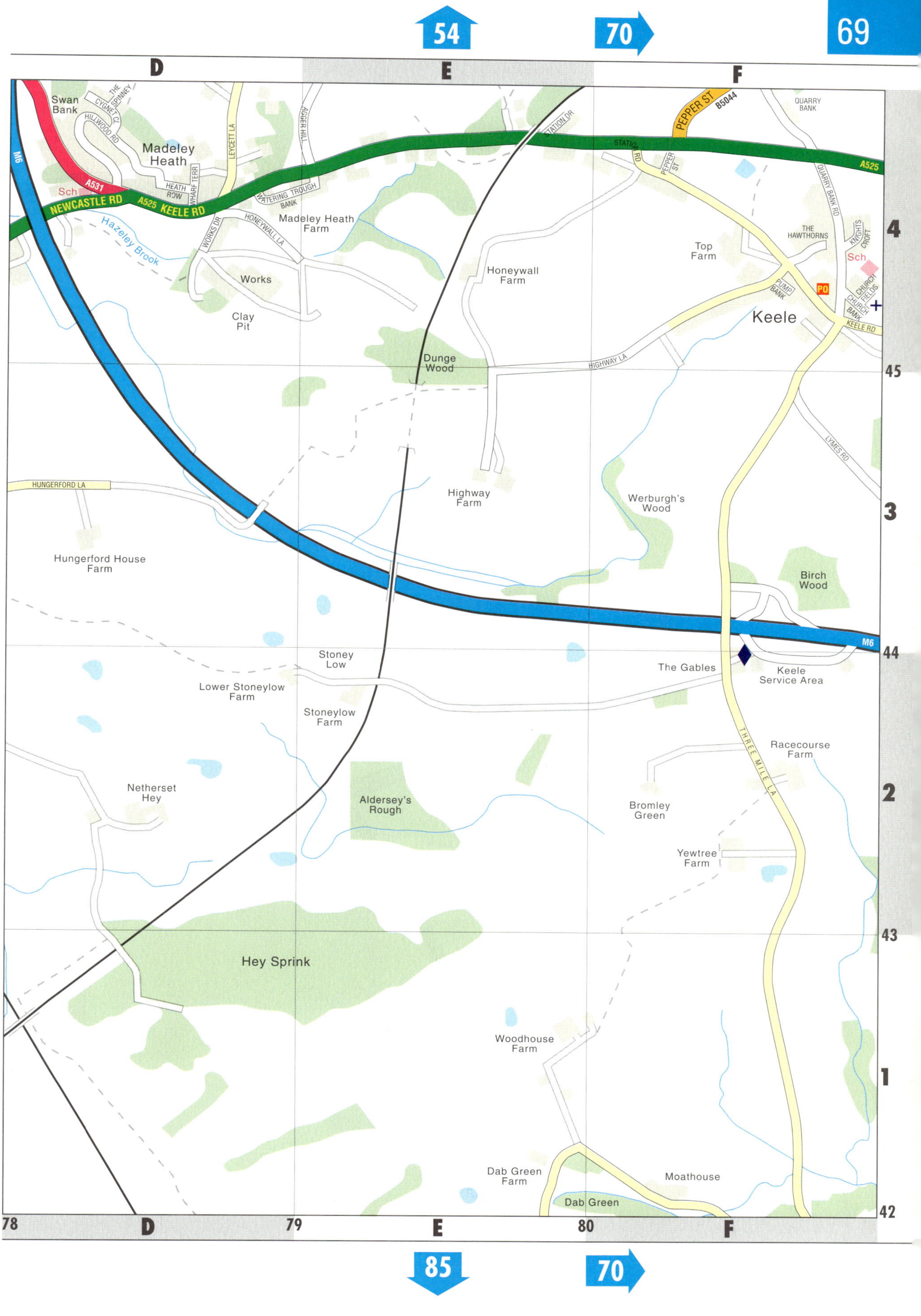
54
70
D
E
F
Swan Bank
THE SPINNEY
CYGNET CL
HILLWOOD RD
Madeley Heath
LEYCETT LA
AGGER HILL
STATION DR
PEPPER ST
B5044
QUARRY BANK
STATION RD
PEPPER ST
A525
Sch
A531
HEATH ROW
WHARF TERR
WATERING TROUGH BANK
NEWCASTLE RD
A525 KEELE RD
M6
Madeley Heath Farm
Hazeley Brook
WORKS DR
HONEYWALL LA
QUARRY BANK RD
THE HAWTHORNS
KNIGHTS CROFT
Top Farm
Sch
PO
CHURCH FIELDS
CHURCH BANK
KEELE RD
PUMP BANK
Keele
Honeywall Farm
Works
Clay Pit
Dunge Wood
HIGHWAY LA
LYMES RD
HUNGERFORD LA
Highway Farm
Werburgh's Wood
Hungerford House Farm
Birch Wood
M6
Stoney Low
The Gables
Keele Service Area
Lower Stoneylow Farm
Stoneylow Farm
THREE MILE LA
Racecourse Farm
Netherset Hey
Aldersey's Rough
Bromley Green
Yewtree Farm
Hey Sprink
Woodhouse Farm
Dab Green Farm
Moathouse
Dab Green
4
45
3
44
2
43
1
42
78
79
80
D
E
F
85
70

69
55

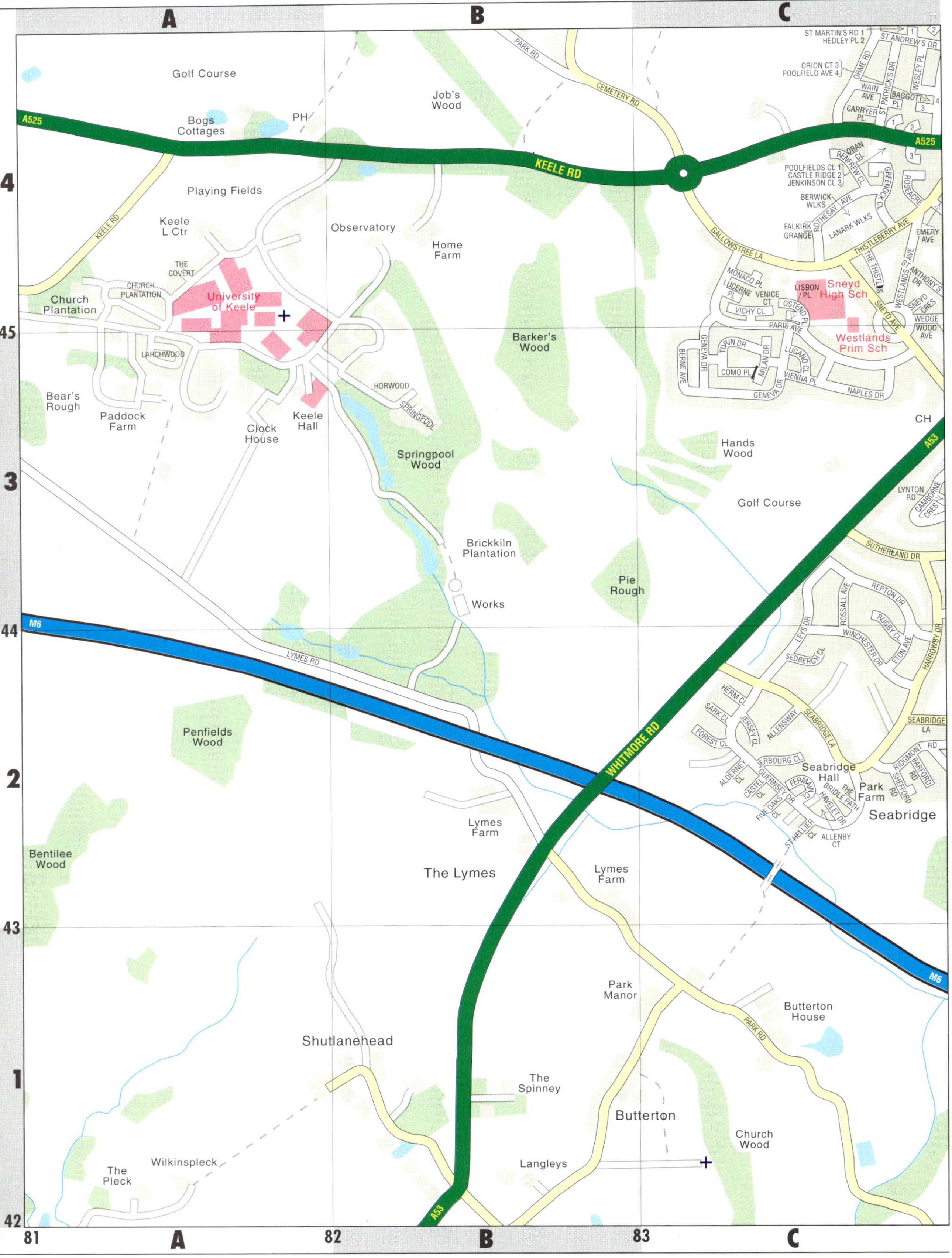
A
B
C
4
45
3
44
2
43
1
42
81
82
83
Golf Course
Job's Wood
Bogs Cottages
PH
A525
KEELE RD
PARK RD
CEMETERY RD
Playing Fields
KEELE RD
Keele L Ctr
Observatory
Home Farm
THE COVERT
CHURCH PLANTATION
Church Plantation
University of Keele
LARCHWOOD
HORWOOD
SPRINGPOOL
Barker's Wood
Bear's Rough
Paddock Farm
Clock House
Keele Hall
Springpool Wood
Brickkiln Plantation
Works
Pie Rough
Hands Wood
Golf Course
CH
GALLOWSTREE LA
THISTLEBERRY AVE
Sneyd High Sch
Westlands Prim Sch
NAPLES DR
GENEVA DR
BERNE AVE
A53
WHITMORE RD
SUTHERLAND DR
REPTON DR
WINCHESTER DR
HARROWBY DR
SEABRIDGE LA
M6
LYMES RD
Penfields Wood
Seabridge Hall
Park Farm
Seabridge
Bentilee Wood
Lymes Farm
The Lymes
Lymes Farm
Park Manor
Butterton House
PARK RD
Shutlanehead
The Spinney
Butterton
Church Wood
Langleys
Wilkinspleck
The Pleck

69
86

For full street detail of the highlighted area see page 284.

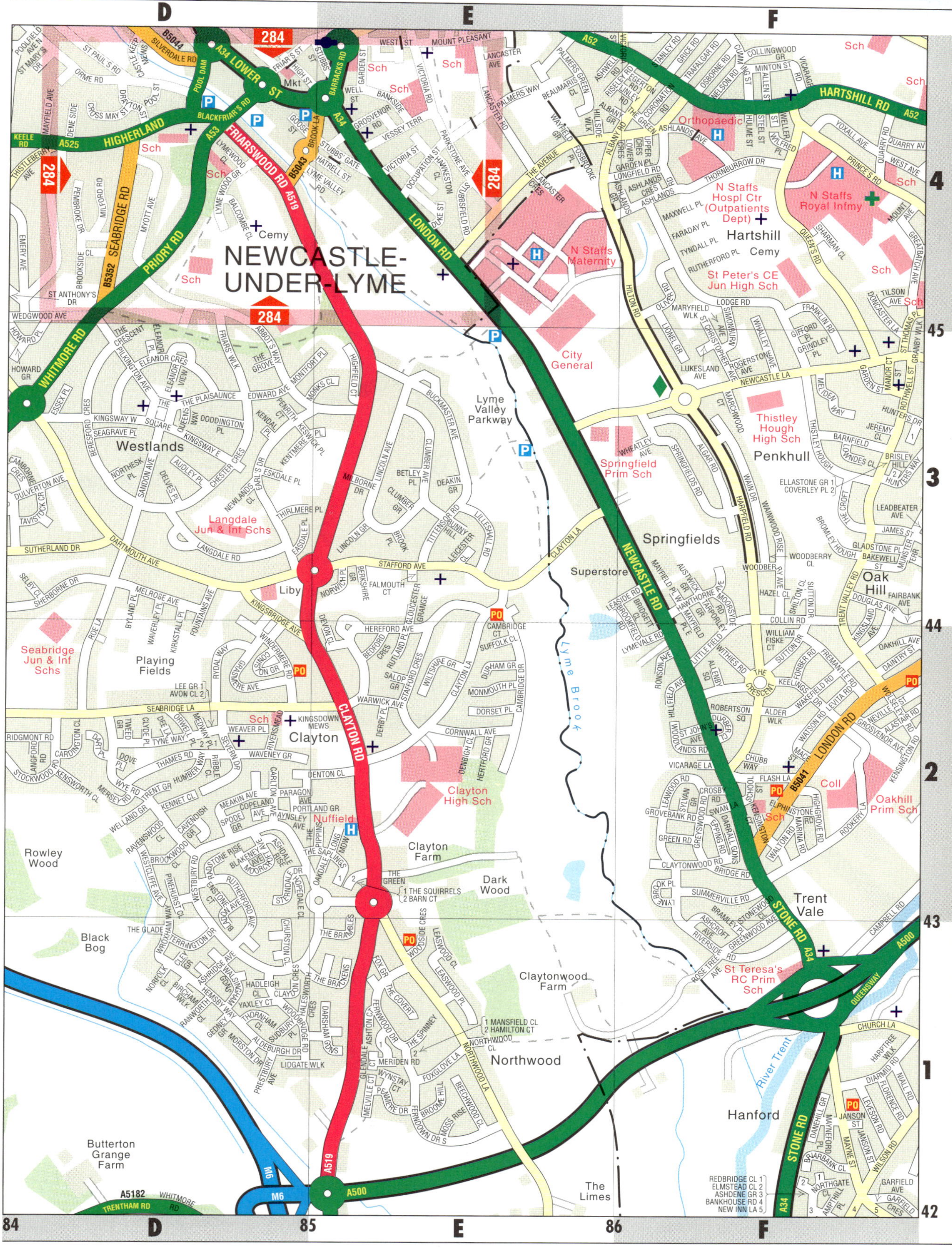

71
57

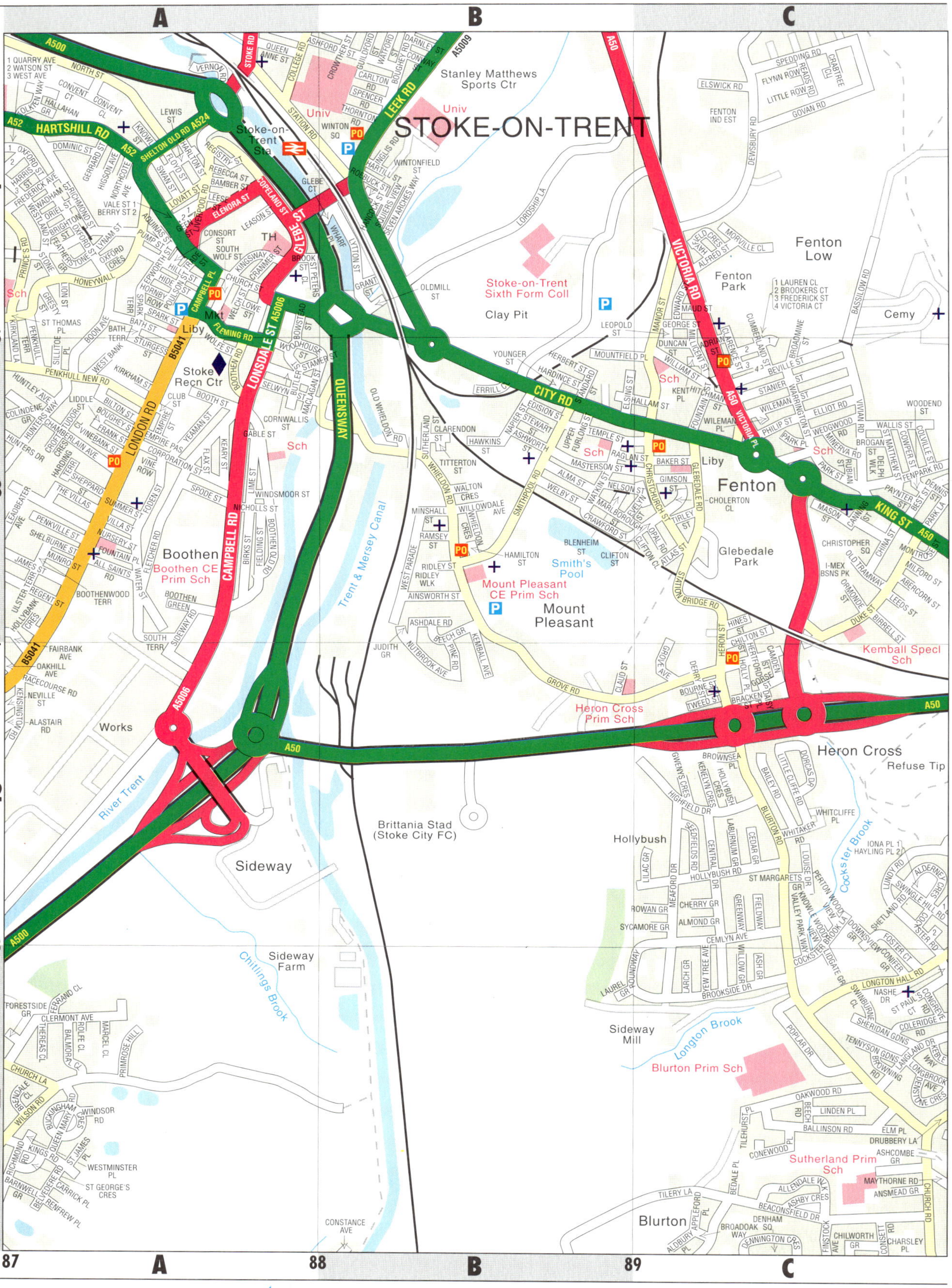
A
B
C
STOKE-ON-TRENT
Stanley Matthews Sports Ctr
Univ
Stoke-on-Trent Sta
Stoke-on-Trent Sixth Form Coll
Clay Pit
Fenton Low
Fenton Park
Fenton
Cemy
Liby
Mkt
Stoke Recn Ctr
Boothen
Boothen CE Prim Sch
Smith's Pool
Mount Pleasant CE Prim Sch
Mount Pleasant
Glebedale Park
Kemball Specl Sch
Heron Cross Prim Sch
Heron Cross
Refuse Tip
Works
River Trent
Trent & Mersey Canal
Brittania Stad (Stoke City FC)
Sideway
Sideway Farm
Chitlings Brook
Hollybush
Cockster Brook
Sideway Mill
Longton Brook
Blurton Prim Sch
Sutherland Prim Sch
Blurton
HARTSHILL RD
LONDON RD
CAMPBELL RD
LONSDALE ST
QUEENSWAY
LEEK RD
CITY RD
VICTORIA RD
KING ST
A500
A50
A52
A5006
A5009
B5041
1 QUARRY AVE
2 WATSON ST
3 WEST AVE
1 LAUREN CL
2 BROOKERS CT
3 FREDERICK ST
4 VICTORIA CT
4
45
3
44
2
43
1
42
87
88
89

71
88

E3
1 SARK PL
2 DELLWOOD GR
3 BYWATER GR
4 STANFIELD ST
5 RAMSHAW GR
6 CHECKLEY GR
7 PITLEA PL
8 NEATH PL
9 SANDFORD ST
10 HEATHCOTE CT
11 KNARSDALE CL
12 WOODINGDEAN CL

58
74

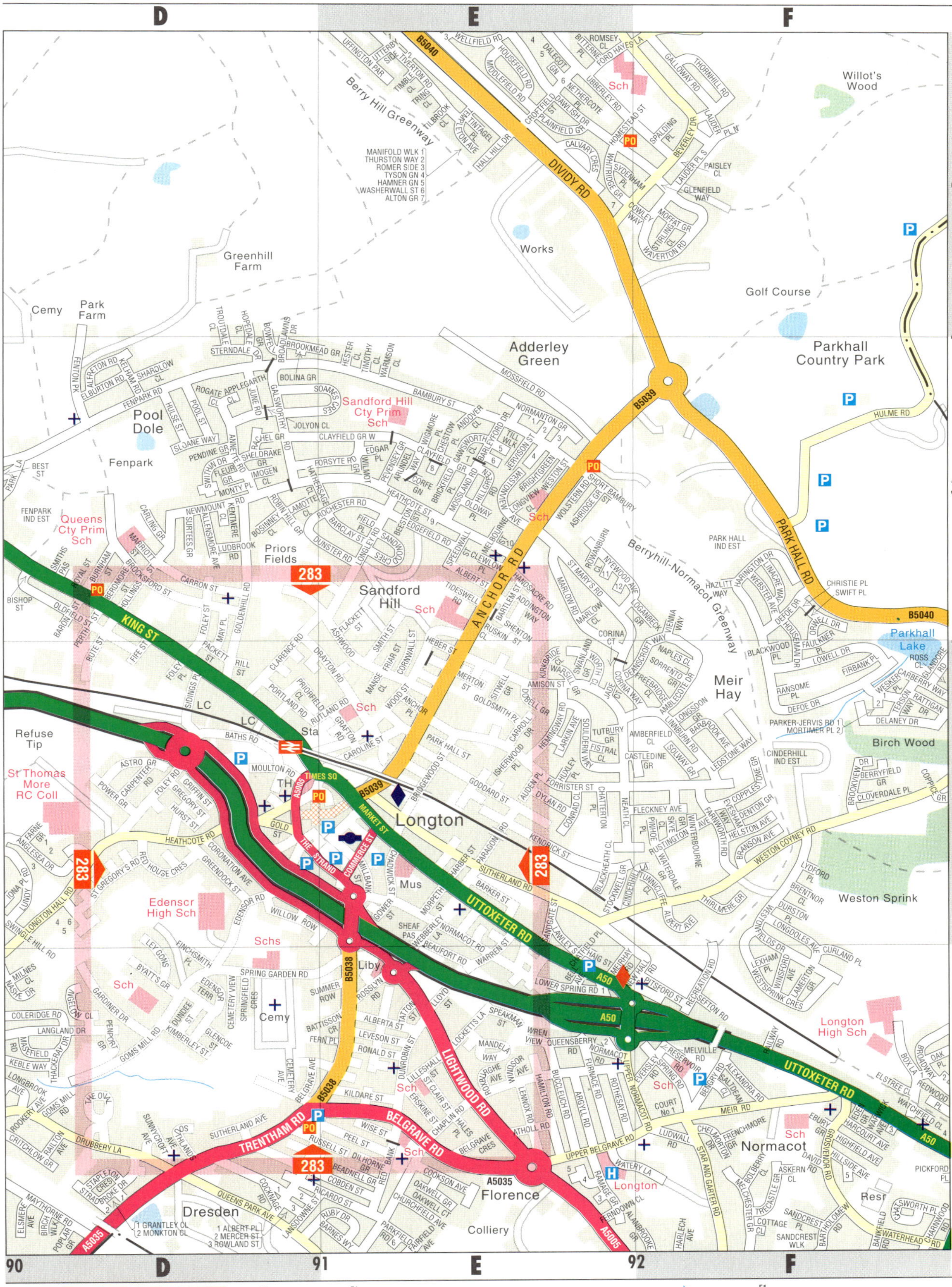

For full street detail of the highlighted area see page 283.

D2
1 BARDSEY WLK
2 GUERNSEY WLK
3 ISLAY WLK
4 MILVERTON PL
5 GREGSON CL
6 HUTCHINSON WLK

E1
1 UPPER NORMACOT RD
2 LOWER SPRING RD
3 AINSDALE CL
4 WINGROVE AVE
5 SELWOOD CL
6 MEADOW AVE

89
74

F1
1 BROADWAY PL
2 HAZEL GR
3 KENILWORTH GR
4 BROADWAY CT
5 SANDHURST AVE

73
59

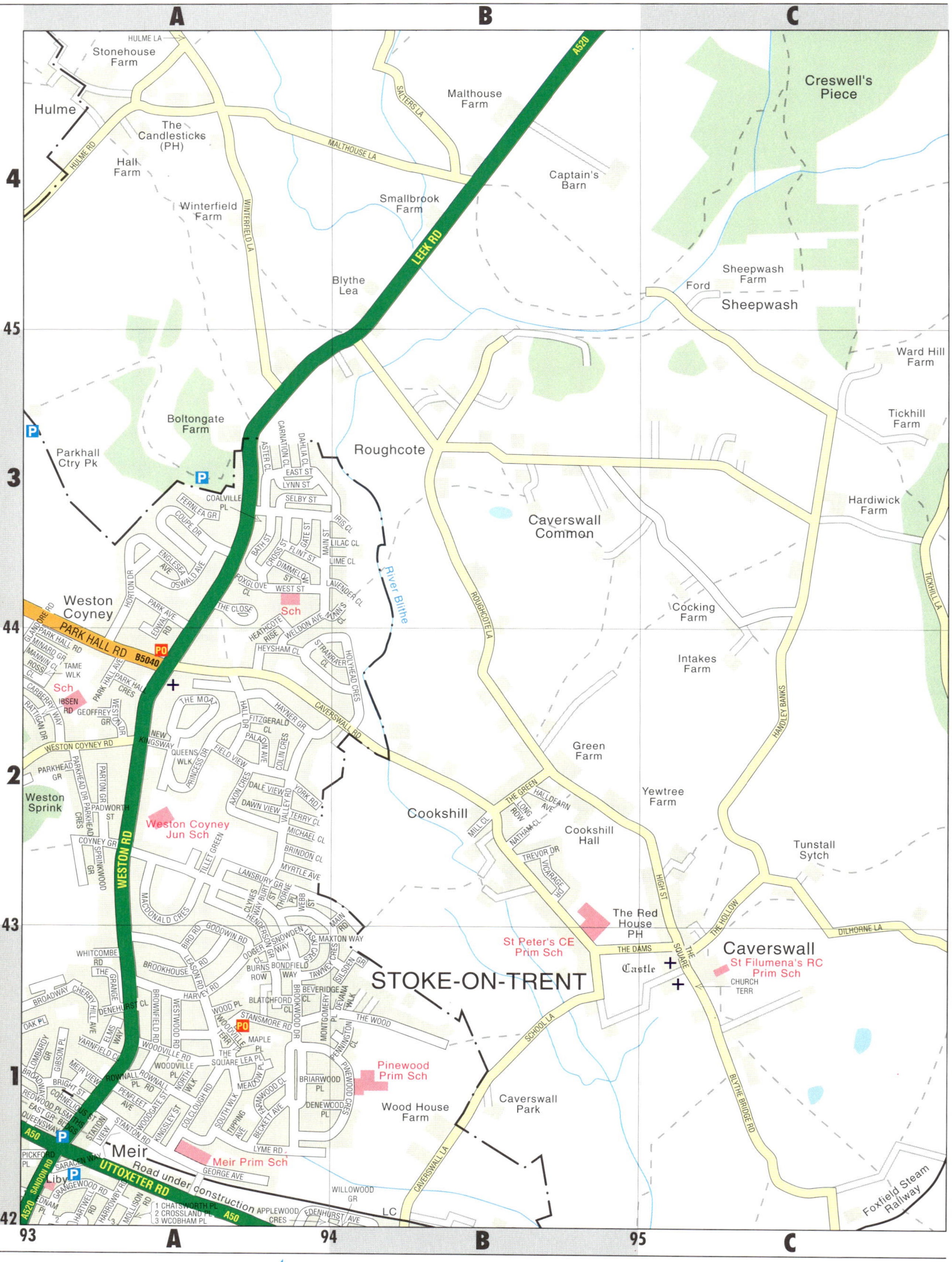
A
B
C
4
45
3
44
2
43
1
42
93
94
95
Stonehouse Farm
HULME LA
Hulme
The Candlesticks (PH)
HULME RD
Hall Farm
Winterfield Farm
WINTERFIELD LA
MALTHOUSE LA
Malthouse Farm
SALTERS LA
Captain's Barn
Smallbrook Farm
A520
LEEK RD
Blythe Lea
Creswell's Piece
Sheepwash Farm
Ford
Sheepwash
Ward Hill Farm
Tickhill Farm
Hardiwick Farm
TICKHILL LA
Boltongate Farm
Parkhall Ctry Pk
Roughcote
Caverswall Common
Cocking Farm
Intakes Farm
ROUGHCOTE LA
River Blithe
HANDLEY BANKS
Green Farm
Yewtree Farm
Cookshill
Cookshill Hall
Tunstall Sytch
Weston Coyney
PARK HALL RD
B5040
Sch
WESTON COYNEY RD
CAVERSWALL RD
Weston Sprink
Weston Coyney Jun Sch
WESTON RD
THE GREEN
HALLDEARN AVE
LONG ROW
MILL CL
NATHAM CL
TREVOR DR
VICARAGE DR
HIGH ST
The Red House PH
St Peter's CE Prim Sch
THE DAMS
THE SQUARE
THE HOLLOW
DILHORNE LA
Caverswall
Castle
St Filumena's RC Prim Sch
CHURCH TERR
STOKE-ON-TRENT
SCHOOL LA
BLYTHE BRIDGE RD
Pinewood Prim Sch
Wood House Farm
Caverswall Park
CAVERSWALL LA
Meir
Meir Prim Sch
Road under construction
UTTOXETER RD
A50
A520
SANDON RD
Liby
LC
Foxfield Steam Railway
1 CHATSWORTH PL
2 CROSSLAND PL
3 WCOBHAM PL

60
76

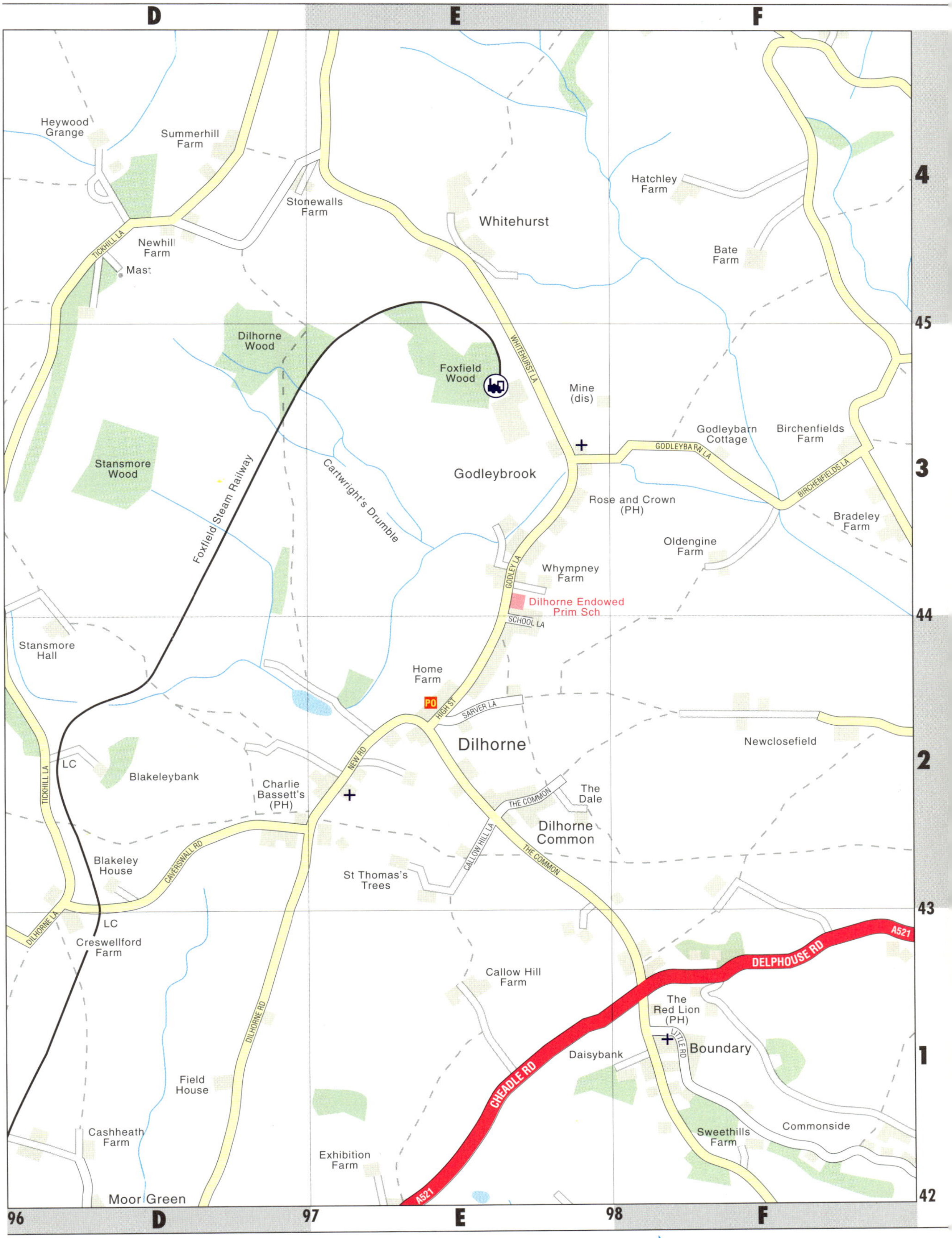
D
E
F
Heywood Grange
Summerhill Farm
Stonewalls Farm
Whitehurst
Hatchley Farm
Bate Farm
TICKHILL LA
Newhill Farm
Mast
Dilhorne Wood
Foxfield Wood
WHITEHURST LA
Mine (dis)
Godleybarn Cottage
Birchenfields Farm
GODLEYBARN LA
BIRCHENFIELDS LA
Stansmore Wood
Foxfield Steam Railway
Cartwright's Drumble
Godleybrook
Rose and Crown (PH)
Bradeley Farm
Oldengine Farm
GODLEY LA
Whympney Farm
Dilhorne Endowed Prim Sch
SCHOOL LA
Stansmore Hall
Home Farm
PO
HIGH ST
SARVER LA
Dilhorne
Newclosefield
TICKHILL LA
LC
Blakeleybank
Charlie Bassett's (PH)
NEW RD
THE COMMON
The Dale
Dilhorne Common
CALLOW HILL LA
THE COMMON
Blakeley House
CAVERSWALL RD
St Thomas's Trees
DILHORNE LA
LC
Creswellford Farm
A521
DELPHOUSE RD
Callow Hill Farm
The Red Lion (PH)
LITTLE RD
Boundary
DILHORNE RD
Daisybank
CHEADLE RD
Field House
Sweethills Farm
Commonside
Cashheath Farm
Exhibition Farm
A521
Moor Green
4
45
3
44
2
43
1
42
96
97
98
D
E
F

91
76

75
61

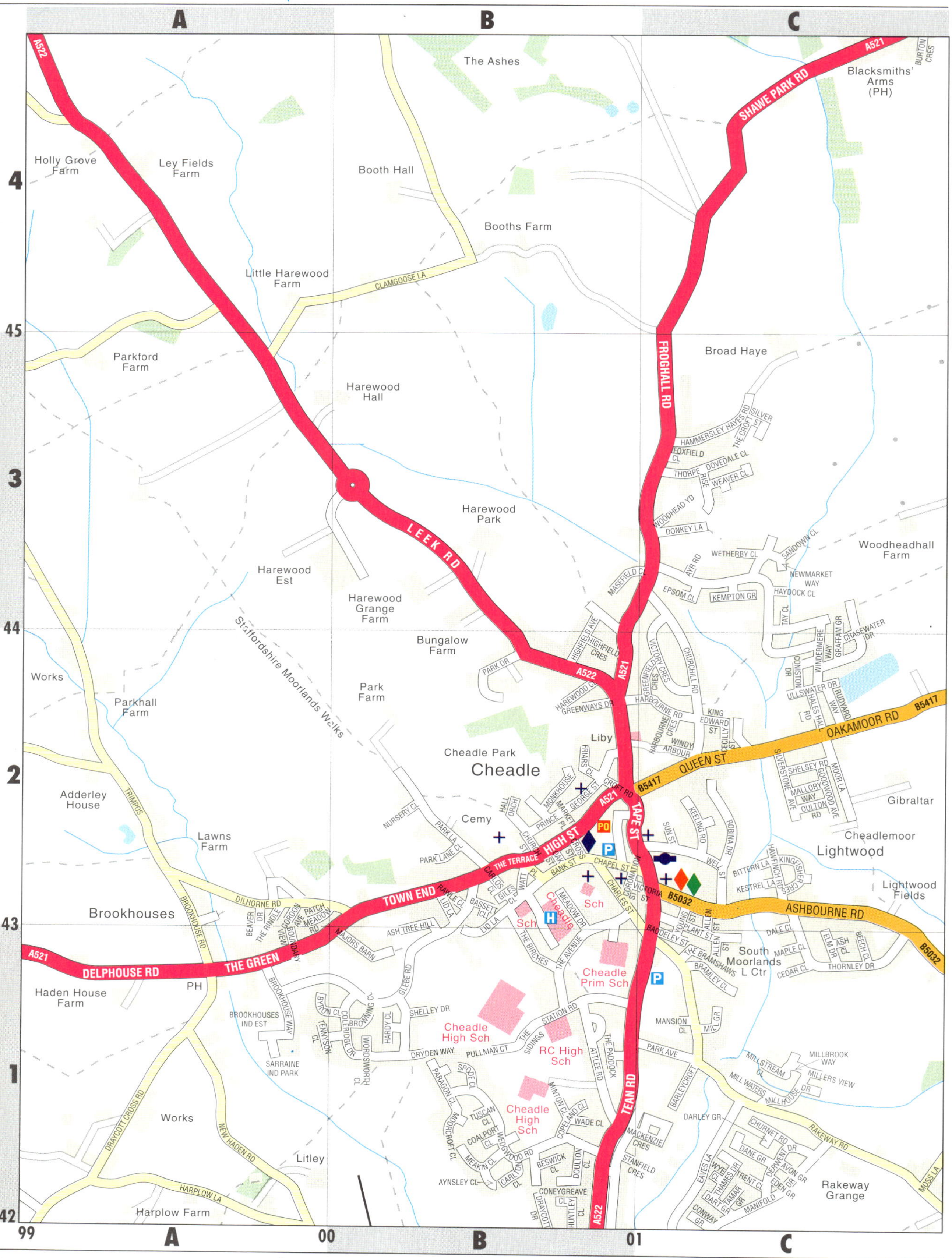
A
B
C
4
45
3
44
2
43
1
42
99
00
01
A522
A521
A522
B5417
B5032
The Ashes
Blacksmiths' Arms (PH)
BURTON CRES
SHAWE PARK RD
Holly Grove Farm
Ley Fields Farm
Booth Hall
Booths Farm
Little Harewood Farm
CLAMGOOSE LA
Parkford Farm
Broad Haye
FROGHALL RD
Harewood Hall
SILVER ST
HAMMERSLEY HAYES RD
THE CROFT
FOXFIELD CL
DOVEDALE CL
THORPE RISE
WEAVER CL
WOODHEAD YD
DONKEY LA
Harewood Park
LEEK RD
WETHERBY CL
SANDOWN CL
Woodheadhall Farm
Harewood Est
AYR RD
MASEFIELD CL
EPSOM CL
KEMPTON GR
NEWMARKET WAY
HAYDOCK CL
Harewood Grange Farm
Staffordshire Moorlands Walks
Bungalow Farm
HIGHFIELD AVE
HIGHFIELD CRES
VICTORIA CRES
CHURCHILL RD
TAY CL
WINDERMERE WAY
GRAFFHAM GR
CHASEWATER DR
Works
PARK DR
GREENFIELD CRES
CONISTON DR
ULLSWATER DR
RUDYARD WAY
Parkhall Farm
Park Farm
HAREWOOD CL
GREENWAYS DR
HARBOURNE RD
KING EDWARD ST
HALES HALL RD
OAKAMOOR RD
Liby
HARBOURNE CRES
WINDY ARBOUR
CECILLY ST
Cheadle Park
Cheadle
FRIARS CL
QUEEN ST
SILVERSTONE AVE
SHELSEY RD
MALLORY WAY
OULTON RD
GOODWOOD AVE
MOOR LA
Adderley House
TRIMPOS
NURSERY CL
HALL ORCH
MONKHOUSE
GEORGE ST
CROFT RD
Gibraltar
PRINCE ST
MARKET PL
TAPE ST
SUN ST
KEELING RD
ROBINIA DR
Cheadlemoor
Cemy
PARK LA
PO
P
Lightwood
Lawns Farm
PARK LANE CL
CHURCH
HIGH ST
THE TERRACE
BANK ST
CHAPEL ST
WELL ST
HAWFINCH RD
KINGFISHER CRES
BITTERN LA
KESTREL LA
Lightwood Fields
DILHORNE RD
BROOKHOUSE RD
TOWN END
RAWLE CL
LID LA
BASSETT CL
GILES CL
WATT PL
CHARLES ST
VICTORIA ST
Sch
Cheadle Hosp
H
MEADOW DR
ASHBOURNE RD
Brookhouses
BEAVER DR
THE RINDLE
GORDON AVE
PATCH MEADOW RD
ASH TREE HILL
THE BIRCHES
THE AVENUE
BADDELEY ST
YOUNG ST
PLANT ST
ALLEN ST
DALE CL
MAPLE CL
ELM DR
ASH CL
BEECH CL
BOUNDARY VIEW
MAJORS BARN
South Moorlands L Ctr
BRAMSHAWS
BRAMLEY CL
CEDAR CL
THORNLEY DR
DELPHOUSE RD
THE GREEN
Cheadle Prim Sch
PH
GLEBE RD
Haden House Farm
BROOKHOUSES IND EST
BROOKHOUSE WAY
BYRON CL
TENNYSON CL
COLERIDGE DR
BROWNING CL
HARDY CL
SHELLEY DR
Cheadle High Sch
STATION RD
THE SIDINGS
MANSION CL
MILL GR
PARK AVE
SARRAINE IND PARK
WORDSWORTH CL
DRYDEN WAY
PULLMAN CT
RC High Sch
ATTLEE RD
THE PADDOCK
MILLBROOK WAY
MILLSTREAM CL
MILLERS VIEW
MILL WATERS
MILLHOUSE DR
TEAN RD
PARAGON CL
SPODE CL
MINTON CL
BARLEYCROFT
Works
DRAYCOTT CROSS RD
TUSCAN CL
COALPORT CL
Cheadle High Sch
COPELAND CL
WADE CL
DARLEY GR
CHURNET RD
RAKEWAY RD
MOORCROFT CL
MEAKIN CL
WEDGWOOD RD
MACKENZIE CRES
DANE GR
DERWENT DR
NEW HADEN RD
CARLTON CL
BESWICK CL
DOULTON CL
STANFIELD CRES
EAVES LA
WYE CL
THAMES DR
TRENT CL
AVON GR
EDEN GR
Litley
AYNSLEY CL
CONEYGREAVE CL
Rakeway Grange
MOSS LA
HARPLOW LA
DART GR
TAMAR GR
MANIFOLD
CONWAY GR
Harplow Farm
DRAYCOTT DR
HUNTLEY CL

75
92

62
78

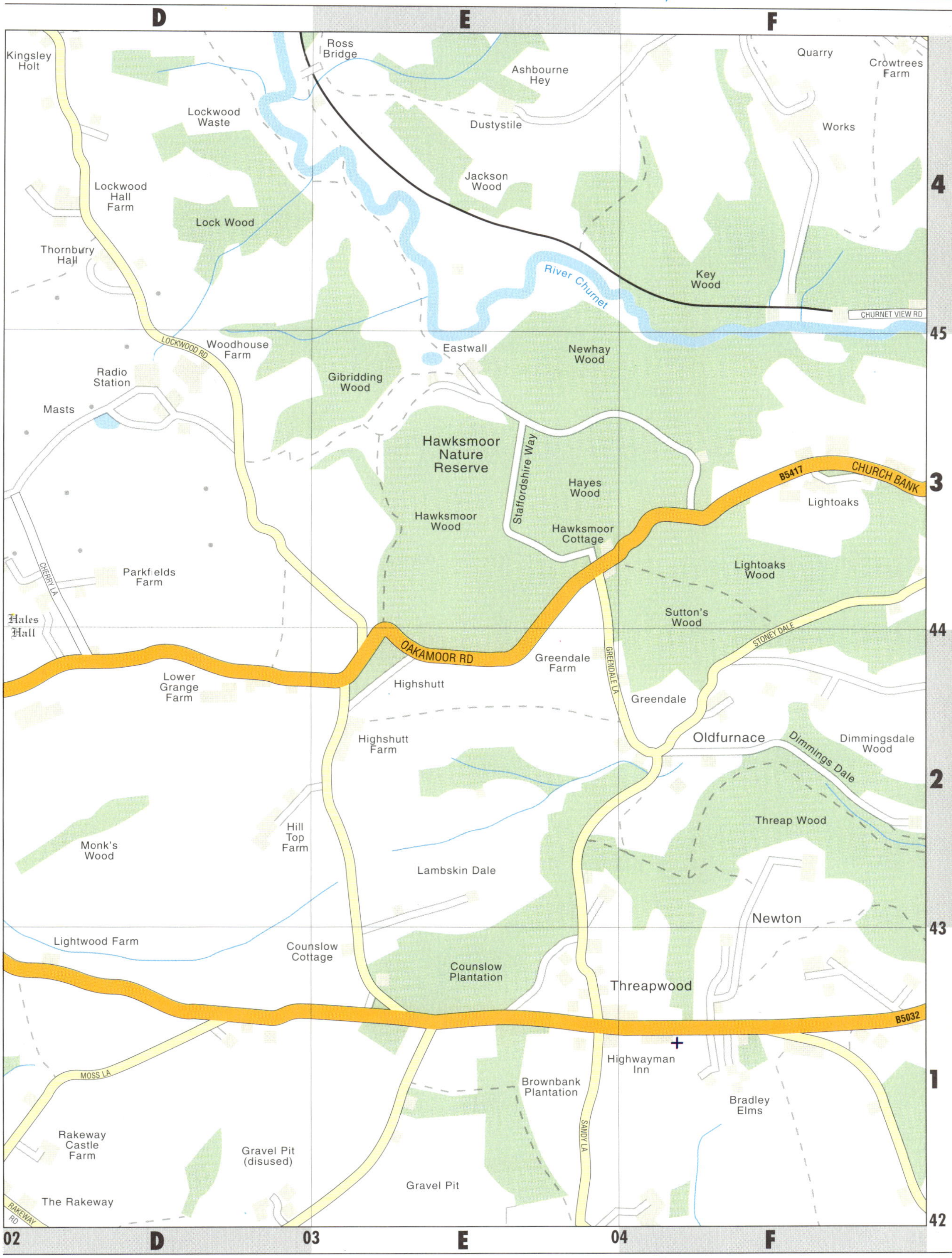
D
E
F
Kingsley Holt
Ross Bridge
Ashbourne Hey
Quarry
Crowtrees Farm
Lockwood Waste
Dustystile
Works
Lockwood Hall Farm
Jackson Wood
Lock Wood
4
Thornbury Hall
River Churnet
Key Wood
CHURNET VIEW RD
45
LOCKWOOD RD
Woodhouse Farm
Eastwall
Newhay Wood
Radio Station
Gibridding Wood
Masts
Hawksmoor Nature Reserve
Staffordshire Way
Hayes Wood
B5417
CHURCH BANK
3
Lightoaks
Hawksmoor Wood
Hawksmoor Cottage
CHERRY LA
Parkfields Farm
Lightoaks Wood
Sutton's Wood
Hales Hall
44
STONEY DALE
OAKAMOOR RD
Greendale Farm
GREENDALE LA
Lower Grange Farm
Highshutt
Greendale
Oldfurnace
Dimmingsdale Wood
Dimmings Dale
Highshutt Farm
2
Threap Wood
Hill Top Farm
Monk's Wood
Lambskin Dale
Newton
43
Lightwood Farm
Counslow Cottage
Counslow Plantation
Threapwood
B5032
Highwayman Inn
MOSS LA
Brownbank Plantation
1
Bradley Elms
Rakeway Castle Farm
SANDY LA
Gravel Pit (disused)
Gravel Pit
The Rakeway
RAKEWAY RD
42
02
03
04

93
78

77
63

A
B
C
4
45
3
44
2
43
1
42
05
06
07
Cotton
B5417
Bath Wood
The Faber RC Prim Sch
COTTON LA
Queen's Bower
Edgewells Farm
Ramshorn Common
The Oaks
Green Lane
Bath Cottage
Caravan Park
Oulsclough
Carr Bank
RAMSHORN RD
EAVES LA
Star Wood
STAR BANK
Old Star
Longshaw
LONGSHAW LA
Carr Wood
CARR BANK
Oakamoor
Bottom Common
The Valley Cty Prim Sch
Beelow Hill
CHURNET VIEW RD
ROSE BANK CRES
BEELOW LA
THE SQUARE
PH
Coppy Wood
STARWOOD TERR
Basin Wood
Longshaw Lane
CHURCH BANK
Mast
Moor Court Hall
Moorcourt Farm
MILL LA
B5417
FARLEY RD
Farley Hall
Farley
Cote Farm
STONEY DALE
LONGSHAW LA
Moss's Bank
WOOTTON LA
Farley Park Farm
Widness
Farley Park
Churnet Valley
Little Ranger Youth Hostel
Staffordshire Way
Ousal Dale
Longhurst Farm
The Ranger
Alton Towers Theme Park
Barbary Gutter
RED RD
Alton Towers
FARLEY LA
Lord's Bridge
Smeltingmill
Dimmings Dale
River Churnet
Slain Hollow
Flag Tower
Threap Wood
Rainroach Rock
Abbey Wood
Shaw House
Peakstones (PH)
Holm Cottage
B5032
HOLM RD
Alton Common
Hansley Cross
STATION RD
NEW RD
Toothill Wood
Rakes Dale
St John's RC Prim Sch
CASTLE HILL RD
TOWN HEAD
BACK LA
Town Head
HORSE RD
HIGH ST
SMITH'S BANK
MALTHOUSE RD
Peakstone Rock
Toot Hill
THE HURSTONS
HEADLAND WAY
Staffordshire Way
PO
HURSTONS LA
KNIGHT LA
Gorstycote
B5032
LIME KILN LA
DIMBLE LA
Alton
Saltersford Lane
BATTLESTEADS
CEDARHILL
CHEADLE RD

77
94

64
80

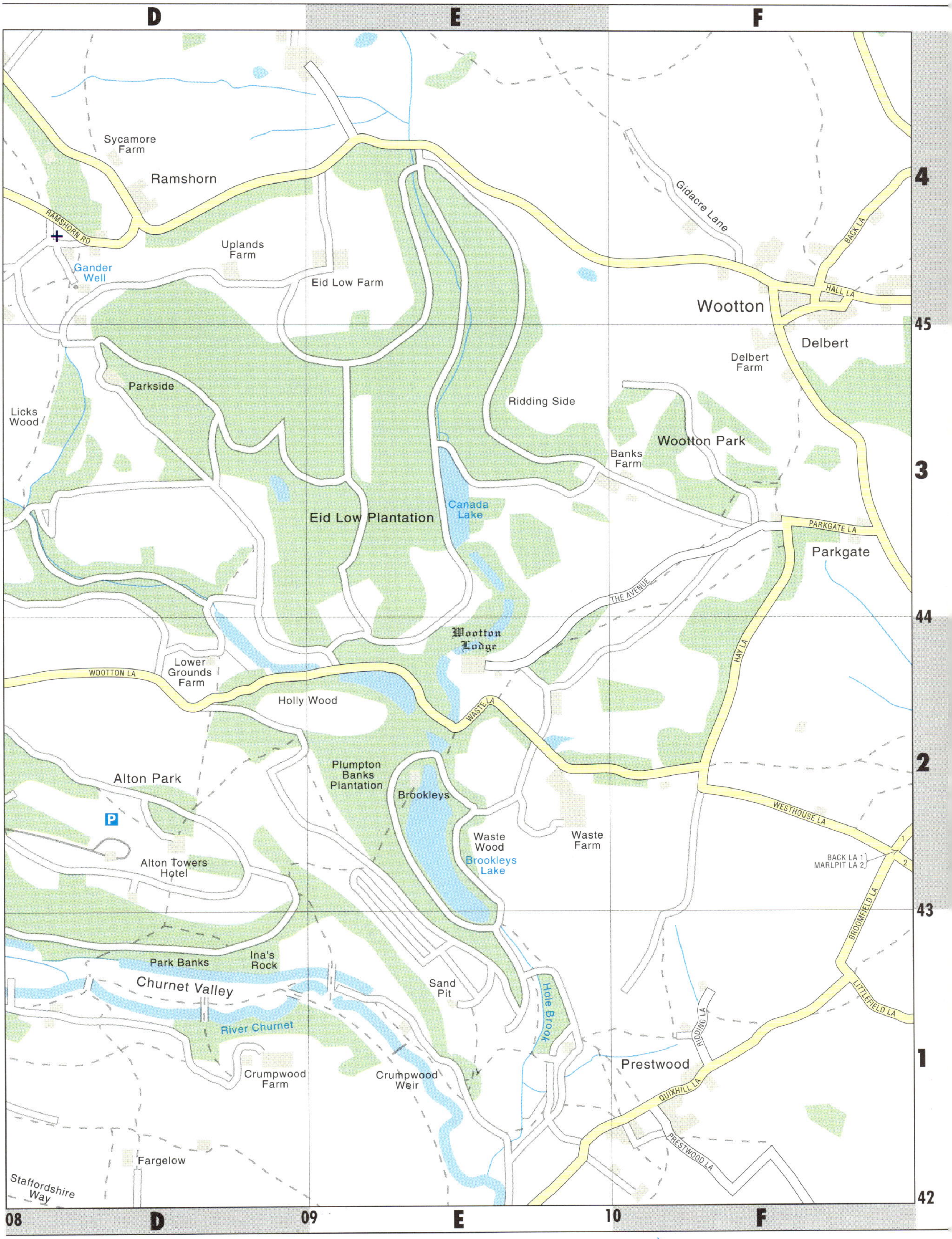
D
E
F
Sycamore Farm
Ramshorn
RAMSHORN RD
Gander Well
Uplands Farm
Eid Low Farm
Gidacre Lane
BACK LA
HALL LA
Wootton
Delbert
Delbert Farm
Parkside
Licks Wood
Ridding Side
Banks Farm
Wootton Park
Eid Low Plantation
Canada Lake
PARKGATE LA
Parkgate
THE AVENUE
Wootton Lodge
HAY LA
Lower Grounds Farm
WOOTTON LA
Holly Wood
WASTE LA
Plumpton Banks Plantation
Brookleys
Alton Park
P
Alton Towers Hotel
Waste Wood
Brookleys Lake
Waste Farm
WESTHOUSE LA
BACK LA 1
MARLPIT LA 2
BROOMFIELD LA
Park Banks
Ina's Rock
Churnet Valley
Sand Pit
Hole Brook
LITTLEFIELD LA
River Churnet
RIDDING LA
Prestwood
Crumpwood Farm
Crumpwood Weir
QUIXHILL LA
PRESTWOOD LA
Fargelow
Staffordshire Way
4
45
3
44
2
43
1
42
08
D
09
E
10
F

95
80

79
65

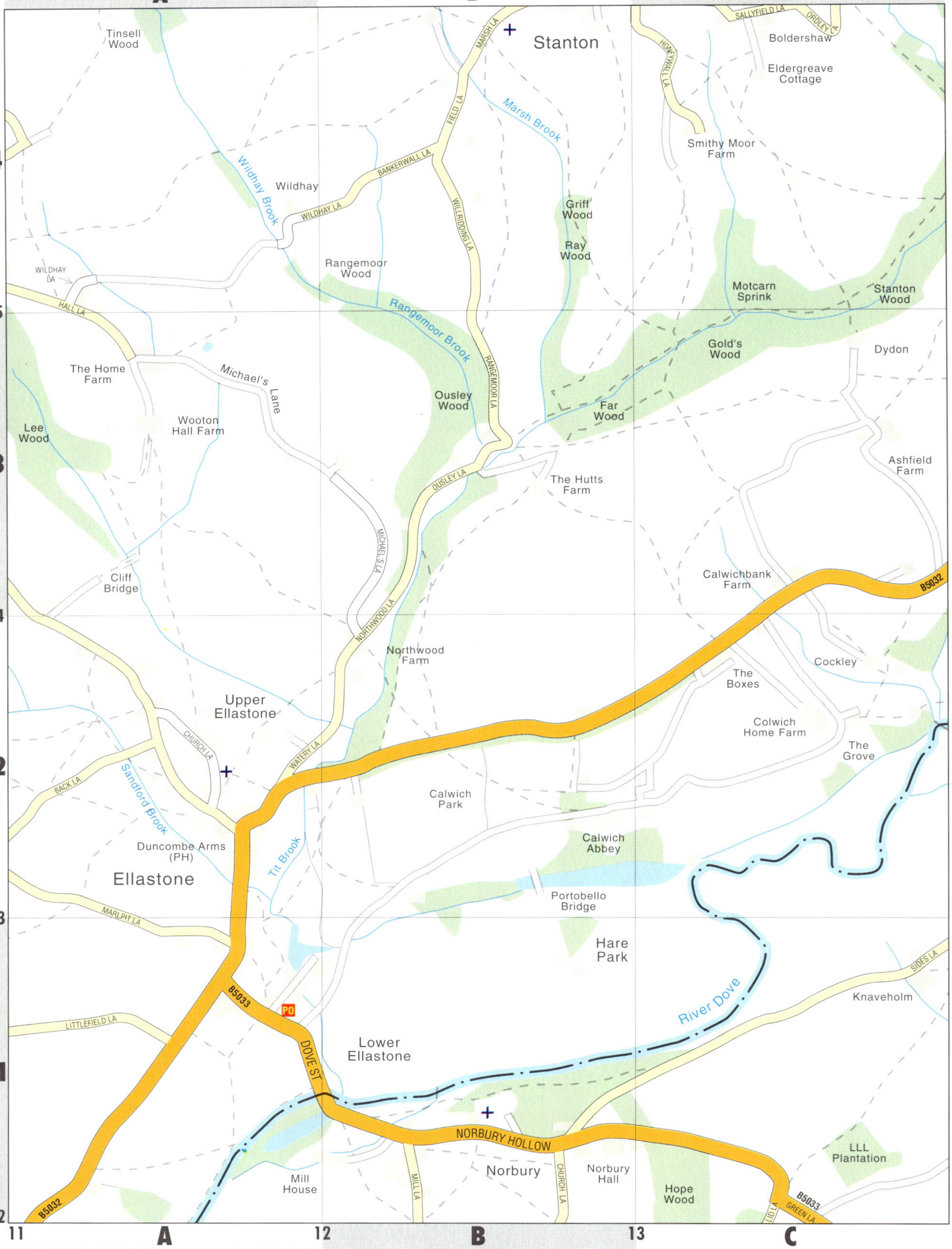
A
B
C
Tinsell Wood
Stanton
Boldershaw
Eldergreave Cottage
SALLYFIELD LA
ORDLEY LA
MARSH LA
HONEYWALL LA
FIELD LA
Marsh Brook
Smithy Moor Farm
4
BANKERWALL LA
Wildhay Brook
Wildhay
WILDHAY LA
WILLRIDDING LA
Griff Wood
Ray Wood
Rangemoor Wood
WILDHAY LA
HALL LA
Motcarn Sprink
Stanton Wood
45
Rangemoor Brook
Gold's Wood
Dydon
The Home Farm
Michael's Lane
RANGEMOOR LA
Ousley Wood
Far Wood
Lee Wood
Wooton Hall Farm
3
OUSLEY LA
The Hutts Farm
Ashfield Farm
MICHAELS LA
Cliff Bridge
Calwichbank Farm
B5032
44
NORTHWOOD LA
Northwood Farm
Cockley
The Boxes
Upper Ellastone
CHURCH LA
Colwich Home Farm
The Grove
2
WATERY LA
BACK LA
Sandford Brook
Calwich Park
Duncombe Arms (PH)
Tit Brook
Calwich Abbey
Ellastone
Portobello Bridge
43
MARLPIT LA
Hare Park
SIDES LA
B5033
Knaveholm
PO
River Dove
LITTLEFIELD LA
Lower Ellastone
1
DOVE ST
NORBURY HOLLOW
LLL Plantation
Norbury
Norbury Hall
MILL LA
CHURCH LA
Mill House
Hope Wood
B5033
GREEN LA
LID LA
B5032
42
11
12
13

79
96

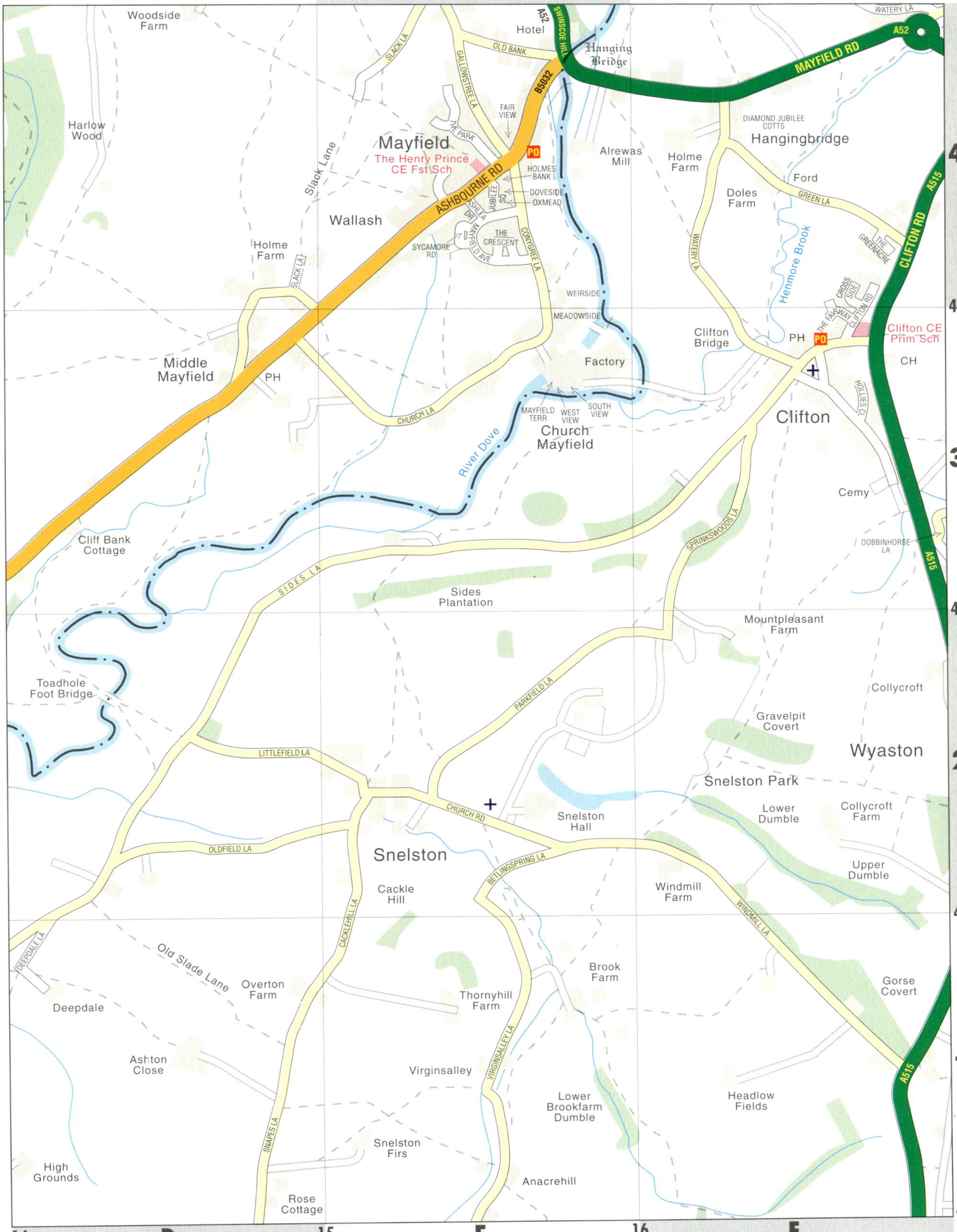
D
E
F
Woodside Farm
Hotel
A52
SWINSCOE HILL
Hanging Bridge
WATERY LA
A52
MAYFIELD RD
OLD BANK
SLACK LA
GALLOWSTREE LA
B5032
FAIR VIEW
THE PARK
Harlow Wood
Mayfield
The Henry Prince CE Fst Sch
PO
HOLMES BANK
DOVESIDE
OXMEAD
Alrewas Mill
Holme Farm
DIAMOND JUBILEE COTTS
Hangingbridge
Ford
Doles Farm
GREEN LA
A515
Slack Lane
ASHBOURNE RD
JUBILEE SQ
ASHLEA DR
MAYFIELD AVE
THE CRESCENT
CONYGREE LA
SYCAMORE RD
Wallash
Holme Farm
SLACK LA
WEIRSIDE
MEADOWSIDE
WATERY LA
Henmore Brook
THE GREENACRE
CLIFTON RD
CROSS SIDE
THE FAIRWAY
CLIFTON RD
Clifton CE Prim Sch
Clifton Bridge
PH
PO
CH
Middle Mayfield
PH
Factory
CHURCH LA
MAYFIELD TERR
WEST VIEW
SOUTH VIEW
Church Mayfield
HOLLIES CL
Clifton
River Dove
Cemy
Cliff Bank Cottage
SPRINKSWOODS LA
DOBBINHORSE LA
A515
SIDES LA
Sides Plantation
Mountpleasant Farm
Toadhole Foot Bridge
PARKFIELD LA
Collycroft
Gravelpit Covert
Wyaston
LITTLEFIELD LA
Snelston Park
CHURCH RD
Snelston Hall
Lower Dumble
Collycroft Farm
OLDFIELD LA
Snelston
BETLINGSPRING LA
Upper Dumble
Cackle Hill
Windmill Farm
WINDMILL LA
CACKLEHILL LA
DEEPDALE LA
Old Slade Lane
Overton Farm
Brook Farm
Thornyhill Farm
Gorse Covert
Deepdale
Ashton Close
Virginsalley
VIRGINSALLEY LA
A515
Lower Brookfarm Dumble
Headlow Fields
SNAPES LA
Snelston Firs
High Grounds
Anacrehill
Rose Cottage
4
45
3
44
2
43
1
42
14
15
16
D
E
F

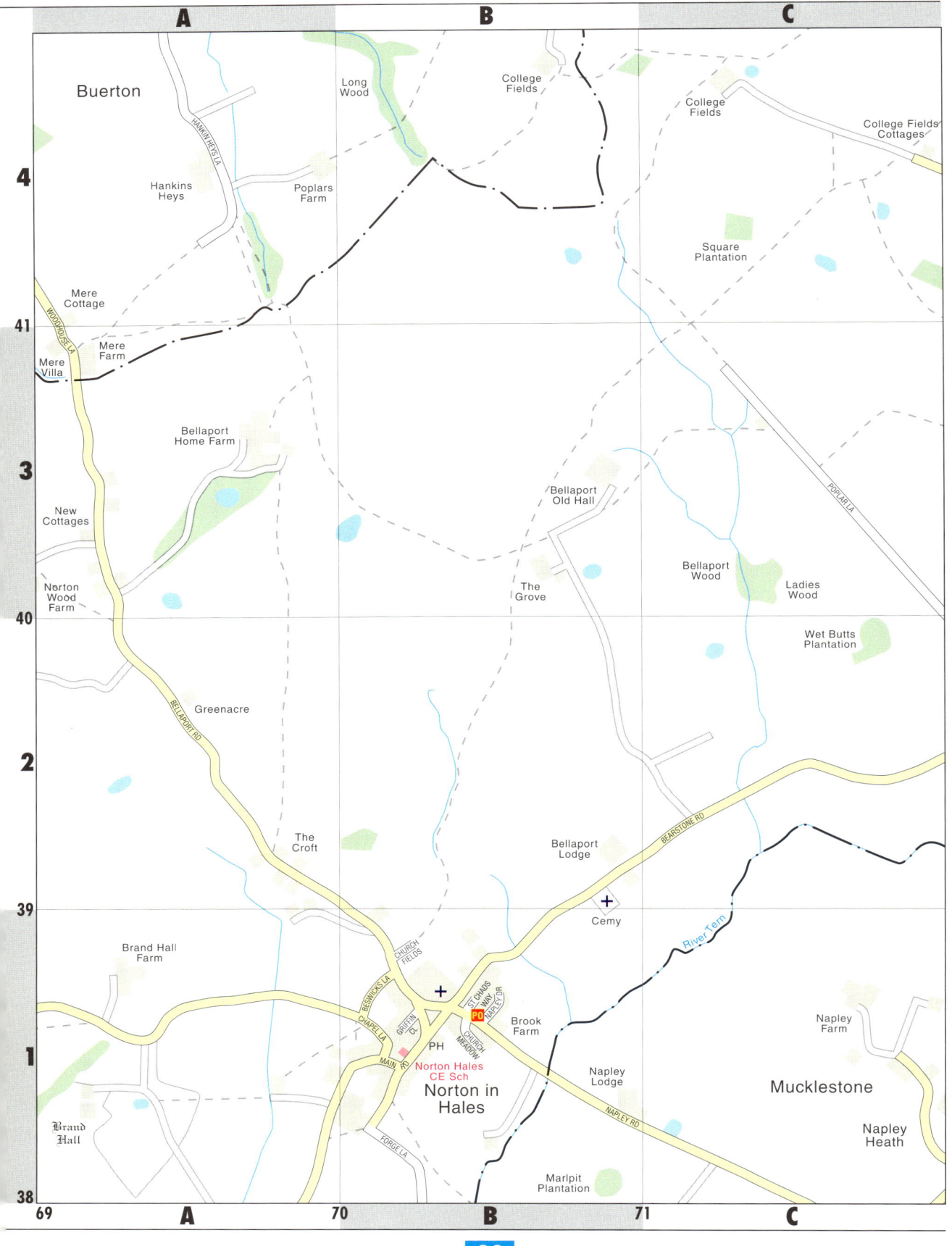

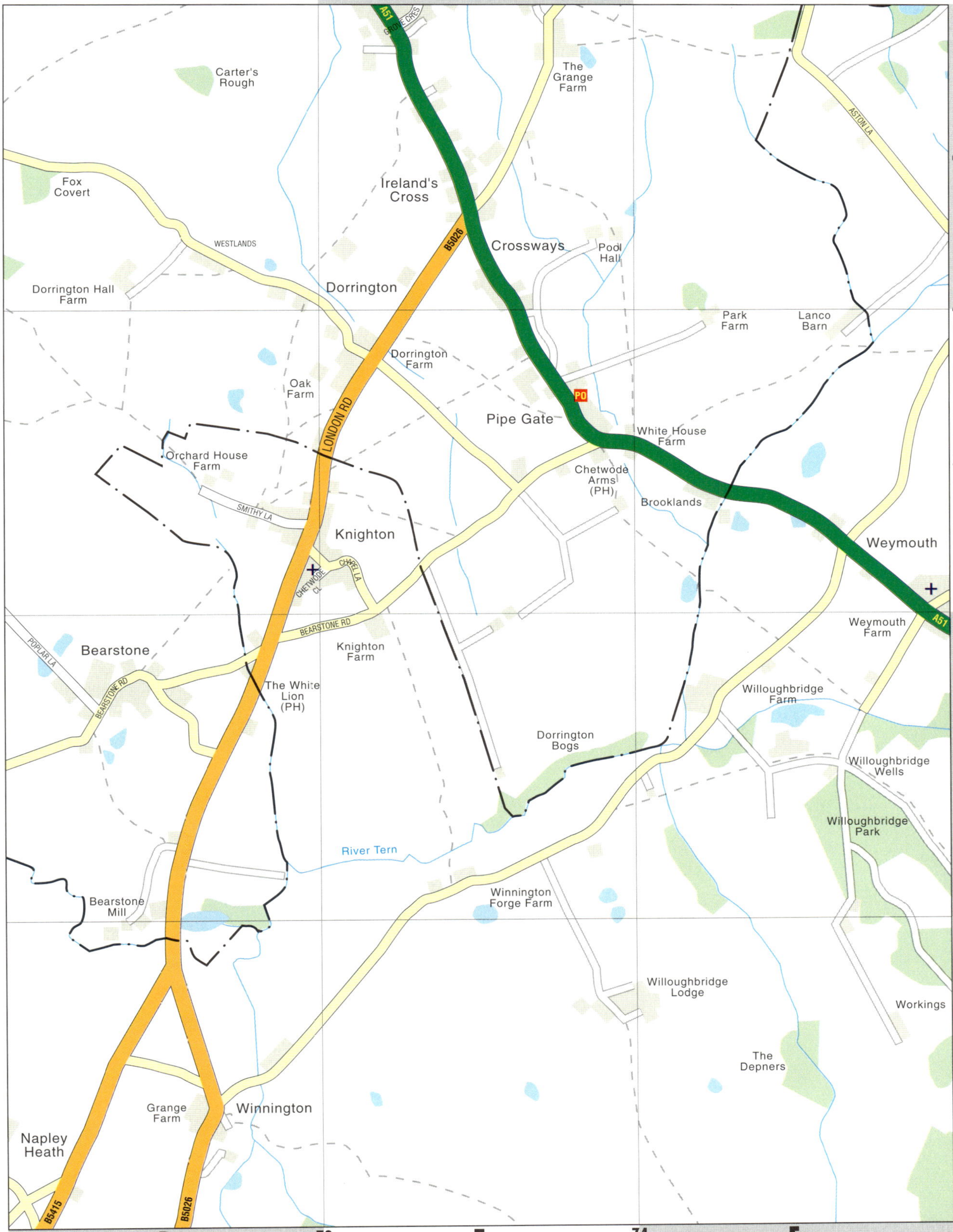
67
84
D
E
F
Carter's Rough
The Grange Farm
ASTON LA
Fox Covert
WESTLANDS
Ireland's Cross
B5026
Crossways
Pool Hall
Dorrington Hall Farm
Dorrington
Park Farm
Lanco Barn
Dorrington Farm
Oak Farm
PO
Pipe Gate
LONDON RD
White House Farm
Orchard House Farm
Chetwode Arms (PH)
SMITHY LA
Brooklands
Knighton
Weymouth
CHETWODE CL
CHAPEL LA
A51
BEARSTONE RD
Weymouth Farm
POPLAR LA
Bearstone
Knighton Farm
BEARSTONE RD
The White Lion (PH)
Willoughbridge Farm
Dorrington Bogs
Willoughbridge Wells
Willoughbridge Park
River Tern
Bearstone Mill
Winnington Forge Farm
Willoughbridge Lodge
Workings
The Depners
Grange Farm
Winnington
Napley Heath
B5415
B5026
4
41
3
40
2
39
1
38
72
73
74
99
84

83
68

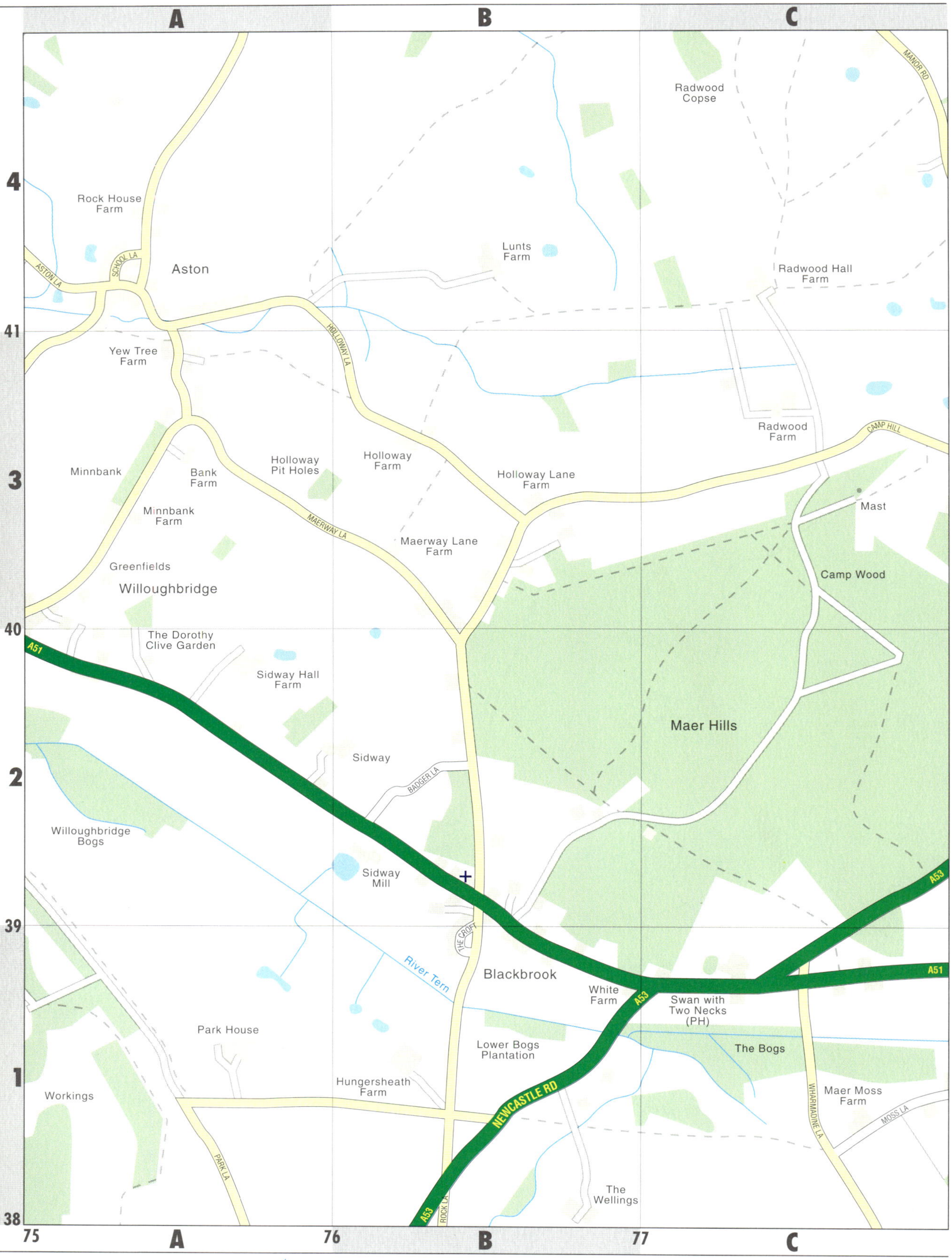
A
B
C
4
3
2
1
41
40
39
38
75
76
77
Radwood Copse
MANOR RD
Rock House Farm
Aston
SCHOOL LA
ASTON LA
Lunts Farm
Radwood Hall Farm
HOLLOWAY LA
Yew Tree Farm
Radwood Farm
CAMP HILL
Minnbank
Bank Farm
Holloway Pit Holes
Holloway Farm
Holloway Lane Farm
Mast
Minnbank Farm
MAERWAY LA
Maerway Lane Farm
Greenfields
Willoughbridge
Camp Wood
A51
The Dorothy Clive Garden
Sidway Hall Farm
Maer Hills
Sidway
BADGER LA
Willoughbridge Bogs
Sidway Mill
A53
THE CROFT
River Tern
Blackbrook
White Farm
A53
Swan with Two Necks (PH)
A51
Park House
Lower Bogs Plantation
The Bogs
Hungersheath Farm
NEWCASTLE RD
Maer Moss Farm
Workings
WHARMADINE LA
MOSS LA
PARK LA
The Wellings
A53
ROCK LA

83
100

69
86

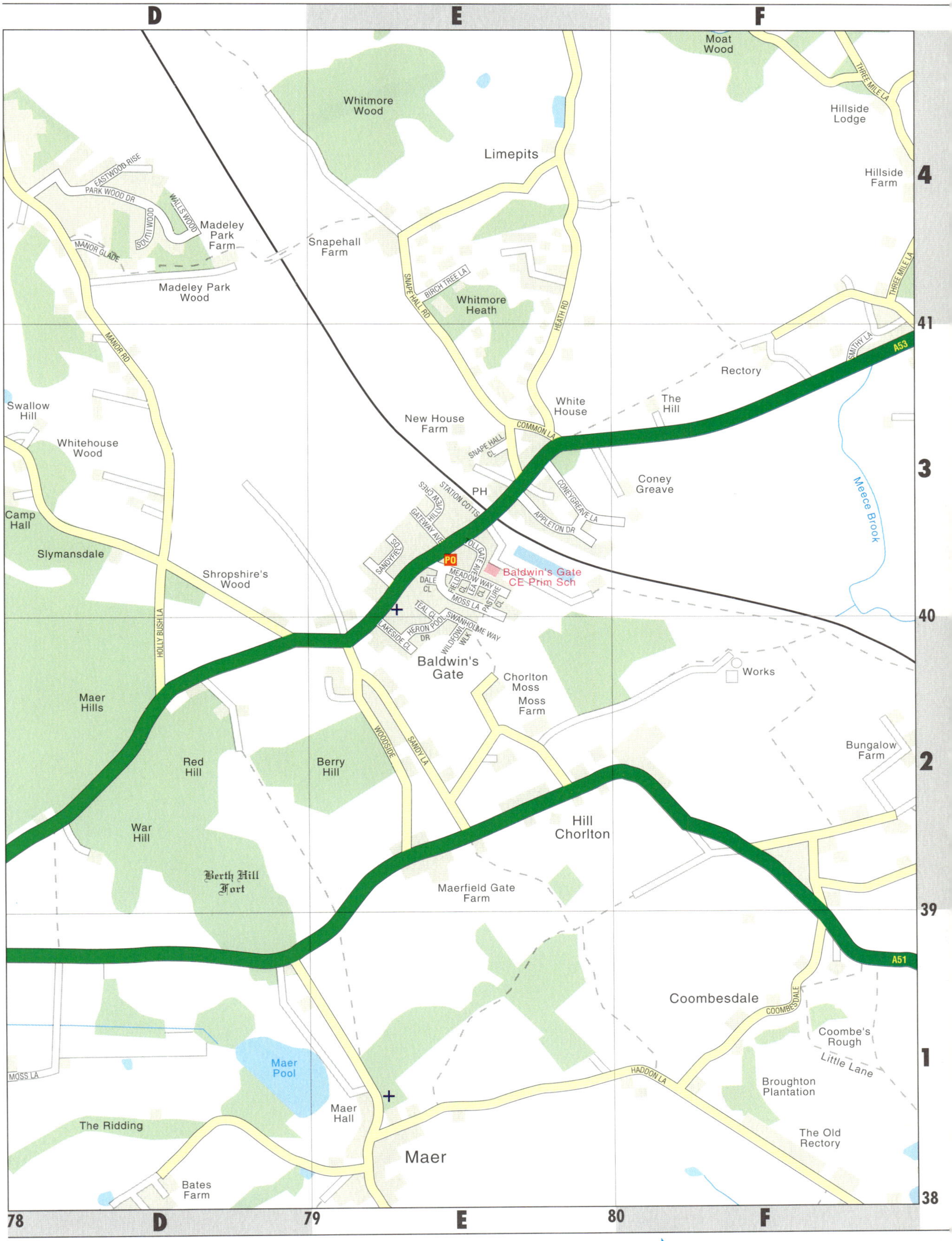
D
E
F
Moat Wood
Whitmore Wood
Limepits
Hillside Lodge
Hillside Farm
THREE MILE LA
EASTWOOD RISE
PARK WOOD DR
WALLS WOOD
SOUTH WOOD
MANOR GLADE
Madeley Park Farm
Snapehall Farm
Madeley Park Wood
SNAPE HALL RD
BIRCH TREE LA
Whitmore Heath
HEATH RD
MANOR RD
SMITHY LA
A53
Rectory
Swallow Hill
New House Farm
White House
The Hill
Whitehouse Wood
COMMON LA
SNAPE HALL CL
Coney Greave
Camp Hall
PH
STATION COTTS
HILLVIEW CRES
GATEWAY AVE
CONEYGREAVE LA
APPLETON DR
Meece Brook
Slymansdale
SANDYHEY
PO
Baldwin's Gate CE Prim Sch
Shropshire's Wood
MEADOW WAY
DALE CL
MOSS LA
PASTURE CL
TEAL CL
SWANHOLME WAY
HERON POOL DR
LAKESIDE CL
WILDFOWL WLK
HOLLY BUSH LA
Baldwin's Gate
Chorlton Moss
Moss Farm
Works
Maer Hills
Red Hill
Berry Hill
WOODSIDE
SANDY LA
Bungalow Farm
War Hill
Hill Chorlton
Berth Hill Fort
Maerfield Gate Farm
A51
Coombesdale
COOMBESDALE
Coombe's Rough
Little Lane
MOSS LA
Maer Pool
HADDON LA
Broughton Plantation
Maer Hall
The Ridding
Maer
The Old Rectory
Bates Farm
4
41
3
40
2
39
1
38
78
79
80

101
86

85
70

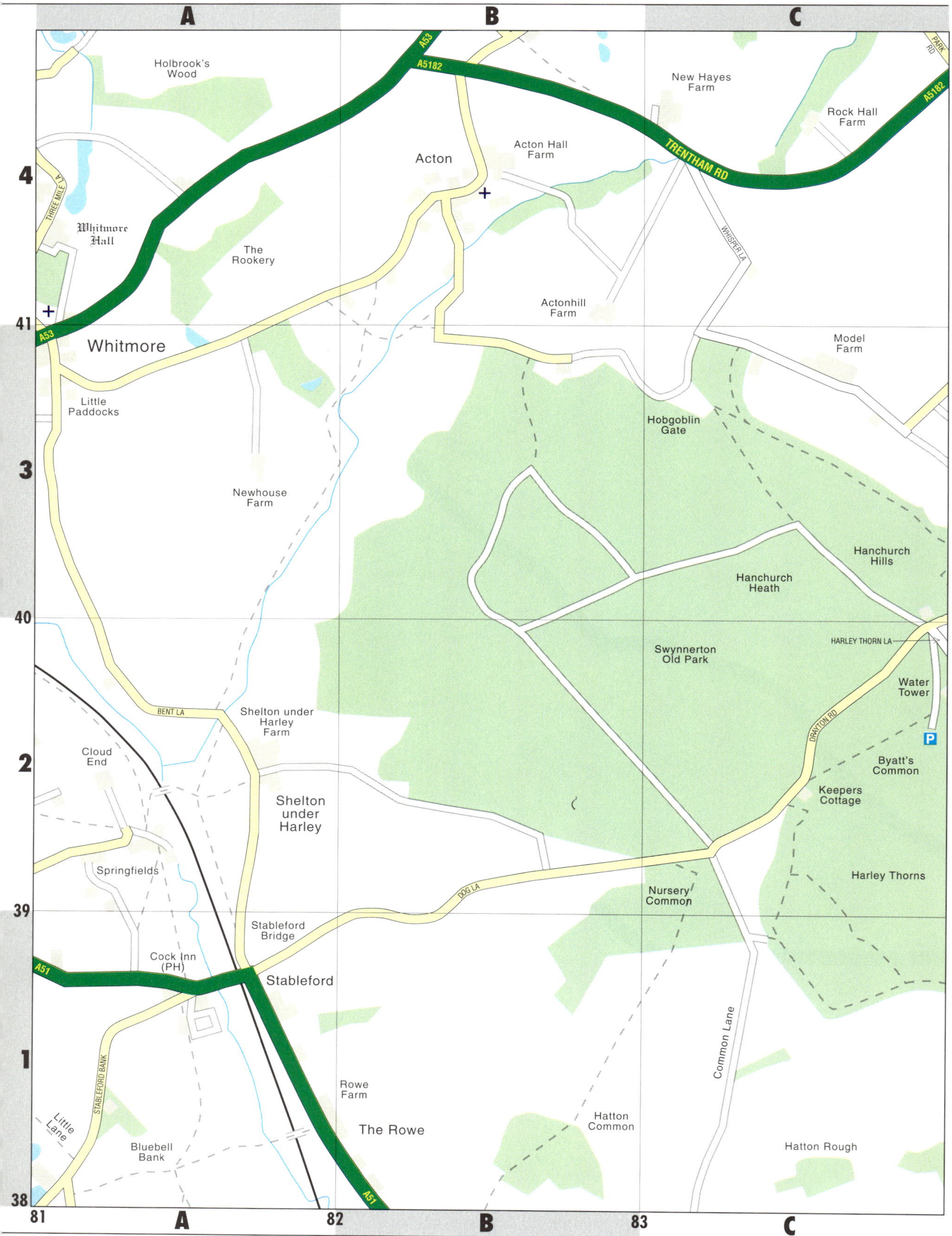
A
B
C
4
41
3
40
2
39
1
38
81
82
83
Holbrook's Wood
A53
A5182
New Hayes Farm
Rock Hall Farm
PARK RD
A5182
Acton
Acton Hall Farm
TRENTHAM RD
THREE MILE LA
Whitmore Hall
The Rookery
WHISPER LA
Actonhill Farm
Whitmore
A53
Model Farm
Little Paddocks
Hobgoblin Gate
Newhouse Farm
Hanchurch Hills
Hanchurch Heath
Swynnerton Old Park
HARLEY THORN LA
Water Tower
BENT LA
Shelton under Harley Farm
DRAYTON RD
Cloud End
Byatt's Common
Shelton under Harley
Keepers Cottage
Springfields
Harley Thorns
DOG LA
Nursery Common
Stableford Bridge
Cock Inn (PH)
A51
Stableford
STABLEFORD BANK
Common Lane
Rowe Farm
Little Lane
The Rowe
Hatton Common
Bluebell Bank
Hatton Rough
A51

85
102

71
88

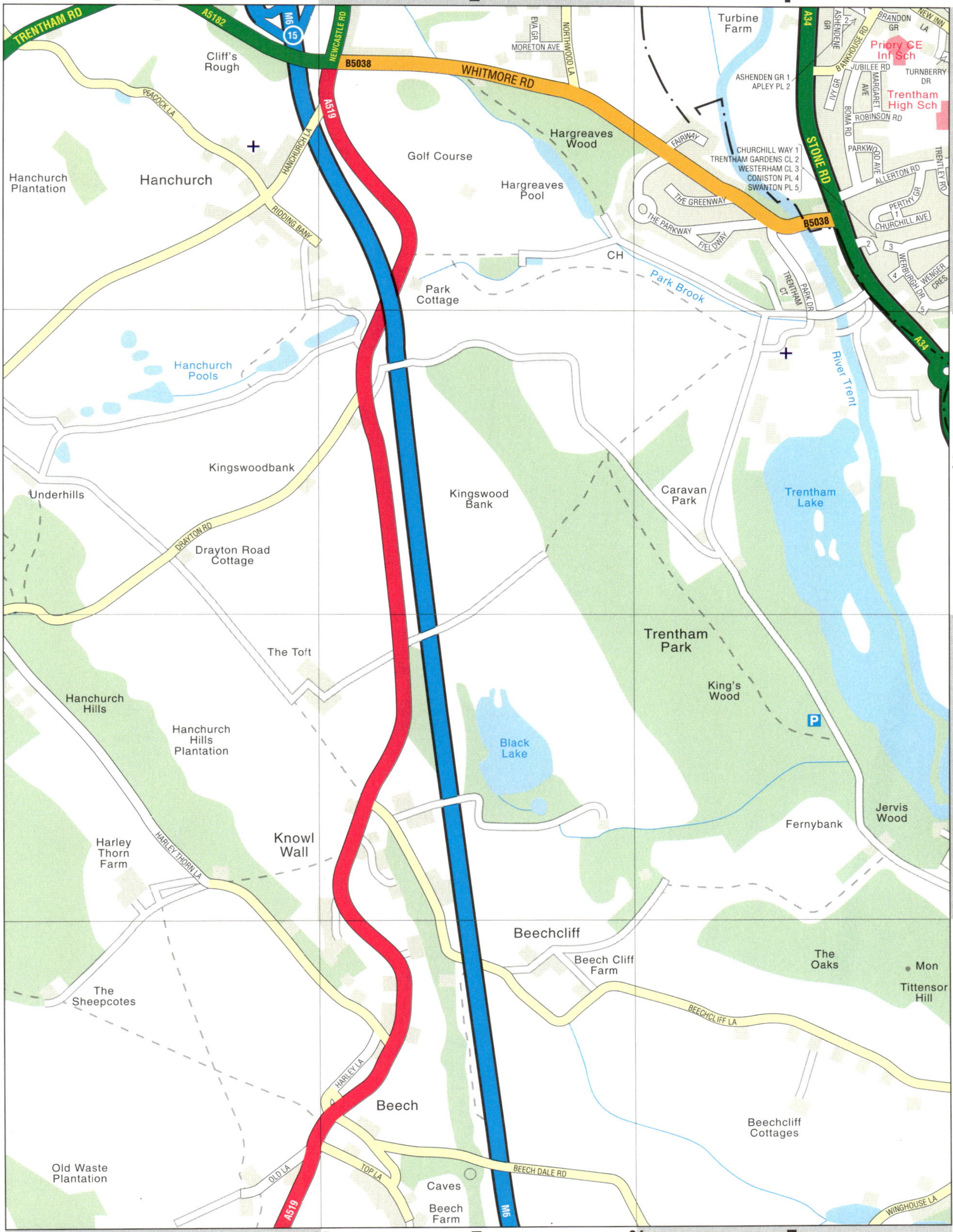
D
E
F
TRENTHAM RD
A5182
M6
15
NEWCASTLE RD
B5038
WHITMORE RD
A519
EVA GR
NORTHWOOD LA
MORETON AVE
Turbine Farm
A34
ASHENDENE GR
BANKHOUSE RD
BRANDON GR
NEW INN LA
Priory CE Inf Sch
JUBILEE RD
TURNBERRY DR
Trentham High Sch
ASHENDEN GR 1
APLEY PL 2
IVY GR
MARGARET AVE
BOMA RD
ROBINSON RD
Cliff's Rough
PEACOCK LA
HANCHURCH LA
Hanchurch
Hanchurch Plantation
Golf Course
Hargreaves Wood
Hargreaves Pool
FAIRWAY
CHURCHILL WAY 1
TRENTHAM GARDENS CL 2
WESTERHAM CL 3
CONISTON PL 4
SWANTON PL 5
STONE RD
PARKWOOD AVE
ALLERTON RD
TRENTLEY RD
PERTHY GR
CHURCHILL AVE
THE GREENWAY
THE PARKWAY
FIELDWAY
RIDDING BANK
CH
Park Cottage
Park Brook
TRENTHAM CT
PARK DR
WERBURGH DR
WENGER CRES
41
Hanchurch Pools
River Trent
Kingswoodbank
Underhills
Kingswood Bank
Caravan Park
Trentham Lake
3
DRAYTON RD
Drayton Road Cottage
40
The Toft
Trentham Park
King's Wood
Hanchurch Hills
Hanchurch Hills Plantation
Black Lake
P
2
Harley Thorn Farm
HARLEY THORN LA
Knowl Wall
Fernybank
Jervis Wood
39
Beechcliff
Beech Cliff Farm
The Oaks
Mon
Tittensor Hill
The Sheepcotes
BEECHCLIFF LA
1
HARLEY LA
Beech
Beechcliff Cottages
Old Waste Plantation
OLD LA
TOP LA
BEECH DALE RD
Caves
Beech Farm
WINGHOUSE LA
38
84
85
86

103
88

87
72

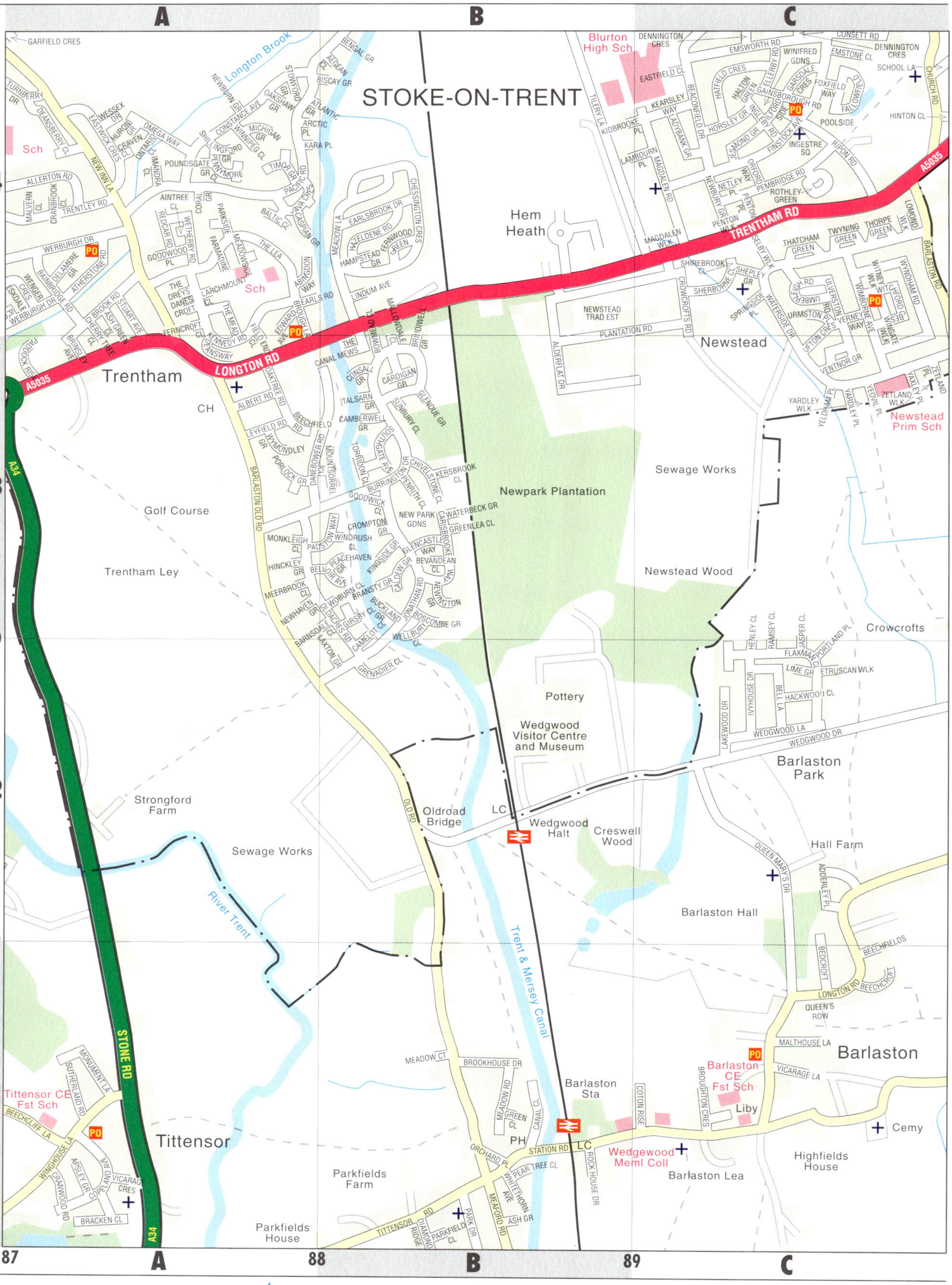
A
B
C
STOKE-ON-TRENT
Sch
Blurton High Sch
Hem Heath
Sch
Trentham
CH
LONGTON RD
TRENTHAM RD
A5035
A34
Newstead
NEWSTEAD TRAD EST
Newstead Prim Sch
Sewage Works
Newpark Plantation
Golf Course
Trentham Ley
Newstead Wood
Crowcrofts
Pottery
Wedgwood Visitor Centre and Museum
Barlaston Park
Strongford Farm
Oldroad Bridge
LC
Wedgwood Halt
Creswell Wood
Sewage Works
Hall Farm
River Trent
Barlaston Hall
Trent & Mersey Canal
STONE RD
Barlaston
Barlaston CE Fst Sch
Liby
Tittensor CE Fst Sch
Barlaston Sta
Cemy
Tittensor
PH
LC
Wedgewood Meml Coll
Highfields House
Barlaston Lea
Parkfields Farm
Parkfields House
Longton Brook
Poolside
PO
38
39
2
40
3
41
4
1
87
88
89

87
104

73
90

D E F

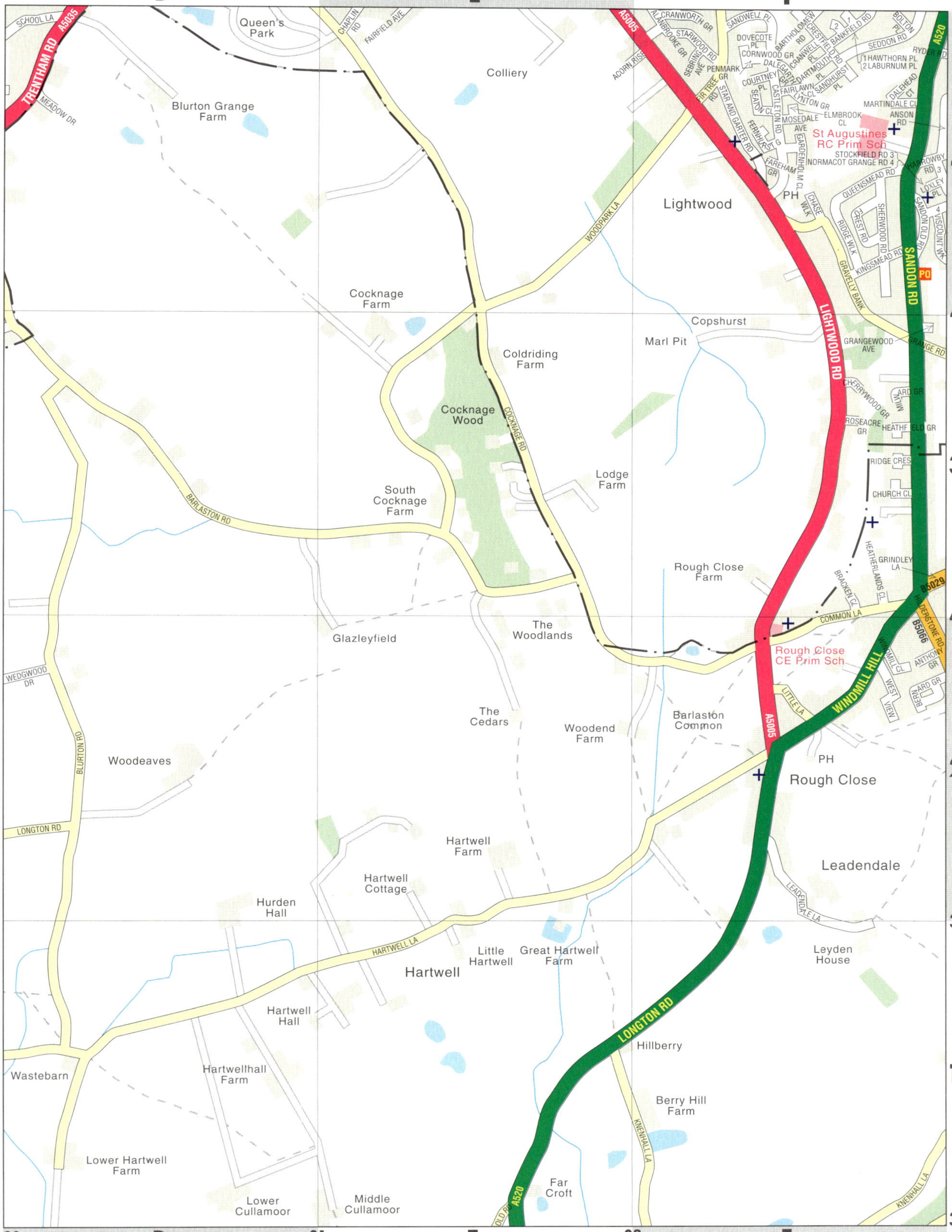

4 41 3 40 2 39 1 38

90 D 91 E 92 F

105
90

89
74

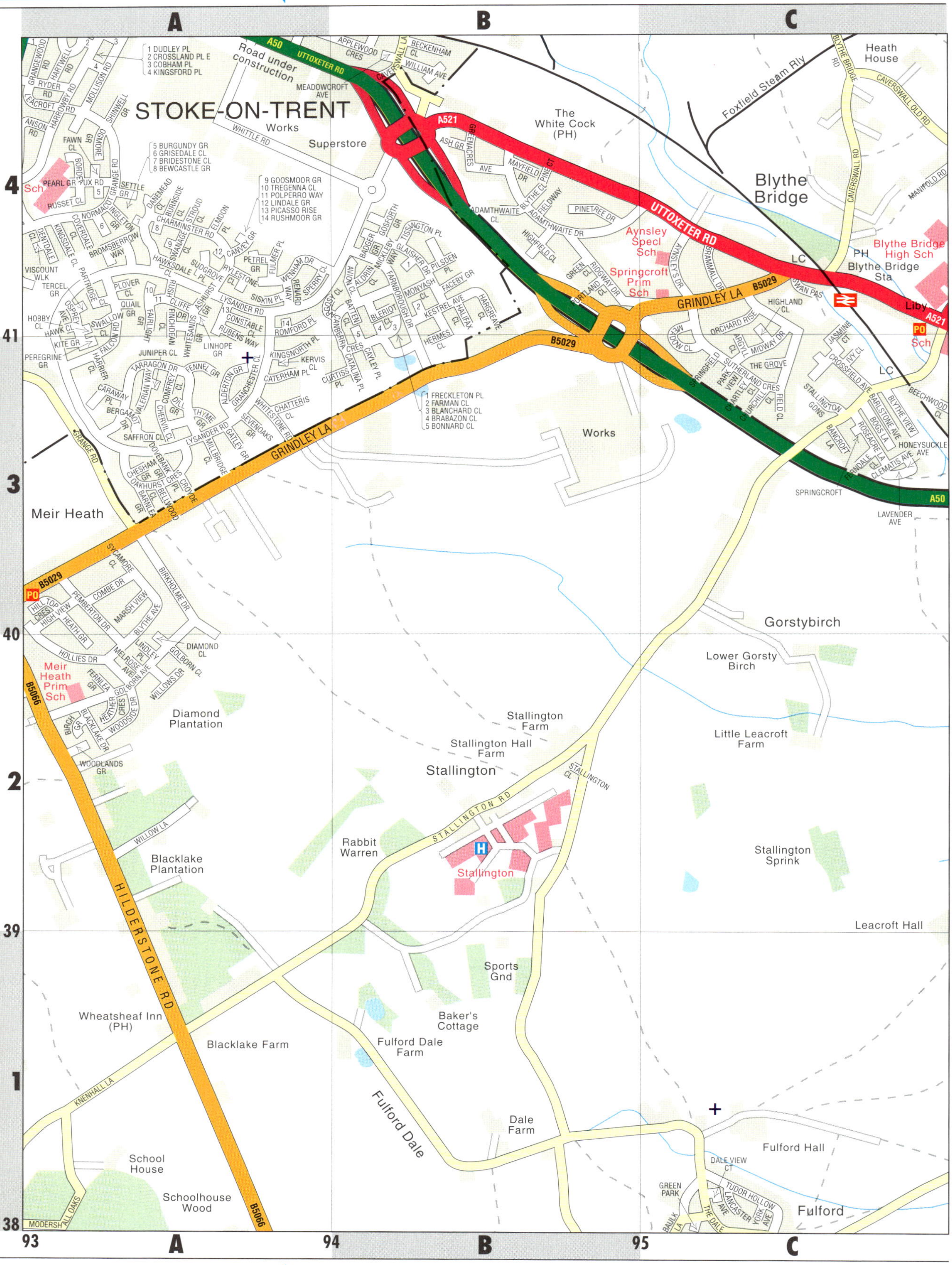
A
B
C
4
41
3
40
2
39
1
38
93
94
95
STOKE-ON-TRENT
Road under construction
A50
UTTOXETER RD
A521
B5029
GRINDLEY LA
B5066
HILDERSTONE RD
1 DUDLEY PL
2 CROSSLAND PL E
3 COBHAM PL
4 KINGSFORD PL
5 BURGUNDY GR
6 GRISEDALE CL
7 BRIDESTONE CL
8 BEWCASTLE GR
9 GOOSMOOR GR
10 TREGENNA CL
11 POLPERRO WAY
12 LINDALE GR
13 PICASSO RISE
14 RUSHMOOR GR
1 FRECKLETON PL
2 FARMAN CL
3 BLANCHARD CL
4 BRABAZON CL
5 BONNARD CL
Works
Superstore
The White Cock (PH)
Foxfield Steam Rly
Heath House
Blythe Bridge
Aynsley Specl Sch
Springcroft Prim Sch
Blythe Bridge High Sch
PH
Blythe Bridge Sta
Liby
PO
Sch
LC
Meir Heath
Meir Heath Prim Sch
Diamond Plantation
Gorstybirch
Lower Gorsty Birch
Little Leacroft Farm
Stallington Farm
Stallington Hall Farm
Stallington
Rabbit Warren
Stallington Sprink
Blacklake Plantation
Leacroft Hall
Sports Gnd
Baker's Cottage
Fulford Dale Farm
Wheatsheaf Inn (PH)
Blacklake Farm
Fulford Dale
Dale Farm
Fulford Hall
School House
Schoolhouse Wood
Fulford
STALLINGTON RD
KNENHALL LA
WILLOW LA
SPRINGCROFT
LAVENDER AVE
HONEYSUCKLE AVE
GREEN PARK
DALE VIEW CT

89
106

75
92

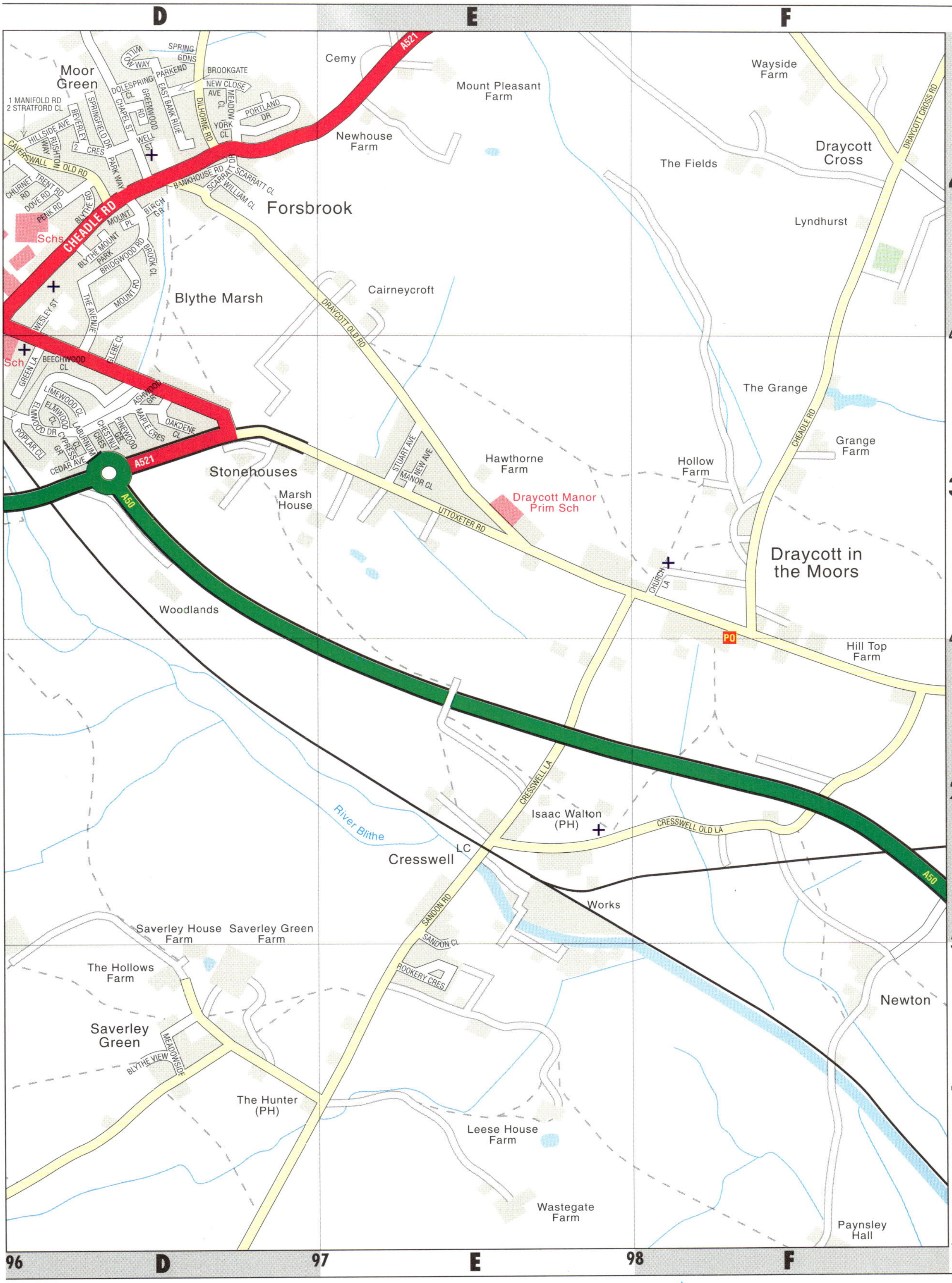
D
E
F
4
41
3
40
2
39
1
38
96
97
98
Moor Green
1 MANIFOLD RD
2 STRATFORD CL
SPRING GDNS
BROOKGATE
NEW CLOSE AVE
MEADOW CL
PORTLAND DR
YORK CL
PARKEND
DOLESPRING CL
GREENWOOD RD
EAST BANK RIDE
DILHORNE RD
CHAPEL ST
SPRINGFIELD DR
WELL ST
BEVERLEY CRES
PARK WAY
HILLSIDE AVE
RUSHTON WAY
CAVERSWALL OLD RD
CHURNET RD
TRENT RD
DOVE RD
PENK RD
BLYTHE RD
Schs
CHEADLE RD
MOUNT PL
BLYTHE MOUNT PARK
BRIDGWOOD RD
BIRCH GR
BROOK CL
MOUNT RD
THE AVENUE
WESLEY ST
BANKHOUSE RD
SCARRATT DR
SCARRATT CL
WILLIAM CL
A521
Cemy
Mount Pleasant Farm
Newhouse Farm
Forsbrook
Blythe Marsh
Cairneycroft
DRAYCOTT OLD RD
Sch
GREEN LA
BEECHWOOD CL
GLEBE CL
LIMEWOOD CL
ELMWOOD CL
ELMWOOD DR
POPLAR CL
CEDAR AVE
CYPRESS GR
LABURNUM CL
CHESTNUT CRES
PINEWOOD GR
MAPLE CRES
ASHWOOD GR
OAKDENE CL
A521
A50
Stonehouses
Marsh House
STUART AVE
NEW AVE
MANOR CL
UTTOXETER RD
Hawthorne Farm
Draycott Manor Prim Sch
Woodlands
Wayside Farm
Draycott Cross
DRAYCOTT CROSS RD
The Fields
Lyndhurst
The Grange
CHEADLE RD
Grange Farm
Hollow Farm
Draycott in the Moors
CHURCH LA
PO
Hill Top Farm
CRESSWELL LA
Isaac Walton (PH)
CRESSWELL OLD LA
River Blithe
LC
Cresswell
Works
SANDON RD
SANDON CL
ROOKERY CRES
A50
Saverley House Farm
Saverley Green Farm
The Hollows Farm
Saverley Green
MEADOWSIDE
BLYTHE VIEW
The Hunter (PH)
Leese House Farm
Newton
Wastegate Farm
Paynsley Hall

107
92

91
76

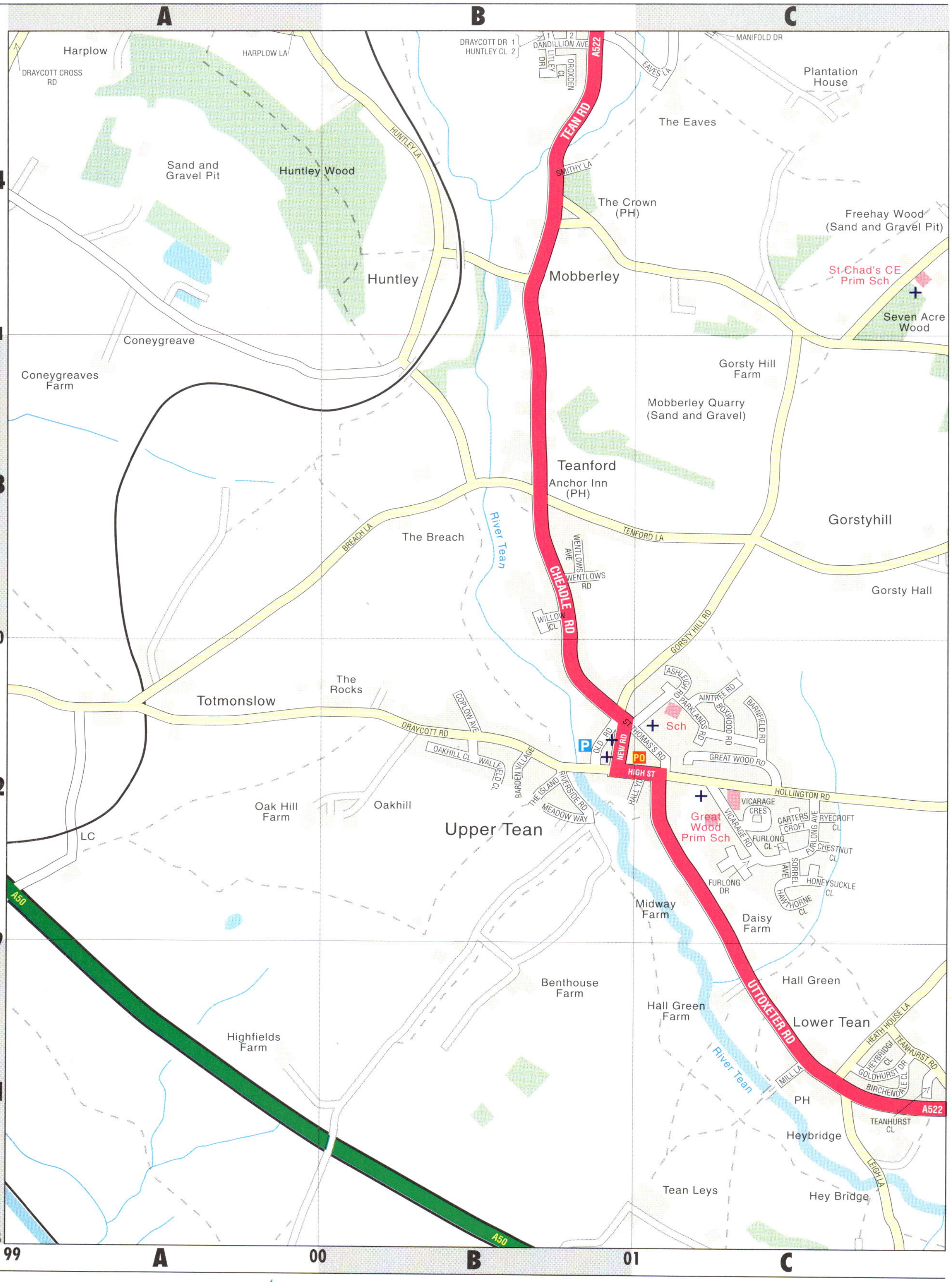
A
B
C
Harplow
DRAYCOTT CROSS RD
HARPLOW LA
DRAYCOTT DR 1
HUNTLEY CL 2
DANDILLION AVE
LITLEY DR
OROXDEN CL
A522
MANIFOLD DR
EAVES LA
Plantation House
The Eaves
HUNTLEY LA
TEAN RD
Sand and Gravel Pit
Huntley Wood
SMITHY LA
The Crown (PH)
Freehay Wood (Sand and Gravel Pit)
Huntley
Mobberley
St Chad's CE Prim Sch
Seven Acre Wood
Coneygreave
Coneygreaves Farm
Gorsty Hill Farm
Mobberley Quarry (Sand and Gravel)
Teanford
Anchor Inn (PH)
Gorstyhill
BREACH LA
The Breach
River Tean
TENFORD LA
WENTLOWS AVE
WENTLOWS RD
CHEADLE RD
Gorsty Hall
WILLOW CL
GORSTY HILL RD
Totmonslow
The Rocks
ASHLEIGH RD
AINTREE RD
PARKLANDS RD
BOXWOOD RD
BARNFIELD RD
COPLOW AVE
DRAYCOTT RD
OLD RD
NEW RD
ST THOMAS'S RD
Sch
P
PO
GREAT WOOD RD
OAKHILL CL
WALLFIELD CL
BARDEN VILLAGE
HIGH ST
HALL YD
HOLLINGTON RD
THE ISLAND
RIVERSIDE RD
MEADOW WAY
VICARAGE CRES
Great Wood Prim Sch
VICARAGE RD
CARTERS CROFT
FURLONG AVE
RYECROFT CL
Oak Hill Farm
Oakhill
Upper Tean
FURLONG CL
CHESTNUT CL
LC
FURLONG DR
SORREL AVE
HONEYSUCKLE CL
HAWTHORNE CL
A50
Midway Farm
Daisy Farm
Benthouse Farm
Hall Green
UTTOXETER RD
Hall Green Farm
Lower Tean
HEATH HOUSE LA
Highfields Farm
River Tean
HEYBRIDGE CL
TEANHURST RD
GOLDHURST DR
BIRCHENDALE CL
MILL LA
PH
A522
TEANHURST CL
Heybridge
LEIGH LA
Tean Leys
Hey Bridge
A50
4
41
3
40
2
39
1
38
99
00
01

91
108

77
94

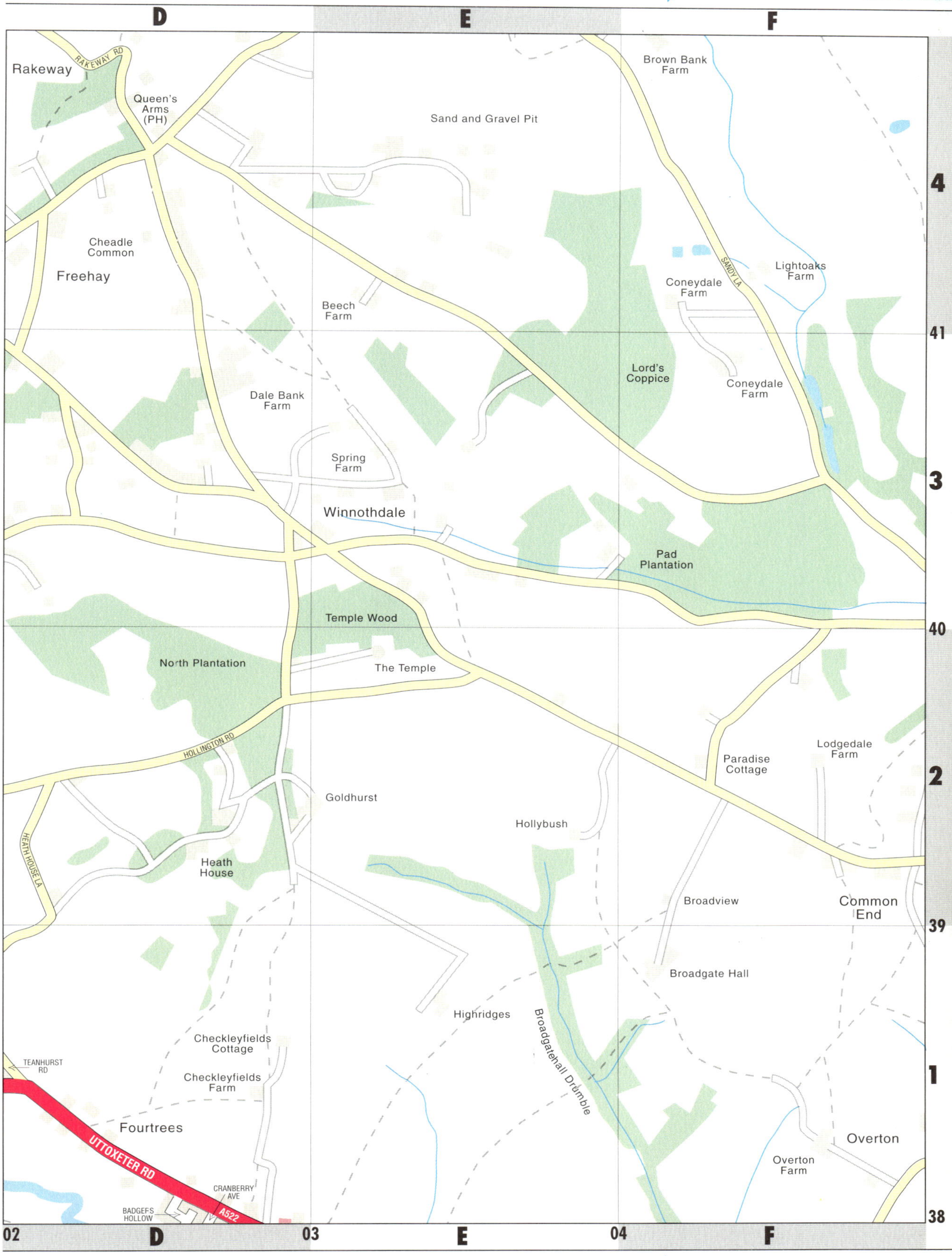
D
E
F
Rakeway
RAKEWAY RD
Queen's Arms (PH)
Sand and Gravel Pit
Brown Bank Farm
Cheadle Common
Freehay
Beech Farm
Coneydale Farm
SANDY LA
Lightoaks Farm
Lord's Coppice
Coneydale Farm
Dale Bank Farm
Spring Farm
Winnothdale
Pad Plantation
Temple Wood
North Plantation
The Temple
HOLLINGTON RD
Paradise Cottage
Lodgedale Farm
Goldhurst
Hollybush
HEATH HOUSE LA
Heath House
Broadview
Common End
Broadgate Hall
Highridges
Broadgatehall Drumble
Checkleyfields Cottage
Checkleyfields Farm
TEANHURST RD
Fourtrees
UTTOXETER RD
CRANBERRY AVE
BADGERS HOLLOW
A522
Overton
Overton Farm
4
41
3
40
2
39
1
38
02
03
04

109
94

93
78

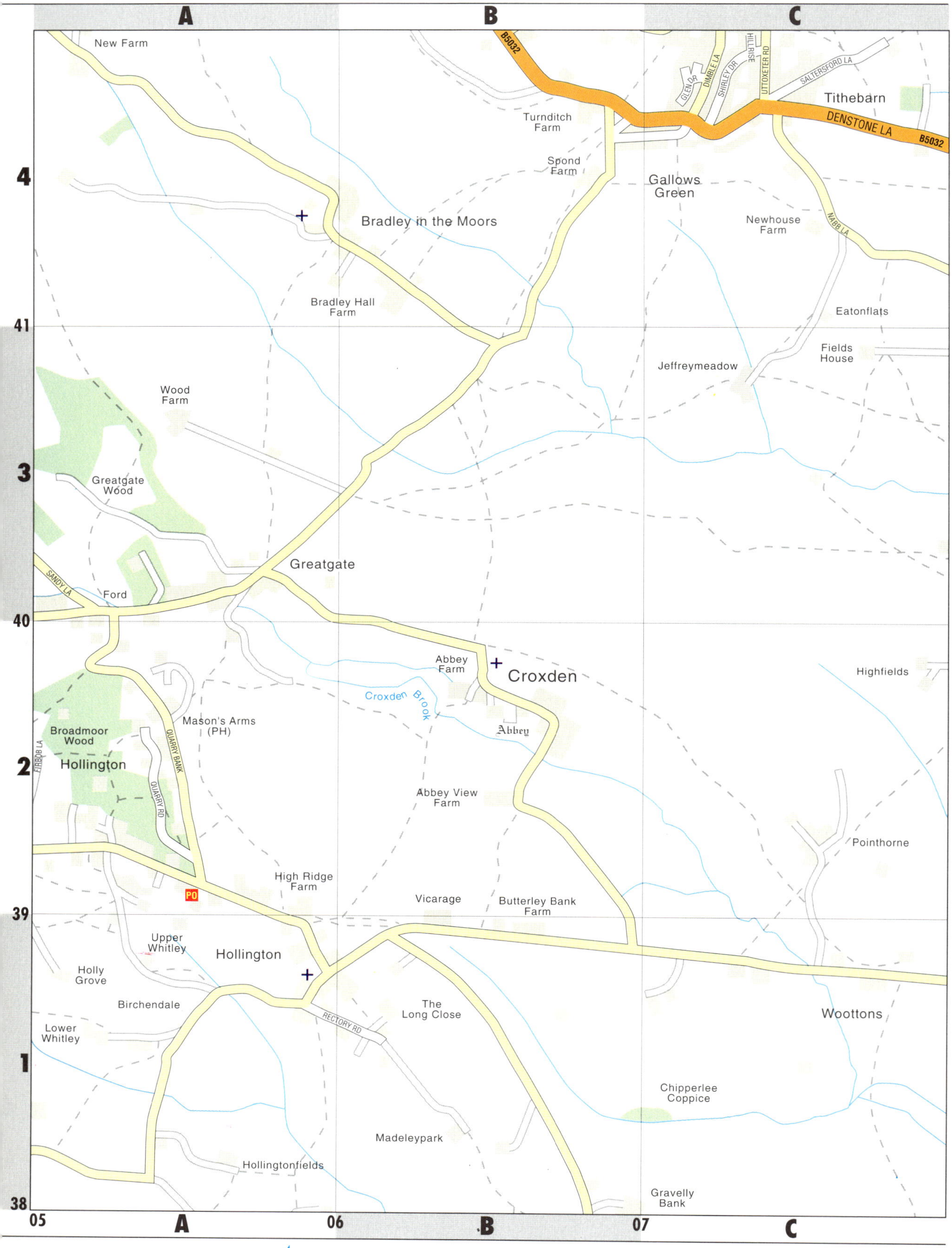
A
B
C
4
41
3
40
2
39
1
38
05
06
07
New Farm
B5032
Turnditch Farm
Spond Farm
GLEN DR
DIMBLE LA
SHIRLEY DR
HILL RISE
UTTOXETER RD
SALTERSFORD LA
Tithebarn
DENSTONE LA
B5032
Gallows Green
Newhouse Farm
NABB LA
Bradley in the Moors
Bradley Hall Farm
Eatonflats
Fields House
Jeffreymeadow
Wood Farm
Greatgate Wood
Greatgate
SANDY LA
Ford
Abbey Farm
Croxden
Highfields
Croxden Brook
Abbey
Mason's Arms (PH)
Broadmoor Wood
QUARRY BANK
FIRBOB LA
Hollington
QUARRY RD
Abbey View Farm
Pointhorne
High Ridge Farm
PO
Vicarage
Butterley Bank Farm
Upper Whitley
Hollington
Holly Grove
Birchendale
RECTORY RD
The Long Close
Woottons
Lower Whitley
Chipperlee Coppice
Madeleypark
Hollingtonfields
Gravelly Bank

93
110

79
96

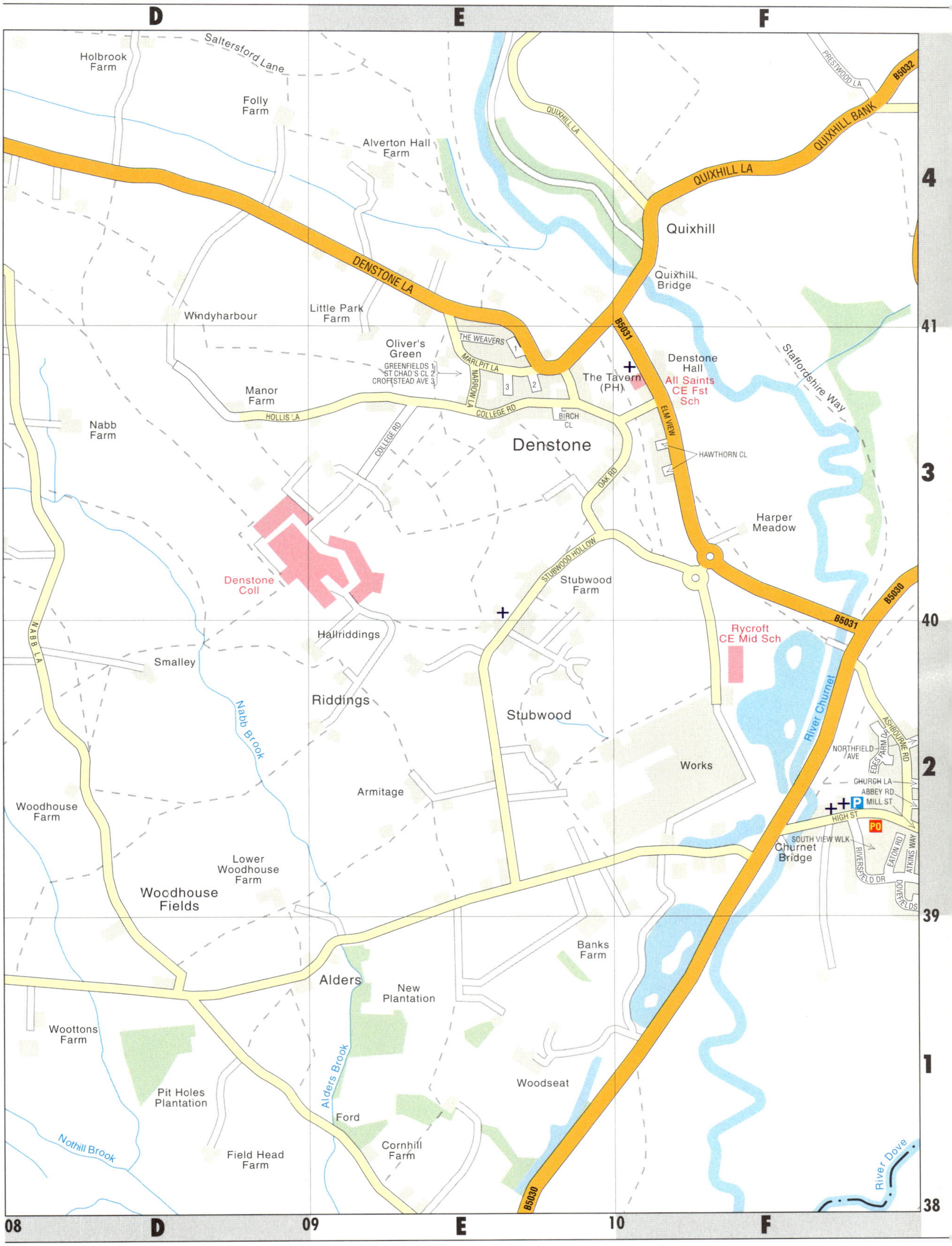
D
E
F
Holbrook Farm
Saltersford Lane
Folly Farm
Alverton Hall Farm
QUIXHILL LA
PRESTWOOD LA
B5032
QUIXHILL BANK
QUIXHILL LA
4
Quixhill
Quixhill Bridge
DENSTONE LA
Windyharbour
Little Park Farm
Oliver's Green
GREENFIELDS 1
ST CHAD'S CL 2
CROFTSTEAD AVE 3
THE WEAVERS
MARLPIT LA
NARROW LA
B5031
The Tavern (PH)
Denstone Hall
All Saints CE Fst Sch
Staffordshire Way
41
Manor Farm
HOLLIS LA
COLLEGE RD
BIRCH CL
ELM VIEW
Nabb Farm
Denstone
COLLEGE RD
HAWTHORN CL
3
OAK RD
Harper Meadow
Denstone Coll
STUBWOOD HOLLOW
Stubwood Farm
B5030
B5031
40
NABB LA
Hallriddings
Rycroft CE Mid Sch
Smalley
Riddings
Stubwood
Nabb Brook
River Churnet
ASHBOURNE RD
NORTHFIELD AVE
EDES FARM DR
Works
2
CHURCH LA
ABBEY RD
MILL ST
P
Armitage
Woodhouse Farm
HIGH ST
PO
SOUTH VIEW WLK
Churnet Bridge
EATON RD
ATKINS WAY
Lower Woodhouse Farm
Woodhouse Fields
RIVERSFIELD DR
DOVEFIELDS
39
Banks Farm
Alders
New Plantation
Woottons Farm
1
Pit Holes Plantation
Woodseat
Alders Brook
Ford
Nothill Brook
Cornhill Farm
Field Head Farm
River Dove
B5030
38
08
D
09
E
10
F

111
96

95
80

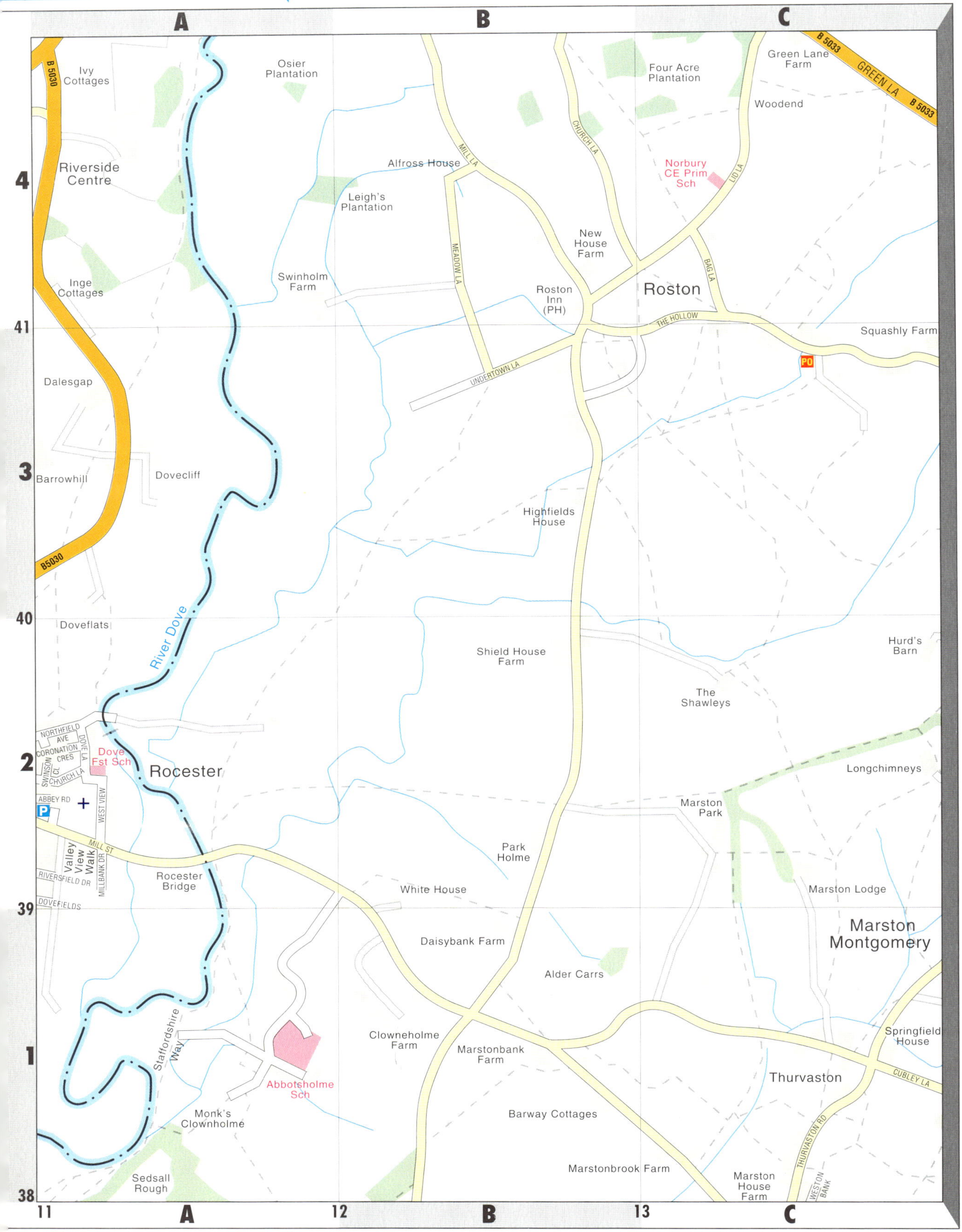
A
B
C
4
41
3
40
2
39
1
38
11
12
13
B 5030
B5030
Ivy Cottages
Riverside Centre
Inge Cottages
Dalesgap
Barrowhill
Dovecliff
Doveflats
Osier Plantation
Alfross House
Leigh's Plantation
Swinholm Farm
MILL LA
MEADOW LA
CHURCH LA
Four Acre Plantation
Green Lane Farm
B 5033
GREEN LA
Woodend
Norbury CE Prim Sch
LID LA
New House Farm
Roston
BAG LA
Roston Inn (PH)
THE HOLLOW
UNDERTOWN LA
Squashly Farm
PO
Highfields House
River Dove
Shield House Farm
The Shawleys
Hurd's Barn
NORTHFIELD AVE
CORONATION CRES
SWINSON CL
CHURCH LA
DOVE LA
Dove Fst Sch
Rocester
ABBEY RD
WEST VIEW
P
MILL ST
Valley View Walk
MILLBANK DR
RIVERSFIELD DR
DOVEFIELDS
Rocester Bridge
Longchimneys
Marston Park
Park Holme
White House
Marston Lodge
Marston Montgomery
Daisybank Farm
Alder Carrs
Staffordshire Way
Clowneholme Farm
Marstonbank Farm
Springfield House
Abbotsholme Sch
Thurvaston
CUBLEY LA
Monk's Clownholme
Barway Cottages
THURVASTON RD
Sedsall Rough
Marstonbrook Farm
Marston House Farm
WESTON BANK

95

98

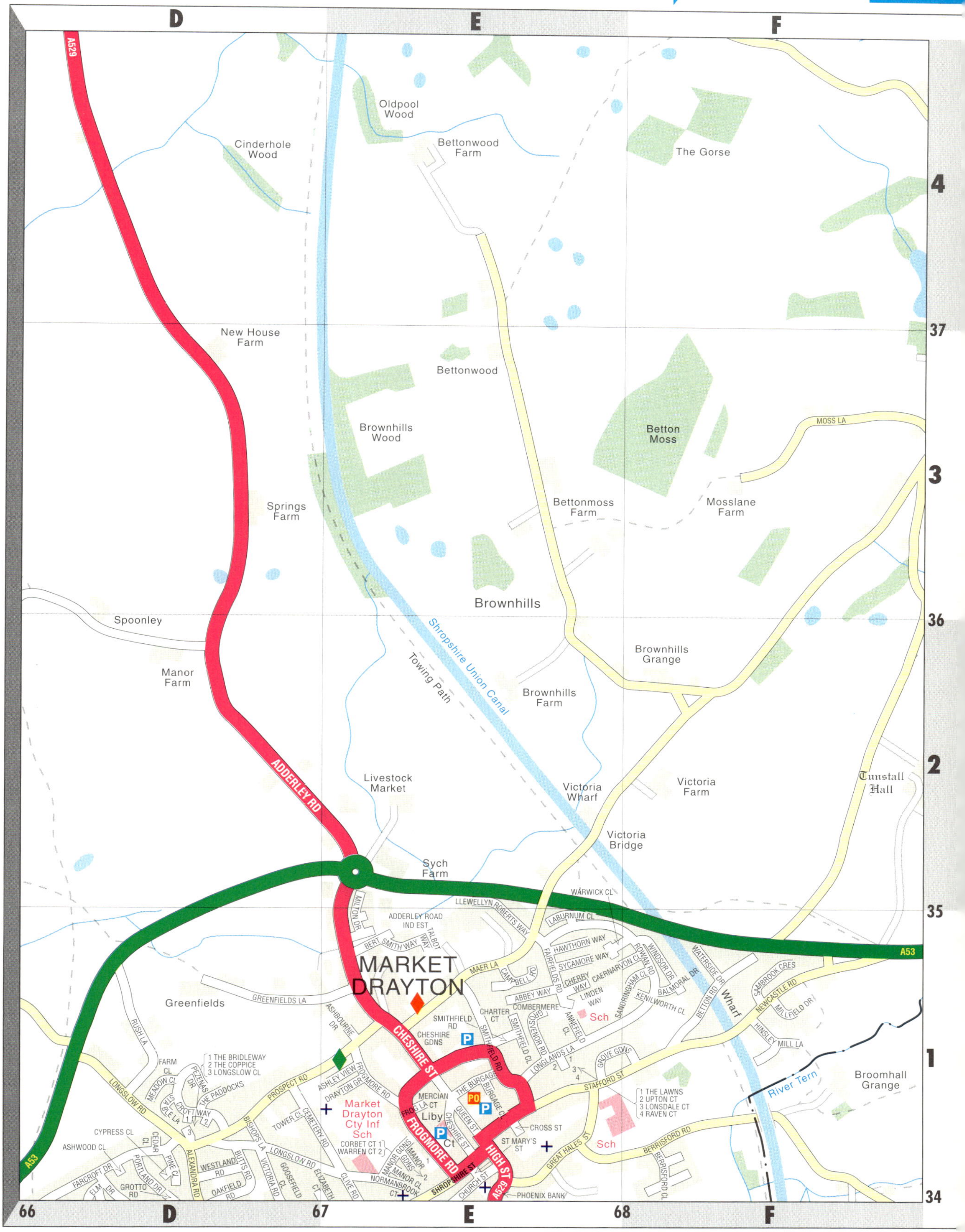

D
E
F
4
37
3
36
2
35
1
34
66
67
68
A529
Oldpool Wood
Cinderhole Wood
Bettonwood Farm
The Gorse
New House Farm
Bettonwood
Brownhills Wood
Betton Moss
MOSS LA
Springs Farm
Bettonmoss Farm
Mosslane Farm
Brownhills
Spoonley
Shropshire Union Canal
Towing Path
Manor Farm
Brownhills Grange
Brownhills Farm
ADDERLEY RD
Livestock Market
Victoria Wharf
Victoria Farm
Tunstall Hall
Victoria Bridge
Sych Farm
WARWICK CL
LLEWELLYN ROBERTS WAY
MILTON DR
ADDERLEY ROAD IND EST
LABURNUM CL
A53
MARKET DRAYTON
Greenfields
GREENFIELDS LA
MAER LA
HAWTHORN WAY
SYCAMORE WAY
CHERRY WAY
CAERNARVON CL
WINDSOR DR
BALMORAL DR
WATERSIDE DR
Wharf
SAMBROOK CRES
NEWCASTLE RD
MILLFIELD DR
HINSLEY MILL LA
KENILWORTH CL
SANDRINGHAM CL
BETTON RD
LINDEN WAY
ABBEY WAY
COMBERMERE
CHARTER CT
SMITHFIELD RD
CHESHIRE GDNS
CHESHIRE ST
ASHBOURNE DR
RUSH LA
Sch
LONGLANDS LA
GROVE GDNS
STAFFORD ST
1 THE LAWNS
2 UPTON CT
3 LONSDALE CT
4 RAVEN CT
River Tern
Broomhall Grange
1 THE BRIDLEWAY
2 THE COPPICE
3 LONGSLOW CL
FARM CL
MEADOW CL
THE PADDOCKS
CROFT WAY
LONGSLOW RD
PROSPECT RD
ASHLEY VIEW
DRAYTON GR
FROGMORE RD
Market Drayton Cty Inf Sch
MERCIAN CT
Liby
Ct
THE BURGAGE
PO
CROSS ST
ST MARY'S ST
GREAT HALES ST
BERRISFORD RD
BERRISFORD CL
CYPRESS CL
ASHWOOD CL
CEDAR CL
PINE CL
ALEXANDRA RD
WESTLAND RD
BUTTS RD
BISHOPS LA
TOWER CL
CEMETERY RD
LONGSLOW RD
CORBET CT
WARREN CT
MANOR GDNS
NORMANBROOK CT
SHROPSHIRE ST
HIGH ST
CHURCH ST
PHOENIX BANK
FARCROFT DR
ELM DR
GROTTO RD
PORTLAND DR
OAKFIELD RD
VICTORIA RD
GOOSEFIELD CL
ELIZABETH CT
CLIVE RD

112
98

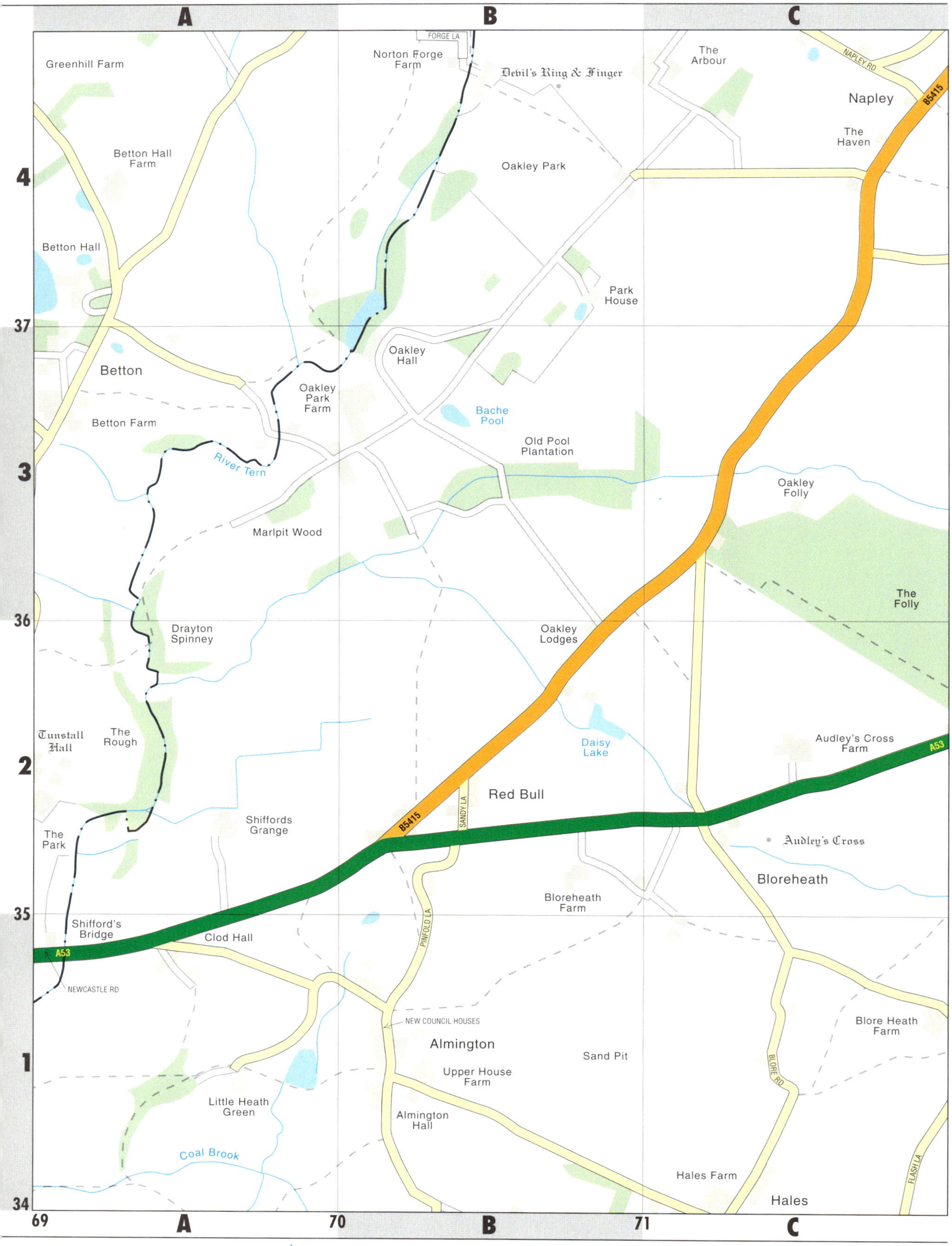
A
B
C
FORGE LA
Norton Forge Farm
Devil's Ring & Finger
The Arbour
NAPLEY RD
Napley
B5415
The Haven
Greenhill Farm
Betton Hall Farm
Oakley Park
Betton Hall
Park House
Oakley Hall
Betton
Oakley Park Farm
Betton Farm
Bache Pool
Old Pool Plantation
River Tern
Oakley Folly
Marlpit Wood
The Folly
Drayton Spinney
Oakley Lodges
Tunstall Hall
The Rough
Daisy Lake
Audley's Cross Farm
A53
Red Bull
SANDY LA
Shiffords Grange
The Park
Audley's Cross
Bloreheath
Bloreheath Farm
PINFOLD LA
Shifford's Bridge
Clod Hall
NEWCASTLE RD
NEW COUNCIL HOUSES
Almington
Blore Heath Farm
Sand Pit
Upper House Farm
BLORE RD
Little Heath Green
Almington Hall
Coal Brook
Hales Farm
FLASH LA
Hales
4
37
3
36
2
35
1
34
69
70
71

83
100
D
E
F
B5415
B5026
Buckley's Drumble
Cowleasow
Lordsley End Farm
Lordsley
Mucklestone
St Mary's CE Prim Sch
Rectory Farm
Beasley Bank
ROCK LA
The Forty Acres
Eccleshall Road Farm
White House Farm
ECCLESHALL RD
Copthorne Cottage
Tadgedale
MUCKLESTONE WOOD LA
GRAVELLY HILL
A53
MUCKLESTONE RD
NEWCASTLE RD
Ashley Heath
The Folly
Loggerheads
Wickeytree
MARKET DRAYTON RD
PO
Inn
Rowney Farm
The Hugo Meynell CE Prim Sch
Mast
Westfields Farm
OAKLEY FOLLY
Hookgate
Oaklands Farm
ECCLESHALL RD
CHAPEL LA
LOWER RD
Blore
Parkhill Farm
B5026
Blore Farm
PARK LA
FLASH LA
Parkhill Cottage
Burnt Wood
4
37
3
36
2
35
1
34
72
73
74
114
100

99
84

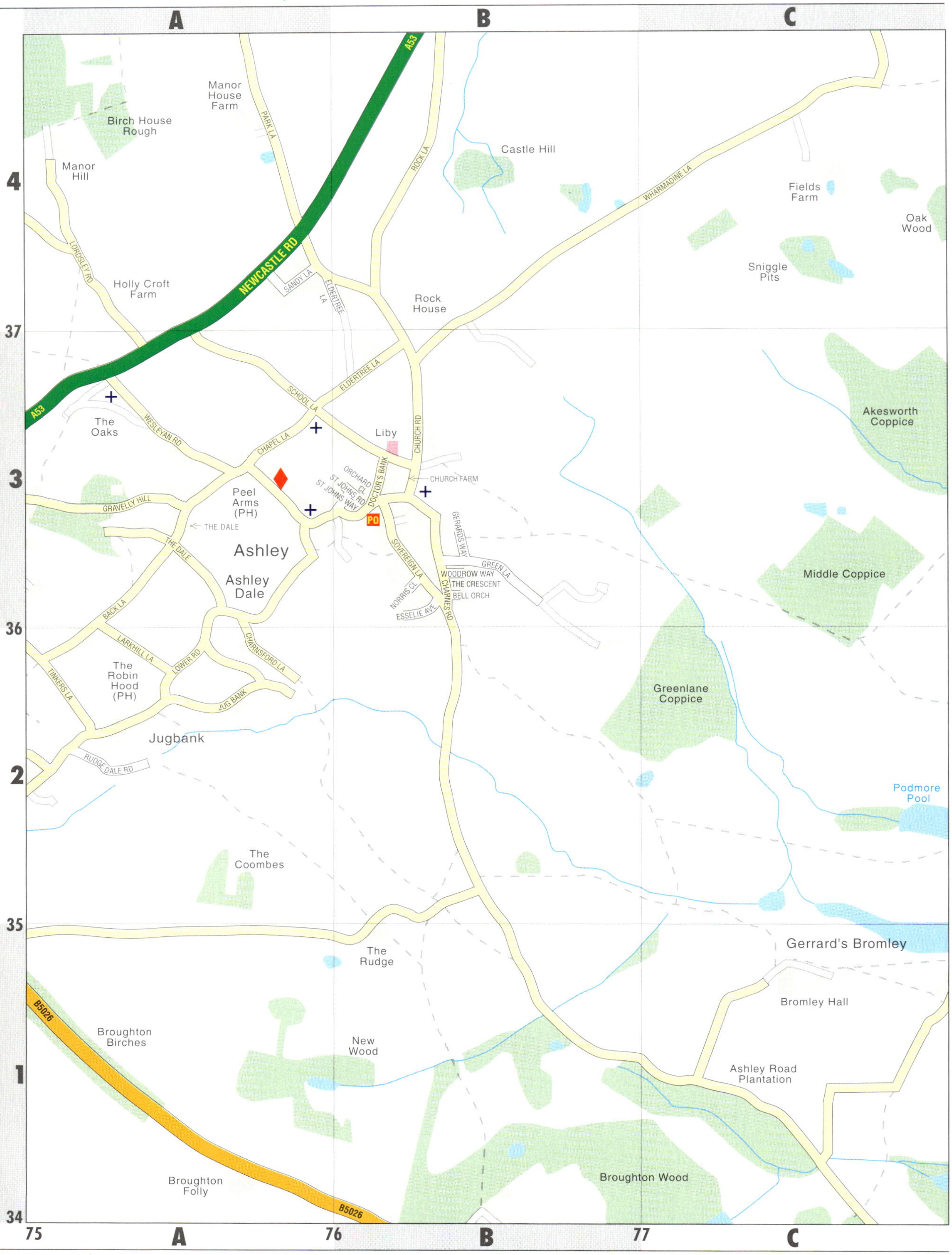
A
B
C
4
37
3
36
2
35
1
34
75
76
77
Manor House Farm
Birch House Rough
Manor Hill
Castle Hill
Fields Farm
Oak Wood
Sniggle Pits
Holly Croft Farm
Rock House
NEWCASTLE RD
A53
PARK LA
ROCK LA
WHARMADINE LA
LORDSLEY RD
SANDY LA
ELDERTREE LA
SCHOOL LA
WESLEYAN RD
The Oaks
CHAPEL LA
Liby
CHURCH RD
CHURCH FARM
ORCHARD CL
ST JOHNS RD
ST JOHNS WAY
DOCTOR'S BANK
Peel Arms (PH)
THE DALE
GRAVELLY HILL
Ashley
Ashley Dale
PO
GERARDS WAY
GREEN LA
WOODROW WAY
THE CRESCENT
BELL ORCH
SOVEREIGN LA
NORRIS CL
ESSELIE AVE
CHARNES RD
Akesworth Coppice
Middle Coppice
BACK LA
LARKHILL LA
CHARNSFORD LA
LOWER RD
The Robin Hood (PH)
TINKERS LA
JUG BANK
Jugbank
RUDGE DALE RD
Greenlane Coppice
Podmore Pool
The Coombes
The Rudge
Gerrard's Bromley
Bromley Hall
B5026
Broughton Birches
New Wood
Ashley Road Plantation
Broughton Folly
Broughton Wood

99
115

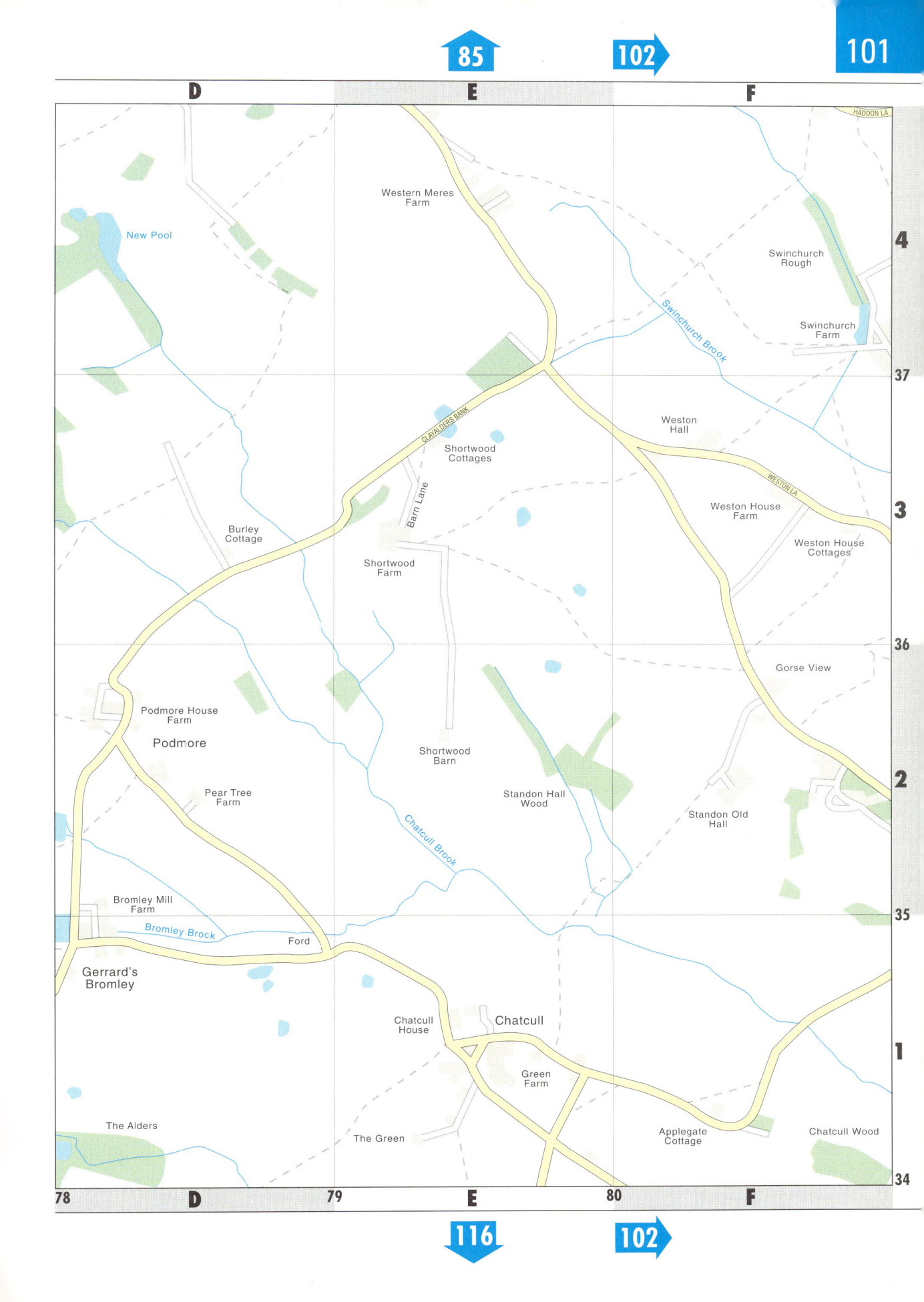

102

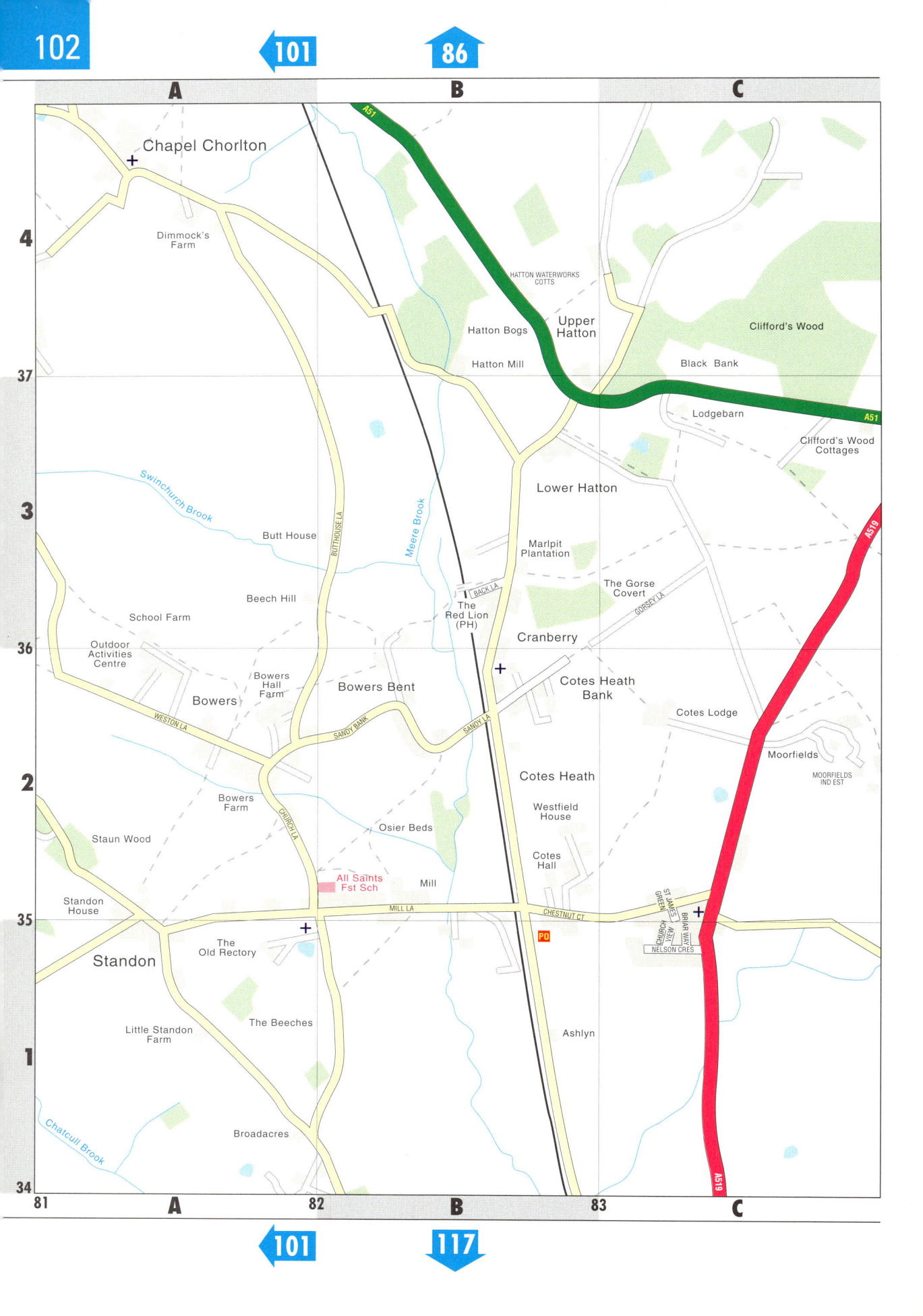

← 101 ↑ 86

A | B | C

4
Chapel Chorlton
Dimmock's Farm

37
Hatton Waterworks Cotts
Hatton Bogs
Upper Hatton
Hatton Mill
Clifford's Wood
Black Bank
Lodgebarn
Clifford's Wood Cottages

3
Swinchurch Brook
Butt House
BUTTHOUSE LA
Meere Brook
Lower Hatton
Marlpit Plantation
The Gorse Covert
GORSEY LA

36
Beech Hill
School Farm
Outdoor Activities Centre
Bowers Hall Farm
Bowers Bent
BACK LA
The Red Lion (PH)
Cranberry
Cotes Heath Bank
Cotes Lodge
Bowers
WESTON LA
SANDY BANK
SANDY LA
Moorfields
MOORFIELDS IND EST

2
Bowers Farm
Staun Wood
CHURCH LA
Osier Beds
Cotes Heath
Westfield House
Cotes Hall
Standon House
All Saints Fst Sch
Mill
ST JAMES GREEN
BRIAR WAY
HORNCK
NELSON CRES

35
Standon
The Old Rectory
MILL LA
CHESTNUT CT
PO

1
Little Standon Farm
The Beeches
Ashlyn

34
Chatcull Brook
Broadacres

81 | 82 | 83

A | B | C

↓ 101 ↓ 117

87
104
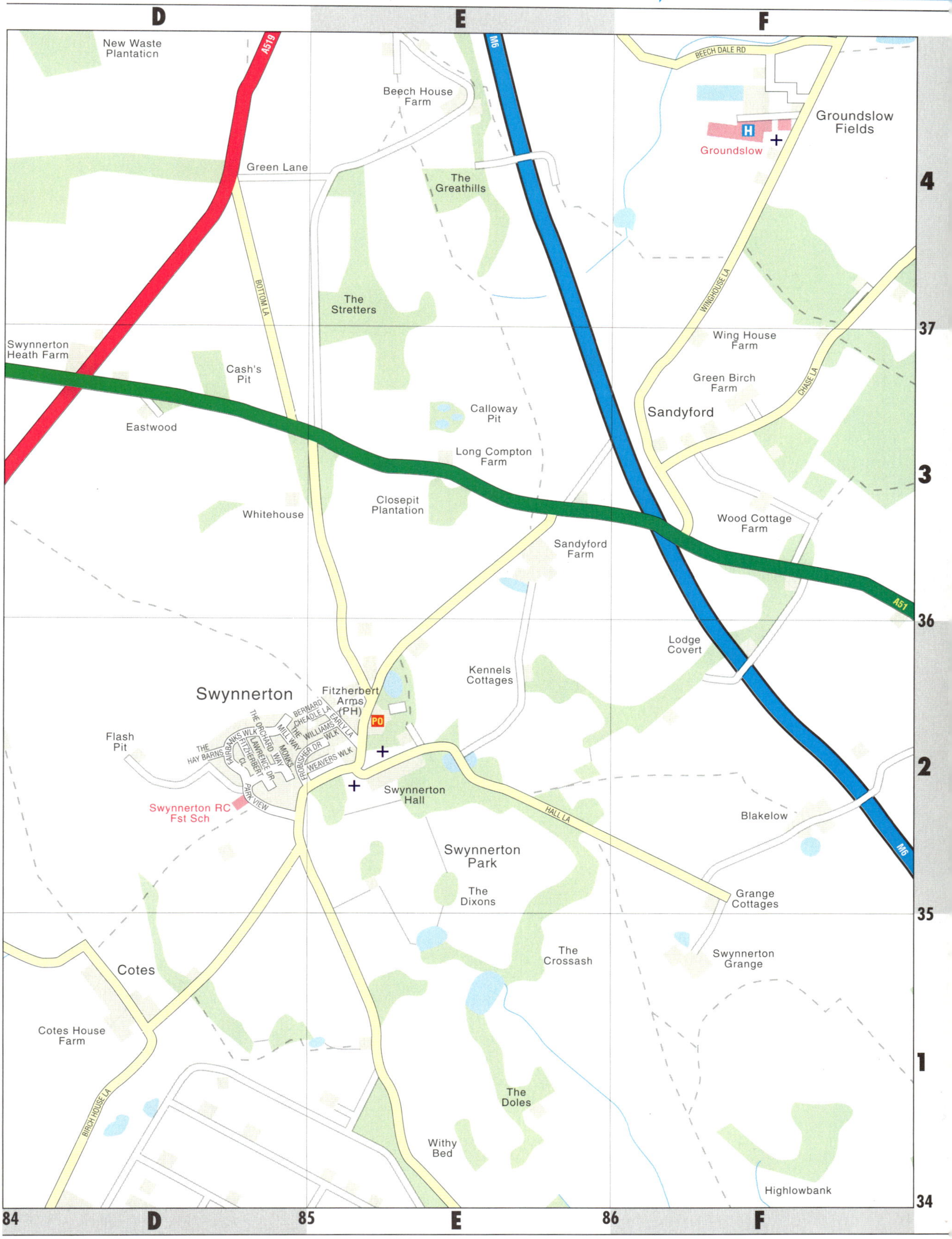

118
104

103
88

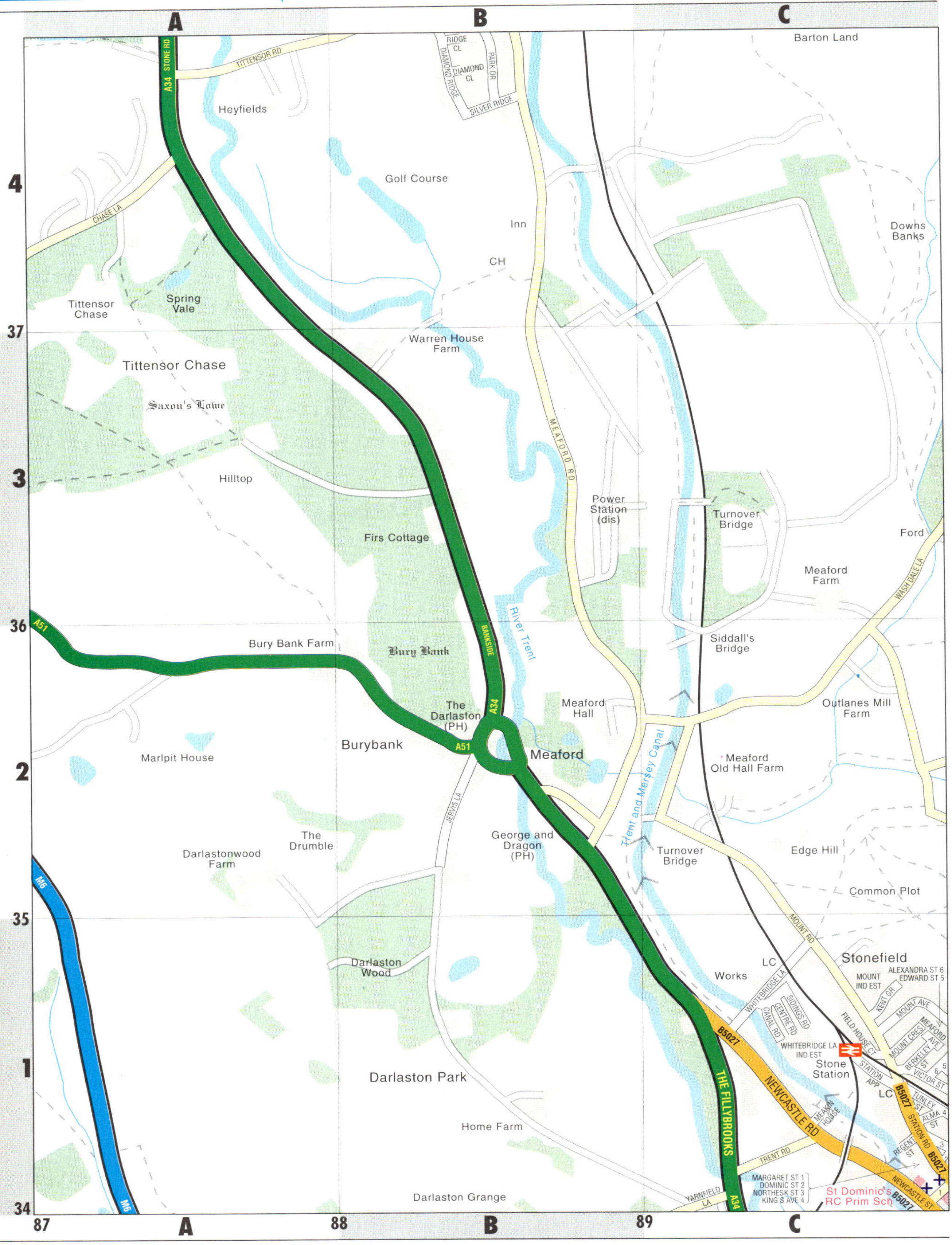

103
119

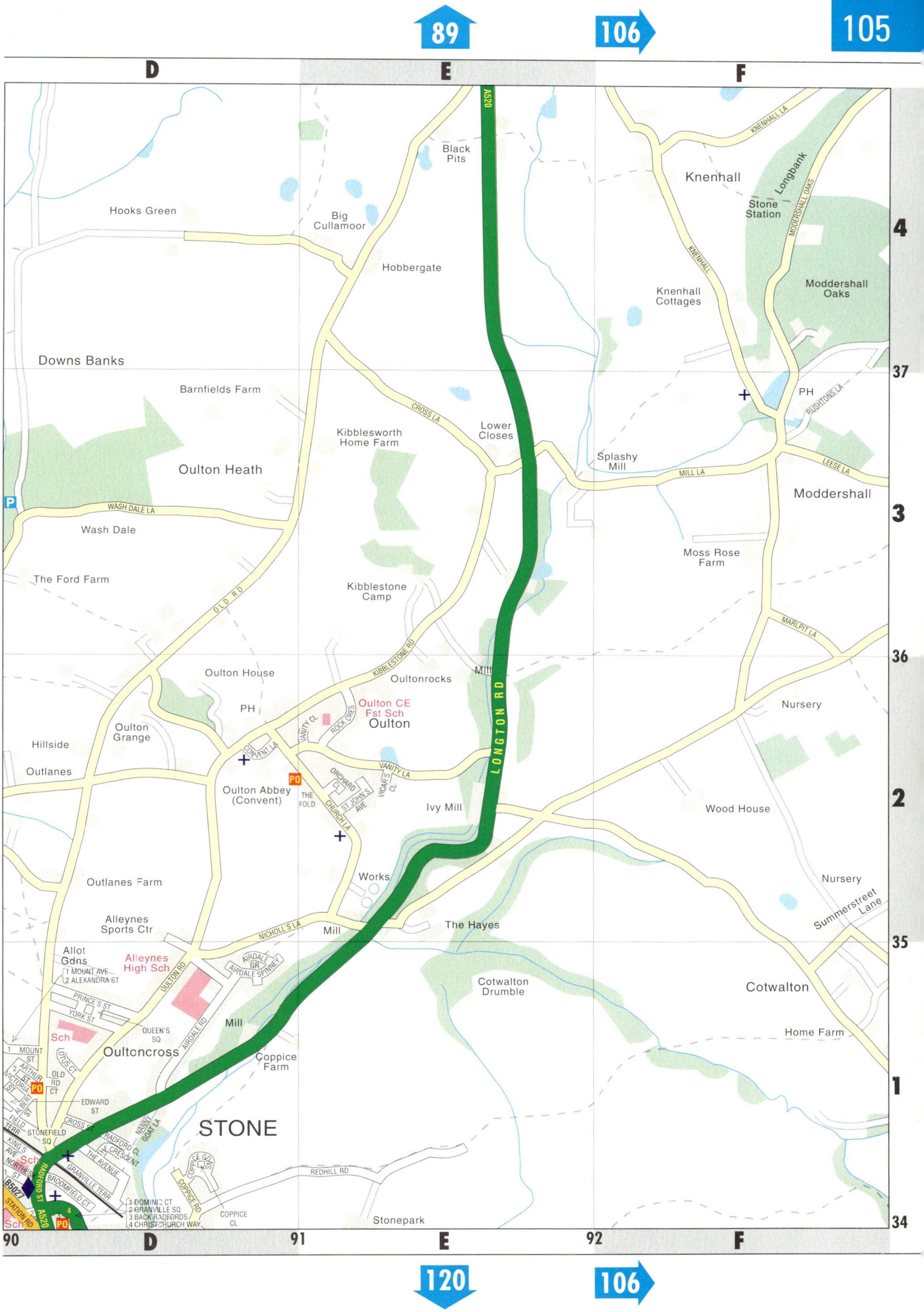
89
106
D
E
F
A520
Black Pits
Hooks Green
Big Cullamoor
Knenhall
Longbank
Stone Station
MODDERSHALL OAKS
KNENHALL LA
KNENHALL
Hobbergate
Knenhall Cottages
Moddershall Oaks
Downs Banks
Barnfields Farm
PH
RUSHTONS LA
CROSS LA
Kibblesworth Home Farm
Lower Closes
Splashy Mill
MILL LA
LEESE LA
Oulton Heath
Moddershall
P
WASH DALE LA
Wash Dale
Moss Rose Farm
The Ford Farm
Kibblestone Camp
OLD RD
MARLPIT LA
KIBBLESTONE RD
Oulton House
Oultonrocks
Mill
Nursery
Oulton CE Fst Sch
PH
Oulton
VANITY CL
ROCK CRES
Hillside
Oulton Grange
CONVENT LA
LONGTON RD
Outlanes
VANITY LA
PO
ORCHARD CL
VICAR'S CL
Oulton Abbey (Convent)
THE FOLD
ST JOHN'S AVE
CHURCH LA
Ivy Mill
Wood House
Outlanes Farm
Works
Nursery
Summerstreet Lane
Alleyness Sports Ctr
NICHOLL'S LA
Mill
The Hayes
Allot Gdns
Alleynes High Sch
AIRDALE GR
AIRDALE SPINNEY
1 MOUNT AVE
2 ALEXANDRA ST
OULTON RD
Cotwalton Drumble
Cotwalton
PRINCE'S ST
YORK ST
Mill
QUEEN'S SQ
AIRDALE RD
Home Farm
Sch
Oultoncross
Coppice Farm
MOUNT ST
ARTHUR ST
LOTUS CT
VICTORIA ST
PO
OLD RD CT
ALBERT ST
EDWARD ST
STONEFIELD SQ
CROSS ST
NANNY GOAT LA
STONE
FIELD TERR
RADFORD CL
THE CRESCENT
KING'S AVE
Sch
NORTHESK ST
THE AVENUE
GRANVILLE TERR
COPPICE GDNS
B5027
RADFORD ST
A520
BROOMFIELD CT
REDHILL RD
COPPICE RD
STATION RD
Sch
PO
1 DOMINIC CT
2 GRANVILLE SQ
3 BACK RADFORDS
4 CHRISTCHURCH WAY
COPPICE CL
Stonepark
4
37
3
36
2
35
1
34
90
91
92
120
106

Map Page

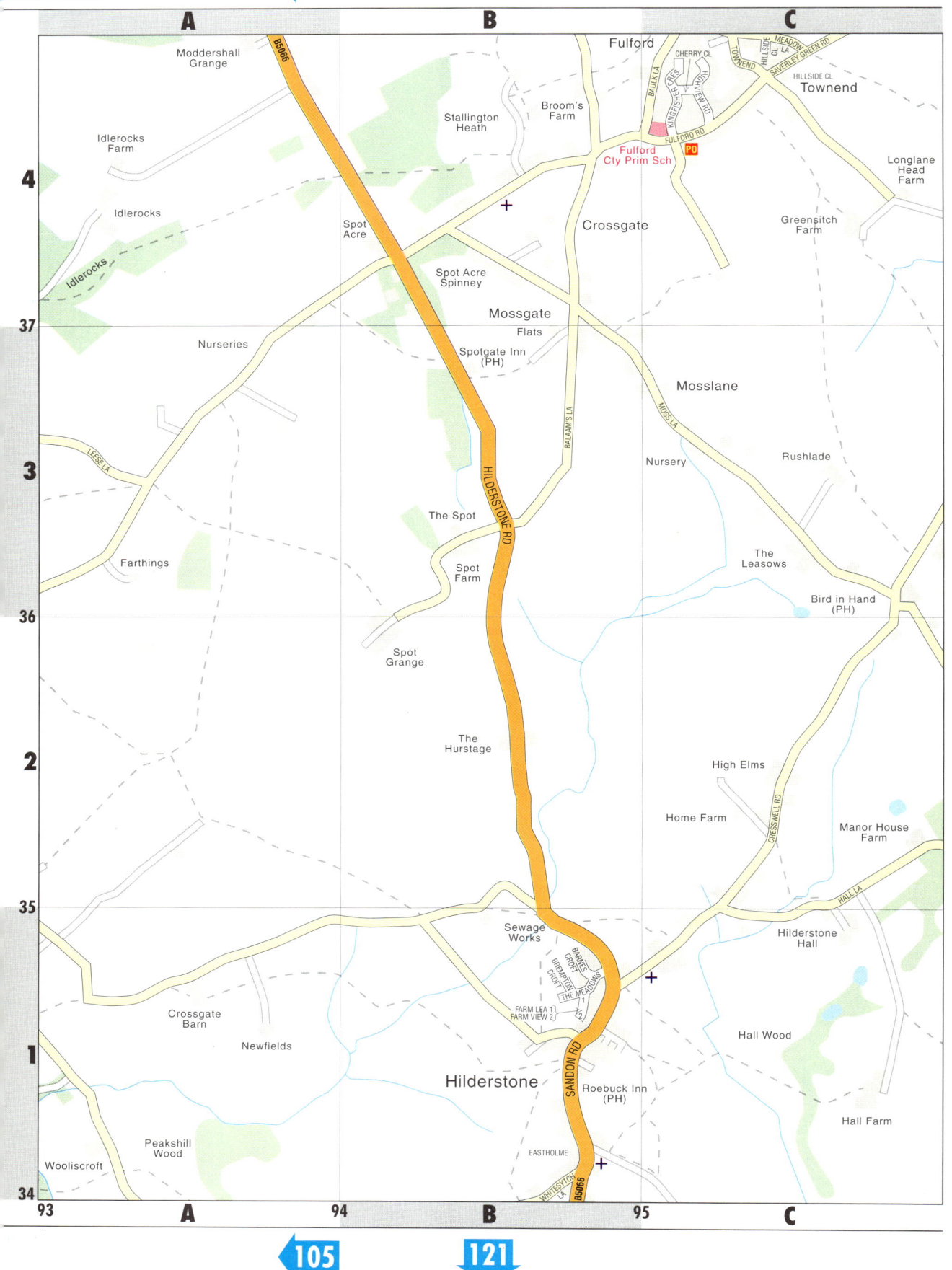

Grid references (top): 106 | ←105 | ↑90

Columns: A | B | C

Row 4:
- Moddershall Grange
- Idlerocks Farm
- Idlerocks
- Idlerocks
- B5066
- Stallington Heath
- Spot Acre
- Fulford
- Broom's Farm
- CHERRY CL
- BAULK LA
- KINGFISHER CRES
- HANSON RD
- TOWNEND
- HILLSIDE MEADOW
- SAVERLEY GREEN RD
- HILLSIDE CL
- Townend
- Fulford Rd
- Fulford Cty Prim Sch
- PO
- Longlane Head Farm
- Crossgate
- Greensitch Farm

Row 37 / 3:
- Spot Acre Spinney
- Mossgate
- Flats
- Nurseries
- Spotgate Inn (PH)
- Mosslane
- LEESE LA
- BALAAM'S LA
- MOSS LA
- HILDERSTONE RD
- Nursery
- Rushlade
- The Spot
- Farthings
- Spot Farm
- The Leasows
- Bird in Hand (PH)

Row 36 / 2:
- Spot Grange
- The Hurstage
- High Elms
- Home Farm
- CRESSWELL RD
- Manor House Farm

Row 35 / 1:
- HALL LA
- Crossgate Barn
- Newfields
- Sewage Works
- BARNES CROFT
- BREMPTON CROFT
- THE MEADOWS
- FARM LEA 1
- FARM VIEW 2
- Hilderstone Hall
- Hall Wood
- Hilderstone
- SANDON RD
- Roebuck Inn (PH)
- Hall Farm
- Peakshill Wood
- Wooliscroft
- EASTHOLME
- WHITESYTCH LA
- B5066

Row 34:
- 93 | A | 94 | B | 95 | C
- ←105 | ↓121

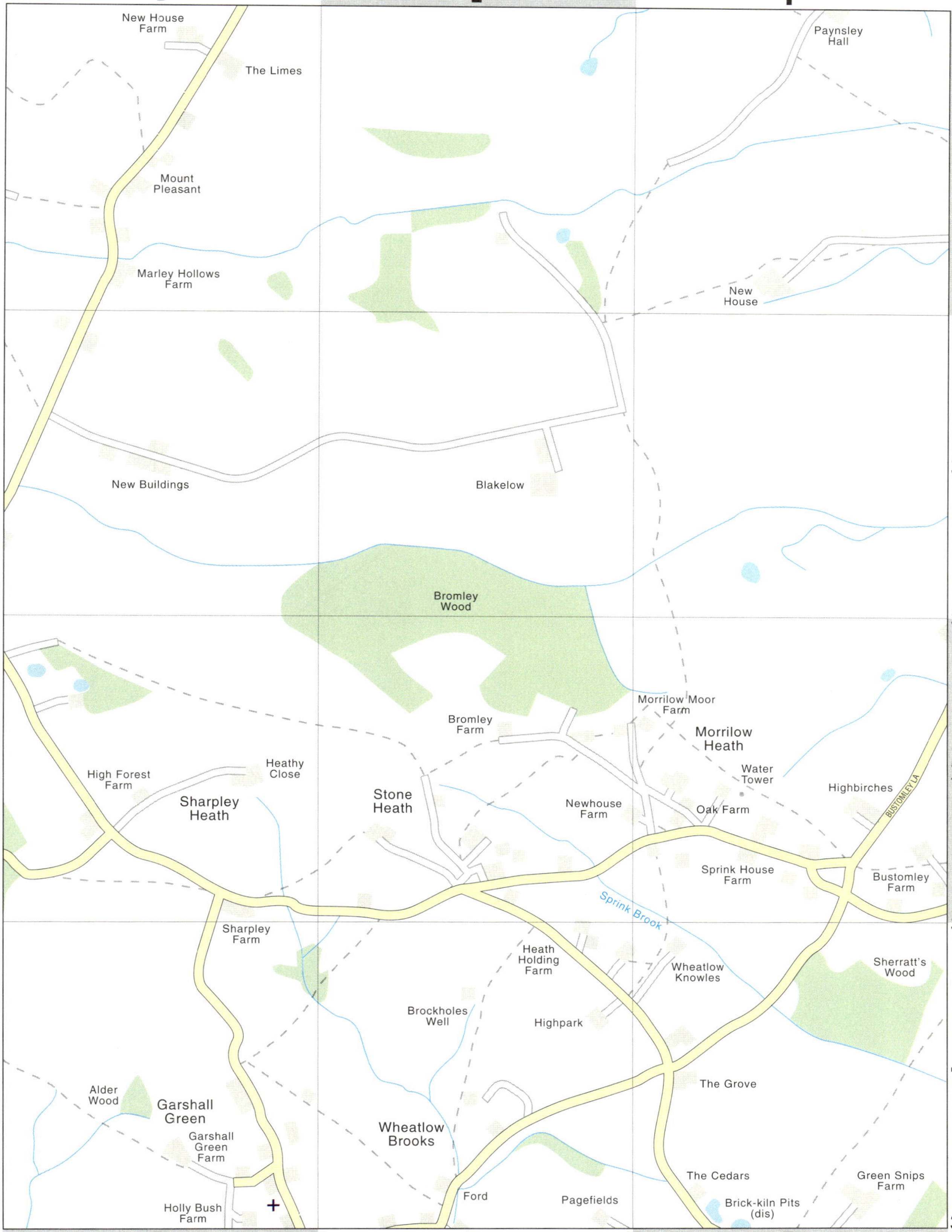
D
E
F
New House Farm
The Limes
Paynsley Hall
Mount Pleasant
Marley Hollows Farm
New House
4
37
New Buildings
Blakelow
3
Bromley Wood
36
Morrilow Moor Farm
Bromley Farm
Morrilow Heath
Heathy Close
High Forest Farm
Sharpley Heath
Stone Heath
Water Tower
Highbirches
BUSTOMLEY LA
2
Newhouse Farm
Oak Farm
Sprink House Farm
Bustomley Farm
Sprink Brook
35
Sharpley Farm
Heath Holding Farm
Wheatlow Knowles
Sherratt's Wood
Brockholes Well
Highpark
1
The Grove
Alder Wood
Garshall Green
Garshall Green Farm
Wheatlow Brooks
The Cedars
Green Snips Farm
Holly Bush Farm
Ford
Pagefields
Brick-kiln Pits (dis)
34
96
D
97
E
98
F

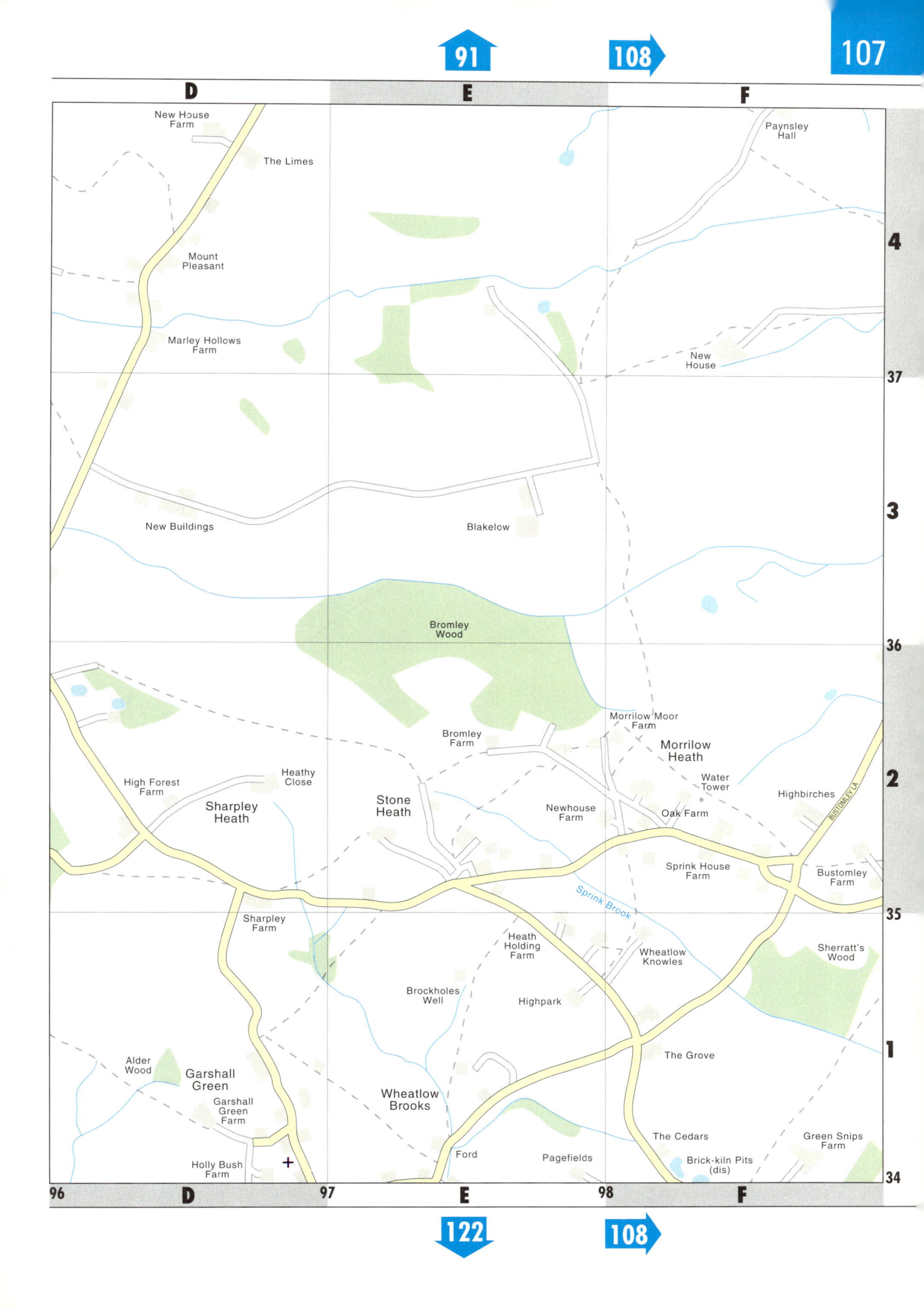

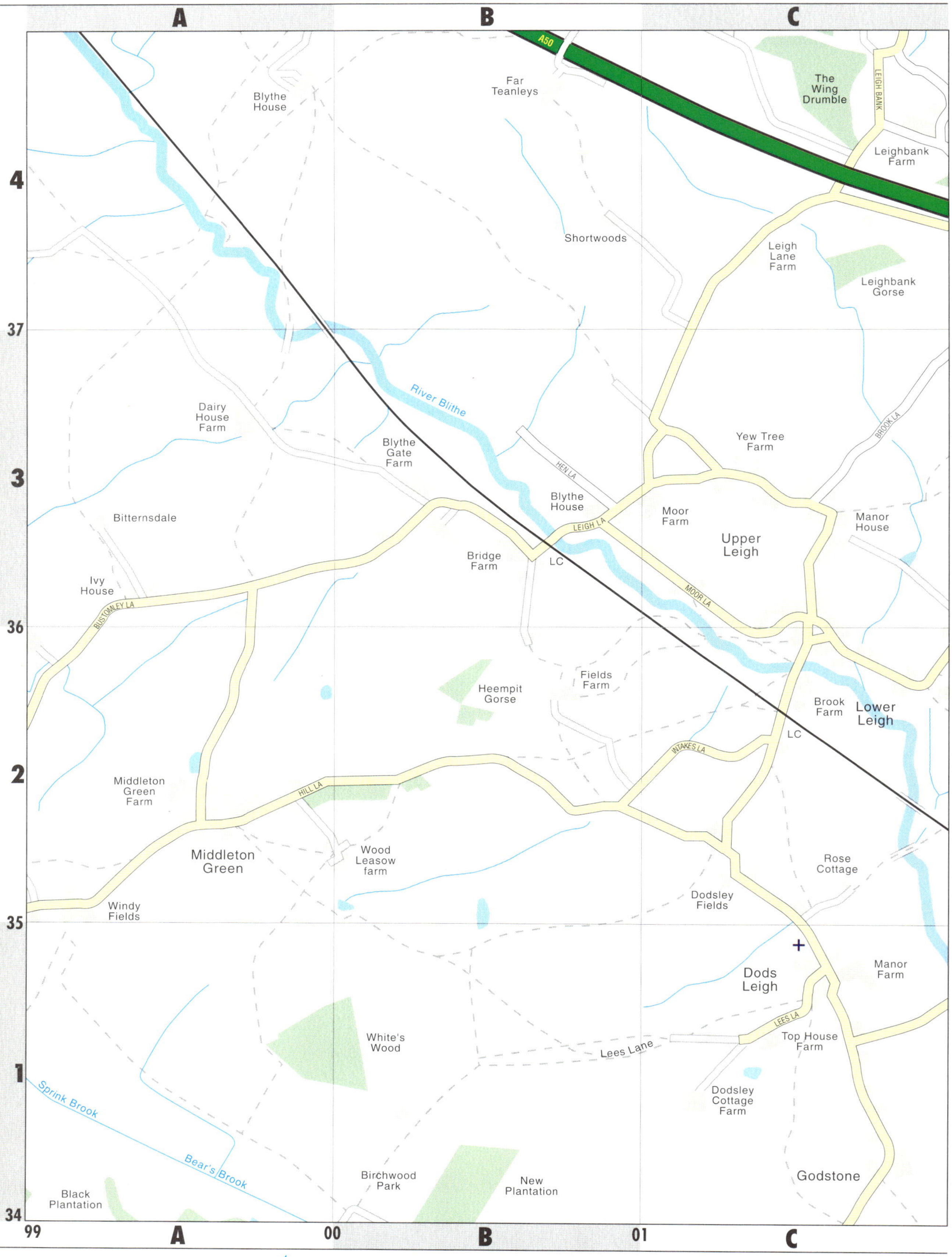
A
B
C
4
3
2
1
37
36
35
34
99
00
01
A50
Far Teanleys
Blythe House
The Wing Drumble
LEIGH BANK
Leighbank Farm
Shortwoods
Leigh Lane Farm
Leighbank Gorse
River Blithe
Dairy House Farm
Blythe Gate Farm
Yew Tree Farm
BROOK LA
HEN LA
Bitternsdale
Blythe House
LEIGH LA
Moor Farm
Upper Leigh
Manor House
Bridge Farm
LC
MOOR LA
Ivy House
BUSTOMLEY LA
Fields Farm
Heempit Gorse
Brook Farm
Lower Leigh
LC
INTAKES LA
HILL LA
Middleton Green Farm
Middleton Green
Wood Leasow farm
Rose Cottage
Dodsley Fields
Windy Fields
Dods Leigh
Manor Farm
LEES LA
White's Wood
Lees Lane
Top House Farm
Dodsley Cottage Farm
Sprink Brook
Bear's Brook
Black Plantation
Birchwood Park
New Plantation
Godstone
99
A
00
B
01
C

93
110

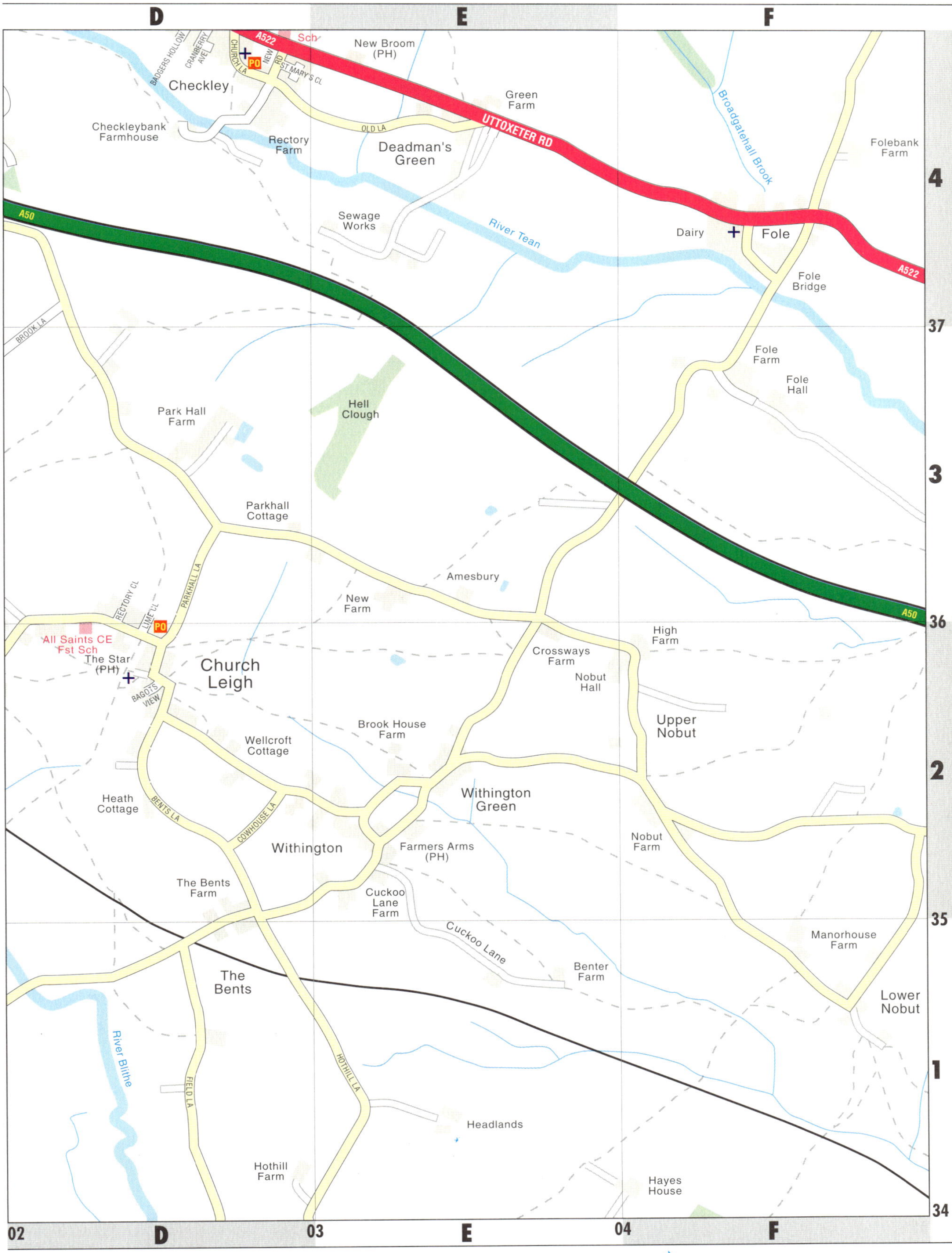

124
110

109
94

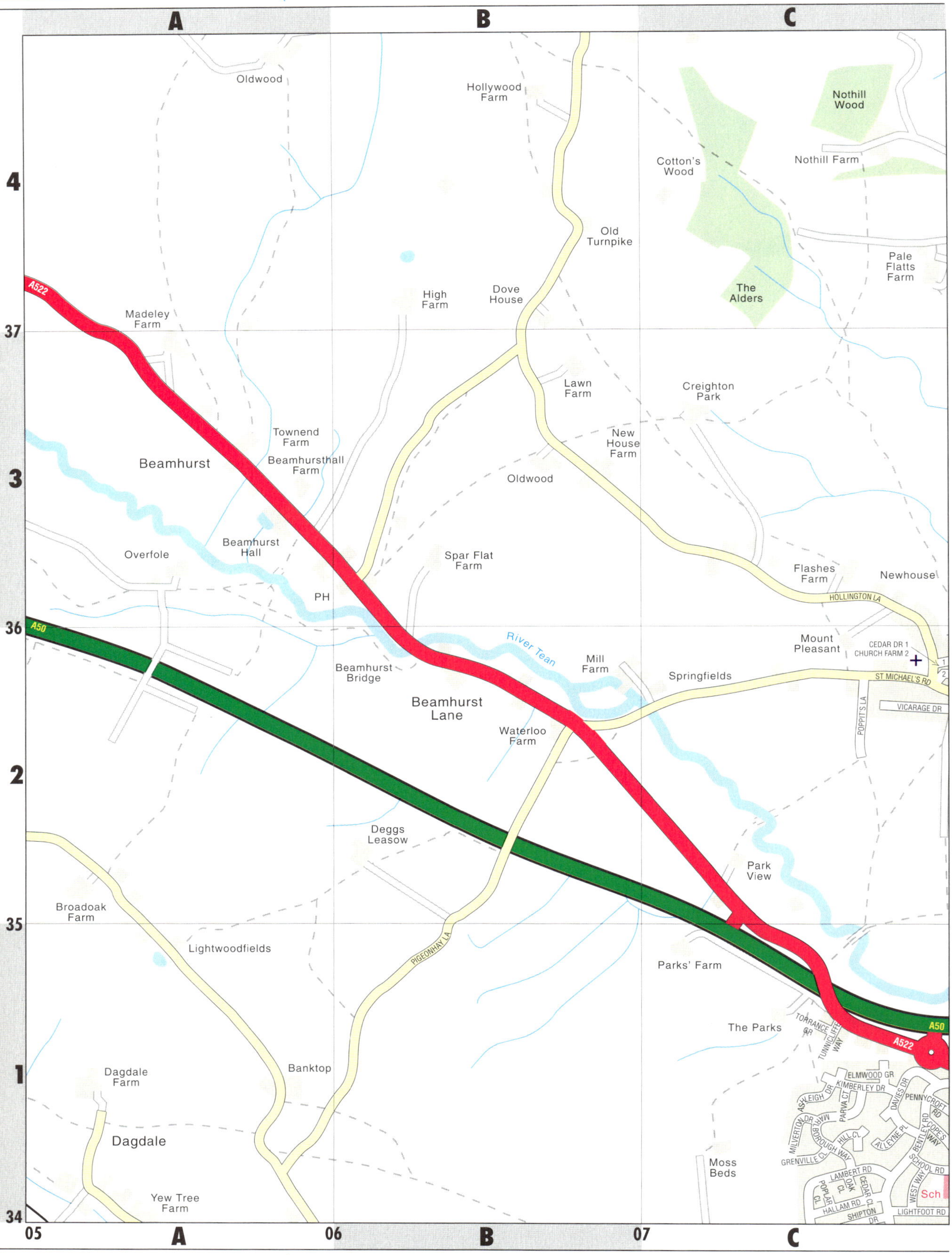

109
125

95

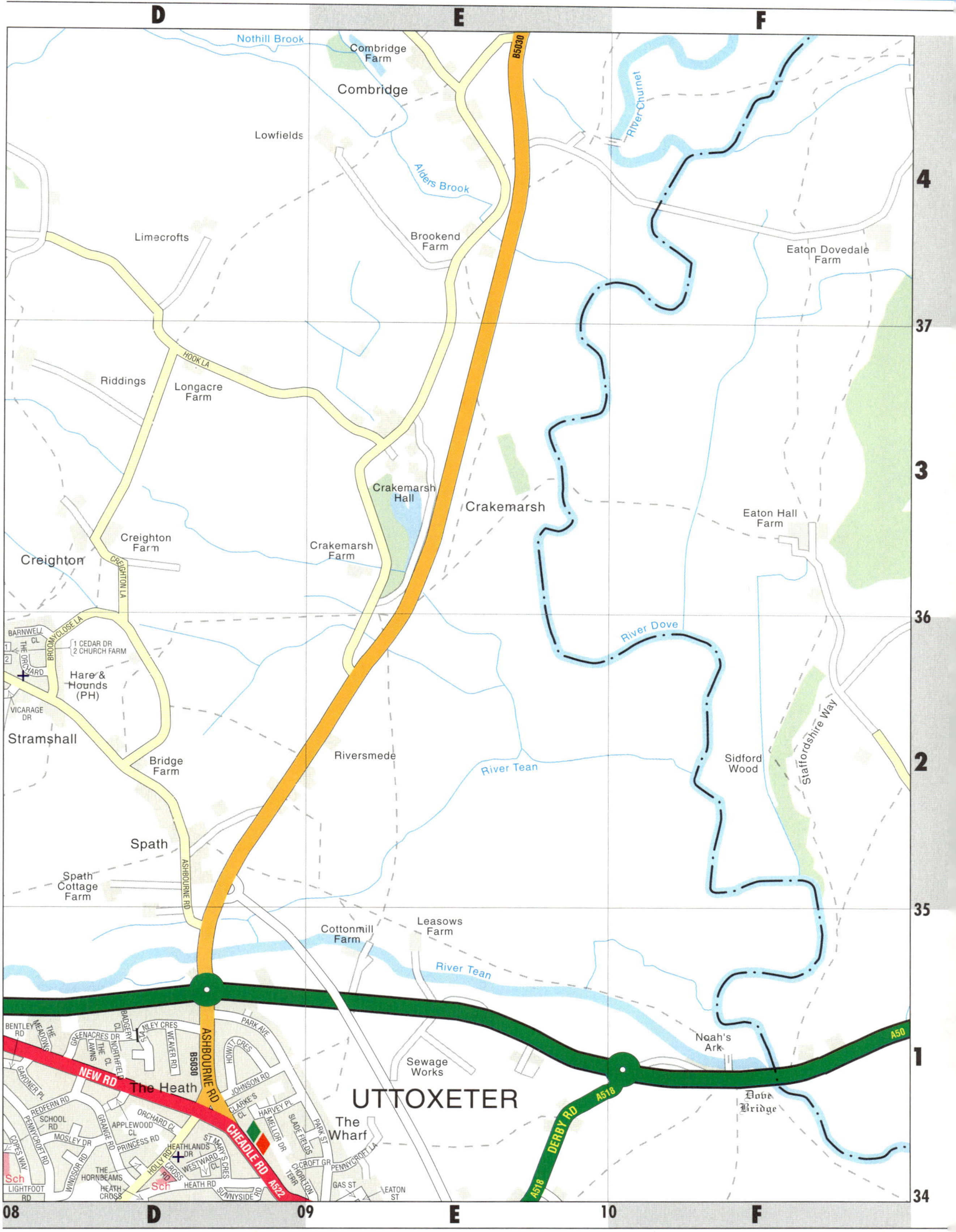
D
E
F
Nothill Brook
Combridge Farm
Combridge
Lowfields
Alders Brook
River Churnet
B5030
Limecrofts
Brookend Farm
Eaton Dovedale Farm
HOOK LA
Riddings
Longacre Farm
Crakemarsh Hall
Crakemarsh
Creighton Farm
Crakemarsh Farm
Eaton Hall Farm
Creighton
CREIGHTON LA
BARNWELL CL
BROOMYCLOSE LA
1 CEDAR DR
2 CHURCH FARM
THE ORCHARD
Hare & Hounds (PH)
VICARAGE DR
Stramshall
River Dove
Sidford Wood
Staffordshire Way
Bridge Farm
Riversmede
River Tean
Spath
ASHBOURNE RD
Spath Cottage Farm
Cottonmill Farm
Leasows Farm
River Tean
BENTLEY RD
THE MEADOWS
GREENACRES DR
LAWNS
THE CL
NORTHFIELD
BADGERY CL
PARK AVE
WEAVER RD
B5030
ASHBOURNE RD
HOWITT CRES
Noah's Ark
A50
Sewage Works
NEW RD
The Heath
JOHNSON RD
CLARKE'S CL
HARVEY PL
UTTOXETER
A518
DERBY RD
Dove Bridge
GARDNER PL
REDFERN RD
SCHOOL RD
PENNYCROFT RD
ORCHARD CL
APPLEWOOD CL
MELLOR DR
SLADE FIELDS
PARK ST
The Wharf
MOSLEY DR
GRANGE RD
PRINCESS RD
HEATHLANDS DR
ST MARY'S CRES
CHEADLE RD
COPES WAY
WINDSOR RD
HOLLY RD
CROSS RD
WESTWARD CL
CROFT GR
PENNYCROFT LA
THE HORNBEAMS
A522
CHORLTON TERR
Sch
LIGHTFOOT RD
HEATH CROSS
Sch
HEATH RD
SUNNYSIDE RD
GAS ST
EATON ST
A518
4
37
3
36
2
35
1
34
08
09
10

126

112

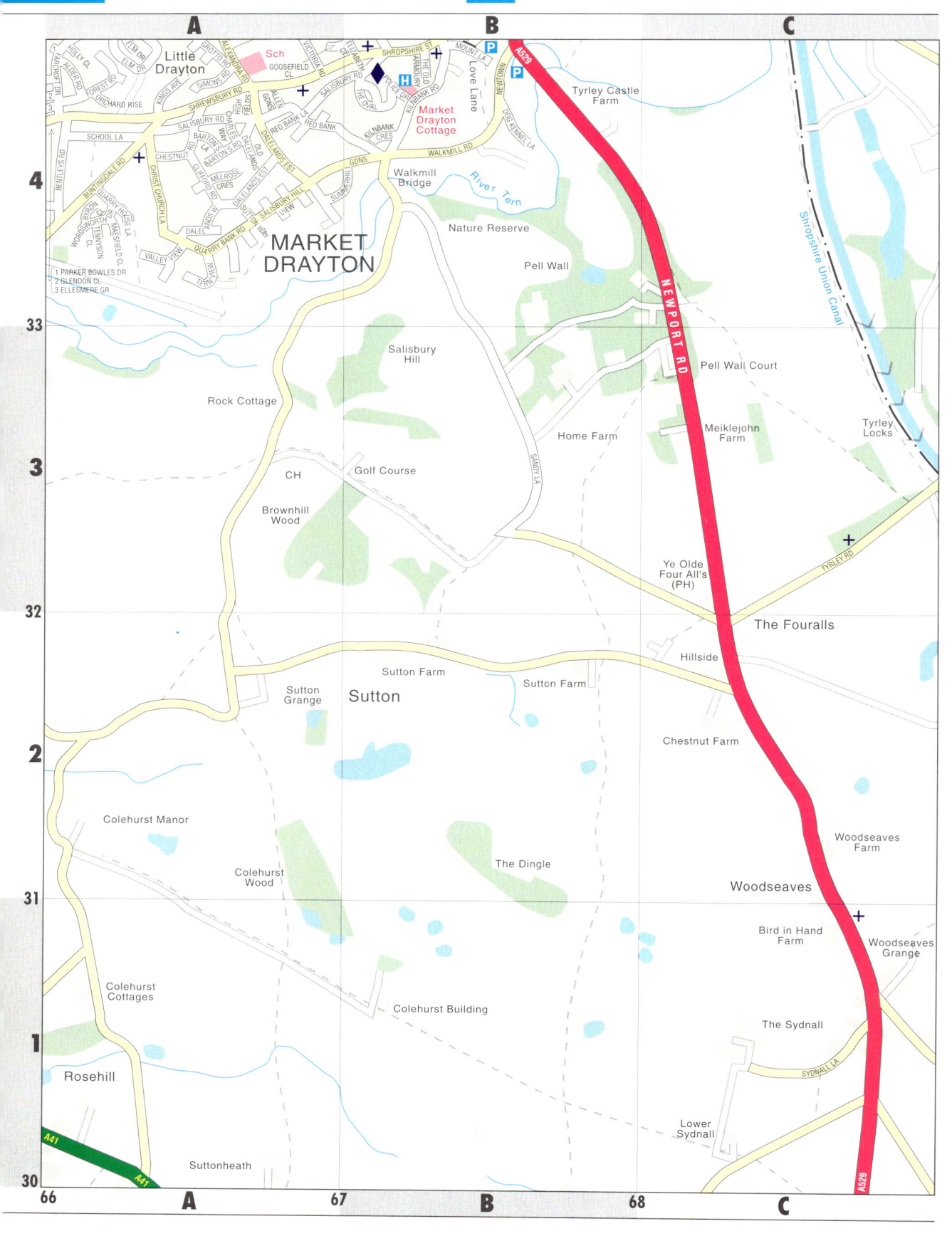

97

Little Drayton

MARKET DRAYTON

Market Drayton Cottage

Walkmill Bridge

River Tern

Nature Reserve

Pell Wall

Tyrley Castle Farm

Shropshire Union Canal

Salisbury Hill

Rock Cottage

Pell Wall Court

Meiklejohn Farm

Tyrley Locks

CH

Golf Course

Brownhill Wood

Home Farm

Ye Olde Four All's (PH)

The Fouralls

Hillside

Sutton Grange

Sutton

Sutton Farm

Sutton Farm

Chestnut Farm

Colehurst Manor

The Dingle

Woodseaves Farm

Woodseaves

Colehurst Wood

Bird in Hand Farm

Woodseaves Grange

Colehurst Cottages

Colehurst Building

The Sydnall

Rosehill

Sydnall La

Lower Sydnall

Suttonheath

A41

A529

Newport Rd

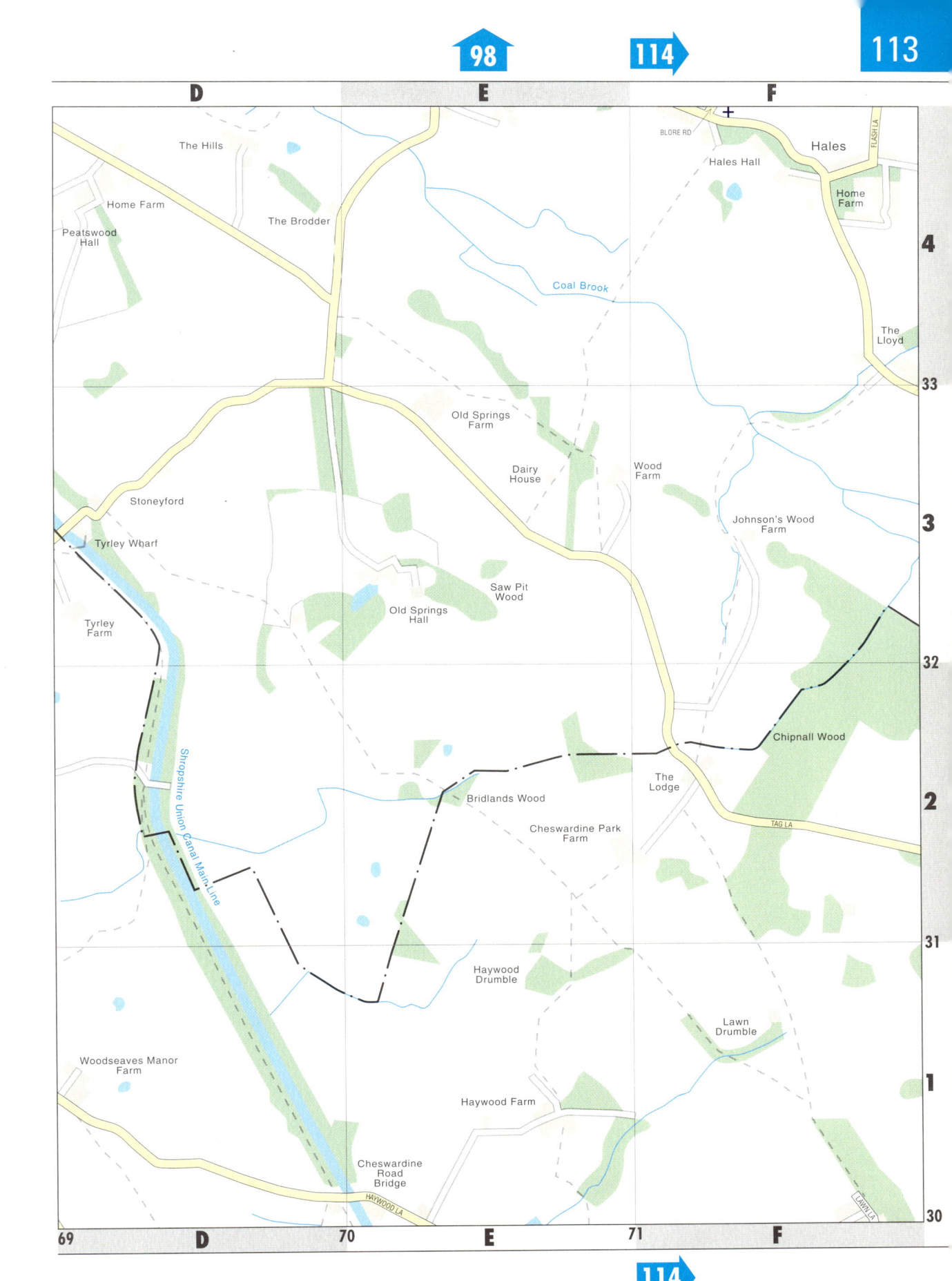

113
99

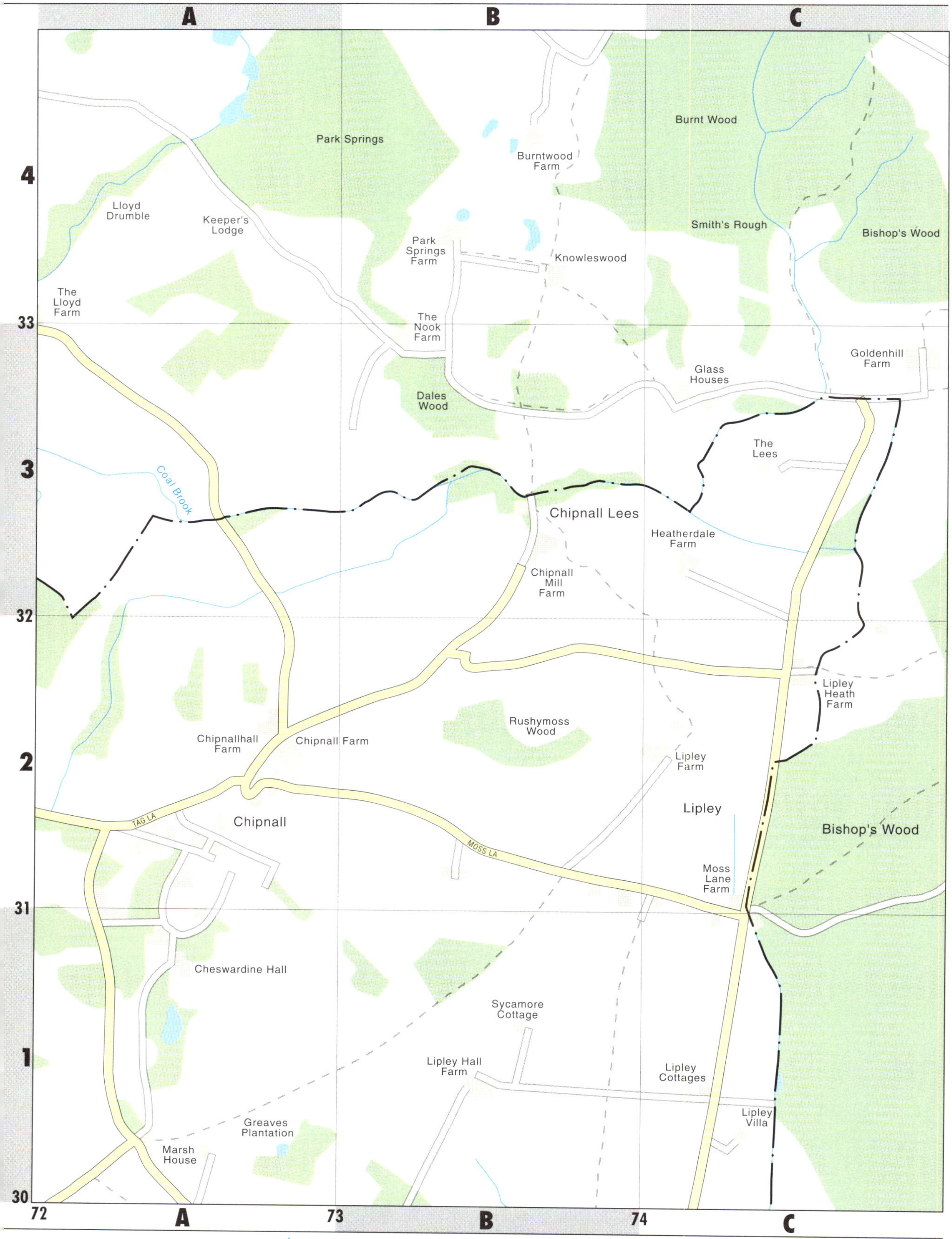

113
130

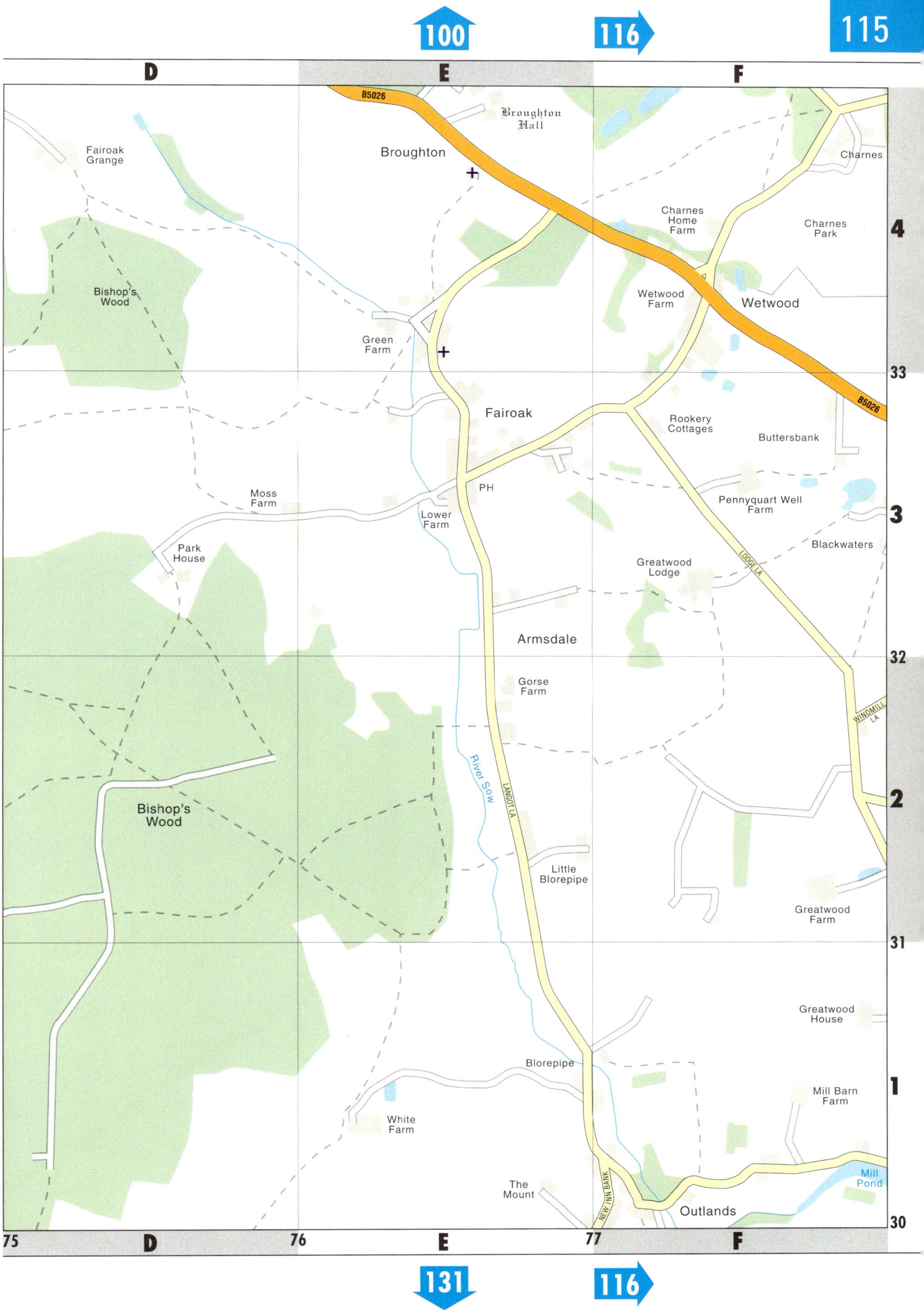
100
116
D
E
F
B5026
Broughton Hall
Fairoak Grange
Broughton
Charnes
4
Charnes Home Farm
Charnes Park
Bishop's Wood
Wetwood Farm
Wetwood
Green Farm
33
Fairoak
B5026
Rookery Cottages
Buttersbank
PH
Moss Farm
Lower Farm
Pennyquart Well Farm
3
Park House
Blackwaters
Greatwood Lodge
LODGE LA
Armsdale
32
Gorse Farm
WINDMILL LA
River Sow
LANGOT LA
2
Bishop's Wood
Little Blorepipe
Greatwood Farm
31
Greatwood House
Blorepipe
1
Mill Barn Farm
White Farm
NEW INN BANK
Mill Pond
The Mount
Outlands
30
75
76
77
D
E
F
131
116

115
101

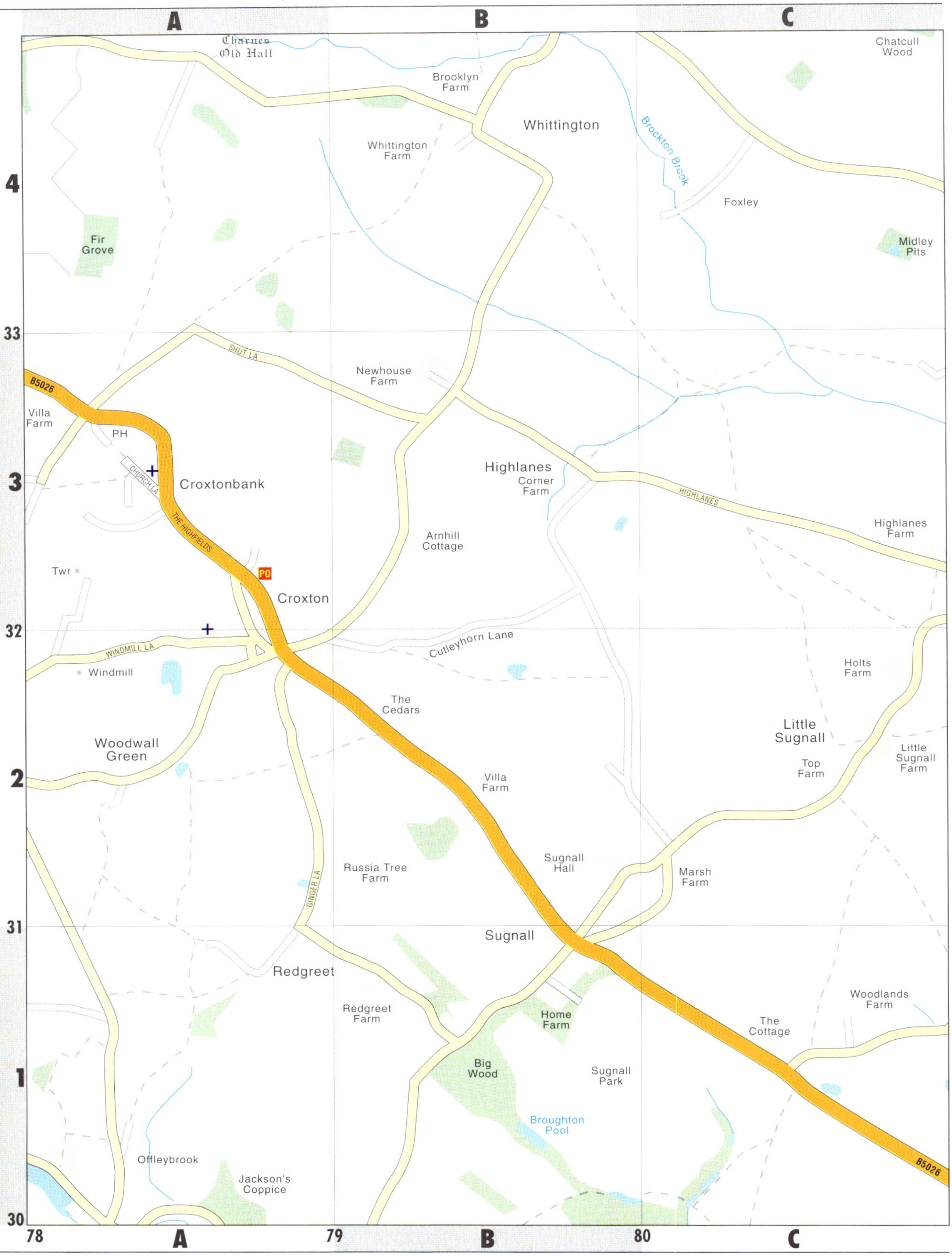

115
132

102
118

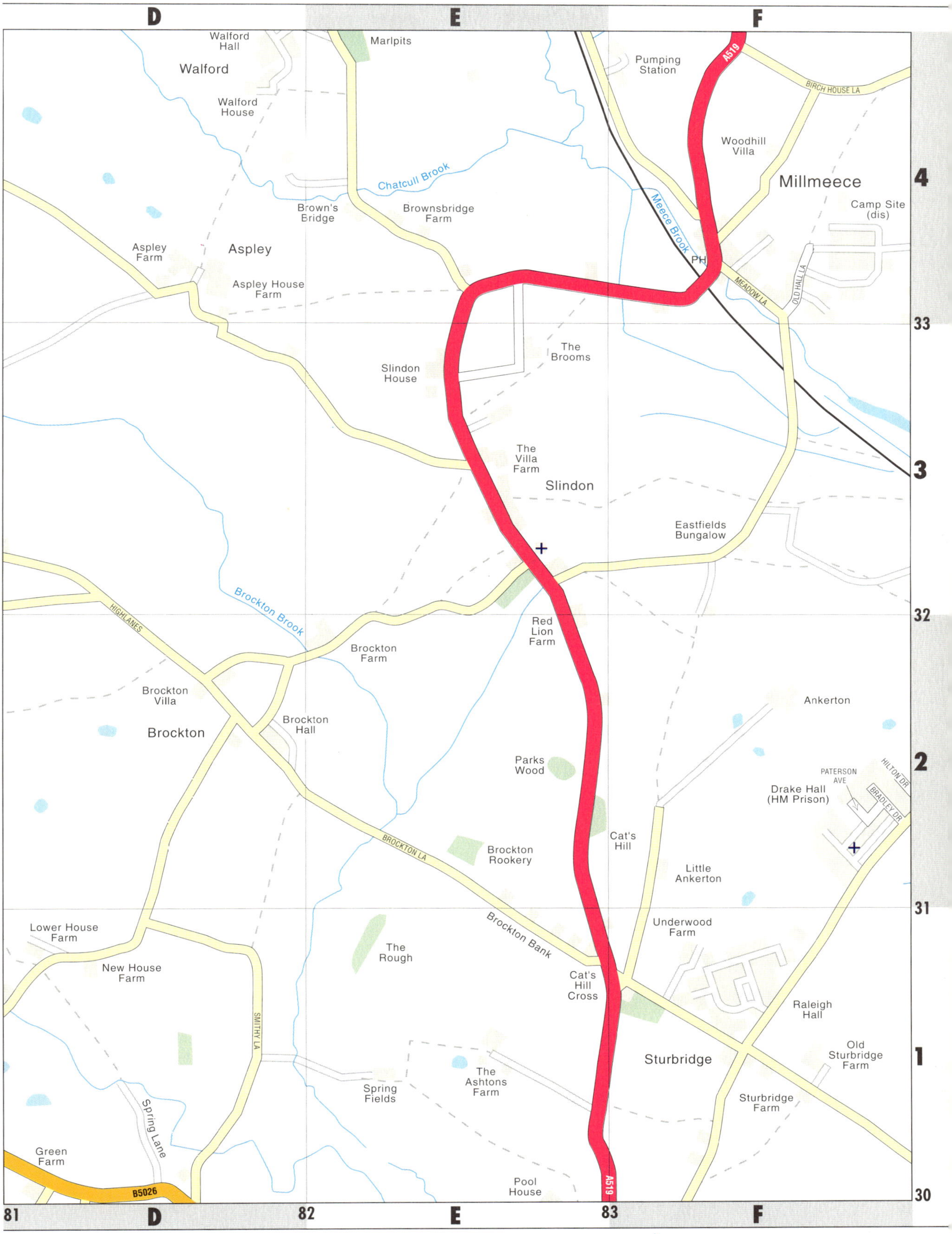

133
118

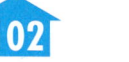

117
103

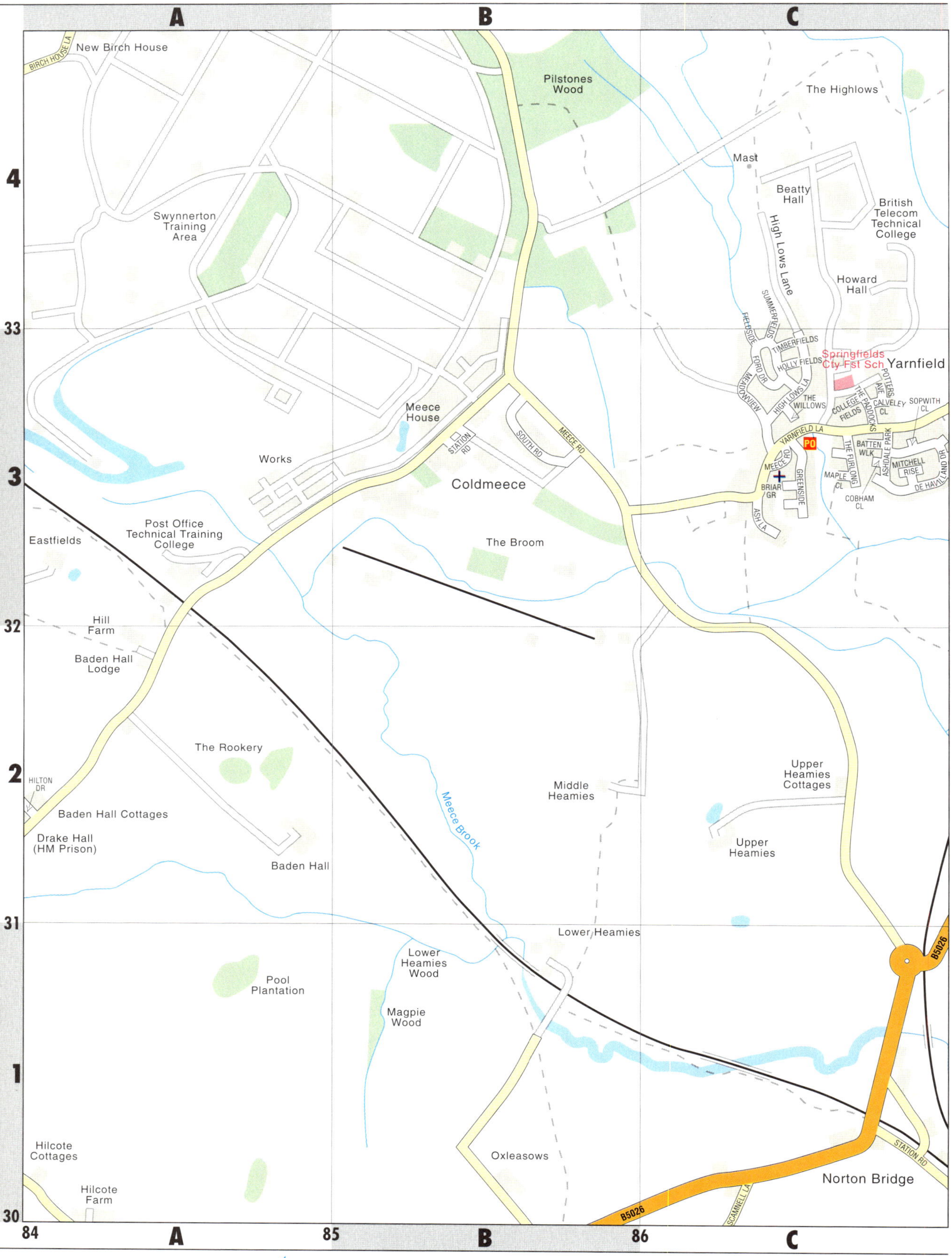

117
134

119

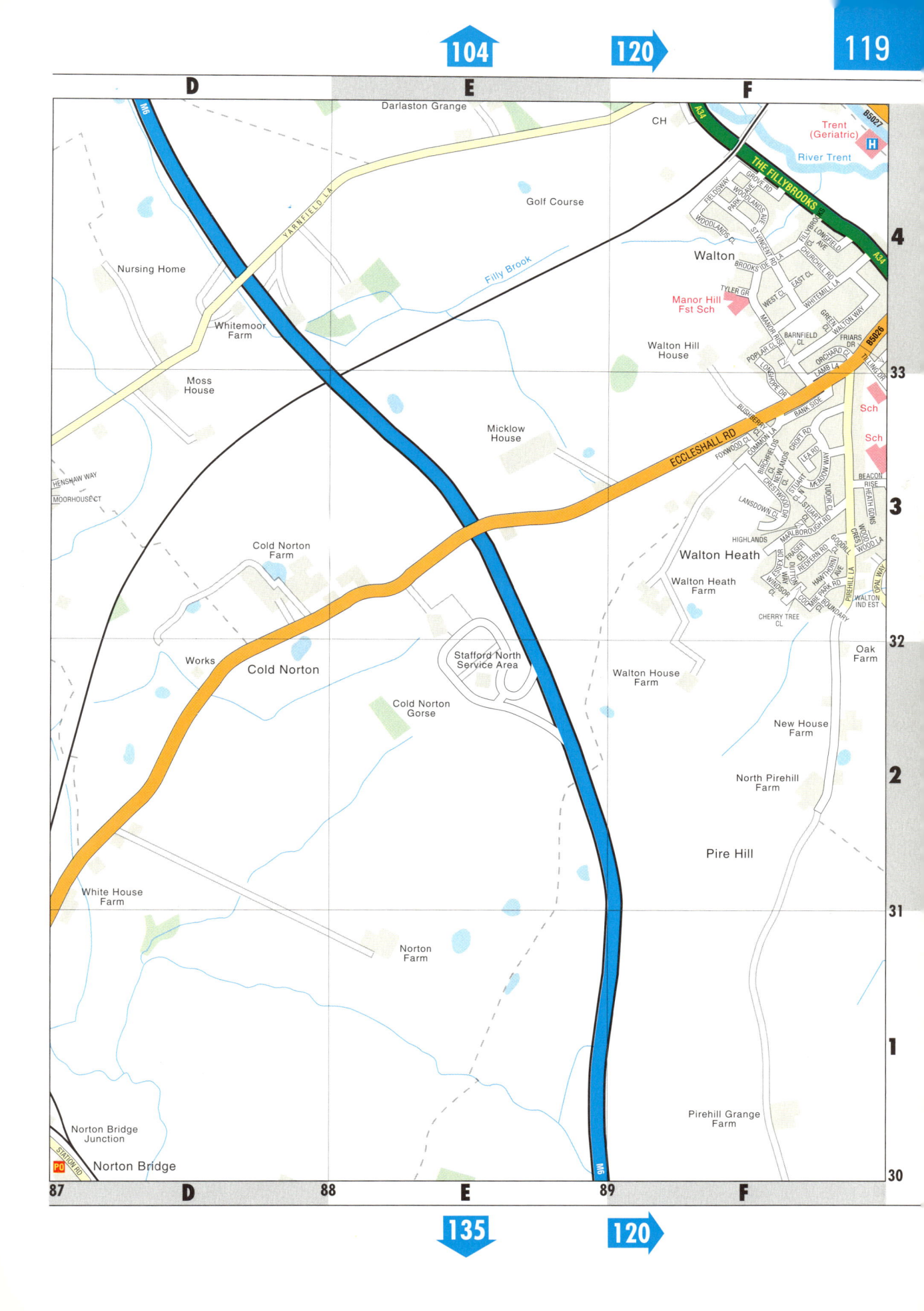

- 104 ↑
- 120 →
- 135 ↓
- 120 →

Grid references (top to bottom, left to right)

Row 4:
- Darlaston Grange
- CH
- Trent (Geriatric) H
- River Trent
- THE FILLYBROOKS
- A34 / B5027
- Golf Course
- Walton
- Nursing Home
- YARNFIELD LA
- Filly Brook
- Manor Hill Fst Sch
- Whitemoor Farm

Row 33:
- Moss House
- Walton Hill House
- B5026
- Sch

Row 3:
- Micklow House
- ECCLESHALL RD
- HENSHAW WAY
- MOORHOUSE CT
- Sch
- Walton Heath
- Walton Heath Farm
- Cold Norton Farm
- CHERRY TREE CL
- WALTON IND EST

Row 32:
- Works
- Cold Norton
- Stafford North Service Area
- Walton House Farm
- Oak Farm

Row 2:
- Cold Norton Gorse
- New House Farm
- North Pirehill Farm
- Pire Hill

Row 31:
- White House Farm

Row 1:
- Norton Farm
- Pirehill Grange Farm

Row 30:
- Norton Bridge Junction
- STATION RD
- PO
- Norton Bridge
- M6

Columns: **D 87** — **88** — **E** — **89** — **F**

119
105

STONE
Liby
CROWN ST
STAFFORD RD
Sports Ctr
Walton Bridge
LICHFIELD RD
Andre Mills Bridge
St Michael's CE Fst Sch
UTTOXETER RD
Little Stoke
Astonlodge Farm
Lodge Plantation
Sewage Works
Hotel
Cemy
Forge Farm
Aston Bridge
Trent and Mersey Canal
River Trent
The Orange Hayes
Redhouse Farm
Aston Hall
Aston-By-Stone
Carr House Bridge
Carr House
Aston Hall Farm
Field House Farm
PH
Crown Inn La
Iron Bridge
Pirehill House (Fire and Rescue HQ)
Mast
Pirehill Cottages
Astonhill Farm
Wood Farm
Birch Farm
WALTON IND EST
STONE BSNS PK
BUTTERHILL BANK A51

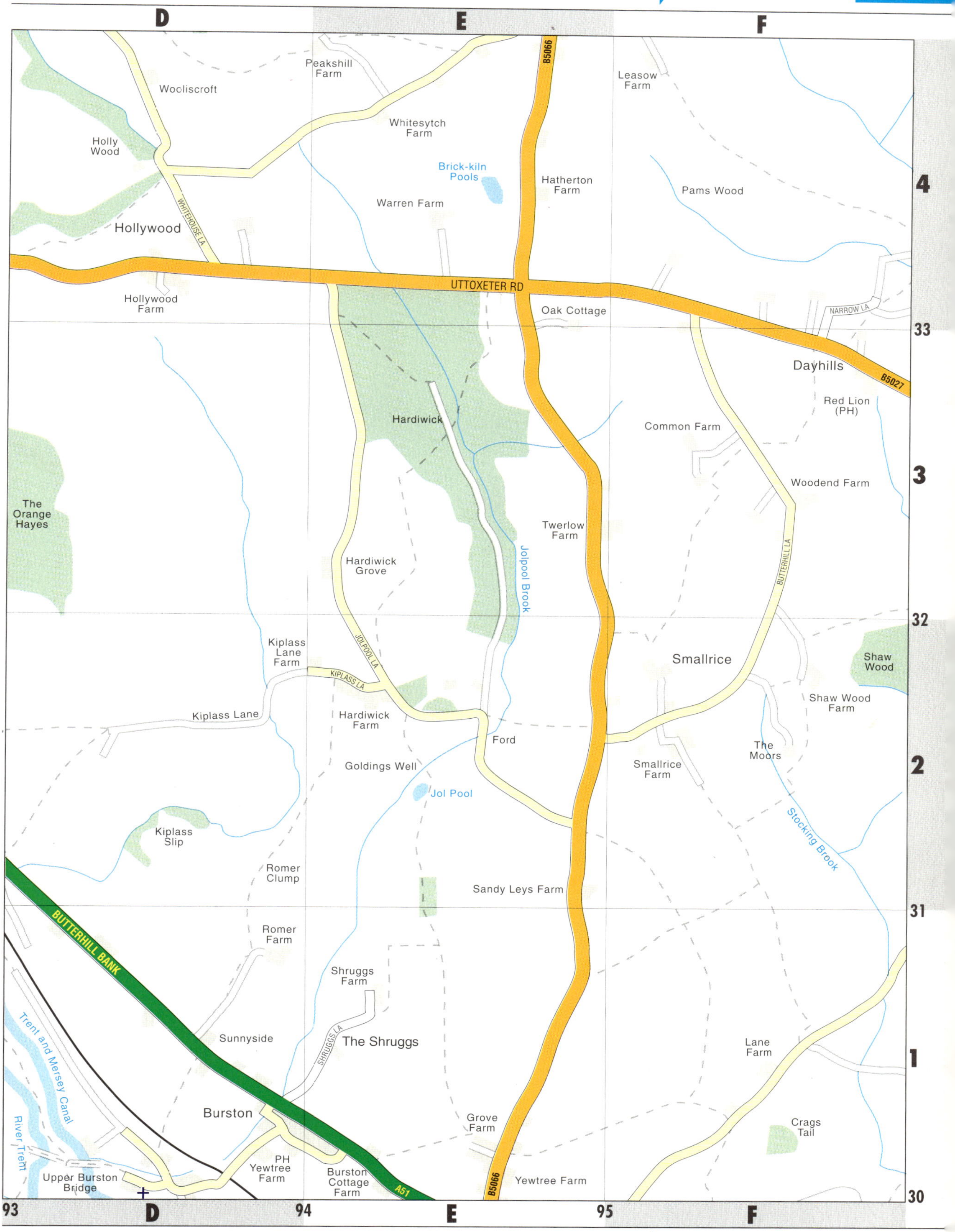
D
E
F
Peakshill Farm
Wocliscroft
Holly Wood
Whitesytch Farm
Brick-kiln Pools
Warren Farm
Hatherton Farm
Leasow Farm
Pams Wood
Hollywood
WHITEHOUSE LA
B5066
UTTOXETER RD
Hollywood Farm
Oak Cottage
NARROW LA
Dayhills
B5027
Red Lion (PH)
Hardiwick
Common Farm
Woodend Farm
The Orange Hayes
Twerlow Farm
Jolpool Brook
Hardiwick Grove
BUTTERHILL LA
Kiplass Lane Farm
JOLPOOL LA
KIPLASS LA
Smallrice
Shaw Wood
Shaw Wood Farm
Kiplass Lane
Hardiwick Farm
Ford
The Moors
Goldings Well
Smallrice Farm
Jol Pool
Stocking Brook
Kiplass Slip
Romer Clump
Sandy Leys Farm
BUTTERHILL BANK
Romer Farm
Shruggs Farm
Trent and Mersey Canal
Sunnyside
SHRUGGS LA
The Shruggs
Lane Farm
Burston
Grove Farm
Crags Tail
River Trent
PH
Yewtree Farm
Upper Burston Bridge
Burston Cottage Farm
A51
Yewtree Farm
4
33
3
32
2
31
1
30
93
94
95

121
107

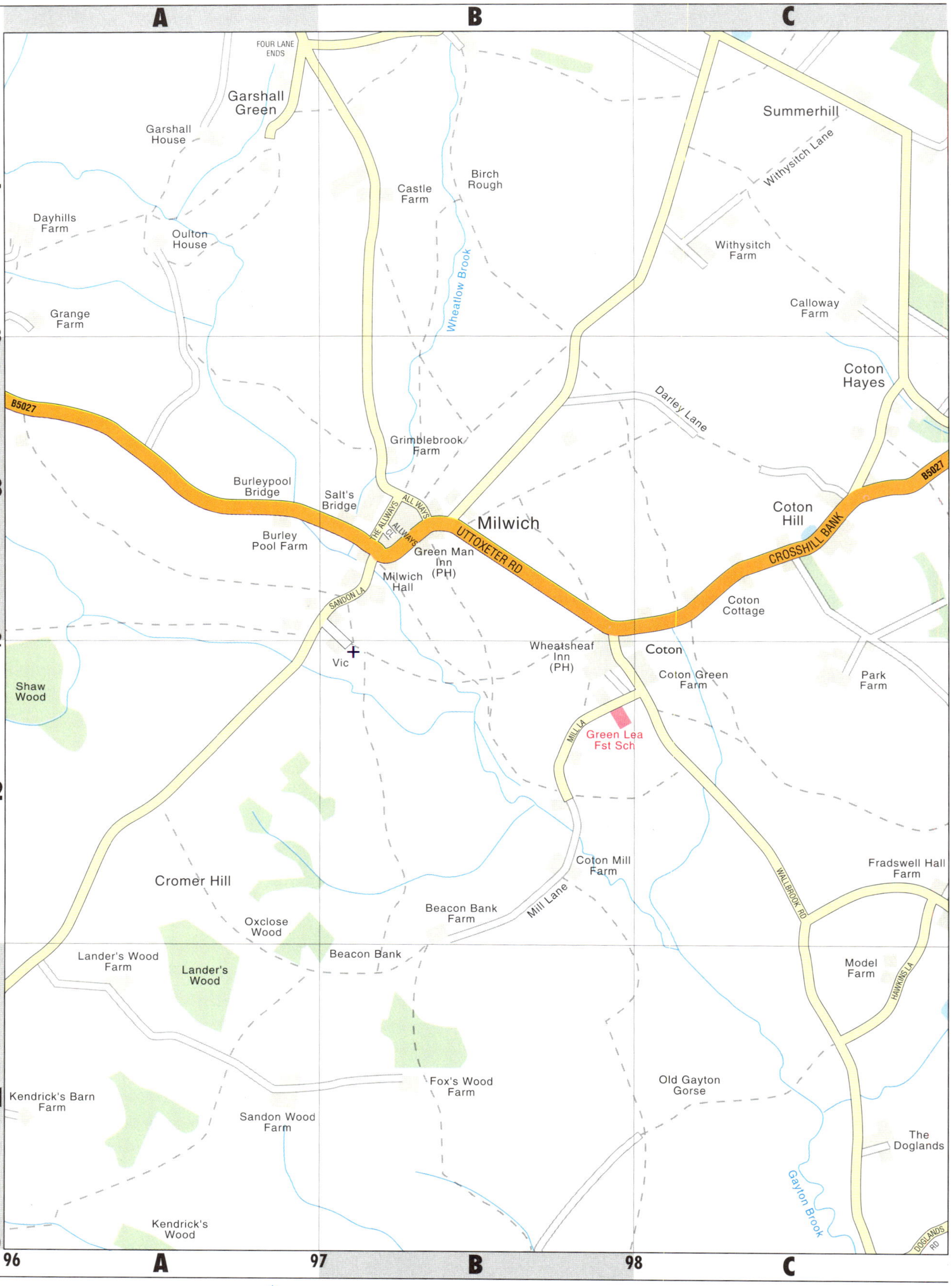

121
138

108
124

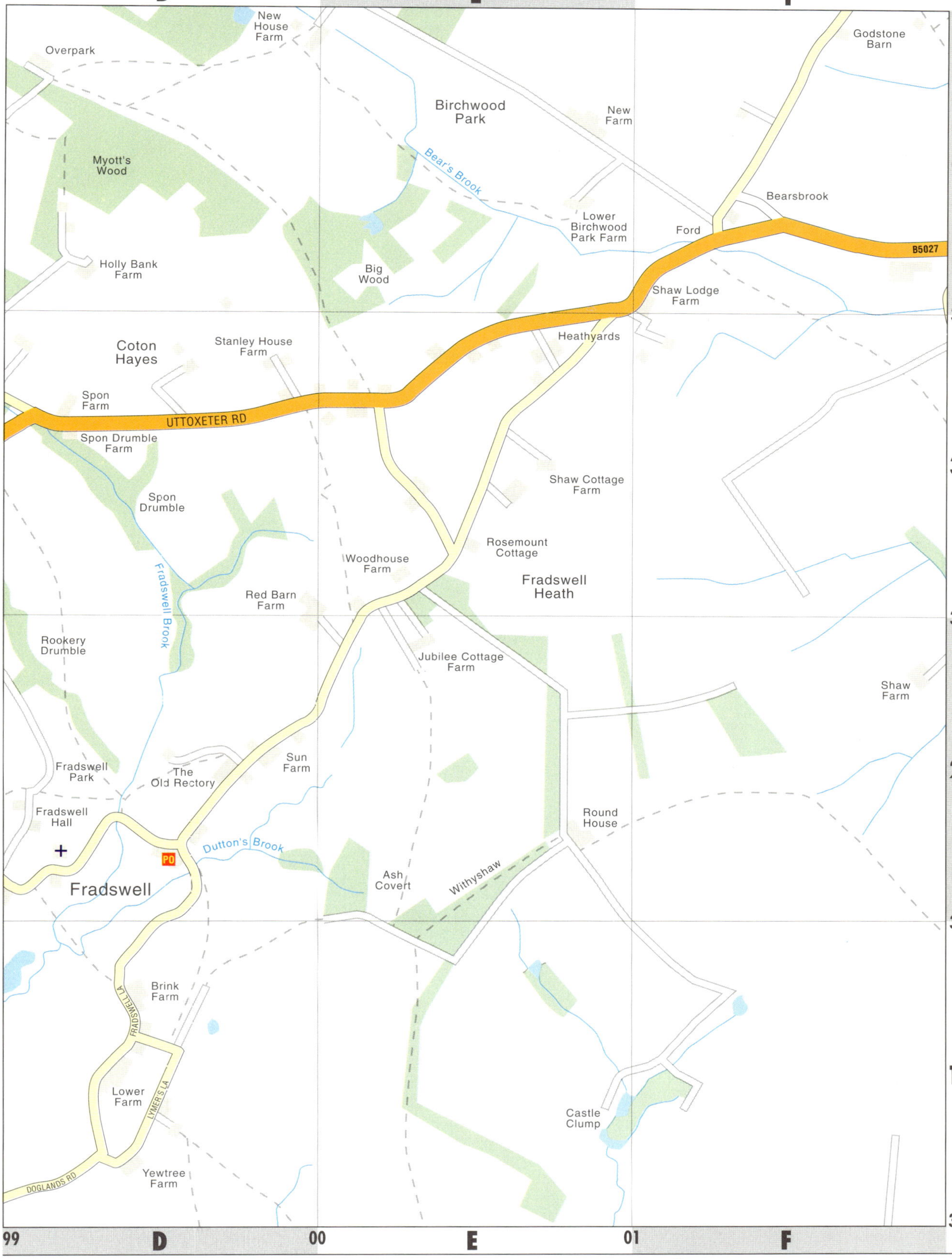

139
124

123
109

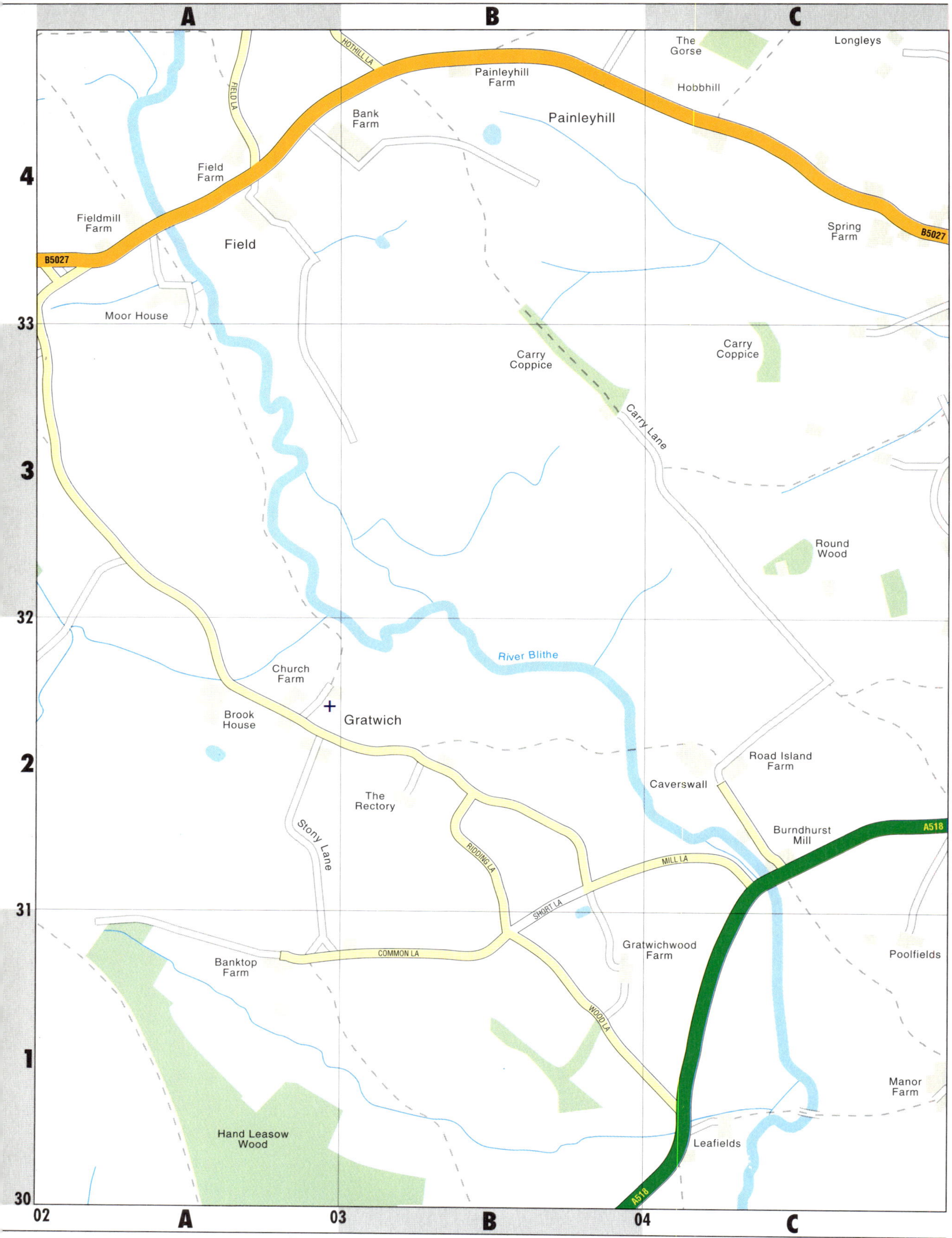

123
140

110
126

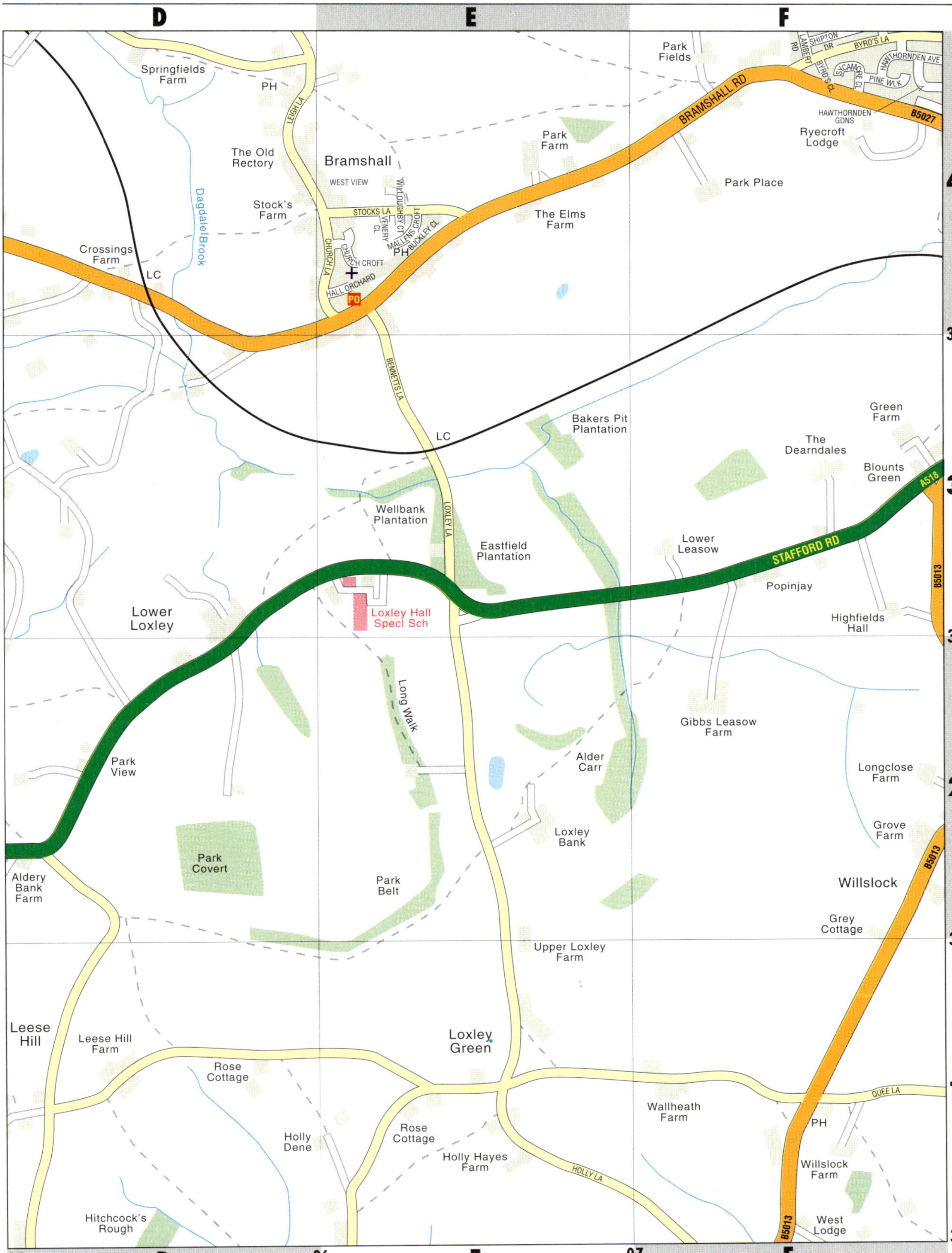

141
126

125
111

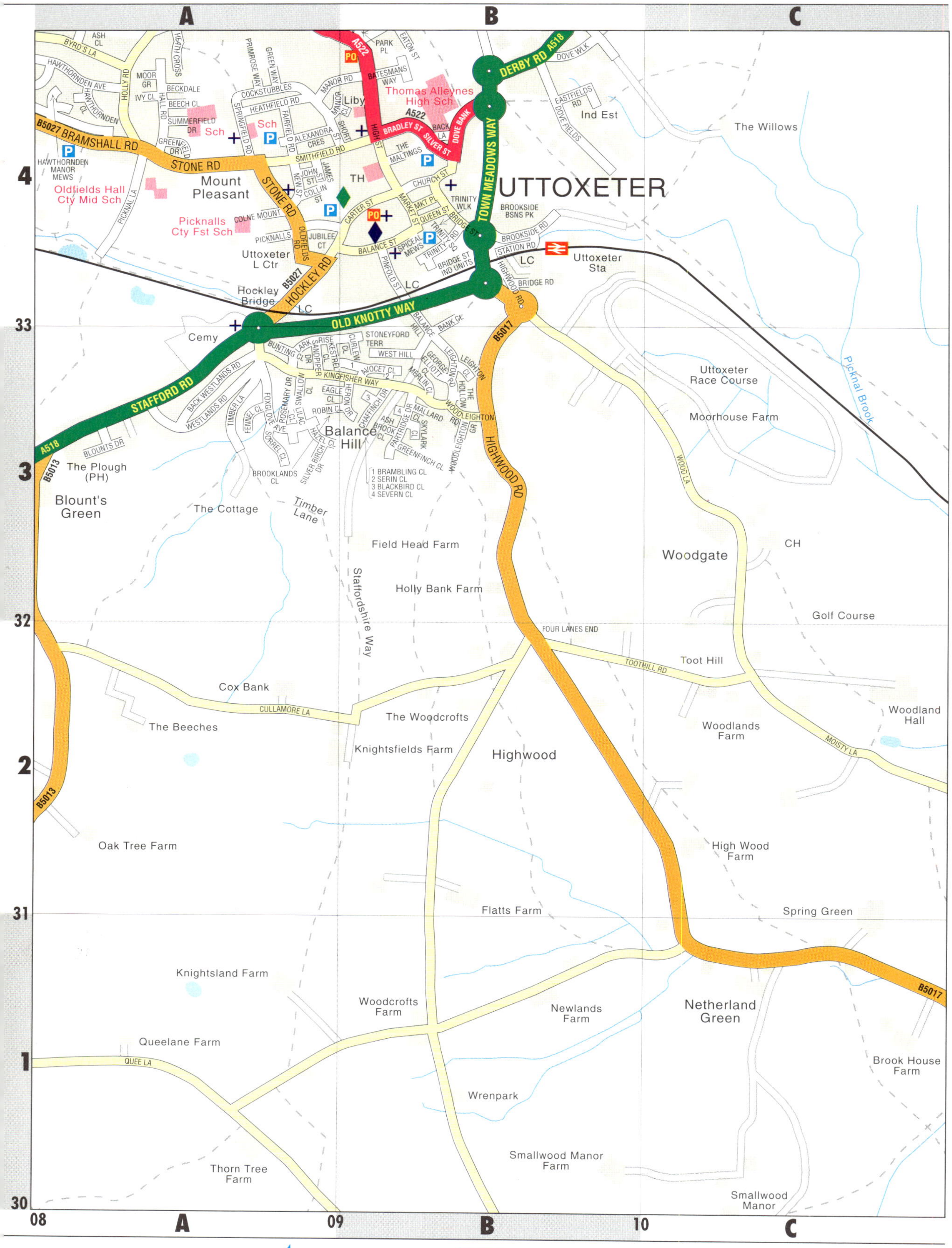

125
142

Map page 127 — Doveridge / Marchington area.

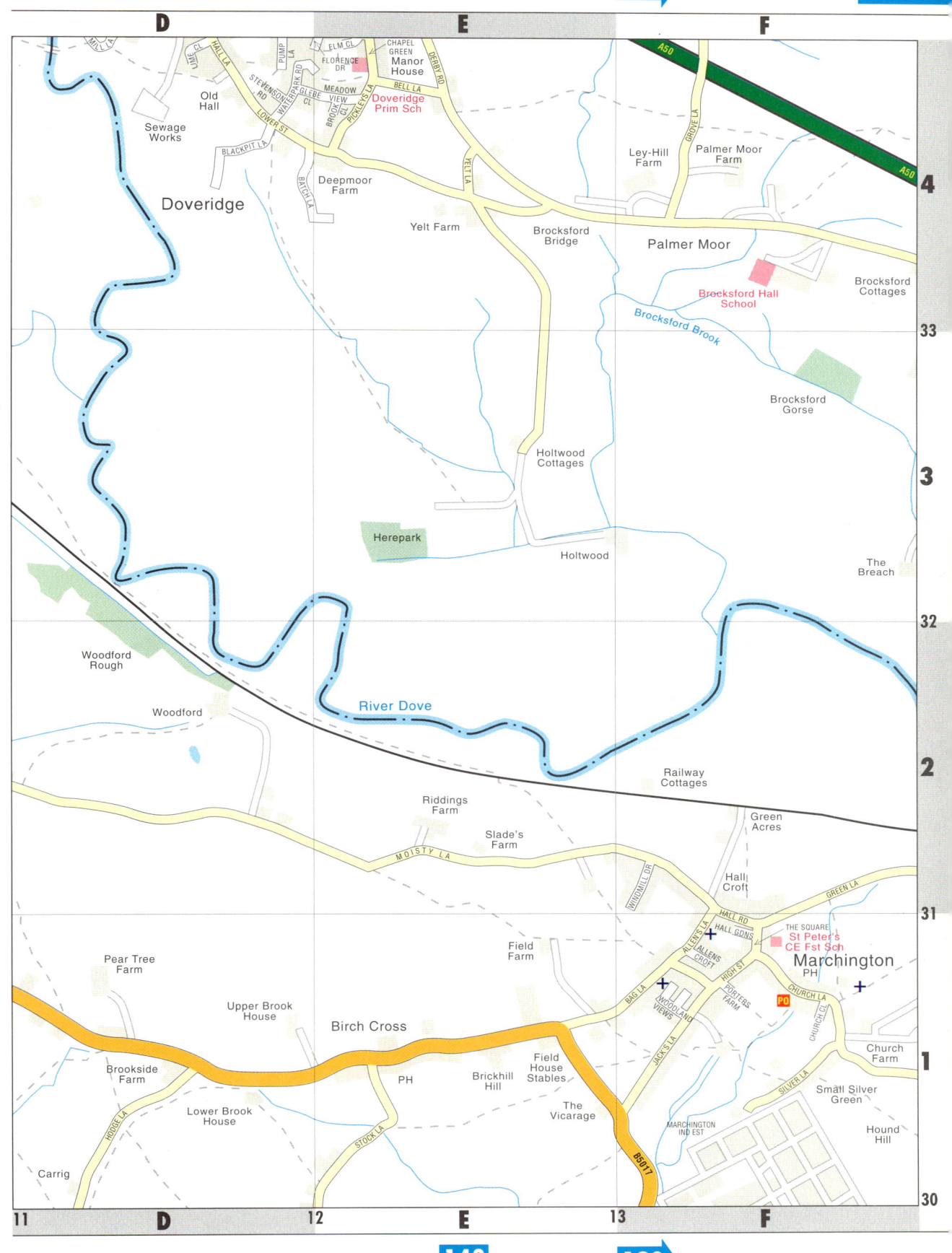

Grid columns: D, E, F (with neighbouring page 128 to the right, 143 below-left, 128 below-right).
Grid rows: 30, 31, 32, 33, 4 (top).

Labels visible on the map:

- Doveridge
- Mill La, Hall La, Lime Cl, Lower St, Blackpit La, Stevenson Rd, Waterpark Rd, Pump La, Brook Glebe, Meadow View, Pickleys La, Florence Dr, Elm Cl, Chapel Green, Manor House, Bell La, Derby Rd, Grove La
- Old Hall
- Sewage Works
- Deepmoor Farm
- Batch La
- Doveridge Prim Sch
- Yelt La
- Yelt Farm
- Brocksford Bridge
- Ley-Hill Farm
- Palmer Moor Farm
- Palmer Moor
- A50
- Brocksford Hall School
- Brocksford Cottages
- Brocksford Brook
- Brocksford Gorse
- Holtwood Cottages
- Herepark
- Holtwood
- The Breach
- River Dove
- Woodford Rough
- Woodford
- Railway Cottages
- Riddings Farm
- Slade's Farm
- Moisty La
- Green Acres
- Windmill Dr
- Hall Croft
- Hall Rd, Hall Gdns, Allen's La, Allens Croft, High St, Bag La, Jack's La, Posters Farm, Woodland Views, Church La, Church Cl, Silver La
- The Square
- St Peter's CE Fst Sch
- Marchington PH
- Church Farm
- Small Silver Green
- Hound Hill
- Marchington Ind Est
- B5017
- Field House Stables
- The Vicarage
- Brickhill Hill
- Field Farm
- Birch Cross
- Upper Brook House
- Pear Tree Farm
- Brookside Farm
- Hodge La
- Lower Brook House
- Stock La
- Carrig
- Green La
- PO
- PH

127

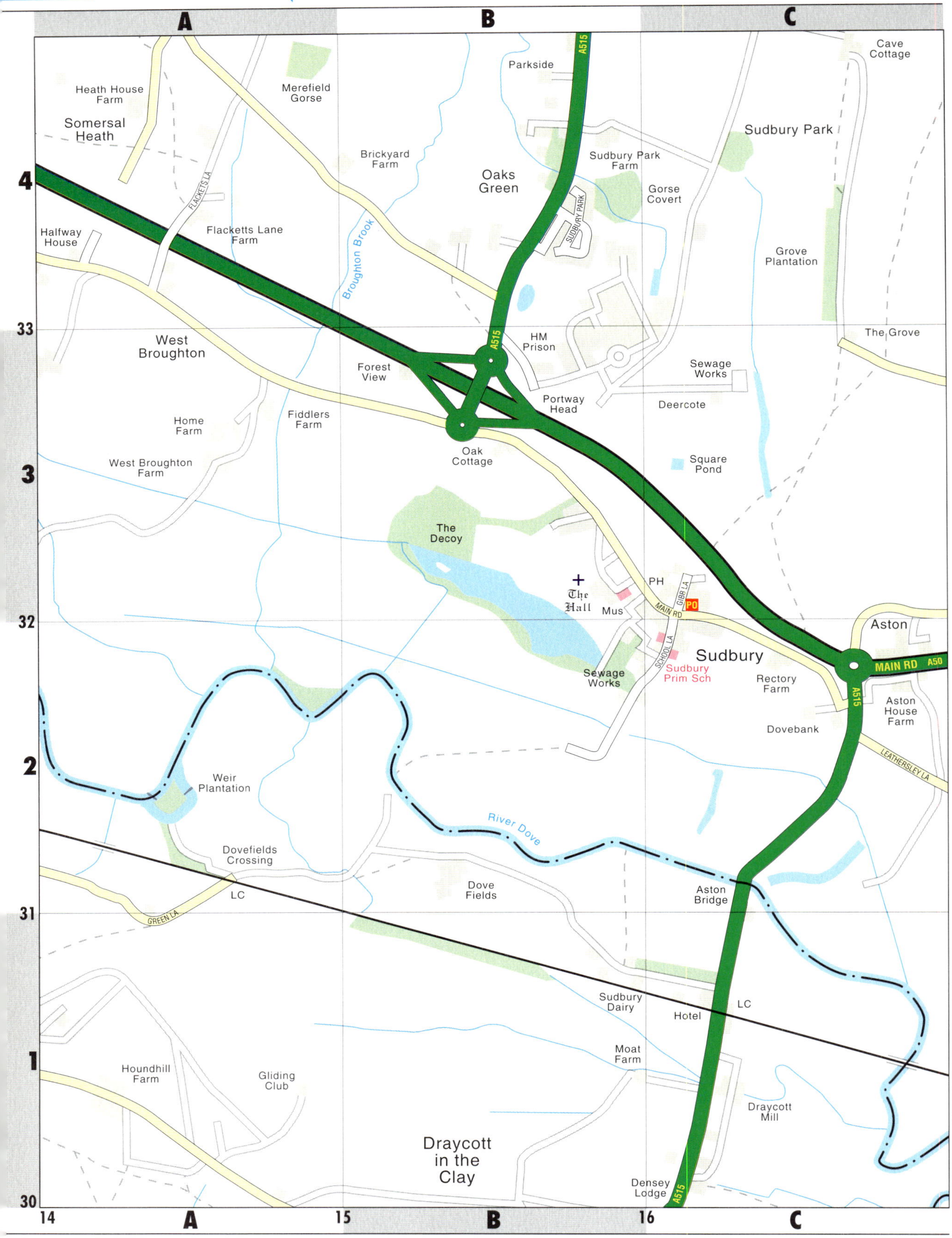

A
B
C
Cave Cottage
Heath House Farm
Merefield Gorse
Parkside
A515
Somersal Heath
Sudbury Park
Brickyard Farm
Oaks Green
Sudbury Park Farm
Gorse Covert
FLACKETS LA
SUDBURY PARK
Halfway House
Flacketts Lane Farm
Broughton Brook
Grove Plantation
West Broughton
HM Prison
The Grove
Forest View
Sewage Works
Portway Head
Deercote
Home Farm
Fiddlers Farm
Oak Cottage
Square Pond
West Broughton Farm
The Decoy
PH
The Hall
Mus
GIBB LA
MAIN RD
PO
Aston
SCHOOL LA
Sudbury
MAIN RD
A50
Sewage Works
Sudbury Prim Sch
Rectory Farm
Aston House Farm
Dovebank
LEATHERSLEY LA
Weir Plantation
River Dove
Dovefields Crossing
Dove Fields
Aston Bridge
LC
GREEN LA
Sudbury Dairy
LC
Hotel
Moat Farm
Houndhill Farm
Gliding Club
Draycott Mill
Draycott in the Clay
Densey Lodge
4
33
3
32
2
31
1
30
14
15
16

127

144

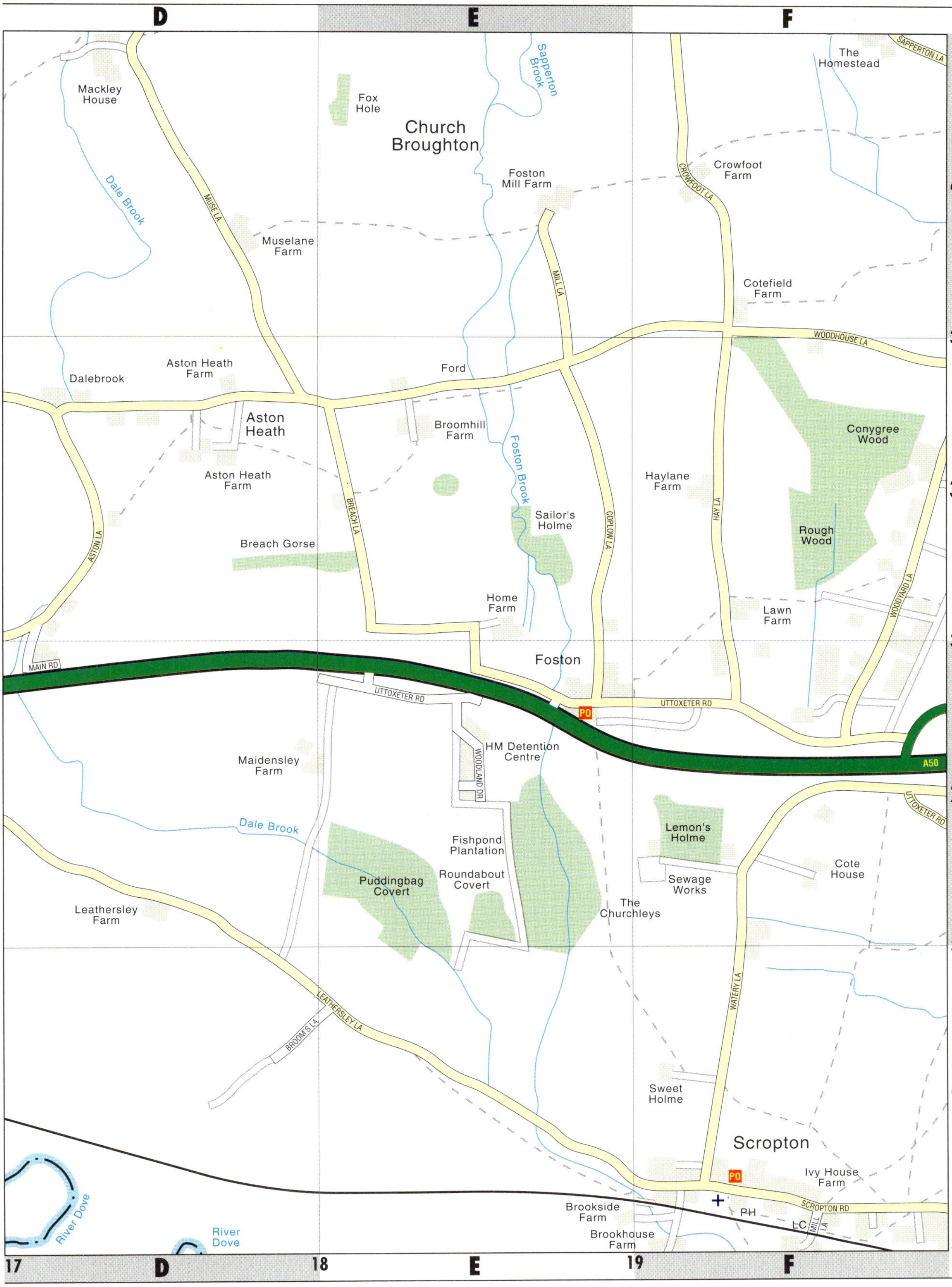
D
E
F
Mackley House
Fox Hole
Church Broughton
Sapperton Brook
The Homestead
SAPPERTON LA
Dale Brook
MUSE LA
Foston Mill Farm
CROWFOOT LA
Crowfoot Farm
Muselane Farm
MILL LA
Cotefield Farm
4
WOODHOUSE LA
33
Dalebrook
Aston Heath Farm
Ford
Aston Heath
Broomhill Farm
Foston Brook
Conygree Wood
Aston Heath Farm
BREACH LA
Haylane Farm
3
Sailor's Holme
COPLOW LA
HAY LA
Rough Wood
ASTON LA
Breach Gorse
WOODYARD LA
Home Farm
Lawn Farm
32
MAIN RD
Foston
UTTOXETER RD
UTTOXETER RD
PO
HM Detention Centre
A50
Maidensley Farm
WOODLAND DR
2
UTTOXETER RD
Dale Brook
Lemon's Holme
Fishpond Plantation
Cote House
Sewage Works
Roundabout Covert
Puddingbag Covert
Leathersley Farm
The Churchleys
31
WATERY LA
LEATHERSLEY LA
BROOM'S LA
1
Sweet Holme
Scropton
Ivy House Farm
PO
River Dove
PH
SCROPTON RD
Brookside Farm
LC
MILL LA
Brookhouse Farm
River Dove
30
17
D
18
E
19
F

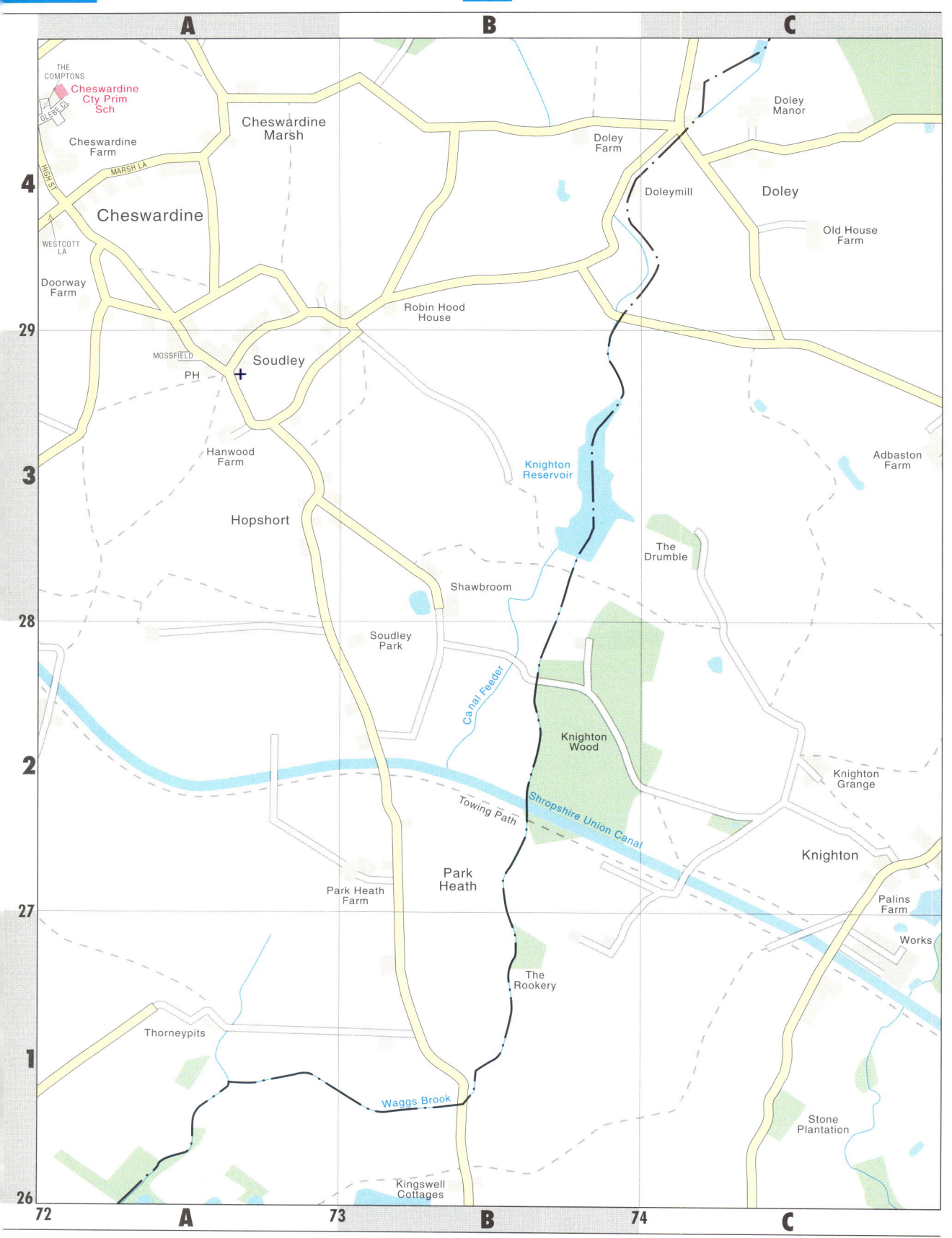

115
132

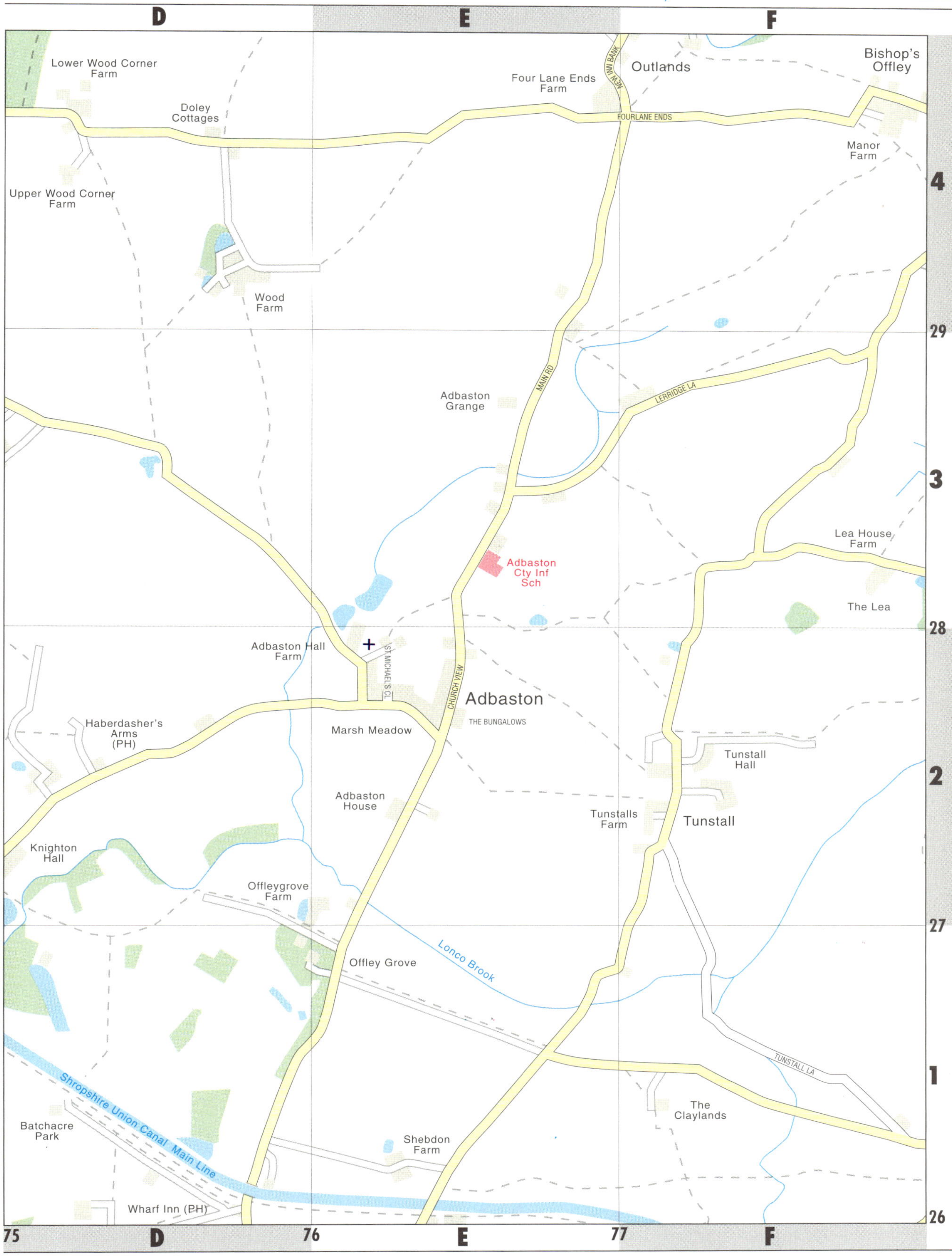

150
132

131
116

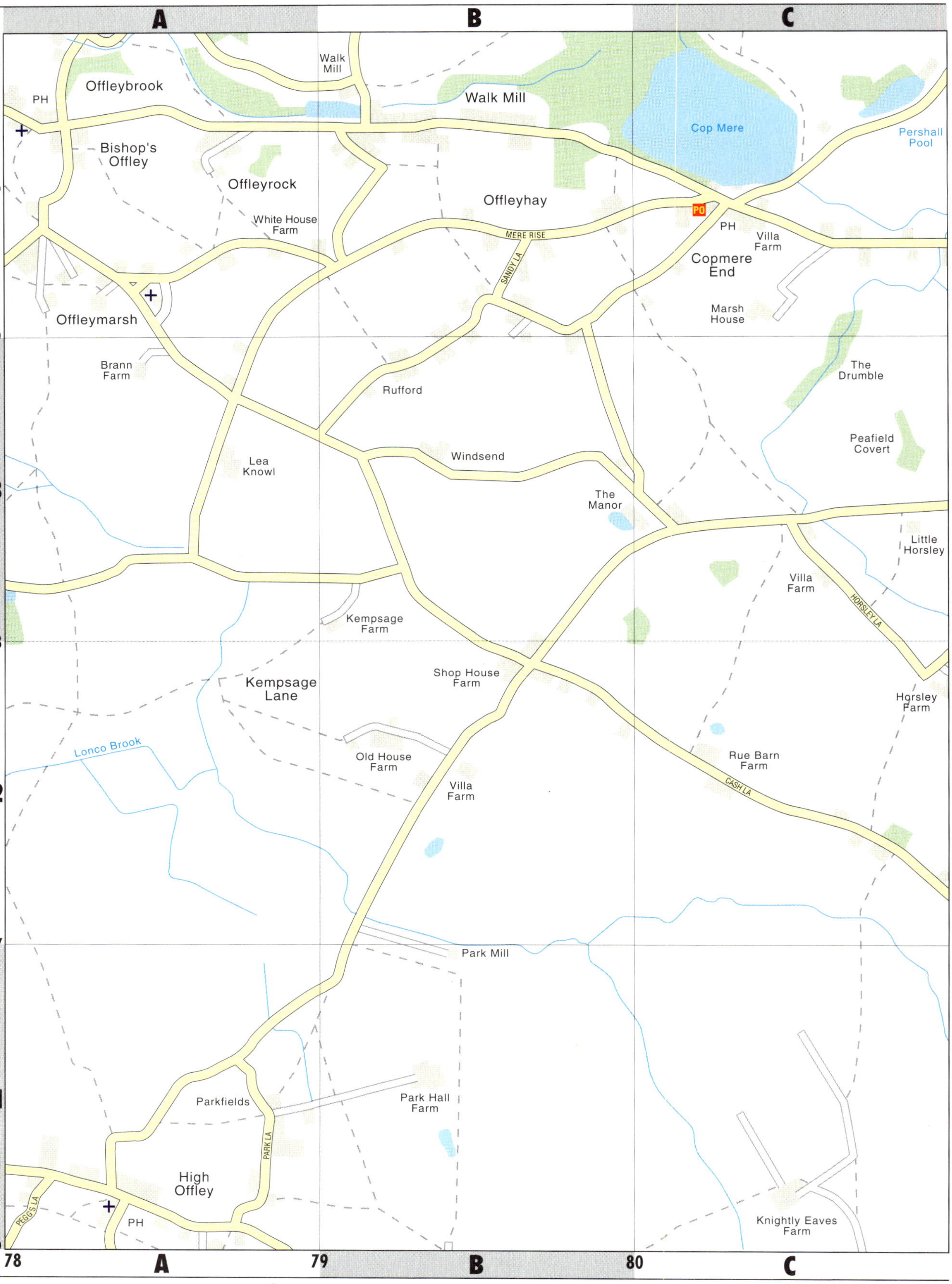

131
151

117
134

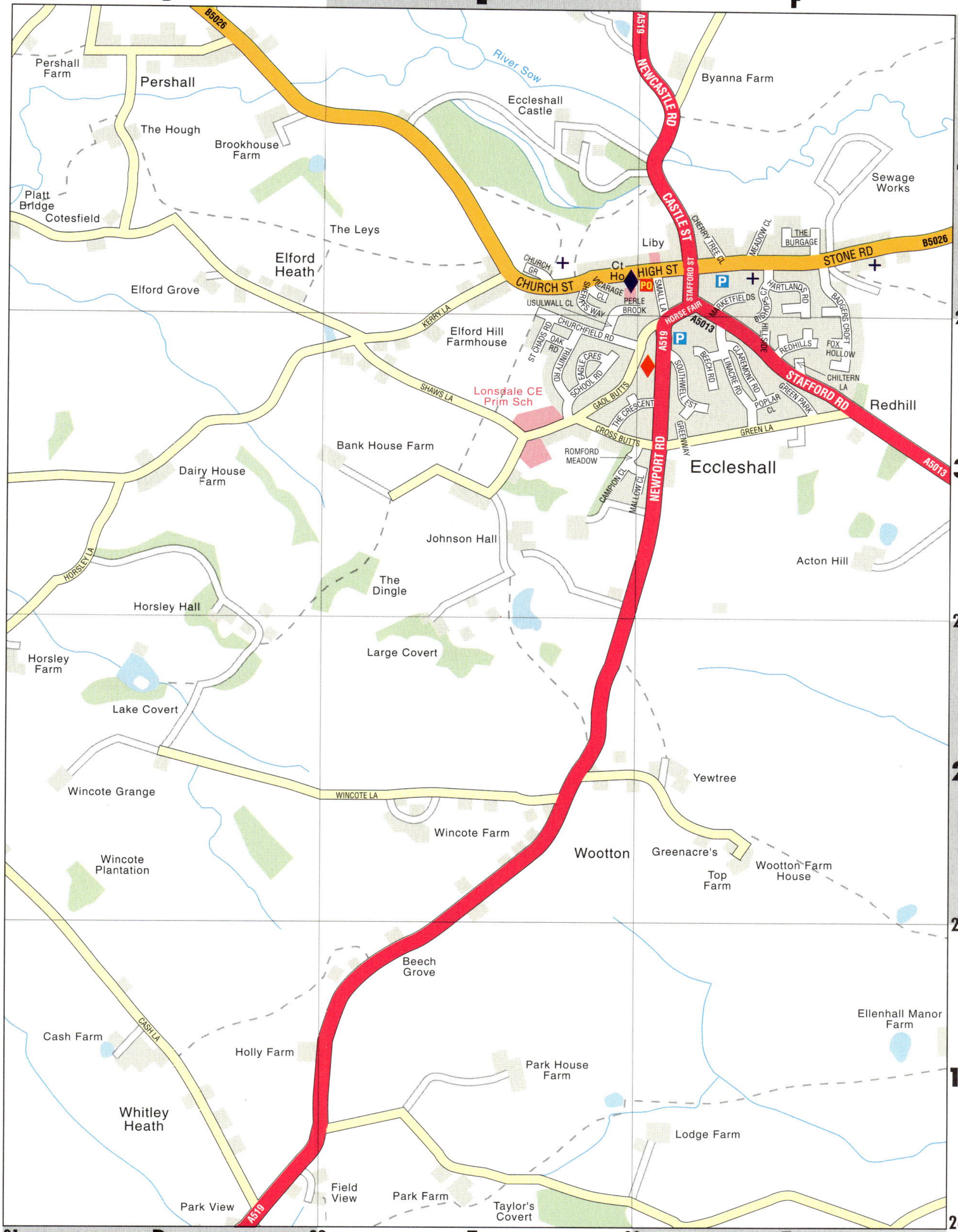

152
134

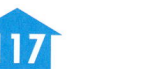

133
118

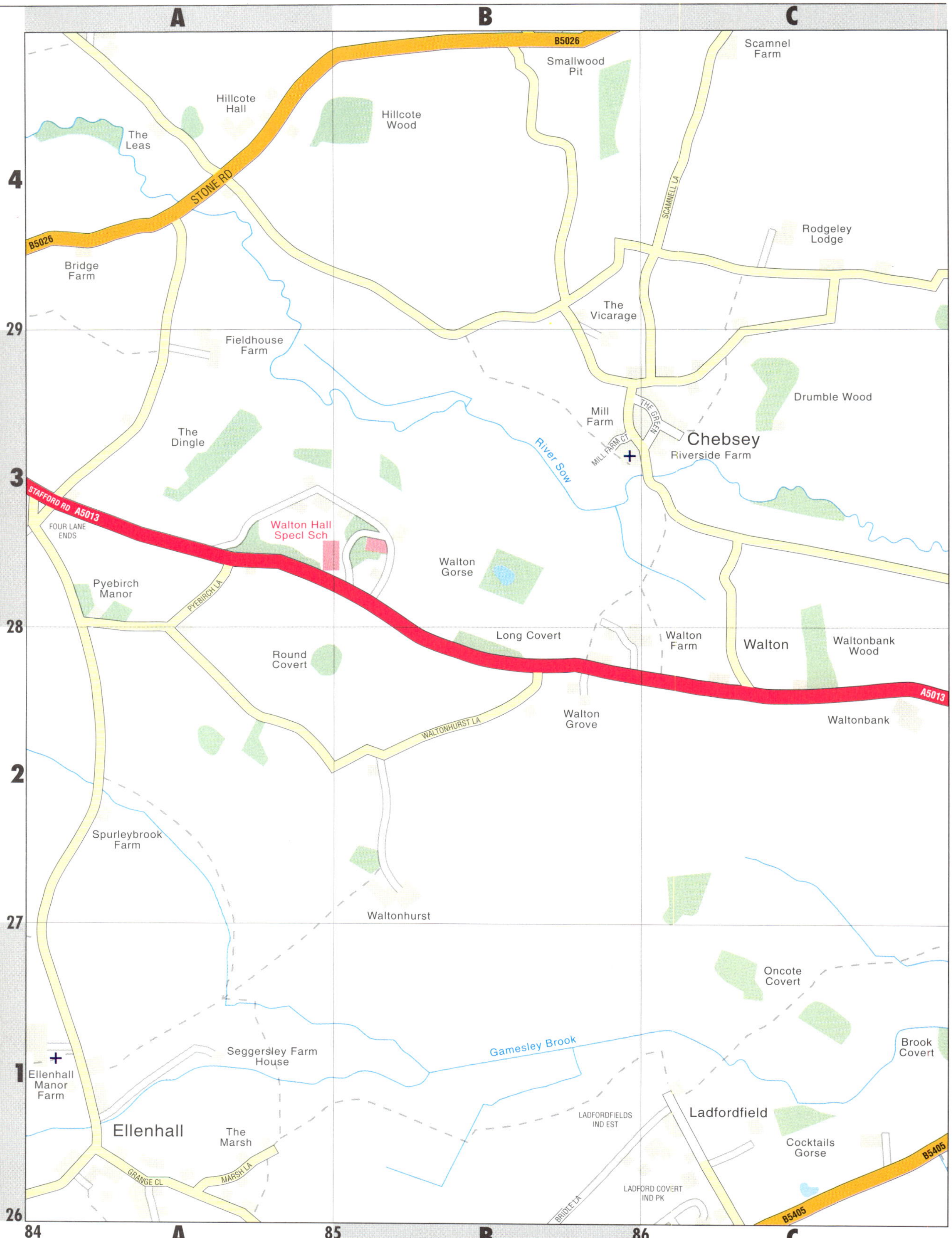

133
153

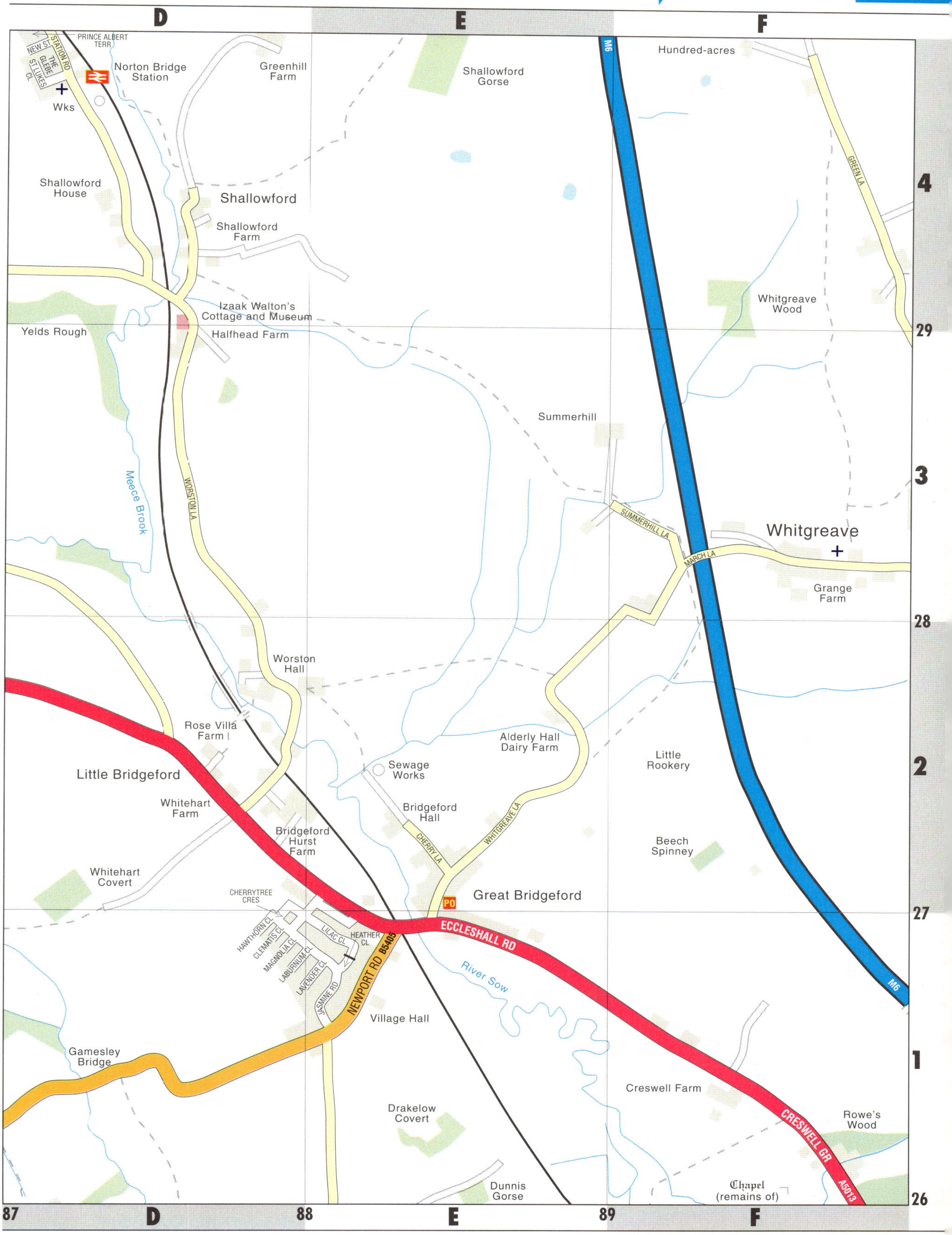
D
E
F
PRINCE ALBERT TERR
NEW ST
STATION RD
THE GLEBE
ST LUKES CL
Norton Bridge Station
Wks
Greenhill Farm
Shallowford Gorse
M6
Hundred-acres
Shallowford House
Shallowford
Shallowford Farm
GREEN LA
Whitgreave Wood
Izaak Walton's Cottage and Museum
Halfhead Farm
Yelds Rough
Summerhill
Meece Brook
WORSTON LA
SUMMERHILL LA
Whitgreave
MARCH LA
Grange Farm
Worston Hall
Rose Villa Farm
Alderly Hall Dairy Farm
Little Rookery
Little Bridgeford
Sewage Works
Whitehart Farm
Bridgeford Hall
Bridgeford Hurst Farm
CHERRY LA
WHITGREAVE LA
Beech Spinney
Whitehart Covert
PO
Great Bridgeford
CHERRYTREE CRES
HAWTHORN CL
CLEMATIS CL
MAGNOLIA CL
LABURNUM CL
LAVENDER CL
JASMINE RD
LILAC CL
HEATHER CL
B5405
NEWPORT RD
ECCLESHALL RD
River Sow
M6
Village Hall
Gamesley Bridge
Creswell Farm
Drakelow Covert
CRESWELL GR
Rowe's Wood
A5013
Dunnis Gorse
Chapel (remains of)
4
29
3
28
2
27
1
26
87
88
89

136

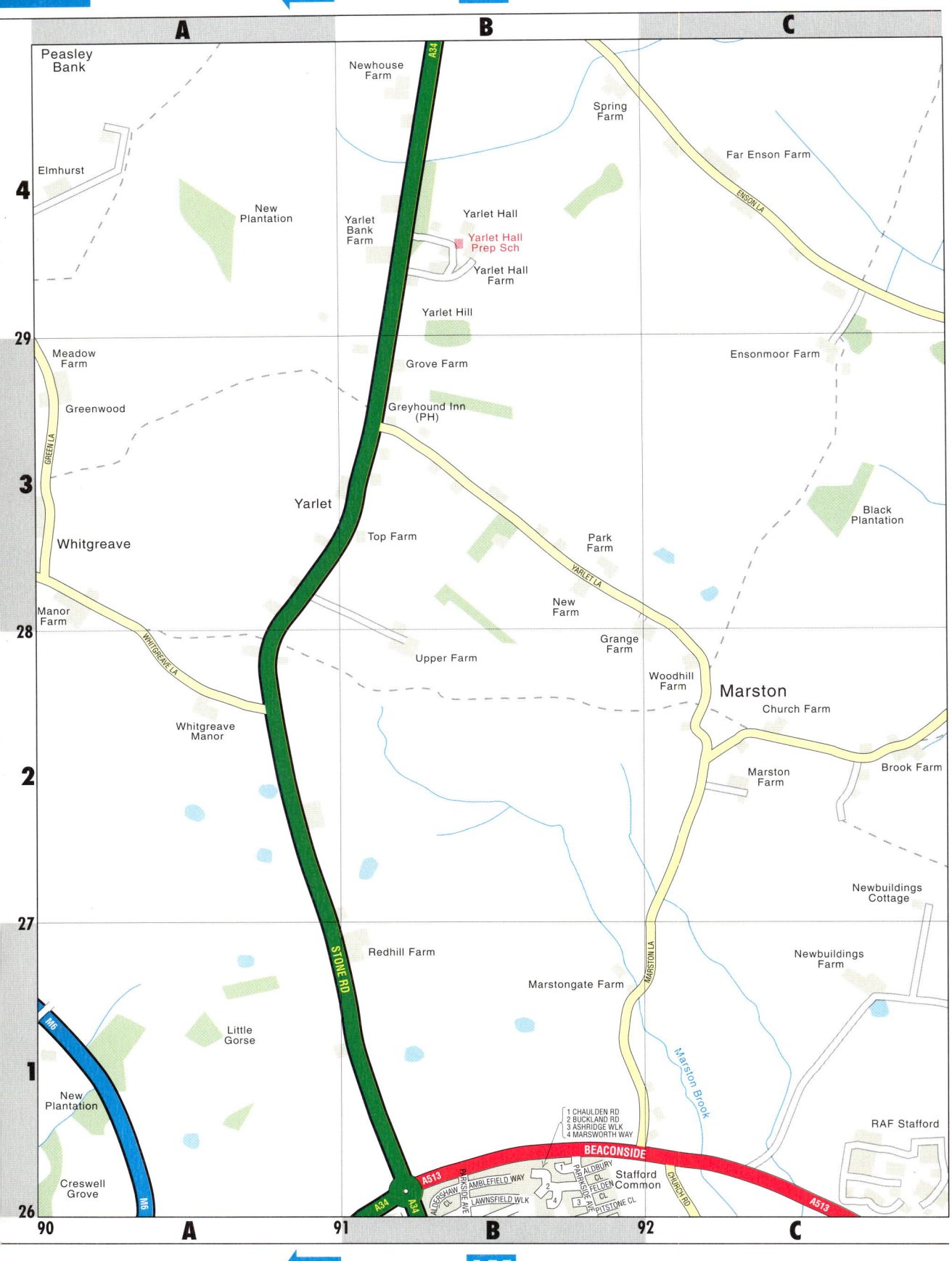

Grid references (top): 135 (B), 120 (C)

Row 4:
- Peasley Bank
- Elmhurst
- New Plantation
- Newhouse Farm
- Yarlet Bank Farm
- Yarlet Hall
- Yarlet Hall Prep Sch
- Yarlet Hall Farm
- Spring Farm
- Far Enson Farm
- ENSON LA

Row 29 / 3:
- Meadow Farm
- Greenwood
- GREEN LA
- Yarlet Hill
- Grove Farm
- Greyhound Inn (PH)
- Ensonmoor Farm
- Whitgreave
- Yarlet
- Top Farm
- Park Farm
- YARLET LA
- Black Plantation

Row 28 / 2:
- Manor Farm
- WHITGREAVE LA
- Whitgreave Manor
- Upper Farm
- New Farm
- Grange Farm
- Woodhill Farm
- Marston
- Church Farm
- Marston Farm
- Brook Farm

Row 27 / 1:
- M6
- Little Gorse
- STONE RD
- Redhill Farm
- Marstongate Farm
- MARSTON LA
- Marston Brook
- Newbuildings Cottage
- Newbuildings Farm
- RAF Stafford

Row 26 (bottom):
- New Plantation
- Creswell Grove
- A34
- A513 BEACONSIDE
- 1 CHAULDEN RD
- 2 BUCKLAND RD
- 3 ASHRIDGE WLK
- 4 MARSWORTH WAY
- ALDERSHAW AVE
- AMBLEFIELD WAY
- LAWNSFIELD WLK
- PARKSIDE AVE
- ALDBURY CL
- FELDEN CL
- PITSTONE CL
- Stafford Common
- CHURCH RD

Grid references (bottom): 90 (A), 91, 92, 135, 155

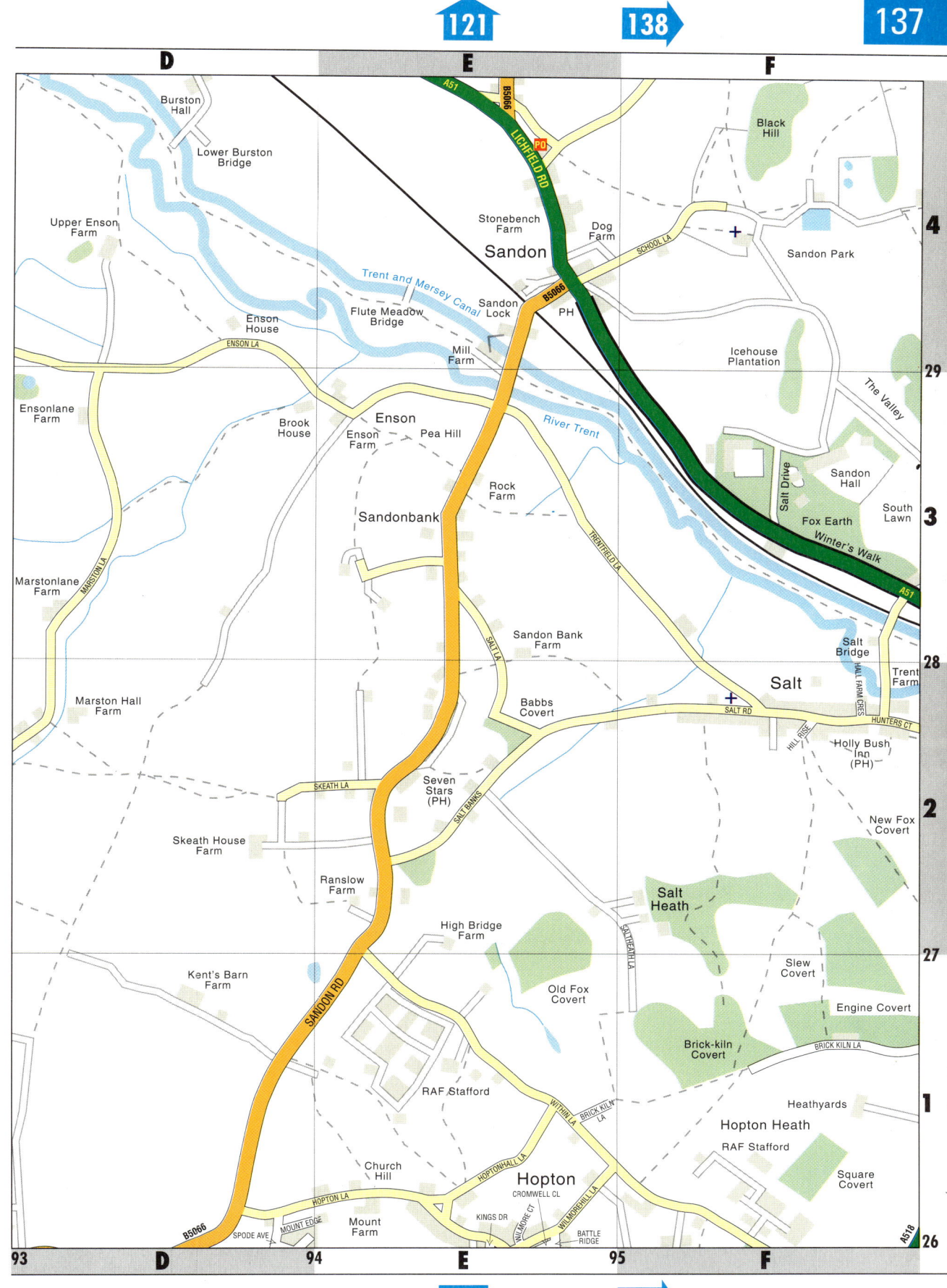

137

Map Grid References

Top markers: 121 ↑, 138 →
Bottom markers: 156 ↓, 138 →

Grid columns: D, E, F
Grid rows: 4, 29, 3, 28, 2, 27, 1, 26
Easting markers: 93, 94, 95

Place names and features

- Burston Hall
- Lower Burston Bridge
- Upper Enson Farm
- Enson House
- ENSON LA
- Ensonlane Farm
- Brook House
- Enson
- Enson Farm
- Pea Hill
- Sandonbank
- Rock Farm
- Marstonlane Farm
- MARSTON LA
- Marston Hall Farm
- Stonebench Farm
- Sandon
- Trent and Mersey Canal
- Flute Meadow Bridge
- Sandon Lock
- Mill Farm
- PH
- B5066
- LICHFIELD RD
- A51
- Dog Farm
- SCHOOL LA
- Sandon Park
- Black Hill
- Icehouse Plantation
- The Valley
- River Trent
- Salt Drive
- Sandon Hall
- Fox Earth
- South Lawn
- Winter's Walk
- TRENTFIELD LA
- Sandon Bank Farm
- Salt Bridge
- Trent Farm
- HALL FARM CRES
- Salt
- SALT RD
- HUNTERS CT
- Babbs Covert
- HILL RISE
- Holly Bush Inn (PH)
- SALT LA
- SKEATH LA
- Skeath House Farm
- Ranslow Farm
- Seven Stars (PH)
- SALT BANKS
- New Fox Covert
- Salt Heath
- SALTHEATH LA
- Kent's Barn Farm
- High Bridge Farm
- Old Fox Covert
- Slew Covert
- Engine Covert
- Brick-kiln Covert
- BRICK KILN LA
- SANDON RD
- RAF Stafford
- WITHIN LA
- BRICK KILN LA
- Heathyards
- Hopton Heath
- RAF Stafford
- Square Covert
- Church Hill
- HOPTONHALL LA
- Hopton
- CROMWELL CL
- KINGS DR
- WILLMORE CT
- WILMOREHILL LA
- BATTLE RIDGE
- B5066
- SPODE AVE
- MOUNT EDGE
- Mount Farm
- HOPTON LA
- A518

137
122

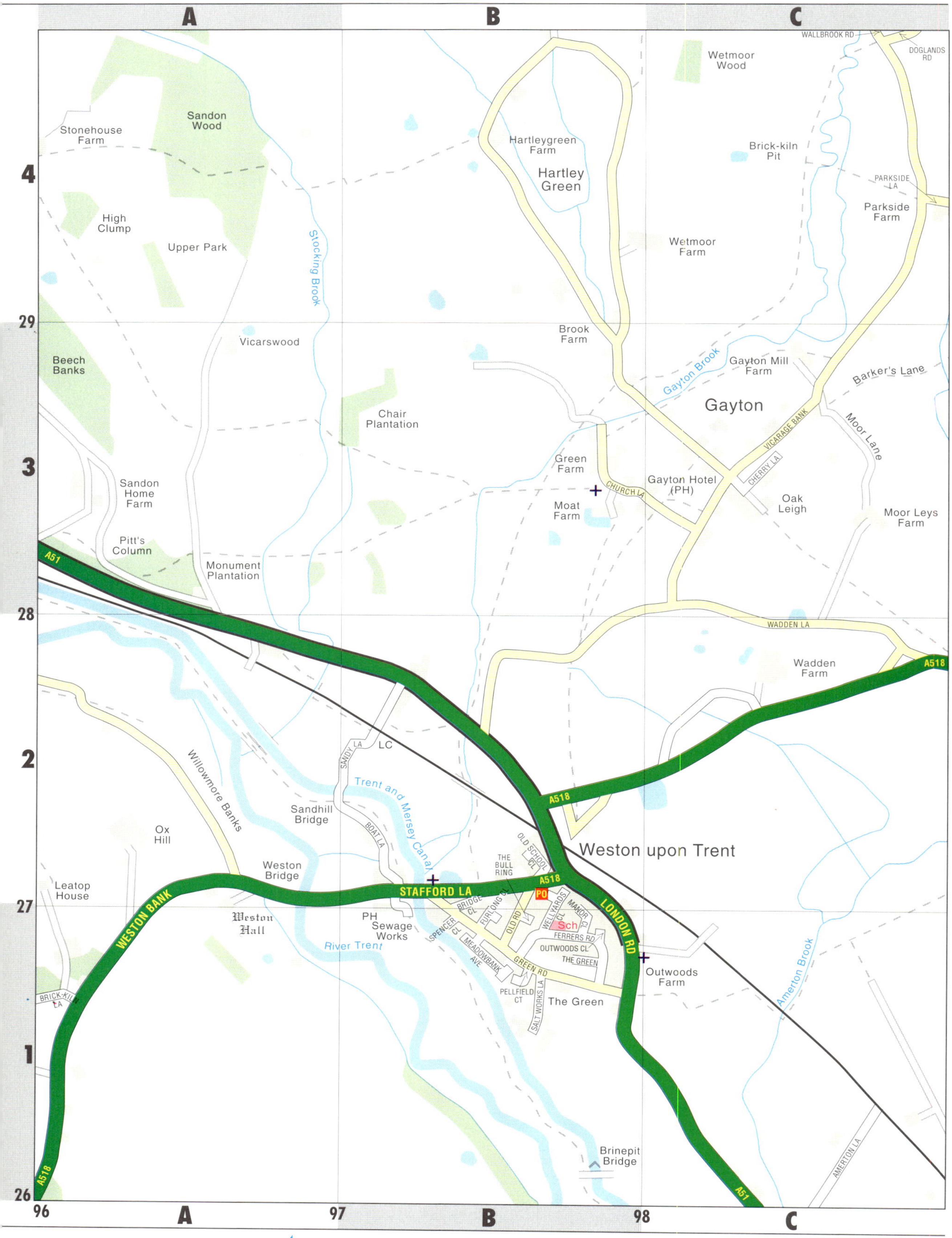

137
157

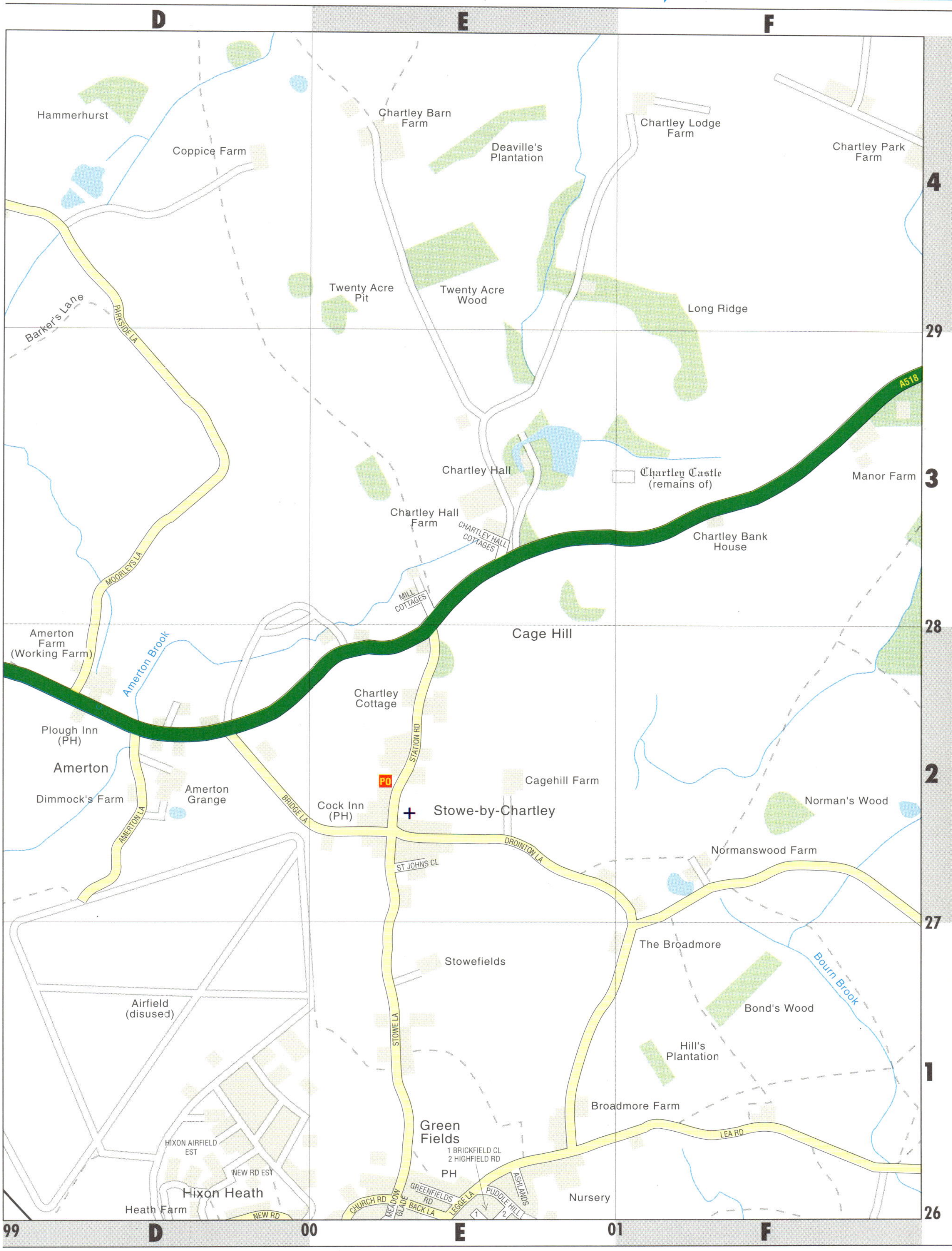
D
E
F
Hammerhurst
Coppice Farm
Chartley Barn Farm
Deaville's Plantation
Chartley Lodge Farm
Chartley Park Farm
4
Twenty Acre Pit
Twenty Acre Wood
Long Ridge
Barker's Lane
PARKSIDE LA
29
A518
Chartley Hall
Chartley Castle (remains of)
Manor Farm
3
Chartley Hall Farm
CHARTLEY HALL COTTAGES
Chartley Bank House
MOORLEYS LA
MILL COTTAGES
Cage Hill
28
Amerton Farm (Working Farm)
Amerton Brook
Chartley Cottage
Plough Inn (PH)
STATION RD
Amerton
PO
Cagehill Farm
2
Dimmock's Farm
Amerton Grange
Cock Inn (PH)
Stowe-by-Chartley
Norman's Wood
BRIDGE LA
AMERTON LA
DROINTON LA
Normanswood Farm
ST JOHNS CL
27
The Broadmore
Bourn Brook
Stowefields
Bond's Wood
Airfield (disused)
STOWE LA
Hill's Plantation
1
Broadmore Farm
Green Fields
LEA RD
HIXON AIRFIELD EST
1 BRICKFIELD CL
2 HIGHFIELD RD
NEW RD EST
PH
Hixon Heath
ASHLANDS
Nursery
Heath Farm
CHURCH RD
MEADOW GLADE
GREENFIELDS RD
BACK LA
LEGGE LA
PUDDLE HILL
NEW RD
26
99
D
00
E
01
F

139
124

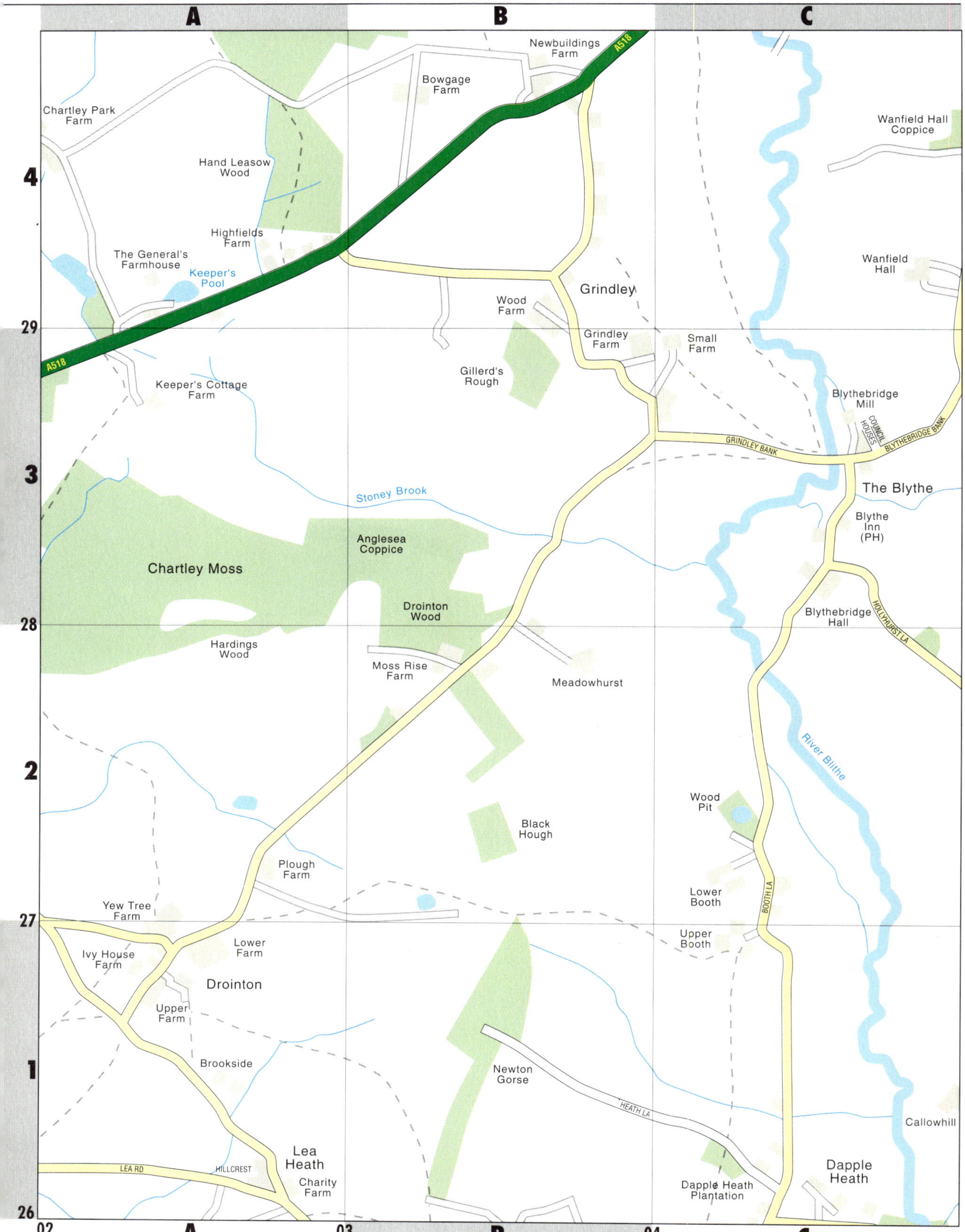

139
159

125
142

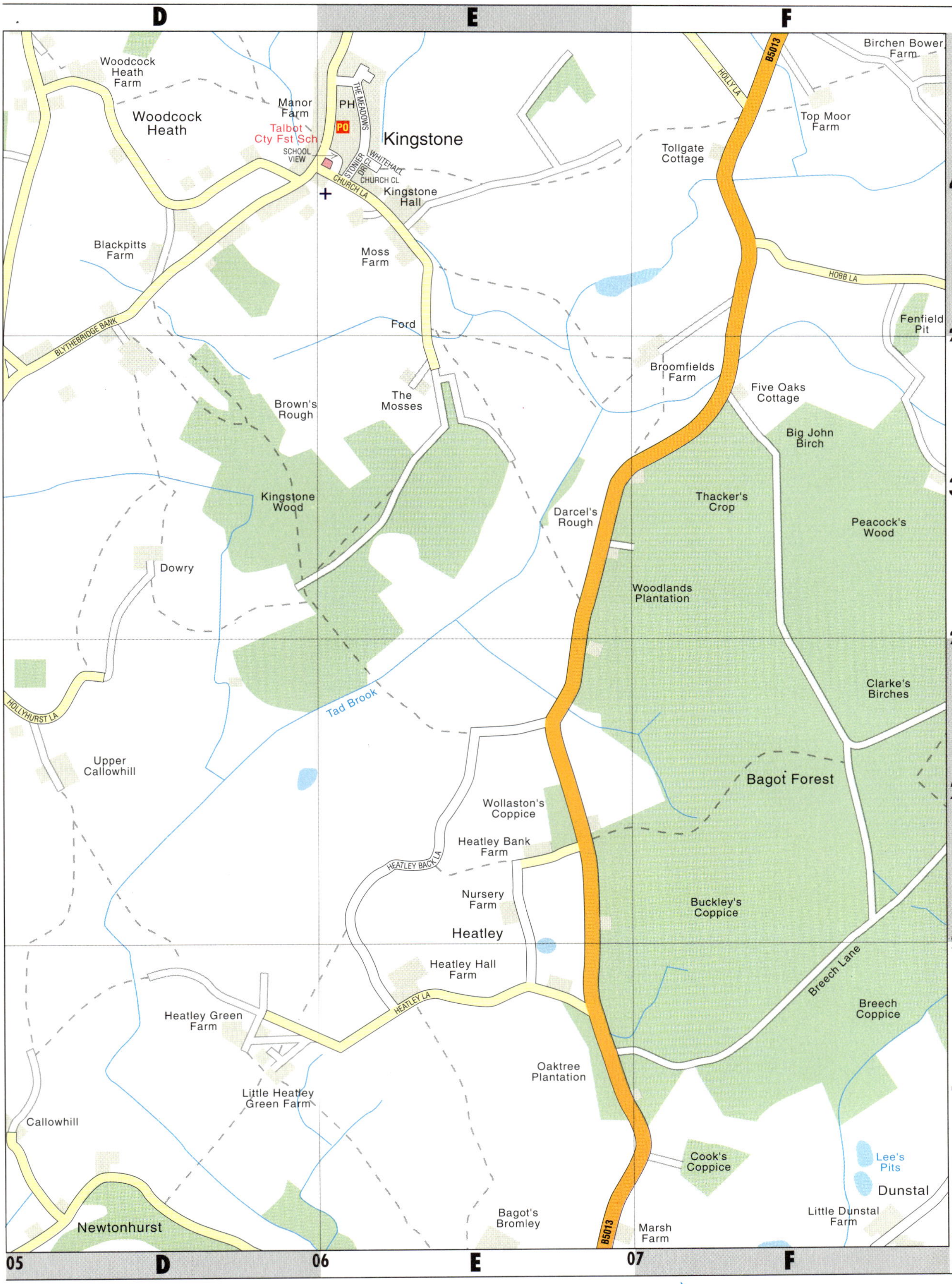

160
142

142

141
126

	A	B	C

4
- Hanging Wicket Farm
- Holly Tree Farm
- Scounslow Green
- Hawkshill Farm
- Spring Cottage
- Smallwood Manor
- New Thorntree Farm
- Roper's Hill Farm
- Gorsty Hill Farm
- Twenty Acres
- St Peters CE Fst Sch

29
- HOBB LA
- Gorsty Hill
- Moat Spring Farm

3
- Floyer's Coppice
- Marlpit House Farm
- Knypersley Hall
- Glasshouse Farm
- High Trees Farm
- Hill's Wood
- THORNEY LANES
- Buttermilk Hill

- Felthouses Wood
- Staffordshire Way
- Parkstile
- Bagot Forest
- Dixon's Hill

28

- Bagot's Park
- Birch Coppice

2
- Park Lodge
- Dun's Field
- Black Field
- Story Brook
- New Pool

27
- Squitch Bungalow
- Storybrook Plantation
- Bates' Pool
- Gadsby's Plantation
- Blake's Plantation
- Parkside
- Squitch House
- Hart's Coppice

1
- Cockshutt Close
- Ash Brook
- Dunstal Pool
- Long Lands
- Moors
- Hart's Farm
- Park Farm

26
08 | A | 09 | B | 10 | C

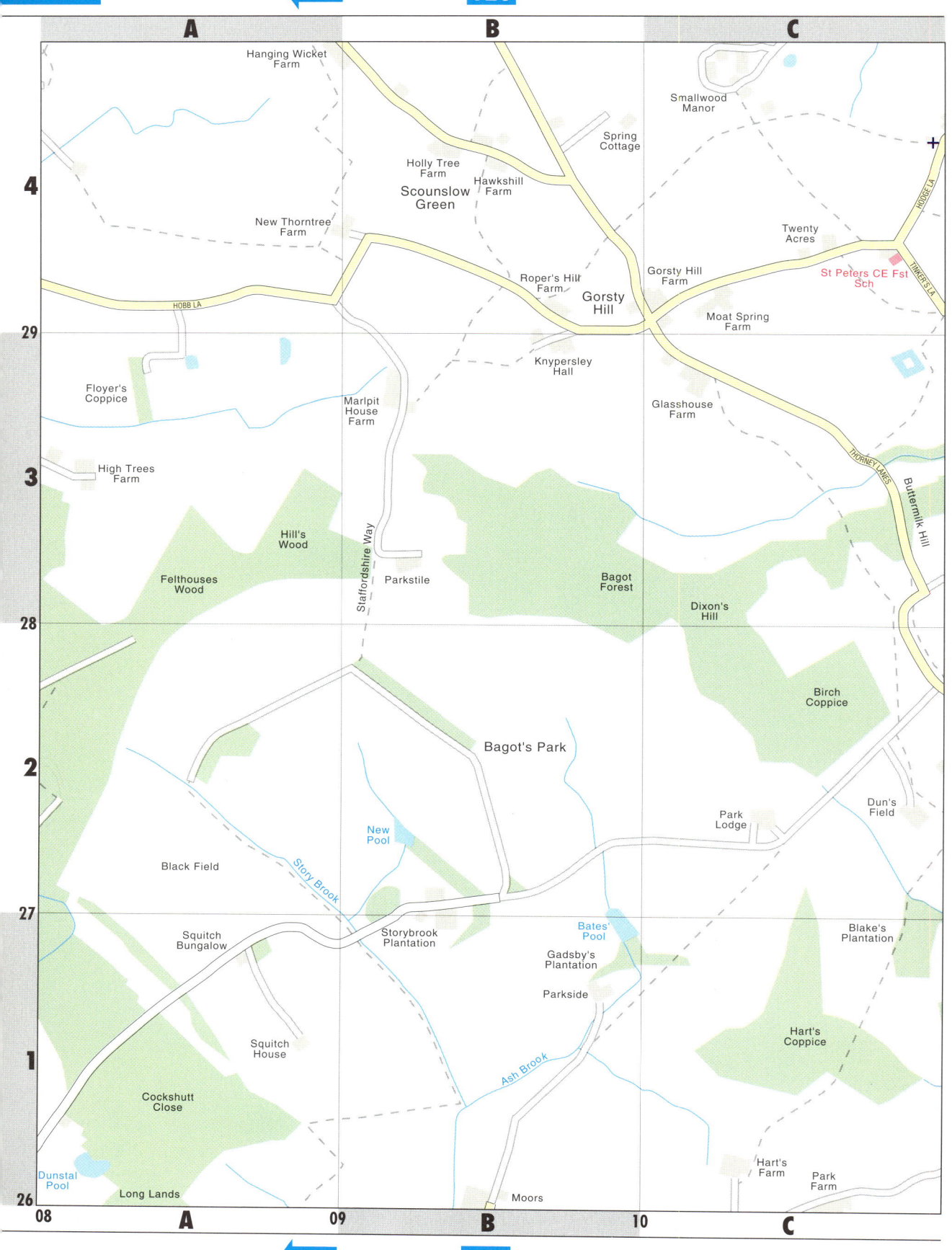

141
161

127
144

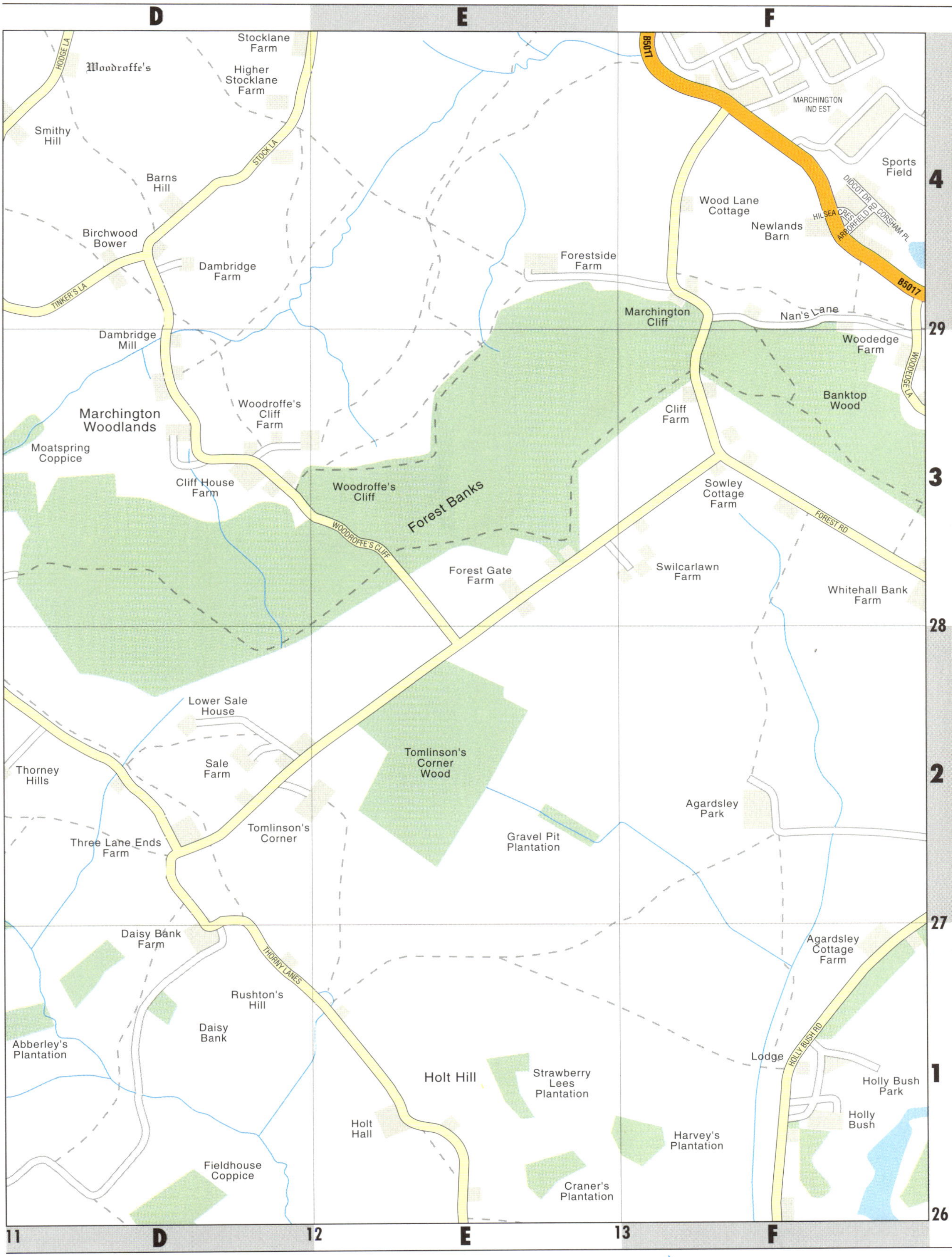

162
144

143
128

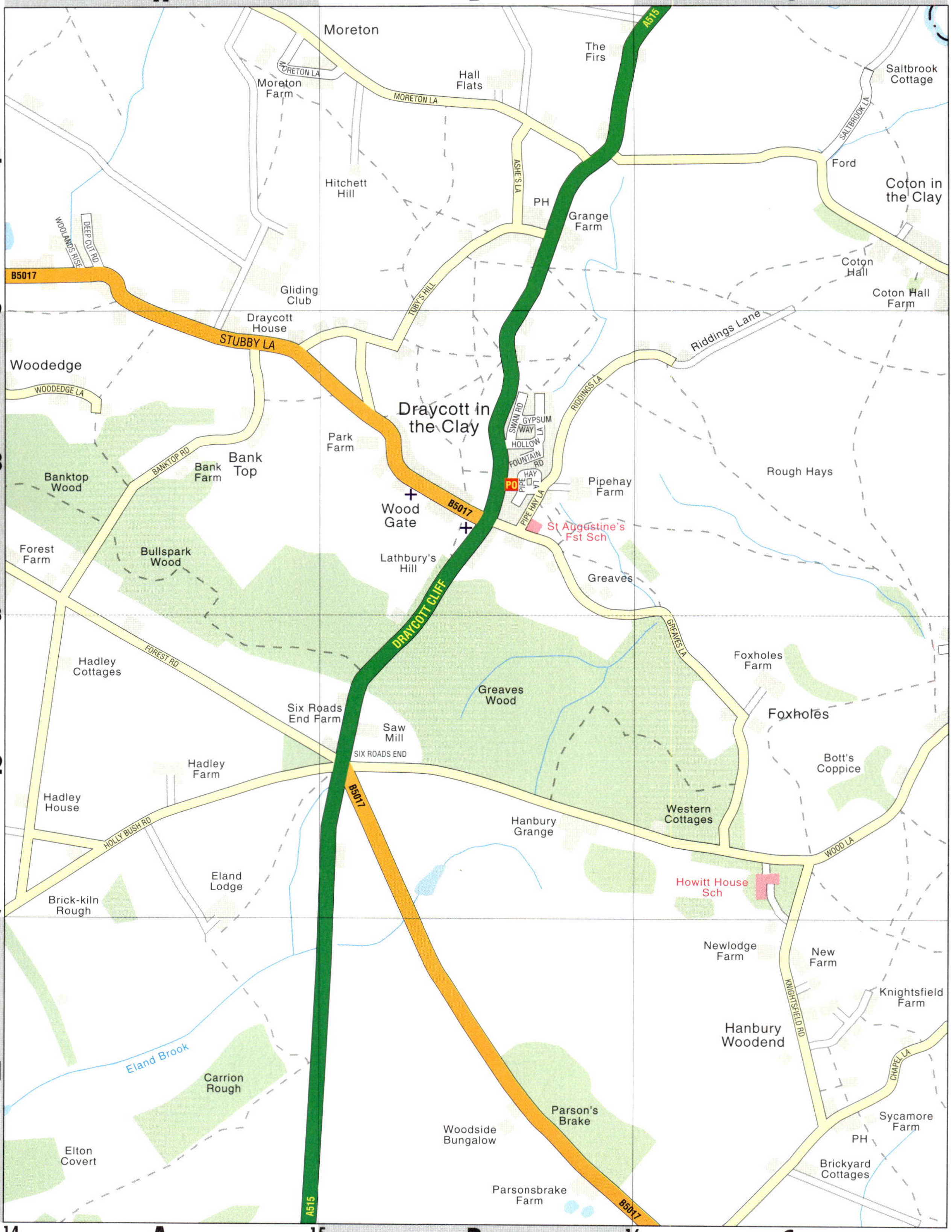

143
163

129 146

D E F

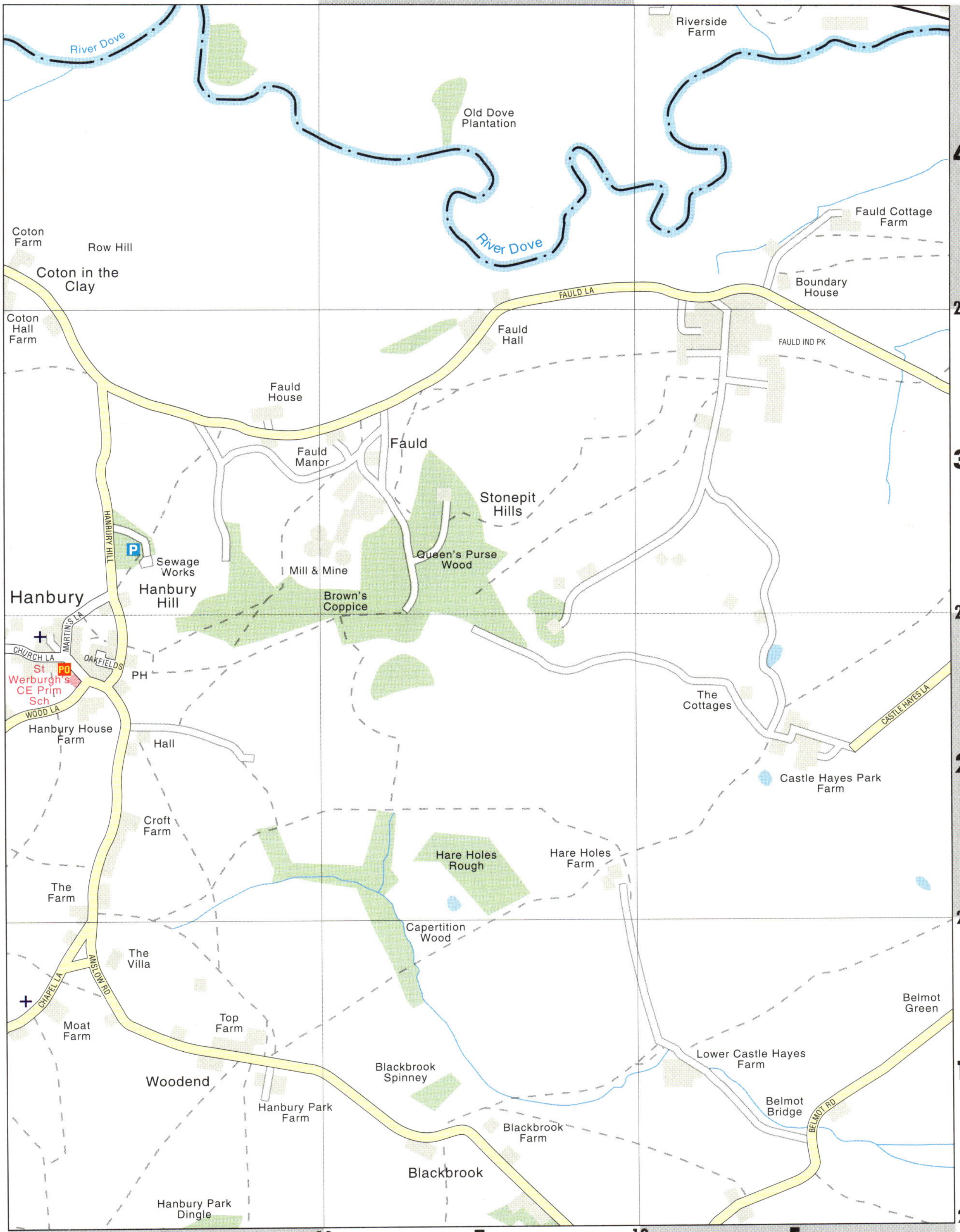

17 D 18 E 19 F

164 146

145

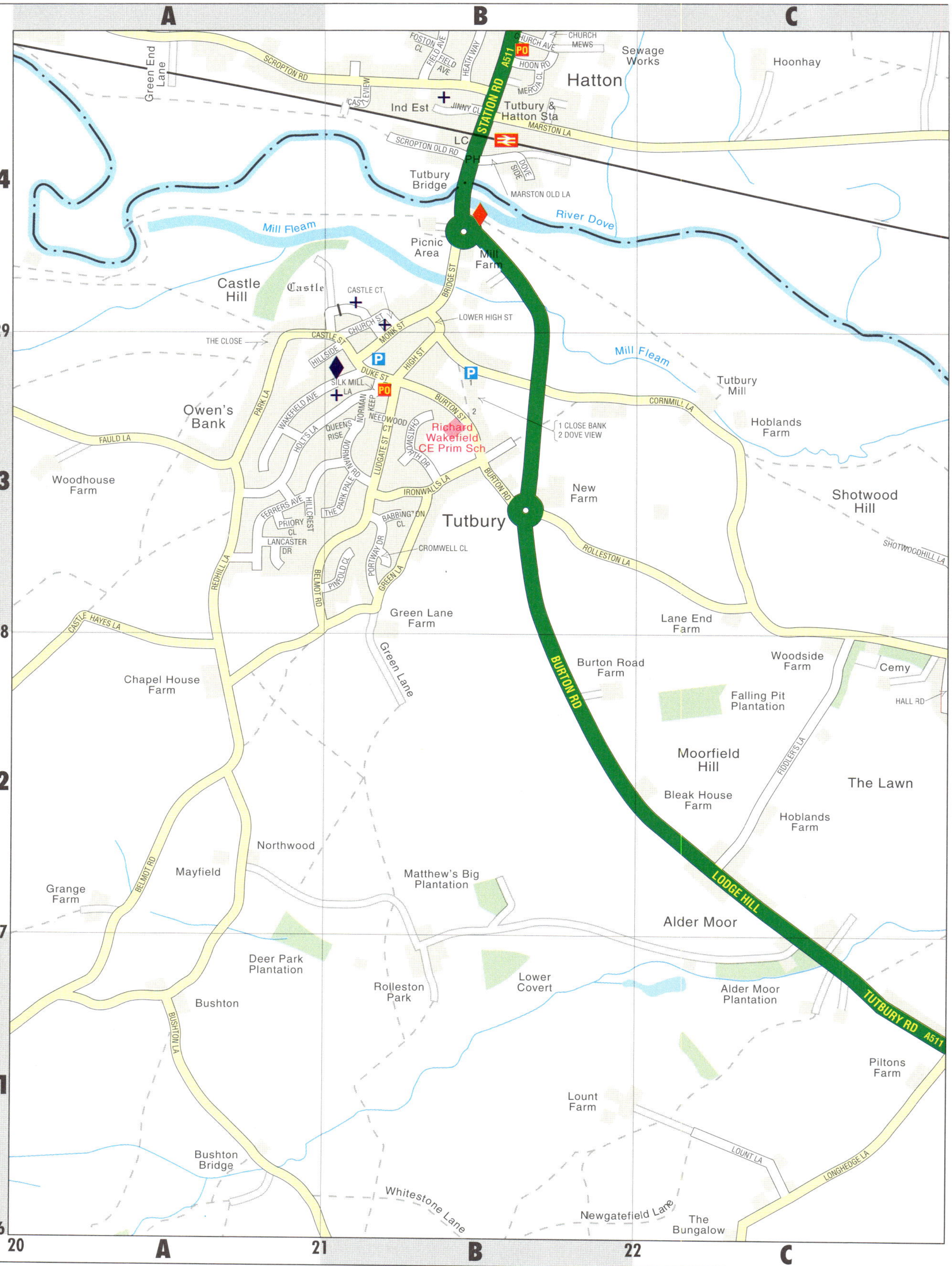
Hatton
Tutbury & Hatton Sta
Ind Est
Sewage Works
Hoonhay
STATION RD
A511
CHURCH AVE
CHURCH MEWS
HOON RD
MERCIA CL
MARSTON LA
FOSTON CL
FIELD AVE
FIELD AVE
HEATH WAY
JINNY CL
CASTLE VIEW
SCROPTON RD
SCROPTON OLD RD
Green End Lane
LC
PH
PO
DOVE SIDE
MARSTON OLD LA
Tutbury Bridge
River Dove
Mill Fleam
Picnic Area
Mill Farm
Castle Hill
Castle
CASTLE CT
LOWER HIGH ST
CHURCH ST
MONK ST
CASTLE ST
THE CLOSE
HILLSIDE
BRIDGE ST
HIGH ST
DUKE ST
SILK MILL LA
P
Mill Fleam
Tutbury Mill
CORNMILL LA
Owen's Bank
PARK LA
WAKEFIELD AVE
HOLT'S LA
QUEENS RISE
NORMAN KEEP
NEEDWOOD CT
BURTON ST
Richard Wakefield CE Prim Sch
1 CLOSE BANK
2 DOVE VIEW
Hoblands Farm
FAULD LA
Woodhouse Farm
NORMAN RD
CHATSWORTH DR
LUDGATE ST
THE PARK PALE
IRONWALLS LA
BURTON RD
New Farm
Shotwood Hill
FERRERS AVE
PRIORY CL
HILLCREST
LANCASTER DR
BABBINGTON CL
Tutbury
SHOTWOODHILL LA
CROMWELL CL
ROLLESTON LA
REDHILL LA
PORTWAY DR
PINFOLD CL
GREEN LA
BELMOT RD
Green Lane Farm
Lane End Farm
CASTLE HAYES LA
Chapel House Farm
Green Lane
Burton Road Farm
BURTON RD
Woodside Farm
Cemy
Falling Pit Plantation
HALL RD
Moorfield Hill
FIDDLER'S LA
The Lawn
Bleak House Farm
Hoblands Farm
Northwood
Mayfield
Grange Farm
BELMOT RD
Matthew's Big Plantation
LODGE HILL
Alder Moor
Deer Park Plantation
Rolleston Park
Lower Covert
Alder Moor Plantation
TUTBURY RD
A511
Bushton
BUSHTON LA
Piltons Farm
Lount Farm
LOUNT LA
LONGHEDGE LA
Bushton Bridge
Whitestone Lane
Newgatefield Lane
The Bungalow
A
B
C
4
29
3
28
2
27
1
26
20
21
22

145
165

148

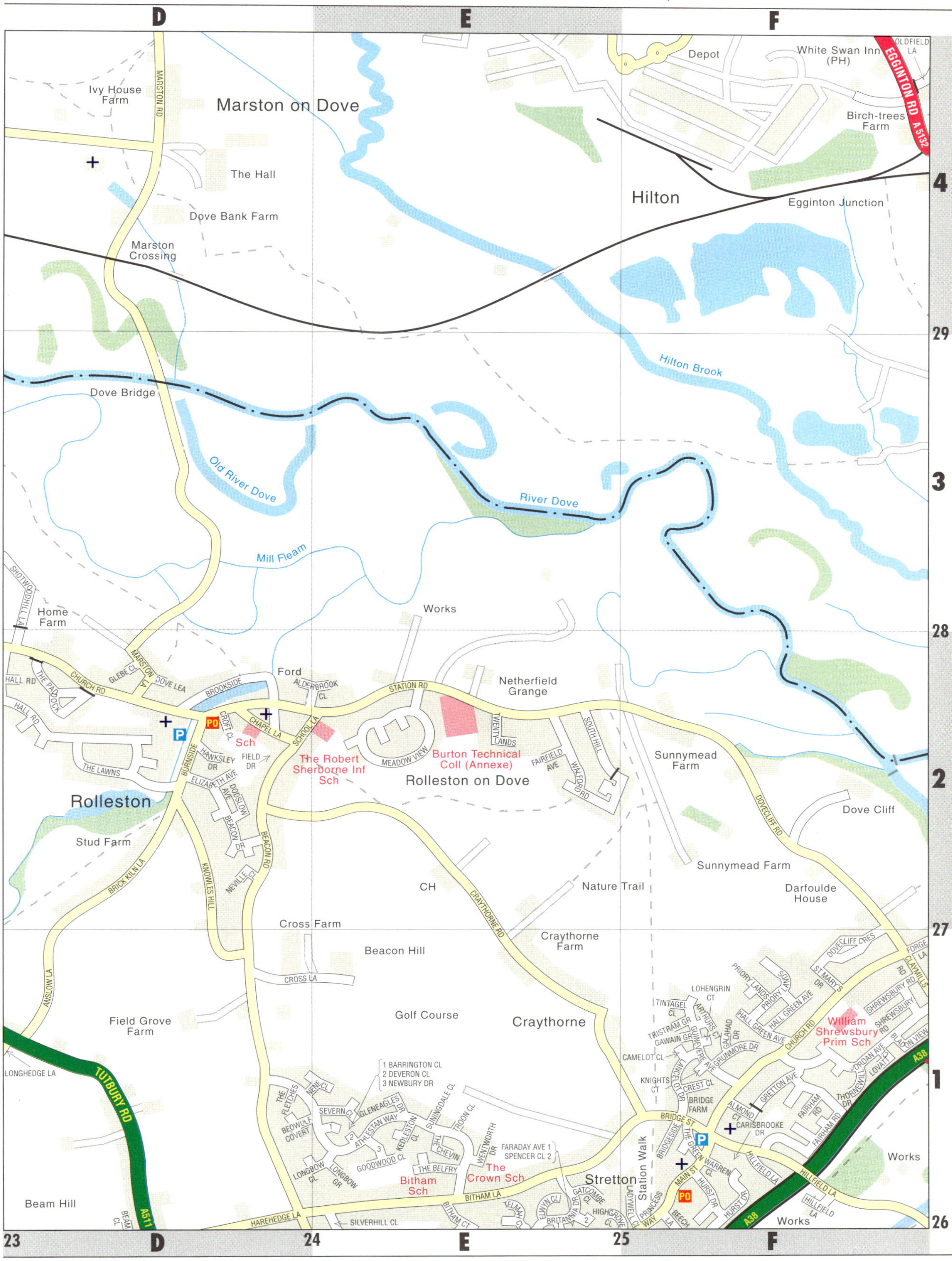

D
E
F
Ivy House Farm
MARSTON RD
Marston on Dove
The Hall
Dove Bank Farm
Marston Crossing
Depot
White Swan Inn (PH)
OLDFIELD LA
EGGINTON RD A5132
Birch-trees Farm
Hilton
Egginton Junction
4
29
Hilton Brook
Dove Bridge
Old River Dove
River Dove
3
Mill Fleam
SHOTWOODHILL LA
Home Farm
Works
28
HALL RD
THE PADDOCK
CHURCH RD
GLEBE CL
MARSTON LA
DOVE LEA
BROOKSIDE
Ford
ALDERBROOK CL
STATION RD
Netherfield Grange
PO
CROFT CL
CHAPEL LA
SCHOOL LA
Sch
HAWKSLEY DR
FIELD DR
The Robert Sherborne Inf Sch
MEADOW VIEW
TWENTYLANDS
Burton Technical Coll (Annexe)
FAIRFIELD AVE
SOUTH HILL
WALFORD RD
Sunnymead Farm
2
THE LAWNS
BURNSIDE
ELIZABETH AVE
DODSLOW AVE
Rolleston on Dove
Rolleston
BEACON DR
BEACON RD
DOVECLIFF RD
Dove Cliff
Stud Farm
BRICK KILN LA
KNOWLES HILL
NEVILLE CL
CH
Nature Trail
Sunnymead Farm
Darfoulde House
CRAYTHORNE RD
Cross Farm
27
Craythorne Farm
Beacon Hill
CROSS LA
ANSLOW LA
DOVECLIFF CRES
FORGE LA
CLAYMILLS RD
ST MARY'S DR
PRIORY LANDS
LOHENGRIN CT
Golf Course
Craythorne
Field Grove Farm
TINTAGEL CL
TRISTRAM GR
GAWAIN GR
PRIORY LAWNS
HALL GREEN AVE
SHREWSBURY RD
CHURCH RD
William Shrewsbury Prim Sch
CAMELOT CL
GRUNMORE DR
LONGHEDGE LA
1 BARRINGTON CL
2 DEVERON CL
3 NEWBURY DR
TUTBURY RD
KNIGHTS CT
CREST CL
BRIDGE FARM
GRETTON AVE
FAIRHAM RD
JORDAN AVE
LOVATT
A38
1
THE FLETCHES
SEVERN CL
GLENEAGLES DR
SUNNINGDALE CL
TROON CL
BRIDGE ST
ALMOND CT
CARISBROOKE DR
BEOWULF COVERT
ATHLESTAN WAY
KEDLESTON CL
THE CHEVIN
WENTWORTH DR
FARADAY AVE 1
SPENCER CL 2
Station Walk
BRIDGESIDE
THE GREEN
WARREN CL
Works
GOODWOOD CL
THE BELFRY
The Crown Sch
LONGBOW CL
LONGBOW GR
Bitham Sch
Stretton
HURST DR
HILLFIELD LA
BITHAM LA
MAIN ST
PO
Beam Hill
BEAM CL
A511
HAREHEDGE LA
SILVERHILL CL
BITHAM CT
ELMWOOD CL
BRITANNIA DR
GATCOMBE CL
HIGHGROVE CL
LADYWELL CL
PRINCESS WAY
BEECH LA
HILLFIELD LA
Works
26
23
24
25

166

148

147

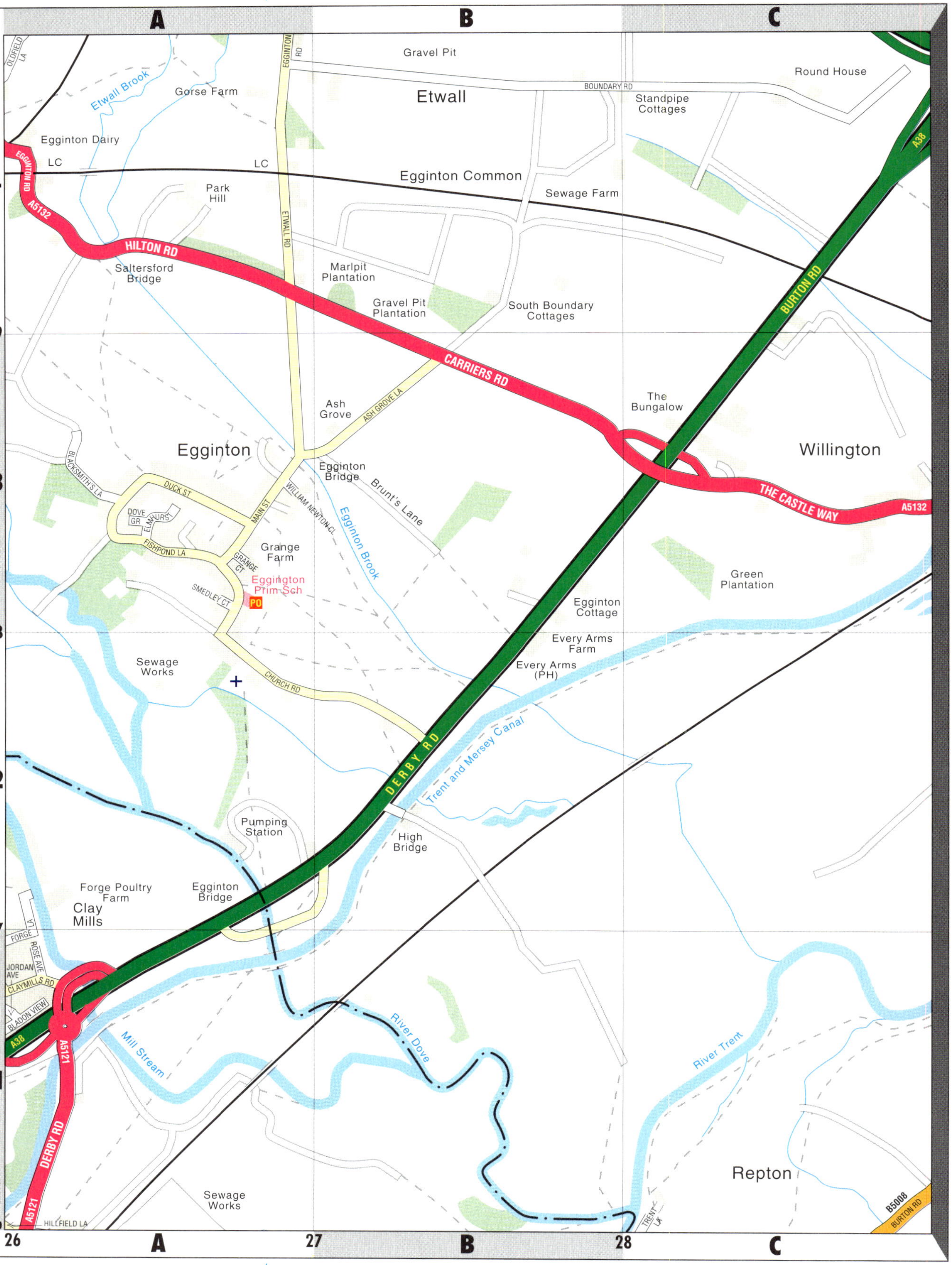
A
B
C
4
29
3
28
2
27
1
26
26
27
28
Gravel Pit
Etwall
Round House
BOUNDARY RD
Standpipe Cottages
Gorse Farm
Etwall Brook
Egginton Dairy
LC
LC
Egginton Common
Sewage Farm
Park Hill
EGGINTON RD
A5132
HILTON RD
ETWALL RD
Saltersford Bridge
Marlpit Plantation
Gravel Pit Plantation
South Boundary Cottages
BURTON RD
A38
CARRIERS RD
Ash Grove
ASH GROVE LA
The Bungalow
Egginton
Willington
Egginton Bridge
Brunt's Lane
BLACKSMITH'S LA
DUCK ST
MAIN ST
WILLIAM NEWTON CL
Egginton Brook
THE CASTLE WAY
A5132
DOVE GR
ELM
FISHPOND LA
Grange Farm
GRANGE CT
Egginton Prim Sch
PO
SMEDLEY CT
Green Plantation
Egginton Cottage
Every Arms Farm
Every Arms (PH)
Sewage Works
CHURCH RD
DERBY RD
Trent and Mersey Canal
Pumping Station
High Bridge
Forge Poultry Farm
Egginton Bridge
Clay Mills
FORGE
ROSE AVE
JORDAN AVE
CLAYMILLS RD
BLADON VIEW
A38
A5121
River Dove
Mill Stream
River Trent
DERBY RD
A5121
Sewage Works
Repton
TRENT LA
B5008
BURTON RD
HILLFIELD LA
OLDFIELD LA

147
167

149

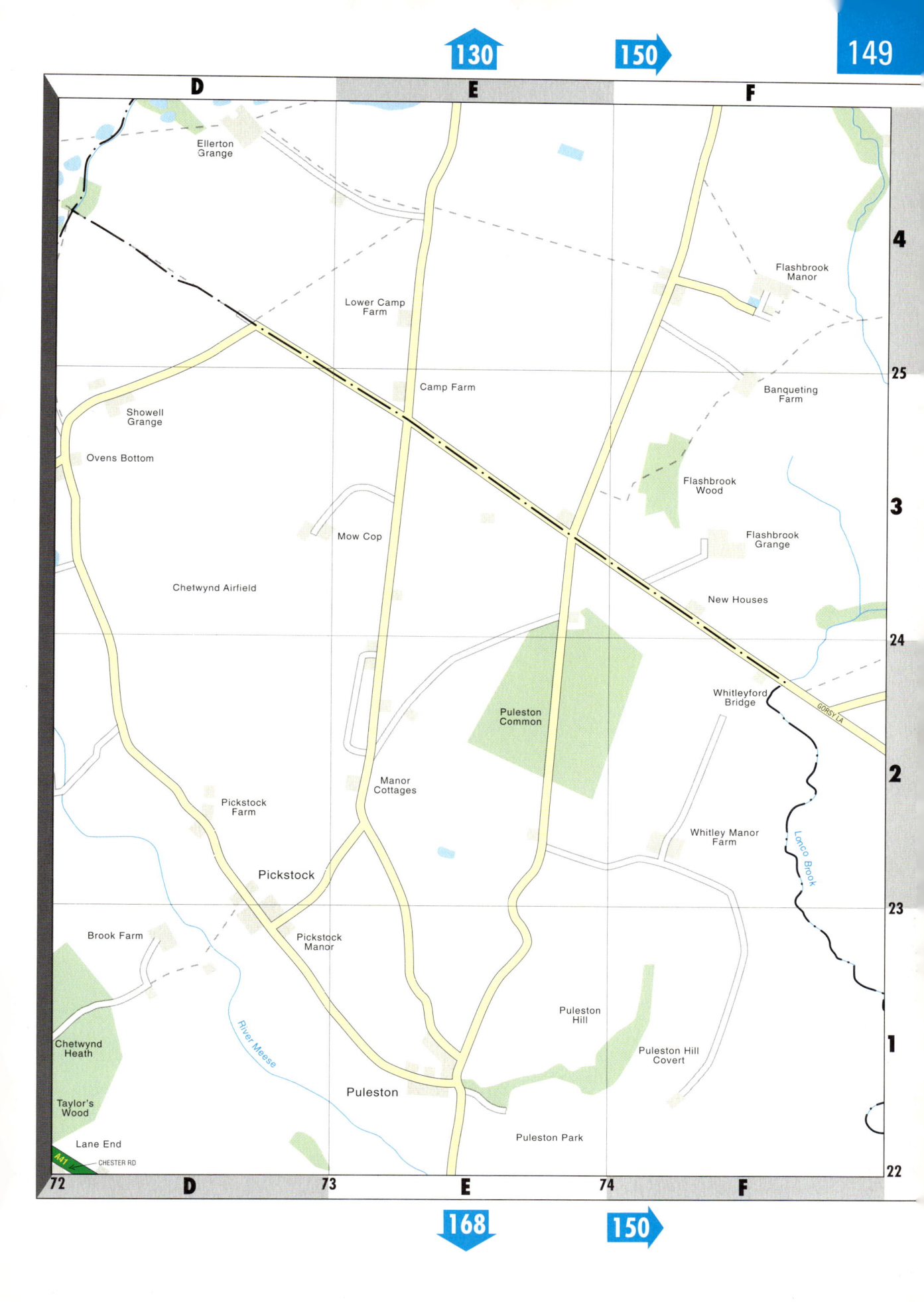

Ellerton Grange
Lower Camp Farm
Flashbrook Manor
Camp Farm
Banqueting Farm
Showell Grange
Ovens Bottom
Flashbrook Wood
Mow Cop
Flashbrook Grange
Chetwynd Airfield
New Houses
Whitleyford Bridge
GORSY LA
Puleston Common
Manor Cottages
Whitley Manor Farm
Lonco Brook
Pickstock Farm
Pickstock
Brook Farm
Pickstock Manor
River Meese
Chetwynd Heath
Puleston Hill
Puleston Hill Covert
Taylor's Wood
Lane End
A41 CHESTER RD
Puleston
Puleston Park

149
131

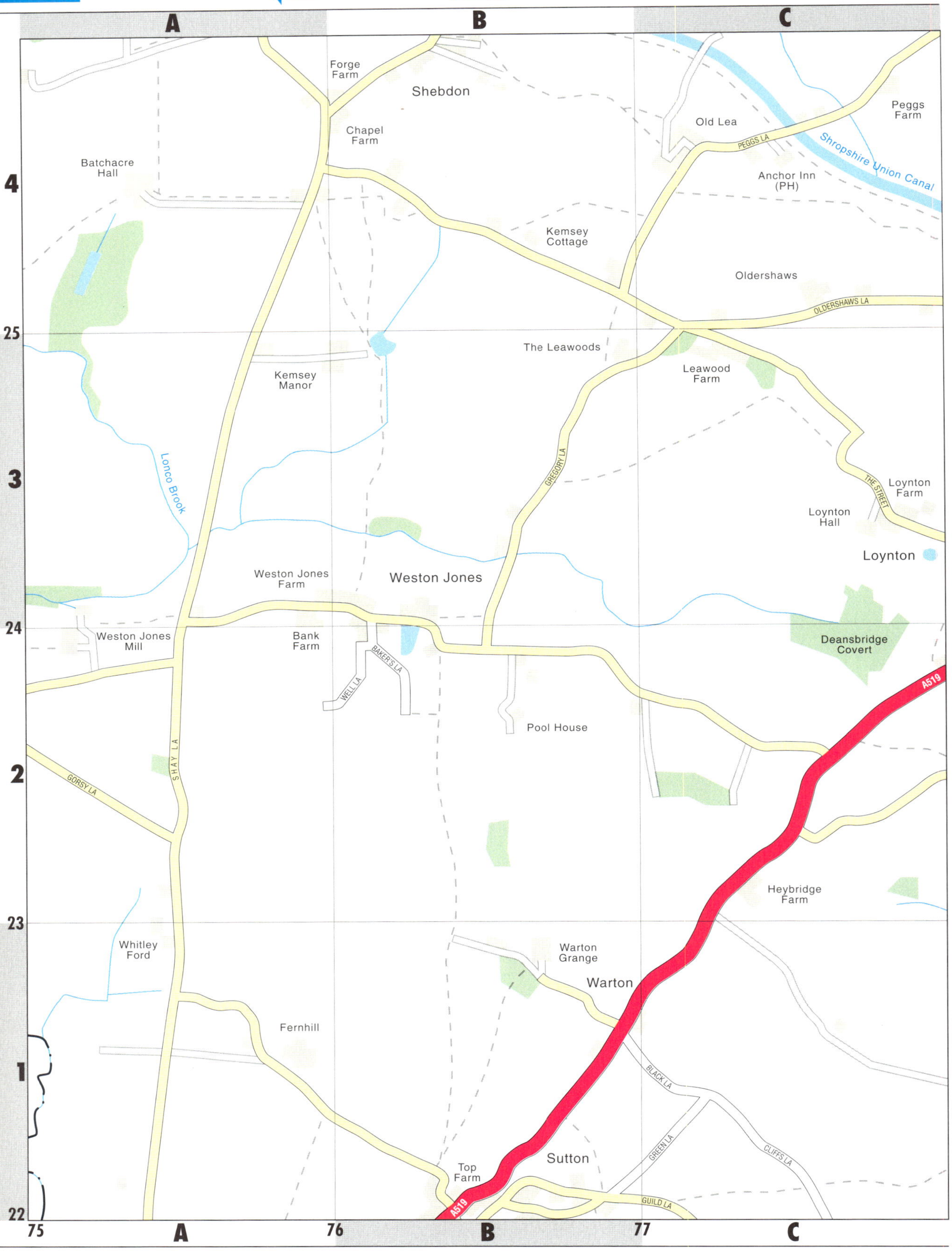

149
169

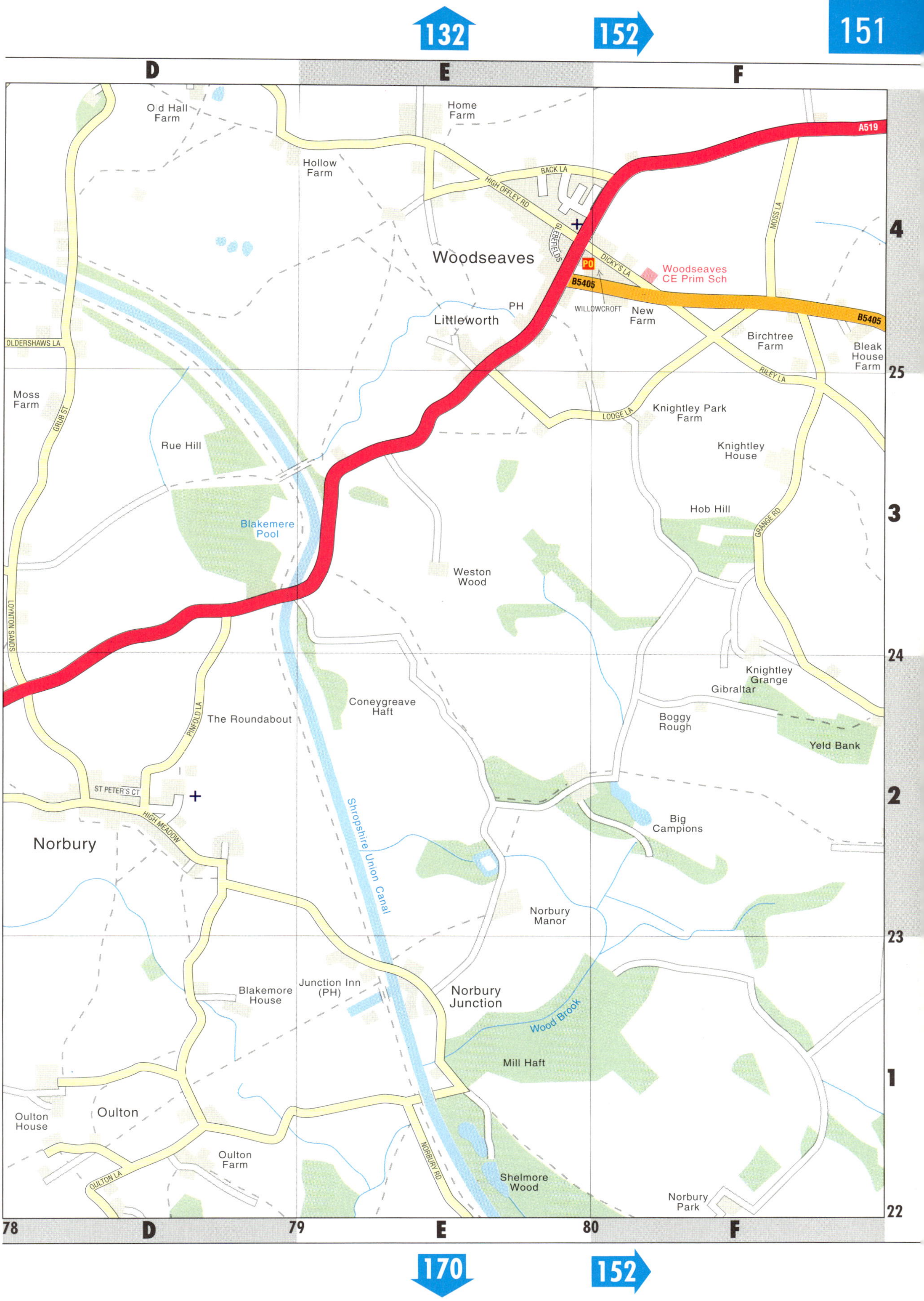
132
152
170
152
D
E
F
4
3
2
1
25
24
23
22
78
79
80
Old Hall Farm
Home Farm
Hollow Farm
BACK LA
HIGH OFFLEY RD
A519
MOSS LA
GLEBEFIELDS
Woodseaves
DICKY'S LA
PO
B5405
Woodseaves CE Prim Sch
WILLOWCROFT
New Farm
PH
Littleworth
Birchtree Farm
Bleak House Farm
OLDERSHAWS LA
RILEY LA
Moss Farm
GRUB ST
LODGE LA
Knightley Park Farm
Knightley House
Rue Hill
Hob Hill
GRANGE RD
Blakemere Pool
Weston Wood
LOYNTON SANDS
Knightley Grange
Gibraltar
Coneygreave Haft
PINFOLD LA
The Roundabout
Boggy Rough
Yeld Bank
ST PETER'S CT
HIGH MEADOW
Big Campions
Norbury
Shropshire Union Canal
Norbury Manor
Blakemore House
Junction Inn (PH)
Norbury Junction
Wood Brook
Mill Haft
Oulton
Oulton House
Oulton Farm
OULTON LA
NORBURY RD
Shelmore Wood
Norbury Park

151
133

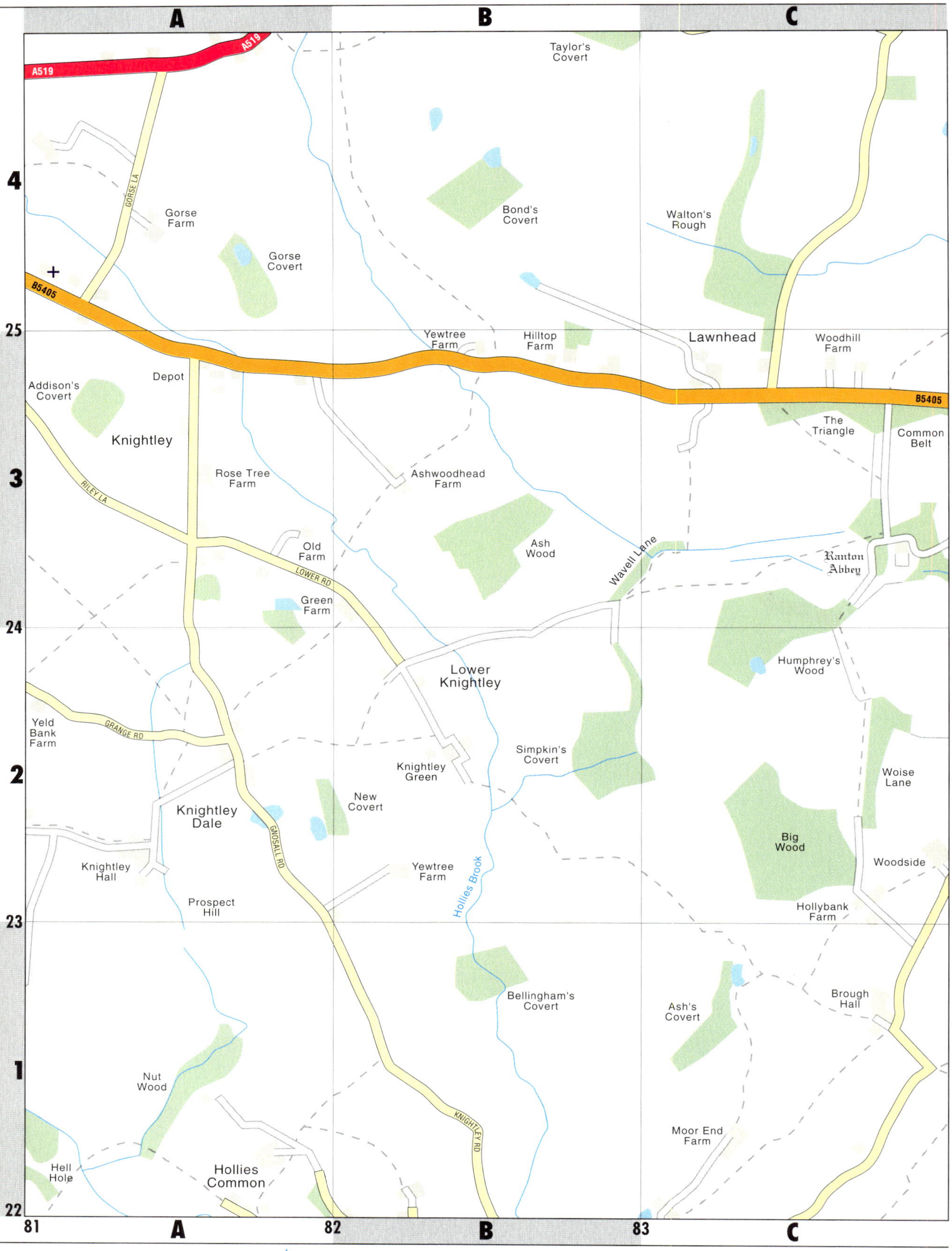

151
171

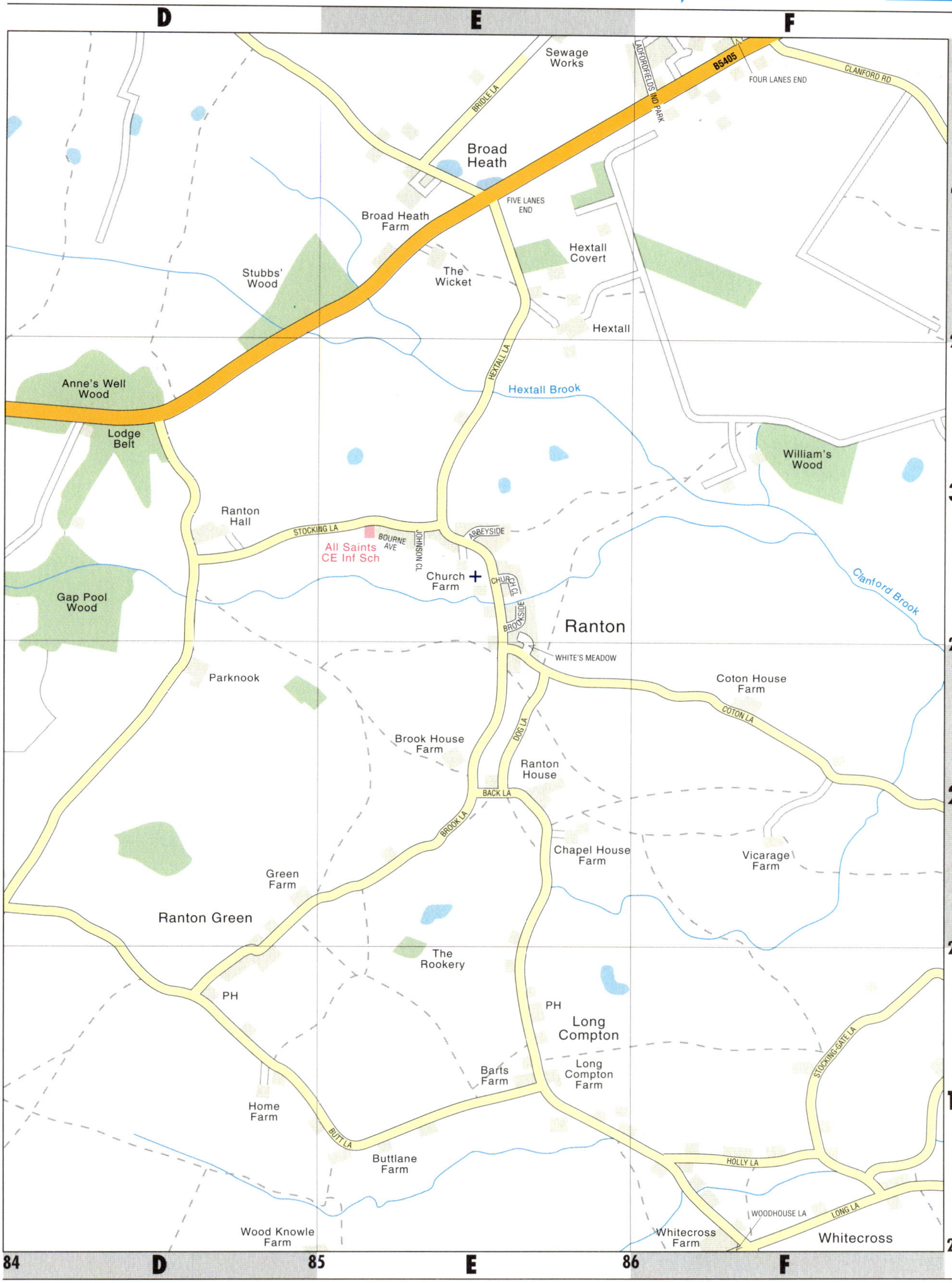
D
E
F
Sewage Works
B5405
FOUR LANES END
CLANFORD RD
BRIDLE LA
LADFORDFIELDS IND PARK
Broad Heath
FIVE LANES END
Broad Heath Farm
Hextall Covert
Stubbs' Wood
The Wicket
Hextall
HEXTALL LA
Hextall Brook
Anne's Well Wood
Lodge Belt
William's Wood
Ranton Hall
STOCKING LA
BOURNE AVE
JOHNSON CL
ABBEYSIDE
All Saints CE Inf Sch
Church Farm
CHURCH CL
BROOKSIDE
Gap Pool Wood
Clanford Brook
Ranton
WHITE'S MEADOW
Parknook
Coton House Farm
COTON LA
Brook House Farm
DOG LA
Ranton House
BACK LA
BROOK LA
Chapel House Farm
Vicarage Farm
Green Farm
Ranton Green
The Rookery
PH
PH
Long Compton
STOCKING-GATE LA
Barts Farm
Long Compton Farm
Home Farm
BUTT LA
Buttlane Farm
HOLLY LA
WOODHOUSE LA
LONG LA
Wood Knowle Farm
Whitecross Farm
Whitecross
4
25
3
24
2
23
1
22
84
85
86

153
135

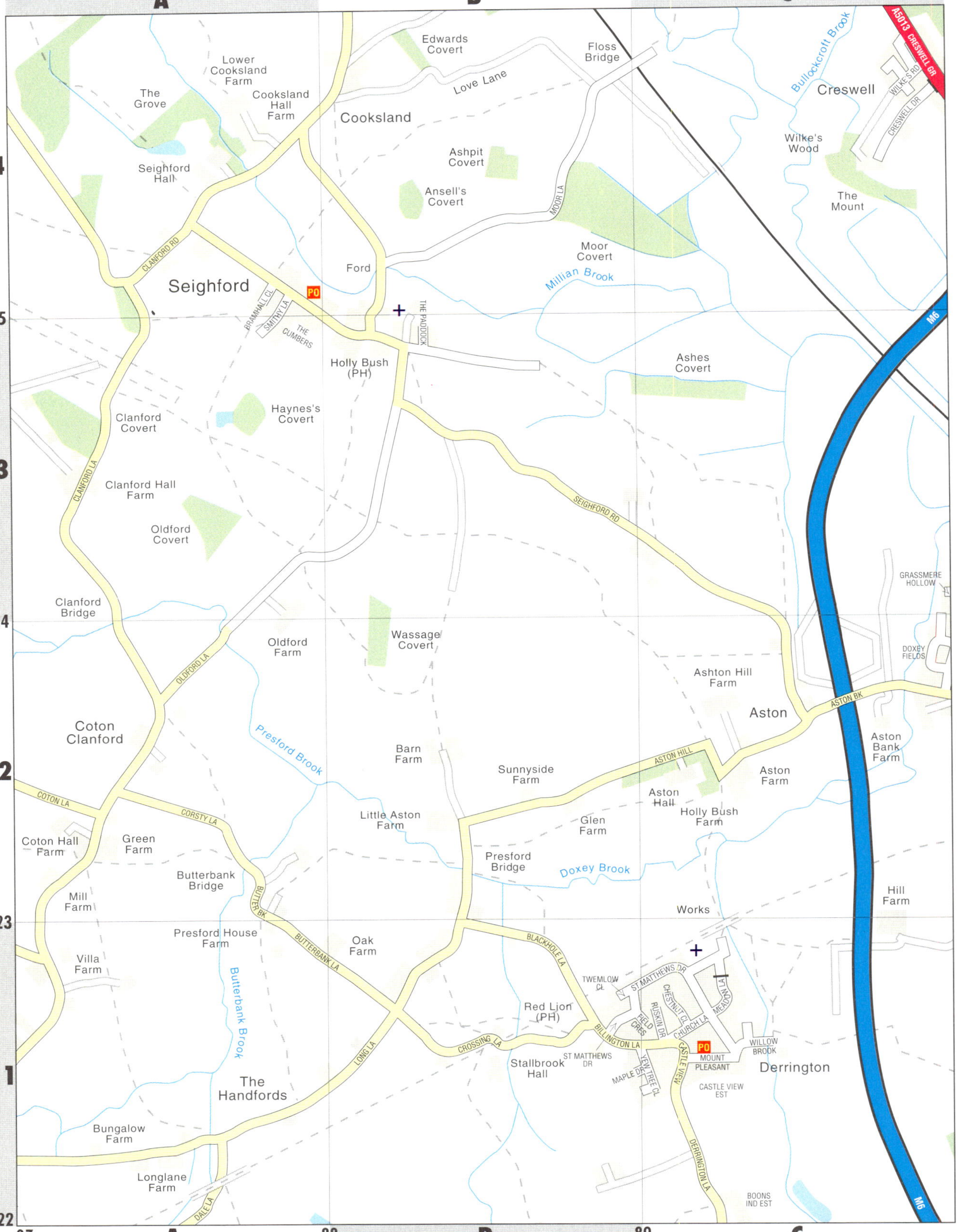

153
173

136
156

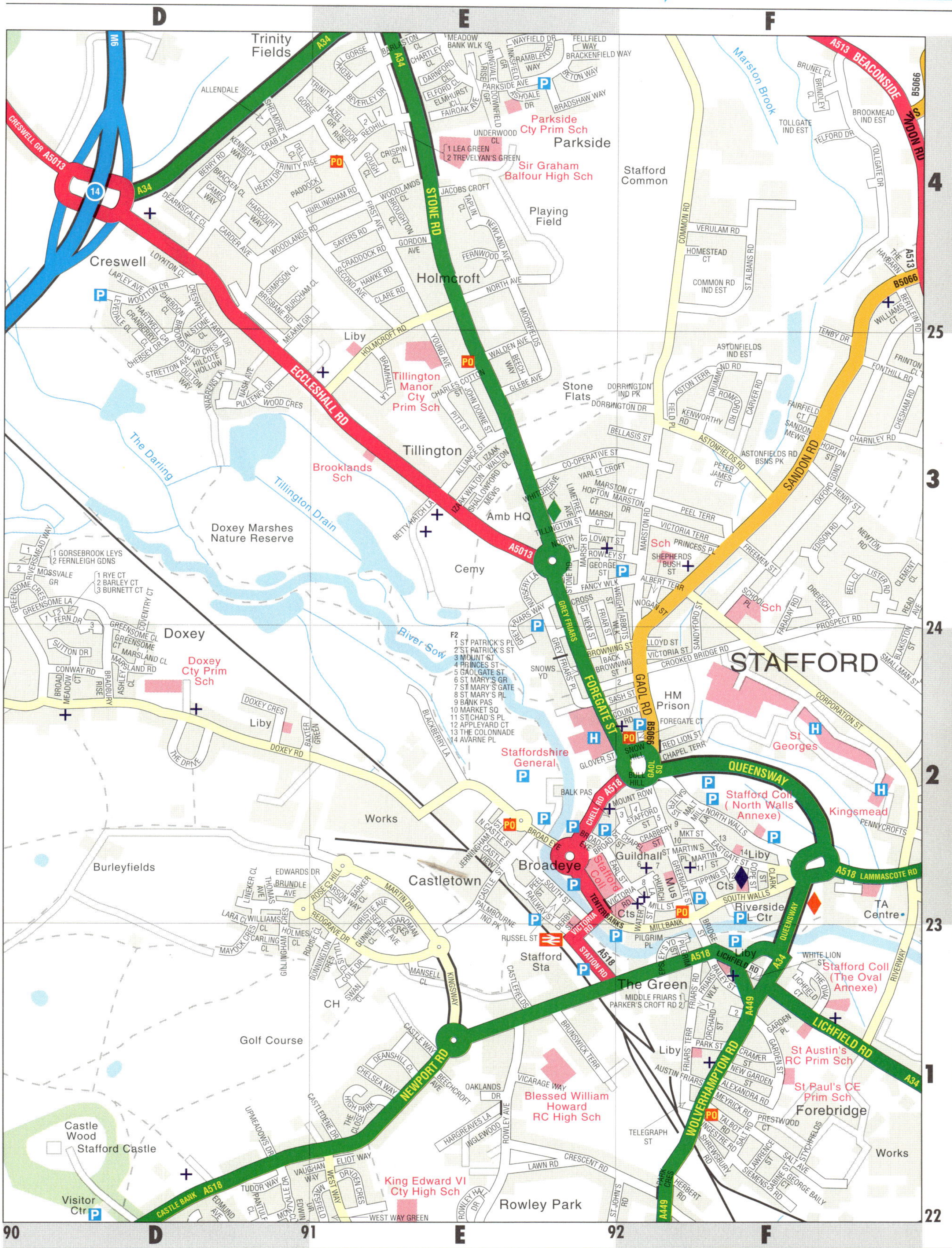

174
156

155
137

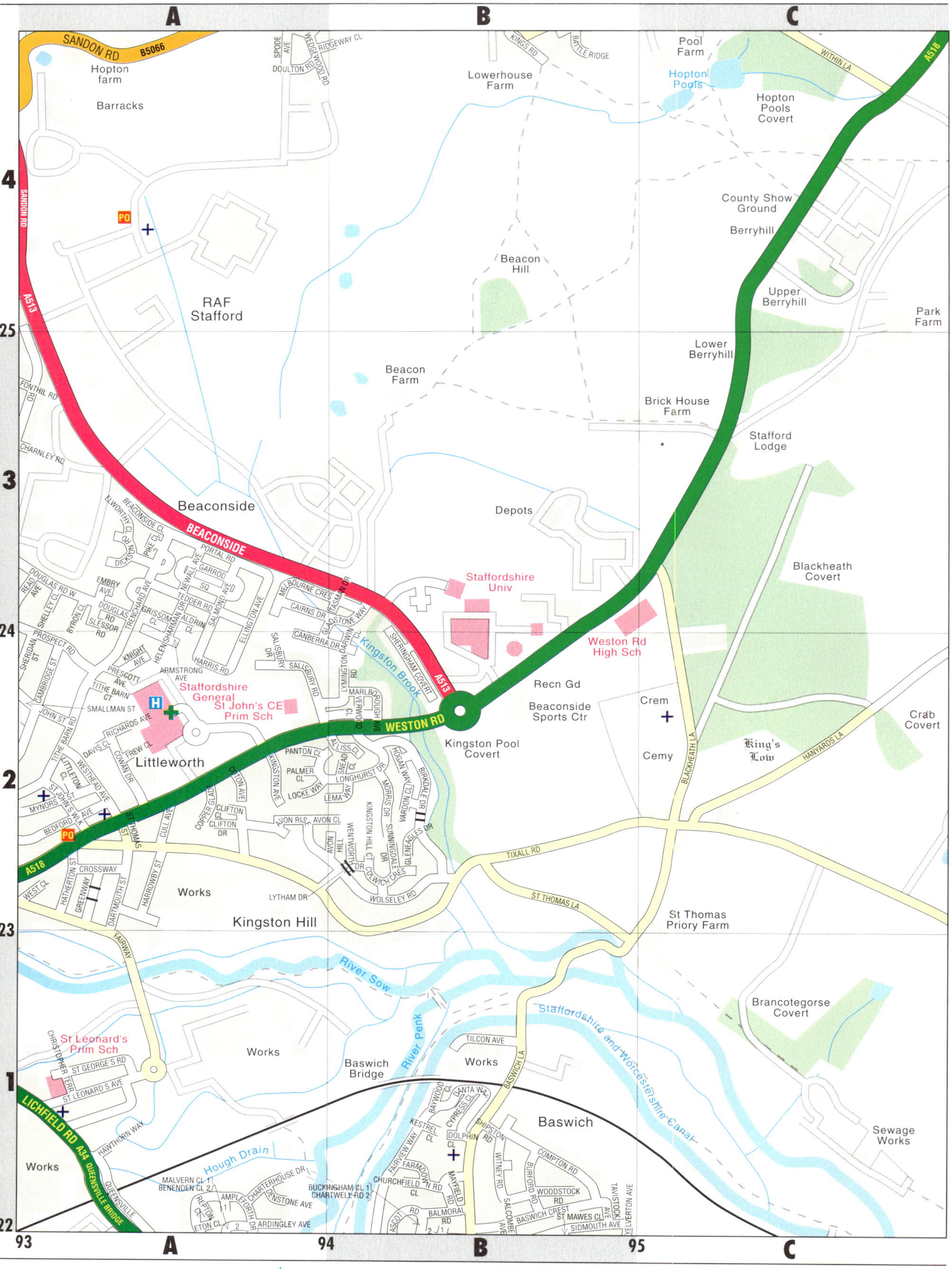

155
175

138
158
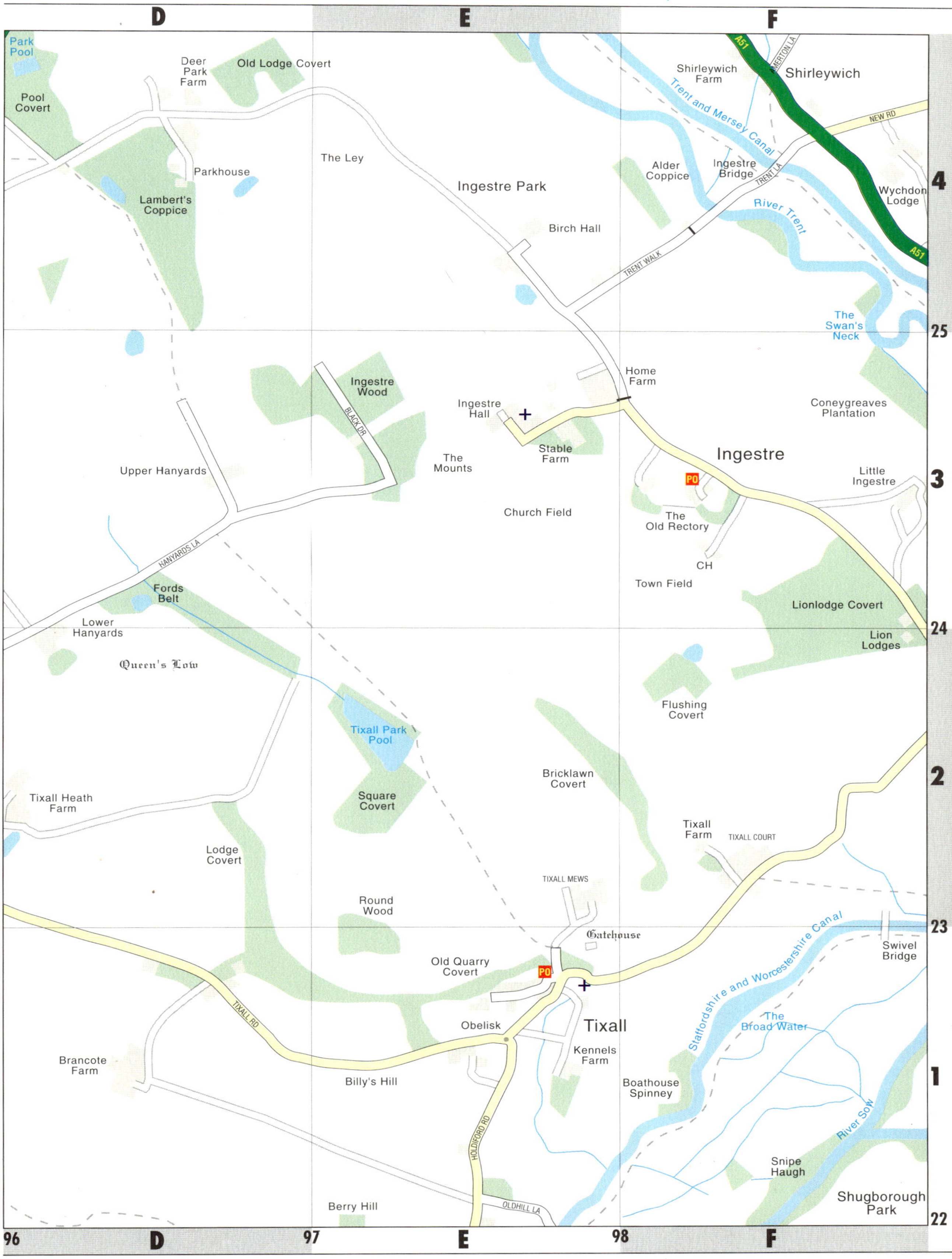

176
158

157
139

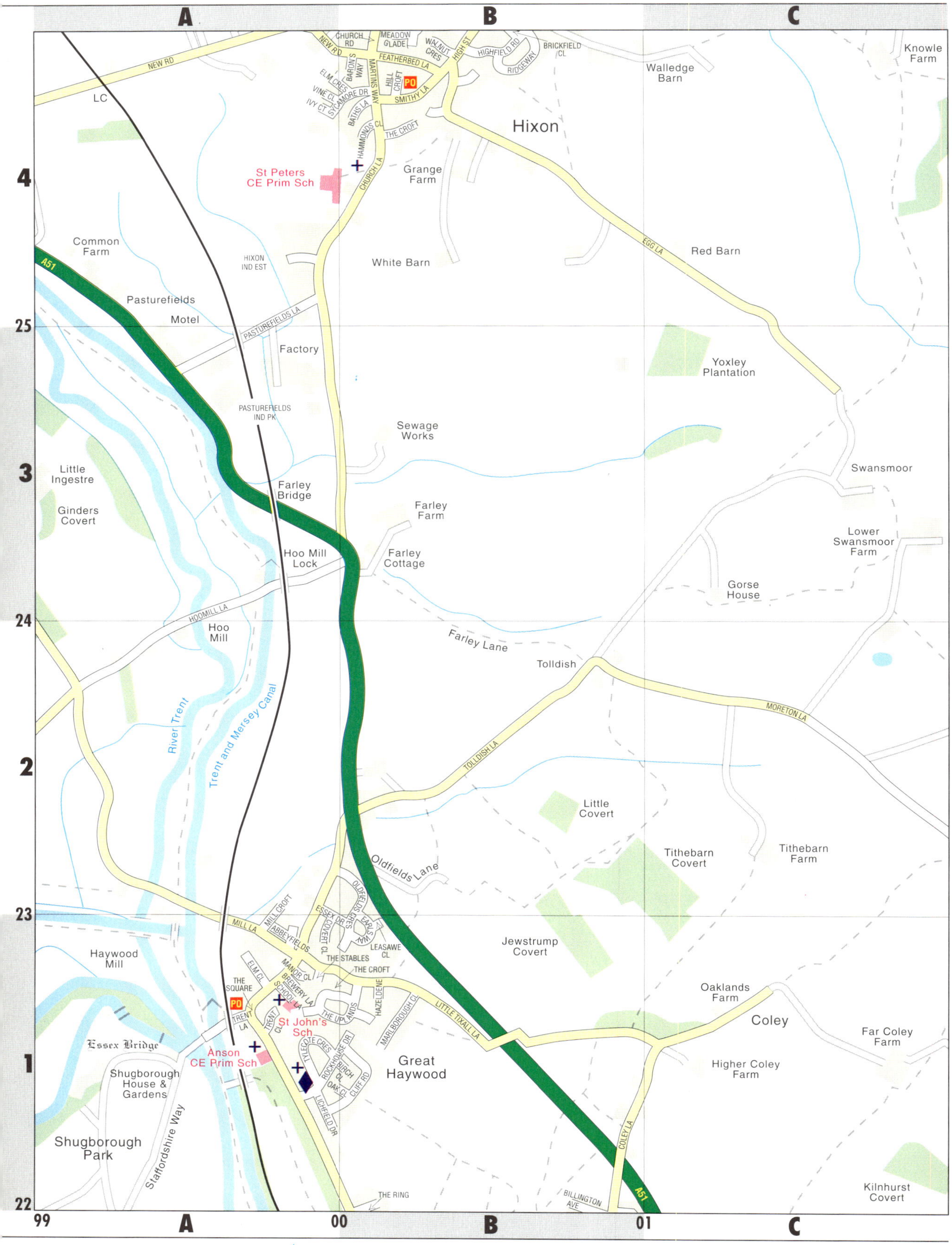

157
177

Map 159

Grid references (columns D–F, rows 1–4)

Locations shown on map:

- Shaw's Rough
- Lower Lea Farm
- Lea Farm
- Lea Heath
- The Wicket (PH)
- Lea Heath Farm
- Bourn Brook
- Newbuildings Farm
- Middle Farm
- Newton
- Manor Farm
- Newton Bridge
- River Blithe
- Newtonhurst Farm
- Vaughan's Lane Farm
- Newton Farm
- Vaughan's La
- Long Plantation
- Blithfield Reservoir
- Dairy House Farm
- Dairy House
- Rectory Farm
- Moreton Brook
- Rectory
- Blithfield Hall
- Blithfield Park
- Moreton Barn Farm
- Oakfields
- Moreton Lane
- Admaston Lodges
- Moreton La
- Moreton House
- Moreton Farm
- Blithfield Gorse
- Wilderley Barn
- Lea La
- Lea Hall Farm
- B5013
- Moreton Grange
- Spencer's Plantation
- Sherracop La
- Upper Moreton
- Flint's Barn
- Moreton Lane
- Jongham's Cottage
- School La

Page links: 140 (north), 160 (east), 178 (south), 160 (south)

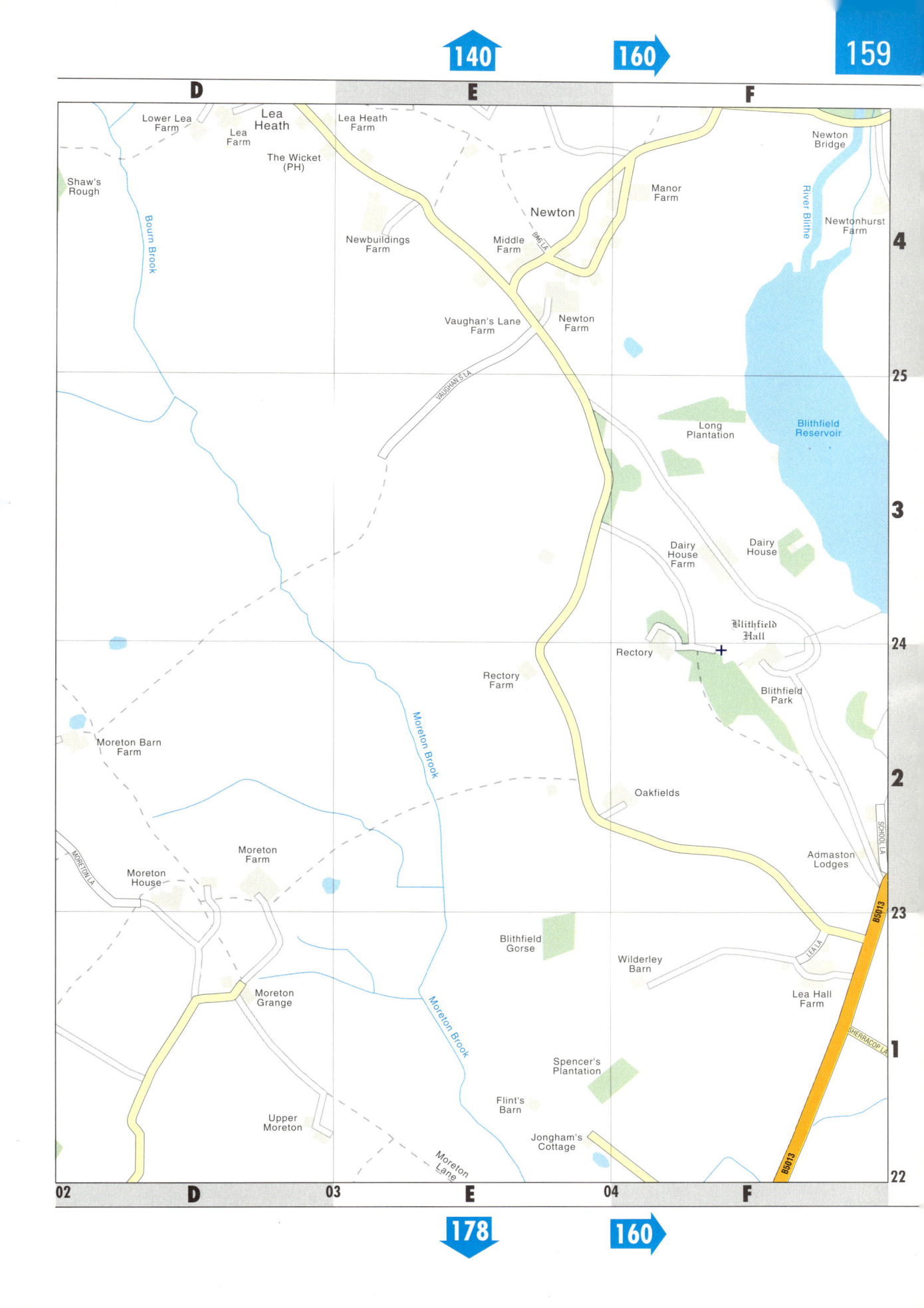

159
141

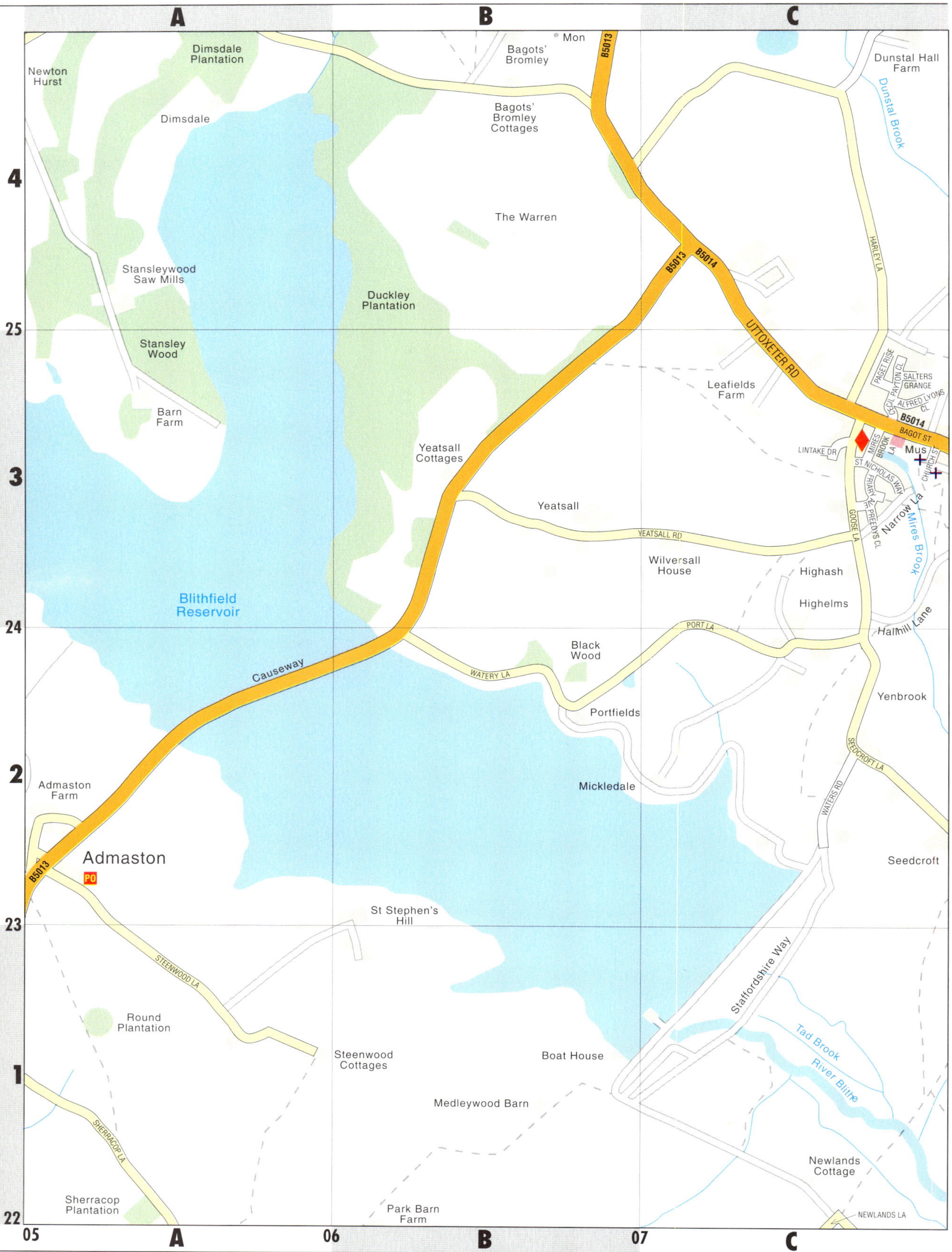

159
179

142
162

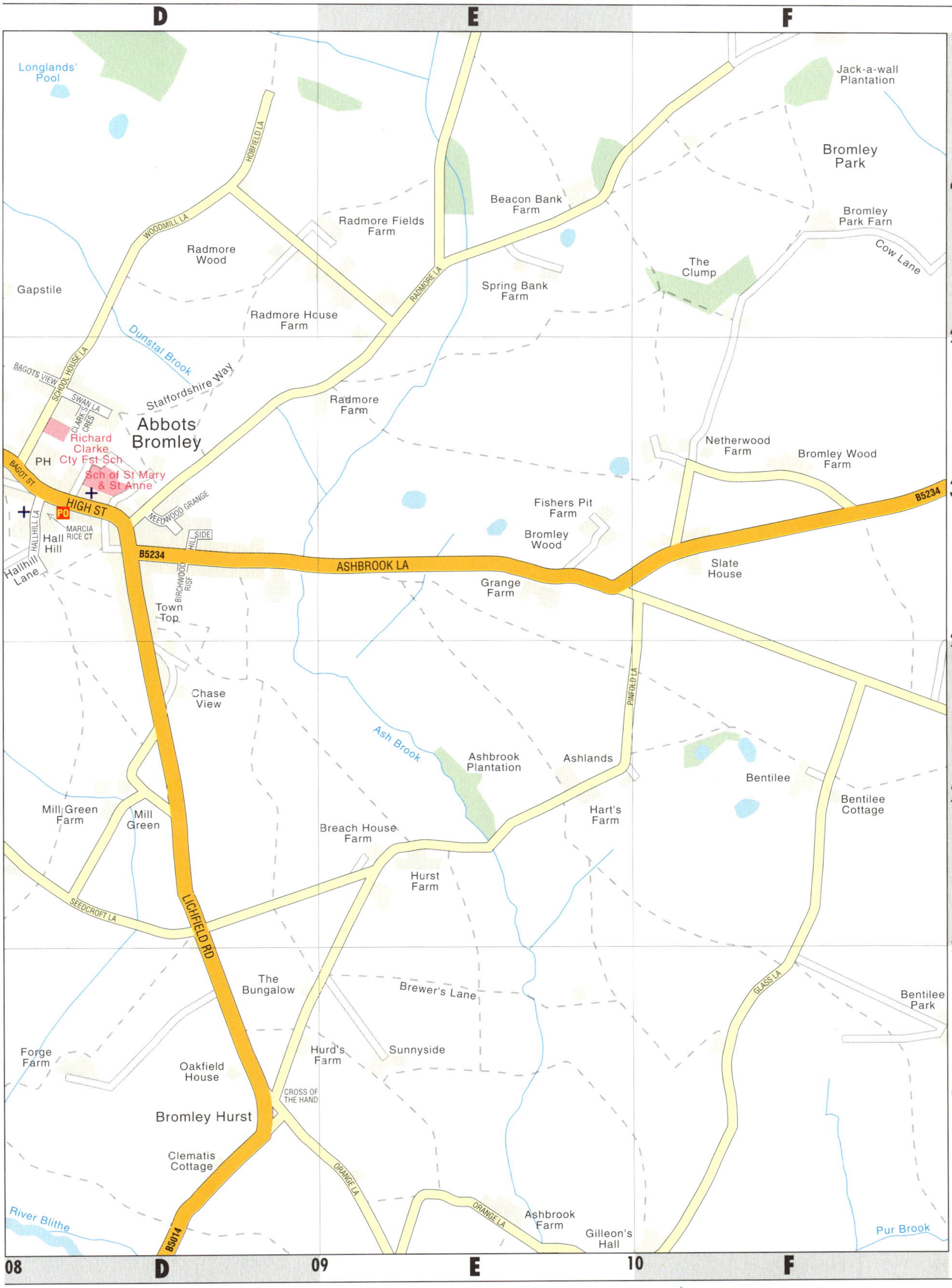

180
162

161
143
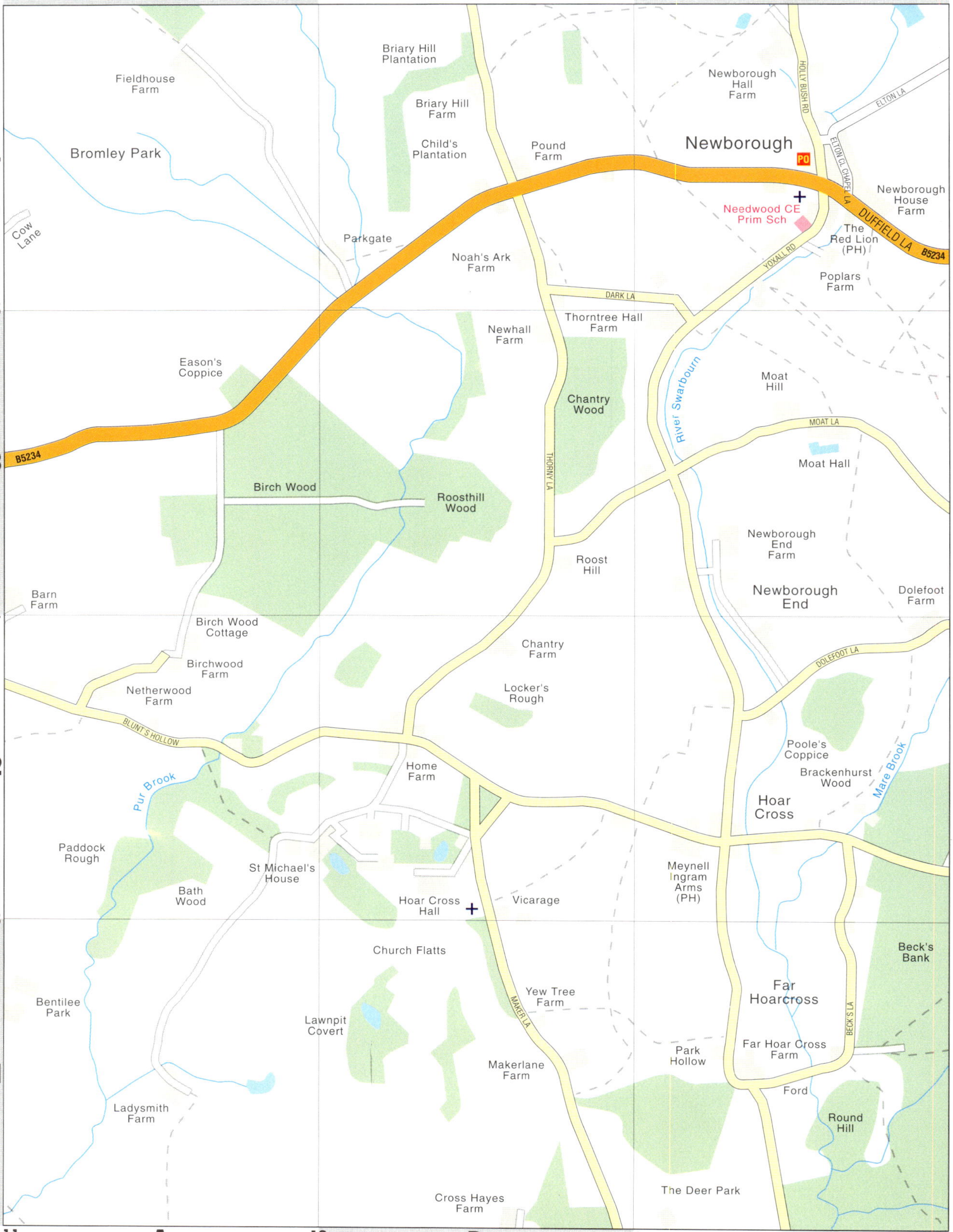

161
181

163

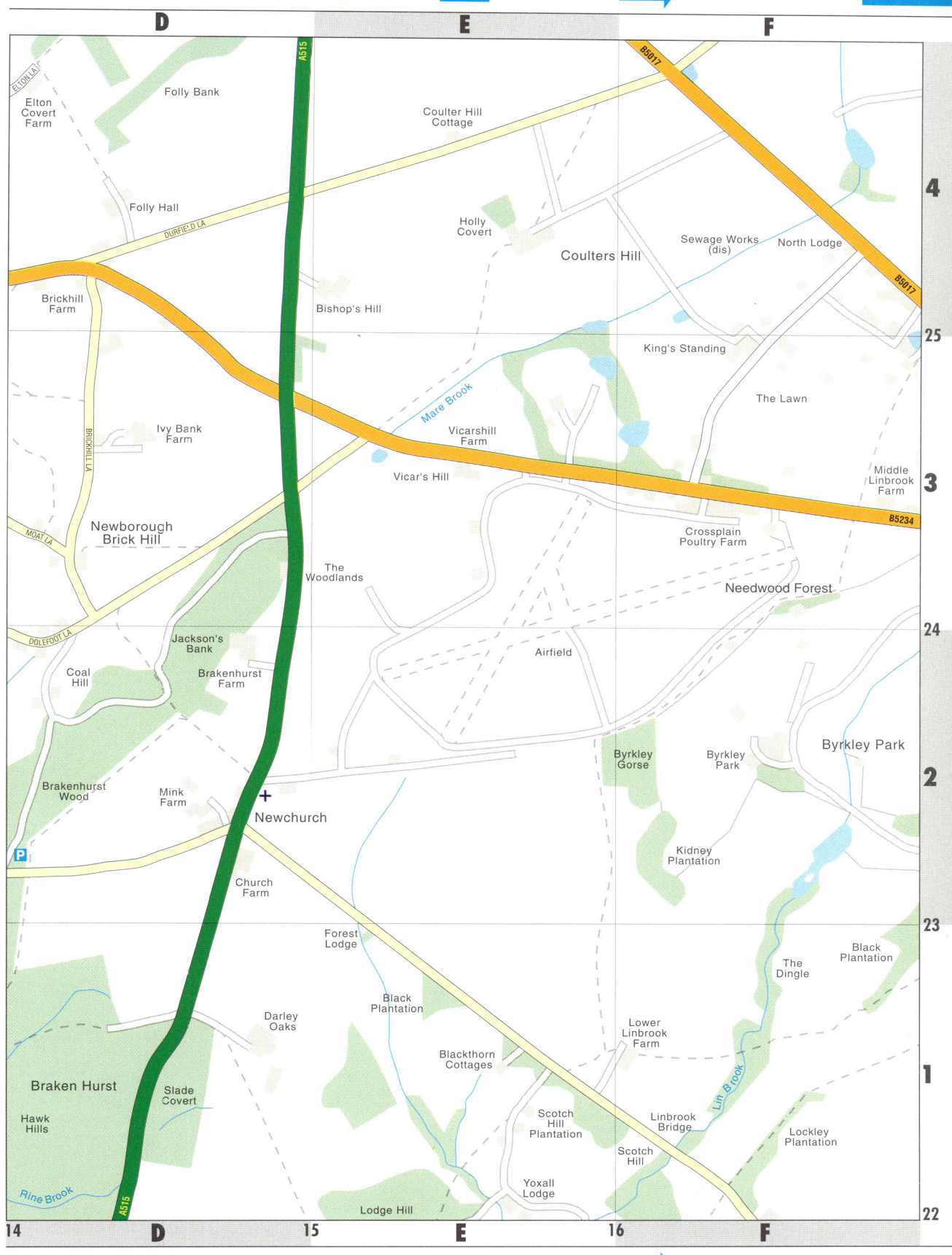

Grid D4
- Elton Covert Farm
- Folly Bank
- Folly Hall
- DURFIELD LA
- ELTON LA
- Brickhill Farm
- BRICKHILL LA

Grid E4
- Coulter Hill Cottage
- Holly Covert
- Bishop's Hill
- Coulters Hill

Grid F4
- B5017
- Sewage Works (dis)
- North Lodge

Grid D3
- Ivy Bank Farm
- Newborough Brick Hill
- MOAT LA

Grid E3
- Mare Brook
- Vicarshill Farm
- Vicar's Hill

Grid F3
- King's Standing
- The Lawn
- Middle Linbrook Farm
- Crossplain Poultry Farm
- Needwood Forest
- B5234

Grid D2
- DOLEFOOT LA
- Coal Hill
- Brakenhurst Wood
- Jackson's Bank
- Brakenhurst Farm
- Mink Farm

Grid E2
- The Woodlands
- Airfield

Grid F2
- Byrkley Gorse
- Byrkley Park
- Byrkley Park
- Kidney Plantation

Grid D1
- Braken Hurst
- Hawk Hills
- Slade Covert
- Rine Brook
- A515

Grid E1
- Newchurch
- Church Farm
- Forest Lodge
- Darley Oaks
- Black Plantation
- Blackthorn Cottages
- Lodge Hill
- Yoxall Lodge
- Scotch Hill Plantation
- Scotch Hill

Grid F1
- Black Plantation
- The Dingle
- Lower Linbrook Farm
- Linbrook Bridge
- Lin Brook
- Lockley Plantation

144 · 164 · 182 · 164

163
145

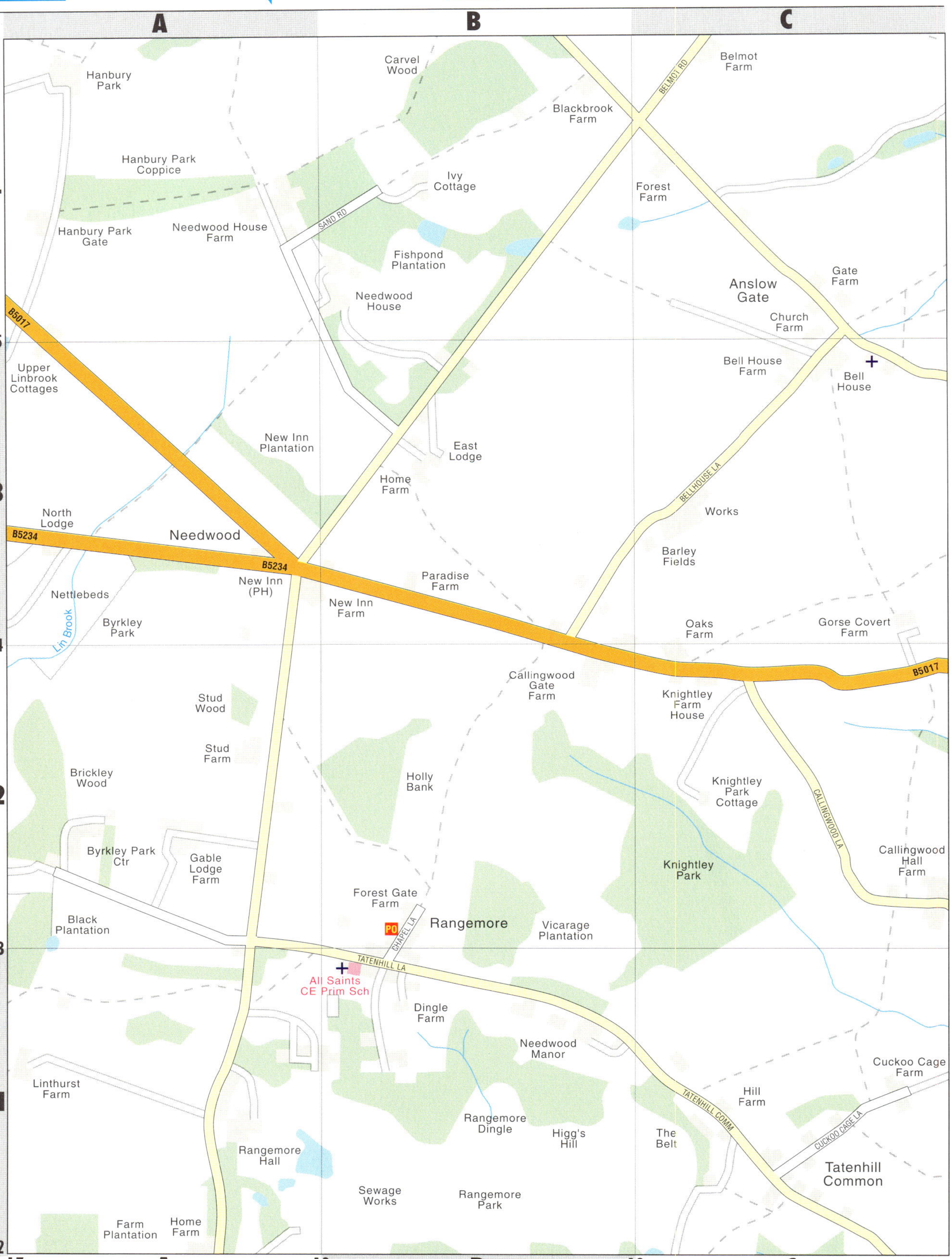

163
183

146
166

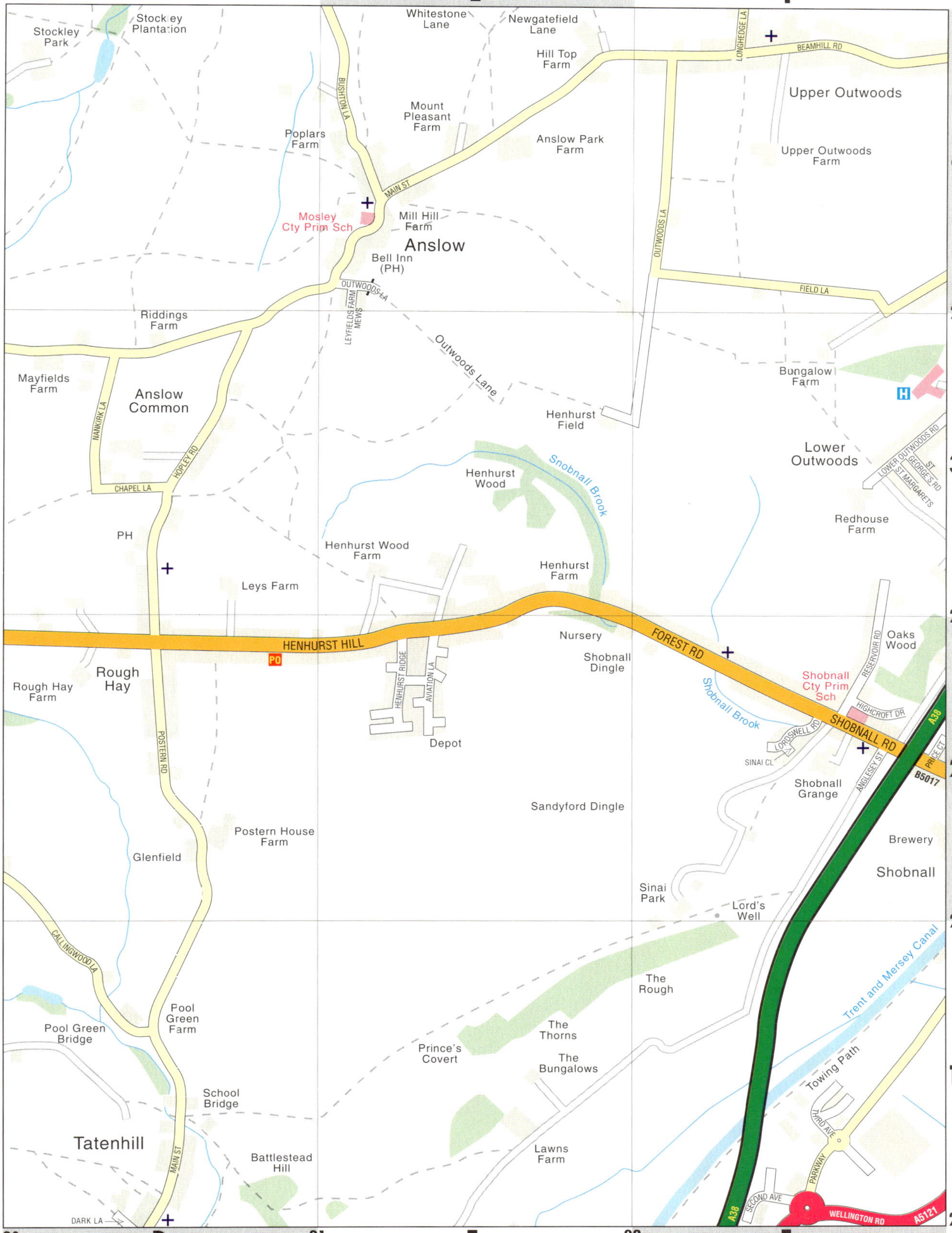

184
166

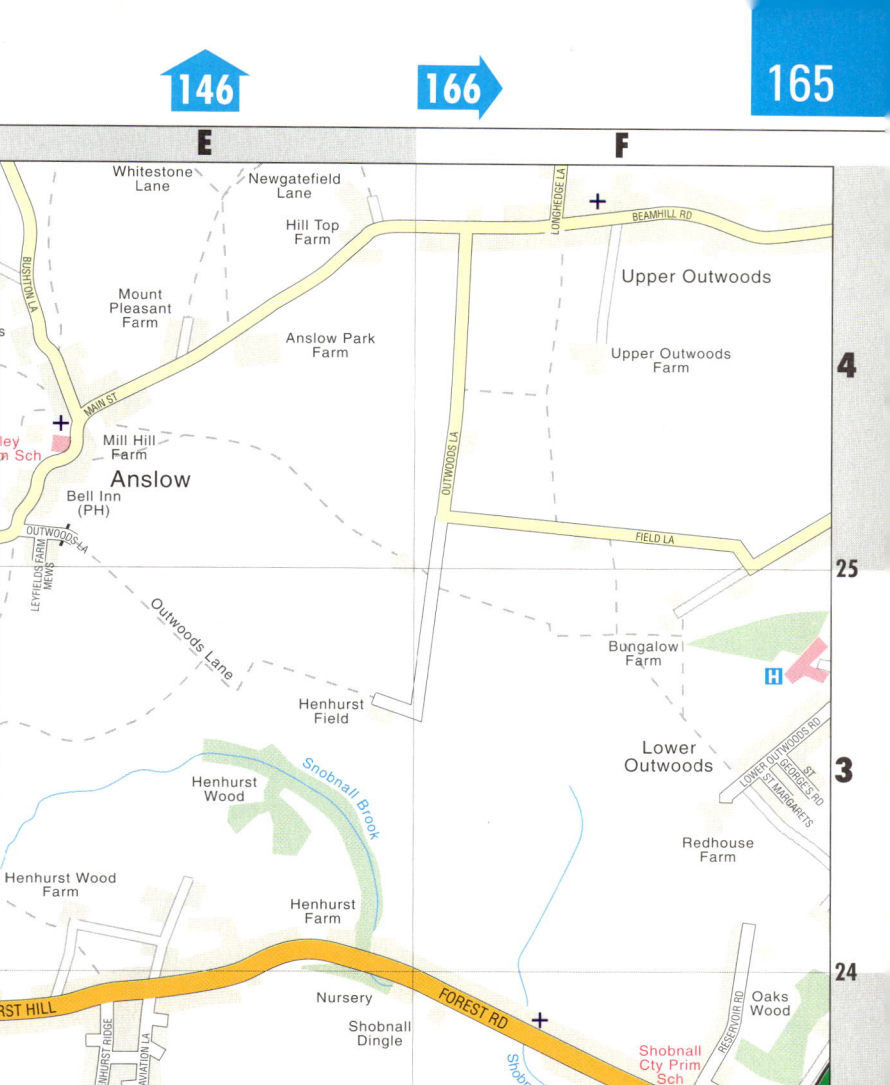

165
147

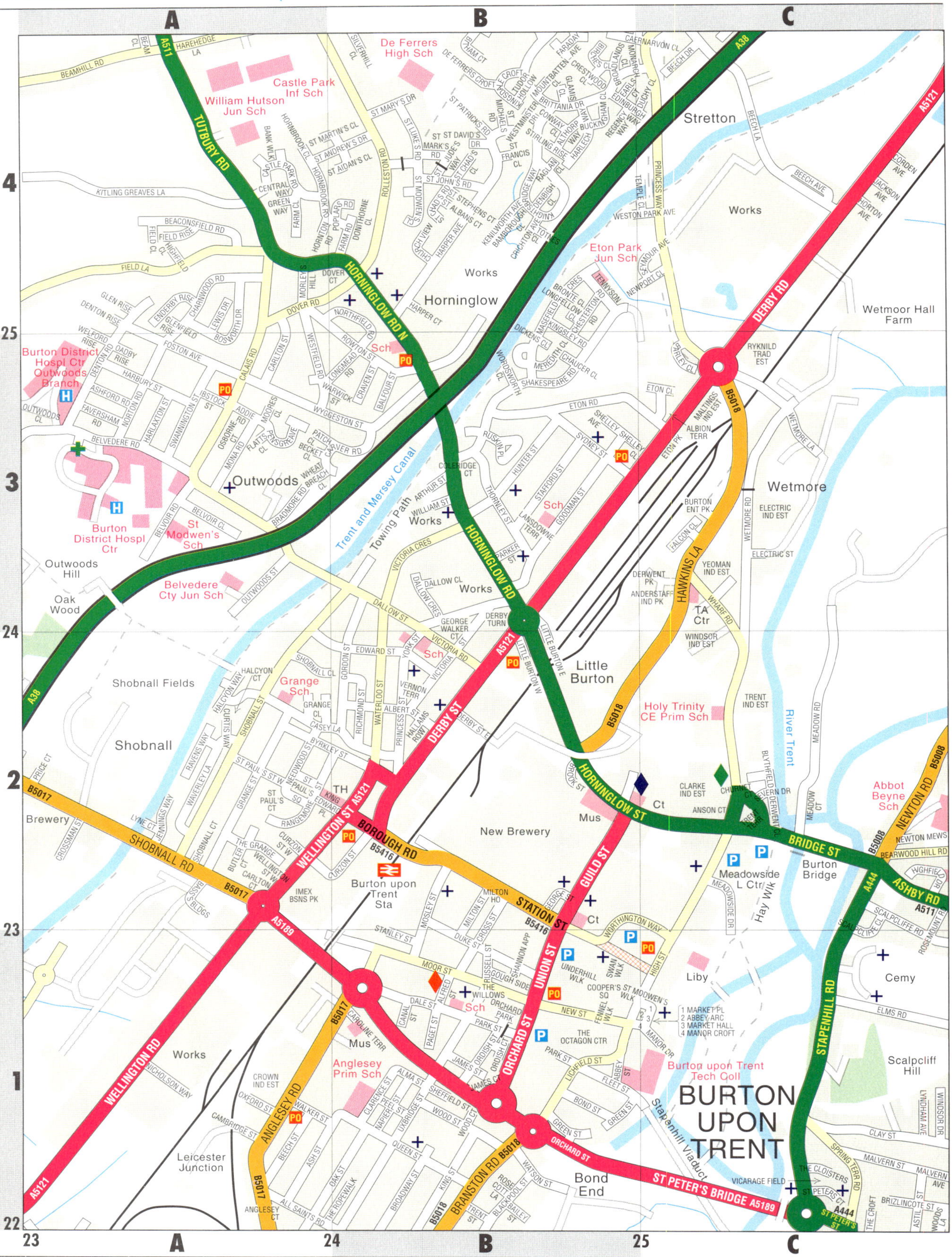

165
185

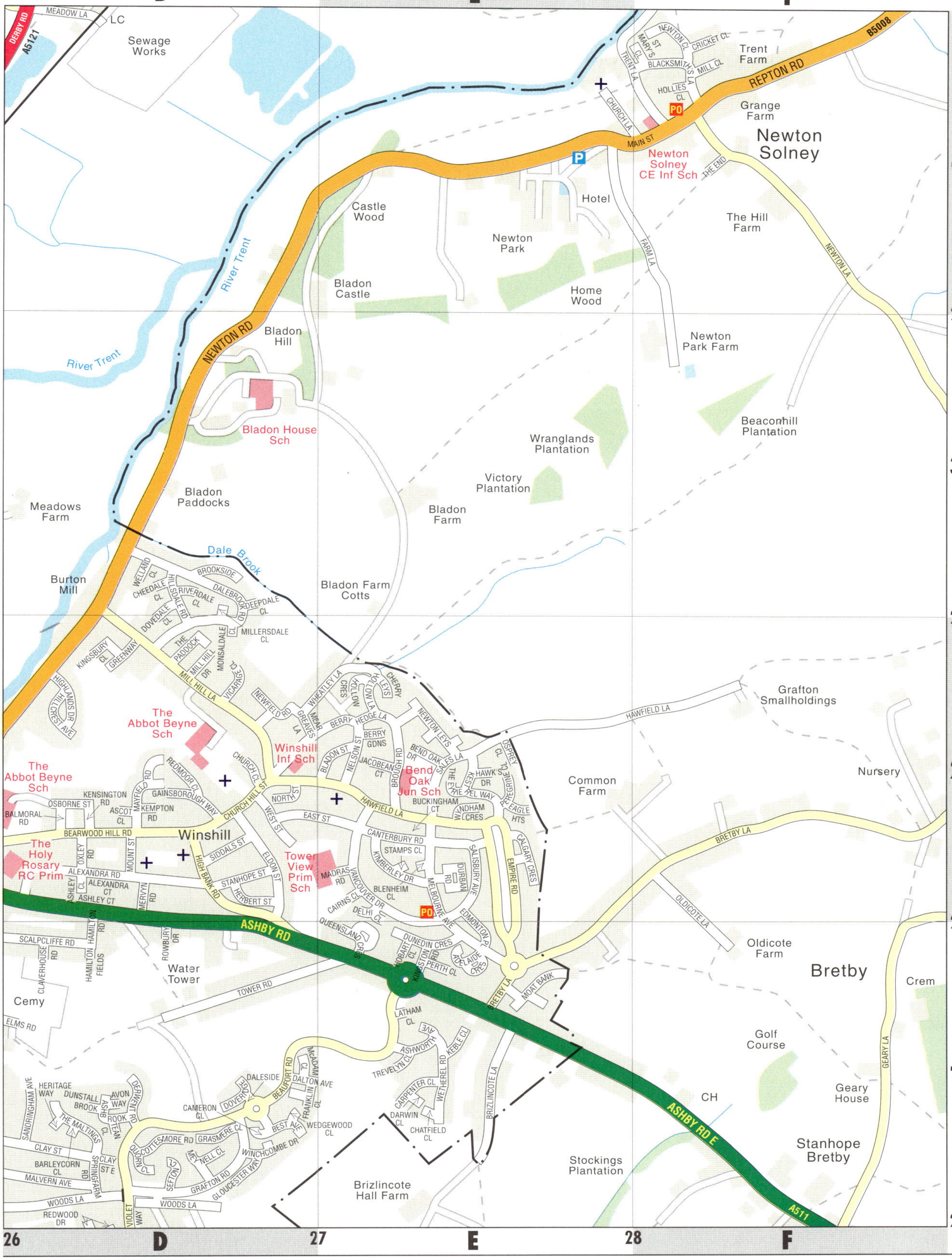
D
E
F
Sewage Works
LC
MEADOW LA
DERBY RD
A5121
River Trent
River Trent
NEWTON RD
REPTON RD
B5008
MAIN ST
Newton Solney
Newton Solney CE Inf Sch
Trent Farm
Grange Farm
Hotel
Castle Wood
Newton Park
Bladon Castle
Home Wood
Bladon Hill
The Hill Farm
NEWTON LA
FARM LA
CHURCH LA
THE END
Newton Park Farm
Bladon House Sch
Wranglands Plantation
Beaconhill Plantation
Victory Plantation
Bladon Paddocks
Meadows Farm
Bladon Farm
Dale Brook
Burton Mill
Bladon Farm Cotts
Grafton Smallholdings
HAWFIELD LA
The Abbot Beyne Sch
Winshill Inf Sch
Bend Oak Jun Sch
Common Farm
Nursery
Winshill
Tower View Prim Sch
The Holy Rosary RC Prim
BRETBY LA
ASHBY RD
OLDICOTE LA
Oldicote Farm
Bretby
Crem
Water Tower
TOWER RD
Cemy
Golf Course
Geary House
GEARY LA
CH
ASHBY RD E
Stanhope Bretby
Stockings Plantation
Brizlincote Hall Farm
BRIZLINCOTE LA
A511
4
25
3
24
2
23
1
22
26
27
28

149

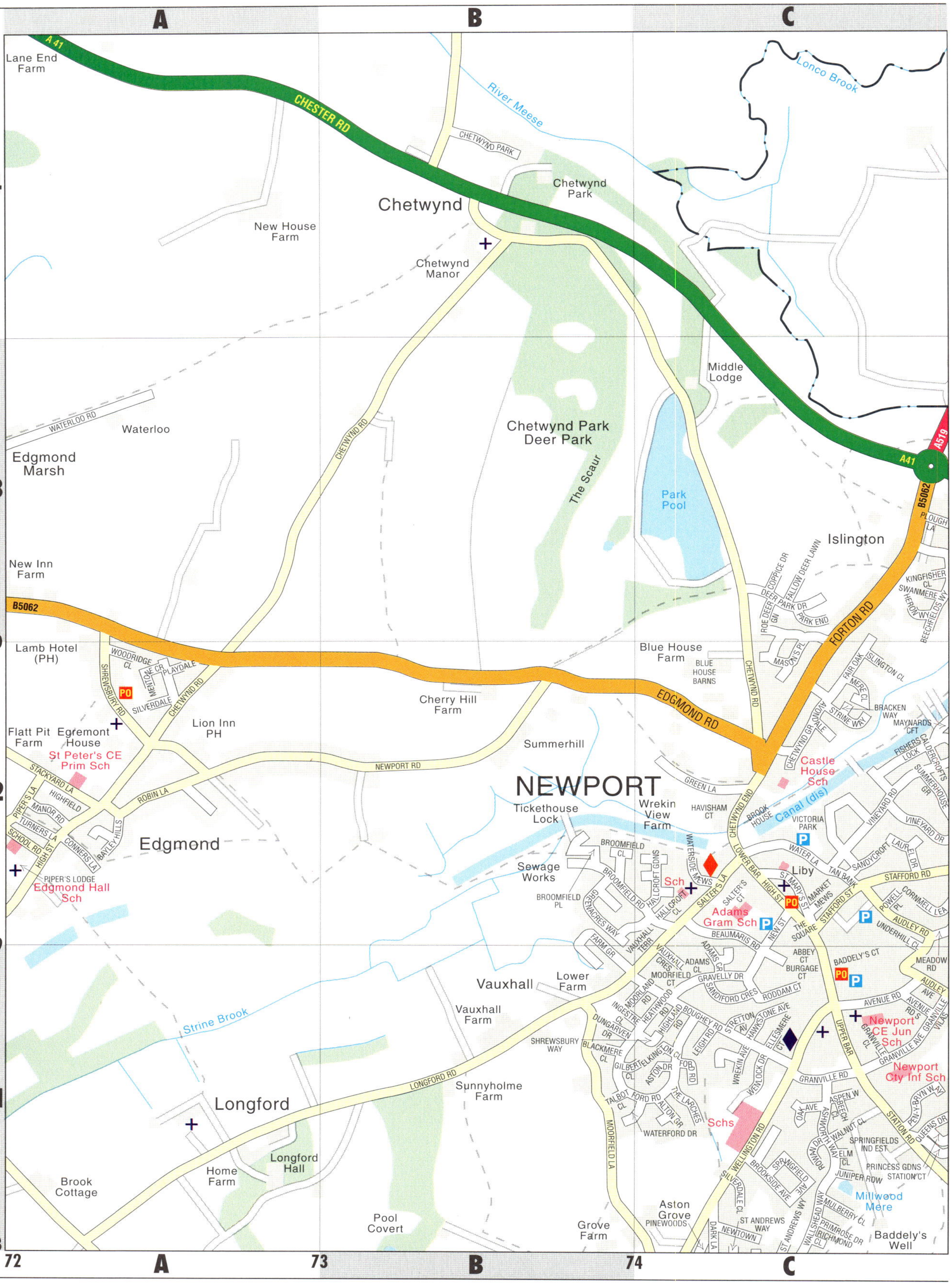
A
B
C
4
21
3
20
2
19
1
18
72
73
74
Lane End Farm
A41
CHESTER RD
River Meese
Lonco Brook
CHETWYND PARK
Chetwynd Park
Chetwynd
New House Farm
Chetwynd Manor
Middle Lodge
Chetwynd Park Deer Park
The Scaur
Park Pool
WATERLOO RD
Waterloo
Edgmond Marsh
CHETWYND RD
A519
A41
B5062
Islington
New Inn Farm
B5062
FORTON RD
Lamb Hotel (PH)
WOODRIDGE CL
PLAYDALE
SHREWSBURY RD
PO
SILVERDALE
CHETWYND RD
Blue House Farm
BLUE HOUSE BARNS
EDGMOND RD
Cherry Hill Farm
Lion Inn PH
Flatt Pit Farm
Egremont House
St Peter's CE Prim Sch
Summerhill
NEWPORT RD
STACKYARD LA
HIGHFIELD
MANOR RD
ROBIN LA
PIPER'S LA
TURNERS LA
SCHOOL RD
HIGH ST
CONNERS LA
BAYLEY HILLS
Edgmond
PIPER'S LODGE
Edgmond Hall Sch
NEWPORT
Tickethouse Lock
Wrekin View Farm
HAVISHAM CT
GREEN LA
Castle House Sch
Canal (dis)
VICTORIA PARK
BROOMFIELD CL
Sewage Works
BROOMFIELD PL
Sch
Adams Gram Sch
Liby
PO
STAFFORD RD
STAFFORD ST
Vauxhall
Lower Farm
Vauxhall Farm
Strine Brook
SHREWSBURY WAY
BLACKMERE CL
LONGFORD RD
Longford
Sunnyholme Farm
Newport CE Jun Sch
Newport Cty Inf Sch
Schs
WATERFORD DR
MOORFIELD LA
WELLINGTON RD
SPRINGFIELDS IND EST
Millwood Mere
Longford Hall
Home Farm
Brook Cottage
Pool Covert
Grove Farm
Aston Grove
PINEWOODS
Baddely's Well

150
170

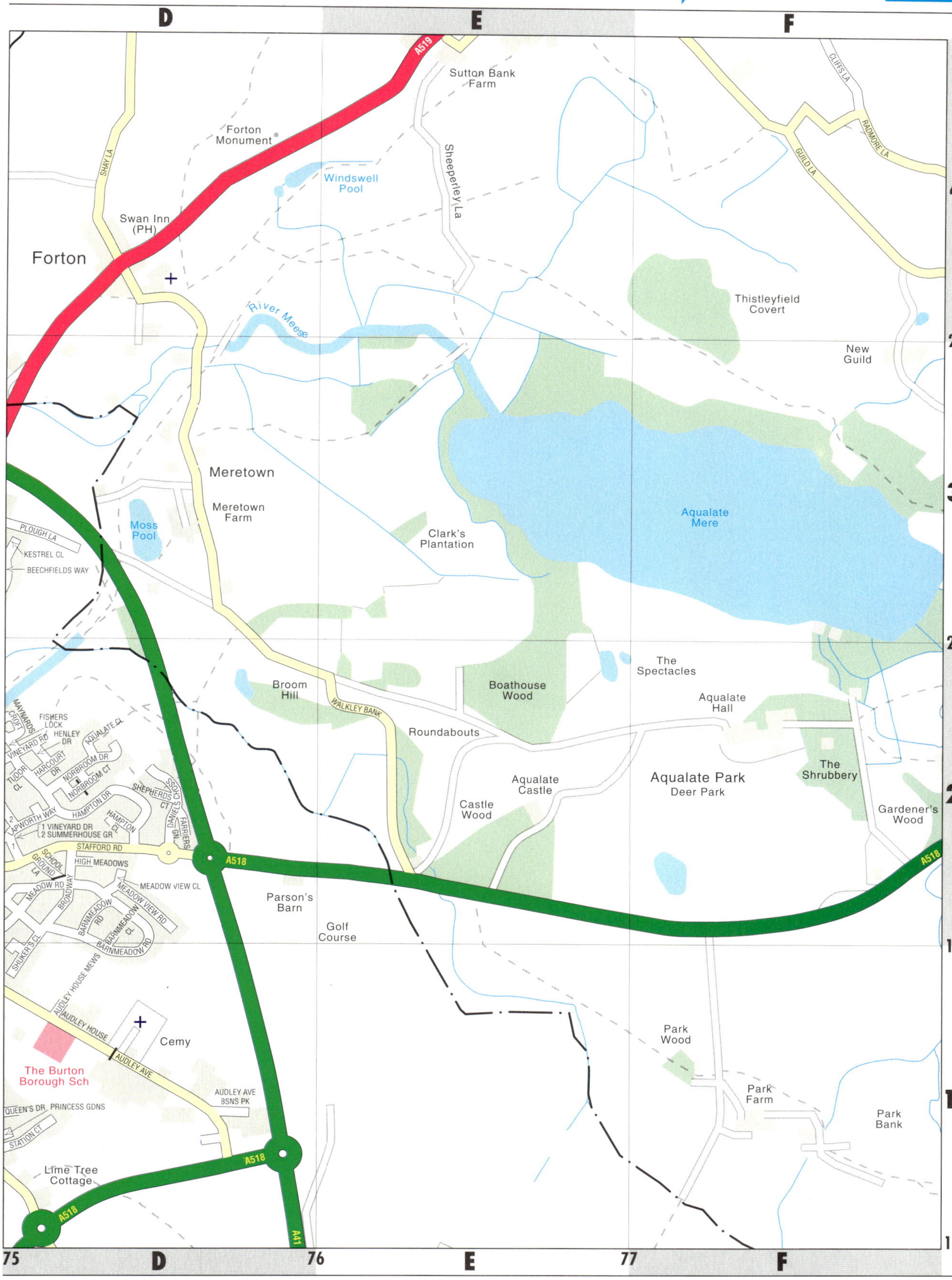

187
170

169
151

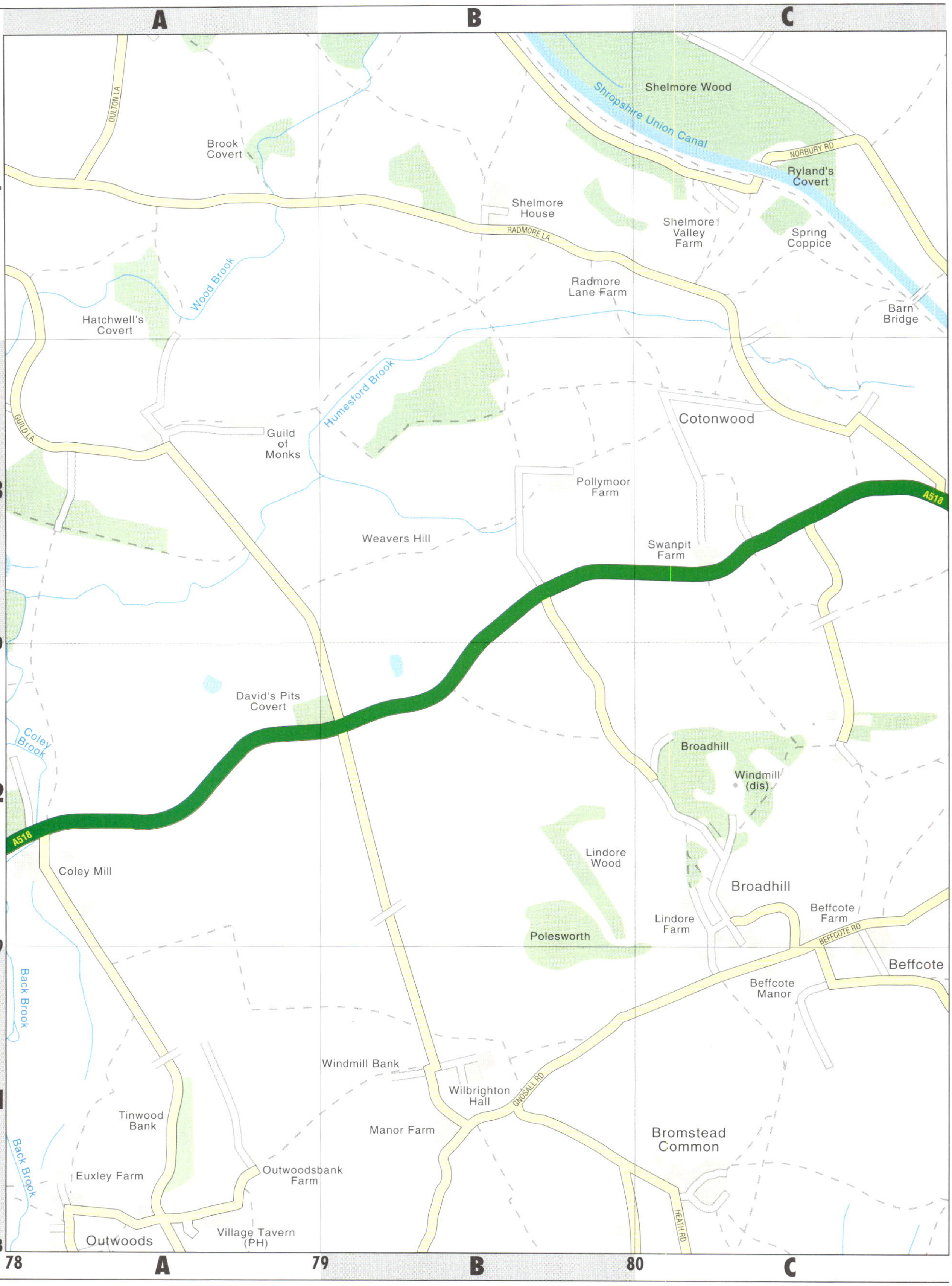

169
188

152
172

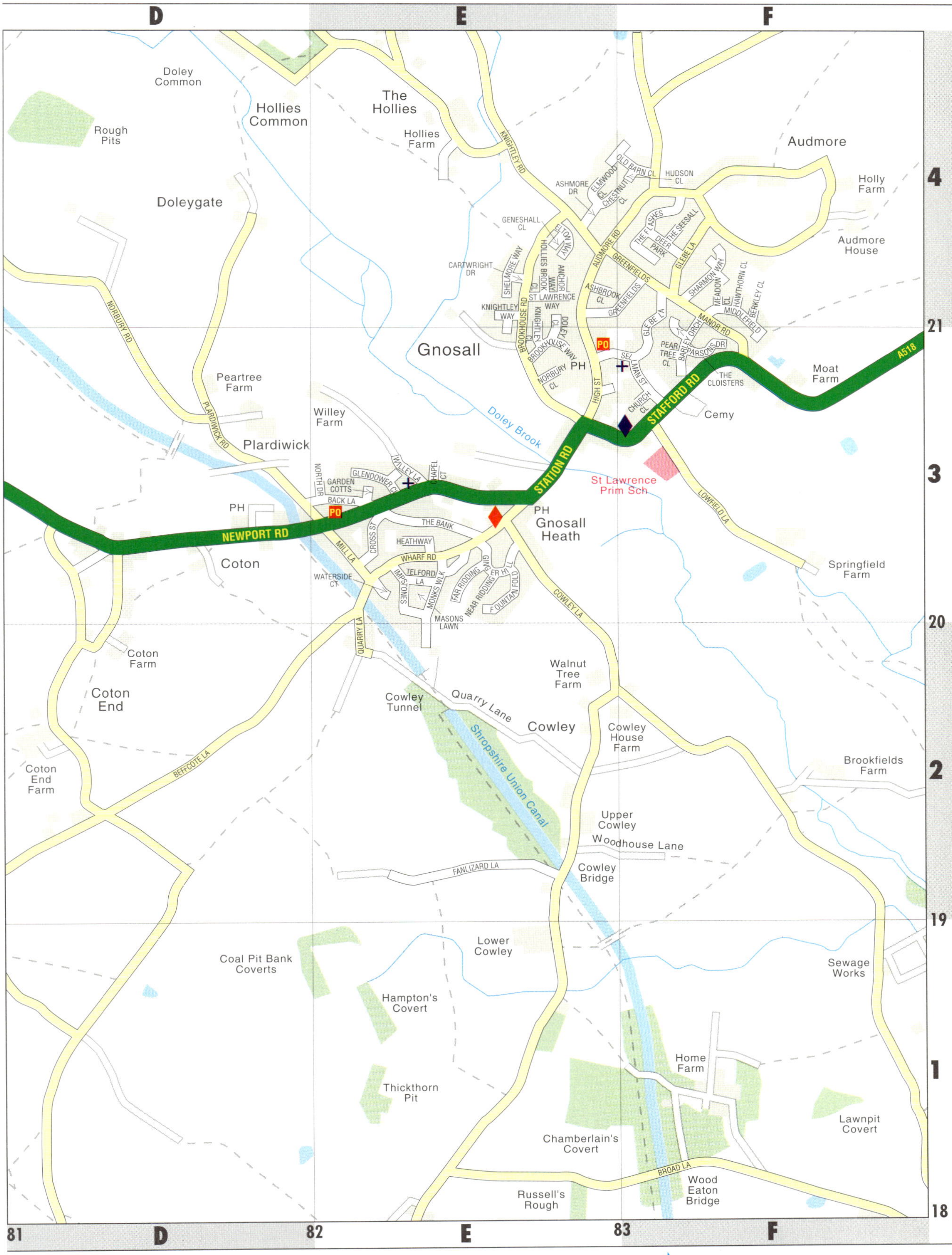

189
172

171
153

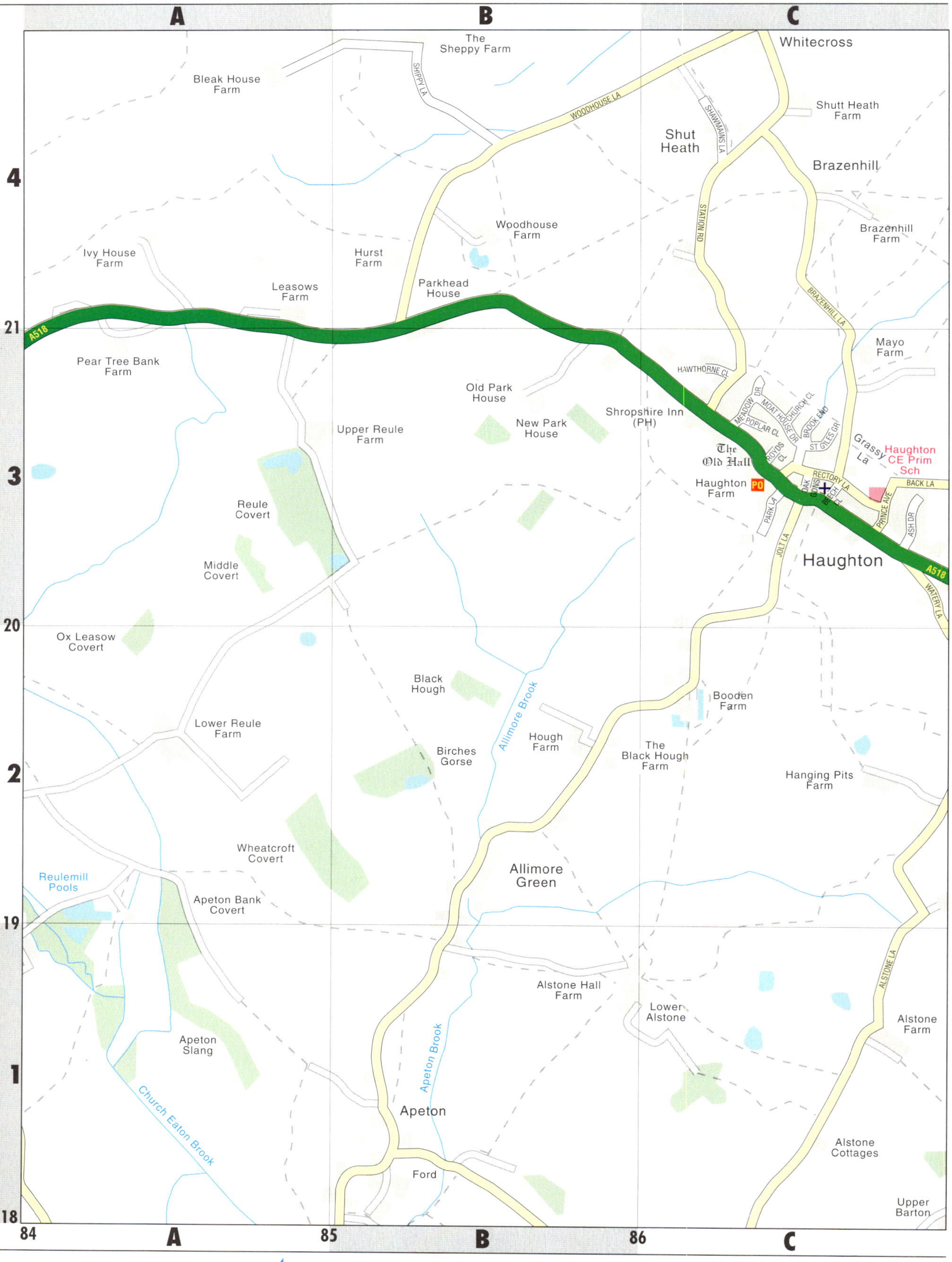

171
190

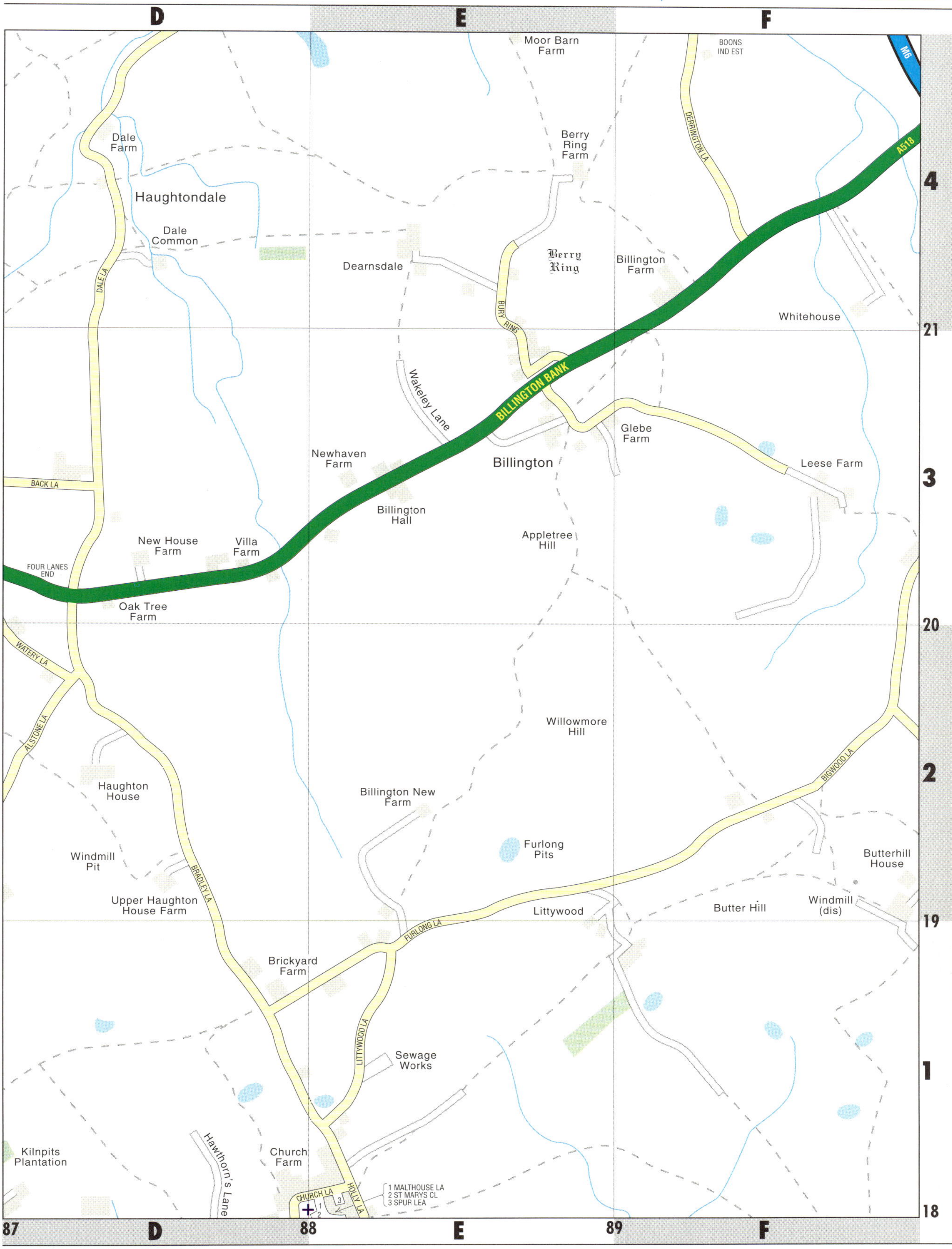
D
E
F
Moor Barn Farm
BOONS IND EST
M6
Dale Farm
Berry Ring Farm
DERRINGTON LA
A518
4
Haughtondale
Dale Common
Dearnsdale
Berry Ring
Billington Farm
DALE LA
BURY RING
Whitehouse
21
Wakeley Lane
BILLINGTON BANK
Glebe Farm
Newhaven Farm
Billington
Leese Farm
BACK LA
3
Billington Hall
Appletree Hill
New House Farm
Villa Farm
FOUR LANES END
Oak Tree Farm
20
WATERY LA
ALSTONE LA
Willowmore Hill
BIGWOOD LA
2
Haughton House
Billington New Farm
Furlong Pits
Windmill Pit
BRADLEY LA
Butterhill House
Upper Haughton House Farm
Littywood
Butter Hill
Windmill (dis)
19
FURLONG LA
Brickyard Farm
LITTYWOOD LA
Sewage Works
1
Kilnpits Plantation
Hawthorn's Lane
Church Farm
CHURCH LA
HOLLY LA
1 MALTHOUSE LA
2 ST MARYS CL
3 SPUR LEA
18
87
D
88
E
89
F

173
155

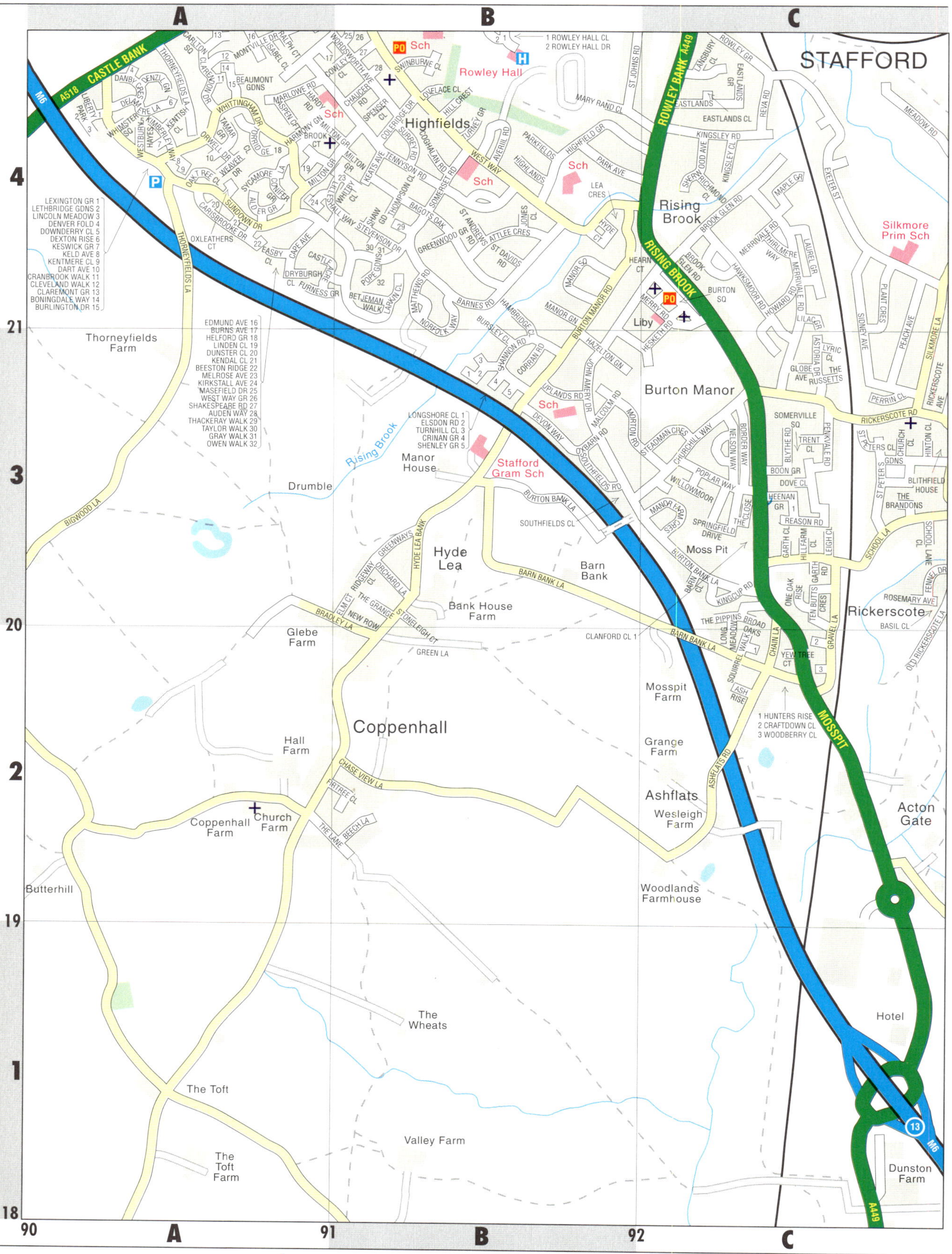

173
192

156
176

D E F

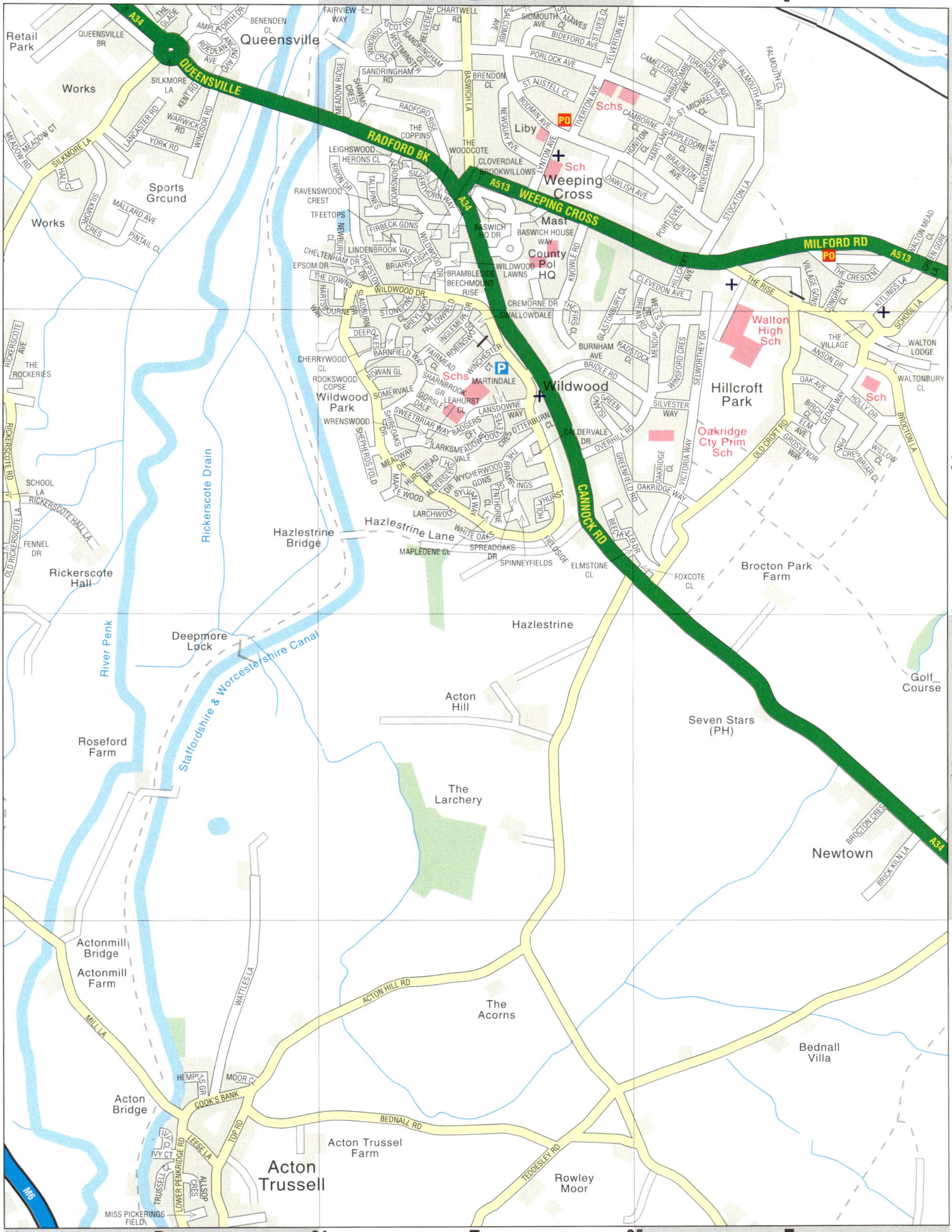

93 D 94 E 95 F

193
176

175
157

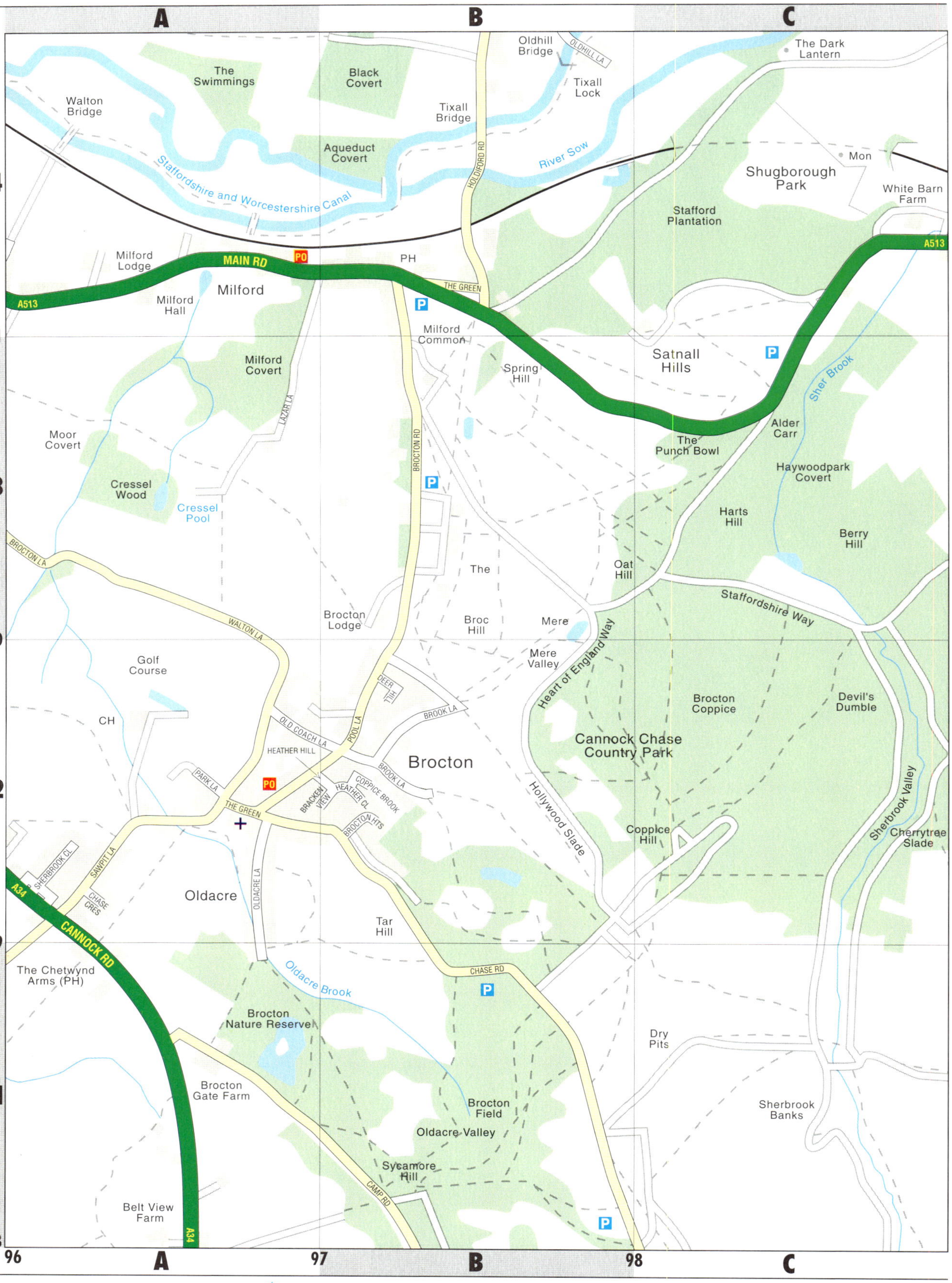

175
194

158
178

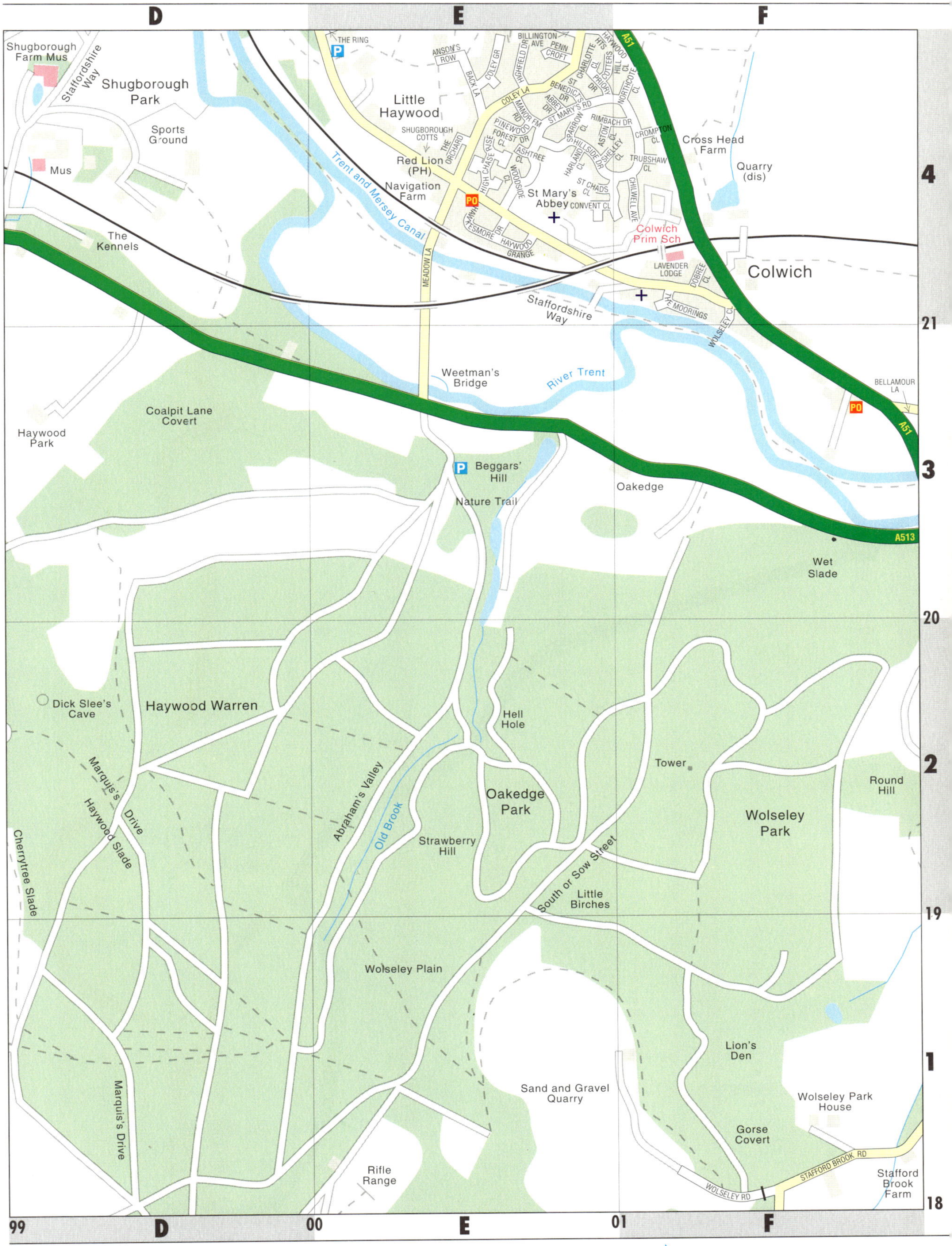

195
178

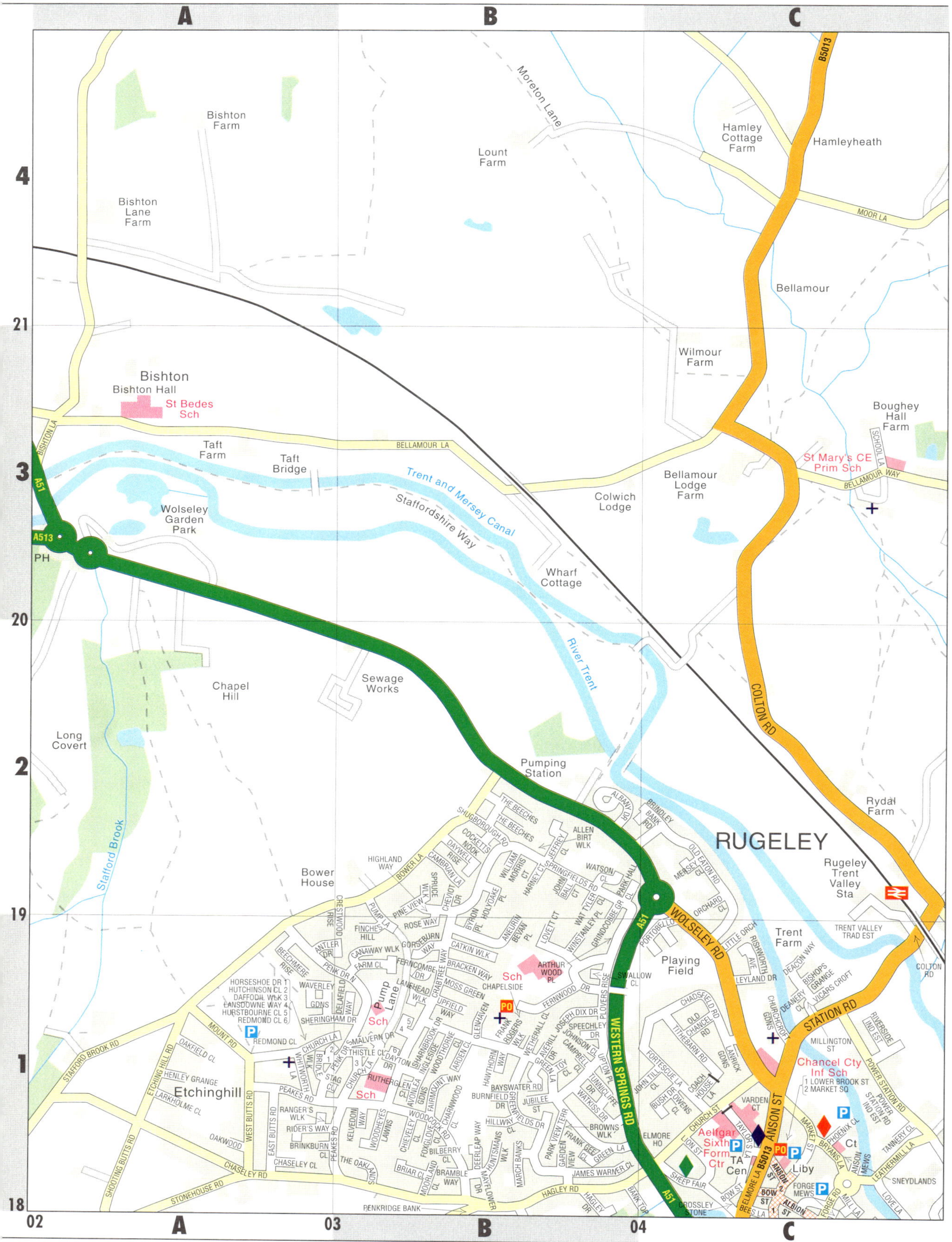
A
B
C
4
21
3
20
2
19
1
18
02
03
04
Bishton Farm
Bishton Lane Farm
Lount Farm
Moreton Lane
Hamley Cottage Farm
Hamleyheath
B5013
MOOR LA
Bellamour
Wilmour Farm
Bishton
Bishton Hall
St Bedes Sch
BISHTON LA
BELLAMOUR LA
Taft Farm
Taft Bridge
Trent and Mersey Canal
Staffordshire Way
Wolseley Garden Park
Colwich Lodge
Bellamour Lodge Farm
Boughey Hall Farm
SCHOOL LA
St Mary's CE Prim Sch
BELLAMOUR WAY
A51
A513
PH
Wharf Cottage
River Trent
Chapel Hill
Sewage Works
Long Covert
COLTON RD
Pumping Station
Rydal Farm
RUGELEY
Rugeley Trent Valley Sta
Statford Brook
Bower House
HIGHLAND WAY
BOWER LA
WOLSELEY RD
Playing Field
Trent Farm
TRENT VALLEY TRAD EST
COLTON RD
STATION RD
Pump Lane
Sch
PO
ARTHUR WOOD PL
WESTERN SPRINGS RD
Etchinghill
STAFFORD BROOK RD
MOUNT RD
OAKFIELD CL
HENLEY GRANGE
LARKHOLME CL
WEST BUTTS RD
EAST BUTTS RD
OAKWOOD
CHASELEY RD
STONEHOUSE RD
SHOOTING BUTTS RD
ETCHING HILL RD
REDMOND CL
HORSESHOE DR 1
HUTCHINSON CL 2
DAFFODIL WLK 3
LANSDOWNE WAY 4
HURSTBOURNE CL 5
REDMOND CL 6
PENKRIDGE BANK
HAGLEY RD
Aelfgar Sixth Form Ctr
TA Cen
Liby
ANSON ST
B5013
Chancel Cty Inf Sch
1 LOWER BROOK ST
2 MARKET SQ
FORGE MEWS
SHEEP FAIR
CROSSLEY STONE
ELMORE HO
MILLINGTON ST
POWER STATION RD
SNEYDLANDS
LOVE LA
TANNERY CL
LEATHERMILL LA

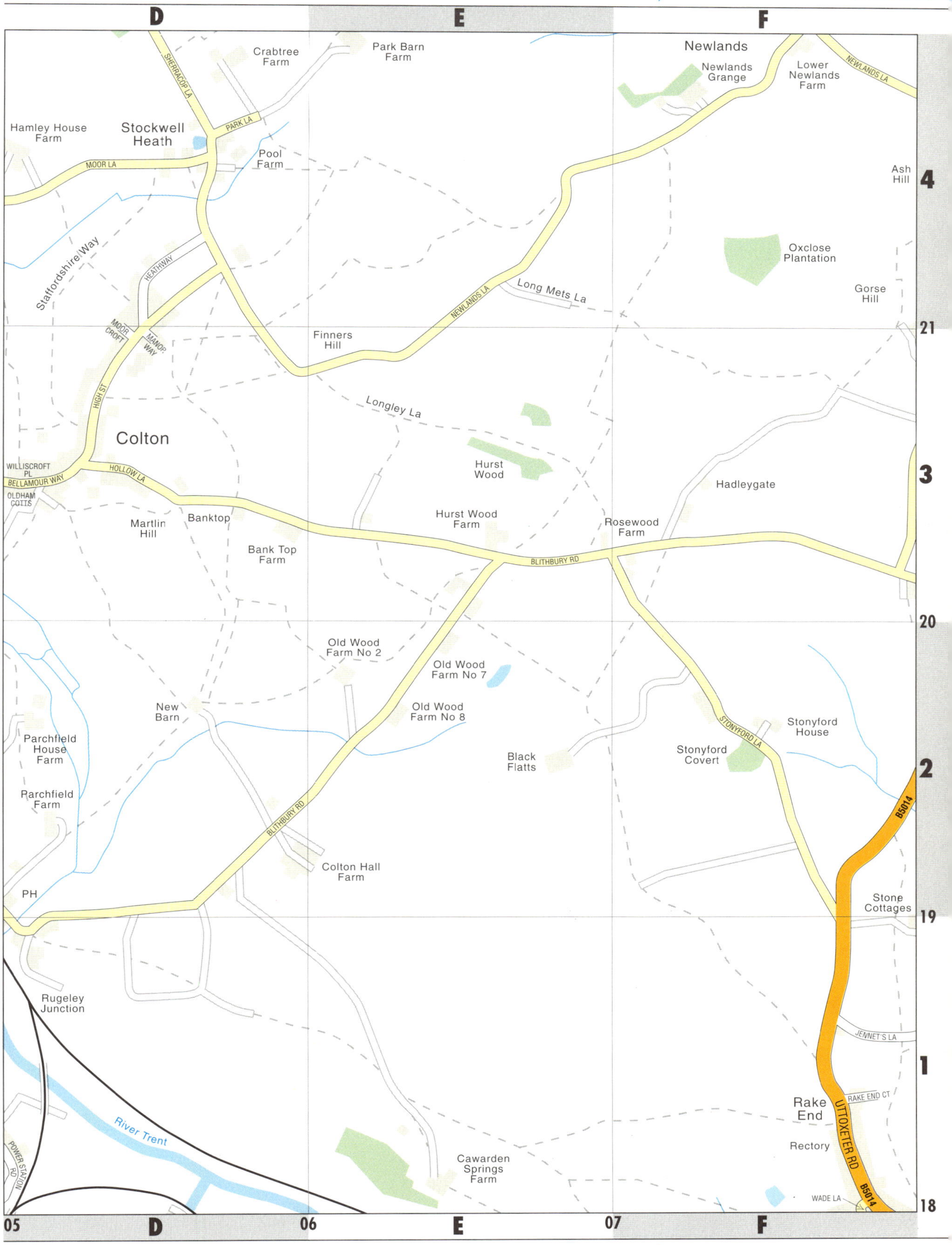
D
E
F
Newlands
Newlands Grange
Lower Newlands Farm
NEWLANDS LA
Crabtree Farm
Park Barn Farm
SHERRACOP LA
PARK LA
Hamley House Farm
Stockwell Heath
Pool Farm
MOOR LA
Ash Hill
4
Oxclose Plantation
Staffordshire Way
HEATHWAY
Long Mets La
NEWLANDS LA
Gorse Hill
MOOR CROFT
MANOR WAY
Finners Hill
21
HIGH ST
Longley La
Colton
Hurst Wood
WILLISCROFT PL
BELLAMOUR WAY
HOLLOW LA
OLDHAM COTTS
Hadleygate
3
Banktop
Martlin Hill
Hurst Wood Farm
Rosewood Farm
Bank Top Farm
BLITHBURY RD
20
Old Wood Farm No 2
Old Wood Farm No 7
New Barn
Old Wood Farm No 8
Stonyford House
STONYFORD LA
Parchfield House Farm
Black Flatts
Stonyford Covert
2
Parchfield Farm
B5014
BLITHBURY RD
Colton Hall Farm
PH
Stone Cottages
19
Rugeley Junction
JENNET'S LA
1
Rake End
RAKE END CT
River Trent
UTTOXETER RD
Rectory
POWER STATION RD
Cawarden Springs Farm
WADE LA
B5014
18
05
06
07

179
161

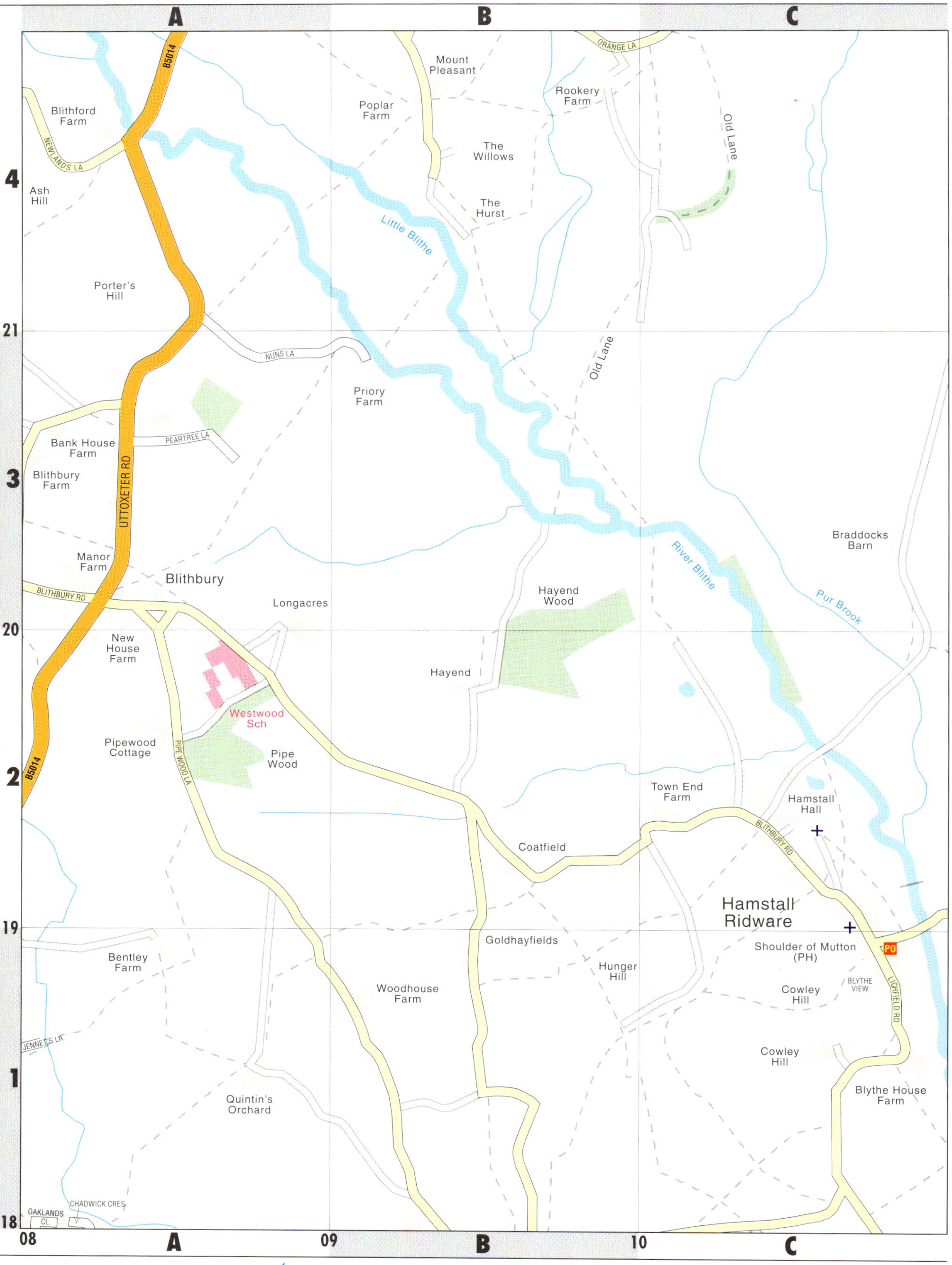

179
198

162
182

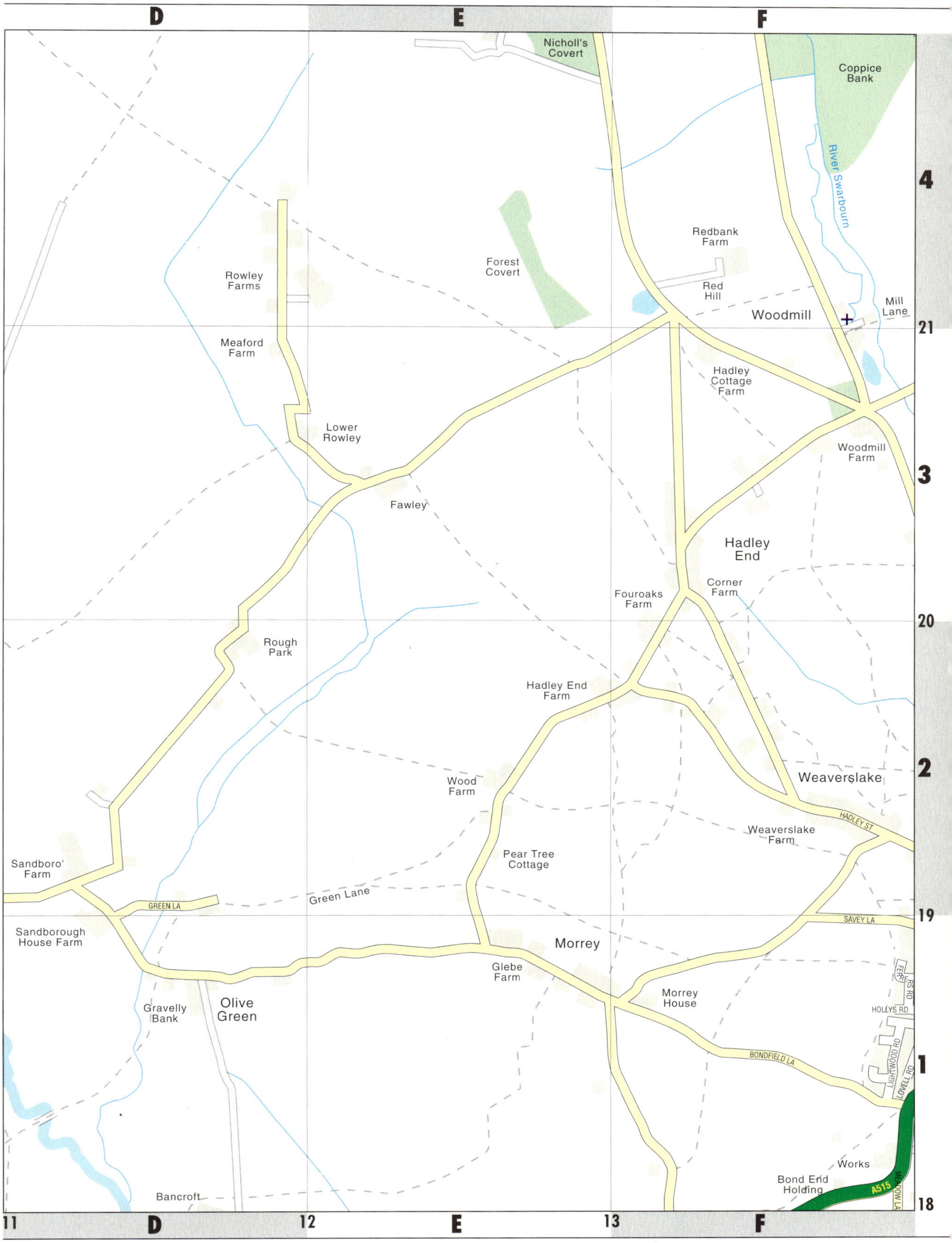

199
182

182

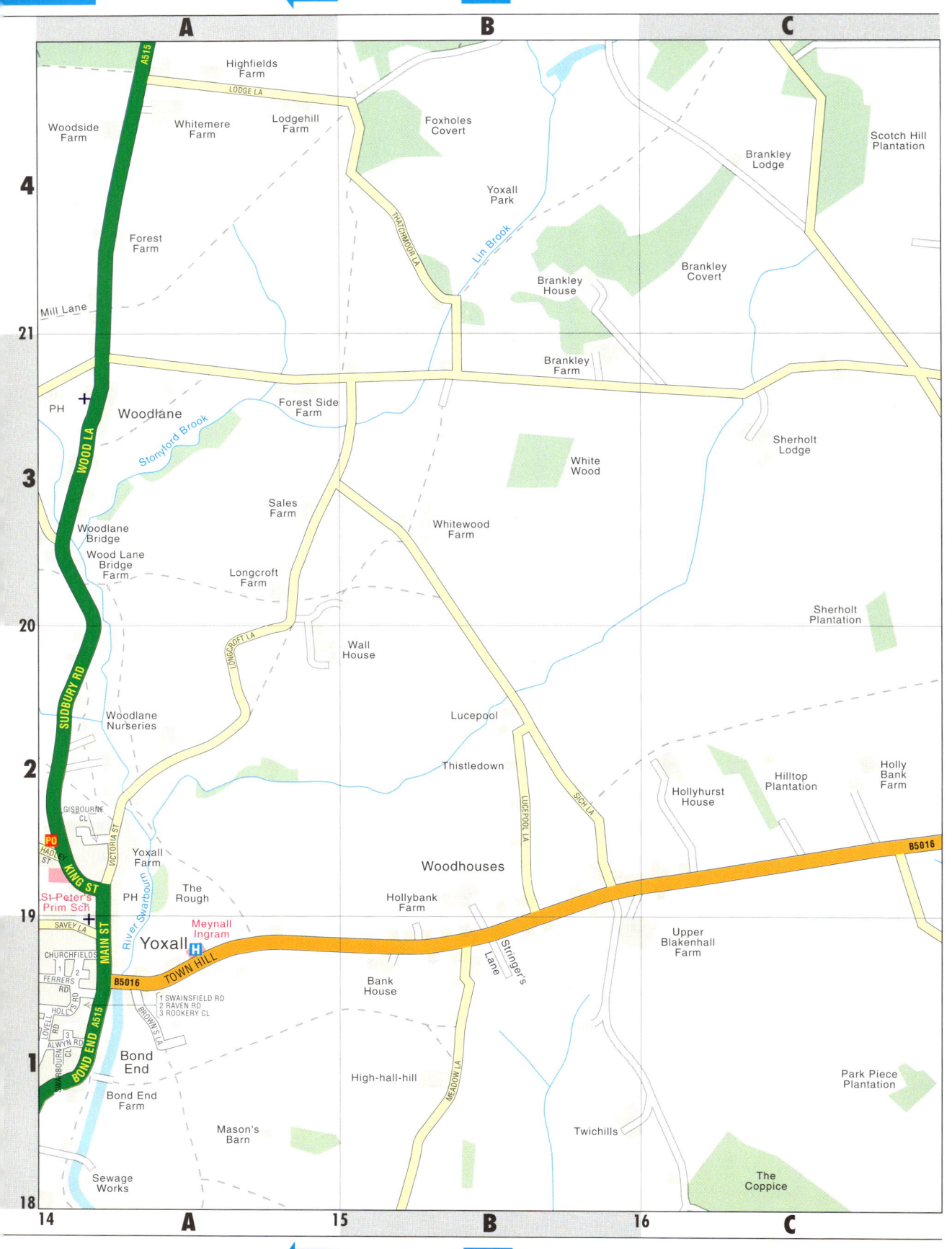

Grid references: A / B / C across; 18, 19, 20, 21, 2, 3, 4 down.

Arrows to adjacent pages: 181 (left), 163 (up), 181 (down-left), 200 (down).

Roads
- A515 (Sudbury Rd / Wood La / Main St / Bond End)
- B5016 (Town Hill)
- King St, Hadley St, Victoria St, Savey La, Ferrers Rd, Holt Rd, Lovell Cl, Alwyn Rd, Brown's La, Swarbourn Rd, Churchfields, Gisbourne Cl
- Lodge La, Thatchmoor La, Longcroft La, Lucepool La, Sich La, Stringer's Lane, Meadow La, Mill Lane

Places and features

Square A4
- Woodside Farm
- Whitemere Farm
- Highfields Farm
- Lodgehill Farm

Square B4
- Foxholes Covert
- Yoxall Park
- Brankley House

Square C4
- Brankley Lodge
- Scotch Hill Plantation
- Brankley Covert

Square A3 / A21
- Forest Farm
- PH
- Woodlane
- Stonyford Brook
- Woodlane Bridge
- Wood Lane Bridge Farm

Square B3 / B21
- Forest Side Farm
- Brankley Farm
- Sales Farm
- White Wood
- Whitewood Farm
- Lin Brook

Square C3
- Sherholt Lodge

Square A2 / A20
- Woodlane Nurseries

Square B2 / B20
- Longcroft Farm
- Wall House
- Lucepool
- Thistledown

Square C2 / C20
- Sherholt Plantation
- Hollyhurst House
- Hilltop Plantation
- Holly Bank Farm

Square A19 / A1
- PO
- St Peter's Prim Sch
- Gisbourne Cl
- Yoxall Farm
- The Rough
- PH
- River Swarbourn
- Meynall Ingram
- Yoxall H
- 1 SWAINSFIELD RD
- 2 RAVEN RD
- 3 ROOKERY CL
- Bond End
- Bond End Farm
- Mason's Barn
- Sewage Works

Square B19 / B1
- Hollybank Farm
- Woodhouses
- Bank House
- High-hall-hill

Square C19 / C1
- Upper Blakenhall Farm
- Twichills
- Park Piece Plantation
- The Coppice

164
184

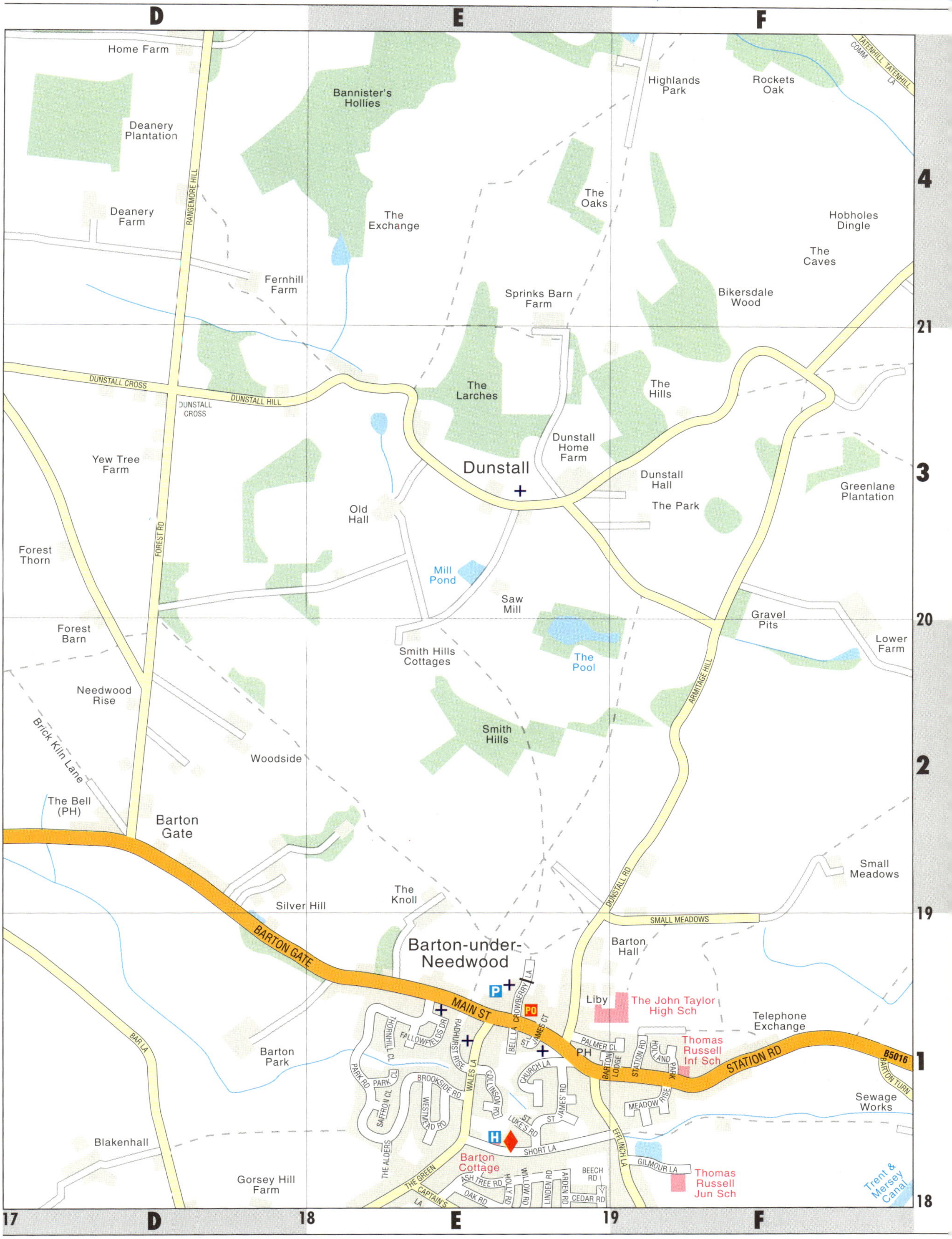

201
184

183
165

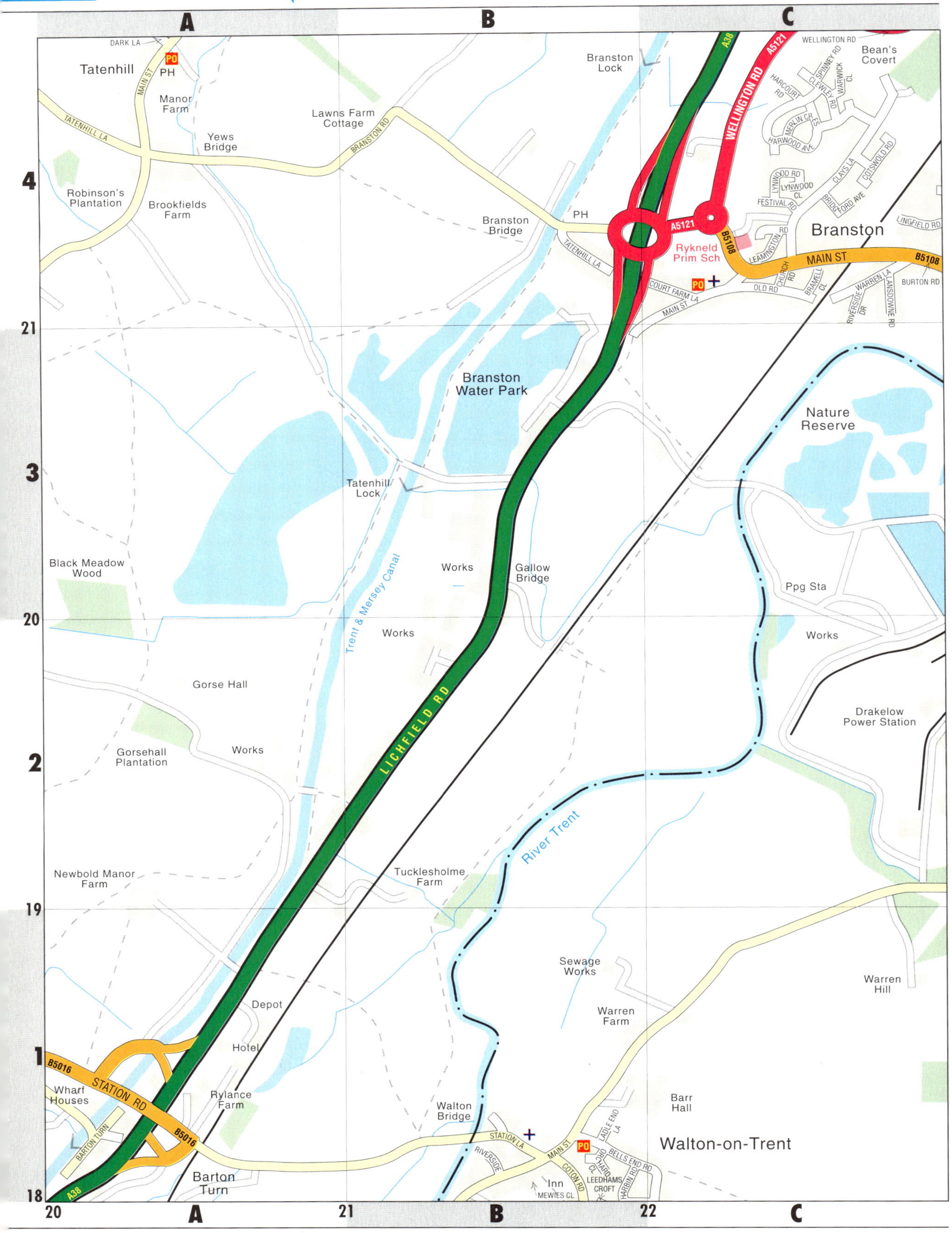

183
202

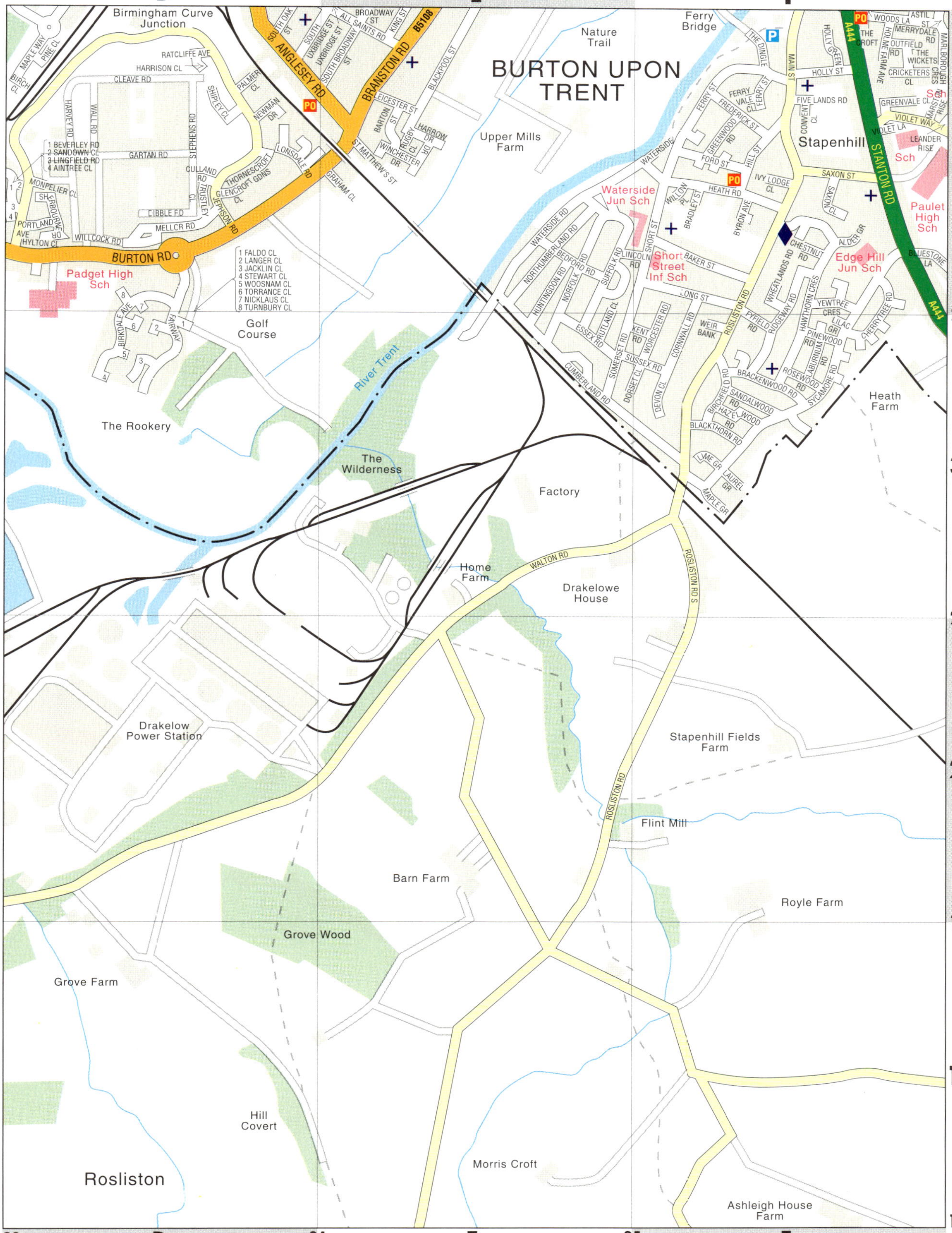
D
E
F
BURTON UPON TRENT
Birmingham Curve Junction
Nature Trail
Ferry Bridge
Upper Mills Farm
Stapenhill
Waterside Jun Sch
Short Street Inf Sch
Edge Hill Jun Sch
Paulet High Sch
Sch
Padget High Sch
Golf Course
1 FALDO CL
2 LANGER CL
3 JACKLIN CL
4 STEWART CL
5 WOOSNAM CL
6 TORRANCE CL
7 NICKLAUS CL
8 TURNBURY CL
1 BEVERLEY RD
2 SANDOWN CL
3 LINGFIELD RD
4 AINTREE CL
BURTON RD
ANGLESEY RD
BRANSTON RD
B5108
STANTON RD
A444
River Trent
The Rookery
The Wilderness
Factory
Home Farm
Drakelowe House
WALTON RD
ROSLISTON RD S
ROSLISTON RD
Drakelow Power Station
Stapenhill Fields Farm
Flint Mill
Barn Farm
Royle Farm
Grove Wood
Grove Farm
Hill Covert
Rosliston
Morris Croft
Ashleigh House Farm
Heath Farm
4
21
3
20
2
19
1
18
23
24
25

185
167

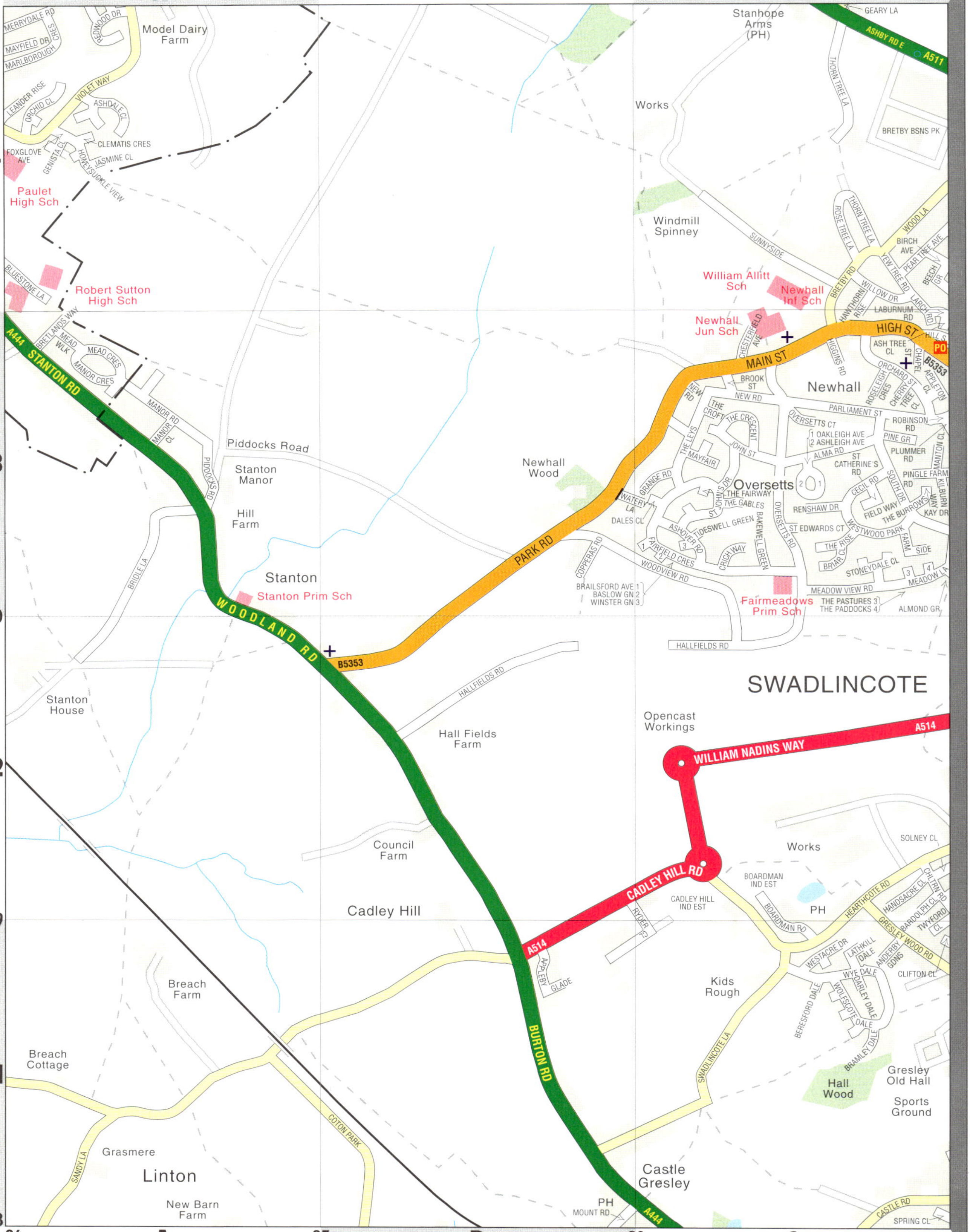
A
B
C
Model Dairy Farm
Stanhope Arms (PH)
Works
Paulet High Sch
Robert Sutton High Sch
Windmill Spinney
William Allitt Sch
Newhall Inf Sch
Newhall Jun Sch
HIGH ST
MAIN ST
Newhall
A444 STANTON RD
Piddocks Road
Stanton Manor
Hill Farm
Newhall Wood
Oversetts
PARK RD
Stanton
Stanton Prim Sch
WOODLAND RD
B5353
Fairmeadows Prim Sch
HALLFIELDS RD
SWADLINCOTE
Stanton House
Hall Fields Farm
Opencast Workings
WILLIAM NADINS WAY
A514
Council Farm
Works
CADLEY HILL RD
BOARDMAN IND EST
CADLEY HILL IND EST
Cadley Hill
PH
Breach Farm
Kids Rough
BURTON RD
Breach Cottage
Hall Wood
Gresley Old Hall
Sports Ground
Grasmere
Linton
New Barn Farm
Castle Gresley
PH
A444
26
27
28
A
B
C

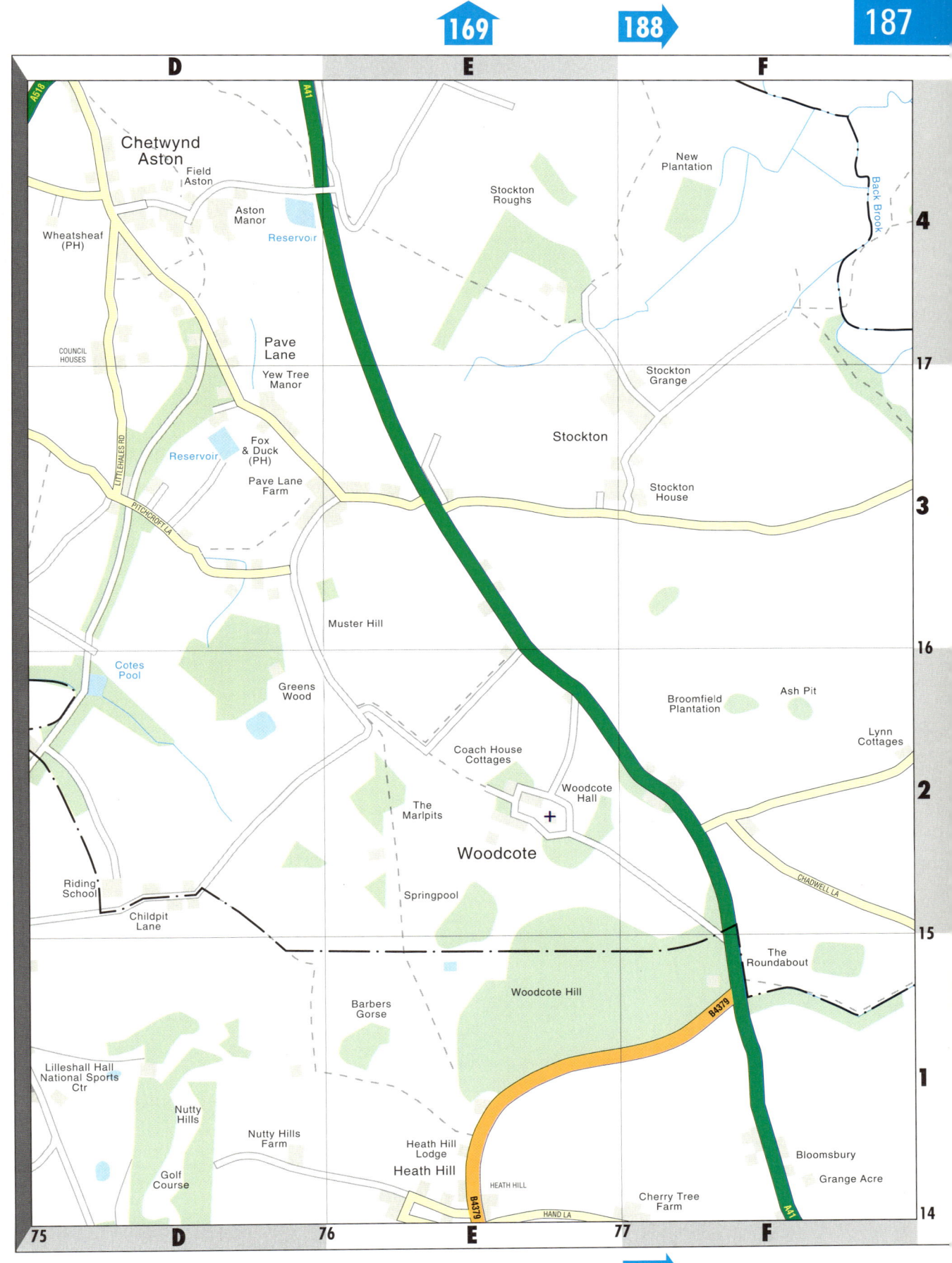

187

Chetwynd Aston
- Wheatsheaf (PH)
- Field Aston
- Aston Manor
- Reservoir
- Council Houses
- Pave Lane
- Yew Tree Manor
- Reservoir
- Fox & Duck (PH)
- Pave Lane Farm
- Muster Hill
- Cotes Pool
- Greens Wood
- Coach House Cottages
- The Marlpits
- Woodcote Hall
- Woodcote
- Springpool
- Riding School
- Childpit Lane
- Barbers Gorse
- Woodcote Hill
- The Roundabout
- Lilleshall Hall National Sports Ctr
- Nutty Hills
- Nutty Hills Farm
- Golf Course
- Heath Hill Lodge
- Heath Hill
- Cherry Tree Farm
- Bloomsbury
- Grange Acre
- Stockton Roughs
- New Plantation
- Back Brook
- Stockton Grange
- Stockton
- Stockton House
- Broomfield Plantation
- Ash Pit
- Lynn Cottages

Roads: A518, A41, B4379, Littlehales Rd, Pitchcroft La, Chadwell La, Hand La

187
170

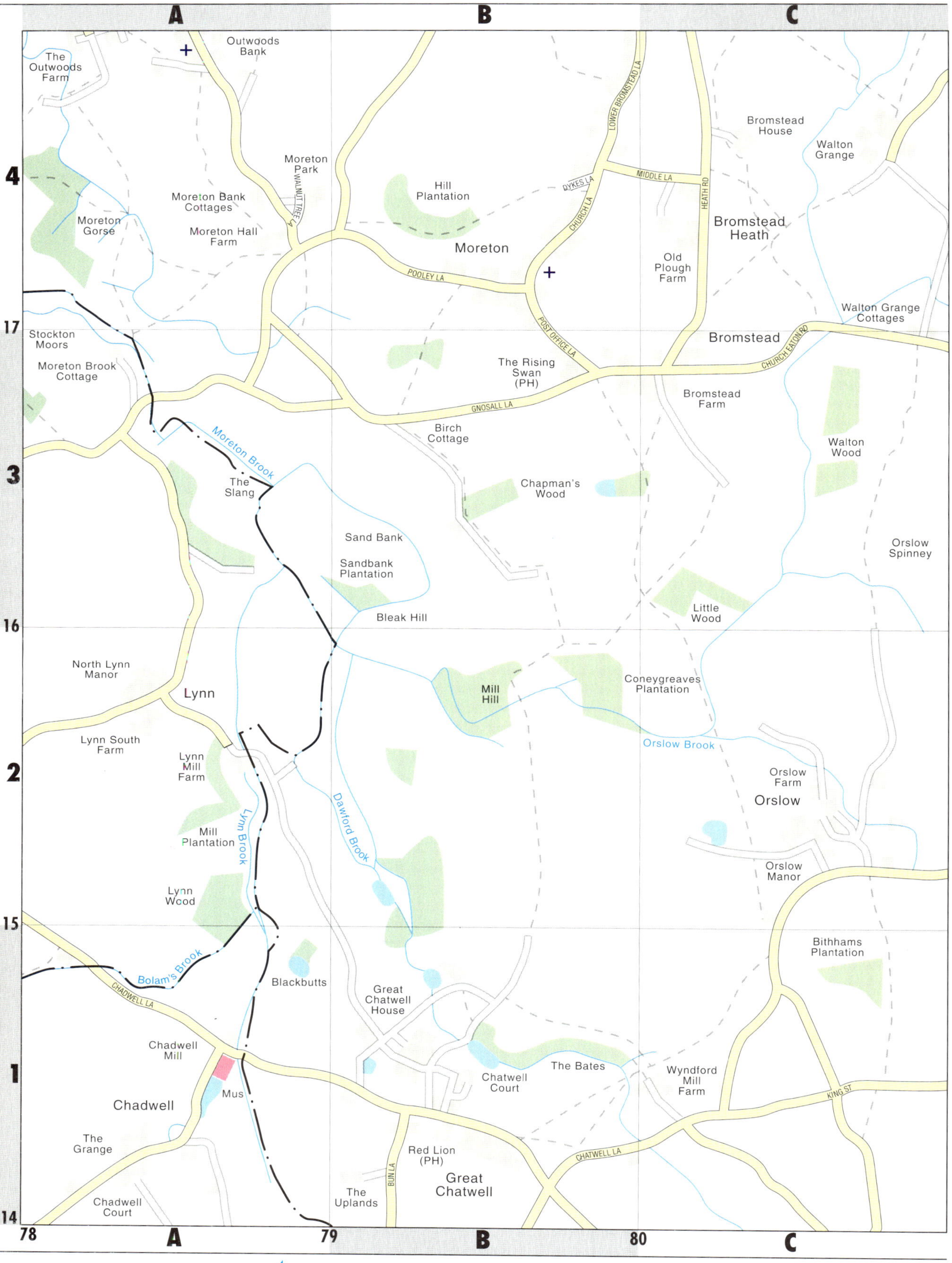

187
203

Map of High Onn and surrounding area:

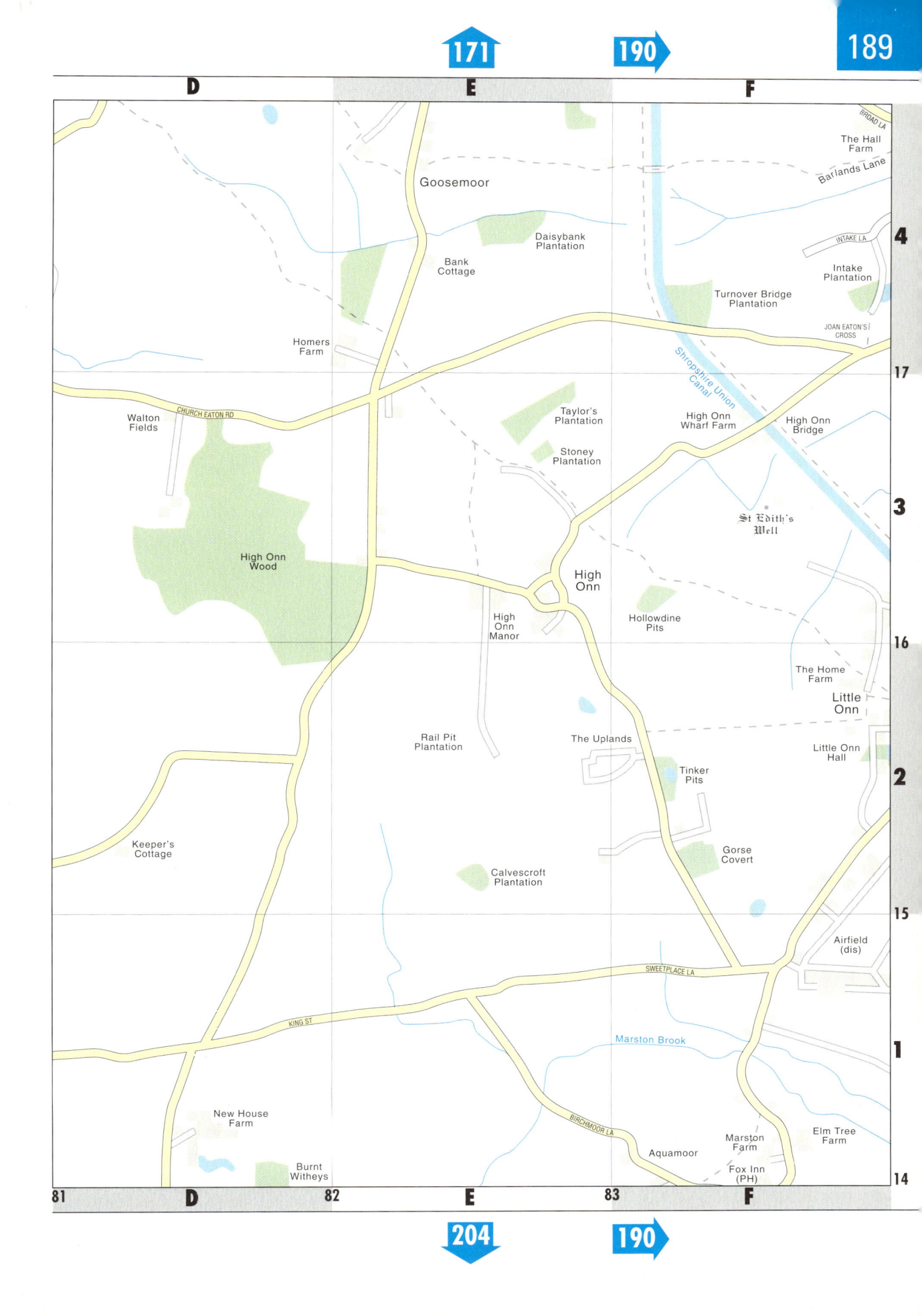

- Goosemoor
- Daisybank Plantation
- Bank Cottage
- The Hall Farm
- Barlands Lane
- BROAD LA
- INTAKE LA
- Intake Plantation
- Turnover Bridge Plantation
- Homers Farm
- JOAN EATON'S CROSS
- Shropshire Union Canal
- Walton Fields
- CHURCH EATON RD
- Taylor's Plantation
- High Onn Wharf Farm
- High Onn Bridge
- Stoney Plantation
- St Edith's Well
- High Onn Wood
- High Onn
- High Onn Manor
- Hollowdine Pits
- The Home Farm
- Little Onn
- Rail Pit Plantation
- The Uplands
- Tinker Pits
- Little Onn Hall
- Keeper's Cottage
- Gorse Covert
- Calvescroft Plantation
- Airfield (dis)
- SWEETPLACE LA
- KING ST
- Marston Brook
- New House Farm
- BIRCHMOOR LA
- Aquamoor
- Marston Farm
- Elm Tree Farm
- Burnt Witheys
- Fox Inn (PH)

189
172

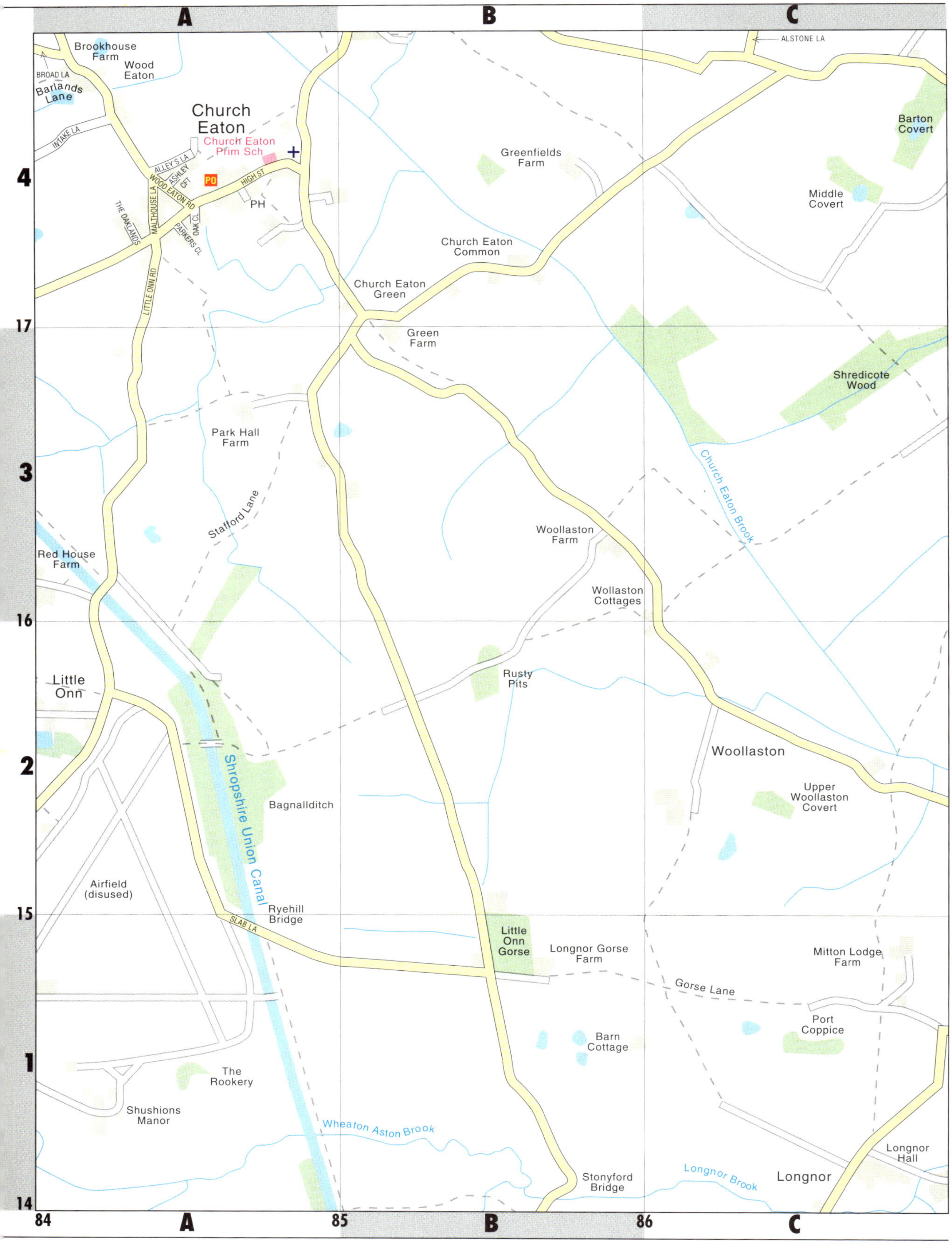

189
205

173
192
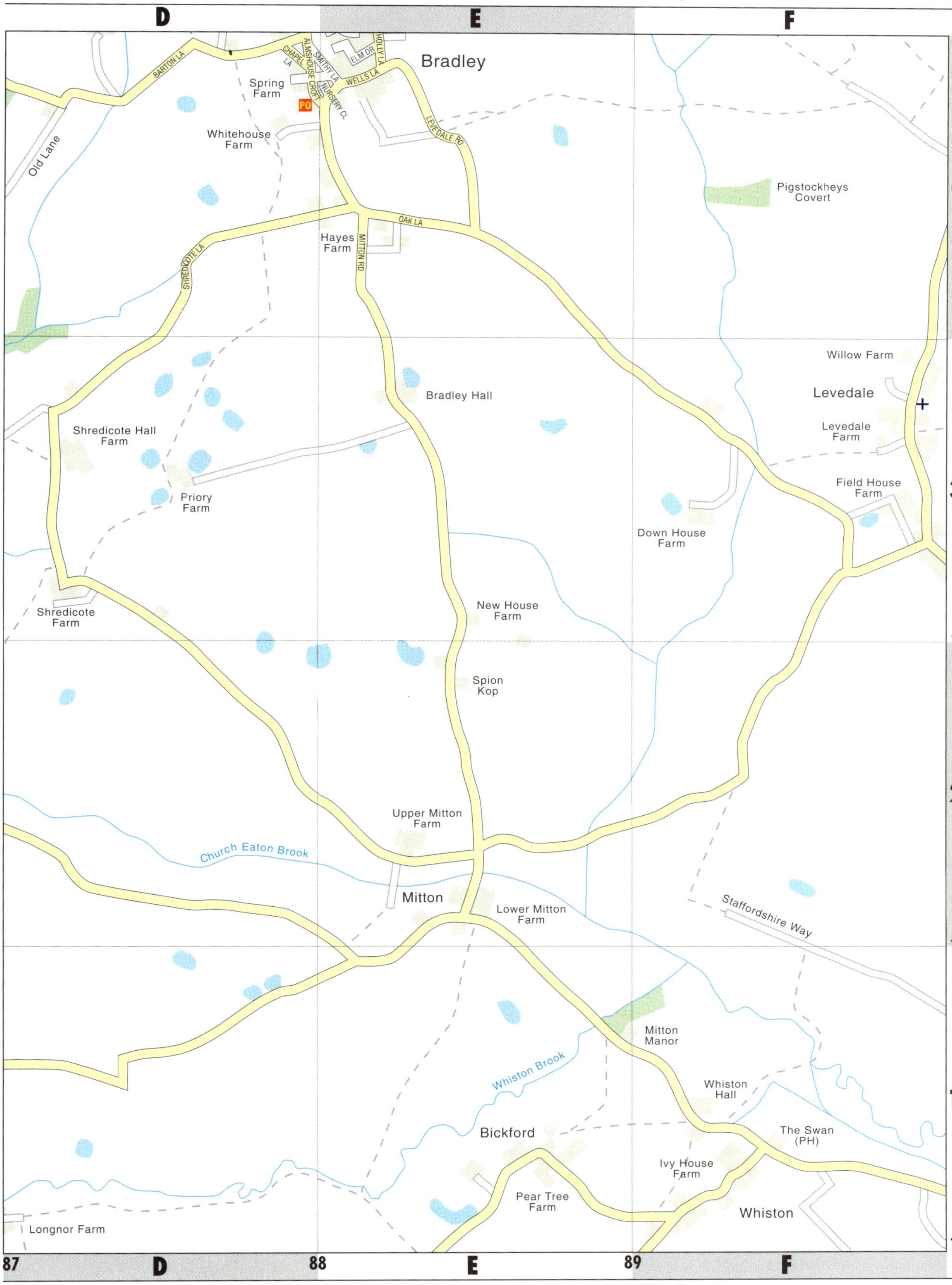

206
192

191
174

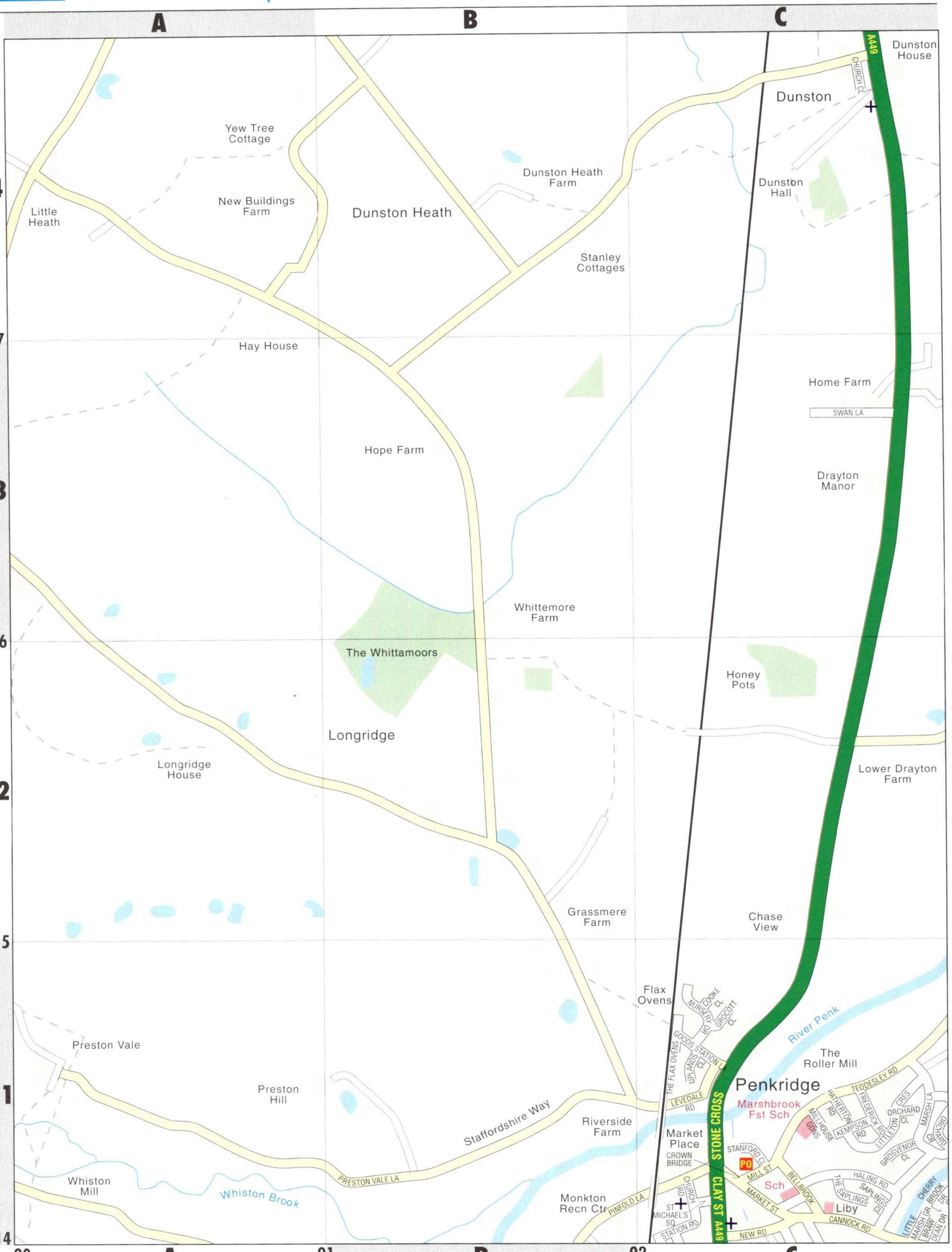

191
207

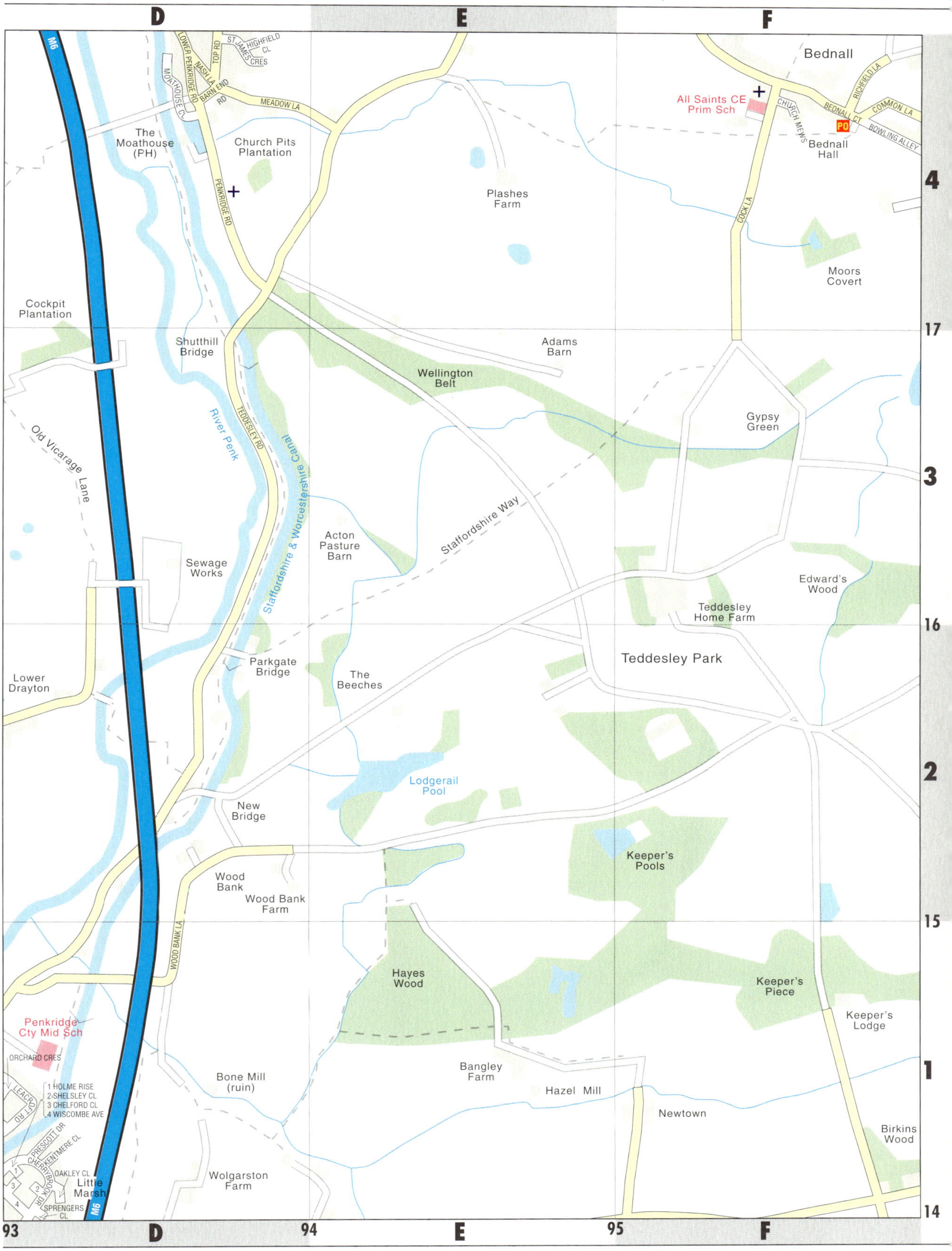
D
E
F
M6
LOWER PENKRIDGE RD
TOP RD
ST JAMES CRES
HIGHFIELD CL
NASH LA
MOATHOUSE CL
BARN END RD
MEADOW LA
The Moathouse (PH)
Church Pits Plantation
PENKRIDGE RD
Plashes Farm
Bednall
All Saints CE Prim Sch
CHURCH MEWS
BEDNALL CT
RICHFIELD LA
COMMON LA
BOWLING ALLEY
PO
Bednall Hall
COCK LA
Moors Covert
4
Cockpit Plantation
Shutthill Bridge
Adams Barn
17
Wellington Belt
Gypsy Green
River Penk
TEDDESLEY RD
Old Vicarage Lane
Staffordshire & Worcestershire Canal
3
Staffordshire Way
Acton Pasture Barn
Sewage Works
Edward's Wood
Teddesley Home Farm
16
Teddesley Park
Lower Drayton
Parkgate Bridge
The Beeches
2
Lodgerail Pool
New Bridge
Keeper's Pools
Wood Bank
Wood Bank Farm
15
WOOD BANK LA
Hayes Wood
Keeper's Piece
Keeper's Lodge
Penkridge Cty Mid Sch
ORCHARD CRES
1
Bangley Farm
Bone Mill (ruin)
Hazel Mill
1 HOLME RISE
2 SHELSLEY CL
3 CHELFORD CL
4 WISCOMBE AVE
LEACROFT RD
PRESCOTT DR
KENTMERE CL
CHERRYBROOK DR
OAKLEY CL
SPRENGERS CL
Newtown
Birkins Wood
Little Marsh
Wolgarston Farm
14
93
94
95

193
176

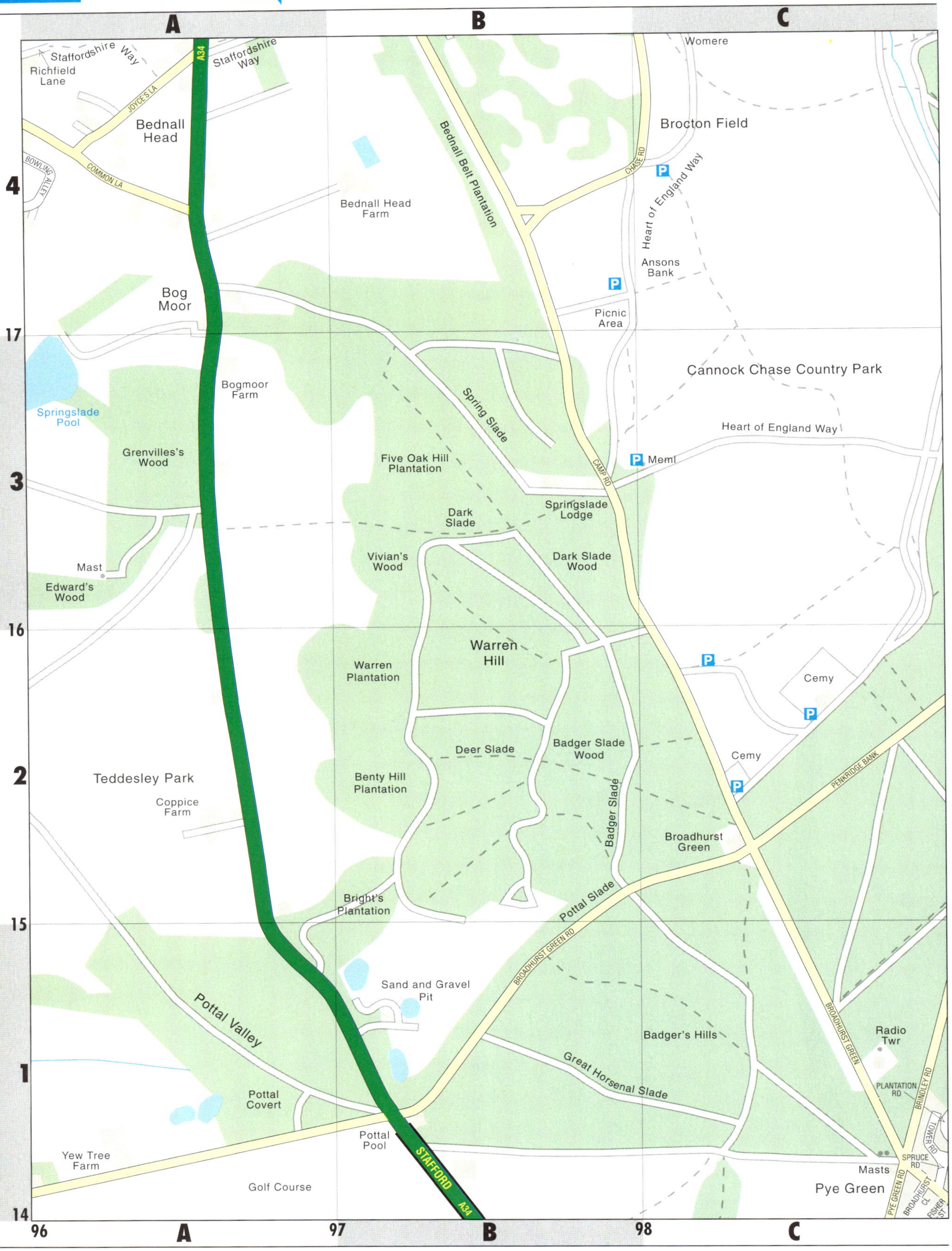

193
209

177
196

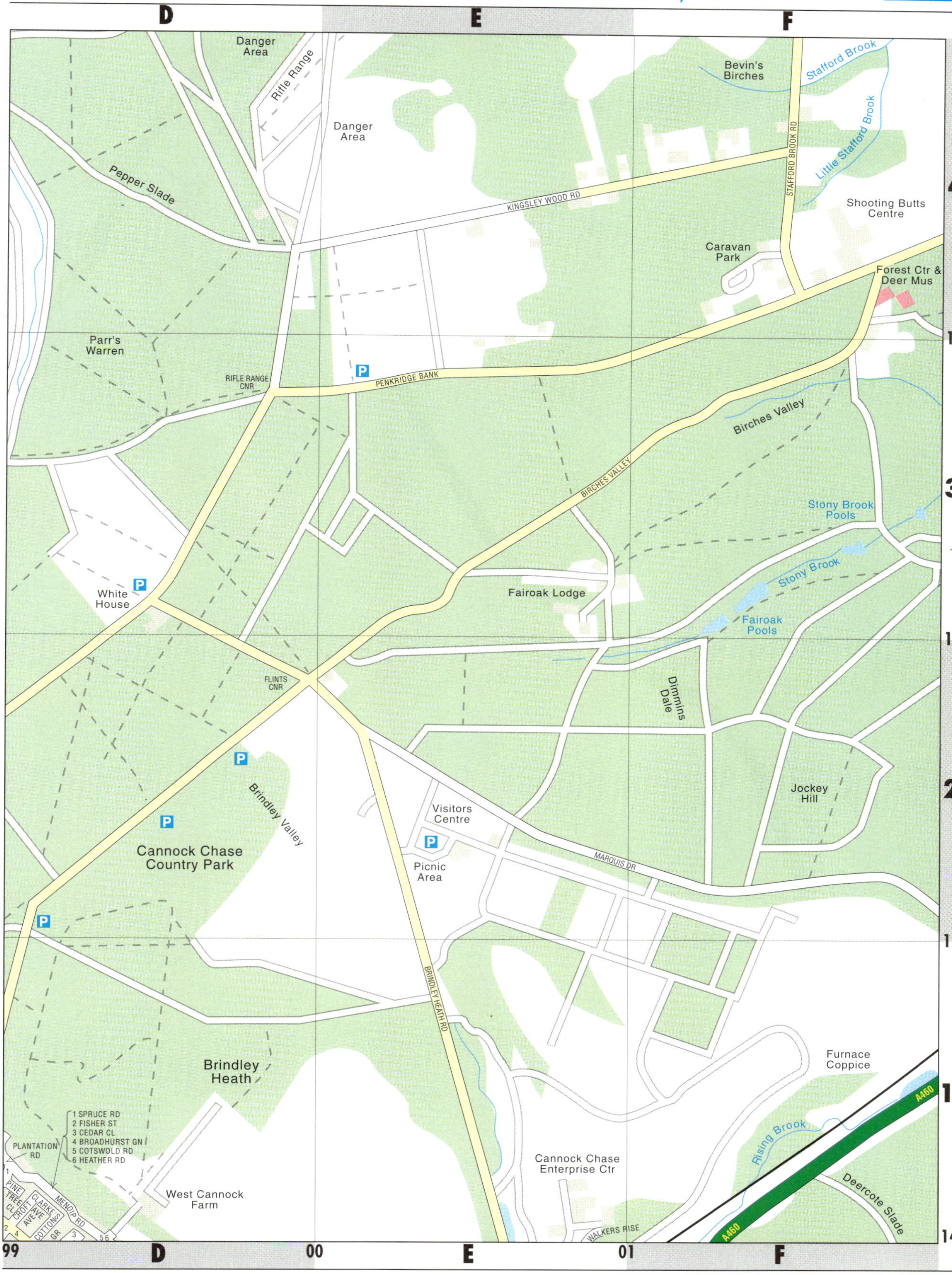

210
196

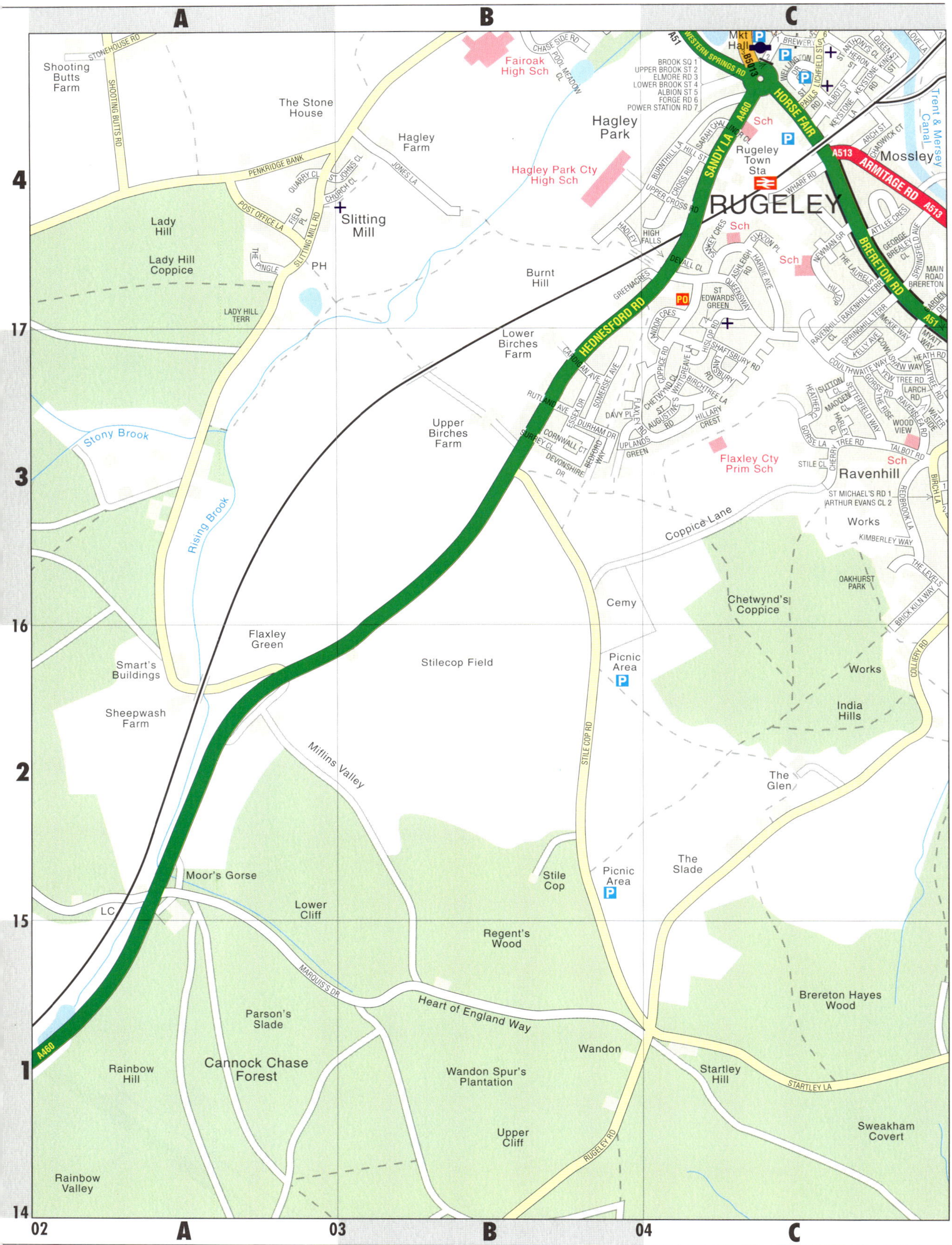
A
B
C
4
17
3
16
2
15
1
14
02
03
04
Shooting Butts Farm
STONEHOUSE RD
SHOOTING BUTTS RD
The Stone House
PENKRIDGE BANK
Hagley Farm
JONES LA
Lady Hill
Lady Hill Coppice
POST OFFICE LA
QUARRY CL
ST JOHNS CL
CHURCH CL
SLITTING MILL RD
FIELD PL
THE PINGLE
Slitting Mill
PH
LADY HILL TERR
Fairoak High Sch
CHASE SIDE RD
POOL MEADOW CL
Hagley Park
Hagley Park Cty High Sch
BROOK SQ 1
UPPER BROOK ST 2
ELMORE RD 3
LOWER BROOK ST 4
ALBION ST 5
FORGE RD 6
POWER STATION RD 7
A51
WESTERN SPRINGS RD
B5013
Mkt Hall
HORSE FAIR
A460
SANDY LA
Sch
Rugeley Town Sta
RUGELEY
WHARF RD
A513
ARMITAGE RD
Mossley
Trent & Mersey Canal
BRERETON RD
BURNTHILL LA
CROSS RD
UPPER CROSS RD
HADLEY
HIGH FALLS
DEVALL CL
GREENACRES
HEDNESFORD RD
ST EDWARDS GREEN
QUEENSWAY
SHAFTSBURY RD
HARDIE AVE
PO
Burnt Hill
Lower Birches Farm
Upper Birches Farm
Stony Brook
Rising Brook
CARDIGAN AVE
RUTLAND AVE
SOMERSET AVE
ESSEX DR
DURHAM DR
CORNWALL CT
SURREY CL
DEVONSHIRE DR
BEDFORD WAY
DAVY PL
UPLANDS GREEN
HILLARY CREST
BIRCHTREE LA
Flaxley Cty Prim Sch
Ravenhill
STILE CL
ST MICHAEL'S RD 1
ARTHUR EVANS CL 2
Works
KIMBERLEY WAY
REDBROOK LA
OAKHURST PARK
THE LEVELS
BRICK KILN WAY
COLLIERY RD
Coppice Lane
Cemy
Chetwynd's Coppice
Picnic Area
Works
India Hills
The Glen
Flaxley Green
Smart's Buildings
Sheepwash Farm
Stilecop Field
Miflins Valley
STILE COP RD
Stile Cop
Picnic Area
The Slade
Moor's Gorse
LC
Lower Cliff
Regent's Wood
MARQUIS'S DR
Heart of England Way
Parson's Slade
Cannock Chase Forest
Wandon
Wandon Spur's Plantation
Brereton Hayes Wood
Startley Hill
STARTLEY LA
Rainbow Hill
Upper Cliff
RUGELEY RD
Sweakham Covert
Rainbow Valley
A460

179
198

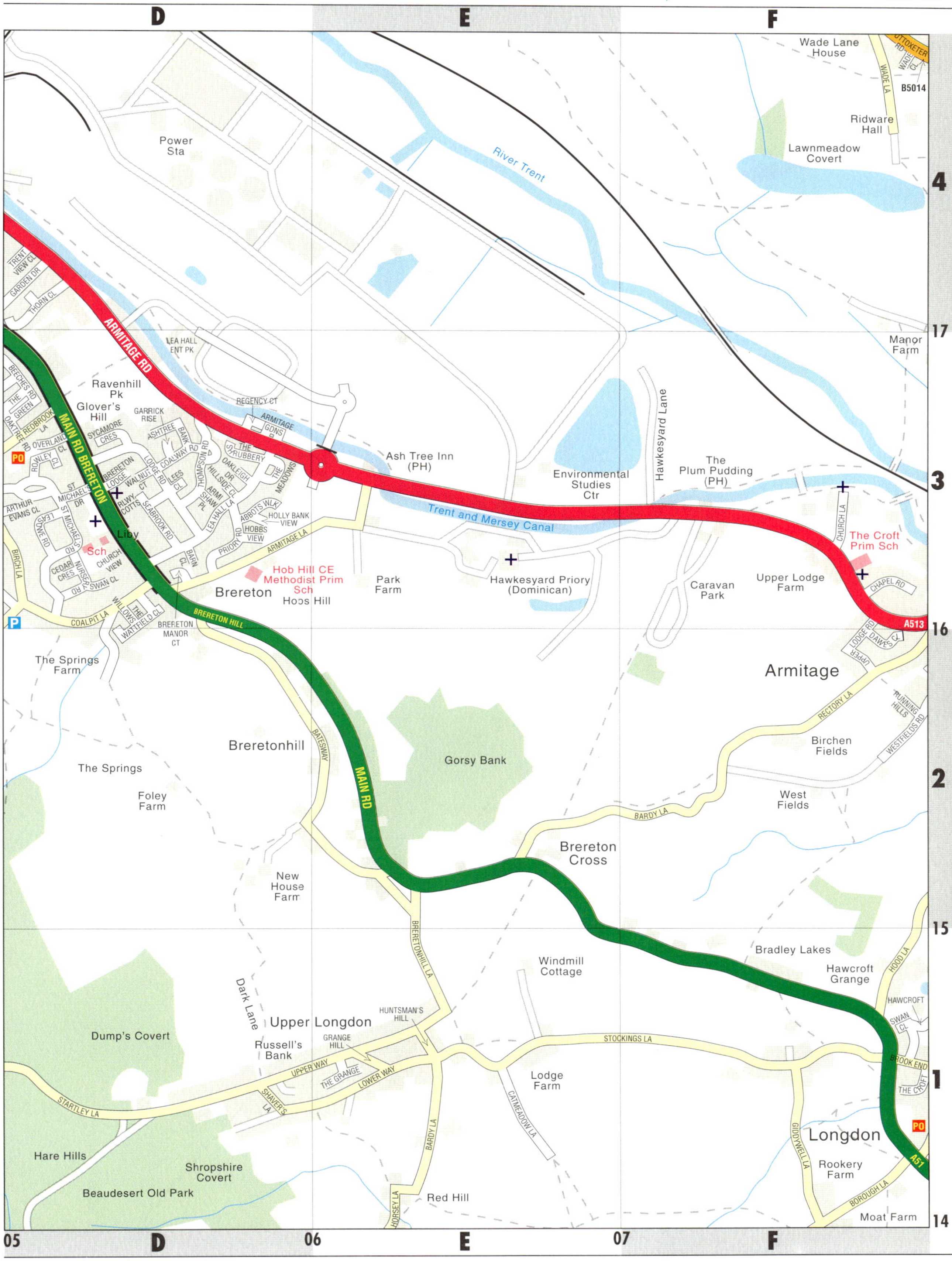

212
198

197
180

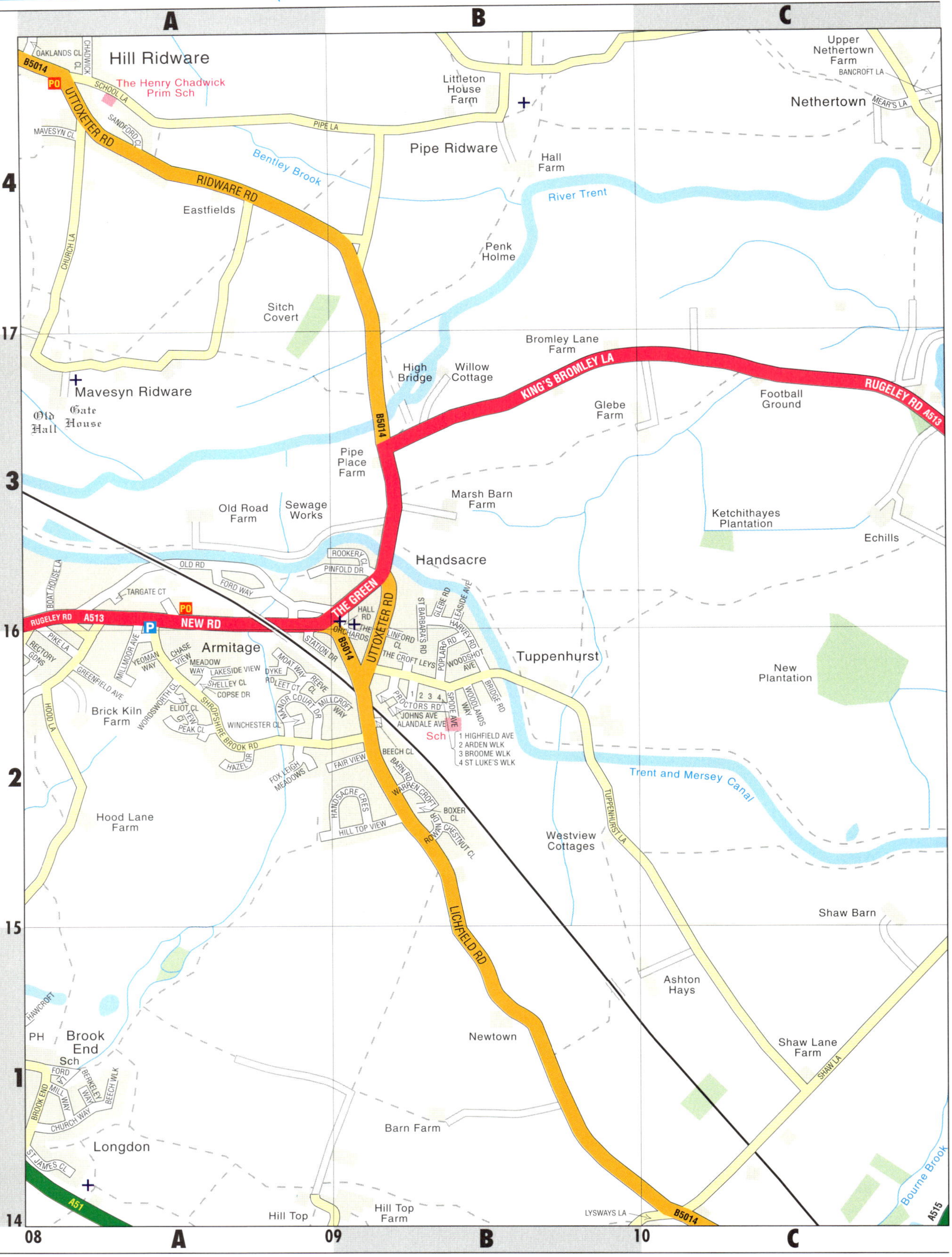

197
213

181
200

D E F

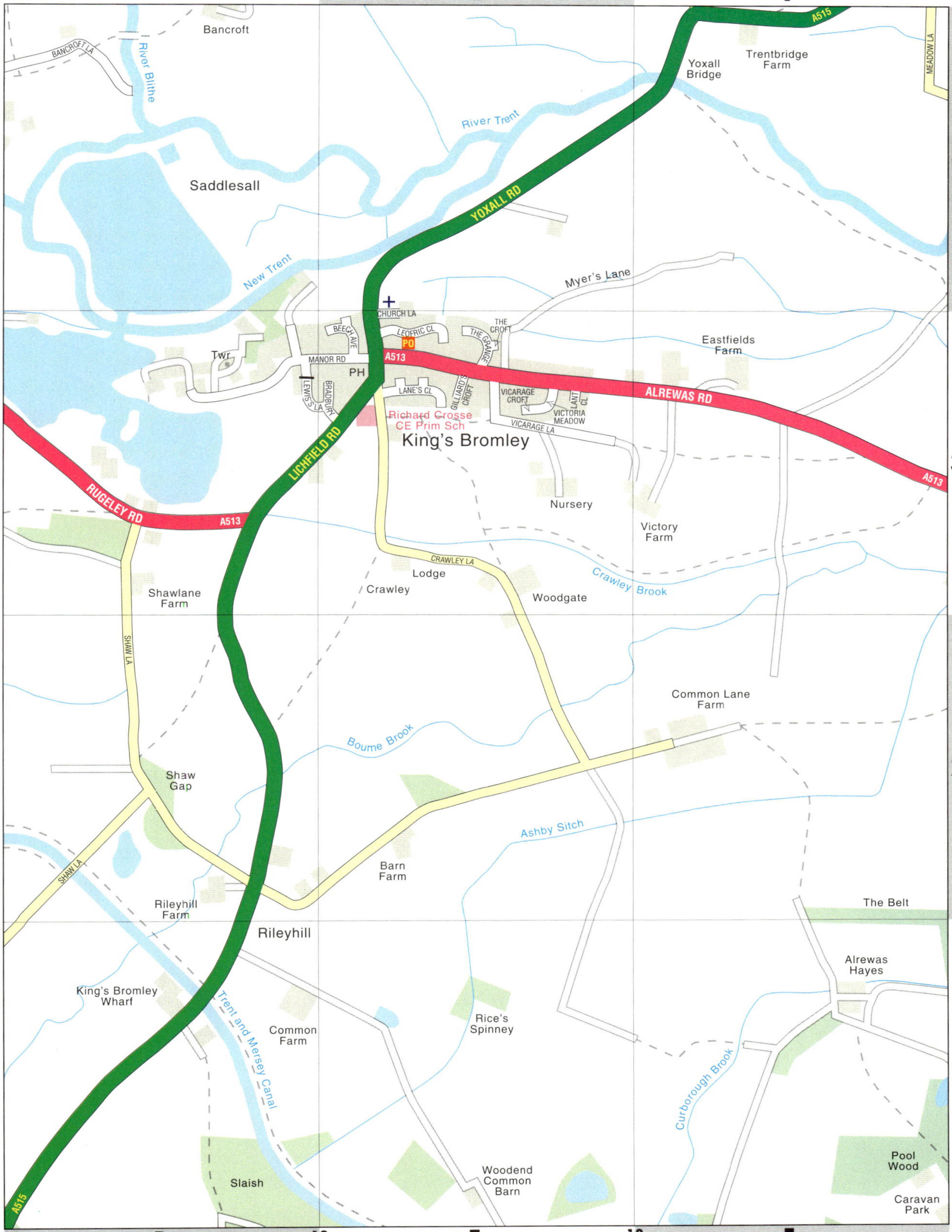

4
17
3
16
2
15
1
14

11 D 12 E 13 F

214
200

199
182
A B C

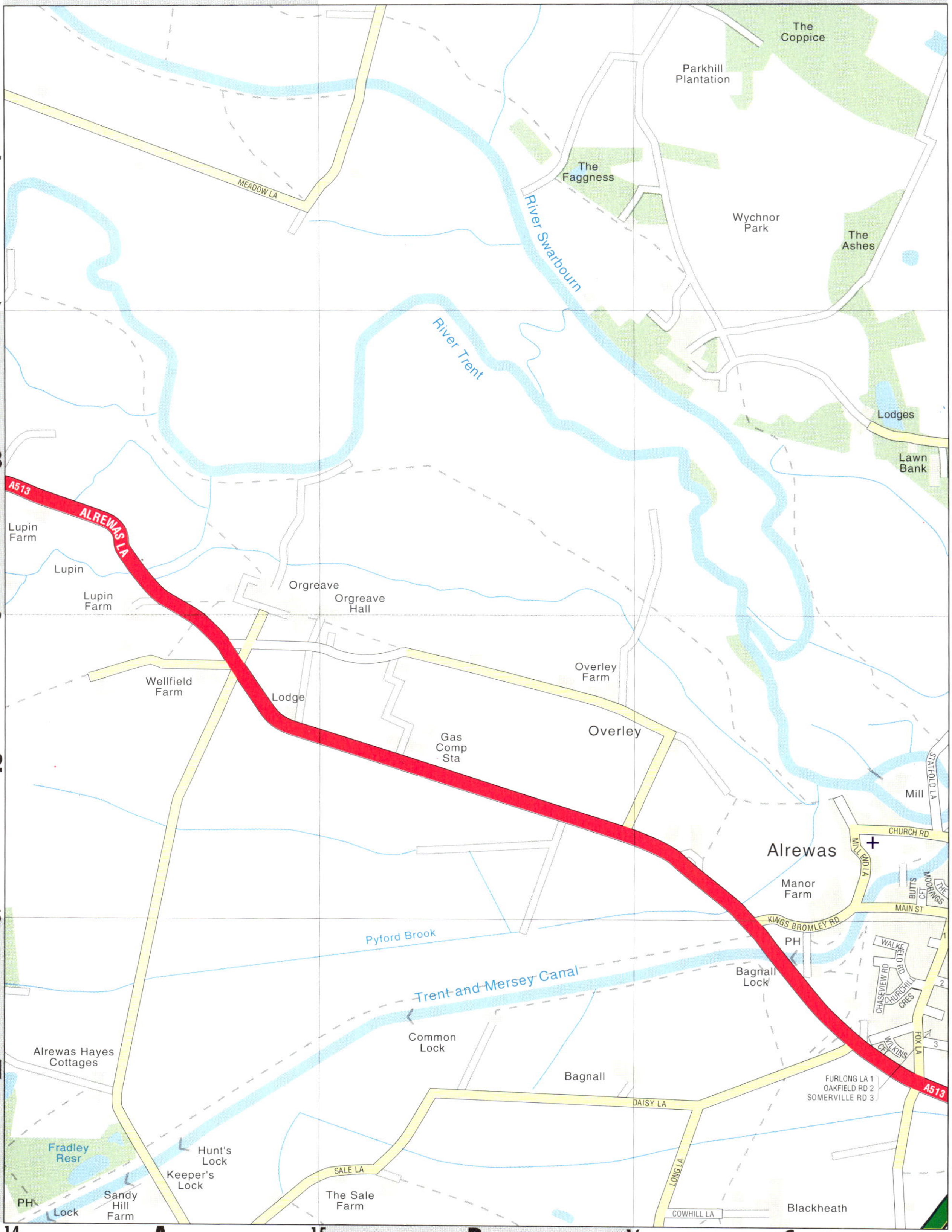

A B C
199
215

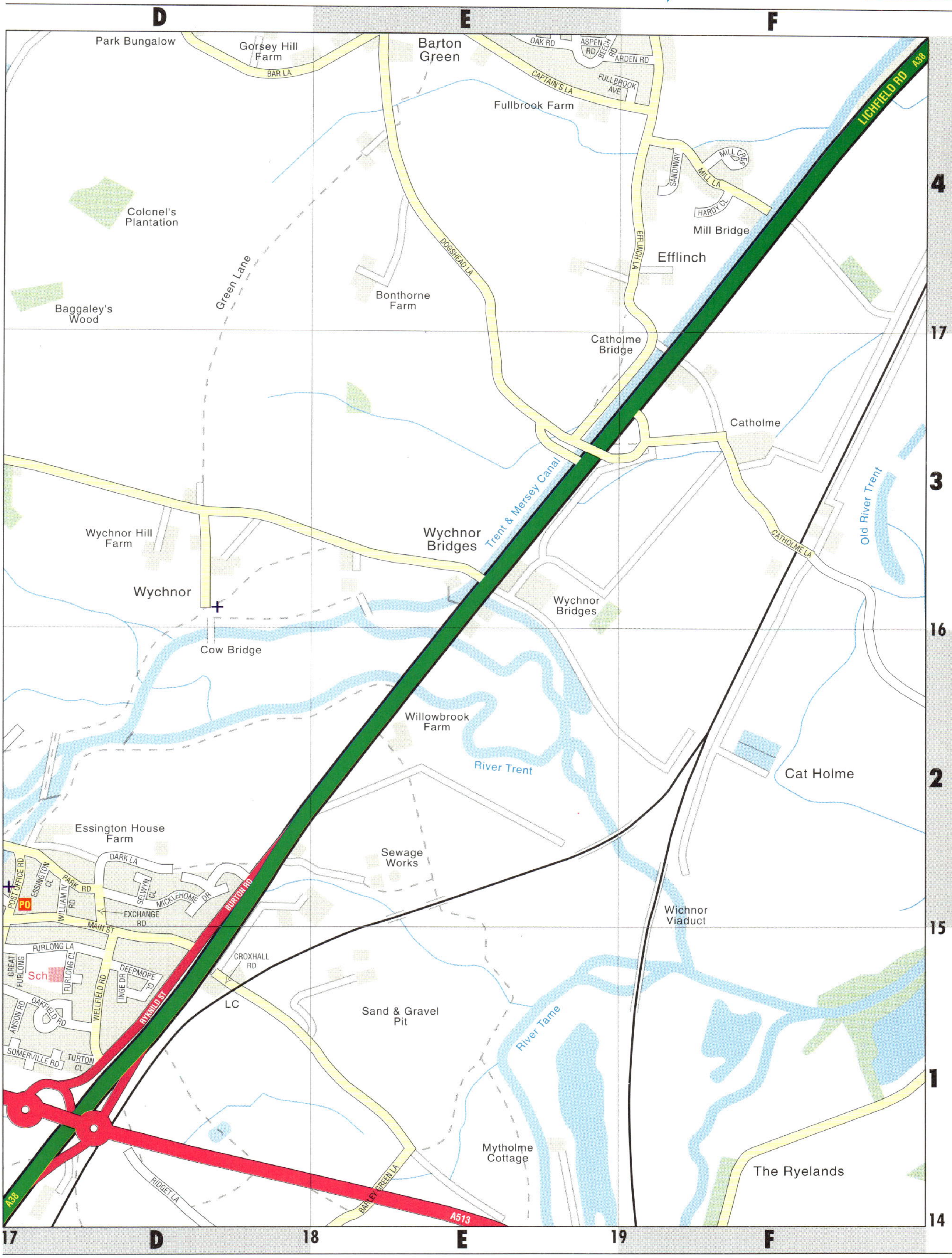
D
E
F
Park Bungalow
Gorsey Hill Farm
BAR LA
Barton Green
OAK RD
ASPEN RD
BEECH RD
ARDEN RD
CAPTAIN'S LA
FULLBROOK AVE
Fullbrook Farm
LICHFIELD RD
A38
SANDIWAY
MILL CRES
MILL LA
HARDY CL
Mill Bridge
Colonel's Plantation
DOGSHEAD LA
EFFLINCH LA
Efflinch
Green Lane
Bonthorne Farm
Baggaley's Wood
Catholme Bridge
Catholme
Trent & Mersey Canal
Old River Trent
Wychnor Hill Farm
Wychnor Bridges
CATHOLME LA
Wychnor
Wychnor Bridges
Cow Bridge
Willowbrook Farm
River Trent
Cat Holme
Essington House Farm
DARK LA
Sewage Works
POST OFFICE RD
ESSINGTON CL
PARK RD
WILLIAM IV RD
SELWYN CL
MICKLEHOME DR
BURTON RD
PO
EXCHANGE RD
MAIN ST
Wichnor Viaduct
FURLONG LA
GREAT FURLONG
FURLONG CL
Sch
WELLFIELD RD
INGE DR
DEEPMORE CL
CROXHALL RD
LC
RYKNILD ST
OAKFIELD RD
ANSON RD
Sand & Gravel Pit
River Tame
SOMERVILLE RD
TURTON CL
Mytholme Cottage
RIDGET LA
BARLEY GREEN LA
A513
The Ryelands
4
17
3
16
2
15
1
14
17
18
19

201
184

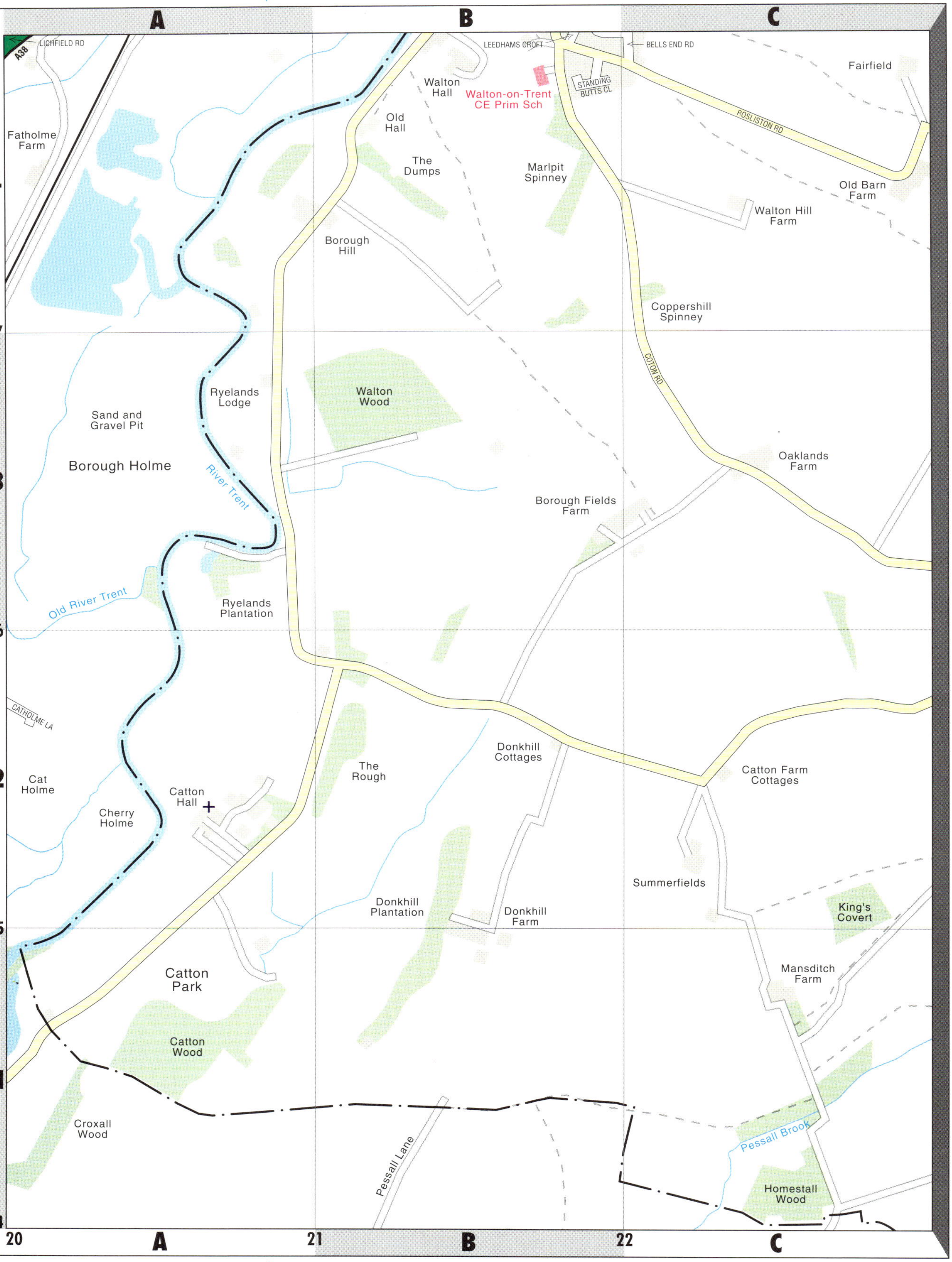

201
217

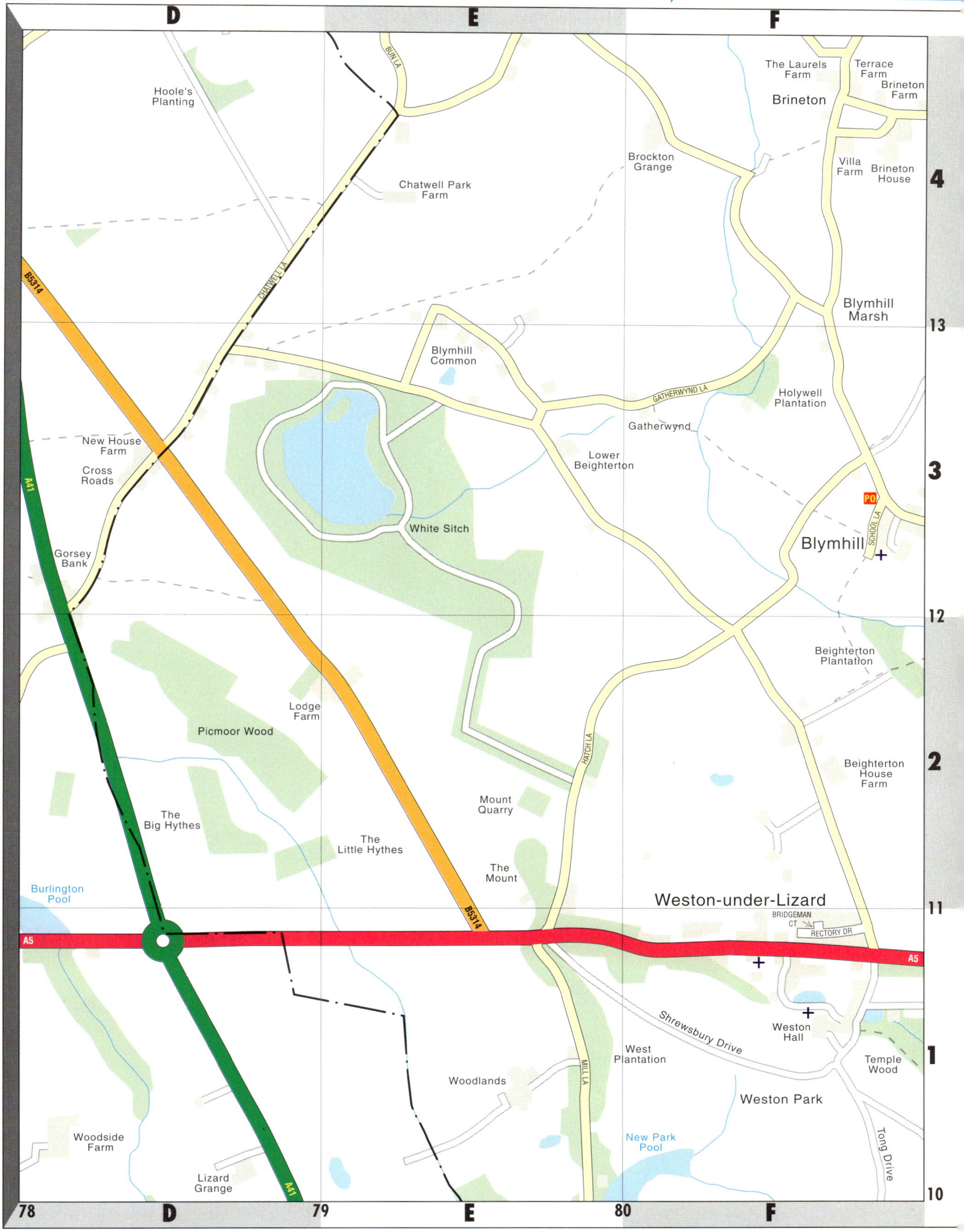
D
E
F
Hoole's Planting
BUN LA
The Laurels Farm
Terrace Farm
Brineton Farm
Brineton
Brockton Grange
Villa Farm
Brineton House
Chatwell Park Farm
4
B5314
CHATWELL LA
Blymhill Marsh
13
Blymhill Common
GATHERWYND LA
Holywell Plantation
Gatherwynd
New House Farm
Lower Beighterton
Cross Roads
A41
3
PO
SCHOOL LA
White Sitch
Blymhill
Gorsey Bank
12
Beighterton Plantation
Lodge Farm
Picmoor Wood
HATCH LA
2
Beighterton House Farm
Mount Quarry
The Big Hythes
The Little Hythes
The Mount
Burlington Pool
Weston-under-Lizard
BRIDGEMAN CT
RECTORY DR
11
A5
Shrewsbury Drive
Weston Hall
West Plantation
MILL LA
Temple Wood
1
Woodlands
Weston Park
Woodside Farm
New Park Pool
Tong Drive
Lizard Grange
10
78
79
80

203
189

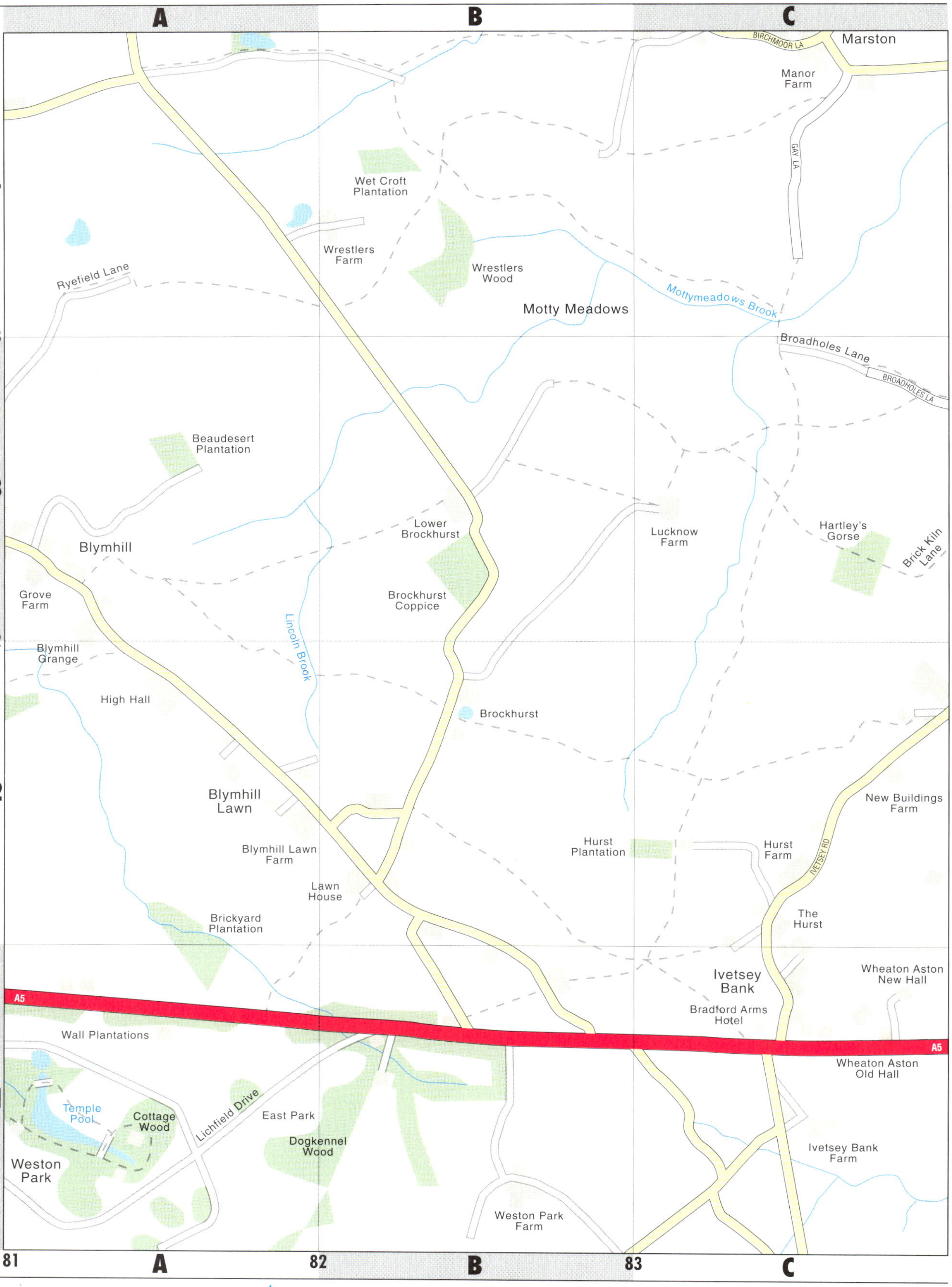

203
221

Wheaton Aston

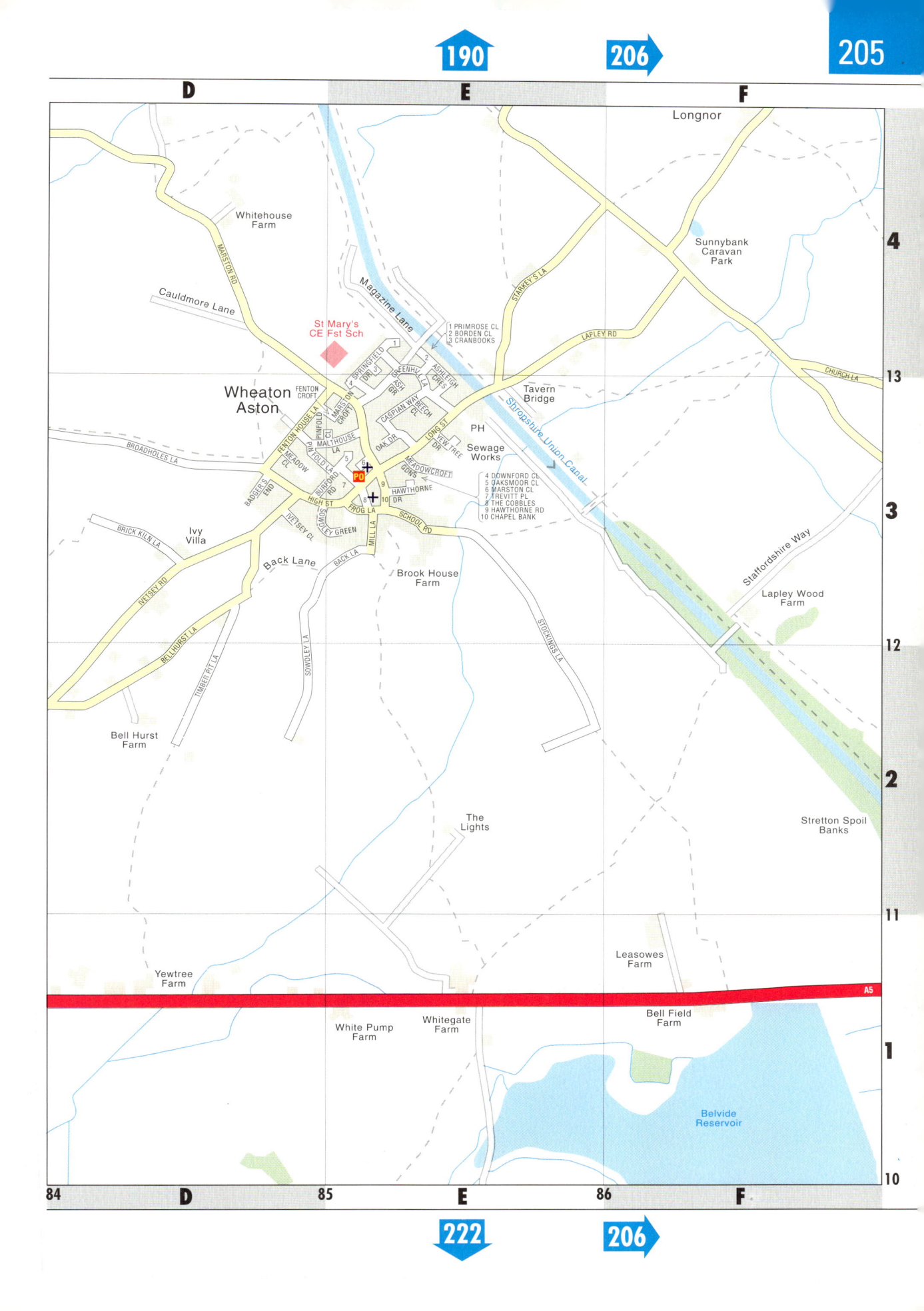

Streets and features:
- Marston Rd
- Whitehouse Farm
- Cauldmore Lane
- Magazine Lane
- St Mary's CE Fst Sch
- Starkey's La
- Longnor
- Sunnybank Caravan Park
- Lapley Rd
- Church La
- Springfield Dr
- Ashleigh Cres
- 1 Primrose Cl
- 2 Borden Cl
- 3 Cranbooks
- Fenton Croft
- Greenhill La
- Tavern Bridge
- Fenton House La
- Marston Croft
- Caspian Way
- Beech Cl
- Long St
- PH
- Shropshire Union Canal
- Pinfold
- Malthouse
- Oak Dr
- Yew Tree Dr
- Sewage Works
- Broadholes La
- Pin Field La
- Meadowcroft Gdns
- 4 Downford Cl
- 5 Oaksmoor Cl
- 6 Marston Cl
- 7 Trevitt Pl
- 8 The Cobbles
- 9 Hawthorne Rd
- 10 Chapel Bank
- Badgers End
- Fl Meadow Cl
- Buford Rd
- Hawthorne Dr
- Staffordshire Way
- Brick Kiln La
- Ivy Villa
- Ivetsey Cl
- Smokey Green
- Mill La
- Frog La
- School Rd
- Lapley Wood Farm
- Ivetsey Rd
- Back Lane
- Back La
- Brook House Farm
- Bellhurst La
- Timber Pit La
- Sowdley La
- Stockings La
- Bell Hurst Farm
- Stretton Spoil Banks
- The Lights
- Yewtree Farm
- Leasowes Farm
- A5
- White Pump Farm
- Whitegate Farm
- Bell Field Farm
- Belvide Reservoir

205
191

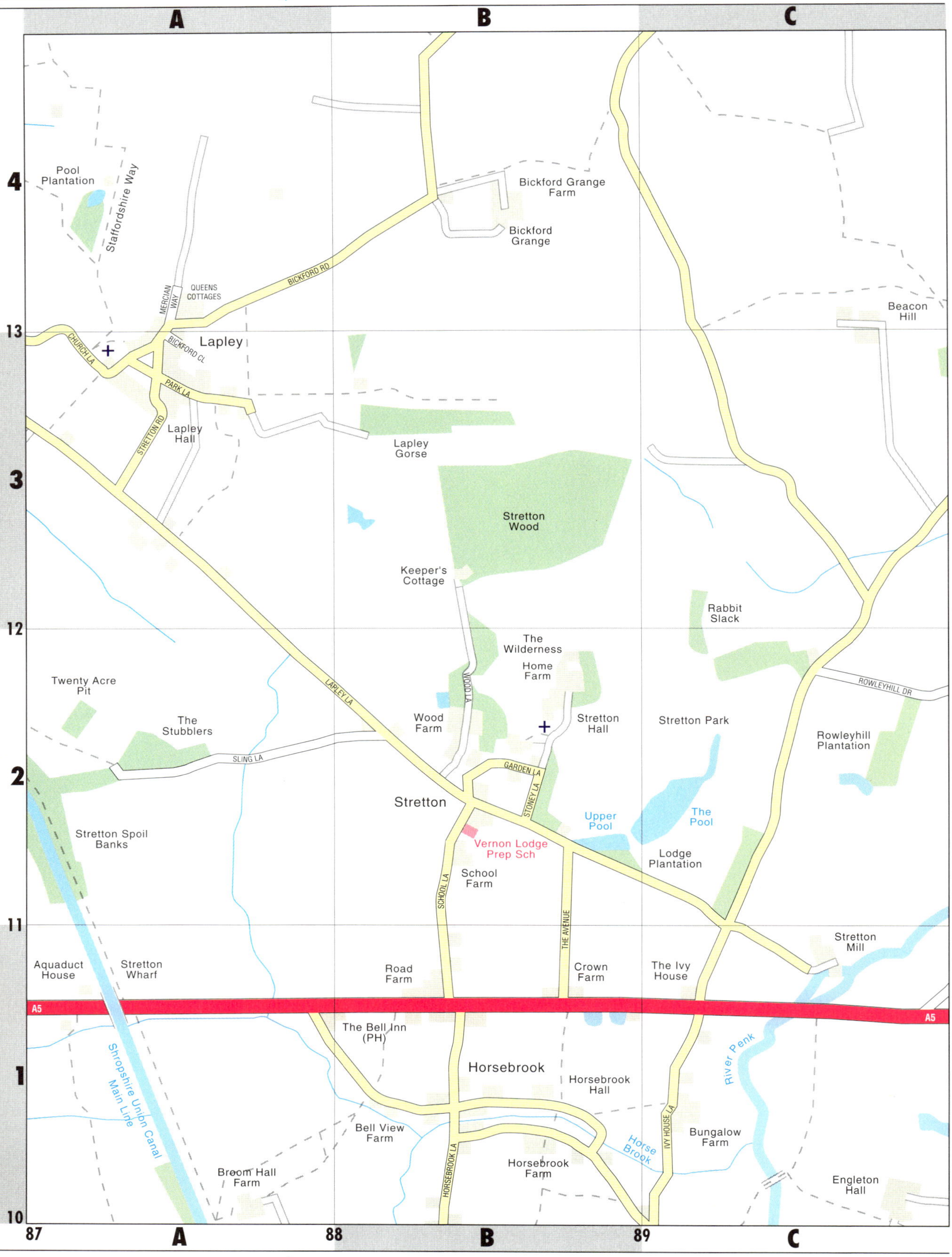

205
223

192
208

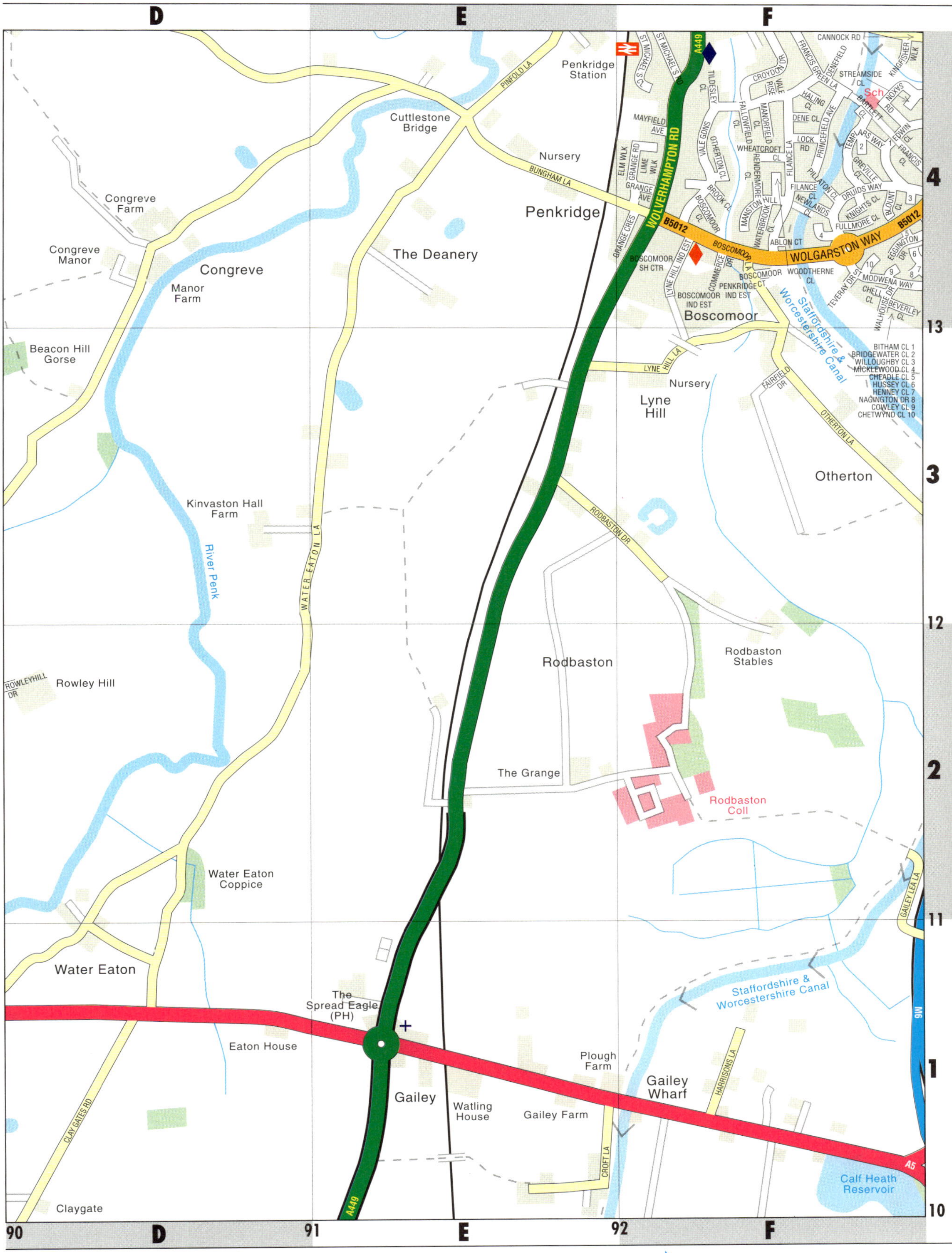

224
208

207
193

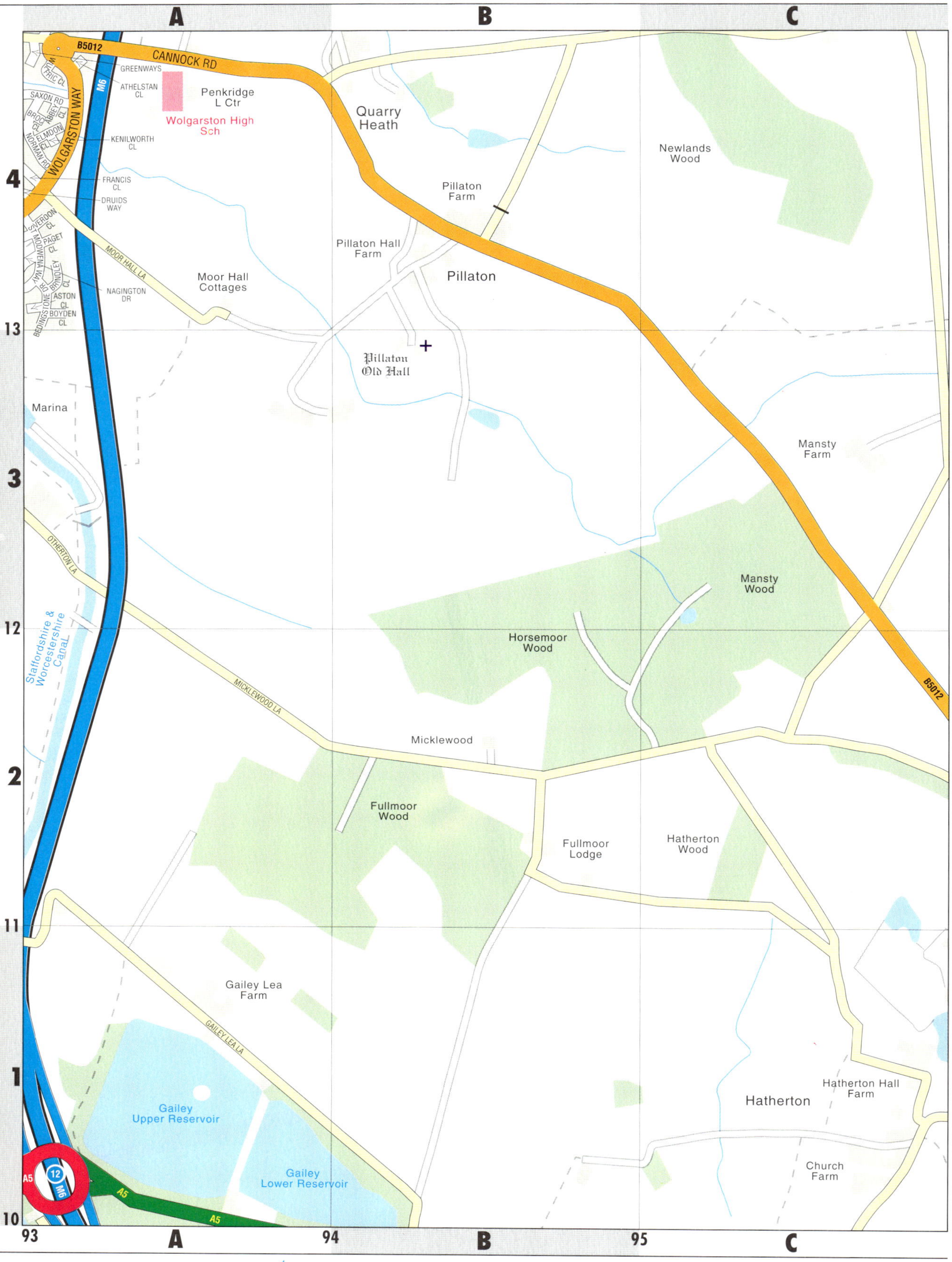

207
225

194
210

D E F

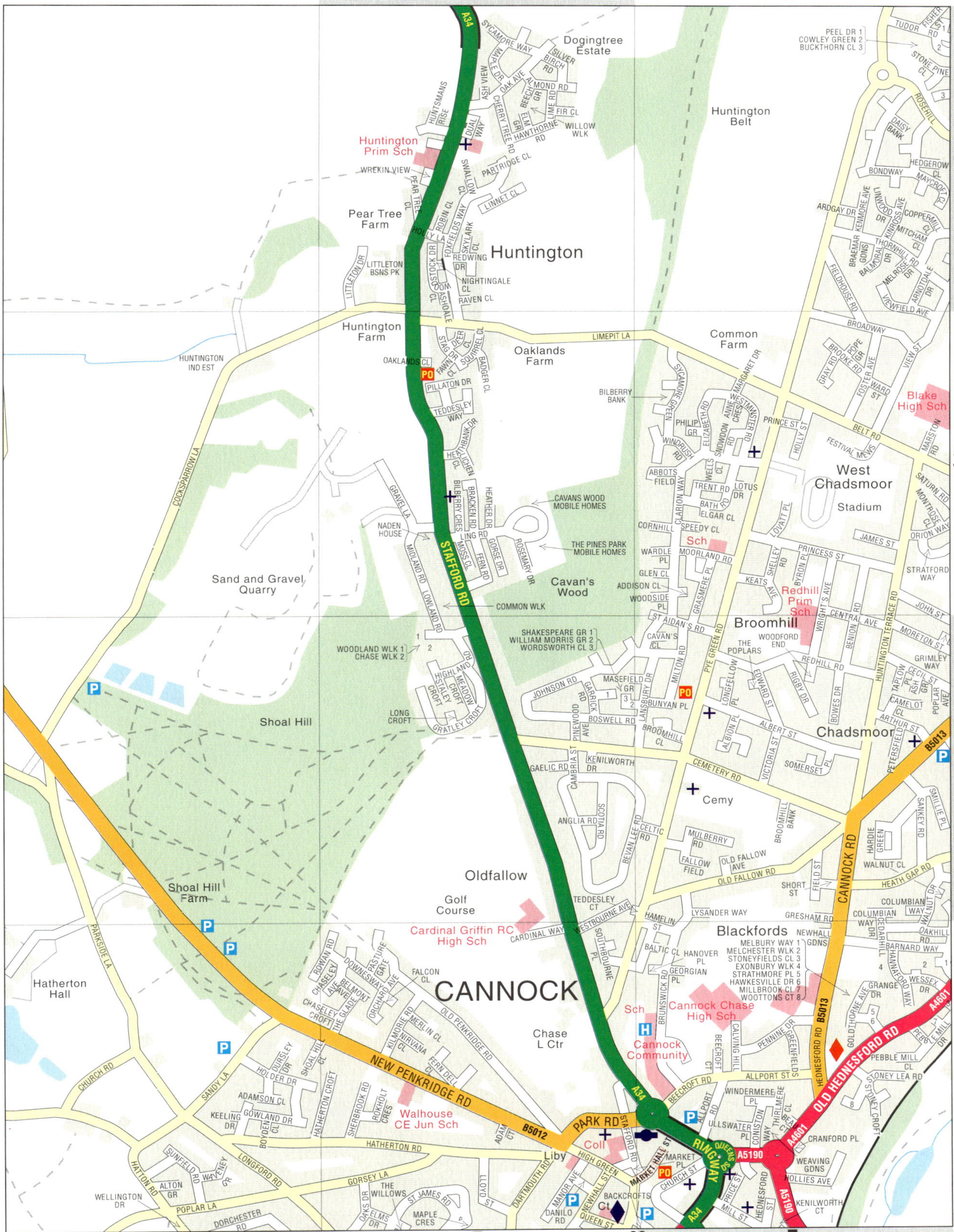

D E F

226
210

209
195

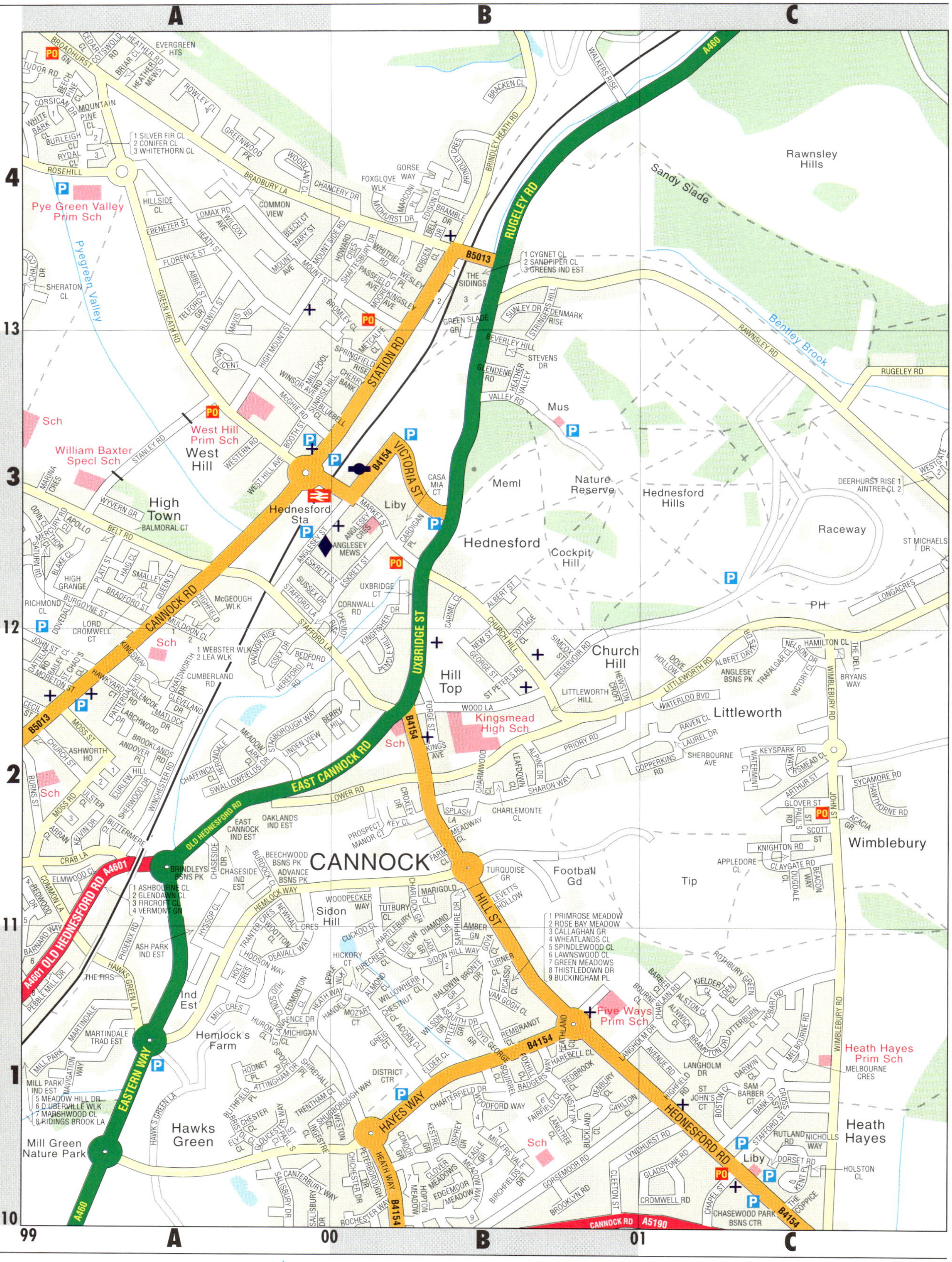

209
227

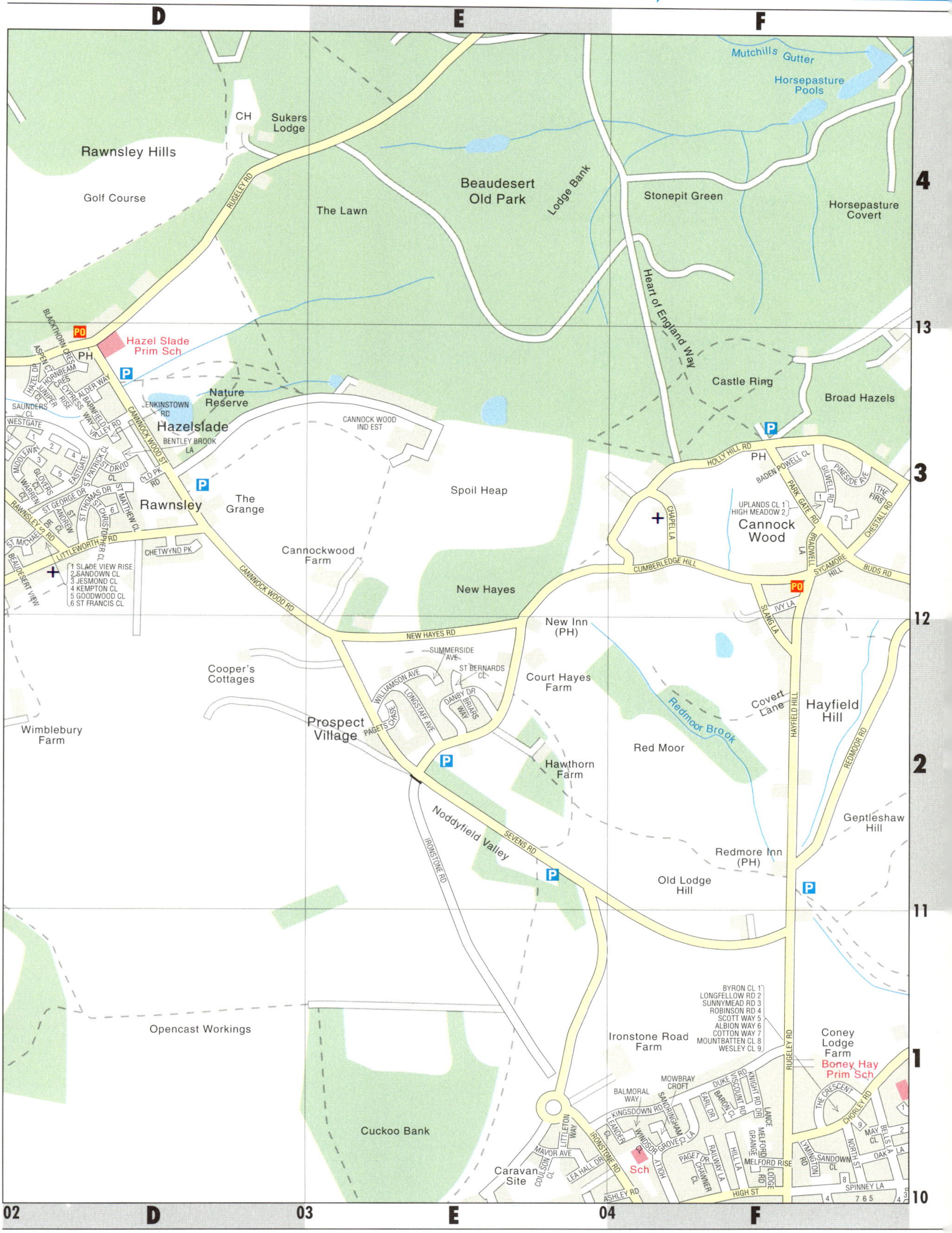

211
197
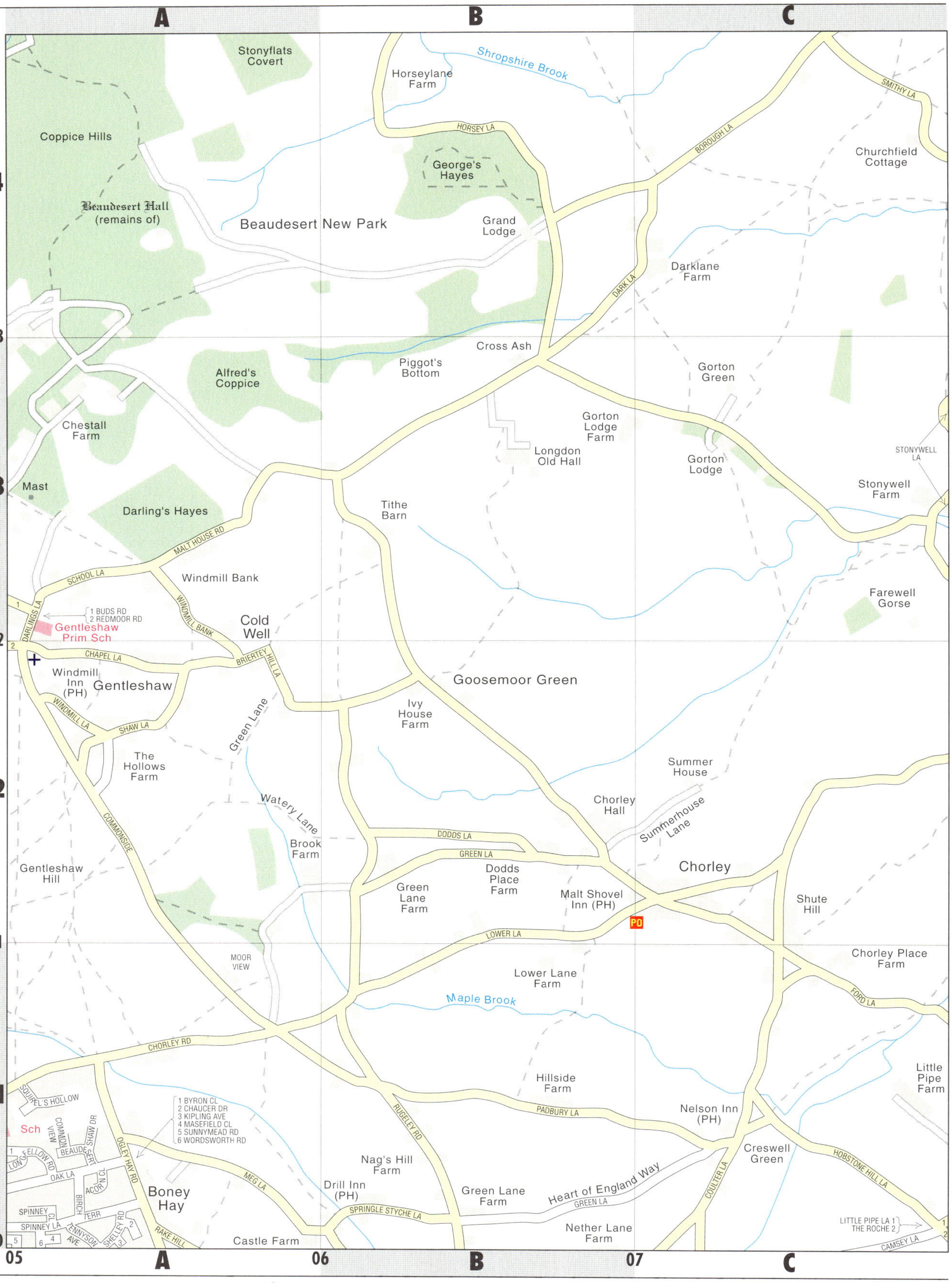

211
229

198
214

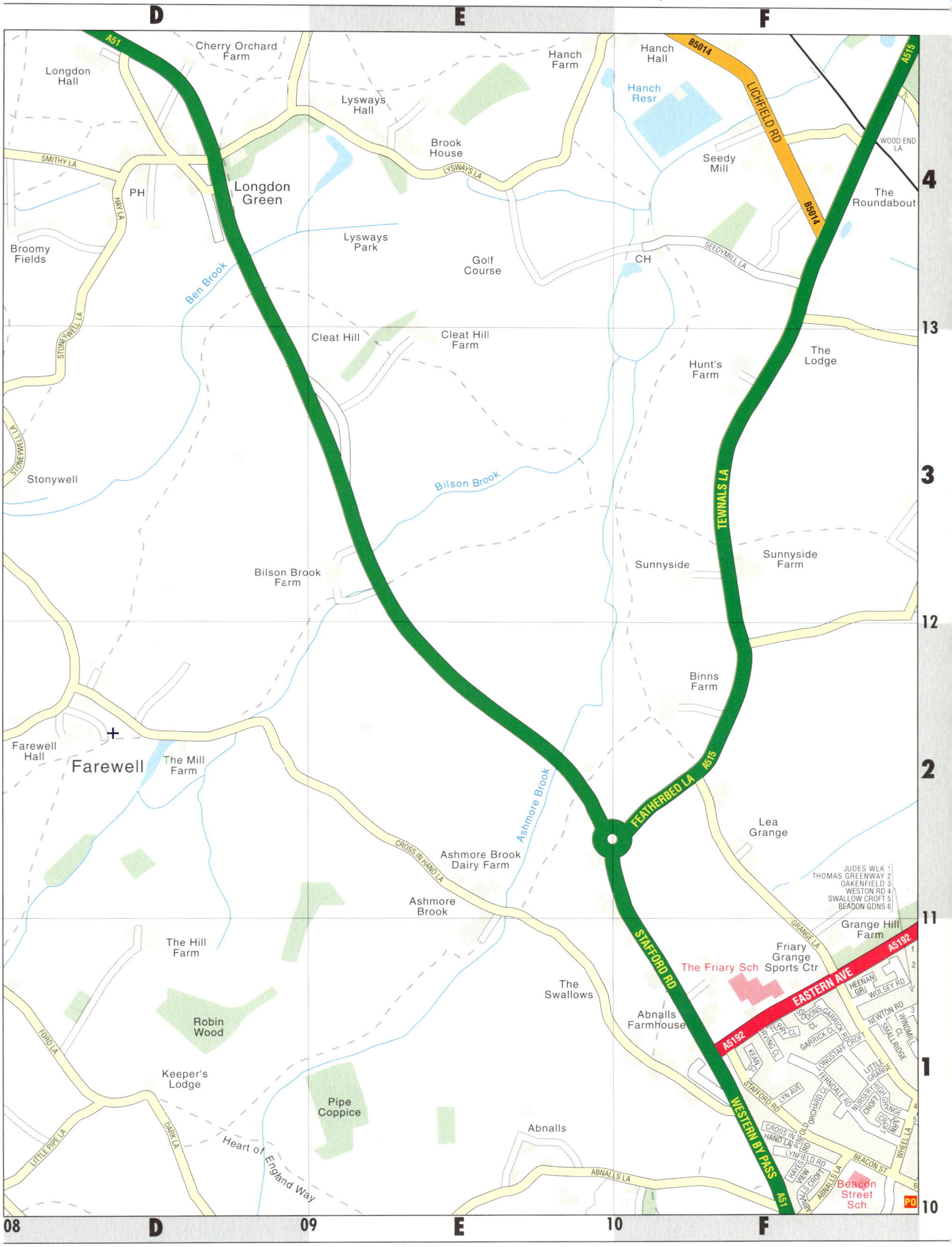

230
214

214

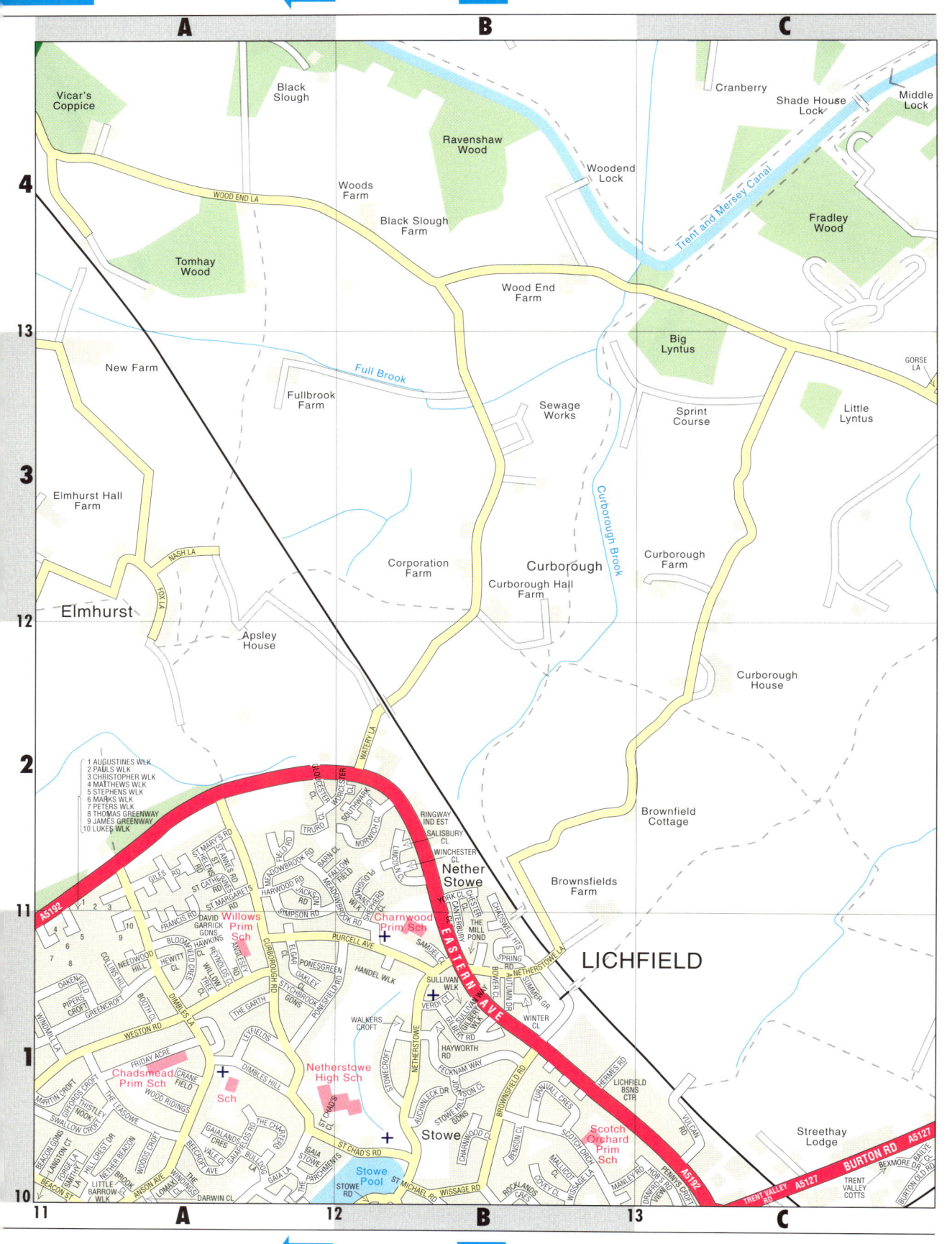

Index to streets (square A2)

1. Augustines Wlk
2. Pauls Wlk
3. Christopher Wlk
4. Matthews Wlk
5. Stephens Wlk
6. Marks Wlk
7. Peters Wlk
8. Thomas Greenway
9. James Greenway
10. Lukes Wlk

Places shown on map

Woods / Water features: Vicar's Coppice, Black Slough, Ravenshaw Wood, Cranberry, Shade House Lock, Middle Lock, Tomhay Wood, Woods Farm, Black Slough Farm, Woodend Lock, Trent and Mersey Canal, Fradley Wood, Wood End Farm, Big Lyntus, Gorse La, New Farm, Full Brook, Fullbrook Farm, Sewage Works, Sprint Course, Little Lyntus, Elmhurst Hall Farm, Curborough Brook, Curborough Farm, Elmhurst, Corporation Farm, Curborough, Curborough Hall Farm, Curborough House, Apsley House, Brownfield Cottage, Brownfields Farm, Ringway Ind Est, Nether Stowe, LICHFIELD, Stowe, Streethay Lodge, Trent Valley Cotts.

Schools: Willows Prim Sch, Charnwood Prim Sch, Chadsmead Prim Sch, Netherstowe High Sch, Scotch Orchard Prim Sch.

Roads: A5192, A5127 BURTON RD, EASTERN AVE, WOOD END LA, NASH LA, FOX LA, WATERY LA.

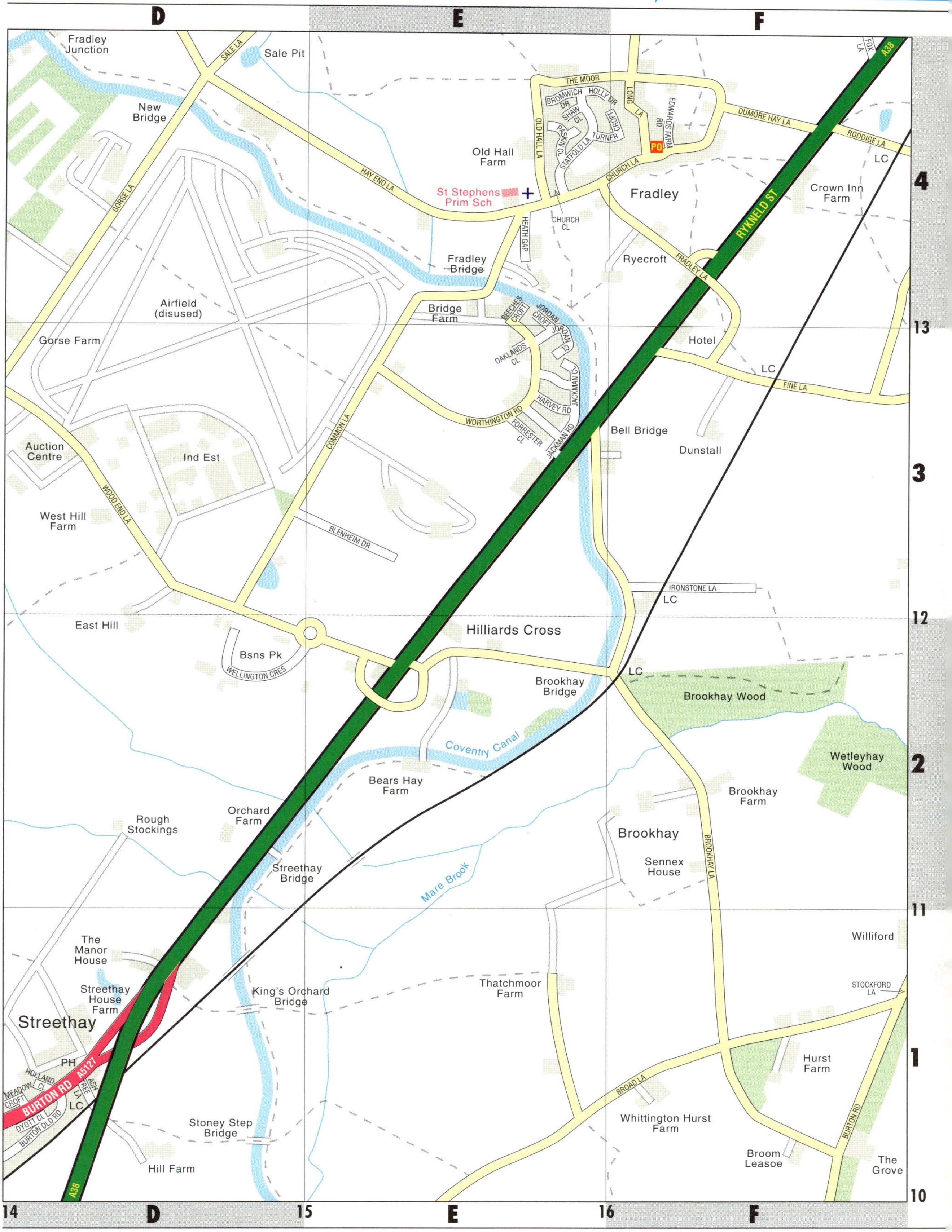
D
E
F
Fradley Junction
Sale Pit
SALE LA
New Bridge
GORSE LA
HAY END LA
Old Hall Farm
St Stephens Prim Sch
THE MOOR
BROMWICH DR
HOLLY DR
SHAW CL
CROFT
TURNER
STATFOLD LA
OLD HALL LA
LONG LA
EDWARDS FARM RD
PO
CHURCH LA
DUMORE HAY LA
RODDIGE LA
FOX LA
A38
LC
Fradley
Crown Inn Farm
CHURCH CL
HEATH GAP
Fradley Bridge
Ryecroft
RYKNELD ST
FRADLEY LA
Airfield (disused)
Bridge Farm
BEECHES CROFT
JORDAN CROFT
JORDAN CL
OAKLANDS CL
Gorse Farm
Hotel
FINE LA
JACKMAN CL
HARVEY RD
WORTHINGTON RD
FORRESTER CL
JACKMAN RD
COMMON LA
Auction Centre
Ind Est
Bell Bridge
Dunstall
WOOD END LA
West Hill Farm
BLENHEIM DR
IRONSTONE LA
East Hill
Hilliards Cross
Bsns Pk
WELLINGTON CRES
Brookhay Bridge
Brookhay Wood
Coventry Canal
Wetleyhay Wood
Bears Hay Farm
Brookhay Farm
Rough Stockings
Orchard Farm
Brookhay
Sennex House
BROOKHAY LA
Streethay Bridge
Mare Brook
The Manor House
Williford
Streethay House Farm
King's Orchard Bridge
Thatchmoor Farm
STOCKFORD LA
Streethay
PH
HOLLAND CL
A5127
BURTON RD
MEADOW CROFT
ASH TREE LA
DYOTT CL
BURTON OLD RD
Hurst Farm
BROAD LA
Whittington Hurst Farm
BURTON RD
Stoney Step Bridge
Broom Leasoe
The Grove
Hill Farm
4
13
3
12
2
11
1
10
14
15
16

215
201

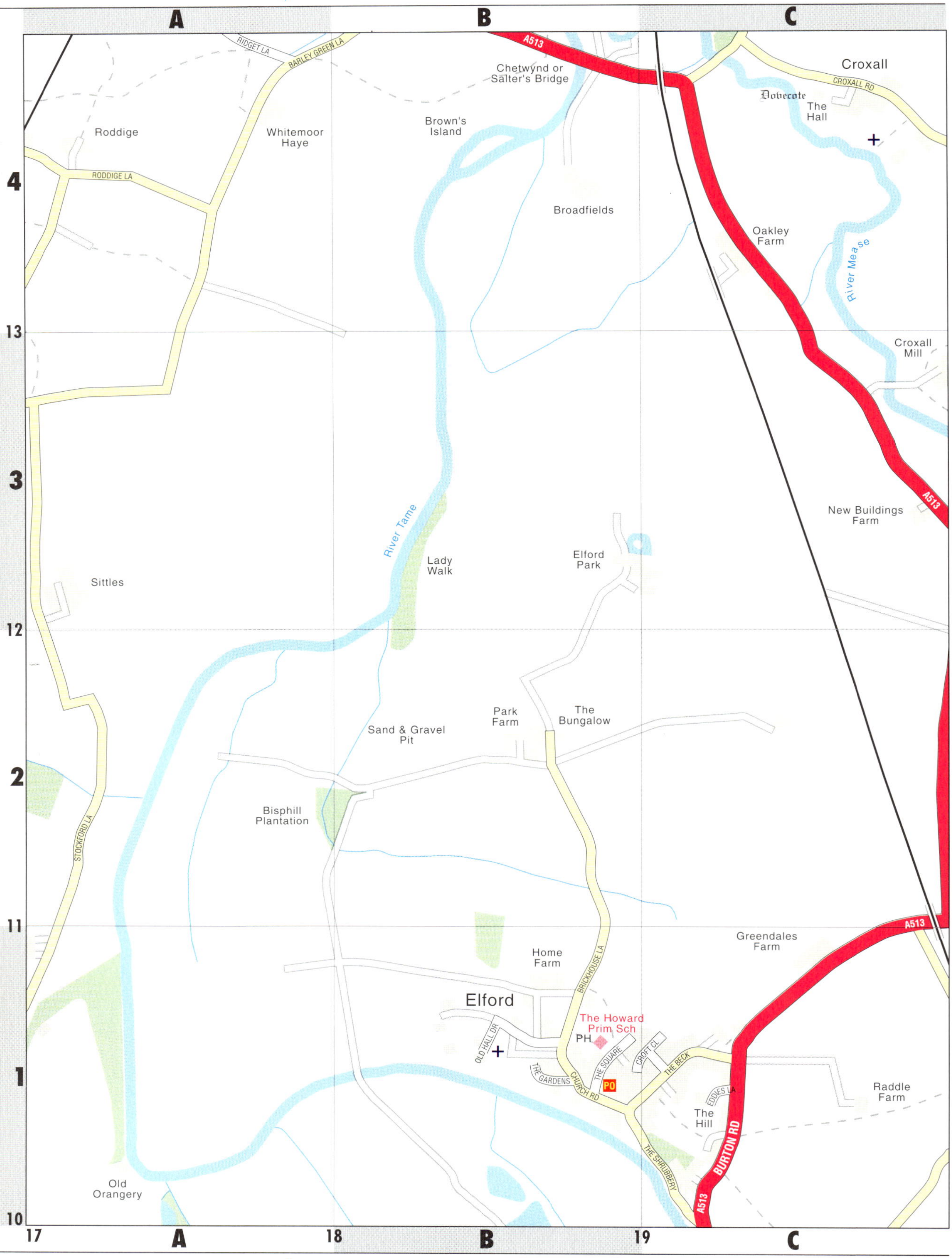

215
233

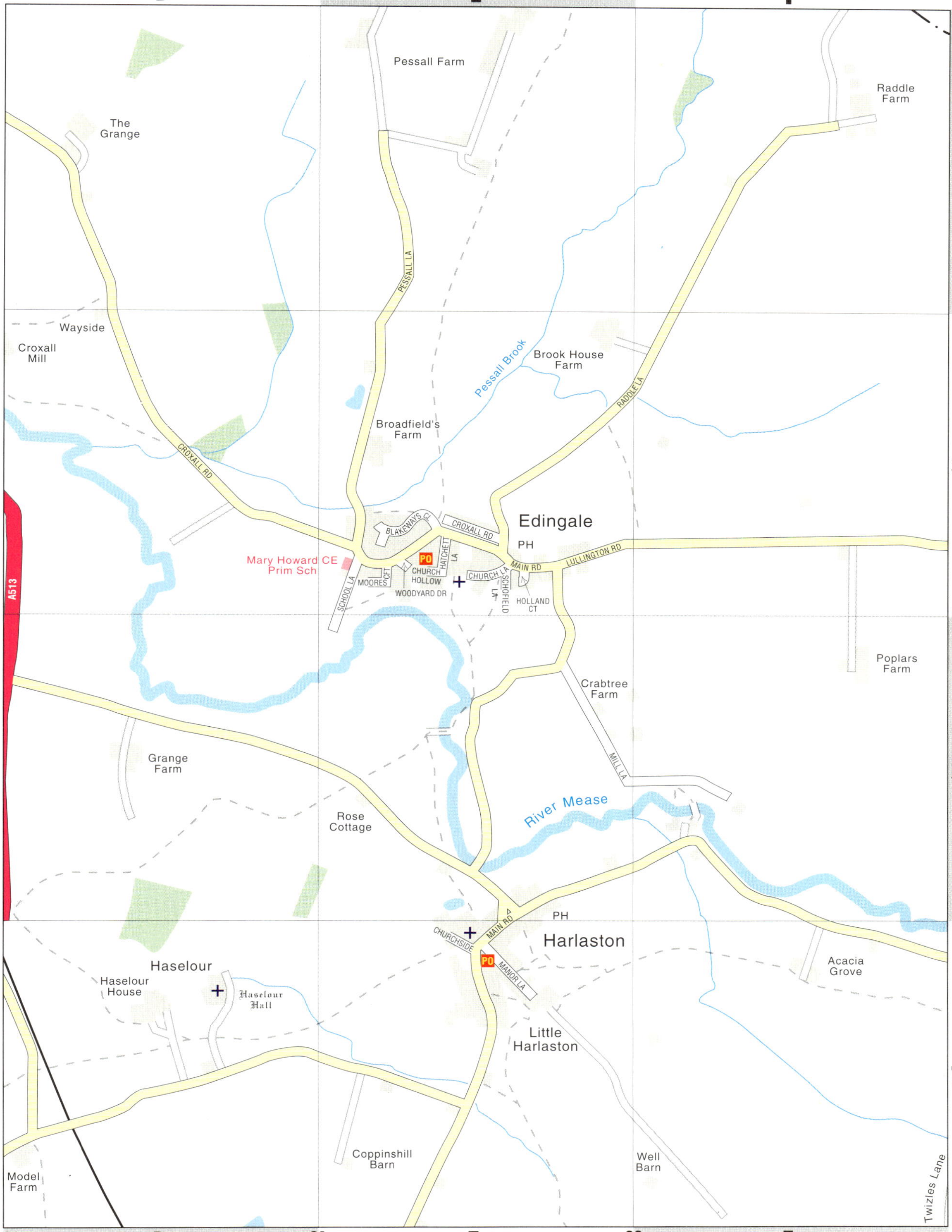
D
E
F
Pessall Farm
Raddle Farm
The Grange
4
PESSALL LA
13
Wayside
Croxall Mill
Brook House Farm
Pessall Brook
RADDLE LA
Broadfield's Farm
CROXALL RD
3
Edingale
PH
BLAKEWAYS CL
CROXALL RD
LULLINGTON RD
Mary Howard CE Prim Sch
PO
HATCHET LA
CHURCH HOLLOW
CHURCH LA
MAIN RD
SCHOOL LA
MOORES CFT
WOODYARD DR
SCHOFIELD LA
HOLLAND CT
A513
12
Poplars Farm
Crabtree Farm
Grange Farm
MILL LA
2
River Mease
Rose Cottage
PH
11
CHURCHSIDE
MAIN RD
Harlaston
PO
MANOR LA
Acacia Grove
Haselour
Haselour House
Haselour Hall
Little Harlaston
1
Coppinshill Barn
Well Barn
Model Farm
Twizles Lane
10
20
D
21
E
22
F

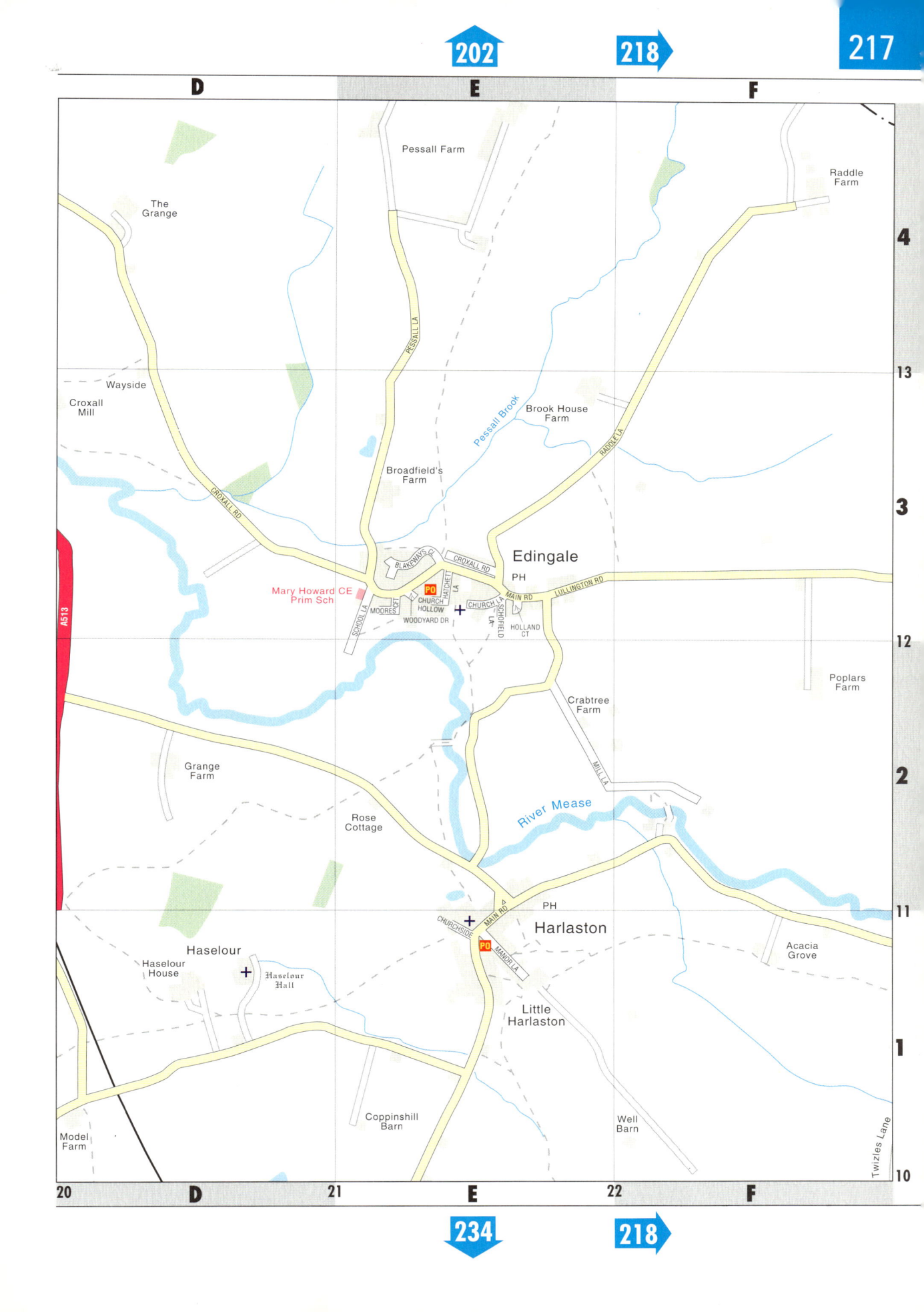

218

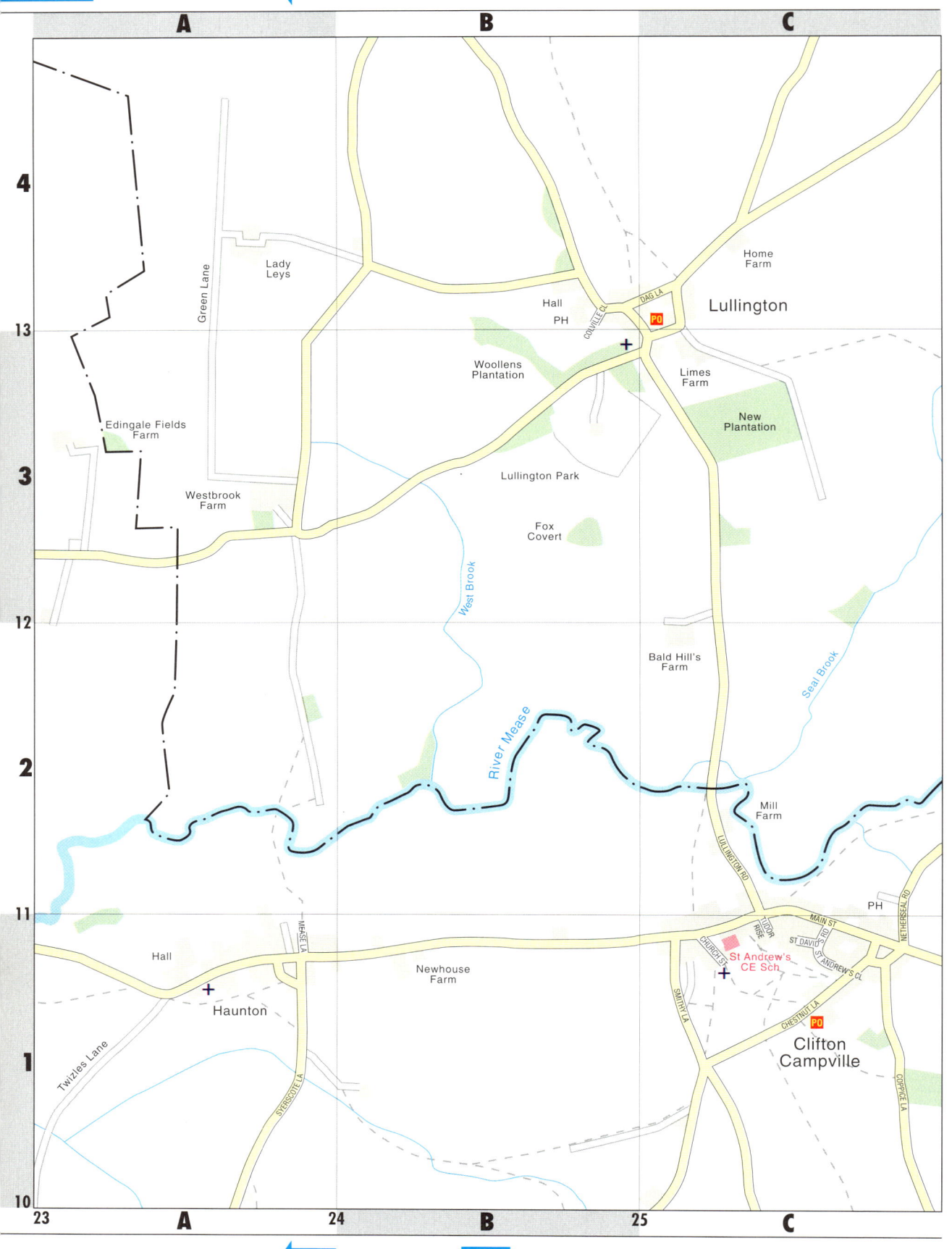

A | B | C

Row 4
- Green Lane
- Lady Leys
- Home Farm
- Lullington
- Hall PH
- COVILLE CL
- DAG LA
- PO

Row 3
- Edingale Fields Farm
- Westbrook Farm
- Woollens Plantation
- Lullington Park
- Fox Covert
- Limes Farm
- New Plantation

Row 2
- West Brook
- River Mease
- Bald Hill's Farm
- Seal Brook
- Mill Farm

Row 1
- Hall
- Haunton
- Twizles Lane
- MEASEL LA
- SYERSCOTE LA
- Newhouse Farm
- LULLINGTON RD
- TUDOR RISE
- CHURCH ST
- MAIN ST
- ST DAVID'S
- ST ANDREW'S CL
- NETHERSEAL RD
- PH
- St Andrew's CE Sch
- SMITHY LA
- CHESTNUT LA
- COPPICE LA
- PO
- Clifton Campville

23 | A | 24 | B | 25 | C

217 ← (top) | 217 ↓ (bottom) | 235 ↓

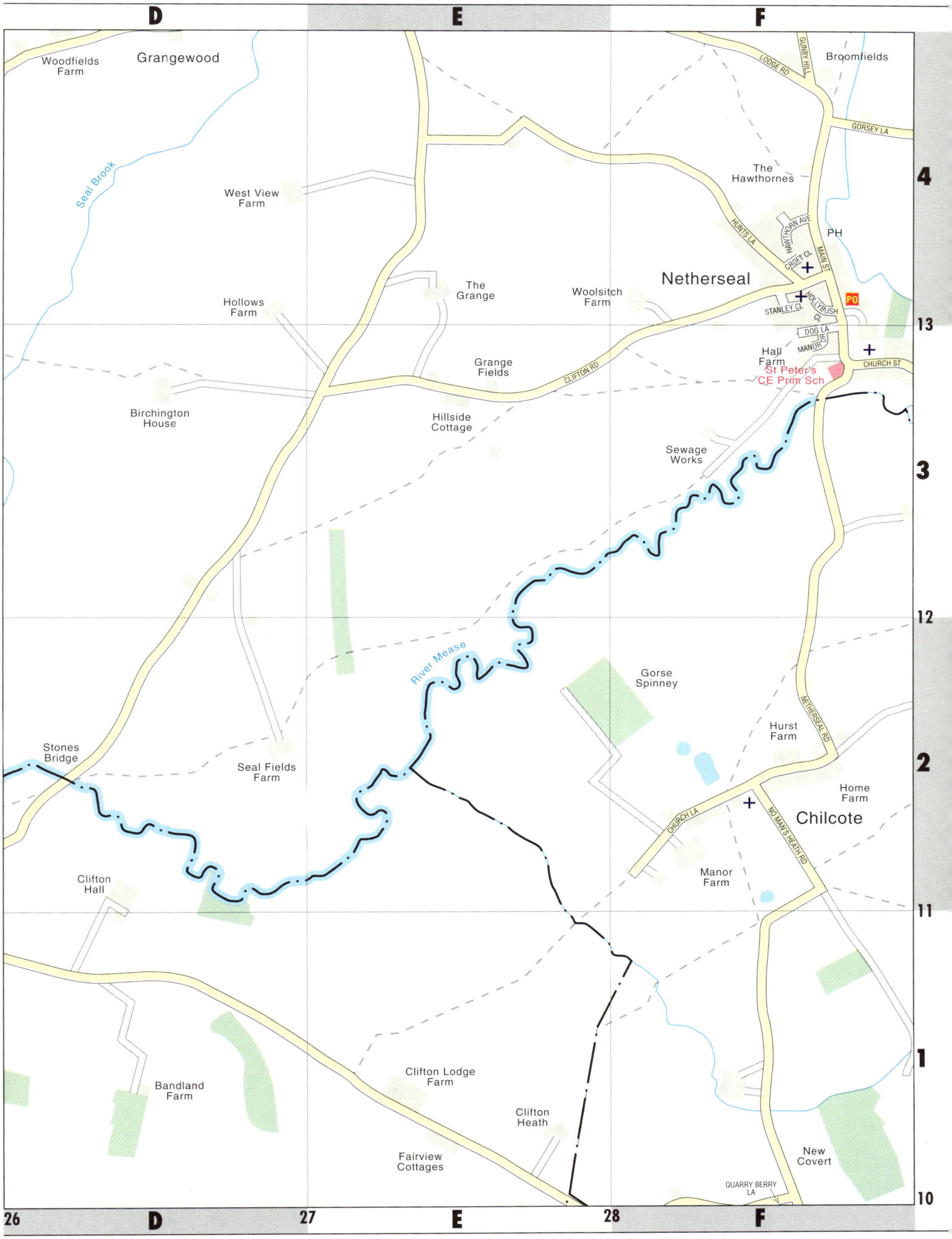
D
E
F
Woodfields Farm
Grangewood
Broomfields
GUNBY HILL
LODGE RD
GORSEY LA
Seal Brook
West View Farm
The Hawthornes
4
HUNTS LA
HAWTHORN AVE
CROFT CL
MAIN ST
PH
Netherseal
The Grange
Woolsitch Farm
Hollows Farm
STANLEY CL
HOLLYBUSH CL
PO
DOG LA
MANOR DR
13
Hall Farm
CHURCH ST
Grange Fields
CLIFTON RD
St Peter's CE Prim Sch
Birchington House
Hillside Cottage
Sewage Works
3
12
River Mease
Gorse Spinney
NETHERSEAL RD
Hurst Farm
Stones Bridge
Seal Fields Farm
2
Home Farm
CHURCH LA
Chilcote
NO MAN'S HEATH RD
Clifton Hall
Manor Farm
11
1
Bandland Farm
Clifton Lodge Farm
Clifton Heath
Fairview Cottages
New Covert
QUARRY BERRY LA
10
26
27
28

203

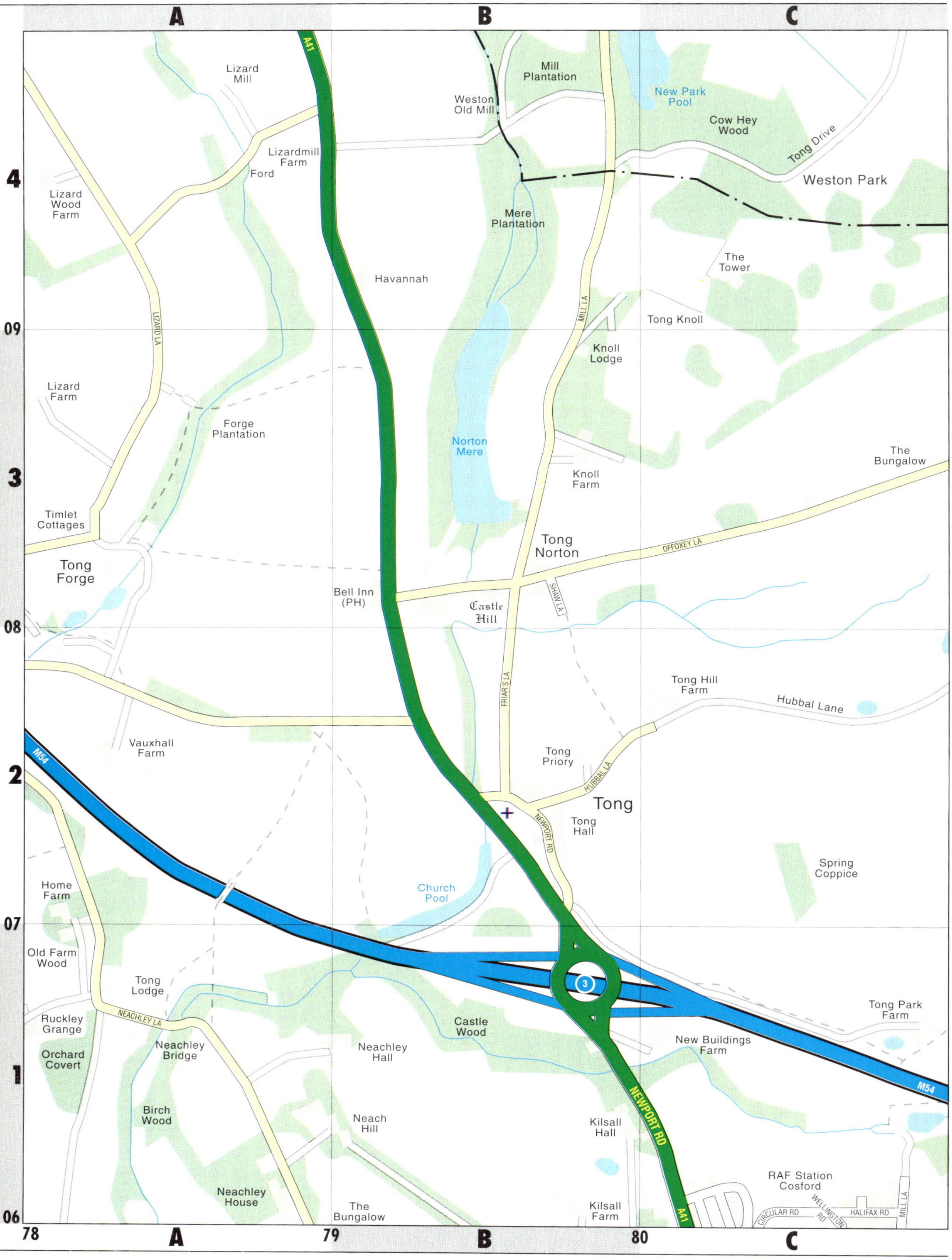
A
B
C
4
09
3
08
2
07
1
06
78
79
80
A41
M54
Lizard Mill
Lizardmill Farm
Ford
Lizard Wood Farm
LIZARD LA
Lizard Farm
Forge Plantation
Timlet Cottages
Tong Forge
Havannah
Weston Old Mill
Mill Plantation
Mere Plantation
New Park Pool
Cow Hey Wood
Tong Drive
Weston Park
The Tower
Tong Knoll
MILL LA
Knoll Lodge
Norton Mere
Knoll Farm
The Bungalow
Tong Norton
OFFOXEY LA
Bell Inn (PH)
Castle Hill
SHAW LA
FRIAR'S LA
Tong Hill Farm
Hubbal Lane
Vauxhall Farm
Tong Priory
HUBBAL LA
Tong
Tong Hall
NEWPORT RD
Spring Coppice
Home Farm
Church Pool
Old Farm Wood
Tong Lodge
3
Ruckley Grange
NEACHLEY LA
Castle Wood
Tong Park Farm
Neachley Bridge
Orchard Covert
Neachley Hall
New Buildings Farm
Birch Wood
Neach Hill
Kilsall Hall
NEWPORT RD
RAF Station Cosford
Neachley House
The Bungalow
Kilsall Farm
CIRCULAR RD
WELLINGTON RD
HALIFAX RD
MILL LA

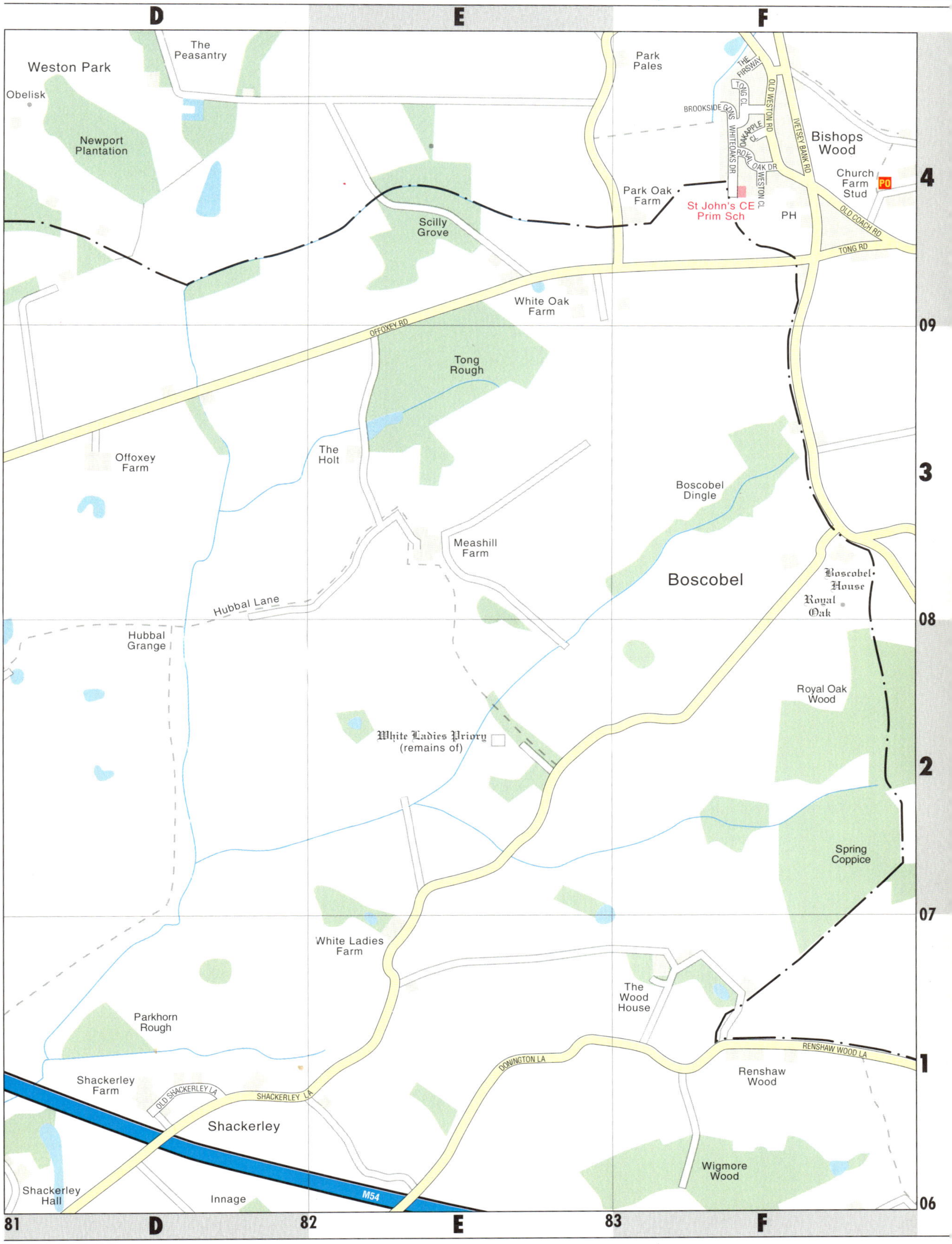
D
E
F
Weston Park
Obelisk
The Peasantry
Newport Plantation
Park Pales
THE FIRSWAY
TONG CL
BROOKSIDE GDNS
OLD WESTON RD
OAKAPPLE CL
WHITEOAKS DR
ROYAL OAK DR
WESTON CL
IVETSEY BANK RD
Bishops Wood
Church Farm Stud
PO
Park Oak Farm
St John's CE Prim Sch
PH
OLD COACH RD
TONG RD
Scilly Grove
White Oak Farm
OFFOXEY RD
Tong Rough
Offoxey Farm
The Holt
Boscobel Dingle
Meashill Farm
Boscobel
Boscobel House
Royal Oak
Hubbal Lane
Hubbal Grange
Royal Oak Wood
White Ladies Priory (remains of)
Spring Coppice
White Ladies Farm
The Wood House
Parkhorn Rough
RENSHAW WOOD LA
DONINGTON LA
Renshaw Wood
Shackerley Farm
OLD SHACKERLEY LA
SHACKERLEY LA
Shackerley
Wigmore Wood
M54
Shackerley Hall
Innage
4
09
3
08
2
07
1
06
81
82
83

221
205

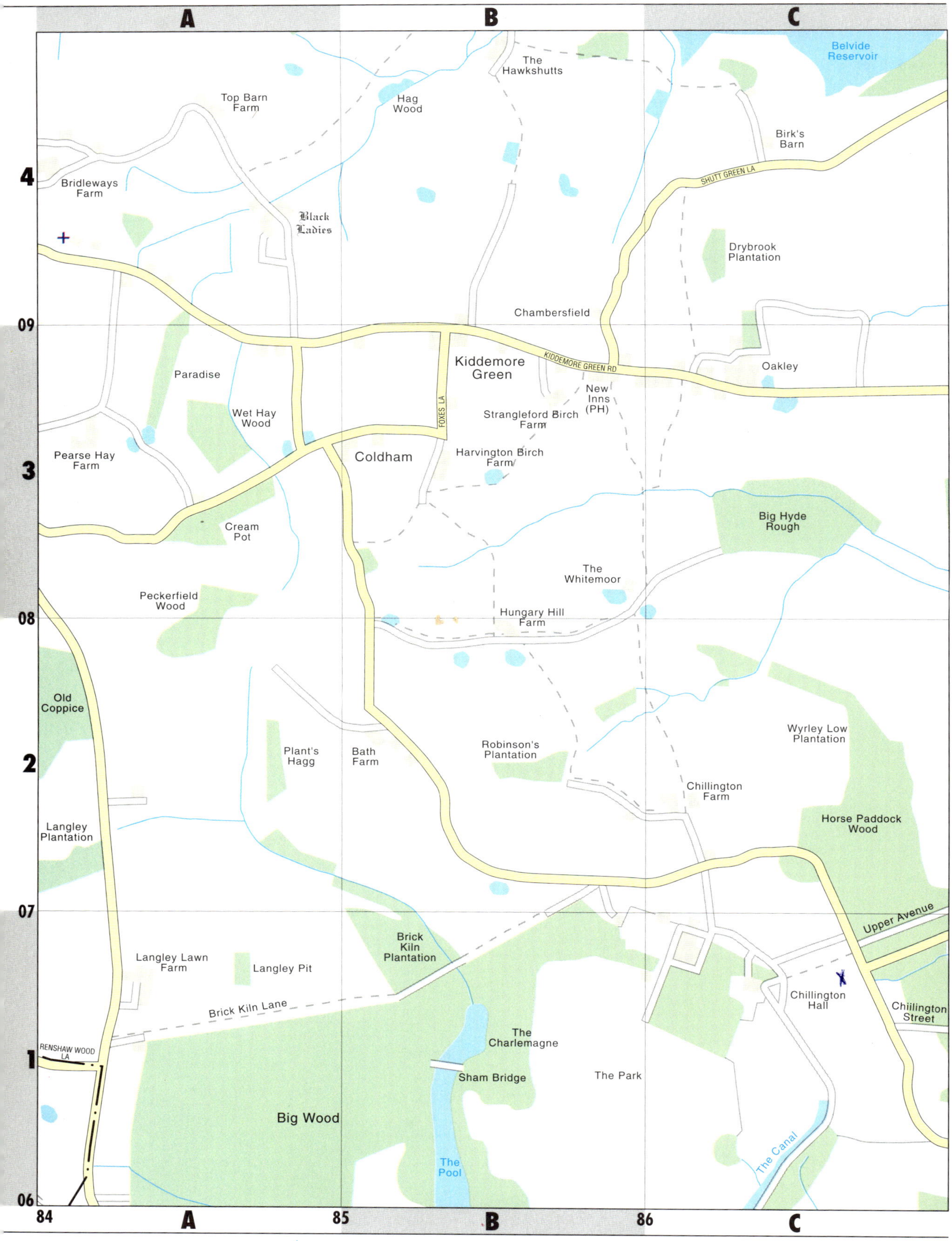

221
238

206
224

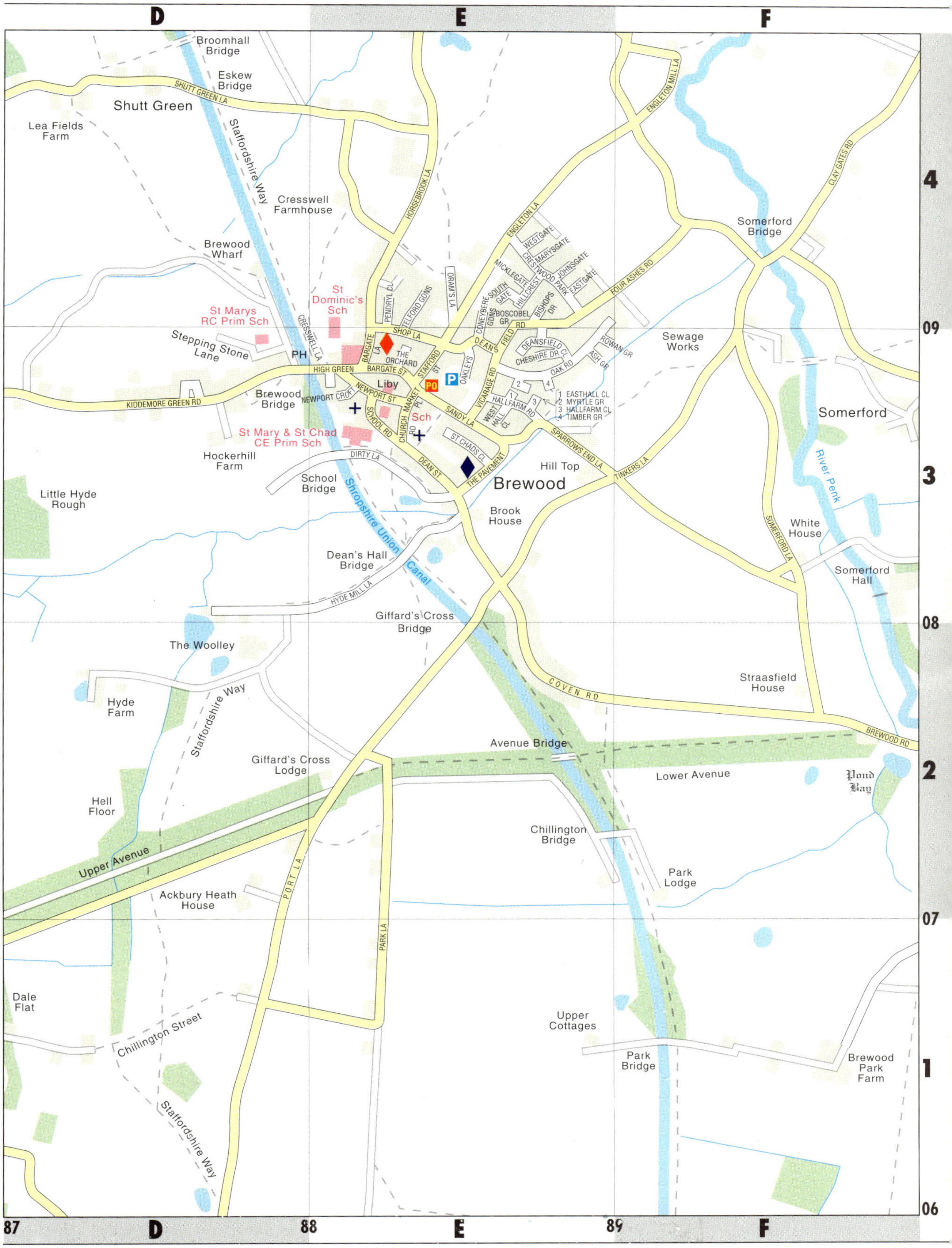

239
224

223
207

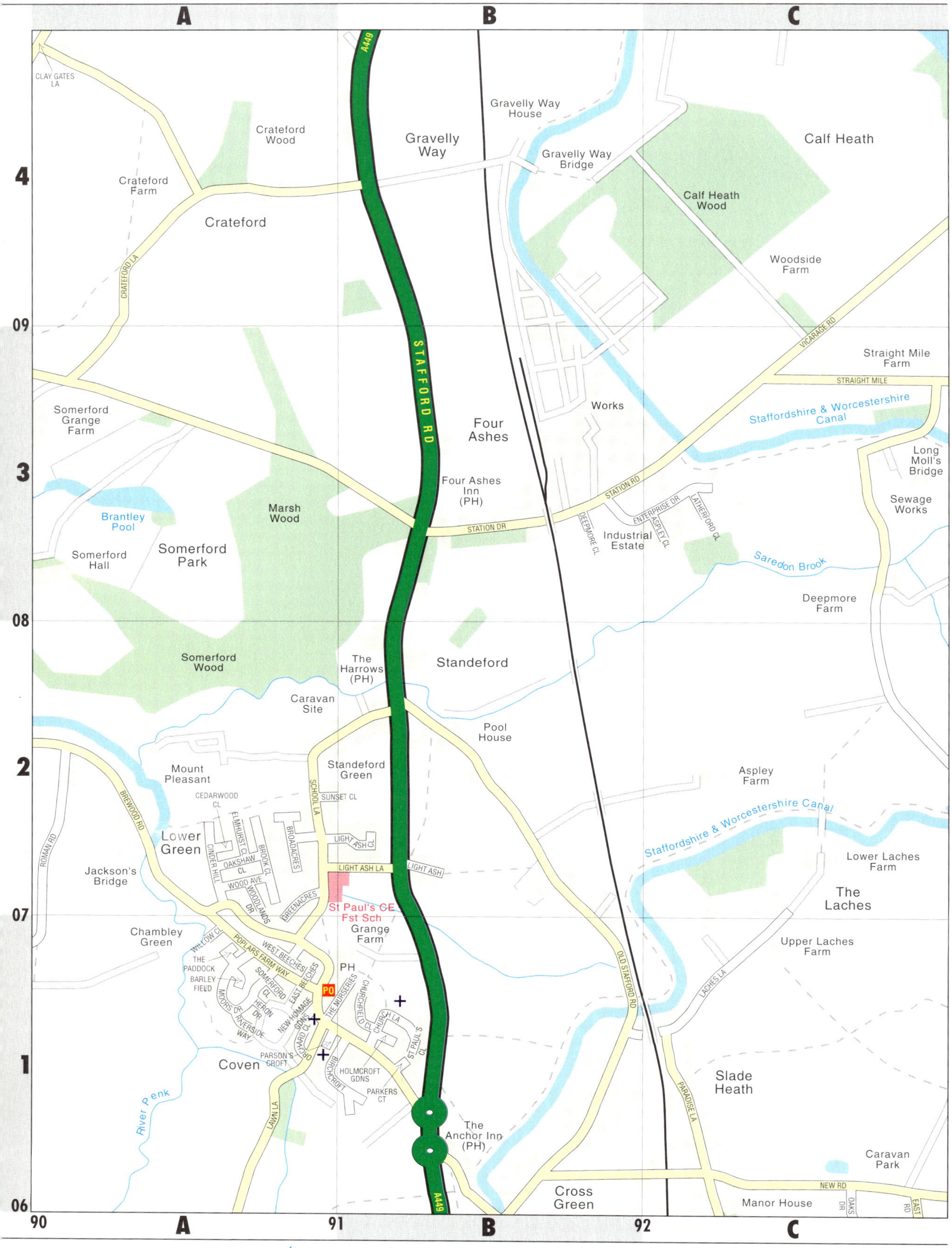

223
240

208
226

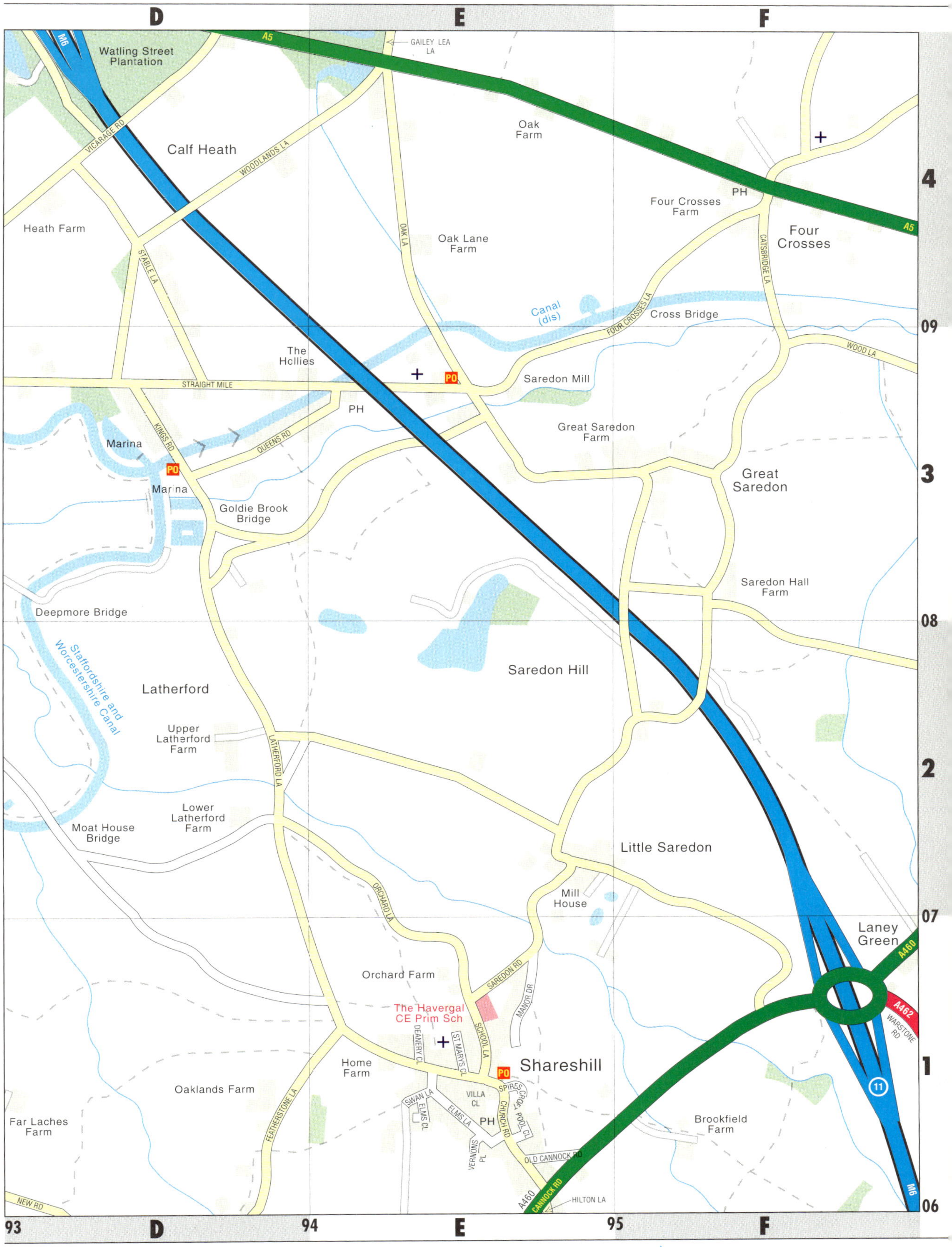

241
226

225
209

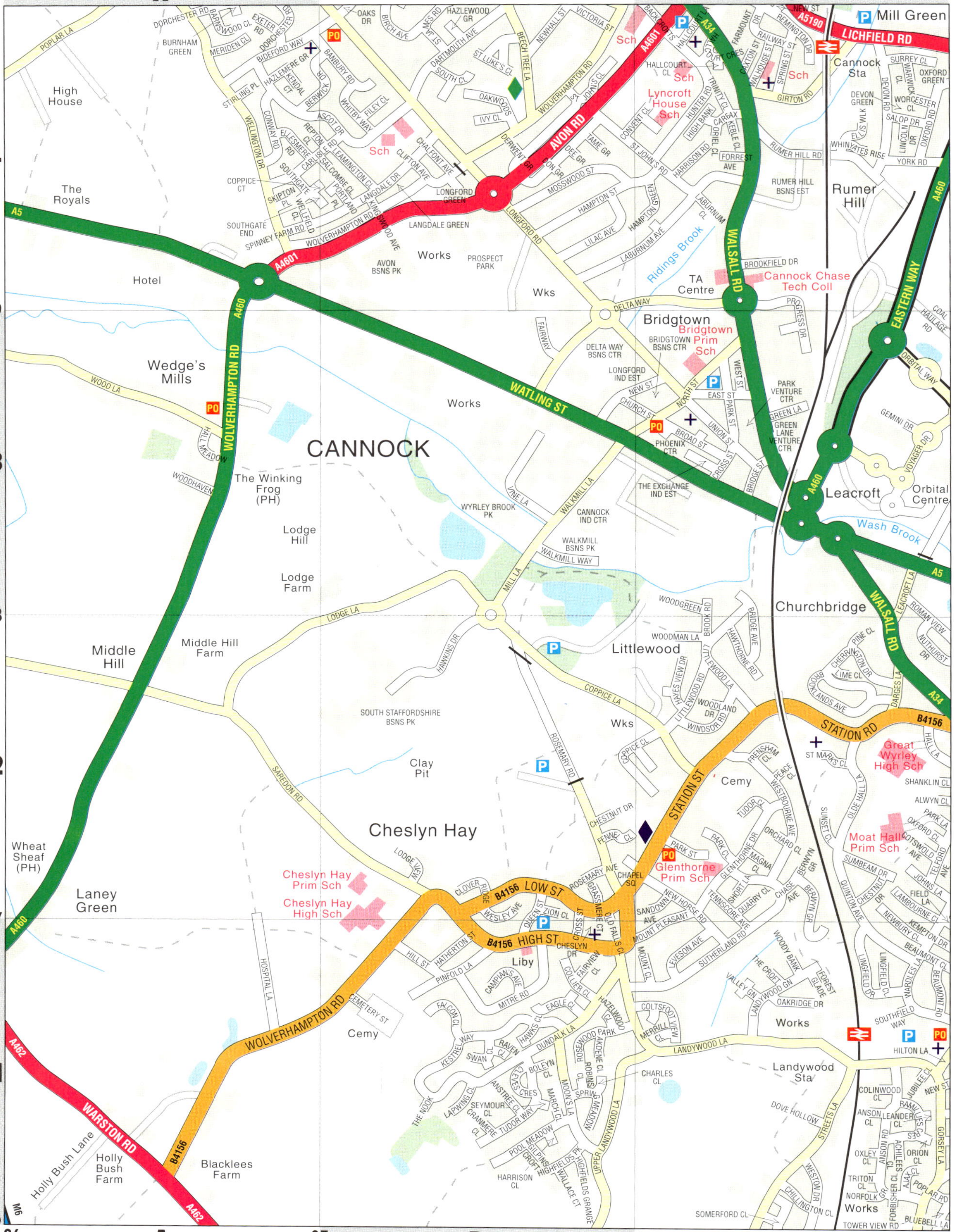
A
B
C
4
09
3
08
2
07
1
06
96
97
98
CANNOCK
Cheslyn Hay
Bridgtown
Littlewood
Churchbridge
Leacroft
Rumer Hill
Mill Green
Cannock Sta
High House
The Royals
Hotel
Wedge's Mills
The Winking Frog (PH)
Lodge Hill
Lodge Farm
Middle Hill
Middle Hill Farm
Wheat Sheaf (PH)
Laney Green
Holly Bush Farm
Holly Bush Lane
Blacklees Farm
Clay Pit
Cemy
Liby
Works
Wks
TA Centre
Orbital Centre
Landywood Sta
Wash Brook
Ridings Brook
Cannock Chase Tech Coll
Bridgtown Prim Sch
Lyncroft House Sch
Great Wyrley High Sch
Moat Hall Prim Sch
Glenthorne Prim Sch
Cheslyn Hay Prim Sch
Cheslyn Hay High Sch
SOUTH STAFFORDSHIRE BSNS PK
WYRLEY BROOK PK
CANNOCK IND CTR
WALKMILL BSNS PK
THE EXCHANGE IND EST
AVON BSNS PK
PROSPECT PARK
LANGDALE GREEN
LONGFORD GREEN
WATLING ST
WALSALL RD
WOLVERHAMPTON RD
AVON RD
LICHFIELD RD
EASTERN WAY
STATION RD
STATION ST
LOW ST
HIGH ST
WARSTON RD
LODGE LA
COPPICE LA
WOOD LA
SAREDON RD
LANDYWOOD LA
UPPER LANDYWOOD LA
ROSEMARY RD
WALKMILL LA
MILL LA
DELTA WAY
A5
A34
A460
A4601
A5190
A462
B4156
M6

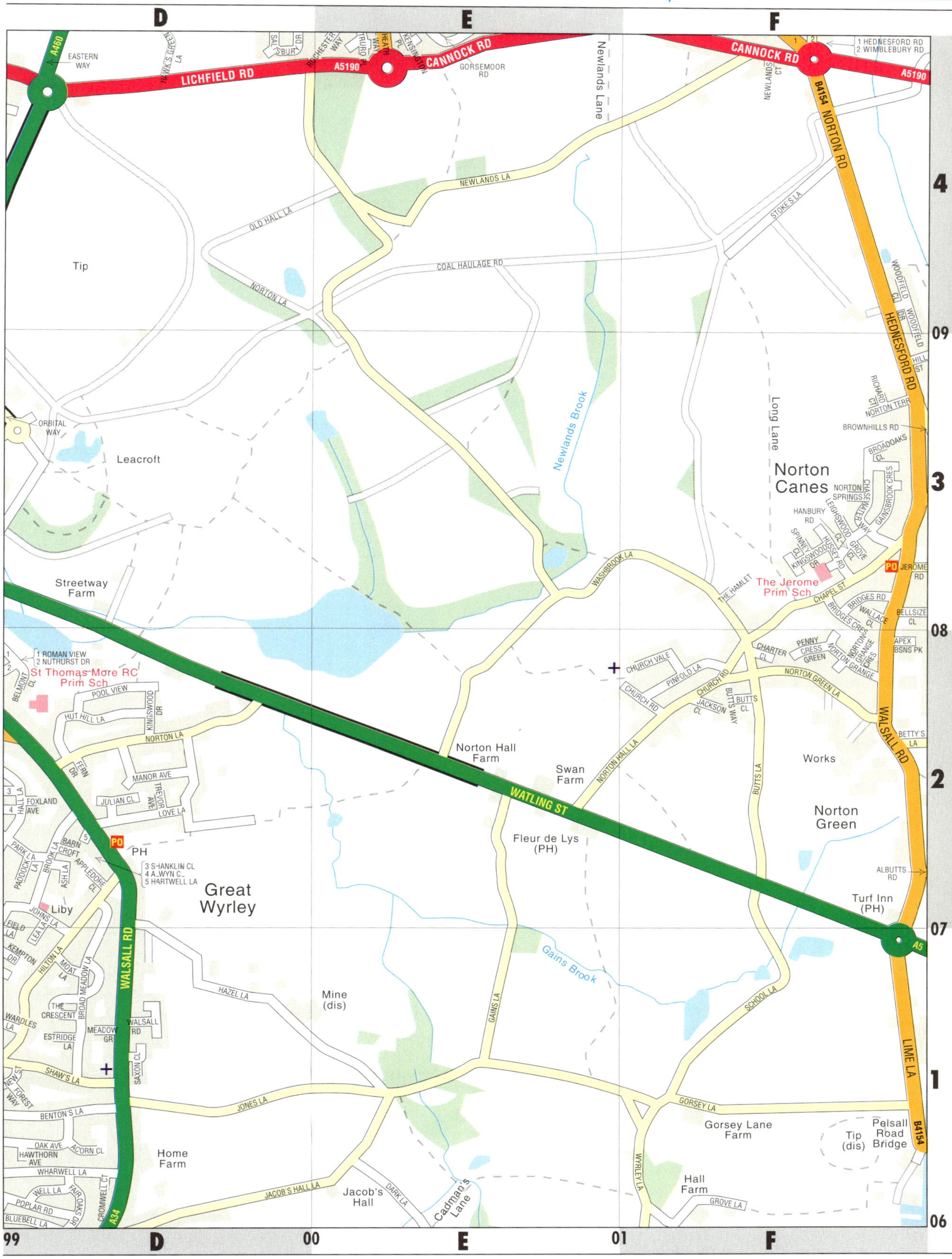
D
E
F
A460
EASTERN WAY
HAWK'S GREEN LA
LICHFIELD RD
ROCHESTER WAY
A5190
TRURO PL
HEATH WAY
KENSINGTON
CANNOCK RD
GORSEMOOR RD
Newlands Lane
1 HEDNESFORD RD
2 WIMBLEBURY RD
CANNOCK RD
A5190
NEWLANDS CT
B4154
NORTON RD
4
NEWLANDS LA
OLD HALL LA
Tip
COAL HAULAGE RD
STOKES LA
NORTON LA
WOODFIELD CL
WOODFIELD DR
HEDNESFORD RD
09
HILL ST
RICHARD CT
NORTON TERR
BROWNHILLS RD
BROADOAKS CL
ORBITAL WAY
Leacroft
Newlands Brook
Long Lane
Norton Canes
NORTON SPRINGS
CHASEWATER WAY
GAINSBROOK CRES
3
HANBURY RD
LEIGHSWOOD CL
GROVE CL
SPINNEY CL
KINGSWOOD DR
HUSSEY RD
PO
JEROME RD
Streetway Farm
WASHBROOK LA
THE HAMLET
The Jerome Prim Sch
CHAPEL ST
BRIDGES RD
BRIDGES CRES
WALLACE CL
BELLSIZE CL
08
1 ROMAN VIEW
2 NUTHURST DR
St Thomas More RC Prim Sch
BELMONT CL
POOL VIEW
KINGSWOOD DR
HUT HILL LA
NORTON LA
CHURCH VALE
PINFOLD LA
CHURCH RD
CHURCH RD
CHARTER CL
PENNY CRESS GREEN
NORTON GRANGE
NORTON GRANGE CRES
APEX BSNS PK
JACKSON CL
BUTTS WAY
BUTTS CL
NORTON GREEN LA
WALSALL RD
BETTY'S LA
Norton Hall Farm
FERN DR
MANOR AVE
TREVOR AVE
Swan Farm
NORTON HALL LA
Works
2
FOXLAND AVE
HALL LA
JULIAN CL
LOVE LA
WATLING ST
BUTTS LA
Norton Green
Fleur de Lys (PH)
BARN CROFT
PO
PH
PARK LA
PADDOCK LA
BROOK LA
ASH LA
APPLEDORE CL
3 SHANKLIN CL
4 ALWYN CL
5 HARTWELL LA
Great Wyrley
ALBUTTS RD
Liby
Turf Inn (PH)
JOHNS LA
LEA LA
FIELD LA
KEMPTON DR
HILTON LA
MOAT LA
WALSALL RD
07
A5
Gains Brook
HAZEL LA
Mine (dis)
BROAD MEADOW LA
THE CRESCENT
WARDLES LA
ESTRIDGE LA
MEADOW GR
WALSALL RD
GAINS LA
SCHOOL LA
SAXON CL
SHAW'S LA
NEW ST
FOREST WAY
LIME LA
1
JONES LA
GORSEY LA
BENTON'S LA
Gorsey Lane Farm
Tip (dis)
Pelsall Road Bridge
B4154
OAK AVE
ACORN CL
HAWTHORN AVE
Home Farm
WHARWELL LA
WELL LA
FAIR OAKS DR
CROMWELL CT
POPLAR RD
BLUEBELL LA
A34
JACOB'S HALL LA
Jacob's Hall
DARK LA
Cadman's Lane
WYRLEY LA
Hall Farm
GROVE LA
06
99
D
00
E
01
F

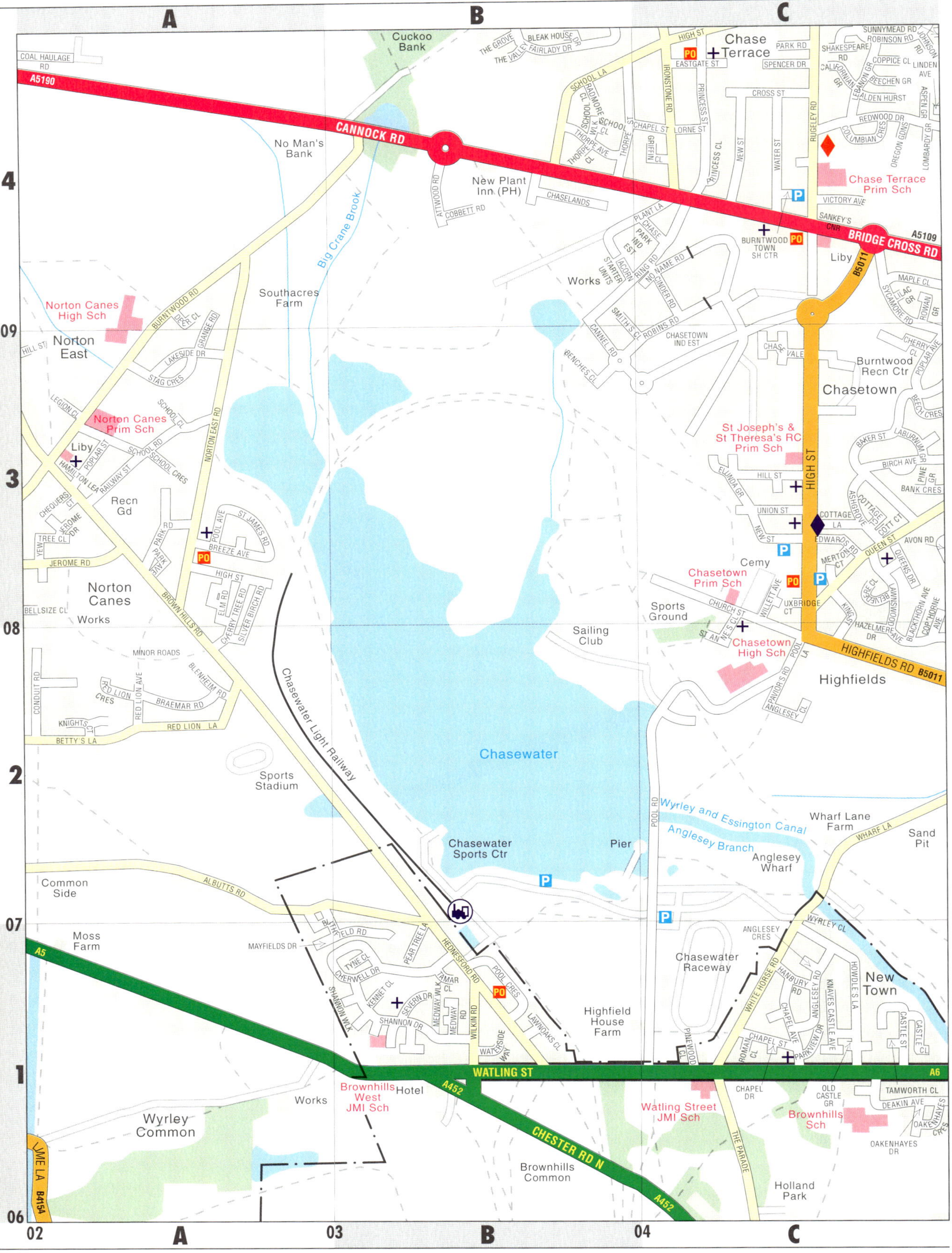
A
B
C
4
09
3
08
2
07
1
06
02
03
04
Cuckoo Bank
COAL HAULAGE RD
A5190
CANNOCK RD
No Man's Bank
New Plant Inn (PH)
ATTWOOD RD
COBBETT RD
CHASELANDS
THE GROVE
THE VALLEY
BLEAK HOUSE DR
FAIRLADY DR
HIGH ST
PO
Chase Terrace
EASTGATE ST
PARK RD
SPENCER DR
SCHOOL LA
IRONSTONE RD
PRINCESS ST
CROSS ST
RUGELEY RD
SHAKESPEARE RD
SUNNYMEAD RD
ROBINSON RD
JOHNSON RD
COPPICE CL
LINDEN AVE
BEECHEN GR
ALDEN HURST
ASPEN GR
REDWOOD DR
COLUMBIAN CRES
OREGON GDNS
LOMBARDY GR
Chase Terrace Prim Sch
VICTORY AVE
SANKEY'S CNR
BRIDGE CROSS RD
A5109
CHAPEL ST
LORNE ST
GRIFFIN CL
PRINCESS CL
NEW ST
WATER ST
BURNTWOOD TOWN SH CTR
PLANT LA
CHASE PARK IND EST
Works
Big Crane Brook
Southacres Farm
STARTER UNITS
ACORN RD
RING RD
NO NAME RD
CINDER RD
SMITH'S CL
ROBINS RD
CHASETOWN IND EST
CANNEL RD
BENCHES CL
Liby
B5011
MAPLE CL
LILAC GR
SYCAMORE RD
ROWAN GR
CHERRY CL
POPLAR AVE
CHASE VALE
Burntwood Recn Ctr
Chasetown
BEECH CRES
LABURNUM GR
BAKER ST
BIRCH AVE
PINE GR
BANK CRES
St Joseph's & St Theresa's RC Prim Sch
HIGH ST
HILL ST
ELUNDA GR
UNION ST
NEW ST
COTTAGE LA
ASHGROVE
COTTAGE CL
SCOTT CT
EDWARD CT
MERTON CT
QUEEN ST
AVON RD
QUEENS DR
Cemy
Chasetown Prim Sch
WILLETT AVE
UXBRIDGE CT
HAZELMERE DR
HAWTHORN AVE
COPTHORNE AVE
BLACKTHORN AVE
Sports Ground
CHURCH ST
ST ANNE'S CL
Chasetown High Sch
POOL LA
HIGHFIELDS RD B5011
Highfields
PAVIOR'S RD
ANGLESEY CL
Sailing Club
Norton Canes High Sch
BURNTWOOD RD
DEER CL
GRANGE RD
HILL ST
Norton East
LAKESIDE DR
STAG CRES
LEGION CL
Norton Canes Prim Sch
SCHOOL CL
SCHOOL RD
SCHOOL CRES
NORTON EAST RD
Liby
POPLAR ST
HAMILTON LEA
RAILWAY ST
CHEQUERS CT
JEROME DR
TREE CL
YEW
Recn Gd
PARK RD
PARK AVE
POOL AVE
ST JAMES RD
BREEZE AVE
JEROME RD
Norton Canes
HIGH ST
ELM RD
CHERRY TREE RD
SILVER BIRCH RD
BELLSIZE CL
Works
BROWN HILLS RD
MINOR ROADS
BLENHEIM RD
CONDUIT RD
RED LION CRES
RED LION AVE
BRAEMAR RD
KNIGHTS CT
RED LION LA
BETTY'S LA
Chasewater Light Railway
Chasewater
Sports Stadium
Chasewater Sports Ctr
Pier
POOL RD
Wyrley and Essington Canal
Anglesey Branch
Anglesey Wharf
Wharf Lane Farm
WHARF LA
Sand Pit
Common Side
ALBUTTS RD
Moss Farm
A5
MAYFIELDS DR
BLITHFIELD RD
PEAR TREE LA
HEDNESFORD RD
TYNE CL
CHERWELL DR
KENNET CL
SHANNON WLK
SEVERN DR
SHANNON DR
MEDWAY WLK
MEDWAY RD
TAMAR CL
WILKIN RD
POOL CRES
WATERSIDE WAY
LAWNOAKS CL
Highfield House Farm
ANGLESEY CRES
Chasewater Raceway
PINEWOOD CL
WHITE HORSE RD
WYRLEY CL
HANBURY RD
ANGLESEY RD
KNAVES CASTLE AVE
HOWDLES LA
New Town
CASTLE ST
CASTLE CL
ROMAN CL
CHAPEL ST
CHAPEL AVE
PARKVIEW DR
WATLING ST
A6
A452
Brownhills West JMI Sch
Hotel
Works
Wyrley Common
LIME LA B4154
CHESTER RD N
Brownhills Common
Watling Street JMI Sch
CHAPEL DR
THE PARADE
OLD CASTLE GR
Brownhills Sch
TAMWORTH CL
DEAKIN AVE
OAKENHAYES CRES
OAKENHAYES DR
Holland Park

212
230

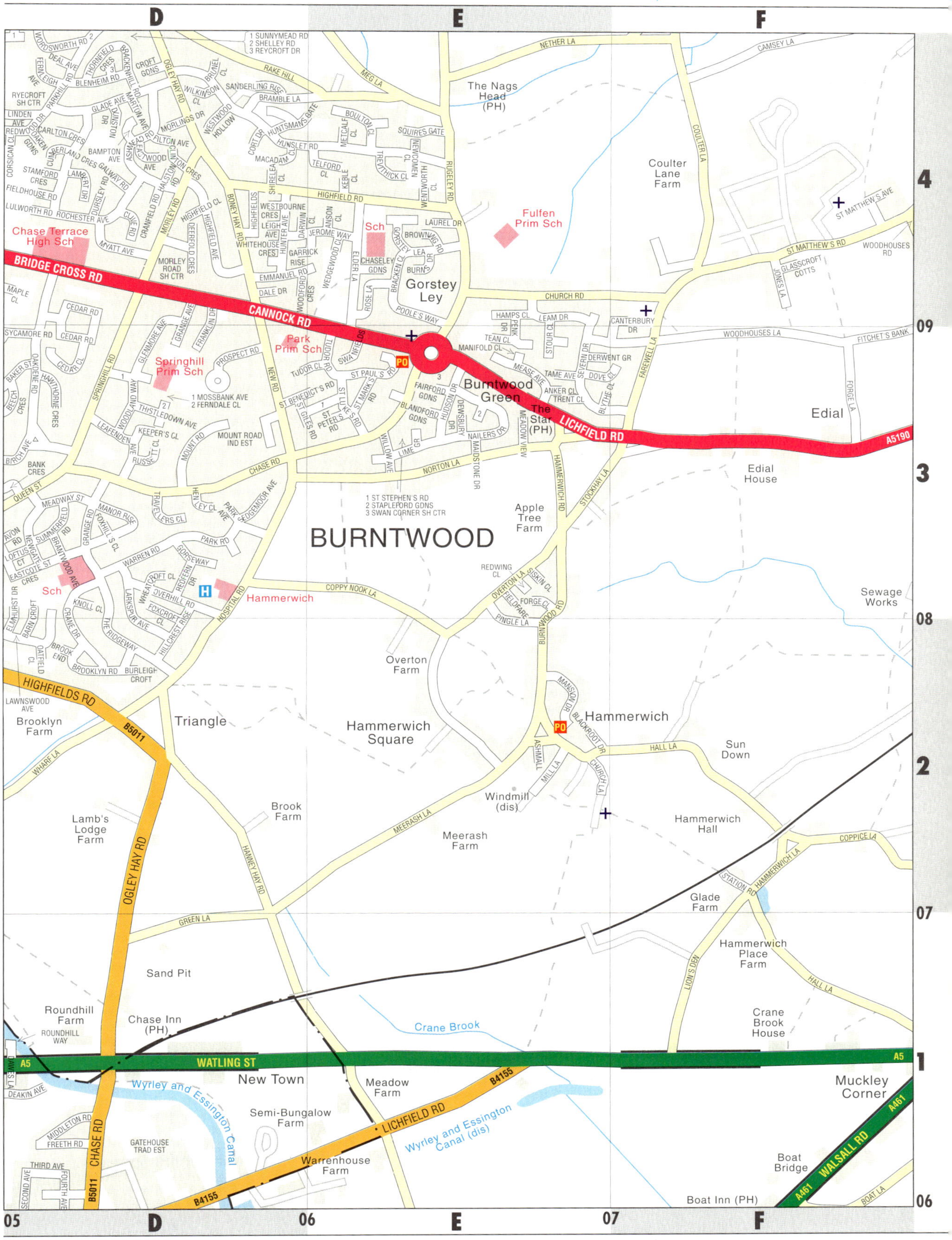

245
230

229
213

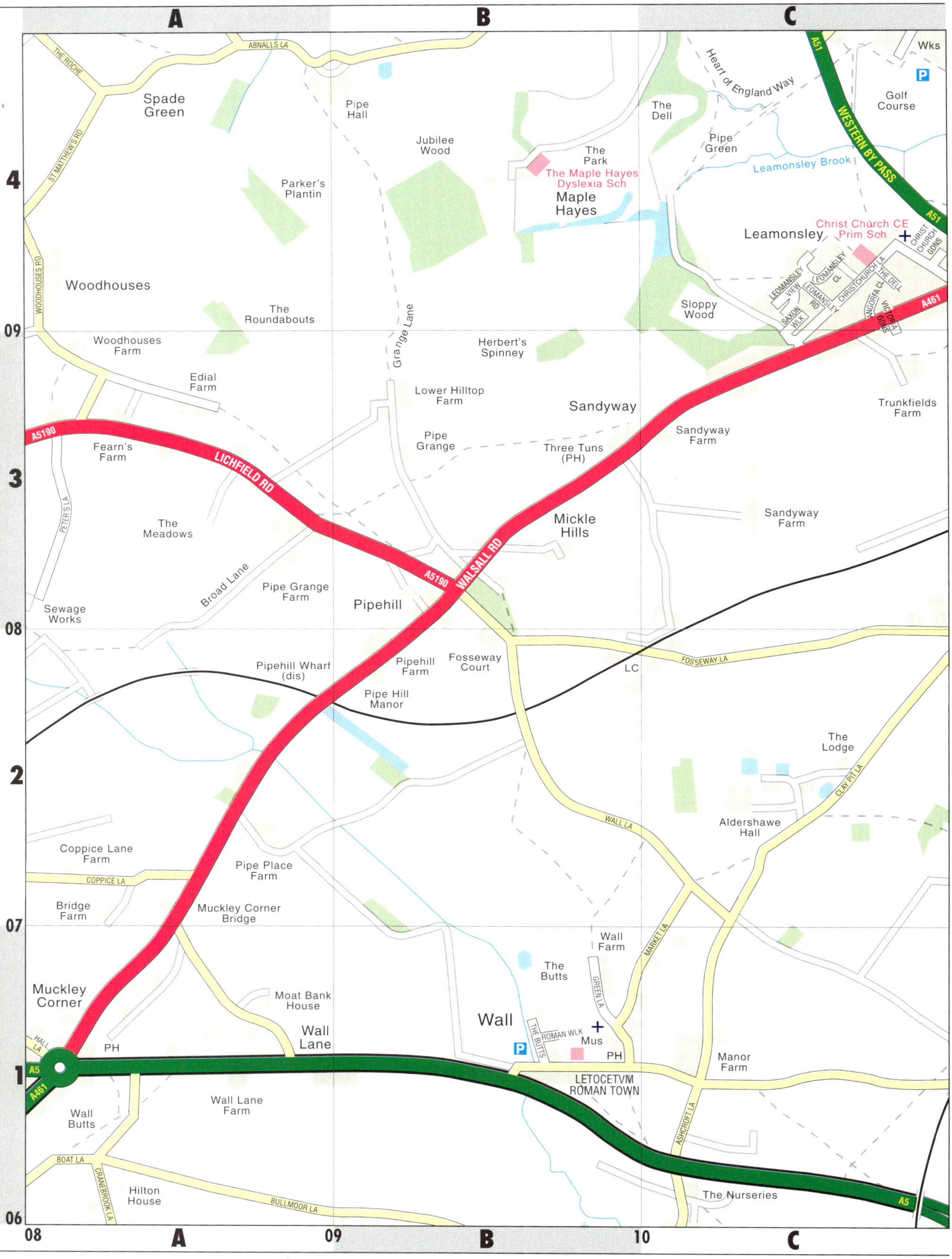

229
246

214
232

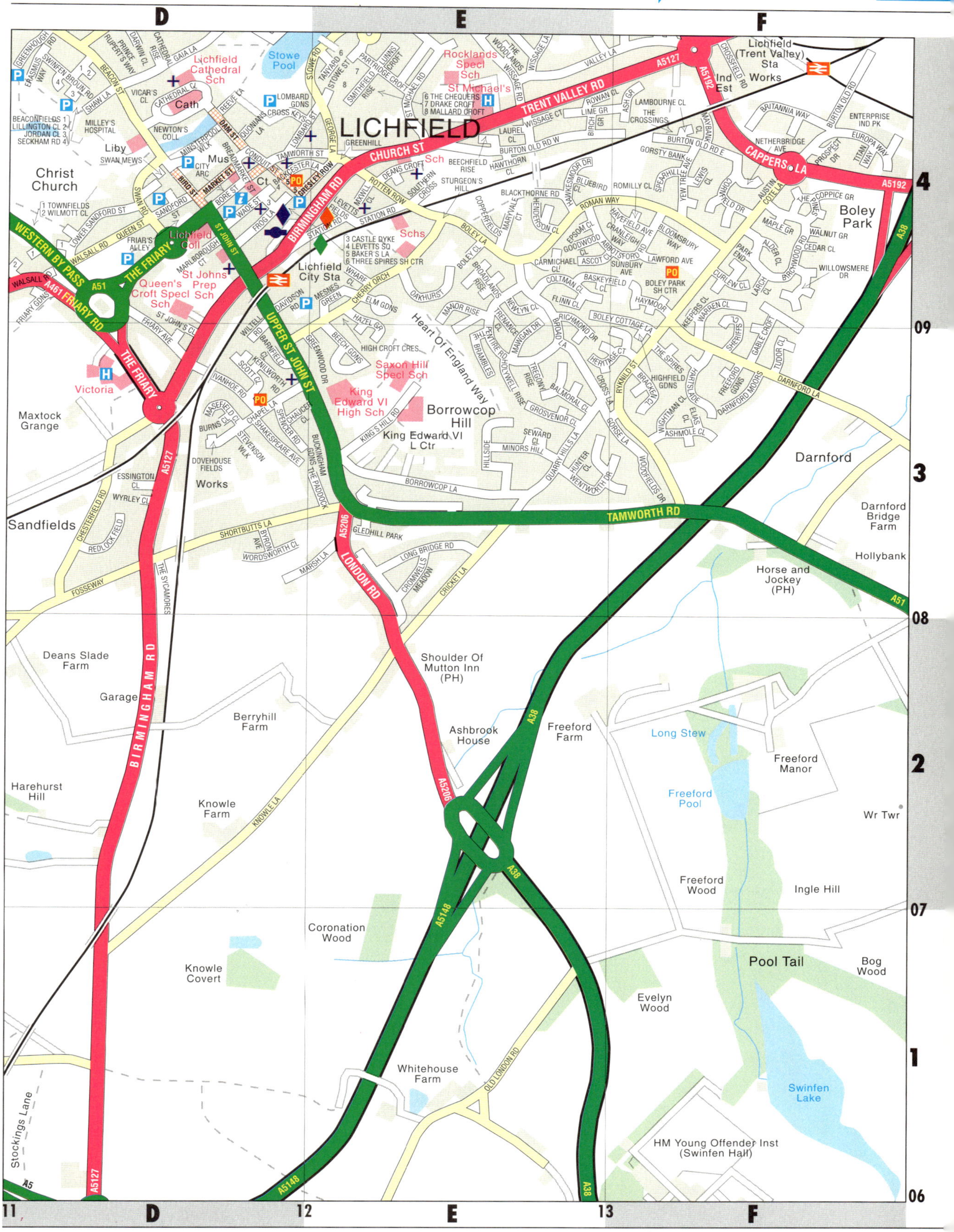

247
232

231
215

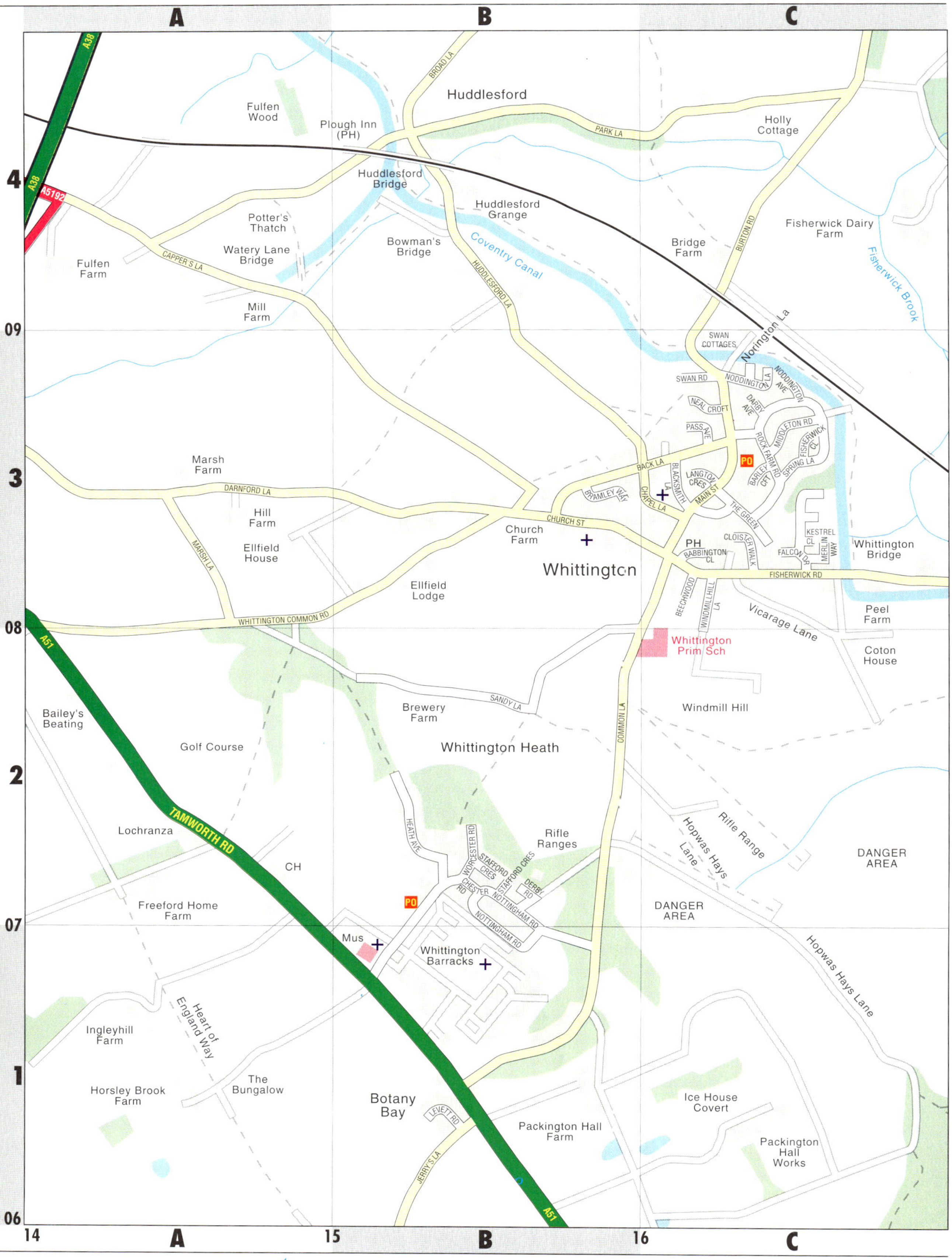

231
248

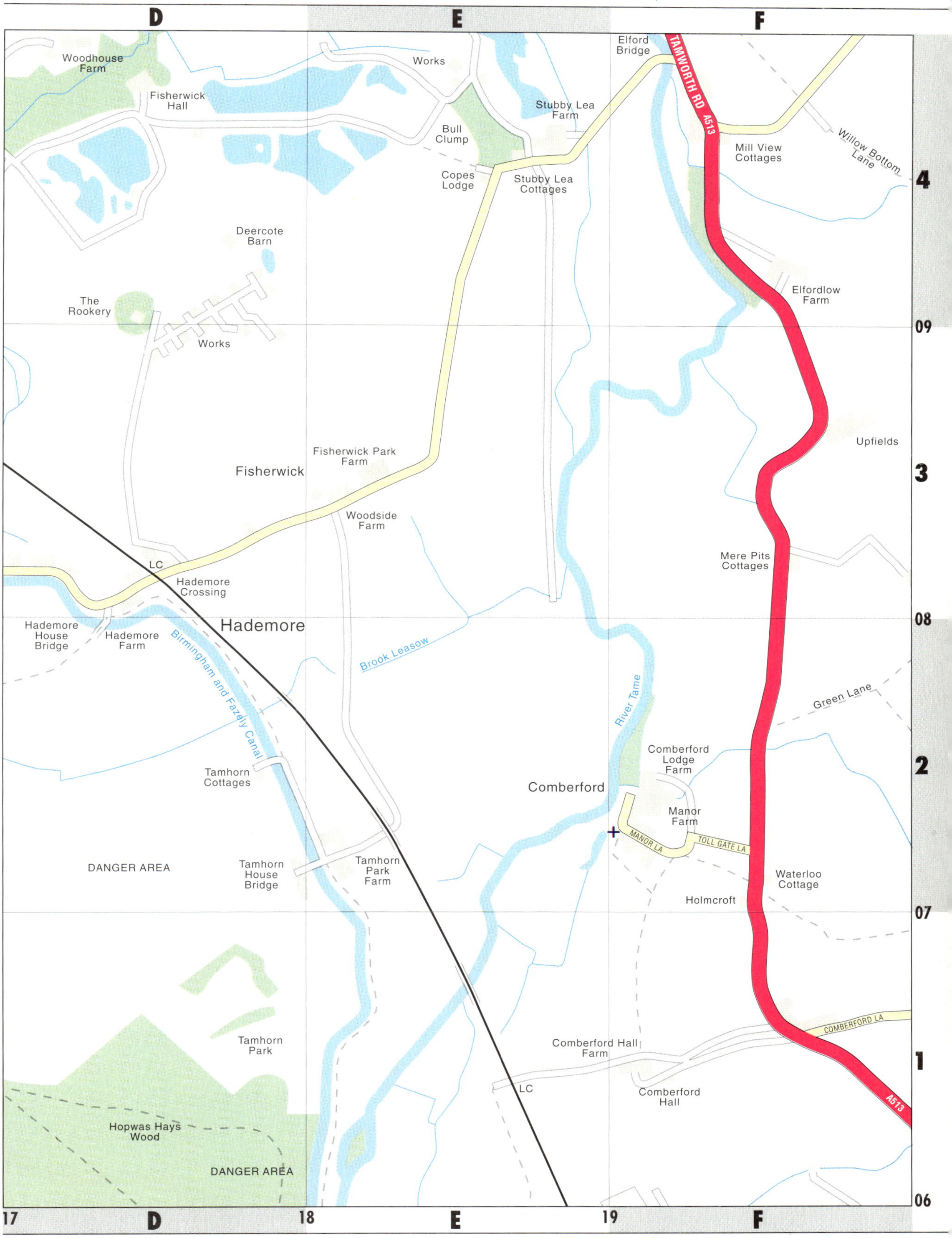
D
E
F
Woodhouse Farm
Fisherwick Hall
Works
Bull Clump
Stubby Lea Farm
Elford Bridge
TAMWORTH RD A513
Mill View Cottages
Willow Bottom Lane
Copes Lodge
Stubby Lea Cottages
Deercote Barn
The Rookery
Works
Elfordlow Farm
Upfields
Fisherwick Park Farm
Fisherwick
Woodside Farm
LC
Hademore Crossing
Mere Pits Cottages
Hademore House Bridge
Hademore Farm
Hademore
Birmingham and Fazeley Canal
Brook Leasow
River Tame
Green Lane
Tamhorn Cottages
Comberford Lodge Farm
Comberford
Manor Farm
MANOR LA
TOLL GATE LA
DANGER AREA
Tamhorn House Bridge
Tamhorn Park Farm
Waterloo Cottage
Holmcroft
Tamhorn Park
Comberford Hall Farm
COMBERFORD LA
LC
Comberford Hall
A513
Hopwas Hays Wood
DANGER AREA
4
09
3
08
2
07
1
06
17
18
19

234

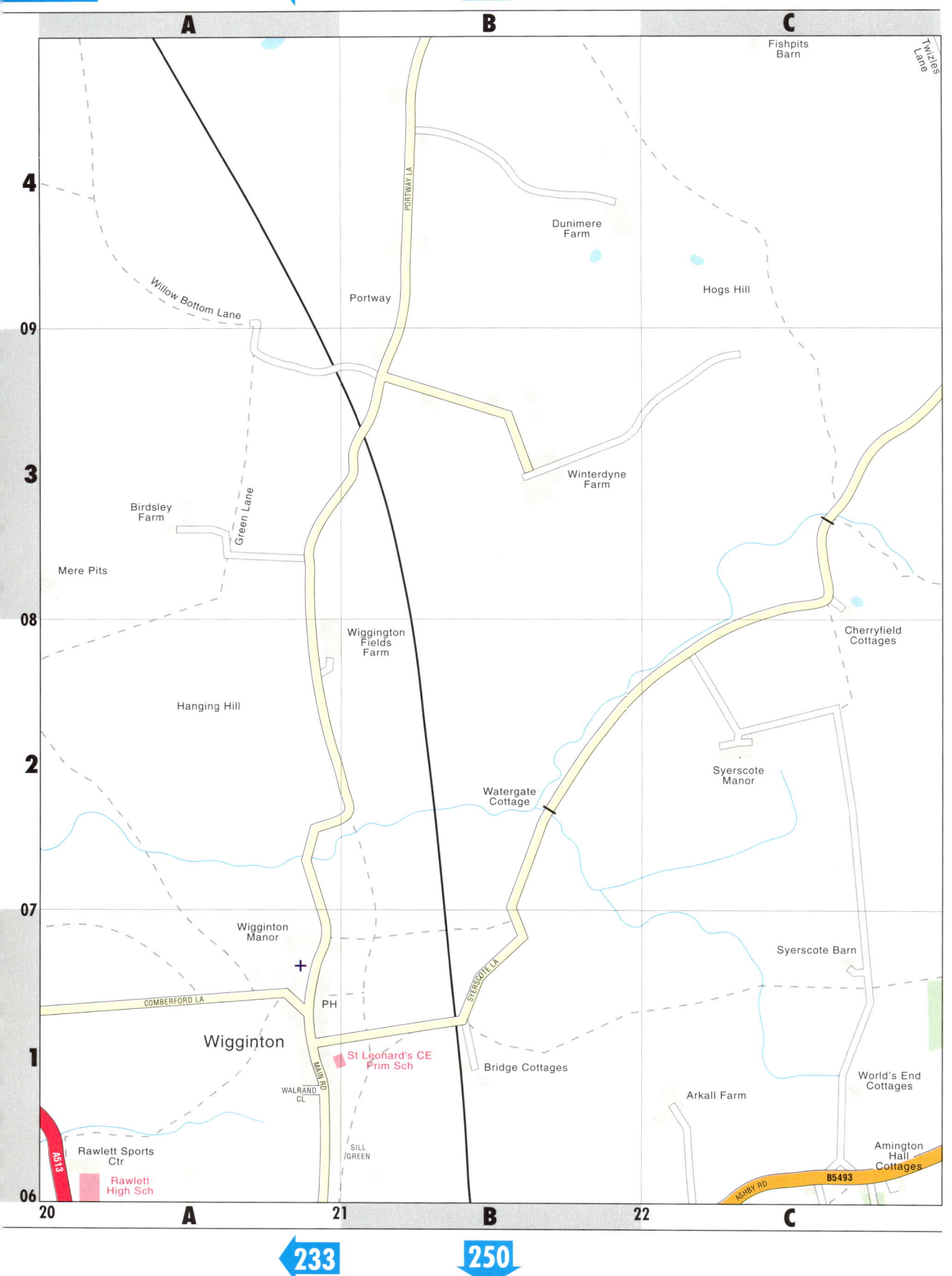

A | B | C

Row 4
- Fishpits Barn
- Twizles Lane
- Portway La
- Dunimere Farm
- Hogs Hill

Row 09 / 3
- Willow Bottom Lane
- Portway
- Winterdyne Farm
- Birdsley Farm
- Green Lane
- Mere Pits
- Fishpits (cont.)
- Cherryfield Cottages

Row 08 / 2
- Hanging Hill
- Wiggington Fields Farm
- Watergate Cottage
- Syerscote Manor

Row 07 / 1
- Wigginton Manor
- Comberford La
- PH
- Wigginton
- Main Rd
- Walrand Cl
- St Leonard's CE Prim Sch
- Syerscote La
- Bridge Cottages
- Syerscote Barn
- Arkall Farm
- World's End Cottages
- Amington Hall Cottages

Row 06
- Sill Green
- A513
- Rawlett Sports Ctr
- Rawlett High Sch
- Ashby Rd
- B5493

20 — A — 21 — B — 22 — C

← 233   ↓ 250

↑ 217   ← 233

235

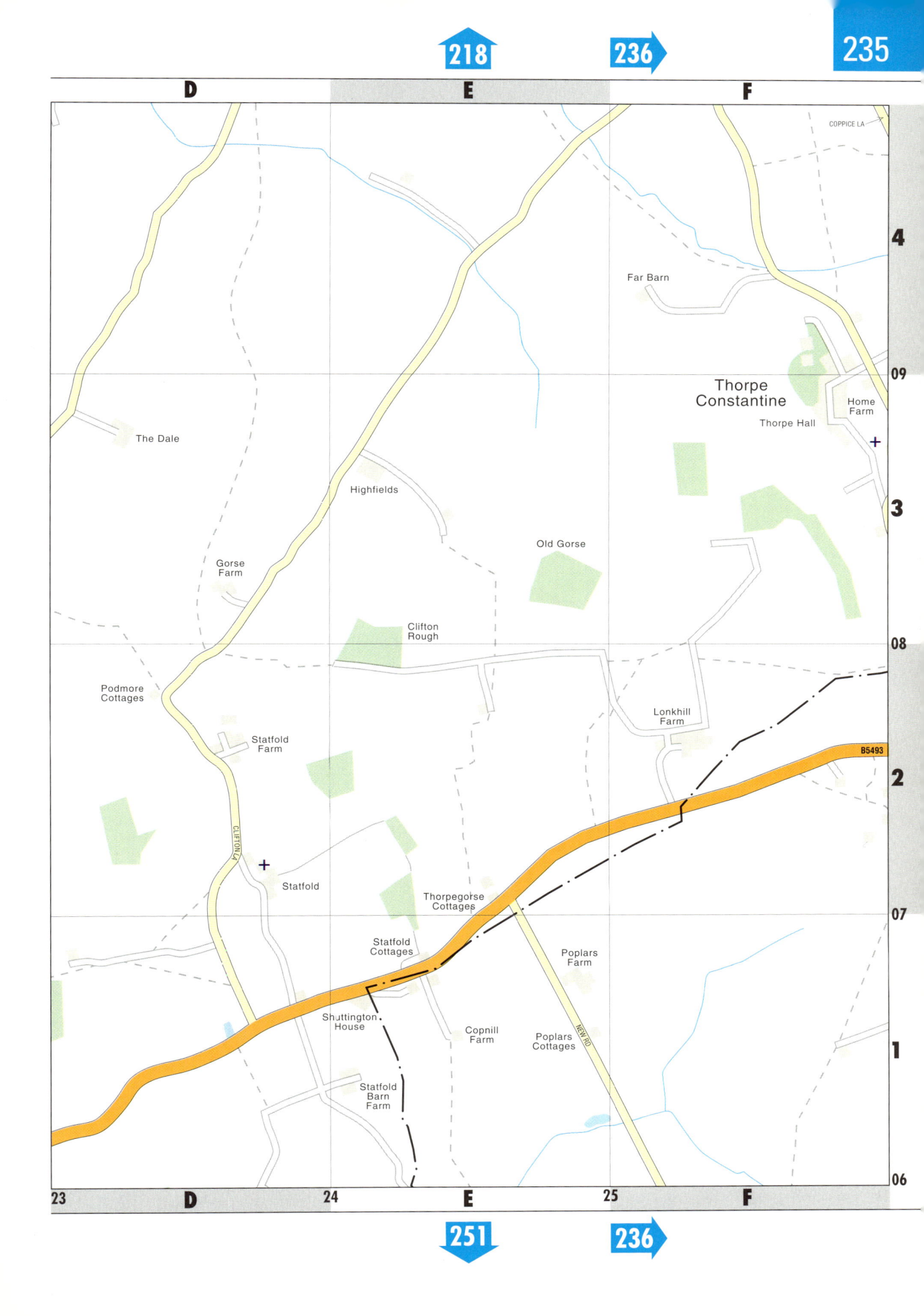

- COPPICE LA
- Far Barn
- Thorpe Constantine
- Home Farm
- Thorpe Hall
- The Dale
- Highfields
- Old Gorse
- Gorse Farm
- Clifton Rough
- Podmore Cottages
- Lonkhill Farm
- Statfold Farm
- B5493
- CLIFTON LA
- Statfold
- Thorpegorse Cottages
- Statfold Cottages
- Poplars Farm
- Shuttington House
- Copnill Farm
- Poplars Cottages
- NEW RD
- Statfold Barn Farm

235
219

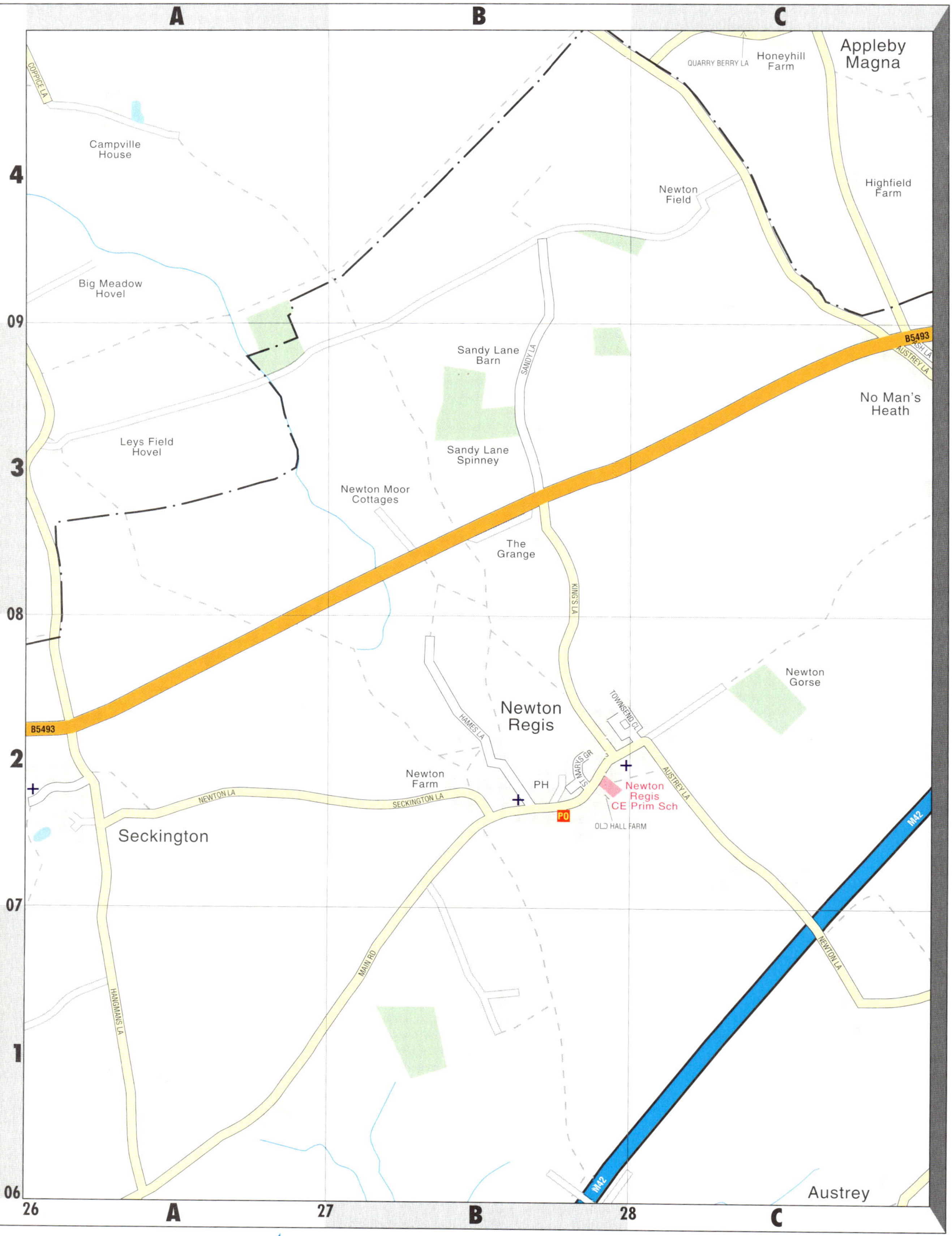
A
B
C
4
09
3
08
2
07
1
06
26
27
28
COPPICE LA
Campville House
Big Meadow Hovel
Leys Field Hovel
QUARRY BERRY LA
Honeyhill Farm
Appleby Magna
Newton Field
Highfield Farm
Sandy Lane Barn
SANDY LA
B5493
ASH LA
AUSTREY LA
No Man's Heath
Sandy Lane Spinney
Newton Moor Cottages
The Grange
KING'S LA
Newton Gorse
TOWNSEND CL
Newton Regis
HAMES LA
ST MARYS GR
B5493
Newton Farm
PH
Newton Regis CE Prim Sch
NEWTON LA
SECKINGTON LA
PO
OLD HALL FARM
AUSTREY LA
M42
Seckington
MAIN RD
NEWTON LA
HANGMANS LA
M42
Austrey

235

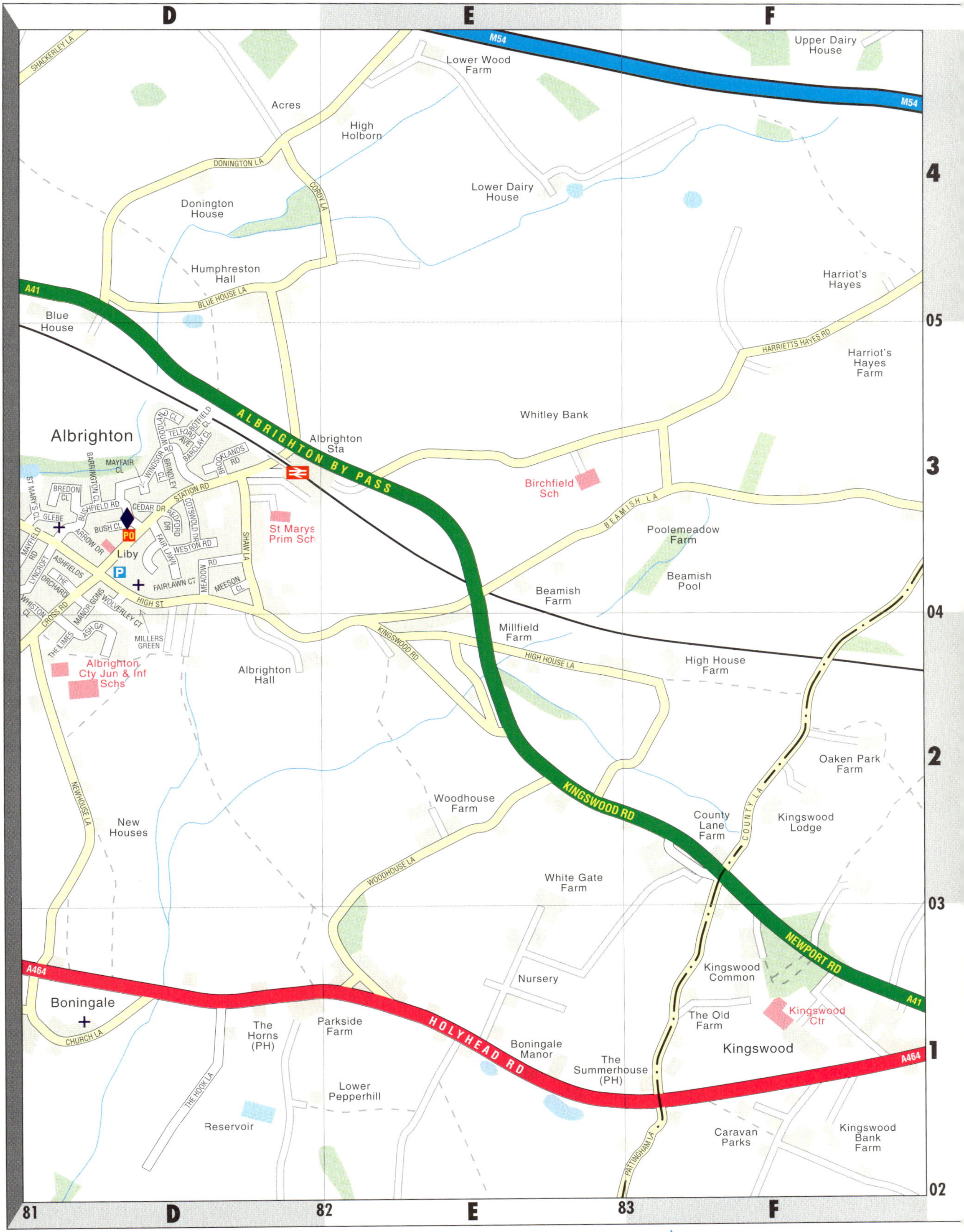
D
E
F
M54
SHACKERLEY LA
Lower Wood Farm
Upper Dairy House
Acres
High Holborn
DONINGTON LA
CORDY LA
Lower Dairy House
Donington House
Humphreston Hall
BLUE HOUSE LA
A41
Blue House
Harriot's Hayes
HARRIETTS HAYES RD
Harriot's Hayes Farm
4
05
Whitley Bank
Albrighton
ALBRIGHTON BY PASS
Albrighton Sta
MAYFAIR CL
BARRINGTON CL
WOODLAND CL
TELFORD AVE
BOTFIELD CL
BARCLAY CL
WINDSOR RD
BRINDLEY CL
BROOKLANDS RD
STATION RD
ST MARYS CL
BREDON CL
GLEBE
BUSHFIELD RD
CEDAR DR
BUSH CL
BEDFORD DR
COTSWOLD DR
SHAW LA
ARROW DR
FAIR LAWN
WESTON RD
PO
Liby
MAYFIELD RD
LYNCROFT
ASHFIELDS
THE ORCHARD
P
FAIRLAWN CT
MEADOW RD
MEESON CL
HIGH ST
WHISTON CL
CROSS RD
MANOR GDNS
WOLVERLEY CT
ASH GR
THE LIMES
MILLERS GREEN
St Marys Prim Sch
Birchfield Sch
3
BEAMISH LA
Poolemeadow Farm
Beamish Pool
Beamish Farm
Millfield Farm
04
KINGSWOOD RD
HIGH HOUSE LA
High House Farm
Albrighton Cty Jun & Inf Schs
Albrighton Hall
2
Oaken Park Farm
NEWHOUSE LA
New Houses
Woodhouse Farm
KINGSWOOD RD
County Lane Farm
COUNTY LA
Kingswood Lodge
WOODHOUSE LA
White Gate Farm
03
NEWPORT RD
A464
Kingswood Common
Nursery
Boningale
A41
CHURCH LA
The Horns (PH)
Parkside Farm
HOLYHEAD RD
The Old Farm
Kingswood Ctr
Boningale Manor
The Summerhouse (PH)
Kingswood
1
A464
THE HOOK LA
Lower Pepperhill
Reservoir
Caravan Parks
Kingswood Bank Farm
PATTINGHAM LA
02
81
82
83

237
222

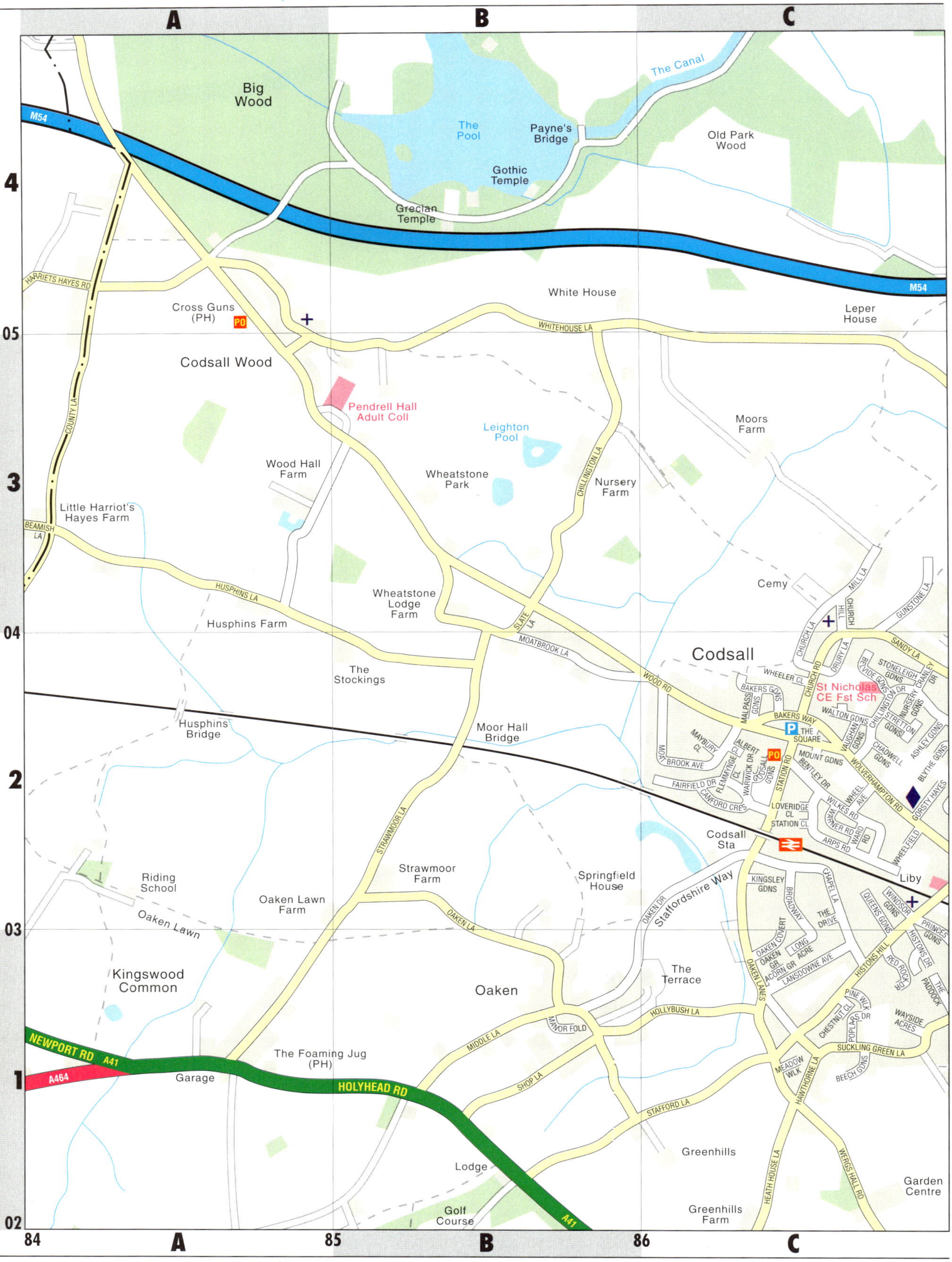

237
254

223
240

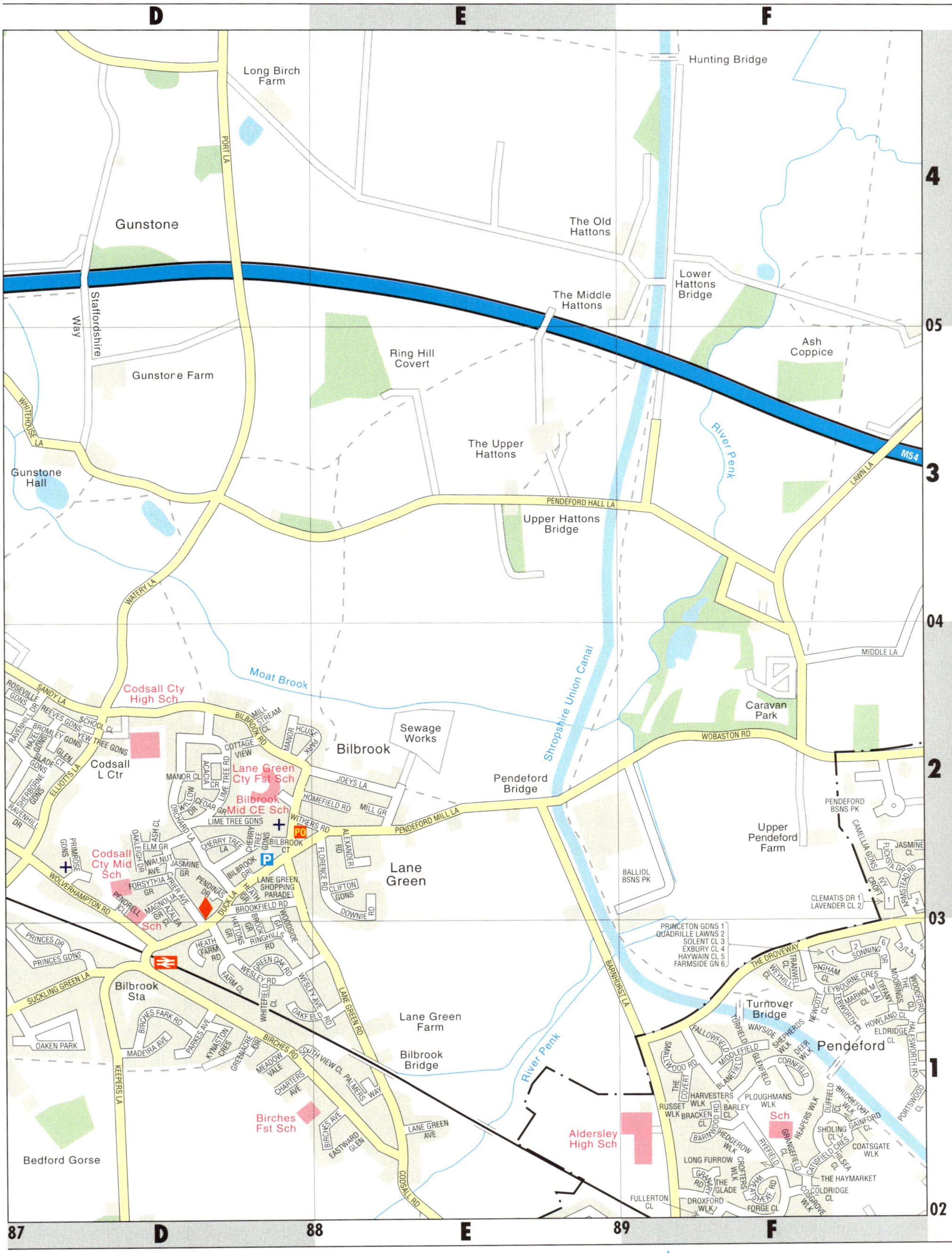

255
240

239
224

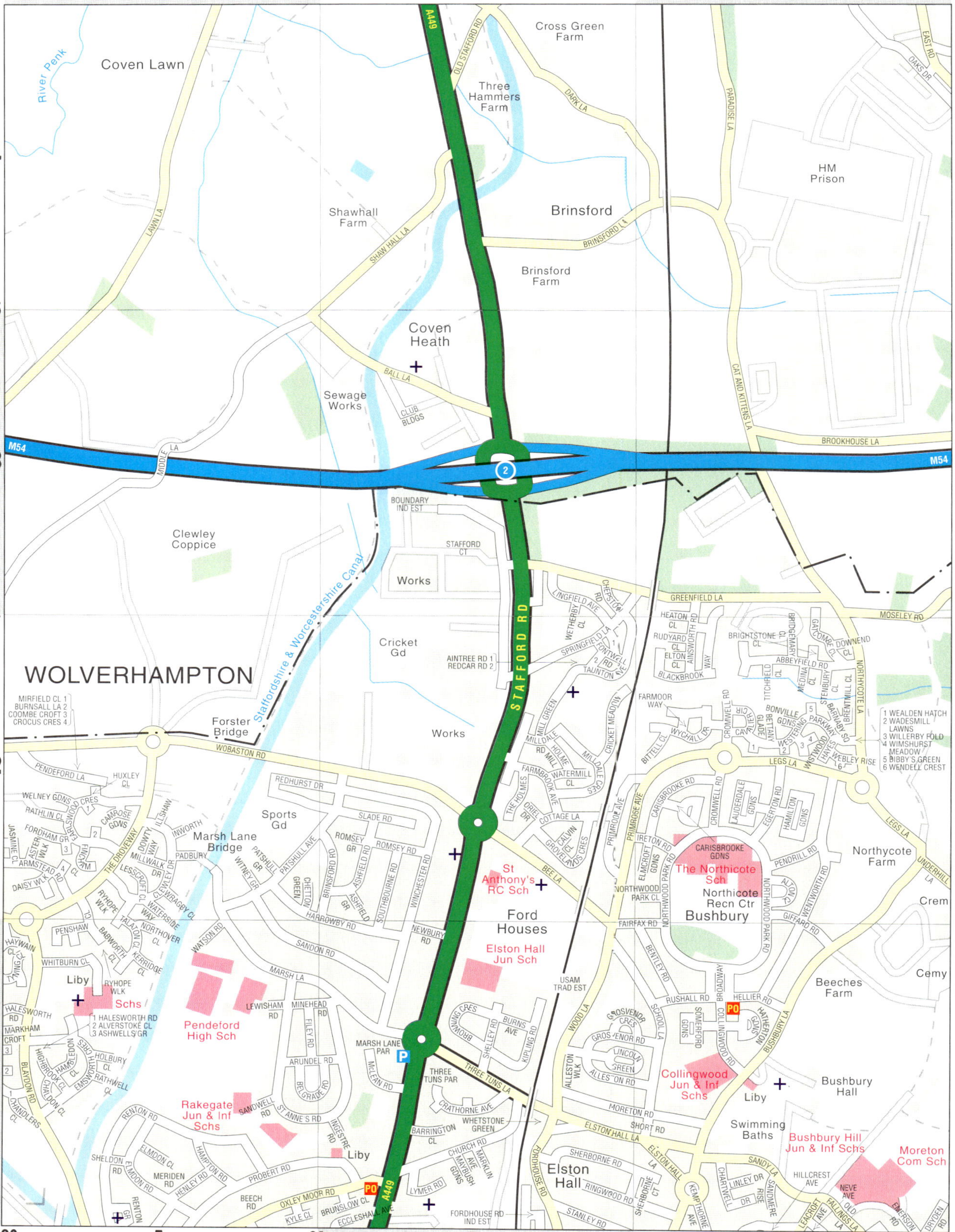
A
B
C
4
05
3
04
2
03
1
02
90
91
92
Coven Lawn
River Penk
Cross Green Farm
Three Hammers Farm
HM Prison
Shawhall Farm
Brinsford
Brinsford Farm
Coven Heath
Sewage Works
M54
A449
Clewley Coppice
Works
Cricket Gd
WOLVERHAMPTON
Staffordshire & Worcestershire Canal
Forster Bridge
STAFFORD RD
Sports Gd
Marsh Lane Bridge
St Anthony's RC Sch
Ford Houses
Elston Hall Jun Sch
The Northicote Sch
Northicote Recn Ctr
Bushbury
Northycote Farm
Crem
Cemy
Beeches Farm
Liby
Schs
Pendeford High Sch
Rakegate Jun & Inf Schs
Collingwood Jun & Inf Schs
Bushbury Hall
Swimming Baths
Bushbury Hill Jun & Inf Schs
Moreton Com Sch
Elston Hall
MIRFIELD CL 1
BURNSALL LA 2
COOMBE CROFT 3
CROCUS CRES 4
1 WEALDEN HATCH
2 WADESMILL LAWNS
3 WILLERBY FOLD
4 WIMSHURST MEADOW
5 BIBBY'S GREEN
6 WENDELL CREST
1 HALESWORTH RD
2 ALVERSTOKE CL
3 ASHWELLS GR
AINTREE RD 1
REDCAR RD 2
USAM TRAD EST
BOUNDARY IND EST
FORDHOUSE RD IND EST
WOBASTON RD
BROOKHOUSE LA
GREENFIELD LA
MOSELEY RD
LEGS LA
BEE LA
MARSH LA
THREE TUNS LA
ELSTON HALL LA
SANDY LA

239

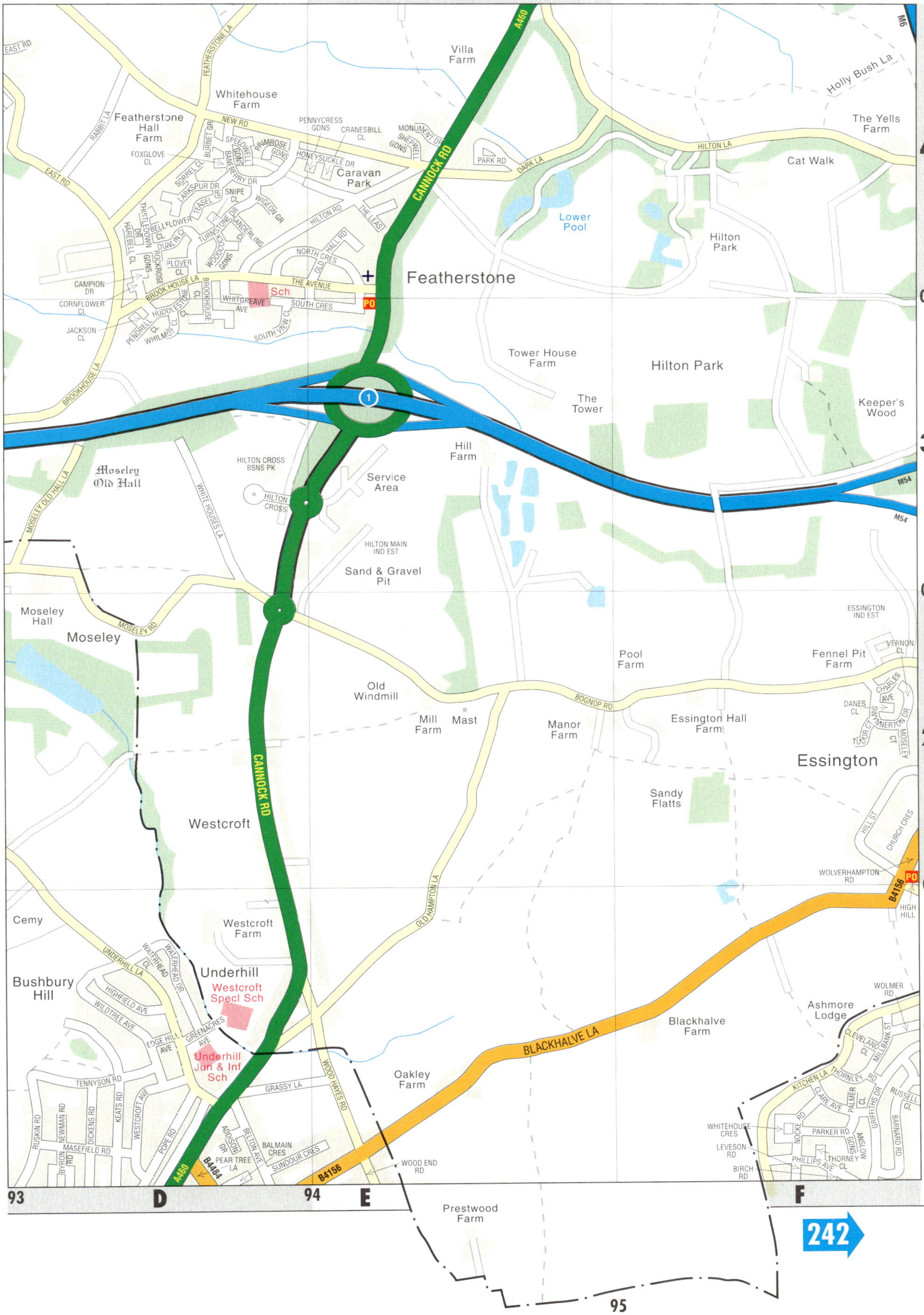
D
E
F
Villa Farm
Whitehouse Farm
Featherstone Hall Farm
Caravan Park
Featherstone
Lower Pool
Hilton Park
The Yells Farm
Cat Walk
Holly Bush La
HILTON LA
CANNOCK RD
A460
Tower House Farm
The Tower
Hill Farm
Keeper's Wood
Moseley Old Hall
Service Area
HILTON CROSS BSNS PK
Sand & Gravel Pit
HILTON MAIN IND EST
Moseley Hall
Moseley
MOSELEY RD
Old Windmill
Mill Farm
Mast
Manor Farm
Pool Farm
Essington Hall Farm
Fennel Pit Farm
ESSINGTON IND EST
Essington
Sandy Flatts
BOGNOP RD
Westcroft
Westcroft Farm
Cemy
Underhill
Westcroft Specl Sch
Underhill Jun & Inf Sch
Bushbury Hill
OLD HAMPTON LA
BLACKHALVE LA
Blackhalve Farm
Oakley Farm
Ashmore Lodge
Prestwood Farm
B4156
B4484
M54
M6
4
05
3
04
2
03
1
02
93
94
95

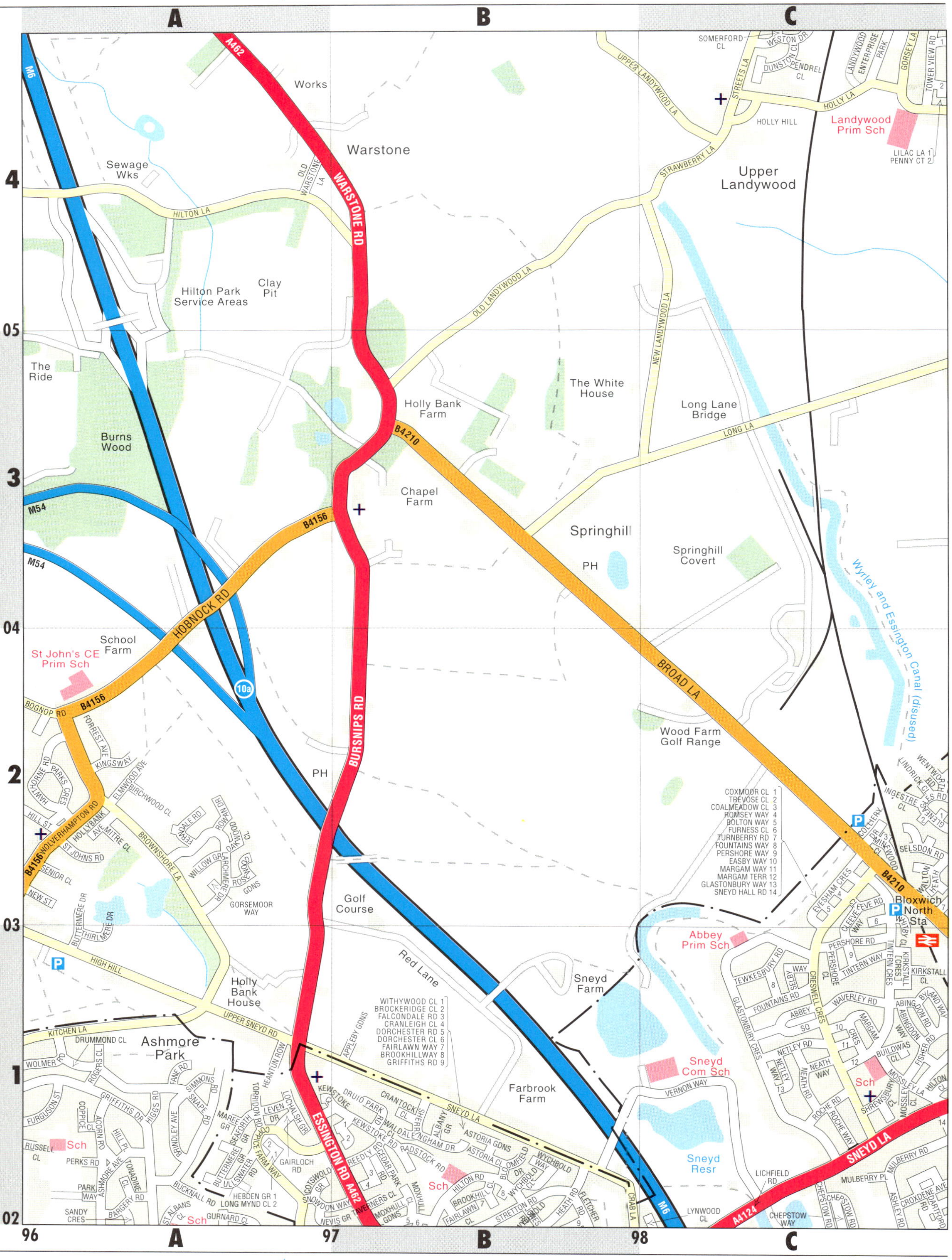
A
B
C
4
05
3
04
2
03
1
02
96
97
98
M6
M54
A462
Works
Warstone
Sewage Wks
OLD WARSTONE LA
WARSTONE RD
HILTON LA
Hilton Park Service Areas
Clay Pit
The Ride
Burns Wood
Holly Bank Farm
B4210
Chapel Farm
B4156
HOBNOCK RD
School Farm
St John's CE Prim Sch
10a
BOGNOP RD
FORREST AVE
KINGSWAY
ELMWOOD AVE
BIRCHWOOD CL
HAWTHORNE RD
PARKS CRES
WOLVERHAMPTON RD
HOLLYBANK AVE
MITRE CL
ST JOHNS RD
SENIOR CL
NEW ST
BROWNSHORE LA
BUTTERMERE DR
THIRLMERE DR
WILLOW GR
LARCHMERE DR
GORSEMOOR WAY
HIGH HILL
PH
BURSNIPS RD
Golf Course
Red Lane
Holly Bank House
UPPER SNEYD RD
KITCHEN LA
DRUMMOND CL
Ashmore Park
WOLMER RD
ROGERS CL
GRIFFITHS DR
FERGUSON ST
COPPICE CL
ACORN RD
HIGGS RD
RUSSELL CL
Sch
PERKS RD
ASHMORE AVE
TORRIDON RD
HEANTUN ROW
LOCHALSH GR
ESSINGTON RD A462
KEWSTOKE RD
DRUID PARK RD
CRANTOCK CL
SNEYD LA
ALBANY GR
ASTORIA GDNS
WYCHBOLD WAY
APPLEBY GDNS
WITHYWOOD CL 1
BROCKERIDGE CL 2
FALCONDALE RD 3
CRANLEIGH CL 4
DORCHESTER RD 5
DORCHESTER CL 6
FAIRLAWN WAY 7
BROOKHILLWAY 8
GRIFFITHS RD 9
Farbrook Farm
CRAB LA
SOMERFORD CL
WESTON DR
DUNSTON CL
PENDREL CL
STREETS LA
UPPER LANDYWOOD LA
HOLLY LA
HOLLY HILL
LANDYWOOD ENTERPRISE PARK
GORSEY LA
TOWER VIEW RD
Landywood Prim Sch
LILAC LA 1
PENNY CT 2
STRAWBERRY LA
Upper Landywood
OLD LANDYWOOD LA
NEW LANDYWOOD LA
The White House
Long Lane Bridge
LONG LA
Springhill
PH
Springhill Covert
Wyrley and Essington Canal (disused)
BROAD LA
Wood Farm Golf Range
COXMOOR CL 1
TREVOSE CL 2
COALMEADOW CL 3
ROMSEY WAY 4
BOLTON WAY 5
FURNESS CL 6
TURNBERRY RD 7
FOUNTAINS WAY 8
PERSHORE WAY 9
EASBY WAY 10
MARGAM WAY 11
MARGAM TERR 12
GLASTONBURY WAY 13
SNEYD HALL RD 14
Bloxwich North Sta
Abbey Prim Sch
Sneyd Farm
TEWKESBURY RD
FOUNTAINS RD
CRESWELL CRES
WAVERLEY RD
Sneyd Com Sch
VERNON WAY
Sneyd Resr
LICHFIELD RD
SNEYD LA
A4124
MULBERRY PL
CHEPSTOW WAY
LYNWOOD CL
SELSDON RD
WENTWORTH RD
INGESTRE CL
EVESHAM CRES

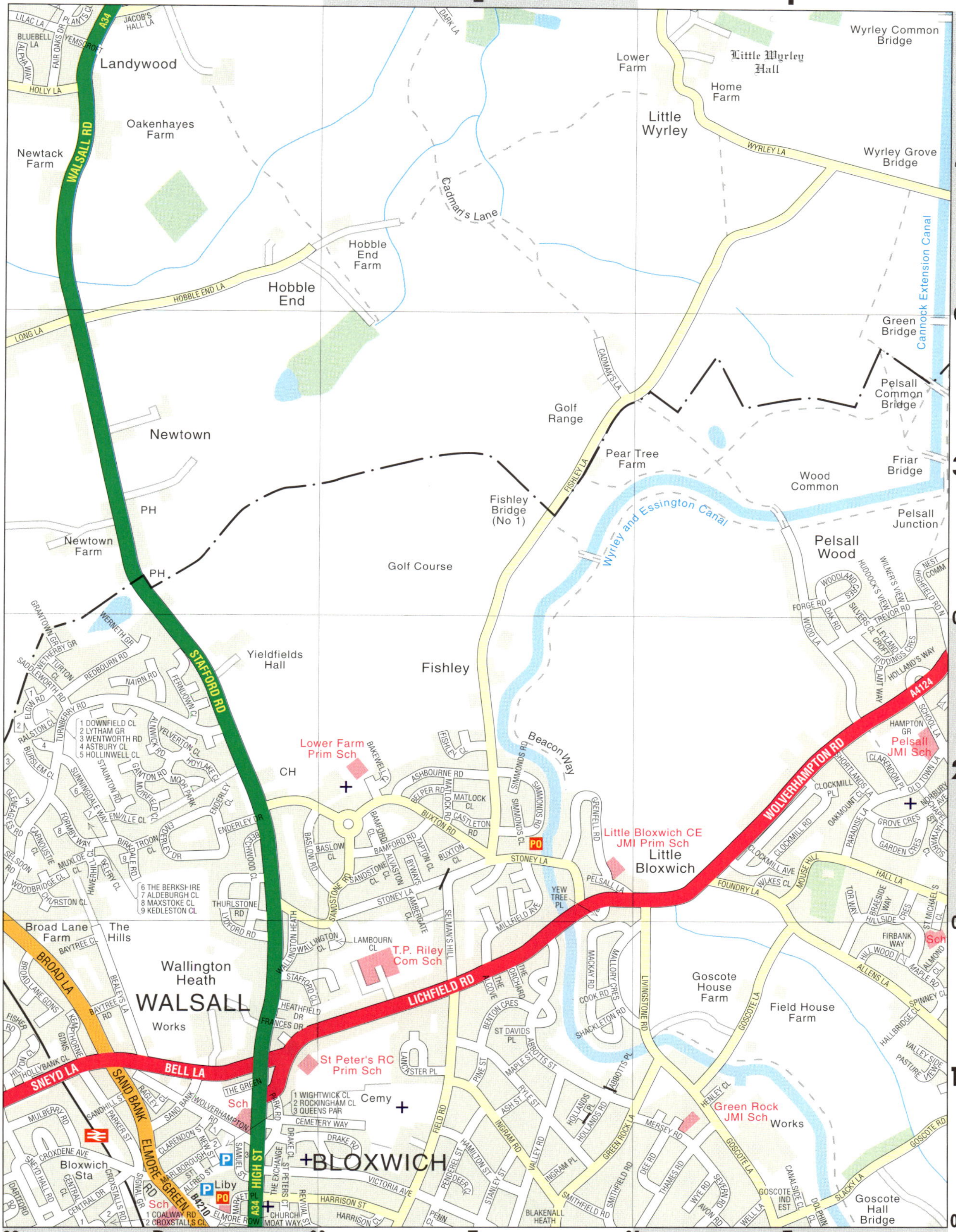
227
244
D
E
F
Landywood
Oakenhayes Farm
Newtack Farm
WALSALL RD
Hobble End Farm
Hobble End
HOBBLE END LA
LONG LA
Cadman's Lane
Lower Farm
Little Wyrley Hall
Home Farm
Little Wyrley
WYRLEY LA
Wyrley Common Bridge
Wyrley Grove Bridge
Cannock Extension Canal
Green Bridge
Pelsall Common Bridge
Friar Bridge
Wood Common
Pelsall Junction
Pelsall Wood
Golf Range
Pear Tree Farm
FISHLEY LA
CADMAN'S LA
Newtown
PH
Newtown Farm
Fishley Bridge (No 1)
Wyrley and Essington Canal
Golf Course
Yieldfields Hall
Fishley
STAFFORD RD
Beacon Way
Lower Farm Prim Sch
CH
T.P. Riley Com Sch
Little Bloxwich CE JMI Prim Sch
Little Bloxwich
WOLVERHAMPTON RD
A4124
Pelsall JMI Sch
Broad Lane Farm
The Hills
Wallington Heath
WALSALL
Works
LICHFIELD RD
BELL LA
SNEYD LA
BROAD LA
SAND BANK
ELMORE GREEN
St Peter's RC Prim Sch
Cemy
BLOXWICH
Bloxwich Sta
Liby
Sch
HIGH ST
A34
B4210
Goscote House Farm
Field House Farm
Green Rock JMI Sch
Works
GOSCOTE LA
Goscote Hall Bridge
STONEY LA
LIVINGSTONE RD
1 DOWNFIELD CL
2 LYTHAM GR
3 WENTWORTH RD
4 ASTBURY CL
5 HOLLINWELL CL
6 THE BERKSHIRE
7 ALDEBURGH CL
8 MAXSTOKE CL
9 KEDLESTON CL
1 WIGHTWICK CL
2 ROCKINGHAM CL
3 QUEENS PAR
1 COALWAY RD
2 CROXSTALLS CL
4
05
3
04
2
03
1
02
99
00
01

243
228

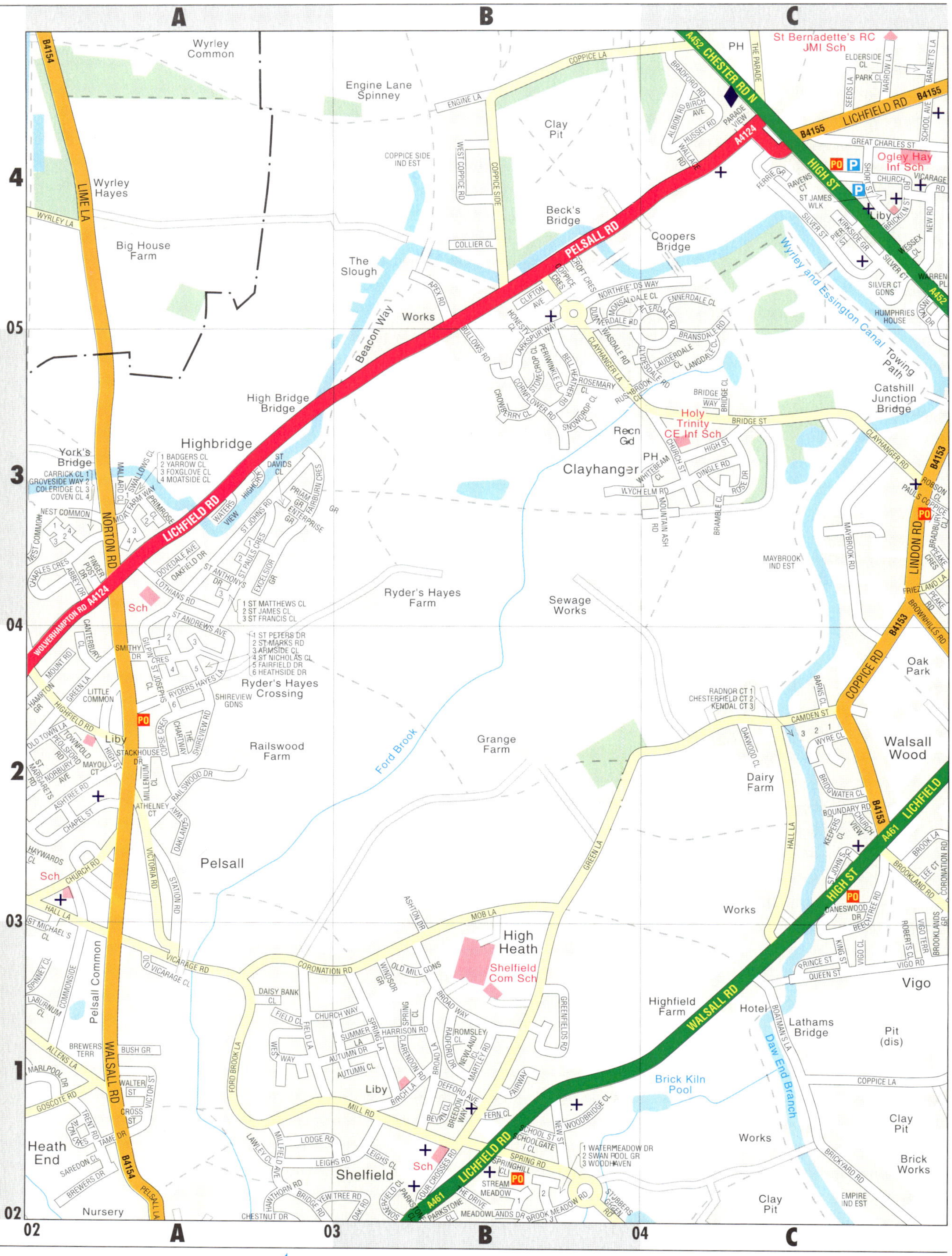
A
B
C
4
05
3
04
2
03
1
02
02
03
04
Wyrley Common
Engine Lane Spinney
Clay Pit
PH
St Bernadette's RC JMI Sch
Wyrley Hayes
Big House Farm
The Slough
Beck's Bridge
Coopers Bridge
Ogley Hay Inf Sch
Liby
Works
Beacon Way
Wyrley and Essington Canal
Towing Path
Catshill Junction Bridge
High Bridge Bridge
Highbridge
York's Bridge
Holy Trinity CE Inf Sch
Recn Gd
Clayhanger
MAYBROOK IND EST
Ryder's Hayes Farm
Sewage Works
Sch
Ryder's Hayes Crossing
Oak Park
Railswood Farm
Grange Farm
Ford Brook
Walsall Wood
Dairy Farm
Pelsall
High Heath
Shelfield Com Sch
Highfield Farm
Hotel
Lathams Bridge
Pit (dis)
Vigo
Pelsall Common
Brick Kiln Pool
Daw End Branch
Clay Pit
Brick Works
Heath End
Shelfield
Nursery
EMPIRE IND EST
COPPICE SIDE IND EST
B4154
LIME LA
NORTON RD
WALSALL RD
PELSALL LA
A452 CHESTER RD N
B4155 LICHFIELD RD
HIGH ST
A4124
PELSALL RD
LICHFIELD RD
WOLVERHAMPTON RD A4124
A452
B4153
LINDON RD
COPPICE RD
A461 LICHFIELD
WALSALL RD
LICHFIELD RD
A461
COPPICE LA
ENGINE LA
WEST COPPICE RD
COPPICE SIDE
COLLIER CL
BRIDGE ST
CLAYHANGER LA
CLAYHANGER RD
GREEN LA
MOB LA
CORONATION RD
VICARAGE RD
CHURCH RD
HALL LA
CAMDEN ST
MILL RD
FORD BROOK LA
STATION RD
VICTORIA RD
GOSCOTE RD
SPRING RD
BRICKYARD RD
BOATMAN'S LA
COPPICE LA
VIGO RD
BROOKLAND RD
1 BADGERS CL
2 YARROW CL
3 FOXGLOVE CL
4 MOATSIDE CL
CARRICK CL 1
GROVESIDE WAY 2
COLERIDGE CL 3
COVEN CL 4
1 ST MATTHEWS CL
2 ST JAMES CL
3 ST FRANCIS CL
1 ST PETERS DR
2 ST MARKS RD
3 ARMSIDE CL
4 ST NICHOLAS CL
5 FAIRFIELD DR
6 HEATHSIDE DR
RADNOR CT 1
CHESTERFIELD CT 2
KENDAL CT 3
1 WATERMEADOW DR
2 SWAN POOL GR
3 WOODHAVEN

243

229
246

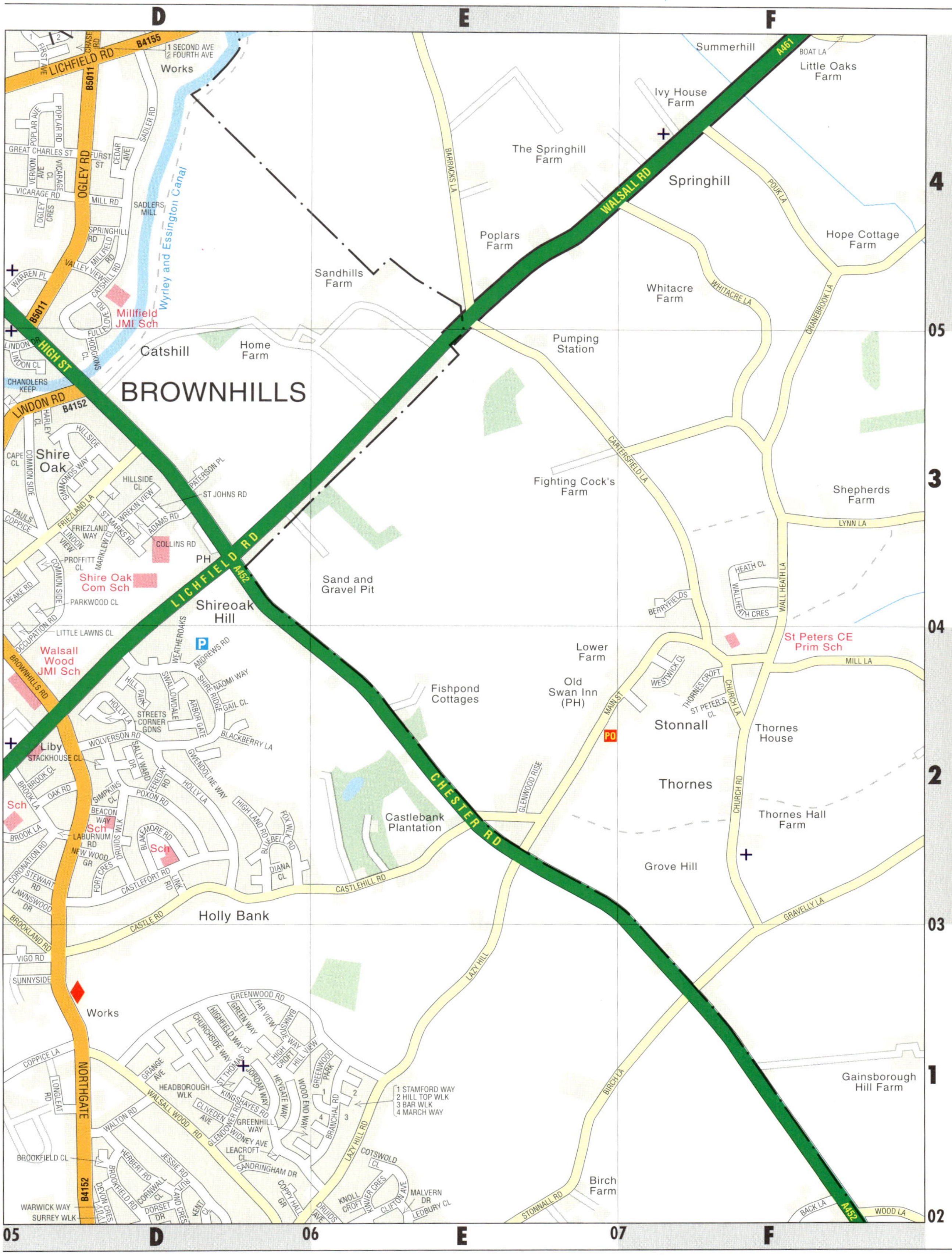

256
246

245
230

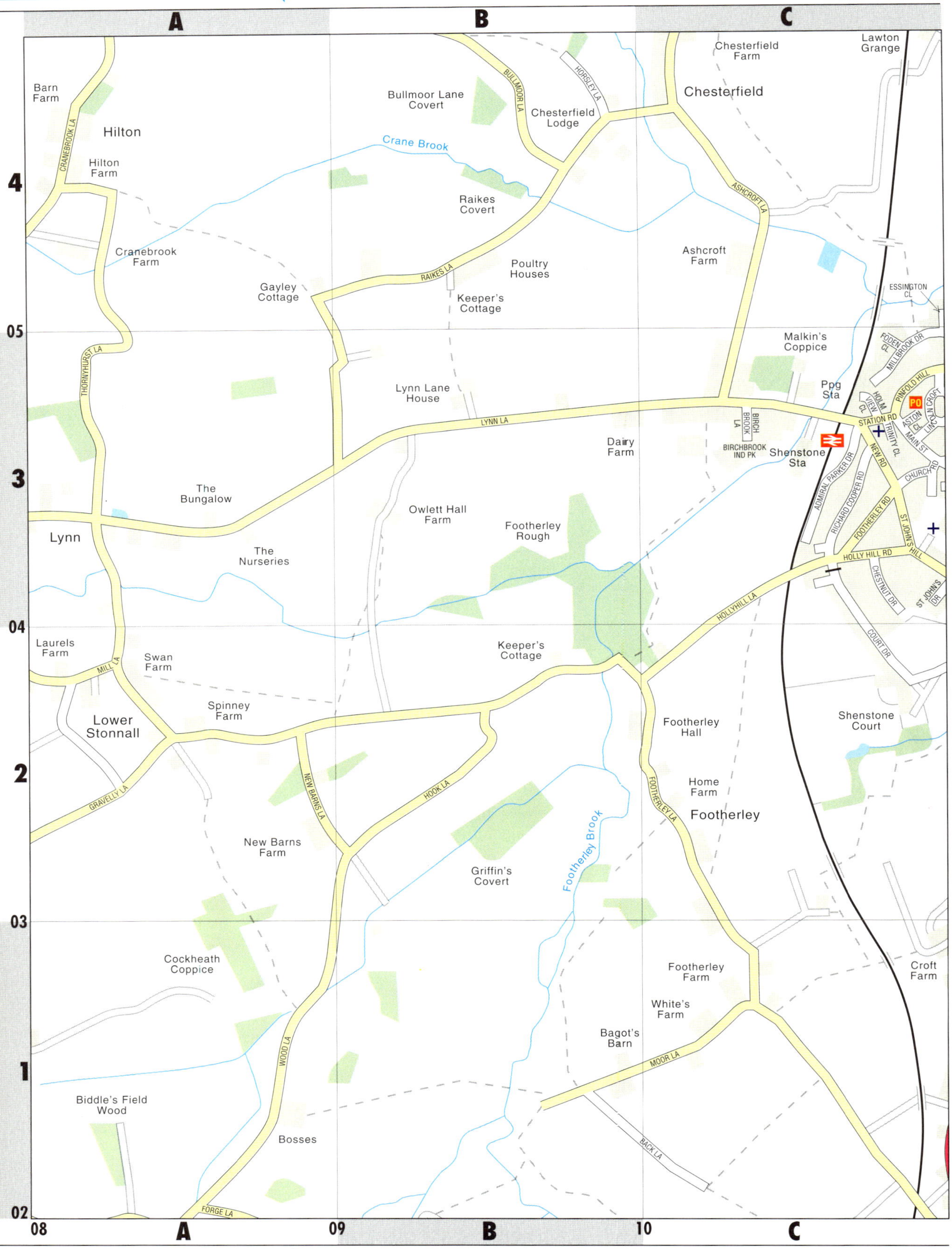

245
257

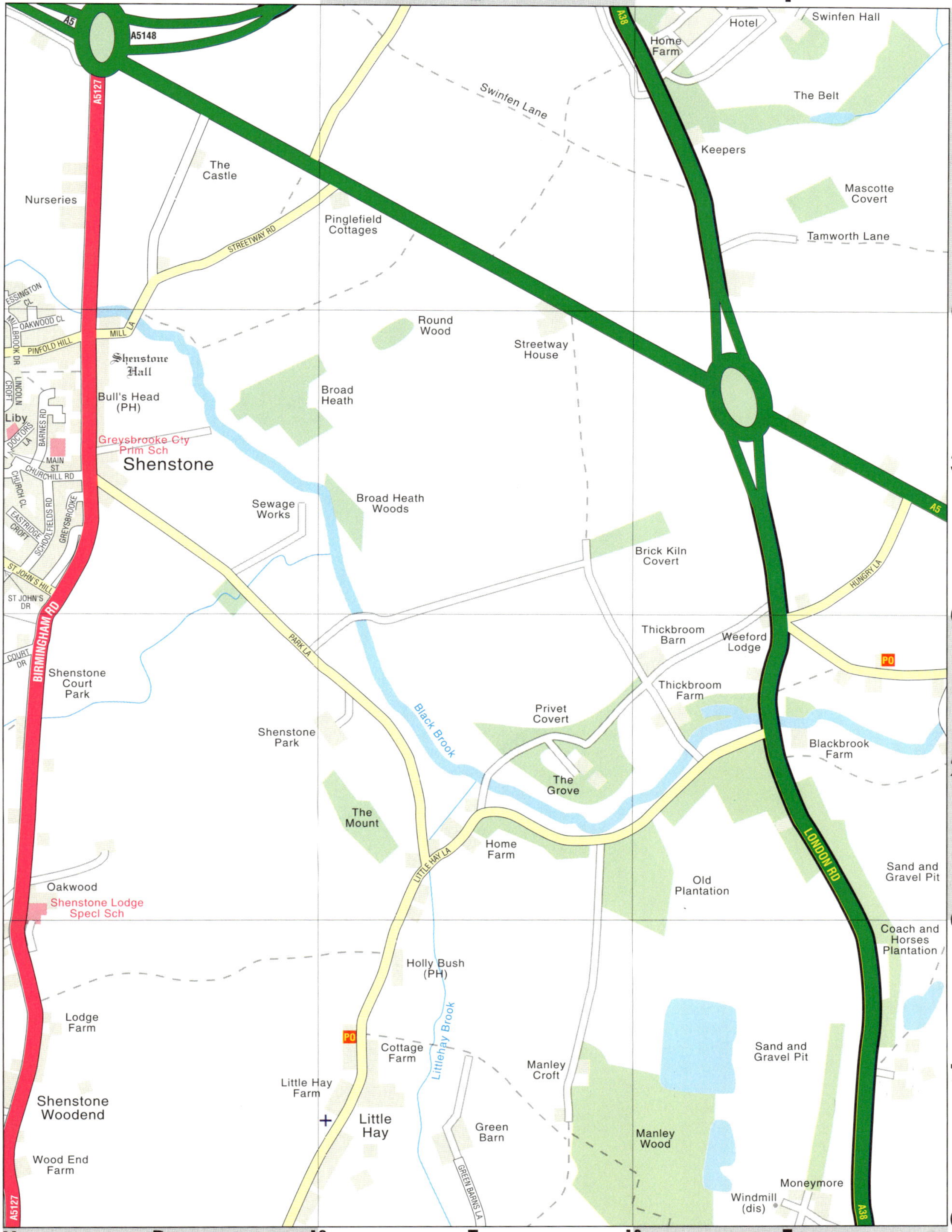
D
E
F
A5
A5148
A5127
Swinfen Hall
Hotel
Home Farm
Swinfen Lane
The Belt
Keepers
4
The Castle
Nurseries
Mascotte Covert
Pinglefield Cottages
STREETWAY RD
Tamworth Lane
ESSINGTON CL
OAKWOOD CL
MILLBROOK DR
PINFOLD HILL
MILL LA
05
Round Wood
Streetway House
Shenstone Hall
Broad Heath
Bull's Head (PH)
LINCOLN CROFT
Liby
DOCTORS LA
BARNES RD
Greysbrooke Cty Prim Sch
MAIN ST
Shenstone
CHURCHILL RD
3
CHURCH CL
Sewage Works
Broad Heath Woods
EASTRIDGE CROFT
SCHOOLFIELDS RD
GREYSBROOKE
Brick Kiln Covert
ST JOHN'S HILL
HUNGRY LA
ST JOHN'S DR
BIRMINGHAM RD
04
Thickbroom Barn
Weeford Lodge
PARK LA
COURT DR
PO
Shenstone Court Park
Thickbroom Farm
Black Brook
Privet Covert
Shenstone Park
Blackbrook Farm
2
The Grove
The Mount
Home Farm
LITTLE HAY LA
LONDON RD
Sand and Gravel Pit
Old Plantation
Oakwood
Shenstone Lodge Specl Sch
03
Coach and Horses Plantation
Holly Bush (PH)
Littlehay Brook
Lodge Farm
PO
Cottage Farm
Sand and Gravel Pit
Manley Croft
1
Little Hay Farm
Shenstone Woodend
Little Hay
Green Barn
Manley Wood
GREEN BARNS LA
Wood End Farm
Moneymore
Windmill (dis)
A38
02
11
12
13

247
232

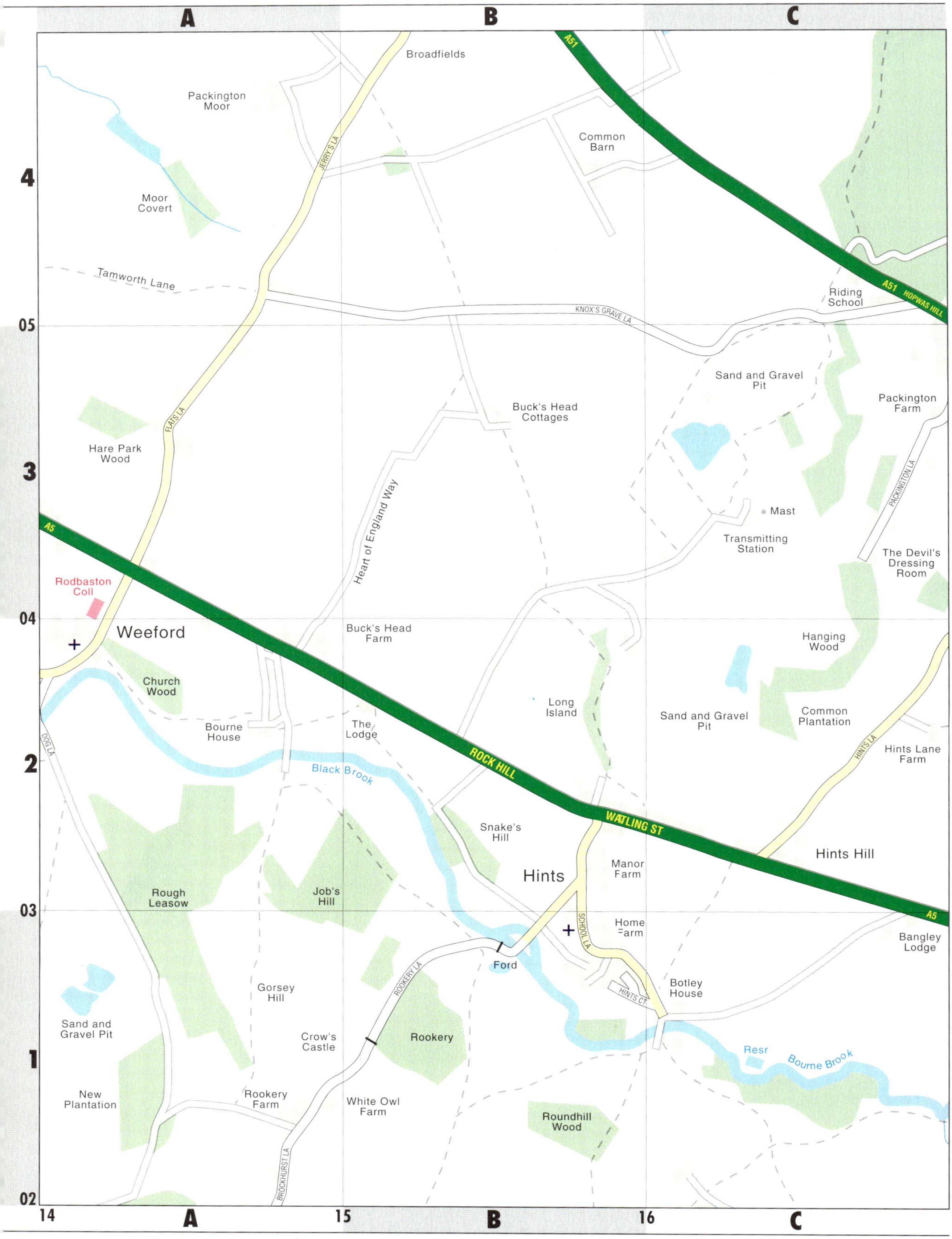

247
259

233
250

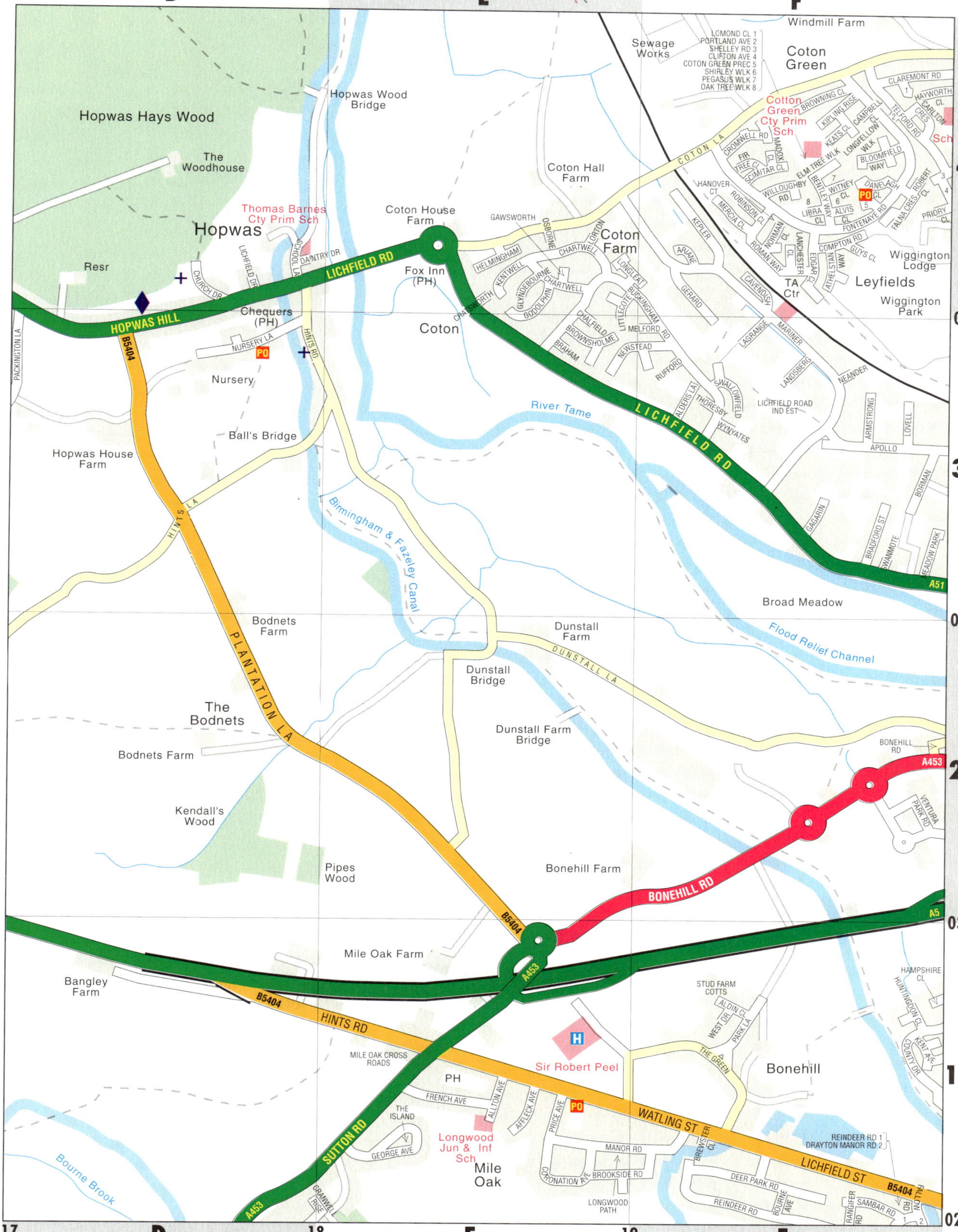

260
250

249
234

A B C

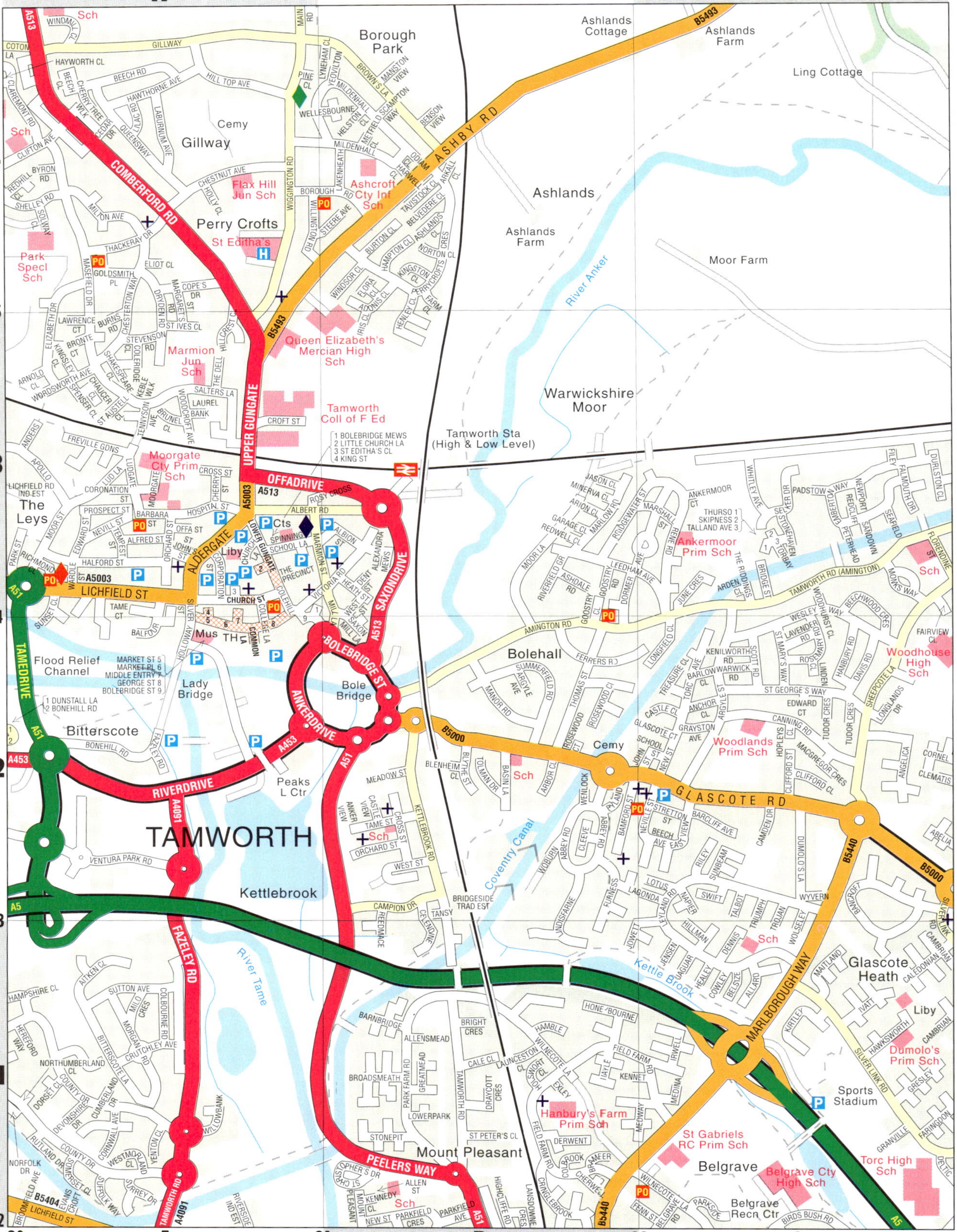

A B C

235

D
E
F
Amington Hall
Decoy Barn
Cow Barn
The Decoy
Amington Old Hall
Shuttington Bridge
Wolferstan Arms (PH)
Shuttington
Church Farm
The Pretty Pigs (PH)
Cvn Pk
SHUTTINGTON RD
Alvecote
ALVECOTE COTTS
Askew Bridge
Greenacres Prim Sch
Coventry Canal
River Anker
Cemy
Hodge Lane
Alvecote Priory
1 SUNNINGDALE
2 MUIRFIELD
Sch
Woodhouse Sports Ctr
Amington
CH
Golf Course
Amington Heath Prim Sch
Quince Tree Specl Sch
Alvecote Wood
Priory Farm
Works
Lodge Farm
AMINGTON IND EST
War Meml
Glascote Heath Prim Sch
Pooley Hall and remains of Hall
Priory Farm
GLASCOTE RD
B5000
DARWELL PK
Sports Gd
TAMWORTH RD
Playing Field
Stonydelph Jun & Inf Schs
Stonydelph Lane
The Hermitage
PENNINE RD
B5080
M42
River Anker
23
24
25
4
05
3
04
2
03
1
02

262

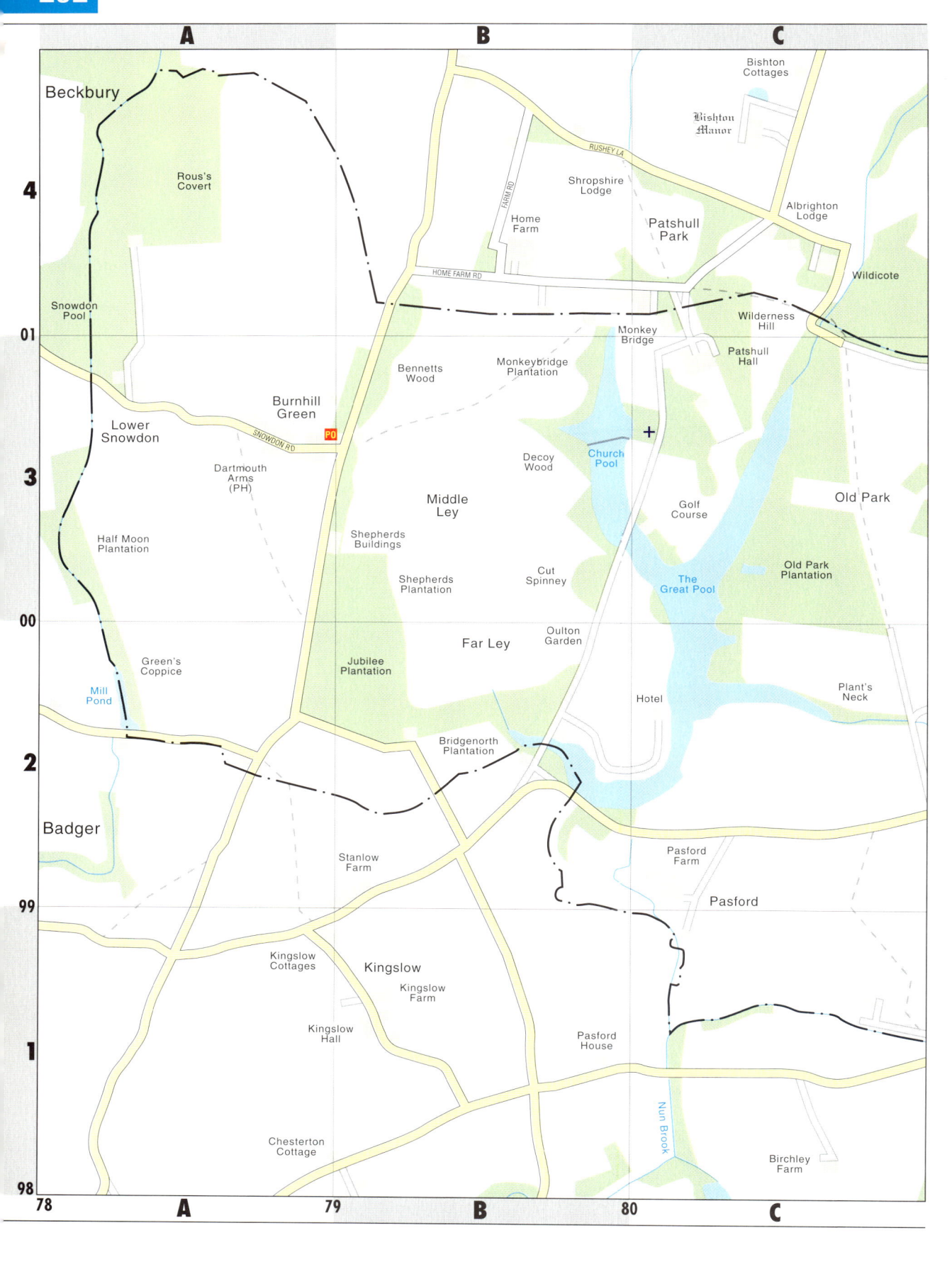

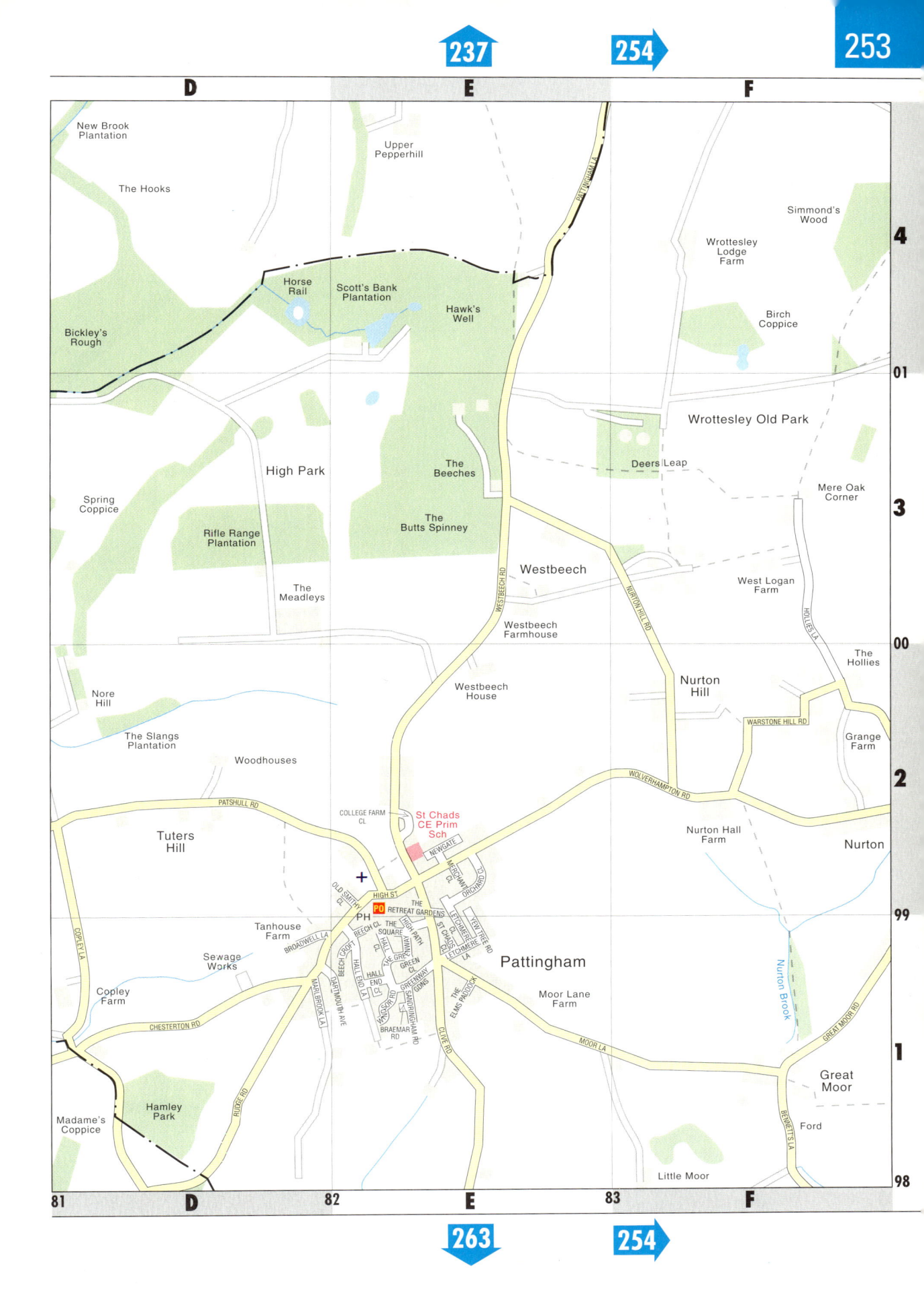

253

Pattingham area map

Labels visible on map:

- New Brook Plantation
- The Hooks
- Upper Pepperhill
- Simmond's Wood
- Wrottesley Lodge Farm
- Horse Rail
- Scott's Bank Plantation
- Hawk's Well
- Birch Coppice
- Bickley's Rough
- Wrottesley Old Park
- Deers Leap
- Mere Oak Corner
- Spring Coppice
- High Park
- The Beeches
- Rifle Range Plantation
- The Butts Spinney
- Westbeech
- West Logan Farm
- The Meadleys
- Westbeech Farmhouse
- Nurton Hill
- The Hollies
- Nore Hill
- Westbeech House
- The Slangs Plantation
- Warstone Hill Rd
- Grange Farm
- Woodhouses
- Patshull Rd
- College Farm Cl
- St Chads CE Prim Sch
- Wolverhampton Rd
- Nurton Hall Farm
- Nurton
- Tuters Hill
- Newgate
- Old Smithy Cl
- High St
- Merchant Cl
- Orchard
- Yew Tree Rd
- PH, PO
- The Retreat Gardens
- Tanhouse Farm
- Broadwell La
- Beech Cl
- High Path
- The Square
- St Chads Cl
- Letchmere Cl
- Letchmere La
- Pattingham
- Sewage Works
- Hall End La
- Moor Rd
- Greenway
- Sandringham Rd
- The Elms Paddock
- Moor Lane Farm
- Nurton Brook
- Copley Farm
- Copley La
- Marlbrook La
- Dartmouth Ave
- Hall End
- The Grove
- Green Cl
- Gdns
- Braemar Rd
- Clive Rd
- Chesterton Rd
- Moor La
- Great Moor Rd
- Great Moor
- Madame's Coppice
- Hamley Park
- Rudge Rd
- Bennett's La
- Ford
- Little Moor

Grid refs: D 81, E 82, F 83; rows 4, 01, 3, 00, 2, 99, 1, 98

Adjacent page arrows: 237 (top), 254 (right top & bottom), 263 (bottom), 254 (bottom right)

253
238
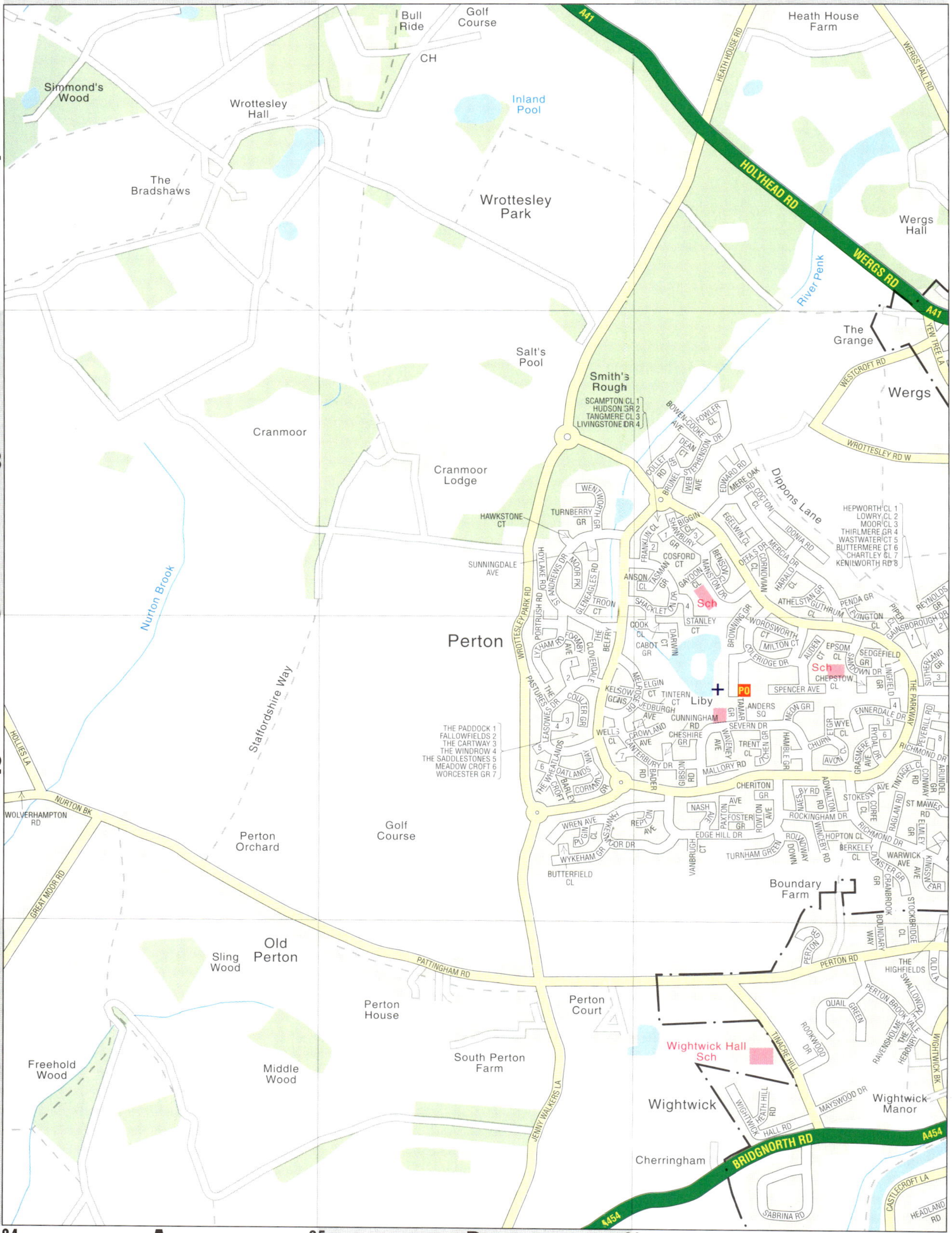

253
264

239

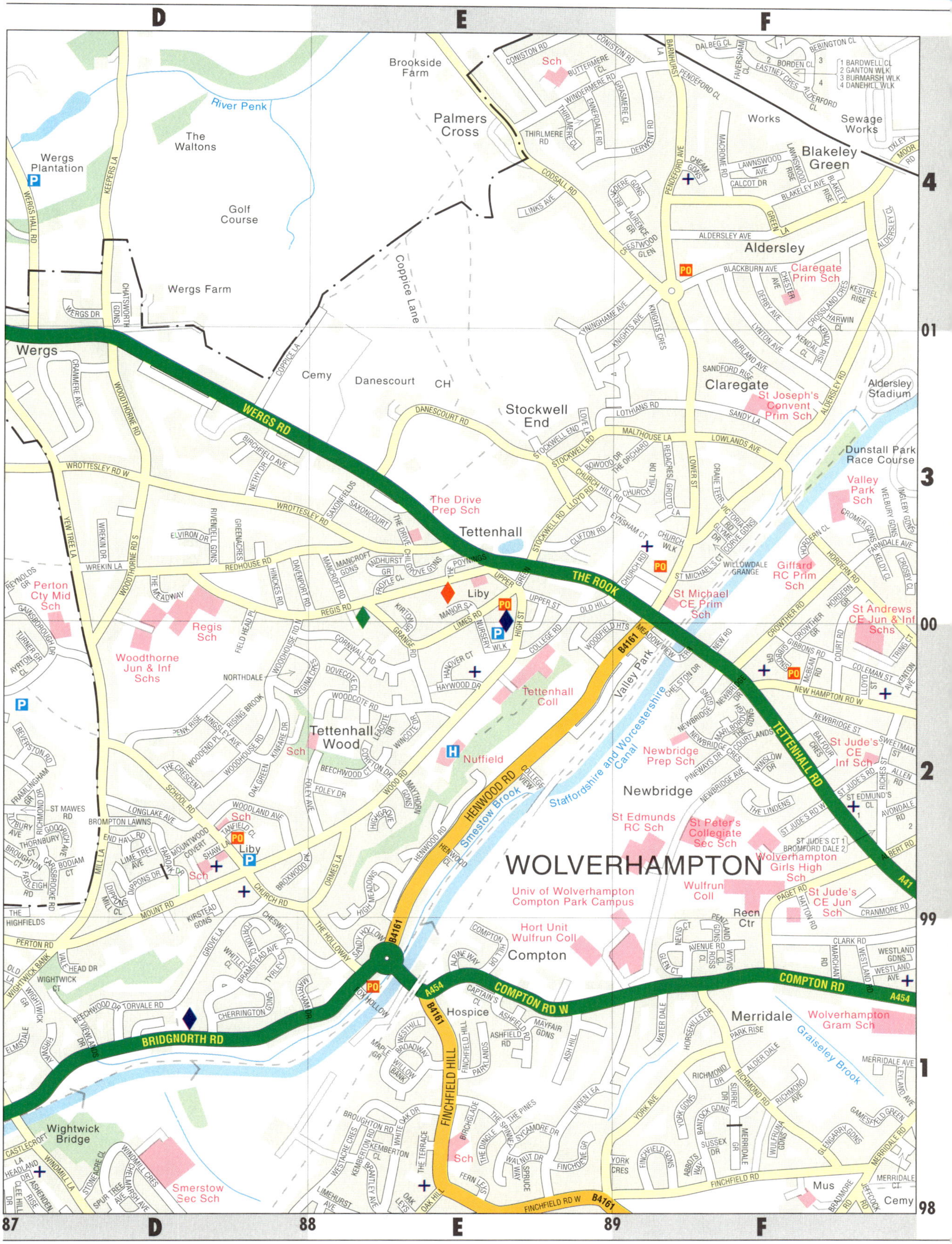

D
E
F
Brookside Farm
Palmers Cross
River Penk
The Waltons
Wergs Plantation
Golf Course
Wergs Farm
Coppice Lane
Blakeley Green
Works
Sewage Works
Aldersley
Claregate Prim Sch
Claregate
St Joseph's Convent Prim Sch
Aldersley Stadium
Dunstall Park Race Course
Valley Park Sch
Wergs
WERGS RD
Cemy
Danescourt
CH
Stockwell End
The Drive Prep Sch
Tettenhall
THE ROOK
Liby
Perton Cty Mid Sch
Regis Sch
Woodthorne Jun & Inf Schs
St Michael CE Prim Sch
Giffard RC Prim Sch
St Andrews CE Jun & Inf Schs
Tettenhall Coll
Valley Park
Staffordshire and Worcestershire Canal
Tettenhall Wood
Nuffield
Newbridge Prep Sch
Newbridge
St Jude's CE Inf Sch
TETTENHALL RD
Smestow Brook
HENWOOD RD
St Edmunds RC Sch
St Peter's Collegiate Sec Sch
Wolverhampton Girls High Sch
WOLVERHAMPTON
Univ of Wolverhampton Compton Park Campus
Wulfrun Coll
Recn Ctr
St Jude's CE Jun Sch
A41
Hort Unit Wulfrun Coll
Compton
COMPTON RD
A454
COMPTON RD W
Hospice
Merridale
Wolverhampton Gram Sch
Graiseley Brook
BRIDGNORTH RD
B4161
FINCHFIELD HILL
Wightwick Bridge
Smerstow Sec Sch
Mus
Cemy
01
00
99
98
4
3
2
1
87
88
89

265

245

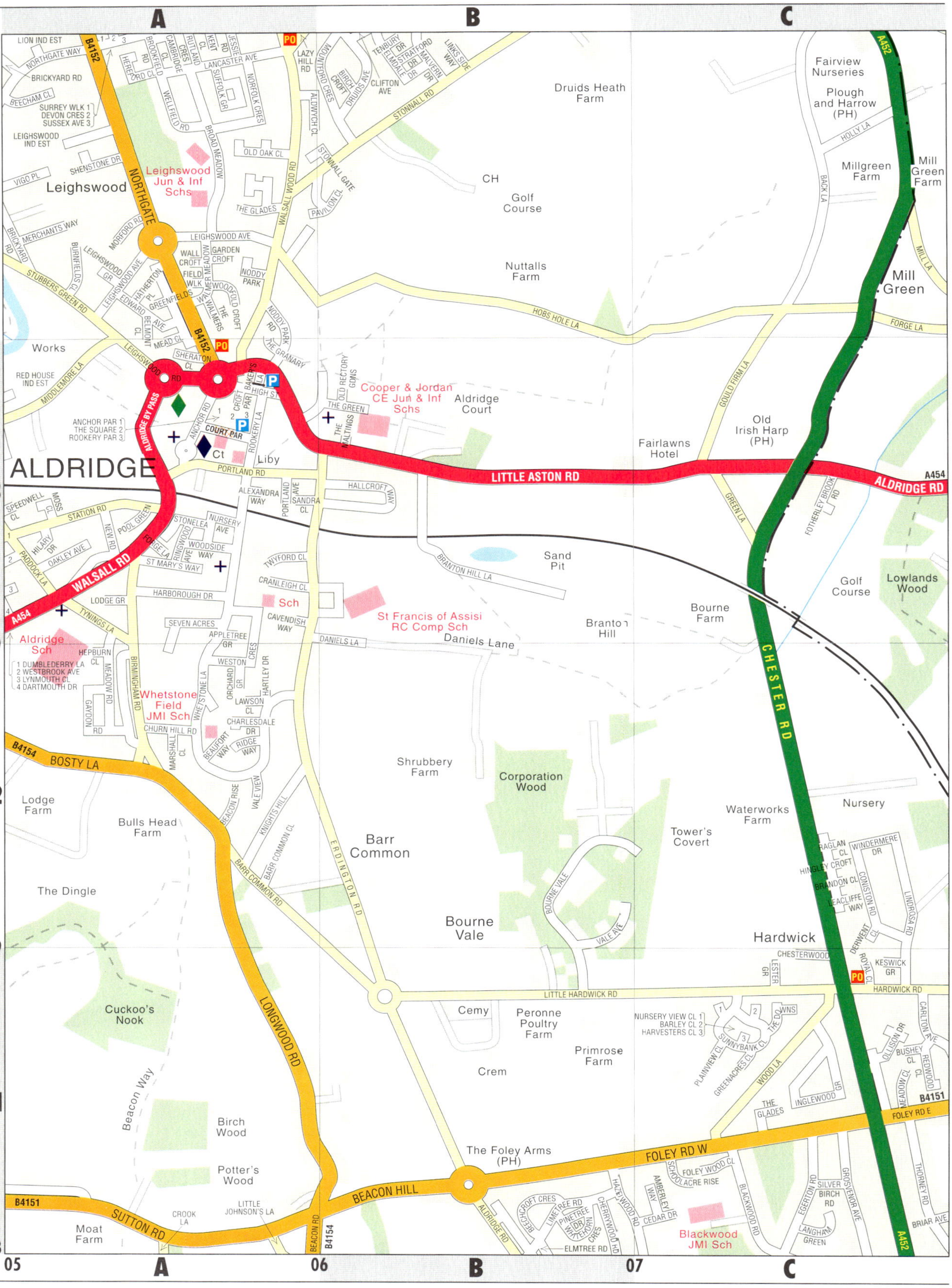
A
B
C
4
3
2
1
01
00
99
98
05
06
07
ALDRIDGE
Leighswood
Leighswood Jun & Inf Schs
NORTHGATE
B4152
LION IND EST
NORTHGATE WAY
BRICKYARD RD
BEECHAM CL
SURREY WLK
DEVON CRES
SUSSEX AVE
LEIGHSWOOD IND EST
SHENSTONE DR
VIGO PL
MERCHANTS WAY
STUBBERS GREEN RD
Works
RED HOUSE IND EST
MIDDLEMORE LA
ANCHOR PAR
THE SQUARE
ROOKERY PAR
LANCASTER AVE
NORFOLK CRES
SUFFOLK GR
WELLFIELD RD
BROAD MEADOW
OLD OAK CL
THE GLADES
WALSALL WOOD RD
LEIGHSWOOD AVE
SHERATON CL
LEIGHSWOOD RD
ALDRIDGE BY PASS
ANCHOR RD
COURT PAR
Ct
Liby
PORTLAND RD
ALEXANDRA WAY
SANDRA CL
HALLCROFT WAY
ROOKERY LA
HIGH ST
BAKERS LA
THE GREEN
THE MALTINGS
OLD RECTORY GDNS
Cooper & Jordan CE Jun & Inf Schs
Aldridge Court
STONNALL RD
STONNALL GATE
PAVILION CL
LAZY HILL RD
ALDWYCH CL
CLIFTON AVE
LINKS SIDE WAY
Druids Heath Farm
CH
Golf Course
Nuttalls Farm
HOBS HOLE LA
NODDY PARK RD
THE GRANARY
Fairview Nurseries
Plough and Harrow (PH)
HOLLY LA
Millgreen Farm
Mill Green Farm
BACK LA
MILL LA
Mill Green
FORGE LA
GOULD FIRM LA
Old Irish Harp (PH)
Fairlawns Hotel
LITTLE ASTON RD
A454
ALDRIDGE RD
A452
GREEN LA
FOTHERLEY BROOK RD
SPEEDWELL CL
STATION RD
POOL GREEN
NEW RD
HILARY DR
OAKLEY AVE
PADDOCK LA
STONELEA
NURSERY AVE
WOODSIDE WAY
ST MARY'S WAY
FORGE LA
WALSALL RD
LODGE GR
TYNINGS LA
HARBOROUGH DR
TWYFORD CL
CRANLEIGH CL
Sch
CAVENDISH WAY
SEVEN ACRES
APPLETREE GR
St Francis of Assisi RC Comp Sch
DANIELS LA
Daniels Lane
BRANTON HILL LA
Sand Pit
Branton Hill
Bourne Farm
Golf Course
Lowlands Wood
Aldridge Sch
HEPBURN CL
DUMBLEDERRY LA
WESTBROOK AVE
LYNMOUTH CL
DARTMOUTH DR
MEADOW RD
GAYDON RD
BIRMINGHAM RD
Whetstone Field JMI Sch
WHETSTONE LA
WESTON CRES
ORCHARD GR
HARTLEY DR
LAWSON CL
CHARLESDALE DR
CHURN HILL RD
MARSHALL CL
BEAUFORT WAY
RIDGE WAY
B4154
BOSTY LA
Lodge Farm
Bulls Head Farm
BEACON RISE
VALE VIEW
KNIGHTS HILL
BARR COMMON CL
BARR COMMON RD
ERDINGTON RD
Shrubbery Farm
Corporation Wood
Barr Common
Bourne Vale
BOURNE VALE
VALE AVE
Tower's Covert
Waterworks Farm
Nursery
CHESTER RD
RAGLAN CL
WINDERMERE DR
HINGLEY CROFT
BRANDON CL
LEACLIFFE WAY
CONISTON RD
LINDROSA RD
DERWENT CL
Hardwick
CHESTERWOOD
LESTER GR
KESWICK GR
ROYAL CL
HARDWICK RD
The Dingle
Cuckoo's Nook
LONGWOOD RD
LITTLE HARDWICK RD
Cemy
Peronne Poultry Farm
Primrose Farm
Crem
NURSERY VIEW CL
BARLEY CL
HARVESTERS CL
SUNNYBANK CL
THE DOWNS
PLAINVIEW CL
GREENACRES CL
WOOD LA
THE GLADES
INGLEWOOD GR
CARLTON AVE
OLLISON DR
BUSHEY CL
REDWOOD CL
MEADOW CL
B4151
FOLEY RD E
Beacon Way
Birch Wood
Potter's Wood
The Foley Arms (PH)
FOLEY RD W
FOLEY WOOD CL
SCHOOLACRE RISE
AMBERLEY WAY
CEDAR DR
HAZELWOOD RD
CHERRYWOOD RD
BLACKWOOD RD
EGERTON RD
SILVER BIRCH RD
GROSVENOR AVE
THORNEY RD
BRIAR AVE
LANGHAM GREEN
Blackwood JMI Sch
ELMTREE RD
BEECHCROFT CRES
LIMETREE RD
PINETREE DR
WHITETHORN CRES
ALDRIDGE RD
BEACON HILL
BEACON RD
SUTTON RD
CROOK LA
LITTLE JOHNSON'S LA
Moat Farm
B4151

D E F

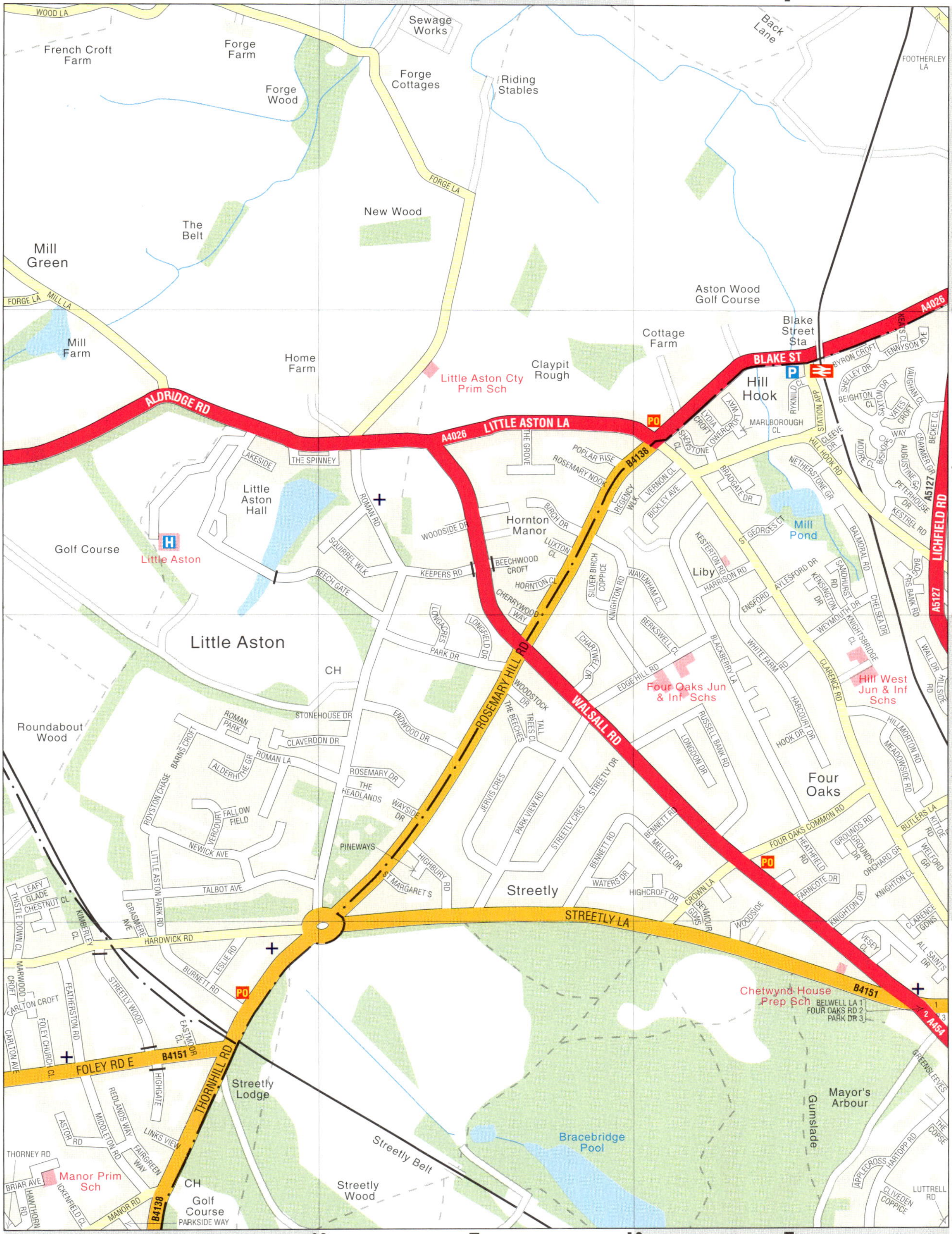

4
01
3
00
2
99
1
98

08 D 09 E 10 F

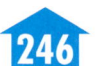

257
247

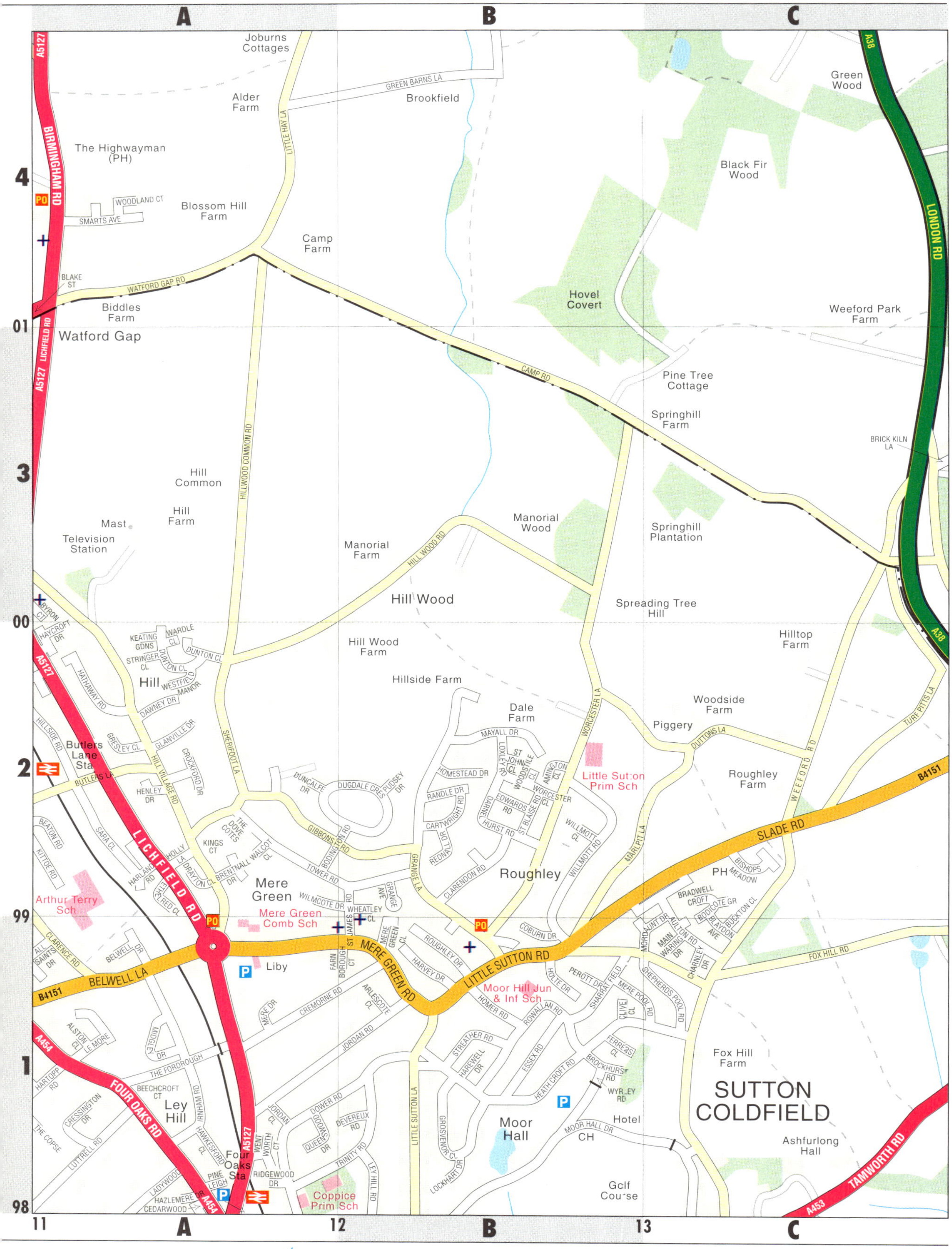
A
B
C
4
01
3
00
2
99
1
98
11
12
13
Joburns Cottages
Alder Farm
Brookfield
GREEN BARNS LA
Green Wood
Black Fir Wood
The Highwayman (PH)
BIRMINGHAM RD
WOODLAND CT
SMARTS AVE
Blossom Hill Farm
Camp Farm
LITTLE HAY LA
LONDON RD
A38
A5127
PO
BLAKE ST
WATFORD GAP RD
Biddles Farm
Watford Gap
LICHFIELD RD
Hovel Covert
Weeford Park Farm
CAMP RD
Pine Tree Cottage
Springhill Farm
BRICK KILN LA
HILLWOOD COMMON RD
Hill Common
Hill Farm
Mast
Television Station
Manorial Farm
HILL WOOD RD
Manorial Wood
Springhill Plantation
Hill Wood
Spreading Tree Hill
Hilltop Farm
Hill Wood Farm
Hillside Farm
BYRON CT
HAYCROFT DR
KEATING GDNS
WARDLE CL
STRINGER CL
DUNTON CL
HATHAWAY RD
Hill
WESTFIELD MANOR
DAWNEY DR
Dale Farm
WORCESTER LA
Woodside Farm
Piggery
TURF PITTS LA
OUTTONS LA
HILLSIDE RD
Butlers Lane Sta
GRESLEY CL
GLANVILLE DR
SHERIFOOT LA
CROCKFORD DR
MAYALL DR
Little Sutton Prim Sch
Roughley Farm
WEEFORD RD
B4151
BUTLERS LA
HENLEY DR
HILL VILLAGE RD
DUNCALFE DR
DUGDALE CRES
PUDSEY DR
HOMESTEAD DR
RANDLE DR
EDWARDS RD
WORCESTER CL
WILLMOTT CL
BEATON RD
SARA CL
KINGS CT
THE DOVE COTES
GIBBONS RD
CARTWRIGHT RD
HURST RD
SLADE RD
MARLPIT LA
KITTOE RD
LICHFIELD RD
HOLLY LA
DRAYTON CL
BRENTNALL DR
WALCOT CL
TOWER RD
GRANGE LA
REDNALL DR
CLARENDON RD
Roughley
WILLMOTT RD
PH
BISHOPS MEADOW
Arthur Terry Sch
HARLAND RD
Mere Green
WILMCOTE DR
GRANGE AVE
BRADWELL CROFT
BODICOTE GR
BUCKTON CL
Mere Green Comb Sch
WHEATLEY CL
COBURN DR
CLARENCE RD
ALL SAINTS DR
BELWELL DR
ROUGHLEY DR
MERE GREEN RD
MORDAUNT DR
MAIN RD
CHARNLEY DR
FOX HILL RD
BELWELL LA
Liby
HARVEY DR
LITTLE SUTTON RD
PEROTT DR
SHARRAT FIELD
MERE POOL RD
SHEPHERDS POOL RD
CREMORNE RD
ARLESCOTE CL
Moor Hill Jun & Inf Sch
HOLTE DR
HOMER RD
ROWALLAN RD
ALSTON CL
LE MORE
MIDGLEY DR
A454
HARTOPP RD
THE FORDROUGH
JORDAN RD
STREATHER RD
HAREWELL DR
ESSEX RD
HEATH CROFT RD
BROCKHURST RD
WYRLEY RD
FERRERS CL
Fox Hill Farm
FOUR OAKS RD
BEECHCROFT CT
CRESSINGTON DR
Ley Hill
IRNHAM RD
DOWER RD
DEVEREUX RD
QUEEN'S WOOD DR
LITTLE SUTTON LA
GROSVENOR CL
Moor Hall
Hotel
MOOR HALL DR
CH
SUTTON COLDFIELD
Ashfurlong Hall
THE COPSE
LUTTRELL RD
HAWKESFORD CL
Four Oaks Sta
TRINITY RD
LOCKHART DR
TAMWORTH RD
A453
LADYWOOD
PINE LEIGH
RIDGEWOOD DR
Coppice Prim Sch
LEY HILL RD
Golf Course
HAZLEMERE DR
CEDARWOOD

257

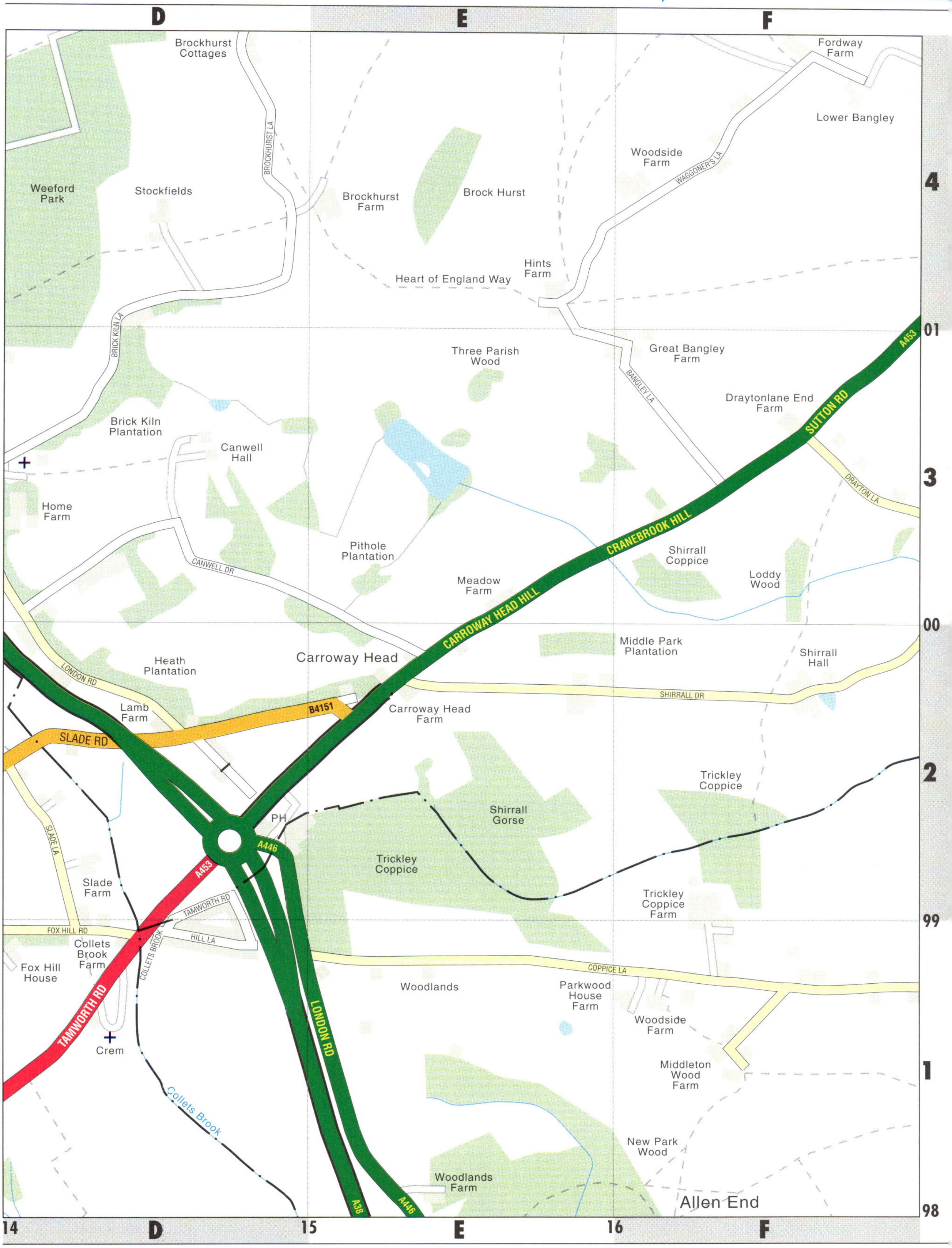
D
E
F
Brockhurst Cottages
Fordway Farm
Lower Bangley
Weeford Park
Stockfields
BROCKHURST LA
Woodside Farm
WAGGONER'S LA
Brockhurst Farm
Brock Hurst
4
Hints Farm
Heart of England Way
BRICK KILN LA
01
Three Parish Wood
Great Bangley Farm
A453
BANGLEY LA
Draytonlane End Farm
Brick Kiln Plantation
SUTTON RD
Canwell Hall
3
DRAYTON LA
Home Farm
CRANEBROOK HILL
Pithole Plantation
Shirrall Coppice
CANWELL DR
Loddy Wood
Meadow Farm
CARROWAY HEAD HILL
00
Middle Park Plantation
Shirrall Hall
Heath Plantation
Carroway Head
LONDON RD
SHIRRALL DR
Lamb Farm
B4151
Carroway Head Farm
SLADE RD
2
Trickley Coppice
Shirrall Gorse
PH
SLADE LA
A446
Trickley Coppice
A453
Slade Farm
Trickley Coppice Farm
TAMWORTH RD
99
FOX HILL RD
HILL LA
Collets Brook Farm
COLLETS BROOK
Fox Hill House
COPPICE LA
Woodlands
Parkwood House Farm
Woodside Farm
TAMWORTH RD
LONDON RD
Crem
1
Middleton Wood Farm
Collets Brook
New Park Wood
Woodlands Farm
A38
A446
Allen End
98
14
15
16

259
249

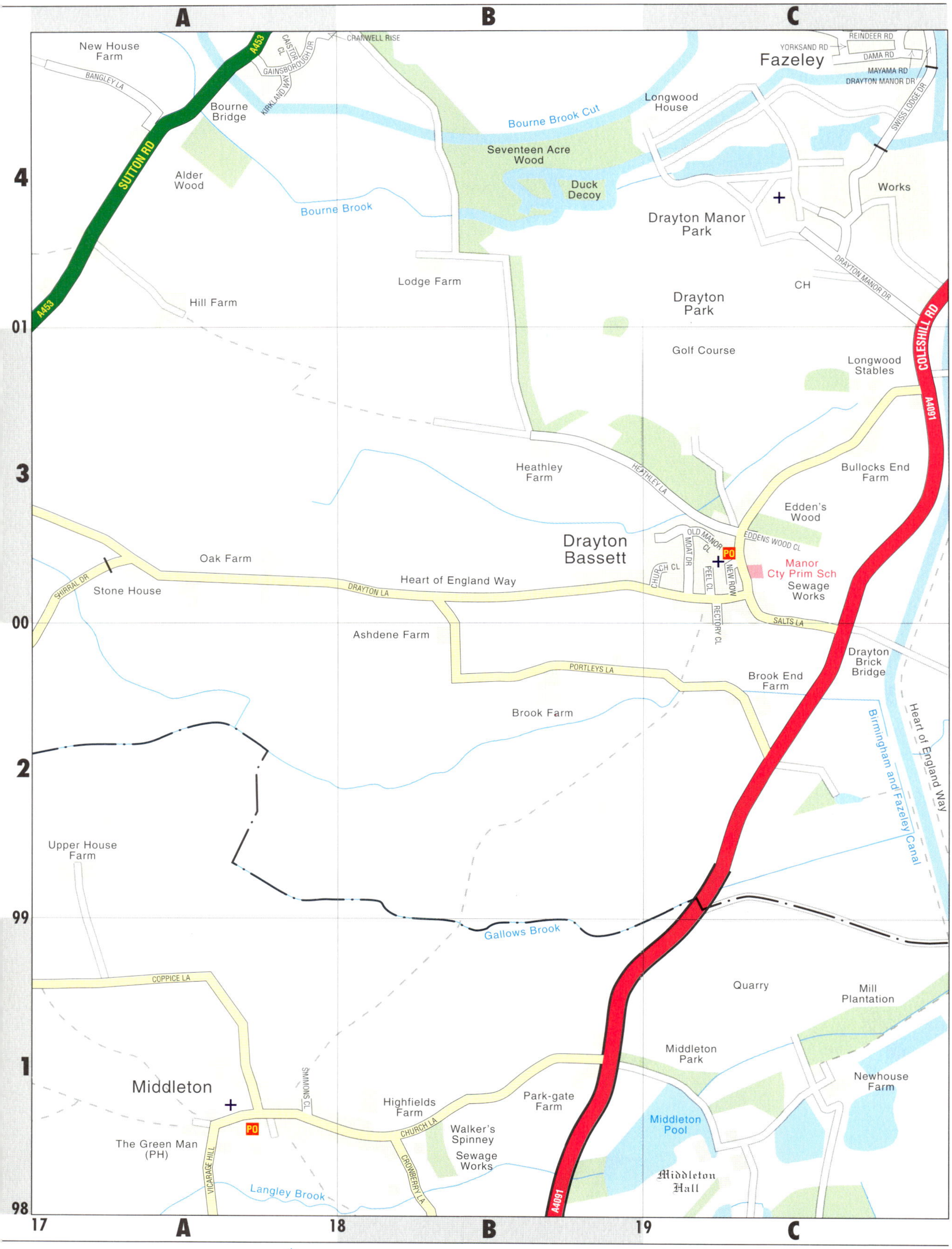
A
B
C
4
01
3
00
2
99
1
98
17
18
19
New House Farm
BANGLEY LA
A453
SUTTON RD
Bourne Bridge
CAISTOR CL
GAINSBOROUGH DR
KIRKLAND WAY
CRANWELL RISE
Alder Wood
Bourne Brook
Hill Farm
Bourne Brook Cut
Seventeen Acre Wood
Duck Decoy
Lodge Farm
Fazeley
YORKSAND RD
REINDEER RD
DAMA RD
MAYAMA RD
DRAYTON MANOR DR
SWISS LODGE DR
Longwood House
Works
Drayton Manor Park
CH
Drayton Park
Golf Course
COLESHILL RD
A4091
Longwood Stables
Heathley Farm
HEATHLEY LA
Bullocks End Farm
Edden's Wood
EDDENS WOOD CL
Drayton Bassett
OLD MANOR CL
MOAT DR
CHURCH CL
PEEL CL
NEW ROW
PO
Manor Cty Prim Sch
Sewage Works
Oak Farm
Heart of England Way
SHIRRAL DR
Stone House
DRAYTON LA
RECTORY CL
SALTS LA
Ashdene Farm
PORTLEYS LA
Drayton Brick Bridge
Brook End Farm
Brook Farm
Birmingham and Fazeley Canal
Heart of England Way
Upper House Farm
Gallows Brook
COPPICE LA
Quarry
Mill Plantation
Middleton Park
Newhouse Farm
Middleton
SIMMONS CL
Highfields Farm
Park-gate Farm
Middleton Pool
The Green Man (PH)
CHURCH LA
Walker's Spinney
Sewage Works
VICARAGE HILL
CROWBERRY LA
Langley Brook
Middleton Hall
A4091

259

250
262

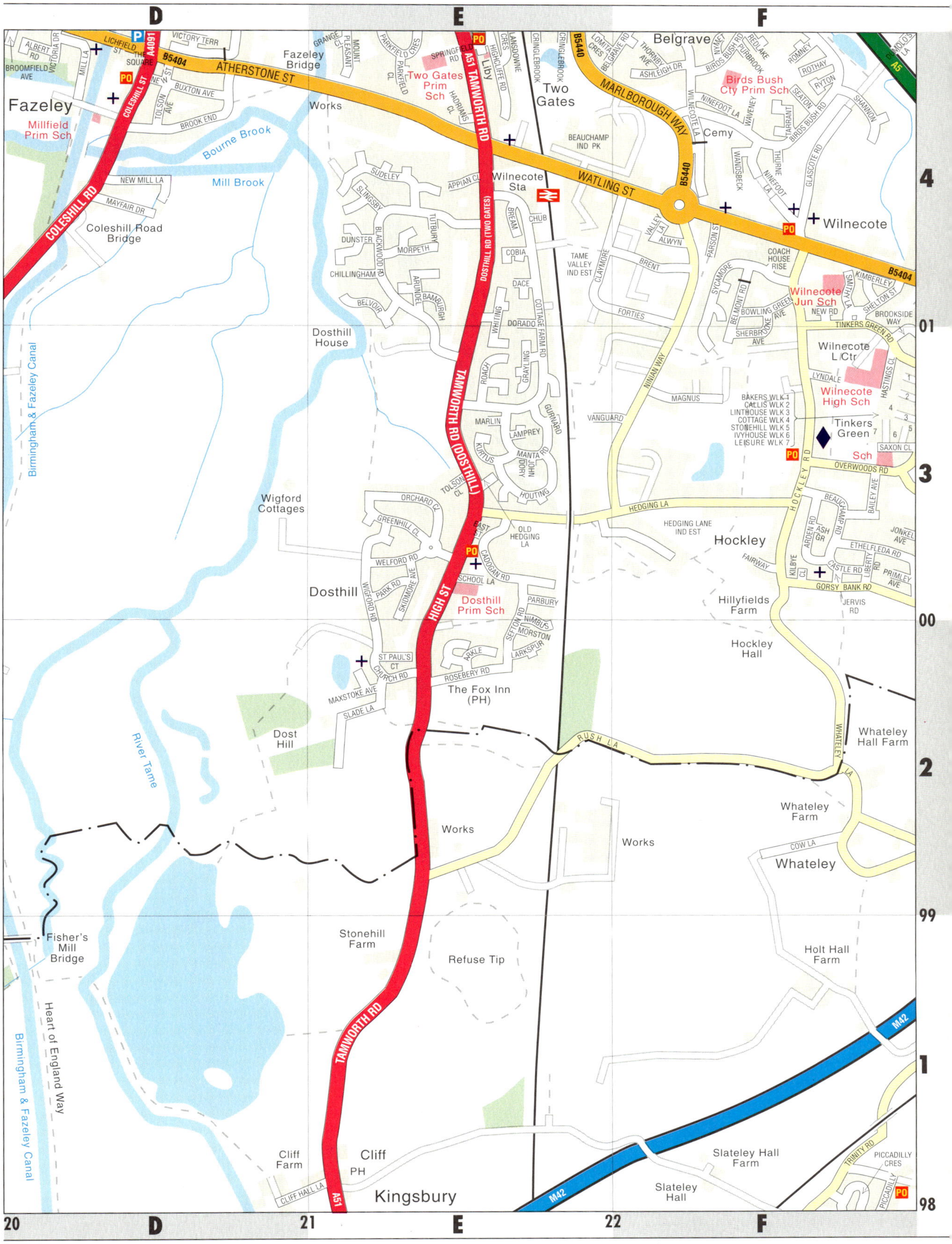
D
E
F
Fazeley
Millfield Prim Sch
Fazeley Bridge
Two Gates Prim Sch
Two Gates
Belgrave
Birds Bush Cty Prim Sch
Cemy
Works
Bourne Brook
Mill Brook
Wilnecote Sta
Wilnecote
Coleshill Road Bridge
Beauchamp Ind Pk
Tame Valley Ind Est
Wilnecote Jun Sch
Wilnecote L Ctr
Wilnecote High Sch
Tinkers Green
Sch
Dosthill House
Wigford Cottages
Dosthill
Dosthill Prim Sch
Hedging Lane Ind Est
Hockley
Hillyfields Farm
Hockley Hall
The Fox Inn (PH)
Dost Hill
River Tame
Whateley Hall Farm
Whateley Farm
Whateley
Works
Fisher's Mill Bridge
Stonehill Farm
Refuse Tip
Holt Hall Farm
Heart of England Way
Birmingham & Fazeley Canal
Cliff Farm
Cliff
PH
Kingsbury
Slateley Hall Farm
Slateley Hall
Liby
COLESHILL ST
COLESHILL RD
ATHERSTONE ST
B5404
A4091
A51 TAMWORTH RD
DOSTHILL RD (TWO GATES)
TAMWORTH RD (DOSTHILL)
HIGH ST
TAMWORTH RD
A51
MARLBOROUGH WAY
B5440
WATLING ST
NINIAN WAY
HEDGING LA
RUSH LA
WHATELEY LA
COW LA
M42
A5
CLIFF HALL LA
GORSY BANK RD
OVERWOODS RD
TINKERS GREEN RD
4
01
3
00
2
99
1
98
20
21
22

262

261
251

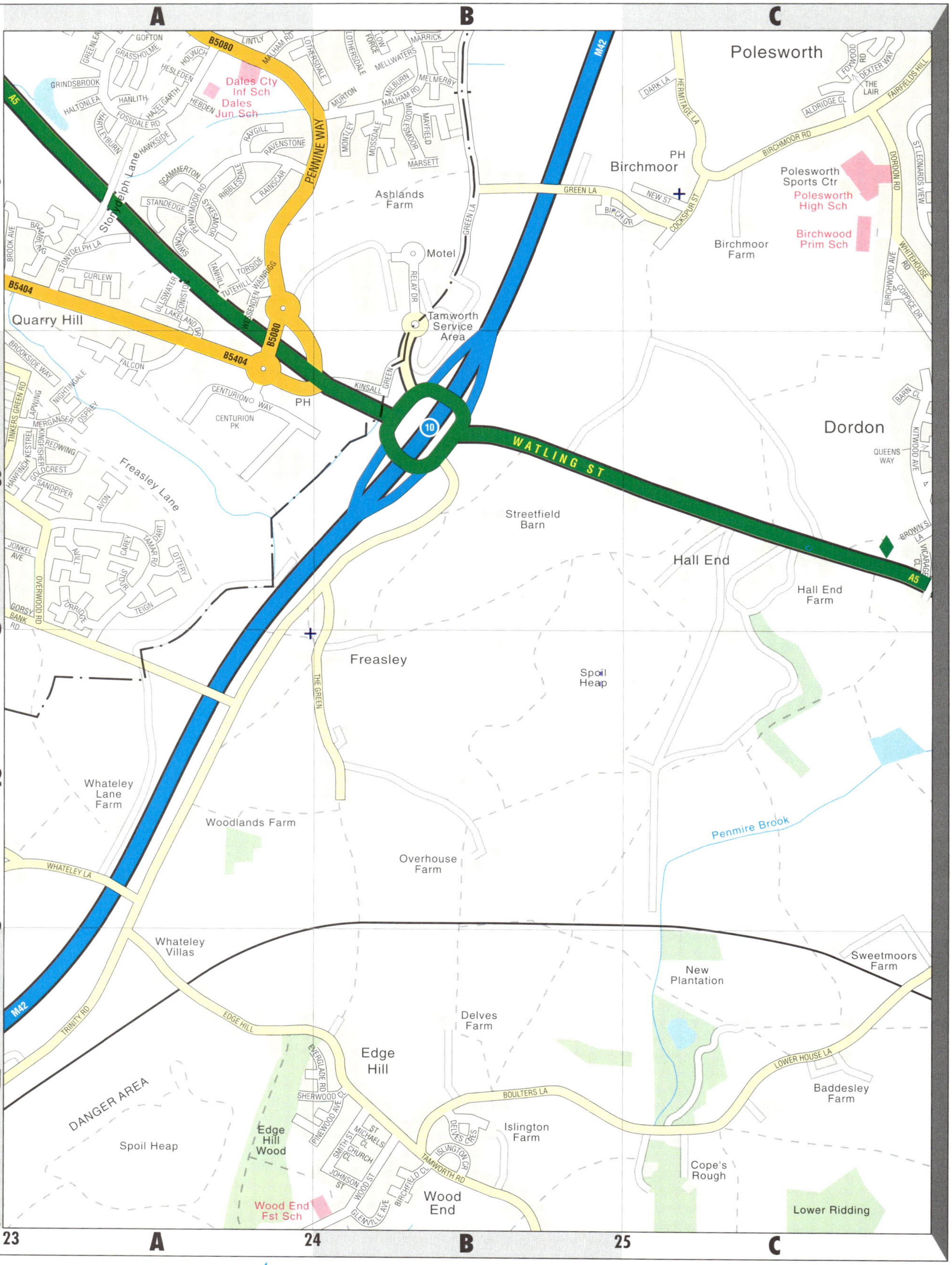
A
B
C
4
3
2
1
01
00
99
98
23
24
25
Polesworth
Birchmoor
Dordon
Quarry Hill
Freasley
Hall End
Edge Hill
Wood End
Dales Cty Inf Sch
Dales Jun Sch
Polesworth Sports Ctr
Polesworth High Sch
Birchwood Prim Sch
Wood End Fst Sch
Ashlands Farm
Motel
Tamworth Service Area
Birchmoor Farm
Streetfield Barn
Hall End Farm
Spoil Heap
Whateley Lane Farm
Woodlands Farm
Overhouse Farm
Whateley Villas
New Plantation
Sweetmoors Farm
Delves Farm
Islington Farm
Baddesley Farm
Cope's Rough
Lower Ridding
Edge Hill Wood
DANGER AREA
Penmire Brook
Centurion Pk
PH
WATLING ST
PENNINE WAY
Stonydelph Lane
Freasley Lane
B5080
B5404
A5
M42
10
GREEN LA
BIRCHMOOR RD
HERMITAGE LA
DORDON RD
WHATELEY LA
EDGE HILL
TRINITY RD
BOULTERS LA
LOWER HOUSE LA
TAMWORTH RD
THE GREEN
RELAY DR
CENTURION WAY
GORSY BANK RD
OVERWOOD RD
JONKEL AVE

261

253
264

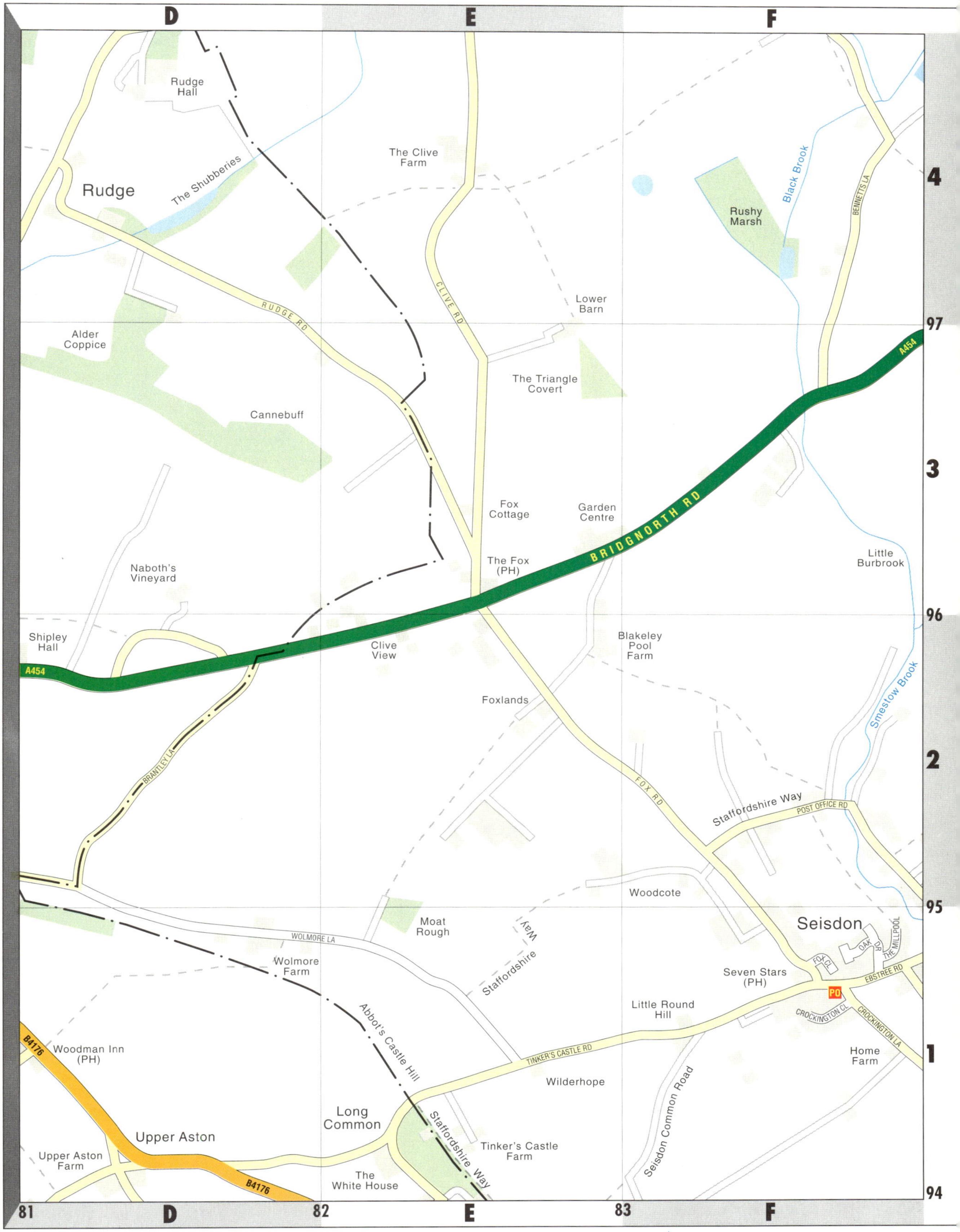

268
264

263
254

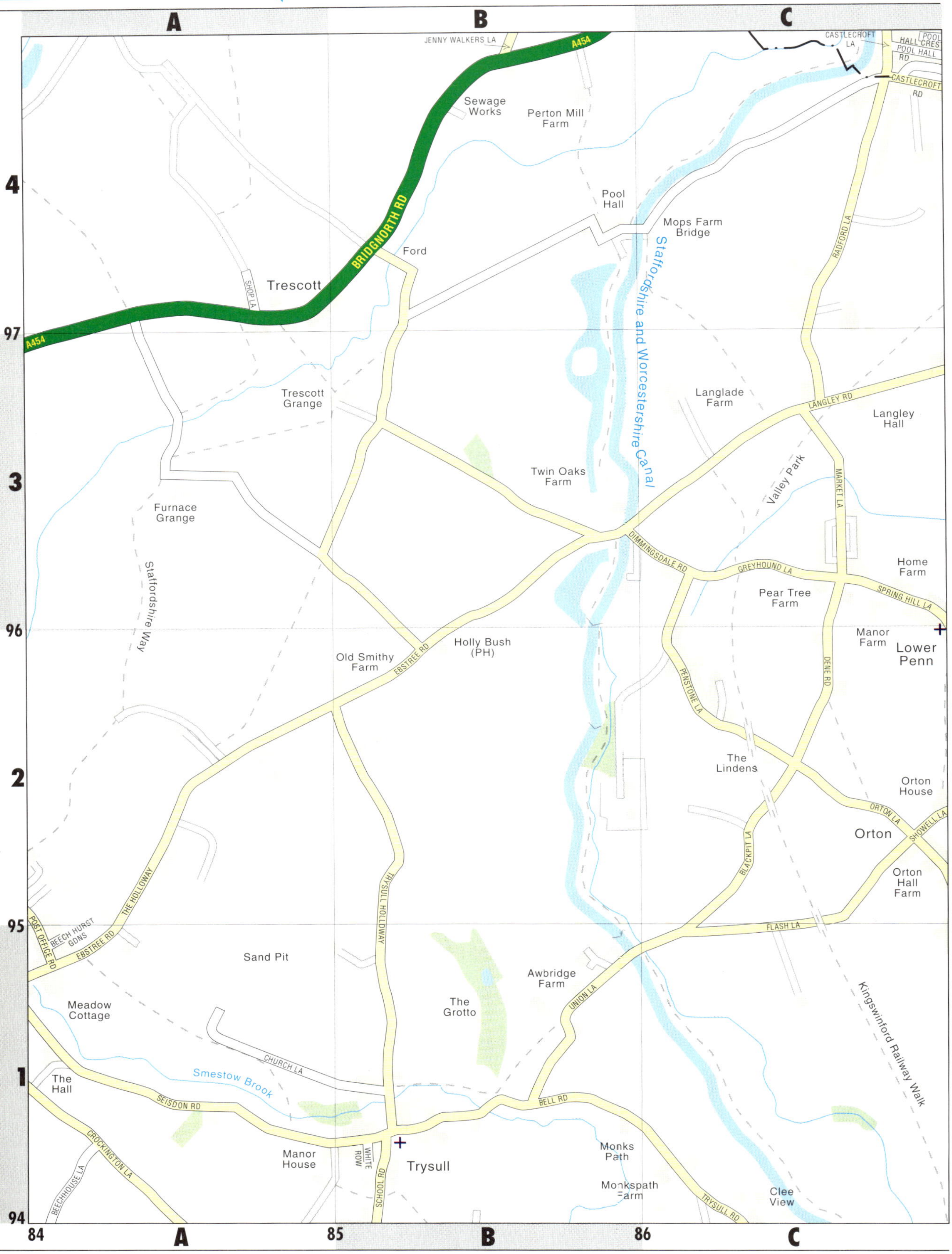

263
269

255
266

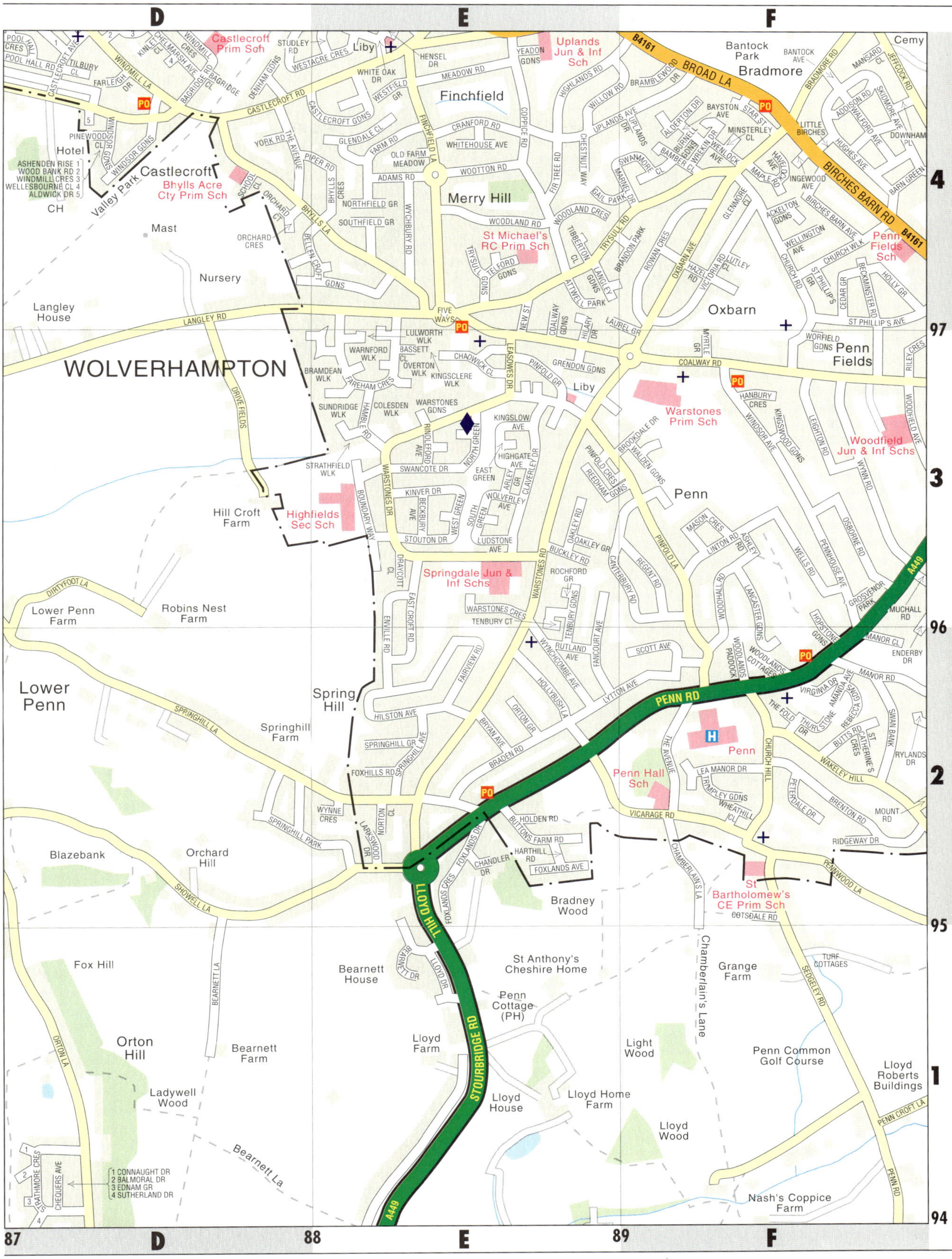

270
266

265

B4
1 PAUL ST
2 BLOOMSBURY ST
3 ST JOHNS RET PK
4 GORDON ST
5 GRANVILLE CL
6 LITTLE POUNTNEY ST
7 KING EDWARD S ROW
8 STEVENS GATE
9 RAINBOW ST

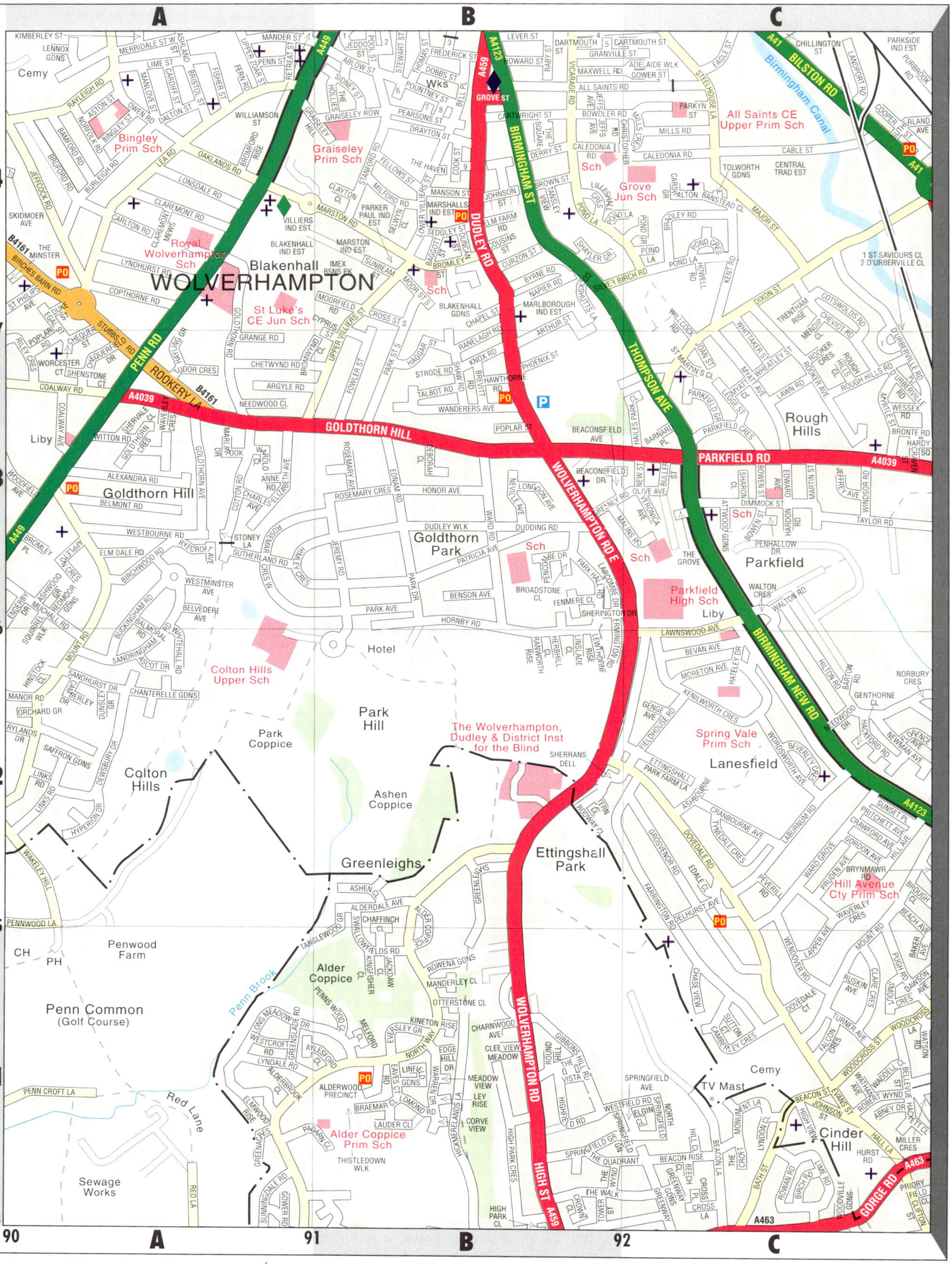

268

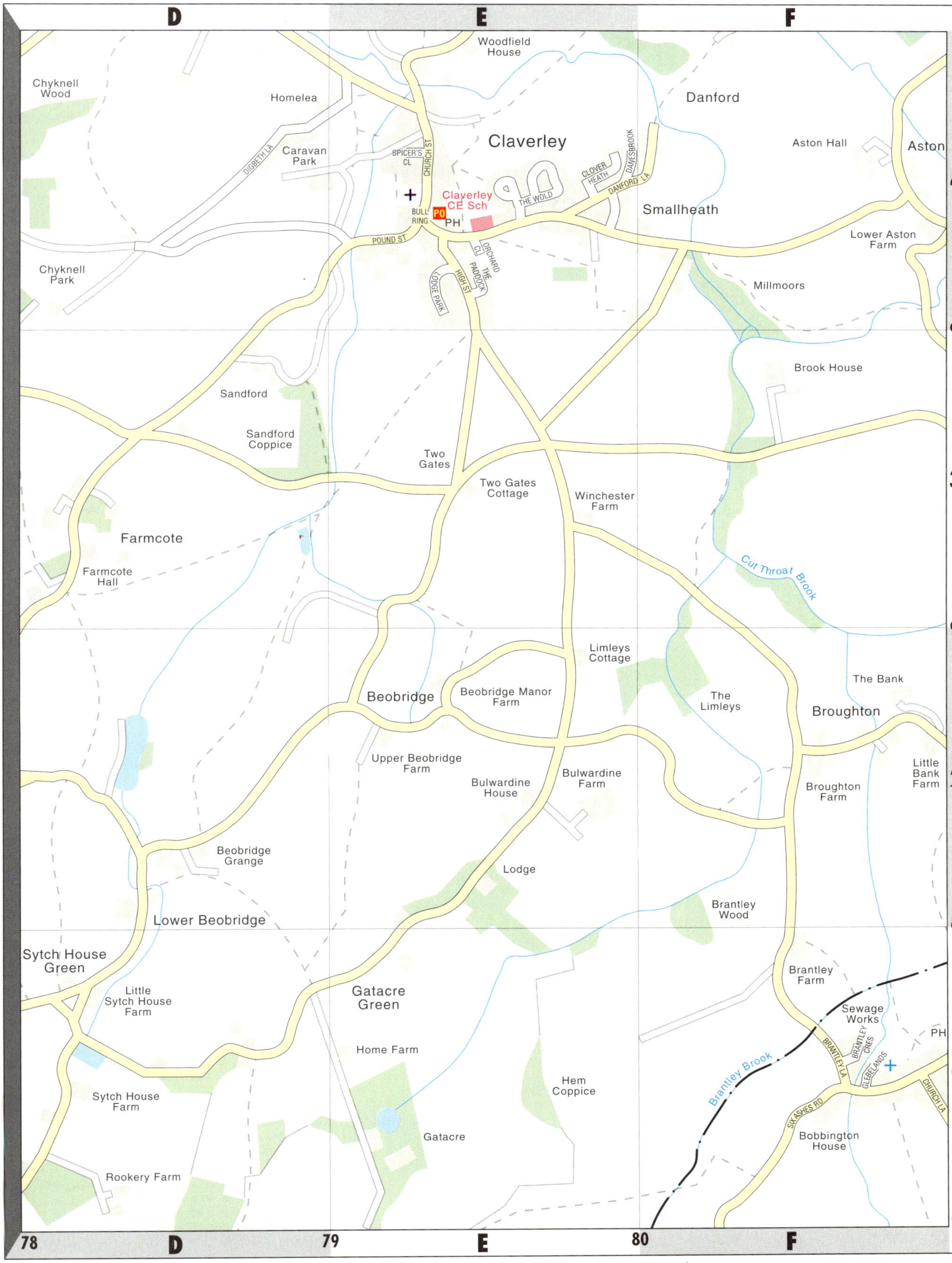
D
E
F
Woodfield House
Chyknell Wood
Homelea
Danford
Caravan Park
Claverley
Aston Hall
Aston
DIGBETH LA
SPICER'S CL
CHURCH ST
CLOVER HEATH
DANESBROOK
DANFORD LA
THE WOLD
Claverley CE Sch
BULL RING
PO
PH
Smallheath
POUND ST
Lower Aston Farm
Chyknell Park
ORCHARD CL
THE PADDOCK
HIGH ST
LODGE PARK
Millmoors
Brook House
Sandford
Sandford Coppice
Two Gates
Two Gates Cottage
Winchester Farm
Farmcote
Farmcote Hall
Cut Throat Brook
Limleys Cottage
The Bank
Beobridge
Beobridge Manor Farm
The Limleys
Broughton
Upper Beobridge Farm
Bulwardine House
Bulwardine Farm
Broughton Farm
Little Bank Farm
Beobridge Grange
Lodge
Lower Beobridge
Brantley Wood
Sytch House Green
Little Sytch House Farm
Gatacre Green
Brantley Farm
Sewage Works
PH
Home Farm
BRANTLEY LA
BRANTLEY CRES
GLEBELANDS
Brantley Brook
CHURCH LA
Sytch House Farm
Hem Coppice
SIX ASHES RD
Bobbington House
Gatacre
Rookery Farm
4
93
3
92
2
91
1
90
78
79
80
D
E
F

272
268

267
263

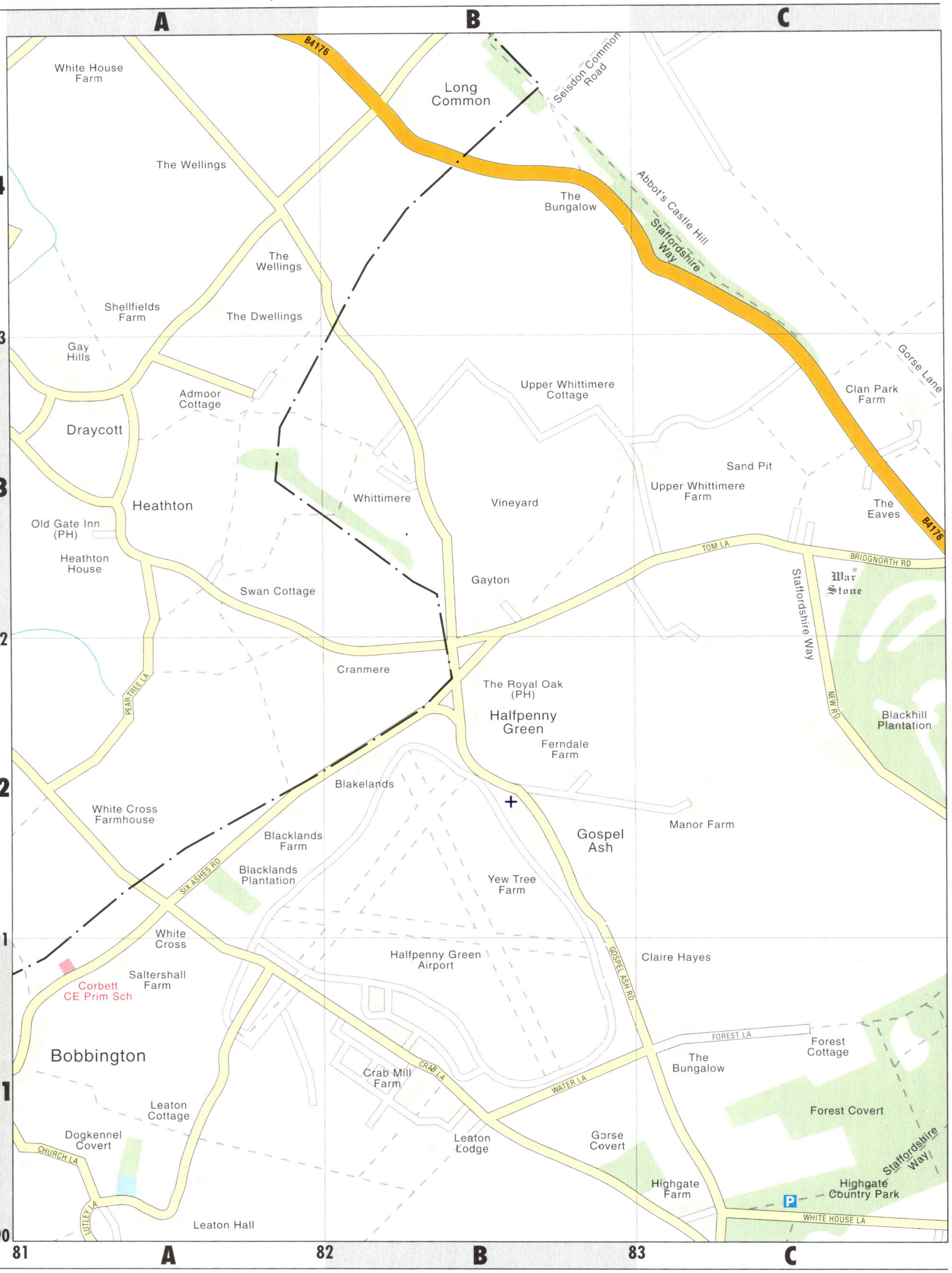
A
B
C
4
93
3
92
2
91
1
90
81
82
83
B4176
White House Farm
Long Common
Seisdon Common Road
The Wellings
The Bungalow
Abbot's Castle Hill
Staffordshire Way
The Wellings
Shellfields Farm
The Dwellings
Gay Hills
Gorse Lane
Upper Whittimere Cottage
Clan Park Farm
Admoor Cottage
Draycott
Sand Pit
Upper Whittimere Farm
Whittimere
Vineyard
The Eaves
Heathton
Old Gate Inn (PH)
TOM LA
BRIDGNORTH RD
Heathton House
War Stone
Swan Cottage
Gayton
Staffordshire Way
Cranmere
The Royal Oak (PH)
PEARTREE LA
Halfpenny Green
Blackhill Plantation
Ferndale Farm
NEW RD
Blakelands
White Cross Farmhouse
Manor Farm
Gospel Ash
Blacklands Farm
Blacklands Plantation
SIX ASHES RD
Yew Tree Farm
White Cross
Halfpenny Green Airport
GOSPEL ASH RD
Claire Hayes
Saltershall Farm
Corbett CE Prim Sch
FOREST LA
Forest Cottage
Bobbington
The Bungalow
Crab Mill Farm
CRAB LA
WATER LA
Forest Covert
Leaton Cottage
Dogkennel Covert
CHURCH LA
Leaton Lodge
Gorse Covert
Staffordshire Way
Highgate Farm
Highgate Country Park
UTLEY LA
Leaton Hall
WHITE HOUSE LA

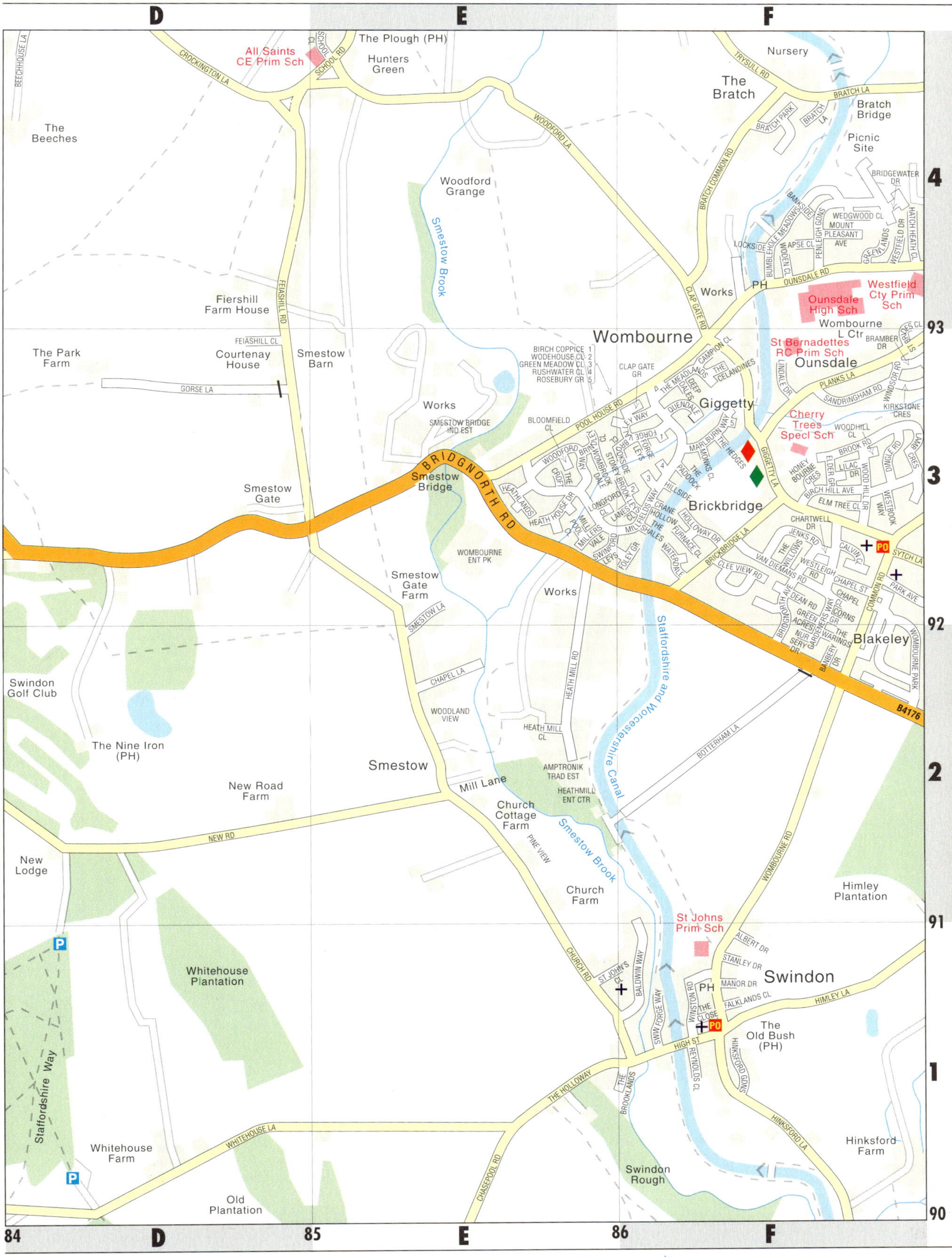
D
E
F
All Saints CE Prim Sch
The Plough (PH)
Hunters Green
Nursery
The Bratch
Bratch Bridge
Picnic Site
The Beeches
Woodford Grange
Smestow Brook
Fiershill Farm House
The Park Farm
Courtenay House
Smestow Barn
Works
Wombourne
Westfield Cty Prim Sch
Ounsdale High Sch
Wombourne L Ctr
St Bernadettes RC Prim Sch
Ounsdale
Giggetty
Cherry Trees Specl Sch
Smestow Bridge
SMESTOW BRIDGE IND EST
Smestow Gate
Brickbridge
WOMBOURNE ENT PK
Smestow Gate Farm
Works
Blakeley
Swindon Golf Club
The Nine Iron (PH)
Smestow
New Road Farm
Mill Lane
Church Cottage Farm
AMPTRONIK TRAD EST
HEATHMILL ENT CTR
Staffordshire and Worcestershire Canal
New Lodge
Church Farm
Himley Plantation
St Johns Prim Sch
Swindon
Whitehouse Plantation
The Old Bush (PH)
Staffordshire Way
Whitehouse Farm
Old Plantation
Swindon Rough
Hinksford Farm
BRIDGNORTH RD
B4176
CROCKINGTON LA
SCHOOL RD
WOODFORD LA
TRYSULL RD
BRATCH LA
BRATCH COMMON RD
OUNSDALE RD
CLAP GATE RD
FEIASHILL RD
FEIASHILL CL
GORSE LA
BEECHHOUSE LA
POOL HOUSE RD
BIRCH COPPICE
WODEHOUSE CL
GREEN MEADOW CL
RUSHWATER CL
ROSEBURY GR
BLOOMFIELD CL
PLANKS LA
SANDRINGHAM RD
GIGGETTY LA
BRICKBRIDGE LA
CHAPEL ST
COMMON RD
SYTCH LA
PARK AVE
BRIDGNORTH AVE
WOMBOURNE PARK
SMESTOW LA
CHAPEL LA
WOODLAND VIEW
HEATH MILL RD
HEATH MILL CL
BOTTERHAM LA
WOMBOURNE RD
NEW RD
PINE VIEW
CHURCH RD
ST JOHN'S CL
BALDWIN WAY
SWIN FORGE WAY
WINSTON RD
HIGH ST
REYNOLDS CL
HINKSFORD GDNS
HINKSFORD LA
ALBERT DR
STANLEY DR
MANOR DR
FALKLANDS CL
HIMLEY LA
THE HOLLOWAY
THE BROOKLANDS
WHITEHOUSE LA
CHASEPOOL RD
PH
PO
P
4
93
3
92
2
91
1
90
84
85
86

269
265

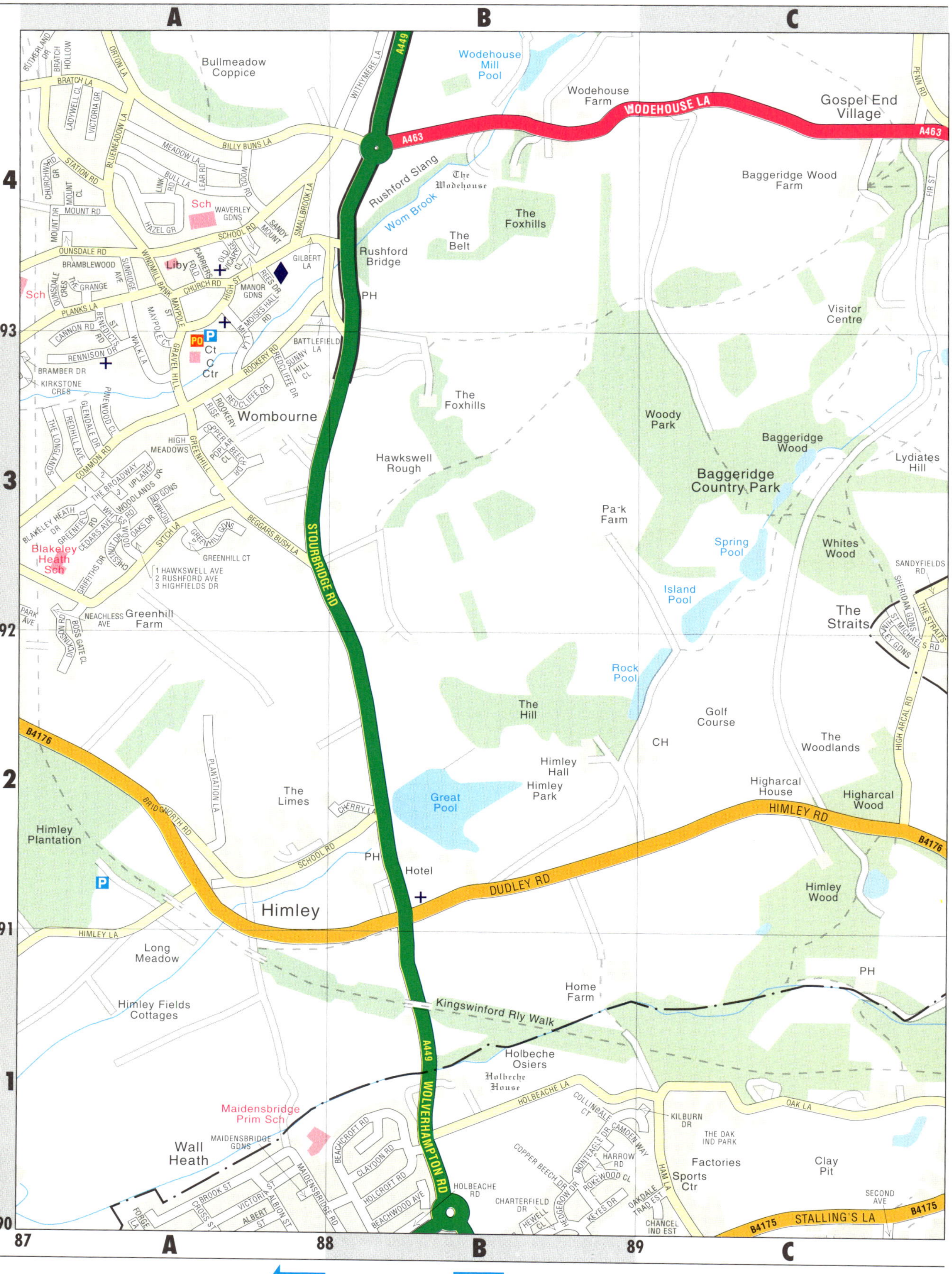

269
275

266

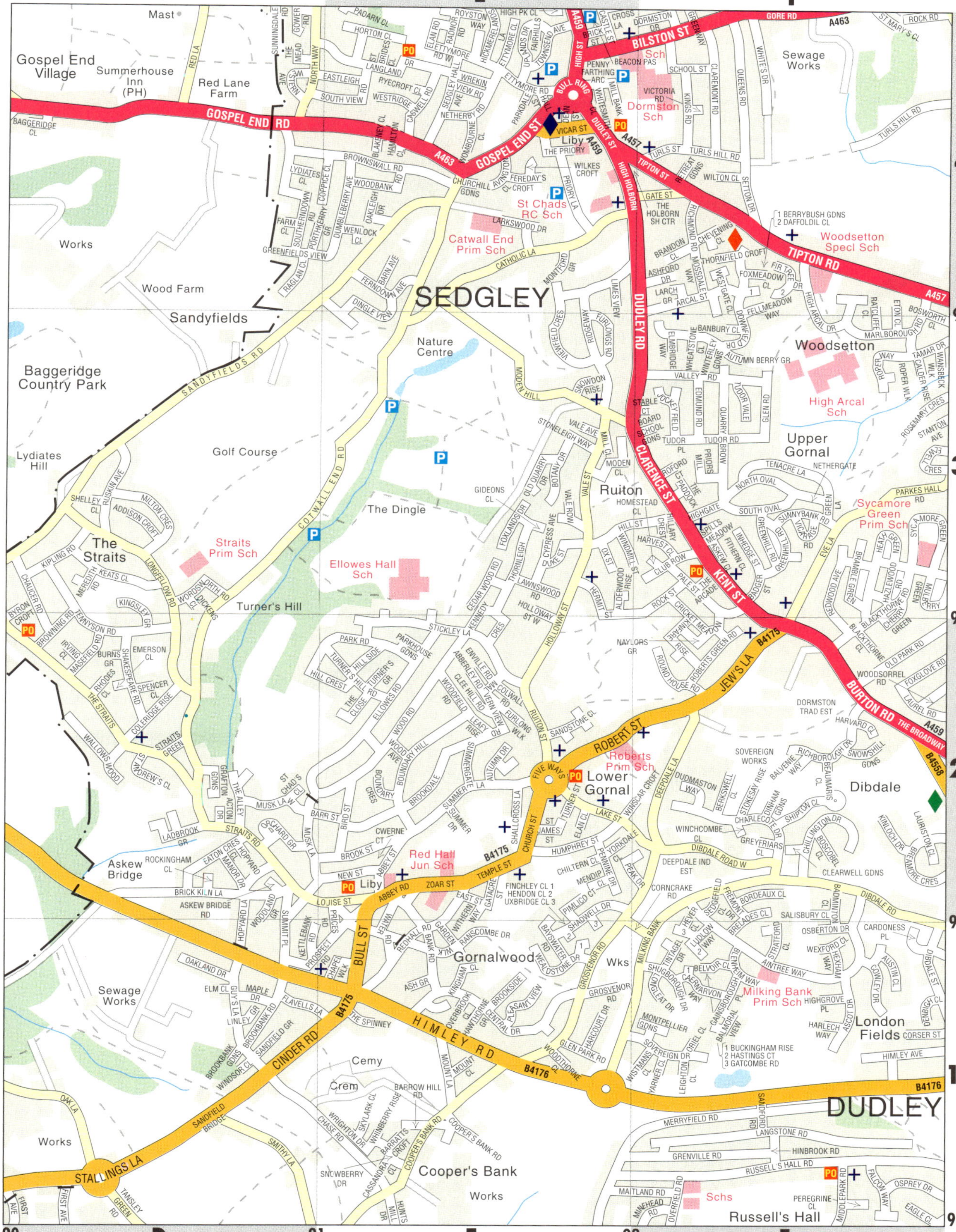
D
E
F
4
93
3
92
2
91
1
90
90
91
92
Gospel End Village
Summerhouse Inn (PH)
Red Lane Farm
Mast
GOSPEL END RD
A463
GOSPEL END ST
BILSTON ST
GORE RD
Sewage Works
Works
Wood Farm
Sandyfields
SEDGLEY
Baggeridge Country Park
Lydiates Hill
Golf Course
Nature Centre
The Dingle
St Chads RC Sch
Catwall End Prim Sch
Dormston Sch
Sch
Liby
BULL RING
HIGH ST
A459
DUDLEY ST
A457
TIPTON ST
TIPTON RD
Woodsetton Specl Sch
Woodsetton
High Arcal Sch
Upper Gornal
Ruiton
DUDLEY RD
CLARENCE ST
KENT ST
BURTON RD
THE BROADWAY
B4558
Sycamore Green Prim Sch
The Straits
Straits Prim Sch
Ellowes Hall Sch
Turner's Hill
SANDYFIELDS RD
COTWALL END RD
Roberts Prim Sch
ROBERT ST
JEW'S LA
B4175
FIVE WAYS
Lower Gornal
Dibdale
Askew Bridge
Red Hall Jun Sch
Gornalwood
Wks
Milking Bank Prim Sch
London Fields
HIMLEY RD
B4176
CINDER RD
BULL ST
Sewage Works
Cemy
Crem
Cooper's Bank
Works
STALLINGS LA
DUDLEY
Schs
Russell's Hall

267
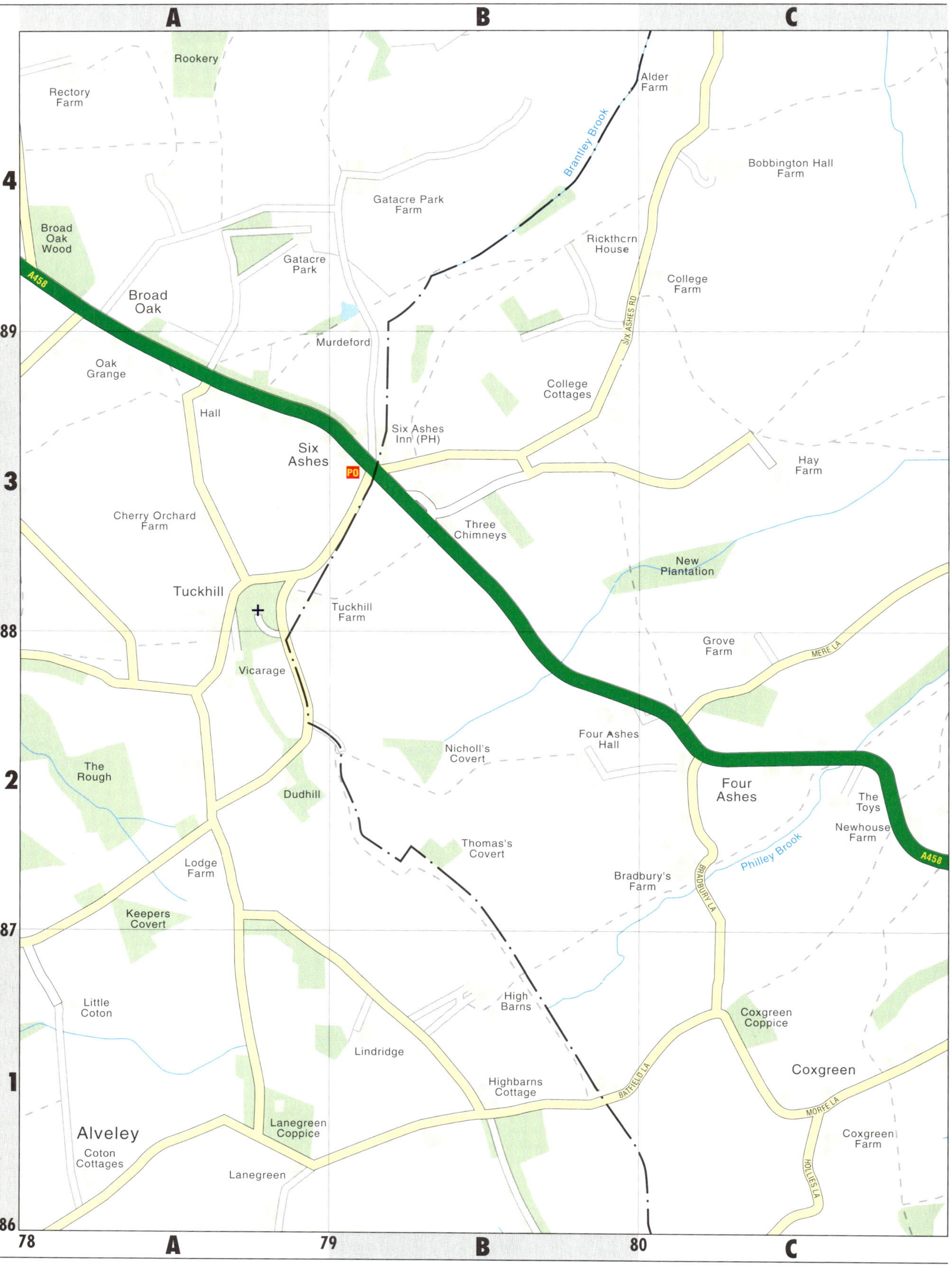
A
B
C
4
89
3
88
2
87
1
86
78
79
80
Rookery
Rectory Farm
Alder Farm
Brantley Brook
Bobbington Hall Farm
Gatacre Park Farm
Broad Oak Wood
Gatacre Park
Rickthcrn House
College Farm
A458
Broad Oak
SIX ASHES RD
Murdeford
Oak Grange
College Cottages
Hall
Six Ashes Inn (PH)
Six Ashes
PO
Hay Farm
Three Chimneys
Cherry Orchard Farm
New Plantation
Tuckhill
Tuckhill Farm
Grove Farm
MERE LA
Vicarage
Four Ashes Hall
Nicholl's Covert
The Rough
Four Ashes
Dudhill
The Toys
Newhouse Farm
Thomas's Covert
Lodge Farm
A458
Philley Brook
Bradbury's Farm
BRADBURY LA
Keepers Covert
Little Coton
High Barns
Coxgreen Coppice
Lindridge
Coxgreen
Highbarns Cottage
BATFIELD LA
MORFE LA
Alveley
Lanegreen Coppice
Coxgreen Farm
Coton Cottages
Lanegreen
HOLLIES LA
276

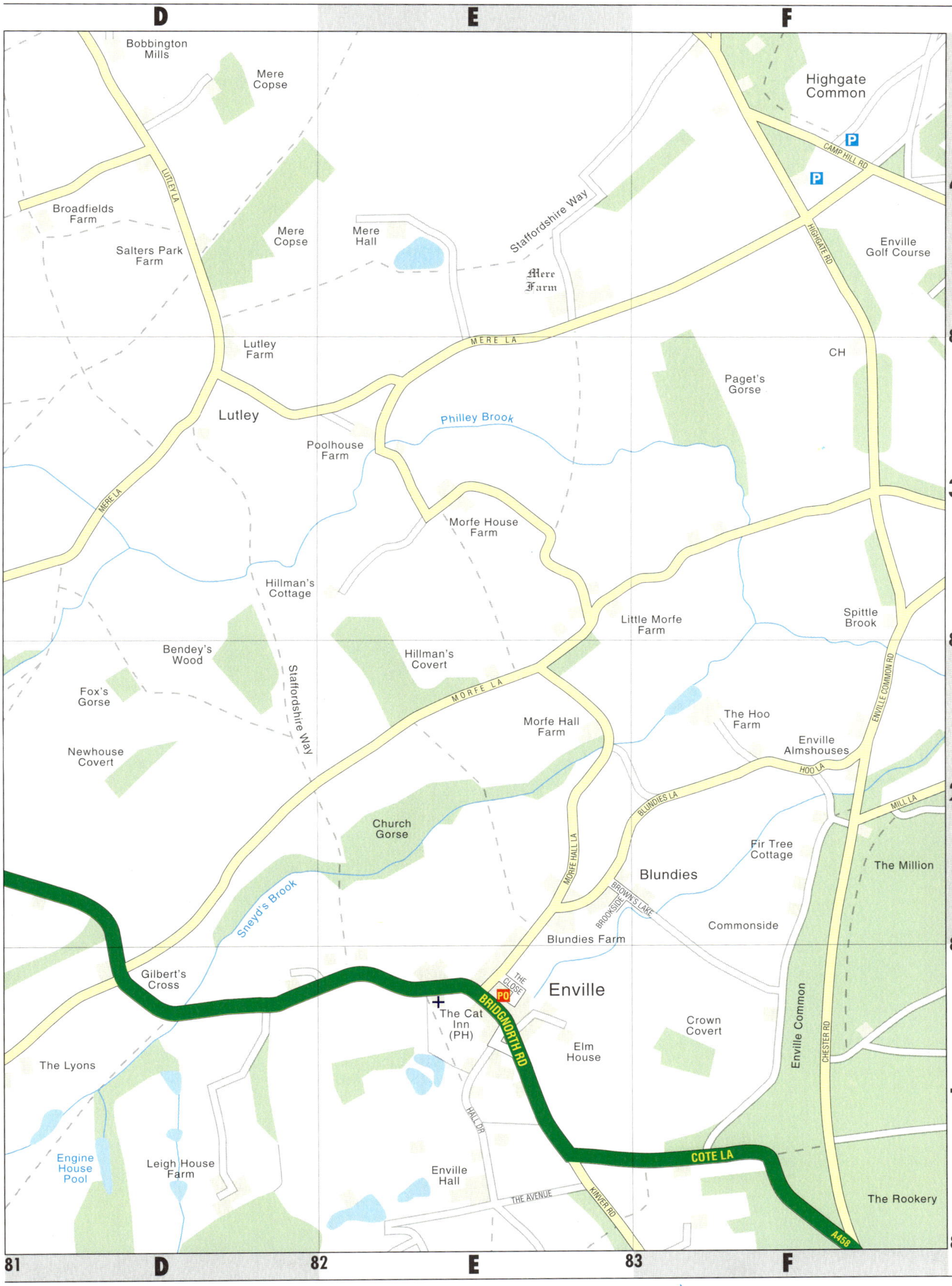
D
E
F
Bobbington Mills
Mere Copse
Highgate Common
CAMP HILL RD
P
P
4
LUTLEY LA
Broadfields Farm
Salters Park Farm
Mere Copse
Mere Hall
Staffordshire Way
Mere Farm
HIGHGATE RD
Enville Golf Course
89
Lutley Farm
MERE LA
CH
Paget's Gorse
Lutley
Philley Brook
Poolhouse Farm
MERE LA
3
Morfe House Farm
Hillman's Cottage
Little Morfe Farm
Spittle Brook
Bendey's Wood
Hillman's Covert
88
Fox's Gorse
Staffordshire Way
MORFE LA
ENVILLE COMMON RD
Morfe Hall Farm
The Hoo Farm
Newhouse Covert
Enville Almshouses
HOO LA
2
MILL LA
BLUNDIES LA
Church Gorse
Fir Tree Cottage
The Million
MORFE HALL LA
Blundies
Sneyd's Brook
BROWN'S LAKE
BROOKSIDE
Commonside
Blundies Farm
87
Gilbert's Cross
THE CLOSE
PO
Enville
The Cat Inn (PH)
BRIDGNORTH RD
Crown Covert
Elm House
Enville Common
CHESTER RD
The Lyons
1
HALL DR
COTE LA
Engine House Pool
Leigh House Farm
Enville Hall
THE AVENUE
KINVER RD
The Rookery
A458
86
81
D
82
E
83
F

273
269

A B C

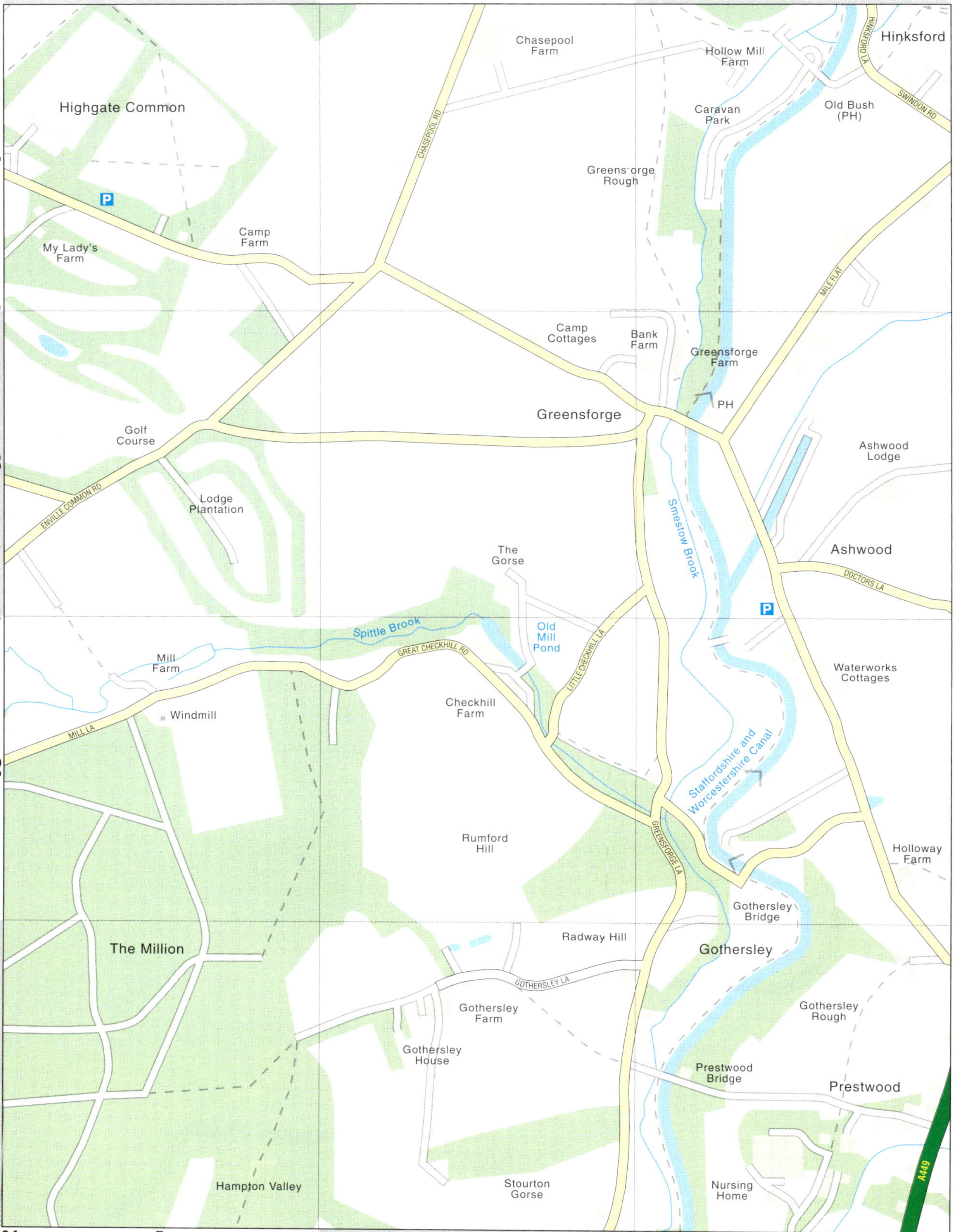

4
89
3
88
2
87
1
86

84 A 85 B 86 C

273
278

270

D E F

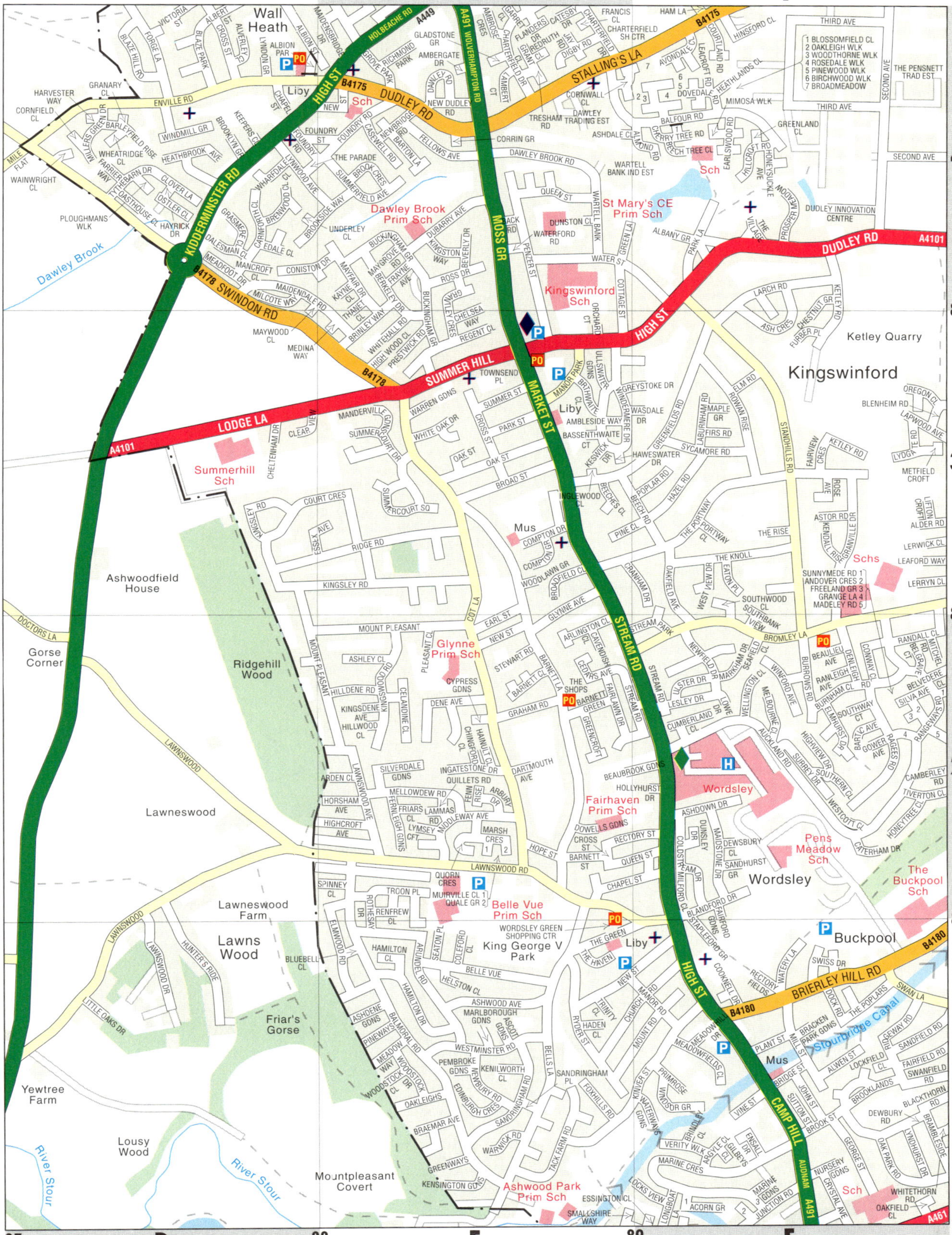

D E F

F1
1 GREENWAY AVE
2 DIAMOND PARK DR
3 SWEETBRIER DR

279

272

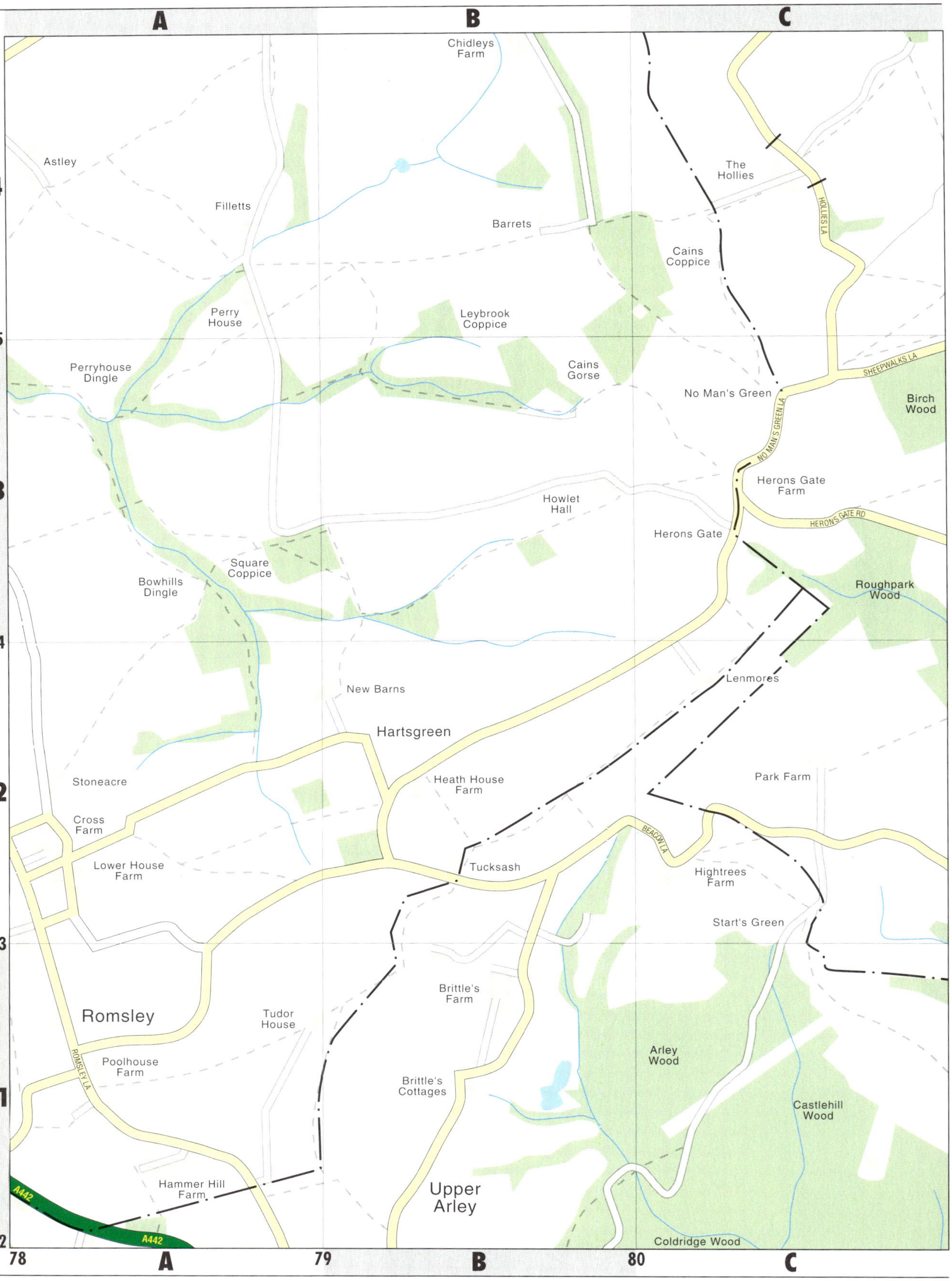

A
B
C
4
85
3
84
2
83
1
82
78
79
80
Chidleys Farm
Astley
Filletts
Barrets
The Hollies
HOLLIES LA
Cains Coppice
Perry House
Leybrook Coppice
Perryhouse Dingle
Cains Gorse
No Man's Green
SHEEPWALKS LA
Birch Wood
NO MAN'S GREEN LA
Herons Gate Farm
Howlet Hall
Herons Gate
HERONS GATE RD
Square Coppice
Bowhills Dingle
Roughpark Wood
Lenmores
New Barns
Hartsgreen
Stoneacre
Heath House Farm
Park Farm
Cross Farm
BEACON LA
Lower House Farm
Tucksash
Hightrees Farm
Start's Green
Brittle's Farm
Romsley
Tudor House
Arley Wood
ROMSLEY LA
Poolhouse Farm
Brittle's Cottages
Castlehill Wood
A442
Hammer Hill Farm
Upper Arley
Coldridge Wood

273
278

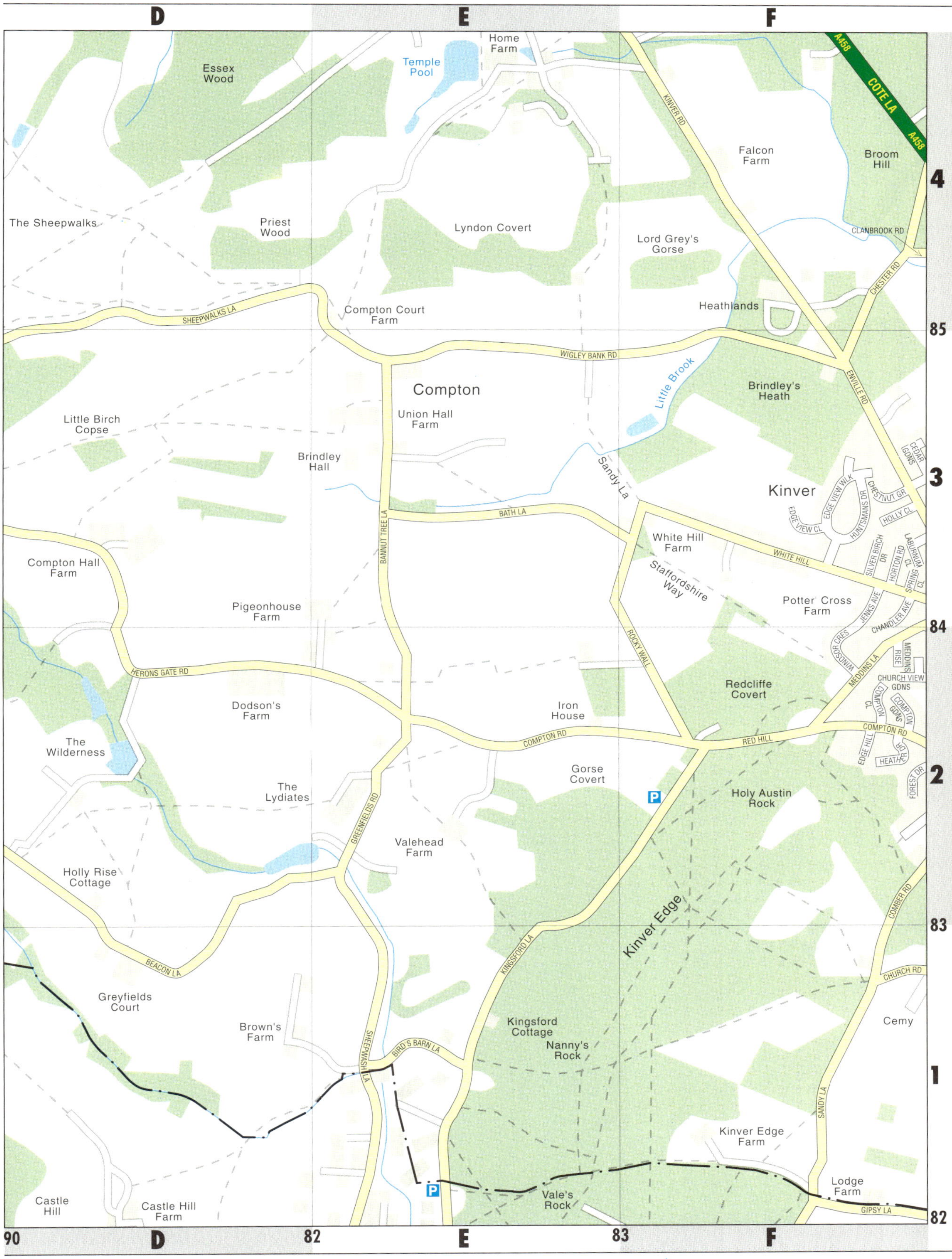
D
E
F
Essex Wood
Temple Pool
Home Farm
A458
COTE LA
A458
KINVER RD
Falcon Farm
Broom Hill
4
The Sheepwalks
Priest Wood
Lyndon Covert
Lord Grey's Gorse
CLANBROOK RD
CHESTER RD
Heathlands
Compton Court Farm
SHEEPWALKS LA
85
WIGLEY BANK RD
Compton
Little Brook
Brindley's Heath
ENVILLE RD
Union Hall Farm
Little Birch Copse
Brindley Hall
Sandy La
CEDAR GDNS
3
Kinver
BATH LA
EDGE VIEW WLK
HUNTSMANS DR
CHESTNUT GR
EDGE VIEW CL
HOLLY CL
BANNUT TREE LA
White Hill Farm
WHITE HILL
SILVER BIRCH DR
HORTON RD
LABURNUM CL
SPRING CL
Compton Hall Farm
Staffordshire Way
Potter' Cross Farm
JENKS AVE
CHANDLER AVE
Pigeonhouse Farm
ROCKY WALL
84
WINDSOR CRES
MEDDINS LA
MEDDINS RISE
CHURCH VIEW GDNS
HERONS GATE RD
Dodson's Farm
Iron House
Redcliffe Covert
COMPTON CL
COMPTON GDNS
The Wilderness
COMPTON RD
RED HILL
COMPTON RD
EDGE HILL
HEATH DR
FOREST DR
2
Gorse Covert
The Lydiates
Holy Austin Rock
GREENFIELDS RD
Valehead Farm
Holly Rise Cottage
Kinver Edge
COMBER RD
83
BEACON LA
KINGSFORD LA
CHURCH RD
Greyfields Court
Kingsford Cottage
Cemy
Brown's Farm
Nanny's Rock
SHEEPWASH LA
BIRD'S BARN LA
1
SANDY LA
Kinver Edge Farm
Lodge Farm
Castle Hill
Castle Hill Farm
Vale's Rock
GIPSY LA
82
90
D
82
E
83
F

278

277
274

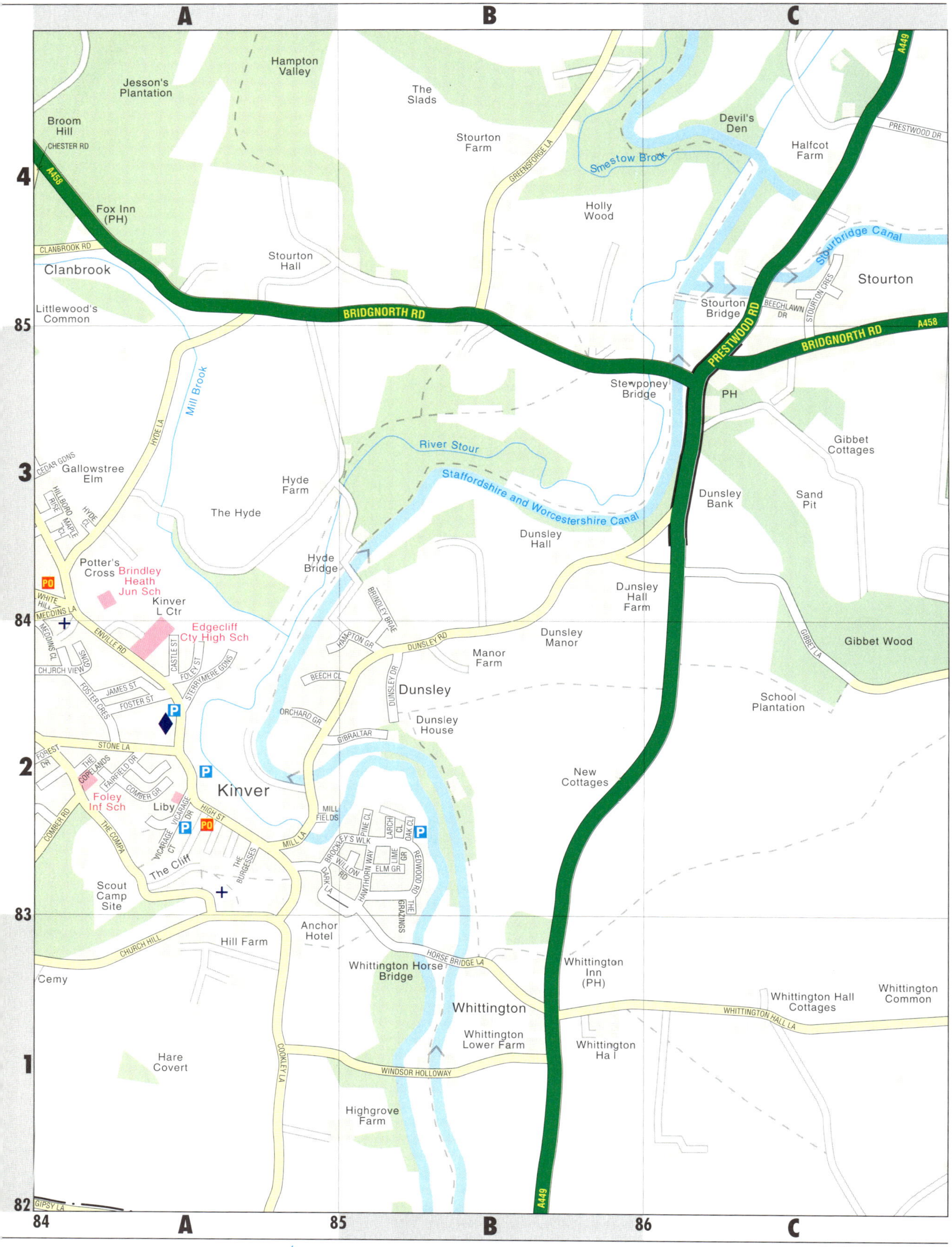

277
280

D E F

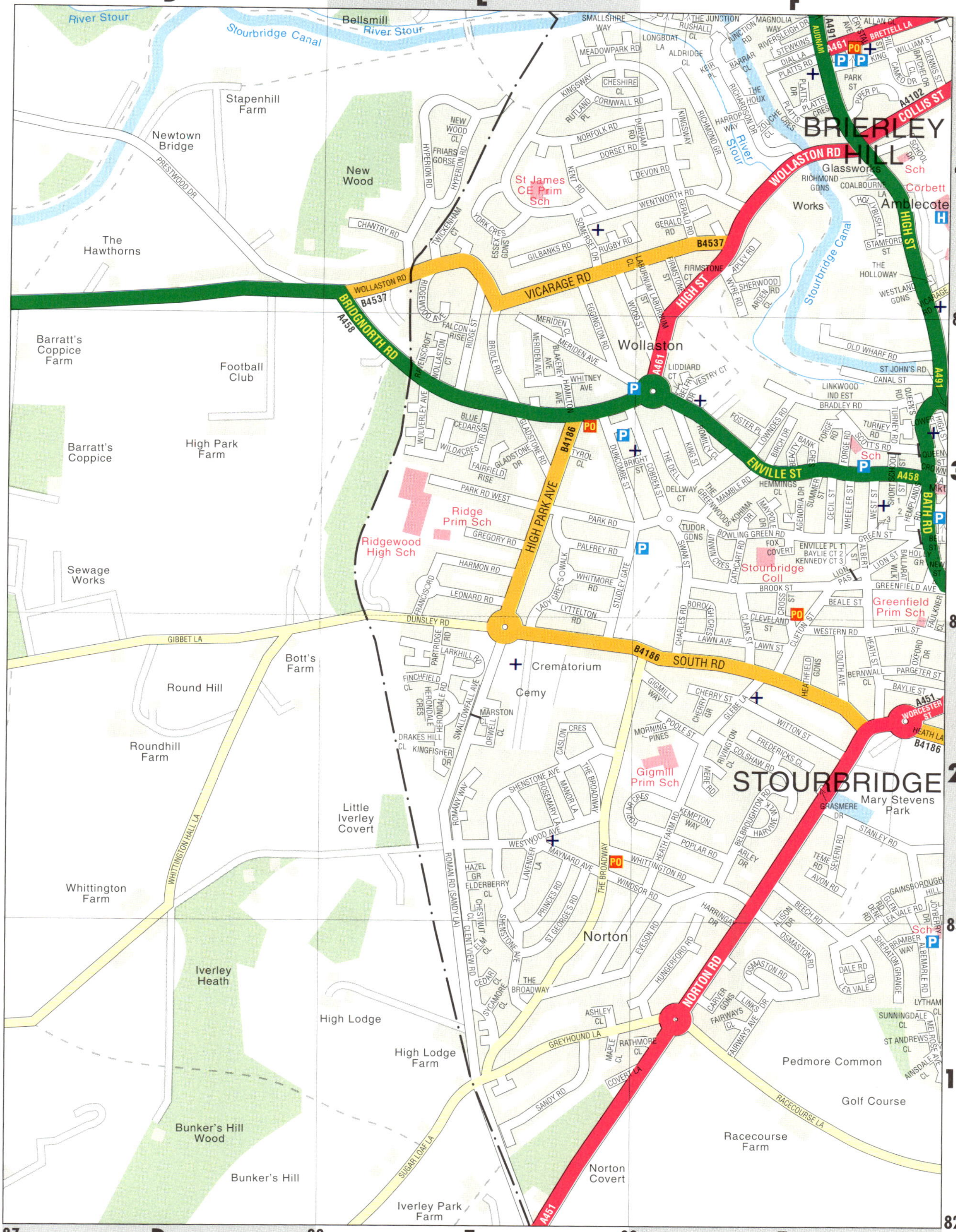

87 D 88 E 89 F

278

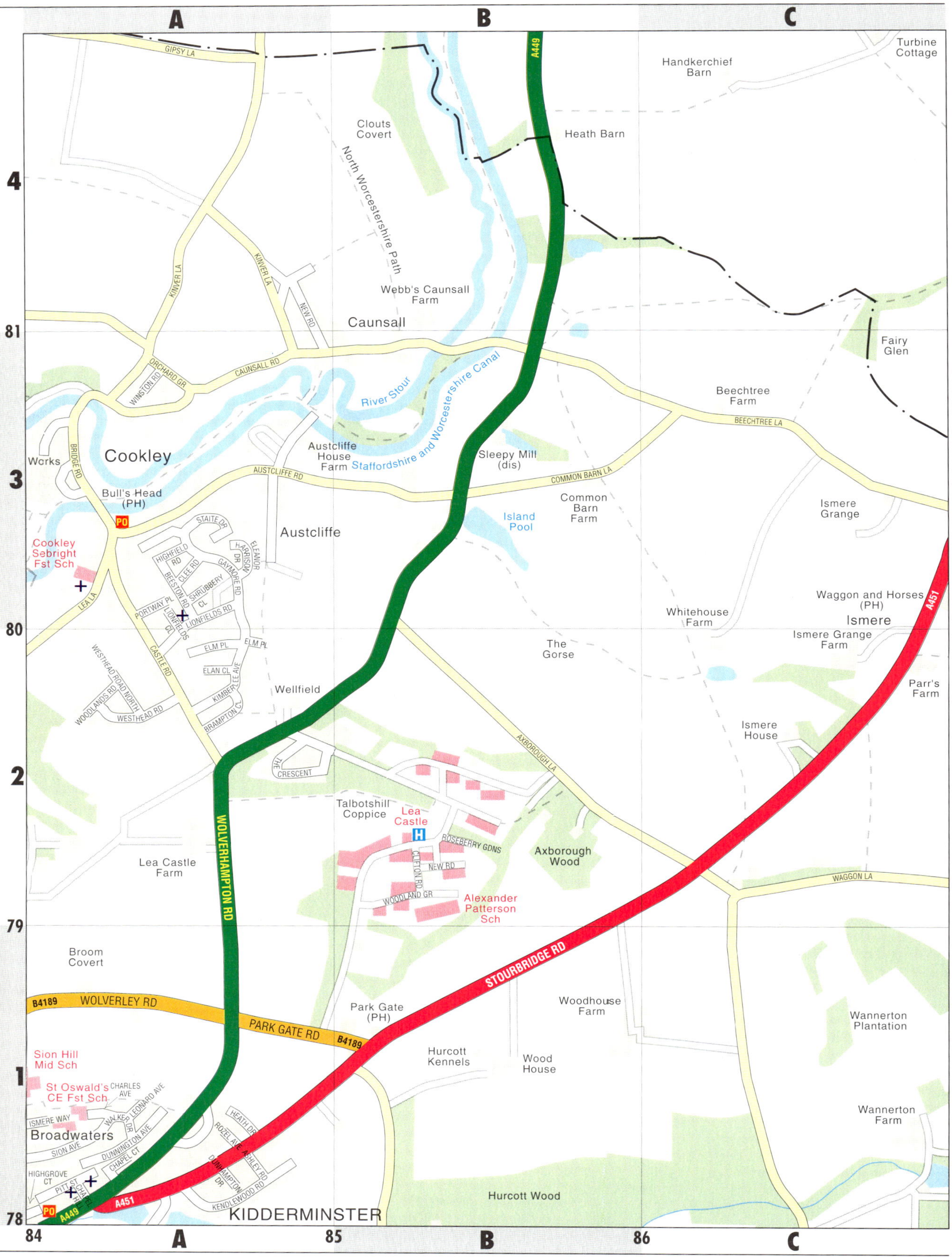
A
B
C
4
81
3
80
2
79
1
78
84
85
86
GIPSY LA
A449
Handkerchief Barn
Turbine Cottage
Clouts Covert
Heath Barn
North Worcestershire Path
KINVER LA
NEW RD
Webb's Caunsall Farm
Caunsall
Fairy Glen
ORCHARD GR
WINSTON RD
CAUNSALL RD
River Stour
Staffordshire and Worcestershire Canal
Beechtree Farm
BEECHTREE LA
Works
BRIDGE RD
Cookley
Austcliffe House Farm
AUSTCLIFFE RD
Sleepy Mill (dis)
COMMON BARN LA
Bull's Head (PH)
PO
STAITE DR
Common Barn Farm
Ismere Grange
Island Pool
Austcliffe
Cookley Sebright Fst Sch
HIGHFIELD RD
CLEE RD
HARRISON DR
ELEANOR
GAYMORE RD
SHRUBBERY CL
BEESTON RD
LEA LA
PORTWAY PL
LIONFIELDS CL
LIONFIELDS RD
Waggon and Horses (PH)
Whitehouse Farm
Ismere
Ismere Grange Farm
A451
ELM PL
ELAN CL
The Gorse
WESTHEAD ROAD NORTH
CASTLE RD
LEE AVE
KIMBER
Parr's Farm
WOODLANDS RD
WESTHEAD RD
BRAMPTON CL
Wellfield
AXBOROUGH LA
Ismere House
THE CRESCENT
Talbotshill Coppice
Lea Castle
H
ROSEBERRY GDNS
Axborough Wood
Lea Castle Farm
WOLVERHAMPTON RD
CLIFTON RD
NEW RD
WOODLAND GR
Alexander Patterson Sch
WAGGON LA
Broom Covert
STOURBRIDGE RD
B4189
WOLVERLEY RD
PARK GATE RD
Park Gate (PH)
Woodhouse Farm
Wannerton Plantation
Sion Hill Mid Sch
Hurcott Kennels
Wood House
St Oswald's CE Fst Sch
CHARLES AVE
LEONARD AVE
HEATH DR
ISMERE WAY
WALKER DR
ROZEL AVE
ASHLEY RD
Broadwaters
DUNNINGTON AVE
CHAPEL CT
SION AVE
DUNHAMPTON DR
Wannerton Farm
HIGHGROVE CT
PITT ST
KENDLEWOOD RD
Hurcott Wood
A451
A449
KIDDERMINSTER

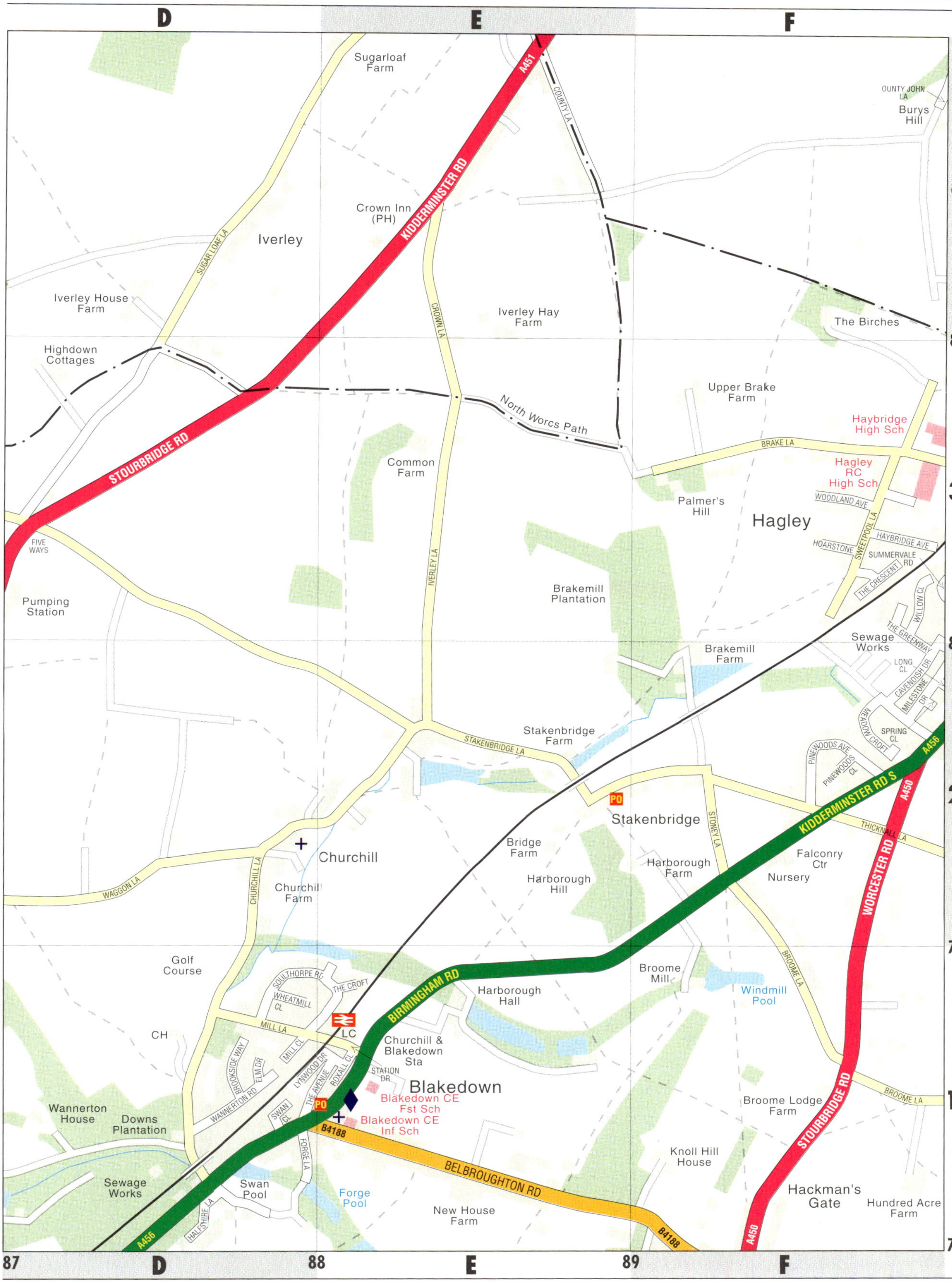
D
E
F
Sugarloaf Farm
A451
COUNTY LA
COUNTY JOHN LA
Burys Hill
4
KIDDERMINSTER RD
Crown Inn (PH)
Iverley
SUGAR LOAF LA
Iverley House Farm
CROWN LA
Iverley Hay Farm
The Birches
81
Highdown Cottages
Upper Brake Farm
North Worcs Path
Haybridge High Sch
BRAKE LA
STOURBRIDGE RD
Common Farm
Hagley RC High Sch
Palmer's Hill
WOODLAND AVE
3
Hagley
FIVE WAYS
HAYBRIDGE AVE
HOARSTONE
SWEETPOOL LA
SUMMERVALE RD
IVERLEY LA
Brakemill Plantation
THE CRESCENT
Pumping Station
WILLOW CL
Sewage Works
THE GREENWAY
80
Brakemill Farm
LONG CL
CAVENDISH DR
MILESTONE DR
MEADOW CROFT
Stakenbridge Farm
SPRING CL
STAKENBRIDGE LA
PINEWOODS AVE
PINEWOODS CL
A456
A450
2
PO
Stakenbridge
KIDDERMINSTER RD S
THICKNALL LA
STONEY LA
Bridge Farm
Churchill
Harborough Farm
Falconry Ctr
Harborough Hill
Nursery
WORCESTER RD
WAGGON LA
CHURCHILL LA
Churchill Farm
79
Golf Course
SOUTHTHORPE RD
THE CROFT
Broome Mill
BIRMINGHAM RD
Harborough Hall
BROOME LA
Windmill Pool
WHEATMILL CL
MILL LA
LC
CH
Churchill & Blakedown Sta
MILL CL
BROOKSIDE WAY
ELM DR
LYNWOOD DR
THE AVENUE
ROXALL CL
STATION DR
Blakedown
Blakedown CE Fst Sch
Blakedown CE Inf Sch
WANNERTON RD
Wannerton House
Downs Plantation
SWAN CL
PO
B4188
BROOME LA
Broome Lodge Farm
1
STOURBRIDGE RD
FORGE LA
Knoll Hill House
BELBROUGHTON RD
Sewage Works
Swan Pool
Forge Pool
Hackman's Gate
Hundred Acre Farm
New House Farm
HALESHIRE LA
A456
B4188
A450
78
87
88
89

57 57 57

Scale: 7 inches to 1 mile
0 110 yards ⅛ mile
0 125 m 250 m

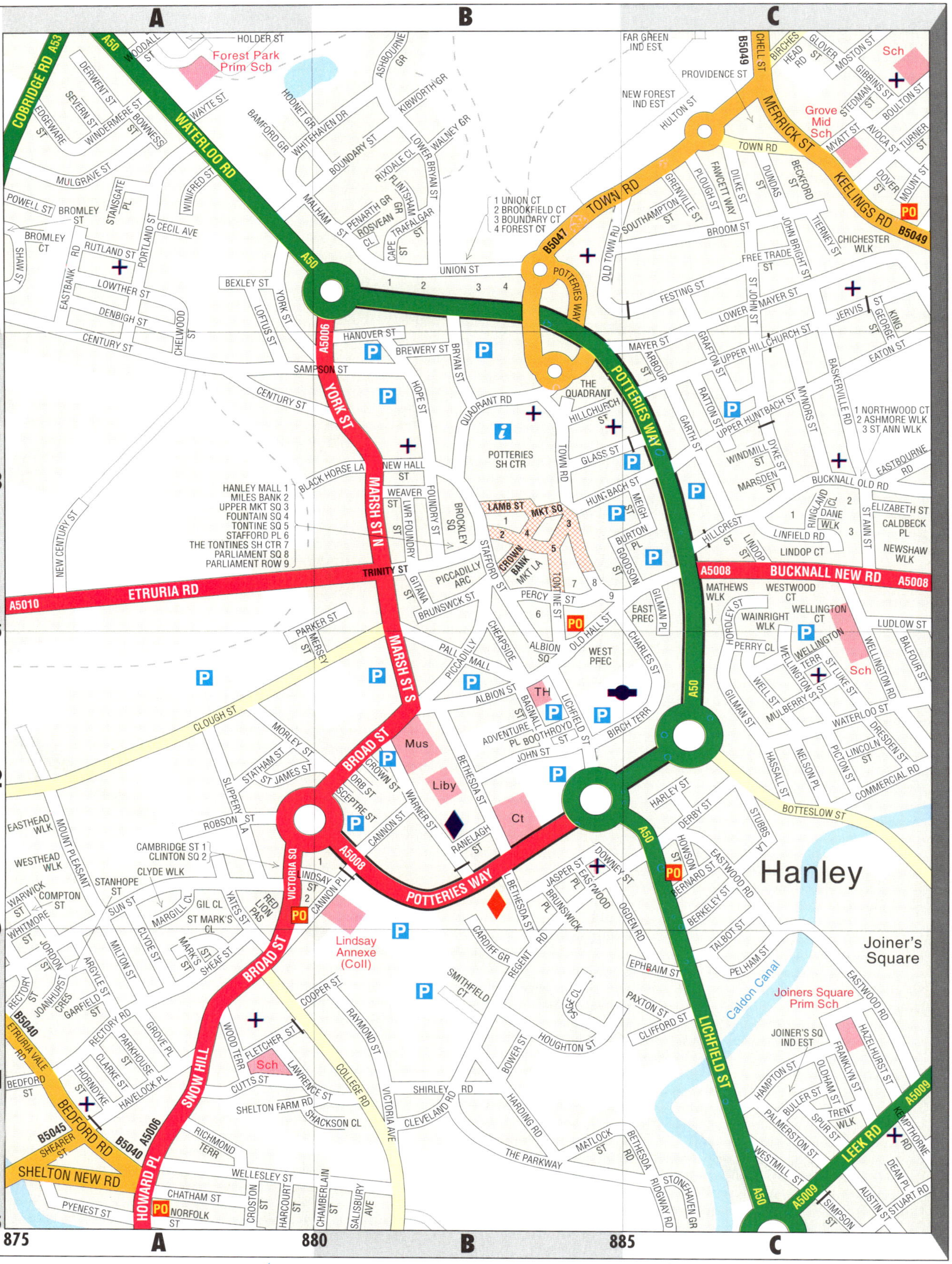

A B C
875 880 885

57 57 57

Scale: 7 inches to 1 mile
0 110yards ⅛mile
0 125m 250m

73 73 73

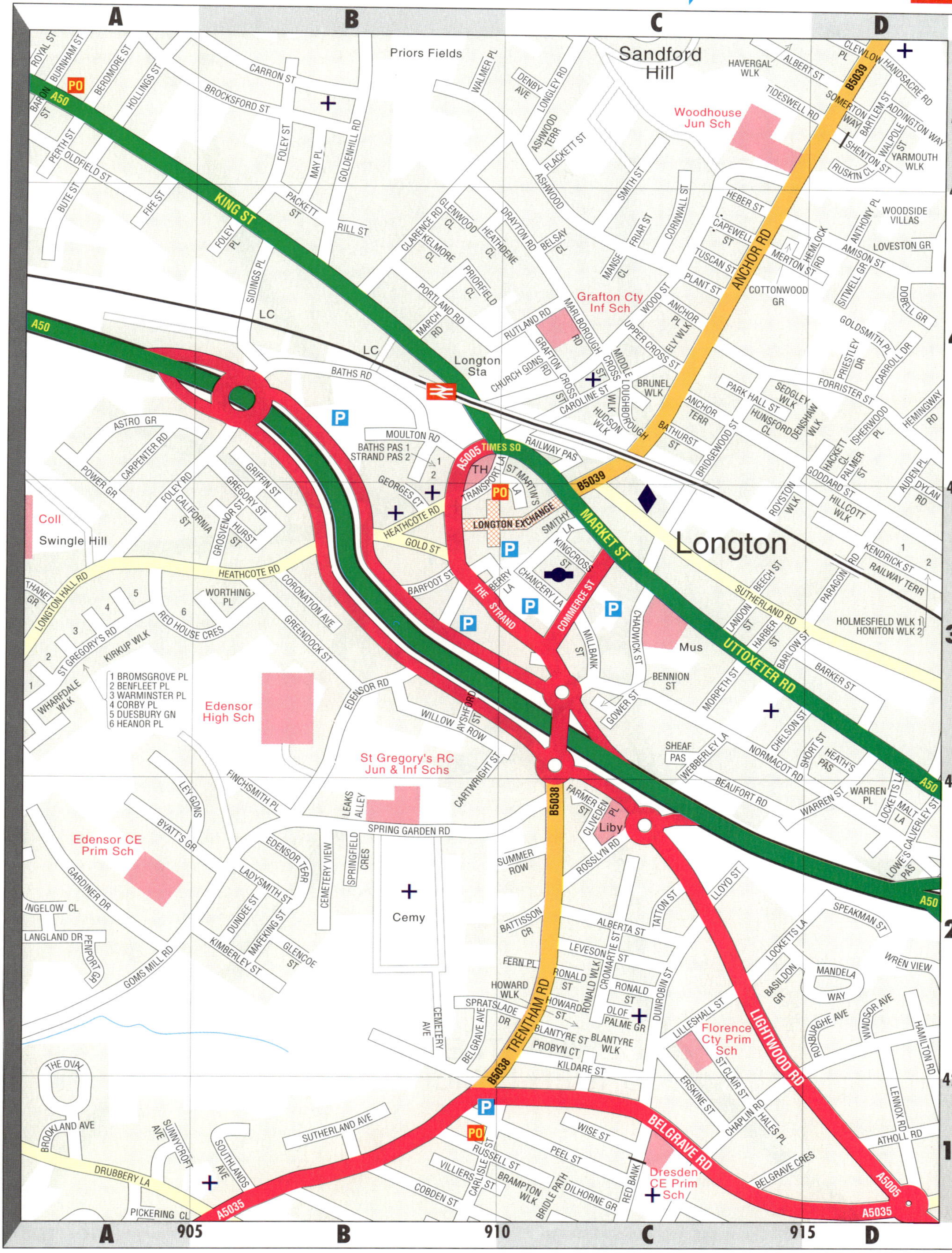

73 73 73

56 56 56

Scale: 7 inches to 1 mile
0 110 yards ⅛ mile
0 125 m 250 m

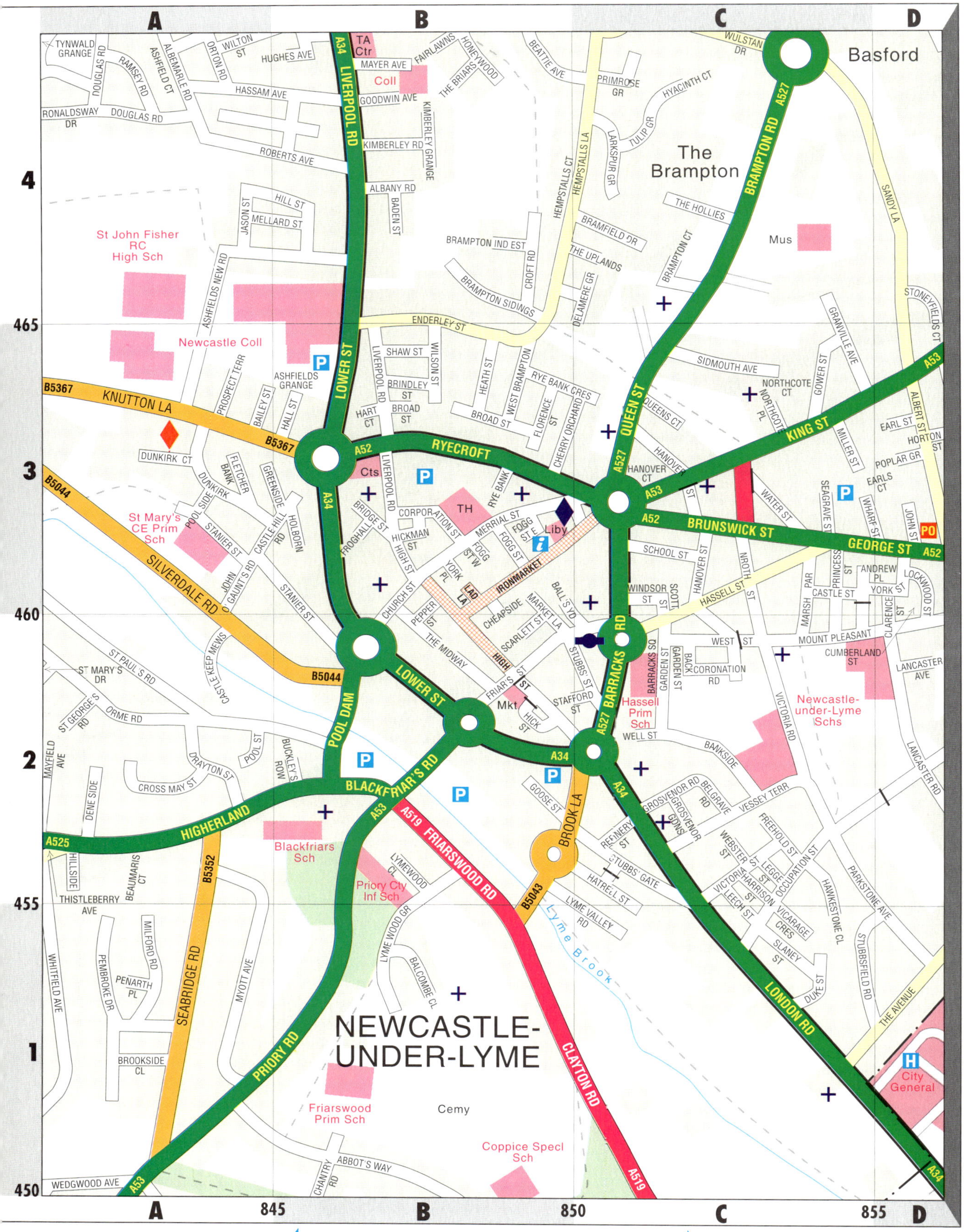

71 71 71

285

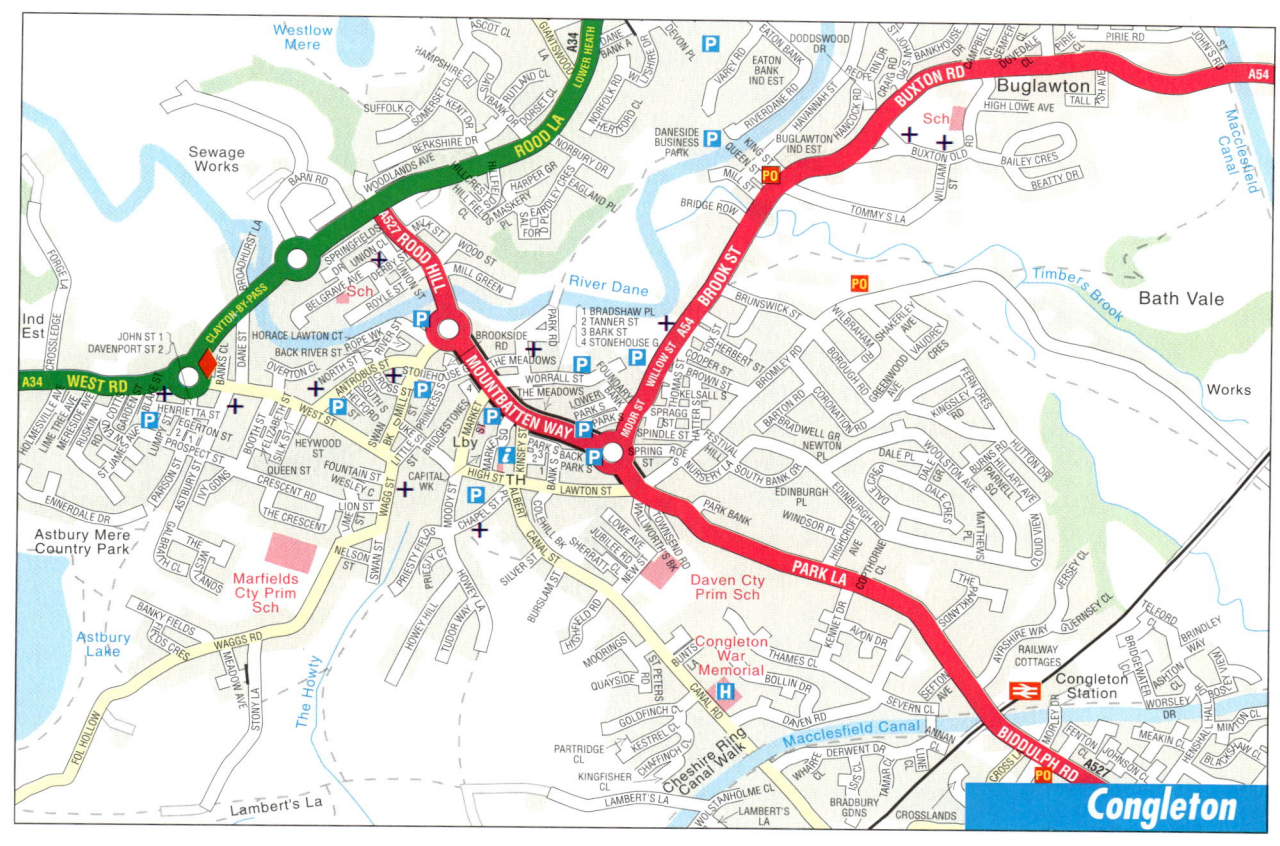

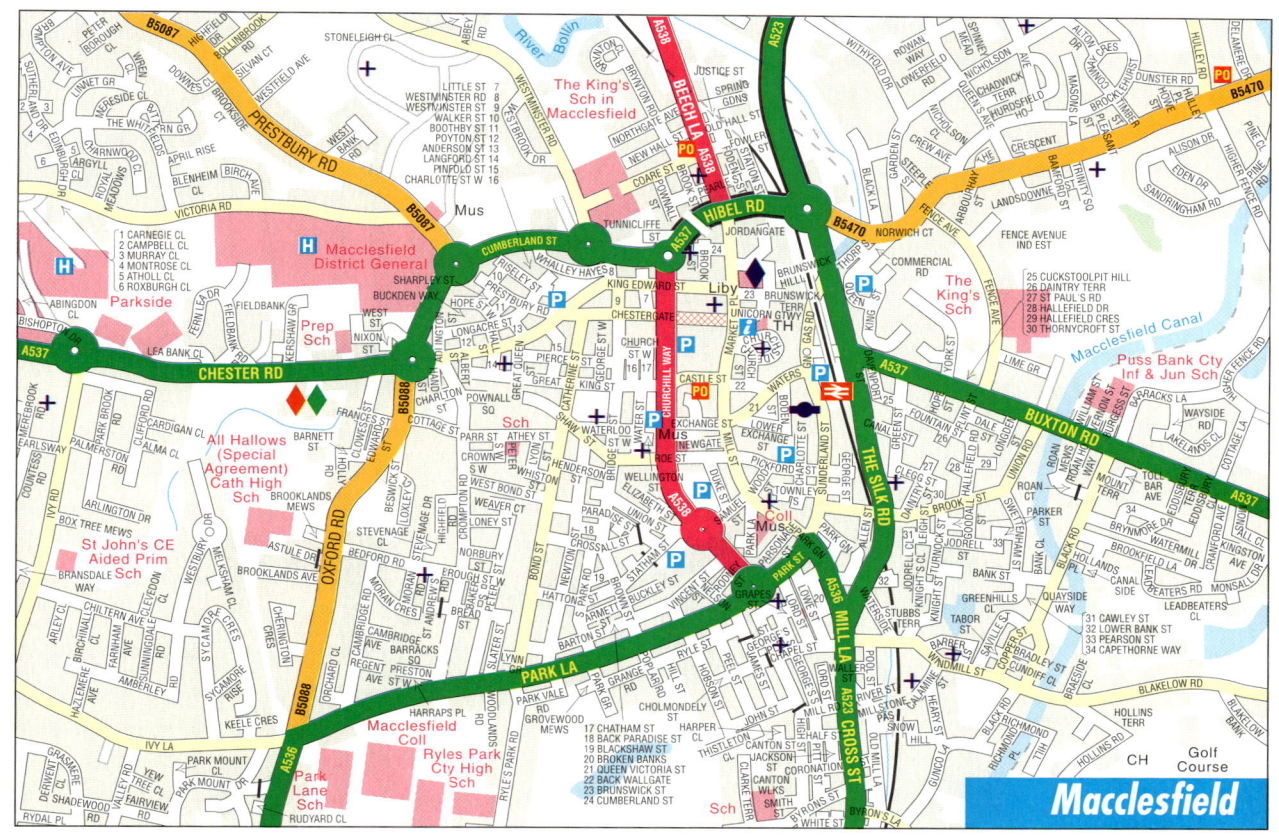

Congleton

Macclesfield

Buxton

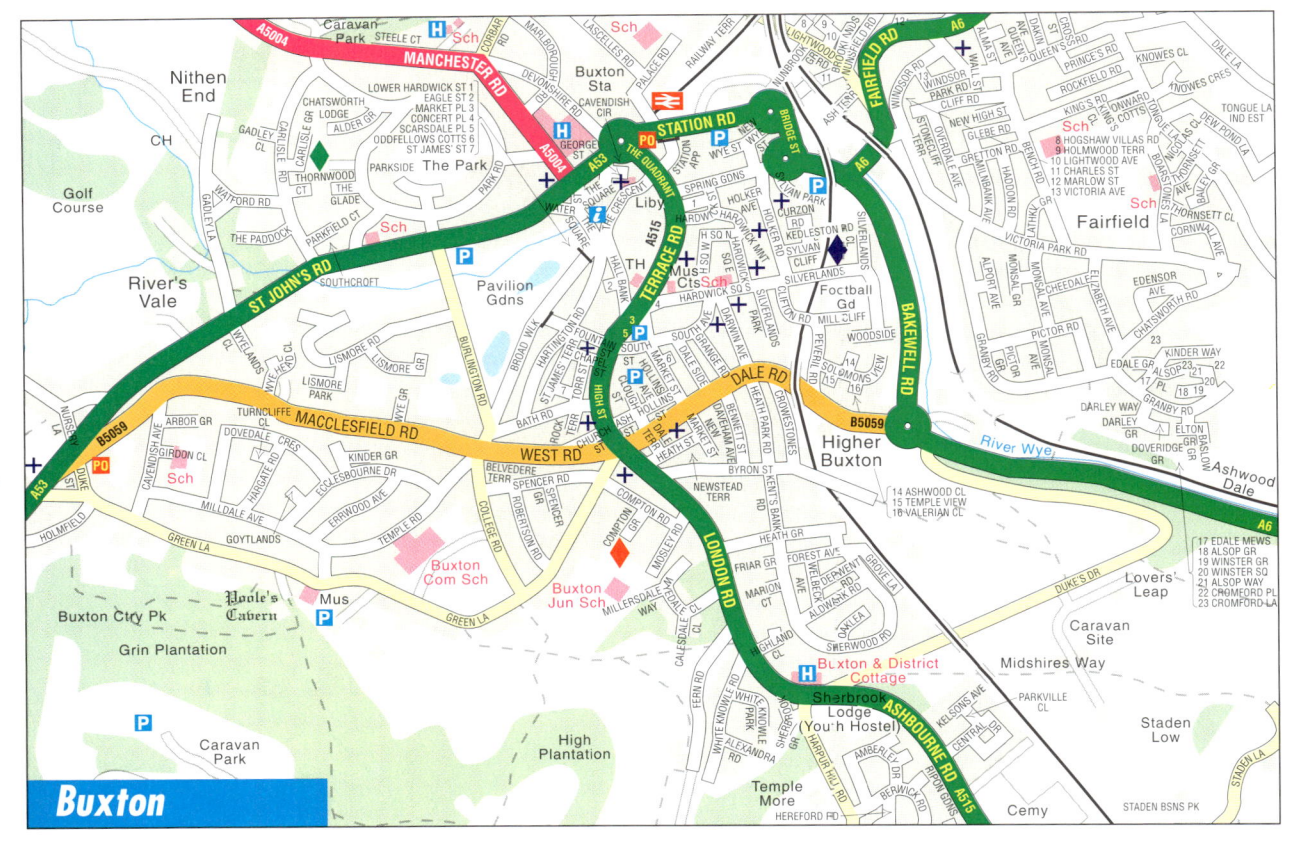

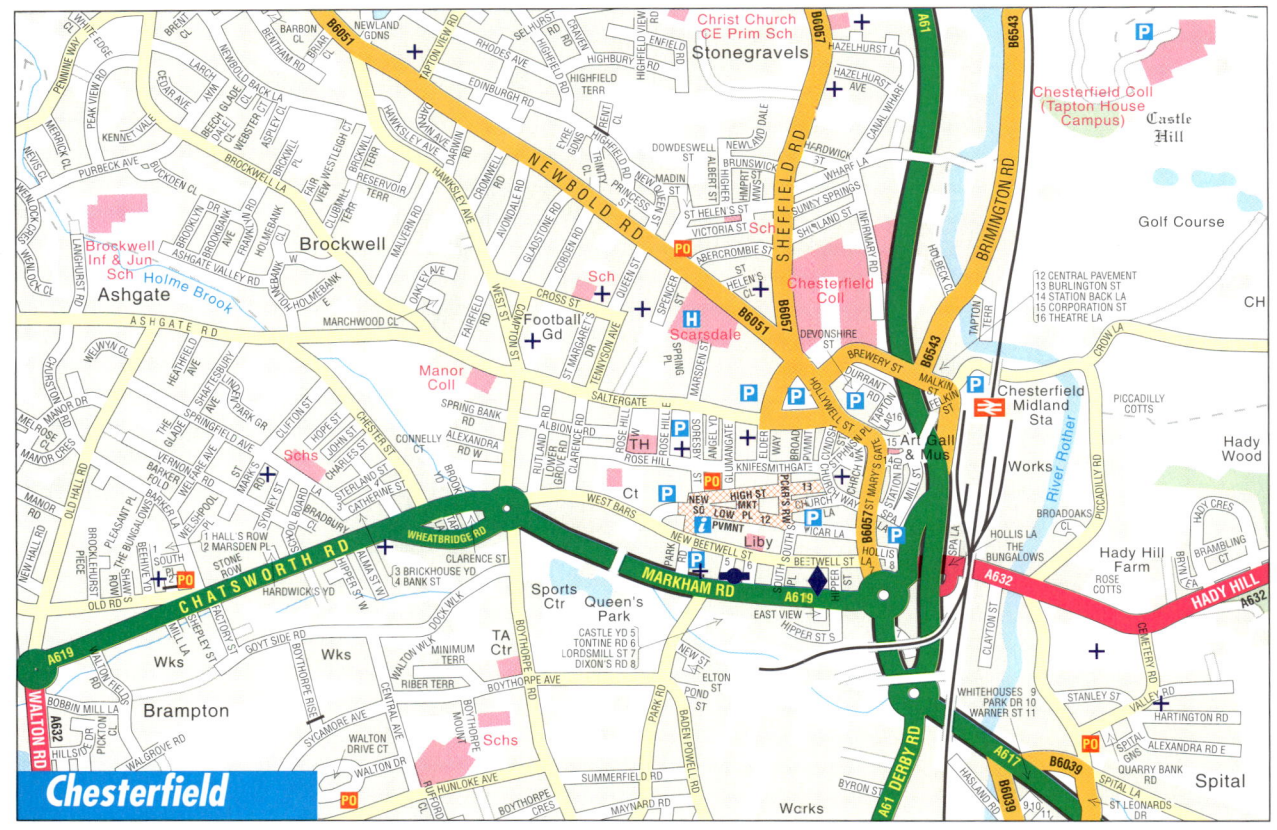

Chesterfield

287

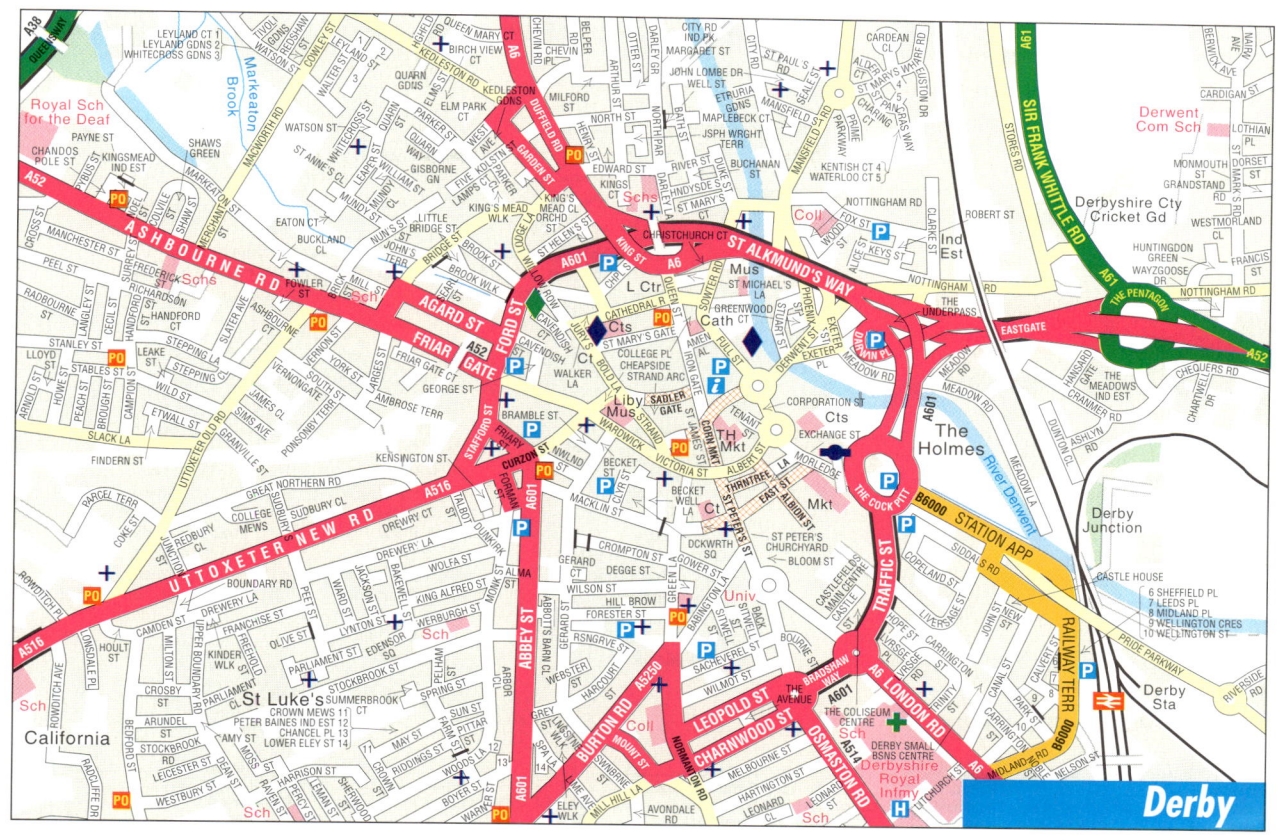

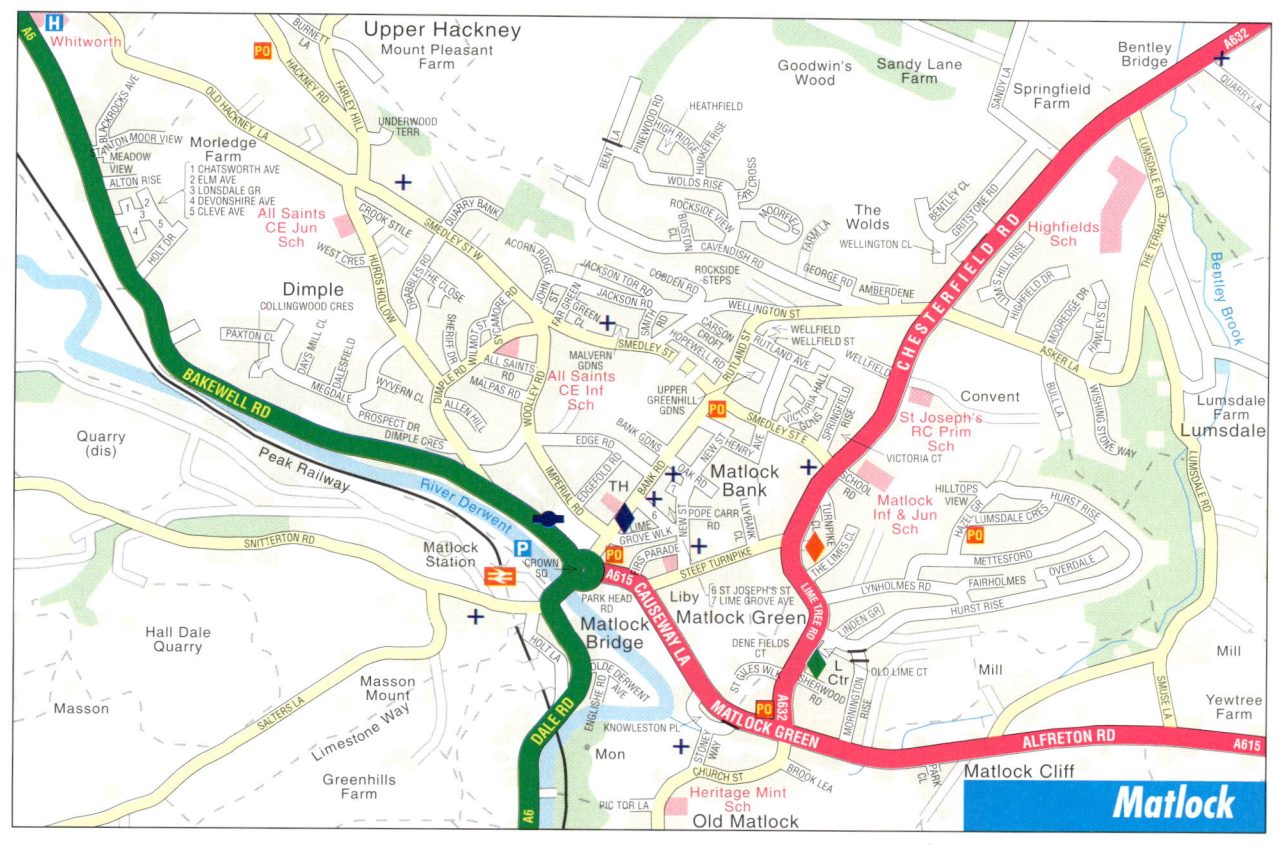

Derby

Matlock

Index

Street names are listed alphabetically and show the locality, the Postcode District, the page number and a reference to the square in which the name falls on the map page

Wedgwood St 17 Burslem ST6 .... 56 C4

Full street name
This may have been abbreviated on the map

Location Number
If present, this indicates the street's position on a congested area of the map instead of the name

Town, village or locality in which the street falls.

Postcode District for the street name

Page number of the map on which the street name appears

Grid square in which the centre of the street falls

Schools, hospitals, sports centres, railway stations, shopping centres, industrial estates, public amenities and other places of interest are also listed. These are highlighted in magenta

Abbreviations used in the index

App **Approach**
Arc **Arcade**
Ave **Avenue**
Bvd **Boulevard**
Bldgs **Buildings**
Bsns Pk **Business Park**
Bsns Ctr **Business Centre**
Bglws **Bungalows**
Cswy **Causeway**
Ctr **Centre**
Cir **Circus**
Cl **Close**
Comm **Common**
Cnr **Corner**
Cotts **Cottages**
Ct **Court**
Ctyd **Courtyard**
Cres **Crescent**
Dr **Drive**
Dro **Drove**
E **East**
Emb **Embankment**
Ent **Enterprise**
Espl **Esplanade**
Est **Estate**
Gdns **Gardens**
Gn **Green**
Gr **Grove**
Hts **Heights**
Ho **House**
Ind Est **Industrial Estate**
Intc **Interchange**
Junc **Junction**
La **Lane**
Mans **Mansions**
Mdws **Meadows**
N **North**
Orch **Orchard**
Par **Parade**
Pk **Park**
Pas **Passage**
Pl **Place**
Prec **Precinct**
Prom **Promenade**
Ret Pk **Retail Park**
Rd **Road**
Rdbt **Roundabout**
S **South**
Sq **Square**
Strs **Stairs**
Stps **Steps**
St **Street, Saint**
Terr **Terrace**
Trad Est **Trading Estate**
Wlk **Walk**
W **West**
Wolv **Wolverhampton**
Yd **Yard**

Town and village index

Abbots Bromley 161 E3
Acton Trussell 175 D1
Adbaston 131 E3
Albrighton 237 D3
Aldridge 256 A3
Allen End 259 D1
Alrewas 200 C2
Alsager 39 E4
Alsop en le Dale 36 C3
Alstonefield 35 D1
Alton 78 C1
Alveley 272 B1
Anslow 165 D3
Appleby Magna 236 C4
Armitage 198 B2
Ashbourne 66 B2
Ashley 100 A3
Astbury 15 E4
Audley 39 F1
Bagnall 43 F2
Barlaston 88 C2
Barthomley 38 C3
Barton Turn 184 A1
Barton-under-Needwood 183 E1
Betley 53 D4
Biddulph 27 D4
Blakedown 281 D1
Blakenhall 52 B2
Blore 99 D2
Blymhill 203 F3
Blythe Bridge 90 B4
Bobbington 268 A1
Boscobel 221 E1
Bosley 7 F3
Bradley 191 D4
Bradnop 31 F2
Branston 184 C4
Bretby 167 F1
Brewood 223 E3
Bridgemere 67 D2
Brierley Hill 279 F4
Brocton 176 B2
Brownhills 245 D3
Bucknall 58 A3
Buerton 82 A4
Burntwood 229 E3
Burslem 56 A4
Burton Upon Trent 166 C1
Butterton 33 F3
Buxton 4 A4
Cannock 209 F3
Caverswall 74 C1
Chapel Chorlton 102 B3
Cheadle 76 C1
Chebsey 134 C3
Cheddleton 45 E2
Chell Heath 42 A1
Chelmorton 5 D4
Cheslyn Hay 226 B1
Cheswardine 130 A4
Chetwynd 168 C2
Chetwynd Aston 187 D4
Chilcote 219 F2
Church Broughton 129 F4
Church Eaton 190 A4
Church Leigh 109 D2
Claverley 267 E4
Clifton 81 F3
Clifton Campville 218 C1
Codsall 238 C1
Colton 179 D2
Colwich 177 E4
Congleton 6 C2
Consall 60 A3
Cookley 280 B2
Coppenhall 174 B2
Cotton 78 B4
Crewe 37 D4
Croxden 94 D4
Denstone 95 F3
Dilhorne 75 E2
Dordon 262 C3
Doveridge 127 D4
Draycott in the Clay 144 B4
Draycott in the Moors 91 F3
Drayton Bassett 260 A4
Dudley 271 F2
Dunstall 183 F2
Earl Sterndale 5 D2
Eaton 6 A4
Eccleshall 133 F3
Edgmond 168 A2
Edingale 217 E3
Eggington 148 B3
Elford 216 C1
Ellastone 80 A2
Ellenhall 134 A1
Elmhurst 214 A3
Endon 43 F3
Enville 273 F2
Essington 241 D1
Etwall 148 B1
Farewell 213 E2
Fawfieldhead 12 E2
Fazeley 260 A4
Featherstone 241 D4
Fenton 72 C3
Flash 3 D2
Forsbrook 91 D3
Forton 169 F4
Foston 129 E4
Fradswell 123 D1
Gayton 138 C3
Gnosall 171 E4
Great Wyrley 227 D1
Grindon 34 A1
Hademore 233 D4
Hagley 281 F3
Hamstall Ridware 180 C2
Hanbury 145 D1
Hanley 57 F4
Hanley 282 B3
Harlaston 217 E1
Hartington 24 B3
Hatton 146 B4
Haughton 172 C1
Heathylee 11 A3
Heaton 8 C1
Hilderstone 106 B1
Hill Ridware 198 A4
Hilton 147 F4
Himley 270 C3
Hints 248 B1
Hixon 158 B4
Hollinsclough 4 B1
Hopton 137 E1
Hopwas 249 D4
Hough Common 37 D1
Huntington 209 E4
Ilam 50 C1
Ingestre 157 E3
Ipstones 62 A4
Keele 69 F4
Kidderminster 280 A1
Kidsgrove 26 B2
King Sterndale 5 C1
King's Bromley 199 F3
Kingsbury 261 D1
Kingsley 61 E1
Kingstone 141 E4
Kingswinford 275 F4
Kinver 278 A3
Lawton-gate 25 D3
Leek 30 B4
Lichfield 231 F4
Linton 186 B1
Little Aston 257 D2
Longdon 197 E1
Longford 168 B1
Longnor 13 D4
Longsdon 29 F3
Longton 73 D1
Longton 283 B2
Lower Penn 265 D3
Lullington 218 B4
Madeley 68 B4
Maer 85 D2
Mappleton 66 C4
Marchington 127 F1
Market Drayton 97 E1
Marston 136 C1
Marston Montgomery 96 C1
Marston on Dove 147 D4
Mayfield 81 E4
Meir 74 A3
Middleton 260 B1
Millmeece 117 F4
Milwich 122 B3
Monyash 14 C4
Mow Cop 15 F1
Mucklestone 99 D3
Netherseal 219 F3
Newborough 162 C4
Newcastle-under-Lyme .. 71 D3
Newcastle-under-Lyme 284 A3
Newport 168 C1
Newton Regis 236 C3
Newton Solney 167 F4
Norbury 151 D3
Norton Canes 227 F2
Norton in Hales 82 C2
Norton-in-the-Moors 42 C2
Oakamoor 78 C2
Onecote 32 B2
Pattingham 253 E1
Penkridge 192 C1
Perton 254 C2
Polesworth 262 C4
Ranton 153 E3
Repton 148 C1
Rocester 96 A2
Rolleston 147 D2
Romsley 276 C2
Rosliston 185 E2
Roston 96 C4
Rudge 263 D4
Rudyard 29 D3
Rugeley 196 C4
Salt 137 F1
Sandon 137 E4
Scholar Green 25 F4
Scropton 129 E3
Seckington 236 A1
Sedgley 271 F2
Seighford 154 C2
Seisdon 263 D2
Shareshill 225 E1
Shavington 37 D3
Sheen 24 A4
Shenstone 247 D3
Shuttington 251 F4
Snelston 81 E2
Stafford 155 F3
Standon 102 B2
Stanton 65 D1
Stoke-on-Trent 72 A3
Stone 120 A4
Stourbridge 279 F3
Stramshall 111 D2
Streethay 215 D1
Sudbury 128 A4
Sutton 112 C3
Sutton Coldfield 258 A1
Swadlincote 186 C3
Swindon 269 F1
Swinscoe 65 E2
Swynnerton 103 E2
Tamworth 250 B2
Tatenhill 165 D1
The Bank 26 A4
Thorncliffe 20 C3
Thorpe 51 E1
Thorpe Constantine 235 D2
Tissington 51 E3
Tittensor 88 A1
Tixall 157 D3
Tong 220 B2
Trentham 88 A4
Tunstall 41 E3
Tutbury 146 B3
Upper Arley 276 B2
Upper Tean 92 C2
Uttoxeter 126 A4
Wall 230 A1
Walsall 243 E1
Walton-on-Trent 184 B1
Warslow 23 E1
Waterhouses 49 F1
Weeford 248 A2
Weston 37 D3
Weston upon Trent 138 C1
Weston-under-Lizard ... 203 B4
Wetton 34 C1
Wheaton Aston 205 E3
Whitgreave 135 F4
Whitmore 86 A2
Whittington 232 C3
Wigginton 234 A1
Wildboarclough 1 C4
Willington 148 C4
Wincle 9 A3
Wolverhampton 255 F3
Wombourne 269 E2
Woodcote 187 F2
Woodhouse Green 7 E4
Woodseaves 151 E4
Woore 67 F1
Wootton 79 F3
Yoxall 182 A1

Aar – Arl 289

Aarons Dr ST7 39 F1
Abberley Rd DY3 271 E2
Abbey Arc DE14 166 C1
Abbey Cl ST19 208 A4
Abbey Ct Bucknall ST2 58 A3
Newport TF10 168 C1
Abbey Dr Brownhills WS3 244 A3
Colwich ST18 177 E4
Abbey Green Rd ST13 30 B4
Abbey Hill Specl Sch ST2 58 B3
Abbey Hulton Prim Sch ST2 58 A3
Abbey La ST2 58 A3
Abbey Prim Sch WS3 242 C1
Abbey Rd Bucknall ST2 58 A3
Consall ST9 60 A3
Sedgley DY3 271 E2
Tamworth B77 250 B2
Abbey Sq WS3 242 C1
Abbey St Bucknall ST2 58 A3
Burton u T DE14 166 B1
Cannock WS12 210 A4
Newcastle-u-L ST5 55 E1
Sedgley DY3 271 E2
Stone ST15 120 A4
Abbey Way TF9 97 E1
Abbeyfield Rd WV10 240 C2
Abbeyfields ST18 158 A1
Abbeyside ST18 153 E3
Abbot Beyne Sch The DE15 167 D2
Abbot's Rd ST13 31 D4
Abbot's Way ST5 71 D3
Abbots Field WS11 209 F3
Abbots Pl ST2 58 A3
Abbots Rd ST2 58 A3
Abbots Way WV3 255 F1
Abbots Wlk Rugeley WS15 197 D3
Stafford ST16 155 F3
Abbotsford Rd WS14 231 F4
Abbotsholme Sch ST14 96 A1
Abbott's Cl CW12 16 A4
Abbotts Ct ST2 58 A4
Abbotts Dr ST1 57 F4
Abbotts Pl WS3 243 E1
Abbotts St WS3 243 E1
Abelia B77 250 C2
Aberford Gr ST1 57 F3
Abingdon Rd WS3 242 C1
Abingdon Way
Trentham ST4 88 A4
Walsall WS3 242 C1
Ablon Ct ST19 207 F4
Ablow St WV2 266 B4
Abnalls Croft WS13 213 F1
Abnalls La
Burntwood WS13 213 F1
Lichfield WS13 213 F1
Abney Dr WV14 266 C1
Acacia Ave ST5 55 F1
Acacia Cres WV8 239 D2
Acacia Gdns ST7 26 B2
Acacia Gr Cannock WS12 210 C2
Newcastle-u-L ST5 55 F1
Achilles Cl WS6 226 C1
Achilles Way ST2 57 F1
Ackelton Gdns WV3 265 F4
Acorn Cl Ashley TF9 99 E3
Burntwood WS7 212 A1
Cannock WS11 210 B1
Great Wyrley WS6 227 D1
Acorn Gr Brierley Hill DY8 275 F1
Codsall WV8 238 C1
Acorn La CW12 6 C2
Acorn Rd WV11 242 A1
Acorn Rise ST3 89 F4
Acorn Starter Units WS7 228 B4
Acres Nook Rd ST7 41 D3
Acreswood Rd ST6 42 A1
Acton Dr DY3 271 D2
Acton Hill Rd ST17 175 E1
Acton St ST1 57 E3
Adam Ct WS11 209 E1
Adams Ave ST6 41 E3
Adams Cl TF10 168 C1
Adams Cres TF10 168 C1
Adams Gr ST13 30 B2
Adams Gram Sch TF10 168 C2
Adams Rd Brownhills WS8 245 D3
Wolv WV3 265 E4
Adams St ST5 56 B2
Adamson Cl WS11 209 D1
Adamthwaite Cl ST11 90 B4
Adamthwaite Dr ST11 90 B4
Adbaston Cty Inf Sch ST20 131 E3
Adderley Green Cty Inf Sch ST3 73 E3
Adderley Pl ST12 88 C2
Adderley Rd
Market Drayton TF9 97 D2
Norton-in-t-M ST6 42 C2
Adderley Road Ind Est TF9 97 E1
Addie Rd DE13 166 A3
Addington Way ST3 283 D5
Addison Cl WS11 209 F3
Addison Croft DY3 271 D3
Addison Gr WV11 241 D1
Addison Rd WV3 265 F4
Addison St ST1 57 E3
Adelaide Cres DE15 167 E1
Adelaide St ST6 57 D4
Adelaide Wlk WV2 266 C4
Adkins St ST6 57 E4
Admiral Parker Dr WS14 246 C3
Adonis Cl B79 250 B4
Adrian St ST4 72 C3
Advance Bsns Pk WS11 210 A2
Adventure Pl ST1 282 B2
Adwalton Rd WV6 254 C2
Aegean Cl ST4 88 B4
Aelfgar Sixth Form Ctr WS15 178 C1
Affleck Ave B78 249 E1
Agenoria Dr DY8 279 F3
Agger Hill ST5 54 B1
Ainsdale Cl 3 Mei ST3 73 E1
Stourbridge DY8 279 F1
Ainsworth Ave ST10 61 E1
Ainsworth Rd WV10 240 C2
Ainsworth St ST4 72 B3
Aintree Cl Branston DE14 185 D4
Cannock WS12 210 C3
Trentham ST4 88 A4
Aintree Rd Upper Tean ST10 92 C2
Wolv WV10 240 B2
Aintree Way DY1 271 F1
Airdale Gr ST15 105 D1
Airdale Rd ST15 105 D1
Airdale Spinney ST15 105 D1
Aitken Cl B78 250 A1
Aitken St ST6 56 C4
Ajax Cl WS6 226 C1
Ajax Way ST2 57 F1
Akdene Cl WS6 226 B1
Akesmoor La ST8 27 D4
Alan Rd ST2 58 B2
Alanbrooke Gr ST3 89 F4
Alandale Ave WS15 198 B2
Alanley Cl ST6 42 B1
Alastair Rd ST4 71 F2
Albany Dr WS15 178 B2
Albany Gr
Kingswinford DY6 275 F4
Stoke-on-T ST4 71 E4
Walsall WV12 242 B1
Albany Rd
Newcastle-u-L ST5 284 B4
Stoke-on-T ST4 71 E4
Albany St ST6 41 E4
Albemarle Rd
Newcastle-u-L ST5 56 A2
Stourbridge DY8 279 F1
Albert Ave ST3 73 F2
Albert Cl WV8 238 C2
Albert Davies Dr WS12 210 C2
Albert Dr DY3 269 F1
Albert Pl ST3 73 D1
Albert Rd Fazeley B78 261 D4
Tamworth B79 250 A3
Trentham ST4 88 A3
Wolv WV6, WV7 255 F2
Albert St Audley ST7 39 F2
Biddulph ST8 27 E4
Burton u T DE14 166 B2
Cannock, Chadsmoor WS11 209 F2
Cannock, Church Hill WS12 210 B3
Kingswinford DY6 275 D4
Leek ST13 30 C3
Longton ST3 283 C5
Newcastle-u-L ST5 284 D3
Newcastle-u-L, Chesterton ST5 55 F4
Newcastle-u-L, Silverdale ST5 55 E1
Stone ST15 105 D1
Stourbridge DY8 279 F3
Albert Terr
Newcastle-u-L ST5 56 B3
Stafford ST16 155 F3
Alberta St ST3 283 C2
Albion Par DY6 275 D4
Albion Pl WS11 209 F2
Albion Rd WS8 244 C4
Albion Sq ST1 282 B2
Albion St Hanley ST1 282 B2
Kingswinford DY6 275 D4
Leek ST13 30 C3
Rugeley WS15 178 C1
Tamworth B79 250 B3
Albion Terr DE14 166 C3
Albion Way WS7 211 F1
Albrighton By Pass WV7 237 D3
Albrighton Cty Jun & Inf Schs WV7 237 D2
Albrighton Sta WV7 237 D3
Albutts Rd Brownhills WS11 228 A2
Norton Canes WS11 228 A2
Alcester Cl ST6 42 A3
Alcove The WS3 243 E1
Aldbury Cl ST16 136 B1
Aldbury Pl ST3 72 C1
Aldeburgh Cl WS3 243 D2
Aldeburgh Dr ST5 71 D1
Alden Hurst WS7 228 C4
Alder Cl Ashley TF9 99 E3
Kidsgrove ST7 41 D4
Lichfield WS14 231 F4
Alder Coppice DY3 266 B1
Alder Coppice Prim Sch DY3 266 B1
Alder Dale WV3 255 F1
Alder Gr Burton u T DE15 185 F4
Newcastle-u-L ST5 55 E4
Stafford ST17 174 A4
Alder Rd Kingswinford DY6 275 F3
Market Drayton TF9 112 A4
Alder Way WS12 211 D3
Alder Wlk ST4 71 F2
Alderbrook Cl
Rolleston DE13 147 D2
Sedgley DY3 266 A1
Alderdale Ave DY3 266 B2
Alderflat Dr ST4 88 B3
Alderford Cl WV8 255 F4
Aldergate B79 250 A3
Alderhay La ST7 26 B3
Alderhithe Gr B74 257 D2
Alderney Cl ST5 70 C2
Alderney Cres ST3 72 C2
Alders La B79 249 F3
Alders The DE13 183 E1
Aldersea Cl ST6 41 F1
Aldershaw Cl ST16 136 B1
Aldersleigh Dr ST17 175 E3
Aldersley Ave WV6 255 F4
Aldersley Cl WV6 255 D3
Aldersley High Sch WV8 239 E1
Aldersley Rd WV6 255 F3
Aldersley Stadium WV6 255 F3
Alderton Dr WV3 265 F4
Alderton Gr ST3 90 A3
Alderwood Prec DY3 266 B1
Alderwood Rise DY3 271 E3
Aldin Cl B78 249 F1
Aldridge By Pass WS9 256 A3
Aldridge Cl
Brierley Hill DY8 279 F4
Polesworth B78 262 C4
Aldridge Rd Aldridge B74 256 B1
Little Aston B74, WS9 257 D3
Aldridge Sch WS9 256 A2
Aldrin Cl Meir ST3 90 B4
Stafford ST16 156 A3
Aldwick Dr WV3 265 D4
Aldwych Cl WS9 256 A4
Alexander Patterson Sch DY10 280 B2
Alexander Rd WV8 239 E2
Alexandra Cres ST14 126 A4
Alexandra Ct DE15 167 D2
Alexandra Cty Inf Sch ST3 73 F1
Alexandra Jun Sch ST3 73 F1
Alexandra Mews B79 250 B3
Alexandra Rd
Burton u T DE15 167 D2
Longton ST3 73 F1
Market Drayton TF9 97 D1
Newcastle-u-L ST5 56 B2
Stafford ST17 155 F1
Wolv WV4 266 A3
Alexandra St ST15 104 C1
Alexandra Way WS9 256 A3
Alford Dr ST3 59 D2
Alfred Lyons Cl WS15 160 C3
Alfred St Burton u T DE14 166 B1
Fenton ST4 72 C4
Tamworth B79 250 A3
Walsall WS3 243 D1
Alfreton Rd ST4 73 D3
Algar Rd ST4 71 F3
Alison Dr DY8 279 F2
All Saints CE Fst Sch
Church Leigh ST10 109 D2
Denstone ST14 95 F3
Leek ST13 30 C2
All Saints CE Inf Sch ST18 153 E3
All Saints CE Prim Sch
Acton Trussell ST17 193 F4
Alrewas DE13 201 D1
Seisdon WV5 269 D4
Tatenhill DE13 164 B1
All Saints CE Upper Prim Sch WV2 266 C4
All Saints Dr B74 258 A1
All Saints Fst Sch ST21 102 B2
All Saints Rd
Burton u T DE14 185 E4
Stoke-on-T ST4 72 A3
Wolv WV2 266 B4
All Ways ST18 122 B3
Allan Cl DY8 279 F4
Allard B77 250 C1
Allen Birt Wlk WS15 178 B2
Allen Gdns TF9 112 A4
Allen Rd WV6 255 F2
Allen St Cheadle ST10 76 C1
Stoke-on-T ST4 71 F4
Tamworth B77 250 B1
Allen's La ST14 127 F1
Allenby Ct ST5 70 C2
Allenby Sq ST4 71 F2
Allendale ST16 155 D4
Allendale Wlk ST3 72 C1
Allens Croft ST14 127 F1
Allens La WS3 243 F1
Allens Rough Jun Mix Sch WV12 242 B1
Allensmead B77 250 B1
Allensmore Ave ST4 73 D3
Allensway ST5 70 C2
Allerdale Rd WS8 244 C3
Allerton Rd ST4 87 F4
Alleston Wlk WV10 240 B1
Alley The DY3 271 D2
Alley's La ST20 190 A4
Alleyne Pl ST14 110 C1
Alleynes High Sch ST15 105 D1
Alleynes Sports Ctr ST15 105 D2
Alliance St ST16 155 E3
Alliance Works Ind Est ST15 120 A4
Alliss Cl ST16 156 B2
Allport Rd WS11 209 F1
Allport St WS11 209 F1
Allsop Cres ST17 175 D1
Allton Ave B78 249 E1
Allways Cl ST18 122 B3
Allways The ST18 122 B3
Alma Cl ST7 25 F4
Alma Rd DE11 186 C3
Alma St Burton u T DE14 166 B1
Fenton ST4 72 B3
Leek ST13 30 B3
Stone ST15 104 C1
Almar Pl ST6 42 A3
Almond Cl Brownhills WS3 243 F1
Cannock WS11 210 B1
Almond Ct DE13 147 F1
Almond Gr Fenton ST3 72 C2
Swadlincote DE11 186 C3
Almond Pl ST5 40 C1
Almond Rd
Huntington WS12 209 E4
Kingswinford DY6 275 F4
Almshouse Croft ST18 191 D4
Alnwick Cl WS12 210 C1
Alnwick Rd WS3 243 D2
Alpha Way WS6 243 D4
Alpine Dr WS12 210 B2
Alpine Way WV6 255 E1
Alrewas Rd DE13 199 F3
Alsager Rd ST7 39 E3
Alsop St ST13 30 C3
Alston Cl Cannock WS12 210 C1
Sutton Coldfield B74 258 A1
Alstone Cl ST16 155 D4
Alstone La Bradley ST18 172 C1
Haughton ST18 172 C1
Alstonfield Ave ST2 58 B3
Althorp Way DE13 166 B4
Alton Cl Newcastle-u-L ST5 55 D1
Wolv WV10 240 C2
Alton Gr Bucknall ST2 73 E4
Cannock WS11 209 D1
Newport TF10 168 C1
Alton Towers Theme Pk ST10 78 C2
Altona Cl ST15 120 A4
Alvaston Cl WS3 243 E2
Alvecote Cotts B79 251 E3
Alverley Cl DY6 275 D4
Alverstoke Cl WV9 240 A1
Alvis Cl B79 249 F4
Alwen St DY8 275 F1
Alwyn B77 261 F4
Alwyn Cl WS6 227 D2
Alwyn Cres ST6 57 E4
Alwyn Rd DE13 182 A1
Amanda Ave WV4 265 F2
Amber Bsns Village B77 251 D2
Amber Cl B77 251 D2
Amber Ct Endon ST9 43 F3
Tamworth B77 251 D2
Amber Gn WS11 210 B1
Amberfield Cl ST3 73 F2
Ambergate Cl WS3 243 E2
Ambergate Dr DY6 275 E4
Amberley Way B74 256 C1
Amblecote Dr ST3 73 F2
Amblecote Prim Sch DY8 279 F4
Amblefield Way ST16 136 B1
Ambleside Cl ST15 120 B4
Ambleside Pl ST6 42 A2
Ambleside Way DY6 275 E3
Ambrose Cres DY6 275 E4
Ambrose Pl ST7 41 F4
America St ST6 41 E2
Amerton La
Weston-u-T, Amerton ST18 139 D2
Weston-u-T, Shirleywich ST18 138 C1
Amicable St ST6 56 C4
Amicombe B77 251 E1
Amington Cl B75 258 B2
Amington Heath Prim Sch B77 251 D2
Amington Ind Est B77 251 D2
Amington Rd B77 250 B2
Amison St ST3 73 E2
Ampleforth Dr ST17 156 A1
Ampthill Pl ST4 71 F1
Amptronik Trad Est DY3 269 E2
Ancaster St ST6 41 E4
Anchor Cl B77 250 C2
Anchor Par WS9 256 A3
Anchor Pl ST3 283 C4
Anchor Rd Aldridge WS9 256 A3
Longton ST3 283 C4
Anchor Terr ST3 283 C4
Anchor Way ST20 171 E4
Anderby Gdns DE11 186 C1
Anders B79 250 A3
Anders Sq WV6 254 C2
Anderson Pl ST6 42 C2
Anderstaff Ind Pk DE14 166 C3
Andover Cl ST3 73 E3
Andover Cres DY6 275 F2
Andover Pl WS11 210 A2
Andrew Pl ST5 284 D3
Andrew St ST6 41 E4
Andrews Rd WS9 245 D2
Aneurin Bevan Pl WS15 178 B1
Angelica B77 250 C2
Angle St 3 ST13 30 B3
Anglesea Dr ST3 73 D2
Anglesey Bsns Pk WS12 210 C2
Anglesey Cl WS7 228 C2
Anglesey Cres
Brownhills WS8 228 C1
Cannock WS12 210 B3
Anglesey Ct DE14 166 A1
Anglesey Mews WS12 210 B3
Anglesey Prim Sch DE14 166 B1
Anglesey Rd
Brownhills WS8 228 C1
Burton u T DE14 166 A1
Lichfield WS13 214 A1
Anglesey St
Burton u T DE13 165 F2
Cannock WS12 210 A3
Anglia Rd WS11 209 E2
Angorfa Cl WS13 230 C4
Angus Cl ST2 58 B2
Anker Cl WS7 229 E3
Anker View B77 250 B2
Ankerdrive B79 250 A2
Ankermoor Ct B77 250 C3
Ankermoor Prim Sch B77 250 C3
Anna Wlk ST6 56 C4
Annan Cl CW12 6 A1
Anne Cres WS11 209 F3
Anne Ct ST7 40 B3
Anne Rd WV4 266 A3
Anne St ST6 41 E4
Annefield Cl TF9 97 E1
Annette Rd ST4 73 D3
Anslow Gdns WV11 241 F1
Anslow La DE13 147 D1
Anslow Rd DE13 145 D1
Ansmead Gr ST3 72 C1
Anson Ave WS13 214 A1
Anson CE Prim Sch ST18 158 A1
Anson Cl Burntwood WS7 229 E4
Great Wyrley WS6 226 C1
Perton WV6 254 C3
Anson Ct DE14 166 C2
Anson Dr ST17 175 F3
Anson Mews WS15 178 C1
Anson Rd Alrewas DE13 201 D1
Great Wyrley WS6 226 C1
Meir ST3 90 A4
Anson St WS15 178 C1
Anson's Row ST18 177 E4
Anstree Cl WS6 226 B1
Ansty Dr WS12 210 B1
Anthony Gr ST3 89 F2
Anthony Pl ST3 283 D4
Antler Dr WS15 178 A1
Apedale Bsns Pk ST5 55 E4
Apedale Rd
Audley, Chesterton ST5 55 E3
Audley, Wood Lane ST7 55 D4
Newcastle-u-L ST5 55 E3
Apex Bsns Pk WS11 227 F2
Apex Rd WS8 244 B4
Apley Pl ST4 87 F4
Apley Rd DY8 279 F4
Apollo B79 249 F3
Apollo Cl WS11 210 A3
Apollo Wlk ST6 42 B1
Appian Cl B77 261 E4
Apple Wlk WS11 210 B1
Appleby Gdns WV11 242 B1
Appleby Glade DE11 186 B1
Applecroft Madeley CW3 68 B4
Newcastle-u-L ST5 40 C1
Applecross B74 257 F1
Appledore Cl
Cannock WS12 210 C2
Great Wyrley WS6 227 D2
Stafford ST17 175 F4
Appledore Gr ST7 41 F4
Appleford Pl ST3 72 C1
Applegarth Cl ST4 73 D3
Appleton Cl Biddulph ST8 27 F3
Congleton CW12 15 F4
Swadlincote DE11 186 C3
Appleton Cres WV4 266 A3
Appleton Dr ST5 85 E3
Appletree Gr WS9 256 A3
Applewood Cl ST14 111 D1
Applewood Cres ST3 90 B4
Appleyard Ct 12 ST16 155 F2
Apse Cl WV5 269 F4
Apsley Gr ST12 88 A1
Aqualate Cl TF10 169 D2
Aqualate Ho ST17 174 C3
Aquinas St ST4 72 A4
Arbor Cl B77 250 B2
Arbor Gate WS9 245 D2
Arborfield Rd ST14 143 F4
Arbour Cl CW3 68 C4
Arbour St Hanley ST1 282 C3
Kidsgrove ST7 40 B3
Arbourfield Dr ST2 58 A1
Arbury Dr DY8 275 E2
Arcade The DY3 271 F3
Arcal St DY3 271 F4
Arch St WS15 196 C4
Arclid Way ST2 58 A1
Arctic Pl ST4 88 A4
Arden Cl DY8 275 E2
Arden Cl ST13 31 D3
Arden Cl Rugeley WS15 178 B1
Stourbridge DY8 279 F4
Tamworth B77 250 C3
Arden Ct CW12 16 A4
Arden Rd DE13 201 E4
Arden Wlk WS15 198 B2
Ardgay Dr WS12 209 F4
Ardingley Ave ST17 156 A1
Argosy Cl ST3 90 A4
Argyle Ave B77 250 B2
Argyle Cl DY8 275 F1
Argyle Rd WV2 266 A3
Argyle St Hanley ST1 282 A1
Tamworth B77 250 C2
Argyles Rd ST13 31 D4
Argyll Cl ST11 90 C3
Argyll Rd ST3 73 E1
Ariane B79 249 F4
Aries Cl ST6 41 F3
Arion Cl B77 250 B3
Arkall Cl B79 250 B4
Arkle B77 261 E2
Arkwright Gr ST2 57 F4
Arlescote Cl B75 258 B1

290 Arl – Bam

Arley Dr DY8 279 F2
Arley Gr WV4 265 E3
Arlington Cl DY6 275 E2
Armishaw Pl WS15 197 D3
Armitage Gdns WS15 197 D3
Armitage Hill DE13 183 F2
Armitage La
Armitage WS15 197 D3
Rugeley WS15 197 D3
Armitage Rd WS15 197 D3
Armshead Rd ST9 59 D2
Armside Cl WS3 244 A2
Armstead Rd WV9 240 A2
Armstrong B79 249 F3
Armstrong Ave ST16 156 A2
Armstrong Gn ST6 57 E4
Arnold Cl B79 250 A3
Arnold Gr ST5 56 A4
Arnotdale Dr WS12 209 F4
Arps Rd WV8 238 C2
Arran Cl WS11 210 A2
Arran Dr ST7 41 F4
Arrow Dr WV7 237 D3
Arthur Evans Cl WS15 197 D3
Arthur St Burton u T DE14 166 B3
Cannock, Chadsmoor WS11 209 F2
Cannock, Wimblebury WS12 210 C2
Newcastle-u-L ST5 55 F1
Stone ST15 105 D1
Tunstall ST6 41 F2
Wolv WV2 266 B4
Arthur Terry Sch B74 258 A2
Arthur Wood Pl WS15 178 B1
Arthurs Ct DE13 147 F1
Arundel B77 261 E4
Arundel Gr WV6 254 C2
Arundel Rd
Kingswinford DY8 275 E1
Wolv WV10 240 A1
Arundel Way ST3 73 E3
Ascot Cl Burton u T DE15 167 D2
Lichfield WS14 231 E4
Ascot Dr Cannock WS11 226 A4
Sedgley DY1 271 F1
Wolv WV4 266 A2
Ascot Gdns DY8 275 E1
Ascot Rd ST17 156 B1
Ash Bank Rd ST9 59 D2
Ash Cl Cheadle ST10 76 C1
Codsall WV8 239 D2
Uttoxeter ST14 126 A4
Ash Cres DY6 275 F3
Ash Dr ST18 172 C3
Ash Gr Albrighton WV7 237 D2
Barlaston ST12 88 B1
Blythe Bridge ST11 90 B4
Brewood ST19 223 E3
Cannock WS11 209 F2
Caverswall ST2 58 C2
Fenton ST3 72 C1
Lichfield WS14 231 F4
Newcastle-u-L ST5 55 D1
Sedgley DY3 271 E1
Tamworth B77 261 F3
Wheaton Aston ST19 205 E3
Ash Green Cl ST4 88 A4
Ash Green Cty Prim Sch ST4 88 A4
Ash Grove La DE65 148 B3
Ash Hill WV3 255 E1
Ash La Great Wyrley WS6 227 D2
Newton Regis B79 236 C3
Swynnerton ST15 118 C3
Ash Park Ind Est WS11 210 A1
Ash Rd ST15 120 A4
Ash Rise ST17 174 C2
Ash St Burton u T DE14 166 A1
Walsall WS3 243 E1
Ash Tree Cl DE11 186 C3
Ash Tree Hill ST10 76 B1
Ash Tree La WS13 215 D1
Ash Tree Rd DE13 183 E1
Ash View WS12 209 E4
Ash Way ST2 58 C2
Ashbourne Cl WS11 210 A2
Ashbourne Dr
Market Drayton TF9 97 E1
Newcastle-u-L ST5 55 D1
Ashbourne Gr ST1 282 B4
Ashbourne La DE6 35 D1
Ashbourne Rd
Alstonefield DE6 35 D2
Cheadle ST10 76 C2
Leek ST13 31 D2
Mayfield DE6 81 E4
Rocester ST14 95 F2
Uttoxeter ST14 111 D1
Walsall WS3 243 E2
Wolv WV4 266 C2
Ashbrook DE15 167 D1
Ashbrook Cl Gnosall ST20 171 E4
Uttoxeter ST14 126 B3
Ashbrook La WS15 161 E3
Ashburton St ST6 57 D4
Ashby Cres ST3 72 C1
Ashby Rd Burton u T DE15 167 D1
Tamworth B79 250 B4
Wigginton B79 250 B4
Ashby Rd E DE15 167 F1
Ashcombe Gr ST3 72 C1
Ashcombe Rd ST13 45 E2
Ashcombe Way ST13 30 C2
Ashcott Wlk ST2 58 B1
Ashcroft Ave ST4 71 F1
Ashcroft Cl ST5 56 A3
Ashcroft Cty Inf Sch B79 250 B4
Ashcroft Gr ST5 56 A3
Ashcroft La
Shenstone WS14 246 C4
Wall WS14 246 C4
Ashcroft Oval ST5 56 A3
Ashcroft Pl ST5 56 A3
Ashcroft Rd ST5 56 A3
Ashdale Cl Burton u T DE15 186 A4
Kingswinford DY6 275 E4
Stone ST15 120 A4
Ashdale Dr ST16 155 E4
Ashdale Pk ST15 118 C3
Ashdale Rd Fenton ST4 72 B3
Leek ST13 31 D3
Tamworth B77 250 B3
Ashdale Rise ST5 71 D2
Ashdene Gdns DY8 275 E1
Ashdene Gr ST4 71 F1
Ashdown Dr DY8 275 F2
Ashe's La DE6 144 B4
Ashen Cl DY3 266 B2
Ashenden Rise WV3 265 D4
Ashendene Gr ST4 87 F4
Ashenhurst Way ST13 30 C2
Ashenough Rd ST7 40 B3
Ashfield Ct ST5 284 A4
Ashfield Gr WV10 240 B2
Ashfield Rd
Wolv, Compton WV3 255 E1
Wolv Ford Houses WV10 240 B2
Ashfield Sq ST2 58 A1
Ashfields WV7 237 D3
Ashfields Grange ST5 284 B3
Ashfields New Rd ST5 284 A4
Ashflats Rd Bradnop ST18 174 C2
Stafford ST17 174 C2
Ashford Dr DY3 271 F4
Ashford Gr ST15 120 B4
Ashford Rd DE13 166 A3
Ashford St ST4 72 B4
Ashgrove WS7 228 C3
Ashland St WV3 266 A4
Ashlands ST18 139 E1
Ashlands Ave ST4 71 F4
Ashlands Cl B79 250 B4
Ashlands Cres ST4 71 F4
Ashlands Gr ST5 71 E4
Ashlands Rd ST4 71 F4
Ashlar Cl ST6 42 A4
Ashlea Dr DE6 81 E4
Ashleigh Ave DE11 186 C3
Ashleigh Cres ST19 205 E4
Ashleigh Dr Tamworth B77 261 F4
Uttoxeter ST14 110 C1
Ashleigh Rd Rugeley WS15 196 C4
Upper Tean ST10 92 C2
Ashley Cl Kingswinford DY6 275 E2
Stafford ST16 155 D2
Stourbridge DY8 279 E1
Ashley Croft ST20 190 A4
Ashley Ct DE15 167 D2
Ashley Gdns WV8 238 C2
Ashley Gr ST5 56 B2
Ashley Rd
Burntwood WS7 211 F1
Kidderminster DY10 280 A1
Walsall WS3 242 C1
Wolv WV4 265 F3
Ashley View TF9 97 E1
Ashmall WS7 229 E2
Ashman St ST6 42 B1
Ashmead Rd WS7 229 D4
Ashmole Cl WS14 231 F3
Ashmore Ave WV11 242 A1
Ashmore Dr ST20 171 E4
Ashmore Wlk ST1 282 C3
Ashoale Cl WS12 209 E4
Ashover Gr ST7 41 F4
Ashover Rd DE11 186 C3
Ashridge Ave ST5 71 D1
Ashridge Gr ST3 73 E3
Ashridge Wlk ST16 136 B1
Ashton Cl CW12 6 A1
Ashton Ct Caverswall ST9 59 D2
Newcastle-u-L ST5 71 E1
Ashton Dr WS4 244 B2
Ashtree Bank WS15 197 D3
Ashtree Cl ST18 177 E4
Ashtree Rd WS3 244 A2
Ashurst Gr ST3 90 A4
Ashwell Rd ST4 71 E4
Ashwells Gr WV9 240 A1
Ashwood ST3, ST4 283 C4
Ashwood Ave DY8 275 E1
Ashwood Cl TF9 97 D1
Ashwood Gr Forsbrook ST11 91 D3
Wolv WV4 266 A3
Ashwood Park Prim Sch DY8 275 E1
Ashwood Terr ST3 283 C5
Ashworth Ave DE15 167 E1
Ashworth Ho WS11 210 A2
Ashworth St ST4 72 B3
Ashworth Way TF10 168 C1
Askerbank La SK11 8 A1
Askern Cl ST3 73 F1
Askew Bridge Rd DY3 271 D2
Askew Cl DY3 271 F3
Aspen Cft ST17 174 A4
Aspen Cl ST7 26 C2
Aspen Ct WS12 211 D3
Aspen Gr WS7 228 C4
Aspen Rd DE13 201 E4
Aspen Way TF10 168 C1
Aspley Cl WV10 224 C3
Asquith Cl ST8 27 F4
Asquith Dr WS11 210 B1
Astbury CE Aided Prim Sch CW12 15 E4
Astbury Cl Kidsgrove ST7 26 B2
Walsall WS3 243 D2
Astbury Lane Ends CW12 15 F4
Aster Cl ST3 74 A3
Aster Wlk WV9 240 A2
Astil St DE15 166 C1
Aston Bk Seighford ST18 154 C2
Stafford ST16 154 C2
Aston Chase ST15 120 B4
Aston Cl Colwich ST18 177 E4
Penkridge ST19 208 A4
Shenstone WS14 246 C3
Aston Dr TF10 168 C1
Aston Hill ST18 154 C2
Aston La Maer TF9 83 F4
Stone ST15 120 B2
Sudbury DE6 129 D3
Woore CW3 67 F1
Aston Lodge Parkway ST15 120 B3
Aston Rd ST5 40 B1
Aston St WV3 266 A4
Aston Terr ST16 155 F3
Astonfields Ind Est ST16 155 F3
Astonfields Rd ST16 155 F3
Astonfields Road Bsns Pk ST16 155 F3
Astor Rd Aldridge B74 257 D1
Kingswinford DY6 275 F3
Astoria Cl WV12 242 B1
Astoria Dr ST17 174 C3
Astoria Gdns WV12 242 B1
Astro Gr ST3 283 A4
Athelney Ct WS3 244 A2
Athelstan Cl ST19 208 A4
Athelstan Gr WV6 254 C3
Athelstan St ST6 41 E2
Athelstan Way B79 249 F4
Athena Rd ST1 57 F3
Atherstone Rd ST4 88 A4
Atherstone St B78 261 D4
Athlestan Way DE13 147 E1
Athlone St ST6 42 B1
Atholl Rd ST3 283 D1
Atkins Way ST14 95 F2
Atlam Cl ST2 58 A2
Atlantic Gr ST4 88 A4
Atlas St ST4 72 C3
Attingham Dr WS11 210 A1
Attlee Cres Rugeley WS15 196 C4
Stafford ST17 174 B4
Attlee Gr WS11 210 B1
Attlee Rd ST10 76 B1
Attwell Pk WV3 265 E4
Attwood Gdns WV4 266 C3
Attwood Rd WS7 228 B4
Attwood St ST7 26 A1
Aubrey St ST6 41 D4
Auchinleck Dr WS13 214 B1
Auckland Rd DY6 275 F2
Auden Ct WV6 254 C2
Auden Pl ST3 283 D4
Auden Way ST17 174 B4
Audlem Rd CW3 67 D1
Audley Ave TF10 169 D1
Audley Ave Bsns Pk TF10 169 D1
Audley Ho TF10 169 D1
Audley House Mews TF10 169 D1
Audley Pl ST5 71 D3
Audley Rd Alsager ST7 39 E4
Audley ST7 40 A1
Barthomley CW2 38 C3
Kidsgrove ST7 40 A3
Newcastle-u-L ST7 40 A1
Newport TF10 168 C2
Audley St Newcastle-u-L ST5 55 F2
Tunstall ST6 41 E2
Audmore Rd ST20 171 E4
Audnam DY8 275 F1
Augustine Cl ST15 120 B4
Augustine Gr B74 257 F3
Augustines Wlk WS13 214 A2
Aukland St ST6 57 D4
Aulton Rd B75 258 C1
Austcliffe Rd DY10 280 A3
Austin Cl Sedgley DY1 271 F1
Stone ST15 120 A4
Austin Cote La WS14 231 F4
Austin Friars ST17 155 F1
Austin St ST1 282 C1
Austrey La
Newton Regis B79 236 C2
Newton Regis, No Man's Heath B79 236 C3
Austwick Gr ST4 71 F3
Autumn Berry Gr DY3 271 F3
Autumn Cl WS4 244 B1
Autumn Dr Brownhills WS4 244 B1
Lichfield WS13 214 B1
Sedgley DY3 271 E2
Avarne Pl 14 ST16 155 F2
Aveling Gn ST2 57 F4
Aveling Rd ST2 57 F4
Avenue Rd Cannock WS12 210 C1
Newport TF10 168 C1
Stoke-on-T ST4 57 E1
Wolv WV3 255 F1
Avenue Rd S TF10 168 C1
Avenue The Bagnall ST9 43 F2
Blakedown DY10 281 D1
Cheadle ST10 76 B1
Cheddleton ST13 45 E2
Endon ST9 43 F4
Enville DY7 273 E1
Featherstone WV10 241 D4
Forsbrook ST11 91 D4
Avenue The continued
Kidsgrove ST7 25 F1
Newcastle-u-L, Basford ST5 56 B1
Newcastle-u-L, City General Hospl ST5 71 E4
Stone ST15 105 D1
Wheaton Aston ST19 206 B2
Wolv, Finchfield WV3 265 D4
Wolv, Penn WV4 265 F2
Wootton DE6 79 F3
Averill Dr WS15 178 B1
Averill Rd ST17 174 B4
Aviation La DE13 165 E2
Avill B77 262 A3
Avington Cl DY3 271 E4
Avion Cl ST3 90 B4
Avoca St ST1 282 C4
Avocet Cl ST14 126 B3
Avon B77 262 A3
Avon Ave ST6 41 F2
Avon Bsns Pk WS11 226 B4
Avon Cl Kidsgrove ST7 26 A1
Newcastle-u-L ST5 71 D2
Perton WV6 254 C2
Stafford ST16 156 A2
Avon Cres WS3 244 A1
Avon Dale TF10 168 C2
Avon Gr Ashley TF9 99 E3
Cheadle ST10 76 C1
Stone ST15 120 A3
Avon Hill ST16 156 B2
Avon Rd Burntwood WS7 228 C3
Cannock WS11 226 B4
Stourbridge DY8 279 F2
Walsall WS3 243 F1
Avon Rise ST16 156 A2
Avon Way DE15 167 D1
Avondale Cl DY6 275 F4
Avondale Rd WV6 255 F2
Avondale St ST6 56 B4
Avonlea Gdns WS15 178 B1
Avonwick Gr ST1 58 A3
Axborough La DY10 280 B2
Axbridge Wlk ST6 42 B1
Axon Cres ST3 74 A2
Aylesbury Rd ST2 58 B1
Aylesford Cl DY3 266 B1
Aylesford Dr B74 257 F3
Aynsley Ave ST5 71 D2
Aynsley Cl ST10 76 B1
Aynsley Rd ST4 57 D1
Aynsley Specl Sch ST11 90 C4
Aynsley's Dr ST11 90 C4
Ayr Rd ST10 76 C3
Ayrshire Way CW12 6 A1
Ayrton Cl WV6 255 D2
Ayshford St ST3 283 B3
Azalea Cl WV8 239 D2
Babbacombe Ave ST17 175 F4
Babbington Cl
Tutbury DE13 146 B3
Whittington WS14 232 C3
Babworth Cl WV9 240 A1
Back Browning St ST16 155 E2
Back Bunt's La ST9 43 E2
Back Cross La CW12 16 A4
Back Ford Green Rd ST6 42 B1
Back Garden St ST5 284 C2
Back Heathcote St ST7 26 A1
Back La
Aldridge WS9 256 C4
Alstonefield DE6 35 F2
Alton ST10 78 C1
Ashley TF9 100 A3
Betley CW3 53 D4
Colwich ST18 177 E4
Ellastone DE6 80 A2
Endon, Brown Edge ST6 43 D4
Endon, Hodgefield ST6 28 A1
Gnosall ST20 171 E3
Haughton ST18 173 D3
Hixon ST18 139 E1
Leek ST13 30 B3
Millmeece ST21 102 B3
Ranton ST18 153 E2
Shenstone WS14 246 C1
Uttoxeter ST14 126 B4
Waterhouses ST10 49 F1
Wheaton Aston ST19 205 E3
Whittington WS14 232 C3
Woodseaves ST20 151 E4
Wootton DE6 79 F4
Back Radfords ST15 105 D1
Back Rd DY6 275 E4
Back Westlands Rd ST14 126 A3
Backcester La WS13 231 D4
Backcrofts WS11 209 E1
Baddeley Green La ST2 43 D1
Baddeley Hall Rd ST2 43 E2
Baddeley Rd ST2 43 D1
Baddeley S
Burslem ST6 41 F1
Cheadle ST10 76 C1
Baddely's Ct TF10 168 C1
Baden Powell Cl WS15 211 F3
Baden Rd ST6 42 B1
Baden St ST5 284 B4
Bader Rd WV6 254 C2
Badger Brow Rd TF9 99 E3
Badger Cl WS12 209 E3
Badger Gr ST3 90 B4
Badger La TF9 84 B2
Badger St DY3 271 F3
Badger's End ST19 205 D3
Badgers Bank Rd B74 257 F3
Badgers Brow ST1 57 F2
Badgers Cl WS3 244 A3
Badgers Croft
Eccleshall ST21 133 F3
Stafford ST17 175 E3
Badgers Hollow SE10 93 D1
Badgers Way WS12 210 B1
Badgery Cl ST14 111 D1
Badminton Cl DY1 271 F2
Badnall Cl ST13 30 B3
Badnall St ST13 30 B3
Bag La Admaston WS15 159 E4
Marchington ST14 127 F1
Roston DE6 96 C4
Baggeridge Cl DY3 271 D4
Baggeridge Ctry Pk DY3 270 C3
Baggott Pl ST5 70 C4
Baggott St WV2 266 B4
Bagnall Hospl ST9 43 F1
Bagnall Rd Bagnall ST2 43 E1
Norton-in-t-M ST2 43 E1
Bagnall St ST1 282 B2
Bagot Gr ST1 57 F4
Bagot St WS15 160 C3
Bagots Oak ST17 174 B4
Bagots View
Abbots Bromley WS15 161 D3
Church Leigh ST10 109 D2
Bagridge Cl WV3 265 D4
Bagridge Rd WV3 265 D4
Bailey Ave B77 261 F3
Bailey Cl WS11 210 A2
Bailey Cres CW12 6 A2
Bailey Rd ST3 72 C2
Bailey St Burton u T DE14 166 B1
Newcastle-u-L ST5 284 A3
Stafford ST17 155 F1
Stoke-on-T ST4 56 C1
Bailey's Bank ST6 16 B2
Bailye Cl WS13 214 C1
Bain Ho ST17 174 C3
Bainbridge Rd ST4 88 A4
Bains Gr ST5 55 F4
Baker Ave WV14 266 C1
Baker Cres ST2 43 E2
Baker Cres N ST2 43 E2
Baker Cres S ST2 43 D2
Baker St Burntwood WS7 228 C3
Burton u T DE15 185 F4
Fenton ST4 72 C3
Baker's La Aldridge WS9 256 A3
Lichfield WS13 231 D4
Norbury TF10 150 B2
Bakers Gdns WV8 238 C2
Bakers Way WV8 238 C2
Bakers Wlk B77 261 F3
Bakewell Cl
Newcastle-u-L ST5 55 D1
Walsall WS3 243 E2
Bakewell Dr ST15 120 B3
Bakewell Gn DE11 186 C3
Bakewell St ST4 71 F3
Bala Gr ST10 76 C2
Balaam's La ST15 106 B3
Balance Hill ST14 126 B4
Balance St ST14 126 B4
Balcombe Cl ST5 284 B1
Baldwin Gr WS11 210 B1
Baldwin Way DY3 269 F1
Baldwin's Gate CE Prim Sch ST5 85 E3
Balfour B79 250 A2
Balfour Cres WV6 255 F2
Balfour Gr ST8 27 F4
Balfour Rd DY6 275 F4
Balfour St Burton u T DE13 166 B3
Hanley ST1 282 C2
Balk Pas ST16 155 E2
Ball Green Prim Sch ST6 42 B3
Ball Haye Gn ST13 31 D4
Ball Haye Rd ST13 30 C3
Ball Haye St ST13 30 C3
Ball Haye Terr ST13 30 C3
Ball Hayes Rd ST6 42 B3
Ball La
Brewood WV9, WV10 240 B3
Endon ST6 43 D3
Leek ST13 30 C3
Norton-in-t-M ST6 43 D3
Ball's Yd ST5 284 B3
Ballarat Wlk DY8 279 F3
Ballington Gdns ST13 30 C3
Ballington View ST13 30 C2
Ballinson Rd ST3 72 C1
Balliol Bsns Pk WV9 239 F2
Balloon St ST4 56 B1
Balmain Cres WV11 241 D1
Balmoral Cl Lichfield WS14 231 E3
Stone ST15 120 A3
Trentham ST4 72 A1
Balmoral Ct WS11 210 A3
Balmoral Dr Cannock WS12 209 F4
Market Drayton TF9 97 F1
Wombourne WV5 265 D1
Balmoral Rd
Burton u T DE15 167 D2
Kingswinford DY8 275 E1
Stafford ST17 156 B1
Sutton Coldfield B74 257 F3
Wolv WV4 266 A3
Balmoral View DY1 271 F1
Balmoral Way WS7 211 F1
Baltic Cl Cannock WS11 209 F1
Trentham ST4 88 A4
Balvenie Way DY1 271 F2
Bamber Cl WV3 265 F4
Bamber Pl ST5 55 F3
Bamber St ST4 72 A4
Bamborough Cl DE13 166 B4
Bamburgh B77 261 E4

Bam – Bel 291

Bambury St Fenton ST3, ST4 . 73 E3
Longton ST3, ST4 73 E3
Bamford Cl WS3 243 E2
Bamford Gr ST1 282 A4
Bamford Rd Walsall WS3 243 E2
Wolv WV3 266 A4
Bamford St B77 250 B2
Bampton Ave WS7 229 D4
Bampton Cl ST9 43 F4
Banbery Dr WV5 269 F2
Banbury Cl DY3 271 F3
Banbury Gr ST8 27 E4
Banbury Rd WS11 226 B4
Banbury St ST7 25 E1
Bancroft B77 250 C2
Bancroft La
Forsbrook ST11 90 C3
Hamstall Ridware WS15 199 D4
Bandridge La SK11 18 A4
Baneberry Dr WV10 241 D4
Bangley La
Drayton Bassett B78 260 A4
Hints B78 259 F3
Bank Cl ST14 126 B4
Bank Cres WS7 228 C3
Bank End ST6 43 D4
Bank Hall Rd ST6 42 A1
Bank House Dr ST5 56 C1
Bank Pas 9 ST16 155 F2
Bank Rd DY3 271 E1
Bank Side Hartington SK17 24 B3
Stone ST15 119 F3
Bank St Cannock WS12 210 C1
Cheadle ST10 76 B2
Kidsgrove ST7 26 B2
Tunstall ST6 41 E2
Bank The Gnosall ST20 171 E3
The Bank ST7 26 A4
Bank Top WS15 178 B1
Bank Top Ave ST6 42 A2
Bank Wlk DE13 166 A4
Bankerwall La DE6 80 B4
Bankfield Gr ST5 54 C2
Bankfield Rd ST3 89 F4
Bankhouse Dr CW12 6 A3
Bankhouse Rd
Forsbrook ST11 91 D4
Trentham ST4 87 F4
Banks La ST10 61 F2
Bankside
Newcastle-u-L ST5 284 C2
Stone ST15 104 B2
Wombourne WV5 269 F4
Bankside Way WS9 245 D1
Banktop Rd DE6 144 A3
Banky Brook Cl ST6 42 B2
Bannut Tree La DY7 277 E3
Banstead Cl WV2 266 C4
Bantock Ave WV3 265 F4
Bantock Gdns WV3 255 F1
Baptist St 9 ST6 57 D4
Bar Hill CW3 68 B2
Bar La DE13 183 D1
Bar Wlk WS9 245 E1
Barbara St B79 250 A3
Barber Cl WS12 210 C1
Barber Dr ST7 25 F4
Barber Pl ST6 41 F3
Barber Rd ST6 41 F3
Barber St ST6 41 F1
Barber's Sq ST5 56 B2
Barbridge Rd ST5 40 B1
Barbrook Ave ST3 73 F2
Barclay Cl WV7 237 D3
Barclay St ST3 73 E3
Barcliff Ave B77 250 C2
Barden Village ST10 92 B2
Bardolph Cl DE11 186 C2
Bardsey Wlk 1 ST3 73 D2
Bardwell Cl WV8 255 F4
Bardy La Armitage WS15 197 F2
Longdon WS15 197 E1
Barfoot St ST3 283 B3
Barford Rd ST5 70 C2
Bargate La ST19 223 E3
Bargery Rd WV11 242 A1
Bargrave St ST2 58 B1
Barker Cl ST16 155 E2
Barker St Longton ST3 283 D3
Newcastle-u-L ST5 55 F3
Barks Dr ST6 42 B2
Barlaston CE Fst Sch ST12 88 C1
Barlaston Cl ST16 155 E4
Barlaston Old Rd ST4 88 A3
Barlaston Rd Barlaston ST3 89 D3
Longton ST3 88 C4
Barlaston Sta ST12 88 B1
Barley Cl Aldridge B74 256 C1
Burton u T DE14 166 C3
Wolv WV8 239 F1
Barley Croft Perton WV6 254 B2
Whittington WS14 232 C3
Barley Ct ST16 155 D3
Barley Field WV9 224 A1
Barley Green La DE13 201 E1
Barley Orch ST20 171 F3
Barley Rd ST10 62 A4
Barleycorn Cl DE15 167 D1
Barleycroft ST10 76 C1
Barleycroft Terr ST7 25 F4
Barleyfield Rise DY6 275 D4
Barleyfields Audley ST7 39 E1
Chell Heath ST6 42 B2
Barleyford Dr ST3 73 E3
Barlow Cl B77 250 C2
Barlow St ST3 283 C3
Barlstone Ave ST11 90 C3
Barmouth Gr ST8 27 D1
Barn Ave DY3 271 E4
Barn Bank La
Bradnop ST18 174 B3
Stafford ST17 174 C2
Barn Cl Dordon B78 262 C3
Lichfield WS13 214 A2
Rugeley WS15 197 D3
Stafford ST17 174 C3
Barn Croft Burntwood WS7 . 229 D2
Great Wyrley WS6 227 D2
Barn Ct ST5 71 E2
Barn End Rd ST17 193 D4
Barn Gn WV3 265 F4
Barn Rd WS15 198 B2
Barnaby Sq WV10 240 C2
Barnard Pl WV2 266 C3
Barnard Rd WV11 241 F1
Barnard Way WS11 209 F1
Barnbridge B77 250 B1
Barnbridge Cl ST7 25 F4
Barncroft Rd ST6 42 B3
Barnes Croft ST15 106 B1
Barnes Rd
Shenstone WS14 247 D3
Stafford ST17 174 B4
Barnes Way ST3 73 E1
Barnett Cl DY6 275 E2
Barnett Gn DY6 275 E2
Barnett Gr ST6 41 F3
Barnett La DY6, DY8 275 E2
Barnett St DY8 275 E2
Barnetts La WS8 244 C4
Barnfield ST4 71 F3
Barnfield Cl Lichfield WS14 231 D3
Stone ST15 119 F4
Barnfield Pl ST13 30 C2
Barnfield Rd Burslem ST6 57 D4
Leek ST13 30 B2
Upper Tean ST10 92 C2
Barnfield Way
Cannock WS12 211 D3
Stafford ST17 175 E3
Barnfields Cl ST13 30 B2
Barnfields Ind Est ST13 30 B2
Barnfields La ST10 61 E1
Barnfields Prim Sch ST17 . 175 E3
Barngate St ST13 30 B3
Barnhurst La WV8 239 F1
Barnlea Gr ST3 90 A3
Barnmeadow Cl TF10 169 D2
Barnmeadow Rd TF10 169 D1
Barns Cl WS9 244 C2
Barns Croft B74 257 D2
Barnsdale Cl ST4 88 B3
Barnswood Cl WS11 226 A4
Barnwell Cl ST14 111 D2
Barnwell Gr ST4 72 A1
Barnwood Rd WV8 239 F1
Baron Cl WS7 211 F1
Baron St ST4 283 A5
Baron's Way ST18 158 B4
Barr Common Cl WS9 256 A2
Barr Common Rd WS9 256 A2
Barr St DY3 271 E2
Barracks La WS14 245 E4
Barracks Rd ST5 284 C2
Barracks Sq ST5 284 C2
Barrage Rd ST8 28 A4
Barrar Cl DY8 279 F4
Barratt Gdns ST2 58 A4
Barratts Croft DY5 271 E1
Barrett Cres ST6 57 D3
Barrett Dr ST6 57 D3
Barrie Gdns ST7 40 B4
Barrington Cl
Albrighton WV7 237 D3
Burton u T DE13 147 E1
Wolv WV10 240 B1
Barrington Ct ST5 56 C2
Barrow Hill Rd DY5 271 E1
Barry Ave ST2 58 A2
Bartholomew Rd ST3 73 F1
Barthomley Rd Audley ST7 39 D1
Barthomley CW2 38 A4
Betley ST7 38 C2
Hanley ST1 57 E3
Bartic Ave DY6 275 F2
Bartlem St ST3 283 D5
Bartlett Cl ST19 207 F4
Barton Cottage Hospl DE13 183 E1
Barton Cres ST6 41 F1
Barton Gate DE13 183 D1
Barton La Bradley ST18 191 D4
Kingswinford DY6 275 E4
Barton Lodge DE13 183 E1
Barton Rd WV4 266 C2
Barton St DE14 185 E4
Barton Turn DE13 184 A1
Barton's La TF9 112 A4
Barton's Rd TF9 112 A4
Barwood Ave ST7 25 D3
Basford La ST13 45 F4
Basford Lane Ind Est ST13 45 F4
Basford Park Rd ST5 56 B2
Basfordbridge La ST13 45 E2
Basfordbridge Terr ST13 45 F3
Basil Cl ST17 174 C3
Basildon Gr ST3 283 C2
Basin La B77 250 B2
Baskerville Rd ST1 282 C3
Baskeyfield Cl WS14 231 E4
Baskeyfield Pl ST6 42 A3
Baslow Cl WS3 243 E2
Baslow Gn DE11 186 C3
Baslow Rd WS3 243 D2
Basnett's Wood Rd ST9 43 F3
Bass's Bldgs DE14 166 A2
Bassenthwaite Ct DY6 275 E3
Bassett Cl Cheadle ST10 76 B2
Wolv WV4 265 E3
Bassilow Rd ST4 72 C4
Baswich Crest ST17 156 B1
Baswich House Dr ST17 175 E4
Baswich House Way ST17 . 175 E4
Baswich La ST17 175 E4
Batch La DE6 127 D4
Batchelor Cl DY8 279 F4
Bateman Ave ST8 27 D3
Batesmans Way ST14 126 B4
Batesway WS15 197 E2
Batfield La Alveley DY7 272 B1
Enville DY7 272 B1
Bath La DY7 277 E3
Bath Rd Cannock WS11 209 F3
Newcastle-u-L ST5 54 C1
Stourbridge DY8 279 F3
Bath St Leek ST13 30 C3
Meir ST3 74 A3
Sedgley DY3 266 C1
Stoke-on-T ST4 72 A4
Bath Terr ST4 72 A4
Baths La ST18 158 B4
Baths Pas ST3 283 B4
Baths Rd ST3 283 B4
Bathurst St ST3 283 C4
Batten Cl ST3 90 B4
Batten Wlk ST15 118 C3
Battisson Cres ST3 283 C2
Battle Ridge ST16 156 B4
Battlefield La WV5 270 A3
Battlesteads ST10 78 B1
Baulk La ST11 106 C4
Baxter Gn ST16 155 D2
Bayham Wlk ST2 58 A2
Bayley Hills TF10 168 A2
Baylie Ct DY8 279 F3
Baylie St DY8 279 F2
Bayston Ave WV3 265 F4
Bayswater Rd
Rugeley WS15 178 B1
Sedgley DY3 271 E1
Baytree Cl Hanley ST1 57 F3
Walsall WS3 243 D1
Baytree Rd WS3 243 D1
Baywood Cl ST17 156 B1
Beach Ave WV14 266 C2
Beachcroft Rd DY6 270 B1
Beachwood Ave DY6 270 B1
Beacon Dr DE13 147 D2
Beacon Gdns WS13 214 A1
Beacon Hill B74 256 B1
Beacon La Kinver DY7 277 D1
Romsley DY7 276 C2
Sedgley DY3 266 C1
Upper Arley DY12 276 B2
Beacon Pas DY3 271 E4
Beacon Rd Aldridge WS9 256 A1
Rolleston DE13 147 D2
Stone ST15 120 A3
Beacon Rise Aldridge WS9 . 256 A2
Sedgley DY3 266 C1
Stone ST15 120 A3
Beacon St Lichfield WS13 213 F1
Wolv DY3 266 C1
Beacon Street Sch WS13 213 F1
Beacon Way
Brownhills WS9 245 D2
Cannock WS12 210 C2
Beaconfields WS13 231 D4
Beaconsfield ST5 56 B4
Beaconsfield Ave WV4 266 B3
Beaconsfield Dr WV4 266 B3
Beaconsfield Rd DE13 166 A4
Beaconside ST16 156 A3
Beaconside Cl ST16 156 A3
Beaconside Sports Ctr ST18 156 B2
Beadnell Gr ST3 73 E1
Beale St DY8 279 F3
Bealeys La WS3 243 D1
Beam Cl DE13 166 A4
Beamhill Rd DE13 165 F4
Beamish La WV7 237 E3
Beard Gr ST2 58 A4
Bearnett Dr WV4 265 E1
Bearnett La WV4 265 D1
Bearstone Rd
Mucklestone TF9 83 E2
Norton in H TF9 82 C2
Woore TF9 82 C2
Bearwood Hill Rd DE15 167 D2
Beasley Ave ST5 55 F4
Beasley Pl ST5 55 F4
Beat La SK11 17 F4
Beaton Rd B74 258 A2
Beatrice Wlk ST8 27 D1
Beattie Ave ST5 284 B4
Beatty Dr CW12 6 A2
Beatty Rd ST13 31 D3
Beau Ct WS11 209 F1
Beaubrook Gdns DY6 275 F2
Beauchamp Ind Pk B77 261 E4
Beauchamp Rd B77 261 E3
Beaudesert WS7 212 A1
Beaudesert View WS12 211 D3
Beaufort Ave ST9 59 D2
Beaufort Rd
Burton u T DE15 167 D1
Longton ST3 73 E1
Beaufort Way WS9 256 A2
Beaulieu Ave DY6 275 F2
Beaulieu Cl ST9 59 D2
Beaumaris Cl
Sedgley DY1 271 F2
Stoke-on-T ST5 71 E4
Beaumaris Ct ST4 284 A2
Beaumaris Rd TF10 168 C2
Beaumont Cl Biddulph ST6 16 B2
Great Wyrley WS6 226 C1
Beaumont Gdns ST17 174 A4
Beaumont Rd
Great Wyrley WS6 226 C1
Tunstall ST6 41 F2
Beauty Bank Cres DY8 279 F3
Beauty Bank Prim Sch DY8 279 F3
Beaver Dr ST10 76 A2
Bebington Cl WV8 255 F4
Beck Rd CW3 68 C4
Beck The B79 216 C1
Beck's La DE13 162 C1
Beckbury Ave WV4 265 E3
Beckdale ST14 126 A4
Beckenham Cl ST3 90 B4
Becket Cl Burton u T DE13 .. 166 A3
Sutton Coldfield B74 257 F3
Beckett Ave ST3 74 A1
Beckfields Cl ST8 17 D1
Beckford St ST1 282 C4
Beckminster Rd WV3 265 F4
Beckton Ave ST6 41 F2
Bedale Pl ST3 72 C1
Bedcroft ST12 88 C1
Bedford Ave ST16 156 A2
Bedford Cres ST5 71 E2
Bedford Pl WS12 210 A2
Bedford Rd
Burton u T DE15 185 E4
Hanley ST1 282 A1
Kidsgrove ST7 26 A2
Bedford St ST1 57 D1
Bedford Way WS15 196 B3
Bedingstone Dr ST19 208 A4
Bednall Ct ST17 193 F4
Bednall Rd ST17 175 E1
Bee La WV10 240 B2
Beech Ave Burton u T DE13 . 166 C4
Cheddleton ST13 45 E2
King's Bromley DE13 199 E3
Tamworth B77 250 C2
Beech Cl Armitage WS15 198 B2
Biddulph ST8 17 D1
Cheadle ST10 76 C1
Haughton ST18 172 C3
Kinver DY7 278 A2
Leek ST13 30 B1
Newport TF10 168 C1
Pattingham WV6 253 E1
Sedgley DY3 266 C1
Tamworth B79 250 A4
Uttoxeter ST14 126 A4
Wheaton Aston ST19 205 E3
Beech Cres WS7 228 C3
Beech Croft Madeley CW3 68 C4
Pattingham WV6 253 E1
Beech Ct Cannock WS12 210 A4
Stone ST15 120 A4
Beech Dale Rd
Swynnerton ST4 87 E1
Tittensor ST12 103 F4
Beech Dr Burton u T DE13 166 C4
Kidsgrove ST7 40 C4
Beech Gate B74 257 E3
Beech Gdns Codsall WV8 238 C1
Lichfield WS14 231 E3
Beech Gr Ashley TF9 99 E3
Fenton ST4 72 B2
Huntington WS12 209 E4
Leek ST13 30 B3
Newcastle-u-L ST5 56 B2
Swadlincote DE11 186 C4
Beech Hurst Gdns WV5 264 A1
Beech La Burton u T DE13 166 C4
Coppenhall ST18 174 B2
Beech Pine Cl WS12 210 A4
Beech Rd Barton-u-N DE13 183 E1
Eccleshall ST21 133 F3
Kingswinford DY6 275 F3
Longton ST3 72 C1
Stourbridge DY8 279 F2
Tamworth B79 250 A4
Wolv WV10 240 A1
Beech St Burton u T DE14 166 A1
Longton ST3 283 C3
Beech Tree Cl DY6 275 F4
Beech Tree La WS11 226 B4
Beech Wlk WS15 198 A1
Beecham Cl WS9 256 A4
Beechcliff La ST4, ST12 87 F1
Beechcroft ST12 88 C1
Beechcroft Ave ST17 155 E1
Beechcroft Cres B74 256 B1
Beechcroft Ct B74 258 A1
Beechen Gr WS7 228 C4
Beeches Cl DY6 275 E3
Beeches Croft WS13 215 E4
Beeches, Forsbrook Jun Sch The ST11 91 D4
Beeches Rd WS15 197 D3
Beeches The
Newcastle-u-L ST5 56 B4
Rugeley WS15 178 B2
Sutton Coldfield B74 257 E2
Beechfield Dr ST17 175 F3
Beechfield Rd ST4 88 A3
Beechfield Rise WS14 231 E4
Beechfields ST12 88 C1
Beechfields Way TF10 168 C3
Beechhouse La WV5 264 A1
Beechlawn Dr DY7 278 C4
Beechmere Rise WS15 178 A1
Beechmont Gr ST1 57 F3
Beechmount Rise ST17 175 E4
Beechtree La
Blakedown DY10 280 C3
Cookley DY10 280 C3
Beechtree Rd WS9 244 C2
Beechway ST16 155 E3
Beechwood WS14 232 C3
Beechwood Bsns Pk WS11 210 A2
Beechwood Cl
Forsbrook ST11 91 D3
Newcastle-u-L ST5 71 E1
Walsall WS3 243 D2
Beechwood Cres B77 250 C3
Beechwood Croft B74 257 E3
Beechwood Ct WV6 255 E2
Beechwood Dr Stone ST15 120 A3
Wolv WV6 255 D1
Beecroft Ave WS13 214 A1
Beecroft Ct WS11 209 F1
Beecroft Hill Specl Sch WS11 209 F1
Beecroft Rd WS11 209 F1
Beelow La ST10 78 B3
Bees La WS15 178 C1
Beeston Rd DY10 280 A3
Beeston Ridge ST17 174 A4
Beeston St ST3 73 E3
Beeston View ST7 41 D4
Beffcote La ST20 171 D2
Beggars Bush La WV5 270 A3
Beggars La ST13 30 B3
Beighton Cl B74 257 F3
Belbroughton Rd
Blakedown DY10 281 E1
Stourbridge DY8 279 F2
Belfast Cl ST6 42 A1
Belfield Ave ST5 56 B2
Belford Pl ST4 56 C1
Belfry Cl WS3 243 D2
Belfry Dr DY8 279 F3
Belfry The Burton u T DE13 .. 147 E1
Perton WV6 254 B2
Belgrade Rd WV10 240 A1
Belgrave Ave ST3 283 B2
Belgrave Cres ST3 283 C1
Belgrave Ct DY6 275 F2
Belgrave Cty High Sch B77 250 C1
Belgrave Rd Longton ST3 283 C1
Newcastle-u-L ST5 284 C2
Tamworth B77 261 F4
Belgrave Recn Ctr B77 250 C1
Bell Ave ST3 73 E1
Bell Cl ST16 155 F3
Bell Dr WS12 210 B4
Bell Heather Rd WS8 244 B3
Bell La Barlaston ST12 88 C2
Barton-u-N DE13 183 E1
Doveridge DE6 127 E4
Walsall WS3 243 D1
Bell Orch TF9 100 B3
Bell Pl WV2 266 B4
Bell Rd WV5 264 B1
Bell St DY8 279 F3
Bell Vue ST13 30 B3
Bell Vue Rd ST13 30 B3
Bellamour La Colton WS15 . 178 B3
Colwich WS15 178 B3
Bellamour Way WS15 178 C3
Bellaport Rd TF9 82 A2
Bellasis St ST16 155 F3
Bellbrook ST19 192 C1
Belle Vue DY8 275 E1
Belle Vue Prim Sch DY8 275 E2
Bellefield View ST5 56 B2
Bellen Croft Gdns WV3 265 E4
Bellerton La ST6 42 C1
Bellevue St WV14 266 C1
Bellflower Cl WV10 241 D4
Bellhouse La DE13 164 C3
Bellhurst La ST19 205 D3
Bellingham B77 251 E1
Bellringer Cl ST8 27 E4
Bells End Rd DE12 184 B1
Bells La Burntwood WS7 211 F1
Kingswinford DY8 275 E1
Bellsize Cl WS11 227 F3
Bellwood Cl ST3 90 A3
Belmont Ave WS11 209 E1
Belmont Cl Aldridge WS9 256 A4
Great Wyrley WS11 227 D2
Belmont Inf Sch ST1 57 D2
Belmont Rd Hanley ST1 57 D2
Ipstones ST10 61 E4
Tamworth B77 261 F4
Wolv WV4 266 A3
Belmot Rd Anslow DE13 164 C4
Tutbury DE13 145 F1
Belper Rd WS3 243 E2
Belsay Cl ST3 283 C4
Belsize B77 250 C1
Belt Rd WS11 210 A3
Belton Ave WV11 241 D1
Belvedere Ave WV4 266 A3
Belvedere Cl
Burntwood WS7 228 C3
Kingswinford DY6 275 F2
Stafford ST17 175 E4
Tamworth B79 250 B4
Belvedere Cty Jun Sch DE14 166 A3
Belvedere Gdns WV6 255 F4
Belvedere Rd
Burton u T DE13 166 A3
Trentham ST4 72 A1

292 Bel – Bos

Belvide Gdns WV8 238 C2
Belvoir B77 261 E4
Belvoir Ave ST4 88 B3
Belvoir Cl Burton u T DE13 166 A3
Sedgley DY1 271 F1
Belvoir Rd DE13 166 A3
Belwell Dr B74 258 A1
Belwell La B74 258 A1
Bemersley Rd
Chell Heath ST8 27 E1
Norton-in-t-M ST6 42 C3
Benches Cl WS7 228 B3
Bend Oak Dr DE15 167 E2
Bend Oak Jun Sch DE15 167 E2
Benedict Pl ST2 58 A3
Benenden Cl ST17 156 A1
Benfleet Pl ST3 283 A3
Bengal Gr ST4 88 B4
Bengry Rd ST3 73 F1
Benion Rd WS11 209 F3
Benjamins Way ST7 39 F1
Bennett Pl ST5 56 A4
Bennett Rd B74 257 E2
Bennett St ST6 56 C4
Bennetts La Bosley SK11 7 F4
Perton WV6 263 F4
Uttoxeter ST14 125 E3
Bennion St ST3 283 C3
Benson Ave WV4 266 B3
Benson Cl Lichfield WS13 214 B1
Perton WV6 254 C3
Benson St ST6 41 F3
Benson View B79 250 B4
Bent La Astbury CW12 15 D4
Whitmore ST5 86 A2
Bentilee Cty Prim Sch ST2 73 E4
Bentley Ave ST5 56 A2
Bentley Brook La WS12 211 D3
Bentley Dr WV8 238 C2
Bentley Rd Chell Heath ST6 42 B3
Uttoxeter ST14 110 C1
Wolv WV10 240 C1
Bentley Way B79 249 F4
Bentleys Rd TF9 112 A4
Benton Cres WS3 243 E1
Benton's La WS6 227 D1
Bents La ST10 109 D2
Bentygrange La ST13 48 B2
Beowulf Covert DE13 147 D1
Berdmore St ST4 283 A5
Beresford Cres ST5 71 D3
Beresford Dale DE11 186 C1
Beresford Dell CW3 68 B3
Beresford La SK17 24 B1
Beresford Meml CE
Fst Sch ST13 31 D4
Beresford St ST4 57 D1
Bergamot Dr ST3 90 A3
Berkeley Cl WV6 254 C2
Berkeley Dr DY6 275 E4
Berkeley St Hanley ST1 282 C2
Stone ST15 104 C1
Berkeley Way WS15 198 A1
Berkley Cl ST20 171 F4
Berkshire Gr ST5 71 E3
Berkshire The WS3 243 D2
Berkswell Cl Sedgley DY1 271 F2
Sutton Coldfield B74 257 F2
Berkswich CE Prim Sch
ST17 175 F3
Bernard Cheadle La ST15 103 E2
Bernard Gr ST3 89 F2
Bernard St ST1 282 C2
Berne Ave ST5 70 C3
Bernwall Cl DY8 279 F2
Berrisford Cl TF9 97 F1
Berrisford Rd TF9 97 F1
Berry Gdns DE15 167 E2
Berry Hedge La DE15 167 E2
Berry Hill WS12 210 B2
Berry Hill High Sch ST2 58 A1
Berry Hill Rd ST4 57 F1
Berry La ST3 283 B3
Berry Rd ST16 155 D4
Berry St ST4 72 A4
Berrybush Gdns DY3 271 F4
Berryfield Gr ST3 73 F2
Berryfields WS9 245 F3
Bert Smith Way TF9 97 E1
Bertlein Rd ST16 155 F4
Berwick Dr WS11 226 A4
Berwick Wlks ST5 70 C4
Berwyn Gr WS6 226 C2
Best Ave DE15 167 D1
Best St ST4 72 C3
Beswick Cl ST10 76 B1
Beswick Rd ST6 41 F3
Beswicks La TF9 82 B1
Bethell Rd ST6 57 E4
Bethesda Rd ST1 282 C1
Bethesda St ST1 282 B2
Betjeman Wlk ST17 174 B4
Betley CE Prim Sch CW3 53 D3
Betley Hall Gdns CW3 53 D3
Betley Pl ST5 71 E3
Betlingspring La DE6 81 E2
Beton Way ST16 155 E4
Bettany Glade WV10 240 C2
Bettany Rd ST6 57 D4
Betton Rd TF9 97 F1
Betty Hatch La ST16 155 E3
Betty's La WS11 228 A2
Bevan Ave Kidsgrove ST7 40 C3
Wolv WV4 266 C2
Bevan Cl WS4 244 B1
Bevan Lee Rd WS11 209 E2
Bevan Pl CW3 68 C4
Bevandean Cl ST4 88 B3
Beveridge Cl ST3 74 A1
Beverley Cl ST19 207 F4
Beverley Cres
Forsbrook ST11 91 D4
Wolv WV4 266 C2
Beverley Dr Bucknall ST2 58 B1
Stafford ST16 155 E4
Beverley Hill WS12 210 B3
Beverley Rd DE14 185 D4
Beverly Dr DY6 275 E4
Beverston Rd WV6 255 D2
Beville St ST4 72 C3
Bevin La ST2 58 A2
Bew St ST6 42 C3
Bewcastle Gr ST3 90 A4
Bexhill Gr ST1 57 F3
Bexley St ST1 282 A4
Bexmore Dr WS13 214 C1
Beyer Cl B77 251 D1
Bhylls Acre Cty Prim Sch
WV3 265 D4
Bhylls Cres WV3 265 E4
Bhylls La WV3 265 E4
Bibby's Gn WV10 240 C2
Bickford Cl ST19 206 A3
Bickford Rd ST19 206 A4
Bickley Ave B74 257 F3
Bida La CW12 16 A4
Biddulph Common Rd ST8 17 D3
Biddulph Grange Ctry Pk
ST8 16 C2
Biddulph Grange Hospl
ST8 16 C2
Biddulph High Sch ST8 27 E3
Biddulph Park Rd ST8 17 D3
Biddulph Rd Biddulph ST7 26 B3
Chell Heath ST6 42 A4
Congleton CW12 16 A4
Kidsgrove ST7 26 B3
Biddulph St CW12 16 B4
Bideford Ave ST17 175 E4
Bideford Way WS11 226 A4
Biggin Cl WV6 254 C3
Bignall End Rd ST7 40 A2
Bigsbury Wlk 14 ST6 56 C4
Bigwood La Bradley ST18 173 F2
Coppenhall ST18 173 F2
Bilberry Bank WS11 209 F3
Bilberry Cl WS15 178 B1
Bilberry Cres WS12 209 E3
Bilbrook Ct WV8 239 D2
Bilbrook Gr WV8 239 D2
Bilbrook Mid CE Sch WV8 239 D2
Bilbrook Rd WV8 239 D2
Bilbrook Sta WV8 239 D1
Billinge St ST6 56 C4
Billington Ave ST18 158 B1
Billington Bank ST18 173 E3
Billington La ST18 154 B1
Billy Buns La WV5 270 A4
Bilston Rd WV1, WV2 266 C4
Bilston St DY3 271 F4
Bilton St ST4 72 A3
Bingley Prim Sch WV3 266 A4
Bingley St WV3 266 A4
Birch Ave Biddulph ST8 27 D3
Brownhills WS8 244 C4
Burntwood WS7 228 C3
Cannock WS11 226 B4
Birch Brook La WS14 246 C3
Birch Cl Branston DE14 185 D4
Colwich ST18 158 B1
Denstone ST14 95 E3
Stafford ST17 175 F3
Birch Coppice WV5 269 F3
Birch Croft WS9 256 B4
Birch Dale CW3 68 C3
Birch Dr Little Aston B74 257 E3
Stourbridge DY8 279 F3
Birch Gr Blythe Bridge ST3 90 A2
Forsbrook ST11 91 D4
Lichfield WS14 231 E4
Polesworth B78 262 B4
Birch Green Gr ST1 57 F4
Birch Hill Ave WV5 269 F3
Birch House La ST21 117 F4
Birch House Rd ST5 55 E4
Birch La Aldridge WS9 245 E1
Brownhills WS4 244 B1
Rugeley WS15 197 D3
Birch Mews CW3 68 C3
Birch Rd Audley ST7 39 F1
Essington WV11 241 F1
Sedgley DY3 266 C1
Stone ST15 120 A4
Birch Rise TF9 99 F2
Birch St ST1 57 F3
Birch Terr Burntwood WS7 212 A1
Hanley ST1 282 B2
Birch Tree La The Bank ST7 26 A4
Whitmore ST5 85 E4
Birch Wlk ST3 73 D1
Birchall Ave ST6 41 E3
Birchall Cl ST13 30 C1
Birchall La ST13 30 C1
Birchall Park Ave ST13 30 C2
Bircham Wlk ST5 71 D1
Birchbrook Ind Pk WS14 246 C3
Birchcroft WV9 224 B1
Birchdown Ave ST6 42 A2
Birchendale Cl ST10 92 C1
Birchenfields La ST10 75 F3
Birchenwood Rd ST7 41 F1
Birches Ave WV8 239 E1
Birches Barn Rd WV3 265 F4
Birches Barn Rd WV3 265 F4
Birches Cl DE13 166 B4
Birches Fst Sch WV8 239 D1
Birches Head High Sch
ST1 57 F4
Birches Head Rd
Bucknall ST1 57 F3
Hanley ST1 57 F3
Birches Park Rd WV8 239 D1
Birches Rd WV8 239 D1
Birches The ST10 76 B1
Birches Valley WS15 195 E3
Birches Way ST7 26 A1
Birchfield Ave WV6 255 D3
Birchfield Cl CV9 262 B1
Birchfield Rd Bucknall ST2 58 B3
Burton u T DE15 185 F3
Birchfield Sch WV7 237 E3
Birchfields Cl ST15 119 F3
Birchfields Dr WS12 210 B1
Birchgate ST2 58 B2
Birchgate Gr ST2 58 B2
Birchglade WV3 255 E1
Birchlands Rd ST1 57 F3
Birchmoor La
Blymhill ST20 189 E1
Church Eaton ST20 189 E1
Birchmoor Rd B78 262 C4
Birchover Way ST6 42 A4
Birchtree La WS15 196 C3
Birchwood Ave B78 262 C4
Birchwood Cl WV11 242 A2
Birchwood Prim Sch B78 262 C4
Birchwood Rd
Lichfield WS14 231 F4
Wolv WV4 266 A3
Birchwood Rise WS15 161 D3
Birchwood Wlk DY6 275 F4
Bird Rd ST3 74 A1
Bird St Lichfield WS13 231 D4
Sedgley DY3 271 E2
Bird's Barn La DY7 277 E1
Birdhope B77 251 E1
Birds Bush Cty Prim Sch
B77 261 F4
Birds Bush Rd B77 261 F4
Birdsgrove La Mayfield DE6 66 B2
Swinscoe DE6 66 B2
Birkdale Dr Kidsgrove ST7 26 B2
Stafford ST16 156 B2
Birkdale Rd WS3 243 D2
Birkholme Dr ST3 90 A3
Birks Dr TF9 99 E3
Birks St ST4 72 A3
Birmingham New Rd WV4 266 C2
Birmingham Rd
Aldridge WS9 256 A2
Blakedown DY10 281 E1
Lichfield WS14 231 D2
Shenstone WS14 247 D2
Birmingham St WV2 266 B4
Birrell St ST4 72 C3
Biscay Gr ST4 88 B4
Bishop Rawle CE Prim Sch
ST10 76 B2
Bishop Rd ST6 42 A3
Bishop St ST4 73 D3
Bishop's Cl ST7 40 B4
Bishops Ct ST21 133 F4
Bishops Dr ST19 223 E4
Bishops Grange WS15 178 C1
Bishops La TF9 97 D1
Bishops Meadow B75 258 C2
Bishops Way B74 257 F3
Bishton La WS15 178 A3
Bitham Cl ST19 207 E4
Bitham Ct DE13 147 E1
Bitham La DE13 147 E1
Bitham Sch DE13 147 E1
Bittell Cl WV10 240 C2
Bittern La ST10 76 C2
Bitterne Pl ST2 73 E4
Bitterscote La B78 250 A1
Black Bank Rd ST13 44 B3
Black Dr ST18 157 E3
Black Horse La ST1 282 B3
Black La Forton TF10 150 C1
Kingsley ST10 62 B2
Blackbank Rd ST5 55 E2
Blackberry La
Brownhills WS9 245 D2
Stafford ST16 155 E2
Sutton Coldfield B74 257 F2
Blackbird Cl ST14 126 B3
Blackbird Way ST8 27 F4
Blackbrook Way WV10 240 C2
Blackbrook World of Birds
ST13 48 A2
Blackburn Ave WV6 255 F4
Blackdown B77 251 E1
Blackfriar's Rd ST5 284 B2
Blackfriars F Ed Unit ST2 58 A3
Blackfriars Sch ST5 284 B2
Blackhalve La WV11 241 E1
Blackheath Cl ST3 73 E2
Blackheath La ST18 156 C2
Blackhole La ST18 154 B1
Blackies La ST15 120 C4
Blacklake Dr ST3 90 A2
Blackmere Cl TF10 168 B1
Blackpit La Doveridge DE6 127 D4
Wombourne WV4 264 C2
Blackpool St DE14 185 E4
Blackroot Dr WS7 229 E2
Blackshaw Cl CW12 6 A1
Blackshaw Moor CE Cty
Prim Sch ST13 20 C2
Blacksmith La WS14 232 C3
Blacksmith's La
Egginton DE65 148 A3
Newton Solney DE15 167 F4
Blackthorn Ave WS7 228 C2
Blackthorn Cres WS12 211 D3
Blackthorn Pl ST5 55 F4
Blackthorn Rd
Brierley Hill DY8 275 F1
Burton u T DE15 185 F3
Blackthorne Cl DY1 271 F2
Blackthorne Rd Dudley DY1 271 F3
Lichfield WS14 231 E4
Blackwell's Row ST6 57 D3
Blackwood Jun Mix
Inf Sch B74 256 C1
Blackwood Pl ST3 73 F2
Blackwood Rd Aldridge B74 256 C1
Tamworth B77 261 E4
Bladon Ave ST5 71 D2
Bladon Cl ST6 42 A4
Bladon House Sch DE15 167 D3
Bladon St DE15 167 E2
Bladon View DE13 148 A1
Blaizefield Cl CW3 67 E1
Blake Cl WS11 210 A3
Blake High Sch WS12 209 F3
Blake St Burslem ST6 56 C4
Shenstone B74 257 F3
Sutton Coldfield B74 257 F3
Blake Street Sta B74 257 F3
Blakedown CE Fst Sch
DY10 281 E1
Blakedown CE Inf Sch
DY10 281 E1
Blakeley Ave WV6 255 F4
Blakeley Heath Cty
Prim Sch WV5 270 A2
Blakeley Heath Dr WV5 270 A3
Blakeley La Kingsley ST10 63 D1
Oakamoor ST10 63 D1
Blakeley Rise WV6 255 F4
Blakelow La DE6 65 D1
Blakelow Rd ST2 58 A3
Blakemore Rd WS9 245 D2
Blakenall Heath WS3 243 E1
Blakeney Ave
Newcastle-u-L ST5 71 D2
Stourbridge DY8 279 E3
Blakeney Cl DY3 271 E4
Blakenhall Gdns WV2 266 B4
Blakenhall Ind Est WV2 266 A4
Blakeways Cl B79 217 E3
Blakiston St ST16 155 F2
Blanchard Cl ST3 90 B4
Blandford Dr DY8 275 F2
Blanefield WV8 239 F1
Blanford Gdns WS7 229 E3
Blanford Mere Prim Sch
DY6 275 F4
Blantyre St ST3 283 C2
Blantyre Wlk ST3 283 C2
Blatchford Cl ST3 74 A1
Blaydon Ave B75 258 C1
Blaydon Rd WV9 240 A1
Blaze Hill Rd DY6 275 D4
Blaze Pk DY6 275 D4
Bleak House Dr WS7 228 B4
Bleak Pl 16 ST6 57 D4
Bleak St ST5 56 B2
Bleakridge Ave ST5 56 A4
Bleeding Wolf La ST7 25 F3
Blencarn Gr ST9 43 E2
Blenheim Cl
Burton u T DE15 167 E2
Tamworth B77 250 B2
Blenheim Dr WS13 215 E3
Blenheim Rd
Burntwood WS7 229 D4
Kingswinford DY6 275 F3
Norton Canes WS11 228 A2
Blenheim St ST4 72 B3
Blenheim Way DY1 271 F1
Bleriot Cl ST3 90 B4
Blessed William Howard
RC High Sch ST17 155 E1
Blewitt St WS12 210 A4
Blithbury Rd Colton WS15 179 D2
Hamstall Ridware WS15 180 C2
Hill Ridware WS15 179 E3
Blithfield Cl ST9 59 D1
Blithfield Ho ST17 174 C3
Blithfield Pl WS11 210 A1
Blithfield Rd WS8 228 A1
Bloomfield Cl WV5 269 E3
Bloomfield Cres WS13 214 A1
Bloomfield Dr WV12 242 B1
Bloomfield Way B79 249 F4
Bloomsbury St 2 WV2 266 B4
Bloomsbury Way WS14 231 F4
Blore Rd TF9 98 C1
Blossomfield Cl DY6 275 F4
Blount Cl ST19 207 F4
Blounts Dr ST14 126 A3
Bloxwich CE Prim Sch
WS3 243 D1
Bloxwich North Sta WS3 242 C1
Bloxwich Sta WS3 243 D1
Blue Cedars DY8 279 E3
Blue House Barns TF10 168 C2
Blue House La WV7 237 D4
Bluebell Cl Biddulph ST8 27 F4
Cannock WS12 210 A3
Kingswinford DY8 275 E1
Bluebell La WS6 227 D1
Bluebell Rd WS9 245 D2
Bluebird Cl WS14 231 E4
Bluemeadow La WV5 270 A4
Bluestone Ave ST6 42 A1
Bluestone La DE15 186 A4
Blundies La DY7 273 F2
Blunt St ST5 56 B2
Blunt's Hollow WS15, DE13 162 A2
Blurton High Sch ST3 88 C4
Blurton Prim Sch ST3 72 C1
Blurton Rd Barlaston ST12 89 D2
Fenton ST3 72 C2
Longton ST3 72 C2
Blythe Ave ST3 90 A3
Blythe Bridge High Sch
ST11 90 C4
Blythe Bridge Rd ST11 74 C1
Blythe Bridge Sta ST11 90 C4
Blythe Cl Blythe Bridge ST11 90 B4
Burntwood WS7 229 E3
Blythe Gdns WV8 238 C2
Blythe Mount Pk ST11 91 D4
Blythe Rd Forsbrook ST11 91 D4
Stafford ST17 174 C3
Blythe St B77 250 B2
Blythe View
Blythe Bridge ST11 91 D1
Forsbrook ST11 90 C3
Hamstall Ridware WS15 180 C1
Blythebridge Bank ST14 140 C3
Blythfield DE14 166 C2
Board School Gdns DY3 271 F3
Boardman Cres ST16 155 E2
Boardman Ind Est DE11 186 C2
Boardman Rd DE11 186 C1
Boardmans Bank ST6 28 A1
Boat House La WS15 198 A3
Boat La Wall WS14 229 F1
Weston-u-T ST18 138 B2
Boathorse Rd
Kidsgrove ST7 41 D4
Tunstall ST6 41 D3
Boatman's La WS9 244 C1
Bodiam Ct WV6 255 D2
Bodicote Gr B75 258 C1
Bodington Rd B75 258 B2
Bodmin Ave ST17 175 E4
Bodmin Wlk ST6 42 B1
Bognop Rd WV11 241 E2
Bogs La ST11 90 C3
Bolberry Cl ST3 73 F1
Bold St ST1 57 F3
Bolebridge Mews B79 250 A3
Bolebridge St B79 250 B2
Boley Cl WS14 231 E4
Boley Cottage La WS14 231 F4
Boley La WS14 231 E4
Boley Park Sh Ctr WS14 231 F4
Boleyn Cl WS6 226 B1
Bolina Gr ST4 73 D3
Bollin Gr ST6 16 C1
Bolney Gr ST1 57 F3
Bolsover Cl ST6 42 A4
Bolton Pl ST3 89 F4
Bolton Way WS3 242 C2
Boma Rd ST4 87 F4
Bond End DE13 182 A1
Bond St Burton u T DE14 166 B1
Tunstall ST6 41 E2
Bondfield La DE13 181 F1
Bondfield Way ST3 74 A1
Bondway WS12 209 F4
Bonehill Rd Fazeley B78 249 F2
Tamworth B78 249 F2
Boney Hay Prim Sch
WS7 211 F1
Boney Hay Rd WS7 229 D4
Boningdale Way ST17 174 A4
Bonnard Cl ST3 90 B3
Bonnington Cres ST16 155 E1
Bonville Gdns WV10 240 C2
Boon Ave ST4 72 A4
Boon Gr ST17 174 C3
Boon Hill Rd ST7 39 F1
Boons Ind Est ST18 154 C1
Booth Cl WS13 214 A1
Booth La Admaston ST18 140 C2
Kingstone ST18 140 C2
Booth St Audley ST7 39 E1
Cannock WS12 210 A3
Newcastle-u-L ST5 55 F3
Stoke-on-T ST4 72 A3
Boothen CE Prim Sch ST4 72 A3
Boothen Gn ST4 72 A3
Boothen Old Rd ST4 72 A3
Boothen Rd ST4 72 A3
Boothenwood Terr ST4 72 A3
Boothroyd St ST1 282 B2
Bordeaux Cl DY1 271 F2
Bordeaux Rd ST3 90 A4
Borden Cl
Wheaton Aston ST19 205 E4
Wolv WV8 255 F4
Border Way ST17 174 C3
Bore St WS13 231 D4
Borman B79 249 F3
Borough Cres DY8 279 F3
Borough La WS15 212 C4
Borough Rd
Burton u T DE14 166 B2
Tamworth B79 250 B4
Borrowcop La WS14 231 E3
Borrowdale Rd ST6 42 C2
Boscobel Cl DY1 271 F2
Boscobel Gr ST19 223 E4
Boscombe Gr ST4 88 B3
Boscomoor Cl ST19 207 F4
Boscomoor Ct ST19 207 F4
Boscomoor Ind Est ST19 207 F4
Boscomoor La ST19 207 F4
Boscomoor Sh Ctr ST19 207 F4
Bosinney Cl ST4 73 D3

Bos – Bro 293

Bosley Gr ST6 41 E3
Bosley View CW12 6 A1
Boss Gate Cl WV5 270 A3
Bostock Cl ST15 120 B3
Boston Cl WS12 210 C1
Bosty La WS9 256 A2
Boswell Rd WS11 209 E2
Boswell St ST4 56 C1
Bosworth Cl DY3 271 F3
Bosworth Dr DE13 166 A4
Botany Bay Rd ST1 57 F3
Botany Dr DY3 271 E3
Botfield Cl WV7 237 D3
Botham Dr ST13 45 E3
Botterham La DY3 269 F2
Botteslow St ST1 282 C2
Bottom La Ipstones ST10 47 E3
Swynnerton ST15 103 D4
Boucher Rd ST13 45 E2
Boughey Rd Audley ST7 39 F1
Newport TF10 168 C1
Stoke-on-T ST4 72 B4
Boughey St ST4 72 A3
Boulevard The ST6 41 F2
Boulters La CV9 262 B1
Boulton Cl WS7 229 E4
Boulton St Hanley ST1 57 E3
Newcastle-u-L ST5 56 B3
Boundary Cl Leek ST13 30 C2
Stone ST15 119 F3
Boundary Cres DY3 271 E2
Boundary Ct ST1 282 B4
Boundary Hill DY3 271 E2
Boundary Ind Est WV10 240 B3
Boundary La CW12 16 A4
Boundary Rd
Brownhills WS9 244 C2
Etwall DE65 148 B4
Boundary St Hanley ST1 282 B4
Newcastle-u-L ST5 56 B1
Boundary View ST10 76 A1
Boundary Way
Wolv, Springhill WV4 265 E3
Wolv, Wightwick WV6 254 C1
Bourne Ave Fazeley B78 249 F1
Ranton ST18 153 E3
Bourne Cl WS12 210 C1
Bourne Pl ST13 30 B3
Bourne Rd ST7 25 F1
Bourne St Fenton ST4 72 C2
Mow Cop ST7 26 B4
Bourne Vale WS9 256 B2
Bournes Bank ST6 56 C4
Bournes Bank S ST6 57 D4
Bournes Bk 10 ST6 57 D4
Bouverie Par ST1 57 F4
Bow St WS15 178 C1
Bowden St ST6 42 A1
Bowdler Rd WV2 266 B4
Bowen St WV4 266 C3
Bowen-cooke Ave WV6 254 C3
Bower Cl WS13 214 B1
Bower End La CW3 68 B3
Bower La WS15 178 B2
Bower Norris RC Prim Sch ST17 174 B4
Bower St ST1 282 B1
Bowers Ct ST15 120 B4
Bowers La ST15 120 B2
Bowes Dr WS11 209 F2
Bowfell Gr ST4 73 D3
Bowhill La CW3 53 D3
Bowland Ave ST5 55 F1
Bowling Alley ST17 193 F4
Bowling Green Ave B77 261 F4
Bowling Green Rd DY8 279 F3
Bowman Gr ST6 42 A4
Bowmead Cl ST4 88 B3
Bowmere Cl ST6 16 B1
Bowness St ST1 282 A4
Bowood Dr WV6 255 E3
Bowsey Wood Rd CW3 68 C4
Bowstead St ST4 72 A4
Bowyer Ave ST6 42 C3
Box La ST3 73 F1
Boxer Cl WS15 198 B2
Boxwood Pl ST5 55 E4
Boxwood Rd ST10 92 C2
Boyden Cl
Cannock WS11 209 D1
Penkridge ST19 208 A4
Boyles Hall Rd ST7 39 F1
Brabazon Cl ST3 90 B4
Bracken Ave TF9 99 E3
Bracken Cl
Blythe Bridge ST3 89 F3
Burntwood WS7 229 E4
Cannock WS12 210 B4
Lichfield WS14 231 F3
Stafford ST16 155 D4
Tittensor ST12 88 A1
Wolv WV8 239 F1
Bracken Dale ST13 30 A3
Bracken Park Gdns DY8 275 F1
Bracken Rd WS12 209 E3
Bracken St ST4 72 C2
Bracken View ST17 176 B2
Bracken Way
Newport TF10 168 C2
Rugeley WS15 178 B1
Brackenberry ST5 56 A2
Brackenfield Ave ST2 58 B1
Brackenfield Way ST16 155 E4
Brackenhill Rd WS7 229 D4
Brackens The ST5 71 E1
Brackenwood Rd DE15 185 F3
Bracklesham Way B77 251 D4
Brackley Ave ST6 42 A1
Bradbury Cl
Brownhills WS8 244 C3
Norton-in-t-M ST6 42 C2
Bradbury La Cannock WS12 210 A4
Enville DY7 272 C2
King's Bromley DE13 199 E3
Bradbury Rise ST16 155 D2
Braden Rd WV4 265 E2
Bradford Rd WS8 244 C4
Bradford St
Cannock WS11 210 A3
Tamworth B79 249 F3
Bradford Terr ST1 57 F3
Bradgate Dr B74 257 F3
Bradley Dr ST21 117 F2
Bradley La Bradley ST18 173 D2
Bradnop ST18 174 B3
Haughton ST18 173 D2
Bradley Rd
Stourbridge DY8 279 F3
Wolv WV2 266 C4
Bradley St Burton u T DE15 185 F4
Uttoxeter ST14 126 B4
Bradmore Rd
Burton u T DE13 166 A3
Wolv WV3 265 F4
Bradshaw Way ST15 155 E4
Bradwell Croft B75 258 C2
Bradwell Grange ST5 56 A4
Bradwell Hospl ST5 56 A4
Bradwell La
Cannock WS15 211 F3
Newcastle-u-L ST5 56 A4
Bradwell Prim Sch ST5 56 A4
Bradwell St ST6 56 B4
Braemar Ave DY8 275 E1
Braemar Cl Bucknall ST2 58 B2
Sedgley DY3 266 B1
Braemar Gdns WS12 209 F4
Braemar Rd
Norton Canes WS11 228 A2
Pattingham WV6 253 E1
Braemore Rd ST2 58 A3
Braeside Way WS3 243 F2
Braham B79 249 E3
Brailsford Ave DE11 186 C3
Brain St B77 251 D1
Braithwaite Cl DY6 275 E3
Brake La DY8 281 F3
Brake Level ST7 26 A4
Brake The ST7 26 A4
Brake Village ST7 26 A4
Brakespeare St ST6 41 E4
Bramber B77 250 B1
Bramber Way DY8 279 F1
Bramble Cl WS8 244 C3
Bramble Dr WS12 210 B4
Bramble Gn DY1 271 F3
Bramble La WS7 229 D4
Bramble Lea CW3 68 C3
Bramble Way WS15 178 B1
Brambles Ct ST8 27 E4
Brambles The
Lichfield WS14 231 E3
Newcastle-u-L ST5 71 E1
Brambleside
Brierley Hill DY8 275 F1
Stafford ST17 175 E4
Bramblewood WV5 270 A4
Bramblewood Dr WV3 265 F4
Brambling B77 262 A4
Brambling Cl ST14 126 B3
Bramblings The ST17 175 E3
Bramdean Wlk WV4 265 E3
Bramell Cl DE14 184 C4
Bramfield Dr ST5 284 C4
Bramhall Cl ST18 154 A4
Bramhall La ST16 155 E3
Bramley Cl ST10 76 C1
Bramley Dale DE11 186 C1
Bramley Pl ST4 71 F1
Bramley Way WS14 232 B3
Brammall Dr ST11 90 C4
Brammer St ST6 42 B2
Brampton Cl DY10 280 A2
Brampton Ct ST5 284 C4
Brampton Dr WS12 210 C1
Brampton Gdns ST5 56 B2
Brampton Ind Est ST5 284 B4
Brampton Rd ST5 284 C4
Brampton Sidings ST5 284 B4
Brampton Wlk ST3 283 C1
Bramshall Rd ST14 125 F4
Bramshaws The ST10 76 C1
Bramstead Ave WV6 255 D1
Brancaster Cl B77 251 D4
Brandon Cl Aldridge B74 256 C2
Sedgley DY3 271 F4
Brandon Gr ST4 87 F4
Brandon Pk WV3 265 F4
Brandons The ST17 174 C3
Bransdale Rd WS8 244 C3
Branson Ave ST3 73 F2
Branston Rd Branston DE13 184 B4
Burton u T DE14 185 E4
Branston Water Pk DE14 184 B3
Bransty Gr ST4 88 B3
Brant Ave ST5 56 A2
Brantley Ave WV3 255 E1
Brantley Cres DY7 267 F1
Brantley La Bobbington DY7 267 F1
Seisdon WV5 263 D2
Branton Hill La WS9 256 B3
Brantwood Ave WS7 229 D3
Brassington St CW3 53 D3
Brassington Way ST2 58 B1
Bratch Common Rd WV5 269 F4
Bratch Hollow WV5 270 A4
Bratch La WV5 269 F4
Bratch Pk WV5 269 F4
Brattswood Dr ST7 25 D3
Braunton Ave ST17 175 F4
Brawdean Dr ST19 192 C1
Braystones Cl ST7 41 F4
Brazenhill La ST18 172 C4
Breach La Cheadle ST10 92 B3
Draycott in t M ST10 92 B3
Foston DE6 129 E3
Breach Rd ST6 43 E4
Breadmarket St WS13 231 D4
Bream B77 261 E4
Bream Way ST6 42 A2
Breamore Cres DY1 271 F2
Brean Rd ST17 175 E3
Brecon Way ST2 58 B1
Bredon Cl WV7 237 D3
Breech Cl ST10 48 C1
Breedon Cl ST5 55 F2
Breedon Way WS4 244 B1
Breeze Ave
Norton Canes WS11 228 A3
Tunstall ST6 41 F3
Brelades Cl DY1 271 F1
Brempton Croft ST15 106 B1
Brendale Cl ST4 72 A1
Brendon B77 251 D1
Brendon Cl ST17 175 E4
Brent B77 261 F4
Brentmill Cl WV10 240 C2
Brentnall Dr B75 258 A2
Brentnor Cl ST3 73 F2
Brenton Rd WV4 265 F2
Brentwood Dr ST9 59 D2
Brentwood Gr ST9 43 E2
Brenwood Cl DY6 275 D4
Brereton Hill WS15 197 D3
Brereton Lodge WS15 197 D3
Brereton Manor Ct WS15 197 D3
Brereton Pl ST6 41 F1
Brereton Rd WS15 196 C4
Breretonhill La WS15 197 E1
Bretby Bsns Pk DE15 186 C4
Bretby La DE15 167 F2
Bretby Rd DE11 186 C4
Bretherton Pl ST6 42 A3
Bretlands Way DE15 186 A3
Brettell La DY8 279 F4
Brevitt Rd WV2 266 B3
Brewers Dr WS3 244 A1
Brewers Terr WS3 244 A1
Brewery La ST18 158 A1
Brewery St Hanley ST1 282 B3
Rugeley WS15 196 C4
Brewester Rd ST2 57 F2
Brewood CE Mid Sch ST19 223 E3
Brewood Rd WV9 224 A2
Brewster Cl B78 249 F1
Brianson Ave ST6 57 E4
Briar B77 251 D2
Briar Ave B74 257 D1
Briar Cl Cannock WS12 210 A4
Rugeley WS15 178 B1
Stafford ST17 175 F3
Swadlincote DE11 186 C3
Briar Gr ST12 118 C3
Briar Way ST21 102 C1
Briarbank Cl ST4 71 F1
Briars The ST5 284 B4
Briars Way WS12 211 E2
Briarsleigh ST17 175 E4
Briarswood ST7 26 A1
Briarwood Pl ST3 74 A1
Brick House St 9 ST6 56 C4
Brick Kiln La
Brocton ST17 175 F2
Hints B75 259 D3
Rolleston DE13 147 D2
Salt ST18 137 F1
Sedgley DY3 271 D2
Stoke-on-T ST4 56 C1
Wheaton Aston ST19 205 D3
Brick Kiln Way WS15 196 C3
Brick St DY3 271 E4
Brick-kiln La ST5 55 F4
Brickbridge La WV5 269 F3
Brickfield Cl ST18 139 E1
Brickfield Pl ST3 73 E3
Brickhill La DE13 163 D3
Brickhouse La B79 216 B1
Brickiln St WS8 244 C4
Brickyard Rd WS9 256 A4
Bridal Path ST9 59 D2
Bridestone Cl ST3 90 A4
Bridge Ave WS11 226 C2
Bridge Cl Audley ST7 39 F1
Brownhills WS8 244 C3
Weston-u-T ST18 138 B2
Bridge Cres ST15 120 A4
Bridge Croft ST6 42 A3
Bridge Cross Rd WS7 229 D4
Bridge Farm DE13 147 F1
Bridge La ST18 139 D2
Bridge Rd
Armitage WS15 198 B2
Brownhills WS4 244 A1
Cookley DY10 280 A3
Stoke-on-T ST4 72 A4
Uttoxeter ST14 126 B4
Bridge St
Brierley Hill DY8 275 F1
Brownhills WS8 244 C3
Burton u T, Stretton DE13 147 F1
Burton u T, Winshill DE14 166 C2
Cannock WS11 226 C3
Chell Heath ST8 27 D1
Bridge St continued
Newcastle-u-L ST5 284 B3
Newcastle-u-L, Silverdale ST5 55 E1
Stafford ST16 155 F1
Tamworth B77 250 C3
Tutbury DE13 146 B4
Uttoxeter ST14 126 B4
Bridge Street Ind Units ST14 126 B4
Bridge Terr ST13 20 C3
Bridge Way WS8 244 C3
Bridgefoot Wlk WV8 239 F1
Bridgeman Ct TF11 203 F1
Bridgemary Cl WV10 240 C2
Bridgemere Garden World CW5 67 D2
Bridges Cres WS11 227 F3
Bridges Rd WS11 227 F3
Bridgeside DE13 147 F1
Bridgeside Trad Est B77 250 B1
Bridgett Cl ST4 71 F3
Bridgewater Cl
Congleton CW12 6 A1
Penkridge ST19 207 F4
Bridgewater Dr WV5 269 F4
Bridgewater St Burslem ST6 56 B4
Tamworth B77 250 B3
Bridgewood St ST3 283 C4
Bridgford Ave DE14 184 C4
Bridgnorth Ave WV5 269 F3
Bridgnorth Gr ST5 40 C1
Bridgnorth Rd Enville DY7 273 E1
Himley DY3 270 A2
Kinver DY7 278 B4
Perton WV6 264 B4
Seisdon WV6 263 F3
Stourbridge DY8 279 E3
Wolv WV3, WV6 255 D1
Wombourne WV5 269 E3
Bridgtown Bsns Ctr WS11 226 C3
Bridgtown Prim Sch WS11 226 C3
Bridgwater Cl WS9 244 C2
Bridgwood Rd ST11 91 D4
Bridle La Ellenhall ST20 153 E4
Swadlincote DE15 186 A3
Bridle Path ST3 283 C1
Bridle Path The
Madeley CW3 68 B3
Newcastle-u-L ST5 70 C2
Bridle Rd Stafford ST17 175 E3
Stourbridge DY8 279 E3
Bridle Wlk WS15 178 A1
Bridleway The TF9 97 D1
Brierley Hill Rd DY8 275 F1
Brierley Rd CW12 6 A1
Brierley St ST6 42 B1
Brierlow Bar SK17 5 D4
Briertey Hill La WS15 212 A2
Brieryhurst Cl ST2 58 B3
Brieryhurst Rd ST7 26 A2
Bright Cres B77 250 B1
Bright St Meir ST3 74 A1
Stourbridge DY8 279 E3
Brightgreen St ST3 73 E3
Brighton St ST4 72 A4
Brighton The ST5 55 D1
Brights Ave ST7 26 A1
Brightstone Cl WV10 240 C2
Brindiwell Gr ST4 88 B3
Brindley Ave WV11 242 A1
Brindley Bank Rd WS15 178 C2
Brindley Brae DY7 278 B3
Brindley Cl Albrighton WV7 237 D3
Brierley Hill DY8 275 F1
Kidsgrove ST7 25 F1
Penkridge ST19 208 A4
Stafford ST16 155 F4
Wombourne WV5 269 E3
Brindley Cres
Cannock WS12 210 B4
Cheddleton ST13 45 E2
Brindley Heath Jun Sch DY7 278 A3
Brindley Heath Rd
Cannock WS12 210 B4
Rugeley WS12 195 E1
Brindley La ST9 43 E2
Brindley Pl ST6 42 B3
Brindley Rd Cannock WS12 194 C1
Rugeley WS12 194 C1
Brindley St ST5 284 B3
Brindley Way CW12 6 A1
Brindleys Bsns Pk WS11 210 A2
Brindleys Way ST7 39 F1
Brindon Cl ST3 74 A2
Brinkburn Cl WS15 178 A1
Brinley Way DY6 275 E3
Brinscall Gn ST6 42 A4
Brinsford La WV10 240 B4
Brinsford Rd WV10 240 B2
Brinsley Ave ST4 88 A3
Brisbane Rd ST16 155 D4
Brisley Hill ST4 71 F3
Bristol Cl WS11 210 A1
Bristol St Newcastle-u-L ST5 56 B3
Wolv WV3 266 A4
Britannia Park Ind Est ST6 57 D4
Britannia St 3 ST13 30 C3
Britannia Way WS13 231 F4
Brittain Ave ST5 55 F4
Brittain Rd ST13 45 E3
Brittania Dr DE13 166 B4
Brittania Stadium (Stoke City FC) ST4 72 B2
Brittle Pl ST6 42 B1
Britton St ST4 56 C1
Brixham Cl ST2 57 F1
Brizlincote La DE15 167 E1
Brizlincote St DE15 166 C1
Broad Eye ST16 155 E2
Broad La Brownhills WS4 244 B1
Church Eaton ST20 171 F1
Endon ST6 43 E4
Great Wyrley WS3 242 C2
Lichfield WS14 231 E3
Walsall WS3 243 D1
Whittington WS13 215 F1
Wolv WV3 265 F4
Broad Lane Gdns WS3 243 D1
Broad Meadow WS9 256 A4
Broad Meadow Ct ST16 155 D2
Broad Meadow La WS6 227 D1
Broad Oaks ST17 174 C3
Broad St Cannock WS11 226 C3
Hanley ST1 282 B2
Kingswinford DY6 275 E3
Leek ST13 30 C3
Newcastle-u-L ST5 284 B3
Stafford ST16 155 E2
Broad Way WS4 244 B1
Broadacres WV9 224 A2
Broadfield Cl DY6 275 E3
Broadfield Rd ST6 41 E4
Broadholes La ST19 205 D3
Broadhurst Cl WS12 194 C1
Broadhurst Gn WS12 194 C1
Broadhurst Green Rd WS12 194 B1
Broadhurst St ST6 42 A1
Broadlands DE13 166 B4
Broadlands Rise WS14 231 E4
Broadlawns Dr ST4 73 D3
Broadlee B77 251 E1
Broadmeadow DY6 275 F4
Broadmine St ST4 72 C3
Broadoak Way ST3 72 C1
Broadoaks Cl WS11 227 F3
Broadsmeath B77 250 B1
Broadstone Cl WV4 266 B3
Broadway Cannock WS12 209 F3
Codsall WV8 238 C2
Meir ST3 73 F1
Newport TF10 169 D2
Wolv, Bushbury WV10 240 C1
Wolv, Compton WV3 255 E1
Broadway Ct
4 Longton ST3 73 F1
Meir ST3 73 F1
Broadway La ST10 49 D2
Broadway Pl 1 ST3 73 F1
Broadway St DE14 166 B1
Broadway The Dudley DY1 271 F2
Stourbridge DY8 279 E2
Wombourne WV5 270 A3
Broadwell La WV6 253 D1
Broc Cl ST19 208 A4
Brockbank Pl ST6 42 A3
Brockeridge Cl WV12 242 B1
Brockhill TF9 99 E3
Brockhurst La B75 259 D4
Brockhurst Rd B75 258 B1
Brocklehurst Way ST1 57 F4
Brockley Sq ST1 282 B3
Brockley's Wlk DY7 278 A2
Brocksford St ST4 283 B5
Brockton La ST21 117 E2
Brocton Cres ST17 175 F2
Brocton Hts ST17 176 B2
Brocton La ST17 175 F3
Brocton Rd ST17 176 B3
Brogan St ST4 72 C3
Bromford Dale WV6 255 F2
Bromford Rise WV3 266 A4
Bromley Cl WS12 210 B4
Bromley Ct ST1 282 A4
Bromley Gdns WV8 239 D2
Bromley Hills Prim Sch DY6 275 F3
Bromley Hough ST4 71 F3
Bromley La DY6 275 F2
Bromley Pl WV4 266 A3
Bromley St Hanley ST1 282 A4
Wolv WV2 266 B4
Bromleyhedge La ST13 48 B2
Brompton Dr ST2 43 D2
Brompton Lawns WV6 255 D2
Bromsberrow Way ST3 90 A4
Bromsgrove Pl ST3 283 A3
Bromwich Dr WS13 215 E4
Bromwynd Cl WV2 266 A3
Bronant Wlk 13 ST6 57 D4
Bronte Cl DE14 166 B4
Bronte Ct B79 250 A3
Bronte Dr WS11 210 B1
Bronte Gr ST2 43 D1
Bronte Rd WV2 266 C3
Brook Ave B77 262 A4
Brook Cl Brewood WV9 224 A2
Brownhills WS9 245 D2
Doveridge DE6 127 E4
Endon ST9 44 A4
Forsbrook ST11 91 D4
Lichfield WS13 214 A1
Penkridge ST19 207 F4
Brook Cres DY6 275 E4
Brook End Burntwood WS7 229 D2
Fazeley B78 261 D4
Haughton ST18 172 C3
Longdon WS15 197 F1
Brook Gdns ST6 16 B1
Brook Glen Rd ST17 174 C4
Brook Gr WV8 239 D1

294 Bro – Cam

Brook Ho TF10 168 C2
Brook House La WV10 241 D4
Brook La Brocton ST17 176 B2
Brownhills WS9 244 C2
Church Leigh ST10 108 C3
Endon ST9 43 F4
Great Wyrley WS6 227 D2
Newcastle-u-L ST5 284 B2
Ranton ST18 153 E2
Brook Meadow Rd WS4 244 B1
Brook Pl Newcastle-u-L ST5 71 E3
Stoke-on-T ST4 56 C1
Brook Prim Sch The DY8 275 F1
Brook Rd
Cheslyn Hay WS11 226 C2
Trentham ST4 88 A4
Wombourne WV5 269 F3
Brook Sq WS15 196 C4
Brook St Brierley Hill DY8 275 F1
Burton u T DE14 166 B2
Kidsgrove ST8 27 D3
Kingswinford DY6 270 A1
Leek ST13 30 C3
Newcastle-u-L ST5 55 E1
Sedgley DY3 271 E2
Stoke-on-T ST4 72 A4
Stourbridge DY8 279 F3
Swadlincote DE11 186 C3
Brookbank Gdns DY5 271 D1
Brookbank Rd DY5 271 D1
Brookdale DY3 271 E2
Brooke Dr WV4 265 F3
Brooke Rd WS12 209 F3
Brookers Ct ST4 72 C3
Brookfield TF9 99 E3
Brookfield Ave ST9 43 F4
Brookfield Cl ST10 62 B2
Brookfield Ct Hanley ST1 282 B4
Stone ST15 120 B3
Brookfield Dr WS11 226 C4
Brookfield Rd
Aldridge WS9 245 D1
Codsall WV8 239 D2
Norton-in-t-M ST2 43 E2
Stoke-on-T ST4 71 F3
Brookfields Rd ST10 62 A4
Brookgate ST11 91 D4
Brookhay La
Alrewas WS13 215 F2
Whittington WS13 215 F2
Brookhill Cl WV12 242 B1
Brookhill Way WV12 242 B1
Brookhouse Cl WV10 241 D3
Brookhouse Dr ST12 88 B1
Brookhouse Green Prim Sch ST2 58 B1
Brookhouse La Bucknall ST2 58 C2
Caverswall ST2 58 C2
Cheddleton ST13 45 D2
Congleton CW12 6 B1
Featherstone WV10 241 D3
Brookhouse Rd
Cheadle ST10 76 A2
Gnosall ST20 171 E4
Meir ST3 74 A1
Newcastle-u-L ST5 55 F4
Brookhouse Way
Cheadle ST10 76 A1
Gnosall ST20 171 E3
Brookhouses Ind Est ST10 76 A1
Brookland Ave ST3 283 A1
Brookland Rd
Brownhills WS9 244 C2
Chell Heath ST6 41 F3
Brooklands DY8 275 F1
Brooklands Ave WS11 226 C2
Brooklands Cl ST14 126 A3
Brooklands Gr WS9 244 C2
Brooklands Rd
Albrighton WV7 237 D3
Cannock WS11 210 A2
Brooklands Sch ST16 155 E3
Brooklands The DY3 269 F1
Brooklands Way ST13 45 F4
Brooklyn Gr DY6 275 D4
Brooklyn Rd
Burntwood WS7 229 D2
Cannock WS12 210 B1
Brookmead Gr ST4 73 D3
Brookmead Ind Est ST16 155 F4
Brookside Burslem ST6 56 B4
Burton u T DE15 167 D3
Enville DY7 273 E2
Kingsley ST10 62 A2
Ranton ST18 153 E3
Rolleston DE13 147 D2
Sedgley DY3 271 E1
Brookside Ave TF10 168 C1
Brookside Bsns Pk ST14 126 B4
Brookside Cl
Newcastle-u-L ST5 284 A1
Wombourne WV5 269 F3
Brookside Dr Endon ST9 44 A4
Fenton ST3 72 C1
Brookside Gdns ST19 221 F4
Brookside La ST15 119 F4
Brookside Rd
Barton-u-N DE13 183 E1
Fazeley B78 249 E1
Uttoxeter ST14 126 B4
Brookside Way
Blakedown DY10 281 D1
Kingswinford DY6 275 E4
Tamworth B77 262 A3
Brookview Dr ST3 73 F2
Brookweed B77 251 D2
Brookwillows ST17 175 E4
Brookwood Cl ST5 71 D2
Brookwood Dr ST3 74 A1
Broom Lea TF9 99 E2
Broom St ST1 282 C4
Broom's La DE6 129 D1
Broome Hill ST5 71 E1
Broome La Blakedown DY9 281 F1
Hagley DY9 281 F1
Broome Wlk WS15 198 B2
Broomfield Ave B78 261 D4
Broomfield Cl
Newport TF10 168 B2
Stone ST15 120 A3
Broomfield Ct ST15 105 D1
Broomfield La DE6 79 F1
Broomfield Pl TF10 168 B2
Broomfield Pl N ST1 57 D2
Broomfield Pl S ST1 57 D2
Broomfield Rd
Newport TF10 168 B2
Norton-in-t-M ST6 42 B3
Broomfields ST8 17 D1
Broomhill Bank WS11 209 F2
Broomhill Cl WS11 209 F2
Broomhill St ST6 41 E2
Brooms Rd ST15 120 A3
Broomstead Cres ST16 155 D3
Broomyclose La ST14 111 D2
Brough Cl WV14 266 C2
Brough La ST4 88 A4
Brough Park L Ctr ST13 30 C4
Brough Rd DE15 167 E2
Broughton Cl ST16 155 E4
Broughton Cres ST12 88 C1
Broughton Ct WV6 255 D2
Broughton Rd Bucknall ST2 57 F2
Newcastle-u-L ST5 56 B1
Wolv WV3 255 E1
Brow Hill ST13 30 C3
Brown Ave ST7 25 D3
Brown Lees Ind Est ST8 27 D2
Brown Lees Rd
Biddulph ST8 27 D2
Kidsgrove ST8 27 D3
Brown St Burslem ST6 57 D4
Wolv WV2 266 B4
Brown's La Tamworth B79 250 B4
Yoxall DE13 182 A1
Brown's Lake DY7 273 E2
Brownfield Rd ST3 74 A1
Brownhill Rd ST6 43 D4
Brownhills High Sch ST6 41 F1
Brownhills Rd
Brownhills WS9 245 D2
Norton Canes WS11 228 A2
Tunstall ST6 41 E1
Brownhills Sch WS8 228 C1
Brownhills West Jun Mix Inf Sch WS8 228 B1
Browning Cl Cheadle ST10 76 B1
Tamworth B79 249 F4
Browning Cres WV10 240 B1
Browning Gr Kidsgrove ST7 40 B4
Perton WV6 254 C2
Browning Rd
Burntwood WS7 229 E4
Longton ST3 72 C1
Sedgley DY3 271 D2
Browning St ST16 155 E2
Brownley Rd ST6 42 B1
Browns Wlk WS15 178 B1
Brownsea Pl ST3 72 C2
Brownsfield Rd WS13 214 B1
Brownsholme B79 249 E3
Brownshore La WV11 242 A2
Brownswall Rd DY3 271 E4
Broxwood Pk WV6 255 E2
Bruford Rd WV3 266 A4
Brund La ST13 45 D2
Brundall Oval ST2 58 B1
Brundle Ave ST16 155 D2
Brunel Cl Burntwood WS7 229 D4
Stafford ST16 155 F4
Tamworth B79 250 A3
Brunel Gr WV6 254 C3
Brunel Wlk ST3 283 C4
Brunslow Cl WV10 240 B1
Brunswick Pl ST1 282 B2
Brunswick Rd WS11 209 F1
Brunswick St Hanley ST1 282 B3
11 Leek ST13 30 C3
Newcastle-u-L ST5 284 C3
Brunswick Terr ST17 155 E1
Brunt St ST6 56 B4
Brutus Rd ST5 55 E3
Bryan Ave WV4 265 E2
Bryan St ST1 282 B3
Bryans La WS15 178 C1
Bryans Way WS12 210 C2
Bryant Rd ST2 58 A3
Brymbo Rd ST5 55 F3
Brynmawr Rd WV14 266 C2
Buccleuch Rd ST3 73 E1
Buckden B77 251 E1
Buckingham Cl
Burton u T DE13 166 B4
Stafford ST17 156 B1
Buckingham Cres ST4 72 A1
Buckingham Ct DE15 167 E2
Buckingham Gdns WS14 231 D3
Buckingham Gr DY6 275 E4
Buckingham Pl WS11 210 B1
Buckingham Rd
Tamworth B79 249 F4
Wolv WV4 266 A3
Buckingham Rise DY1 271 F1
Buckland Cl WS12 210 B1
Buckland Gr ST4 88 B3
Buckland Rd ST16 136 B1
Buckley Cl ST14 125 E4
Buckley Rd
Chell Heath ST6 42 B3
Wolv WV4 265 E3
Buckley's Row ST5 284 B2
Buckmaster Ave ST5 71 E3
Bucknall Hospl ST2 58 A2
Bucknall New Rd ST1 282 C3
Bucknall Old Rd ST1 282 C3
Bucknall Rd Bucknall ST1 57 F2
Hanley ST1 57 F2
Wolv WV11 242 A1
Buckpool Sch The DY8 275 F2
Buckthorn Cl WS12 209 F4
Buckton Cl B75 258 C1
Buds Rd WS15 211 F3
Buglawton Cty Prim Sch CW12 6 A2
Buglawton Hall Sch CW12 6 B3
Buildwas Cl WS3 242 C1
Bull Hill ST16 155 F2
Bull La Chell Heath ST8 27 D1
Wombourne WV5 270 A4
Bull Ring Claverley WV5 267 E4
Sedgley DY3 271 E4
Bull Ring The ST18 138 B1
Bull St DY3 271 E1
Bulldog La WS13 214 A1
Buller St Hanley ST1 282 C1
Wolv WV4 266 C3
Bullgap La Stanton DE6 65 E2
Swinscoe DE6 65 E2
Bullmoor La WS14 230 A1
Bullocks House Rd ST7 26 C2
Bullows Rd WS8 244 B3
Bulstrode St 24 ST6 56 C4
Bumblehole Mdws WV5 269 F4
Bun La Blymhill TF10 188 B1
Sheriffhales TF10 203 E4
Bungalows The ST20 131 E2
Bungham La ST19 207 E4
Bunny Hill ST5 71 E3
Bunt's La ST9 43 E2
Bunting Cl ST14 126 A3
Bunting The
Cheddleton ST9 60 A4
Kingsley ST10 61 E2
Buntingdale Rd TF9 112 A4
Bunyan Pl WS11 209 F2
Burcham Cl ST16 155 D4
Burdock Cl WS11 210 A2
Burford Rd Stafford ST17 156 B1
Wheaton Aston ST19 205 D3
Burford Way ST2 58 A1
Burgage Cl TF9 97 E1
Burgage Ct TF10 168 C1
Burgage The
Eccleshall ST21 133 F4
Market Drayton TF9 97 E1
Burgess St ST6 56 C4
Burgesses The DY7 278 A2
Burgis Cl ST13 45 E2
Burgoyne St WS11 210 A3
Burgundy Gr ST3 90 A4
Burland Ave WV6 255 F3
Burland Rd ST5 40 B1
Burleigh Cl WS12 210 A4
Burleigh Croft WS7 229 D2
Burleigh Gr ST5 56 B2
Burleigh Rd WV3 266 A4
Burlidge Rd ST6 42 A3
Burlington Ave ST5 56 B2
Burlington Dr ST17 174 A4
Burmarsh Wlk
16 Burslem ST6 56 C4
Wolv WV8 255 F4
Burnaby Rd ST6 41 E3
Burnell Gdns WV3 265 F4
Burnet Gr WV10 241 D4
Burnett Ct ST16 155 D3
Burnett Pl ST6 42 B2
Burnett Rd B74 257 D1
Burnfield Dr WS15 178 B1
Burnfields Cl WS9 256 A4
Burnham Ave ST17 175 E3
Burnham Cl DY6 275 F2
Burnham Gn WS11 226 A4
Burnham St ST4 283 A5
Burnhays Rd ST6 41 F1
Burnley St ST1 57 E3
Burns Ave Stafford ST17 174 A4
Wolv WV10 240 B1
Burns Cl Kidsgrove ST7 41 D4
Lichfield WS14 231 D3
Burns Dr WS7 229 E4
Burns Gr DY3 271 D2
Burns Rd
Congleton CW12 6 A1
Tamworth B79 250 A3
Burns Row ST3 74 A1
Burns St WS11 210 A2
Burnsall Cl WV9 240 A2
Burnside DE13 147 D2
Burnside Cl ST3 90 A4
Burnthill La WS15 196 C4
Burntwood Rd
Burntwood WS7 229 E3
Norton Canes WS11 228 A4
Burntwood Recn Ctr WS7 228 C3
Burntwood Town Sh Ctr WS7 228 C4
Burnwood Ct ST6 42 B1
Burnwood Pl ST6 42 A3
Burnwood Prim Sch ST6 42 A3
Burrington Dr ST4 88 B3
Burrows Rd DY6 275 F2
Burrows The DE11 186 C3
Burslem Cl WS3 243 D2
Burslem Ent Ctr ST6 57 D4
Bursley Cl ST17 174 B3
Bursley Prim Sch ST5 56 A4
Bursley Rd ST6 57 D4
Bursley Way ST5 56 A4
Bursnips Rd
Essington WV11 242 B2
Great Wyrley WV11 242 B2
Burt St ST3 74 A2
Burton Bank La
Bradnop ST18 174 B3
Stafford ST17 174 C3
Burton Borough Sch The TF10 169 D1
Burton Cl B79 250 B4
Burton Cres Hanley ST1 57 F4
Kingsley ST10 76 C4
Burton Ct ST17 174 C4
Burton District Hospl Ctr DE13 166 A3
Burton District Hospl Ctr Outwoods Branch DE13 166 A3
Burton Ent Pk DE14 166 C3
Burton Manor Cty Prim Sch ST17 174 B3
Burton Manor Rd
Bradnop ST17 174 B3
Stafford ST17, ST18 174 B3
Burton Old Rd
Lichfield WS14 231 F4
Streethay WS13 214 C1
Burton Old Rd E WS14 231 F4
Burton Old Rd W WS14 231 E4
Burton Pl ST1 282 C3
Burton Rd Alrewas DE13 201 D2
Branston DE14 185 D4
Dudley DY1 271 F2
Elford E79 216 C1
Linton DE11 186 B1
Repton NG17 148 C1
Streethay WS13 214 C1
Tutbury DE13 146 B2
Whittington WS13 232 C4
Willington DE65 148 C4
Burton Sq ST17 174 C4
Burton St Leek ST13 30 B3
Tutbury DE13 146 B3
Burton Tech Coll (Annexe) DE13 147 E2
Burton upon Trent Sta DE14 166 B2
Burton upon Trent Tech Coll DE14 166 C1
Bury Ring ST18 173 E3
Bush Cl WV7 237 D3
Bush Dr WS15 178 C1
Bush Gr WS3 244 A1
Bushberry Cl ST15 119 F3
Bushbury Hill Jun & Inf Schs WV10 240 C1
Bushbury La WV10 240 C1
Bushey Cl B74 256 C1
Bushfield Rd WV7 237 D3
Bushton La DE13 146 A1
Business Pk DE14 166 C3
Bustomley La ST10 108 A2
Bute St ST4 283 A4
Butler Ct DE14 166 A2
Butler St ST4 72 A3
Butlers La B74 258 A2
Butlers Lane Sta B74 258 A2
Butt La ST18 153 E1
Butter Bk ST18 154 A2
Butterbank La ST18 154 A1
Butterfield Cl WV6 254 B2
Butterfield Pl ST6 41 F2
Butterhill Bank ST18 121 D1
Butterhill La ST15 121 F3
Buttermere Cl
Burslem ST6 56 C4
Cannock WS11 210 A2
Wolv WV6 255 E4
Buttermere Ct WV6 254 C2
Buttermere Dr WV11 242 A2
Buttermere Gr WV11 242 A1
Butthouse La ST5 102 B3
Buttons Farm Rd WV4 265 E2
Butts Cl WS11 227 F2
Butts Croft DE13 200 C2
Butts Gn ST2 58 B3
Butts La
Norton Canes WS11 227 F2
Warslow SK17 23 E1
Butts Rd
Market Drayton TF9 97 D1
Wolv WV4 265 F2
Butts The Betley CW3 53 D3
Wall WS14 230 B1
Butts Way WS11 227 F2
Butt's La ST13 63 F4
Buxton Ave
Fazeley B78 261 D4
Newcastle-u-L ST5 55 D1
Buxton Cl WS3 243 E2
Buxton Old Rd CW12 6 A2
Buxton Rd
Alstonefield DE6 35 D3
Congleton CW12 6 B3
Leek ST13 31 D4
Longnor SK17 13 D4
Walsall WS3 243 E2
Buxton St ST1 57 E4
By Pass Rd B77 251 D3
Byatt's Gr ST3 283 A2
Bycars La Burslem ST6 42 A1
Chell Heath ST6 42 A1
Bycars Rd ST6 41 F1
Byland B77 250 B2
Byland Pl ST5 71 D3
Byland Way WS3 242 C1
Byrd's Cl ST14 125 F4
Byrd's La ST14 125 F4
Byrkley Park Ctr DE13 164 A2
Byrkley St DE14 166 B2
Byrne Rd WV2 266 B4
Byron Ave
Burton u T DE15 185 F4
Lichfield WS14 231 D3
Byron Cl Burntwood WS7 211 F1
Cheadle ST10 76 A1
Market Drayton TF9 112 A4
Stafford ST16 156 A3
Byron Croft Sedgley DY3 271 D3
Sutton Coldfield B74 257 F3
Byron Ct Kidsgrove ST7 41 D4
Sutton Coldfield B74 258 A3
Byron Pl Cannock WS11 209 F3
Rugeley WS15 178 B1
Byron Rd Essington WV10 241 D1
Tamworth B79 250 A4
Byron St Leek ST13 30 B3
Stoke-on-T ST4 56 B1
Bywater Gr 3 ST3 73 E3
Byways WS3 243 E2

Cable St WV2 266 C4
Cacklehill La DE6 81 E1
Cadeby Gr ST2 43 D1
Cadley Hill Ind Est DE11 186 C2
Cadley Hill Rd DE11 186 C2
Cadman Cres ST6 42 C2
Cadman's La WS3 243 E3
Cadogan Rd B77 261 E3
Caernarvon Cl
Burton u T DE13 166 B4
Market Drayton TF9 97 F1
Stone ST15 120 B3
Caernarvon Way DY1 271 F1
Cairn Cl ST2 58 B2
Cairns Cl DE15 167 E2
Cairns Dr ST16 156 A3
Caister B77 251 D4
Caistor Cl Fazeley B78 260 A4
Norton-in-t-M ST2 43 D1
Calais Rd DE13 166 A3
Calcot Dr WV6 255 F4
Caldbeck Pl ST1 282 C3
Calder B77 251 D1
Calder Rise DY3 271 F3
Caldercrofts TF10 168 C2
Caldervale Dr ST17 175 E3
Caldew Gr ST4 88 B3
Cale Cl B77 250 B1
Caledonia Rd Hanley ST1 57 D1
Wolv WV2 266 B4
Wolv WV2 266 C4
Caledonian B77 250 C1
Calgary Cres DE15 167 E2
California St ST3 283 A3
Californian Gr WS7 228 C4
Callaghan Gr WS11 210 B1
Callender Pl ST6 57 D4
Callingwood La DE13 164 C2
Callis Wlk B77 261 F3
Callow Hill La ST10 75 E2
Calrofold Dr ST5 40 B1
Calvary Cres ST2 73 E4
Calveley Cl ST15 118 C3
Calver St ST6 41 E2
Calverley St ST3 283 D2
Calvert Gr ST5 56 A4
Calvin Cl Wolv WV10 240 B2
Wombourne WV5 269 F3
Calving Hill WS11 209 F1
Camberley Cres DY3 266 C1
Camberley Dr WV4 266 A2
Camberley Rd DY6 275 F2
Camberwell Gr ST4 88 B3
Camborne Cl ST17 175 F4
Camborne Cres ST5 71 D3
Cambourne Cl CW12 15 F4
Cambria St WS11 209 E2
Cambrian B77 251 D1
Cambrian La WS15 178 B2
Cambridge Cl
Aldridge WS9 256 A4
Biddulph ST6 16 B1
Cambridge Ct ST5 71 E2
Cambridge Dr ST5 71 E2
Cambridge St
Burton u T DE14 166 A1
Hanley ST1 282 A2
Stafford ST16 156 A2
Camden Dr B77 250 C2
Camden St
Brownhills WS9 244 C2
Fenton ST4 72 C2
Camden Way DY6 270 B1
Camelford Cl ST17 175 F4
Camellia Gdns WV9 239 F2
Camelot Cl
Burton u T DE13 147 F1
Cannock WS11 209 F2
Trentham ST4 88 B2
Cameo Dr DY8 279 F4
Cameo Way ST16 155 D4
Cameron Cl DE15 167 D1
Camhouses B77 251 D1
Camillus Rd ST5 55 F1
Camoys Ct 15 ST6 57 D4
Camoys Rd ST6 57 D4

Cam – Cha 295

Camp Hill
Brierley Hill DY8 275 F1
Maer ST5 84 C3
Camp Hill Rd DY7 273 F4
Camp Rd Brocton WS12 194 B3
Chell Heath ST6 42 B1
Shenstone B75 258 B3
Weeford B75 258 B3
Campbell Ave ST13 30 B2
Campbell Cl
Congleton CW12 6 A2
Rugeley WS15 178 B1
Tamworth B79 249 F4
Campbell Pl ST4 72 A4
Campbell Rd
Market Drayton TF9 97 E1
Stoke-on-T ST4 72 A3
Campbell Terr ST1 57 F3
Campian's Ave WS6 226 B1
Campion Ave ST5 56 B2
Campion Cl
Eccleshall ST21 133 E3
Wombourne WV5 269 F3
Campion Dr
Featherstone WV10 241 D4
Tamworth B77 250 B2
Camrose Gdns WV9 240 A2
Camsey La WS7 229 F4
Canal Cl ST12 88 B1
Canal La ST6 41 E1
Canal Mews The ST4 88 B3
Canal Rd Congleton CW12 15 F4
Stone ST15 104 C1
Canal St Brierley Hill DY8 279 F3
Burslem ST6 56 B4
Burton u T DE14 166 B1
Canalside Cl WS3 243 F1
Canaway Wlk WS15 178 B1
Canberra Cres ST3 90 B4
Canberra Dr ST16 156 A2
Candle La CW3 67 D1
Canford Cres WV8 238 C2
Cannel Rd WS7 228 B3
Canning Rd B77 250 C2
Canning St ST4 72 C3
Cannnock Wood Rd WS12 211 D3
Cannnock Wood St WS12 211 D3
Cannock Chase Ctry Pk
Brocton ST17, WS15 176 C2
Rugeley WS12 195 D2
Cannock Chase Ent Ctr
WS12 195 E1
Cannock Chase High Sch
WS11 209 F1
Cannock Chase Tech Coll
Cannock WS11 209 E1
Cannock, Bridgtown WS11 226 C4
Cannock Com Hospl
WS11 209 F1
Cannock Ind Ctr WS11 226 B3
Cannock Rd Brocton ST17 176 A2
Burntwood, Chase Terrace
WS7 228 B4
Burntwood, Gorstey Ley
WS7 229 D4
Cannock,
Heath Hayes WS11 227 E4
Cannock, High Town WS11 210 A3
Featherstone WV10 241 D2
Huntington ST19 208 A4
Penkridge ST19 192 C1
Stafford ST17 175 E3
Wolv WV10, WV11 241 D2
Cannock Sta WS11 226 C4
Cannock Wood Ind Est
WS12 211 E3
Cannock Wood Rd WS12 211 D3
Cannock Wood St WS12 211 D3
Cannon Pl ST1 282 B2
Cannon Rd WV5 270 A3
Cannon St ST1 282 B2
Canons Cl ST15 120 A3
Canterbury Cl
Brownhills WS3 244 A2
Lichfield WS13 214 B2
Canterbury Dr
Burntwood WS7 229 F4
Chell Heath ST6 42 A2
Perton WV6 254 C2
Canterbury Rd
Burton u T DE15 167 E2
Wolv WV4 265 F3
Canterbury Way WS12 210 A1
Canvey Gr ST3 90 A4
Canwell Dr B75 259 D3
Cape Ave ST17 174 A4
Cape Cl WS8 245 D3
Cape St ST1 282 B4
Capesthorne Cl ST9 59 D2
Capewell St ST3 283 C4
Capper Cl ST7 26 A1
Capper St ST6 41 F2
Capper's La WS13 232 A4
Cappers La WS13, WS14 231 F4
Capricorn Way ST6 41 F3
Captain's Cl WV3 255 E1
Captain's La DE13 201 E4
Caradoc B77 251 D1
Caraway Pl ST3 90 A3
Carberry Way ST3 74 A2
Card St ST6 57 D4
Carder Ave ST16 155 D4
Carder Gn SK17 13 D3
Cardiff Gr ST1 282 B1
Cardiff St WV3 266 A4
Cardigan Ave WS15 196 B3
Cardigan Gr ST4 88 B3
Cardigan Pl WS12 210 B3
Cardinal Griffin RC
High Sch WS11 209 E1
Cardinal Way WS11 209 E1
Cardington Cl ST5 71 D2
Cardoness Pl DY1 271 F1
Cardway ST5 56 A4
Cardwell St ST1 57 F3
Carey B77 262 A3
Carfax WS11 226 C4
Carier Ave WV8 239 D2
Carina Gdns ST6 42 B1
Carisbrooke B77 251 D1
Carisbrooke Dr
Burton u T DE13 147 F1
Stafford ST17 174 A4
Carisbrooke Gdns WV10 240 C2
Carisbrooke Rd
Perton WV6 255 D2
Wolv WV10 240 C2
Carisbrooke Way ST4 88 B3
Carlcroft B77 251 D1
Carling Cl ST16 155 D1
Carling Gr ST4 73 D3
Carlisle Rd WS11 226 B4
Carlisle St ST3 283 B1
Carlos Cl ST10 76 B2
Carlos Pl ST5 41 D1
Carlton Ave Aldridge B74 257 D1
Chell Heath ST6 42 A2
Endon ST6 43 D3
Newcastle-u-L ST5 71 D2
Carlton Cft B74 257 D1
Carlton Cl Cannock WS12 210 B1
Cheadle ST10 76 B1
Endon ST6 43 D3
Carlton Cres
Burntwood WS7 229 D4
Tamworth B79 249 F4
Carlton Ct DE14 166 A2
Carlton Rd Stoke-on-T ST4 72 B4
Wolv WV3 266 A4
Carlton Sq ST17 174 A4
Carlton St DE13 166 A3
Carlton Terr ST13 31 D3
Carlyon Pl ST1 57 E4
Carmel Cl WS12 210 B3
Carmichael Cl WS14 231 E4
Carmount Rd ST2 58 A4
Carmountside Prim Sch
ST2 58 A4
Carnation Cl ST3 74 A3
Carnforth Cl DY6 275 D4
Carnforth Gr ST7 41 F4
Carnoustie B77 251 E3
Carnoustie Cl WS3 243 D2
Caroline Cl ST9 59 D2
Caroline Cres ST6 43 D3
Caroline St ST3 283 C4
Caroline Terr DE14 166 B1
Carpenter Cl DE15 167 E1
Carpenter Rd ST3 283 A4
Carr Bank ST10 78 A4
Carr La Audley ST7 39 D1
Wetton DE6 34 C1
Carr St ST7 26 C1
Carriage Dr ST6 16 C1
Carrick Cl WS3 244 A3
Carrick Pl ST4 72 A1
Carriers Fold WV5 270 A4
Carriers Rd DE65 148 B3
Carroll Dr ST3 283 D4
Carron St ST4 283 B5
Carroway Head Hill B78 259 E3
Carryer Pl ST5 70 C4
Carshalton Gr WV2 266 C4
Carson Rd ST6 41 F2
Carson Way ST16 155 E2
Carter St ST14 126 B4
Carters Croft ST10 92 C2
Cartersfield La WS14 245 E3
Cartlich St ST6 41 E3
Cartlidge St ST4 56 B1
Cartmel Pl ST6 42 A2
Cartway The WV6 254 B2
Cartwright Dr ST20 171 E4
Cartwright Rd B75 258 B2
Cartwright St Longton ST3 283 B3
Wolv WV2 266 B4
Carver Gdns DY8 279 F1
Carver Rd
Burton u T DE13 166 B3
Stafford ST16 155 F3
Casa Mia Ct WS12 210 B3
Casewell Rd Hanley ST6 57 E4
Kingswinford DY6 275 E4
Casey La Burton u T DE14 166 A2
Shavington CW2 37 D3
Casey The ST13 48 A1
Cash La ST21 132 C2
Caslon Cres DY8 279 E2
Caspian Gr ST4 88 A4
Caspian Way ST19 205 E3
Cassandra Cl DY5 271 E1
Castel Cl ST5 70 C2
Castle Acre ST17 174 A4
Castle Bank ST17 174 A4
Castle Cl Brownhills WS8 228 C1
Tamworth B77 250 C2
Castle Ct DE13 146 B4
Castle Dyke WS13 231 D4
Castle Gr ST2 58 A3
Castle Hayes La DE13 146 A3
Castle Hill Rd Alton ST10 78 C1
Newcastle-u-L ST5 284 A3
Castle House Sch TF10 168 C2
Castle Inn Rd CW12 16 B4
Castle Keep Mews ST5 284 A2
Castle La CW3 68 C3
Castle Park Inf Sch DE13 166 A4
Castle Park Rd DE13 166 A4
Castle Prim Sch ST7 26 B3
Castle Rd Brownhills WS9 245 D1
Cookley DY10 280 A2
Kidsgrove ST7 26 B4
Swadlincote DE11 186 C1
Tamworth B77 261 F3
Castle Ridge ST5 70 C4
Castle St Brownhills WS8 228 C1
Eccleshall ST21 133 F4
Kinver DY7 278 A2
Newcastle-u-L ST5 284 C3
Newcastle-u-L, Chesterton
ST5 55 F4
Sedgley DY3 271 E4
Stafford ST16 155 E2
Tutbury DE13 146 B3
Castle View Biddulph ST8 27 E3
Seighford ST18 154 C1
Stafford ST16 155 E2
Tamworth B77 250 B3
Castle View Est ST18 154 C1
Castle Way ST16 155 E1
Castle Way The DE65 148 C3
Castlechurch Cty
Prim Sch ST17 174 A4
Castlecroft Ave WV3 265 D4
Castlecroft Gdns WV3 265 E4
Castlecroft La WV6 254 C1
Castlecroft Prim Sch
WV3 265 D4
Castlecroft Rd WV3 265 D4
Castledene Dr ST16 155 E1
Castledine Gr ST3 73 F2
Castlefield St ST1 57 D1
Castlefields ST16 155 E1
Castlefort Jun Mix
Inf Sch WS9 245 D2
Castlefort Rd WS9 245 D2
Castlehall B77 251 D1
Castlehill Rd WS9 245 E2
Castleton Rd Meir ST3 89 F4
Walsall WS3 243 E2
Castleview DE65 146 B4
Castleview Gr ST7 41 F4
Castleview Rd ST7 26 A2
Caswell Rd DY3 271 E4
Cat And Kittens La WV10 240 C3
Catalina Pl ST3 90 B3
Caterham Dr DY6 275 F2
Caterham Pl ST3 90 A3
Catesby Dr DY6 275 E4
Catharine Rd ST6 42 B3
Cathcart Rd DY8 279 F3
Cathedral Cl WS13 231 D4
Cathedral Rise WS13 231 D4
Catherine St ST5 56 B2
Catholic La DY3 271 E4
Catholme La
Barton Turn DE13 202 A2
Barton-u-N DE13 201 F3
Catisfield Cres WV8 239 F1
Catkin Wlk WS15 178 B1
Catmeadow La WS15 197 E1
Caton Cres ST6 42 C1
Catsbridge La WS11 225 F4
Catshill Rd WS8 245 D4
Catwall End Prim Sch
DY3 271 E4
Cauldon Ave
Cheddleton ST13 45 E3
Newcastle-u-L ST5 56 A4
Cauldon Cl ST13 30 C2
Cauldon Pl ST1 57 D1
Cauldon Prim Sch ST4 57 E1
Cauldon Rd ST4 57 E1
Caulton St ST6 41 F1
Caunsall Rd DY11 280 A3
Causeley Gdns ST2 58 A2
Causeley Rd ST2 58 A2
Causeway Pl ST13 33 F3
Cavalier Cir WV10 240 C2
Cavan's Cl WS11 209 F2
Cavans Wood
Mobile Homes WS12 209 E3
Cavendish B79 249 F4
Cavendish Cl DY6 275 E2
Cavendish Dr DY9 281 F2
Cavendish Gr ST5 71 D2
Cavendish St ST1 57 D2
Cavendish Way WS9 256 A3
Caverswall La ST3 90 B4
Caverswall Old Rd ST11 90 C4
Caverswall Rd
Dilhorne ST10 75 D2
Forsbrook ST11 90 C4
Meir ST3 74 A1
Cavour St ST1 56 C2
Caxton St WS11 226 C4
Cayley Pl ST3 90 B3
Cecil Ave ST1 282 A4
Cecil Payton Cl WS15 160 C3
Cecil Rd DE11 186 C3
Cecil St Cannock WS11 209 F2
Stourbridge DY8 279 F3
Cecilly St ST10 76 C2
Cecilly Terr ST10 76 C2
Cedar Ave Brownhills WS8 245 D4
Forsbrook ST11 91 D3
Kidsgrove ST7 25 E1
Cedar Cl Burntwood WS7 229 D3
Cannock WS12 195 D1
Cheadle ST10 76 C1
Lichfield WS14 231 F4
Market Drayton TF9 97 D1
Stourbridge DY8 279 E1
Uttoxeter ST14 110 C1
Cedar Cres Audley ST7 39 F1
Endon ST9 43 F3
Rugeley WS15 197 D3
Cedar Ct CW12 15 F4
Cedar Dr Albrighton WV7 237 D3
Aldridge B74 256 C1
Tamworth B79 250 A4
Cedar Gdns DY7 277 F3
Cedar Gr Biddulph ST8 17 D1
Codsall WV8 239 D2
Fenton ST3 72 C2
Wolv WV3 265 F4
Cedar Park Rd WV12 242 B1
Cedar Pk ST15 120 A4
Cedar Rd Barton-u-N DE13 183 E1
Burntwood WS7 229 D4
Newcastle-u-L ST5 40 B1
Cedar Wood Rd DY3 271 E3
Cedarhill ST10 78 B1
Cedarhill Dr WS11 209 F2
Cedars Ave
Kingswinford DY6 275 E2
Wombourne WV5 270 A3
Cedars Dr ST15 120 A3
Cedarwood B74 258 A1
Cedarwood Cl WV9 224 A2
Celandine Cl
Kingswinford DY6 275 E2
Norton-in-t-M ST2 43 D1
Celandines The WV5 269 F3
Celendine B77 250 B2
Cellarhead Rd
Cheddleton, Cellarhead ST9 59 F2
Cheddleton,
Wetley Rocks ST9 60 A4
Celtic Ave ST7 41 F4
Celtic Rd WS11 209 F2
Cemetery Ave ST3 283 B2
Cemetery Rd
Cannock WS11 209 F2
Hanley ST1 57 D1
Market Drayton TF9 97 D1
Newcastle-u-L, Knutton ST5 55 F2
Newcastle-u-L, Silverdale ST5 55 E1
Weston CW2 37 D3
Cemetery St WS6 226 B1
Cemetery View
Longton ST3 283 B2
Newcastle-u-L ST5 55 F2
Cemetery Way WS3 243 D1
Cemlyn Ave ST3 72 C2
Central Ave Bucknall ST2 58 A2
Cannock WS11 209 F3
Central Cl WS3 243 D1
Central Dr Fenton ST3 72 C2
Sedgley DY3 271 E1
Walsall WS3 243 D1
Central St ST7 26 A3
Central Trad Est WV2 266 C4
Central Way DE13 166 A4
Centre Rd ST15 104 C1
Centurion Pk B77 262 A3
Centurion Way B77 262 A3
Century St ST1 282 A3
Chadsfield Rd WS15 178 C1
Chadsmead Prim Sch
WS13 214 A1
Chadsmoor CE Jun Sch
WS11 210 A2
Chadsmoor Inf Sch
WS11 210 A2
Chadswell Hts WS13 214 B1
Chadwell Gdns WV8 238 C2
Chadwell La Gnosall TF10 188 A1
Woodcote TF10 187 F2
Chadwell Way ST2 58 B1
Chadwick Cl
Hill Ridware WS15 198 A4
Wolv WV4 265 E3
Chadwick Ct WS15 196 C4
Chadwick St ST3 283 C1
Chadwyn Dr ST2 43 D1
Chaff La DE6 65 E1
Chaffinch Cl
Cannock WS12 210 A2
Sedgley DY3 266 B1
Chaffinch Dr Biddulph ST8 27 F4
Uttoxeter ST14 126 B3
Chain La ST17 174 C2
Chain St ST6 42 B1
Chalcot Dr WS12 210 A4
Chaldon Cl WV9 240 A1
Chalfield B79 249 E3
Chalfont Ave WS11 226 B4
Chalfont Gn ST2 58 B1
Challinor Ave ST13 30 C3
Challinor St ST6 41 F2
Chamberlain Ave ST4 72 A3
Chamberlain St ST1 282 B1
Chamberlain Way ST8 27 F4
Chamberlain's La
Wolv WV4 265 F2
Wombourne WV4 265 F2
Chance Hall La ST7 25 D4
Chancel Cty Inf Sch
WS15 178 C1
Chancel Ind Est DY6 270 C1
Chancery Dr WS12 210 B4
Chancery La ST3 283 C3
Chandler Ave DY7 277 F3
Chandler Dr WV4 265 E2
Chandlers Cl WV9 240 A1
Chandlers Dr B77 251 D3
Chandlers Keep WS8 245 D3
Chanterelle Gdns WV4 266 A2
Chantry Rd Kinver DY7 279 E4
Newcastle-u-L ST5 284 B1
Chapel Ave WS8 228 C1
Chapel Bank Kidsgrove ST7 26 B3
Wheaton Aston ST19 205 E3
Chapel Cl
Mount Pleasant ST7 26 A3
Wombourne WV5 269 F3
Chapel Ct Gnosall ST20 171 E3
Kidderminster DY10 280 A1
Newcastle-u-L ST5 55 E1
Chapel Dr WS8 228 C1
Chapel Gn DE6 127 E4
Chapel Hill DY10 280 A1
Chapel La Anslow DE13 165 D3
Ashley, Ashley TF9 100 A3
Ashley, Hookgate TF9 99 F2
Audley ST7 39 E1
Biddulph ST8 17 D1
Bradley ST18 191 D4
Burslem ST6 57 D4
Cannock WS15 211 F3
Codsall WV8 238 C2
Endon ST6 28 A1
Hanbury DE13 144 C1
Kidsgrove ST7 26 C2
Kingsley ST10 62 A1
Lichfield WS14 231 D3
Longdon WS15 212 A2
Mucklestone TF9 83 E3
Newborough DE13 162 C4
Norton in H TF9 82 B1
Rolleston DE13 147 D2
Rudyard ST9 29 D3
Tatenhill DE13 164 B2
Whittington WS14 232 C3
Chapel Rd WS15 197 F3
Chapel Sq WS6 226 B2
Chapel St Audley ST7 39 F2
Brownhills, New Town WS8 228 C1
Brownhills, Pelsall WS3 244 A2
Bucknall ST2 58 A2
Burntwood WS7 228 C4
Cannock WS12 210 C1
Cheadle ST10 76 B2
Forsbrook ST11 91 D4
Kidsgrove ST7 25 E1
Kingsley ST10 61 E2
Kingswinford, Wall Heath
DY6 275 D4
Kingswinford, Wordsley DY8 275 E2
Longnor SK17 13 D3
Mount Pleasant ST7 26 A3
Newcastle-u-L, Knutton ST5 55 F2
Newcastle-u-L,
May Bank ST5 56 B2
Newcastle-u-L,
Silverdale ST5 55 E1
Norton Canes WS11 227 F3
Stafford ST16 155 F2
Swadlincote DE12 186 C3
Wolv WV2 266 B4
Wombourne WV5 269 F3
Chapel Terr ST16 155 F2
Chapel Wlk DY5 271 E1
Chapelon B77 251 D1
Chapelside WS15 178 B1
Chaplain Rd WS12 210 C1
Chaplin Rd ST3 283 C1
Chapter Wlk ST2 58 A3
Charlecote Dr DY1 271 F2
Charlemonte Cl WS12 210 B2
Charles Ave
Essington WV11 241 F2
Kidderminster DY10 280 A1
Wolv WV4 266 A3
Charles Cl WS6 226 B1
Charles Cotton Dr CW3 68 B3
Charles Cotton St ST16 155 E3
Charles Cres WS3 244 A3
Charles Rd DY8 279 F2
Charles St Biddulph ST8 27 E4
Cheadle ST10 76 B2
Hanley ST1 282 C2
Newcastle-u-L ST5 56 B2
Charlesdale Dr WS9 256 A2
Charlesway TF9 112 A4
Charlock Gr WS11 210 B2
Charlotte Cl ST18 177 E4
Charlotte St ST6 41 E4
Charlton St ST4 72 A4
Charminster Rd ST3 90 A4
Charmouth Cl ST1 58 A3
Charmwood Cl WS12 210 B2
Charnes Rd TF9 100 B3
Charnley Dr B75 258 C1
Charnley Rd ST16 155 F3
Charnock Pl ST6 42 A4
Charnsford La TF9 100 A2
Charnwood ST7 26 A1
Charnwood Ave DY3 266 B1
Charnwood Cl Leek ST13 30 B2
Lichfield WS13 214 B1
Rugeley WS15 178 B1
Charnwood Prim Sch
WS13 214 B1
Charnwood Rd
Burton u T DE13 166 A4
Meir ST3 73 F1
Charsley Pl ST3 72 C1
Charter Cl WS11 227 F2
Charter Ct TF9 97 E1
Charter Rd ST5 56 A2
Charterfield Dr
Cannock WS12 210 B1
Kingswinford DY6 275 E4
Charterfield Sh Ctr DY6 275 E4
Charterhouse Dr ST17 156 A1

296 Cha – Chu

Charters Ave WV8 239 D1
Charters The WS13 214 A1
Chartley Cl
Blythe Bridge ST11 90 C3
Perton WV6 254 C2
Stafford ST16 155 E4
Chartley Hall Cotts ST18 139 E3
Chartway The WS3 244 A2
Chartwell B79 249 E4
Chartwell Cl ST9 59 D2
Chartwell Dr
Sutton Coldfield B74 257 E2
Wolv WV10 240 C1
Wombourne WV5 269 F3
Chartwell Rd ST17 175 E4
Chartwood TF9 99 E3
Chase Ave WS6 226 C2
Chase Cres ST17 176 A2
Chase L Ctr WS11 209 E1
Chase La ST15 103 F3
Chase Park Ind Est WS7 228 C4
Chase Rd
Brocton ST17, WS15 176 B1
Brownhills WS8 229 D1
Burntwood WS7 229 D3
Sedgley DY5 271 E1
Chase Side Rd WS15 196 B4
Chase Terrace High Sch WS7 229 D4
Chase Terrace Prim Sch WS7 228 C4
Chase Vale WS7 228 C3
Chase View Armitage WS15 198 A2
Wolv DY3 266 C1
Chase View La ST18 174 B2
Chase Wlk WS12 209 E2
Chaselands WS7 228 B4
Chaseley Ave WS11 209 E1
Chaseley Cl WS15 178 A1
Chaseley Croft WS11 209 E1
Chaseley Gdns WS7 229 E4
Chaseley Rd WS15 178 A1
Chasepool Rd DY3 274 B4
Chaseside Dr WS11 210 A2
Chaseside Ind Est WS11 210 A2
Chasetown High Sch WS7 228 C2
Chasetown Ind Est WS7 228 C3
Chasetown Prim Sch WS7 228 C3
Chaseview Rd DE13 200 C1
Chasewater WS7 228 B2
Chasewater Dr ST10 76 C2
Chasewater Light Rly WS11 228 A2
Chasewater Sports Ctr WS8 228 B2
Chasewater Way WS11 227 F3
Chasewood Park Bsns Ctr WS12 210 C1
Chatfield Cl DE15 167 E1
Chatfield Pl ST3 73 E1
Chatham St ST1 282 A1
Chatsworth B79 249 E4
Chatsworth Dr
Cannock WS11 210 A2
Caverswall ST9 59 D2
Norton-in-t-M ST6 42 C3
Tutbury DE13 146 B3
Chatsworth Gdns WV6 255 D4
Chatsworth Pl Meir ST3 73 F1
Newcastle-u-L ST5 55 F4
Chatteris Cl ST3 90 A3
Chatterley Cl ST5 56 A4
Chatterley Dr ST7 41 D4
Chatterley Rd ST6 41 E2
Chatterley St ST6 41 F1
Chatterton Pl ST3 73 E2
Chatwell La Blymhill TF10 188 B1
Sheriffhales TF10, TF11 203 D4
Chaucer Cl
Burton u T DE14 166 B3
Lichfield WS14 231 D3
Tamworth B79 250 A3
Chaucer Dr WS7 212 A1
Chaucer Rd Sedgley DY3 271 D3
Stafford ST17 174 B4
Chaulden Rd ST16 136 B1
Chawner Cl WS7 211 F1
Cheadle Cl ST19 207 F4
Cheadle High Sch ST10 76 B1
Cheadle Hospl ST10 76 B2
Cheadle Prim Sch ST10 76 B1
Cheadle Rd Alton ST10 78 C1
Cheddleton ST13 45 E2
Draycott in t M ST11 91 F3
Forsbrook ST11 91 D4
Leek ST13 45 F4
Upper Tean ST10 92 B3
Uttoxeter ST14 111 D1
Cheam Gdns WV6 255 F4
Cheapside Hanley ST1 282 B2
Newcastle-u-L ST5 284 B3
Chebsey Dr ST16 155 D3
Checkley Dr ST6 16 B1
Checkley Gr 6 ST3 73 E3
Checkley La CW3 52 C1
Checkley Rd ST5 40 B1
Chedale Rd ST10 61 E1
Cheddar Dr ST5 54 C1
Cheddleton Flint Mill Mus ST13 45 E3
Cheddleton Heath Rd ST13 45 F4
Cheddleton Park Ave ST13 45 F3
Cheddleton Rd ST13 30 C2
Cheedale Cl DE15 167 D3
Chelford Cl ST19 193 D1
Chell Cl ST19 207 F4
Chell Gr ST5 56 A4
Chell Green Ave ST6 42 A3
Chell Heath Rd ST6 42 B2
Chell Rd ST16 155 E2
Chell St ST1 57 E3
Chelmarsh Ave WV3 265 D4
Chelmorton Dr ST3 73 F1
Chelmsford Dr ST2 58 B1
Chelmsford Rd ST5 56 B3
Chelsea Cl ST6 16 B1
Chelsea Dr B74 257 F2
Chelsea Way
Kingswinford DY6 275 E3
Stafford ST16 155 E1
Chelson St ST3 283 C3
Chelston Dr WV6 255 F2
Cheltenham Ave ST10 76 C3
Cheltenham Dr
Kingswinford DY6 275 D3
Stafford ST17 175 E4
Cheltenham Gr Hanley ST1 57 F3
Newcastle-u-L ST5 54 C1
Chelwood St ST1 282 A4
Chemical La ST6 41 E1
Chepstow Cl Biddulph ST6 16 B1
Perton WV6 254 C2
Chepstow Dr ST17 175 E4
Chepstow Rd Walsall WS3 242 C1
Wolv WV10 240 B3
Chepstow Way WS3 242 C1
Chequer St WV3 266 A3
Chequerfield Dr WV4 266 A3
Chequers Ave WV5 265 D1
Chequers Ct WS11 228 A3
Chequers The WS13 231 E4
Cheriton Gn ST2 58 B1
Cheriton Gr WV6 254 C2
Cherrington Dr WS11 226 C2
Cherrington Gdns WV6 255 D1
Cherry Bank WS12 210 B3
Cherry Cl Blythe Bridge ST11 106 C4
Burntwood WS7 228 C3
Newcastle-u-L ST5 40 B1
Cherry Gn DY1 271 F2
Cherry Gr Fenton ST3 72 C2
Stourbridge DY8 279 F2
Cherry Hill CW3 68 C3
Cherry Hill Ave ST3 74 A1
Cherry Hill Jun Sch ST5 55 F1
Cherry Hill La ST5 55 F1
Cherry La Cheadle ST10 77 D3
Congleton CW12 16 C4
Gayton ST18 138 C3
Himley DY3 270 B2
Seighford ST18 135 E2
Cherry Leys DE15 167 E2
Cherry Orch Lichfield WS14 231 E4
Newcastle-u-L ST5 284 B3
Stone ST15 120 B4
Cherry St Stourbridge DY8 279 F2
Tamworth B79 250 A3
Cherry Tree Ave ST7 25 D3
Cherry Tree Cl
Eccleshall ST21 133 F4
Stone ST15 119 F3
Swadlincote DE11 186 C3
Trentham ST4 88 A3
Cherry Tree Gdns WV8 239 D2
Cherry Tree La
Biddulph ST8 17 D1
Codsall WV8 239 D2
Woore CW3 67 E1
Cherry Tree Rd Audley ST7 39 F1
Huntington WS12 209 E4
Kingswinford DY6 275 E4
Newcastle-u-L ST5 40 C1
Norton Canes WS11 228 A3
Rugeley WS15 196 C3
Cherry Tree Wlk B79 250 A4
Cherry Trees Specl Sch WV5 269 F3
Cherry Way TF9 97 E1
Cherrybrook Dr ST19 193 D1
Cherrytree Cres ST18 135 D1
Cherrytree Rd DE15 185 F4
Cherrywood Cl ST17 175 E3
Cherrywood Gr ST3 89 F3
Cherrywood Rd B74 256 B1
Cherrywood Way B74 257 E2
Chertsey Pl ST1 57 E4
Chervil Cl ST3 90 A3
Cherwell B77 250 B1
Cherwell Dr WS8 228 B1
Chesham Gr ST3 90 A3
Chesham Rd ST16 155 F3
Cheshire Cl DY8 279 E4
Cheshire Dr ST19 223 E3
Cheshire Gdns TF9 97 E1
Cheshire Gr WV6 254 C2
Cheshire St TF9 97 E1
Cheslyn Dr WS6 226 B1
Cheslyn Hay High Sch WS6 226 B2
Cheslyn Hay Prim Sch WS6 226 B2
Chessington Cres ST4 88 B4
Chestall Rd WS15 211 F3
Chester Ave WV6 255 F4
Chester Cl Cannock WS11 210 A1
Kidsgrove ST7 40 C4
Lichfield WS13 214 B2
Chester Cres ST5 71 D3
Chester Rd Aldridge WS9 256 C2
Audley ST7 39 E1
Brownhills WS9 245 E2
Chetwynd TF10 168 B4
Enville DY7 273 F1
Chester Rd continued
Kidsgrove ST7 40 B4
Kinver DY7 277 F4
Whittington WS14 232 B2
Chester Rd N WS8 228 B1
Chesterfield Ave DE11 186 C3
Chesterfield Ct WS9 244 C2
Chesterfield Rd WS14 231 D3
Chesterton High Sch ST5 55 F4
Chesterton Prim Sch
Newcastle-u-L, Beasley ST5 55 F4
Newcastle-u-L, Broad Meadow ST5 55 F3
Chesterton Rd
Burton u T DE14 166 B4
Pattingham WV6 253 D1
Chesterton Stadium ST5 55 E3
Chesterton Way B79 250 A4
Chesterwood B74 256 C1
Chesterwood Rd ST6 42 A2
Chestnut Ave B79 250 A4
Chestnut Cl Aldridge B74 257 D2
Armitage WS15 198 B2
Cannock WS11 210 B1
Gnosall ST20 171 E4
Seighford ST18 154 C1
Stourbridge DY8 279 E1
Upper Tean ST10 92 C2
Chestnut Cres ST11 91 D3
Chestnut Ct ST21 102 B2
Chestnut Dr
Brownhills WS4 244 A1
Cheslyn Hay WS6 226 B2
Great Wyrley WS6 226 C2
Shenstone WS14 246 C3
Wombourne WV5 270 A3
Chestnut Gr
Kingswinford DY6 275 F3
Kinver DY7 277 F3
Newcastle-u-L ST5 40 C1
Chestnut La B79 218 C1
Chestnut Rd Ashley TF9 99 E3
Burton u T DE15 185 F4
Endon ST6 43 E4
Market Drayton TF9 112 A4
Chestnut Way WV3 265 E4
Chestow Pl ST3 73 E3
Cheswardine Cty Prim Sch TF9 130 A4
Cheswardine Rd ST5 56 A4
Cheswell Cl WV6 255 D1
Chetton Gn WV10 240 A2
Chetwode Cl TF9 83 E3
Chetwynd Ave
Caverswall ST9 59 D2
Norton-in-t-M ST6 42 C3
Chetwynd Cl
Penkridge ST19 207 F4
Rugeley WS15 196 C3
Chetwynd End TF10 168 C2
Chetwynd Gr TF10 168 C2
Chetwynd House Prep Sch B74 257 F1
Chetwynd Pk
Cannock WS12 211 D3
Chetwynd TF10 168 B4
Chetwynd Rd
Chetwynd TF10 168 B3
Edgmond TF10 168 B3
Newcastle-u-L ST5 56 A3
Newport TF10 168 C2
Wolv WV2 266 A3
Chetwynd St
Chell Heath ST6 42 B1
Newcastle-u-L ST5 56 B3
Chevening Cl DY3 271 F4
Chevin The DE13 147 E1
Cheviot B77 251 E1
Cheviot Cl ST5 55 F2
Cheviot Dr
Chell Heath ST6 42 B2
Rugeley WS15 178 B2
Cheviot Rd WV2 266 C4
Cheviot Rise WS12 210 B3
Chichester Dr WS12 210 B1
Chichester Wlk ST1 282 C4
Chieveley Cl WS15 178 B1
Childerplay Rd ST8 27 E2
Chilgrove Cl ST1 57 F3
Chilgrove Gdns WV6 255 E3
Chillingham B77 261 E4
Chillington Cl WS6 226 C1
Chillington Dr
Codsall WV8 238 C2
Sedgley DY1 271 F2
Chillington La WV8 238 B3
Chillington St WV1 266 C4
Chiltern Cl DY3 271 E2
Chiltern La ST21 133 F3
Chiltern Pl ST5 55 F2
Chiltern Rd
Swadlincote DE11 186 C2
Tamworth B77 251 E1
Chilton St ST3 72 C2
Chilwell Ave ST18 177 F4
Chilworth Gr ST3 72 C1
China St ST4 72 C3
Chingford Cl DY8 275 E2
Chivelstone Cl ST4 88 B3
Cholerton Cl ST4 72 C3
Chorley Ave ST6 42 A3
Chorley Rd WS7 212 A1
Chorley St ST13 30 C3
Chorlton La CW2 37 D1
Chorlton Rd ST1 57 E3
Chorlton Terr ST14 111 E1
Christ Church CE Fst Sch ST15 105 D1
Christ Church CE Inf Sch WV6 255 D2
Christ Church CE Jun Sch WV6 255 D3
Christ Church CE Mid Sch ST15 105 D1
Christ Church CE Prim Sch WS13 230 C4
Christ Church Gdns WS13 230 C4
Christ Church La TF9 112 A4
Christchurch CE Mid Sch ST4 72 C3
Christchurch Inf Sch DE14 166 B1
Christchurch La WS13 230 C4
Christchurch St ST4 72 C3
Christchurch Way ST15 105 D1
Christie Ave ST16 155 E2
Christie Pl ST3 73 F3
Christine St ST2 58 A2
Christopher Rd WV2 266 C4
Christopher Sq ST4 72 C3
Christopher Terr ST17 156 A1
Christopher Wlk WS13 214 A2
Chub B77 261 E4
Chubb Way ST4 71 F2
Chumleigh Gr ST6 42 A1
Church Ave Grindon ST13 34 A1
Hatton DE65 146 B4
Norton-in-t-M ST2 43 D1
Church Bank Audley ST7 39 E1
Keele ST5 69 F4
Oakamoor ST10 78 A3
Waterhouses ST13 63 F4
Church Cl Alrewas WS13 215 E4
Biddulph ST8 27 E3
Blythe Bridge ST3 89 F3
Burton u T DE15 167 D2
Coppenhall ST18 192 C4
Drayton Bassett B78 260 C3
Gnosall ST20 171 F3
Haughton ST18 172 C3
Kingsbury CV9 262 B1
Kingstone ST14 141 E4
Marchington ST14 127 F1
Ranton ST18 153 E3
Rugeley WS15 196 A4
Shenstone WS14 247 D3
Stafford ST17 174 C3
Stone ST15 120 A4
Church Cres WV11 241 F2
Church Croft ST14 125 E4
Church Dr B78 249 D4
Church Eaton Prim Sch ST20 190 A4
Church Eaton Rd
Church Eaton TF10 189 D3
Gnosall ST20 188 C3
Church Farm TF9 100 B3
Church Fields Keele ST5 69 F4
Norton in H TF9 82 B1
Church Gdns ST3 283 C4
Church Gr ST21 133 E4
Church Hill
Cannock WS12 210 B3
Codsall WV8 238 C3
Kinver DY7 278 A1
Wolv WV4 265 F2
Church Hill Dr WV6 255 F3
Church Hill Rd WV6 255 E3
Church Hill St DE15 167 D2
Church Hollow B79 217 E3
Church La
Albrighton WV7 237 D1
Alrewas WS13 215 E4
Armitage WS15 197 F3
Barton-u-N DE13 183 E1
Betley CW3 53 E3
Biddulph ST8 17 D1
Bobbington DY7 268 A1
Bradley ST18 173 E1
Brewood WV9 224 A1
Burntwood WS7 229 E2
Cheddleton ST10 46 C1
Chilcote DE12 219 F2
Codsall WV8 238 C2
Draycott in t M ST11 91 F3
Eccleshall ST21 116 A3
Edingale B79 217 E3
Ellastone DE6 80 A2
Endon ST9 43 F4
Gayton ST18 138 B3
Gnosall TF10 188 B4
Hanbury DE13 145 D2
Hill Ridware WS15 198 A4
Hixon ST18 158 B4
Ipstones ST10 46 C1
Kidsgrove ST7 26 C4
King's Bromley DE13 199 E3
Kingstone ST14 141 E4
Leek ST13 30 C3
Marchington ST14 127 F1
Mayfield DE6 81 E3
Middleton B78 260 B1
Newcastle-u-L, Knutton ST5 55 F1
Newcastle-u-L, Wolstanton ST5 56 B2
Newton Solney DE15 167 E4
Rocester ST14 96 A2
Roston DE6 96 B4
Rugeley WS15 178 B1
Scholar Green ST7 25 E4
Seighford ST18 154 C1
Seisdon WV5 264 A1
Shenstone WS9 245 F2
Shuttington B79 251 F4
Stafford ST16 155 F2
Standon ST21 102 A2
Church La continued
Stone ST15 105 E2
Tamworth B79 250 A3
Thorpe DE6 51 E1
Trentham ST4 71 F1
Upper Tean ST10 109 D4
Uttoxeter ST14 125 E1
Waterhouses ST13 63 F4
Wheaton Aston ST19 206 A3
Church Lawton Gate Cty Prim Sch ST7 25 D3
Church Meadow
Ipstones ST10 46 C1
Norton in H TF9 82 B1
Church Mews
Acton Trussell ST17 193 F4
Tutbury DE13 146 B4
Church Moat Way WS3 243 D1
Church of the Ascension Prim Sch DY6 275 E4
Church Plantation ST5 70 A4
Church Rd Alrewas DE13 200 C2
Ashley TF9 100 B3
Biddulph ST8 27 E4
Branston DE14 184 C4
Brewood ST19 223 E3
Brownhills, Catshill WS8 244 C4
Brownhills, Pelsall WS3 244 A2
Burntwood WS7 229 E4
Burton u T DE13 147 F1
Codsall WV8 238 C2
Eggington DE65 148 A2
Elford B79 216 B1
Endon ST6 43 D4
Hixon ST18 139 E1
Huntington WS11 209 D1
Kingswinford DY8 275 F1
Longton ST3 88 C4
Norton Canes WS11 227 F2
Penkridge ST19 192 C1
Rolleston DE13 147 D2
Shareshill WV10 225 E1
Shenstone WS14 246 C3
Shenstone, Thornes WS9 245 F2
Snelston DE6 81 E2
Swindon DY3 269 E1
Tamworth B77 261 E2
Wolv, Elston Hall WV10 240 B1
Wolv, Penn Fields WV3 265 F4
Wolv, Stockwell End WV6 255 F3
Wolv, Tettenhall Wood WV6 255 D2
Wombourne WV5 270 A4
Church Sq ST6 56 C4
Church St
Abbots Bromley WS15 160 C3
Alstonefield DE6 35 F2
Audley ST7 40 A1
Brownhills WS8 244 C3
Burntwood WS7 228 C3
Cannock WS11 209 F1
Cannock, Bridgmoor WS11 226 B3
Cannock, Chadsmoor WS11 210 A2
Cheadle ST10 76 B2
Claverley WV5 267 E4
Clifton Campville B79 218 C1
Eccleshall ST21 133 E4
Hartington SK17 24 B3
Kidsgrove, Butt Lane ST7 25 E1
Kidsgrove, The Rookery ST7 26 A2
Kingsley ST10 61 F1
Leek ST13 30 C3
Lichfield WS13, WS14 231 E4
Longnor SK17 13 D3
Market Drayton TF9 97 E1
Mount Pleasant ST7 26 B3
Netherseal DE12 219 F3
Newcastle-u-L, ST5 284 B3
Newcastle-u-L, Chesterton ST5 55 F4
Newcastle-u-L, Silverdale ST5 55 D1
Rugeley WS15 178 C1
Sedgley DY3 271 E2
Stoke-on-T ST4 72 A4
Stone ST15 120 A4
Tamworth B79 250 A3
Tutbury DE13 146 B4
Uttoxeter ST14 126 B4
Whittington WS14 232 B3
Church Terr Burslem ST6 57 D3
Caverswall ST11 74 C1
Warslow SK17 23 D1
Church Vale WS11 227 F2
Church View
Adbaston ST20 131 E2
Audley ST5 54 C2
Brownhills WS9 244 C2
Burton u T DE13 166 B4
Millmeece ST21 102 C1
Newcastle-u-L ST5 55 F1
Rugeley WS15 197 D3
Church View Gdns DY7 278 A2
Church Way
Brownhills WS4 244 A1
Longdon WS15 198 A1
Church Wlk
Newcastle-u-L ST5 55 F4
Wolv, Penn Fields WV3 265 F4
Wolv, Stockwell End WV6 255 F3
Churchcroft Gdns WS15 178 C1
Churchfield Ave ST3 73 E1
Churchfield Cl
Brewood WV9 224 B1
Stafford ST17 156 B1
Churchfield Ct ST10 46 C1
Churchfield Rd ST21 133 E3
Churchfields DE13 182 A1
Churchfields CE Jun Sch WS15 196 C4

Chu – Cop 297

Churchill Ave
Cheddleton ST13 45 E3
Trentham ST4 87 F4
Churchill & Blakedown Sta DY10 281 E1
Churchill Cl ST11 90 C3
Churchill Cres DE13 200 C1
Churchill Gdns DY3 271 E4
Churchill La DY10 281 D2
Churchill Rd Cheadle ST10 76 C2
Shenstone WS14 247 D3
Stone ST15 119 F4
Churchill Way
Stafford ST17 174 C3
Trentham ST4 87 F4
Churchside B79 217 E1
Churchside Way WS9 245 D1
Churchward Gr WV5 270 A4
Churn Hill Rd WS9 256 A2
Churnet Cl ST13 45 D2
Churnet Ct DE14 166 C2
Churnet Gr WV6 254 C2
Churnet Rd Cheadle ST10 76 C1
Forsbrook ST11 91 D4
Churnet Valley Rd ST10 62 A1
Churnet Valley Rly Ctr ST13 45 F3
Churnet View ST13 31 D4
Churnet View Mid Sch ST13 31 D4
Churnet View Rd ST10 78 A4
Churnetside Bsns Pk ST13 45 E3
Churston Cl
Newcastle-u-L ST5 71 D1
Walsall WS3 243 D2
Churston Pl ST1 57 E4
Cinder Hill WV9 224 A2
Cinder Hill La ST7 25 F4
Cinder Rd Burntwood WS7 228 C4
Sedgley DY5 271 D1
Cinderhill Ind Est ST3 73 F2
Cinderhill La ST3 73 E2
Circular Rd WV7 220 C1
City Arc WS13 231 D4
City Bank ST6 16 B1
City General Hospl ST4 71 E4
City La ST9 30 A2
City Rd Fenton ST4 72 B3
Stoke-on-T ST4 72 B3
Clamgoose La ST10 76 B4
Clanbrook Rd DY7 278 A4
Clandon Ave ST6 41 F2
Clanford Cl ST17 174 C3
Clanford La ST18 154 A3
Clanford Rd ST18 154 A4
Clanway St ST6 41 F3
Clap Gate Gr WV5 269 F3
Clap Gate Rd WV5 269 F4
Clare Ave Essington WV11 241 F1
Newcastle-u-L ST5 56 A3
Clare Cres WV14 266 C1
Clare Rd ST16 155 E4
Clare St Kidsgrove ST7 26 C2
Mount Pleasant ST7 26 B3
Stoke-on-T ST4 56 B1
Claregate Prim Sch WV6 255 F4
Claremont Cl
Newcastle-u-L ST5 56 B4
Stone ST15 120 A4
Claremont Gr ST17 174 A4
Claremont Mews WV3 266 A4
Claremont Rd
Eccleshall ST21 133 F3
Sedgley DY3 271 F4
Tamworth B79 250 A4
Wolv WV3 266 A4
Clarence Gdns B74 257 F1
Clarence Rd
Longton ST3, ST4 283 B4
Sutton Coldfield B74 257 F2
Clarence St
Burton u T DE14 166 B1
Fenton ST4 72 C3
Newcastle-u-L ST5 284 D3
Newcastle-u-L, Porthill ST5 56 A3
Clarendon Dr ST17 174 A4
Clarendon Pl WS3 243 F2
Clarendon Rd
Brownhills WS4 244 B1
Sutton Coldfield B75 258 B2
Clarendon St Fenton ST4 72 B3
Walsall WS3 243 D1
Claridge Rd ST4 56 C1
Clarion Way WS11 209 F3
Clark Rd WV3 255 F1
Clark St Stafford ST16 155 F2
Stourbridge DY8 279 F2
Clark's Cres WS15 161 D3
Clarke Ind Est DE14 166 C2
Clarke St ST1 282 A1
Clarke's Ave WS12 195 D1
Clarke's Cl ST14 111 D1
Claud St ST4 72 B2
Claverdon Dr B74 257 D2
Claverhouse Rd DE15 167 D1
Claverley CE Sch WV5 267 E4
Claverley Dr WV4 265 E3
Clay Gates Rd ST19 207 D1
Clay Hills ST6 41 E2
Clay La ST9 43 F4
Clay Pit La Lichfield WS14 230 C2
Wall WS14 230 C2
Clay St Burton u T DE15 166 C1
Penkridge ST19 192 C1
Clay St E DE15 167 D1
Clayalders Bank ST21 101 E3
Claydon Cres ST5 71 D1
Claydon Rd DY6 270 B1
Clayfield Gr ST3 73 E3
Clayfield Gr W ST3, ST4 73 E3
Claygate Rd WS12 210 C2
Clayhanger Cl ST5 56 A2
Clayhanger La WS8 244 B3
Clayhanger Rd WS8 244 C3
Clayhanger St 12 ST6 56 C4
Claymills Rd DE13 148 A1
Claymore B77 261 E4
Clays La DE14 184 C4
Clayton Av CW12 6 A3
Clayton Cl WV2 266 B4
Clayton High Sch ST5 71 E2
Clayton La
Newcastle-u-L ST5 71 E2
Stoke-on-T ST5 71 E2
Clayton Rd ST5 71 E2
Claytonwood Rd ST4 71 F2
Cleadon Pl ST2 58 A3
Clear View DY6 275 D3
Clearwell Gdns DY1 271 F2
Cleasby B77 251 E1
Cleave Rd DE14 185 D4
Clee Hill Dr WV3 255 D1
Clee Hill Rd DY3 271 E2
Clee Rd DY10 280 A3
Clee View Rd WV5 269 F3
Cleeton St WS12 210 B1
Cleeve B77 250 B2
Cleeve Dr B74 257 F3
Cleeve Rd WS3 242 C2
Cleeve Way WS3 242 C2
Clematis B77 250 C2
Clematis Ave ST11 90 C3
Clematis Cl ST18 135 D1
Clematis Cres DE15 186 A4
Clematis Dr WV9 239 F2
Clement Cl ST16 155 F3
Clement Pl ST6 42 C2
Clement Rd ST6 42 A3
Clent View Rd DY8 279 E1
Clerk Bank ST13 30 C3
Clermont Ave ST4 72 A1
Clevedon Ave ST17 175 F4
Cleveland Cl WV11 241 F1
Cleveland Dr WS11 210 A2
Cleveland Rd Hanley ST1 282 B1
Newcastle-u-L ST5 55 F2
Cleveland St 11
Burslem ST6 56 C4
Stourbridge DY8 279 F2
Cleveland Wlk ST17 174 A4
Cleves Cres WS6 226 B1
Clewley Dr WV9 240 A2
Clewley Rd DE14 184 C4
Clewlow Pl ST3 283 D5
Clewlows Bank ST9 43 F2
Clews St ST6 56 C4
Clews Wlk ST5 56 B3
Cley Gr ST5 71 D1
Cliff Hall La B78 261 D1
Cliff Rd ST18 158 B1
Cliff St ST6 42 B1
Cliff Vale Pl ST4 56 C1
Cliffe Pl ST6 42 A2
Clifford Cl B77 250 C2
Clifford Rd TF9 112 A4
Clifford St Hanley ST1 282 C1
Tamworth B77 250 C2
Cliffs La TF10 150 C1
Clifton Ave Aldridge WS9 245 E1
Brownhills WS8 244 B4
Cannock WS11 226 B4
Tamworth B79 250 A4
Clifton CE Prim Sch DE6 81 F3
Clifton Cl Fenton ST4 72 C3
Stafford ST16 156 A2
Swadlincote DE11 186 C1
Clifton Dr ST16 156 A2
Clifton Gdns WV8 239 E2
Clifton La B79 235 D2
Clifton Rd Clifton DE6 81 F4
Cookley DY10 280 B2
Netherseal DE12 219 E3
Wolv WV6 255 E3
Clifton St Fenton ST4 72 C3
Newcastle-u-L ST5 56 B2
Sedgley DY3, WV14 266 C1
Stourbridge DY8 279 F2
Clinton Cres WS7 229 D4
Clinton Gdns ST15 120 A4
Clinton Sq ST1 282 A2
Clive Ave ST2 43 D2
Clive Cl B75 258 B1
Clive Rd Burntwood WS7 229 D4
Market Drayton TF9 97 E1
Newcastle-u-L ST5 56 B3
Pattingham WV6 263 E4
Clive St ST6 41 F2
Cliveden Ave WS9 245 D1
Cliveden Coppice B74 257 F1
Cliveden Pl ST3 283 C2
Clockmill Ave WS3 243 F2
Clockmill Pl WS3 243 F2
Clockmill Rd WS3 243 F2
Cloister Wlk Bucknall ST2 58 A3
Whittington WS14 232 C3
Cloisters The
Burton u T DE15 166 C1
Gnosall ST20 171 F3
Close Bank DE13 146 B3
Close Jun Sch ST4 71 F4
Close La ST7 26 B4
Close The Enville DY7 273 E1
Madeley CW3 68 C4
Meir ST3 74 A3
Sedgley DY3 271 E2
Stafford, Moss Pit ST17 174 C3
Close The continued
Stafford, Rowley Park ST16 155 E1
Swindon DY3 269 F1
Tutbury DE13 146 A3
Cloud The CW12 7 D2
Cloud View CW12 6 A1
Clough Hall Dr ST7 40 C3
Clough Hall Rd ST7 40 C4
Clough Hall Sch The ST7 25 F1
Clough La ST9 59 D1
Clough St ST1 282 A2
Clovelly Wlk 2 ST6 56 C4
Clover Heath WV5 267 E4
Clover La DY6 275 D4
Clover Mdws WS12 210 B1
Clover Rd ST5 56 B3
Clover Ridge WS6 226 B2
Cloverdale Perton WV6 254 B2
Stafford ST17 175 E4
Cloverdale Pl ST3 73 F2
Cloverdale Rd ST5 56 A2
Clowes Rd ST2 58 A2
Club Bldgs WV10 240 B3
Club Row DY3 271 F3
Club St ST4 72 A3
Clumber Ave ST5 71 E3
Clumber Gr ST5 71 E3
Cluny Pl ST2 58 A3
Clyde Ave ST6 16 C1
Clyde Pl ST5 71 D2
Clyde Rd ST6 57 D4
Clyde St ST1 282 A1
Clyde Wlk ST1 282 A2
Clydesdale Rd WS8 244 C3
Clynes Way ST3 74 A2
Co-operative St ST16 155 E3
Coach House La WS15 178 C1
Coach House Rise B77 261 F4
Coal Haulage Rd WS11 227 E4
Coal Way Rd WV4 265 F3
Coalbourne La DY8 279 F4
Coalmeadow Cl WS3 242 C2
Coalpit Hill ST7 40 B4
Coalpit La WS15 197 D3
Coalpitford La ST13 44 C2
Coalport Cl ST10 76 B1
Coalville Pl ST3 74 A3
Coalway Ave WV3, WV4 266 A3
Coalway Gdns WV3 265 E4
Coalway Rd Rugeley WS15 197 D3
Walsall WS3 243 D1
Coates Pl ST6 42 A4
Coatsgate Wlk WV8 239 F1
Cob Moor Rd
Kidsgrove ST7 26 A2
Lawton-gate ST7 26 A2
Cobbett Rd WS7 228 B4
Cobbles The ST19 205 E3
Cobden Cl WS12 210 B4
Cobden St Longton ST3 283 B1
Newcastle-u-L ST5 56 B3
Stourbridge DY8 279 E3
Cobham Cl ST15 118 C3
Cobham Pl ST3 90 A4
Cobia B77 261 E4
Cobridge Rd ST1 57 D3
Coburn Dr B75 258 B1
Cock La ST17 193 F4
Cocketts Nook WS15 178 B2
Cocknage Rd Longton ST3 73 D1
Meir ST3 89 E3
Cocks La ST9 43 E2
Cockshutts La WV2 266 B4
Cocksparrow La SW12 209 D3
Cockspur St B78 262 C4
Cockster Brook La ST3 72 C2
Cockster Rd ST3 72 C2
Cockstubbles ST14 126 A4
Cocton Cl WV6 254 C3
Codsall Cty High Sch WV8 239 D2
Codsall Cty Mid Sch WV8 239 D2
Codsall L Ctr WV8 239 D2
Codsall Rd Codsall WV8 239 E1
Wolv WV6 255 E4
Codsall Sta WV8 238 C2
Coghlan Rd ST17 174 B4
Colbourne Rd B78 250 A1
Colbrook B77 250 B1
Colclough Ave ST5 56 A4
Colclough La ST6 41 E4
Colclough Rd ST3 74 A1
Coldridge Cl WV8 239 F1
Coldstream Dr DY8 275 F2
Cole Dr ST16 155 E1
Cole St ST8 27 E4
Coleford Cl DY8 275 E1
Colehill B79 250 A3
Coleman St WV6 255 F2
Colenso Way ST5 56 A4
Coleridge Cl
Brownhills WS3 244 A3
Tamworth B79 250 A3
Coleridge Ct DE14 166 B3
Coleridge Dr Cheadle ST10 76 B1
Perton WV6 254 C2
Stafford ST17 174 B4
Coleridge Rd ST3 73 D1
Coleridge Rise DY3 271 D2
Colesden Wlk WV4 265 E3
Coleshill Rd B78 261 D4
Coleshill St B78 261 D4
Coley Gr ST18 177 E4
Coley La ST18 158 B1
Colin Cres ST3 74 A2
Colindene Gr ST4 72 A3
Colinwood Cl WS6 226 C1
Collard Ave ST5 56 A2
College Cl CW3 68 C4
College Farm Cl WV6 253 E2
College Fields ST15 118 C3
College La B79 250 A3
College Rd Denstone ST14 95 E3
Hanley ST1 57 E1
Stoke-on-T ST1 282 B1
Wolv WV6 255 E2
College View WV6 255 E2
Collet Rd WV6 254 C3
Collets Brook B75 259 D1
Collett B77 251 D1
Colley Rd ST6 41 F3
Collier Cl Brownhills WS8 244 B4
Cheslyn Hay WS6 226 B1
Colliery Dr WS3 242 C2
Colliery Rd WS15 196 C2
Collin Rd ST4 71 F3
Collin St ST14 126 A4
Collindale Ct DY6 270 B1
Collingwood Gr ST4 71 F4
Collingwood Jun & Inf Schs WV10 240 C1
Collingwood Rd WV10 240 C1
Collins Hill WS13 214 A1
Collins Rd WS8 245 D3
Collinson Rd
Barton-u-N DE13 183 E1
Tunstall ST6 41 E4
Collis Ave ST4 56 B1
Collis St DY8 279 F4
Colne Mount ST14 126 A4
Colonnade The 13 ST16 155 F2
Colshaw Rd DY8 279 F2
Coltman Cl WS14 231 E4
Colton Hills Upper Sch WV4 266 A2
Colton Rd WS15 178 C2
Coltsfoot View WS6 226 C1
Columbian Cres WS7 228 C4
Columbian Way WS11 209 F2
Colville Cl DE12 218 B4
Colville St ST4 72 C3
Colwall Rd DY3 271 E2
Colwich Cres ST16 156 B2
Colwich Prim Sch ST17 177 F4
Colwyn Dr ST8 27 E3
Combe Dr ST3 90 A3
Comber Gr DY7 278 A2
Comber Rd DY7 277 F2
Comberford La B79 234 A1
Comberford Rd B79 250 A4
Combermere TF9 97 E1
Comfrey Cl ST3 90 A3
Commerce Dr ST19 207 F4
Commerce St ST3 283 C3
Commercial Rd ST1 282 C2
Commercial St ST6 57 D4
Common Barn La DY10 280 B3
Common La
Acton Trussell ST17 194 A4
Alrewas WS13 215 E3
Betley CW3 52 B3
Cannock WS11 210 A2
Kingstone ST14 124 B1
Meir ST3 89 F2
Stone ST15 119 F3
Tamworth B79 250 A2
Waterhouses ST10 64 C4
Whitmore ST5 85 E3
Whittington WS14 232 B2
Common Rd Stafford ST16 155 F4
Wombourne WV5 270 A3
Common Road Ind Est ST16 155 F4
Common Side WS8 245 D3
Common The ST10 75 E2
Common View
Burntwood WS7 212 A1
Cannock WS12 210 A4
Common Wlk WS12 209 E3
Commonside
Brownhills WS3 244 A1
Longdon WS7, WS15 212 A2
Community Dr ST6 42 B1
Como Pl ST5 70 C3
Compa The DY7 278 A2
Compton ST13 30 C3
Compton Cl DY7 277 F2
Compton Dr DY6 275 E3
Compton Gdns DY7 277 F2
Compton Gr DY6 275 E3
Compton Hill Dr WV3 255 E1
Compton Park Recn Ctr WV6 255 F2
Compton Rd Kinver DY7 277 E2
Stafford ST17 156 B1
Tamworth B79 249 F4
Wolv WV3 255 F1
Compton Rd W WV3 255 E1
Compton St ST1 282 A2
Comptons The TF9 130 A4
Condlyffe Rd ST13 30 C2
Condor Gr WS12 210 B1
Conduit Rd WS11 228 A2
Conduit St WS13 231 D4
Conewood Pl ST3 72 C1
Coney Gr ST3 74 A2
Coneybere Gdns ST19 223 E4
Coneygreave Cl ST10 76 B1
Coneygreave La ST5 85 E3
Conford Cl ST2 57 F1
Congleton Edge Rd CW12 16 A3
Congleton Rd
Biddulph ST6 16 B1
Kidsgrove ST7 25 E1
Mow Cop CW12 15 F1
Congleton Rd N
Lawton-gate ST7 25 F3
Scholar Green ST7 25 F3
Congleton Rd S ST7 25 E2
Congleton Sta CW12 6 A1
Congreve Cl ST17 175 F4
Congreve Rd ST3 72 C1
Conifer Cl WS12 210 A4
Conifer Gr Longton ST3 72 C1
Stafford ST17 174 A4
Coniston B77 262 A4
Coniston Cl ST15 120 B4
Coniston Dr Cheadle ST10 76 C2
Kingswinford DY6 275 D4
Coniston Gr ST5 71 D2
Coniston Pl ST4 87 F4
Coniston Rd Aldridge B74 256 C2
Wolv WV6 255 E4
Coniston Way WS11 209 F1
Connaught Dr WV5 265 D1
Connaught St ST6 41 E1
Conners La TF10 168 A2
Conrad Cl ST3 73 E2
Consall Gr ST4 88 B3
Consall La ST9 60 B3
Consett Rd ST3 88 C4
Consort St ST4 72 A4
Constable Ave ST5 55 F3
Constable Cl ST3 90 A4
Constance Ave ST4 88 A4
Convent Cl
Burton u T DE15 185 F4
Cannock WS11 226 B4
Colwich ST18 177 E4
Stoke-on-T ST4 72 A4
Convent Ct ST4 72 A4
Convent La ST15 105 D2
Conway Cl Burton u T DE13 166 B4
Kingswinford DY6 275 F2
Conway Gr ST10 76 C1
Conway Rd Biddulph ST8 27 E3
Cannock WS11 226 A4
Perton WV6 254 C2
Stafford ST16 155 D2
Conway St ST4 72 B4
Conygree La DE6 81 E4
Cook Cl WV6 254 C2
Cook Rd WS3 243 E1
Cook's Bank ST17 175 D1
Cook's Hollow ST13 47 D4
Cook's La ST13 32 A1
Cooke Cl ST19 192 C1
Cookley La DY7 278 A1
Cookley Sebright Fst Sch DY10 280 A3
Cooknell Dr DY8 275 F1
Cookson Ave ST3 73 E1
Coombe Croft WV9 240 A2
Coombe Park Rd ST15 119 F3
Coombesdale ST5 85 F1
Cooper Ave ST5 56 C1
Cooper Cl ST15 120 B4
Cooper & Jordan CE Inf Sch WS9 256 B3
Cooper & Jordan CE Jun Sch WS9 256 B3
Cooper St Hanley ST1 282 A1
Newcastle-u-L ST5 55 F3
Wolv WV1 266 C4
Cooper's Bank Rd DY5 271 E1
Cooper's Sq DE14 166 B1
Coopers Cl ST13 30 B3
Coopers Way ST8 27 D4
Cope St
Norton-in-t-M ST2 43 D1
Stafford ST16 155 F2
Cope's Dr B79 250 A4
Copeland Ave
Newcastle-u-L ST5 71 D2
Tittensor ST12 88 A1
Copeland Cl ST10 76 B1
Copeland Dr ST15 120 B3
Copeland St ST4 72 A4
Copelands The DY7 278 A2
Copes Ave ST6 41 F2
Copes Way ST14 111 D1
Copley La WV6 253 D1
Coplow Ave ST10 92 B2
Coplow La DE6 129 E3
Copp La ST6 41 E1
Copper Beech Dr
Kingswinford DY6 270 B1
Wombourne WV5 270 A3
Copper Glade ST16 156 A2
Copperas Rd DE11 186 B3
Copperfields WS14 231 E4
Copperhill Rd CW12 16 A4
Copperkins Rd WS12 210 C2
Coppermill Cl WS12 209 F4
Coppice Ave ST5 55 D1
Coppice Brook ST17 176 B2
Coppice Cl Biddulph ST8 27 E4
Burntwood WS7 228 C4
Cheslyn Hay WS11 226 C2
Sedgley DY3 271 E4
Stone ST15 105 D1
Wolv WV11 242 A1
Coppice Cres WS8 244 B4
Coppice Ct WS11 226 A4
Coppice Dr TF10 168 C3
Coppice Farm Way WV11 242 A1
Coppice Gdns ST15 105 D1
Coppice Gr
Lichfield WS14 231 F4
Meir ST3 73 F2

298 Cop – Cyn

Coppice La Aldridge WS9 .... 244 C1
Allen End B75, B78 .... 259 E1
Brownhills WS8 .... 244 B4
Burntwood WS7 .... 230 A2
Cheslyn Hay WS11 .... 226 B2
Clifton Campville B79 .... 218 C1
Middleton B78 .... 260 A1
Wolv WV6 .... 255 D3
Coppice Prim Sch B75 ...... 258 A1
Coppice Rd
Brownhills WS9 .... 244 C2
Kidsgrove ST7 .... 40 B4
Rugeley WS15 .... 196 C3
Stone ST15 .... 105 D1
Wolv WV3 .... 265 E4
Coppice Side WS8 .... 244 B4
Coppice Side Ind Est
WS8 .... 244 B4
Coppice Specl Sch ST5 ...... 284 B1
Coppice The
Cannock WS12 .... 210 C1
Hanley ST6 .... 57 E4
Market Drayton TF9 .... 97 D1
Coppice View ST5 .... 56 A2
Coppins The Leek ST13 .... 30 B3
Stafford ST17 .... 175 E4
Copplestone Gr ST3 .... 73 F2
Coppull Pl ST6 .... 42 A4
Coppy Hall Gr WS9 .... 245 D1
Coppy Nook La WS7 .... 229 E3
Copse Cres WS3 .... 244 A2
Copse Dr WS15 .... 198 A2
Copse The B74 .... 257 F1
Copthorne Ave WS7 .... 228 C2
Copthorne Rd WV3 .... 266 A4
Coral Gr ST4 .... 88 A4
Corbet Ct TF9 .... 97 E1
Corbett CE Prim Sch DY7 ..... 268 A1
Corbett Hospl DY8 .... 279 F4
Corby Pl ST3 .... 283 A3
Corden Ave DE13 .... 166 C4
Cordy La WV7 .... 237 D4
Corfe Cl WV6 .... 254 C2
Corfe Gn ST3 .... 73 E3
Corfield Pl ST6 .... 42 B3
Corfton Dr WV6 .... 255 E2
Corina Ct ST3 .... 73 E2
Corina Way ST3 .... 73 E2
Cormie Cl ST6 .... 42 A3
Corncrake Rd DY1 .... 271 F1
Cornel B77 .... 250 C2
Cornelious St ST3 .... 74 A1
Cornes St ST1 .... 57 E1
Corneville Rd ST2 .... 58 B2
Cornfield WV8 .... 239 F1
Cornfield Cl DY6 .... 275 D4
Cornfield Dr WS14 .... 231 F4
Cornfield Rd ST8 .... 27 F4
Cornflower Cl WV10 .... 241 D4
Cornflower Rd WS8 .... 244 B3
Cornhill WS11 .... 209 F3
Cornhill Cl ST5 .... 40 B1
Cornhill Gdns ST13 .... 30 C2
Cornhill Rd ST6 .... 42 B3
Cornhill St 9 ST13 .... 30 C3
Cornmell Lea TF10 .... 168 C2
Cornmill Gr WV6 .... 254 B2
Cornmill La DE13 .... 146 C3
Cornovian Cl WV6 .... 254 C3
Corns Gr WV5 .... 269 F3
Cornwall Ave
Newcastle-u-L ST5 .... 71 E2
Tamworth B78 .... 250 A1
Cornwall Cl Aldridge WS9 .... 245 D1
Congleton CW12 .... 6 A1
Kingswinford DY6 .... 275 E4
Cornwall Ct WS15 .... 196 B3
Cornwall Rd
Burton u T DE15 .... 185 F3
Cannock WS12 .... 210 A3
Stourbridge DY8 .... 279 E4
Wolv WV6 .... 255 E2
Cornwall St ST3 .... 283 C4
Cornwallis St ST4 .... 72 A3
Cornwood Gr ST3 .... 89 F4
Coronation Ave
Biddulph ST8 .... 27 D3
Fazeley B78 .... 249 E1
Longton ST3 .... 283 B3
Coronation Cres
Kidsgrove ST7 .... 25 F1
Rocester ST14 .... 96 A2
Shuttington B79 .... 251 F4
Coronation Rd
Brownhills WS9 .... 245 D2
Newcastle-u-L ST5 .... 284 C2
Stafford ST16 .... 156 A3
Stoke-on-T, Hartshill ST4 .... 71 F4
Coronation St
Cheadle ST10 .... 76 B2
Tamworth B79 .... 250 A3
Tunstall ST6 .... 41 F2
Corporation St
Newcastle-u-L ST5 .... 284 B3
Stafford ST16 .... 155 F2
Stoke-on-T ST4 .... 72 A3
Tamworth B79 .... 250 A3
Corran Rd ST17 .... 174 B3
Correen B77 .... 251 E1
Corrin Gr DY6 .... 275 E4
Corser St DY1 .... 271 F1
Corsham Pl ST14 .... 143 F4
Corsican Cl WS7 .... 229 D4
Corsican Dr WS12 .... 210 A4
Corsty La ST18 .... 154 A2
Cort Dr WS7 .... 229 D4
Corve Gdns WV6 .... 255 F3
Corve View DY3 .... 266 B1
Coseley St ST6 .... 42 B1
Cosford Ct WV6 .... 254 C3
Cosgrove Wlk WV8 .... 239 F1
Cot La DY6, DY8 .... 275 E3
Cote La DY7 .... 273 F1
Cotehill Rd ST9 .... 59 D2
Cotesheath St ST4 .... 57 E1
Coton Ave ST16 .... 156 A2
Coton Green Cty Prim Sch
B79 .... 249 F4
Coton Green Prec B79 .... 249 F4
Coton La Ranton ST18 .... 153 F2
Seighford ST18 .... 154 A2
Tamworth B79 .... 249 F4
Coton Pk DE11 .... 186 B1
Coton Rd DE12 .... 202 C3
Coton Rise ST12 .... 88 C1
Cotsdale Rd WV4 .... 265 F2
Cotswold Ave
Great Wyrley WS6 .... 226 C2
Newcastle-u-L ST5 .... 55 F2
Cotswold Cl WS9 .... 245 E1
Cotswold Cres ST2 .... 43 D1
Cotswold Dr WV7 .... 237 D3
Cotswold Gr WV12 .... 242 A1
Cotswold Rd
Branston DE14 .... 184 C4
Cannock WS12 .... 210 A4
Cotswolds Rd WV2 .... 266 C4
Cottage Cl Burntwood WS7 . 228 C3
Cannock WS12 .... 210 B3
Meir ST3 .... 73 F1
Cottage Ct WS7 .... 228 C3
Cottage Farm Rd B77 .... 261 F4
Cottage La Biddulph ST8 .... 28 A4
Burntwood WS7 .... 228 C3
Wolv WV10 .... 240 B2
Cottage St DY6 .... 275 E4
Cottage View WV8 .... 239 D2
Cottage Wlk B77 .... 261 F3
Cotterill Dr ST5 .... 56 A4
Cotterill Gr ST6 .... 56 C4
Cotters Hill Cl ST18 .... 177 E4
Cottesmore Rd DE15 .... 167 D1
Cotton Gr WS12 .... 195 D1
Cotton La ST10 .... 63 D1
Cotton Rd Tunstall ST6 .... 41 E3
Wolv WV4 .... 266 A3
Cotton Way WS7 .... 211 F1
Cottonwood Dr ST7 .... 26 C2
Cottonwood Gr ST3 .... 283 C4
Cotwall End Rd DY3 .... 271 D3
Coulson Cl WS7 .... 211 E1
Coulter Gr WV6 .... 254 B2
Coulter La WS7 .... 229 F4
Coulthwaite Way WS15 .... 196 C3
Council Hos
Chetwynd Aston TF10 .... 187 D4
Kingstone ST14 .... 140 C3
County Dr B78 .... 250 A1
County La Codsall WV7 .... 237 F2
Stourbridge DY7 .... 281 E4
County Rd ST16 .... 155 F2
Coupe Dr ST3 .... 74 A3
Court Cres DY6 .... 275 E3
Court Dr WS14 .... 246 C2
Court Farm La DE14 .... 184 C4
Court La ST5 .... 56 A2
Court No 1 ST3 .... 73 F1
Court Par WS9 .... 256 A3
Court Rd WV6 .... 255 F2
Court Wlk CW3 .... 53 D3
Courtland Rd DY6 .... 275 E4
Courtlands The WV6 .... 255 F2
Courtney Pl ST3 .... 89 F4
Courtway Dr ST1 .... 57 E4
Cousins St WV2 .... 266 B4
Coven Cl WS3 .... 244 A3
Coven Rd WV9 .... 223 E2
Coventry Ct ST16 .... 155 D2
Coverdale Cl ST3 .... 90 A4
Coverley Pl ST4 .... 71 F3
Covert Cl ST18 .... 158 A1
Covert Gdns ST7 .... 40 B4
Covert La DY8 .... 279 E1
Covert The Keele ST5 .... 70 A4
Newcastle-u-L ST5 .... 71 E1
Wolv WV8 .... 239 F1
Covey Cl WS13 .... 214 B1
Cow La ST13 .... 63 F4
Cowallmoor La ST9 .... 28 B3
Cowan Dr ST16 .... 156 A2
Cowen St ST6 .... 42 C3
Cowhill La DE13 .... 200 C1
Cowhouse La ST10 .... 109 D2
Cowley B77 .... 250 C1
Cowley Cl Penkridge ST19 ..... 207 F4
Stafford ST17 .... 174 B4
Cowley Dr DY1 .... 271 F1
Cowley Gn WS12 .... 209 F4
Cowley La ST20 .... 171 E3
Cowley Way ST2 .... 73 F4
Cowlishaw Cl ST8 .... 27 D3
Cowlishaw Rd ST6 .... 42 A3
Cowlishaw Way WS15 .... 196 C3
Cowlow La SK17 .... 23 E2
Cowper St ST4 .... 72 C3
Coxmoor Cl WS3 .... 242 C2
Crab La Bobbington DY7 .... 268 B1
Cannock WS11 .... 210 A2
Enville DY7 .... 268 B1
Stafford ST16 .... 155 D4
Walsall WV12 .... 242 B1
Crabbery St ST16 .... 155 F2
Crabtree Ave ST8 .... 27 E4
Crabtree Cl ST4 .... 72 C4
Crabtree Way WS15 .... 178 B1
Crackley Bank Prim Sch
ST5 .... 55 F4
Crackley La ST5 .... 54 C2
Cracow Moss CW3 .... 53 D2
Craddock Rd ST16 .... 155 E4
Craftdown Cl ST17 .... 174 C2
Craigside ST8 .... 27 E4
Cramer St ST17 .... 155 F1
Cranberry Ave SE10 .... 93 D1
Cranberry Cl ST16 .... 155 D3
Cranberry Dr ST5 .... 40 B1
Cranbourne Ave
Norton-in-t-M ST2 .... 43 D1
Wolv WV4 .... 266 C2
Cranbrook Cl ST4 .... 88 A4
Cranbrook Gr WV6 .... 254 C2
Cranbrook Wlk ST17 .... 174 A4
Cranbrooks ST19 .... 205 E4
Crane Dr WS7 .... 229 D2
Crane Field WS13 .... 214 A1
Crane Hollow WV5 .... 269 F3
Crane St ST1 .... 57 D3
Crane Terr WV6 .... 255 F3
Cranebrook Hill B78 .... 259 F3
Cranebrook La
Shenstone WS14 .... 245 F4
Wall WS14 .... 246 A4
Cranesbill Cl WV10 .... 241 E4
Cranfield Pl ST2 .... 58 A1
Cranfield Rd WS7 .... 229 D4
Cranford Pl WS11 .... 209 F1
Cranford Rd WV3 .... 265 E4
Cranford Way ST2 .... 58 B2
Cranham Dr DY6 .... 275 F3
Cranleigh Ave ST1 .... 57 E4
Cranleigh Cl
Aldridge WS9 .... 256 A3
Walsall WV12 .... 242 B1
Cranleigh Way WS14 .... 231 F4
Cranley Dr WV8 .... 238 C2
Cranmer Gr B74 .... 257 F3
Cranmer St ST4 .... 72 A4
Cranmere Ave WV6 .... 255 D3
Cranmere Cl WS6 .... 226 B1
Cranmore Gr ST15 .... 120 B4
Cranmore Rd WV3 .... 255 F2
Cranswick Gr ST2 .... 58 B1
Crantock Cl WV12 .... 242 B1
Cranwell Pl ST3 .... 89 F4
Cranwell Rise B78 .... 249 E1
Cranwood Rd ST12 .... 88 A1
Cranworth Gr ST3 .... 89 F4
Crateford La ST19 .... 224 A4
Crathorne Ave WV10 .... 240 B1
Crauford Rd CW12 .... 6 A4
Craven B77 .... 251 D1
Craven Cl ST4 .... 88 A4
Craven St Burton u T DE13 ... 166 B3
Wolv WV2 .... 266 C3
Crawford Ave WV4 .... 266 C2
Crawford St ST4 .... 72 B3
Crawley La DE13 .... 199 E3
Crayford Ave CW12 .... 6 A3
Craythorne Rd
Burton u T DE13 .... 147 E2
Rolleston DE13 .... 147 E2
Crediton Ave ST6 .... 42 B2
Creighton La ST14 .... 111 D3
Cremorne Dr ST17 .... 175 E4
Cremorne Rd B75 .... 258 A1
Crescent Gr ST4 .... 56 C1
Crescent Rd ST17 .... 155 E1
Crescent The Ashley TF9 .... 100 B3
Burntwood WS7 .... 211 F1
Cookley DY10 .... 280 A2
Eccleshall ST21 .... 133 E3
Great Wyrley WS6 .... 227 D1
Hagley DY8 .... 281 F3
Leek ST13 .... 31 D4
Mayfield DE6 .... 81 E4
Newcastle-u-L, Silverdale ST5 55 D1
Newcastle-u-L, Westlands
ST5 .... 71 D3
Rudyard ST9 .... 18 B1
Stafford ST17 .... 175 F4
Stoke-on-T ST4 .... 71 F2
Stone ST15 .... 105 D1
Swadlincote DE11 .... 186 C3
Wolv WV6 .... 255 D2
Cressington Dr B74 .... 258 A1
Cresswell Ave ST5 .... 40 B1
Cresswell La
Brewood ST19 .... 223 E3
Draycott in t M ST11 .... 91 E2
Cresswell Old La ST11 .... 91 F2
Cresswell Rd Hanley ST1 .... 57 F2
Hilderstone ST15 .... 106 C2
Crest Cl DE13 .... 147 F1
Crestbrook Rd ST2 .... 58 B3
Crestfield Rd ST3 .... 89 F4
Crestway Rd ST2 .... 43 E2
Crestwood B77 .... 251 D3
Crestwood Cl DE13 .... 166 B4
Crestwood Dr ST15 .... 119 F3
Crestwood Glen WV6 .... 255 F4
Crestwood Pk ST19 .... 223 E4
Crestwood Rise WS15 .... 178 B1
Crestwood Sch The DY6 .... 275 F3
Creswell Cres WS3 .... 242 C1
Creswell Dr ST18 .... 154 C4
Creswell Farm Dr ST16 .... 155 D4
Creswell Gr ST18 .... 154 C4
Crich Way DE11 .... 186 C3
Crichton Ave DE13 .... 166 B4
Crick Rd ST1 .... 57 F1
Cricket Cl DE15 .... 167 F4
Cricket La WS14 .... 231 E3
Cricket Meadow
Sedgley DY3 .... 271 F2
Wolv WV10 .... 240 B2
Cricketers Cl DE15 .... 185 F4
Crigdon B77 .... 251 E1
Crinan Gr ST17 .... 174 B3
Cringlebrook B77 .... 250 B1
Crispin Cl ST16 .... 155 E4
Critchlow Gr ST3 .... 73 D1
Crockford Dr B75 .... 258 A2
Crockington Cl WV5 .... 263 F1
Crockington La WV5 .... 264 A1
Crocus Cres WV9 .... 240 A2
Croft Ave Cannock WS12 ...... 195 D1
Newcastle-u-L ST5 .... 56 A3
Croft Cl Elford B79 .... 216 C1
Netherseal DE12 .... 219 F4
Rolleston DE13 .... 147 D2
Croft Cres Brownhills WS8 ... 244 B4
Stoke-on-T ST4 .... 72 A3
Croft Ct ST6 .... 42 B1
Croft Gdns WS7 .... 229 D4
Croft Gr ST14 .... 111 E1
Croft La ST19 .... 207 E1
Croft Leys The WS15 .... 198 B2
Croft Par WS9 .... 256 A3
Croft Prim Sch The
WS15 .... 197 F3
Croft Rd Cheadle ST10 .... 76 B2
Newcastle-u-L ST5 .... 284 B4
Stone ST15 .... 119 F3
Croft St Burslem ST6 .... 56 C4
Tamworth B79 .... 250 A3
Croft The Blakedown DY10 ... 281 E1
Burton u T DE15 .... 166 C1
Cheadle ST10 .... 76 C3
Cheddleton ST13 .... 45 E2
Cheslyn Hay WS6 .... 226 C1
Colwich ST18 .... 158 B1
Hixon ST18 .... 158 B4
King's Bromley DE13 .... 199 E3
Longdon WS15 .... 197 F1
Maer TF9 .... 84 B1
Sedgley DY3 .... 266 C1
Stoke-on-T ST4 .... 71 F3
Swadlincote DE11 .... 186 C3
Wombourne WV5 .... 269 E3
Croft Way TF9 .... 97 D1
Crofter Cl ST8 .... 27 D4
Crofters Wlk WV8 .... 239 F1
Croftfield St ST2 .... 73 E4
Croftstead Ave ST14 .... 95 E3
Cromartie St ST3 .... 283 C2
Cromer Cres ST1 .... 57 F2
Cromer Gdns WV6 .... 255 F3
Cromer Rd ST1 .... 57 F2
Cromer St ST5 .... 56 B2
Crompton Cl ST18 .... 177 F4
Crompton Gr ST4 .... 88 B3
Crompton Rd ST15 .... 120 A4
Cromwell Cl Hopton ST18 .... 137 E1
Tutbury DE13 .... 146 B3
Cromwell Ct WS6 .... 227 D1
Cromwell Rd
Cannock WS12 .... 210 C1
Tamworth B79 .... 249 F4
Wolv WV10 .... 240 C2
Cromwell St Biddulph ST8 ...... 27 E4
Hanley ST1 .... 57 E3
Cromwell Terr 12 ST13 .... 30 C3
Cromwells Meadow
WS14 .... 231 E3
Crony Cl ST13 .... 45 E2
Crook La WS9 .... 256 A1
Crooked Bridge Rd ST16 ...... 155 F2
Crosby Cl WV6 .... 255 F3
Crosby Rd ST4 .... 71 F2
Cross Butts ST21 .... 133 E3
Cross Edge ST6 .... 43 D4
Cross Hill ST6 .... 56 C4
Cross In Hand La
Farewell WS13 .... 213 E2
Lichfield WS13 .... 213 F1
Cross Keys WS13 .... 231 D4
Cross La Audley ST7 .... 39 F3
Congleton CW12 .... 6 A1
Lichfield WS14 .... 231 E3
Rolleston DE13 .... 147 D1
Sedgley DY3 .... 266 B1
Stone ST15 .... 105 E3
Waterhouses ST13 .... 48 C2
Cross May St ST5 .... 284 A2
Cross of the Hand WS15 ...... 161 D1
Cross Pl DY3 .... 266 C1
Cross Rd Albrighton WV7 ..... 237 D2
Rugeley WS15 .... 196 C4
Uttoxeter ST14 .... 111 D1
Cross Side DE6 .... 81 F4
Cross St Biddulph ST8 .... 27 E4
Brownhills WS3 .... 244 A1
Burntwood WS7 .... 228 C4
Burton u T DE14 .... 166 B2
Cannock, Bridgtown WS11 .. 226 C3
Cannock, Hayes Heath
WS12 .... 210 C1
Cheadle ST10 .... 76 B2
Cheslyn Hay WS6 .... 226 B2
Gnosall ST20 .... 171 E3
Kingsley ST10 .... 61 E2
Kingswinford DY6 .... 275 E3
Kingswinford, Wall Heath
DY6 .... 275 D4
Kingswinford,
Wordsley DY6 .... 275 E2
Leek ST13 .... 30 C3
Longton ST3 .... 283 C4
Market Drayton TF9 .... 97 E1
Cross St continued
Meir ST3 .... 74 A3
Newcastle-u-L ST5 .... 55 F4
Stafford ST16 .... 155 E3
Stourbridge DY8 .... 279 F3
Tamworth, Kettlebrook B77 .. 250 B2
Tamworth, The Leys B79 ...... 250 A3
Tunstall ST6 .... 56 B4
Cross St S WV2 .... 266 B4
Crossdale Ave ST2 .... 43 D1
Crossfell B77 .... 251 D1
Crossfield Ave Biddulph ST8 . 27 E3
Forsbrook ST11 .... 90 C3
Crossfield Rd WS13 .... 231 F4
Crosshill Bank ST18 .... 122 C3
Crossing La ST18 .... 154 B1
Crossings The WS14 .... 231 F4
Crossland Cres WV6 .... 255 F4
Crossland Pl E ST3 .... 90 A4
Crossland Pl W ST3 .... 74 A1
Crosslands CW12 .... 6 A1
Crossley Rd ST6 .... 42 A2
Crossley Stone WS15 .... 178 C1
Crosslow La DE6 .... 36 C3
Crossman St DE14 .... 166 A2
Crossmead Gr ST1 .... 57 F3
Crossway ST16 .... 156 A2
Crossway Rd ST6 .... 57 E4
Crossway The ST5 .... 56 B2
Crossways ST6 .... 16 C1
Crossways Rd ST7 .... 25 D2
Croston St ST1 .... 282 A1
Crotia Ave CW2 .... 37 D3
Crouch Ave ST6 .... 42 A2
Crouch La CW12 .... 6 B2
Crowberry Cl WS8 .... 244 B3
Crowberry La
Barton-u-N DE13 .... 183 E1
Middleton B78 .... 260 B1
Crowborough Rd ST8 .... 28 A3
Crowcrofts Rd ST3 .... 88 C4
Crowden Rd B77 .... 251 D1
Crowfoot La DE65 .... 129 F4
Crowland Ave WV6 .... 254 C2
Crown Bank ST1 .... 282 B3
Crown Bank Cres ST7 .... 40 B3
Crown Bridge ST19 .... 192 C1
Crown Cl DY3 .... 266 B1
Crown Ind Est DE14 .... 166 A1
Crown La Kinver DY10 .... 281 E3
Stourbridge DY8 .... 279 F3
Sutton Coldfield B74 .... 257 F2
Crown Specl Sch The
DE13 .... 147 E1
Crown St Hanley ST1 .... 282 B2
Newcastle-u-L ST5 .... 55 E1
Stone ST15 .... 120 A4
Crowndale Pl ST7 .... 41 F4
Crowther Gr WV6 .... 255 F2
Crowther Rd WV6 .... 255 F3
Crowther St ST4 .... 72 B4
Crowtrees Farm Ind Est
ST10 .... 48 C1
Croxall Rd B79, WS13 .... 217 D3
Croxden Rd ST2 .... 58 A3
Croxdene Ave WS3 .... 243 D1
Croxhall Rd DE13 .... 201 D1
Croxley Dr WS12 .... 210 B2
Croxstalls Cl WS3 .... 243 D1
Croxstalls Rd WS3 .... 243 D1
Croyde Pl ST3 .... 90 A3
Croydon Dr ST19 .... 207 F4
Cruso St ST13 .... 30 C3
Crutchley Ave B78 .... 250 A1
Crystal Ave DY8 .... 275 F1
Crystal St ST6 .... 57 D3
Cubley La DE6 .... 96 C1
Cuckoo Cage La DE13 .... 164 C1
Cuckoo Cl WS11 .... 210 B1
Cull Ave ST16 .... 156 A2
Cullamore La ST14 .... 126 A2
Culland Rd DE14 .... 185 D4
Cumberland Cl
Kidsgrove ST7 .... 40 C4
Kingswinford DY6 .... 275 F2
Cumberland Cres WS7 .... 229 D4
Cumberland Dr B78 .... 250 A1
Cumberland Rd
Burton u T DE15 .... 185 E3
Cannock WS11 .... 210 A2
Cumberland St
Fenton ST4 .... 72 C3
Newcastle-u-L ST5 .... 284 D3
Cumberledge Hill WS15 .... 211 F3
Cumberpatch Ave ST6 .... 42 A4
Cumbers The ST18 .... 154 A3
Cumming St ST4 .... 71 F4
Cunningham Rd WV6 .... 254 C2
Curborough Rd WS13 .... 214 A1
Curland Pl ST3 .... 73 F1
Curlew B77 .... 262 A4
Curlew Cl Lichfield WS14 ...... 231 F4
Uttoxeter ST14 .... 126 B3
Curlew Hill WS11 .... 210 A2
Curtis Way DE14 .... 166 A2
Curtiss Pl ST3 .... 90 B3
Curzon Pl WS15 .... 196 C4
Curzon Rd ST6 .... 42 A1
Curzon Rise ST13 .... 30 A3
Curzon St Burton u T DE14 ... 166 B2
Newcastle-u-L ST5 .... 56 B1
Wolv WV2 .... 266 B4
Curzon St W DE14 .... 166 A2
Cutts St ST1 .... 282 A1
Cwerne Ct DY3 .... 271 E2
Cygnet Cl Cannock WS12 ...... 210 B4
Keele CW3 .... 69 D4
Cynthia Gr ST6 .... 42 A1

Cyp – Dov 299

Cypress Ave DY3 271 E3
Cypress Cl TF9 97 D1
Cypress Gdns DY6 275 E2
Cypress Gr
Forsbrook ST11 91 D3
Newcastle-u-L ST5 55 E4
Cypress Rise WS12 211 D3
Cyprus St WV2 266 B3

D'Urberville Cl WV2 266 C3
D'Urberville Rd WV2 266 C3
D'Urberville Wlk WS11 210 A1
Dace B77 261 E4
Dace Gr ST6 42 A2
Daffodil Cl DY3 271 F4
Daffodil Wlk WS15 178 B1
Dag La DE12 218 C4
Dahlia Cl ST3 74 A3
Dain Pl ST5 56 A3
Dain St ST6 56 C4
Daintry Cl ST13 30 C3
Daintry Dr B78 249 D4
Daintry St Leek ST13 30 C3
Stoke-on-T ST4 71 F2
Dairyfields Way ST1 57 E4
Dairyhouse La
Cheadle ST10 60 C1
Dilhorne ST10 60 A1
Daist Bank ST13 30 C3
Daisy Ave ST10 62 A4
Daisy Bank WS12 209 F4
Daisy Bank Cl WS4 244 A1
Daisy La DE13 200 B1
Daisy Pl ST4 72 C2
Daisy Wlk WV9 240 A2
Dalbeg Cl WV8 255 F4
Dale Ave ST6 42 C3
Dale Cl Cheadle ST10 76 C1
Whitmore ST5 85 E3
Dale Cres CW12 6 A1
Dale Dr WS7 229 D4
Dale Gr CW12 6 A1
Dale La Haughton ST18 173 D4
Seighford ST18 154 A1
Stanton ST10 64 C2
Dale Rd DY8 279 F1
Dale St Burslem ST6 56 C4
Burton u T DE14 166 B1
Dale The Ashley TF9 100 A3
Blythe Bridge ST11 90 C1
Warslow SK17 23 E1
Dale View
Earl Sterndale SK17 5 D2
Meir ST3 74 A2
Dale View Ct ST11 90 C1
Dale View Dr ST5 55 E1
Dalebrook Rd DE15 167 D3
Dalecot Gn ST2 73 E4
Dalegarth Gr ST3 89 F4
Dalehall Gdns 23 ST6 56 C4
Dalehead Ct ST3 89 F4
Dalehouse Rd ST13 45 E2
Dalelands Est TF9 112 A4
Dalelands W TF9 112 A4
Dales Cl Biddulph ST8 28 A4
Swadlincote DE11 186 C3
Dales Cty Inf Sch B77 262 A4
Dales Green Rd ST7 26 B3
Dales Jun Sch B77 262 A4
Daleside DE15 167 D1
Dalesman Cl DY6 275 D4
Dallow Cl DE14 166 B3
Dallow Cres DE14 166 B3
Dallow St DE14 166 B3
Dalton Ave DE15 167 D1
Dalton Gr ST2 58 B1
Dalton St WV3 266 A4
Daltry Way CW3 68 C4
Daly Cres ST5 55 D1
Dam La Alsop en le D DE6 36 C2
Biddulph ST8 17 D1
Dam St WS13 231 D4
Dama Rd B78 260 C4
Dampier St ST13 30 C3
Dams The ST11 74 B1
Danby Crest ST17 174 A4
Danby Dr WS12 211 E2
Dandillion Ave ST10 92 B4
Dane Dr ST6 16 C1
Dane Gdns ST7 26 B1
Dane Gr ST10 76 C1
Dane Wlk ST1 282 C3
Danebower Rd ST4 88 A3
Danebridge Gr ST1 57 F3
Danehill Gr ST4 71 F1
Danehill Wlk WV8 255 F4
Danelagh Cl B79 249 F4
Danemead Cl ST3 90 A4
Danes Cl WV11 241 F2
Danes Croft ST4 88 A4
Danesbrook WV5 267 E4
Danescourt Rd WV6 255 E3
Danesgate 10 ST13 30 C3
Danesmore Park
Prim Sch WV11 242 A1
Daneswood Dr WS9 244 C2
Danford La WV5 267 E4
Daniels Cross TF10 169 D2
Daniels La WS9 256 B3
Danilo Rd WS11 209 E1
Danta Way ST17 156 B1
Darby Ave WS14 232 C3
Darges La WS11 226 C2
Darius Cl ST5 56 A4
Dark La Alrewas DE13 201 D2
Farewell WS13 213 D1
Featherstone, Brinsford
WV10 240 B4
Dark La continued
Featherstone, Hilton Park
WV10, WV11 241 E4
Great Wyrley WS6 227 E1
Kinver DY7 278 A2
Longdon WS15 212 B4
Newborough DE13 162 B4
Newport TF10 168 C1
Polesworth B78 262 C4
Darley Dale DE11 186 C1
Darley Gr ST10 76 C1
Darlings La WS15 212 A3
Darnbrook B77 251 E1
Darnel Hurst Rd B75 258 B2
Darnford Cl ST16 155 E4
Darnford La
Lichfield WS14 231 F3
Whittington WS14 232 A3
Darnford Moors WS14 231 F3
Darnford View WS13 214 C1
Darnley St ST4 72 B4
Darrall Gdns ST4 71 F2
Darsham Gdns ST5 71 E1
Dart B77 262 A3
Dart Ave ST6 42 A2
Dart Cl ST6 16 B1
Dart Gr ST10 76 C1
Dart Pl ST5 71 D2
Dartford Pl ST6 42 B2
Dartford Rd WS3 242 C1
Dartmouth Ave
Cannock WS11 226 B4
Kingswinford DY8 275 E2
Newcastle-u-L ST5 71 D3
Pattingham WV6 253 E1
Dartmouth Dr WS9 256 A3
Dartmouth Pl ST3 89 F4
Dartmouth Rd WS11 209 E1
Dartmouth St
Chell Heath ST6 42 A1
Stafford ST16 156 A2
Wolv WV2 266 B4
Darwell Pk B77 251 D1
Darwin Cl Burntwood WS7 229 D4
Burton u T DE15 167 E1
Cannock WS12 210 C1
Lichfield WS13 231 D4
Stafford ST16 156 B2
Darwin Ct WV6 254 C2
Dash Gr ST6 42 B1
Datteln Rd WS11 210 A2
Davenport Cl ST13 30 A2
Davenport Rd WV6 255 D3
Davenport St Burslem ST6 56 B4
Tunstall ST6 41 F1
Daventry Cl ST2 57 F1
David Garrick Gdns
WS13 214 A1
David Rd ST3 73 F1
Davidson Ave CW12 6 A3
Davidson Rd WS14 231 D4
Davies Dr ST14 110 C1
Davis Cl ST16 156 A2
Davis Rd B77 250 C2
Davis St ST1 57 D1
Davison St ST6 57 D4
Davy Cl ST2 58 A2
Davy Pl WS15 196 B3
Dawes Cl WS15 197 F2
Dawes La WS8 229 D1
Dawley Brook Prim Sch
DY6 275 E4
Dawley Brook Rd DY6 275 E4
Dawley Rd DY6 275 E4
Dawley Trad Est DY6 275 E4
Dawlish Ave ST17 175 E4
Dawlish Dr ST2 58 B1
Dawn Ave ST6 42 A2
Dawn View ST3 74 A2
Dawney Dr B75 258 A2
Dawson Ave WV14 266 C1
Dayson Pl ST5 56 A4
Dayton Dr WS15 178 B1
Daywell Rise WS15 178 B2
De Ferrers Croft DE13 166 B4
De Ferrers High Sch
DE13 166 B4
De Havilland Dr ST15 118 C3
De-Wint Rd ST15 120 A4
Deacon Way WS15 178 C1
Deakin Ave WS8 228 C1
Deakin Gr ST5 71 E3
Deakin Rd ST6 42 A3
Deal Ave WS7 229 D4
Dean Ct WV6 254 C3
Dean Hollow ST7 39 E1
Dean Pl ST1 282 C1
Dean Rd WV5 269 F3
Dean St Brewood ST19 223 E3
Bucknall ST2 58 B2
Sedgley DY3 271 E4
Dean's La ST5 40 B1
Deanery Cl
Rugeley WS15 178 C1
Shareshill WV10 225 E1
Deans Croft WS14 231 E4
Deans La CW2 38 B2
Deansberry Cl ST4 88 A4
Deanscroft Way ST3 73 F2
Deansfield Cl ST19 223 E3
Deansfield Rd ST19 223 E3
Deanshill Cl ST16 155 E1
Deansway ST4 88 A3
Dearnsdale Cl ST16 155 D4
Deavall Way WS11 210 A1
Deaville Rd ST2 58 B2
Debenham Cres ST2 58 A1
Deborah Cl WV4 266 B3
Dee Cl Biddulph ST6 16 C1
Kidsgrove ST7 40 C4
Dee Gr WS11 226 B4
Dee La ST5 71 D2
Dee Rd WS3 243 F1
Deebank Ave ST13 31 D3
Deeley B77 251 D1
Deep Cut Rd DE6 144 A4
Deepdale B77 251 E1
Deepdale Cl
Burton u T DE15 167 D3
Norton-in-t-M ST6 42 C1
Deepdale Ind Est DY1 271 F2
Deepdale La Sedgley DY1 271 F2
Snelston DE6 81 D1
Deepdales Stafford ST17 175 E3
Wombourne WV5 269 F3
Deepmore Cl
Alrewas DE13 201 D1
Featherstone WV10 224 B3
Deer Cl Huntington WS12 209 E3
Norton Canes WS11 228 A4
Walsall WS3 243 E1
Deer Hill ST17 176 B2
Deer Park Dr TF10 168 C3
Deer Park Rd B78 249 F1
Deer Pk ST20 171 F4
Deer Wlk WV8 239 F1
Deerfold Cres WS7 229 D4
Deerhill B77 251 E1
Deerhurst Rise WS12 210 C3
Deerleap Way WS15 178 B1
Defford Ave WS4 244 B1
Defoe Dr ST3 73 F2
Delafield Way WS15 178 B1
Delamere Gr
Newcastle-u-L ST5 284 C4
Trentham ST4 88 A4
Delamere La ST17 174 A4
Delaney Dr ST3 73 F2
Delhi Cl DE15 167 E2
Delhurst Ave DY3 266 C2
Delius Gr ST1 57 F3
Dell Cl ST16 155 D4
Dell The Cannock WS12 210 C2
Lichfield WS13 230 C4
Newcastle-u-L ST5 55 E1
Stourbridge DY8 279 F3
Tamworth B79 250 A3
Dellway Ct DY8 279 F3
Dellwood Gr 2 ST3 73 E3
Delph Wlk ST4 72 C3
Delphouse Rd
Cheadle ST10 76 A1
Forsbrook ST10 75 F1
Delphside ST7 39 F1
Delta Way WS11 226 C4
Delta Way Bsns Ctr
WS11 226 B3
Deltic B77 251 D1
Delves Cres CV9 262 B1
Delves Pl ST5 71 D3
Den La CW3 52 B2
Denbigh Cl Biddulph ST8 27 E3
Burton u T DE13 166 B4
Dudley DY1 271 F1
Newcastle-u-L ST5 71 E2
Denbigh St ST1 282 A4
Denbury Cl WS12 210 B1
Denby Ave ST3 283 C5
Dency Gr ST6 42 A2
Dene Ave DY6 275 E2
Dene Cl ST19 207 F4
Dene Rd Lower Penn WV4 264 C2
Stourbridge DY8 279 F2
Dene Side ST5 284 A2
Denefield ST19 207 F4
Denehurst Cl ST3 74 A1
Denewood Pl ST3 74 A1
Denford Rd ST9 44 C4
Denham Gdns WV3 265 D4
Denham Sq ST3 72 C1
Denleigh Rd DY6 275 F2
Denmark Rise WS12 210 B4
Dennington Cres ST3 72 C1
Dennis B77 250 C1
Dennis St Brierley Hill DY8 279 F4
Fenton ST4 72 C3
Denry Cres ST5 56 A4
Denshaw Wlk ST3 283 C4
Denstone Ave ST17 156 A1
Denstone Coll ST14 95 D3
Denstone Cres ST3 72 C1
Denstone La ST14 95 E4
Dent St B79 250 B3
Dentdale Cl ST3 90 A4
Denton Cl ST5 71 E2
Denton Gr ST3 73 F2
Denton Rd DE13 166 A3
Denton Rise DE13 166 A4
Denver Fold ST17 174 A4
Denzil Gn ST17 174 A4
Derby Ave WV6 255 F4
Derby Pl ST5 71 E2
Derby Rd Burton u T DE13 166 C4
Doveridge DE6 127 E4
Eggington DE65 148 B2
Kidsgrove ST7 40 B4
Uttoxeter ST14 111 E1
Whittington WS14 232 B2
Derby St Burton u T DE14 166 B2
Hanley ST1 282 C2
Leek ST13 30 C3
Stafford ST16 155 E2
Derby St E DE14 166 B2
Derby Turn DE14 166 B3
Dereham Way ST2 58 B1
Derek Dr ST1 57 F3
Derrington La
Bradley ST18 173 F4
Seighford ST18 154 C1
Derry St Fenton ST4 72 C2
Wolv WV2 266 B4
Derwent B77 250 B1
Derwent Ave ST15 120 B4
Derwent Cl Aldridge B74 256 C2
Burton u T DE14 166 C2
Derwent Cres ST7 26 B1
Derwent Dr Ashley TF9 99 E3
Biddulph ST6 16 C1
Cheadle ST10 76 C1
Derwent Gr
Burntwood WS7 229 E3
Cannock WS11 226 B4
Derwent Ho ST17 174 C4
Derwent Pk DE14 166 C3
Derwent Pl ST5 56 A2
Derwent Rd
Burton u T DE15 167 D1
Wolv WV6 255 F4
Derwent St ST1 282 A4
Devall Cl WS15 196 C4
Devana Wlk ST3 74 B1
Devereux Rd B75 258 B1
Deveron Cl DE13 147 E1
Devil's La ST9 29 F3
Devon Cl Burton u T DE15 185 F3
Newcastle-u-L ST5 71 E2
Devon Cres WS9 245 D1
Devon Gn WS11 226 C4
Devon Gr ST6 16 B1
Devon Rd Cannock WS11 226 C4
Stourbridge DY8 279 F4
Devon Way ST17 174 B3
Devonshire Dr
Rugeley WS15 196 B3
Tamworth B78 250 A1
Devonshire Sq ST2 58 B1
Dewbury Rd DY8 275 F1
Dewsbury Cl DY8 275 F2
Dewsbury Dr
Burntwood WS7 229 E3
Wolv WV4 266 A2
Dewsbury Rd ST4 72 C4
Dexter Way B78 262 C4
Dexton Rise ST17 174 A4
Dial La Biddulph CW12 7 D1
Brierley Hill DY8 279 F4
Diamond Cl
Barlaston ST12 104 B4
Biddulph ST8 27 E4
Blythe Bridge ST3 90 A2
Diamond Gr WS11 210 B1
Diamond Jubilee Cotts
DE6 81 F4
Diamond Park Dr 2 DY8 275 F1
Diamond Ridge ST12 104 B4
Diamond Way ST15 120 A3
Diana Cl WS9 245 D2
Diana Rd ST1 57 F3
Diarmid Rd ST4 71 F1
Dibble Rd DE14 185 D4
Dibdale Rd DY1 271 F2
Dibdale Rd W DY1 271 F2
Dibdale St DY1 271 F1
Dickens Cl
Burton u T DE14 166 B3
Sedgley DY3 271 D3
Dickens Rd WV10 241 D1
Dickens St ST2 58 B2
Dickenson Rd E ST6 57 E4
Dickenson Rd W ST6 57 E4
Dickinson Rd WV5 270 A3
Dickson Rd ST16 156 A3
Dicky's La ST20 151 F4
Didcot Dr ST14 143 F4
Dig St SK17 24 B3
Digbeth La WV5 267 D4
Digby Rd DY6 275 E4
Diglake St ST7 39 F2
Digmire La DE6 51 E1
Dilhorne Endowed
Prim Sch ST10 75 E3
Dilhorne Gr ST3 283 C1
Dilhorne La
Caverswall ST11 74 C2
Dilhorne ST11 75 D1
Dilhorne Rd Cheadle ST10 76 A2
Dilhorne ST11 75 D1
Forsbrook ST11 75 D1
Dilke St ST1 282 C4
Dill Gr ST3 90 A3
Dimble La ST10 94 C4
Dimbles Hill WS13 214 A1
Dimbles La WS13 214 A1
Dimensions L Ctr ST6 41 F1
Dimmelow St ST3 74 A3
Dimmingsdale Rd WV4 264 C3
Dimmock St WV4 266 C3
Dimsdale Par E ST5 56 B3
Dimsdale Par W ST5 56 A3
Dimsdale St ST6 56 C4
Dimsdale View ST5 55 F3
Dimsdale View E ST5 56 A3
Dimsdale View W ST5 56 A3
Dingle La SK11 17 F4
Dingle Rd Brownhills WS8 244 C3
Wombourne WV5 269 F3
Dingle The
Burton u T DE15 185 F4
Endon ST6 43 D4
Wolv WV3 255 E1
Dingle View DY3 271 E3
Dippons Dr WV6 255 D2
Dippons Mill Cl WV6 255 D2
Dirty La ST19 223 E3
Dirtyfoot La WV4 265 D3
District Ctr WS11 210 B1
Ditch The SK17 5 F4
Dividy Rd ST2 58 A1
Dixon Rd CW12 6 A3
Dixon St WV2 266 C4
Dixon's Row ST5 55 E4
Dobbinhorse La DE6 81 F3
Dobbs St WV2 266 B4
Dobell Gr ST3 283 D4
Dobree Cl ST17 177 F4
Dobson St ST6 57 E4
Dock Rd DY8 275 F1
Doctor's Bank TF9 100 B3
Doctors Cl ST8 27 E4
Doctors La Kinver DY6 274 C3
Shenstone WS14 247 D3
Doddington Pl ST5 71 D3
Dodds La Astbury CW12 15 E3
Farewell WS13 212 B2
Dodslow Ave DE13 147 D2
Dog Kennel La TF9 112 B4
Dog La Butterton ST13 33 F4
Leek ST13 30 C3
Netherseal DE12 219 F3
Ranton ST18 153 E2
Swynnerton ST5 86 B2
Tamworth B77 251 D3
Waterhouses ST10 50 A1
Weeford WS14 248 A2
Dogcroft Rd ST6 42 B3
Doglands Rd ST18 123 D1
Dogmoor La ST10 64 C4
Dogshead La DE13 201 E4
Dolefoot La DE13 163 D2
Dolespring Cl ST11 91 D4
Doley Cl ST20 171 E3
Dolphin Cl Stafford ST17 156 B1
Walsall WS3 243 F1
Dominic St Stoke-on-T ST4 72 A4
Stone ST15 104 C1
Don Gr WS11 226 B4
Donald Rd ST1 57 F3
Doncaster La ST4 71 F4
Donington La
Albrighton WV7 237 D4
Boscobel WV8 221 E1
Donithorne Cl DE13 166 B4
Donkey La ST10 76 C3
Dorado B77 261 E3
Dorcas Dr ST3 72 C2
Dorchester Cl WV12 242 B1
Dorchester Rd
Cannock WS11 209 D1
Walsall WV12 242 B1
Dorchester Wlk ST2 58 B1
Dordon Rd B78 262 C4
Doreen Ave CW12 16 A4
Dorian Way ST9 43 F4
Dorking Cl ST2 57 F1
Dorlan Cl ST9 43 E2
Dormer Ave B77 250 B3
Dormston Dr DY3 271 F4
Dormston Sch DY3 271 F4
Dormston Trad Est DY1 271 F2
Dorridge Gr ST5 56 C2
Dorrington Cl ST2 43 D1
Dorrington Dr ST16 155 F3
Dorrington Gr ST5 56 B3
Dorrington Ind Pk ST16 155 F3
Dorset Cl Bucknall ST2 58 B2
Burton u T DE15 185 F3
Tamworth B78 250 A1
Dorset Dr Aldridge WS9 245 D1
Biddulph ST8 27 D4
Dorset Pl Kidsgrove ST7 26 A1
Newcastle-u-L ST5 71 E2
Dorset Rd Cannock WS12 210 C1
Stourbridge DY8 279 E4
Dosthill Prim Sch B77 261 E3
Dosthill Rd (Two Gates)
B77 261 E4
Douglas Ave Biddulph ST8 27 E4
Stoke-on-T ST4 71 F3
Douglas Pl ST1 57 F1
Douglas Rd
Newcastle-u-L ST5 56 A2
Stafford ST16 156 A3
Douglas Rd W ST16 156 A3
Douglas St ST1 57 D3
Doulton Cl ST10 76 B1
Doulton Dr ST5 56 A4
Doulton Rd ST18 156 A4
Doulton St 4 ST6 57 D4
Douse La Bradnop ST13 32 B2
Onecote ST13 32 B2
Dove Bank ST14 126 B4
Dove Bank Prim Sch ST7 26 A1
Dove Cl Burntwood WS7 229 E3
Stafford ST17 174 C3
Dove Fields ST14 126 B4
Dove Fst Sch ST14 96 A2
Dove Gr Biddulph ST6 16 B1
Eggington DE65 148 A3
Dove Hollow
Cannock WS12 210 C2
Great Wyrley WS6 226 C1
Dove La ST14 96 A2
Dove Lea DE13 147 D2
Dove Pl ST5 71 D2
Dove Rd ST11 91 D4
Dove Ridge SK17 13 E3
Dove Side DE65 146 B4
Dove St DE6 80 A1
Dove View DE13 146 B3

300 Dov – Elm

Dove Wlk ST14 126 B4
Dovebank Gr ST3 90 A3
Dovecliff Cres DE13 147 F1
Dovecliff Rd
Burton u T DE13 147 F2
Rolleston DE13 147 F2
Dovecote Cl WV6 255 E2
Dovecote Pl ST3 89 F4
Dovecotes Jun Sch WV8 239 F1
Dovecotes The B75 258 A2
Dovedale WS11 210 A3
Dovedale Ave WS3 244 A3
Dovedale Cl
Burton u T DE15 167 D3
Cheadle ST10 76 C3
Congleton CW12 6 A2
Tunstall ST6 41 D4
Dovedale Ct WV4 266 C1
Dovedale Pl ST5 55 D1
Dovedale Rd Kingsley ST10 61 F1
Kingswinford DY6 275 F4
Wolv DY3, WV4 266 C2
Dovefields ST14 95 F2
Dovehouse Fields WS14 231 D3
Dover Ct DE13 166 B4
Dover Rd DE13 166 A4
Dover St ST1 282 C4
Doveridge DE15 167 D1
Doveridge Prim Sch DE6 127 E4
Doveside DE6 81 E4
Dovestone B77 251 E1
Dowells Gdns DY8 275 E2
Dower Rd B75 258 A1
Downderry Cl ST17 174 A4
Downend Cl WV10 240 C2
Downesway WS11 209 E1
Downey St ST1 282 B2
Downfield Cl WS3 243 D2
Downfield Dr DY3 271 F3
Downfield Gr ST16 155 E4
Downfield Pl ST2 42 C1
Downford Cl ST19 205 E3
Downham Pl WV3 265 F4
Downham Rd ST5 55 F1
Downie Rd WV8 239 E2
Downing Ave ST5 56 C2
Downing Gdns ST15 120 A4
Downs The Aldridge B74 256 C1
Stafford ST17 175 E4
Downsview Gr ST3 72 C2
Dowty Way WV9 240 A2
Doxey Cres ST16 155 D2
Doxey Cty Prim Sch
ST16 155 D2
Doxey Fields ST16 154 C2
Doxey Rd ST16 155 D2
Dragon Sq ST5 55 F4
Drake Cl Bucknall ST2 57 F1
Walsall WS3 243 D1
Drake Croft WS13 231 E4
Drake Rd WS3 243 D1
Drakeford Gr ST6 42 C2
Drakes Hill Cl DY8 279 E2
Draw-well La
Caverswall ST9 59 D2
Caverswall ST9 59 E2
Draycott Cl WV4 265 E3
Draycott Cliff DE6 144 B3
Draycott Cres B77 250 B1
Draycott Cross Rd
Cheadle ST10 76 A1
Draycott in t M ST11 91 E4
Draycott Dr Cheadle ST10 76 B1
Newcastle-u-L ST5 40 B1
Draycott Manor Prim Sch
ST11 91 E3
Draycott Old Rd
Draycott in t M ST11 91 E4
Forsbrook ST11 91 E4
Draycott Rd ST10 92 B2
Drayton Gn ST2 58 A1
Drayton Gr TF9 97 E1
Drayton La
Drayton Bassett B78 260 B3
Hints B78 259 F3
Drayton Manor Dr
Drayton Bassett B78 260 C4
Fazeley B78 260 C4
Drayton Manor Pk B78 260 C4
Drayton Rd
Longton ST3, ST4 283 C4
Swynnerton ST4 87 D3
Drayton St
Newcastle-u-L ST5 284 A2
Wolv WV2 266 B4
Dreieich Cl ST16 155 F3
Drenfell Rd ST7 25 F4
Dresden CE Prim Sch
ST3 283 C1
Dresden St ST1 282 C2
Dreys The ST4 88 A4
Driffield Cl ST2 58 C1
Drive Fields WV4 265 D3
Drive Prep Sch The WV6 255 E3
Drive The Audley ST7 54 C3
Brownhills WS4 244 B1
Codsall WV8 238 C2
Stafford ST16 155 D2
Wolv WV6 255 E3
Drointon La ST18 139 E2
Droitwich Cl ST5 54 C1
Droveway The WV9 239 F1
Droxford Wlk WV8 239 F1
Drubbery La ST3 283 A1
Druid Park Rd WV12 242 B1
Druids Ave WS9 256 B4
Druids Way ST19 207 F4
Druids Wlk WS9 245 D2
Drumber La ST7 26 A4
Drumburn Cl ST7 41 F4
Drummond Cl WV11 242 A1
Drummond Rd ST16 155 F3
Drummond St ST6 41 E4
Drury La WV8 238 C2
Dryberg Wlk ST2 58 A2
Dryburgh Cl ST17 174 A4
Dryden Cres ST17 155 E1
Dryden Rd Burslem ST6 57 D3
Tamworth B79 250 A3
Wolv WV10 240 C1
Dryden Way ST10 76 B1
Dual Way WS12 209 E4
Dubarry Ave DY6 275 E4
Duchy Cl DE13 166 C4
Duchy Rd CW1 37 D4
Duck La WV8 239 D2
Duck St DE65 148 A3
Duddell Rd ST6 42 B1
Dudding Rd WV4 266 B3
Dudley Innovation Ctr
DY6 275 F4
Dudley Pl ST3 90 A4
Dudley Rd Himley DY3 270 B2
Kingswinford, Ketley Quarry
DY6 275 F4
Kingswinford, Wall Heath
DY6 275 E4
Sedgley DY3 271 E3
Wolv WV2 266 B4
Dudley St DY3 271 E4
Dudley Wlk WV4 266 B3
Dudmaston Way DY1 271 F2
Duesbury Gn ST3 283 A3
Duffield Cl WV8 239 F1
Dugdale Cl WS12 210 C2
Dugdale Cres B75 258 B2
Duke Bank Terr ST6 42 C2
Duke Pl ST5 55 E1
Duke Rd WS7 211 F1
Duke St Biddulph ST8 27 E4
Burton u T DE14 166 B1
Fenton ST4 72 C3
Leek ST13 30 C3
Newcastle-u-L ST5 284 C1
Sedgley DY3 271 E3
Wolv WV3 266 A4
Dukes La ST13 63 E4
Dulverton Ave ST5 71 D3
Dumbleberry Ave DY3 271 E4
Dumblederry La WS9 256 A3
Dumolo's La B77 250 C2
Dumolo's Prim Sch B77 250 C1
Dumore Hay La WS13 215 F4
Duncalf Gr ST5 56 A4
Duncalf St ST6 56 C4
Duncalfe Dr B75 258 A2
Duncan St Fenton ST4 72 C3
Wolv WV2 266 B4
Duncombe St DY8 279 E3
Dundalk La WS6 226 B1
Dundas St ST1 282 C4
Dundee Rd ST1 57 D2
Dundee St ST3 283 B2
Dunedin B77 251 D1
Dunedin Cres DE15 167 E1
Dungarven Dr TF10 168 B1
Dunhampton Dr DY10 280 A1
Dunkirk ST5 284 A3
Dunkirk Ct ST5 284 A3
Dunlin Cl WV10 241 D4
Dunnerdale Rd WS8 244 B3
Dunning St ST6 41 E2
Dunnington Ave DY10 280 A1
Dunnock Way ST8 27 F4
Dunrobin St ST3 283 C2
Dunsany Gr ST1 57 F3
Dunsford Ave ST2 43 D1
Dunsley Dr
Kingswinford DY8 275 F2
Kinver DY7 278 B2
Dunsley Gr WV4 266 A2
Dunsley Rd Kinver DY7 278 B2
Stourbridge DY8 279 E2
Dunstall Brook DE15 167 D1
Dunstall Cross DE13 183 D3
Dunstall Hill DE13 183 D3
Dunstall La Hopwas B78 249 E2
Tamworth B78 249 E2
Dunstall Park
Race Course WV6 255 F3
Dunstall Rd DE13 183 F2
Dunster B77 261 E4
Dunster Cl ST17 174 A4
Dunster Gr WV6 254 C2
Dunster Rd ST3 73 E3
Dunston Cl
Great Wyrley WS6 242 C4
Kingswinford DY6 275 E4
Dunston Dr WS7 229 D4
Dunton Cl B75 258 A2
Dunwood Dr ST6 42 A2
Dunwood La Longsdon ST9 29 E3
Rudyard ST9 29 E3
Durban Rd DE15 167 E2
Durber Cl Audley ST7 39 E1
Stoke-on-T ST4 71 F2
Durfield La DE13 163 D4
Durham Dr WS15 196 B3
Durham Gr ST5 71 E2
Durham Rd DY8 279 E4
Durlston Cl B77 250 C3
Dursley Dr WS11 209 D1
Dursley Rd WS7 229 D4
Durston Pl ST3 73 F2
Dutton Way ST15 119 F3
Duttons La B75 258 C2
Dyke Rd WS15 198 A2
Dyke St ST1 282 C3
Dykes La TF10 188 B4
Dylan Rd ST3 73 E2
Dyott Ave WS14 232 C3
Dyott Cl WS13 215 D1

Eagle Cl Cheslyn Hay WS6 226 B1
Dudley DY1 271 F1
Uttoxeter ST14 126 A3
Eagle Cres ST21 133 E3
Eagle Dr B77 251 E2
Eagle Gr WS12 210 B1
Eagle Hts DE15 167 E2
Eagle St Hanley ST1 57 F2
Wolv WV2 266 C4
Ealingham B77 251 D1
Eamont Ave ST6 42 A2
Eardleyend Rd ST7 39 F4
Earl Dr WS7 211 F1
Earl St Kingswinford DY6 275 E2
Leek ST13 30 C3
Newcastle-u-L ST5 284 D3
Newcastle-u-L,
Silverdale ST5 55 E1
Stafford ST16 155 F2
Earl Sterndale CE
Prim Sch SK17 5 E2
Earl's Dr ST5 71 D3
Earls Ct Burton u T DE13 166 B4
Newcastle-u-L ST5 284 D3
Earls Rd ST4 88 A4
Earls Way ST18 158 B1
Earlsbrook Dr ST4 88 B4
Earlsway ST10 64 A4
Earlswood Cres WV9 240 A2
Earlswood Dr ST1 58 A3
Earlswood Rd DY6 275 F4
Early La ST15 103 E2
Easby Cl ST17 174 A4
Easby Way WS3 242 C1
Easdale Pl ST5 71 D3
Easedale Cl ST2 43 D1
Easing La ST13 31 F4
East Ave CW2 37 E3
East Bank Ride ST11 91 D4
East Beeches WV9 224 A1
East Butts Rd WS15 178 A1
East Cannock Ind Est
WS12 210 A2
East Cannock Rd WS12 210 A2
East Cl ST15 119 F4
East Cres Hanley ST1 57 F4
Newcastle-u-L ST5 56 B2
East Croft Rd WV4 265 E3
East Dr Biddulph ST8 27 E4
Cheddleton ST13 45 E4
East Gn WV4 265 E3
East Gr ST3 74 A1
East Prec ST1 282 C3
East Rd WV10 241 D4
East St Burton u T DE15 167 E2
Cannock WS11 226 C3
Leek ST13 31 D3
Meir ST3 74 A3
Sedgley DY3 271 E2
Tamworth B77 261 E3
East Terr ST6 42 A3
East View Burslem ST6 56 C4
Tamworth B77 250 C2
Eastbank Rd ST1 282 A4
Eastbourne Cl ST13 30 B3
Eastbourne Rd ST1 57 F2
Eastbridge Ave ST1 57 E4
Eastcote Cres WS7 229 D3
Eastdean Ave ST2 58 A1
Eastern Ave WS13 214 B1
Eastern Way WS11 210 A1
Easters Gr ST2 43 D1
Eastfield Cl ST3 88 C4
Eastfields Rd ST14 126 B4
Eastgate Brewood ST19 223 E4
Cannock WS12 211 D3
Eastgate St
Burntwood WS7 228 C4
Stafford ST16 155 F2
Easthall Cl ST19 223 E3
Easthead Wlk ST1 282 A2
Eastholme ST15 106 B1
Eastlands ST17 174 C4
Eastlands Cl ST17 174 C4
Eastlands Gr ST17 174 C4
Eastleigh DY3 271 E4
Eastmoor Cl B74 257 D1
Eastney Cres WV8 255 F4
Eastridge Croft WS14 247 D3
Eastward Glen WV8 239 E1
Eastwick Cres ST4 88 A4
Eastwood Ave
Burntwood WS7 229 D4
Chell Heath ST6 42 A3
Eastwood Pl ST1 282 B2
Eastwood Rd ST1 282 C1
Eastwood Rise ST5 85 D4
Easy Lawns CW3 53 D3
Eaton Cres DY3 271 D2
Eaton Park Prim Sch ST2 58 A1
Eaton Pl DY6 275 E3
Eaton Rd ST14 95 F2
Eaton St ST1 282 C3
Eaves Ct Rd DY3 266 B1
Eaves La Bucknall ST2 58 B3
Cheadle ST10 76 C1
Oakamoor ST10 78 A4
Eaveswood Rd ST2 58 B3
Ebenezer St WS12 210 A4
Ebstree Rd WV5 264 A2
Ebury Gr ST3 73 F1
Eccleshall Ave WV10 240 B1
Eccleshall Rd Ashley TF9 99 F2
Mucklestone TF9 99 D3
Seighford ST18 135 E1
Stafford ST16 155 E3
Stone ST15 119 F3
Eccleston Pl ST6 42 A3
Edale B77 251 D1
Edale Cl Kingswinford DY6 275 D4
Newcastle-u-L ST5 55 D1
Tunstall ST6 41 D4
Wolv DY3 266 C2
Eddens Wood Cl B78 260 C3
Eddies La B79 216 C1
Eddisbury Dr ST5 40 B1
Eden Cl Biddulph ST8 16 C1
Cannock WS12 210 C1
Kidsgrove ST7 26 A1
Eden Gr Ashley TF9 99 E3
Cheadle ST10 76 C1
Meir ST3 73 F1
Edenhurst Ave ST3 74 B1
Edensor CE Prim Sch
ST3 283 A2
Edensor Ct ST5 55 F4
Edensor High Sch ST3 283 B3
Edensor Rd ST3 283 B3
Edensor St ST5 55 F4
Edensor Terr ST3 283 B2
Edes Farm Dr ST14 95 F2
Edgar Cl B79 249 F4
Edgar Pl ST3 73 E3
Edge Ave ST6 42 A3
Edge Hill Kingsbury B78 262 A1
Kinver DY7 277 F2
Edge Hill Ave WV10 241 D1
Edge Hill Dr Perton WV6 254 C2
Sedgley DY3 266 B1
Edge Hill Jun Sch DE15 185 F4
Edge Hill Rd B74 257 E2
Edge La ST9 43 E4
Edge St ST6 41 F1
Edge View Cl Kinver DY7 277 F3
Norton-in-t-M ST2 43 E1
Edge View Ct ST8 27 E4
Edge View Rd ST2 43 E1
Edge View Wlk DY7 277 F3
Edgecliff Cty High Sch
DY7 278 A2
Edgefield La ST9 43 E3
Edgefield Rd ST3 73 E3
Edgeley Rd ST8 27 E4
Edgemoor Meadow WS12 210 B1
Edgeview Rd CW12 16 A4
Edgeware St ST1 282 A4
Edghill Rd ST13 30 B3
Edgmond Hall Sch TF10 168 A2
Edgmond Rd TF10 168 C2
Edinburgh Cres DY8 275 E1
Edinburgh Rd CW12 6 A1
Edinburgh Way DE13 166 B4
Edision St ST4 72 B3
Edison Cl WS12 210 B4
Edison Rd ST16 155 F3
Edmonton Cl WS11 210 A1
Edmonton Gr ST2 42 C1
Edmonton Pl DE15 167 E1
Edmund Ave ST17 174 A4
Edmund Rd DY3 271 F3
Ednam Gr WV5 265 D1
Ednam Pl ST3 74 A1
Ednam Rd WV4 266 B3
Edwal Rd ST3 74 A2
Edward Ave Aldridge WS9 256 A4
Newcastle-u-L ST5 71 D3
Trentham ST4 88 A4
Wolv WV4 266 C3
Edward Ct B77 250 C2
Edward Davies Rd ST6 42 B1
Edward Rd WV6 254 C3
Edward St Audley ST7 39 F2
Burton u T DE14 166 B2
Cannock WS11 209 F2
Fenton ST4 72 C4
Newcastle-u-L ST5 56 B2
Stone ST15 105 D1
Tamworth B79 250 A3
Edwards Dr ST16 155 E2
Edwards Farm Rd WS13 215 F4
Edwards Rd
Burntwood WS7 228 C3
Sutton Coldfield B75 258 B2
Edwin Cl Penkridge ST19 207 F4
Stafford ST17 155 D1
Efflinch La DE13 201 F4
Egal St WV3 266 A4
Egelwin Cl WV6 254 C3
Egerton Rd Aldridge B74 256 C1
Stoke-on-T ST4 71 F4
Wolv WV10 240 C2
Egerton St ST4 57 E1
Egg La ST18 158 C4
Eggington Prim Sch
DE65 148 A3
Eggington Rd DY8 279 E3
Egginton Dr ST19 207 F4
Egginton Rd
Eggington DE65 148 A4
Hilton DE55 147 F4
Elan Cl Cookley DY10 280 A2
Sedgley DY3 271 E2
Elan Rd DY3 271 E4
Elburton Rd ST4 73 D3
Elder Cl WS11 210 B1
Elder Gr WV5 269 F3
Elder La WS7 229 E4
Elder Pl ST6 57 D3
Elder Rd ST6 57 D3
Elderberry Cl DY8 279 E2
Elderside Cl WS8 244 C4
Eldertree La Ashley TF9 100 A4
Ashley TF9 100 B3
Eldon St Burton u T DE15 167 D2
Hanley ST1 57 E3
Eldridge Cl WV9 239 F1
Eleanor Cres ST5 71 D3
Eleanor Harrison Dr
DY10 280 A3
Eleanor Pl ST5 71 D3
Eleanor View ST5 71 D3
Electric Ind Est DE14 166 C3
Electric St DE14 166 C3
Elenora St ST4 72 A4
Elford Cl ST16 155 E4
Elgar Cl Cannock WS11 209 F3
Lichfield WS13 214 A1
Elgar Cres ST1 58 A3
Elgin Cl DY3 266 C1
Elgin Ct WV6 254 C2
Elgin Rd WS3 243 D2
Elgin St ST4 57 D1
Elgood La ST6 41 E4
Elias Cl WS14 231 F3
Eliases La ST8 17 D1
Eliot Cl Armitage WS15 198 A2
Tamworth B79 250 A4
Eliot Way ST17 155 E1
Elizabeth Ave
Rolleston DE13 147 D2
Wolv WV4 266 A3
Elizabeth Ct Kidsgrove ST7 40 B3
Market Drayton TF9 112 B4
Elizabeth Dr
Newcastle-u-L ST5 55 F4
Tamworth B79 250 A3
Elizabeth Rd WS11 209 F3
Elizabeth St ST1 282 C3
Elkington Cl TF10 168 C1
Elkington Rise CW3 68 C4
Elkstone Cl ST6 41 F2
Ellam's Pl ST5 55 F1
Ellastone Gr ST4 71 F3
Ellastone Rd ST13 63 E3
Elldawn Ave ST6 42 C1
Ellerbeck B77 251 D1
Ellerby Rd ST3 88 C4
Ellers Gr ST6 56 C4
Ellesmere Ct TF10 168 C1
Ellesmere Gr TF9 112 A4
Ellesmere Rd WS11 226 A4
Ellgreave St ST6 56 C4
Ellington Ave ST16 156 A3
Ellington Cl ST2 58 A1
Elliot Cl ST6 42 A3
Elliot Dr ST9 59 D2
Elliot Rd ST4 72 C3
Elliott St ST5 56 B1
Elliotts La WV8 239 D2
Ellis St ST6 57 E4
Ellis Wlk WS11 226 C4
Ellison Prim Sch ST5 56 B3
Ellison St ST5 56 B3
Ellowes Hall Sch DY3 271 E3
Ellowes Rd DY3 271 E2
Elm Ave ST17 175 F3
Elm Cl Colwich ST18 158 A1
Doveridge DE6 127 E4
Kidsgrove ST7 41 D4
Leek ST13 30 B3
Newport TF10 168 C1
Sedgley DY5 271 D1
Stourbridge DY8 279 E1
Elm Cres ST18 158 B4
Elm Ct ST18 174 B3
Elm Dr Blakedown DY10 281 D1
Bradley ST18 191 E4
Cheadle ST10 76 C1
Market Drayton TF9 112 A4
Elm Farm Rd WV2 266 B4
Elm Gdns WS14 231 E4
Elm Gr Codsall WV8 239 D2
Huntington WS12 209 E4
Kinver DY7 278 A2
Elm Pl Cookley DY10 280 A2
Longton ST3 72 C1
Elm Rd Kingswinford DY6 275 F3
Norton Canes WS11 228 A3
Stone ST15 120 A4
Elm St Burslem ST6 57 D4
Newcastle-u-L ST5 56 B2
Elm Tree Cl WV5 269 F3
Elm Tree Dr ST7 39 F1
Elm Tree Wlk B79 249 F4
Elm View ST14 95 F3
Elm Wlk ST19 207 F4
Elmbridge Way DY3 271 F3
Elmbrook Cl ST3 89 F4
Elmcroft Gdns WV10 240 C2
Elmcroft Rd ST2 58 A3
Elmdale Dr WS9 256 B4
Elmdon Cl
Penkridge ST19 208 A4
Wolv WV10 240 A1
Elmdon Pl ST3 90 A4
Elmdon Rd WV10 240 A1
Elmhurst DE65 148 A3
Elmhurst Cl
Brewood WV9 224 A2
Bucknall ST2 57 F1
Stafford ST16 155 E4
Elmhurst Dr
Burntwood WS7 229 D2
Kingswinford DY6 275 F2

Elm – Fin 301

Elmley Gr WV6 254 C2
Elmore Green Jun Sch WS3 243 D1
Elmore Green Rd WS3 243 D1
Elmore Ho WS15 178 C1
Elmore La WS15 178 C1
Elmore Row WS3 243 D1
Elms Cl WV10 225 E1
Elms Dr WS11 209 E1
Elms La WV10 225 E1
Elms Paddock The WV6 253 E1
Elms Rd DE15 166 C1
Elms The ST5 56 B4
Elms Way ST3 74 A1
Elmsdale WV6 255 D1
Elmsmere Rd ST2 58 A3
Elmstead Cl ST4 71 F1
Elmstone Cl ST17 175 F3
Elmtree Rd B74 256 B1
Elmwood Ave WV11 242 A2
Elmwood Cl
Cannock WS11 210 A2
Forsbrook ST11 91 D3
Gnosall ST20 171 E4
Lawton-gate ST7 25 D2
Elmwood Dr ST11 91 D3
Elmwood Gr ST14 110 C1
Elmwood Rd DY8 275 E1
Elmwood Rise DY3 266 A1
Elphinstone Rd ST4 71 F2
Elsby Pl ST6 42 A3
Elsdon Rd ST17 174 B3
Elsing St ST4 72 B3
Elsmere Ave ST3 73 D1
Elston Hall Jun Sch WV10 240 B1
Elston Hall La WV10 240 B1
Elstree Cl ST3 73 F1
Elstree Gr ST1 58 A3
Elswick Rd ST4 72 C4
Eltham Gdns ST5 56 B2
Elton Cl Newborough DE13 162 C4
Wolv WV10 240 C2
Elton La DE13 162 C4
Elton Terr ST6 41 E4
Elton Way ST20 171 E4
Elunda Gr WS7 228 C3
Elviron Dr WV6 255 D3
Elwell Cres DY3 271 F3
Elworthy Cl ST16 156 A3
Elwyn Cl DE13 147 E1
Ely Cl WS11 210 A1
Ely Wlk ST3 283 C4
Embers Way ST9 44 A4
Emberton St
Newcastle-u-L, Chesterton ST5 55 F3
Newcastle-u-L, Wolstanton ST5 56 B3
Emberton Way B77 250 C3
Embleton Wlk 1 ST6 56 C4
Embry Ave ST16 156 A3
Emerald Way ST15 120 A2
Emerson Cl DY3 271 D2
Emerson Rd Burslem ST6 57 D3
Wolv WV10 240 C1
Emery Ave Hanley ST1 57 F4
Newcastle-u-L ST5 71 D4
Emery St ST6 57 D3
Emmanuel Rd WS7 229 D4
Empire Ind Est WS9 244 C1
Empire Pas ST4 72 A3
Empire Rd DE15 167 E2
Empire St ST4 72 A3
Emstone Cl ST3 88 C4
Emsworth Cres WV9 240 A1
Emsworth Rd ST3 88 C4
Encounter Pl ST1 57 F3
End Hall Rd WV6 255 D2
End The DE15 167 F4
Enderby Dr WV4 266 A3
Enderby Rise DE13 166 A4
Enderley Cl WS3 243 D2
Enderley Dr WS3 243 D2
Enderley St ST5 284 B4
Endon Dr ST8 27 D3
Endon Hall Prim Sch ST9 43 F4
Endon High Sch ST9 43 F3
Endon Rd
Norton-in-t-M, Duke Bank ST6 42 C2
Norton-in-t-M, Norton Green ST6 42 C3
Endwood Dr B74 257 E2
Engelsea Brook La CW2 38 A2
Engine La Brownhills WS8 244 B4
Tamworth B77 251 D1
Englesea Ave ST3 74 A3
Engleton La ST19 223 E4
Engleton Mill La ST19 223 F4
English Martyrs RC Prim Sch ST8 27 E4
Ennerdale Cl
Brownhills WS8 244 C3
26 Burslem ST6 56 C4
Ennerdale Dr WV6 254 C2
Ennerdale Rd WV6 255 E4
Enoch St ST6 56 C4
Ensall Dr DY8 275 F1
Ensford Cl B74 257 F3
Enson La Marston ST18 137 D4
Salt ST18 137 D4
Stone ST18 120 B1
Ensor Dr B78 251 F1
Enstone Ct ST5 71 D2
Enterprise Dr WV10 224 B3
Enterprise Gr WS3 244 A3
Enterprise Ind Pk WS13 231 F4
Enville Cl WS3 243 D2
Enville Common Rd DY7 273 F2
Enville Pl DY8 279 F3
Enville Rd
Kingswinford DY6 275 D4
Kinver DY7 278 A2
Sedgley DY3 271 E2
Wolv WV4 265 E2
Enville St DY8 279 F3
Ephraim St ST1 282 C1
Epping Rd ST4 71 F2
Epsley's Yd ST16 155 F1
Epsom Cl Kingsley ST10 76 C3
Lichfield WS14 231 E4
Perton WV6 254 C2
Epsom Dr ST17 175 E4
Epworth St ST4 72 A4
Erasmus Way WS13 231 D4
Erdington Rd WS9 256 B2
Eringden B77 251 D1
Ermington Rd WV4 266 B2
Ernald Gdns ST15 120 A4
Eros Cres ST1 57 F3
Errill Cl ST4 72 B3
Erskine St ST3 283 C1
Eskdale Pl
Newcastle-u-L ST5 71 D3
Trentham ST4 88 A4
Eskrett St WS12 210 B3
Esperanto Way ST6 57 E4
Esselie Ave TF9 100 B3
Essex Ave DY6 275 D3
Essex Dr Biddulph ST6 16 B1
Cannock WS12 210 A2
Colwich ST18 158 B1
Kidsgrove ST7 25 F1
Rugeley WS15 196 B3
Stone ST15 119 F3
Essex Gdns DY8 279 E4
Essex Pl ST5 71 D3
Essex Rd Burton u T DE15 185 E3
Sutton Coldfield B75 258 B1
Essington Cl
Alrewas DE13 201 D2
Brierley Hill DY8 275 F1
Lichfield WS14 231 D3
Shenstone WS14 247 D3
Essington Ind Est WV11 241 F2
Essington Rd WV12 242 A1
Estridge La WS6 227 D1
Etching Hill CE Prim Sch WS15 178 B1
Etching Hill Rd WS15 178 A1
Ethelfleda Rd B77 261 F3
Ethelred Cl B74 258 A2
Eton Ave ST5 70 C2
Eton Cl Burton u T DE14 166 C3
Sedgley DY3 271 F3
Stafford ST17 156 A1
Eton Park Jun Sch DE14 166 B4
Eton Pk DE14 166 C3
Eton Rd DE14 166 B3
Etruria Old Rd ST1 56 C2
Etruria Rd Hanley ST1 282 A3
Newcastle-u-L ST5 56 C2
Etruria Sta ST4 56 C1
Etruria Vale Rd ST1 57 D2
Etruria Way ST5 56 C1
Etruscan St ST1 56 C1
Etruscan Wlk ST12 88 C2
Ettingshall Park Farm La WV4 266 C2
Ettymore Cl DY3 271 E4
Ettymore Rd DY3 271 E4
Ettymore Rd W DY3 271 E4
Etwall Rd DE65 148 A4
Europa Way WS13 231 F4
Eva Gr ST5 87 E4
Evans Croft B78 250 A1
Evans St Burslem ST6 41 F1
Wolv DY3, WV14 266 C1
Eve La DY3 271 F3
Evelyn St ST4 72 B3
Everest Rd ST7 26 B2
Everglade Rd CV9 262 B1
Evergreen Hts WS12 210 A4
Eversley Ave ST13 30 C3
Eversley Gr DY3 266 B1
Eversley Rd ST3 73 F1
Evesham Cres WS3 242 C2
Evesham Way ST3 73 F2
Eveson Rd DY8 279 F1
Ewe Dale La DE6 35 D2
Exbury Cl WV9 239 F1
Excelsior Gr WS3 244 A3
Exchange Ind Est The WS11 226 C3
Exchange Rd DE13 201 D2
Exchange The WS3 243 D1
Exeter Gn ST2 58 B1
Exeter Rd WS11 226 A4
Exeter St ST17 174 C4
Exley B77 250 B1
Exmouth Gr ST6 57 D4
Exonbury Wlk WS11 209 F1
Eynsham Ct WV6 255 E2
Eyre St ST6 56 C4
Eyrie The DE15 167 E2

Faber RC Prim Sch The ST10 78 B4
Faceby Gr ST3 90 B4
Fair Lady Dr WS7 211 E1
Fair Lawn WV7 237 D3
Fair Oak TF10 168 C2
Fair Oak Rd ST5 40 B1
Fair Oaks Dr WS6 243 D4
Fair View Armitage WS15 198 B2
Mayfield DE6 81 E4
Fair View Rd ST13 31 D2
Fairbank Ave ST4 72 A3
Fairbanks Wlk ST15 103 D2
Fairburn Cres WS3 244 A3
Fairclough Pl ST6 42 A2
Fairfax Rd WV10 240 C2
Fairfax St ST1 57 E3
Fairfield Ave Endon ST6 43 D4
Longton ST3 89 E4
Newcastle-u-L ST5 56 B2
Rolleston DE13 147 E2
Fairfield Cl WS12 210 B1
Fairfield Cres DE11 186 C3
Fairfield Ct ST16 155 F3
Fairfield Dr
Brownhills WS3 244 A2
Codsall WV8 238 C2
Kinver DY7 278 A2
Penkridge ST19 207 F3
Fairfield Rd
Brierley Hill DY8 275 F1
Uttoxeter ST14 126 A4
Fairfield Rise DY8 279 E3
Fairfields ST7 39 F1
Fairfields Hill B78 262 C4
Fairfields Rd Biddulph ST8 17 D1
Market Drayton TF9 97 E1
Fairford Gdns
Burntwood WS7 229 E3
Kingswinford DY8 275 F2
Fairgreen Way B74 257 D1
Fairham Rd DE13 147 F1
Fairhaven Gr ST1 57 F3
Fairhaven Prim Sch DY8 275 E2
Fairhills DY3 271 E4
Fairlady Dr WS7 228 B4
Fairlawn Cl Meir ST3 89 F4
Walsall WV12 242 B1
Fairlawn Ct WV7 237 D3
Fairlawn Dr DY6 275 E2
Fairlawn Way WV12 242 B1
Fairlawns ST5 284 B4
Fairlight Gr ST3 90 A4
Fairmead Cl ST17 175 E3
Fairmeadows Prim Sch DE11 186 C3
Fairmount Way WS15 178 B1
Fairoak Ave ST16 155 E4
Fairoak Dr WV6 255 D2
Fairoak High Sch WS15 196 B4
Fairview Ave CW2 37 D3
Fairview Cl
Cheslyn Hay WS6 226 B1
Tamworth B77 250 C3
Fairview Cres DY6 275 F3
Fairview Rd WV4 265 E2
Fairview Way ST17 156 B1
Fairway Branston DE14 185 D4
Brownhills WS4 244 B1
Cannock WS11 226 B3
Stafford ST16, ST17 156 A1
Tamworth B77 261 F3
Trentham ST4 87 F4
Fairway Ct B77 251 D2
Fairway Rd ST6 42 A2
Fairway The Clifton DE6 81 F3
Swadlincote DE11 186 C3
Fairways Ave DY8 279 F1
Fairways Cl DY8 279 F1
Falcon B77 262 A3
Falcon Cl Burton u T DE14 166 C3
Cannock WS11 209 E1
Cheslyn Hay WS6 226 B1
Falcon Cres WV14 266 C1
Falcon Dr WS14 232 C3
Falcon Rd ST3 90 A3
Falcon Rise DY8 279 E3
Falcon Way DY1 271 F1
Falcondale Rd WV12 242 B1
Faldo Cl DE14 185 D3
Falkirk Grange ST5 70 C4
Falklands Cl DY3 269 F1
Fallow Deer Lawn TF10 168 C3
Fallow Field
Cannock WS11 209 F2
Lichfield WS13 214 A2
Little Aston B74 257 D2
Fallow Rd B78 249 F1
Fallowfield Longton ST3 88 C4
Perton WV6 254 B2
Stafford ST17 175 E3
Wolv WV8 239 F1
Fallowfield Cl ST19 207 F4
Fallowfields Dr DE13 183 E1
Falmouth Ave ST17 175 F4
Falmouth Cl ST17 175 F4
Falmouth Ct ST5 71 E3
Falmouth Dr B77 250 C3
Falmouth Rd CW12 15 F4
Falna Cres B79 249 F4
Fancourt Ave WV4 265 E2
Fancy Wlk ST16 155 E3
Fane Rd WV11 242 A1
Fanlizard La ST20 171 E2
Far Green Ind Est ST1 57 E3
Far Ridding ST20 171 E3
Far View WS9 245 D1
Faraday Pl ST4 71 F4
Faraday Rd ST16 155 F3
Farcroft Ave ST5 55 F3
Farcroft Dr TF9 97 D1
Fareham Cres WV4 265 E3
Fareham Gr ST3 89 F4
Farewell La WS7 229 F3
Faringdon B77 250 C1
Farington Pl ST6 42 A3
Farland Gr ST6 42 A4
Farleigh Dr WV3 265 D4
Farleigh Gr ST2 58 B1
Farleigh Rd WV6 255 D2
Farley La ST10 78 B2
Farley Rd ST10 78 A3
Farm Cl Burton u T DE13 166 A4
Cannock WS12 210 B2
Codsall WV8 239 D1
Market Drayton TF9 97 D1
Rugeley WS15 178 B1
Sedgley DY3 271 D4
Tamworth B79 250 B4
Farm Gr TF10 168 B2
Farm La DE15 167 F4
Farm Lea ST15 106 B1
Farm Rd Albrighton WV6 252 B4
Burton u T DE13 166 B4
Wolv WV3 265 E4
Farm Side DE11 186 C3
Farm View ST15 106 B1
Farmadine ST4 88 A4
Farman Cl ST3 90 B4
Farmbrook Ave WV10 240 B2
Farmdown Rd ST17 156 B1
Farmer St ST3 283 C2
Farmers Bank ST5 55 E1
Farmfields Rise CW3 67 E1
Farmoor Way WV10 240 C2
Farmount Dr WS11 226 C4
Farmside Gn WV9 239 F1
Farmside La ST8 17 D1
Farmwood Cl ST3 74 A1
Farnborough Ct B75 258 B1
Farnborough Dr ST3 90 B4
Farncote Dr B74 257 F2
Farndale Ave WV6 255 F3
Farne Gr ST3 73 D2
Farnham Dr ST8 27 D3
Farnworth Cl ST8 27 D3
Farnworth Rd ST3 73 F2
Farrier Cl ST15 120 B4
Farrier Way DY6 275 D4
Farriers Gn TF10 169 D2
Farrington Cl ST6 42 C2
Farrington Rd DY3 266 C2
Farwall La ST10 49 F1
Fauld Ind Pk DE13 145 F3
Fauld La Hanbury DE13 145 E4
Tutbury, Fauld DE13 145 E4
Tutbury, Owen's Bank DE13 146 A3
Faulkner Cl DY8 279 F2
Faulkner Pl ST3 73 F2
Faversham Cl WV8 255 F4
Faversham Rd DE13 166 A3
Fawcett Way ST1 282 C4
Fawfield Dr ST6 41 E3
Fawn Cl Huntington WS12 209 E3
Meir ST3 90 A4
Fazeley Rd B78 250 A1
Fearns Ave ST5 41 D1
Fearon Gn ST6 42 C2
Featherbed La
Elmhurst WS13 213 F2
Hixon ST18 158 B4
Featherston Rd B74 257 D1
Featherstone Gr ST4 72 A4
Featherstone La
Featherstone WV10 241 D4
Shareshill WV10 225 D1
Fecknam Way WS13 214 B1
Federation Rd ST6 41 F1
Fegg Hayes Rd ST6 42 A3
Feiashill Cl WV5 269 D3
Feiashill Rd WV5 269 D4
Felcourt Gdns ST1 57 E3
Felden Cl ST16 136 B1
Fell St ST6 42 B1
Fellbrook Ct ST2 58 A2
Fellbrook La ST2 58 A2
Fellfield Way ST16 155 E4
Fellmeadow Way DY3 271 F4
Fellows Ave DY6 275 E4
Fellows St WV2 266 B4
Felspar Rd B77 251 D2
Felsted St ST2 43 D2
Felthouse La ST13 45 D1
Fence La CW12 15 E2
Fenlow Ave ST2 57 F1
Fenmere Cl WV4 266 B3
Fenn Rise DY8 275 E2
Fenn St B77 250 C1
Fennel Cl
Cheslyn Hay WS6 226 B2
Uttoxeter ST14 126 A3
Fennel Dr ST17 174 C3
Fennel Gr ST3 90 A3
Fennel Wlk DE14 166 B1
Fenpark Ind Est ST4 73 D3
Fenpark Rd ST4 73 D3
Fenton Cl CW12 6 A1
Fenton Croft ST19 205 E3
Fenton House La ST19 205 D3
Fenton Ind Es
Bucknall ST4 57 F1
Stoke-on-T ST4 72 C4
Fenton Pk ST4 73 D3
Fenton Rd ST2 57 F1
Fereday Rd WS9 245 D2
Fereday's Croft DY3 271 E4
Fermain Cl ST5 70 C2
Fern Cl WS4 244 B1
Fern Cres CW12 6 A2
Fern Croft WS13 213 F1
Fern Dell Cl WS11 209 E1
Fern Dene CW3 68 B4
Fern Dr WS6 227 D2
Fern Leys WV3 255 E1
Fern Pl ST3 283 C2
Fern Rd Huntington WS12 209 E3
Wolv WV3 266 A4
Ferncombe Dr WS15 178 B1
Ferncroft Cl ST4 88 A4
Ferndale Cl
Burntwood WS7 229 D3
Caverswall ST9 59 D2
Forsbrook ST11 90 C3
Weston CW2 37 D3
Ferndale Rd
Essington WV11 242 A2
Lichfield WS13 213 F1
Ferndown Ave DY3 271 E4
Ferndown Cl Meir ST3 73 E1
Walsall WS3 243 D2
Ferndown Dr S ST5 71 E1
Ferney Pl ST6 41 E3
Fernhurst Cl ST15 120 B4
Fernhurst Gr ST3 89 F4
Fernie Cl ST15 120 B3
Fernlea Cres ST9 43 F4
Fernlea Gr
Blythe Bridge ST3 90 A2
Meir ST3 74 A3
Fernleigh Ave WS7 229 D4
Fernleigh Gdns
Kingswinford DY8 275 E2
Stafford ST16 155 D3
Fernwood ST16 155 E4
Fernwood Croft ST13 30 B2
Fernwood Dr Leek ST13 30 B2
Newcastle-u-L ST5 71 E1
Rugeley WS15 178 B1
Fernwood Gn ST4 88 B4
Ferrand Cl ST4 72 A1
Ferrers Ave DE13 146 A3
Ferrers Cl B75 258 B1
Ferrers Rd Tamworth B77 250 B2
Weston-u-T ST18 138 B1
Yoxall DE13 182 A1
Ferrie Gr WS8 244 C4
Ferry St DE15 185 F4
Ferry Vale Cl DE15 185 F4
Festing St ST1 282 C4
Festival Mews WS11 209 F3
Festival Rd DE14 184 C4
Festival Way ST6 56 C3
Fiddler's La DE13 146 C2
Fiddlers Bank ST6 43 D4
Field Ave DE65 146 B4
Field Cl Blythe Bridge ST11 90 C3
Brownhills WS4 244 A1
Burton u T DE13 166 A4
Whitmore ST5 85 E3
Field Cres ST18 154 B1
Field Dr DE13 147 D2
Field End Cl ST4 88 A4
Field Farm Rd B77 250 B1
Field Head Pl WV6 255 D2
Field House Ct ST15 104 C1
Field La Brownhills WS4 244 A1
Burton u T DE13 165 F4
Church Leigh ST10 109 D1
Great Wyrley WS6 226 C2
Stanton DE6 80 B4
Field Pl Longton ST3 73 E3
Rugeley WS15 196 A4
Stafford ST16 155 F3
Field Rd Lichfield WS13 214 A2
Walsall WS3 243 E1
Field Rise DE13 166 A4
Field St Cannock WS11 209 F2
Leek ST13 30 C3
Field Terr ST15 105 D1
Field View Biddulph ST6 16 B1
Meir ST3 74 A2
Field Way DE11 186 C3
Field Wlk WS9 256 A4
Fielden Cl ST6 42 C1
Fieldfare WS7 229 E3
Fieldhouse Rd
Burntwood WS7 229 D4
Cannock WS12 209 F4
Wolv WV4 266 C2
Fielding St ST4 72 A3
Fields Rd CW12 15 F4
Fieldside Stafford ST17 175 E3
Swynnerton ST15 118 C3
Fieldsway ST15 119 F4
Fieldway
Blythe Bridge ST11 90 B4
Caverswall ST2 58 C2
Fenton ST3 72 C2
Trentham ST4 87 F4
Fife St ST4 283 A4
Fifth Ave ST7 25 F1
Filance Cl ST19 207 F4
Filance La ST19 207 F4
Filey B77 250 C3
Filey Cl Bucknall ST2 58 B1
Cannock WS11 226 B4
Filey Rd WV10 240 A1
Fillybrooks Cl ST15 119 F4
Fillybrooks The ST15 119 F4
Filton Ave WS7 229 D4
Finch Pl ST8 27 D1
Finch St ST8 27 D1
Fincham Cl WV9 240 A2
Finchdean Cl ST3 90 A4
Finchdene Gr WV3 255 E1
Finches Hill WS15 178 B1
Finchfield Cl DY8 279 E2
Finchfield Gdns WV3 255 F1
Finchfield Hill WV3 255 E1

302 Fin – Gas

Finchfield La WV3 265 E4
Finchfield Rd WV3 255 F1
Finchfield Rd W WV3 255 E1
Finchley Cl DY3 271 E1
Finchsmith Pl ST3 283 B2
Fine La WS13 215 F3
Finger Post Dr WS3 244 A3
Finney Gr ST2 58 A2
Finstock Ave ST3 88 C4
Fir Cl WS12 209 E4
Fir Gr DY8 279 E3
Fir St DY3 270 C4
Fir Tree Cl B79 249 F4
Fir Tree Dr DY3 271 F4
Fir Tree Pl ST5 55 F4
Fir Tree Rd Meir ST3 89 F4
Wolv WV3 265 E4
Firbank Pl ST3 73 F2
Firbank Way WS3 243 F1
Firbeck Gdns ST17 175 E4
Firbob La ST10 94 A2
Fircroft Cl WS11 210 A2
Firecrest Cl WS11 210 B1
Firmstone Ct DY8 279 F4
Firmstone St DY8 279 F4
Firs Cl The ST17 175 E4
Firs Rd DY6 275 F3
Firs The
Cannock, Cannock Wood WS15 211 F3
Cannock, Hawks Green WS11 210 A1
First Ave Brownhills WS8 245 D4
Bucknall ST2 58 B2
Kidsgrove ST7 25 F1
Newcastle-u-L ST5 56 B4
Sedgley DY6 271 D1
Stafford ST16 155 E4
Firsway WV6 255 D1
Firsway The ST19 221 F4
Firtree Cl ST18 174 B2
Firwood Rd ST6 16 C1
Fisher Rd WS3 242 C1
Fisher St Cannock WS12 194 C1
Chell Heath ST8 27 D1
Wolv WV3 266 A4
Fishers Lock TF10 168 C2
Fisherwick Cl WS14 232 C3
Fisherwick Rd WS14 232 C3
Fishley Cl WS3 243 E2
Fishley La
Great Wyrley WS3 243 E3
Norton Canes WS3 243 E3
Walsall WS3 243 E3
Fishpond La DE65 148 A3
Fishpond Way ST2 58 A4
Fistral Cl ST3 73 E2
Fitchet's Bank WS7 229 F3
Fithern Cl DY3 271 F3
Fitzgerald Cl ST3 74 A2
Fitzherbert Cl ST15 103 D2
Fitzherbert Rd ST1 57 F4
Five Lands Rd DE15 185 F4
Five Lanes End ST20 153 E4
Five Oaks Cl ST5 70 C2
Five Ways
Blakedown DY10 281 D3
Sedgley DY3 271 E2
Wolv WV3 265 E4
Five Ways Prim Sch WS12 210 B1
Flackets La
Doveridge DE6 128 A4
Sudbury DE6 128 A4
Flackett St ST3 283 C5
Flamborough Gr ST6 56 C4
Flanders Dr DY6 275 E4
Flash CE Prim Sch SK17 3 D2
Flash La Blore TF9 98 C1
Norton-in-t-M ST2 43 E1
Stoke-on-T ST4 71 F2
Wombourne WV4 264 C1
Flashes The ST20 171 F4
Flather La DE6 65 E1
Flats La WS14 248 A3
Flatts Cl DE13 166 A3
Flatts Rd ST6 42 C3
Flavells La DY5 271 D1
Flax Croft ST15 120 A4
Flax Hill Jun Sch B79 250 A4
Flax Ovens The ST19 192 C1
Flax St ST4 72 A3
Flaxley Cty Prim Sch WS15 196 C3
Flaxley Rd WS15 196 B3
Flaxman Cl ST12 88 C2
Fleckney Ave ST3 73 F2
Fleet St DE14 166 B1
Fleets La ST13 49 D4
Fleming Rd ST4 72 A4
Flemmynge Cl WV8 238 C2
Fletcher Bank ST5 284 A3
Fletcher Cres ST2 43 D1
Fletcher Rd
Stoke-on-T ST4 72 A3
Walsall WV12 242 B1
Fletcher St ST1 282 A1
Fletches The DE13 147 D1
Fleur Gr ST4 73 D3
Flinn Cl WS14 231 E4
Flint St ST3 74 A3
Flints Cnr WS12 195 D2
Flintsham Gr ST1 282 B4
Flora Cl B79 250 B4
Florence Ave WV4 266 C2
Florence Cty Prim Sch ST3 283 C2
Florence Dr DE6 127 E4
Florence Rd Codsall WV8 239 E2
Trentham ST4 71 F1
Florence St
Cannock WS12 210 A4
Newcastle-u-L ST5 284 B3
Florendine Cty Prim Sch B77 250 C3
Florendine St B77 250 C3
Florida Cl ST6 57 D4
Floyd St ST4 72 A4
Flynn Row ST4 72 C4
Foden Ave ST7 25 D2
Foden Cl WS14 246 C3
Foden St ST4 72 A3
Fogg St ST5 284 B3
Fogg St E ST5 284 B3
Fogg St W ST5 284 B3
Fold La ST6 16 C2
Fold Terr ST13 45 E3
Fold The Stone ST15 105 E2
Wolv WV4 265 F2
Foley Ave WV6 255 E2
Foley Church Cl B74 257 D1
Foley Dr WV6 255 E2
Foley Gr WV5 269 F3
Foley Inf Sch DY7 278 A2
Foley Pl ST4 283 B4
Foley Rd ST3 283 A3
Foley Rd E B74 257 D1
Foley Rd W B74 256 C1
Foley St Kinver DY7 278 A2
Longton ST4 283 B5
Foley Wood Cl B74 256 C1
Folly Fields ST13 45 D1
Folly La Cheddleton ST9 60 B4
Consall ST9 60 B4
Fontaine Pl ST4 72 A3
Fontenaye Rd B79 249 F4
Fonthill Rd ST16 155 F3
Fonthill Wlk ST2 58 A2
Fontwell Rd WV10 240 B2
Footherley La WS14 246 C2
Footherley Rd WS14 246 C3
Forber Rd ST4 71 F2
Forbisher Cl WS6 226 C1
Ford Ave ST6 42 A3
Ford Brook La WS4 244 A1
Ford Cl ST15 120 A4
Ford Dr ST15 118 C3
Ford Green Rd
Chell Heath ST6 42 B1
Norton-in-t-M ST6 42 B1
Ford Hayes La Bucknall ST2 58 C1
Caverswall ST2 58 C1
Ford La Farewell WS13 212 C1
Longdon WS15 198 A1
Ford Rd TF10 168 C1
Ford St Burton u T DE15 185 F4
Leek ST13 30 C3
Newcastle-u-L ST5 55 D1
Stoke-on-T ST4 56 C1
Ford Way WS15 198 A3
Fordham Gr WV9 240 A2
Fordhouse Rd WV10 240 B1
Fordhouse Road Ind Est WV10 240 B1
Fordrough The B74 258 A1
Fords La ST7 26 B3
Foregate Ct ST16 155 F2
Foregate St ST16 155 E2
Forest Cl Colwich ST18 177 E4
Newcastle-u-L ST5 70 C2
Forest Ct ST1 282 B4
Forest Ctr & Deer Mus WS15 195 F4
Forest Dr DY7 277 F2
Forest Glade WS6 226 C1
Forest La DY7 268 C1
Forest Park Prim Sch ST1 282 A4
Forest Rd Burton u T DE13 165 F2
Draycott in t C DE13 144 A2
Dunstall DE13 183 D3
Market Drayton TF9 112 A4
Meir ST3 89 F4
Forest Way WS6 227 D1
Foresters Bk ST2 43 E2
Forestside Gr ST4 72 A1
Forge Cl Burntwood WS7 229 E3
Wolv WV8 239 F1
Forge La Aldridge, WS9 256 A3
Aldridge, Mill Green WS9 256 C4
Blakedown DY10 281 D1
Burntwood WS7 229 F3
Burslem ST1 56 C2
Burton u T DE13 148 A1
Kingswinford DY6 275 D4
Lichfield WS13 214 A1
Little Aston WS14 257 E4
Norton in H TF9 82 B1
Shenstone WS14 257 E4
Forge Leys WV5 269 F3
Forge Mews WS15 178 C1
Forge Rd Brownhills WS3 243 F3
Rugeley WS15 178 C1
Stourbridge DY8 279 F3
Forge Side ST9 44 A4
Forge St WS12 210 B2
Forge Valley Way WV5 269 F3
Forge Way ST8 27 D2
Formby Ave WV6 254 B2
Formby Way WS3 243 D2
Forrest Ave
Cannock WS11 226 C4
Essington WV11 242 A2
Forrester Cl
Alrewas WS13 215 E3
Biddulph ST8 27 E4
Forrester Rd ST15 120 A4
Forrister St ST3 73 E2
Forsbrook CE Inf Sch ST11 91 D4
Forster St ST6 41 E2
Forsyte Rd ST3, ST4 73 E3
Forsythia Gr WV8 239 D2
Fort Cres WS9 245 D2
Fortescue La WS15 178 C1
Forties B77 261 F4
Forton Cl WV6 255 D1
Forton Rd TF10 168 C3
Forty Acre Cl TF9 99 E3
Forum Rd ST5 55 E3
Fosbrooke Pl ST4 71 E4
Fossdale Rd B77 262 A4
Fosseway WS14 231 D3
Fosseway La WS14 230 C2
Foster Ave WS12 209 E3
Foster Cres DY7 278 A2
Foster Ct ST3 72 C2
Foster Gr WV6 254 C2
Foster Pl DY8 279 F3
Foster St DY7 278 A2
Fosters Rd CW12 6 A3
Foston Ave DE13 166 A3
Foston Cl DE65 146 B4
Fotherley Brook Rd WS9 256 C3
Foundry La
Brownhills WS3 243 F2
Bucknall ST2 58 A1
Scholar Green ST7 25 F4
Foundry Rd DY6 275 E4
Foundry Sq ST6 43 D3
Foundry St Hanley ST1 282 B3
Kingswinford DY6 275 E4
Fountain Ct ST6 16 B1
Fountain Fold ST20 171 E3
Fountain Rd DE6 144 B3
Fountain Sq ST1 282 B3
Fountain St Fenton ST4 72 C3
Leek ST13 30 C3
Fountains Ave ST5 71 D3
Fountains Rd WS3 242 C1
Fountains Way WS3 242 C1
Four Ashes Rd ST19 223 F4
Four Crosses La WS11 225 F4
Four Crosses Rd WS4 244 B1
Four Lane Ends
Eccleshall ST21 134 A3
Milwich ST18 122 A4
Four Lanes End
Betley CW2 37 F1
Haughton ST18 173 D3
Seighford ST18 153 F4
Uttoxeter ST14 126 B2
Four Oaks Common Rd B74 257 F2
Four Oaks Inf Sch B74 257 F2
Four Oaks Jun Sch B74 257 F2
Four Oaks Rd B74 258 A1
Four Oaks Sta B74 258 A1
Fourlane Ends ST21 131 F4
Fourth Ave
Brownhills WS8 229 D1
Bucknall ST2 58 C2
Kidsgrove ST7 25 F1
Fowlchurch Rd ST13 30 C4
Fowler Cl WV6 254 C3
Fowler St WV2 266 B3
Fowler's La ST2 43 E1
Fox Cl WV5 263 F1
Fox Covert DY8 279 E3
Fox Gdns ST7 40 B4
Fox Gr ST5 71 E1
Fox Hill Rd B75 258 C1
Fox Hollow Ashley TF9 99 E3
Eccleshall ST21 133 F3
Wolv WV3 255 E1
Fox La Alrewas DE13 200 C1
Elmhurst WS13 214 A3
Fox Leigh Mdws WS15 198 A2
Fox Rd WV5 263 F2
Fox Wlk WS9 245 D2
Foxcote Cl ST17 175 F3
Foxcroft Cl WS7 229 D3
Foxes La ST19 222 B3
Foxfield Cl ST10 76 C3
Foxfield Way ST3 88 C4
Foxfields Way WS12 209 E4
Foxglove B77 251 D2
Foxglove Ave
Burton u T DE15 186 A4
Uttoxeter ST14 126 A3
Foxglove Cl
Brownhills WS3 244 A3
Featherstone WV10 241 D4
Meir ST3 74 A3
Rugeley WS15 178 B1
Foxglove La ST5 71 E1
Foxglove Rd DY1 271 F2
Foxglove Wlk WS12 210 B4
Foxhill Cl WS12 210 B1
Foxhills Cl WS7 229 D3
Foxhills Rd
Kingswinford DY8 275 E1
Wolv WV4 265 E2
Foxland Ave WS6 227 D2
Foxlands Ave WV4 265 E2
Foxlands Cl ST2 58 B2
Foxlands Cres WV4 265 E2
Foxlands Dr Sedgley DY3 271 E3
Wombourne WV4 265 E2
Foxley La ST2 43 D1
Foxmeadow Cl DY3 271 F4
Foxwood Cl ST15 119 F3
Foxwood Rd B78 262 C4
Fradley La WS13 215 F4
Fradswell La ST18 123 D1
Framlingham Gr WV6 255 D2
Frampton Gr ST6 41 F3
Frances Dr WS3 243 D1
Francis Cl
Kingswinford DY6 275 E4
Penkridge ST19 208 A4
Francis Green La ST19 207 F4
Francis Rd
Lichfield WS13 214 A1
Stourbridge DY8 279 E3
Francis St ST6 41 F3
Frank Gee Cl WS15 178 B1
Frank Rogers Wlk WS15 178 B1
Frank St ST4 72 A3
Franklin Cl
Burton u T DE15 167 D1
Perton WV6 254 C3
Franklin Dr WS7 229 D4
Franklin Rd ST4 71 F4
Franklyn St ST1 282 C1
Fraser Cl ST15 119 F3
Fraser St ST6 57 D4
Frayne Ave DY6 275 E4
Freckleton Pl ST3 90 B4
Frederick Ave ST4 72 A4
Frederick Rd ST19 192 C1
Frederick St
Burton u T DE15 185 F4
Fenton ST4 72 C3
Wolv WV2 266 B4
Fredericks Cl DY8 279 F2
Free Trade St ST1 282 C4
Freebridge Cl ST3 73 F2
Freeford Gdns WS14 231 F3
Freehold St ST5 284 C2
Freeland Gr DY6 275 F2
Freemen St ST16 155 F3
Freeth Rd WS8 229 D1
Fremantle Rd ST4 71 F2
Fremont Dr DY1 271 F2
French Ave B78 249 E1
Frenchmore Gr ST3 73 F1
Frensham Cl WS6 226 C2
Freshwater Gr ST2 57 F2
Freville Gdns B79 250 A3
Frew Cl ST16 156 A2
Friar St Longton ST3 283 C4
Stafford ST16 155 E3
Friar's Alley WS13 231 D4
Friar's La TF11 220 B2
Friar's St ST5 284 B2
Friars Ave ST15 120 A4
Friars Cl Cheadle ST10 76 B2
Kingswinford DY8 275 E2
Friars Gorse DY7 279 E4
Friars Pl ST2 58 A4
Friars Rd ST2 58 A4
Friars' Rd ST17 155 F1
Friars' Terr ST17 155 F1
Friars' Wlk
Newcastle-u-L ST5 71 D3
Stafford ST17 155 F1
Friarswood Prim Sch ST5 284 B1
Friarswood Rd ST5 284 B2
Friary Ave
Abbots Bromley WS15 160 C3
Lichfield WS13 231 D3
Friary Gdns WS13 231 D4
Friary Grange Sports Ctr WS13 213 F1
Friary Rd WS13 231 D4
Friary Sch The WS13 213 F1
Friary The WS13 231 D4
Friday Acre WS13 214 A1
Friendly Ave ST5 56 A4
Friesian Gdns ST5 40 B1
Friezland La WS8 245 D3
Friezland Way WS8 245 D3
Frinton Cl ST16 155 F3
Frith St ST13 30 B3
Frobisher Dr ST15 103 E2
Frobisher St ST6 43 D3
Frodingham Rd ST2 58 B1
Frog La Lichfield WS13 231 D4
Market Drayton TF9 97 E1
Wheaton Aston ST19 205 E3
Froghall ST5 284 B3
Froghall Rd Cheadle ST10 76 C3
Ipstones ST10 62 A3
Kingsley ST10 76 C3
Froghall Wharf ST10 62 A2
Frogmore Rd TF9 97 E1
Frome Wlk ST6 42 A2
Froyle Cl WV6 255 E3
Fuchsia Dr WV9 239 F2
Fulfen Prim Sch WS7 229 E4
Fulford Cty Prim Sch ST11 106 C4
Fulford Rd ST11 106 C4
Fullbrook Ave DE13 201 F4
Fullelove Rd WS8 245 D4
Fuller St ST6 41 F2
Fullerton Cl WV8 239 F1
Fullmore Cl ST19 207 F4
Fullwood Wlk ST2 58 B1
Fulmer Pl ST3 90 A4
Furber Pl DY6 275 F3
Furguson St WV11 242 A1
Furlong Ave ST10 92 C2
Furlong Cl Alrewas DE13 201 D1
Upper Tean ST10 92 C2
Weston-u-T ST18 138 B1
Furlong Dr ST10 92 C2
Furlong La
Alrewas DE13 201 D1
Alstonefield DE6 35 E2
Bradley ST18 173 E1
Burslem ST6 56 C4
Furlong Par 5 ST6 56 C4
Furlong Pas 6 ST6 56 C4
Furlong Rd ST6 41 F2
Furlong The ST15 118 C3
Furlong Wlk DY3 271 E2
Furlongs Rd DY3 271 E3
Furmston Pl ST13 31 D4
Furnace Cl WV5 269 F3
Furnace La CW3 68 C4
Furnace Rd ST3 73 E1
Furness B77 250 B2
Furness Cl WS3 242 C2
Furness Gr ST17 174 A4
Furnival St ST6 57 D3
Furnivall Cres WS13 214 B1
Furst St WS8 245 D4
Fyfield Rd DE15 185 F3
Fynney Fields ST13 45 F4
Fynney St ST13 30 C3

Gable Croft WS14 231 F3
Gable St ST4 72 A3
Gables The DE11 186 C3
Gaelic Rd WS11 209 E2
Gag La DE6 51 E3
Gagarin B79 249 F3
Gaia La WS13 231 D4
Gaia Stowe WS13 214 A1
Gaiafields Rd WS13 214 A1
Gaialands Cres WS13 214 A1
Gail Cl WS9 245 D2
Gail Pk WV3 265 E4
Gailey Lea La
Huntington ST19 208 A1
Penkridge ST19 207 F2
Gainford Cl WV8 239 F1
Gains La WS3 227 E2
Gainsborough Dr
Fazeley B78 260 A4
Perton WV6 255 D2
Gainsborough Hill DY8 279 F2
Gainsborough Pl DY1 271 F1
Gainsborough Rd
Longton ST3 88 C4
Newcastle-u-L ST5 55 F3
Gainsborough Way DE15 167 D2
Gainsbrook Cres WS11 227 F3
Gairloch Rd WV11 242 A1
Galahad Dr DE13 147 F1
Galleys Bank ST7 26 A2
Gallimore Cl ST6 41 F1
Galloway Rd ST2 73 F4
Gallowstree La
Mayfield DE6 81 E4
Newcastle-u-L ST5 70 C4
Galsworthy Rd ST4 73 D3
Galway Rd WS7 229 D4
Gamesfield Gn WV3 255 F1
Ganton Rd WS3 243 D2
Ganton Wlk WV8 255 F4
Gaol Butts ST21 133 E3
Gaol Rd ST16 155 F2
Gaol Sq ST16 155 F2
Gaolgate St 5 ST16 155 F2
Garage Cl B77 250 B3
Garbett St ST6 41 E4
Garden Cotts ST20 171 E3
Garden Cres WS3 243 F2
Garden Croft WS9 256 A4
Garden Dr WS15 197 D4
Garden La ST19 206 B2
Garden Pl Stafford ST17 155 F1
Stoke-on-T ST4 71 F4
Garden St Leek ST13 30 B3
Newcastle-u-L ST5 284 C2
Stafford ST17 155 F1
Stoke-on-T ST4 71 F3
Garden View WS15 178 B1
Garden Wlk DY3 271 E1
Gardeners Cl ST8 27 D3
Gardeners Way WV5 269 F2
Gardenholm Cl ST3 89 F4
Gardens The B79 216 B1
Gardiner Dr ST3 283 A2
Gardner Pl ST14 111 D1
Garfield Ave ST4 71 F1
Garfield Cres ST4 71 F1
Garfield St ST1 282 A1
Garibaldi St ST1 56 C2
Garlick St ST6 42 A1
Garner St Burslem ST5 56 C2
Stoke-on-T ST4 56 C1
Garners Way CW3 68 C4
Garnet St ST1 57 D2
Garnett Rd E ST5 56 A3
Garnett Rd W ST5 56 A3
Garret Cl DY6 275 E4
Garrick Cl WS13 213 F1
Garrick Rd Cannock WS11 209 E2
Lichfield WS13 213 F1
Garrick Rise
Burntwood WS7 229 D4
Rugeley WS15 197 D3
Garrigill B77 251 D1
Garrod Sq ST16 156 A3
Garsdale Cres ST3 88 C4
Gartan Rd DE14 185 D4
Garth Cl ST17 174 C3
Garth Rd ST17 174 C3
Garth St ST1 282 C3
Garth The WS13 214 A1
Gas St ST14 111 E1
Gaskell Rd ST2 58 B2

Gat – Gre 303

Gatacre St DY3 271 E2
Gatcombe Cl
Burton u T DE13 147 E1
Wolv WV10 240 C2
Gatcombe Rd DY1 271 F1
Gate St Meir ST3 74 A3
Sedgley DY3 271 F4
Gatehouse Trad Est WS8 229 D1
Gateway Ave ST5 85 E3
Gatherwynd La TF11 203 F3
Gatley Gr ST3 90 A3
Gauledge La SK17 13 D3
Gaunt St 2 ST13 30 B3
Gawain Gr DE13 147 F1
Gawsworth B79 249 E4
Gawsworth Cl ST3 73 E3
Gay La ST20 204 C4
Gaydon Rd WS9 256 A2
Gayle B77 251 D1
Gaymore Rd DY10 280 A3
Gayton Ave ST2 43 D1
Geary La DE15 167 F1
Gedney Gr ST5 71 D1
Geen St ST4 72 A4
Gemini Dr WS11 226 C3
Gemini Gr ST6 41 F3
Geneshall Cl ST20 171 E4
Geneva Dr Hanley ST1 57 F3
Newcastle-u-L ST5 70 C3
Genge Ave WV4 266 C2
Genista Cl DE15 186 A4
Genthorne Cl WV4 266 C2
Gentleshaw Prim Sch WS15 212 A3
Geoffrey Ave ST13 30 B3
Geoffrey Gr ST3 74 A2
George Ave Fazeley B78 249 E1
Meir ST3 74 A1
George Baily Ct ST17 155 F1
George Brealey Cl WS15 196 C4
George Elliott Cl ST14 126 B3
George La Lichfield WS13 231 E4
Stone ST15 120 B4
George St Audley ST7 39 E1
Brierley Hill DY8 275 F1
Burton u T DE14 166 B2
Cannock WS12 210 B2
Fenton ST4 72 C4
Newcastle-u-L ST5 284 D3
Newcastle-u-L, Chesterton ST5 55 F4
Newcastle-u-L, Porthill ST5 56 B3
Newcastle-u-L, Silverdale ST5 55 D1
Stafford ST16 155 E3
Tamworth B79 250 A2
George Walker Ct DE14 166 B2
Georges Ct ST3 283 B3
Georges Way ST7 39 F1
Georgian Pl WS11 209 F1
Gerald Rd DY8 279 F4
Gerard B79 249 F4
Gerards Way TF9 100 B3
Gerrard St ST4 72 A4
Gibb La DE6 128 C3
Gibbet La DY7 279 D2
Gibbins St ST1 282 C4
Gibbons Gr WV6 255 F2
Gibbons Hill Rd DY3 266 B1
Gibbons Rd
Sutton Coldfield B75 258 A2
Wolv WV6 255 F2
Gibraltar DY7 278 B2
Gibson Gr ST5 55 E4
Gibson Pl ST3 74 A1
Gibson Rd WV6 254 C2
Gibson St ST6 41 F1
Giddywell La WS15 197 F1
Gideons Cl DY3 271 E3
Giffard RC Prim Sch WV6 255 F3
Giffard Rd WV10 240 C1
Gifford Pl ST4 71 F3
Giffords Croft WS13 214 A1
Giggetty La WV5 269 F3
Gigmill Prim Sch DY8 279 F2
Gigmill Way DY8 279 F2
Gil Cl ST1 282 A2
Gilbanks Rd DY8 279 E4
Gilbern Dr ST8 27 D3
Gilbert Cl Kidsgrove ST7 26 A1
Newport TF10 168 B1
Gilbert La WV5 270 A4
Gilbert Rd WS13 214 B1
Gilbert St ST6 41 E4
Gilbert Wlk WS13 214 B1
Gilbeys Cl DY8 275 F1
Gilchrist Pl 17 ST6 57 D4
Giles Cl ST10 76 B2
Giles Rd WS13 214 A2
Giles Wlk ST1 57 F3
Gill Bank Rd Kidsgrove ST6 41 D4
Tunstall ST6 41 D4
Gill Wlk ST1 57 D2
Gilliard's Croft DE13 199 E3
Gilliat Wlk ST2 58 B1
Gillingham Cres ST16 155 D1
Gillway B79 250 A4
Gilman Ave ST2 43 D1
Gilman Pl ST1 282 C3
Gilman St ST1 282 C2
Gilmour La DE13 183 F1
Gilpin Cres WS3 244 A2
Gilpins Croft WS6 226 B1
Gilwell Rd WS15 211 F3
Gimson St ST4 72 C3
Ginger Hill ST20 171 E3
Ginger La ST21 116 A2
Gipsy La Alstonefield DE6 35 F2
Cookley DY11 280 A4
Girsby Cl ST4 88 B3
Girton Rd WS11 226 C4
Gisbourne Cl DE13 182 A2
Gitana St ST1 282 B3
Glade The Cannock WS11 209 E1
Newcastle-u-L ST5 71 D1
Stafford ST17 175 D4
Wolv WV8 239 F1
Glades The
Aldridge, Hardwick B74 256 C1
Aldridge, Leighswood WS9 256 A4
Gladstone Dr DY8 279 E3
Gladstone Gr Biddulph ST8 27 E4
Kingswinford DY6 275 E4
Gladstone Pl ST4 71 F3
Gladstone Rd
Cannock WS12 210 C1
Stourbridge DY8 279 E3
Gladstone St Leek ST13 30 C3
Stoke-on-T ST4 56 C1
Gladstone Way ST16 156 A3
Gladwyn St ST2 58 B2
Glaisher Dr ST3 90 B4
Glamis Cl DE13 166 B4
Glamis Dr ST15 120 B3
Glandore Rd ST3 73 F2
Glanville Dr B75 258 A2
Glascote Ct B77 250 C2
Glascote Heath Prim Sch B77 251 D1
Glascote Rd
Tamworth, Glascote Heath B77 250 C2
Tamworth, Wilnecote B77 261 F4
Glass La WS15 161 F1
Glass St ST1 282 B3
Glasscroft Cotts WS7 229 F4
Glastonbury Cl
Norton-in-t-M ST9 43 E2
Stafford ST17 175 E3
Glastonbury Cres WS3 242 C1
Glastonbury Way WS3 242 C1
Glebe WV7 237 D3
Glebe Ave ST16 155 E3
Glebe Cl Cheswardine TF9 130 A4
Doveridge DE6 127 D4
Forsbrook ST11 91 D3
Rolleston DE13 147 D2
Glebe Ct ST4 72 B4
Glebe La Gnosall ST20 171 F4
Stourbridge DY8 279 F2
Glebe Prim Sch ST4 72 C3
Glebe Rd Armitage WS15 198 B3
Cheadle ST10 76 B2
Glebe St Kidsgrove ST7 25 E1
Stoke-on-T ST4 72 A4
Glebe The ST15 135 D4
Glebedale Rd ST4 72 C3
Glebefields ST20 151 E4
Glebelands
Bobbington DY7 267 F1
Stafford ST17 174 C3
Glebeville ST13 30 C2
Gledhill Pk WS14 231 E3
Glen Cl WS11 209 F3
Glen Ct Codsall WV8 239 D2
Wolv WV6 255 F1
Glen Dr ST10 94 C4
Glen Park Rd DY1 271 E1
Glen Rd Sedgley DY3 271 F3
Stourbridge DY8 279 F2
Glen Rise DE13 166 A4
Glen The ST15 120 A4
Glencastle Way ST4 88 B3
Glencoe Rd WS11 210 A2
Glencoe St ST3 283 B2
Glencroft Cl DE14 185 D4
Glendale Cl WV3 265 E4
Glendale Ct ST5 71 E1
Glendale Dr WV5 270 A3
Glendale St ST6 57 D4
Glendawn Cl WS11 210 A2
Glendene Rd WS12 210 B3
Glendon Cl TF9 112 A4
Glendower Cl ST20 171 E3
Glendower Rd WS9 245 D1
Glendue Gr ST4 88 B3
Gleneagles B77 251 D3
Gleneagles Cres ST1 57 F3
Gleneagles Dr
Burton u T DE13 147 E1
Stafford ST16 156 B2
Gleneagles Rd
Perton WV6 254 B3
Walsall WS3 242 C2
Glenfield WV8 239 F1
Glenfield Rise DE13 166 A4
Glenfield Way ST2 73 F4
Glengarry Gdns WV3 255 F1
Glenhaven WS15 178 B1
Glenmore Ave WS7 229 D3
Glenmore Cl WV3 265 F4
Glenroyd Ave ST2 58 A1
Glenroyd Wlk ST2 58 B1
Glenthorne Cl ST17 175 E3
Glenthorne Dr WS6 226 C2
Glenthorne Prim Sch WS6 226 C2
Glenville Ave CV9 262 B1
Glenwood Cl Longton ST3 283 B4
Newcastle-u-L ST5 55 E1
Glenwood Rise WS9 245 E2
Globe Ave ST17 174 C3
Globe St ST6 56 C4
Gloucester Cl WS13 214 A2
Gloucester Grange ST5 71 E3
Gloucester Rd ST7 25 F1
Gloucester Way
Burton u T DE15 167 D1
Cannock WS11 210 A1
Glover St Cannock WS12 210 C2
Hanley ST1 282 C4
Stafford ST16 155 E2
Glovers Cl WS12 211 D3
Glyme Dr WV6 255 F3
Glyn Pl ST6 41 F2
Glyndebourne B79 249 E4
Glynne Ave DY6 275 E3
Glynne Prim Sch DY6 275 E2
Gnosall La TF10 188 B3
Gnosall Rd
Gnosall, Beffcote TF10 170 B1
Gnosall, Knightley Dale ST20 152 A2
Goddard St ST3 283 D4
Godfrey Rd ST2 58 A2
Godley La ST10 75 E3
Godleybarn La ST10 75 F3
Godolphin B79 249 E4
Godsall Gdns WV8 238 C2
Gofton B77 262 A4
Golborn Ave ST3 90 A2
Golborn Cl ST3 90 A2
Gold St ST3 283 B3
Goldcrest B77 262 A3
Goldcrest Way ST8 27 F4
Goldenhill Prim Sch ST6 41 E4
Goldenhill Rd ST4 283 B5
Goldenhill St Joseph's RC Prim Sch ST6 41 E4
Goldfinch View TF9 99 E2
Goldhurst Dr ST10 92 C1
Goldsborough B77 251 D1
Goldsmith Pl Longton ST3 283 D4
Tamworth B79 250 A4
Goldthorn Ave WV4 266 A3
Goldthorn Cres WV4 266 A3
Goldthorn Hill WV2, WV4 266 B3
Goldthorn Park Prim Sch WV4 266 B3
Goldthorn Rd WV2 266 A4
Goldthorne Ave WS11 209 F1
Golf Links Cl ST6 41 E4
Goms Mill Rd ST3 283 A2
Goodfellow St ST6 41 E2
Goodill Cl ST15 119 F3
Goodman St DE14 166 B3
Goodrich Ave WV6 255 D2
Goods Station La ST19 192 C1
Goodson St ST1 282 C3
Goodwick Cl ST4 88 B3
Goodwin Ave ST5 284 B4
Goodwin Rd ST3 74 A1
Goodwood Ave ST10 76 C2
Goodwood Cl
Burton u T DE13 147 E1
Cannock WS12 211 D3
Lichfield WS14 231 E4
Goodwood Pl ST4 88 A4
Goose La WS15 160 C3
Goose St ST5 284 B2
Goosefield Cl TF9 97 D1
Goosemoor Gr ST3 90 A4
Goostry Cl B77 250 B3
Goostry Rd B77 250 B3
Gordale Cl CW12 6 A3
Gordon Ave Cheadle ST10 76 A2
Hanley ST6 57 E4
Stafford ST16 155 E4
Wolv WV4 266 C2
Gordon Cl ST13 30 B2
Gordon Cres ST1 57 E4
Gordon Rd ST6 41 E3
Gordon St Burton u T DE14 166 B2
Chell Heath ST6 42 A1
Newcastle-u-L ST5 55 F2
4 Wolv WV2 266 B4
Gore Rd DY3 271 F4
Gorse Cres TF9 99 E3
Gorse Dr WS12 209 E3
Gorse La Alrewas WS13 215 D4
Astbury CW12 15 E3
Gnosall ST20 152 A4
Lichfield WS14 231 F3
Rugeley WS15 196 C3
Seisdon WV5 269 D3
Gorse Rd WS15 196 C3
Gorse St ST4 72 C2
Gorse Way WS12 210 B4
Gorsebrook Leys ST16 155 D3
Gorseburn Way WS15 178 B1
Gorsemoor Prim Sch WS12 210 B1
Gorsemoor Rd WS12 210 B1
Gorsemoor Way WV11 242 A2
Gorseway WS7 229 D3
Gorsey Bank ST6 42 C3
Gorsey La Cannock WS11 209 E1
Great Wyrley WS6 226 C1
Millmeece ST21 102 C3
Netherseal DE12 219 F4
Norton Canes WS3 227 F1
Gorsley Dale ST17 175 E3
Gorstey Lea WS7 229 E4
Gorsty Bank WS14 231 F4
Gorsty Hayes WV8 238 C2
Gorsty Hill Rd ST10 92 C3
Gorsy Bank Rd B77 261 F3
Gorsy La TF10 150 A2
Gort Rd ST5 55 F2
Gosberryhole La CW12 7 D1
Goscote Ind Est WS3 243 F1
Goscote La WS3 243 F1
Goscote Rd WS3 244 A1
Gosforth Gr ST3 90 B4
Gospel Ash Rd
Bobbington DY7 268 B1
Enville DY7 268 B1
Gospel End Rd
Himley DY3 271 D4
Sedgley DY3 271 D4
Gospel End St DY3 271 E4
Gothersley La DY7 274 B1
Gough Cl ST16 155 E4
Gough Side DE14 166 B1
Gould Firm La WS9 256 C3
Govan Rd ST4 72 C4
Gowan Ave ST6 42 A2
Gower Ave DY6 275 F2
Gower Rd Sedgley DY3 266 A1
Stone ST15 120 A4
Gower St Longton ST3 283 C3
Newcastle-u-L ST5 284 C3
Wolv WV2 266 C4
Gowland Dr WS11 209 D1
Goya Cl WS11 210 B1
Grace St ST13 30 B3
Graffam Gr ST10 76 C2
Grafton Ave ST6 42 A1
Grafton Cty Inf Sch ST3 283 C4
Grafton Gdns DY3 271 D2
Grafton Rd Burton u T DE15 167 D1
Longton ST3 283 C4
Grafton St ST1 282 C3
Graham Cl DE14 185 E4
Graham Rd DY6 275 E2
Graham St ST2 58 A2
Graiseley Hill WV2 266 B4
Graiseley Prim Sch WV2 266 B4
Graiseley Row WV2 266 B4
Granary Cl DY6 275 D4
Granary Rd WV8 239 F1
Granary The WS9 256 A3
Granby Wlk ST4 71 F3
Granchester Cl ST3 90 A3
Grange Ave Aldridge WS9 245 D1
Burntwood WS7 229 D4
Penkridge ST19 207 F4
Sutton Coldfield B75 258 B2
Grange Cl Burton u T DE14 166 A2
Ellenhall ST21 134 A1
Tamworth B77 261 E4
Grange Cres ST19 207 F4
Grange Ct Biddulph ST6 16 B1
Eggington DE65 148 A3
Grange Cty Inf Sch DE14 166 A2
Grange Cty Prim Sch ST3 90 A4
Grange Dr WS11 209 F1
Grange Gdns ST13 30 B2
Grange Hill WS15 197 E1
Grange La
Kingswinford DY6 275 F2
Lichfield WS13 213 F1
Newcastle-u-L ST5 56 B3
Sutton Coldfield B75 258 B2
Grange Rd Biddulph ST6 16 C2
Burntwood WS7 229 D3
Cheddleton ST13 45 E2
Gnosall ST20 151 F3
Meir ST3 90 A3
Norton Canes WS11 228 A3
Penkridge ST19 207 F4
Stone ST15 120 B4
Swadlincote DE11 186 C3
Uttoxeter ST14 111 D1
Wolv, Blakenhall WV2 266 A3
Wolv, Tettenhall WV6 255 E2
Grange St Burslem ST6 57 D3
Burton u T DE14 166 A2
Grange The
Burton u T DE14 166 A2
King's Bromley DE13 199 E3
Longdon WS15 197 E1
Meir ST3 74 A1
Stafford ST18 174 B3
Wombourne WV5 270 A4
Grangefield Cl
Cheddleton ST13 45 E2
Wolv WV8 239 F1
Grangefields ST6 16 C2
Grangewood Ave ST3 89 E3
Grangewood Rd ST3 74 A1
Granstone Cl ST6 42 A4
Grant Cl DY6 275 E4
Grant St ST4 72 B4
Grantham Pl ST2 58 A3
Grantley Cl ST3 73 D1
Grantley Cres DY6 275 E4
Grantown Gr WS3 243 D2
Granville B77 250 C1
Granville Ave Hanley ST1 57 E4
Newcastle-u-L ST5 284 C3
Newport TF10 168 C1
Granville Cl Newport TF10 168 C1
Wolv WV2 266 B4
Granville Dr DY6 275 F3
Granville Rd Bucknall ST2 58 A3
Newport TF10 168 C1
Granville Sq ST15 105 D1
Granville St 5 WV2 266 B4
Granville Terr ST15 105 D1
Granville Vilas TF10 168 C1
Grasmere Ave
Little Aston B74 257 D1
Newcastle-u-L ST5 71 D2
Perton WV6 254 C2
Grasmere Cl
Burton u T DE15 167 D1
Kingswinford DY6 275 D4
Wolv WV6 255 F4
Grasmere Dr DY8 279 F2
Grasmere Pl WS11 209 F3
Grasmere Terr ST6 42 A2
Grassholme B77 262 A4
Grassmere Ct WS6 226 B2
Grassmere Hollow ST16 154 C3
Grassy La WV11 241 D1
Grassygreen La ST7 39 F1
Gratley Croft WS12 209 E2
Gratton La Endon ST9 29 D2
Rudyard ST9 29 D2
Gratton Rd ST2 58 B2
Gravel Hill WV5 270 A3
Gravel La
Huntington WS12 209 E3
Stafford ST17 174 C3
Gravelly Bank ST3 89 F4
Gravelly Dr TF10 168 C1
Gravelly Hill TF9 100 A3
Gravelly La WS9 245 F2
Gray Rd WS12 209 F3
Gray Wlk ST17 174 B4
Gray's Cl ST7 26 A4
Grayling B77 261 E3
Grayling Gr ST6 42 A2
Grayling Willows CW3 68 C3
Grayshott Rd ST6 41 F3
Grayston Ave B77 250 C2
Grazings The DY7 278 B2
Greasley Rd ST2 58 A3
Great Charles St WS8 244 C4
Great Checkhill Rd DY7 274 B2
Great Furlong DE13 201 D1
Great Hales St TF9 97 E1
Great Moor Rd WV6 253 F1
Great Wood Prim Sch ST10 92 C2
Great Wood Rd ST10 92 C2
Great Wyrley High Sch WS6 226 C2
Greatbatch Ave ST4 71 F4
Greatmead B77 250 B1
Greatoak Rd ST7 39 F2
Greaves La DE13 144 C2
Green Acres WV5 269 F3
Green Barns La
Shenstone WS14 258 B4
Weeford WS14 258 B4
Green Brook Ct ST5 56 A2
Green Cl Barlaston ST12 88 B1
Blythe Bridge ST11 90 B4
Pattingham WV6 253 E1
Stone ST15 119 F4
Green Gore La ST17 175 F4
Green Heath Rd WS12 210 A4
Green La Aldridge WS9 256 C3
Ashley TF9 100 B3
Brownhills, High Heath WS9 244 B2
Brownhills, Pelsall WS3 244 A2
Burntwood, Creswell Green WS7 212 B1
Burntwood, Triangle WS7 229 D1
Cannock WS11 226 C3
Clifton DE6 81 F4
Dordon B77, B78 262 B4
Eccleshall ST21 133 F3
Farewell WS13 212 B2
Forsbrook ST11 91 D3
Forton TF10 150 C1
Hamstall Ridware WS15 181 D2
Heaton ST13 18 C1
Kingswinford DY6 275 E4
Marchington ST14 128 A1
Newport TF10 168 C2
Polesworth B77, B78 262 B4
Roston DE6 96 C4
Rugeley WS15 178 B1
Sedgley DY3 271 F3
Stafford ST18 174 B2
Tissington DE6 36 B1
Tutbury DE13 146 B3
Wall WS14 230 B1
Waterhouses DE6 65 D4
Whitgreave ST18 135 F4
Wolv WV6 255 F4
Green Lane Venture Ctr WS11 226 C3
Green Lea Fst Sch ST18 122 B2
Green Mdws WS11 210 B1
Green Meadow Cl WV5 269 F3
Green Oak Rd WV8 239 D1
Green Pk Blythe Bridge ST11 90 C1
Eccleshall ST21 133 F3
Green Rd Stoke-on-T ST4 71 F2
Weston-u-T ST18 138 B1
Green Rock Jun Mix Inf Sch WS3 243 F1
Green Rock La WS3 243 E1
Green Slade Gr WS12 210 B4
Green St Burton u T DE14 166 B1
Stourbridge DY8 279 F3
Green The Aldridge WS9 256 B3
Armitage WS15 198 B3
Barton-u-N DE13 183 E1
Brocton, Milford Common ST17 176 B4
Brocton, Old Acre ST17 176 A2
Burton u T DE13 147 F1
Caverswall ST11 74 B2
Cheadle ST10 76 A1
Chebsey ST21 134 C3
Dordon B78 262 B2
Endon ST6 43 D4
Fazeley B78 249 F1
Kingsley ST10 61 E1

304 Gre – Har

Green The continued
Kingswinford DY8 275 E1
Lawton-gate ST7 25 D2
Newcastle-u-L, Clayton ST5 71 E2
Rugeley WS15 197 D3
Stoke-on-T ST4 71 F4
Tamworth B77 251 D3
Walsall WS3 243 D1
Weston-u-T ST18 138 B1
Whittington WS14 232 C3
Green Way Aldridge WS9 245 D1
Burton u T DE13 166 A4
Uttoxeter ST14 126 A4
Green's La ST2 58 C2
Greenacre Cl B77 251 D3
Greenacre Dr WV8 239 D1
Greenacre The DE6 81 F4
Greenacres Brewood WV9 224 A2
Rugeley WS15 196 C4
Sedgley DY3 266 A1
Wolv WV6 255 D3
Greenacres Ave
Blythe Bridge ST11 90 B4
Essington WV10 241 D1
Greenacres Cl B74 256 C1
Greenacres Dr ST14 111 D1
Greenacres Prim Sch
B77 251 D3
Greenacres Way TF10 168 B2
Greenbank Rd
Chell Heath ST6 42 A2
Newcastle-u-L ST5 56 B2
Greencroft
Kingswinford DY6 275 E2
Lichfield WS13 214 A1
Greendale Dr ST5 40 B1
Greendale La ST10 77 E2
Greendock St ST3 283 B3
Greenfield ST8 27 E3
Greenfield Ave
Armitage WS15 198 A2
Endon ST6 43 E4
Stourbridge DY8 279 F3
Greenfield Cl ST6 43 E4
Greenfield Cres ST10 76 C2
Greenfield Dr ST14 126 A4
Greenfield La WV10 240 C3
Greenfield Pl ST6 43 E4
Greenfield Prim Sch DY8 279 F3
Greenfield Rd
Stafford ST17 175 E3
Tunstall ST6 41 F3
Greenfields
Aldridge WS9 256 A4
Cannock WS11 209 F1
Denstone ST14 95 E3
Gnosall ST20 171 F4
Greenfields Dr WS15 178 B1
Greenfields La TF9 97 D1
Greenfields Rd
Brownhills WS4 244 B1
Endon ST9 43 F4
Hixon ST18 139 E1
Kingswinford DY6 275 F3
Kinver DY7 277 E2
Wombourne WV5 270 A3
Greenfields View DY3 271 D4
Greenfinch Cl ST14 126 B3
Greengate St ST16 155 F2
Greengates St ST6 41 F2
Greenhart B77 251 D2
Greenhead St ST6 56 C4
Greenhill Lichfield WS13 231 E4
Wombourne WV5 270 A3
Greenhill Cl B77 261 E3
Greenhill Ct WV5 270 A3
Greenhill Gdns WV5 270 A3
Greenhill La ST19 205 E4
Greenhill Rd
Norton-in-t-M ST6 42 C3
Sedgley DY3 271 F3
Greenhill Way WS9 245 D1
Greenhough Rd WS13 231 D4
Greenland Cl DY6 275 F4
Greenlands WV5 269 F4
Greenlea B77 262 A4
Greenlea Cl ST4 88 B3
Greenleighs DY3 266 B2
Greenly Rd WV4 266 B3
Greenmeadow Gr ST9 43 F3
Greenmeadows Rd CW3 68 C4
Greenmoor Ave ST6 42 A4
Greenock Cl ST5 70 C4
Greens Ind Est WS12 210 B4
Greensforge La DY6, DY7 274 C2
Greenside
Newcastle-u-L ST5 284 A3
Swynnerton ST15 118 C3
Greenside Ave ST9 43 E2
Greenside Cl ST7 41 D4
Greenslade Rd DY3 266 A1
Greensome Cl ST16 155 D2
Greensome Cres ST16 155 D3
Greensome Ct ST16 155 D2
Greensome La ST16 155 D3
Greenvale Cl DE15 185 F4
Greenway Burton u T DE15 167 D2
Eccleshall ST21 133 F3
Fenton ST3 72 C2
Sedgley DY3 266 C1
Stafford ST16 156 A2
Greenway Ave 1
Brierley Hill DY8 275 F1
Chell Heath ST6 42 A1
Stone ST15 120 A3
Greenway Bank
Biddulph ST8 27 E2
Norton-in-t-M ST2 43 E1
Greenway Gdns
Pattingham WV6 253 E1
Sedgley DY3 266 C1
Greenway Hall Rd ST9 43 E2
Greenway Pl ST2 58 A4
Greenway Rd ST6 16 C1
Greenway The
Hagley DY9 281 F3
Newcastle-u-L ST5 56 B2
Pattingham WV6 253 E1
Trentham ST4 87 F4
Greenways Audley ST7 39 F1
Bradnop ST18 174 B3
Kingswinford DY8 275 E1
Penkridge ST19 208 A4
Greenways Dr ST10 76 B2
Greenways Prim Sch ST9 43 E2
Greenwood Ave ST4 71 F1
Greenwood Dr WS14 231 E3
Greenwood Gr ST17 174 B4
Greenwood Pk
Aldridge WS9 245 E1
Cannock WS12 210 A4
Greenwood Rd
Aldridge WS9 245 D1
Burton u T DE15 185 F4
Forsbrook ST11 91 D4
Greenwoods The DY8 279 F3
Gregory La
Norbury ST20 150 B3
Woodseaves ST20 150 B3
Gregory Rd DY8 279 E3
Gregory St ST3 283 B3
Gregson Cl 5 ST3 73 D2
Greig Ct WS11 210 B1
Grenadier Cl ST4 88 B2
Grendon Gdns WV4 265 E3
Grendon Gn ST2 58 B1
Grenfell Rd WS3 243 E2
Grenville Cl ST14 110 C1
Grenville Rd DY1 271 F1
Grenville St ST1 282 C4
Gresham Rd WS11 209 F2
Gresley B77 250 C1
Gresley Cl B74 258 A2
Gresley Row WS13 231 E4
Gresley Way ST7 39 F1
Gresley Wood Rd DE11 186 C1
Gresty St ST4 72 A4
Gretton Ave DE13 147 F1
Greville Cl ST19 207 F4
Grey Friars ST16 155 E3
Grey Friars' Pl ST16 155 E2
Grey Friars Way ST16 155 E3
Greyfriars Cl DY1 271 F2
Greyfriars Rd ST2 58 A3
Greyhound La
Lower Penn WV4 264 C3
Stourbridge DY8 279 E1
Greyhound Way ST1 57 D3
Greylarch La ST17 175 E4
Greysan Ave ST7 41 F4
Greysbrooke WS14 247 D3
Greysbrooke Cty Prim Sch
WS14 247 D3
Greystoke Dr DY6 275 E3
Greyswood Rd ST4 71 F2
Grice Rd ST4 71 F4
Griffin Cl
Burntwood WS7 228 C4
Norton in H TF9 82 B1
Griffin St ST3 283 B3
Griffiths Dr Wolv WV11 242 A1
Wombourne WV5 270 A3
Griffiths Rd WV12 242 B1
Griffiths Way ST15 120 B3
Grimley Way WS11 209 F2
Grindcobbe Gr WS15 178 B2
Grindley Bank ST18 140 C3
Grindley La ST3 90 A3
Grindley Pl ST4 71 F3
Grindsbrook B77 262 A4
Grisedale Cl ST3 90 A4
Grissom Cl ST16 156 A3
Gristhorpe Way ST2 58 B1
Gritton St ST6 41 E1
Grocott Cl ST19 192 C1
Grosvenor Ave
Aldridge B74 256 C1
Stoke-on-T ST4 71 F2
Grosvenor Cl Endon ST9 43 F4
Lichfield WS14 231 E3
Penkridge ST19 192 C1
Sutton Coldfield B75 258 B1
Grosvenor Cres WV10 240 B1
Grosvenor Gdns ST5 284 C2
Grosvenor Pk WV4 265 F3
Grosvenor Pl
Newcastle-u-L ST5 56 B3
Tunstall ST6 41 E2
Grosvenor Rd
Market Drayton TF9 97 E1
Meir ST3 73 F1
Newcastle-u-L ST5 284 C2
Sedgley DY1 271 E1
Wolv, Bushbury WV10 240 B1
Wolv, Ettingshall Park DY3 266 C2
Grosvenor St Leek ST13 30 C3
Longton ST3 283 B3
Grosvenor Way ST17 175 F3
Grotto La WV6 255 F3
Grotto Rd TF10 112 A4
Grounds Dr B74 257 F2
Grounds Rd B74 257 F2
Groundslow Hospl ST12 103 F4
Grove Ave Fenton ST4 72 C2
Kidsgrove ST7 25 F1
Lawton-gate ST7 25 D2
Grove Cl WS11 227 F3
Grove Comp Sch TF9 97 E1
Grove Cres
Brownhills WS3 243 F2
Woore CW3 83 E4
Grove Cty Prim Sch The
ST17 174 B4
Grove Gdns TF9 97 E1
Grove Jun Sch WV2 266 C4
Grove La Doveridge DE6 127 F4
Norton Canes WS3 227 F1
Wolv WV6 255 D1
Grove Mid Sch ST1 57 E3
Grove Park Ave ST7 25 D2
Grove Pk DY6 275 E4
Grove Pl ST1 282 A1
Grove Rd Fenton ST4 72 B2
Stone ST15 119 F4
Grove St Burslem ST6 57 D3
Leek ST13 30 B3
Newcastle-u-L ST5 55 F2
Wolv WV2 266 B4
Grove The
Blythe Bridge ST11 90 C3
Burntwood WS7 228 B4
Chell Heath ST6 42 A1
Lawton-gate ST7 25 D2
Little Aston B74 257 E3
Newcastle-u-L ST5 71 D3
Stone ST15 120 B2
Wolv WV4 266 C3
Grovebank Rd ST4 71 F2
Grovelands Cres WV10 240 B2
Groveside Way WS3 244 A3
Grub St Norbury ST20 151 D3
Woodseaves ST20 151 D3
Grunmore Dr DE13 147 F1
Guernsey Cl CW12 6 A1
Guernsey Dr ST5 70 C2
Guernsey Wlk 2 ST3 73 D2
Guild La TF10 169 F4
Guild St DE14 166 B2
Guildford St ST4 72 B4
Guinevere Ave DE13 147 F1
Gullet The B78 251 F1
Gun Battery La ST8 28 A4
Gunby Hill DE12 219 F4
Gungate B79 250 A3
Gunn St ST8 27 E4
Gunnel Cl ST16 155 E1
Gunstone La WV8 238 C3
Gurnard B77 261 E3
Gurnard Cl WV11 242 A1
Guthrum Cl WV6 254 C1
Guy St ST2 58 A2
Guy's La DY5 271 D1
Guys Cl B79 249 F4
Gwendoline Way WS9 245 D2
Gwenys Cres ST3 72 C2
Gwyn Ave ST8 27 E3
Gypsum Way DE6 144 B3

Hackett Cl Longton ST3 283 D4
Wolv WV14 266 C1
Hackford Rd WV4 266 C2
Hackwood Cl ST12 88 C2
Hadden Cl ST9 59 D1
Haddon Gr ST5 55 F3
Haddon La ST5 85 F1
Haddon Pl Bucknall ST2 58 B3
Stone ST15 120 B4
Haden Cl DY8 275 E1
Hadfield Gn ST6 42 B1
Hadleigh Cl ST5 71 D1
Hadleigh Rd ST2 58 A3
Hadley Park Gdns WS15 196 B4
Hadley St DE13 181 F2
Hadrian Way ST5 55 E3
Hadrians Cl B77 261 E4
Haggar St WV2 266 B3
Hagley Dr WS15 178 B1
Hagley Park Cty High Sch
WS15 196 B4
Hagley RC High Sch DY8 281 F3
Hagley Rd WS15 178 B1
Haig Cl WS11 210 A3
Haig Rd ST13 31 D4
Haig St ST3 73 E1
Haigh Cl ST13 45 E3
Hailes Park Cl WV2 266 C3
Hailsham Cl ST6 41 F3
Hainult Cl DY8 275 E2
Halcyon Ct DE14 166 A2
Halcyon Way DE14 166 A2
Haldale B77 251 E1
Hales Hall Rd ST10 76 C2
Hales Pl ST3 283 C1
Halesworth Cres ST5 71 D1
Halesworth Rd WV9 239 F1
Halford Ave ST1 57 E4
Halford St B79 250 A3
Halfpenny Green Airport
DY7 268 B1
Halfshire La DY10 281 D1
Halfway Pl ST5 55 F1
Halifax Cl ST3 90 B4
Halifax Rd WV7 220 C1
Haling Cl ST19 207 F4
Haling Rd ST19 192 C1
Hall Ave ST13 31 D4
Hall Bank SK17 24 C3
Hall Cl Pattingham WV6 253 E1
Stafford ST17 175 D4
Hall Dr Enville DY7 273 E1
Meir ST3 74 A2
Hall End Cl WV6 253 E1
Hall End La WV6 253 E1
Hall Farm Cres ST18 137 F2
Hall Gdns ST14 127 F1
Hall Green Ave DE13 147 F1
Hall Hill Dr ST2 73 E4
Hall La
Brownhills WS3 243 F2
Burntwood WS7 229 F2
Doveridge DE6 127 D4
Great Wyrley WS6 227 D2
Hilderstone ST15 106 C2
Swynnerton ST15 103 E2
Wolv DY3, WV14 266 C1
Hall Meadow WS11 226 A3
Hall Orch Cheadle ST10 76 B2
Uttoxeter ST14 125 D4
Hall Pl ST5 56 B3
Hall Rd Armitage WS15 198 B3
Marchington ST14 127 F1
Rolleston DE13 146 C2
Uttoxeter ST14 126 A4
Hall St Audley ST7 39 E1
Burslem ST6 56 C4
Newcastle-u-L ST5 284 B3
Sedgley DY3 271 E4
Hall Yd ST10 92 C2
Hallahan Cl ST15 120 B3
Hallahan Gr ST4 72 A4
Hallam Rd ST14 110 C1
Hallam St ST4 72 B3
Hallams Row DE14 166 B2
Hallbridge Cl WS3 243 F1
Hallcourt Cl WS11 226 C4
Hallcourt Cres WS11 226 C4
Hallcourt La WS11 226 C4
Hallcroft Cl TF10 168 C2
Hallcroft Gdns TF10 168 C2
Hallcroft Way WS9 256 B3
Halldearn Ave ST11 74 B2
Hallfarm Cl ST19 223 E3
Hallfarm Rd ST19 223 E3
Hallfield Gr ST6 41 F3
Hallfields Rd
Swadlincote, Newhall DE11 186 C2
Swadlincote, Stanton DE11 186 B2
Hallhill La WS15 161 D3
Halls Rd Biddulph ST6 16 B1
Mow Cop ST7 26 B4
Halston Rd WS7 229 D4
Halton Gn ST3 88 C4
Haltonlea B77 262 A4
Ham La DY6 270 C1
Hamble B77 250 B1
Hamble Gr WV6 254 C2
Hamble Rd WV4 265 E3
Hamble Way ST2 58 B1
Hambledon Cl WV9 240 A1
Hambleton Pl ST8 27 D3
Hambridge Cl ST17 174 B4
Hambro Pl ST6 42 A4
Hamelin St WS11 209 F2
Hames La B79 236 B2
Hamil Dr ST13 30 B3
Hamil Rd Burslem ST6 42 A1
Chell Heath ST6 42 A1
Hamilton Ave DY8 279 E3
Hamilton Cl
Cannock WS12 210 C2
Kingswinford DY8 275 E1
Sedgley DY3 271 E4
Hamilton Ct ST5 71 E1
Hamilton Dr DY8 275 E1
Hamilton Fields DE15 167 D1
Hamilton Gdns WV10 240 C2
Hamilton Inf Sch ST1 57 E3
Hamilton Lea WS11 228 A3
Hamilton Rd
Burton u T DE15 167 D1
Longton ST3 283 D2
Hamilton Rise ST2 43 D1
Hamilton St Fenton ST4 72 B3
Walsall WS3 243 E1
Hamlet The WS11 227 F3
Hamlett Pl ST6 42 C2
Hammersley Hayes Rd
ST10 76 C3
Hammersley St ST1 57 F3
Hammerton Ave ST2 57 F1
Hammerwich La WS7 229 F2
Hammerwich Rd WS7 229 E3
Hammond Ave ST6 43 D4
Hammond Rd ST5 55 F4
Hammonds Cl ST18 158 B4
Hammoon Gr ST2 58 A1
Hamner Gn ST2 73 E4
Hamps Cl WS7 229 E4
Hamps Valley Rd ST10 48 C1
Hampshire Cl
Endon ST9 43 F4
Tamworth B78 250 A1
Hampstead Gr ST4 88 B4
Hampton Cl
Newport TF10 169 D2
Tamworth B79 250 B4
Hampton Dr TF10 169 D2
Hampton Gn WS11 226 C4
Hampton Gr
Brownhills WS3 244 A2
Kinver DY7 278 B2
Hampton Rd WV10 240 A1
Hampton St
Cannock WS11 226 B4
Hanley ST1 282 C1
Hams Cl ST8 27 E4
Hanbridge Ave ST5 56 A4
Hanbury Cres WV4 265 F3
Hanbury Hill DE13 145 D3
Hanbury Rd
Brownhills WS8 228 C1
Norton Canes WS11 227 F3
Tamworth B77 250 C2
Hanbury's Farm Prim Sch
B77 250 B1
Hanch Hall WS15 213 F4
Hanchurch La ST4 87 D4
Hancock St ST4 72 B4
Hand La TF11 187 E1
Hand St ST6 41 F1
Handel Ct WS11 210 B1
Handel Gr ST1 58 A3
Handel Wlk WS13 214 B1
Handley Banks ST11 74 C2
Handley Dr ST8 27 D1
Handley St ST8 27 D1
Handsacre Cl DE11 186 C2
Handsacre Cres WS15 198 B2
Handsacre Rd ST3 283 D5
Hangmans La B79 236 A1
Hankin Heys La TF9 82 A4
Hanley Mall ST1 282 B3
Hanley Rd
Chell Heath ST6, ST1 57 E4
Hanley ST6, ST1 57 E4
Hanlith B77 262 A4
Hannaford Way WS11 209 F1
Hanney Hay Rd WS7 229 D2
Hanover Ct
Newcastle-u-L ST5 284 C3
Tamworth B79 249 F4
Wolv WV6 255 E2
Hanover Pl WS11 209 F1
Hanover St Hanley ST1 282 B3
Newcastle-u-L ST5 284 C3
Hanyards La ST18 157 D3
Harald Cl WV6 254 C3
Harber St ST3 283 C3
Harbin Rd DE12 184 B1
Harborough Dr WS9 256 A3
Harbourne Cres ST10 76 C2
Harbourne Rd ST10 76 C2
Harbury St DE13 166 A3
Harcourt Ave ST3 73 F1
Harcourt Dr
Newport TF10 169 D2
Sedgley DY1 271 E1
Sutton Coldfield B74 257 F2
Harcourt Rd DE14 184 C4
Harcourt St ST1 282 A1
Harcourt Way ST16 155 D4
Hardewick Cl ST9 59 D2
Hardie Ave WS15 196 C4
Hardie Gn WS11 209 F2
Hardince St ST4 72 B3
Harding Rd ST1 282 B1
Harding Terr ST4 72 A3
Hardingswood Rd ST7 25 F1
Hardington Cl ST13 30 C2
Hardnam St ST2 43 D1
Hardon Rd WV4 266 C3
Hardwick Rd B74 257 D1
Hardy Cl Barton-u-N DE13 201 F4
Cheadle ST10 76 B1
Hardy Rd ST17 174 A4
Hardy Sq WV2 266 C3
Hardy St ST6 41 E2
Harebell B77 251 D2
Harebell Cl Cannock WS12 210 B1
Featherstone WV10 241 D4
Harebell Gr ST7 26 C1
Harecastle Ave ST7 25 F1
Haregate Rd ST13 31 D4
Haregate Terr ST13 31 D4
Harehedge La DE13 166 A4
Hareshaw Gr ST6 42 A4
Harewell Dr B75 258 B1
Harewood Cl ST10 76 B2
Harewood Est ST10 76 B3
Harewood St ST6 41 E1
Hargreave Cl ST3 90 B4
Hargreaves La ST17 155 E1
Harington Dr ST3 73 F3
Harland Cl ST18 177 E4
Harland Rd B74 258 A2
Harlaxton St DE13 166 A3
Harlech Ave ST3 73 F1
Harlech Dr ST8 27 E3
Harlech Way
Burton u T DE13 166 B4
Sedgley DY1 271 F1
Harlequin Dr ST6 42 B1
Harley Cl Brownhills WS8 245 D3
Rugeley WS15 196 C3
Harley La
Abbots Bromley WS15 160 C4
Swynnerton ST4 87 E1
Harley St ST1 282 C2
Harley Thorn La ST4 87 D2
Harmon Rd DY8 279 E3
Harmony Gn ST17 174 A4
Harney Ct WS15 178 B2
Harold St ST6 42 B1
Harper Ave
Burton u T DE13 166 B4
Newcastle-u-L ST5 56 A2
Harper Ct DE13 166 B4
Harper St ST6 56 C4
Harpfield Rd ST4 71 F3
Harplow La ST10 76 A1
Harptree Wlk ST4 71 F1
Harrier Cl ST3 90 A3
Harrietts Hayes Rd WV8 237 F3
Harringay Dr DY8 279 F2
Harris Rd ST16 156 A2
Harris St ST4 72 A4
Harriseahead La ST7 26 B2

Har – Hig 305

Harrison Cl Audley ST7 54 B4
Branston DE14 185 D4
Great Wyrley WS6 226 B1
Walsall WS3 243 E1
Harrison Rd
Brownhills WS4 244 B1
Cannock WS11 226 C4
Norton-in-t-M ST6 42 C2
Sutton Coldfield B74 257 F3
Harrison St
Newcastle-u-L ST5 284 C2
Walsall WS3 243 E1
Harrison Way ST13 45 E3
Harrisons La ST19 207 F1
Harrogate Gr ST5 54 C1
Harrop St ST1 57 E3
Harrop Way DY8 279 F4
Harrots La SK17 24 B3
Harrow Dr DE14 185 E4
Harrow Pl ST15 120 B4
Harrow Rd DY6 270 B1
Harrowby Dr ST5 70 C2
Harrowby Rd Meir ST3 90 A4
Wolv WV10 240 B1
Harrowby St ST16 156 A2
Hart Ct ST5 284 B3
Harthill Rd WV4 265 E2
Hartill St ST4 72 B4
Hartington CE Prim Sch SK17 24 B3
Hartington St Leek ST13 30 C3
Newcastle-u-L ST5 56 A3
Hartland Ave
Chell Heath ST6 42 B2
Stafford ST17 175 F4
Hartlands Rd ST21 133 F4
Hartlebury Cl WS11 210 B1
Hartley Dr WS9 256 A2
Hartleyburn B77 262 A4
Hartopp Rd B74 257 F1
Hartsbourne Way ST17 175 E4
Hartshill Rd ST4 71 F4
Hartslade WS14 231 F3
Hartwell Gr ST16 155 D3
Hartwell La Barlaston ST12 89 E1
Great Wyrley WS6 227 D2
Hartwell Rd ST3 90 A4
Harvard Cl DY1 271 F2
Harvest Cl DY3 271 F3
Harvester Way DY6 275 D4
Harvesters Cl B74 256 C1
Harvesters Wlk WV8 239 F1
Harvey Dr B75 258 B1
Harvey Pl ST14 111 D1
Harvey Rd Alrewas WS13 215 E3
Armitage WS15 198 B2
Branston DE14 185 D4
Congleton CW12 6 A3
Meir ST3 74 A1
Harvine Wlk DY8 279 F2
Harwell Cl B79 250 B4
Harwin Cl WV6 255 F4
Harwood Ave DE14 184 C4
Harwood Rd WS13 214 A2
Haslemere Ave ST2 43 D1
Hassall St ST1 282 C2
Hassam Ave ST5 284 A4
Hassam Par ST5 56 A3
Hassell Prim Sch ST5 284 C2
Hassell St ST5 284 C3
Haste Hill La ST10 61 F1
Hastings Cl B77 261 F3
Hastings Ct DY1 271 F1
Hatch Heath Cl WV5 269 F4
Hatch La TF11 203 E2
Hatchett La B79 217 E3
Hateley Dr WV4 266 C2
Hatfield Cres ST3 88 C4
Hathaway Rd B74 258 A2
Hathersage Cl ST3 73 E3
Hatherton Cl ST5 40 B1
Hatherton Croft WS11 209 E1
Hatherton Gdns WV10 240 C1
Hatherton Pl WS9 256 A4
Hatherton Rd
Cannock WS11 209 E1
Penkridge ST19 192 C1
Hatherton St
Cheslyn Hay WS6 226 B1
Stafford ST16 156 A2
Hatrell St ST5 284 C2
Hatton Rd Cannock WS11 209 D1
Wolv WV3 255 F2
Hatton Waterworks Cotts ST21 102 B4
Hattons Gr WV8 239 D1
Haughton CE Prim Sch ST18 172 C3
Havana La CW12 6 A3
Havannah Cty Prim Sch CW12 6 A3
Havefield Ave WS14 231 F4
Havelet Dr ST5 70 C2
Havelock Ave WV3 265 F4
Havelock Gr ST8 27 E4
Havelock Pl ST1 282 A1
Haven Ave ST6 57 E4
Haven Cres ST9 59 D2
Haven Gr ST5 56 B4
Haven The
Kingswinford DY8 275 E1
Wolv WV2 266 B4
Havergal CE Prim Sch The WV10 225 E1
Havergal Wlk ST3 283 C5
Haverhill Cl WS3 243 D2
Havisham Ct TF10 168 C2
Hawcroft WS15 197 F1
Hawes St ST6 41 E2
Haweswater Dr DY6 275 E3
Hawfield La
Burton u T DE15 167 E2
Newton Solney DE15 167 F2
Hawfinch B77 262 A3
Hawfinch Rd ST10 76 C2
Hawk Cl ST3 90 A4
Hawk's Dr DE15 167 E2
Hawke Rd ST16 155 E4
Hawkesford Cl B74 258 A1
Hawkesmoor Dr
Lichfield WS14 231 E4
Perton WV6 254 B3
Hawkesmore Dr ST18 177 E4
Hawkestone Cl ST5 284 C1
Hawkesville Dr WS11 209 F1
Hawkins Cl WS13 214 A1
Hawkins Dr WS11 226 B2
Hawkins La
Burton u T DE14 166 C3
Fradswell ST18 122 C1
Hawkins St ST4 72 B3
Hawks Cl WS6 226 B1
Hawks Green La WS11 210 A1
Hawksdale Cl ST3 90 A4
Hawkside B77 262 A4
Hawksley Dr DE13 147 D2
Hawksmoor Rd ST17 174 C4
Hawkstone Ave TF10 168 C1
Hawkstone Ct WV6 254 B3
Hawkswell Ave WV5 270 A3
Hawksworth B77 250 C1
Hawksworth Ave ST13 30 B2
Hawksworth Cl ST13 30 B2
Hawkyard Ct WS11 210 A2
Hawley Cl ST15 120 B3
Haworth Ave CW12 6 A3
Hawthorn Ave
Great Wyrley WS6 227 D1
Netherseal DE12 219 F4
Stone ST15 119 F3
Hawthorn Cl
Denstone ST14 95 F3
Gnosall ST20 171 F4
Lichfield WS14 231 E4
Seighford ST18 135 D1
Hawthorn Cres DE15 185 F4
Hawthorn Gdns ST7 40 B4
Hawthorn Pl ST3 89 F4
Hawthorn Rd
Aldridge B74 257 D1
Brownhills WS4 244 A1
Newcastle-u-L ST5 40 C1
Hawthorn Rise DE11 186 C4
Hawthorn St ST6 57 D3
Hawthorn Way
Kinver DY7 278 A2
Market Drayton TF9 97 E1
Rugeley WS15 178 B1
Stafford ST17 156 A1
Hawthornden Ave ST14 126 A4
Hawthornden Cl ST14 126 A4
Hawthornden Gdns ST14 125 F4
Hawthornden Manor Mews ST14 126 A4
Hawthorne Ave Audley ST7 39 F1
Stoke-on-T ST4 71 F3
Tamworth B79 250 A4
Hawthorne Cl
Haughton ST18 172 C3
Upper Tean ST10 92 C2
Hawthorne Cres WS7 229 D3
Hawthorne Dr ST19 205 E3
Hawthorne Gr DY3 271 E1
Hawthorne La WV8 238 C1
Hawthorne Rd
Cannock WS12 210 C2
Cheslyn Hay WS11 226 C2
Essington WV11 242 A2
Huntington WS12 209 E4
Wheaton Aston ST19 205 E3
Wolv WV2 266 B3
Hawthorne Terr ST13 30 C3
Hawthorns The ST5 69 F4
Hay Barns The ST15 103 D2
Hay End La WS13 215 E4
Hay La Ellastone DE6 79 F2
Foston DE65 129 F3
Longdon WS15 213 D4
Haybarn The ST16 155 F4
Haybridge Ave DY8 281 F3
Haybridge High Sch DY8 281 F3
Haycroft Dr B74 258 A2
Haydock Cl ST10 76 C3
Haydon Ct ST4 56 C1
Haydon St ST4 56 C1
Hayes Cl ST13 30 C3
Hayes Meadow Prim Sch WS15 198 B2
Hayes St ST6 42 B1
Hayes View WS13 213 F1
Hayes View Dr WS11 226 C2
Hayes Way WS12 210 B1
Hayeswood La ST7 54 C3
Hayfield Cres ST4 72 C4
Hayfield Hill WS15 211 F2
Hayfield Rd ST5 55 D1
Hayhead Cl ST7 26 A1
Hayle B77 250 B1
Hayling Gr WV2 266 A3
Hayling Pl ST3 72 C2
Haymarket ST6 41 E2
Haymarket The WV8 239 F1
Haymoor WS14 231 F4
Hayner Gr ST3 74 A2
Hayrick Dr DY6 275 D4
Hays La ST10 48 C2
Haywain Cl WV9 239 F1
Haywards Cl WS3 243 F2
Haywood Dr WV6 255 E2
Haywood Grange ST18 177 E4
Haywood High Sch ST6 42 A1
Haywood Hts ST18 177 E4
Haywood La TF9 113 E1
Haywood Rd ST6 42 A1
Haywood St Leek ST13 30 C3
Stoke-on-T ST4 57 D1
Hayworth Cl B79 249 F4
Hayworth Rd WS13 214 B1
Hazel Cl Kidsgrove ST7 26 A2
Stoke-on-T ST4 71 F3
Uttoxeter ST14 126 A3
Hazel Dr Armitage WS15 198 A2
Cannock WS12 211 D3
Hazel Gdns WV8 239 D2
Hazel Gr Alsager ST7 25 D2
Biddulph ST8 17 D1
Leek ST13 30 B2
Lichfield WS14 231 E4
2 Meir ST3 73 F1
Stafford ST16 155 E4
Stourbridge DY8 279 E2
Wombourne WV5 270 A4
Hazel La WS6 227 D1
Hazel Rd Kingswinford DY6 275 F3
Newcastle-u-L ST5 55 E4
Wolv WV3 265 F4
Hazel Slade Prim Sch WS12 211 D3
Hazeldene ST18 158 B1
Hazeldene Rd ST4 88 B4
Hazelgarth B77 262 A4
Hazelhurst Dr ST13 45 E2
Hazelhurst Rd ST6 41 F3
Hazelhurst St ST1 282 C1
Hazelmere Dr WS7 228 C2
Hazelton Gn ST17 174 B3
Hazelwood Cl
Cheslyn Hay WS6 226 B1
Hanley ST6 57 E3
Hazelwood Gr WS11 226 B4
Hazelwood Rd
Aldridge B74 256 B1
Burton u T DE15 185 F3
Endon ST9 43 F3
Hazlemere Dr B74 258 A1
Hazlemere Gr WS11 226 A4
Hazlescross Rd ST10 61 E2
Hazlewood Gr WS11 226 B4
Hazlewood Rd DY1 271 F3
Hazlitt Way ST3 73 F3
Headborough Wlk WS9 245 D1
Headland Dr WV3 255 D1
Headland Way ST10 78 C1
Headlands The B74 257 E2
Heakley Ave ST6 42 C2
Healey B77 250 C1
Healey Ave ST8 27 D3
Heanor Pl ST3 283 A3
Heantun Row WV11 242 A1
Hearn Ct ST17 174 B4
Hearthcote Rd DE11 186 C2
Heath Ave Cheddleton ST9 59 F2
Newcastle-u-L ST5 56 B2
Whittington WS14 232 B2
Heath Cl WS14 245 F3
Heath Croft Rd B75 258 B1
Heath Cross ST14 126 A4
Heath Dr
Kidderminster DY10 280 A1
Stafford ST16 155 D4
Heath Farm Rd
Codsall WV8 239 D1
Stourbridge DY8 279 F2
Heath Gap WS13 215 E4
Heath Gap Rd WS11 209 F2
Heath Gdns ST15 119 F3
Heath Gn DY1 271 F3
Heath Gr Ashley TF9 99 F2
Blythe Bridge ST3 90 A3
Codsall WV8 239 D2
Heath Hayes Prim Sch WS12 210 C1
Heath Hill TF11 187 E1
Heath Hill Rd WV6 254 C1
Heath House Dr WV5 269 E3
Heath House La
Bucknall ST2 58 A2
Codsall WV8 238 C1
Hanley ST2 58 A2
Upper Tean SE10 93 D2
Heath La Admaston WS15 140 B1
Stourbridge DY8 279 F2
Heath Mill Cl WV5 269 E2
Heath Mill Rd WV5 269 E2
Heath Pl ST5 56 B2
Heath Rd Burton u T DE15 185 F4
Gnosall TF10 188 C4
Rugeley WS15 196 C3
Uttoxeter ST14 111 D1
Walsall WV12 242 B1
Whitmore ST5 85 E4
Heath Row CW3 69 D4
Heath St Biddulph ST8 27 E4
Cannock WS12 210 A4
Newcastle-u-L ST5 284 B3
Newcastle-u-L,
Broad Meadow ST5 55 F3
Stourbridge DY8 279 F2
Tamworth B79 250 B3
Tunstall ST6 41 E4
Heath Top TF9 99 F2
Heath Way Cannock WS11 210 A1
Hatton DE65 146 B4
Heath's Pas ST3 283 D3
Heathbank Dr WS12 209 E3
Heathbrook Ave DY6 275 D4
Heathcote Ave TF9 99 F2
Heathcote Ct **10** ST3 73 E3
Heathcote Prim Sch ST7 54 C3
Heathcote Rd Audley ST7 54 C4
Longton ST3 283 B3
Heathcote Rise ST3 74 A3
Heathcote St
Fenton ST3, ST4 73 E3
Kidsgrove ST7 26 A1
Longton ST3, ST4 73 E3
Newcastle-u-L ST5 55 F4
Heathdene Cl ST3 283 B4
Heather Cl Brocton ST17 176 B2
Caverswall ST9 59 D2
Rugeley WS15 196 C3
Seighford ST18 135 E1
Heather Cres ST3 90 A2
Heather Dr
Huntington WS12 209 E3
Kinver DY7 277 F2
Heather Glade CW3 68 B4
Heather Hill ST17 176 B2
Heather Hills ST9 43 E3
Heather Mews WS12 210 A4
Heather Rd WS12 210 A4
Heather Valley WS12 210 B3
Heatherlands Cl ST3 89 F3
Heatherleigh Gr ST1 57 F3
Heathfield Ave ST15 120 A4
Heathfield Ct ST6 41 E4
Heathfield Dr
Newcastle-u-L ST5 40 B1
Walsall WS3 243 D1
Heathfield Gdns DY8 279 F2
Heathfield Gr ST3 89 F3
Heathfield Rd
Chell Heath ST6 42 B3
Sutton Coldfield B74 257 F2
Uttoxeter ST14 126 A4
Heathfield Specl Sch ST6 42 B3
Heathfields Inf Sch B77 261 F3
Heathland Cl WS12 210 B1
Heathlands WV5 269 E3
Heathlands Cl DY6 275 F4
Heathlands Dr ST14 111 D1
Heathley La B78 260 C3
Heathmill Ent Ctr DY3 269 E2
Heathside Dr WS3 244 A2
Heathside La ST6 41 E4
Heathview ST13 45 F4
Heathway Colton WS15 179 D4
Gnosall ST20 171 E3
Heathwood Rd TF10 168 C1
Heatley Back La WS15 141 E2
Heatley La WS15 141 E1
Heaton Cl WV10 240 C3
Heaton Terr ST5 56 A3
Hebden B77 262 A4
Hebden Gr WV11 242 A1
Heber St ST3 283 C4
Hedgerow Cl WS12 209 F4
Hedgerow Dr DY6 270 B1
Hedgerow Wlk WV8 239 F1
Hedges The WV5 269 F3
Hedging La B77 261 F3
Hedging Lane Ind Est B77 261 F3
Hedley Pl ST5 70 C4
Hednesford Rd
Brownhills WS8 228 B1
Cannock, Blackfords WS11 209 F1
Cannock, Little Hayes WS12 210 C1
Norton Canes WS11 227 F3
Rugeley WS15 196 B4
Hednesford St WS11 209 F1
Hednesford Sta WS12 210 A3
Heenan Gr Lichfield WS13 213 F1
Stafford ST17 174 C3
Heighley Castle Way CW3 68 C4
Heighley La CW3 53 F2
Heights The ST13 30 A1
Helen Sharman Dr ST16 156 A3
Helford Gr ST17 174 A4
Hellier Rd WV10 240 C1
Helmingham B79 249 E4
Helston Ave ST3 73 F2
Helston Cl
Kingswinford DY8 275 E1
Tamworth B79 250 B4
Heming Pl ST2 58 A2
Hemingway Rd ST3 73 E2
Hemlock Rd ST3 283 D4
Hemlock Way WS11 210 A2
Hemmings Cl DY8 279 F3
Hempbutts The ST15 120 A4
Hempits Gr ST17 175 D1
Hemplands Rd DY8 279 F3
Hempstalls Ct ST5 284 B4
Hempstalls Gr ST5 56 A2
Hempstalls La ST5 284 C4
Hempstalls Prim Sch ST5 56 A2
Hemsby Way ST5 71 D1
Hen La ST10 108 B3
Hencroft ST13 30 C3
Henderson Cl WS14 231 E4
Henderson Gr ST3 74 A1
Hendon Cl DY3 271 E1
Henhurst Hill DE13 165 E2
Henhurst Ridge DE13 165 E2
Henley Ave ST8 27 D3
Henley Cl Barlaston ST12 88 C2
Burntwood WS7 229 D3
Tamworth B79 250 A3
Walsall WS3 243 F1
Henley Dr Newport TF10 169 D2
Sutton Coldfield B74 258 A2
Henley Grange WS15 178 A1
Henley Rd WV10 240 A1
Henney Cl ST19 207 F4
Henry Chadwick Prim Sch The WS15 198 A4
Henry Prince CE Fst Sch The DE6 81 E4
Henry St Stafford ST16 155 F3
Tunstall ST6 41 E2
Hensel Dr WV3 265 E4
Henshall Hall Dr CW12 6 A1
Henshall Pl ST6 41 E3
Henshall Rd ST5 55 F4
Henshaw Way ST15 119 D3
Henwood Cl WV6 255 E2
Henwood Rd WV6 255 E2
Hepburn Cl WS9 256 A2
Hepworth Cl WV6 254 C2
Herbert Rd Aldridge WS9 245 D1
Stafford ST17 155 F1
Herbert St
Burton u T DE15 167 D2
Fenton ST4 72 B3
Herbhill Cl WV4 266 B2
Herd St ST6 41 F1
Hereford Ave ST5 71 E2
Hereford Cl WS9 256 A4
Hereford Gr ST2 58 B1
Hereford Rd WS12 210 A2
Hereford Way B78 250 A1
Heritage Ct WS14 231 E3
Heritage Way DE15 167 D1
Herm Cl ST5 70 C2
Hermes Cl ST3 90 B4
Hermes Rd WS13 214 B1
Hermit St DY3 271 E3
Heron Cl CW3 68 C4
Heron Cross Prim Sch ST4 72 B2
Heron Dr WV9 224 A1
Heron Pool Dr ST5 85 E2
Heron St Fenton ST4 72 C3
Rugeley WS15 196 C4
Heron Way TF10 168 C3
Herondale WS12 210 A2
Herondale Cres DY8 279 E2
Herondale Rd DY8 279 E2
Heronry The WV6 254 C1
Herons Cl ST17 175 E4
Herons Gate Rd DY7 277 D2
Heronswood ST17 175 E4
Hertford Gr ST5 71 E2
Hertford St ST4 72 C2
Hesketh Ave ST6 42 B3
Hesketh Rd ST17 174 C3
Heskin Way ST6 42 A3
Hesleden B77 262 A4
Hester Cl ST3 73 E3
Hethersett Wlk ST2 58 B1
Hever Cl DY1 271 F2
Hewell Cl DY6 270 B1
Hewitt Cl WS13 214 A1
Hewitt Cres ST9 59 D2
Hewitt St ST6 41 F3
Hewston Croft WS12 210 B2
Hexham Way DY1 271 F1
Hextall La ST18 153 E3
Heybridge Cl ST10 92 C1
Heyburn Cres ST6 56 C4
Heygate Way WS9 245 D1
Heysham Cl ST3 74 A2
Hick St ST5 284 B2
Hickman St ST5 284 B3
Hickmerelands La DY3 266 B1
Hickory Ct WS11 210 B1
Hidden Hills CW3 68 C4
Hide La SK17 24 C4
Hide St ST4 72 A4
Higgins Rd DE11 186 C3
Higgs Rd WV11 242 A1
High Arcal Dr DY3 271 F4
High Arcal Rd DY3 270 C2
High Arcal Sch DY3 271 F3
High Bank WS11 226 C4
High Bank Pl ST6 42 A1
High Bank Rd DE15 167 D2
High Chase Rise ST18 177 E4
High Croft WS9 245 D1
High Croft Cres WS14 231 E4
High Cross SK17 24 C3
High Falls WS15 196 C4
High Gn ST19 223 E3
High Grange
Cannock WS11 210 A3
Lichfield WS13 213 F1
High Grn WS11 209 E1
High Hill WV11 242 A1
High Holborn DY3 271 E4
High House La WV7 237 E2
High La Audley ST5 55 D3
Chell Heath ST6 42 A2
Endon ST6 43 D3
Leek ST13 45 F4
Newcastle-u-L ST5 55 D3
High Land Rd WS9 245 D2
High Lowe Ave CW12 6 A2
High Lows La ST15 118 C3
High Mdws Newport TF10 169 D2
Wolv WV6 255 E2
Wombourne WV5 270 A3
High Meadow
Cannock WS15 211 F3
Norbury ST20 151 D2
High Mount St WS12 210 A3
High Offley Rd ST20 151 E4

306 Hig – Hon

High Park Ave DY8 279 E3
High Park Cl DY3 271 E4
High Park Cres DY3 266 B1
High Path WV6 253 E1
High Pk ST16 155 E1
High St
Abbots Bromley WS15 161 D3
Albrighton WV7 237 D3
Aldridge WS9 256 A3
Alton ST10 78 C1
Audley, Alsagers Bank ST7 54 C3
Audley, Wood Lane ST7 40 A1
Biddulph ST8 27 E4
Brierley Hill DY8 279 F4
Brownhills, Catshill WS8 244 C4
Brownhills, Clayhanger WS8 244 C3
Brownhills, Pelsall WS3 244 A2
Brownhills, Walsall Wood WS9 244 C2
Burntwood, Chase Terrace WS7 211 F1
Burton u T DE14 166 C1
Caverswall ST11 74 C2
Cheadle ST10 76 B2
Cheslyn Hay WS6 226 B1
Cheswardine TF9 130 A4
Church Eaton ST20 190 A4
Claverley WV5 267 E4
Colton WS15 179 D3
Dilhorne ST10 75 E2
Eccleshall ST21 133 F4
Edgmond TF10 168 A2
Gnosall ST20 171 E3
Hixon ST18 158 B4
Ipstones ST10 47 D1
Kidsgrove, Harriseahead ST7 26 B3
Kidsgrove, Newchapel ST7 26 C1
Kidsgrove, Talke ST7 40 B3
Kidsgrove, The Rookery ST7 26 B2
Kingsley ST10 61 F1
Kingswinford DY6 275 F3
Kingswinford, Wall Heath DY6 275 E4
Kingswinford, Wordsley DY8 275 F1
Kinver DY7 278 A2
Leek ST13 30 C3
Longdon WS15 197 F1
Longnor SK17 13 E3
Marchington ST14 127 F1
Market Drayton TF9 97 E1
Mow Cop ST7 26 B4
Newcastle-u-L ST5 284 B2
Newcastle-u-L, Chesterton ST5 55 F4
Newcastle-u-L, Knutton ST5 55 F2
Newcastle-u-L,Silverdale ST5 55 E1
Newcastle-u-L, Wolstanton ST5 56 B3
Newport TF10 168 C2
Norton Canes WS11 228 A3
Pattingham WV6 253 E2
Rocester ST14 95 F2
Sedgley DY3 271 E4
Stone ST15 120 A4
Stourbridge DY8 279 F4
Swadlincote DE11 186 C3
Swindon DY3 269 F1
Tamworth B77 261 E3
Tunstall ST6 41 E2
Tunstall, Goldenhill ST6 41 E4
Tutbury DE13 146 B3
Upper Tean ST10 92 C2
Uttoxeter ST14 126 B4
Walsall WS3 243 D1
Wheaton Aston ST19 205 D3
Wolv WV6 255 E2
Wombourne WV5 270 A4
High St (May Bank) ST5 56 B2
High St (Sandyford) ST6 41 E3
High View
Blythe Bridge ST3 90 A3
Mount Pleasant ST7 26 A3
Wolv DY3 266 C1
High View Rd
Endon ST9 43 F4
Leek ST13 31 D3
High Wood Cl DY6 275 E3
Highbrook Cl WV9 240 A1
Highbury Rd
Caverswall ST9 59 E2
Sutton Coldfield B74 257 E2
Highcliffe Rd B77 261 E4
Highcroft WS3 244 A3
Highcroft Ave DY8 275 E2
Highcroft Dr
Burton u T DE13 165 F2
Sutton Coldfield B74 257 F2
Highcroft Wlk ST6 42 A1
Higher Ash Rd ST7 40 B4
Higher Woodcroft ST13 30 B2
Higherland ST5 284 A2
Highfield TF10 168 A2
Highfield Ave
Armitage WS15 198 B2
Burntwood WS7 229 D4
Cheadle ST10 76 B2
Essington WV10 241 D1
Kidsgrove ST7 26 A1
Meir ST3 73 F1
Newcastle-u-L ST5 56 B2
Tamworth B77 251 D3
Highfield Cl
Acton Trussell ST17 193 D4
Blythe Bridge ST11 90 B4
Burntwood WS7 229 D4
Burton u T DE13 166 A4
Highfield Cres ST10 76 B2
Highfield Ct
Cannock WS11 210 A3
Newcastle-u-L ST5 71 E3
Highfield Dr Colwich ST18 177 E4
Fenton ST3 72 C2
Highfield Gdns WS14 231 F3
Highfield Gr ST17 174 B4
Highfield Grange ST5 56 C2
Highfield La SK17 24 C3
Highfield Rd
Brownhills WS3 244 A2
Burntwood WS7 229 E4
Cannock WS12 210 C1
Cookley DY10 280 A3
Hixon ST18 158 B4
Sedgley DY3 266 B1
Highfield Rd E ST8 27 E4
Highfield Rd N WS3 243 F3
Highfield Rd W ST8 27 E4
Highfield Way WS9 245 D1
Highfields
Burntwood WS7 229 D4
Market Drayton TF9 112 A4
Highfields Dr WV5 270 A3
Highfields Grange WS6 226 B1
Highfields Pk WS6 226 B1
Highfields Prim Sch WS7 229 E4
Highfields Rd WS7 228 C2
Highfields Sec Sch WV4 265 E3
Highfields The
Eccleshall ST21 116 A3
Wolv WV6 255 D1
Highgate Aldridge B74 257 D1
Sedgley DY3 271 F3
Highgate Ave WV4 265 E3
Highgate Cl ST6 42 C2
Highgate Rd DY7 273 F4
Highgrove Stone ST15 120 B3
Wolv WV6 255 E2
Highgrove Cl DE13 147 E1
Highgrove Pl DY1 271 F1
Highland Cl Biddulph ST8 28 A4
Blythe Bridge ST11 90 C3
Highland Rd
Huntington WS12 209 E2
Newport TF10 168 C1
Highland Way WS15 178 B2
Highlands Stafford ST17 174 B4
Stone ST15 119 F3
Highlands Dr DE15 167 D2
Highlands Rd WV3 265 E4
Highlanes ST21 116 B3
Highton St ST2 43 E1
Highup Rd ST13 19 E1
Highview Dr DY6 275 F2
Highview Rd ST11 106 C4
Highway La ST5 69 F4
Highwood Rd ST14 126 B3
Higson Ave ST4 72 A4
Hilary Dr Aldridge WS9 256 A3
Wolv WV4 265 E3
Hilcote Hollow ST16 155 D3
Hilderstone Rd
Hilderstone ST15 106 B3
Stone ST15 106 B3
Hill Ave WV4 266 C2
Hill Avenue Cty Prim Sch WV4 266 C2
Hill Cl Sedgley DY3 266 C1
Uttoxeter ST14 110 C1
Hill Cres Audley ST7 54 C3
Stone ST15 120 A3
Hill Crest Sedgley DY3 271 E2
Stafford ST17 174 B4
Hill Crest Dr WS13 214 A1
Hill Croft ST18 158 B4
Hill Dr ST15 120 A3
Hill Hook Rd B74 257 F3
Hill La Allen End B75 259 D1
Burntwood WS7 211 F1
Church Leigh ST10 108 B2
Hill Pk WS9 245 D2
Hill Pl WV11 242 A1
Hill Rise ST18 137 F2
Hill Side DY3 271 E2
Hill St Brierley Hill DY8 279 F4
Burntwood WS7 228 C3
Burton u T DE15 185 F4
Cannock WS12 210 B2
Cheslyn Hay WS6 226 B1
Essington WV11 241 F2
Newcastle-u-L ST5 284 B4
Norton Canes WS11 227 F3
Rugeley WS15 196 C4
Sedgley DY3 271 E3
Stoke-on-T ST4 72 A4
Stourbridge DY8 279 F2
Swadlincote DE11 186 C3
Hill Terr ST7 39 E1
Hill Top Ave B79 250 A4
Hill Top Cl ST6 28 A1
Hill Top Cres ST3 90 A3
Hill Top Prim Sch ST6 56 C4
Hill Top View WS15 198 B2
Hill Top Wlk WS9 245 E1
Hill View Aldridge WS9 245 D1
Norton-in-t-M ST2 43 D1
Hill Village Rd B75 258 A2
Hill West Inf Sch B74 257 F2
Hill West Jun Sch B74 257 F2
Hill Wood WS3 243 F1
Hill Wood Rd B75 258 B3
Hillary Ave CW12 6 A1
Hillary Crest
Rugeley WS15 196 C3
Sedgley DY3 271 F3
Hillary Rd ST7 26 A2
Hillary St ST6 57 D3
Hillberry Cl ST2 58 A1
Hillboro Rise DY7 278 A3
Hillchurch St ST1 282 B3
Hillcott Wlk ST3 283 D3
Hillcrest Brewood ST19 223 E4
Hixon WS15 140 A1
Leek ST13 30 B3
Tutbury DE13 146 A3
Hillcrest Ave
Burton u T DE15 167 D2
Kingsley ST10 62 A1
Hillcrest Cl Kingsley ST10 62 A1
Tamworth B79 250 A3
Hillcrest Rise WS7 229 D2
Hillcrest St ST1 282 C3
Hillcroft Ave ST17 175 F4
Hillcroft Rd DY6 275 F4
Hilldene Rd DY6 275 E2
Hillfarm Cl ST17 174 C3
Hillfield Ave ST4 71 F2
Hillfield La DE13 147 F1
Hillgreen Rd ST3 73 E3
Hillman B77 250 C1
Hillman St ST2 43 D1
Hillmorton Rd B74 257 F2
Hillport Ave ST5 56 A4
Hillrise ST10 94 C4
Hillsdale La ST13 33 F2
Hillsdale Rd DE15 167 D3
Hillside
Abbots Bromley WS15 161 D3
Brownhills WS8 245 D3
Eccleshall ST21 133 F3
Lichfield WS14 231 E3
Newcastle-u-L ST5 284 A2
Tutbury DE13 146 B3
Wombourne WV5 269 F3
Hillside Ave Endon ST9 43 F4
Forsbrook ST11 91 D4
Kidsgrove ST7 41 D4
Meir ST3 73 F1
Hillside Cl Biddulph ST8 17 D1
Blythe Bridge ST11 106 C4
Brownhills WS8 245 D3
Cannock WS12 210 A4
Kidsgrove ST7 26 B4
Norton-in-t-M ST2 43 E2
Rugeley WS15 197 D3
Hillside Cres WS3 243 F2
Hillside Dr Colwich ST18 177 E4
Leek ST13 30 B2
Hillside Prim Sch ST2 43 D1
Hillside Rd Caverswall ST9 59 D2
Cheddleton ST13 45 E2
Norton-in-t-M ST2 43 E2
Sutton Coldfield B74 258 A2
Hillside Wlk ST4 71 E4
Hillswood Ave ST13 30 B3
Hillswood Cl ST9 43 F4
Hillswood Dr ST9 43 F4
Hilltop WS15 196 C4
Hilltop Ave ST5 56 C1
Hilltop Prim Sch ST7 40 B4
Hillview Cres ST5 85 E3
Hillway Cl WS15 178 B1
Hillwood Cl DY6 275 E2
Hillwood Common Rd B75 258 A3
Hillwood Rd CW3 69 D4
Hilsea Cl WV8 239 F1
Hilsea Cres ST14 143 F4
Hilston Ave WV4 265 E2
Hilton Cl Stafford ST17 174 C3
Walsall WS3 243 D1
Hilton Cross WV10 241 D3
Hilton Cross Bsns Pk WV10 241 D3
Hilton Dr ST21 117 F2
Hilton La
Featherstone WV10, WV11 241 F4
Great Wyrley WS6 227 D1
Great Wyrley, Warstone WV11 242 A4
Hilton Main Ind Est WV11 241 E3
Hilton Park Service Area WV11 242 A4
Hilton Rd Eggington DE65 148 A4
Featherstone WV10 241 E4
Stoke-on-T ST4 71 F4
Walsall WV12 242 B1
Wolv WV4 266 C2
Himley Ave DY1 271 F1
Himley Cres WV4 266 A3
Himley Gdns DY3 270 B2
Himley La Himley DY3 270 A2
Swindon DY3 269 F1
Himley Rd Dudley DY5 271 E1
Himley DY5 271 E1
Sedgley DY5 271 E1
Hinbrook Rd DY1 271 F1
Hinchco Pl ST6 42 C2
Hinckes Rd WV6 255 D3
Hinckley Gr ST4 88 A3
Hines St ST4 72 C3
Hingley Croft B74 256 C2
Hinksford Gdns DY3 269 F1
Hinksford La DY6 269 F1
Hinsford Cl DY6 275 F4
Hinsley Mill La TF9 97 F1
Hinstock Cl WV4 266 A2
Hinton Cl ST3 88 C4
Hints Ct B78 248 B1
Hints La Hints B78 248 C2
Hopwas B78 249 D3
Hints Rd Fazeley B78 249 E1
Hopwas B78 249 D3
Hislop Rd WS15 196 C4
Histons Dr WV8 238 C1
Histons Hill WV8 238 C1
Hitchman St ST4 72 C3
Hixon Airfield Est ST18 139 D1
Hixon Ind Est ST18 158 A4
HM Young Offender Inst (Swinfen Hall) WS14 231 F1
Hoarstone DY8 281 F3
Hob Hill CE Methodist Prim Sch WS15 197 D3
Hob's Rd WS13 214 C1
Hobart Cl DE15 167 E1
Hobart Rd WS12 210 C1
Hobart St ST6 57 D4
Hobb La ST14 142 A4
Hobble End La WS6 243 D4
Hobbs View WS15 197 D3
Hobby Cl ST3 90 A4
Hobfield La WS15 161 D4
Hobnock Rd
Essington WV11 242 A3
Great Wyrley WV11 242 A3
Hobs Hole La WS9 256 B4
Hobson St ST6 57 D4
Hobstone Hill La WS7, WS13 212 C1
Hockley Rd
Tamworth B77 261 F3
Uttoxeter ST14 126 A4
Hodge La B77 251 D3
Hodgkins Cl WS8 245 D3
Hodgkinson St ST5 55 F3
Hodnet Gr ST1 282 A4
Hodnet Pl WS11 210 A1
Hodson Way WS11 210 A1
Hogan Way ST16 156 B2
Hogarth Pl ST5 55 F3
Holbeach Ave ST2 58 A1
Holbeache La DY6 270 B1
Holbeache Rd DY6 275 E4
Holborn ST5 284 B3
Holborn Sh Ctr The DY3 271 E4
Holborn The CW3 68 C3
Holbrook Wlk ST2 58 A1
Holbury Cl WV9 240 A1
Holcroft Rd DY6 270 B1
Holdcroft Rd ST2 58 B3
Holden Ave ST5 56 B2
Holden Ave N ST6 57 E4
Holden Ave S ST6 57 E4
Holden Lane High Sch ST2 57 F4
Holden Lane Prim Sch ST1 57 F4
Holden Rd WV4 265 E2
Holder Dr WS11 209 D1
Holder St ST1 57 D3
Holdiford Rd
Brocton ST17, ST18 176 B4
Tixall ST18 157 E1
Holding Cres ST7 54 B4
Holditch Rd ST5 55 F3
Holecroft St 7 ST6 57 D4
Holehouse La Endon ST9 28 B1
Scholar Green ST7 25 E4
Holehouse Rd ST2 58 A3
Holland Cl WS13 215 D1
Holland Ct B79 217 E3
Holland Pk DE13 183 F1
Holland St ST6 41 E2
Holland's Way WS3 243 F2
Hollands Pl WS3 243 E1
Hollands Rd WS3 243 E1
Hollands The ST8 17 E2
Hollies Ave WS11 209 F1
Hollies Brook Cl ST20 171 E4
Hollies Cl Clifton DE6 81 F3
Newton Solney DE15 167 E4
Hollies Dr ST3 90 A2
Hollies La Enville DY7 276 C4
Pattingham WV6 253 F3
Hollies The
Newcastle-u-L ST5 284 C4
Wolv WV2 266 B4
Hollings St ST4 283 A5
Hollington Dr ST6 42 A4
Hollington La ST14 110 C3
Hollington Rd SE10 93 D2
Hollins Cres ST7 25 F1
Hollins Grange ST7 40 B4
Hollins La ST10 61 D2
Hollinsclough CE Prim Sch SK17 4 B1
Hollinsclough Rake SK17 4 A1
Hollinshead Ave ST5 56 A2
Hollinshead Cl ST7 25 F4
Hollinwell Cl WS3 243 D2
Hollinwood Cl ST7 40 C4
Hollinwood Rd ST7 40 C4
Hollis La ST14 95 D3
Hollow Cres DE15 167 E2
Hollow La Burton u T DE15 167 E2
Cheddleton ST13 45 E3
Colton WS15 179 D3
Draycott in t C DE6 144 B3
Mayfield DE6 66 B1
Hollow The
Caverswall ST11 74 C2
Mount Pleasant ST7 26 A3
Roston DE6 96 C3
Uttoxeter ST14 126 B3
Holloway B79 250 A2
Holloway Dr WV5 269 F3
Holloway La ST5 84 B3
Holloway St DY3 271 E2
Holloway St W DY3 271 E2
Holloway The
Brierley Hill DY8 279 F4
Seisdon WV5 264 A2
Swindon DY3 269 E1
Wolv WV6 255 E1
Hollowood Pl ST6 42 C3
Hollowood Wlk ST6 42 B3
Holly Ave ST13 45 E2
Holly Bank View WS15 197 D3
Holly Bush Cotts ST13 44 C4
Holly Bush La ST5 85 D2
Holly Bush Rd DE13 143 F1
Holly Cl Kinver DY7 277 F3
Market Drayton TF9 112 A4
Tamworth B79 250 A4
Holly Dr Alrewas WS13 215 E4
Caverswall ST9 59 D2
Stafford ST17 175 F3
Holly Fields ST15 118 C3
Holly Gn DE15 185 F4
Holly Gr Stone ST15 120 A4
Stourbridge DY8 279 F3
Wolv WV3 265 F4
Holly Grove La WS7 211 F1
Holly Grove Prim Sch WS7 211 F1
Holly Hill WS6 242 C4
Holly Hill Rd
Cannock WS15 211 F3
Shenstone WS14 246 C3
Holly La Aldridge WS9 256 C4
Bradley ST18 173 E1
Brownhills WS9 245 D2
Great Wyrley WS6 242 C4
Huntington WS12 209 E4
Kidsgrove ST7 26 B3
Seighford ST18 153 F1
Sutton Coldfield B74 258 A2
Uttoxeter ST14 125 E1
Holly Pl ST4 72 C2
Holly Rd Barton-u-N DE13 183 E1
Newcastle-u-L ST5 40 C1
Holly St Burton u T DE15 185 F4
Cannock WS11 209 F3
Holly Tree Dr ST6 16 B1
Hollybank Ave WV11 242 A2
Hollybank Cl WS3 243 D1
Hollybank Cres ST4 72 A3
Hollybush Cl DE12 219 F4
Hollybush Cres ST3 72 C2
Hollybush La
Brierley Hill DY8 279 F4
Codsall WV8 238 C1
Wolv WV4 265 E2
Hollybush Rd ST3 72 C2
Hollyhill La WS14 246 C3
Hollyhurst ST17 175 E3
Hollyhurst Dr DY6 275 F2
Hollyhurst La ST18 140 C3
Hollys Rd DE13 182 A1
Hollywall La ST6 41 E3
Hollywall Prim Sch ST6 41 E3
Hollywood La ST5 54 B1
Holm Oak Dr CW3 68 C4
Holm Rd ST10 78 B1
Holm View Cl WS14 246 C3
Holmcroft Gdns WV9 224 B1
Holmcroft Rd ST16 155 E3
Holme Farm Ave DE15 185 F4
Holme Mill WV10 240 B2
Holme Rise ST19 193 D1
Holmes Bank DE6 81 E4
Holmes Cl ST16 155 D1
Holmes The WV10 240 B2
Holmes Way ST6 42 A4
Holmesfield Wlk ST3 283 D3
Holst Dr ST1 58 A3
Holston Cl WS12 210 C1
Holsworth Cl B77 250 B1
Holt Cres WS11 210 A1
Holt La ST10 61 F1
Holt's La DE13 146 A3
Holte Dr B75 258 B1
Holwich B77 262 A4
Holy Austin Rock DY7 277 F2
Holy Rosary RC Prim Sch The DE15 167 D2
Holy Trinity CE Inf Sch WS8 244 C3
Holy Trinity CE Prim Sch DE14 166 C2
Holyhead Cres ST3 74 A2
Holyhead Rd
Albrighton WV7 237 E1
Codsall WV8 238 B1
Holyoake Pl WS15 178 B2
Holyrood Cl ST15 120 B3
Holywell Rise WS14 231 E3
Home Farm Rd WV6 252 B4
Homefield Rd WV8 239 E2
Homer Pl ST6 42 A3
Homer Rd B75 258 B1
Homer St ST1 57 F2
Homestead Cl DY3 271 F3
Homestead Ct ST16 155 F4
Homestead Dr B75 258 B2
Homestead St ST2 73 E4
Homestead The ST2 43 E2
Honesty Cl WS8 244 B3
Honeybourne B77 250 B1
Honeybourne Cres WV5 269 F3
Honeysuckle Ave
Forsbrook ST11 90 C3
Kingswinford DY6 275 F4

Hon – Kea 307

Honeysuckle Cl ST10 92 C2
Honeysuckle Dr WV10 241 E4
Honeysuckle La ST9 29 F1
Honeysuckle View DE15 186 A4
Honeytree Cl DY6 275 F2
Honeywall ST4 72 A4
Honeywall La Keele CW3 69 D4
Stanton DE6 80 C4
Honeywood ST5 284 B4
Honiton Cl ST17 175 E4
Honiton Wlk ST3 283 D3
Honor Ave WV4 266 B3
Hoo La DY7 273 F2
Hood La Armitage WS15 198 A2
Longdon WS15 197 F1
Hook Dr B74 257 F2
Hook La Shenstone WS14 246 B2
Stramshall ST14 111 D3
Hook La The WV7 237 D1
Hoomill La Colwich ST18 158 A3
Ingestre ST18 158 A3
Hoon Ave ST5 56 A2
Hoon Rd DE65 146 B4
Hoover St ST6 41 E2
Hope La B77 251 D3
Hope St Audley ST7 39 F2
Hanley ST1 282 B3
Kingswinford DY8 275 E2
Hopedale Cl Fenton ST4 73 D3
Newcastle-u-L ST5 71 D2
Hopley Rd Anslow DE13 165 D3
Branston DE13 165 D3
Hopleys Cl B77 250 C2
Hopstone Gdns WV4 265 F2
Hopton Cl WV6 254 C2
Hopton Ct ST16 155 E3
Hopton La ST18 137 E1
Hopton Meadow WS12 210 B1
Hopton St ST16 155 F3
Hopton Way ST6 42 A4
Hoptonhall La ST18 137 E1
Hopwas Hill B78 249 D3
Hopwood Pl ST2 58 A2
Hopyard Cl DY3 271 D2
Hopyard La DY3 271 D2
Horatius Rd ST5 55 E3
Hordern Cl WV6 255 F3
Hordern Gr WV6 255 F3
Hordern Rd WV6 255 F3
Hordley St ST1 282 C3
Hornbeam B77 251 D2
Hornbeam Cres WS12 211 D3
Hornbeams The ST14 111 D1
Hornbrook Cl DE13 166 A4
Hornbrook Rd DE13 166 A4
Hornby Rd WV4 266 B3
Hornby Row ST4 72 A4
Horninglow Inf Sch DE13 166 B3
Horninglow Rd DE14 166 B3
Horninglow Rd N DE13 166 B4
Horninglow St DE14 166 B2
Hornton Cl B74 257 E3
Hornton Rd DE13 166 A4
Horse Bridge La DY7 278 B1
Horse Fair Eccleshall ST21 133 F4
Rugeley WS15 196 C4
Horse Rd ST10 78 C1
Horsebrook La ST19 223 E4
Horsecroft Cres ST13 31 D4
Horsehills Dr WV3 255 F1
Horseshoe Dr WS15 178 A1
Horsey La WS15 212 B4
Horsham Ave DY8 275 E2
Horsley Gr ST3 88 C4
Horsley La Eccleshall ST21 132 C3
Wall WS14 246 B4
Hort Unit Wulfrun Coll WV6 255 E1
Horton Ave DE13 166 C4
Horton Cl DY3 271 E4
Horton Dr ST3 74 A3
Horton Lodge Sch ST9 18 B1
Horton Rd DY7 277 F3
Horton St Leek ST13 30 C3
Newcastle-u-L ST5 284 D3
Horwood ST5 70 B3
Horwood Gdns ST6 42 B1
Hose St ST6 41 E2
Hoskins Cl ST15 120 B4
Hoskins Rd ST6 41 F3
Hospital La WS6 226 A1
Hospital Rd WS7 229 D3
Hospital St B79 250 A3
Hot La Biddulph ST8 17 E1
Burslem ST6 57 D4
Hot Lane Ind Est ST6 57 D4
Hothill La ST10 109 E1
Hough Hill ST6 43 D4
Hougher Wall Rd ST7 39 E1
Houghton St ST1 282 B1
Houghwood La ST9 43 E2
Houldsworth Dr ST6 42 A4
Housefield Rd ST2 73 E4
Houseman Dr ST3 73 F2
Houting B77 261 E3
Houx The DY8 279 F4
Hoveringham Dr ST2 57 F1
Howard Cl Caverswall ST9 59 D2
Leek ST13 30 B2
Howard Cres
Cannock WS12 210 B4
Hanley ST1 57 F1
Howard Gr ST5 71 D3
Howard Pl Hanley ST1 282 A1
Newcastle-u-L ST5 71 D3
Howard Prim Sch The B79 216 B1
Howard Rd ST17 174 C4
Howard St Longton ST3 283 C2
Wolv WV2 266 B4
Howard Wlk ST3 283 C2
Howdle's La WS8 228 C1
Howe Gr ST5 55 F1
Howell Rd WV2 266 C4
Howitt Cres ST14 111 D1
Howitt House Sch DE13 144 C2
Howland Cl WV9 239 F1
Howson St ST1 282 C2
Hoylake B77 251 D2
Hoylake Cl WS3 243 D2
Hoylake Rd WV6 254 B3
Hubbal La TF11 220 B2
Huddlesford La WS13 232 B4
Huddlestone Cl WV10 241 D3
Huddock's View WS3 243 F3
Hudson Cl Cannock WS11 210 A1
Gnosall ST20 171 F4
Hudson Dr WS7 229 E3
Hudson Gr WV6 254 C3
Hudson Wlk ST3 283 C4
Hugh Bourne Pl ST8 27 D1
Hughes Ave
Newcastle-u-L ST5 284 B4
Wolv WV3 265 F4
Hughes St ST6 57 D4
Hughson Gr ST6 42 C2
Hugo Meynell CE Prim Sch The TF9 99 F2
Hugo St ST13 30 C3
Hulland Cl ST5 55 D1
Hullock's Pool Rd ST7 39 F3
Hulme Cl ST5 55 D1
Hulme La ST9 59 D1
Hulme Rd ST3 73 F3
Hulme St ST4 71 F4
Hulse St ST4 73 D3
Hulton Rd ST2 58 A3
Hulton St ST1 282 C4
Humber Dr ST8 27 F4
Humber Way ST5 71 D2
Humbert St ST1 56 C2
Humphrey St DY3 271 E2
Humphries Ho WS8 244 C4
Hungerford La CW3 69 D3
Hungerford Rd DY8 279 F1
Hungry La WS14 247 F3
Hunsford Cl ST3 283 C4
Hunslet Rd WS7 229 D4
Hunt St ST6 41 F2
Huntbach St ST1 282 C3
Hunter Ave WS7 229 D4
Hunter Cl WS14 231 E3
Hunter Rd WS11 226 C4
Hunter St DE14 166 B3
Hunter's Point TF9 99 E3
Hunter's Ride DY7 275 D1
Hunters Cl ST8 27 E4
Hunters Ct ST18 137 F2
Hunters Dr ST4 71 F3
Hunters Rise ST17 174 C2
Hunters Way ST4 72 A3
Huntilee Rd ST6 41 F2
Huntingdon Cl B78 249 F1
Huntingdon Pl ST1 57 F3
Huntingdon Rd DE15 185 E4
Huntington Ind Est SW12 209 D3
Huntington Prim Sch WS12 209 E4
Huntington Terrace Rd WS11 209 F2
Huntley Ave ST4 72 A3
Huntley Cl ST10 76 B1
Huntley La ST10 92 B4
Huntley Rd ST13 44 C4
Hunts La DE12 219 F4
Hunts Mill Dr DY5 271 E1
Huntsbank Dr ST5 40 B1
Huntsman's Hill WS15 197 E1
Huntsmans Dr DY7 277 F3
Huntsmans Gate WS7 229 D4
Huntsmans Rise WS12 209 E4
Huntsmans Wlk WS15 178 B1
Hurlingham Rd ST16 155 E4
Huron Cl WS11 210 A1
Huron Gr ST4 88 A4
Hurst Cl ST7 40 B3
Hurst Dr DE13 147 F1
Hurst Rd Biddulph ST8 17 D2
Sedgley WV14 266 C1
Hurst St ST3 283 B3
Hurstbourne Cl WS15 178 B1
Hurstmead Dr ST17 175 E3
Hurstons La ST10 78 C1
Hurstons The ST10 78 C1
Husphins La WV8 238 A3
Hussey Cl ST19 207 F4
Hussey Rd Brownhills WS8 244 C4
Norton Canes WS11 227 F3
Huston Ave ST9 43 F4
Hut Hill La WS11 227 D2
Hutchinson Cl WS15 178 A1
Hutchinson Meml CE Fst Sch ST10 109 D4
Hutchinson Wlk 6 ST3 73 D2
Hutton Cl CW12 6 A1
Hutton Dr CW12 6 A1
Hutton Way ST2 58 B1
Huxley Cl WV9 240 A2
Huxley Pl ST3 73 E2
Hyacinth Ct ST5 284 C4
Hyde Cl DY7 278 A3
Hyde Ct ST17 174 B4
Hyde La DY7 278 A3
Hyde Lea Bank ST18 174 B3
Hyde Mill La ST19 223 E3
Hylton Cl DE14 185 D4
Hyndley Cl ST2 58 A2
Hyperion Rd DY7 279 E4
Hyssop Cl WS11 210 A2
I-Mex Bsns Pk ST4 72 C3
Ian Rd ST7 26 B1
Ibsen Rd ST3 74 A2
Ibstock St DE13 166 A3
Ickenfield Cl B74 257 D1
Idonia Rd WV6 254 C3
Ikins Dr ST7 39 F1
Ilam CE Prim Sch DE6 50 C1
Ilam Cl ST5 55 D1
Ilam Ctry Pk ST10 50 C2
Ilam-moor La DE6 50 C3
Ilford Side ST3 88 C4
Ilkley Pl ST5 54 C1
Illshaw WV9 240 A2
Imandra Cl ST4 88 A4
Imex Bsns Pk
Burton u T DE14 166 A2
Wolv WV2 266 B4
Imogen Cl ST4 73 D3
Impstones ST20 171 E3
Ingatestone Dr DY8 275 E2
Inge Dr DE13 201 D1
Ingelow Cl ST3 73 D1
Ingestre Cl
Cannock WS11 210 A1
Newport TF10 168 B1
Walsall WS3 242 C2
Ingestre Rd Stafford ST17 155 F1
Wolv WV10 240 B1
Ingestre Sq ST3 88 C4
Ingewood Ave WV3 265 F4
Ingleborough Pl ST2 43 E1
Ingleby Gdns WV6 255 F3
Ingleby Rd ST3 88 C4
Inglefield Ave ST6 42 A1
Inglemere Dr ST17 175 E3
Ingleside WS15 178 B1
Ingleton Gr ST3 90 A4
Inglewood ST17 155 E1
Inglewood Cl DY6 275 E3
Inglewood Dr ST5 56 B3
Inglewood Gr
Aldridge B74 256 C1
Newcastle-u-L ST5 56 B3
Inglis St ST4 72 B4
Ingram Pit La B77 251 D3
Ingram Pl WS3 243 E1
Ingram Rd WS3 243 E1
Inhedge St DY3 271 F3
Intake La ST20 190 A4
Intake Rd ST6 42 B2
Intakes La ST10 108 C2
Inworth WV9 240 A2
Iona Pl ST3 72 C2
Irene Ave Chell Heath ST6 41 F2
Newcastle-u-L ST5 56 B1
Ireton Rd WV10 240 C2
Iris Cl Meir ST3 74 B3
Tamworth B79 250 B3
Irnham Rd B74 258 A1
Ironmarket ST5 284 B3
Ironstone La WS13 215 F3
Ironstone Rd WS12 211 E2
Ironwalls La DE13 146 B3
Irvine Rd ST9 59 E2
Irving Cl Lichfield WS13 213 F1
Sedgley DY3 271 D2
Irwell B77 250 C1
Irwell St ST6 56 C3
Isabel Cl ST17 174 A4
Isherwood Pl ST3 283 D4
Island Gn ST17 175 E3
Island The Fazeley B78 249 E1
Upper Tean ST10 92 B2
Islay Wlk 3 ST3 73 D2
Islington Cl TF10 168 C2
Islington Cres CV9 262 B1
Ismere Way DY10 280 A1
Itchen Gr WV6 254 C2
Ivanhoe Rd WS14 231 D3
Ivatt B77 250 C1
Iverley La Blakedown DY10 281 E3
Kinver DY10 281 E3
Ivetsey Bank Rd ST19 221 F4
Ivetsey Cl ST19 205 D3
Ivetsey Rd ST19 204 C2
Ivy Cl Acton Trussell ST17 175 D1
Cannock WS11 226 B4
Forsbrook ST11 90 C3
Uttoxeter ST14 126 A4
Ivy Croft WV9 239 F2
Ivy Ct Acton Trussell ST17 175 D1
Hixon ST18 158 A4
Ivy Gr ST4 87 F4
Ivy House La ST19 206 C1
Ivy House Rd
Biddulph ST6 16 B1
Hanley ST1 57 F2
Ivy La WS15 211 F3
Ivy Lodge Cl DE15 185 F4
Ivyhouse Dr ST12 88 C2
Ivyhouse Wlk B77 261 F3
Izaac Walton Way CW3 68 C3
Izaak Walton Cl ST16 155 E3
Izaak Walton St ST16 155 E3
Izaak Walton's Cottage & Mus ST15 135 D4
Jack Haye La ST2 43 E1
Jack Hayes La ST2 58 C4
Jack La CW2 37 E3
Jack's La ST14 127 F1
Jackdaw Cl DY3 266 B1
Jackfield Inf Sch ST6 42 A1
Jackfield St ST6 42 A1
Jacklin Cl DE14 185 D3
Jackman Cl WS13 215 E3
Jackman Rd WS13 215 E3
Jackson Ave DE13 166 C4
Jackson Cl
Featherstone WV10 241 D3
Norton Canes WS11 227 F2
Jackson Rd WS13 214 A2
Jackson St 2 ST6 57 D4
Jacob's Hall La WS6 227 D1
Jacobean Ct DE15 167 E2
Jacobs Croft ST16 155 E4
Jacqueline St ST6 41 E2
Jade Ct ST3 73 E2
Jade Gr WS11 210 B1
Jaguar B77 250 C1
Jamage Rd ST7 40 B3
James Brindley Cl ST1 57 D1
James Brindley High Sch ST6 41 F3
James Ct DE14 166 B1
James Greenway WS13 214 A1
James St
Burton u T DE14 166 B1
Cannock WS11 209 F3
Kinver DY7 278 A2
Leek ST13 30 B3
Newcastle-u-L ST5 56 B3
Stoke-on-T ST4 72 A3
Uttoxeter ST14 126 A4
James Warner Cl WS15 178 B1
James Way ST8 27 D3
Janet Pl ST1 57 F2
Janson St ST4 71 F1
Jasmin Way ST7 26 C1
Jasmine Cl
Burton u T DE15 186 A4
Wolv WV9 240 A2
Jasmine Ct ST11 90 C3
Jasmine Gr WV8 239 D2
Jasmine Rd
Seighford ST18 135 E1
Tamworth B77 251 D2
Jason Cl B77 250 B3
Jason St ST5 284 A4
Jasper Cl Barlaston ST12 88 C2
Newcastle-u-L ST5 56 A4
Jasper St ST1 282 B2
Java Cres ST4 88 A4
Jay Rd DY6 275 E4
Jaycean Ave ST6 41 F2
Jean Cl ST6 42 A1
Jedburgh Ave WV6 254 C2
Jeddo St WV2 266 B4
Jeffcock Rd WV3 266 A4
Jefferson St ST6 41 E2
Jeffrey Ave WV4 266 C3
Jeffrey Cl WS15 178 B2
Jeffs Ave WV2 266 B4
Jenkins St 20 ST6 56 C4
Jenkinson Cl ST5 70 C4
Jenkinstown Rd WS12 211 D3
Jenks Ave DY7 277 F3
Jenks Rd WV5 269 F3
Jennet's La WS15 179 F1
Jenny Walkers La WV6 254 B1
Jensen B77 250 C1
Jephson Rd DE14 185 D4
Jerbourg Cl ST5 70 C2
Jeremy Cl ST4 71 F3
Jeremy Rd WV4 266 B3
Jerningham St ST16 155 E2
Jerome Dr WS11 228 A3
Jerome Prim Sch The WS11 227 F3
Jerome Rd WS11 228 A3
Jerome Way WS7 229 E4
Jerry's La WS14 248 A4
Jersey Cl Congleton CW12 6 A1
Newcastle-u-L ST5 70 C2
Jervis Cres B74 257 E2
Jervis La ST15 104 B2
Jervis Rd Stone ST15 120 A4
Tamworth B77 261 F3
Jervis St ST1 282 C4
Jervison St ST3 73 E3
Jesmond Cl WS12 211 D3
Jesmond Gr ST3 88 C4
Jessie Rd WS9 245 D1
Jew's La DY1 271 F2
Jinny Cl DE65 146 B4
Joan Eaton's Cross ST20 189 F4
Joan St WV2 266 C3
Joanhurst Cres ST1 282 A1
Jockey Field DY3 271 F3
Jodrell View ST7 41 D4
Joeys La WV8 239 E2
John Amery Dr ST17 174 B3
John Ball Ct WS15 178 B2
John Bamford Cty Prim Sch WS15 178 B1
John Bright St ST1 282 C4
John Donne St ST16 155 E3
John O' Gaunt's Rd ST5 284 A3
John of Rolleston Prim Sch DE13 147 D2
John Offley Rd CW3 68 C3
John St Biddulph ST8 27 E4
Brierley Hill DY8 275 F1
Cannock, High Town WS11 210 A2
Cannock, Wimblebury WS12 210 C2
Hanley ST1 282 B2
Leek ST13 30 C3
Newcastle-u-L ST5 284 D3
Newcastle-u-L, Knutton ST5 55 F1
John St continued
Stafford ST16 156 A2
Swadlincote DE11 186 C3
Tamworth B77 250 C2
Uttoxeter ST14 126 A4
John Taylor High Sch The DE13 183 F1
John Till Cl WS15 178 C1
John Wheeldon Cty Prim Sch ST16 155 F3
John Wood CE Inf Sch WS11 226 C4
Johndory B77 261 E3
Johns Ave WS15 198 B2
Johns La WS6 227 D2
Johnsgate ST19 223 E4
Johnson Ave ST5 56 A2
Johnson Cl
Congleton CW12 6 A1
Lichfield WS13 214 B1
Ranton ST18 153 E3
Rugeley WS15 178 B1
Johnson Cres ST10 61 E1
Johnson Gr ST15 120 B3
Johnson Rd
Burntwood WS7 228 C4
Cannock WS11 209 E2
Uttoxeter ST14 111 D1
Johnson St
Kingsbury CV9 262 B1
Newcastle-u-L ST5 55 E4
Wolv, Blakenhall WV2 266 B4
Wolv, Cinder Hill DY3 266 C1
Johnstone Ave ST9 59 E2
Joiner's Square Ind Est ST1 282 C1
Joiner's Square Prim Sch ST1 282 C1
Jolley St ST6 42 B1
Jolliffe St 7 ST13 30 C3
Jolpool La ST18 121 E2
Jolt La ST18 172 C3
Jolyon Cl ST4 73 D3
Jonathan Rd ST4 88 B3
Jones Cl ST17 174 B4
Jones La
Burntwood WS7 229 F4
Great Wyrley WS6 227 D1
Rugeley WS15 196 B4
Jones Rd WV12 242 B1
Jonkel Ave B77 262 A3
Jordan Ave DE13 147 F1
Jordan Cl Alrewas WS13 215 E3
Lichfield WS13 231 D4
Sutton Coldfield B75 258 A1
Jordan Croft WS13 215 E4
Jordan Rd B75 258 B1
Jordan Way
Aldridge WS9 245 D1
Stone ST15 120 A4
Jordon St ST1 282 A1
Joseph Dix Dr WS15 178 B1
Joseph St 22 ST6 56 C4
Josiah Wedgwood St ST1 57 D2
Jowett B77 250 B1
Joyberry Dr DY8 279 F2
Joyce Ave ST6 42 A1
Joyce's La ST17 194 A4
Jubilee Ave ST1 57 D2
Jubilee Cl Biddulph ST8 27 E4
Great Wyrley WS6 226 C1
Jubilee Ct ST14 126 A4
Jubilee Dr ST10 62 B2
Jubilee Rd
Newcastle-u-L ST5 56 B2
Trentham ST4 87 F4
Jubilee Sq DE6 81 E4
Jubilee St WS15 178 B1
Jubilee Terr ST13 30 B3
Judes wlk WS13 213 F1
Judgefield La ST6 28 A1
Judith Gr ST4 72 B3
Jug Bank Ashley TF9 100 A2
Hanley ST6 57 D3
Julian Cl WS6 227 D2
Junction Rd
Brierley Hill DY8 275 F1
Leek ST13 30 C2
Junction The DY8 279 F4
June Cres B77 250 C3
June Rd ST4 73 D3
Juniper B77 251 D2
Juniper Cl Cannock WS12 211 D3
Meir ST3 90 A3
Juniper Row TF10 168 C1
Jupiter St ST6 42 B1
Justin Cl ST5 56 B3
Kara Pl ST4 88 A4
Kay Dr DE11 186 C3
Kaydor Cl ST9 59 D2
Kayne Cl DY6 275 E4
Kean Cl WS13 213 F1
Kearsley Way ST3 88 C4
Kearyn St ST4 72 A3
Keates St 8 ST6 56 C4
Keating Gdns B75 258 A2
Keats Ave
Cannock WS11 209 F3
Stafford ST17 174 B4
Keats Cl Sedgley DY3 271 D3
Sutton Coldfield B74 257 F3
Tamworth B79 249 F4
Keats Gdns ST7 41 D4
Keats Rd WV10 241 D1

308 Keb – Lan

Keble Cl Burntwood WS7 229 E4
Burton u T DE15 167 E1
Cannock WS11 226 C4
Keble Way ST3 73 D1
Keble Wlk B79 250 A3
Kedleston Cl
Burton u T DE13 147 E1
Walsall WS3 243 D2
Kedleston Rd ST6 42 A1
Keele L Ctr ST5 70 A4
Keele Rd Keele ST5 70 B4
Newcastle-u-L ST5 70 B4
Keele Service Area ST5 69 F2
Keele St ST6 41 E2
Keeling Dr WS11 209 D1
Keeling Rd ST10 76 C2
Keeling St ST5 56 B3
Keelings Dr ST4 71 F2
Keelings Rd ST1 57 F3
Keene Cl ST6 42 C2
Keeper's Cl WS7 229 D3
Keepers Cl
Brownhills WS9 244 C2
Kingswinford DY6 275 D4
Lichfield WS14 231 F4
Keepers La Codsall WV8 239 D1
Wolv WV8 255 D4
Keepers Rd B74 257 E3
Keir Pl DY8 279 F4
Keld Ave ST17 174 A4
Keldy Cl WV6 255 F3
Kelham Rd ST4 73 D3
Kelly Ave WS15 196 C3
Kelly Gn ST6 42 A3
Kelmore Cl ST3 283 B4
Kelsall St ST6 42 A1
Kelsall Way ST7 39 E1
Kelsow Gdns WV6 254 B2
Kelvedon Way WS15 178 B1
Kelvin Ave ST1 57 E4
Kelvin Dr WS11 210 A2
Kelvin St ST5 56 B2
Kemball Ave ST4 72 B2
Kemball Specl Sch ST4 72 C3
Kemberton Cl WV3 255 E1
Kemberton Rd WV3 255 E1
Kemnay Ave ST6 42 A4
Kempson Rd ST19 192 C1
Kempthorne Ave WV10 240 C1
Kempthorne Gdns WS3 243 D1
Kempthorne Rd ST1 282 C1
Kempton Cl WS12 211 D3
Kempton Dr WS6 226 C1
Kempton Gr ST10 76 C3
Kempton Rd DE15 167 D2
Kempton Way DY8 279 F2
Kendal Cl Stafford ST17 174 A4
Wolv WV6 255 F3
Kendal Ct Brownhills WS9 244 C2
Cannock WS11 226 A4
Kendal Gr ST2 58 B1
Kendal Pl ST5 71 D3
Kendal Rise WV6 255 F3
Kendall Rise DY6 275 F3
Kendlewood Rd DY10 280 A1
Kendrick St ST3 283 D3
Kenelyn Cres ST3 72 C2
Kenilworth Ave DE13 166 B4
Kenilworth Cl
Kingswinford DY8 275 E1
Market Drayton TF9 97 F1
Penkridge ST19 208 A4
Kenilworth Cres WV4 266 C2
Kenilworth Ct WS11 209 F1
Kenilworth Dr WS11 209 E2
Kenilworth Gr [3] Meir ST3 73 F1
Newcastle-u-L ST5 56 C2
Kenilworth Rd
Perton WV6 254 C2
Tamworth B77 250 C2
Kenley Ave ST9 43 F4
Kenmore Ave WS12 209 F4
Kennedy Cl B77 250 B1
Kennedy Cres DY3 271 E2
Kennedy Ct DY8 279 F3
Kennedy Rd ST4 88 A4
Kennedy Way ST16 155 D4
Kennedy Wlk ST9 59 D2
Kennermont Rd ST2 58 B3
Kennet B77 250 B1
Kennet Cl Brownhills WS8 228 B1
Newcastle-u-L ST5 71 D2
Kenrick Cl CW3 67 E1
Kensington Cl ST15 120 B3
Kensington Ct ST4 71 F2
Kensington Dr B74 257 F3
Kensington Gdns DY8 275 E1
Kensington Pl WS11 227 E4
Kensington Rd
Burton u T DE15 167 D2
Stoke-on-T ST4 72 A2
Kensworth Cl ST5 71 D2
Kent Ave B78 249 F1
Kent Cl WS9 245 D1
Kent Dr ST9 43 F3
Kent Gr Newcastle-u-L ST5 55 F4
Stone ST15 104 C1
Kent Pl Cannock WS12 210 C1
Fenton ST4 72 C3
Kent Rd Burton u T DE15 185 F3
Stafford ST17 175 D4
Stourbridge DY8 279 E4
Wolv WV2 266 C4
Kent St DY3 271 F3
Kentish Cl ST17 174 A4
Kentmere Cl Longton ST4 73 D3
Penkridge ST19 193 D1
Stafford ST17 174 A4
Kentmere Pl ST5 71 D3
Kenton Ave WV6 255 F2
Kentwell B79 249 E4
Kenworthy Rd ST16 155 F3
Kenworthy St ST6 41 F2
Kepler B79 249 F4
Kerria Ctr B77 251 D2
Kerria Rd B77 251 D2
Kerridge Cl WV9 240 A1
Kerry La ST21 133 E3
Kersbrook Cl ST4 88 B3
Kervis Gr ST3 90 A3
Kesterton Rd B74 257 F3
Kesteven Wlk ST2 58 A2
Kestrel B77 262 A3
Kestrel Ave ST3 90 B4
Kestrel Cl Biddulph ST8 27 D3
Newport TF10 169 D3
Stafford ST17 156 B1
Uttoxeter ST14 126 A3
Whittington WS14 232 C3
Kestrel Dr TF9 99 E2
Kestrel Gr WS12 210 B1
Kestrel La ST10 76 C2
Kestrel Rd B74 257 F3
Kestrel Rise WV6 255 F4
Kestrel Way
Burton u T DE15 167 E2
Cheslyn Hay WS6 226 B1
Keswick Dr DY6 275 E3
Keswick Gr Aldridge B74 256 C1
Stafford ST17 174 A4
Keswick Pl ST5 71 D3
Ketley Rd DY6 275 F4
Kettering Dr ST2 57 F1
Kettlebank Rd DY3 271 D1
Kettlebrook Rd B77 250 B2
Ketton Cl ST6 42 A4
Kewstoke Cl WV12 242 B1
Kewstoke Rd WV12 242 B1
Key Cl WS12 210 B2
Keyes Dr DY6 270 B1
Keynsham Wlk ST6 42 B1
Keyspark Rd WS12 210 C2
Keystone La WS15 196 C4
Keystone Rd WS15 196 C4
Keyworth Wlk ST2 58 A1
Kibblestone Rd ST15 105 E2
Kibworth Gr ST1 282 B4
Kidbrooke Pl ST4 88 B4
Kiddemore Green Rd
ST19 222 B3
Kidderminster Rd
Kingswinford DY6 275 D4
Kinver DY7, DY10 281 E4
Kidderminster Rd S DY9 281 F2
Kidsgrove Bank ST7 41 D4
Kidsgrove Rd ST6 41 E4
Kidsgrove Sports Ctr ST7 25 F1
Kidsgrove Sta ST7 25 F1
Kielder Cl WS12 210 C1
Kilburn Dr DY6 270 C1
Kilburn Pl ST2 57 F1
Kilburn Way DE11 186 C3
Kilbye Cl B77 261 F3
Kildare St ST3 283 C2
Kilmorie Rd WS11 209 E1
Kiln La ST13 30 B3
Kiln Way B78 251 F1
Kilnbank Cres TF9 112 B4
Kilnbank Rd TF9 112 B4
Kilndown Cl ST1 57 D1
Kilsby Gr ST2 43 D1
Kimberlee Ave DY10 280 A2
Kimberley B77 261 F4
Kimberley Cl B74 257 D1
Kimberley Dr
Burton u T DE15 167 E2
Uttoxeter ST14 110 C1
Kimberley Grange ST5 284 B4
Kimberley Rd Hanley ST1 57 D2
Newcastle-u-L ST5 284 B4
Kimberley St
Longton ST3 283 B2
Wolv WV3 266 A4
Kimberley Way
Rugeley WS15 196 C3
Stafford ST17 174 A4
Kinder Cl ST5 55 D1
Kineton Rise DY3 266 B1
Kinfare Dr WV6 255 D2
Kinfare Rise DY3 271 F2
King Edward Pl DE14 166 A2
King Edward St ST10 76 C2
King Edward VI Cty
High Sch ST17 155 E1
King Edward VI High Sch
WS14 231 E3
King Edward VI L Ctr
WS14 231 E3
King Edward's Row
[7] WV2 266 B4
King George St ST1 282 C4
King St Audley ST7 39 E1
Biddulph ST8 27 E4
Blymhill TF10 189 D1
Brownhills WS9 244 C1
Burntwood WS7 228 C3
Burton u T DE14 166 B1
Fenton ST4 72 C3
Kidsgrove, Dove Bank ST7 26 A1
Kidsgrove, Talke Pits ST7 40 B3
Leek ST13 30 C3
Longton ST3, ST4 283 B4
Newcastle-u-L ST5 284 C3
King St continued
Newcastle-u-L, Chesterton
ST5 55 F4
Newcastle-u-L, Cross Heath
ST5 56 A2
Rugeley WS15 196 C4
Stourbridge DY8 279 F3
Tamworth B79 250 A3
Yoxall DE13 182 A2
King William St
Brierley Hill DY8 279 F4
Tunstall ST6 41 F2
King's Ave
Newcastle-u-L ST5 56 B3
Stone ST15 105 D1
King's Bromley La WS15 198 B3
King's Croft ST4 56 B1
King's Hill Rd WS14 231 E3
King's La B79 236 B3
Kingcross St ST3 283 C3
Kingcup Rd ST17 174 C3
Kingfisher B77 262 A3
Kingfisher Cl
Madeley CW3 68 C4
Newport TF10 168 C3
Sedgley DY3 266 B1
Kingfisher Cres
Blythe Bridge ST11 106 C4
Cheadle ST10 76 C2
Kingfisher Dr
Cannock WS12 210 B3
Stourbridge DY8 279 E2
Kingfisher Gr ST6 42 B2
Kingfisher Way ST14 126 A3
Kingfisher Wlk ST19 207 F4
Kingham Cl DY3 271 E1
Kings Ave Cannock WS12 210 B2
Market Drayton TF9 112 A4
Kings Bromley Rd DE13 200 C1
Kings Ct B75 258 A2
Kings Pl ST4 56 B1
Kings Rd Hopton ST16 156 B4
Sedgley DY3 271 F4
Shareshill WV10 225 D3
Trentham ST4 72 A1
Kings Terr ST4 56 B1
Kingsbridge Ave ST5 71 D3
Kingsbury Cl DE15 167 D2
Kingsbury Gr ST1 57 F3
Kingsclere Gr ST1 57 F4
Kingsclere Wlk WV4 265 E3
Kingsdale Cl ST3 90 A4
Kingsdale Croft DE13 166 B4
Kingsdene Ave DY6 275 E2
Kingsdown Mews ST5 71 E2
Kingsdown Rd WS7 211 F1
Kingsfield Cres ST8 27 E4
Kingsfield Fst Sch ST8 27 E4
Kingsfield Oval ST4 56 B1
Kingsfield Rd
Biddulph ST8 27 E4
Stoke-on-T ST4 56 B1
Kingsford La
Cookley DY7 277 E1
Kinver DY7 277 E1
Kingsford Pl ST3 90 A4
Kingshayes Rd WS9 245 D1
Kingside Gr ST4 88 B3
Kingsland Ave ST4 71 F3
Kingsland Cl ST15 120 B4
Kingsland Ct ST15 120 B4
Kingsland Rd ST15 120 B4
Kingsley Ave
Cannock WS12 210 B4
Wolv WV6 255 D2
Kingsley Cl Kidsgrove ST7 40 B3
Stafford ST17 174 C4
Tamworth B79 250 A3
Kingsley Gdns WV8 238 C2
Kingsley Gr DY3 271 D3
Kingsley Rd
Burton u T DE14 166 B3
Cheddleton ST9 60 A2
Congleton CW12 6 A2
Consall ST9 60 A2
Kidsgrove ST7 40 B3
Kingswinford DY6 275 D3
Stafford ST17 174 C4
Kingsley St ST3 74 A1
Kingsley View ST13 45 E3
Kingsley Wood Rd WS15 195 E4
Kingslow Ave WV4 265 E3
Kingsmead High Sch
WS12 210 B2
Kingsmead Hospl ST16 155 F2
Kingsmead Rd ST3 89 F4
Kingsnorth Pl ST3 90 A3
Kingston Ave Hanley ST1 57 F4
Stafford ST16 156 A2
Kingston Cl B79 250 B4
Kingston Dr ST15 120 A3
Kingston Hill Ct ST16 156 B2
Kingston Pl Biddulph ST6 16 C1
Norton-in-t-M ST6 42 C2
Kingston Rd DE15 167 E1
Kingston Way DY6 275 E4
Kingsway Cannock WS11 210 A2
Essington WV11 242 A2
Stafford ST16 155 E1
Stoke-on-T ST4 72 A4
Stourbridge DY8 279 E4
Kingsway E ST5 71 D3
Kingsway W ST5 71 D3
Kingswear Ave WV6 254 C2
Kingswell Rd ST4 56 B1
Kingswinford Pl ST1 57 E4
Kingswinford Sch DY6 275 E4
Kingswood ST7 26 A1
Kingswood Ave WS11 226 B4
Kingswood Ctr WV7 237 F1
Kingswood Dr
Great Wyrley WS11 227 D2
Norton Canes WS11 227 F3
Kingswood Gdns WV4 265 F3
Kingswood Rd
Albrighton WV7 237 E2
Kingswinford DY6 275 E2
Kinlet Cl WV3 265 D4
Kinloch Dr DY1 271 F2
Kinnersley Ave ST7 40 C4
Kinnersley St ST7 26 A1
Kinross Ave WS12 209 F4
Kinsall Gn B77 262 B3
Kinsey St ST5 55 D1
Kinver Cres WS9 245 E1
Kinver Dr WV4 265 E3
Kinver Edge DY7 277 F2
Kinver L Ctr DY7 278 A3
Kinver La DY11 280 A4
Kinver Rd Enville DY7 277 F4
Kinver DY7 277 F4
Kinver St
Chell Heath ST6 42 B1
Kingswinford DY8 275 F1
Kiplass La ST18 121 E2
Kipling Ave WS7 212 A1
Kipling Rd Sedgley DY3 271 D3
Wolv WV10 240 B1
Kipling Rise B79 249 F4
Kipling Way ST2 58 B1
Kirby St ST6 57 D3
Kirk St ST6 42 B1
Kirkbride Cl ST3 73 E2
Kirkham St ST4 72 A3
Kirkland La ST4 72 A3
Kirkland Way B78 260 A4
Kirkside Gr WS8 244 C4
Kirkstall Ave ST17 174 A4
Kirkstall Cl WS3 242 C1
Kirkstall Cres WS3 242 C1
Kirkstall Pl ST5 71 D3
Kirkstone Cres WV5 269 F3
Kirkup Wlk ST3 283 A3
Kirkwall Gr ST2 43 D1
Kirstead Gdns WV6 255 D2
Kirtley B77 250 C1
Kirton Gr WV6 255 E2
Kitchen La WV11 241 F1
Kite Gr Kidsgrove ST7 26 B2
Meir ST3 90 A3
Kitling Greaves La DE13 166 A4
Kitlings La ST17 175 F4
Kittoe Rd B74 258 A2
Kitwood Ave B78 262 C3
Knarsdale Cl [11] ST3 73 E3
Knaves Castle Ave WS8 228 C1
Knenhall ST15 105 F4
Knenhall La ST15 89 F1
Knight Ave ST16 156 A2
Knight La ST10 78 C1
Knight Rd WS7 211 F1
Knight St ST6 41 E2
Knightley CW3 68 C3
Knightley Cl ST20 171 E3
Knightley Rd ST20 171 E4
Knightley Way ST20 171 E4
Knighton Cl B74 257 F2
Knighton Dr B74 257 F2
Knighton Rd
Cannock WS12 210 C2
Sutton Coldfield B74 257 E2
Knights Ave WV6 255 F3
Knights Cl ST19 207 F4
Knights Cres WV6 255 F4
Knights Croft ST5 69 F4
Knights Ct
Burton u T DE13 147 F1
Norton Canes WS11 228 A2
Knights Hill WS9 256 A2
Knightsbridge Cl B74 257 F2
Knightsbridge Way DE13 166 B4
Knightsfield Rd DE13 144 C1
Kniveden La ST13 31 D3
Knoll Cl WS7 229 D3
Knoll Croft WS9 245 E1
Knoll The DY6 275 F3
Knotty La CW12, ST8 17 D4
Knowl St ST4 72 A4
Knowlbank Rd ST7 53 F4
Knowle La WS14 231 D2
Knowle Rd Biddulph ST8 27 E4
Stafford ST17 175 E4
Knowle Wood View ST3 72 C2
Knowles Hill DE13 147 D2
Knowsley La ST7 25 F2
Knowsley Rd ST9 44 B2
Knox Rd WV2 266 B3
Knox's Grave La WS14 248 B4
Knutsford Rd ST7 25 D3
Knutton CE Jun Sch ST5 55 E1
Knutton Inf Sch ST5 55 F1
Knutton La ST5 55 F1
Knutton Rd ST5 56 B3
Knutton Recn Ctr ST5 55 F1
Knype Cl ST5 56 A4
Knype Way Biddulph ST8 27 D3
Newcastle-u-L ST5 56 A4
Knypersley Fst Sch ST8 27 D3
Kohima Dr DY8 279 F3
Kurtus B77 261 E3
Kyffin Rd ST2 58 A3
Kyle Cl WV10 240 A1
Kynaston Cres WV8 239 D1
Laburnam Cl ST7 40 C4
Laburnham Rd DY6 275 F3
Laburnum Ave
Cannock WS11 226 C4
Tamworth B79 250 A4
Laburnum Cl
Brownhills WS3 244 A1
Cannock WS11 226 C4
Forsbrook ST11 91 D3
Kinver DY7 277 F3
Market Drayton TF9 97 E1
Seighford ST18 135 D1
Stourbridge DY8 279 F4
Laburnum Gr
Burntwood WS7 228 C3
Fenton ST3 72 C2
Laburnum Pl Meir ST3 89 F4
Newcastle-u-L ST5 40 B1
Laburnum Rd
Brownhills WS9 245 D2
Burton u T DE15 185 F3
Swadlincote DE11 186 C3
Wolv WV4 266 C2
Laburnum St DY8 279 F4
Laches La WV10 224 C1
Lad La ST5 284 B3
Ladbrook Gr DY3 271 D2
Ladderedge Leek ST13 30 B1
Longsdon ST13 30 B1
Ladford Covert Ind Pk
ST18 134 C1
Ladfordfields Ind Est
ST18 134 B1
Ladfordfields Ind Pk
ST18 153 F4
Ladle End La DE12 184 B1
Lady Grey's Wlk DY8 279 E3
Lady Hill Terr WS15 196 A4
Ladybank Gr ST3 88 C4
Ladydale Cl ST13 30 C2
Ladygates CW3 53 D3
Ladymoor La ST6 28 A2
Ladysmith Rd ST1 57 D2
Ladysmith St ST3 283 B2
Ladywell Cl
Burton u T DE13 147 F1
Wombourne WV5 270 A4
Ladywell Rd ST6 41 E2
Ladywood Rd B74 258 A1
Lagonda B77 250 C2
Lagonda Cl ST8 27 D3
Lagrange B79 249 F3
Lair The B78 262 C4
Lake St DY3 271 E2
Lakeland Dr B77 262 A4
Lakenheath B79 250 B4
Lakeside Betley CW3 53 D3
Bosley SK11 7 E4
Little Aston B74 257 D3
Lakeside Cl ST5 85 E2
Lakeside Dr WS11 228 A3
Lakeside Prim Sch B77 250 C1
Lakeside View WS15 198 A2
Lakewood Dr ST12 88 C2
Lakewood Gr ST1 57 D2
Lamb Cres WV5 269 F3
Lamb La ST15 119 F4
Lamb St Hanley ST1 282 B3
Kidsgrove ST7 26 A1
Lambert Ct DY6 275 E4
Lambert Dr WS7 229 D4
Lambert Rd ST14 110 C1
Lambert St ST6 41 F2
Lambert's La CW12 15 F4
Lambourn Cl WS3 243 E1
Lambourn Pl ST3 88 C4
Lambourne Cl
Great Wyrley WS6 226 C2
Lichfield WS14 231 F4
Lambourne Dr ST2 43 E1
Lamerton Gr ST3 73 F1
Lammas Rd DY8 275 E2
Lammascote Rd ST16 155 F2
Lamotte Cl ST4 73 D3
Lamprey B77 261 E3
Lanark Wlks ST5 70 C4
Lancaster Ave
Aldridge WS9 256 A4
Blythe Bridge ST11 90 C1
Leek ST13 30 C4
Newcastle-u-L ST5 284 D2
Lancaster Cres ST5 71 E4
Lancaster Dr
Norton-in-t-M ST6 42 C2
Tutbury DE13 146 A3
Lancaster Gdns WV4 265 F3
Lancaster Pl WS3 243 E1
Lancaster Rd
Newcastle-u-L ST5 284 D2
Stafford ST17 175 D4
Lance Dr WS7 211 F1
Lancelot Dr DE13 147 F1
Lanchester Cl
Biddulph ST8 27 D3
Tamworth B79 249 F4
Lancia Cl ST8 27 D3
Lancing Ave ST17 175 D4
Lander Cl ST15 120 B4
Lander Pl ST6 42 A3
Landon St ST3 283 C3
Landor Cres WS15 196 C4
Landport Rd WV1 266 C4
Landrake Gr ST7 41 F4
Landsberg B79 249 F3
Landseer Pl ST5 55 F3
Landywood Ent Pk WS6 242 C4
Landywood Gn WS6 226 C1
Landywood La WS6 226 C1
Landywood Prim Sch
WS6 242 C4

Lan – Lin 309

Landywood Sta WS6 226 C1
Lane Farm Gr ST1 57 F4
Lane Green Ave WV8 239 E1
Lane Green Cty Fst Sch WV8 239 D2
Lane Green Rd WV8 239 E1
Lane Green Sh Par WV8 239 D2
Lane Head SK17 13 D4
Lane The ST18 174 A2
Lane's Cl DE13 199 E3
Lanehead Rd ST1 56 C2
Lanehead Wlk WS15 178 B1
Lanes Cl WV5 269 F3
Langdale Cl WS8 244 C3
Langdale Cres ST1 57 E4
Langdale Dr WS11 226 B4
Langdale Gn WS11 226 B4
Langdale Jun & Inf Schs ST5 71 D3
Langdale Rd ST5 71 D3
Langer Cl DE14 185 D3
Langford Rd Bucknall ST2 58 B2
Newcastle-u-L ST5 71 D2
Langford St ST13 30 B3
Langham Gn B74 256 C1
Langham Rd ST2 43 D1
Langholm Dr WS12 210 C1
Langland Dr Longton ST3 73 D1
Sedgley DY3 271 E4
Langley Cl ST5 40 B1
Langley Gdns WV3 265 E4
Langley Rd
Lower Penn WV3 265 D4
Wolv WV3 265 D4
Langley St ST4 56 B1
Langot La ST21 115 E2
Langstone Rd DY1 271 F1
Langton Cres WS14 232 C3
Langton Ct Caverswall ST9 59 D2
Lichfield WS13 214 A1
Langtree Cl WS12 210 B1
Lanrick Gdns WS15 178 C1
Lansbury Cl ST17 174 C4
Lansbury Dr WS11 209 F2
Lansbury Gr ST3 74 A2
Lansbury Rd WS15 196 C3
Lansdell Ave ST5 56 A3
Lansdown Cl ST15 119 F3
Lansdowne Ave WV8 238 C1
Lansdowne Cl ST13 30 B3
Lansdowne Cres
Caverswall ST9 59 D2
Tamworth B77 261 E4
Lansdowne Cty Inf Sch DE14 166 B3
Lansdowne Rd
Branston DE14 184 C4
Stoke-on-T ST4 56 C1
Lansdowne St ST3 73 D1
Lansdowne Terr DE14 166 B3
Lansdowne Way
Rugeley WS15 178 B1
Stafford ST17 175 E3
Lant Cl DE13 199 E3
Lapley Ave ST16 155 D4
Lapley La ST19 206 B2
Lapley Rd ST19 205 E4
Lapper Ave WV4 266 C1
Lapwing B77 262 A3
Lapwing Cl WS6 226 B1
Lapwing Rd ST7 26 B2
Lapwood Ave DY6 275 F3
Lapworth Way TF10 169 D2
Lara Cl ST16 155 D2
Larch Cl Kidsgrove ST7 41 D4
Kinver DY7 278 B2
Lichfield WS14 231 F4
Larch Gr Fenton ST3 72 C1
Sedgley DY3 271 F4
Larch Pl ST5 55 F4
Larch Rd
Kingswinford DY6 275 F4
Rugeley WS15 196 C3
Swadlincote DE11 186 C3
Larches The TF10 168 C1
Larchfields ST15 120 A3
Larchmere Dr WV11 242 A2
Larchmount Cl ST4 88 A4
Larchwood Keele ST5 70 A3
Stafford ST17 175 E3
Larchwood Dr WS11 210 A2
Larcombe Dr WV4 266 B3
Lark Hall Cty Inf Sch B79 250 A4
Lark Rise ST14 126 A3
Larkfield ST7 26 A1
Larkhill La TF9 100 A2
Larkhill Rd DY8 279 E2
Larkholme Cl WS15 178 A1
Larkin Ave ST3 73 E2
Larkin Cl ST17 174 B4
Larksfield Rd ST6 42 B1
Larksmeadow Vale ST17 175 E3
Larkspur B77 261 E2
Larkspur Ave WS7 229 D2
Larkspur Dr WV10 241 D4
Larkspur Gr ST5 284 C4
Larkspur Way WS8 244 B3
Larkstone La DE6 34 C1
Larkswood Dr
Sedgley DY3 271 E4
Wolv WV4 265 E2
Lascelles St ST6 41 E1
Lask Edge Rd ST9 28 B4
Laski Cres ST3 74 A1
Latebrook Cl ST6 41 E4
Latham Cl DE15 167 E1
Latham Gr ST6 42 A4
Latherford Cl WV10 224 C3
Latherford La WV10 225 D2
Lathkill Dale DE11 186 C1
Latimer Way ST2 58 B1
Lauder Cl DY3 266 B1
Lauder Pl N ST2 73 F4
Lauder Pl S ST2 73 F4
Lauderdale Cl WS8 244 C3
Lauderdale Gdns WV10 240 C2
Launceston Cl B77 250 B1
Laurel Bank B79 250 A3
Laurel Cl WS14 231 E4
Laurel Cres ST9 59 D2
Laurel Dr Burntwood WS7 229 E4
Cannock WS12 210 C2
Kidsgrove ST7 26 C2
Newport TF10 168 C2
Laurel Gr Burton u T DE15 185 F3
Fenton ST3 72 B1
Stafford ST17 174 C4
Wolv WV4 265 F3
Laurel Rd DY1 271 F2
Laurels The WS15 196 C4
Lauren Cl ST4 72 C3
Laurence Gr WV6 255 F4
Lauriston Cl DY1 271 F2
Lavender Ave ST11 90 C3
Lavender Cl Codsall WV9 239 F2
Meir ST3 74 B3
Seighford ST18 135 E1
Lavender La DY8 279 E2
Lavender Lodge ST17 177 F4
Lavender Rd B77 250 C2
Laverock Gr CW3 68 C3
Lawford Ave WS14 231 F4
Lawley Cl WS4 244 A1
Lawley St ST3 73 E2
Lawn Ave DY8 279 F2
Lawn La Brewood WV9 240 A4
Cheswardine TF9 113 F1
Lawn Rd Stafford ST17 155 E1
Wolv WV2 266 C3
Lawn St DY8 279 F2
Lawnoaks Cl WS8 228 B1
Lawns The
Market Drayton TF9 97 E1
Rolleston DE13 147 D2
Uttoxeter ST14 111 D1
Lawnsfield Wlk ST16 136 B1
Lawnswood DY7 275 D2
Lawnswood Ave
Burntwood WS7 228 C3
Kingswinford DY8 275 E2
Wolv, Blakeley Green WV6 255 F4
Wolv, Parkfield WV4 266 C2
Lawnswood Cl WS11 210 B1
Lawnswood Dr
Brownhills WS9 245 D2
Kinver DY7 275 D1
Lawnswood Rd
Kingswinford DY8 275 E2
Sedgley DY3 271 E3
Lawnswood Rise WV6 255 F4
Lawrence Ct B79 250 A3
Lawrence Dr ST15 103 D2
Lawrence St Hanley ST1 282 A1
Stafford ST17 155 F1
Lawson Cl WS9 256 A2
Lawton Ave ST7 25 E2
Lawton Coppice ST7 25 F2
Lawton Cres ST8 27 E4
Lawton St Biddulph ST8 27 E4
Chell Heath ST6 42 A1
Kidsgrove ST7 26 B2
Lawtongate Est ST7 25 D2
Laxey Rd ST5 56 A2
Laxton Gr ST4 88 B2
Lazar La ST17 176 A3
Lazy Hill WS9 245 E1
Le More B74 258 A1
Lea Castle Hospl DY10 280 B2
Lea Cl ST5 85 E3
Lea Cres ST17 174 B4
Lea Gn ST16 155 E4
Lea Hall Dr WS7 211 E1
Lea Hall Ent Pk WS15 197 D3
Lea Hall La WS15 197 D3
Lea La Colton WS15 159 F1
Cookley DY10 280 A3
Great Wyrley WS6 227 D2
Lea Manor Dr WV4 265 F2
Lea Pl ST3 74 A1
Lea Rd Hixon ST18 139 F1
Stone ST15 119 F3
Wolv WV3 266 A4
Lea The ST4 88 A4
Lea Vale Rd DY8 279 F1
Lea Wlk WS11 210 A2
Leacliffe Way B74 256 C2
Leacote Dr WV6 255 E2
Leacroft ST15 120 B4
Leacroft Ave WV10 240 C1
Leacroft Cl WS9 245 D1
Leacroft La WS11 226 C3
Leacroft Rd
Kingswinford DY6 275 F4
Meir ST3 90 A4
Penkridge ST19 193 D1
Leadbeater Ave ST4 71 F3
Leadendale La ST3 89 F2
Leafdown Cl WS12 210 B2
Leafenden Ave WS7 229 D3
Leaford Way DY6 275 F3
Leaford Wlk ST2 57 F1
Leafy Glade B74 257 D2
Leafy Rise DY3 271 E2
Leahurst cl ST17 175 E3
Leaks Alley ST3 283 B2
Leam Dr WS7 229 E4
Leamington Cl WS11 226 B4
Leamington Gdns ST5 56 C2
Leamington Rd DE14 184 C4
Leander Cl
Burntwood WS7 211 F1
Great Wyrley WS6 226 C1
Leander Rise DE15 186 A4
Lear Rd WV5 270 A4
Leas The WV10 241 E4
Leasawe Cl ST18 158 B1
Leaside Ave WS15 198 B3
Leaside Rd ST4 71 F3
Leason Rd ST3 74 A1
Leason St ST4 72 A4
Leasowe Rd WS15 197 D3
Leasowe The WS13 214 A1
Leasowes Cty Jun & Inf Schs ST17 175 E4
Leasowes Dr Perton WV6 254 B2
Wolv WV4 265 E3
Leaswood Cl ST5 71 E1
Leaswood Pl ST5 71 E1
Leathermill La WS15 178 C1
Leathersley La
Scropton DE6 129 E1
Sudbury DE6 129 E1
Leawood Rd ST4 71 F2
Lebanon Gr WS7 228 C4
Ledbury Cl WS9 245 E1
Ledbury Cres ST1 57 F3
Ledstone Way ST3 73 F2
Lee Ct WS9 244 C2
Lee Gr ST5 71 D2
Leech Ave ST5 55 F3
Leech St ST5 284 C1
Leedham Ave B77 250 B3
Leedhams Croft DE12 202 B4
Leeds St ST4 72 C3
Leek Coll of F Ed ST13 30 C3
Leek Fst Sch ST13 31 D3
Leek High Sch ST13 31 D3
Leek La ST8 28 A4
Leek Morlands Hospl ST13 31 D3
Leek New Rd
Chell Heath ST6, ST1 57 E4
Norton-in-t-M ST6 42 C1
Leek Rd Bucknall ST2 58 A3
Caverswall ST9 59 F2
Cheadle ST10 76 B3
Cheddleton, Cellarhead ST9 59 F2
Cheddleton, Cheddleton Heath ST13 45 E4
Congleton CW12 16 A4
Consall ST10 60 B2
Endon ST9 43 F3
Endon, Brown Edge ST9 43 E4
Hanley ST1 57 F1
Kingsley ST10 60 B2
Longnor SK17 13 D3
Norton-in-t-M ST6 42 C2
Stoke-on-T ST4 72 B4
Wetton DE6 34 B2
Leekbrook Ind Est
Cheddleton ST13 45 F4
Leek ST13 30 C1
Leekbrook Way ST13 30 C1
Lees Cl WS15 197 D3
Lees La ST10 108 C1
Leese La
Acton Trussell ST17 175 D1
Stone ST15 105 F3
Leese St ST4 72 A4
Leet Ct WS15 198 A2
Legge La ST18 139 E1
Legge St
Newcastle-u-L ST5 284 C2
Wolv WV2 266 C3
Legion Cl WS11 228 A3
Legs La WV10 240 C2
Leicester Cl ST5 71 E3
Leicester Pl ST2 58 B1
Leicester St DE14 185 E4
Leigh Ave WS7 229 D4
Leigh Bank ST10 108 C4
Leigh Cl ST17 174 C3
Leigh La
Church Leigh ST10 108 B3
Tunstall ST6 41 E1
Upper Tean ST10 92 C1
Uttoxeter ST14 125 D4
Leigh Rd Congleton CW12 6 A3
Newport TF10 168 C1
Leigh St ST6 42 A1
Leighs Cl WS4 244 B1
Leighs Rd WS4 244 A1
Leighswood ST17 175 E4
Leighswood Ave WS9 256 A4
Leighswood Cl WS11 227 F3
Leighswood Gr WS9 256 A4
Leighswood Ind Est WS9 256 A4
Leighswood Inf Sch WS9 256 A4
Leighswood Jun Sch WS9 256 A4
Leighswood Rd WS9 256 A3
Leighton Cl
Norton-in-t-M ST9 43 E2
Sedgley DY1 271 F1
Uttoxeter ST14 126 B3
Leighton Rd
Uttoxeter ST14 126 B3
Wolv WV4 265 F3
Leisure La SK17 24 C3
Leisure Wlk B77 261 F3
Lema Way ST16 156 B2
Lennox Gdns WV3 266 A4
Lennox Rd ST3 283 D1
Lenthall Ave CW12 15 F4
Leofric Cl DE13 199 E3
Leomansley Cl WS13 230 C4
Leomansley Rd WS13 230 C4
Leomansley View WS13 230 C4
Leonard Ave
Kidderminster DY10 280 A1
Norton-in-t-M ST2 43 D2
Leonard Dr ST6 43 D4
Leonard Rd DY8 279 E3
Leonard St Chell Heath ST6 42 A1
Leek ST13 30 C3
Leonora St ST6 56 C4
Leopold St ST4 72 C3
Lerridge La ST20 131 F3
Lerryn Cl DY6 275 F3
Lerwick Cl DY6 275 F3
Lesley Dr DY6 275 F2
Leslie Rd B74 257 D1
Lesscroft Cl WV9 240 A2
Lessways Cl ST5 56 A4
Lessways Wlk 13 ST6 56 C4
Lester Gr B74 256 C1
Letchmere Cl WV6 253 E1
Letchmere La WV6 253 E1
Lethbridge Gdns ST17 174 A4
Levedale Cl ST16 155 D4
Levedale Rd
Bradley ST18 191 E4
Penkridge ST19 192 C1
Levels The WS15 196 C3
Leven Dr WV11 242 A1
Lever St WV2 266 B4
Leveson Ave WS6 226 C1
Leveson Rd
Essington WV11 241 F1
Trentham ST4 71 F1
Levett Rd Hopwas WS14 232 B1
Tamworth B77 251 D3
Levetts Fields WS14 231 E4
Levetts Hollow WS11 210 B2
Levetts Sq WS13 231 D4
Levington Cl WV6 254 C2
Levita Rd ST4 71 F2
Lewis Cl WS14 231 F4
Lewis Dr DE13 166 A4
Lewis St ST4 72 A4
Lewis's La DE13 199 E3
Lewisham Dr ST6 41 E4
Lewisham Rd WV10 240 A1
Lewthorne Rise WV4 266 B2
Lexham Pl ST3 73 F1
Lexington Gn ST17 174 A4
Ley Gdns ST3 283 A2
Ley Hill Rd B75 258 B1
Ley Rise DY3 266 B1
Leybourne Cres WV9 239 F1
Leycett La ST5 54 B1
Leycett Rd ST5 54 C2
Leyfield Rd ST4 88 A3
Leyfields WS13 214 A1
Leyfields Farm Mews DE13 165 E4
Leyland Ave WV3 255 F1
Leyland Croft WS3 243 F2
Leyland Dr WS15 178 C1
Leyland Gn ST6 42 A3
Leyland Rd B77 250 C2
Leys Dr ST5 70 C2
Leys La ST2 43 E2
Leys The DE11 186 C3
Liberty Pk ST17 174 A4
Liberty Rd B77 261 F3
Libra Cl B79 249 F4
Libra Pl ST6 41 F3
Lichen Cl WS12 209 E3
Lichfield Bsns Ctr WS13 214 B1
Lichfield Cathedral Sch WS13 231 D4
Lichfield City Sta WS14 231 D4
Lichfield Cl ST5 55 E1
Lichfield Coll WS13 231 D4
Lichfield Ct ST17 155 F1
Lichfield Dr Colwich ST18 158 A1
Hopwas B78 249 D4
Lichfield Rd
Abbots Bromley WS15 161 D2
Armitage WS15 198 B2
Barton Turn DE14 184 B2
Branston DE14 184 B2
Brownhills, Gatehouse Trad Est WS8 245 D4
Brownhills, Highbridge WS3 244 A3
Brownhills, Shelfield WS4 244 B1
Burntwood, Burntwood Green WS7 229 E3
Burntwood, New Town WS7 229 E1
Cannock WS11 226 C4
Hamstall Ridware WS15 180 C1
Kidsgrove ST7 40 B4
King's Bromley DE13 199 D3
Sandon ST18 137 E4
Stafford ST17 155 F1
Stone ST15 120 A4
Sutton Coldfield B74 258 A2
Tamworth B78, B79 249 F3
Walsall, Brownhills WS3, WS4, WS8, WS9 242 C1
Walsall, Wallington Heath WS3 243 E1
Lichfield Road Ind Est B79 249 F3
Lichfield St
Burton u T DE14 166 B1
Fazeley B78 249 F1
Hanley ST1 282 C1
Rugeley WS15 196 C4
Stone ST15 120 A4
Lichfield (Trent Valley) Sta WS13 231 F4
Lid La Cheadle ST10 76 B2
Roston DE6 96 C4
Liddiard Ct DY8 279 F3
Liddle St ST4 72 A3
Lidgate Gr ST3 72 C1
Lidgate Wlk ST5 71 D1
Liffs Rd DE6 36 B4
Lifton Croft DY6 275 F3
Light Ash WV10 224 B2
Light Ash Cl WV9 224 B2
Light Ash La WV9 224 B2
Light Oaks Ave ST2 43 E1
Lightfoot Rd ST14 110 C1
Lightwater Gr ST2 42 C1
Lightwood Rd Longton ST3 283 C2
Meir ST3 89 E3
Newcastle-u-L ST5 40 B1
Yoxall DE13 181 F1
Lilac Ave WS11 226 B4
Lilac Cl Meir ST3 74 B3
Newcastle-u-L ST5 40 B1
Seighford ST18 135 E1
Uttoxeter ST14 126 A3
Lilac Dr WV5 269 F3
Lilac Gr Burntwood WS7 228 C4
Burton u T DE15 185 F3
Fenton ST3 72 C2
Stafford ST17 174 C4
Lilac La WS6 243 D4
Lilac Rd B79 250 A4
Lilleshall Cres WV2 266 B4
Lilleshall Hall National Sports Ctr TF10 187 D1
Lilleshall Rd ST5 71 E3
Lilleshall St ST3 283 C2
Lilleshall Way ST17 174 B4
Lillington Cl WS13 231 D4
Lillydale Rd ST2 58 A2
Lily St ST5 56 B3
Lime Cl Church Leigh ST10 109 D3
Doveridge DE6 127 D4
Great Wyrley WS11 226 C2
Meir ST3 74 B3
Lime Gr Barlaston ST12 88 C2
Burntwood WS7 229 E3
Burton u T DE15 185 F3
Kinver DY7 278 A2
Lichfield WS14 231 E4
Waterhouses ST10 48 C2
Lime Kiln La Alton ST10 78 C1
Kidsgrove ST7 25 F1
Lime La WS3 244 A4
Lime Rd Huntington WS12 209 E4
Sedgley DY3 266 C1
Lime St Stoke-on-T ST4 72 A3
Wolv WV3 266 A4
Lime Tree Ave WV6 255 D2
Lime Tree Gdns WV8 239 D2
Lime Tree Rd WV8 239 D2
Lime Wlk ST19 207 F4
Limeheath Pl ST6 41 F3
Limehurst Ave WV3 255 E1
Limepit La Cannock WS12 209 E3
Huntington WS12 209 E3
Limes Ave ST9 30 A1
Limes Rd WV6 255 E2
Limes The Albrighton WV7 237 D2
Newcastle-u-L ST5 56 B4
Limes View DY3 271 E4
Limetree Ave ST16 155 E3
Limetree Rd B74 256 B1
Limewood Cl ST11 91 D3
Linacre Rd ST21 133 F3
Linacre Way ST3 73 F3
Lincoln Ave ST5 71 E3
Lincoln Cl WS13 214 B2
Lincoln Croft WS14 247 D3
Lincoln Dr WS11 226 C4
Lincoln Gn WV10 240 B1
Lincoln Gr ST5 71 E3
Lincoln Meadow ST17 174 A4
Lincoln Rd Burslem ST6 57 D4
Burton u T DE15 185 E4
Kidsgrove ST7 25 F1
Lincoln St ST1 282 C2
Linda Rd ST6 41 F3
Lindale Cl CW12 6 A3
Lindale Dr WV5 269 F3
Lindale Gr ST3 90 A4
Linden Ave WS7 229 D4
Linden Cl Congleton CW12 16 A4
Newcastle-u-L ST5 56 A2
Stafford ST17 174 A4
Tamworth B77 250 C2
Linden Dr ST6 16 B1
Linden Gr ST5 56 A2
Linden Lea WV3 255 E1
Linden Pl ST3 72 C1
Linden Rd DE13 183 E1
Linden View WS12 210 A2
Linden Way TF9 97 E1
Lindenbrook Vale ST17 175 E4
Lindens The Stone ST15 120 A3
Wolv WV6 255 F2
Lindera B77 251 D2
Lindisfarne B77 250 B2
Lindley Pl ST3 90 A2
Lindley St ST6 57 D4
Lindon Dr WS8 245 D3
Lindon Rd WS8 244 C3
Lindon View WS8 245 D3
Lindop Ct ST1 282 C3
Lindop St ST1 282 C3

Lindops La CW3 68 C4
Lindrick Cl WS3 242 C2
Lindrosa Rd B74 256 C2
Lindsay St ST1 282 A2
Lindum Ave ST4 88 B4
Lineker Cl ST16 155 D2
Linfield Gdns DY3 266 B1
Linfield Rd ST1 282 C3
Linford Cl WS15 198 B2
Ling Rd WS12 209 E3
Lingard St ST6 57 D4
Lingfield Ave Endon ST6 43 D4
Wolv WV10 240 B3
Lingfield Cl WS6 226 C1
Lingfield Dr WS6 226 C1
Lingfield Gr WV6 254 C2
Lingfield Rd DE14 184 C4
Linhope Gr ST3 90 A4
Link Rd Brownhills WS9 245 D2
Wombourne WV5 270 A4
Linkend Cl ST1 57 F3
Links Ave
Newcastle-u-L ST5 56 A2
Wolv WV6 255 E4
Links Dr DY8 279 F1
Links Rd WV4 266 A2
Links Side Way WS9 256 B4
Links View B74 257 D1
Linksfield Gr ST16 155 E4
Linksway CW12 15 F4
Linksway Cl CW12 15 F4
Linkwood Ind Est DY8 279 F3
Linley Dr WV10 240 C1
Linley Gr Alsager ST7 25 D2
Sedgley DY5 271 D1
Linley La ST7 25 D1
Linley Rd Alsager ST7 25 D1
Kidsgrove ST7 40 B4
Stoke-on-T ST4 71 F4
Linley Trad Est ST7 25 E1
Linnburn Rd ST3 73 F2
Linnet Cl SW12 209 E4
Linnet Way ST8 27 F4
Linslade Cl WV4 266 B2
Lintake Dr WS15 160 C3
Linthouse Wlk B77 261 F3
Lintly B77 262 A4
Linton Rd WV4 265 F3
Linwood Dr WS12 209 F4
Linwood Way ST6 41 F3
Lion Gr ST5 55 F4
Lion Ind Est WS9 256 A4
Lion Pas DY8 279 F3
Lion St Rugeley WS15 178 C1
Stoke-on-T ST4 72 A4
Stourbridge DY8 279 F3
Lion's Den WS14 229 F1
Lionel Gr ST4 71 F3
Lionfields Cl DY10 280 A3
Lionfields Rd DY10 280 A3
Lisbon Pl ST5 70 C4
Liskeard Cl ST2 58 A1
Lister Rd ST16 155 F3
Litley Dr ST10 92 B4
Little Aston Cty Prim Sch
WS14 257 E3
Little Aston Hospl B74 257 D3
Little Aston La B74 257 E3
Little Aston Park Rd B74 257 D2
Little Aston Rd WS9 256 B3
Little Barrow Wlk WS13 214 A1
Little Birches WV3 265 F4
Little Bloxwich CE Jun Mix
Inf & Prim Sch WS3 243 E2
Little Burton E DE14 166 B2
Little Burton W DE14 166 B2
Little Checkhill La DY6 274 B2
Little Chell La
Chell Heath ST6 41 F3
Tunstall ST6 41 F3
Little Church La B79 250 A3
Little Cliffe Rd ST3 72 C2
Little Common WS3 244 A2
Little Eaves La ST2 58 B3
Little Field ST4 71 F2
Little Grange WS13 213 F1
Little Hardwick Rd
B74, WS9 256 B1
Little Hay La
Shenstone WS14 247 E2
Weeford WS14 247 E2
Little Johnson's La WS9 256 A1
Little La ST3 89 F2
Little Lawns Cl WS9 245 D2
Little Marsh Gr ST19 192 C1
Little Moss Cl ST7 25 F3
Little Moss La ST7 25 F3
Little Oaks Dr DY7 275 D1
Little Onn Rd ST20 190 A4
Little Orch WS15 178 C1
Little Pipe La WS13 213 D1
Little Pountney St
6 WV2 266 B4
Little Rd ST10 75 F1
Little Row ST4 72 C4
Little Sutton La B75 258 B1
Little Sutton Prim Sch
B75 258 B2
Little Sutton Rd B75 258 B1
Little Tixall La ST18 158 B1
Littlecote B79 249 E4
Littlefield La
Ellastone DE6 80 A1
Snelston DE6 81 D2
Littlehales Rd TF10 187 D3
Littleton Bsns Pk WS12 209 E4
Littleton Cl ST16 156 A2
Littleton Cres ST19 192 C1
Littleton Dr WS12 209 E4
Littleton Way WS7 211 E1
Littlewood La WS11 226 C2
Littlewood Rd WS11 226 C2
Littleworth Hill WS12 210 B2
Littleworth Rd WS12 210 C2
Litton B77 251 E1
Littondale Cl CW12 6 A3
Littywood La ST18 173 E1
Liverpool Rd
Kidsgrove ST7 26 A1
Newcastle-u-L ST5 284 B3
Newcastle-u-L, Cross Heath
ST5 56 A2
Newcastle-u-L, Red Street
ST5 40 B1
Stoke-on-T ST4 72 A4
Liverpool Rd E
Kidsgrove ST7 25 F1
Lawton-gate ST7 25 F1
Liverpool Rd W ST7 25 D2
Livingstone Dr WV6 254 C3
Livingstone Rd WS3 243 F1
Livingstone St
Chell Heath ST6 42 B1
Leek ST13 30 C3
Lizard La TF11 220 A3
Llewellyn Roberts Way
TF9 97 E1
Lloyd Dr WV4 265 E1
Lloyd George Gr WS11 210 B1
Lloyd Hill WV4 265 E2
Lloyd Rd WV6 255 E3
Lloyd St Cannock WS11 209 E1
Longton ST3 283 C2
Stafford ST16 155 F2
Wolv WV6 255 F2
Lochalsh Gr WV11 242 A1
Lock Rd ST19 207 F4
Locke Way ST16 156 A2
Lockerbie Cl ST13 31 D3
Lockett St ST1 57 E3
Locketts La ST3 283 D2
Lockfield Cl DY8 275 F1
Lockington Ave ST2 58 B1
Lockley St ST1 57 F3
Locks View DY8 275 F1
Lockside WV5 269 F4
Lockwood Cl ST10 62 A1
Lockwood Rd
Cheadle ST10 77 D3
Kingsley ST10 77 D3
Lockwood St
Newcastle-u-L ST5 284 D3
Norton-in-t-M ST2 43 D2
Lode La DE6 35 F2
Lodge Barn Rd ST8 27 F3
Lodge Gr Aldridge WS9 256 A3
Newcastle-u-L ST5 56 B3
Lodge Hill DE13 146 C2
Lodge La
Alstonefield DE6 35 D2
Cheslyn Hay WS11 226 B3
Eccleshall ST21 115 F3
Ilam ST10 50 B2
Kingswinford DY6 275 D3
Netherseal DE12 219 F4
Woodseaves ST20 151 F3
Yoxall DE13 182 A4
Lodge Pk WV5 267 E4
Lodge Rd
Brownhills WS4 244 A1
Burntwood WS7 211 F1
Kidsgrove ST7 40 B3
Rugeley WS15 197 D3
Stoke-on-T ST4 71 F4
Lodge View WS6 226 B2
Loftus Ct WS7 229 D3
Loftus St ST1 282 A4
Loganbeck Gr ST3 73 F3
Lohengrin Ct DE13 147 F1
Lomas St ST1 57 D1
Lomax Cl WS13 214 A1
Lomax Rd WS12 210 A4
Lombard Gdns WS13 231 D4
Lombard St WS13 231 D4
Lombardy Gr
Burntwood WS7 228 C4
Meir ST3 74 A1
Lomita Cres B77 261 E4
Lomond Cl B79 249 F4
Lomond Gr ST10 76 C2
Lomond Rd DY3 266 B1
Lomond Wlk ST3 88 C4
London Rd
Allen End B75 259 E1
Bridgemere CW5 67 D3
Hints B75 259 D2
Lichfield WS14 231 E3
Mucklestone CW3 83 E3
Newcastle-u-L, Chesterton
ST5 55 F4
Newcastle-u-L,
City General Hospl ST5 284 C1
Stoke-on-T ST4 72 A3
Weeford WS14 247 F2
Weston-u-T ST18 138 B1
Woore CW5 67 D3
Woore, Dorrington CW3 83 E3
London St ST13 30 C3
Long Acre WV8 238 C1
Long Bridge Rd WS14 231 E3
Long Cl DY9 281 F2
Long Croft WS12 209 E2
Long Furrow WV8 239 F1
Long La Alrewas DE13 200 C1
Alstonefield DE6 35 D3
Great Wyrley WS6 242 C3
Haughton ST18 154 B1
Kidsgrove ST7 26 C2
Seighford ST18 154 B1
Long Meadow
Newcastle-u-L ST5 71 E2
Stafford ST17 174 C3
Long Meadow Dr DY3 266 A1
Long Mynd Cl WV11 242 A1
Long Row Caverswall ST11 74 B2
Kidsgrove ST7 26 A1
Long St Burton u T DE15 185 F4
Wheaton Aston ST19 205 E3
Long Valley Rd ST6 16 B1
Longacres Cannock WS12 210 C3
Little Aston B74 257 E2
Longboat La DY8 275 F1
Longbow Cl DE13 147 E1
Longbow Gr DE13 147 E1
Longbridge Hayes Rd
ST5 56 A4
Longbrook Ave ST3 72 C1
Longclough Rd ST5 40 B1
Longcroft La DE13 182 A2
Longdon Ave WV4 266 B3
Longdon Dr B74 257 F2
Longfellow Cl DE14 166 B4
Longfellow Pl WS11 209 F2
Longfellow Rd
Burntwood WS7 212 A1
Sedgley DY3 271 D3
Longfellow Wlk B79 249 F4
Longfield Ave ST15 119 F4
Longfield Cl B77 250 C2
Longfield Dr B74 257 E2
Longfield Rd ST4 71 F4
Longford Cl WV5 269 E3
Longford Gn WS11 226 B4
Longford Ind Est WS11 226 B3
Longford Prim Sch
WS11 226 B4
Longford Rd
Cannock WS11 226 B4
Longford TF10 168 B1
Newport TF10 168 B1
Longford Wlk ST2 58 A1
Longhedge La DE13 146 C1
Longhope Dr ST15 119 F3
Longhurst Dr ST16 156 B2
Longlake Ave WV6 255 D2
Longlands Cty
Prim Sch The TF9 97 E1
Longlands Dr B77 250 C2
Longlands La TF9 97 E1
Longlands The WV5 270 A3
Longleat Dr DY1 271 F1
Longleat Rd WS9 245 D1
Longley Rd ST3 73 E3
Longmead Rd DE13 166 B3
Longnor Pl ST2 58 A1
Longport Rd ST6 56 B4
Longport Sta ST6 56 B4
Longsdon Cl ST5 40 B1
Longsdon Gr ST3 73 F2
Longshaw Ave ST5 56 A4
Longshaw La
Oakamoor, Farley ST10 78 C3
Oakamoor, Longshaw ST10 78 C4
Longshaw St ST6 56 B4
Longshore Cl ST17 174 B3
Longslow Cl TF9 97 D1
Longslow Rd TF9 97 D1
Longstaff Ave WS12 211 E2
Longstaff Croft WS13 213 F1
Longton Exchange ST3 283 C3
Longton Hall Rd ST3 72 C1
Longton High Sch ST3 73 F1
Longton Hospl ST3 73 E1
Longton Rd
Barlaston ST12 88 C1
Stone ST15 105 E2
Trentham ST4 88 A3
Longton Sta ST3 283 B4
Longview Cl ST3 73 E3
Longwood Jun & Inf Sch
B78 249 E1
Longwood Path B78 249 E1
Longwood Rd WS9 256 A1
Lonsdale CE Prim Sch
ST21 133 E3
Lonsdale Ct TF9 97 E1
Lonsdale Rd
Branston DE14 185 D4
Wolv WV3 266 A4
Lonsdale St ST4 72 A3
Loomer Rd ST5 55 F3
Loomer Road Ind Est ST5 55 F3
Lord Cromwell Ct WS11 210 A3
Lord St Biddulph ST8 27 E4
Chell Heath ST6 42 B1
Lordship La ST4 72 B4
Lordshire Pl ST7 26 C1
Lordsley Rd TF9 100 A4
Lordswell Rd DE13 165 F2
Lorien Cl ST13 30 B2
Loring Rd ST5 56 A3
Loring Terr S ST5 56 B3
Lorne St Burntwood WS7 228 C4
Chell Heath ST6 42 A1
Lorraine St ST7 26 C1
Lorton B79 249 E4
Lothersdale B77 262 B4
Lothians Rd
Brownhills WS3 244 A3
Wolv WV6 255 F3
Lotus B77 250 C2
Lotus Ave ST8 27 D3
Lotus Ct ST15 105 D1
Lotus Dr WS11 209 F3
Loughborough Wlk ST3 283 C4
Loughshaw B77 251 E1
Louise Dr ST3 72 C2
Louise St Chell Heath ST6 42 A1
Sedgley DY3 271 E2
Lount La DE13 146 C1
Louvain Ave ST1 57 E4
Lovage Gr ST2 58 A2
Lovatt Ave ST5 56 A2
Lovatt Cl DE13 147 F1
Lovatt Pl WS11 209 F3
Lovatt St Stafford ST16 155 E3
Stoke-on-T ST4 72 A4
Love La
Great Wyrley WS6 227 D2
Rugeley WS15 178 C1
Wolv WV6 255 E3
Lovelace Cl ST17 174 B4
Lovell B79 249 F3
Lovell Rd DE13 182 A1
Loveridge Cl WV8 238 C2
Loveston Gr ST3 283 D4
Lovett Ct WS15 178 B1
Low St WS6 226 B2
Lowdham B77 251 E1
Lowe Dr DY6 275 F2
Lowe St ST4 72 A4
Lowe's Pas ST3 283 D2
Lowell Dr ST3 73 F2
Lower Ash Rd ST7 25 F1
Lower Bar TF10 168 C2
Lower Bedford St ST1 57 D1
Lower Bethesda St ST1 282 E2
Lower Bromstead La
TF10 188 B4
Lower Brook St WS15 178 C1
Lower Bryan St ST1 282 B4
Lower Cres ST4 71 F4
Lower Farm Prim Sch
WS3 243 E2
Lower Foundry St ST1 282 B3
Lower Hadderidge 3 ST6 56 C4
Lower High St
Mow Cop ST7 26 B4
Stourbridge DY8 279 F3
Tutbury DE13 146 B4
Lower La WS13 212 B2
Lower Mayer St ST1 282 C4
Lower Milehouse La ST5 55 F2
Lower Outwoods Rd
DE13 165 F3
Lower Oxford Rd ST5 56 C1
Lower Penkridge Rd ST17 175 E1
Lower Rd Ashley TF9 100 A2
Cannock WS12 210 B2
Gnosall ST20 152 A3
Lower Sandford St
WS13 231 D4
Lower Spring Rd 2 ST3 73 E1
Lower St 11 Burslem ST6 57 D4
Doveridge DE6 127 D4
Newcastle-u-L ST5 284 B3
Wolv WV6 255 F3
Lower Villiers St WV2 266 B4
Lower Way WS15 197 E1
Lowercroft Way B74 257 F3
Lowerpark B77 250 B1
Lowfield La ST20 171 F3
Lowforce B77 251 E1
Lowhurst Dr ST6 42 A4
Lowland Rd WS12 209 E3
Lowlands Ave WV6 255 F3
Lowlands Rd ST6 41 D2
Lowndes Cl ST4 71 F3
Lowndes Rd DY8 279 F3
Lowry Cl WV6 254 C2
Lowther Pl ST13 31 D3
Lowther St ST1 282 A4
Lowthorpe Way ST2 58 C1
Loxley Hall Specl Sch
ST14 125 E3
Loxley La ST14 125 E3
Loxley Pl ST3 89 F4
Loxley Rd B75 258 B2
Loynton Cl ST16 155 D4
Loynton Sands ST20 151 D3
Lucas St ST6 56 C4
Lucepool La DE13 182 B2
Lucerne Pl ST5 70 C4
Lud La B79 250 A3
Ludbrook Rd ST4 73 D3
Ludford Cl ST5 40 B1
Ludgate B79 250 A3
Ludgate Ct B77 251 D3
Ludgate St DE13 146 B3
Ludlow Cl WS11 210 B1
Ludlow St ST1 282 C3
Ludlow Way DY1 271 F1
Ludstone Ave WV4 265 E3
Ludwall Rd ST3 73 F1
Lugano Cl ST5 70 C3
Luke St ST6 56 C4
Lukes Wlk WS13 214 A1
Lukesland Ave ST4 71 F3
Lullington Rd
Clifton Campville B79 218 C2
Edingale B79 217 E3
Lulworth Gr ST6 41 F3
Lulworth Rd WS7 229 D4
Lulworth Wlk WV4 265 E3
Lundy Rd ST3 72 C2
Lune Cl CW12 6 A1
Lunns Croft WS13 231 E4
Lutley Cl WV3 265 F4
Lutley La DY7 273 D4
Luttrell Rd B74 258 A1
Luxton Cl B74 257 E3
Lydford Pl ST3 73 F2
Lydford Rd WS3 243 D2
Lydgate Rd DY6 275 F3
Lydia Croft B74 257 F3
Lydia Dr ST1 57 F3
Lydiates Cl DY3 271 D4
Lyme Brook Pl ST4 71 F2
Lyme Gr ST5 56 B2
Lyme Rd ST3 74 A1
Lyme Valley Rd ST5 284 C1
Lyme Wood Gr ST5 284 B1
Lymer Rd WV10 240 B1
Lymer's La ST18 123 D1
Lymes Rd Keele ST5 70 A2
Whitmore ST5 70 A2
Lymevale Rd ST4 71 F2
Lymewood Cl ST5 284 B2
Lymington Rd
Burntwood WS7 211 F1
Stafford ST16 156 B2
Lyminster Gr ST2 43 D1
Lymsey Croft DY8 275 E2
Lyn Ave WS13 213 F1
Lynam St ST4 72 A4
Lynam Way CW3 68 C4
Lynch The B78 251 F1
Lyncroft WV7 237 D3
Lyncroft House Sch
WS11 226 C4
Lyndale B77 261 F3
Lyndham Ave DE15 166 C1
Lyndhurst Dr
Biddulph ST8 27 D3
Brierley Hill DY8 275 F1
Lyndhurst Gr ST15 120 B3
Lyndhurst Rd
Cannock WS12 210 C1
Wolv WV3 266 A4
Lyndhurst St ST6 56 C4
Lyndon Cl DY3 266 C1
Lyndon Gr DY6 275 D4
Lyne Ct DE14 166 A2
Lyne Hill Ind Est ST19 207 F4
Lyneham Cl B79 250 B4
Lynehill La ST19 207 F3
Lyneside Rd ST8 27 D3
Lynfield Rd WS13 213 F1
Lynmouth Cl
Aldridge WS9 256 A3
Biddulph ST8 27 E3
Lynmouth Gr ST6 41 F4
Lynn Ave ST7 40 B4
Lynn La WS14 246 B3
Lynn St ST3 74 A3
Lynsey Cl ST7 54 C4
Lynton Ave Stafford ST17 175 E4
Wolv WV6 255 F3
Lynton Gr ST3 89 F4
Lynwood Ave DY6 275 D4
Lynwood Cl
Branston DE14 184 C4
Walsall WS3 242 C1
Lynwood Dr DY10 281 E1
Lynwood Rd DE14 184 C4
Lyric Cl ST17 174 C3
Lysander Rd ST3 90 A4
Lysander Way WS11 209 F2
Lysways La WS15 213 D4
Lytham B77 251 E3
Lytham Cl DY8 279 F1
Lytham Dr ST16 156 B2
Lytham Gr WS3 243 D2
Lytham Rd WV6 254 B2
Lyttelton Rd DY8 279 E3
Lytton Ave WV4 265 F2
Lytton St ST4 72 B4

Macadam Cl WS7 229 D4
Macclesfield Rd
Eaton CW12 6 A4
Leek ST13 30 B4
Macclesfield St ST6 42 A1
Macdonald Cres ST3 74 A2
Mace St ST4 71 F2
Macgregor Cres B77 250 C2
Machin Cres ST5 56 A4
Machin St ST6 41 F2
Macintyre St ST6 57 D4
Mackay Rd WS3 243 E1
Mackenzie Cres ST10 76 C1
Maclagan St ST4 72 A3
Macrome Rd WV6 255 F4
Madden Cl WS15 196 C3
Maddock St Audley ST7 39 E1
Burslem ST6 56 C4
Madeira Ave WV8 239 D1
Madeira Pl ST6 41 E2
Madeley High Sch CW3 68 C3
Madeley Rd DY6 275 F2
Madeley St
Newcastle-u-L ST5 55 D1
Tunstall ST6 41 E2
Madeley St N ST5 55 D1
Madison St ST6 41 E2
Madox Cl B79 249 F4
Madras Rd DE15 167 E2
Madrona B77 251 D2
Maer La TF9 97 E1
Maerway La ST5 84 B3
Maesfield Cl TF9 112 A4
Maesfield Dr ST17 155 E1
Mafeking St ST3 283 B2
Magdalen Rd ST3 88 C4
Magdalen Wlk ST3 88 C4
Magna Cl WS6 226 C2
Magnolia B77 251 D2

Mag – Mea 311

Magnolia Cl ST18 135 D1
Magnolia Dr ST6 42 C1
Magnolia Gr WV8 239 D2
Magnolia Way DY8 279 F4
Magnus B77 261 F3
Magnus St ST6 56 C4
Magpie Cres ST7 26 A1
Maidendale Rd DY6 275 D4
Maidensbridge Dr DY6 275 E4
Maidensbridge Gdns DY6 270 A1
Maidensbridge Prim Sch DY6 270 A1
Maidensbridge Rd DY6 270 A1
Maidstone Dr
Burntwood WS7 229 E3
Kingswinford DY8 275 F2
Maidstone Gr ST2 58 B1
Main Rd Adbaston ST20 131 E3
Armitage WS15 197 E2
Betley CW3 53 D3
Brocton ST17 176 A4
Cheddleton ST9 60 A4
Cotton ST10 63 F2
Edingale B79 217 E3
Harlaston B79 217 E1
Meir ST3 74 B2
Newton Regis B79 236 B1
Norton in H TF9 82 B1
Stafford ST17 176 A4
Sudbury, Aston DE6 129 D2
Sudbury, Sudbury DE6 128 C3
Weston CW2 37 E4
Wigginton B79 234 A1
Main Rd Brereton WS15 197 D3
Main St Alrewas DE13 201 D2
Anslow DE13 165 E4
Barton-u-N DE13 183 E1
Branston DE14 184 C4
Burton u T, Stapenhill DE15 185 F4
Burton u T, Stretton DE13 147 F1
Clifton Campville B79 218 C1
Eggington DE65 148 A3
Meir ST3 74 A3
Netherseal DE12 219 F4
Newton Solney DE15 167 F4
Shenstone WS14 246 C3
Shenstone, Stonnall WS9 245 E2
Swadlincote DE12 186 C3
Tatenhill DE13 165 D1
Walton-on-T DE12 184 B1
Whittington WS14 232 C3
Yoxall DE13 182 A1
Mainwaring Dr B75 258 C1
Maitland B77 250 C1
Maitland Rd DY1 271 F1
Major St WV2 266 C4
Majors Barn ST10 76 B1
Maker La DE13 162 B1
Malcolm Cl ST2 43 D1
Malcolm Ct ST2 58 B3
Malcolm Dr ST2 58 B3
Malcolm Rd ST17 174 B3
Malham Rd
Newcastle-u-L ST5 55 F1
Tamworth B77 251 E1
Malham St ST1 282 B4
Malhamdale Rd CW12 6 A3
Malins Rd WV4 266 C3
Malkin Way ST6 56 C3
Mallard Ave ST17 175 D4
Mallard Cl
Brownhills WS3 244 A3
Uttoxeter ST14 126 B3
Mallard Croft WS13 231 E4
Mallard Way ST6 42 B2
Mallens Croft ST14 125 E4
Mallicot Cl WS13 214 B1
Mallorie Rd ST6 42 B2
Mallory Cl ST15 120 A3
Mallory Cres WS3 243 E1
Mallory Rd WV6 254 C2
Mallory Way ST10 76 C2
Mallow Cl ST21 133 F3
Mallowdale Cl ST4 88 B3
Malpas Wlk ST6 41 E4
Malpass Gdns WV8 238 C2
Malt House Rd WS15 212 A3
Malt La ST3 283 D2
Malt Mill La ST16 155 F2
Malthouse La
Barlaston ST12 88 C1
Bradley ST18 173 E1
Caverswall ST3 74 B4
Church Eaton ST20 190 A4
Wheaton Aston ST19 205 E3
Wolv WV6 255 F3
Malthouse Rd ST2 58 A2
Maltings Ind Est DE14 166 C3
Maltings The
Aldridge WS9 256 B3
Burton u T DE15 167 D1
Uttoxeter ST14 126 B4
Malton Gr ST6 41 E3
Malvern Ave
Burton u T DE15 167 D1
Newcastle-u-L ST5 54 C1
Malvern Cl Stafford ST17 156 A1
Trentham ST4 88 A4
Malvern Dr Aldridge WS9 256 B4
Rugeley WS15 178 B1
Malvern St DE15 166 C1
Malvern View Rd DY3 271 E2
Mamble Rd DY8 279 F3
Mancroft Cl DY6 275 D4
Mancroft Gdns WV6 255 E3
Mancroft Rd WV6 255 E3
Mandela Way ST3 283 D2
Mander St WV3 266 A4
Manderley Cl DY3 266 B1
Manderville Gdns DY6 275 E3
Mandeville Cl ST6 42 B2
Manifold CE Prim Sch SK17 23 D1
Manifold Cl
Burntwood WS7 229 E3
Newcastle-u-L ST5 55 D1
Manifold Dr ST10 76 C1
Manifold Rd ST11 90 C4
Manifold Wlk ST2 58 B1
Manley Rd WS13 214 B1
Manlove St WV3 266 A4
Mannin Cl ST3 74 A2
Manor Ave
Cannock WS11 209 E1
Great Wyrley WS6 227 D2
Manor Cl Codsall WV8 239 D2
Colwich ST18 158 A1
Congleton CW12 6 A1
Draycott in t M ST11 91 E3
Market Drayton TF9 97 E1
Swadlincote DE15 186 A3
Uttoxeter ST14 126 A4
Weston-u-T ST18 138 B1
Wolv WV4 265 F2
Manor Court Dr WS15 198 A2
Manor Cres DE15 186 A3
Manor Croft DE14 166 C1
Manor Ct St ST4 71 F3
Manor Cty Prim Sch B78 260 C3
Manor Dr Netherseal DE12 219 F3
Sedgley DY3 271 D2
Shareshill WV10 225 E1
Swindon DY3 269 F1
Manor Farm Cres ST17 174 C3
Manor Farm Rd ST18 177 E4
Manor Fold WV8 238 B1
Manor Gdns
Albrighton WV7 237 D3
Market Drayton TF9 97 E1
Wombourne WV5 270 A4
Manor Glade ST5 85 D4
Manor Gn ST17 174 B4
Manor Hill Fst Sch ST15 119 F4
Manor House Pk WV8 239 D2
Manor La Harlaston B79 217 E1
Stourbridge DY8 279 E2
Wigginton B79 233 F2
Manor Pk DY6 275 E3
Manor Prim Sch B74 257 D1
Manor Rd Aldridge B74 257 D1
Edgmond TF10 168 A2
Fazeley B78 249 E1
Gnosall ST20 171 F4
King's Bromley DE13 199 E3
Kingswinford DY8 275 F1
Madeley CW3 68 C2
Mow Cop ST7 26 B4
Swadlincote DE15 186 A3
Tamworth B77 250 B2
Uttoxeter ST14 126 A4
Whitmore ST5 85 D4
Wolv WV4 265 F2
Manor Rise
Burntwood WS7 229 D3
Lichfield WS14 231 E4
Stone ST15 119 F4
Manor Sq ST17 174 B4
Manor St Fenton ST4 72 C3
Wolv WV6 255 E3
Manor Way WS15 179 D3
Manorfield Cl ST19 207 F4
Mansard Cl WV3 265 F4
Manse Cl ST3 283 C4
Mansell Cl ST16 155 E1
Mansfield Cl ST5 71 E1
Mansfield Dr ST8 27 D3
Mansion Cl ST10 76 C1
Mansion Dr WS7 229 E2
Manson St WV2 266 B4
Manston Dr WV6 254 C3
Manston Hill ST19 207 F4
Manston View B79 250 B4
Manta Rd B77 261 E3
Manton Cl DE11 186 C3
Maple Ave Kidsgrove ST7 40 B4
Newcastle-u-L ST5 40 C1
Maple Cl Burntwood WS7 228 C4
Cheadle ST10 76 C1
Kinver DY7 278 A3
Norton-in-t-M ST6 43 D3
Stourbridge DY8 279 E1
Swynnerton ST15 118 C3
Maple Cres Cannock WS11 209 E1
Forsbrook ST11 91 D3
Maple Dr Ashley TF9 99 E3
Huntington WS12 209 E4
Sedgley DY5 271 D1
Seighford ST18 154 C1
Maple Gdns ST15 120 A3
Maple Gr Burton u T DE15 185 F3
Kingswinford DY6 275 E3
Lichfield WS14 231 F4
Stafford ST17 174 C4
Wolv WV3 255 E1
Maple Hayes Dyslexia Sch The WS13 230 B4
Maple Pl ST3 74 A1
Maple Rd Brownhills WS3 243 F1
Wolv WV3 265 F4
Maple Rise B77 251 D2
Maple St WS3 243 E1
Maple Way DE14 185 D4
Maple Wood ST17 175 E3
Mapledene Cl ST17 175 E3
Maplehurst Cl ST6 57 D4
Marcel Cl ST4 72 A1
March Banks WS15 178 B1
March Cl WS6 226 B1
March La Dilhorne ST9 60 A2
Whitgreave ST18 135 F3
March Rd ST3 283 B4
March Way WS9 245 E1
Marchant Rd WV6 255 F1
Marchington Ind Est ST14 127 F1
Marchwood Ct ST4 71 F3
Marcia Rice Ct WS15 161 D3
Marconi Pl WS12 210 B4
Marcus Ind Est ST1 57 F2
Mardale Cl CW12 6 A3
Maree Gr WV11 242 A1
Margam Cres WS3 242 C1
Margam Way WS3 242 C1
Margaret Ave ST4 87 F4
Margaret Dr WS11 209 F3
Margaret St Hanley ST1 57 F2
Stone ST15 104 C1
Margery Ave ST7 25 F4
Margill Cl ST1 282 A2
Marholm Cl WV9 239 F1
Marigold Cl WS11 210 B2
Marina Cres WS12 210 A3
Marina Dr Burslem ST1 57 D2
Newcastle-u-L ST1 56 C2
Marina Rd ST4 71 F2
Marine Cres DY8 275 F1
Marine Gdns DY8 275 F1
Mariner B79 249 F3
Market Drayton Cottage Hospl TF9 112 B4
Market Drayton Cty Inf Sch TF9 97 E1
Market Drayton Cty Jun Sch TF9 112 A4
Market Drayton Rd TF9 99 E2
Market Hall DE14 166 C1
Market Hall St WS11 209 F1
Market La Hanley ST1 282 B3
Lower Penn WV4 264 C3
Newcastle-u-L ST5 284 B3
Wall WS14 230 C1
Market Mews TF10 168 C2
Market Pl Brewood ST19 223 E3
Burslem ST6 56 C4
Burton u T DE14 166 C1
Cannock WS11 209 E1
Cheadle ST10 76 B2
Hartington SK17 24 B3
5 Leek ST13 30 C3
Longnor SK17 13 D3
Tamworth B79 250 A2
Uttoxeter ST14 126 B4
Walsall WS3 243 D1
Market Sq Hanley ST1 282 B3
Rugeley WS15 178 C1
10 Stafford ST16 155 F2
Market St Cannock WS12 210 B3
Kidsgrove ST7 26 A1
Kingswinford DY6 275 E3
Leek ST13 30 C3
Lichfield WS13 231 D4
Longton ST3 283 C3
Penkridge ST19 192 C1
Rugeley WS15 178 C1
Stafford ST16 155 F2
Tamworth B79 250 A2
Uttoxeter ST14 126 B4
Marketfields ST21 133 F4
Markham Croft WV9 240 A1
Markham Dr DY6 275 F2
Marklew Cl WS8 245 D3
Marklin Ave WV10 240 B1
Marks Wlk WS13 214 A1
Marlborough Ave ST16 156 B2
Marlborough Cl
Colwich ST18 158 B1
Endon ST9 43 F4
Sutton Coldfield B74 257 F3
Marlborough Cres DE15 186 A4
Marlborough Ct WS13 231 D4
Marlborough Gdns
Kingswinford DY8 275 E1
Wolv WV6 255 F2
Marlborough Ind Est WV2 266 B4
Marlborough Rd
Longton ST3 283 C4
Sedgley DY3 271 F3
Stone ST15 119 F3
Marlborough St
Fenton ST4 72 B3
Walsall WS3 243 D1
Marlborough Way
Tamworth B77 250 C1
Uttoxeter ST14 110 C1
Marlbrook La WV6 253 D1
Marlbrook Rd WV4 266 A3
Marlburn Way WV5 269 F3
Marldon Pl ST6 41 E3
Marlin B77 261 E3
Marlow Cl ST3 73 E3
Marlow Rd Longton ST3 73 E3
Tamworth B77 250 B3
Marlowe Rd ST17 174 A4
Marlpit La Denstone ST14 95 E3
Ellastone DE6 80 A1
Stone ST15 105 F3
Sutton Coldfield B75 258 B2
Marlpool Dr WS3 244 A1
Marmion Jun Sch B79 250 A3
Marmion St B79 250 A3
Marnel Dr WV3 265 F4
Marney Wlk ST6 42 A1
Marquis Dr WS12 195 E2
Marrick B77 251 E1
Marriott St ST4 73 D3
Mars St ST6 42 B1
Marsden St ST1 282 C3
Marsett B77 262 B4
Marsh Ave Chell Heath ST6 42 A1
Kidsgrove ST7 26 C1
Newcastle-u-L ST5 56 B3
Marsh Cl ST9 59 D2
Marsh Cres DY8 275 E2
Marsh Ct ST16 155 E3
Marsh Gr ST6 16 B2
Marsh Green Cl ST6 16 B1
Marsh Green Rd ST6 16 B1
Marsh La
Cheswardine TF9 130 A4
Ellenhall ST21 134 A1
Lichfield WS14 231 E3
Penkridge ST19 192 C1
Stanton DE6 80 B4
Whittington WS14 232 A3
Wolv WV10 240 A1
Marsh Lane Par WV10 240 B1
Marsh Par ST5 284 C3
Marsh Prim Sch The ST11 91 D3
Marsh St ST16 155 E3
Marsh St N ST1 282 B3
Marsh St S ST1 282 B2
Marsh View ST3 90 A3
Marsh Way ST5 56 B3
Marshall Ave ST6 43 D4
Marshall Cl WS9 256 A2
Marshall St Burslem ST6 41 F1
Tamworth B77 250 C3
Marshalls Ind Est WV2 266 B4
Marshbrook Fst Sch ST19 192 C1
Marshfield La ST6 16 B1
Marshland Gr ST6 42 A4
Marshlands Specl Sch ST17 175 E3
Marshwood Cl WS11 210 A1
Marsland Cl ST16 155 D2
Marsland Rd ST16 155 D2
Marston Cl
Stourbridge DY8 279 E2
Wheaton Aston ST19 205 E3
Marston Croft ST19 205 E3
Marston Ct ST16 155 E3
Marston Dr ST16 155 E3
Marston Gr ST1 57 E4
Marston Ind Est WV2 266 B4
Marston La Hatton DE65 146 B4
Marston ST18 136 C1
Rolleston DE13 147 D2
Stafford ST18 136 C1
Marston Old La DE65 146 B4
Marston Rd
Cannock WS12 209 F3
Marston on D DE55 147 D4
Stafford ST16 155 F3
Wheaton Aston ST19 205 D4
Wolv WV2 266 B4
Marston Rise DE15 185 F4
Marsworth Way ST16 136 B1
Martham Dr WV6 255 D1
Martin Croft WS13 214 A1
Martin Dale TF9 99 E3
Martin Dr ST16 155 E2
Martin St Hanley ST6 57 D4
Stafford ST16 155 F2
Wolv WV4 266 C3
Martin's La DE13 145 D2
Martindale
Cannock WS11 210 A1
Stafford ST17 175 E3
Martindale Cl ST3 89 F4
Martindale Trad Est WS11 210 A1
Martins Way ST18 158 B4
Martinslow La ST13 48 C2
Martley Rd WS4 244 B1
Marton Ave WS7 229 D4
Marwood Cft B74 257 D1
Mary Howard CE Prim Sch B79 217 E3
Mary Rand Cl ST17 174 B4
Mary Rose Cl ST2 58 A2
Mary St WS12 210 A4
Marychurch CE Prim Sch ST2 58 A2
Marychurch Rd ST2 58 A2
Maryfield Wlk ST4 71 F4
Maryhill Cl ST7 26 A2
Maryhill High & Prim Sch ST7 26 A2
Marysgate ST19 223 E4
Maryvale Ct WS14 231 E4
Masefield Cl
Burntwood WS7 212 A1
Cheadle ST10 76 B3
Lichfield WS14 231 D3
Masefield Cres DE14 166 B4
Masefield Dr B79 250 A4
Masefield Gr WS11 209 F2
Masefield Rd
Essington WV10 241 D1
Longton ST3 73 D1
Sedgley DY3 271 D2
Mason Cres WV4 265 F3
Mason Dr ST8 27 D4
Mason St ST4 72 C3
Mason's Pl TF10 168 C3
Masons Lawn ST20 171 E3
Masterson St ST4 72 B3
Mathews Wlk ST1 282 C3
Matlock Cl WS3 243 E2
Matlock Dr WS11 210 A2
Matlock Pl ST5 55 D1
Matlock Rd WS3 243 E2
Matlock St ST1 282 B1
Matthews Pl CW12 6 A1
Matthews Rd ST17 174 B4
Matthews Wlk WS13 214 A1
Maud St ST4 72 C4
Maunders Rd ST2 43 D1
Maureen Ave ST6 41 E3
Maureen Gr ST5 56 B2
Mavesyn Cl WS15 198 A4
Mavis Rd WS12 210 A4
Mavor Ave WS7 211 E1
Mawdesley St ST6 57 D3
Mawgan Dr WS14 231 E3
Mawson Gr ST4 57 E1
Maxstoke Ave B77 261 E2
Maxstoke Cl WS3 243 D2
Maxton Way ST3 74 A1
Maxwell Cl WS14 231 E4
Maxwell Pl ST4 71 F4
Maxwell Rd
Congleton CW12 16 A4
Wolv WV2 266 B4
May Ave
Newcastle-u-L ST5 56 B2
Tunstall ST6 41 F2
May Bank Inf Sch ST5 56 B2
May Cl WS7 211 F1
May Pl Longton ST4 283 B5
Newcastle-u-L ST5 56 B2
May St Chell Heath ST6 42 A1
Newcastle-u-L ST5 55 E1
Mayall Dr B75 258 B2
Mayama Rd B78 260 C4
Maybank Cl WS14 231 F4
Maybrook Ind Est WS8 244 C3
Maybrook Rd WS8 244 C3
Maybury Cl WV8 238 C2
Maybury Way ST2 43 D1
Maybush Gdns WV10 240 B1
Maycroft Cl WS12 209 F4
Mayer Ave ST5 284 B4
Mayer Bank 6 ST6 57 D4
Mayer St ST1 282 C3
Mayfair DE11 186 C3
Mayfair Ave ST10 62 A4
Mayfair Cl WV7 237 D3
Mayfair Dr
Drayton Bassett B77 261 D4
Kingswinford DY6 275 E4
Mayfair Gdns WV3 255 E1
Mayfair Gr ST9 43 F4
Mayfield B77 262 B4
Mayfield Ave
Hanley ST1 57 F3
Mayfield DE6 81 E4
Newcastle-u-L ST5 284 A2
Penkridge ST19 207 F4
Mayfield Cl ST13 30 A3
Mayfield Cres ST1 57 F2
Mayfield Dr
Blythe Bridge ST11 90 B4
Burton u T DE15 186 A4
Mayfield Pl ST5 56 B2
Mayfield Pl E ST4 71 F3
Mayfield Pl W ST4 71 F3
Mayfield Rd
Albrighton WV7 237 D3
Biddulph ST8 27 E3
Burton u T DE15 167 D2
Stafford ST17 156 B1
Mayfield Terr DE6 81 E3
Mayfields Dr WS8 228 A1
Mayflower Dr WS15 178 B1
Maygrove Rd DY6 275 E4
Maylea Cres ST6 57 E4
Maynard Ave DY8 279 E2
Maynards Croft TF10 169 D2
Mayne St ST4 71 F1
Mayneford Pl ST4 71 F1
Mayock Cres ST16 155 D2
Mayou Ct WS3 244 A2
Maypole Ct WV5 270 A3
Maypole Dr DY8 279 F3
Maypole St WV5 270 A4
Mayswood Dr WV6 254 C1
Maythorn Gdns WV6 255 E2
Maythorne Rd ST3 73 D1
Maywood Cl DY6 275 D3
McAdam Cl DE15 167 D1
McBean Rd WV6 255 F2
McGeough Wlk WS11 210 A3
Mcghie St WS12 210 A3
McGough St ST6 41 E2
Mckellin Cl ST7 39 F1
McKie Way WS15 196 C3
McKinley St ST6 41 E2
Mclean Rd WV10 240 B1
Mead Ave ST7 25 F4
Mead Cl WS9 256 A3
Mead Cres DE15 186 A3
Mead The Sedgley DY3 271 D4
Trentham ST4 88 A4
Mead Wlk DE15 186 A3
Meadfoot Dr DY6 275 D4
Meadlands The WV5 269 F3
Meadow Ave
Cheddleton ST9 60 A3
6 Longton ST3 73 E1
Newcastle-u-L ST5 56 A2
Weston CW2 37 D3
Meadow Bank Wlk ST16 155 E4

312 Mea – Mob

Meadow Cl Aldridge B74 256 C1
Blythe Bridge ST11 90 C3
Eccleshall ST21 133 F4
Forsbrook ST11 91 D4
Gnosall ST20 171 F4
Market Drayton TF9 97 D1
Wheaton Aston ST19 205 D3
Meadow Croft
Hagley DY9 281 F2
Huntington WS12 209 E2
Perton WV6 254 B2
Streethay WS13 215 D1
Meadow Ct Barlaston ST12 88 B1
Burton u T DE14 166 C2
Stafford ST17 175 D4
Meadow Dr Cheadle ST10 76 B2
Haughton ST18 172 C3
Longton ST3 89 D4
Meadow Glade ST18 158 B4
Meadow Gr WS6 227 D1
Meadow Hill Dr WS11 210 A2
Meadow La
Acton Trussell ST17 193 D4
Blythe Bridge ST11 106 C4
Burton u T DE13 167 D4
Colwich ST18 177 E4
Millmeece ST21 117 F4
Newcastle-u-L ST5 56 A2
Roston DE6 96 B4
Seighford ST18 154 C1
Swadlincote DE11 186 C3
Trentham ST4 88 B4
Wombourne WV5 270 A4
Yoxall DE13 200 A4
Meadow Lark Cl WS12 210 A2
Meadow Pk B79 249 F3
Meadow Pl ST3 74 A1
Meadow Rd
Albrighton WV7 237 D3
Aldridge WS9 256 A2
Barlaston ST12 88 B1
Burton u T DE14 166 C2
Chell Heath ST6 42 B3
Endon ST6 43 D3
Newport TF10 169 D2
Stafford ST17 174 C4
Wolv WV3 265 E4
Meadow Ridge ST17 175 E4
Meadow Rise DE13 183 F1
Meadow Side ST8 27 D3
Meadow St
Newcastle-u-L ST5 55 F3
Norton-in-t-M ST2 43 D1
Tamworth B77 250 B2
Meadow The ST9 43 F4
Meadow Vale WV8 239 D1
Meadow View
Burntwood WS7 229 E3
Doveridge DE6 127 E4
Rolleston DE13 147 E2
Sedgley DY3 266 B1
Meadow View Cl TF10 169 D2
Meadow View Rd
Newport TF10 169 D2
Swadlincote DE11 186 C3
Meadow View Terr WV6 255 F2
Meadow Way
Armitage WS15 198 A2
Cannock WS12 210 B1
Kingswinford DY8 275 E1
Lawton-gate ST7 25 D3
Stone ST15 119 F3
Upper Tean ST10 92 B2
Whitmore ST5 85 E3
Meadow Wlk WV8 238 C1
Meadowbank Ave ST18 138 B1
Meadowbrook Ct ST15 120 B3
Meadowbrook Rd WS13 214 A2
Meadowcroft Ave ST3 90 B4
Meadowcroft Gdns ST19 205 E3
Meadowfields Cl DY8 275 F1
Meadowhill Dr DY8 275 F1
Meadowlands Dr WS4 244 B1
Meadowpark Rd DY8 279 E4
Meadows Prim Sch The CW3 69 D4
Meadows Rd ST7 25 F1
Meadows Sch The ST8 27 E3
Meadows The Endon ST9 44 A4
Hilderstone ST15 106 B1
Kingstone ST14 141 E4
Rugeley WS15 197 D3
Uttoxeter ST14 111 D1
Meadowside Ashley TF9 99 E3
Blythe Bridge ST11 91 D1
Mayfield DE6 81 E3
Trentham ST4 88 A4
Meadowside Ave ST7 39 E1
Meadowside Dr DE14 166 C2
Meadowside L Ctr DE14 166 C2
Meadowside Rd B74 257 F2
Meadowview ST15 118 C3
Meadway Cl WS12 210 B2
Meadway Dr ST17 175 E3
Meadway St WS7 229 D3
Meadway The WV6 255 D3
Meaford Ave ST15 104 C1
Meaford Dr ST3 72 C2
Meaford Rd
Barlaston ST15 104 B3
Stone ST15 104 B3
Meakin Ave ST5 71 D2
Meakin Cl Cheadle ST10 76 B1
Congleton CW12 6 A1
Stone ST15 120 B3
Meakin Gr ST16 155 D3
Meakin Ho ST15 104 C1
Mear Greaves La DE15 167 D2
Mear's La WS15 198 C4
Mease Ave WS7 229 E3
Mease La B79 218 A1
Meddins Cl DY7 278 A2
Meddins La DY7 277 F2
Meddins Rise DY7 277 F2
Medina B77 250 C1
Medina Cl WV10 240 C2
Medina Way
Kidsgrove ST7 26 A1
Kingswinford DY6 275 E3
Medway B77 250 B1
Medway Dr ST6 16 B1
Medway Pl ST5 71 D2
Medway Rd WS8 228 B1
Medway Wlk
Brownhills WS8 228 B1
Chell Heath ST6 42 A2
Meece Rd Millmeece ST15 118 B3
Swynnerton ST15 118 C3
Meerash La WS7 229 E2
Meerbrook Cl ST4 88 A3
Meerbrook Rd ST13 19 E1
Meere Cl ST6 42 C2
Meeson Cl WV7 237 D3
Meg La WS7 212 A1
Megacre ST7 40 A1
Meigh Rd ST9 59 D2
Meigh St ST1 282 C3
Meiklejohn Pl ST6 42 A3
Meir Heath Prim Sch ST3 90 A2
Meir Prim Sch ST3 74 A1
Meir Rd ST3 73 F1
Meir St ST6 41 F2
Meir View ST3 74 A1
Meirhay Rd ST3 73 E1
Melbourne Ave DE15 167 E2
Melbourne Cl DY6 275 F2
Melbourne Cres
Cannock WS12 210 C1
Stafford ST16 156 A3
Melbourne Rd WS12 210 C1
Melbourne St ST3 73 E3
Melbury Way WS11 209 F1
Melchester Gr ST3 73 F1
Melchester Wlk WS11 209 F1
Melfont St ST6 41 F2
Melford B79 249 F3
Melford Cl DY3 266 B1
Melford Grange WS7 211 F1
Melford Rise WS7 211 F1
Meliden Way ST4 71 F3
Mellard St
Audley ST7 39 E1
Newcastle-u-L ST5 284 A4
Mellor Dr
Sutton Coldfield B74 257 F2
Uttoxeter ST14 111 D1
Mellor Rd DE14 185 D4
Mellor St ST7 26 C1
Mellors Bank ST7 26 B3
Mellow La ST10, ST13 47 F2
Mellowdew Rd DY8 275 E2
Mellwaters B77 262 B4
Melmerby B77 262 B4
Melrose Ave
Blythe Bridge ST3 90 A2
Hanley ST1 57 E4
Newcastle-u-L ST5 71 D3
Stafford ST17 174 A4
Stone ST15 120 B3
Stourbridge DY8 279 F1
Melrose Cres TF9 112 A4
Melrose Dr
Cannock WS12 209 F4
Perton WV6 254 C2
Melrose Pl ST13 30 A3
Melstone Ave ST6 41 F2
Melville Ct ST5 71 E1
Melville Rd ST3 73 F1
Melville St ST1 57 F2
Melvyn Cres ST6 56 B4
Menai Dr ST8 27 E3
Mendip Ave ST17 175 F3
Mendip Cl Sedgley DY3 271 E2
Wolv WV2 266 C4
Mendip Gn ST2 43 D1
Mendip Pl ST5 55 F2
Mendip Rd WS12 195 D1
Mendip Way B77 251 E1
Mentone Cres TF10 168 A2
Meon Gr WV6 254 C2
Mercer Ave ST15 120 B4
Mercer St ST3 73 D1
Merchant Cl WV6 253 E2
Merchants Way WS9 256 A4
Mercia Cl Hatton DE65 146 B4
Tamworth B79 249 F4
Mercia Cres ST6 57 D3
Mercia Dr WV6 254 C3
Mercian Ct TF9 97 E1
Mercian Way
Tamworth B77 251 D2
Wheaton Aston ST19 206 A4
Mercury Ct B77 251 D2
Mercury Pl ST6 42 B1
Mercury Rd WS11 210 A3
Mere Cl TF10 168 C2
Mere Dr B75 258 A1
Mere Green Cl B75 258 B1
Mere Green Comb Sch B75 258 A1
Mere Green Rd B75 258 B1
Mere La DY7 273 E3
Mere Pool Rd B75 258 C1
Mere Rd Stourbridge DY8 279 F2
Weston CW2 37 D3
Mere Rise ST21 132 B4
Meredith Cl DE14 166 B3
Meredith Rd DY3 271 D3
Merelake Rd Alsager ST7 40 A4
Kidsgrove ST7 40 A4
Meremore Dr ST5 40 B1
Merevale Ave ST2 58 A1
Merganser B77 262 A3
Meriden Ave DY8 279 E3
Meriden Cl
Cannock WS11 226 A4
Stourbridge DY8 279 E3
Meriden Rd
Newcastle-u-L ST5 71 E1
Wolv WV10 240 A1
Merlin Cl Cannock WS11 209 E1
Chell Heath ST6 42 A4
Uttoxeter ST14 126 B3
Merlin Cres DE14 184 C4
Merlin Gn CW3 68 C3
Merlin Way WS14 232 C3
Merrial St ST5 284 B3
Merrick St ST1 282 C4
Merridale Ave WV3 255 F1
Merridale Ct WV3 255 F1
Merridale Gr WV3 255 F1
Merridale Rd WV3 255 F1
Merridale St W WV3 266 A4
Merrill Cl WS6 226 C1
Merrion Dr ST6 42 A2
Merrivale Rd ST17 174 C4
Merry Rd ST17 174 C4
Merrydale Rd DE15 186 A4
Merryfield Rd DY1 271 F1
Merryfields Sch ST5 56 A2
Mersey Cl WS15 178 C2
Mersey Rd
Newcastle-u-L ST5 71 D2
Walsall WS3 243 F1
Mersey St ST1 282 A2
Merton Cl WS7 228 C3
Merton St ST3 283 C4
Mervyn Rd DE15 167 D2
Mesnes Gn WS14 231 E4
Metcalf Cl WS7 229 E4
Metcalfe Cl WS12 210 B3
Metcalfe Rd ST6 42 A2
Metfield Cl B79 250 B4
Metfield Croft DY6 275 F3
Mewies Cl DE12 184 B1
Mews Cl ST2 58 A1
Mews The ST5 56 B2
Meynall Ingram Hospl DE13 182 A1
Meynell Cl DE15 167 D1
Meyrick Rd ST17 155 F1
Mica Cl B77 251 D1
Michael Cl ST3 74 A2
Michael's La DE6 80 B3
Michaels Cl ST5 56 B4
Michigan Cl WS11 210 A1
Michigan Gr ST4 88 A4
Micklea La ST9 29 F1
Mickleby Way ST3 90 B4
Micklegate ST19 223 E4
Micklehome Dr DE13 201 D2
Micklewood Cl ST19 207 F4
Micklewood La ST19 208 A2
Middle Cross St ST3 283 C4
Middle Entry B79 250 A2
Middle Friars ST17 155 F1
Middle La Brewood WV9 240 A3
Codsall, Coven Heath WV9 240 A3
Codsall, Oaken WV8 238 B1
Congleton CW12 6 B2
Gnosall TF10 188 B4
Middlefield Gnosall ST20 171 F4
Wolv WV8 239 F1
Middlefield Rd ST2 73 E4
Middlehurst Specl Sch ST7 41 F4
Middlemore La WS9 256 A3
Middlepark Rd DY1 271 F1
Middleport Inf Sch ST6 56 C4
Middlesmoor B77 262 B4
Middleton Cl ST6 42 C2
Middleton Rd
Aldridge B74 257 D1
Brownhills WS8 229 D1
Whittington WS14 232 C3
Middleway WS12 211 D3
Middleway Ave DY8 275 E2
Midfield Cl ST6 16 B1
Midgley Dr B74 258 A1
Midhurst Cl ST7 41 F4
Midhurst Dr WS12 210 B4
Midhurst Gr WV6 255 E3
Midland Rd WS12 209 E3
Midway Dr ST11 90 C3
Midway The ST5 284 B2
Milan Dr ST5 70 C3
Milborne Dr ST5 71 E3
Milburn B77 262 B4
Milburn Rd ST6 57 D3
Milcote Way DY6 275 D4
Mildenhall B79 250 B4
Mile Ct ST5 55 F2
Mile Flat Kinver DY6 274 C4
Swindon DY6 274 C4
Mile Oak Cross Roads B78 249 E1
Milehouse La ST5 56 A2
Miles Bank ST1 282 B3
Miles Green Rd ST7 54 C4
Milestone Dr DY9 281 F2
Milford Ave ST9 59 D2
Milford Cl DY8 275 F2
Milford Rd
Newcastle-u-L ST5 284 A1
Stafford ST17 175 F4
Wolv WV2 266 B4
Milford St ST4 72 C3
Milgreen Ave ST1 57 E4
Milk St ST13 30 C4
Milking Bank DY5 271 E1
Milking Bank Prim Sch DY1 271 F1
Mill Bank DY3 271 E4
Mill Cl Blakedown DY10 281 D1
Caverswall ST11 74 B2
Newton Solney DE15 167 F4
Sedgley DY3 271 E3
Mill Cotts ST18 139 E3
Mill Cres
Barton-u-N DE13 201 F4
Cannock WS11 210 A1
Mill Croft ST18 158 A1
Mill End La DE13 200 C2
Mill Farm Ct ST21 134 B3
Mill Fields DY7 278 A2
Mill Gn WV10 240 B2
Mill Gr Cheadle ST10 76 C1
Codsall WV8 239 E2
Kidsgrove ST7 25 E1
Mill Hayes Rd
Biddulph ST8 27 E2
Burslem ST6 41 F1
Mill Hill Cres ST6 42 A2
Mill Hill Dr DE15 167 D2
Mill Hill La DE15 167 D2
Mill Hill Prim Sch ST6 41 F2
Mill La
Acton Trussell ST17 175 D1
Albrighton WV7 220 C1
Aldridge WS9 256 C4
Barthomley CW2 38 B4
Barton-u-N DE13 201 F4
Blakedown DY10 281 D1
Blakenhall CW5 52 A2
Burntwood WS7 229 E2
Cheddleton ST9 59 F4
Cheslyn Hay WS11 226 B3
Codsall WV8 238 C3
Colwich ST18 158 A1
Congleton CW12 16 B4
Doveridge DE6 127 D4
Fazeley B78 261 D4
Foston DE6 129 E4
Gnosall ST20 171 E3
Hartington SK17 24 B3
Kingstone ST14 124 C2
Kinver DY7 278 A2
Kinver, Blundies DY7 274 A2
Little Aston WS9 257 D3
Madeley CW3 68 C4
Milwich ST18 122 B2
Oakamoor ST10 78 A3
Roston DE6 96 B4
Rugeley WS15 178 C1
Scropton DE65 129 F1
Shenstone WS14 247 D3
Shenstone, Lower Stonnall WS9, WS14 246 A2
Standon ST21 102 B2
Stone ST15 105 F3
Tamworth B79 250 B3
The Bank ST7 26 A4
Tong TF11 220 B4
Upper Tean ST10 92 C1
Weston CW2 37 D3
Weston-u-L TF11 220 B4
Wheaton Aston ST19 205 E3
Wolv WV6 255 D2
Wombourne WV5 270 A3
Mill Park Ind Est WS11 210 A1
Mill Pk WS11 210 A1
Mill Pond The WS13 214 B1
Mill Pool Rd WS12 210 A3
Mill Rd
Brownhills, Catshill WS8 245 D4
Brownhills, Shelfield WS4 244 B1
Mill Rise ST7 26 A1
Mill St Brierley Hill DY8 275 F1
Cannock WS11 209 F1
Kingswinford DY8 275 F1
Leek ST13 30 B3
Newcastle-u-L ST5 55 E1
Penkridge ST19 192 C1
Rocester ST14 96 A2
Stafford ST16 155 F2
Stone ST15 120 A4
Mill Stream Cl WV8 239 D2
Mill View ST6 42 B3
Mill Waters ST10 76 C1
Mill Way WS15 198 A1
Mill Way The ST15 103 D2
Millbank ST16 155 F2
Millbank Dr ST14 96 A2
Millbank Pl ST5 55 F1
Millbank St
Essington WV11 241 F1
Longton ST3 283 C3
Millbeck Cl CW2 37 D3
Millbridge Cl ST3 90 A3
Millbrook Cl WS11 209 F1
Millbrook Dr WS14 246 C3
Millbrook Gr ST2 43 D1
Millbrook Way ST10 76 C1
Millcroft Way WS15 198 B2
Milldale Cres WV10 240 B2
Milldale Rd WV10 240 B2
Millend La ST7 39 E3
Millenium Cl WS3 244 A2
Miller Cres WV14 266 C1
Miller St ST5 284 C3
Millers Gn WV7 237 D2
Millers Green Dr DY6 275 D4
Millers Vale
Cannock WS12 210 B1
Wombourne WV5 269 E3
Millers View Cheadle ST10 76 C1
Kidsgrove ST7 26 A1
Millersdale Cl DE15 167 D3
Millett Rd ST2 58 A2
Milley's Hospital WS13 231 D4
Millfield Ave
Brownhills WS4 244 A1
Walsall WS3 243 E2
Millfield Cres ST2 43 D1
Millfield Dr TF9 97 F1
Millfield Jun Mix Inf Sch WS8 245 D4
Millfield Prim Sch B78 261 D4
Millfield Rd WS8 245 D4
Millfields Way WV5 269 F3
Millhouse Dr ST10 76 C1
Millhouse Gdns ST19 192 C1
Millicent Cl WS12 210 A3
Millicent St ST4 72 C3
Millington St WS15 178 C1
Millmoor Ave WS15 198 A2
Millpool The WV5 263 F1
Millrise Rd ST2 43 D1
Mills Cres WV2 266 C4
Mills Rd WV2 266 C4
Millstone Ave ST7 25 F1
Millstone Edge ST13 45 D1
Millstream Cl ST10 76 C1
Millwalk Ave ST15 120 B4
Millwalk Dr WV9 240 A2
Millward Rd ST2 58 B2
Millway La DE6 35 F2
Milner Dr B79 251 F4
Milner Terr ST13 31 D4
Milnes Cl ST3 73 D1
Milo Cres B78 250 A1
Milton Ave B79 250 A4
Milton Cres Kidsgrove ST7 40 B4
Sedgley DY3 271 D3
Milton Ct WV6 254 C2
Milton Dr TF9 97 E1
Milton Gr ST17 174 A4
Milton Ho DE14 166 B2
Milton Prim Sch ST2 43 D1
Milton Rd Cannock WS11 209 F2
Hanley ST2 57 F4
Milton St Burton u T DE14 166 B2
Hanley ST1 282 A1
Milvale St ST6 56 C4
Milverton Dr ST14 110 C1
Milverton Pl 4 ST3 73 D2
Milward Gr ST3 89 F3
Mimosa Wlk DY6 275 F4
Minard Gr ST3 74 A2
Minden Gr ST6 57 E4
Minehead Rd Dudley DY1 271 F1
Wolv WV10 240 A1
Miners Wlk B78 251 F1
Minerva Cl Biddulph ST8 27 D3
Tamworth B77 250 B3
Minerva Rd ST4 72 C3
Minewood Cl WS3 242 C2
Minfield Cl ST7 41 D4
Minn-End-La Bosley SK11 8 A3
Wincle SK11 8 A3
Minors Hill WS14 231 E3
Minshall St ST4 72 B3
Minster St ST6 42 A1
Minster The WV3 266 A4
Minsterley Cl WV3 265 F4
Minsterpool Wlk WS13 231 D4
Minton Cl Cheadle ST10 76 B1
Congleton CW12 6 A1
Minton Pl ST5 56 B3
Minton St
Newcastle-u-L ST5 56 B3
Stoke-on-T ST4 71 F4
Miranda Gr ST6 42 B1
Mires Brook La WS15 160 C3
Mires The DE6 35 D2
Mirfield Cl WV9 240 A2
Miss Pickerings Field ST17 175 D1
Mistley Wlk ST6 41 E4
Mitcham Cl WS12 209 F4
Mitchel Rd DY6 275 F2
Mitchell Ave ST7 25 E1
Mitchell Dr ST7 25 E1
Mitchell High Sch The ST2 58 B2
Mitchell Rise ST15 118 C3
Mitchell St ST6 41 F1
Mitre Cl WV11 242 A2
Mitre Rd WS6 226 B1
Mitton Rd ST18 191 E4
Moat Bank DE15 167 E1
Moat Brook Ave WV8 238 C2
Moat Dr B78 260 C3
Moat Farm Way WS3 244 A3
Moat Hall Prim Sch WS6 226 C2
Moat House Dr ST18 172 C3
Moat La Audley ST7 39 D2
Great Wyrley WS6 227 D1
Newborough DE13 162 C3
Moat The ST3 74 A2
Moat Way WS15 198 A2
Moatbrook La WV8 238 B2
Moathouse Cl ST17 193 D4
Moatside Cl WS3 244 A3
Mob La WS4 244 B2
Mobberley Rd ST6 41 E4

Mod – New 313

Moden Cl DY3 .... 271 E3
Moden Hill DY3 .... 271 E3
Moffat Gr ST2 .... 73 F4
Moffat Way ST5 .... 55 D1
Moises Hall Rd WV5 .... 270 A4
Moisty La
  Marchington ST14 .... 127 E2
  Uttoxeter ST14 .... 126 C2
Mollatts Cl ST13 .... 30 A1
Mollatts Wood Rd ST13 .... 30 A1
Mollison Rd ST3 .... 90 A4
Mona Rd DE13 .... 166 A3
Monaco Pl ST5 .... 70 C4
Monarch Cl DE13 .... 166 C4
Monk St DE13 .... 146 B4
Monkhouse ST10 .... 76 B2
Monkleigh Cl ST4 .... 88 A3
Monks Cl
  Newcastle-u-L ST5 .... 71 E3
  Wombourne WV5 .... 269 F3
Monks Way
  Swynnerton ST15 .... 103 D2
  Tamworth B77 .... 250 C3
Monks Wlk ST20 .... 171 E3
Monkton Cl ST3 .... 73 D1
Monkton Recn Ctr ST19 .... 192 B1
Monmouth Pl ST5 .... 71 E2
Monpelier Cl DE14 .... 185 D4
Monsal Gr ST1 .... 57 F3
Monsaldale Cl
  Brownhills WS8 .... 244 C3
  Burton u T DE15 .... 167 D2
Monteagle Dr DY6 .... 270 B1
Montford Gr DY3 .... 271 E4
Montfort Pl ST5 .... 71 D3
Montgomery Pl ST3 .... 74 A1
Montley B77 .... 262 B4
Montpellier Gdns DY1 .... 271 F1
Montrose Cl WS11 .... 209 F3
Montrose St ST4 .... 72 C3
Montville Dr ST17 .... 155 D1
Monty Pl ST4 .... 73 D3
Monument Dr WV10 .... 241 E4
Monument La Sedgley DY3 .... 266 C1
  Tittensor ST12 .... 88 A1
Monument Rd ST7 .... 40 B3
Monument View ST7 .... 39 F1
Monyash Cl ST3 .... 90 B4
Monyash Dr ST13 .... 31 D3
Moon's La WS6 .... 226 B1
Moor Cl
  Acton Trussell ST17 .... 175 D1
  Biddulph ST6 .... 16 C1
  Perton WV6 .... 254 C2
Moor Croft WS15 .... 179 D3
Moor Fst Sch ST8 .... 17 D1
Moor Gr ST14 .... 126 A4
Moor Hall Dr B75 .... 258 B1
Moor Hall La ST19 .... 208 A4
Moor Hill Jun & Inf Sch B75 .... 258 B1
Moor La Cheadle ST10 .... 76 C2
  Church Leigh ST10 .... 108 C3
  Colton WS15 .... 179 D4
  Pattingham WV6 .... 253 E1
  Seighford ST18 .... 154 B4
  Shenstone WS14 .... 246 C1
  Tamworth, Amington B79 .... 251 D3
  Tamworth, Bolehall B77 .... 250 B3
Moor Pk Perton WV6 .... 254 B3
  Walsall WS3 .... 243 D2
Moor St Burton u T DE14 .... 166 B1
  Tamworth B79 .... 250 A3
Moor St S WV2 .... 266 B4
Moor The WS13 .... 215 E4
Moor View WS7 .... 212 A1
Moorcroft Ave ST5 .... 71 D2
Moorcroft Cl ST10 .... 76 B1
Moore Cl B74 .... 257 F3
Moore St Burslem ST6 .... 57 D4
  Cannock WS12 .... 210 B4
Moores Cl DE13 .... 166 A3
Moores Croft B79 .... 217 E3
Moorfield Ave ST8 .... 27 E4
Moorfield Ct TF10 .... 168 C1
Moorfield Cty Prim Sch TF10 .... 168 C1
Moorfield La TF10 .... 168 B1
Moorfield Rd WV2 .... 266 B4
Moorfields Leek ST13 .... 30 C3
  Stafford ST16 .... 155 E4
Moorfields Cl ST10 .... 63 F2
Moorfields Ind Est ST15 .... 102 C2
Moorgate B79 .... 250 A3
Moorgate Cty Prim Sch B79 .... 250 A3
Moorhead Dr ST9 .... 43 F2
Moorhill Prim Sch WS11 .... 209 F3
Moorhouse Ct ST15 .... 119 D3
Moorhouse St ST13 .... 30 C3
Moorings The
  Alrewas DE13 .... 200 C2
  Colwich ST17 .... 177 F4
  Wolv WV9 .... 239 F1
Moorland Ave ST9 .... 59 E2
Moorland Cl
  Caverswall ST9 .... 59 D2
  Rugeley WS15 .... 178 B1
Moorland Rd Biddulph ST8 .... 27 E4
  Burslem ST6 .... 57 D4
  Cannock WS11 .... 209 F3
  Cheddleton ST13 .... 45 E3
  Chell Heath ST6 .... 42 A1
  Kidsgrove ST7 .... 26 B4
  Leek ST13 .... 31 D3
  Newport TF10 .... 168 C1
Moorland View ST6 .... 42 B2
Moorlands Farm Pk The ST10 .... 47 E2
Moorleys La ST18 .... 139 D3
Moorpark Jun Sch ST6 .... 42 A1
Moors Dr WV9 .... 224 A1
Moorside High Sch ST9 .... 59 F2
Moorside Rd ST9 .... 59 E2
Moorson Ave ST7 .... 25 F4
Moorsyde Rd ST4 .... 71 F3
Moorthorne Cres ST5 .... 56 A3
Moorview Gdns ST7 .... 26 B3
Moran Gr ST6 .... 56 C4
Moran Rd ST5 .... 55 F1
Mordaunt Dr B75 .... 258 C1
Moresby Cl ST2 .... 43 D1
Moreton Ave
  Kingsley ST10 .... 61 E1
  Tittensor ST5 .... 87 E4
  Wolv WV4 .... 266 C2
Moreton Cl Caverswall ST9 .... 59 D1
  Kidsgrove ST7 .... 41 D4
Moreton Com Sch WV10 .... 240 C1
Moreton La Colwich ST18 .... 158 C2
  Draycott in t C DE6 .... 144 B4
Moreton Par ST5 .... 56 B2
Moreton Rd WV10 .... 240 B1
Moreton St WS11 .... 209 F2
Morfe La DY7 .... 273 E2
Morford Rd WS9 .... 256 A4
Morgan Rd B78 .... 250 A1
Morgan Way ST6 .... 42 A3
Morland Cl ST15 .... 120 A3
Morley Dr CW12 .... 6 A1
Morley Rd WS7 .... 229 D4
Morley Road Sh Ctr WS7 .... 229 D4
Morley St Hanley ST1 .... 282 A2
  Leek ST13 .... 30 B3
Morley's Hill DE13 .... 166 A4
Morlings Dr WS7 .... 229 D4
Morning Pines DY8 .... 279 F2
Morningside CW3 .... 68 C3
Mornington Rd ST1 .... 57 F4
Morpeth B77 .... 261 E4
Morpeth St ST3 .... 283 C3
Morridge View ST13 .... 45 E2
Morris Dr ST16 .... 156 B2
Morris Sq ST5 .... 56 B3
Morston B77 .... 261 E2
Morston Dr ST5 .... 71 D1
Mortimer Pl ST3 .... 73 F2
Morton Rd ST17 .... 174 B3
Morton St ST6 .... 56 C4
Morville Cl ST4 .... 72 C4
Mosedale Ave ST3 .... 89 F4
Moseley Ct WV11 .... 241 F2
Moseley Old Hall La WV10 .... 241 D3
Moseley Rd
  Essington WV10 .... 241 D2
  Wolv WV10 .... 241 D2
Mosley Cty Prim Sch DE13 .... 165 E4
Mosley Dr ST14 .... 111 D1
Mosley St DE14 .... 166 B2
Moss Cl Aldridge WS9 .... 256 A3
  Caverswall ST9 .... 59 D2
  Huntington WS12 .... 209 E3
Moss Gn WS15 .... 178 B1
Moss Gr DY6 .... 275 E4
Moss Hill ST9 .... 43 E3
Moss La
  Blythe Bridge ST15 .... 106 C3
  Cheadle ST10 .... 77 D1
  Cheswardine TF9 .... 114 B2
  Gnosall ST20 .... 151 F4
  Lawton-gate ST7 .... 25 F2
  Madeley CW3 .... 68 B3
  Maer ST5 .... 84 C1
  Norton in H TF9 .... 97 F3
  Whitmore ST5 .... 85 E3
Moss Park Ave ST9 .... 59 D2
Moss Pl ST7 .... 26 A2
Moss Rd Astbury CW12 .... 15 F4
  Cannock WS11 .... 210 A2
  Congleton CW12 .... 15 F4
Moss Rise ST5 .... 71 E1
Moss Side ST1 .... 57 F4
Moss St Cannock WS11 .... 210 A2
  Norton-in-t-M ST6 .... 42 C3
Mossbank Ave WS7 .... 229 D3
Mossdale B77 .... 262 B4
Mossdale Way DY3 .... 271 F4
Mossfield TF9 .... 130 A3
Mossfield Rd Fenton ST3 .... 73 E3
  Longton ST3 .... 73 E3
Mossland Rd ST3 .... 73 E3
Mossley CE Prim Sch CW12 .... 16 A4
Mossley Cl WS3 .... 242 C1
Mossley Ct CW12 .... 15 F4
Mossley La WS3 .... 242 C1
Mossley Prim Sch WS3 .... 242 C1
Mosspit ST17 .... 174 C3
Mossvale Gr ST16 .... 155 D3
Mosswood St WS11 .... 226 B4
Moston St ST1 .... 57 E3
Mott Pl ST6 .... 56 B4
Moulton Rd ST3 .... 283 B4
Mount Ave
  Cannock WS12 .... 210 A4
  Stoke-on-T ST4 .... 71 F4
  Stone ST15 .... 104 C1
Mount Cl Caverswall ST9 .... 59 E2
  Cheslyn Hay WS6 .... 226 C1
  Sedgley DY5 .... 271 E1
  Wombourne WV5 .... 270 A4
Mount Cres ST15 .... 104 C1
Mount Dr WV5 .... 270 A4
Mount Edge ST18 .... 137 D1
Mount Gdns WV8 .... 238 C2
Mount Ind Est ST15 .... 104 C1
Mount La
  Market Drayton TF9 .... 112 B4
  Sedgley DY5 .... 271 E1
Mount Pl ST11 .... 91 D4
Mount Pleasant
  Ashley TF9 .... 99 E3
  Cheslyn Hay WS6 .... 226 C1
  Hanley ST1 .... 282 A2
  Kidsgrove ST7 .... 26 A1
  Kingswinford DY6 .... 275 E2
  Leek ST13 .... 30 C3
  Newcastle-u-L ST5 .... 284 C2
  Newcastle-u-L, Chesterton ST5 .... 55 F3
  Seighford ST18 .... 154 C1
  Tamworth B77 .... 261 E4
Mount Pleasant Ave WV5 .... 269 F4
Mount Pleasant CE Prim Sch ST4 .... 72 B3
Mount Pleasant Cl ST15 .... 120 B3
Mount Pleasant Rd ST7 .... 26 A4
Mount Rd
  Brownhills WS3 .... 244 A2
  Burntwood WS7 .... 229 D3
  Forsbrook ST11 .... 91 D4
  Kidsgrove ST7 .... 26 A1
  Kingswinford DY8 .... 275 F1
  Leek ST13 .... 31 D3
  Linton DE11 .... 186 B1
  Rugeley WS15 .... 178 A1
  Stone ST15 .... 104 C1
  Wolv, Cinder Hill WV4, WV14 .... 266 C1
  Wolv, Colton Hills WV4 .... 266 A2
  Wolv, Tettenhall Wood WV6 .... 255 D2
  Wombourne WV5 .... 270 A4
Mount Road Ind Est WS7 .... 229 D3
Mount Row ST16 .... 155 F2
Mount Sch for Deaf The ST4 .... 71 F4
Mount Side Rd WS12 .... 210 B4
Mount St Burton u T DE15 .... 167 D2
  Cannock WS12 .... 210 A4
  Hanley ST1 .... 57 F3
  Newcastle-u-L ST5 .... 55 F3
  3 Stafford ST16 .... 155 F2
  Stone ST15 .... 105 D1
Mount The Kidsgrove ST7 .... 26 A1
  Newcastle-u-L ST5 .... 55 F3
  Scholar Green ST7 .... 25 F4
Mountain Ash Rd WS8 .... 244 C3
Mountain Pine Cl WS12 .... 210 A4
Mountbatten Cl
  Burntwood WS7 .... 211 F1
  Burton u T DE13 .... 166 B4
Mountfield Pl ST4 .... 72 B3
Mountford Cres WS9 .... 256 B4
Mountford St ST6 .... 41 F1
Mountside Gdns ST13 .... 31 D3
Mountsorrel Cl ST4 .... 88 B3
Mountwood Covert WV6 .... 255 D2
Mouse Hill WS3 .... 243 F2
Mousley St ST6 .... 56 C4
Mow Cop Rd ST7 .... 26 B3
Mow La Biddulph ST6 .... 16 A1
  Mount Pleasant ST7 .... 26 A3
Mowbray Croft WS7 .... 211 F1
Mowbray Wlk ST2 .... 57 F4
Moxhull Cl WV12 .... 242 B1
Moxhull Gdns WV12 .... 242 B1
Moxley Ave ST1 .... 57 E4
Mozart Ct WS11 .... 210 B1
Muchal Rd WV4 .... 266 A3
Mucklestone Rd TF9 .... 99 E3
Mucklestone Wood La TF9 .... 99 E3
Muirfield B77 .... 251 E3
Muirfield Cl WS3 .... 243 D2
Muirville Cl DY8 .... 275 E2
Mulberry Cl TF10 .... 168 C1
Mulberry Gn DY1 .... 271 F3
Mulberry Pl
  Newcastle-u-L ST5 .... 55 F4
  Walsall WS3 .... 242 C1
Mulberry Rd
  Cannock WS11 .... 209 F2
  Walsall WS3 .... 243 D1
Mulberry St ST1 .... 282 C2
Muldoon Cl WS11 .... 210 A2
Mulgrave St ST1 .... 282 A4
Mulliner Cl ST2 .... 58 B2
Munro St ST4 .... 72 A3
Munster Terr ST4 .... 71 F3
Murhall St ST6 .... 56 C4
Murray St ST6 .... 41 E4
Murton B77 .... 262 B4
Muse La DE65 .... 129 D4
Musk La DY3 .... 271 D2
Musk La W DY3 .... 271 D2
Muxloe Cl WS3 .... 243 D2
Myatt Ave
  Burntwood WS7 .... 229 D4
  Wolv WV2 .... 266 C3
Myatt Cl WV4 .... 266 B3
Myatt St ST1 .... 282 C4
Myatt Way WS15 .... 196 C3
Mynors St Hanley ST1 .... 282 C3
  Stafford ST16 .... 156 A2
Myott Ave ST5 .... 284 A1
Myrtle Ave ST3 .... 74 A2
Myrtle Gr Brewood ST19 .... 223 E3
  Wolv WV3 .... 265 F3
Myrtle St WV2 .... 266 C3
Nab Hill Ave ST13 .... 30 B3
Nabb La Alton ST10 .... 94 C4
  Denstone ST14 .... 95 D2
Nabbswood Rd ST7 .... 26 A1
Naden Ho WS12 .... 209 E3
Naesby Rd WV6 .... 254 C2
Nag ington Dr ST19 .... 207 F4
Nailers Dr WS7 .... 229 E3
Nairn Rd WS3 .... 243 D2
Nankirk La DE13 .... 165 D3
Nanny Goat La ST15 .... 105 D1
Nantwich Rd Audley ST7 .... 39 D1
  Betley ST7 .... 38 C1
  Woore CW3 .... 67 D1
Naomi Way WS9 .... 245 D2
Napier B77 .... 250 C2
Napier Gdns ST7 .... 26 A1
Napier Rd WV2 .... 266 B4
Napier St Burton u T DE14 .... 166 B1
  Fenton ST4 .... 72 B3
Naples Cl ST3 .... 73 F2
Naples Dr ST5 .... 70 C3
Napley Dr TF9 .... 82 B1
Napley Rd
  Mucklestone TF9 .... 82 B1
  Norton in H TF9 .... 82 B1
Narlow La DE6 .... 51 F1
Narrow La
  Brownhills WS8 .... 244 C4
  Denstone ST14 .... 95 E3
  Milwich ST15 .... 121 F4
Narvik Cres ST6 .... 42 A1
Nash Ave Perton WV6 .... 254 C2
  Stafford ST16 .... 155 D3
Nash La
  Acton Trussell ST17 .... 193 D4
  Elmhurst WS13 .... 214 A3
Nash Peake St ST6 .... 41 E2
Nash St ST5 .... 55 F1
Nashe Dr ST3 .... 73 D1
Natham Cl ST11 .... 74 B2
Navigation Rd ST6 .... 56 C4
Navigation St ST6 .... 56 C4
Navigation Way WS11 .... 210 A1
Naylor St ST6 .... 41 F3
Naylor Yd ST13 .... 30 C3
Naylors Gr DY1 .... 271 F2
Neachless Ave WV5 .... 270 A3
Neachley La
  Albrighton TF11 .... 220 A1
  Shifnal TF11 .... 220 A1
Neal Croft WS14 .... 232 C3
Neale Pl ST2 .... 58 A3
Neander B79 .... 249 F3
Near Ridding ST20 .... 171 E3
Neath Cl ST3 .... 73 E2
Neath Pl 8 ST3 .... 73 E3
Neath Rd WS3 .... 242 C1
Neath Way WS3 .... 242 C1
Needwood CE Prim Sch DE13 .... 162 C4
Needwood Cl WV2 .... 266 A3
Needwood Ct DE13 .... 146 B3
Needwood Dr WV4 .... 266 C2
Needwood Grange WS15 .... 161 D3
Needwood Hill WS13 .... 214 A1
Needwood St DE14 .... 166 A2
Nellan Cres ST6 .... 42 B1
Nelson Bank ST7 .... 41 D4
Nelson Cres ST21 .... 102 C1
Nelson Dr WS12 .... 210 C2
Nelson Ind Est ST7 .... 25 E1
Nelson Pl ST1 .... 282 C2
Nelson Rd ST4 .... 71 F4
Nelson St
  Burton u T DE15 .... 167 E2
  Fenton ST4 .... 72 B3
  Leek ST13 .... 30 C4
  Newcastle-u-L ST5 .... 56 B3
Nelson Way ST17 .... 174 C3
Nene Cl DE13 .... 147 E1
Nephew St ST6 .... 56 C4
Neptune Gr ST1 .... 57 F3
Ness Gr ST10 .... 76 C3
Nest Comm WS3 .... 243 F3
Nether Beacon WS13 .... 214 A1
Nether La WS7 .... 229 E4
Netherbridge Ave WS14 .... 231 F4
Netherby Rd DY3 .... 271 E4
Nethercote Pl ST2 .... 73 E4
Nethergate DY3 .... 271 F3
Netherseal Rd
  Chilcote DE12 .... 219 F2
  Clifton Campville B79 .... 218 C1
Netherset Hey La CW3 .... 68 C3
Netherstone Gr B74 .... 257 F3
Netherstowe WS13 .... 214 B1
Netherstowe High Sch WS13 .... 214 A1
Netherstowe La WS13 .... 214 B1
Netherton Gr ST2 .... 43 E1
Nethy Dr WV6 .... 255 D3
Netley Pl ST3 .... 88 C4
Netley Rd WS3 .... 242 C1
Netley Way WS3 .... 242 C1
Nevada La ST6 .... 57 D4
Neve Ave WV10 .... 240 C1
Nevill St B79 .... 250 A3
Neville Ave WV4 .... 266 B3
Neville Cl DE13 .... 147 D2
Neville St
  Stoke-on-T ST4 .... 71 F2
  Tamworth B77 .... 250 C2
Nevin Ave ST8 .... 27 E3
Nevis Ct WV6 .... 255 F1
Nevis Gr WV12 .... 242 A1
New Ave ST11 .... 91 E3
New Barns La WS14 .... 246 A2
New Bldgs ST8 .... 27 D2
New Century St ST1 .... 282 A3
New Chapel Ct ST6 .... 41 E2
New Close Ave ST11 .... 91 D4
New Cotts ST10 .... 62 B3
New Council Hos TF9 .... 98 B1
New Dudley Rd DY6 .... 275 E4
New Ford Prim Sch ST6 .... 42 B1
New Forest Ind Est ST1 .... 282 C4
New Garden St ST17 .... 155 F1
New Haden Rd ST10 .... 76 A1
New Hall Rd ST3 .... 73 F1
New Hall St ST1 .... 282 B3
New Hampton Rd W WV6 .... 255 F2
New Hayes Rd
  Cannock WS12 .... 211 E2
  Tunstall ST6 .... 41 F2
New Homage Gdns WV9 .... 224 A1
New Horse Rd WS6 .... 226 C2
New Inn Bank ST21 .... 131 E4
New Inn La ST4 .... 88 A4
New King St ST7 .... 39 E1
New Kingsway ST3 .... 74 A2
New La ST6 .... 28 A1
New Landywood La WS6 .... 242 C4
New Mill La B78 .... 261 D4
New Park Gdns ST4 .... 88 B3
New Penkridge Rd WS11 .... 209 E1
New Rd
  Aldridge WS9 .... 256 A3
  Alton ST10 .... 78 C1
  Armitage WS15 .... 198 A3
  Astbury CW12 .... 15 D2
  Audley ST7 .... 39 F2
  Bobbington DY3 .... 268 C2
  Brownhills WS8 .... 244 C4
  Burntwood WS7 .... 229 D3
  Caverswall ST2 .... 58 C2
  Cookley, Caunsall DY11 .... 280 A4
  Cookley, Lea Castle Hospl DY10 .... 280 B2
  Dilhorne ST10 .... 75 E2
  Featherstone WV10 .... 224 C1
  Hixon ST18 .... 158 A4
  Madeley CW3 .... 68 C4
  Penkridge ST19 .... 192 C1
  Shenstone WS14 .... 246 C3
  Shuttington B79 .... 235 E1
  Swadlincote DE12 .... 186 C3
  Swindon DY3 .... 269 D2
  Tamworth B77 .... 261 F4
  Thorpe Constantine B79 .... 235 E1
  Upper Tean ST10 .... 92 B2
  Upper Tean, Checkley ST10 .... 109 D4
  Uttoxeter ST14 .... 111 D1
  Wolv WV6 .... 255 F2
New Rd Est ST18 .... 139 D1
New Row
  Drayton Bassett B78 .... 260 C3
  Stafford ST18 .... 174 B3
New St Biddulph ST8 .... 28 A4
  Brownhills WS4 .... 244 B1
  Burntwood, Chase Terrace WS7 .... 228 C4
  Burntwood, Chasetown WS7 .... 228 C3
  Burslem ST6 .... 56 C4
  Burton u T DE14 .... 166 B1
  Cannock, Bridgtown WS11 .... 226 B3
  Cannock, Hill Top WS12 .... 210 B2
  Cannock, Mill Green WS11 .... 226 C4
  Chebsey ST15 .... 135 D4
  Essington WV11 .... 242 A2
  Fazeley B78 .... 261 D4
  Great Wyrley WS6 .... 227 D1
  Kingswinford, Cot Lane DY6 .... 275 E2
  Kingswinford, Wall Heath DY6 .... 275 E4
  Kingswinford, Wordsley DY8 .... 275 E1
  Leek ST13 .... 30 C3
  Newcastle-u-L ST5 .... 56 B3
  Newport TF10 .... 168 C2
  Polesworth B78 .... 262 C4
  Sedgley DY3 .... 271 E2
  Stafford ST16 .... 155 E3
  Stourbridge DY8 .... 279 F3
  Tamworth, Glascote Heath B77 .... 250 C2
  Tamworth, Mount Pleasant B77 .... 250 B1
  Uttoxeter ST14 .... 126 A4
  Walsall WS3 .... 243 D1
  Wolv, Merry Hill WV3 .... 265 E4
  Wolv, Parkfield WV4 .... 266 C3
New St Cotts CW12 .... 6 A3
New Wood Cl DY7 .... 279 E4
New Wood Gr WS9 .... 245 D2
Newall Ave ST16 .... 156 A3
Newark Gr ST6 .... 41 E4
Newborough Cl ST1 .... 57 F3
Newbridge Ave WV6 .... 255 F2
Newbridge Cres WV6 .... 255 F2
Newbridge Dr WV6 .... 255 F2
Newbridge Gdns WV6 .... 255 F2
Newbridge Prep Sch WV6 .... 255 F2
Newbridge Rd DY6 .... 275 E4
Newbridge St WV6 .... 255 F2
Newburn Gr ST4 .... 88 A4

314 New – Old

Newbury Cl
Great Wyrley WS6 226 C1
Stafford ST17 175 E4
Newbury Dr DE13 147 E1
Newbury Gr ST3 88 C4
Newbury Rd
Kingswinford DY8 275 E1
Wolv WV10 240 B1
Newcastle Coll ST5 284 A3
Newcastle Ent Ctr ST5 55 F1
Newcastle La ST4 71 F3
Newcastle Rd Ashley TF9 100 A4
Astbury CW12 15 D4
Eccleshall ST21 133 F4
Keele CW3 69 D4
Kidsgrove ST7 40 C4
Leek ST13 30 B2
Madeley CW3 68 C4
Market Drayton TF9 97 F1
Stoke-on-T ST4 71 F3
Stone ST15 104 C1
Tittensor ST5 87 E4
Woore CW3 67 F1
Newcastle St Burslem ST6 56 C4
Newcastle-u-L ST5 55 E1
Stone ST15 104 C1
Newcastle-u-Lyme Schs
ST5 284 C2
Newchapel Rd ST7 26 B2
Newcomen Cl WS7 229 E4
Newcott Cl WV9 239 F1
Newcrofts Wlk ST6 42 B3
Newport Cty High Sch
for Girls TF10 168 C1
Newfield Dr DY6 275 F2
Newfield Rd DE15 167 D2
Newfield St ST6 41 E2
Newfold Cres ST6 43 D4
Newford Cres ST2 42 C1
Newgate WV6 253 E2
Newgate St WS7 229 D3
Newhall Cres WS11 210 A2
Newhall Gdns WS11 209 F1
Newhall Inf Sch DE11 186 C4
Newhall Jun Sch DE11 186 C4
Newhall St
Cannock WS11 209 E1
Kingsley ST10 61 E2
Newhaven Gr ST4 88 A3
Newhouse La WV7 237 D2
Newhouse Rd ST2 58 A2
Newick Ave B74 257 D2
Newington Gr ST4 88 B3
Newland Ave ST16 155 E4
Newland Cl WS4 244 B1
Newlands Cl
Newcastle-u-L ST5 71 D3
Penkridge ST19 207 F4
Stone ST15 119 F3
Newlands Ct WS11 227 F4
Newlands La
Colton WS15 179 E4
Norton Canes WS11 227 E4
Newlands St ST4 57 D1
Newleigh St ST2 43 D1
Newlyn Ave CW12 15 F4
Newlyn Cl WS14 231 E4
Newman Ave WV4 266 C2
Newman Cl ST15 120 B4
Newman Dr DE14 185 D4
Newman Gr WS15 196 C4
Newman Rd WV10 241 D1
Newmarket Way ST10 76 C3
Newmill St ST2 43 D1
Newmount Rd ST4 73 D3
Newpool Cotts ST8 27 D3
Newpool Rd ST8 27 D3
Newpool Terr ST8 27 D3
Newport B77 250 C3
Newport CE Jun Sch
TF10 168 C1
Newport Cl DE13 166 C4
Newport Croft ST19 223 E3
Newport Cty Inf Sch
TF10 168 C1
Newport Gr ST5 40 C1
Newport La ST6 56 C4
Newport Rd
Albrighton TF11 220 B1
Chetwynd TF10 168 B2
Codsall WV7 237 F1
Eccleshall ST21 133 F3
Edgmond TF10 168 B2
Gnosall ST20 171 D3
Seighford ST18 135 E1
Stafford ST16 155 E1
Sutton TF9 112 C3
Tong TF11 220 B2
Newport St
Brewood ST19 223 E3
Burslem ST6 56 C4
Newquay Ave ST17 175 E4
Newquay Ct CW12 15 F4
Newshaw Wlk ST1 282 C3
Newstead B79 249 E3
Newstead Prim Sch ST3 88 C3
Newstead Rd ST2 58 A3
Newstead Trad Est ST4 88 B4
Newton Cl DE15 167 F4
Newton Ct ST9 59 D2
Newton La
Newton Regis CV9 236 C1
Newton Solney DE15 167 F4
Seckington B79 236 A2
Newton Leys DE15 167 E2
Newton Mews DE15 166 C2
Newton Rd
Burton u T DE15 167 D3
Lichfield WS13 213 F1
Newcastle-u-L ST5 56 A3
Stafford ST16 155 F3
Newton Regis CE
Prim Sch B79 236 B2
Newton Solney CE
Inf Sch DE15 167 F4
Newton St ST4 56 C1
Newton's College WS13 231 D4
Newtown Kidsgrove ST7 26 C1
Market Drayton TF9 112 B4
Newport TF10 168 C1
Niall Rd ST4 71 F1
Nicholas Gr ST13 30 A2
Nicholas St 10 ST6 56 C4
Nicholl's La ST15 105 D2
Nicholls St ST4 72 A3
Nicholls Way WS12 210 C1
Nicholson Way
Burton u T DE14 166 A1
Leek ST13 30 B3
Nicklaus Cl DE14 185 D4
Nidderdale Cl CW12 6 A3
Nightingale B77 262 A3
Nightingale Cl WS12 209 E4
Nile St ST6 57 D4
Nimbus B77 261 E2
Ninefoot La B77 261 F4
Ninian Way B77 261 F3
Nirvana Cl WS11 209 E1
No Man's Green La DY7 276 C3
No Man's Heath Rd
DE12 219 F2
No Name Rd WS7 228 C4
Noblett Rd ST1 57 F4
Nocke Rd WV11 241 F1
Noddington Ave WS14 232 C3
Noddington La WS14 232 C3
Noddy Park Rd WS9 256 A4
Noddy Pk WS9 256 A4
Nook The WS6 226 B1
Norbroom Ct TF10 169 D2
Norbroom Dr TF10 169 D2
Norbury Ave
Brownhills WS3 244 A2
Norton-in-t-M ST2 43 D1
Norbury CE Prim Sch
DE6 96 C4
Norbury Cl ST20 171 E3
Norbury Cres WV4 266 C2
Norbury Hollow DE6 80 B1
Norbury Rd ST20 170 C4
Norfolk Cl ST5 71 D1
Norfolk Cres WS9 256 A4
Norfolk Dr B78 250 A1
Norfolk Gr
Biddulph ST6 16 B1
Great Wyrley WS6 226 C1
Norfolk Rd
Burton u T DE15 185 E4
Kidsgrove ST7 25 F1
Stourbridge DY8 279 E4
Wolv WV3 266 A4
Norfolk St ST1 57 D1
Norfolk Way ST17 174 B4
Normacot Grange Rd ST3 90 A4
Normacot Rd ST3 283 C3
Norman Ave ST6 41 F2
Norman Cl B79 249 F4
Norman Gr ST5 56 B1
Norman Keep DE13 146 B3
Norman Rd
Penkridge ST19 208 A4
Tutbury DE13 146 B3
Normanbrook Ct TF9 97 E1
Normandy Gr ST2 43 D1
Normanton Gr ST3 73 E3
Norris Cl TF9 100 B3
Norris Rd ST6 41 F2
North Ave Leek ST13 30 B3
Stafford ST16 155 E4
North Castle St ST16 155 E2
North Cres WV10 241 E4
North Dr ST20 171 E3
North Gn WV4 265 E3
North Oval DY3 271 F3
North Pl Bucknall ST2 58 A3
Stafford ST16 155 E3
North Rd Burslem ST6 57 D4
Hanley ST6 57 D4
North Springfield DY3 266 C1
North St
Burntwood WS7 211 F1
Burton u T DE15 167 D2
Cannock WS11 226 C3
Leek ST13 30 B3
Mount Pleasant ST7 26 A3
Newcastle-u-L ST5 284 C3
Stoke-on-T ST4 72 A4
North Staffordshire Hospl
ST6 42 A2
North Staffordshire
Hospl Ctr
(Outpatients Dept) ST4 71 F4
North Staffordshire
Maternity Hospl ST4 71 E4
North Staffordshire
Nuffield Hospl The ST5 71 E2
North Staffordshire
Royal Infmy ST4 71 F4
North Terr ST5 56 A3
North Walls ST16 155 F2
North Way DY3 266 B1
North West Terr ST6 42 B1
North Wlk ST3 74 A1
Northam Rd ST1 57 E3
Northcliffe 1 ST13 30 B3
Northcote Ave ST4 72 A4
Northcote Cl ST18 177 F4
Northcote Ct ST5 284 C3
Northcote Pl ST5 284 C3
Northcote St ST4 57 D1
Northdale WV6 255 D2
Northesk Pl ST5 71 D3
Northesk St ST15 105 D1
Northfield Ave ST14 96 A2
Northfield Cl ST14 111 D1
Northfield Dr ST8 16 C1
Northfield Gr WV3 265 E4
Northfield Rd DE13 166 B4
Northfields Way WS8 244 C4
Northfleet St ST2 58 A2
Northgate Aldridge WS9 256 A4
Brownhills WS9 245 D1
Northgate Cl ST4 71 F1
Northgate Way WS9 256 A4
Northicote Recn Ctr
WV10 240 C2
Northicote Sch The
WV10 240 C2
Northlands CW3 67 E1
Northover Cl WV9 240 A1
Northumberland Cl B78 250 A1
Northumberland Rd
DE15 185 E4
Northwood Cl ST5 71 E1
Northwood Ct ST1 282 C3
Northwood Gn ST1 57 F2
Northwood Inf Sch ST1 57 F2
Northwood La
Ellastone DE6 80 B2
Newcastle-u-L ST5 71 E1
Tittensor ST5 71 E1
Northwood Park Cl
WV10 240 C2
Northwood Park Rd
Hanley ST1 57 F2
Wolv WV10 240 C2
Northycote La WV10 240 C2
Norton Ave ST6 42 A2
Norton Bridge Sta
ST15 135 D4
Norton Canes High Sch
WS11 228 A4
Norton Canes Prim Sch
WS11 228 A3
Norton Cl Tamworth B79 250 B4
Wolv WV4 265 E2
Norton Cres ST6 57 E4
Norton Dr ST6 57 E4
Norton Grange WS11 227 F2
Norton Grange Cres
WS11 227 F2
Norton Green La WS11 227 F2
Norton Hales CE Sch TF9 82 B1
Norton Hall Cl ST6 42 C2
Norton Hall La WS11 227 E2
Norton La Burntwood WS7 229 E3
Great Wyrley WS6 227 D2
Norton Canes WS11 227 D4
Norton-in-t-M ST6 42 C2
Norton Prim Sch ST6 42 B1
Norton Rd
Brownhills WS3 244 A3
Burton u T DE13 166 A3
Norton Canes WS11 227 F4
Stourbridge DY8 279 F1
Norton Springs WS11 227 F3
Norton St ST2 43 D1
Norton Terr WS11 227 F3
Norwich Cl WS13 214 B2
Norwich Pl ST5 71 E3
Norwich Rd ST2 58 B1
Nottingham Rd WS14 232 B2
Novi La ST13 31 D4
Nuffield Hospl WV6 255 E2
Nunn St ST13 30 B3
Nunn's Cl ST3 74 B3
Nuns La WS15 180 A3
Nurseries The WV9 224 A1
Nursery Ave
Aldridge WS9 256 A3
Norton-in-t-M ST9 43 E2
Nursery Cl Bradley ST18 191 E4
Cheadle ST10 76 B2
Endon ST6 43 D4
Kidsgrove ST7 25 E1
Nursery Croft WS13 213 F1
Nursery Dr Biddulph ST6 16 B1
Penkridge ST19 192 C1
Wombourne DY3 269 F2
Nursery Fields Country
Prim Sch WS15 197 D3
Nursery Gdns
Brierley Hill DY8 275 F1
Codsall WV8 238 C2
Nursery La Hopwas B78 249 D3
Norton-in-t-M ST9 43 E2
Stafford ST16 155 E3
Nursery Rd Rugeley WS15 197 D3
Scholar Green ST7 25 F3
Nursery St ST4 72 A3
Nursery View Cl B74 256 C1
Nursery Wlk WV6 255 E2
Nurton Bk WV6 254 A2
Nurton Hill Rd WV6 253 F3
Nutbrook Ave ST4 72 B2
Nuthurst Dr WS11 226 C2
Nyewood Ave ST3 73 E3
Nymet B77 261 F4
O'Hare Pl ST13 31 D4
Oadby Rise DE13 166 A3
Oak Ave Cheddleton ST13 45 E2
Great Wyrley WS6 227 D1
Huntington WS12 209 E4
Newport TF10 168 C1
Stafford ST17 175 F3
Oak Cl Church Eaton ST20 190 A4
Colwich ST18 158 B1
Kinver DY7 278 B2
Uttoxeter ST14 110 C1
Oak Dr Seisdon WV5 263 F1
Wheaton Aston ST19 205 E3
Oak Gdns ST18 172 C3
Oak Gn WV6 255 D2
Oak Hill WV3 255 E1
Oak Ind Pk The DY6 270 C1
Oak La Bradley ST18 191 E4
Burntwood WS7 212 A1
Cheslyn Hay WS11 225 E4
Kingswinford DY6 270 C1
Oak Lea ST13 30 A2
Oak Leys WV3 255 E1
Oak Mount Rd ST9 59 E2
Oak Park Rd DY8 275 F1
Oak Pl ST3 73 F1
Oak Rd Barton-u-N DE13 201 E4
Brewood ST19 223 E3
Brownhills, Holly Bank WS9 245 D2
Brownhills, Pelsall Wood
WS3 243 F3
Brownhills, Shelfield WS4 244 B1
Denstone ST14 95 E3
Eccleshall ST21 133 E3
Newcastle-u-L ST5 55 E1
Stone ST15 120 A4
Oak St Burton u T DE14 166 B1
Cheadle ST10 76 B2
Hanley ST1 57 F3
Kingswinford DY6 275 E3
Newcastle-u-L ST5 56 B2
Oak Tree Cl ST17 174 A4
Oak Tree Wlk B79 249 F4
Oakamoor Rd
Cheadle ST10 77 E2
Oakamoor ST10 77 E2
Oakapple Cl ST19 221 F4
Oakdale ST5 71 E2
Oakdale Trad Est DY6 270 C1
Oakdene Ave ST5 56 A3
Oakdene Cl
Forsbrook ST11 91 D3
Newcastle-u-L ST5 56 A3
Oakdene Gr ST5 56 A3
Oakdene Rd WS7 229 D3
Oakdene Way ST8 27 E4
Oaken Covert WV8 238 C1
Oaken Dr WV8 238 C2
Oaken Gdns WS7 229 D4
Oaken Gr WV8 238 C1
Oaken La WV8 238 B2
Oaken Lanes WV8 238 C2
Oaken Pk WV8 239 D1
Oakenfield WS13 214 A1
Oakenhayes Cres WS8 228 C1
Oakenhayes Dr WS8 228 C1
Oakfield Ave DY6 275 F3
Oakfield Cl
Brierley Hill DY8 275 F1
Rugeley WS15 178 A1
Oakfield Dr WS3 244 A3
Oakfield Rd
Alrewas DE13 201 D1
Codsall WV8 239 D1
Market Drayton TF9 97 D1
Oakfields DE13 145 D2
Oakham Way ST2 58 B1
Oakhill Ave ST4 71 F2
Oakhill Cl ST10 92 B2
Oakhill Prim Sch ST4 71 F2
Oakhill Rd WS11 209 F1
Oakhurst WS14 231 E4
Oakhurst Cres ST3 90 A3
Oakhurst Pk WS15 196 C3
Oakland Dr DY5 271 D1
Oaklands Ave ST5 56 B3
Oaklands Cl
Alrewas WS13 215 E3
Cheddleton ST9 60 A3
Hill Ridware WS15 198 A4
Huntington WS12 209 E3
Oaklands Dr ST17 155 E1
Oaklands Ind Est WS12 210 A2
Oaklands Rd WV3 266 A4
Oaklands The
Church Eaton ST20 190 A4
Rugeley WS15 178 B1
Oaklands Way WS3 244 A2
Oakleigh Ave DE11 186 C3
Oakleigh Ct ST15 120 B3
Oakleigh Dr
Codsall WV8 239 D2
Rugeley WS15 197 D3
Sedgley DY3 271 E4
Oakleigh Wlk DY6 275 F4
Oakleighs DY8 275 E1
Oakley Ave WS9 256 A3
Oakley Cl Lichfield WS13 214 A1
Penkridge ST19 193 D1
Oakley Folly TF9 99 D2
Oakley Gr WV4 265 E3
Oakley Pl ST6 42 A4
Oakley Rd WV4 265 E3
Oakleys ST19 223 E3
Oakmount Cl WS3 243 F2
Oakridge Cl ST17 175 F3
Oakridge Cty Prim Sch
ST17 175 F3
Oakridge Dr WS6 226 C1
Oakridge Way ST17 175 F3
Oaks Dr Cannock WS11 209 E1
Featherstone WV10 240 C4
Wombourne WV5 270 A3
Oakshaw Cl WV9 224 A2
Oakshaw Gr ST4 88 A4
Oaksmoor Cl ST19 205 E3
Oaktree Rd Rugeley WS15 196 C3
Trentham ST4 88 A3
Oakville Ave ST6 42 A1
Oakwell Ct ST3 73 E1
Oakwell Gr ST3 73 E1
Oakwood WS15 178 A1
Oakwood Cl
Brownhills WS9 244 C2
Essington WV11 242 A2
Shenstone WS14 247 D3
Oakwood Pl ST5 55 F4
Oakwood Rd Leek ST13 30 B3
Longton ST3 72 C1
Oakwood Sch WS9 245 D2
Oakwoods WS11 226 B4
Oasthouse Cl DY6 275 D4
Oatfield Cl WS7 229 D2
Oatlands Way WV6 254 B2
Oban Cl ST5 70 C4
Oberon Cl ST6 42 B1
Occupation Rd WS9 245 D2
Occupation St ST5 284 C2
Octagon Ctr The DE14 166 B1
Odell Gr ST6 41 F1
Odger Cl ST3 74 A1
Odiam Cl B79 250 B4
Odin Cl WS11 210 A3
Offa St B79 250 A3
Offa's Dr WV6 254 C3
Offadrive B79 250 A3
Offoxey Rd ST19 221 E3
Ogden Rd ST1 282 C2
Ogley Cres WS8 245 D4
Ogley Hay Inf Sch WS8 244 C4
Ogley Hay Rd
Burntwood, Boney Hay
WS7 212 A1
Burntwood, Triangle
WS7 229 D2
Ogley Rd WS8 245 D4
Ogmore Gr ST3 90 A4
Ohio Gr ST6 57 D4
Old Armoury The TF9 112 B4
Old Bank DE6 81 E4
Old Barn Cl ST20 171 F4
Old Butt La ST7 25 E1
Old Cannock Rd WV10 225 E1
Old Castle Gr WS8 228 C1
Old Chancel Rd WS15 178 C1
Old Coach La ST17 176 A2
Old Coach Rd ST19 221 F4
Old Coalpit La SK17 5 F4
Old Croft Rd ST17 175 F3
Old Dalelands TF9 112 A4
Old Eaton Rd WS15 178 C2
Old Fallings La WV10 240 C1
Old Fallow Ave WS11 209 F2
Old Fallow Rd WS11 209 F2
Old Falls Cl WS6 226 B2
Old Farm Meadow WV3 265 E4
Old Hall Dr Elford B79 216 B1
Newcastle-u-L ST5 56 A4
Old Hall Farm B79 236 B2
Old Hall La
Alrewas WS13 215 E4
Millmeece ST21 117 F4
Norton Canes WS11 227 D4
Old Hall Rd WV10 241 E4
Old Hall St ST1 282 B3
Old Hampton La WV11 241 E2
Old Hedging La B77 261 E3
Old Hednesford Rd
WS11, WS12 210 A2
Old Hill WV6 255 E3
Old Knotty Way ST14 126 B4
Old La Endon ST6 28 A1
Swynnerton ST4 87 D1
Upper Tean ST10 109 E4
Wolv WV6 254 C1
Old Landywood La WS6 242 B4
Old London Rd WS14 231 E1
Old Man of Mow The ST7 26 B4
Old Manor Cl B78 260 C3
Old Mill Gdns WS4 244 B1
Old Mill La
Bagnall, Bagnall ST9 44 A2
Bagnall, Tompkin ST9 44 B2
Old Oak Cl WS9 256 A4
Old Park Rd
Cannock WS12 211 D3
Crewe CW1 37 E4
Dudley DY1 271 F2
Old Penkridge Rd WS11 209 E1
Old Quarry Dr DY3 271 E3
Old Rd
Armitage WS15 198 A3
Audley ST7 39 F2
Barlaston ST12 88 B2
Betley CW3 53 D2
Branston DE14 184 C4
Stone ST15 105 D3
Trentham ST4 88 B2
Upper Tean ST10 92 B2
Weston-u-T ST18 138 B1
Old Rd Ct ST15 105 D1
Old Rectory Gdns WS9 256 B3
Old Rectory Rd ST15 120 A4
Old Rickerscote La ST17 175 D3
Old School Cl ST18 138 B2
Old Shackerley La WV7 221 D1
Old Smithy Cl WV6 253 E2
Old Stafford Rd WV10 224 B2

Old – Pav 315

Old Stoke Rd ST4 56 C1
Old Town La WS3 243 F2
Old Town Rd ST1 282 B4
Old Tramway ST4 72 C3
Old Vicarage Cl
Brownhills WS3 244 A1
Wombourne WV5 270 A4
Old Warstone La WV11 242 A4
Old Weston Rd ST19 221 F4
Old Wharf Pl ST1 57 F1
Old Wharf Rd DY8 279 F3
Old Whieldon Rd ST4 72 B3
Oldacre La ST17 176 A2
Oldacres Rd ST4 88 B3
Oldcastle Ave ST5 56 A3
Oldcott Cres ST7 41 E4
Oldcott Dr ST7 41 E4
Oldcourt St ST6 41 E2
Olde Hall La WS6 226 C2
Oldershaws La ST20 150 C4
Oldfield Ave ST6 42 B3
Oldfield Dr ST15 120 B3
Oldfield La
Eggington DE65 148 A4
Hilton DE65 148 A4
Snelston DE6 81 D2
Oldfield St ST4 283 A5
Oldfields Cres ST18 158 B2
Oldfields Hall Cty Mid Sch ST14 126 A4
Oldfields Rd ST14 126 A4
Oldford La ST18 154 A2
Oldham Cotts WS15 179 D3
Oldham St ST1 282 C1
Oldhill Cl ST7 40 C3
Oldhill La ST18 157 E1
Oldicote La DE15 167 F2
Oldmill St ST4 72 B4
Oldway Pl ST3 73 E3
Olive Ave WV4 266 C3
Olive Gr ST5 40 B1
Oliver Rd ST4 71 F4
Ollison Dr B74 256 C1
Olof Palme Gr ST3 283 C2
Omega Way ST4 88 A4
One Oak Rise ST17 174 C3
Onneley La CW3 67 F2
Ontario Cl ST4 88 A4
Opal Rd ST4 72 C3
Opal Way ST15 120 A3
Oram's La ST19 223 E4
Orange La WS15 161 E1
Orb St ST1 282 B2
Orbital Way WS11 226 C3
Orchard Ave WS11 209 E1
Orchard Cl Ashley TF9 100 B3
Brewood WV9 224 A1
Cheslyn Hay WS6 226 C2
Claverley WV5 267 E4
Lichfield WS13 213 F1
Pattingham WV6 253 E2
Penkridge ST19 192 C1
Rugeley WS15 178 C2
Stone, Oulton ST15 105 E2
Stone, Walton ST15 119 F4
Tamworth B77 261 E3
Uttoxeter ST14 111 D1
Walton-on-T DE12 184 B1
Orchard Cres
Kidsgrove ST7 25 E1
Penkridge ST19 192 C1
Wolv WV3 265 D4
Orchard Ct
Kingswinford DY6 275 E3
Wolv WV3 265 D4
Orchard Gdns ST13 30 B3
Orchard Gr
Aldridge WS9 256 A2
Cookley DY11 280 A3
Kinver DY7 278 A2
Sedgley DY3 271 D2
Sutton Coldfield B74 257 F2
Wolv WV4 266 A2
Orchard La Bradnop ST18 174 B3
Codsall WV8 239 D2
Shareshill WV10 225 E2
Orchard Pk DE14 166 B1
Orchard Pl ST12 88 B1
Orchard Rise
Blythe Bridge ST11 90 C4
Market Drayton TF9 112 A4
Orchard St
Burton u T DE14 166 B1
Newcastle-u-L ST5 56 B3
Stafford ST17 155 F1
Swadlincote DE11 186 C3
Tamworth B79 250 A3
Tamworth, Kettlebrook B77 250 B2
Orchard The
Albrighton WV7 237 D3
Brewood ST19 223 E3
Colwich ST18 177 E4
Endon ST6 43 D4
Stramshall ST14 111 D2
Swynnerton ST15 103 D2
Walsall WS3 243 E1
Wolv WV6 255 F3
Orchards The WS15 198 B2
Orchid Cl DE15 186 A4
Ordish Ct DE14 166 B1
Ordish St DE14 166 B1
Ordley La DE6 65 F1
Oregon Cl DY6 275 F3
Oregon Gdns WS7 228 C4
Orford Rd ST9 43 F4
Orford St ST5 56 B4
Orford Way ST3 88 C4
Orgreave St ST6 57 D4
Orgreaves Cl ST5 56 A4
Oriel Cl Cannock WS11 226 C4
Sedgley DY1 271 F1
Oriel Dr WV10 240 B2
Oriel St ST4 72 A4
Orion Cl WS6 226 C1
Orion Ct ST5 70 C4
Orion St ST6 42 B1
Orion Way WS11 209 F3
Orkney Ave ST7 41 F4
Orlestone Pl ST6 42 A4
Orme Rd Biddulph ST8 27 E3
Newcastle-u-L ST5 284 A2
Orme St ST6 56 C4
Ormes La WV6 255 E2
Ormonde St ST4 72 C3
Oroxden Cl ST10 92 B4
Orpheus Gr ST1 57 F3
Orthopaedic Hospl ST4 71 F4
Orton Gr WV4 265 E2
Orton La WV4, WV5 265 D1
Orton Rd ST5 284 A4
Orwell Cl DY8 279 E2
Orwell Dr Longton ST3 73 F3
Stafford ST17 174 A4
Orwell Pl ST5 71 D2
Osberton Dr DY1 271 F1
Osborne B79 249 E4
Osborne Cres ST17 175 E4
Osborne Ct DE13 166 A3
Osborne Rd
Stoke-on-T ST4 71 F4
Wolv WV4 265 F3
Osborne S
Burton u T DE15 167 D2
Leek ST13 31 D3
Oslo Gr ST1 57 F3
Osmaston Rd DY8 279 F1
Osprey B77 262 A3
Osprey Ave ST3 90 A4
Osprey Cl DE15 167 E2
Osprey Dr DY1 271 F1
Osprey Gr WS12 210 B1
Osprey View ST7 26 B2
Ostend Pl ST5 70 C4
Ostler Cl DY6 275 D4
Ostlers La ST13 45 D2
Oswald Ave ST3 74 A3
Otherton Cl ST19 207 F4
Otherton La ST19 207 F3
Otterburn Cl
Cannock WS12 210 C1
Stafford ST17 175 E3
Otterstone Cl DY3 266 B1
Ottery B77 262 A3
Oulton CE Fst Sch ST15 105 E2
Oulton La ST20 170 A4
Oulton Rd Cheadle ST10 76 C2
Chell Heath ST6 42 A4
Stone ST15 105 D1
Oulton Way ST16 155 D3
Ounsdale Cres WV5 270 A4
Ounsdale High Sch WV5 269 F4
Ounsdale Rd WV5 269 F4
Ounty John La DY8 281 F4
Our Lady & St Benedict RC Prim Sch ST2 58 A3
Our Lady & St Werburgh's RC Prim Sch ST5 71 D2
Our Lady's RC Prim Sch ST4 72 B3
Ousley La DE6 80 B3
Outclough Rd ST8 27 D1
Outfield Rd DE15 185 F4
Outwoods Cl
Burton u T DE13 166 A3
Weston-u-T ST18 138 B1
Outwoods La
Anslow DE13 165 E4
Burton u T DE13 165 F4
Outwoods St DE14 166 A3
Oval The Cheddleton ST9 59 F2
Longton ST3 283 A2
Market Drayton TF9 112 B4
Stafford ST17 155 F1
Over The Hill ST8 17 D1
Overbrook Cl DY3 271 E1
Overdale Pl ST13 30 A3
Overfield Rd DY1 271 F1
Overhill Rd
Burntwood WS7 229 D3
Stafford ST17 175 E3
Overhouse St ST6 41 F1
Overland Cl WS15 197 D3
Overland Dr ST6 43 D4
Oversetts Ct DE11 186 C3
Oversetts Rd DE11 186 C3
Oversley Rd ST6 42 A4
Overton Bank 4 ST13 30 C3
Overton La WS7 229 E3
Overton Rd ST6 16 B3
Overton Wlk WV4 265 E3
Overwood Pl ST7 41 F4
Overwood Rd B77 262 A3
Overwoods Rd B77 261 F3
Owen Gr 3 ST6 57 D4
Owen Rd WV3 266 A4
Owen Wlk ST17 174 B4
Owens Cl WS15 178 C1
Ox Pasture ST13 45 E3
Ox St DY3 271 E3
Ox-Hey Cres ST6 16 B1
Ox-Hey Dr ST6 16 B1
Oxbarn Ave WV3 265 F4
Oxbarn Rd ST17 174 B3
Oxclose La DE6 36 B1
Oxford Ave ST1 57 E4
Oxford Cl WS6 226 C2
Oxford Cres ST4 72 A4
Oxford Dr DY8 279 F2
Oxford Gdns ST16 155 F3
Oxford Gn WS11 226 C4
Oxford Rd Cannock WS11 226 C4
Chell Heath ST6 42 A4
Newcastle-u-L ST5 56 B2
Oxford St Burton u T DE14 166 A1
Stoke-on-T ST4 72 A4
Oxhay Ct ST5 56 B2
Oxhay View ST5 56 B2
Oxhey Fst Sch ST8 16 C1
Oxleathers Ct ST17 174 A4
Oxley Cl WS6 226 C1
Oxley Moor Rd
Wolv, Blakeley Green WV10, WV9 255 F4
Wolv, Oxley WV10, WV9 240 A1
Oxley Rd DE15 167 D2
Oxmead DE6 81 E4
Pacific Rd ST4 88 A4
Pack Horse La ST6 56 C4
Packett St ST4 283 B4
Packington La B78 248 C3
Packmoor Prim Sch ST7 26 C1
Padarn Cl DY3 266 B1
Padbury WV9 240 A2
Padbury La WS7 212 B1
Paddock Cl ST16 155 E4
Paddock La Aldridge WS9 256 A3
Great Wyrley WS6 227 D2
Paddock Rise ST4 88 A3
Paddock The
Brewood WV9 224 A1
Burton u T DE15 167 D2
Cheadle ST10 76 B1
Claverley WV5 267 E4
Codsall WV8 238 C1
Lichfield WS14 231 E3
Perton WV6 254 B2
Rolleston DE13 147 D2
Sedgley DY3 271 F3
Seighford ST18 154 B3
Wombourne WV5 269 F3
Paddocks Cl B78 251 F1
Paddocks Gn CW12 15 F4
Paddocks The
Market Drayton TF9 97 D1
Swadlincote DE11 186 C3
Swynnerton ST15 118 C3
Padget High Sch DE14 185 D4
Padstow B77 250 C3
Padstow Way ST4 88 B3
Padworth St ST3 74 A2
Paget Cl ST19 208 A4
Paget Dr WS7 211 F1
Paget Rd WV3, WV6 255 F2
Paget Rise WS15 160 C3
Paget St DE14 166 B1
Pagham Cl WV9 239 F1
Painsley RC High Sch The ST10 76 B1
Paisley Cl ST2 73 F4
Paladin Ave ST3 74 A2
Palatine Dr ST5 55 E3
Pale St DY3 271 F3
Palfrey Rd DY8 279 E3
Pall Mall ST1 282 B2
Palmbourne Ind Pk ST16 155 E2
Palmer Cl
Barton-u-N DE13 183 E1
Branston DE14 185 D4
Essington WV11 241 F1
Stafford ST16 156 A2
Palmer St ST3 283 D4
Palmers Cross Prim Sch WV6 255 E4
Palmers Gn ST4 71 E4
Palmers Way
Codsall WV8 239 E1
Newcastle-u-L ST5 71 E4
Palmerston St
Hanley ST1 282 C1
Newcastle-u-L ST5 56 B3
Palmerston Way ST6 16 B1
Pandora Gr ST1 57 F3
Panton Cl ST16 156 A2
Pantulf Cl ST17 155 D1
Parade The
Brownhills WS8 228 C1
Kingswinford DY6 275 D4
Newcastle-u-L ST5 55 E1
Parade View WS8 244 C4
Paradise La
Brownhills WS3 243 F2
Featherstone WV10 224 C1
Paradise St ST6 41 E2
Paragon Ave ST5 71 D2
Paragon Cl ST10 76 B1
Paragon Rd ST3 283 D3
Parbury B77 261 E3
Parchments The WS13 214 A1
Pargeter St DY8 279 F2
Paris Ave ST5 70 C3
Park Ave
Burntwood WS7 229 D3
Cheadle ST10 76 C1
Kidsgrove ST7 40 C4
Meir ST3 74 A3
Newcastle-u-L ST5 56 B3
Norton Canes WS11 228 A3
Stafford ST17 174 B4
Stone ST15 119 F4
Uttoxeter ST14 111 D1
Wolv WV4 266 B3
Wombourne WV5 269 F3
Park Ave W ST5 56 A3
Park Cl Barton-u-N DE13 183 E1
Brownhills WS8 244 C4
Cheslyn Hay WS6 226 C2
Madeley CW3 68 C4
Park Cres ST17 155 F1
Park Ct ST5 55 F4
Park Dr Barlaston ST12 104 B4
Caverswall ST9 59 E2
Cheadle ST10 76 B2
Little Aston B74 257 E2
Sutton Coldfield B74 257 F1
Trentham ST4 87 F4
Wolv WV4 266 B3
Park End Lichfield WS14 231 F4
Newport TF10 168 C3
Park Farm Rd B77 250 B1
Park Farm View ST6 41 E4
Park Gate R
Cannock WS15 211 F3
Kidderminster DY10 280 A1
Park Hall Ave ST3 74 A2
Park Hall Cl WS15 178 B2
Park Hall Cres ST3 74 A2
Park Hall Ind Est ST3 73 F3
Park Hall Prim Sch ST3 74 A2
Park Hall Rd
Bucknall ST3 73 F3
Longton ST3 73 F3
Wolv WV4 266 B3
Park Hall St ST3 283 C4
Park House Dr ST15 120 B4
Park La Ashley TF9 100 A4
Audley ST7 39 D2
Biddulph ST8 27 E3
Blore TF9 99 D1
Brewood WV9 223 E1
Brocton ST17 176 A2
Cheadle ST10 76 B2
Cheddleton ST13 45 D3
Colton WS15 179 D4
Congleton CW12 6 A1
Endon ST9 44 A4
Fazeley B78 249 F1
Fenton ST4 72 C3
Great Wyrley WS6 227 D2
Haughton ST18 172 C3
Ipstones ST10 47 D1
Kingswinford DY6 275 F4
Shenstone WS14 247 D2
Tutbury DE13 146 A3
Wheaton Aston ST19 206 A3
Whittington WS13 232 B4
Woodseaves ST20 132 A1
Park Lane Cl ST10 76 B2
Park Mid Sch ST8 27 E3
Park Pale The DE13 146 B3
Park Pl Fenton ST4 72 C3
Uttoxeter ST14 126 B4
Park Prim Sch WS7 229 D3
Park Rd Alrewas DE13 201 D2
Barton-u-N DE13 183 E1
Burntwood, Chase Terrace WS7 228 C4
Burntwood, Triangle WS7 229 D3
Cannock WS11 209 E1
Caverswall ST9 59 E2
Chell Heath ST6 42 A1
Featherstone WV10 241 E4
Leek ST13 30 C4
Newcastle-u-L ST5 55 E1
Norton Canes WS11 228 A3
Sedgley DY3 271 E2
Stourbridge DY8 279 E3
Swadlincote DE12 186 B3
Tamworth B77 261 E3
Walsall WS3 243 D1
Whitmore ST5 70 C1
Park Rd W DY8 279 E3
Park Rise WV3 255 F1
Park Specl Sch B79 250 A4
Park St
Brierley Hill DY8 279 F4
Burton u T DE14 166 B1
Cannock WS11 226 C3
Cheslyn Hay WS6 226 C2
Fenton ST4 72 C3
Kingswinford DY6 275 E3
Stafford ST17 155 F1
Tamworth B79 250 A3
Uttoxeter ST14 111 E1
Park St S WV2 266 B3
Park Terr ST6 41 F2
Park The DE6 81 E4
Park Venture Ctr WS11 226 C3
Park View
Blythe Bridge ST11 90 C3
Swynnerton ST15 103 D2
Park View Rd
Kidsgrove ST7 26 A2
Sutton Coldfield B74 257 E2
Park View Terr WS15 178 B1
Park Way Forsbrook ST11 91 D4
Wolv WV11 242 A1
Park Wood Dr ST5 85 D4
Parkdale DY3 271 E4
Parkend ST11 91 D4
Parker Bowles Dr TF9 112 A4
Parker Paul Ind Est WV2 266 B4
Parker Rd WV11 241 F1
Parker St
Burton u T DE14 166 B3
Hanley ST1 282 A3
Leek ST13 31 D3
Walsall WS3 243 D1
Parker's Croft Rd ST17 155 F1
Parker-Jervis Rd ST3 73 F2
Parkers Cl ST20 190 A4
Parkers Ct WV9 224 B1
Parkes Ave WV8 239 D1
Parkes Hall Rd DY3 271 F3
Parkfield Ave B77 250 B1
Parkfield Cl
Barlaston ST12 88 B1
Tamworth B77 261 E4
Parkfield Cres
Tamworth B77 261 E4
Wolv WV2 266 C3
Parkfield Gr WV2 266 C3
Parkfield High Sch WV4 266 C3
Parkfield La DE6 81 E2
Parkfield Prim Sch WV4 266 C3
Parkfield Rd Longton ST3 73 E1
Wolv WV2, WV4 266 C3
Parkfields Endon ST9 43 F4
Stafford ST17 174 B4
Parkfields Cl ST5 55 D1
Parkgate La DE6 79 F3
Parkhall Cty Pk ST3 73 F3
Parkhall La ST10 109 D3
Parkhead Cres ST3 74 A2
Parkhead Dr ST3 74 A2
Parkhead Gr ST3 74 A2
Parkhill Rd WS7 229 D4
Parkhouse Gdns DY3 271 E2
Parkhouse Ind Est ST5 41 D1
Parkhouse Ind Est E ST5 55 F4
Parkhouse Ind Est (E) ST5 56 A4
Parkhouse Ind Est W ST5 55 F4
Parkhouse Rd E ST5 40 C1
Parkhouse Rd W ST5 40 C1
Parkhouse St ST1 282 A1
Parklands Biddulph ST8 17 D1
Kidsgrove ST7 26 A1
Wolv WV3 255 E1
Parklands Rd ST10 92 C2
Parklands The CW12 6 A1
Parks Cres WV11 242 A2
Parkside Tamworth B77 250 C1
Trentham ST4 88 A4
Parkside Ave ST16 155 E4
Parkside Cres ST9 43 F4
Parkside Cty Prim Sch ST16 155 E4
Parkside Dr ST5 56 B2
Parkside Gr ST5 56 B2
Parkside Ind Est WV1 266 C4
Parkside La Gayton ST18 139 D4
Huntington WS11 209 D1
Parkside Way B74 257 D1
Parkstone Ave ST5 284 C2
Parkstone Cl WS4 244 B1
Parkview Dr WS8 228 C1
Parkway Branston DE14 165 F1
Stone ST15 120 B4
Parkway The Hanley ST1 282 B1
Perton WV6 254 C2
Trentham ST4 87 F4
Parkwood Ave ST4 87 F4
Parkwood Cl WS8 245 D3
Parkyn St WV2 266 C4
Parliament Row ST1 282 B3
Parliament Sq ST1 282 B3
Parliament St DE11 186 C3
Parnell Sq CW12 6 A1
Parson St B77 261 F4
Parson's Croft WV9 224 A1
Parsonage St ST6 41 E2
Parsons Cl SK17 24 B3
Parsons Dr ST20 171 F3
Parsons La
Butterton ST13 33 E2
Grindon ST13 33 E2
Parton Gr ST3 74 A2
Partridge Cl
Huntington WS12 209 E4
Meir ST3 90 A4
Partridge Croft WS13 231 E4
Partridge Dr ST14 126 B3
Partridge Rd DY8 279 E2
Partridge Ride TF9 99 E2
Parva Ct ST14 110 C1
Paskin Cl WS13 215 E4
Pass Ave WS14 232 C3
Passfield Ave WS12 210 B4
Pastoral Cl CW3 68 C3
Pasture Cl ST5 85 E3
Pasture Gate WS11 209 E1
Pasture View WS3 243 F1
Pasturefields Ind Pk ST18 158 A3
Pasturefields La ST18 158 A3
Pastures The
Perton WV6 254 B2
Swadlincote DE11 186 C3
Patch Cl DE13 166 A3
Patch Meadow Rd ST10 76 A2
Paterson Ave ST21 117 F2
Paterson Pl WS8 245 D3
Patricia Ave WV4 266 B3
Patrick Pl ST8 27 D1
Patshull Ave WV10 240 A2
Patshull Gr WV10 240 A2
Patshull Rd WV6 253 D2
Patterdale Rd WS11 210 A2
Patterdale St ST6 42 A2
Pattingham La WV7 253 E4
Pattingham Rd WV6 254 B1
Paul St 1 WV2 266 B4
Paulet High Sch DE15 185 F4
Pauls Coppice WS8 245 D3
Pauls Wlk WS13 214 A2
Pavement The ST19 223 E3
Pavilion Cl WS9 256 B4

316 Pav – Pos

Pavilion Dr ST1 57 D3
Pavilion The B77 251 D2
Pavior's Rd WS7 228 C2
Paxton Ave WV6 254 C2
Paxton St ST1 282 C1
Paynter St ST4 72 C3
Peace Cl WS6 226 C2
Peacehaven Gr ST4 88 B3
Peach Ave ST17 174 C4
Peacock Hay Rd ST7 40 C2
Peacock La
Swynnerton ST4, ST5 87 D4
Whitmore ST4, ST5 87 D4
Peacock Rd ST5 55 F3
Peacock View ST4 57 F1
Peak Cl WS15 198 A2
Peak Dale Ave ST6 41 E4
Peak Dr DY1 271 F2
Peak View ST13 31 D3
Peake Cres WS8 244 C3
Peake Rd WS8 245 D3
Peake St ST5 55 F2
Peakes Rd WS15 178 A1
Peaks L Ctr B78 250 A2
Pear Tree Ave DE11 186 C4
Pear Tree Cl
Barlaston ST12 88 B1
Gnosall ST20 171 F3
Huntington WS12 209 E4
Shuttington B79 251 F4
Pear Tree Cty Prim Sch
WS15 196 C4
Pear Tree Dr CW3 68 B4
Pear Tree La
Brownhills WS8 228 B1
Claverley WV5 268 A2
Essington WV11 241 D1
Newcastle-u-L ST5 55 E4
Pear Tree Rd ST7 39 F1
Pearl Gr ST3 90 A4
Pearson Dr ST15 120 B4
Pearsons St WV2 266 B4
Peartree La WS15 180 A3
Peascroft Rd ST6 42 B2
Pebble Cl B77 251 D2
Pebble Mill Cl WS11 209 F1
Pebble Mill Dr WS11 210 A1
Pebble Mill St ST1 56 C2
Peck Mill La ST8 27 E1
Peckforton View ST7 41 D4
Pedley Gr ST6 42 B1
Pedley La CW12 6 C2
Peebles Rd ST5 54 C1
Peel Cl B78 260 C3
Peel Dr Astbury CW12 15 E4
Cannock WS12 209 F4
Peel Hollow ST7 39 D1
Peel La CW12 15 D4
Peel St Burton u T DE14 166 B1
Longton ST3 283 C1
Newcastle-u-L ST5 56 B3
Stafford ST16 155 E2
Tunstall ST6 56 B4
Peel Terr ST16 155 F3
Peelers Way B77 250 B1
Pegasus Gr ST6 42 B1
Pegasus Wlk B79 249 F4
Peggs La ST20 150 C4
Peggy's Bank ST7 54 C4
Pegroy Gr ST6 42 B1
Pelham St ST1 282 C1
Pellfield Ct ST18 138 B1
Pelsall Jun Mix Inf Sch
WS3 243 F2
Pelsall La
Brownhills WS3 244 A1
Walsall WS3 243 E2
Pelsall Rd WS8 244 B4
Pemberton Dr ST3 90 A3
Pembridge Rd ST3 88 C4
Pembroke Dr
Newcastle-u-L ST5 284 A2
Stone ST15 120 B4
Pembroke Gdns DY8 275 E1
Pembroke Rd ST2 43 D1
Pen-y-bryn Way TF10 168 C1
Penarth Gr ST1 282 B4
Penarth Pl ST5 284 A1
Pencombe Dr WV4 266 B3
Penda Gr WV6 254 C3
Pendeford Ave WV6 255 F4
Pendeford Bsns Pk
WV9 239 F2
Pendeford Cl WV6 255 F4
Pendeford Hall La WV9 239 E3
Pendeford High Sch
WV10 240 A1
Pendeford La WV9 240 A2
Pendeford Mill La WV8 239 E2
Penderel St WS3 243 E1
Pendinas Dr WV8 239 D2
Pendine Gr ST4 73 D3
Pendle Hill WS12 210 B2
Pendrel Cl WS6 242 C4
Pendrell Cl Codsall WV8 239 D2
Featherstone WV10 241 D3
Pendrell Hall Adult Coll
WV8 238 B3
Pendrill Rd WV10 240 C2
Pendryl Cl ST19 223 E4
Penfleet Ave ST3 74 A1
Pengrove Cl ST7 41 F4
Penhallow Dr WV4 266 C3
Penk Dr WS7 229 E3
Penk Dr N WS15 178 B1
Penk Dr S WS15 178 B1
Penk Rd ST11 91 D4
Penk Rise WV6 255 D2
Penkhull Inf Sch ST4 72 A4
Penkhull New Rd ST4 72 A3
Penkhull Terr ST4 72 A3
Penkridge Bank WS15 195 E3
Penkridge Cty Mid Sch
ST19 193 D1
Penkridge Ind Est ST19 207 F4
Penkridge L Ctr ST19 208 A4
Penkridge Rd ST17 193 D4
Penkridge Sta ST19 207 F4
Penkvale Rd ST17 174 C3
Penkville St ST4 72 A3
Penleigh Gdns WV5 269 F4
Penmark Gr ST3 89 F4
Penmere Dr
Caverswall ST9 59 D2
Newcastle-u-L ST5 71 E1
Penn Cl WS3 243 E1
Penn Croft ST18 177 E4
Penn Croft La DY3 266 A1
Penn Fields Sch WV3 265 F4
Penn Hall Sch WV4 265 F2
Penn Hospl WV4 265 F2
Penn Rd Himley DY3 270 C4
Wolv WV2, WV3, WV4 266 A3
Penn St WV3 266 A4
Pennell St ST2 58 A2
Pennhouse Ave WV4 265 F3
Pennine Dr
Cannock WS11 209 F1
Sedgley DY3 271 E2
Pennine Way
Biddulph ST6 16 C1
Newcastle-u-L ST5 55 F2
Tamworth B77 262 A4
Pennington Cl ST3 74 B1
Penns Wood Cl DY3 266 B1
Pennwood La Wolv WV4 265 F2
Wombourne WV4 265 F2
Penny Cress Gn WS11 227 F2
Penny Ct WS6 242 C4
Penny Farthing Arc DY3 271 E4
Pennycress Gdns WV10 241 E4
Pennycroft La ST14 111 E1
Pennycroft Rd ST14 111 D1
Pennycrofts ST16 155 F2
Pennyfields Rd ST7 26 B1
Pennymoor Rd B77 262 A4
Pennymore Cl ST4 88 A4
Pennys Croft WS13 214 C1
Penport Gr ST3 283 A2
Penrhyn Ave ST6 42 A1
Penrith Cl ST4 88 B3
Penrith Ct ST5 71 D3
Pens Meadow Sch DY8 275 F2
Pensford Gr ST1 57 F3
Pensgreave Rd DE13 166 A3
Penshaw Cl WV9 240 A1
Pensnett Trad Est The
DY6 275 F4
Penstone La WV4 264 C2
Pentire Rd WS14 231 E3
Pentland Gdns WV6 255 F1
Pentland Gr ST5 55 F2
Penton Pl ST3 88 C4
Penton Wlk ST3 88 C4
Penzer St DY6 275 E4
Peolsford Rd WS3 244 A2
Peover La CW12 6 B3
Pepper St Keele ST5 54 C1
Newcastle-u-L ST5 284 B2
Perceval St ST1 57 F3
Percival Dr ST9 43 E2
Percy St ST1 282 B3
Peregrine Cl
Burton u T DE15 167 E2
Dudley DY1 271 F1
Peregrine Gr ST3 90 A3
Perivale Cl ST1 58 A3
Periwinkle Cl WS8 244 B3
Perkins St ST6 41 E4
Perks Rd WV11 242 A1
Perle Brook ST21 133 E4
Perott Dr B75 258 B1
Perrin Cl ST17 174 C3
Perry Cl ST1 282 C2
Perrycrofts Cres B79 250 B4
Pershore Cl WS3 242 C1
Pershore Rd WS3 242 C1
Pershore Way WS3 242 C1
Perth Cl DE15 167 E1
Perth St ST4 283 A5
Perthy Gr ST4 87 F4
Perton Brook Vale WV6 254 C1
Perton Cty Fst Sch WV6 254 C3
Perton Cty Mid Sch WV6 255 D3
Perton Gr WV6 254 C1
Perton Rd WV6 254 C1
Perton Wood View ST3 72 C2
Pessall La B79 217 E4
Peter James Ct ST16 155 F3
Peter's La WS7 230 A3
Peterborough Dr WS12 210 B1
Peterdale Dr WV4 265 F2
Peterhead B77 250 C3
Peters Wlk WS13 214 A1
Petersfield WS11 209 F2
Petersfield Rd ST6 42 A4
Petershouse Dr B74 257 F3
Pethills La ST13 48 B3
Petrel Gr ST3 90 A4
Pevensey Gr ST19 73 E3
Peverill Rd Perton WV6 254 C2
Wolv WV4 266 C2
Pezenas Dr TF9 97 D1
Pheasant Wlk TF9 99 E2
Philip Gr WS11 209 F3
Philip La ST9 59 D2
Philip St ST4 72 C3
Phillips Ave WV11 241 F1
Phillips Cl ST15 120 B4
Phillipson Way ST6 57 E4
Phoenix Bank TF9 97 E1
Phoenix Cl WS15 178 C1
Phoenix Ctr WS11 226 C3
Phoenix Rd WS11 210 A1
Phoenix St Tunstall ST6 41 E2
Wolv WV2 266 B3
Picasso Cl WS11 210 B1
Picasso Rise ST3 90 A4
Piccadilly ST1 282 B2
Piccadilly Arc ST1 282 B3
Piccadilly La DE6 66 B1
Piccadilly St ST6 41 E2
Pickering Cl ST3 283 A1
Pickford Pl ST3 74 A1
Pickleys La DE6 127 E4
Pickmere Cl ST2 43 D2
Picknal La ST14 126 A4
Picknalls ST14 126 A4
Picknalls Cty Fst Sch
ST14 126 A4
Pickwick Pl ST7 25 E1
Pickwood Ave ST13 31 D3
Pickwood Cl ST13 31 D3
Picton St Hanley ST1 282 C2
Leek ST13 30 B3
Piddocks Rd DE15 186 A3
Pidduck St ST6 56 C4
Pier St WS8 244 C4
Pierce St ST6 41 E2
Pigeonhay La ST14 110 B1
Piggott Gr ST2 58 A2
Pike Cl ST16 156 A3
Pike La WS15 198 A2
Pikelow La ST10 49 D2
Pilgrim Pl ST16 155 F1
Pilgrim St ST16 155 F1
Pilkington Ave ST5 71 D3
Pillaton Cl ST19 207 F4
Pillaton Dr WS12 209 E3
Pilsbury St ST5 56 B3
Pilsden Pl ST3 90 B4
Pimlico Ct DY3 271 E2
Pinch The DE6 36 A1
Pine Cl Branston DE14 185 D4
Great Wyrley WS11 226 C2
Kingswinford DY6 275 E3
Kinver DY7 278 B2
Market Drayton TF9 97 D1
Tamworth B79 250 A4
Pine Cres ST17 175 F3
Pine Ct Ashley TF9 99 E2
Blythe Bridge ST11 90 B4
Pine Gr Burntwood WS7 228 C3
Swadlincote DE11 186 C3
Pine Leigh B74 258 A1
Pine Rd ST4 72 B2
Pine St WS3 243 E1
Pine Tree Cl WS12 195 D1
Pine View Rugeley WS15 178 B2
Swindon DY3 269 E2
Pine Wlk Codsall WV8 238 C1
Uttoxeter ST14 125 F4
Pinehurst Cl ST5 71 D2
Pines Park Mobile Homes
The WS12 209 E3
Pines The Lichfield WS14 231 F4
Wolv WV3 255 E1
Pineside Ave WS15 211 F3
Pinetree Dr Aldridge B74 256 B1
Blythe Bridge ST11 90 B4
Pinetrees La TF9 99 E3
Pineways
Kingswinford DY8 275 E1
Sutton Coldfield B74 257 E2
Pineways Dr WV6 255 F2
Pinewood Ave
Cannock WS11 209 E2
Kingsbury CV9 262 B1
Pinewood Cl
Brownhills WS8 228 C1
Wolv WV3 265 D4
Wombourne WV5 270 A3
Pinewood Cres ST3 74 B1
Pinewood Dr Ashley TF9 99 F2
Colwich ST18 177 E4
Pinewood Gr
Forsbrook ST11 91 D3
Newcastle-u-L ST5 40 C1
Pinewood Prim Sch ST3 74 B1
Pinewood Rd DE15 185 F3
Pinewood Wlk DY6 275 F4
Pinewoods TF10 168 C1
Pinewoods Ave DY9 281 F2
Pinewoods Cl DY9 281 F2
Pinfold Ave ST6 42 B2
Pinfold Cl Tutbury DE13 146 B3
Wheaton Aston ST19 205 D3
Pinfold Cres WV4 265 E3
Pinfold Dr WS15 198 B3
Pinfold Gr WV4 265 E3
Pinfold Hill WS14 246 C3
Pinfold La
Abbots Bromley WS15 161 F2
Blore TF9 98 B1
Cheslyn Hay WS6 226 B1
Norbury ST20 151 D2
Norton Canes WS11 227 F2
Penkridge ST19 192 B1
Wheaton Aston ST19 205 D3
Wolv WV4 265 F3
Pinfold Rd WS13 213 F1
Pinfold St ST14 126 B4
Pingle Farm Rd DE11 186 C3
Pingle La
Burntwood WS7 229 E3
Stone ST15 120 A4
Pingle The WS15 196 A4
Pinhoe Pl ST3 73 F2
Pinnox St ST6 41 F1
Pintail Cl ST17 175 D4
Pipe Hay La DE6 144 B3
Pipe La WS15 198 A4
Pipe Wood La WS15 180 A2
Piper Cl WV6 254 C2
Piper Pl DY8 279 F4
Piper Rd WV3 265 D4
Piper's La TF10 168 A2
Piper's Lodge TF10 168 A2
Pipers Croft WS13 214 A1
Pippins The
Newcastle-u-L ST5 71 E2
Stafford ST17 174 C3
Pireford Pl ST5 41 D1
Pirehill Fst Sch ST15 119 F3
Pirehill La ST15 119 F3
Pirehill Rd ST5 41 D1
Pirie Cl CW12 6 A2
Pirie Rd CW12 6 A2
Pit La ST7 40 B3
Pitcairn St ST6 41 F2
Pitchcroft La TF10 187 D3
Pitcher La ST13 31 D3
Pitfield Ave ST5 56 B2
Pitgreen La ST5 56 B3
Pitlea Pl 7 ST3 73 E3
Pitsford St ST3 73 F1
Pitstone Cl ST16 136 B1
Pitt St
Kidderminster DY10 280 A1
Stafford ST16 155 E3
Pitt St E ST6 57 D4
Pitt St W ST6 57 D4
Pitts Hill Bank ST6 41 F3
Plainfield Gr ST2 73 E4
Plainview Cl B74 256 C1
Plaisaunce The ST5 71 D3
Plane Gr ST5 40 C1
Planks La WV5 269 F3
Plant Cres ST17 174 C4
Plant La WS7 228 C4
Plant St Cheadle ST10 76 C1
Kingswinford DY8 275 F1
Longton ST3 283 C4
Plant Way WS3 243 F2
Plantation La
Fazeley B78 249 D2
Hopwas B78 249 D2
Wombourne DY3 270 A2
Plantation Rd
Cannock WS12 195 D1
Longton ST4 88 B4
Plants Cl WS6 243 D4
Plardiwick Rd ST20 171 D3
Platt St WS11 210 A3
Platts Ave ST9 43 F3
Platts Cres DY8 279 F4
Platts Dr DY8 279 F4
Platts Rd DY8 279 F4
Playdale TF10 168 A2
Pleasant Cl DY6 275 E2
Pleasant St ST6 56 C4
Pleasant View DY3 271 E1
Plex St ST6 41 E2
Pleydell St ST1 57 F4
Plough Bank ST9 60 A4
Plough La TF10 168 C3
Plough St ST1 282 C4
Ploughmans Wlk
Kingswinford DY6 275 D4
Lichfield WS13 214 B2
Wolv WV8 239 F1
Plover Cl
Featherstone WV10 241 D4
Meir ST3 90 A4
Plover Dr ST8 27 F4
Plover Field CW3 68 B3
Plovers Rise WS15 178 B1
Plummer Rd DE11 186 C3
Plumtree Gr ST1 57 F3
Plymouth Gr ST5 55 F4
Pochard Cl ST6 42 B1
Podmore Ave ST7 54 C3
Podmore La ST7 54 C3
Podmore St ST6 57 D4
Pointon Gr ST6 43 D3
Polesworth High Sch
B78 262 C4
Polesworth Sports Ctr
B78 262 C4
Police Dr TF9 112 B4
Polperro Way ST3 90 A4
Pomona Rise ST1 57 E4
Pond Cres WV2 266 C4
Pond Gr WV2 266 C4
Pond La WV2 266 B4
Ponesfield Rd WS13 214 A1
Ponesgreen WS13 214 A1
Pool Ave
Norton Canes WS11 228 A3
Norton-in-t-M ST2 43 D1
Pool Cl WV10 225 E1
Pool Cres WS8 228 B1
Pool Dam ST5 284 B2
Pool Gn WS9 256 A3
Pool Hall Cres WV3 265 D4
Pool Hall Rd WV3 265 D4
Pool House Rd WV5 269 E3
Pool La Brocton ST17 176 B2
Burntwood WS7 228 C2
Pool Meadow WS6 226 B1
Pool Meadow Cl WS15 196 B4
Pool Rd Brownhills WS8 228 C1
Burntwood WS7 228 C2
Pool Side
Newcastle-u-L ST5 284 A3
Scholar Green ST7 25 D4
Pool St Fenton ST4 73 D3
Newcastle-u-L ST5 284 A2
Wolv WV2 266 B4
Pool View WS11 227 D2
Poole St DY8 279 F2
Poole's Way WS7 229 E4
Pooles Rd ST8 17 D1
Pooley La Gnosall TF10 188 B4
Polesworth B78 251 F1
Poolfield Ave ST5 70 C4
Poolfield Ave N ST5 71 D4
Poolfields Cl ST5 70 C4
Poolside Longton ST3 88 C4
Madeley CW3 68 C3
Pope Gdns ST17 174 B4
Pope Gr WS12 209 F3
Pope Rd WV10 241 D1
Poplar Ave
Brownhills WS8 245 D4
Burntwood WS7 228 C3
Cannock WS11 209 F2
Newcastle-u-L ST5 56 A2
Poplar Cl Eccleshall ST21 133 F3
Forsbrook ST11 91 D3
Haughton ST18 172 C3
Newcastle-u-L ST5 56 A2
Stone ST15 119 F4
Uttoxeter ST14 110 C1
Wombourne WV5 270 A3
Poplar Cres DY8 279 E2
Poplar Ct ST5 56 A2
Poplar Dr Kidsgrove ST7 26 A1
Longton ST3 72 C1
Poplar Gr Longton ST3 73 D1
Newcastle-u-L ST5 284 D3
Poplar La Cannock WS11 209 D1
Huntingdon WS11 226 A4
Woore TF9 82 C3
Poplar Rd
Brownhills WS8 245 D4
Great Wyrley WS6 227 D1
Kingswinford DY6 275 F3
Stourbridge DY8 279 F2
Wolv WV3 266 A3
Poplar Rise B74 257 E3
Poplar St
Norton Canes WS11 228 A3
Wolv WV2 266 B3
Poplar Way ST17 174 C3
Poplars Dr WV8 238 C1
Poplars Farm Way WV9 224 A1
Poplars Rd
Armitage WS15 198 B2
Burton u T DE13 166 B4
Poplars The
Brierley Hill DY8 275 F1
Cannock WS11 209 F2
Kingswinford DY8 275 F1
Poppit's La ST14 110 C2
Porlock Ave ST17 175 E4
Porlock Gr ST4 88 A3
Port La
Abbots Bromley WS15 160 C3
Brewood WV8 223 D2
Port St ST6 56 C4
Port Vale St ST6 56 C4
Portal Rd ST16 156 A3
Porters Farm ST14 127 F1
Porters La ST13 31 F2
Porthill ST5 56 B4
Porthill Gn ST5 56 B3
Porthill Rd ST6 56 B4
Porthkerry Gr DY3 271 D4
Portland Ave
Aldridge WS9 256 A3
Branston DE14 185 D4
Tamworth B79 249 F4
Portland Cl ST11 90 B4
Portland Dr
Biddulph ST6 16 B1
Forsbrook ST11 91 D4
Market Drayton TF9 97 D1
Scholar Green ST7 25 F3
Portland Gr ST5 71 D2
Portland Mews ST5 56 A3
Portland Pl
Barlaston ST12 88 C2
Cannock WS11 226 B4
Waterhouses ST10 48 C1
Portland Rd
Aldridge WS9 256 A3
Longton ST3 283 B4
Portland St Hanley ST1 282 A4
Leek ST13 30 C3
Portland St N ST13 30 C3
Portland St S ST13 30 C3
Portleven Cl ST17 175 F4
Portleys La B78 260 B2
Portobello WS15 178 C1
Portrush Rd WV6 254 B2
Portswood Cl WV9 239 F1
Portway Cl DY6 275 F3
Portway Dr DE13 146 B3
Portway La B79 234 B4
Portway Pl DY10 280 A3
Portway The DY6 275 F3
Post La ST9 43 F3
Post Office La
Betley CW2 37 F1
Gnosall TF10 188 B4
Rugeley WS15 196 A4

Pos – Rep 317

Post Office Rd
Alrewas DE13 201 D2
Seisdon WV5 263 F2
Post Office Sq CW3 68 C3
Postern Rd DE13 165 D2
Pothooks La ST13 33 F2
Potteries Sh Ctr ST1 282 B3
Potteries Way ST1 282 C3
Potters Ave ST15 118 C3
Potters End ST6 16 B1
Pouk La WS14 245 F4
Poulson St ST4 72 A4
Pound Gdns ST6 42 B2
Pound St WV5 267 E4
Poundsgate Gr ST4 88 A4
Pountney St WV2 266 B4
Povey Pl ST5 41 D1
Powderham Cl ST7 41 F4
Powell Pl TF10 168 C2
Powell St ST1 282 A4
Power Gr ST3 283 A4
Power Station Rd WS15 178 C1
Power Station Road Ind Est WS15 178 C1
Powy Dr ST7 26 A1
Poxon Rd WS9 245 D2
Poynings The WV6 255 E3
Precinct The B79 250 A3
Preedys Cl WS15 160 C3
Prescott Ave ST16 156 A2
Prescott Dr ST19 193 D1
Prestbury Ave ST5 71 D1
Preston St ST6 57 E4
Preston Vale La ST19 192 B1
Prestwick Rd DY6 275 E3
Prestwood Ct ST17 155 F1
Prestwood Dr DY7 279 D4
Prestwood La ST14 79 F1
Prestwood Rd DY7 278 C3
Pretoria Rd ST1 57 D2
Priam Cl ST5 41 D1
Priam Gr WS3 244 A3
Price Ave B78 249 E1
Price Cl TF9 99 E3
Price Ct DE14 166 A2
Price St Burslem ST6 56 C4
Cannock WS11 209 F1
Prices Rd DY3 271 E2
Priestley Dr ST3 283 D4
Prime St ST1 57 F3
Primitive St ST7 26 B4
Primley Ave B77 261 F3
Primrose Ave WV10 240 B2
Primrose Cl
Brownhills WS3 244 A3
Wheaton Aston ST19 205 E4
Primrose Dell CW3 68 B3
Primrose Dr TF10 168 C1
Primrose Gdns
Codsall WV8 239 D2
Featherstone WV10 241 D4
Primrose Gr ST5 284 C4
Primrose Hill
Kingswinford DY8 275 F1
Trentham ST4 72 A1
Primrose Meadow WS11 210 B1
Primrose Way ST14 126 A4
Prince Albert Terr ST15 135 D4
Prince Ave ST18 172 C3
Prince Charles Ave ST13 31 D4
Prince George St ST10 76 B2
Prince Rupert's Way WS13 231 D4
Prince St
Brownhills WS9 244 C1
Cannock WS11 209 F3
Leek ST13 31 D3
Prince's Rd ST4 71 F4
Prince's St ST15 105 D1
Princefield Ave ST19 207 F4
Princefield Fst Sch ST19 207 F4
Princes Dr WV8 239 D1
Princes Gdns WV8 239 D1
Princes Rd DY8 279 E2
Princes Sq ST6 56 B4
Princes St 4 ST16 155 F2
Princess Ave Audley ST7 39 E1
Leek ST13 31 D4
Princess Cl WS7 228 C4
Princess Ct ST7 40 B3
Princess Dr ST3 74 A2
Princess Gdns TF10 168 C1
Princess Pl ST16 155 F3
Princess Rd ST14 111 D1
Princess St Biddulph ST8 27 E4
Burntwood WS7 228 C4
Cannock WS11 209 F3
Kidsgrove ST7 40 B3
Newcastle-u-L ST5 284 C3
Princess Way DE14 166 C4
Princeton Gdns WV9 239 F1
Priorfield Cl ST3 283 B4
Priors Mill DY3 271 F3
Priory Ave ST13 31 D4
Priory CE Inf Sch ST4 87 F4
Priory Cl
Congleton CW12 16 A4
Tamworth B79 249 F4
Tutbury DE13 146 A3
Priory Cty Inf Sch ST5 284 B2
Priory Dr ST18 177 E4
Priory Field Cl WV14 266 C1
Priory Green Jun & Inf Schs WV9 240 A1
Priory La DY3 271 E4
Priory Lands DE13 147 F1
Priory Pl ST7 26 B2
Priory Rd Bucknall ST2 58 A3
Cannock WS12 210 B2
Newcastle-u-L ST5 284 B1
Rugeley WS15 197 D3
Stone ST15 120 A4
Priory The DY3 271 E4
Pritchett Ave WV4 266 C2
Probert Rd WV10 240 A1
Probyn Ct ST3 283 C2
Proctors Rd WS15 198 B2
Proffitt Cl WS8 245 D3
Progress Dr WS11 226 C4
Prospect Dr WS13 231 F4
Prospect Manor Ct WS12 210 B2
Prospect Pk WS11 226 B4
Prospect Pl 8 ST13 30 C3
Prospect Rd
Burntwood WS7 229 D3
Leek ST13 31 D3
Market Drayton TF9 97 D1
Sedgley DY3 271 E1
Stafford ST16 155 F3
Prospect St Burslem ST6 56 C3
Tamworth B79 250 A3
Prospect Terr ST5 284 A3
Prosper Meadow DY6 275 F4
Providence St ST1 282 C4
Provost Pl ST13 31 D4
Pruden Ave WV4 266 C2
Puddle Hill ST18 139 E1
Puddy La ST9 44 A3
Pudsey Dr B75 258 B2
Pugh Rd WV14 266 C1
Pugin Cl WV6 254 B2
Pullman Cl B77 251 D1
Pullman Ct ST10 76 B1
Pulteney Dr ST16 155 D3
Pump Bank ST5 69 F4
Pump La Doveridge DE6 127 D4
Rugeley WS15 178 B2
Pump St Leek ST13 31 D4
Stoke-on-T ST4 72 A4
Purbeck St ST6 57 D4
Purbrook B77 261 F4
Purbrook Rd WV1 266 C4
Purcell Ave WS13 214 B1
Pye Green Rd WS11 209 F2
Pye Green Valley Prim Sch WS12 210 A4
Pyebirch La ST21 134 A3
Pyenest St ST1 282 A1

Quadrangle The ST9 43 F4
Quadrant Rd ST1 282 B3
Quadrant The Hanley ST1 282 B3
Sedgley DY3 266 C1
Quadrille Lawns WV9 239 F1
Quail Gn WV6 254 C1
Quail Gr ST3 90 A4
Quale Gr DY8 275 E2
Quarry Ave ST4 71 F4
Quarry Bank Keele ST5 54 C1
Upper Tean ST10 94 A2
Quarry Bank Rd
Keele ST5 69 F4
Market Drayton TF9 112 A4
Quarry Berry La DE12 236 C4
Quarry Brow DY3 271 F3
Quarry Cl Caverswall ST9 59 D2
Cheslyn Hay WS6 226 C2
Norton-in-t-M ST9 43 E2
Rugeley WS15 196 A4
Quarry Hills La WS14 231 E3
Quarry House La TF9 112 A4
Quarry La ST20 171 E3
Quarry Rd Stoke-on-T ST4 71 F4
Upper Tean ST10 94 A2
Quarry Terr ST7 26 A1
Quee La ST15 126 A1
Queen Anne St ST4 72 A4
Queen Elizabeth's Mercian High Sch B79 250 B3
Queen Margaret's Rd TF9 99 E3
Queen Mary Rd ST4 72 A1
Queen Mary's Dr ST12 88 C2
Queen St Audley ST7 39 E1
Brownhills WS9 244 C1
Burntwood WS7 228 C3
Burslem ST6 56 C4
Burton u T DE14 166 B1
Cannock WS11 209 E1
Cannock, High Town WS11 210 A3
Cheadle ST10 76 C2
Cheslyn Hay WS6 226 B2
Kidsgrove ST7 26 A1
Kingswinford, Moss Grove DY6 275 E4
Kingswinford, Wordsley DY8 275 E2
Leek ST13 30 C3
Lichfield WS13 231 D4
Longnor SK17 13 D3
Market Drayton TF9 97 E1
Newcastle-u-L ST5 284 C3
Newcastle-u-L, Chesterton ST5 55 F4
Newcastle-u-L, Porthill ST5 56 A3
Rugeley WS15 196 C4
Stourbridge DY8 279 F3
Uttoxeter ST14 126 B4
Queen Victoria Sch DY3 271 E4
Queen's Ave ST6 41 F2
Queen's Croft Specl Sch WS13 231 D4
Queen's Dr ST8 27 E3
Queen's Rd
Stoke-on-T ST4 71 F4
Stourbridge DY8 279 F3
Queen's Row ST12 88 C1
Queen's Sq ST15 105 D1
Queens Cotts ST19 206 A4
Queens Ct ST5 284 C3
Queens Cty Prim Sch ST4 73 D3
Queens Dr
Burntwood WS7 228 C3
Leek ST13 31 D4
Newport TF10 168 C1
Queens Gdns
Codsall WV8 238 C2
Kidsgrove ST7 40 B3
Queens Par WS3 243 D1
Queens Park Ave ST3 73 D1
Queens Rd Sedgley DY3 271 F4
Shareshill WV10 225 D3
Queens Rise DE13 146 B3
Queens Sq WS11 209 E1
Queens Terr ST1 57 F2
Queens Way B78 262 C3
Queens Wlk ST3 74 A2
Queensberry Rd ST3 73 E1
Queensland Cres DE15 167 E1
Queensmead Rd ST3 89 F4
Queensville ST17 175 D4
Queensville Ave ST17 156 A1
Queensville Bridge ST17 156 A1
Queensway Meir ST3 74 A1
Newcastle-u-L ST5 71 D3
Rugeley WS15 196 C4
Stafford ST16 155 F2
Stoke-on-T ST4 72 B3
Tamworth B79 250 A4
Queensway Ind Est ST6 56 B4
Queenswood Rd B75 258 A1
Quendale WV5 269 F3
Quillets Rd DY8 275 E2
Quince B77 251 D2
Quince Tree Specl Sch B77 251 D2
Quinton Gr ST5 56 A2
Quinton Wlk ST6 42 B1
Quixhill Bank ST14 95 F4
Quixhill La ST14, DE6 79 F1
Quorn Cl DE15 167 D1
Quorn Cres DY8 275 E2

Rabbit La WV10 241 D4
Raby St WV2 266 B4
Race Course ST5 55 E1
Racecourse La DY8 279 F1
Racecourse Rd ST4 72 A2
Rachel Gr ST4 73 D3
Raddle La B79 217 F3
Radford Bk ST17 175 E4
Radford Cl ST15 105 D1
Radford Dr WS4 244 B1
Radford La WV3 264 C4
Radford Rd ST4 56 C1
Radford Rise ST17 175 E4
Radford St ST15 105 D1
Radhurst Rise DE13 183 E1
Radley Way ST9 59 D2
Radmore Cl WS7 228 B4
Radmore La
Abbots Bromley WS15 161 E4
Forton ST20 170 B4
Gnosall ST20 170 B4
Radnor Ct WS9 244 C2
Radnor Rd DY3 271 E4
Radnor Rise WS12 210 A2
Radstock Cl ST17 175 F3
Radstock Rd WV12 242 B1
Radstone Rise ST5 71 D2
Radway Green Rd CW2 38 C4
Ragees Rd DY6 275 F2
Raglan Cl Aldridge B74 256 C2
Burton u T DE13 166 B4
Sedgley DY3 271 D4
Raglan Rd WV6 254 C2
Raglan St ST4 72 C3
Ragley Cl WS3 243 D1
Raikes La
Shenstone WS14 246 B4
Wall WS14 246 B4
Railswood Dr WS3 244 A2
Railton Ave ST3 73 D1
Railway Cotts
Congleton CW12 6 A1
Leek ST13 30 C1
Rugeley WS15 197 D3
Railway Ct ST9 43 F4
Railway La WS7 211 F1
Railway Pas ST3 283 C4
Railway Rd ST3 73 F1
Railway St
Cannock WS11 226 C4
Norton Canes WS11 228 A3
Stafford ST16 155 E2
Tunstall ST6 41 F1
Railway Terr
Kingsley ST10 62 A2
Longton ST3 283 D3
Rainbow St 9 WV2 266 B4
Rainford Cl ST7 26 C1
Rainham Gr ST6 42 A4
Rainscar B77 262 A4
Rake End Ct WS15 179 F1
Rake Hill WS7 229 D4
Rakegate Jun & Inf Schs WV10 240 A1
Rakeway Rd ST10 76 C1
Ralph Ct ST17 174 A4
Ralph Dr ST1 57 F4
Ralston Cl WS3 243 D2
Ramage Gr ST3 73 E1
Rambleford Way ST16 155 E4
Ramillies Cres WS6 226 C1
Ramsey Cl ST12 88 C2
Ramsey Rd ST5 284 A4
Ramsey St ST4 72 B3
Ramshaw Gr 5 ST3 73 E3
Ramshaw View ST13 31 D4
Ramshorn Rd ST10 78 C4
Randall Cl DY6 275 F2
Randle Dr B75 258 B2
Randles La ST9 60 A3
Ranelagh Rd WV2 266 B3
Ranelagh St ST1 282 B2
Rangemoor La DE6 80 B3
Rangemore Hill
Dunstall DE13 183 D4
Tatenhill DE13 183 D4
Rangemore St DE14 166 A2
Rangemore Terr ST5 56 B2
Ranger's Wlk WS15 178 A1
Rangeways Rd DY6 275 F2
Rangifer Rd B78 249 F1
Ranleigh Ave DY6 275 F2
Ranscombe Dr DY5 271 E1
Ransome Pl ST3 73 F2
Ranton Park Area 3 WS11 210 A1
Ranworth Cl ST5 71 D1
Ranworth Rise WV4 266 B2
Ratcliffe Ave DE14 185 D4
Ratcliffe Cl DY3 271 F3
Rathbone Ave ST5 56 B2
Rathlin Cl WV9 240 A2
Rathmore Cl DY8 279 F1
Rattigan Dr ST3 73 F2
Ratton St ST1 282 C3
Raven Cl Cannock WS12 210 C2
Cheslyn Hay WS6 226 B1
Huntington WS12 209 E4
Raven Ct TF9 97 E1
Raven Rd DE13 182 A1
Raven's La ST7 39 F2
Ravenhill Cl WS15 196 C3
Ravenhill Cty Prim Sch WS15 196 C3
Ravenhill Dr WV8 239 D2
Ravenhill Terr WS15 196 C4
Ravens Cl ST7 39 F2
Ravens Ct WS8 244 C4
Ravens Way DE14 166 A2
Ravenscliffe Rd ST7 41 D4
Ravenscroft DY8 279 E3
Ravensholme WV6 254 C1
Ravenslea Rd WS15 196 C3
Ravensmead Prim Sch ST7 39 F2
Ravenstone B77 262 A4
Ravenswood Cl ST5 71 D2
Ravenswood Crest ST17 175 E4
Rawle Cl ST10 76 B2
Rawlett High Sch B79 234 A1
Rawlett Sports Ctr B79 234 A1
Rawlins St ST1 57 F3
Rawnsley Rd WS12 210 C4
Raygill B77 262 A4
Rayleigh Rd WV3 266 A4
Rayleigh Way ST2 58 B1
Raymond Ave ST1 57 E4
Raymond St ST1 282 B1
Reacliffe Rd Rudyard ST9 18 A2
Woodhouse Green ST9 18 A2
Read Ave ST16 155 F3
Reades La CW12 16 B4
Reading Way ST2 58 B1
Reads Rd ST4 72 C4
Reapers Wlk WV8 239 F1
Reason Rd ST17 174 C3
Rebecca Gdns WV4 265 F2
Rebecca St ST4 72 A4
Recorder Gr ST6 42 A3
Recreation Rd ST3 73 F1
Rectory Cl
Church Leigh ST10 109 D3
Drayton Bassett B78 260 C3
Rectory Dr TF11 203 F1
Rectory Fields DY8 275 F1
Rectory Gdns WS15 198 A2
Rectory La
Armitage WS15 197 F2
Haughton ST18 172 C3
Rectory Rd Hanley ST1 282 A1
Upper Tean ST10 94 B1
Rectory St Hanley ST1 282 A1
Kingswinford DY8 275 E2
Rectory View ST7 40 B3
Red Bank Longton ST3 283 C1
Market Drayton TF9 112 A4
Red Bank La TF9 112 A4
Red Hall Jun Sch DY3 271 E2
Red Hall La ST7 54 B3
Red Hill DY7 277 F2
Red House Cres ST3 283 A3
Red House Ind Est WS9 256 A3
Red La Himley DY3 271 D4
Madeley CW3 68 C3
Norton-in-t-M ST2 43 E1
Red Lion Ave WS11 228 A2
Red Lion Cl ST7 40 B4
Red Lion Cres WS11 228 A2
Red Lion La WS11 228 A2
Red Lion Pas ST1 282 A2
Red Lion St ST16 155 F2
Red Rd Alton ST10 78 B2
Oakamoor ST10 78 B2
Red Rock Dr WV8 238 C1
Redacres WV6 255 F3
Redbourn Rd WS3 243 D2
Redbridge Cl ST4 71 F1
Redbrook Cl WS12 210 B1
Redbrook La WS15 196 C3
Redcar Rd Trentham ST4 88 A4
Wolv WV10 240 B2
Redcliff B77 250 C3
Redcliffe Dr WV5 270 A3
Redfern Dr WS7 229 D3
Redfern Rd Stone ST15 119 F3
Uttoxeter ST14 111 D1
Redford Dr WV7 237 D3
Redgrave Dr ST16 155 E1
Redhall Rd DY3 271 E1
Redheath Cl ST5 55 D1
Redhill ST16 155 E4
Redhill Ave WV5 270 A3
Redhill Cl B79 250 A4
Redhill Gdns ST15 120 A4
Redhill Gorse ST16 155 E4
Redhill La DE13 146 A3
Redhill Prim Sch WS11 209 F2
Redhill Rd Cannock WS11 209 F2
Stone ST15 105 E1
Redhills ST21 133 F3
Redhills Rd ST2 57 F4
Redhouse Rd WV6 255 D3
Redhurst Dr WV10 240 A2
Redlake B77 261 F4
Redland Dr ST2 58 B2
Redlands The ST15 120 B4
Redlands Way B74 257 D1
Redlock Field WS14 231 D3
Redman Gr ST6 57 E4
Redmine Cl ST5 56 A2
Redmond Cl WS15 178 B1
Redmoor Cl DE15 167 D2
Redmoor Gdns WV4 266 A3
Redmoor Rd WS15 211 F2
Rednall Dr B75 258 B2
Redruth Cl DY6 275 E4
Redwell Cl B77 250 B3
Redwing B77 262 A3
Redwing Cl WS7 229 E3
Redwing Dr Biddulph ST8 27 F4
Huntington WS12 209 E4
Redwood Ave
Dudley DY1 271 F3
Stone ST15 120 A3
Redwood Cl B74 256 C1
Redwood Dr
Burntwood WS7 228 C4
Burton u T DE15 186 A4
Cannock WS11 210 A2
Redwood Pl ST3 73 F1
Redwood Rd DY7 278 A2
Reedbed Cl ST6 42 B2
Reedham Gdns WV4 265 E3
Reedham Way ST2 58 B1
Reedly Rd WV12 242 B1
Reedmace B77 250 B1
Rees Dr WV5 270 A4
Reeve Cl WS15 198 A2
Reeve La WS13 231 D4
Reeves Ave
Chell Heath ST6 42 A2
Newcastle-u-L ST5 56 A2
Reeves Gdns WV8 239 D2
Refinery St ST5 284 C2
Regency Cl ST7 40 B3
Regency Ct WS15 197 D3
Regency Way DE13 166 B4
Regency Wlk B74 257 E3
Regent Ave ST6 41 F2
Regent Cl DY6 275 E3
Regent Ct Ipstones ST10 62 A4
Newcastle-u-L ST5 56 A3
Regent Rd Hanley ST1 282 B1
Wolv WV4 265 F3
Regent St Leek ST13 30 C3
Stoke-on-T ST4 72 A3
Stone ST15 104 C1
Regina Cres WV6 255 E2
Regina St ST6 42 B1
Reginald Mitchell Prim Sch The ST7 25 E1
Reginald Mitchell Way ST5 41 E3
Reginald St 5 ST6 57 D4
Regis Rd WV6 255 E3
Regis Sch WV6 255 D3
Registry St ST4 72 A4
Reid St ST6 56 C4
Reindeer Rd B78 260 C4
Relay Dr B77 262 B4
Rembrandt Cl WS11 210 B1
Remer St ST6 57 D3
Remington Dr WS11 226 C4
Renard Way ST3 90 A4
Rendermore Cl ST19 207 F4
Rene Rd B77 250 C3
Renfrew Cl
Kingswinford DY8 275 E2
Newcastle-u-L ST5 70 C4
Renfrew Pl ST4 72 A1
Rennie Cres ST13 45 E3
Rennison Dr WV5 270 A3
Renown Cl ST2 57 F1
Renshaw Dr DE11 186 C3
Renshaw Wood La WV8 221 F1
Renton Gr WV10 240 A1
Renton Rd WV10 240 A1
Repington Rd ST1 57 F4
Repington Rd N B77 251 D3
Repington Rd S B77 251 D3
Repton Ave WV6 254 C2

318 Rep – Rus

Repton Cl Cannock WS11 226 A4
Stafford ST17 156 A1
Repton Dr ST5 70 C3
Repton Rd DE15 167 F4
Reservoir Rd
Burton u T DE13 165 F2
Cannock WS12 210 B2
Longton ST3 73 F1
Retreat Gdns DY3 271 F4
Retreat Gdns The WV6 253 E2
Retreat St WV3 266 A4
Reva Rd ST17 174 C4
Revival St WS3 243 D1
Reynards La SK17 24 C2
Reynards Rise TF9 99 E3
Reynolds Ave ST5 55 F3
Reynolds Cl DY3 269 F1
Reynolds Gr WV6 254 C3
Reynolds Rd ST6 42 A2
Rhodes Cl DY3 271 D2
Rhodes Ct ST5 56 B4
Rhodes St ST1 57 E3
Rhondda Ave ST6 57 E4
Rialto Pl ST6 41 E2
Ribble Cl ST5 71 D2
Ribble Dr ST6 16 C1
Ribblesdale B77 262 A4
Ribblesdale Ave CW12 6 A3
Ricardo St ST3 73 E1
Riceyman Rd ST5 56 A4
Richard Cooper Rd
WS14 246 C3
Richard Crosse CE
Prim Sch DE13 199 E3
Richard Ct WS11 227 F3
Richard Wakefield CE
Prim Sch DE13 146 B3
Richards Ave
Stafford ST16 156 A2
Tunstall ST6 41 F2
Richardson Dr DY8 279 F4
Richardson Pl ST6 42 A3
Richborough Dr DY1 271 F2
Riches St WV6 255 F2
Richfield La ST17 193 F4
Richmond Ave
Hanley ST1 57 E4
Wolv WV3 255 F1
Richmond Cl
Cannock WS11 210 A3
Newport TF10 168 C1
Stafford ST17 174 C4
Tamworth B79 250 A3
Richmond Dr
Lichfield WS14 231 E4
Perton WV6 254 C2
Wolv WV3 255 F1
Richmond Gdns
Brierley Hill DY8 279 F4
Wombourne WV5 270 A3
Richmond Gr DY8 279 F4
Richmond Pk DY6 275 E4
Richmond Rd
Sedgley DY3 271 F4
Trentham ST4 72 A1
Wolv WV3 255 F1
Richmond St ST4 72 A4
Richmond Terr ST1 282 A1
Rickerscote Ave ST17 175 D3
Rickerscote Hall La
ST17 175 D3
Rickerscote Rd ST17 174 C3
Ridding Bank ST4 87 D4
Ridding La
Denstone ST14 79 F1
Kingstone ST14 124 B2
Riddings Cres WS3 243 F2
Riddings La DE6 144 C3
Riddings The B77 250 C3
Rider's Way WS15 178 A1
Ridge Cl ST12 104 B4
Ridge Cres ST3 89 F3
Ridge Croft ST15 120 B4
Ridge Prim Sch DY8 279 E3
Ridge Rd
Kingswinford DY6 275 E3
Tunstall ST6 41 E3
Ridge St DY8 279 E3
Ridge Way WS9 256 A2
Ridge Wlk ST3 89 F4
Ridgefields ST8 17 D1
Ridgehouse Dr ST1 57 D2
Ridgemont Cl ST15 120 B4
Ridget La DE13 201 D1
Ridgeway Hixon ST18 158 B4
Sedgley DY3 271 E3
Ridgeway Cl
Bradnop ST18 174 B3
Hopton ST18 156 A4
Ridgeway Dr WV4 265 F2
Ridgeway Prim Sch
WS7 229 D3
Ridgeway Rd
Brierley Hill DY8 275 F1
Burton u T DE15 185 F4
Ridgeway The WS7 229 D2
Ridgewood Ave DY8 279 E4
Ridgewood Dr B75 258 A1
Ridgewood High Sch
DY8 279 E3
Ridgewood Rise B77 251 D3
Ridgmont Rd ST5 70 C2
Ridgway Dr ST11 90 B4
Ridgway Pl ST5 56 B3
Ridgway Rd ST1, ST4 57 E1
Ridings Brook Dr WS11 210 A1
Ridley St ST4 72 B3
Ridley Wlk ST4 72 B3
Ridware Rd WS15 198 A4
Rifle Range Cnr WS15 195 D3
Rigby Dr WS11 209 F2
Rigby Rd ST7 26 A2
Riley B77 250 C2
Riley Ave ST6 42 A1
Riley Cres WV4 266 A3
Riley La Gnosall ST20 152 A3
Woodseaves ST20 151 F4
Riley St N ST6 56 C4
Riley St S ST6 56 C4
Rileys Way ST7 39 F1
Rill St ST4 283 B4
Rimbach Dr ST18 177 E4
Rindle The ST10 76 A2
Rindleford Ave WV4 265 E3
Ring Rd WS7 228 B4
Ring The ST18 158 B1
Ringhills Rd WV8 239 D1
Ringland Cl ST1 282 C3
Ringway WS11 209 F1
Ringway Ind Est WS13 214 B2
Ringwood Ave WS9 256 A3
Ringwood Rd WV10 240 B1
Ripon Ave ST5 55 F4
Ripon Dr ST17 175 E4
Ripon Rd ST3 88 C4
Rise The
Kingswinford DY6 275 F3
Rugeley WS15 196 C3
Stafford ST17 175 F4
Swadlincote DE11 186 C3
Riseley Rd ST4 71 E4
Rishworth Ave WS15 178 C1
Rising Brook
Stafford ST17 174 C4
Wolv WV6 255 D2
Riskin Cl ST3 73 E3
Rivendell Gdns WV6 255 D3
Rivendell La ST13 30 C1
River Lea Mews CW3 68 C3
River Way ST15 120 A4
Riverdale Cl DE15 167 D3
Riverdale Dr ST7 41 F4
Riverdrive B78 250 A2
Riverfield Gr B77 250 B3
Riverhead Cl ST6 42 C3
Riversfield Dr ST14 95 F2
Riverside DE12 184 B1
Riverside Dr DE14 184 C4
Riverside Ind Est
Rugeley WS15 178 C1
Tamworth B78 250 A1
Riverside L Ctr ST16 155 F2
Riverside Rd
Stoke-on-T ST4 71 F1
Upper Tean ST10 92 B2
Riverside Way WV9 224 A1
Riversleigh Dr DY8 279 F4
Riversmead ST5 71 D2
Riversmead Way ST16 155 D3
Riverway ST17 155 F1
Rivington Cl DY8 279 F2
Rivington Cres ST6 42 A3
Rixdale Cl ST1 282 B4
Roach B77 261 E3
Robert Cl B79 249 F4
Robert Heath St ST6 42 B1
Robert Sherborne Inf Sch
The DE13 147 E2
Robert St Sedgley DY3 271 E2
Tunstall ST6 41 E2
Robert Sutton High Sch
DE15 186 A4
Robert Wynd WV14 266 C1
Roberts Ave ST5 284 B4
Roberts Cl Audley ST7 54 C3
Brownhills WS9 244 C1
Roberts Green Rd DY3 271 F2
Roberts Prim Sch DY3 271 E2
Robertson Dr ST5 55 F2
Robertson Sq ST4 71 F2
Robertville Rd ST2 58 A2
Robey's La B78 251 E2
Robin Cl
Huntington WS12 209 E4
Uttoxeter ST14 126 A3
Robin Croft 1 ST6 56 C4
Robin Hill ST8 28 A4
Robin Hill Gr ST4 73 D3
Robin La TF10 168 A2
Robina Dr ST10 76 C2
Robins Cl WS6 226 B1
Robins Rd WS7 228 C4
Robins The TF9 99 E2
Robinson Ave ST6 57 E4
Robinson Cl B79 249 F4
Robinson Rd
Burntwood WS7 228 C4
Swadlincote DE11 186 C3
Trentham ST4 87 F4
Robinswood ST17 175 E3
Robson Cl WS8 244 C3
Robson St ST1 282 A2
Rocester La ST10 49 D1
Roche Ave ST13 31 D4
Roche Rd WS3 242 C1
Roche The
Burntwood WS7 230 A4
Cheddleton ST13 45 E2
Roche Way WS3 242 C1
Rochester Ave WS7 229 D4
Rochester Rd ST3 73 E3
Rochester Way WS12 210 B1
Rochford Cl ST13 30 B3
Rochford Gr WV4 265 E3
Rochford Way ST2 58 B1
Rock Cres ST15 105 E2
Rock End Rd ST13 45 D1
Rock Farm Rd WS14 232 C3
Rock Hill B78, WS14 248 B2
Rock House Dr ST12 88 B1
Rock La Ashley TF9 100 B4
Mucklestone TF9 99 E4
Rock Rd WV14 271 F4
Rock St DY3 271 F3
Rockeries The ST17 175 D3
Rockfield Ave ST2 43 E1
Rockhouse Dr ST18 158 A1
Rockhouse La ST7 40 B4
Rockingham Cl
Sedgley DY3 271 D2
Walsall WS3 243 D1
Rockingham Dr WV6 254 C2
Rocklands Cres WS13 214 B1
Rocklands Specl Sch
WS13 231 E4
Rockrose Gdns WV10 241 D4
Rocks The ST6 43 D4
Rockside ST7 26 B3
Rocky Wall DY7 277 F2
Rodbaston Coll
Hopwas WS14 248 A3
Penkridge ST19 207 F2
Rodbaston Dr ST19 207 F3
Roddam Ct TF10 168 C1
Roddige La WS13 216 A4
Rode Hall ST7 25 D4
Rodger Ave CW3 53 D3
Rodgers St ST6 41 E4
Rodway Cl DY3 266 B2
Roe Deer Gn TF10 168 C3
Roe La ST5 71 D2
Roe Pk CW12 15 F1
Roebuck St ST4 72 B4
Roedean Ave ST17 175 D4
Roford Ct DY3 271 F3
Rogate Cl ST4 73 D3
Rogers Ave ST5 55 F2
Rogers Cl WV11 242 A1
Rogerstone Ave ST4 71 F3
Rokewood Cl DY6 270 B1
Rokholt Cres WS11 209 E1
Rolfe Cl ST4 72 A1
Rolleston La DE13 146 B3
Rolleston Rd DE13 166 B4
Roman Cl WS8 228 C1
Roman Dr ST5 55 E3
Roman La B74 257 D2
Roman Pk B74 257 D2
Roman Rd
Brewood WV9 224 A2
Little Aston B74 257 E3
Roman Rd (Sandy La)
DY8 279 E2
Roman View WS11 226 C3
Roman Way
Lichfield WS14 231 E4
Tamworth B79 249 F4
Roman Wlk WS14 230 B1
Romany Way DY8 279 E2
Romer Side ST2 73 E4
Romford Meadow ST21 133 E3
Romford Pl ST3 90 A4
Romford Rd ST16 155 F3
Romilly Cl
Lichfield WS14 231 F4
Stourbridge DY8 279 F3
Romney B77 261 F4
Romney Ave ST5 55 F3
Romsey Cl ST2 73 E4
Romsey Gr WV10 240 B2
Romsey Rd WV10 240 B2
Romsey Way WS3 242 C2
Romsley Cl WS4 244 B1
Romsley La WV15 276 A1
Ronald St ST3 283 C2
Ronald Wlk ST3 283 C2
Ronaldsway Dr ST5 284 A4
Ronson Ave ST4 71 F2
Rook The WV6 255 E3
Rooker Ave WV2 266 C3
Rooker Cres WV2 266 C3
Rookery Ave ST3 73 D1
Rookery Cl
Armitage WS15 198 B3
Yoxall DE13 182 A1
Rookery Cres ST11 91 E1
Rookery La
Aldridge WS9 256 A3
Hints WS14 248 B1
Stoke-on-T ST4 71 F2
Wolv WV2 266 A3
Rookery Par WS9 256 A3
Rookery Rd
Kidsgrove ST7 26 B2
Wombourne WV5 270 A3
Rookery Rise WV5 270 A3
Rookery The ST5 55 E1
Rookswood Copse ST17 175 E3
Rookwood Dr WV6 254 C1
Rope St ST4 56 B1
Roper Way DY3 271 F3
Roper Wlk DY3 271 F3
Ropewalk The DE14 166 B1
Rose Ave
Burton u T DE13 148 A1
Kingswinford DY6 275 F3
Rose Bank Cres ST10 78 A3
Rose Bank St ST13 30 C3
Rose Bank Terr ST13 30 C3
Rose Bay Meadow WS11 210 B1
Rose Cott La DE14 166 B1
Rose Dr WS8 244 C3
Rose Hill ST16 155 E2
Rose La WS7 229 E4
Rose Mill TF9 99 E3
Rose St ST1 57 F3
Rose Tree Ave ST4 71 F1
Rose Tree La DE11 186 C4
Rose Way WS15 178 B1
Roseacre ST5 70 C4
Roseacre Gr ST3 89 F3
Roseacre La ST11 90 C3
Roseberry Dr CW3 68 C4
Roseberry Gdns DY10 280 B2
Rosebery Cl ST8 27 F4
Rosebery Rd B77 261 E2
Rosebery St ST6 41 F3
Rosebury Gr WV5 269 F3
Rosedale Wlk DY6 275 F4
Rosehill WS12 209 F4
Rosehill Cl ST2 43 D1
Roseland Cres ST2 43 D1
Roseleigh Cres DE11 186 C3
Rosemary Ave
Cheslyn Hay WS6 226 B2
Stafford ST17 174 C3
Wombourne WV4 266 B3
Rosemary Cl WS8 244 B3
Rosemary Cres
Sedgley DY3 271 F3
Wolv WV4 266 B3
Rosemary Cres W WV4 266 A3
Rosemary Dr
Huntington WS12 209 E3
Little Aston B74 257 E2
Uttoxeter ST14 126 A3
Rosemary Hill Rd
Little Aston B74 257 E2
Sutton Coldfield B74 257 E2
Rosemary La DY8 279 E2
Rosemary Nook B74 257 E3
Rosemary Pl ST1 57 F4
Rosemary Rd
Cheslyn Hay WS11 226 B2
Tamworth B77 250 C2
Rosemary St ST5 55 F1
Rosemount Rd DE15 166 C2
Rosendale Ave ST5 55 F3
Rosendale Rd ST5 56 A3
Roseneath Pl ST2 43 D1
Rosevale Ct ST5 55 F4
Rosevale Rd ST5 55 F4
Rosevale St ST2 43 D1
Roseville Dr CW12 16 A4
Roseville Gdns WV8 239 D2
Rosewood Ave ST9 43 E2
Rosewood Cl B77 250 B2
Rosewood Ct B77 250 B2
Rosewood Gdns WV11 242 A2
Rosewood Pk WS6 226 B1
Rosewood Rd DE15 185 F3
Rosewood Specl Sch
DY1 271 F1
Rosey Bk ST9 43 E2
Rosliston Rd
Burton u T DE15 185 F4
Rosliston DE15 185 E2
Walton-on-T DE12 202 C4
Rosliston Rd S DE15 185 F3
Ross Cl Longton ST3 74 A2
Wolv WV6 255 F1
Ross Dr DY6 275 E4
Ross Rd ST10 62 B1
Rossall Ave ST5 70 C3
Rossett Gr ST7 41 F4
Rosslyn Rd ST3 283 C2
Rosvean Cl ST1 282 B4
Rosy Cross B79 250 A3
Rothay B77 261 F4
Rothbury Gn WS12 210 C1
Rother Wlk ST6 42 A2
Rothesay Ave ST5 70 C4
Rothesay Dr DY8 275 E2
Rothesay Rd ST3 73 E1
Rothley Gn ST3 88 C4
Rothsay Ave ST1 57 E4
Rothwell St ST4 71 F3
Rotten Row WS14 231 E4
Rotterdam ST5 55 F1
Rotterdam Rd ST5 55 F1
Rough Bank CW12 16 C4
Rough Close CE Prim Sch
ST3 89 F2
Rough Hills Cl WV2 266 C3
Rough Hills Rd WV2 266 C3
Roughcote La ST11 74 B3
Roughley Dr B75 258 B1
Round Hill DY3 266 B1
Round House Rd DY3 271 F2
Roundfields ST9 43 E2
Roundhill Way WS8 229 D1
Roundway ST3 72 B1
Roundway Down WV6 254 C2
Roundwell St ST6 41 E2
Rouse Cl ST16 155 E1
Rowallan Rd B75 258 B1
Rowan Cl Biddulph ST8 28 A4
Kidsgrove ST7 41 D4
Lichfield WS14 231 E4
Stone ST15 120 A3
Rowan Cres WV3 265 F4
Rowan Dr
Armitage WS15 198 B2
Essington WV11 242 A2
Newport TF10 168 C1
Rowan Gl ST17 175 E3
Rowan Gr Brewood ST19 223 E3
Burntwood WS7 228 C4
Fenton ST3 72 C2
Rowan La TF9 99 E3
Rowan Pl ST5 55 F4
Rowan Rd
Cannock WS11 209 E1
Market Drayton TF9 97 F1
Sedgley DY3 266 C1
Rowan Rise DY6 275 F3
Rowanburn Cl ST3 73 E3
Rowbury Dr DE15 167 D1
Rowena Gdns DY3 266 B1
Rowhurst Cl ST5 55 E4
Rowhurst Pl ST6 42 B3
Rowland St ST3 73 D1
Rowley Ave
Newcastle-u-L ST5 55 F4
Stafford ST17 155 E1
Rowley Bank ST17 174 C4
Rowley Bank Gdns ST17 174 C4
Rowley Cl Cannock WS12 210 A4
Rugeley WS15 197 D3
Rowley Gr ST17 174 C4
Rowley Hall Cl ST17 174 B4
Rowley Hall Dr ST17 155 E1
Rowley Hall Hospl ST17 174 B4
Rowley St ST16 155 E3
Rowleyhill Dr ST19 206 C2
Rownall Pl ST3 74 A1
Rownall Rd
Cheddleton ST9 59 E3
Meir ST3 74 A1
Rownall View ST13 30 B2
Rowney Cl TF9 99 E2
Rowton Ave WV6 254 C2
Rowton St DE13 166 B3
Roxall Cl DY10 281 E1
Roxburghe Ave ST3 283 D2
Royal Cl B74 256 C1
Royal Oak Dr ST19 221 F4
Royal St ST4 283 A5
Royal Wolverhampton
Sch WV2, WV3 266 A4
Royce Ave ST8 27 D3
Roycroft Cl ST5 56 A4
Royden Ave ST1 57 F2
Royds Cl ST18 172 C3
Roylance St ST6 41 E2
Royston Chase B74 257 D2
Royston Way DY3 271 E4
Royston Wlk ST3 283 C3
Royville Pl ST6 57 E4
Rozel Ave DY10 280 A1
Rubens Way ST3 90 A4
Rubian St ST4 72 C3
Ruby Dr ST3 73 E1
Rudge Dale Rd TF9 100 A2
Rudge Rd
Pattingham WV6 253 D1
Rudge WV6 263 D4
Rudyard Cl WV10 240 C2
Rudyard Gr ST5 56 B2
Rudyard Ho ST17 174 C3
Rudyard Rd
Biddulph ST8 17 E1
Heaton ST13 19 D1
Rudyard ST13 29 F4
Rudyard Way ST10 76 C2
Ruffin Ct ST15 120 B4
Rufford B79 249 F3
Rugby Cl
Burton u T DE14 185 E4
Newcastle-u-L ST5 70 C2
Rugby Rd DY8 279 E4
Rugeley Rd
Armitage WS15 197 E3
Burntwood WS7 229 E4
Cannock, Hazelslade
WS12 211 D4
Cannock, Hednesford
WS12 210 B4
King's Bromley DE13 199 D3
Rugeley Town Sta
SW15 196 C4
Rugeley Trent Valley Sta
WS15 178 C2
Ruiton St DY3 271 E2
Rumer Hill Bsns Est
WS11 226 C4
Rumer Hill Rd WS11 226 C4
Running Hills WS15 197 F2
Runnymede ST15 120 A3
Runnymede Cl ST2 58 A2
Rupert St ST8 27 E4
Rush La Kingsbury B77 261 E2
Market Drayton TF9 97 D1
Rushall Cl DY8 279 F4
Rushall Rd WV10 240 C1
Rushbrook Cl WS8 244 C3
Rushcliffe Dr ST3 90 A4
Rushey La WV7 252 B4
Rushford Ave WV5 270 A3
Rushmoor Gr ST3 90 A4
Rushton Ave ST10 61 E1
Rushton CE Prim Sch
SK11 8 A1
Rushton Cl ST6 43 D4
Rushton Gr 18 ST6 57 D4
Rushton Rd ST6 57 D4
Rushton Way ST11 91 D4
Rushtons La ST15 105 F3
Rushwater Cl WV5 269 F3
Ruskin Ave
Sedgley DY3 271 D3
Wolv WV14 266 C1
Ruskin Cl ST3 283 D5
Ruskin Dr ST18 154 C1
Ruskin Pl DE14 166 B3
Ruskin Rd WV10 241 D1
Rusper Cl ST1 57 F3

Rus – St P 319

Russel St ST16 ... 155 E2
Russell Bank Rd B74 ... 257 F2
Russell Cl
Congleton CW12 ... 16 A4
Essington WV11 ... 241 F1
Russell Gr ST9 ... 59 D2
Russell Pl ST6 ... 41 E3
Russell Rd ST6 ... 41 E3
Russell St
Burton u T DE14 ... 166 B1
Leek ST13 ... 30 C3
Longton ST3 ... 283 B1
Newcastle-u-L ST5 ... 56 B3
Russell's Hall Rd DY1 ... 271 F1
Russells Hall Prim Sch DY1 ... 271 F1
Russet Cl ST3 ... 90 A4
Russet Wlk WV8 ... 239 F1
Russett Cl WS7 ... 229 D3
Russetts The ST17 ... 174 C3
Rustington Ave ST3 ... 73 F2
Ruston Ave ST6 ... 42 A3
Rutherford Ave ST5 ... 71 D2
Rutherford Pl ST4 ... 71 F4
Rutherglen Cl WS15 ... 178 B1
Ruthin Rd ST2 ... 58 B1
Rutland Ave
Rugeley WS15 ... 196 B3
Wolv WV4 ... 265 E2
Rutland Cl DE15 ... 185 E3
Rutland Cres WS9 ... 256 A4
Rutland Dr B78 ... 250 A1
Rutland Pl
Newcastle-u-L ST5 ... 71 E2
Stourbridge DY8 ... 279 E4
Rutland Rd Cannock WS12 ... 210 C1
Kidsgrove ST7 ... 26 A1
Longton ST3 ... 283 C4
Rutland St ST1 ... 282 A4
Ruxley Rd ST2 ... 58 A2
Rycroft CE Mid Sch ST14 ... 95 F2
Rydal Cl WS12 ... 210 A4
Rydal Dr WV6 ... 254 C2
Rydal Way ST5 ... 71 D2
Ryder Cl DE11 ... 186 C1
Ryder Rd ST3 ... 90 A4
Ryder St DY8 ... 275 E1
Ryders Hayes Jun Mix Inf Sch WS3 ... 244 A3
Ryders Hayes La WS3 ... 244 A2
Rye Bank ST5 ... 284 B3
Rye Bank Cres ST5 ... 284 B3
Rye Ct ST16 ... 155 D3
Ryebrook Dr ST6 ... 41 F3
Ryecroft ST5 ... 284 B3
Ryecroft Ave WV4 ... 266 A3
Ryecroft Cl Sedgley DY3 ... 271 E4
Upper Tean ST10 ... 92 C2
Ryecroft Dr WS7 ... 229 D4
Ryecroft Rd ST6 ... 42 C2
Ryecroft Sh Ctr WS7 ... 229 D4
Ryefield WV8 ... 239 F1
Ryehills ST7 ... 39 F1
Ryhope Wlk WV9 ... 240 A2
Rykneld Prim Sch DE14 ... 184 C4
Rykneld St WS13 ... 215 F4
Ryknild Cl B74 ... 257 F3
Ryknild St Alrewas DE13 ... 201 D1
Lichfield WS14 ... 231 F3
Ryknild Trad Est DE14 ... 166 C3
Rylands Dr WV4 ... 266 A2
Ryle St WS3 ... 243 E1
Rylestone Cl ST3 ... 90 A4
Ryton B77 ... 261 F4

Sabine St ST17 ... 155 F1
Sabrina Rd WV6 ... 254 C1
Sackville St ST4 ... 56 C1
Saddler Ave ST15 ... 120 B4
Saddlestones The WV6 ... 254 B2
Saddleworth Rd WS3 ... 243 D2
Sadler Rd WS8 ... 245 D4
Sadlers Mill WS8 ... 245 D4
Saffron B77 ... 251 D2
Saffron Cl
Barton-u-N DE13 ... 183 E1
Meir ST3 ... 90 A3
Saffron Gdns WV4 ... 266 A2
Sage Cl ST1 ... 282 B1
St Aidan's Cl DE13 ... 166 B4
St Aidan's Rd WS11 ... 209 F3
St Aidan's St ST6 ... 41 E2
St Albans CE Prim Sch WV11 ... 242 A1
St Albans Cl WV11 ... 242 A1
St Albans Ct DE13 ... 166 B4
St Albans Rd ST16 ... 155 F4
St Andrew Cl WS12 ... 211 D3
St Andrew's CE Sch B79 ... 218 C1
St Andrew's Cl
Clifton Campville B79 ... 218 C1
Sedgley DY3 ... 271 D2
St Andrew's Dr
Burton u T DE13 ... 166 B4
Newcastle-u-L ST5 ... 70 C4
St Andrews B77 ... 251 D2
St Andrews Ave WS3 ... 244 A3
St Andrews CE Jun & Inf Schs WV6 ... 255 F2
St Andrews CE Prim Sch ST18 ... 138 B1
St Andrews Cl DY8 ... 279 F1
St Andrews Cres ST1 ... 57 E4
St Andrews Dr
Kidsgrove ST7 ... 26 B2
Perton WV6 ... 254 B3
St Andrews Rd ST17 ... 174 B4
St Andrews Way TF10 ... 168 C1
St Ann St ST1 ... 282 C3
St Ann Wlk ST1 ... 282 C3
St Anne's CE Prim Sch ST6 ... 28 A1
St Anne's Cl WS7 ... 228 C2
St Anne's RC Prim Sch ST17 ... 175 E4
St Anne's Rd WV10 ... 240 A1
St Anne's Vale ST6 ... 43 D4
St Annes Rd WS13 ... 214 A2
St Anthony's Dr ST5 ... 71 D4
St Anthony's RC Sch WV10 ... 240 B2
St Anthonys Cl WS15 ... 196 C4
St Anthonys Dr WS3 ... 244 A3
St Augustine's Fst Sch DE6 ... 144 B3
St Augustine's Rd WS15 ... 196 C3
St Augustines RC Prim Sch ST3 ... 89 F4
St Austell Cl
Stafford ST17 ... 175 E4
Tamworth B79 ... 250 A3
St Austin's RC Prim Sch ST17 ... 155 F1
St Barbara's Rd WS15 ... 198 B3
St Bartholomew's CE Jun Mix Inf Sch SK17 ... 13 D4
St Bartholomew's CE Prim Sch WV4 ... 265 F2
St Bartholomews Cl ST6 ... 42 C2
St Bedes Sch WS15 ... 178 A3
St Benedict Biscop Prim Sch WV5 ... 270 A4
St Benedict's Dr ST18 ... 177 E4
St Benedict's Rd WS7 ... 229 D3
St Benedicts Rd WV5 ... 270 A3
St Bernadette's RC Jun Mix Inf Sch WS8 ... 244 C4
St Bernadettes RC Prim Sch WV5 ... 269 F3
St Bernard Pl ST2 ... 58 A3
St Bernard's Rd ST5 ... 55 F1
St Bernards Cl WS12 ... 211 E2
St Blaise Rd B75 ... 258 B2
St Brides Cl Sedgley DY3 ... 271 E4
Wombourne WV5 ... 269 F3
St Catherine's Cres WV4 ... 265 F2
St Catherine's Rd DE11 ... 186 C3
St Catherines Rd WS13 ... 214 A2
St Chad's CE Prim Sch
Cheadle ST10 ... 92 C4
Newcastle-u-L ST5 ... 40 B1
St Chad's Cl
Burton u T DE13 ... 166 B4
Cannock WS11 ... 210 A2
Denstone ST14 ... 95 E3
Lichfield WS13 ... 214 A1
Sedgley DY3 ... 271 D2
Stone ST15 ... 120 B4
St Chad's Pl 11 ST16 ... 155 F2
St Chad's Rd WS13 ... 214 B1
St Chad's Stowe CE Prim Sch WS13 ... 231 E4
St Chads CE Prim Sch WV6 ... 253 E2
St Chads Cl
Brewood ST19 ... 223 E3
Colwich ST18 ... 177 E4
Pattingham WV6 ... 253 E1
St Chads RC Sch DY3 ... 271 E4
St Chads Rd
Eccleshall ST21 ... 133 E3
Tunstall ST6 ... 41 F2
St Chads Way TF9 ... 82 B1
St Christopher Ave ST4 ... 71 F3
St Christopher Cl WS12 ... 211 D3
St Christopher's Dr B77 ... 250 B1
St Christophers RC Prim Sch WV8 ... 239 D2
St Clair St ST3 ... 283 C2
St David Cl WS12 ... 211 D3
St David's Dr DE13 ... 166 B4
St Davids Cl WS3 ... 244 A3
St Davids Pl WS3 ... 243 E1
St Davids Rd
Clifton Campville B79 ... 218 C1
Stafford ST17 ... 174 B4
St Dominic's RC Prim Sch ST15 ... 104 C1
St Dominic's Sch ST19 ... 223 E3
St Dominics Ind Jun Sch ST4 ... 71 F4
St Editha's Cl B79 ... 250 A3
St Editha's Hospl B79 ... 250 A4
St Edmund's Ave ST5 ... 56 B3
St Edmund's Cl WV6 ... 255 F2
St Edmunds RC Sch WV6 ... 255 F2
St Edward St ST13 ... 30 C3
St Edward's CE Fst Sch ST13 ... 45 D3
St Edward's Hospl ST13 ... 45 E4
St Edward's Rd ST13 ... 45 E2
St Edwards CE Mid Sch ST13 ... 30 B3
St Edwards Ct DE11 ... 186 C3
St Edwards Gn WS15 ... 196 C4
St Elizabeth's Prim Sch B79 ... 249 F4
St Filumena's RC Prim Sch ST11 ... 74 C1
St Francis Cl
Brownhills WS3 ... 244 A3
Burton u T DE13 ... 166 B4
Cannock WS12 ... 211 D3
St Francis of Assisi RC Comp Sch WS9 ... 256 B3
St Francis RC Prim Sch WS4 ... 244 B1
St Gabriels RC Prim Sch B77 ... 250 C1
St George Dr WS12 ... 211 D3
St George St 2 ST13 ... 30 C3
St George & St Martin RC Prim Sch ST1 ... 282 C4
St George's Ave N ST5 ... 56 A3
St George's Ave S ST5 ... 56 A3
St George's Ave W ST5 ... 56 A3
St George's Cres ST4 ... 72 A1
St George's Rd
Burton u T DE13 ... 165 F3
Newcastle-u-L ST5 ... 284 A2
Stafford ST17 ... 156 A1
Stone ST15 ... 120 A4
Stourbridge DY8 ... 279 E1
St George's Way B77 ... 250 C2
St Georges Ave
Chell Heath ST6 ... 42 A2
Endon ST9 ... 43 F3
St Georges Ct B74 ... 257 F3
St Georges Hospl ST16 ... 155 F2
St Gile's Rd ST5 ... 55 F1
St Giles Gr ST18 ... 172 C3
St Giles' RC Prim Sch ST10 ... 76 B2
St Giles Rd WS7 ... 229 D3
St Gregory's RC Jun & Inf Schs ST3 ... 283 B2
St Gregory's Rd ST3 ... 283 A3
St Helens Rd WS13 ... 214 A2
St Hellier Cl ST5 ... 70 C2
St Hilda's Ave ST13 ... 45 E2
St Ives Cl Stafford ST17 ... 175 E4
Tamworth B79 ... 250 A3
St James CE Prim Sch DY8 ... 279 E4
St James Cl
Brownhills WS3 ... 244 A3
Longdon WS15 ... 198 A1
St James Cres ST17 ... 193 D4
St James Ct DE13 ... 183 E1
St James Gn ST21 ... 102 C2
St James Pl ST4 ... 72 A1
St James' Rd DE13 ... 183 E1
St James Rd
Cannock WS11 ... 209 E1
Norton Canes WS11 ... 228 A3
Sutton Coldfield B75 ... 258 B1
St James St ST1 ... 282 A2
St James' St DY3 ... 271 E2
St James Wlk WS8 ... 244 C4
St John Cl B75 ... 258 B2
St John Fisher RC High Sch ST5 ... 284 A4
St John St Hanley ST1 ... 282 C4
Lichfield WS13 ... 231 D4
St John The Evangelist RC Prim Sch ST7 ... 26 A2
St John's Ave
Newcastle-u-L ST5 ... 56 B2
Stoke-on-T ST4 ... 71 F2
Stone ST15 ... 105 E2
St John's CE Inf Sch ST6 ... 56 C4
St John's CE Prim Sch
Brewood ST19 ... 221 F4
Cheddleton ST9 ... 60 A4
Essington WV11 ... 242 A2
Keele ST5 ... 69 F4
Stafford ST16 ... 156 A2
St John's Cl
Brownhills WS9 ... 244 C2
Cannock WS11 ... 226 B4
Lichfield WS13 ... 231 D3
Swindon DY3 ... 269 E1
St John's Ct WS12 ... 210 C1
St John's Dr
Shenstone WS14 ... 246 C3
Swadlincote DE11 ... 186 C3
St John's Hill WS14 ... 246 C3
St John's Pl
Biddulph ST8 ... 27 E4
Newcastle-u-L ST5 ... 55 F1
St John's RC Prim Sch ST10 ... 78 C1
St John's RC Prim Sch ST18 ... 158 A1
St John's Rd
Biddulph ST8 ... 27 E4
Burton u T DE13 ... 166 B4
Cannock WS11 ... 226 C4
St John's Rd CW12 ... 6 A3
St John's Rd DY8 ... 279 F3
St John's Sq 7 ST6 ... 56 C4
St John's St B79 ... 250 A3
St John's the Evangelist RC Prim Sch ST7 ... 25 F1
St John's Wlk ST16 ... 156 A2
St John's Wood ST7 ... 25 F1
St Johns CE Jun Mix Inf Sch WS9 ... 245 D2
St Johns Cl Hixon ST18 ... 139 E2
Rugeley WS15 ... 196 B4
St Johns Prep Sch WS13 ... 231 D4
St Johns Prim Sch DY3 ... 269 F1
St Johns Rd Ashley TF9 ... 100 B3
Brownhills, Highbridge WS3 ... 244 A3
Brownhills, Shire Oak WS8 ... 245 D3
Essington WV11 ... 242 A2
Stafford ST17 ... 174 B4
St Johns Ret Pk 3 WV2 ... 266 B4
St Johns Way TF9 ... 100 B3
St Joseph St ST6 ... 41 E4
St Joseph's Coll ST4 ... 71 F2
St Joseph's Convent Prim Sch WV6 ... 255 F3
St Joseph's Prim Sch WS15 ... 196 C4
St Joseph's RC Prim Sch
Cannock WS12 ... 210 B2
Lichfield WS14 ... 231 E4
Uttoxeter ST14 ... 126 A4
St Joseph's & St Theresa's RC Prim Sch WS7 ... 228 C3
St Josephs Cl WS3 ... 244 A2
St Josephs RC Prim Sch DY8 ... 279 F1
St Jude's CE Inf Sch WV6 ... 255 F2
St Jude's CE Jun Sch WV3 ... 255 F2
St Jude's Ct WV6 ... 255 F2
St Jude's Rd WV6 ... 255 F2
St Jude's Rd W WV6 ... 255 F2
St Jude's Way DE13 ... 166 B4
St Lawrence Dr WS11 ... 210 A1
St Lawrence Prim Sch ST20 ... 171 F3
St Lawrence Way ST20 ... 171 E4
St Leonard's Ave
Ipstones ST10 ... 62 A4
Stafford ST17 ... 156 A1
St Leonard's CE Fst Sch ST10 ... 62 A4
St Leonard's CE Prim Sch B79 ... 234 A1
St Leonard's Prim Sch ST17 ... 156 A1
St Leonard's Way CW3 ... 67 E1
St Leonards View
Dordon B78 ... 262 C4
Polesworth B78 ... 262 C4
St Lucy's Dr ST5 ... 56 B4
St Luke St ST1 ... 282 C2
St Luke's CE Jun Sch WV2 ... 266 A3
St Luke's CE Prim Sch
Hanley ST1 ... 282 C2
Newcastle-u-L ST5 ... 55 D1
St Luke's Cl
Cannock WS11 ... 226 B4
Newcastle-u-L ST5 ... 55 D1
St Luke's Inf Sch WV2 ... 266 B4
St Luke's Rd
Barton-u-N DE13 ... 183 E1
Burntwood WS7 ... 229 E3
Burton u T DE13 ... 166 B4
St Luke's Wlk WS15 ... 198 B2
St Lukes CE Prim Sch ST9 ... 43 F4
St Lukes Cl ST15 ... 135 D4
St Lukes Prim Sch SK17 ... 24 A4
St Margaret Ward RC High Sch ST6 ... 41 F3
St Margaret's B74 ... 257 E2
St Margaret's CE Jun Sch ST5 ... 56 B2
St Margaret's Ct
Betley CW3 ... 53 D3
Newcastle-u-L ST5 ... 56 B3
St Margaret's Dr ST1 ... 57 F4
St Margaret's Rd B79 ... 250 A4
St Margarets DE13 ... 165 F3
St Margarets Gr ST3 ... 72 C2
St Margarets Rd
Brownhills WS3 ... 244 A2
Lichfield WS13 ... 214 A2
St Maria Goreti RC Prim Sch ST2 ... 58 B1
St Mark's CE Prim Sch ST1 ... 282 A1
St Mark's Cl ST1 ... 282 A2
St Mark's Rd
Burntwood WS7 ... 229 E3
Burton u T DE13 ... 166 B4
St Mark's St ST1 ... 282 A1
St Marks Cl WS6 ... 226 C2
St Marks Rd
Brownhills, Pelsall WS3 ... 244 A2
Brownhills, Shire Oak WS8 ... 245 D3
St Martin's Cl
Burton u T DE13 ... 166 B4
Wolv WV2 ... 266 C3
St Martin's La ST3 ... 283 C4
St Martin's Pl ST16 ... 155 F2
St Martin's Rd
Kidsgrove ST7 ... 40 C3
Newcastle-u-L ST5 ... 70 C4
St Mary of the Angels RC Jun Mix Inf Sch WS9 ... 256 A3
St Mary & St Chad CE Prim Sch ST19 ... 223 E3
St Mary & St Chad's Cath WS13 ... 231 D4
St Mary's CE Fst Sch
Uttoxeter ST14 ... 111 D1
Wheaton Aston ST19 ... 205 E4
St Mary's CE Prim Sch WS15 ... 178 C3
St Mary's CE Prim Sch DY6 ... 275 E4
St Mary's CE Prim Sch
Mucklestone TF9 ... 99 D4
Newcastle-u-L ST5 ... 284 A3
Tunstall ST6 ... 41 E2
St Mary's CE Sch SK11 ... 7 E4
St Mary's Cl
Albrighton WV7 ... 237 D3
Newton Solney DE15 ... 167 F4
Sedgley DY3 ... 271 F4
Upper Tean ST10 ... 109 D4
St Mary's Cres ST14 ... 111 D1
St Mary's Dr
Burton u T, Clay Mills DE13 ... 147 F1
Burton u T, Horninglow DE13 ... 166 B4
Newcastle-u-L ST5 ... 284 A2
St Mary's Gate 7 ST16 ... 155 F2
St Mary's Gr 6 ST16 ... 155 F2
St Mary's Pl 8 ST16 ... 155 F2
St Mary's RC Prim Sch
Cannock WS11 ... 226 C4
Chell Heath ST6 ... 42 B2
Leek ST13 ... 30 C3
St Mary's Rd Ashley TF9 ... 99 E3
Colwich ST18 ... 177 E4
Lichfield WS13 ... 214 A2
Longton ST3 ... 73 E3
Newcastle-u-L ST5 ... 56 B3
St Mary's St
Market Drayton TF9 ... 97 E1
Newport TF10 ... 168 C2
St Mary's Way
Aldridge WS9 ... 256 A3
Tamworth B77 ... 250 C2
St Marys Cl Bradley ST18 ... 173 E1
Shareshill WV10 ... 225 E1
St Marys Gr B79 ... 236 B2
St Marys Prim Sch WV7 ... 237 D3
St Marys RC Prim Sch ST19 ... 223 D3
St Marys & St Johns RC Prim Sch WV2 ... 266 B4
St Mathew Cl WS12 ... 211 D3
St Matthew St ST4 ... 72 C3
St Matthew's Ave WS7 ... 229 F4
St Matthew's Dr WS7 ... 229 F4
St Matthew's St DE14 ... 185 E4
St Matthews Cl WS3 ... 244 A3
St Matthews Dr ST18 ... 154 C1
St Mawes Cl ST17 ... 175 E4
St Mawes Rd WV6 ... 255 D2
St Michael CE Prim Sch WV6 ... 255 F3
St Michael Rd WS13 ... 231 E4
St Michael's CE Fst Sch
Rudyard ST9 ... 18 B1
Stone ST15 ... 120 B4
St Michael's CE Prim Sch WS14 ... 231 E4
St Michael's Cl
Adbaston ST20 ... 131 E2
Brownhills WS3 ... 244 A1
Penkridge ST19 ... 207 F4
Stafford ST17 ... 175 F4
St Michael's Ct WV6 ... 255 F3
St Michael's Dr WS15 ... 197 D3
St Michael's Hospl WS13 ... 231 E4
St Michael's RC Prim Sch WV3 ... 265 E4
St Michael's Rd
Chell Heath ST6 ... 41 F3
Newcastle-u-L ST5 ... 56 A2
Penkridge ST19 ... 207 F4
Rugeley WS15 ... 197 D3
Uttoxeter ST14 ... 110 C2
St Michael's Sq ST19 ... 192 C1
St Michaels CE Fst Sch ST19 ... 192 C1
St Michaels CE Prim Sch WS3 ... 244 A2
St Michaels Cl
Kingsbury CV9 ... 262 B1
Stone ST15 ... 120 A4
St Michaels Dr WS12 ... 211 D3
St Michaels Mount ST15 ... 120 B3
St Michaels Rd
Burton u T DE13 ... 166 B4
Himley DY3 ... 270 C3
St Mildred's CE Prim Sch ST10 ... 62 B2
St Modwen's Cl DE13 ... 166 B4
St Modwen's RC Prim Sch DE13 ... 166 A3
St Modwen's Wlk DE14 ... 166 B1
St Modwena Way ST19 ... 207 F4
St Nicholas Ave ST6 ... 42 C2
St Nicholas CE Fst Sch WV8 ... 238 C2
St Nicholas Cl WS3 ... 244 A2
St Nicholas Way WS15 ... 160 C3
St Oswald's CE Fst Sch DY10 ... 280 A1
St Patrick Cl WS12 ... 211 D3
St Patrick's Dr ST5 ... 70 C4
St Patrick's Pl 1 ST16 ... 155 F2
St Patrick's RC Prim Sch ST16 ... 155 F3
St Patrick's St 2 ST16 ... 155 F2
St Patricks Rd DE13 ... 166 B4
St Paul St ST6 ... 56 C4
St Paul's CE Fst Sch WV9 ... 224 B2
St Paul's CE Prim Sch ST17 ... 155 F1
St Paul's Cl Brewood WV9 ... 224 B1
Cannock WS11 ... 210 A1
St Paul's Ct
Burton u T DE14 ... 166 A2
Longton ST3 ... 72 C1
Tamworth B77 ... 261 E2
St Paul's Rd
Burntwood WS7 ... 229 E3
Cannock WS12 ... 210 C2
Newcastle-u-L ST5 ... 284 A2

320 St P – Sha

St Paul's Sq DE14 166 A2
St Paul's St W DE14 166 A2
St Pauls CE Jun Sch ST6 41 F1
St Pauls CE Prim Sch WV9 240 A1
St Pauls Cres WS3 244 A3
St Pauls Rd WS15 196 C4
St Peter & St Paul RC Prim Sch WS13 214 A1
St Peter & St Paul RC Sch TF10 168 C2
St Peter's Bridge DE14 166 C1
St Peter's CE Fst Sch
Alton ST10 78 C1
Marchington ST14 127 F1
St Peter's CE Prim Sch
Caverswall ST11 74 B1
Edgmond TF10 168 A2
Netherseal DE12 219 F3
Stoke-on-T ST4 72 A3
St Peter's Cl
Shenstone WS9 245 F2
Tamworth B77 250 B1
St Peter's Collegiate Sec Sch WV6 255 F2
St Peter's Ct ST20 151 D2
St Peter's Gdns ST17 174 C3
St Peter's High Sch ST4 71 F4
St Peter's Prim Sch DE13 182 A2
St Peter's RC Prim Sch
Hanley ST6 57 D3
Walsall WS3 243 D1
St Peter's Rd
Burntwood WS7 229 E3
Cannock WS12 210 B2
St Peter's St DE15 166 C1
St Peter's Wlk ST6 57 D3
St Peters CE Fst Sch ST14 142 C4
St Peters CE Prim Sch
Hixon ST18 158 A4
Shenstone WS9 245 F2
St Peters CE Sch DE6 35 E2
St Peters Cl Stafford ST17 174 C3
Stoke-on-T ST4 72 A4
St Peters Ct
Burton u T DE15 166 C1
Walsall WS3 243 D1
St Peters Dr WS3 244 A2
St Phillip's Ave WV3 265 F4
St Phillip's Gr WV3 265 F4
St Saviour's CE Prim Sch ST7 25 E1
St Saviour's St ST7 25 E1
St Saviours Cl WV2 266 C3
St Stephen's Rd WS7 229 E3
St Stephens Ct DE13 166 B4
St Stephens Prim Sch WS13 215 E4
St Teresa's RC Prim Sch ST4 71 F1
St Theresa's RC Prim Sch WV4 266 C3
St Thomas Aquinas RC Prim Sch ST4 56 C1
St Thomas' CE Prim Sch ST7 26 A1
St Thomas' Cl WS9 245 D1
St Thomas Dr WS12 211 D3
St Thomas La ST18 156 B2
St Thomas More RC Coll ST3 73 D2
St Thomas More RC Prim Sch WS11 227 D2
St Thomas Pl ST4 71 F3
St Thomas' RC Prim Sch ST10 92 C2
St Thomas St
Kidsgrove ST7 26 C4
Stafford ST16 156 A2
St Thomas's Rd ST10 92 C2
St Vincent Pl ST5 55 F1
St Vincent Rd ST15 119 F4
St Werburgh's CE Prim Sch
Hanbury DE13 145 D2
Kingsley ST10 61 F1
St Wilfrid RC Prim Sch ST6 41 F2
St Wulstan's RC Prim Sch ST5 56 B2
Salcombe Ave ST17 175 E4
Salcombe Cl WS11 226 A4
Salcombe Pl ST1 57 E4
Sale La DE13 200 B1
Salem St ST1 56 C2
Sales La DE15 167 E2
Salisbury Ave
Burton u T DE15 167 E2
Hanley ST1 282 B1
Salisbury Cl
Lichfield WS13 214 B2
Madeley CW3 68 C4
Sedgley DY1 271 F2
Salisbury Dr
Cannock WS12 210 A1
Stafford ST16 156 A2
Salisbury Hill View TF9 112 A4
Salisbury Rd
Market Drayton TF9 112 A4
Stafford ST16 156 A2
Salisbury St Leek ST13 30 C3
Tunstall ST6 41 F2
Salkeld Pl ST6 42 A3
Sally Ward Dr WS9 245 D2
Sallyfield La DE6 65 F1
Salmond Ave ST16 156 A3
Salop Dr WS11 226 C4
Salop Gr ST5 71 E2
Salop Pl ST7 26 A2
Salt Ave ST17 155 F1
Salt Banks ST18 137 E2
Salt La ST18 137 E3
Salt Rd Salt ST18 137 F2
Stafford ST17 155 F1
Salt Works La ST18 138 B1
Saltbrook La DE6 144 C4
Saltdean Cl ST3 73 F1
Salter St ST16 155 F2
Salter's Ct TF10 168 C2
Salter's La TF10 168 C2
Salters Cl ST9 59 D2
Salters Grange WS15 160 C3
Salters La Caverswall ST9 59 D1
Tamworth B79 250 A3
Saltersford La ST10 94 C4
Saltheath La ST18 137 F2
Salts La B78 260 C3
Sam Barber Ct WS12 210 C1
Sambar Rd B78 249 F1
Sambrook Cres TF9 97 F1
Sampson St ST1 282 A3
Samuel Cl WS13 214 B1
Samuel St Chell Heath ST7 26 C1
Walsall WS3 243 D1
Sancton Gn 25 ST6 56 C4
Sand Bank WS3 243 D1
Sand Rd DE13 164 B4
Sandalwood Rd DE15 185 F3
Sandbach Rd ST6 57 D4
Sandcrest Pl ST3 73 F1
Sandcrest Wlk ST3 73 F1
Sanderling Cl WV10 241 D4
Sanderling Rise WS7 229 D4
Sandfield Bridge DY5 271 D1
Sandfield Gr DY5 271 D1
Sandfield Rd DY8 275 F1
Sandford Cl WS15 198 A4
Sandford Hill Cty Prim Sch ST3 73 E3
Sandford Rd DY1 271 F1
Sandford Rise WV6 255 F3
Sandford St
Lichfield WS13 231 D4
9 Longton ST3 73 E3
Newcastle-u-L ST5 55 F4
Sandgate St ST3 73 E2
Sandhill St WS3 243 D1
Sandhurst Ave 5 ST3 73 F1
Sandhurst Cl ST5 56 B2
Sandhurst Dr WV4 266 A2
Sandhurst Gr DY8 275 F2
Sandhurst Pl ST3 89 F4
Sandhurst Rd B74 257 F3
Sandiford Cres TF10 168 C1
Sandiway DE13 201 F4
Sandiway Pl ST1 57 F3
Sandmere Rise WV10 240 C1
Sandon Ave ST5 71 D3
Sandon Cl ST11 91 E1
Sandon La ST18 122 B3
Sandon Mews ST16 155 F3
Sandon Old Rd ST3 89 F4
Sandon Rd
Blythe Bridge ST3 89 F4
Draycott in t M ST11 91 E2
Hilderstone ST15 106 B1
Hopton ST18 137 E1
Meir ST3 89 F4
Salt ST18 137 E1
Stafford ST16 155 F3
Wolv WV10 240 A1
Sandon St Hanley ST1 57 D2
Leek ST13 30 C2
Sandown B77 250 C3
Sandown Ave WS6 226 C2
Sandown Cl
Branston DE14 185 D4
Burntwood WS7 211 F1
Cannock WS12 211 D3
Kingsley ST10 76 C3
Sandown Cty Fst Sch WV6 254 C2
Sandown Dr WV6 254 C2
Sandown Pl ST2 43 E1
Sandpiper B77 262 A3
Sandpiper Cl WS12 210 B4
Sandpiper Dr ST14 126 A3
Sandra Cl Aldridge WS9 256 A3
Chell Heath ST6 42 A1
Sandringham Ave DE15 167 D1
Sandringham Cl
Burntwood WS7 211 F1
Market Drayton TF9 97 F1
Stafford ST17 175 E4
Sandringham Dr WS9 245 D1
Sandringham Pl DY8 275 E1
Sandringham Rd
Kingswinford DY8 275 E1
Pattingham WV6 253 E1
Stafford ST17 175 E4
Wolv WV4 266 A2
Wombourne WV5 269 F3
Sands La ST6 28 A1
Sands Rd ST7 26 B3
Sandsdown Cl ST6 16 B1
Sandstone Cl
Sedgley DY3 271 E2
Walsall WS3 243 E2
Sandstone Rd WS3 243 E2
Sandwell Pl ST3 89 F4
Sandwell Rd WV10 240 A1
Sandwick Cres ST1 57 F3
Sandwood Cres ST3 73 E3
Sandy Bank ST21 102 B2
Sandy Cres WV11 242 A1
Sandy Hill ST9 59 E2
Sandy Hollow WV6 255 E1
Sandy La Ashley TF9 100 A4
Blore TF9 98 B2
Brewood ST19 223 E3
Cannock WS11 209 D1
Chapel Chorlton ST5 85 E2
Codsall WV8 238 C2
Eccleshall ST21 132 B4
Endon ST6 43 D4
Kinver DY7 277 F1
Linton DE11 186 A1
Longsdon ST9 44 C4
Millmeece ST21 102 B2
Newcastle-u-L ST5 284 D4
Newton Regis B79 236 B3
Norton-in-t-M ST2 43 E1
Rugeley WS15 196 C4
Standon ST21 102 B2
Stourbridge DY8 279 E2
Sutton TF9 112 B3
Upper Tean SE10 93 F4
Weston-u-T ST18 138 B2
Whittington WS14 232 B2
Wolv, Claregate WV6 255 F3
Wolv, Elston Hall WV10 240 C1
Sandy Mount WV5 270 A4
Sandy Rd Biddulph ST6 16 B1
Stourbridge DY8 279 E1
Tunstall ST6 41 E3
Sandy Way B77 251 D2
Sandybrook Cl ST13 30 C2
Sandybrook La ST13 30 C1
Sandycroft TF10 168 C2
Sandyfield Rd ST1 57 F3
Sandyfields ST5 85 E3
Sandyfields Rd DY3 271 D3
Sandyford St ST16 155 F3
Sangster La ST6 42 B1
Sankey Cres WS15 196 C4
Sankey Rd WS11 209 F2
Sankey's Cnr WS7 228 C4
Sant St ST6 56 C4
Saplings Cl ST19 192 C1
Saplings The
Newcastle-u-L ST5 71 E2
Penkridge ST19 192 C1
Sapperton La DE65 129 F4
Sapphire Dr WS11 210 B2
Sara Cl B74 258 A2
Saracen Way ST3 74 A1
Sarah Challinor Cl WS15 196 C4
Saredon Cl WS3 244 A1
Saredon Rd
Cheslyn Hay WS6 226 A2
Shareshill WV10 225 E1
Sargeant Ave ST6 42 A3
Sark Cl ST5 70 C2
Sark Pl 1 ST3 73 E3
Sarraine Ind Pk ST10 76 A1
Sarver La ST10 75 E2
Sash St ST16 155 F2
Saturn Rd Cannock WS11 210 A3
Chell Heath ST6 42 B1
Saunders Cl WS12 211 D3
Saunders Rd ST5 56 A2
Saverley Green Rd ST11 106 C4
Savey La DE13 181 F1
Savoy Rd CW1 37 D4
Sawpit La ST17 176 A2
Sawyer Dr ST6 16 B1
Saxifrage Dr ST15 120 B3
Saxon Cl
Burton u T DE15 185 F4
Great Wyrley WS6 227 D1
Polesworth B78 251 F1
Tamworth B77 261 F3
Saxon Hill Specl Sch WS14 231 E3
Saxon Mill La B79 250 B2
Saxon Rd ST19 207 F4
Saxon St DE15 185 F4
Saxon Wlk WS13 230 C4
Saxoncourt WV6 255 E3
Saxondrive B79 250 B3
Saxonfields WV6 255 E3
Saxton Dr B74 257 F3
Sayers Rd ST16 155 E4
Scalpcliffe Cl DE15 166 C2
Scalpcliffe Rd DE15 166 C2
Scammerton B77 262 A4
Scamnell La ST21 134 C4
Scampton Cl WV6 254 C3
Scampton Way B79 250 B4
Scarlett St ST5 284 B2
Scarratt Cl ST11 91 D4
Scarratt Dr ST11 91 D4
Sceptre St ST1 282 B2
Schofield La B79 217 E3
Scholar Green Cty Prim Sch ST7 25 F3
School Ave WS8 244 C4
School Cl
Audley ST7 40 A1
Burntwood WS7 228 B4
Codsall WV8 239 D2
Leek ST13 30 B2
Norton Canes WS11 228 A3
Seisdon WV5 269 E4
Wolv WV3 265 D4
School Cres WS11 228 A3
School Dr DY8 279 F4
School Ground La TF10 169 D2
School House La WS15 161 D3
School La
Admaston WS15 159 F2
Ashley TF9 100 A3
Astbury CW12 15 D4
Biddulph ST8 17 D1
Blymhill TF11 203 F3
Bradnop ST13 31 F2
Brewood WV9 224 A2
Brownhills WS3 243 F2
Burntwood WS7 228 B4
Caverswall ST3 74 B1
Colton WS15 178 C3
Colwich ST18 158 A1
Coppenhall ST18 192 B4
Dilhorne ST10 75 E2
Edingale B79 217 E3
Hill Ridware WS15 198 A4
Hints B78 248 B1
Hopwas B78 249 D4
Longdon WS15 212 A3
Longsdon ST9 30 A1
Longton ST3 89 D4
Maer TF9 84 A4
Market Drayton TF9 112 A4
Norton Canes WS3 227 F1
Rolleston DE13 147 E2
Sandon ST18 137 F4
Shareshill WV10 225 E1
Shuttington B79 251 F4
Stafford, Hillcroft Park ST17 175 F4
Stafford, Rickerscote ST17 174 C3
Sudbury DE6 128 C2
Tamworth B77 261 E3
Wheaton Aston ST19 206 B2
Wolv WV10 240 C1
School Lane Cl ST17 174 C3
School Pl ST16 155 F3
School Rd Brewood ST19 223 E3
Bucknall ST2 58 A3
Eccleshall ST21 133 E3
Edgmond TF10 168 A2
Himley DY3 270 A2
Norton Canes WS11 228 A3
Seisdon WV5 264 B1
Uttoxeter ST14 110 C1
Wheaton Aston ST19 205 E3
Wolv WV6 255 D2
Wombourne WV5 270 A4
School St Brownhills WS4 244 B1
1 Leek ST13 30 C3
Newcastle-u-L ST5 284 C3
Newcastle-u-L, Broad Meadow ST5 55 F3
Sedgley DY3 271 F4
Stoke-on-T ST4 71 F2
Stourbridge DY8 279 F3
Tamworth B77 250 C2
School View ST14 141 E4
School Wlk WS7 228 B4
Schoolacre Rise B74 256 C1
Schoolbridge St ST13 30 C3
Schoolfields Rd WS14 247 D3
Schoolgate Cl WS4 244 B1
Scimitar Cl B79 249 F4
Scot Hay Rd Audley ST7 54 C3
Keele ST5 54 C2
Newcastle-u-L ST5 54 C2
Scotch Orch WS13 214 B1
Scotch Orchard Prim Sch WS13 214 B1
Scotia Bsns Pk ST6 41 F1
Scotia Rd Cannock WS11 209 E2
Tunstall ST6 41 F1
Scott Ave WV4 265 F2
Scott Cl WS14 231 D3
Scott Lidgett Ind Est ST6 56 B4
Scott Lidgett Rd ST6 56 B4
Scott Rd Chell Heath ST6 41 F3
Tamworth B77 250 C2
Scott St Cannock WS12 210 C2
Newcastle-u-L ST5 284 C3
Scott Way WS7 211 F1
Scott's Rd DY8 279 F3
Scragg St ST7 41 F4
Scrimshaw Dr ST6 42 B2
Scrivener Rd ST4 56 C1
Scropton Old Rd DE65 146 B4
Scropton Rd Hatton DE65 146 A4
Scropton DE65 129 F1
Seabridge Jun & Inf Schs ST5 71 D2
Seabridge La ST5 71 D2
Seabridge Rd ST5 284 A1
Seabrook Rd WS15 197 D3
Seafield B77 250 C3
Seafield Cl DY6 275 F2
Seaford St ST4 57 D1
Seaforth Gr WV11 242 A1
Seagrave Pl ST5 71 D3
Seagrave St ST5 284 C3
Searle Ave ST16 155 E1
Seaton B77 261 F4
Seaton Ave ST17 175 E4
Seaton Cl ST3 89 F4
Seaton Pl DY8 275 E1
Sebring Ave ST3 89 F4
Seckham Rd WS13 231 D4
Seckington La B79 236 B2
Second Ave
Branston DE14 165 F1
Brownhills WS8 229 D1
Bucknall ST2 58 B2
Kidsgrove ST7 25 F1
Kingswinford DY6 275 F4
Newcastle-u-L ST5 56 B4
Stafford ST16 155 E4
Sedbergh Cl ST5 70 C2
Seddon Rd ST3 89 F4
Sedgefield Cl DY1 271 F2
Sedgefield Gr WV6 254 C2
Sedgeley Rd WV4 265 F1
Sedgemoor Ave WS7 229 D3
Sedgley Hall Ave DY3 271 E4
Sedgley St WV2 266 B4
Sedgley Wlk ST3 283 C4
Seedcroft La WS15 160 C2
Seedfields Rd ST3 72 C2
Seeds La WS8 244 C4
Seedymill La WS13 213 F4
Seesall The ST20 171 F4
Sefton Ave
Congleton CW12 6 A1
Hanley ST1 57 F4
Sefton Cl DE15 167 D1
Sefton Rd Longton ST3 73 F1
Tamworth B77 261 E2
Sefton St ST1 57 D2
Seighford Rd ST18 154 B3
Seisdon Rd WV5 264 A1
Selborne Rd ST13 30 C2
Selbourne Dr ST6 41 F4
Selby Cl ST5 71 D3
Selby St ST3 74 A3
Selby Way WS3 242 C1
Selby Wlk ST3 88 C4
Selker Dr B77 250 C3
Sellman St ST20 171 F3
Selman's Hill WS3 243 E1
Selsdon Rd WS3 242 C2
Selwood Cl 5 ST3 73 E1
Selworthey Dr ST17 175 F3
Selworthy Rd ST6 43 D3
Selwyn Cl Alrewas DE13 201 D2
Wolv WV2 266 B4
Selwyn St ST4 72 A3
Semper Cl CW12 6 A2
Senior Cl WV11 242 A2
Serin Cl ST14 126 B3
Setterfield Way WS15 196 C3
Settle Gr ST3 90 A4
Setton Dr DY3 271 F4
Seven Acres WS9 256 A3
Seven Arches Way ST4 72 B4
Sevenoaks Gr ST3 90 A3
Sevens Rd WS12 211 E2
Severn Cl Biddulph ST6 16 C1
Burton u T DE13 147 E1
Congleton CW12 6 A1
Uttoxeter ST14 126 B3
Severn Dr
Brownhills WS8 228 B1
Burntwood WS7 229 E3
Burton u T DE14 166 C2
Newcastle-u-L ST5 71 D2
Perton WV6 254 C2
Severn Rd
Stourbridge DY8 279 F2
Walsall WS3 243 F1
Severn St ST1 282 A4
Seward Cl WS14 231 E3
Seymour Ave DE13 166 C4
Seymour Cl WS6 226 B1
Seymour Gdns B74 257 F2
Seymour St ST1 57 F2
Shackerley La
Albrighton WV8 221 E1
Boscobel WV8 221 E1
Shackleton Dr WV6 254 C3
Shackleton Rd WS3 243 E1
Shackson Cl ST1 282 B1
Shadwell Dr DY3 271 E2
Shaffalong La ST13 45 D3
Shaftesbury Ave ST6 42 A1
Shaftesbury Dr WS12 210 B4
Shaftsbury Rd WS15 196 C3
Shakespeare Ave WS14 231 D3
Shakespeare Cl
Kidsgrove ST7 41 D4
Norton-in-t-M ST2 43 D1
Tamworth B79 250 A3
Shakespeare Ct ST8 27 E4
Shakespeare Gr WS11 209 E2
Shakespeare Rd
Burntwood WS7 228 C4
Burton u T DE14 166 B3
Sedgley DY3 271 D2
Stafford ST17 174 B4
Shaldon Ave ST9 43 E2
Shales The WV5 269 F3
Shallcross La DY3 271 E2
Shallowford Ct ST1 57 D2
Shallowford Mews ST16 155 E3
Shanklin Cl WS6 227 D2
Shannon B77 261 F4
Shannon Dr
Brownhills WS8 228 B1
Tunstall ST6 41 E4
Shannon Rd ST17 174 B3
Shannon Wlk WS8 228 B1
Shardlow Cl Fenton ST4 73 D3
Stone ST15 120 B3
Sharman Cl ST4 71 F4
Sharmon Way ST20 171 F4
Sharnbrook Dr WS15 178 B1
Sharnbrook Gr ST17 175 E3
Sharon Cl WV4 266 C3
Sharon Way WS12 210 B2
Sharpe St B77 251 D3
Sharplands TF9 99 E3
Sharrat Field B75 258 B1
Sharron Dr ST13 31 D3
Shaver's La WS15 197 D1
Shaw Cl WS13 215 E4
Shaw Dr WS7 212 A1

Sha – Spa 321

Shaw Gdns ST17 174 B4
Shaw Hall La WV9 240 B4
Shaw La Albrighton WV7 237 D3
King's Bromley WS15 198 C1
Lichfield WS13 231 D4
Longdon WS15 212 A2
Tong TF11 220 B3
Wolv WV6 255 D2
Shaw Pl ST13 31 D3
Shaw Rd WV4 266 B3
Shaw St Biddulph ST8 27 E4
Hanley ST1 282 A4
Newcastle-u-L ST5 284 B3
Shaw's La WS6 227 D1
Shaw-wall La
Cotton ST10 62 C4
Ipstones ST10 62 C4
Shawbury Gr WV6 254 C3
Shawe Park Rd ST10 76 C4
Shawmains La ST18 172 C4
Shawms Crest ST17 175 E4
Shawport Ave ST5 56 A4
Shaws La ST21 133 E3
Shay La Forton TF10 150 A2
Ipstones ST10 62 B3
Norbury TF10 150 A2
Woodseaves TF10 150 A2
Shayler Gr WV2 266 B4
Sheaf Pas ST3 283 C3
Sheaf St ST1 282 A1
Shearer St ST1 282 A1
Shebdon Cl ST16 155 D4
Sheep Fair WS15 178 C1
Sheep Market ST13 30 C3
Sheepcote La B77 250 C2
Sheepwalks La
Enville DY7 277 D4
Kinver DY7 277 D4
Sheepwash La
Cookley DY7 277 E1
Kinver DY7 277 E1
Sheffield St DE14 166 B1
Shefford Rd ST5 70 C2
Shelburne St ST4 72 A3
Sheldon Ave CW12 6 A1
Sheldon Gr ST5 55 F3
Sheldon Rd WV10 240 A1
Sheldrake Gr ST4 73 D3
Shelfield Com Sch WS4 244 B1
Shelford Rd ST6 41 E3
Shelley Ave DE14 166 B3
Shelley Cl Armitage WS15 198 A2
Burton u T DE14 166 B3
Colwich ST18 177 E4
Kidsgrove ST7 41 D4
Sedgley DY3 271 D3
Stafford ST16 156 A3
Shelley Dr Cheadle ST10 76 B1
Sutton Coldfield B74 257 F3
Shelley Rd Bucknall ST2 58 A3
Burntwood WS7 212 A1
Cannock WS11 209 F3
Tamworth B79 250 A4
Wolv WV10 240 B1
Shelmore Cl ST16 155 D4
Shelmore Way ST20 171 E4
Shelsey Rd ST10 76 C2
Shelsley Cl ST19 193 D1
Shelton Farm Rd ST1 282 A1
Shelton New Rd ST4 56 C1
Shelton Old Rd ST4 72 A4
Shelton St B77 261 F4
Shemilt Cres ST6 42 B2
Shendon Cl ST5 56 A4
Shenfield Gn ST2 58 B1
Shenley Gr ST17 174 B3
Shenstone Ave DY8 279 E2
Shenstone Cl B74 257 F3
Shenstone Ct WV3 266 A3
Shenstone Dr WS9 256 A4
Shenstone Lodge Specl Sch WS14 247 D2
Shenstone Sta WS14 246 C3
Shenton St ST3 283 D5
Shepherd Cl WS13 214 B2
Shepherd St ST8 27 E4
Shepherds Bush St ST16 155 F3
Shepherds Ct TF10 169 D2
Shepherds Fold ST17 175 E3
Shepherds Pool Rd B75 258 C1
Shepherds Wlk WV8 239 F1
Shepley Cl ST15 120 B4
Shepley Gr ST3 88 C4
Sheppard St ST4 72 A3
Shepwell Gdns WV10 241 E4
Sheraton Cl
Aldridge WS9 256 A3
Cannock WS12 210 A4
Sheraton Grange DY8 279 F1
Sherborne Cl ST3 88 C4
Sherborne Ct WV10 240 C1
Sherborne Dr ST5 71 D3
Sherborne Gdns WV8 239 D2
Sherborne Rd WV10 240 B1
Sherbourne Ave WS12 210 C2
Sherbourne Dr DE14 185 D4
Sherbrook Cl ST17 176 A2
Sherbrook Rd WS11 209 E1
Sherbrooke Ave B77 261 F3
Sheridan Gdns
Himley DY3 270 C3
Longton ST3 72 C1
Sheridan St ST16 156 A2
Sheridan Way ST15 120 B4
Sheriffs Cl WS14 231 F3
Sheriffs Way ST21 133 E4
Sherifoot La B75 258 A2
Sheringham Covert ST16 156 B2
Sheringham Dr WS15 178 A1
Sheringham Pl ST5 56 B2
Sherington Dr WV4 266 B3
Sherracop La WS15 160 A1
Sherrans Dell DY3 266 B2
Sherratt St ST6 42 B2
Sherringham Dr WV12 242 B1
Shervale Cl WV4 266 A3
Sherwin Rd ST6 41 F2
Sherwood Ave ST17 174 C4
Sherwood Cl CV9 262 B1
Sherwood Dr WS11 210 A2
Sherwood Rd Meir ST3 89 F4
Stourbridge DY8 279 F4
Shetland Rd ST3 72 C2
Shillingford Dr ST4 88 A4
Shilton Cl ST4 71 F3
Shinwell Gr ST3 90 A4
Ship Pl ST6 42 B1
Shipley Cl DE14 185 D4
Shippy La ST18 172 B4
Shipston Rd ST17 156 B1
Shipton Dr ST14 110 C1
Shirburn Rd ST13 31 D3
Shire Oak Com Sch WS8 245 D3
Shire Ridge WS9 245 D2
Shirebrook Cl ST3 88 C4
Shirehall Pl WS11 210 A1
Shirelea Cl WS7 229 D4
Shireoaks Dr ST17 175 E3
Shireview Gdns WS3 244 A2
Shireview Rd WS3 244 A2
Shirley Ave ST9 59 D2
Shirley Dr ST10 94 C4
Shirley Rd ST1 282 B1
Shirley St Burslem ST6 56 B4
Leek ST13 30 B3
Shirley Wlk B79 249 F4
Shirral Dr B78 260 A3
Shirrall Dr B78 259 F2
Shoal Hill Cl WS11 209 D1
Shobnall Cl DE14 166 A2
Shobnall Ct DE14 166 A2
Shobnall Cty Prim Sch DE13 165 F2
Shobnall Rd DE14 166 A2
Shobnall St DE14 166 A2
Sholing Cl WV8 239 F1
Shooting Butts Rd WS15 196 A4
Shop La Brewood ST19 223 E3
Codsall WV8 238 B1
Perton WV6 264 A4
Shops The DY6 275 E2
Short Bambury St ST3 73 E3
Short La Barton-u-N DE13 183 E1
Cheslyn Hay WS6 226 C2
Kingstone ST14 124 B1
Short Rd WV10 240 C1
Short St Brownhills WS8 244 C4
Burton u T DE15 185 F4
Cannock WS11 209 F2
Longton ST3 283 D3
Stourbridge DY8 279 F3
Uttoxeter ST14 126 A4
Short Street Inf Sch DE15 185 F4
Shortbutts La WS14 231 D3
Shortlands La WS3 243 F2
Shorwell Gr ST7 41 F4
Shotsfield Pl ST2 43 D1
Shotsfield St ST2 43 D1
Shotwoodhill La DE13 147 D3
Showan Ave ST5 56 B2
Showell La WV4 265 D2
Shraleybrook Rd ST7 54 A4
Shredicote La ST18 191 D4
Shrewsbury Cl WS3 242 C1
Shrewsbury Dr
Newcastle-u-L ST5 40 C1
Weston-u-L TF11 203 F1
Shrewsbury Rd
Burton u T DE13 147 F1
Edgmond TF10 168 A2
Market Drayton TF9 112 A4
Stafford ST17 155 F1
Shrewsbury Way TF10 168 C1
Shropshire Brook Rd WS15 198 A2
Shropshire St TF9 97 E1
Shrubbery Cl DY10 280 A3
Shrubbery The
Elford B79 216 C1
Rugeley WS15 197 D3
Shruggs La ST18 121 E1
Shugborough Cotts ST18 177 E4
Shugborough Dr DY1 271 F1
Shugborough Farm Mus ST18 177 D4
Shugborough House & Gardens ST18 158 A1
Shugborough Rd WS15 178 B2
Shugborough Way WS11 210 B1
Shughborough Cl ST9 59 D1
Shuker's Cl TF10 169 D1
Shut La ST21 116 A3
Shutt Green La ST19 223 D4
Shuttington Rd B79 251 D3
Sich La DE13 182 B2
Sidcot Pl ST1 57 E4
Siddals St DE15 167 D2
Siddons Cl WS13 213 F1
Sides La DE6 81 D3
Sideway Rd ST4 72 A3
Sidings Pl ST3, ST4 283 B4
Sidings Rd ST15 104 C1
Sidings The
Cannock WS12 210 B4
Cheadle ST10 76 B1
Sidmouth Ave
Newcastle-u-L ST5 284 C3
Stafford ST17 156 B1
Sidney Ave ST17 174 C4
Sidney Dr ST10 62 A1
Sidney St WV2 266 B4
Sidon Hill Way WS11 210 B1
Siemens Rd ST17 155 F1
Signal Gr WS3 243 D1
Signal Wlk B77 251 D1
Silica Rd B77 251 D1
Silk Mill La DE13 146 B3
Silk St ST13 30 C3
Silkmore Cres ST17 175 D4
Silkmore La ST17 175 D4
Silkmore Prim Sch ST17 174 C4
Sill Gn B79 234 B1
Sillitoe Pl ST4 72 A3
Silsden Gr ST3 74 B1
Silva Ave DY6 275 F2
Silver Birch Coppice B74 257 E3
Silver Birch Dr
Kinver DY7 277 F3
Uttoxeter ST14 126 A3
Silver Birch Rd
Aldridge B74 256 C1
Huntington WS12 209 E4
Norton Canes WS11 228 A3
Wolv WV2 266 C4
Silver Cl ST8 27 E4
Silver Ct WS8 244 C4
Silver Ct Gdns WS8 244 C4
Silver Fir Cl WS12 210 A4
Silver La ST14 127 F1
Silver Link Rd B77 250 C1
Silver Ridge ST12 104 B4
Silver St Brownhills WS8 244 C4
Cheadle ST10 76 C3
Norton-in-t-M ST6 42 C2
Tamworth B79 250 A3
Uttoxeter ST14 126 B4
Silverdale TF10 168 A2
Silverdale Cl TF10 168 C1
Silverdale Gdns DY8 275 E2
Silverdale Prim Sch ST5 55 E1
Silverdale Rd ST5 55 F1
Silverdale St ST5 55 F2
Silvergate Ct CW12 15 F4
Silverhill Cl DE13 166 B4
Silvermine Cl ST7 26 A1
Silvers Cl WS3 243 F2
Silverster St ST6 57 D4
Silverstone Ave ST10 76 C2
Silverstone Cres ST7 41 F4
Silverthorn Way ST17 175 E4
Silverton Cl ST5 56 A4
Silverwood ST7 26 A1
Silvester Way ST17 175 F3
Simcox St WS12 210 B2
Simeon Way ST15 120 B3
Simmonds Cl WS3 243 E2
Simmonds Rd WS3 243 E2
Simmonds Way WS8 245 D3
Simmons Cl B78 260 A1
Simmons Rd WV11 242 A1
Simon Pl ST1 57 D1
Simonburn Ave ST4 71 F4
Simons Rd TF9 112 A4
Simpkins Cl WS9 245 D2
Simpson Cl ST16 155 D4
Simpson Rd WS13 214 A1
Simpson St Hanley ST1 282 C1
Newcastle-u-L ST5 56 A3
Sinai Cl DE13 165 F2
Sion Ave DY10 280 A1
Sion Hill Mid Sch DY10 280 A1
Sir Graham Balfour High Sch ST16 155 E4
Sir John Offley CE Prim Sch CW3 68 C3
Sir Robert Peel Hospl B78 249 E1
Sir Thomas Boughey High Sch ST7 54 B4
Siskin Cl WS7 229 E3
Siskin Pl ST3 90 A4
Sitwell Gr ST3 283 D4
Six Ashes Rd DY7 272 B4
Six Roads End DE13 144 B2
Skeath La ST18 137 E2
Skellern Ave ST6 42 B2
Skellern St ST7 25 E1
Skidmore Ave
Tamworth B77 261 E3
Wolv WV3 265 F4
Skipacre Ave ST6 42 B1
Skipness B77 250 C3
Skipton Pl WS11 226 A4
Skye Cl ST3 73 F2
Skylark Cl
Huntington WS12 209 E4
Sedgley DY5 271 E1
Uttoxeter ST14 126 B3
Slab La ST20 190 A1
Slack La DE6 81 E4
Slacken La ST7 25 E1
Slacky La WS3 243 F1
Slade Ave WS7 229 D4
Slade Fields ST14 111 D1
Slade Gdns WV8 239 D2
Slade La
Sutton Coldfield B75 259 D2
Tamworth B77 261 E2
Waterhouses ST13 49 D3
Slade Rd Hints B75 259 D2
Sutton Coldfield B75 258 C2
Wolv WV10 240 B2
Slade View Rise WS12 211 D3
Sladehollow La DE6 65 E1
Slaidburn Gr Hanley ST1 57 F3
Stafford ST17 175 E4
Slaney St ST5 284 C1
Slang La WS15 211 F3
Slapton Cl ST2 57 F1
Slate La WV8 238 B3
Slater St Biddulph ST8 27 E4
Burslem ST6 56 C4
Sleeve The ST13 30 B2
Sleigh Gr ST13 30 C3
Slessor Rd ST16 156 A3
Slindon Cl ST5 40 B1
Sling La ST19 206 A2
Slingsby B77 261 E4
Slippery La ST1 282 A2
Slitting Mill Rd WS15 196 A4
Sloane Way ST4 73 D3
Small La ST21 133 F4
Small Mdws DE13 183 F1
Smallbrook La WV5 270 A4
Smalley Cl WS11 210 A3
Smallman St ST16 155 F2
Smallridge WS13 213 F1
Smallshire Way DY8 279 E4
Smallthorne Prim Sch ST6 42 B1
Smallwood Cl ST5 40 B1
Smallwood Gr ST1 57 F3
Smallwood Rd WV8 239 F1
Smarts Ave WS14 258 A4
Smedley Ct DE65 148 A3
Smerstow Sec Sch WV6 255 D1
Smestow Bridge Ind Est WV5 269 E3
Smestow La DY3 269 E2
Smillie Pl WS11 209 F2
Smith Child St ST6 41 E2
Smith St Kingsbury CV9 262 B1
Longton ST3 283 C5
Smith's Cl WS7 228 B4
Smithfield 13 ST13 30 C3
Smithfield Cl TF9 97 E1
Smithfield Ct ST1 282 B1
Smithfield Rd
Market Drayton TF9 97 E1
Uttoxeter ST14 126 A4
Walsall WS3 243 E1
Smithfield Rise WS13 231 E4
Smithpool Rd ST4 72 B3
Smiths Bldgs ST3 74 A1
Smiths Pas ST4 73 D3
Smithy Bank ST10 78 C1
Smithy Dr WS3 244 A2
Smithy La
Barthomley CW2 38 B3
Barthomley CW2 38 B4
Biddulph ST6 16 B1
Bosley SK11 7 F3
Bradley ST18 191 D4
Cheadle ST10 92 B4
Clifton Campville B79 218 C1
Eccleshall ST21 117 D1
Hixon ST18 158 B4
Lichfield WS13 214 A1
Longdon WS15 212 C4
Longton ST3 283 C3
Sedgley DY5 271 D1
Seighford ST18 154 A4
Tamworth B77 261 F4
Weston CW2 37 E3
Whitmore ST5 85 F3
Woore TF9 83 D3
Smithyfield Rd ST6 42 B2
Smokies Way ST6 16 B1
Smout Cres WV14 266 C1
Snape Hall Cl ST5 85 E3
Snape Hall Rd ST5 85 E4
Snape Hollow CW2 37 F2
Snape La CW2 37 F2
Snape Rd WV11 242 A1
Snapes La DE6 81 D1
Snead Cl ST16 156 B2
Sneyd Ave Leek ST13 30 C3
Newcastle-u-L ST5 70 C4
Sneyd Cl ST13 45 E2
Sneyd Com Sch WS3 242 B1
Sneyd Cres ST5 70 C4
Sneyd Green Prim Sch ST6 57 E4
Sneyd Hall Rd WS3 243 D1
Sneyd High Sch ST5 70 C4
Sneyd Hill ST6 57 D4
Sneyd Ind Est ST6 57 D4
Sneyd La
Essington WV11 242 B1
Walsall WS3 242 C1
Sneyd Pl ST6 41 E3
Sneyd St Hanley ST6, ST1 57 E3
Leek ST13 30 C3
Sneyd Terr ST5 55 D1
Sneyd Trad Est ST6 57 D4
Sneydlands WS15 178 C1
Snipe Cl WV10 241 D4
Snow Hill Hanley ST1 282 A1
Stafford ST16 155 F2
Snowberry Dr DY5 271 E1
Snowden Way ST3 74 A1
Snowdon Rd
Cannock WS11 209 F3
Pattingham WV6 252 A3
Snowdon Rise DY3 271 E3
Snowdon Way WV12 242 A1
Snows Yd ST16 155 E2
Snowshill Gdns DY1 271 F2
Soames Cres ST4 73 E3
Solent Cl WV9 239 F1
Solney Cl DE11 186 C2
Solway Cl B79 250 A4
Solway Gr ST3 73 F2
Somerfield Cl WS4 244 B1
Somerford Cl
Brewood WV9 224 A1
Great Wyrley WS6 226 C1
Somerford Gdns WV10 240 C1
Somerford La ST19, WV9 223 F3
Somerley Rd ST1 57 F3
Somerset Ave
Kidsgrove ST7 25 F1
Rugeley WS15 196 B3
Somerset Cl B78 250 A1
Somerset Dr DY8 279 E4
Somerset Pl WS11 209 F2
Somerset Rd
Burton u T DE15 185 E3
Hanley ST1 57 F2
Stafford ST17 174 B4
Somerton Rd ST9 59 D2
Somerton Way ST3 283 D5
Somervale ST17 175 E3
Somerville Ave ST5 56 B2
Somerville Rd DE13 201 D1
Somerville Sq ST17 174 C3
Sonning Dr WV9 239 F1
Sopwith Cl ST15 118 C3
Sorbus B77 251 D2
Sorrel B77 251 D3
Sorrel Ave ST10 92 C2
Sorrel Cl Bucknall ST2 58 A2
Featherstone WV10 241 D4
Uttoxeter ST14 126 A3
Sorrento Gr ST3 73 F2
Souldern Way ST3 73 E2
Soulthorpe Rd DY10 281 D1
South Ave DY8 279 F2
South Broadway St DE14 185 E4
South Cl WS11 226 B4
South Cres WV10 241 E3
South Dr DE11 186 C3
South Gn WV4 265 E3
South Hill DE13 147 E2
South Moorlands L Ctr ST10 76 C1
South Oak St DE14 185 D4
South Oval DY3 271 F3
South Pl ST6 42 B3
South Rd Bucknall ST2 58 A3
Millmeece ST15 118 B3
Stourbridge DY8 279 F2
South St
Mount Pleasant ST7 26 A3
Norton-in-t-M ST6 42 B3
Stafford ST16 155 E2
South Staffordshire Bsns Pk WS11 226 B2
South Terr
Newcastle-u-L ST5 56 B3
Stoke-on-T ST4 72 A3
South Uxbridge St DE14 185 D4
South View Biddulph ST8 27 E4
Mayfield DE6 81 E3
South View Cl
Codsall WV8 239 D1
Featherstone WV10 241 D3
South View Rd DY3 271 E4
South View Wlk ST14 95 F2
South Walls ST16 155 F2
South Wlk ST3 74 A1
South Wolf St ST4 72 A4
South Wood ST5 85 D4
Southall Way ST2 58 A1
Southampton St ST1 282 C4
Southbank St ST13 30 C3
Southbank View DY6 275 F2
Southborough Cres ST6 42 B2
Southbourne Pl WS11 209 E1
Southbourne Rd WV10 240 B2
Southern Cl DY6 275 F2
Southern Cross WS14 231 E4
Southern Way ST6 42 B1
Southerndown Rd DY3 271 D4
Southfield Gr WV3 265 E4
Southfield Way WS6 226 C1
Southfields Cl ST17 174 B3
Southfields Rd ST17 174 B3
Southgate Brewood ST19 223 E4
Cannock WS11 226 A4
Southgate Ave ST4 88 B3
Southgate End WS11 226 A4
Southlands Ave
Longton ST3 283 B1
Newcastle-u-L ST5 56 B3
Southlands Cl ST13 30 B3
Southlands Rd CW12 16 A4
Southlowe Ave ST9 59 F2
Southlowe Rd ST9 59 F2
Southwark Cl WS13 214 B2
Southway Ct DY6 275 F2
Southwell Est ST21 133 F3
Southwood Cl DY6 275 F3
Sovereign Dr DY1 271 F1
Sovereign La TF9 100 B3
Sovereign Works DY1 271 F2
Sowdley Gn ST19 205 D3
Sowdley La ST19 205 D2
Spa St ST6 57 E4
Spalding Pl ST2 73 F4
Sparch Ave ST5 56 B2

322 Spa – Sto

Sparch Gr ST5 56 B2
Sparch Hollow ST5 56 B2
Spark St ST4 72 A4
Spark Terr ST4 72 A4
Sparrow Cl ST18 177 E4
Sparrow St ST6 42 B1
Sparrow Terr ST5 56 A3
Sparrowbutts Gr ST7 26 B1
Sparrows End La ST19 223 E3
Speakman St ST3 283 D2
Spearhill WS14 231 F4
Spedding Rd ST4 72 C4
Spedding Way ST8 27 F4
Speechley Dr WS15 178 B1
Speedwall St ST3 73 E3
Speedwell Cl WS9 256 A3
Speedwell Gdns WV10 241 D4
Speedwell Rd ST5 40 C1
Speedy Cl WS11 209 F3
Spencer Ave Endon ST9 43 F3
  Leek ST13 30 C3
  Perton WV6 254 C2
Spencer Cl
  Burton u T DE13 147 E1
  Sedgley DY3 271 D2
  Weston-u-T ST18 138 B1
Spencer Pl ST5 55 F3
Spencer Rd
  Lichfield WS14 231 D3
  Stoke-on-T ST4 72 B4
Spencroft Rd ST5 56 A3
Spend Hill DE6 66 C4
Spens St ST6 56 C4
Spenser Cl Stafford ST17 174 B4
  Tamworth B79 250 A3
Sperry Cl ST3 90 A4
Spey Dr ST7 26 B1
Spiceal Mews ST14 126 B4
Spicer's Cl WV5 267 E4
Spills Meadow DY3 271 F3
Spindlewood Cl WS11 210 B1
Spinney Cl
  Brownhills WS3 244 A1
  Burntwood WS7 212 A1
  Endon ST9 43 F4
  Kingswinford DY8 275 E2
  Norton Canes WS11 227 F3
Spinney Dr CW2 37 D3
Spinney Farm Rd WS11 226 A4
Spinney La WS7 211 F1
Spinney Rd DE14 184 C4
Spinney The
  Biddulph ST8 27 E3
  Keele CW3 69 D4
  Lawton-gate ST7 25 F2
  Little Aston B74 257 D3
  Newcastle-u-L ST5 71 E1
  Sedgley DY5 271 E1
  Wolv WV3 255 E1
Spinneyfields ST17 175 E3
Spinning School La B79 250 A3
Spire Cl ST6 42 C2
Spires Croft WV10 225 E1
Spires The WS14 231 F3
Splash La WS12 210 B2
Spode Ave
  Armitage WS15 198 B2
  Hopton ST18 156 A4
Spode Cl ST10 76 B1
Spode Gr ST5 71 D2
Spode Pl WS11 210 A1
Spode St ST4 72 A3
Spout La ST2 43 E1
Spoutfield Rd ST4 56 C1
Spragg House La ST6 42 C2
Spratslade Dr ST3 283 B2
Spreadoaks Dr ST17 175 E3
Sprengers Cl ST19 193 D1
Spring Bank ST7 26 A4
Spring Cl
  Brownhills WS4 244 B1
  Hagley DY9 281 F2
  Kinver DY7 277 F3
  Swadlincote DE11 186 C1
Spring Cres ST6 43 E4
Spring Garden Rd ST3 283 B2
Spring Gdns
  Forsbrook ST11 91 D4
  Leek ST13 30 B3
  Stone ST15 120 A3
Spring La Brownhills WS4 244 B1
  Whittington WS14 232 C3
Spring Meadow WS6 226 B1
Spring Rd
  Brownhills WS4 244 B1
  Lichfield WS13 214 B1
  Longton ST3 73 F1
Spring St Cannock WS11 226 C4
  Stoke-on-T ST5 56 B1
Spring Terr Rd DE15 166 C1
Spring Vale Prim Sch
  WV4 266 C2
Springbank Ave ST9 43 F3
Springcroft ST11 90 C3
Springcroft Prim Sch
  ST11 90 C4
Springdale Jun & Inf Schs
  WV4 265 E3
Springfield Rd DE15 167 D1
Springfield Ashley TF9 99 E3
  Blythe Bridge ST11 90 C3
Springfield Ave
  Newport TF10 168 C1
  Rugeley WS15 196 C4
  Sedgley DY3 266 C1
Springfield Cl
  Biddulph ST8 27 E4
  Leek ST13 31 D3
  Newcastle-u-L ST5 55 F3
Springfield Cres ST3 283 B2
Springfield Ct Leek ST13 31 D3
  Stafford ST17 174 C3
Springfield Dr
  Forsbrook ST11 91 D4
  Leek ST13 31 D3
  Stafford ST17 174 C3
  Wheaton Aston ST19 205 E4
Springfield Gr DY3 266 B1
Springfield La WV10 240 B2
Springfield Prim Sch
  ST4 71 F3
Springfield Rd
  Biddulph ST8 27 E4
  Leek ST13 31 D3
  Tamworth B77 261 E4
  Uttoxeter ST14 126 A4
Springfield Rise WS12 210 B3
Springfield Sch The ST13 31 D3
Springfields Cty Fst Sch
  ST15 118 C3
Springfields Ind Est
  TF10 168 C1
Springfields Rd
  Rugeley WS15 178 B2
  Stoke-on-T ST4 71 F3
Springhead Cl ST7 40 B3
Springhead Prim Sch ST7 40 B3
Springhill Ave WV4 265 E2
Springhill Cl WS4 244 B1
Springhill Gr WV4 265 E2
Springhill La WV4 265 D2
Springhill Pk WV4 265 D2
Springhill Prim Sch WS7 229 D3
Springhill Rd
  Brownhills WS8 245 D4
  Burntwood WS7 229 D3
Springhill Terr WS15 196 C4
Springle Styche La WS7 212 B1
Springpool ST5 70 B3
Springs Bank ST9 44 A1
Springside Pl ST3 88 C4
Springvale Prim Sch
  WS11 226 C4
Springvale Rise ST16 155 E4
Springwood Dr ST15 120 B4
Springwood Rd ST5 55 E4
Sprink Bank Rd ST6 42 A3
Sprink La CW12 6 B3
Sprinkswoods La DE6 81 F3
Sprinkwood Gr ST3 74 A2
Sproston Rd ST6 41 F2
Spruce B77 251 D2
Spruce Rd WS12 195 D1
Spruce Way WV3 255 E1
Spruce Wlk WS15 178 B2
Spur Lea ST18 173 E1
Spur St ST1 282 C1
Spur Tree Ave WV3 255 D1
Square The
  Aldridge WS9 256 A3
  Caverswall ST11 74 C1
  Codsall WV8 238 C2
  Colwich ST18 158 A1
  Elford B79 216 B1
  Fazeley B78 261 D4
  Marchington ST14 127 F1
  Meir ST3 74 A1
  Newcastle-u-L ST5 71 D3
  Newport TF10 168 C2
  Oakamoor ST10 78 A3
  Pattingham WV6 253 E1
  Wolv WV2 266 B4
  Woore CW3 67 E1
Squiers View ST4 72 B4
Squirel's Hollow WS7 212 A1
Squires Gate WS7 229 E4
Squirrel Cl
  Cannock WS12 210 B1
  Huntington WS12 209 E3
Squirrel Hayes Ave ST8 27 F3
Squirrel Hayes Fst Sch
  ST8 27 E4
Squirrel Wlk
  Little Aston B74 257 E3
  Stafford ST17 174 C2
  Wolv WV4 266 A3
Squirrels The ST5 71 E2
Stable Ct DY3 271 F3
Stable La Alstonefield DE6 35 D1
  Market Drayton TF9 97 D1
  Shareshill WV10 225 D4
Stableford Bank ST5 86 A1
Stables The ST18 158 A1
Stacey Cl SK17 23 D1
Stackhouse Cl WS9 245 D2
Stackhouse Dr WS3 244 A2
Stackyard La TF10 168 A2
Stadium Ct ST1 57 D3
Stadmorslow La ST7 26 C2
Stafford Ave ST5 71 E3
Stafford Brook Rd WS15 195 F4
Stafford Castle ST16 155 D1
Stafford Cl Stone ST15 120 A4
  Walsall WS3 243 D1
Stafford Coll ST16 155 E2
Stafford Coll
  (The Oval Annexe)
  ST17 155 F1
Stafford Cres
  Newcastle-u-L ST5 71 E2
  Whittington WS14 232 B2
Stafford Ct WV10 240 B3
Stafford Gram Sch ST18 174 B3
Stafford La
  Cannock WS12 210 A3
  Codsall WV8 238 C1
  Hanley ST1 282 B3
  Weston-u-T ST18 138 B2
Stafford North
  Service Area ST15 119 E2
Stafford Rd
  Brewood WV10 224 B3
  Cannock WS11 209 E1
  Cannock, Huntington WS12 209 E3
  Eccleshall ST21 133 F3
  Gnosall ST20 171 F3
  Great Wyrley WS3 243 D2
  Huntington WS12 209 E3
  Lichfield WS13 213 F1
  Newport TF10 169 D2
  Stone ST15 120 A3
  Uttoxeter ST14 125 F3
  Walsall WS3 243 D2
  Wolv WV10 240 B2
Stafford St
  Brewood ST19 223 E3
  Burton u T DE14 166 B3
  Cannock WS12 210 C1
  Eccleshall ST21 133 F4
  Hanley ST1 282 B3
  Market Drayton TF9 97 E1
  Newcastle-u-L ST5 284 C2
  Newport TF10 168 C2
  Stafford ST16 155 F2
  Stone ST15 120 A4
Stafford Sta ST16 155 E1
Staffordshire General
  Hospl ST16 156 A2
Staffordshire General
  Infmy ST16 155 E2
Staffordshire Univ
  Hopton ST18 156 B3
  Stoke-on-T ST4 72 B4
Stag Cl WS15 178 A1
Stag Cres WS11 228 A3
Stag Dr WS12 209 E3
Stagborough Way WS12 210 A2
Staines Ct ST15 120 B4
Staite Dr DY10 280 A3
Stakenbridge La
  Blakedown DY10 281 E2
  Hagley DY10 281 E2
Staley Croft WS12 209 E2
Stalling's La DY6 275 E4
Stallings La DY6 271 D1
Stallington Cl ST11 90 B2
Stallington Gdns ST11 90 C3
Stallington Hospl ST11 90 B2
Stallington Rd ST11 90 B2
Stamer St ST4 72 A3
Stamford Cres WS7 229 D4
Stamford St DY8 279 F4
Stamford Way WS9 245 E1
Stamps Cl DE15 167 E2
Standard St ST4 72 B3
Standedge B77 262 A4
Standersfoot Pl ST6 42 A3
Standhills Rd DY6 275 F3
Standing Butts Cl DE12 202 B4
Stanfield Cres ST10 76 B1
Stanfield Rd ST6 42 A1
Stanfield St 4 ST3 73 E3
Stanford Cl ST19 192 C1
Stanford Rd WV2 266 B4
Stanhope St
  Burton u T DE15 167 D2
  Hanley ST1 282 A1
Stanier St Fenton ST4 72 C3
  Newcastle-u-L ST5 284 B3
Stanley Bank ST9 44 A3
Stanley Cl DE12 219 F4
Stanley Cres ST14 111 D1
Stanley Ct WV6 254 C2
Stanley Dr
  Newcastle-u-L ST5 40 B1
  Swindon DY3 269 F1
Stanley Gr
  Newcastle-u-L ST5 56 B1
  Norton-in-t-M ST2 43 D1
Stanley Head Outdoor
  Education Ctr ST9 44 A2
Stanley Matthews Sports
  Ctr ST4 72 B4
Stanley Moss La ST9 43 F3
Stanley Moss Rd ST9 43 F3
Stanley Rd Bagnall ST9 43 F2
  Biddulph ST6 16 B1
  Cannock WS12 210 A3
  Newcastle-u-L ST5 56 C1
  Stoke-on-T ST4 71 F4
  Stourbridge DY8 279 F2
  Wolv WV10 240 B1
Stanley St Biddulph ST8 27 E4
  Burton u T DE14 166 B1
  Leek ST13 30 C3
  Tunstall ST6 41 F2
  Walsall WS3 243 E1
Stansgate Pl ST1 282 A4
Stanshope La DE6 35 E1
Stansmore Rd ST3 74 A1
Stanton Ave DY3 271 F3
Stanton Cl ST5 55 F1
Stanton La DE6 65 F1
Stanton Prim Sch DE15 186 A3
Stanton Rd
  Burton u T DE15 185 F4
  Meir ST3 74 A1
Stanway Ave ST6 57 E4
Stanways La ST8 17 D1
Stapenhill Rd DE15 166 C1
Stapleford Gdns WS7 229 E3
Stapleford Gr DY8 275 F1
Stapleton Cres ST3 73 D1
Star And Garter Rd ST3 89 F4
Star Bank Cotton ST10 78 B4
  Oakamoor ST10 78 B4
Star St WV3 265 F4
Starkey's La ST19 205 E4
Startley La
  Longdon WS15 196 C1
  Rugeley WS15 196 C1
Starwood Rd ST3 89 F4
Starwood Terr ST10 78 A3
Statfold La Alrewas, DE13 200 C2
  Alrewas, Fradley WS13 215 E4
Statham St ST1 282 A2
Station App Stone ST15 104 C1
  Sutton Coldfield B74 257 F3
Station Bridge Rd ST4 72 C3
Station Cl WV8 238 C2
Station Cotts ST5 85 E3
Station Cres ST6 42 B1
Station Ct TF10 169 D1
Station Dr
  Armitage WS15 198 A2
  Blakedown DY10 281 E1
  Keele ST5 69 E4
  Penkridge WV10 224 B3
Station Gr ST2 43 D1
Station La DE12 184 B1
Station Rd
  Albrighton WV7 237 D3
  Aldridge WS9 256 A3
  Alton ST10 78 C1
  Astbury ST7 15 D1
  Audley ST7 54 B4
  Barlaston ST12 88 B1
  Barton-u-N DE13 183 F1
  Biddulph ST6 16 B1
  Brownhills WS3 244 A2
  Burntwood WS7 229 F2
  Cannock WS12 210 B3
  Cheadle ST10 76 B1
  Chebsey ST15 118 C1
  Cheddleton ST13 45 E3
  Codsall WV8 238 C2
  Endon ST9 43 F4
  Gnosall ST20 171 E3
  Great Wyrley WS6 226 C2
  Haughton ST18 172 C4
  Hixon ST18 139 E2
  Keele ST5 69 F4
  Kidsgrove ST7 25 F1
  Kidsgrove, Newchapel ST7 26 C1
  Lichfield WS13 231 D4
  Madeley, CW3 68 C3
  Madeley, Onneley CW3 68 A1
  Millmeece ST15 118 B3
  Mow Cop ST7 26 B4
  Newcastle-u-L ST5 55 D1
  Newport TF10 168 C1
  Penkridge ST19 192 C1
  Penkridge, Four Ashes ST19 224 B3
  Rolleston DE13 147 E2
  Rugeley WS15 178 C1
  Scholar Green ST7 26 A4
  Shenstone WS14 246 C3
  Stafford ST16 155 E1
  Stoke-on-T ST4 72 A4
  Stone ST15 104 C1
  Uttoxeter ST14 126 B4
  Wombourne WV5 270 A4
Station St Burslem ST6 56 B4
  Burton u T DE14 166 B2
  Cheslyn Hay WS6 226 C2
  Leek ST13 30 B3
Station View ST3 74 A1
Station Wlks ST7 54 B4
Staunton Rd WS3 243 D2
Staveley Cl ST2 58 A2
Staveley Pl ST5 55 D1
Steadman Cres ST17 174 C3
Stedman St ST1 282 C4
Steel St ST4 71 F4
Steele Ave ST6 42 A1
Steele Cl ST13 45 E3
Steelhouse La WV2 266 C4
Steenwood La WS15 160 A1
Steere Ave B79 250 B4
Stellar St ST6 42 B1
Stenbury Cl WV10 240 C2
Step Row 6 ST13 30 C3
Stephen Ave ST10 61 E1
Stephens Rd DE14 185 D4
Stephens Way ST7 39 F1
Stephens Wlk WS13 214 A1
Stephenson Cl B77 251 D1
Sterndale Dr Fenton ST4 73 D3
  Newcastle-u-L ST5 71 D2
Sterndale Moor SK17 5 F3
Sterrymere Gdns DY7 278 A2
Stevens Dr WS12 210 B3
Stevens Gate 8 WV2 266 B4
Stevenson Dr ST17 174 B4
Stevenson Rd
  Bucknall ST2 58 A2
  Doveridge DE6 127 D4
  Tamworth B79 250 A3
Stevenson Wlk WS14 231 D3
Steventon Pl ST6 56 C4
Stewart Cl DE14 185 D3
Stewart Ct ST2 58 B1
Stewart Rd
  Brownhills WS9 245 D2
  Kingswinford DY6 275 E2
  Wolv WV2 266 B4
Stewart St Fenton ST4 72 B3
Stewkins DY8 279 F4
Stickley La DY3 271 E2
Stile Cl Biddulph ST8 27 D3
  Rugeley WS15 196 C3
Stile Cop Rd WS15 196 B2
Stile House La ST13 31 F3
Stirling Cl ST2 73 F4
Stirling Pl WS11 226 A4
Stirling Rise DE13 166 B4
Stirling St 8 ST6 57 D4
Stitchings The DE6 65 E1
Stock La ST14 143 D4
Stockbridge Cl WV6 254 C1
Stockfield Rd ST3 89 F4
Stockford La WS13 216 A2
Stockhay La WS7 229 E3
Stockholm Gr ST1 57 F4
Stocking La ST18 153 D3
Stocking-gate La ST18 153 F1
Stockings La Longdon WS15 197 E1
  Wheaton Aston ST19 205 E3
Stocks La ST14 125 E4
Stockton La ST17 175 F4
Stockwell End WV6 255 E3
Stockwell Gr ST3 73 E2
Stockwell Rd WV6 255 E3
Stockwell St ST13 30 C3
Stockwood Rd ST5 71 D2
Stoke Rd Hanley ST4 57 D1
  Stoke-on-T ST1 57 D1
Stoke Recn Ctr ST4 72 A3
Stoke Ski Ctr ST6 56 C3
Stoke's La WS11 227 F4
Stoke-on-Trent Coll ST1 57 D1
Stoke-on-Trent Sixth Form
  Coll ST4 72 B4
Stoke-on-Trent Sta ST4 72 A4
Stokesay Ave WV6 254 C2
Stokesay Gr ST6 57 D4
Stone Bank Rd ST7 41 D4
Stone Bsns Pk ST15 120 A2
Stone Chair La ST7 25 F4
Stone Cross ST19 192 C1
Stone Ent Ctr ST15 120 B3
Stone La DY7 278 A2
Stone Pine Cl WS12 209 F4
Stone Rd Chebsey ST21 134 A4
  Eccleshall ST21 133 F4
  Stafford ST16 155 E3
  Stoke-on-T ST4 71 F1
  Tittensor ST12 88 A1
  Trentham ST4 87 F4
  Uttoxeter ST14 126 A4
Stone St ST4 72 A4
Stone Station ST15 104 C1
Stoneacre Cl WV3 255 D1
Stonefield Sq ST15 105 D1
Stonehaven B77 250 C3
Stonehaven Gr ST1 282 C1
Stonehill Wlk B77 261 F3
Stonehouse Cres ST9 59 D2
Stonehouse Dr B74 257 E2
Stonehouse Rd
  Caverswall ST9 59 D2
  Rugeley WS15 178 A1
Stonelea WS9 256 A3
Stoneleigh Ct ST18 174 B3
Stoneleigh Gdns WV8 238 C2
Stoneleigh Rd ST6 42 A3
Stoneleigh Way DY3 271 E3
Stonepine Cl ST17 175 E4
Stonepit B77 250 B1
Stonewall Pl ST5 55 E1
Stonewell La SK17 24 B3
Stonewood Cl ST4 71 F2
Stoney Brook Leys WV5 269 F3
Stoney Croft WS11 209 F1
Stoney Dale ST10 77 F2
Stoney La Endon ST9 43 F4
  Hagley DY9 281 F2
  Walsall WS3 243 E2
  Waterhouses ST13 63 E3
  Wheaton Aston ST19 206 B2
  Wolv WV4 266 A3
Stoney Lea Rd WS11 209 F1
Stoneycroft ST2 43 D1
Stoneydale Cl DE11 186 C3
Stoneyfields ST8 28 A4
Stoneyfields Ave ST2 43 D1
Stoneyfields Cl WS11 209 F1
Stoneyfields Ct ST5 284 D4
Stoneyford Terr ST14 126 B3
Stoneywell La WS15 213 D3
Stonier Dr ST14 141 E4
Stonnall Gate WS9 256 B4
Stonnall Rd WS9 256 B4
Stonor Rd ST6 57 D3
Stony La ST10 49 E1
Stonydelph Jun & Inf Schs
  B77 251 D1
Stonydelph La B77 262 A4
Stonyford La Colton WS15 179 F2
  Hill Ridware WS15 179 F2
Stormont Cl ST6 42 B1
Stour B77 262 A3
Stour Cl WS7 229 E3
Stourbridge Coll DY8 279 F3
Stourbridge Rd
  Blakedown DY9 281 F1
  Cookley DY10 280 B1
  Himley WV5, DY3 270 A3
  Kidderminster DY10 280 B1
  Wombourne WV5, DY3 270 A3
Stourton Cres DY7 278 C4
Stouton Dr WV4 265 E3
Stowe Hill Gdns WS13 214 B1
Stowe La ST18 139 E1
Stowe Rd WS13 231 E4
Stowe St WS13 231 E4
Stowecroft WS13 214 B1

Sto – The 323

Stowford Gr ST4 88 A4
Stradbroke Dr ST3 73 D1
Straight Mile WV10 225 D3
Straits Gn DY3 271 D2
Straits Prim Sch DY3 271 D3
Straits Rd DY3 271 D2
Straits The DY3 271 D2
Strand Cl ST2 58 A1
Strand Pas ST3 283 B4
Strand The ST3 283 B3
Strangman St ST13 30 C3
Stranraer Cl ST3 74 A2
Stratford Ave ST5 56 C2
Stratford Cl
Forsbrook ST11 91 D4
Norton-in-t-M ST6 42 C1
Sedgley DY1 271 F1
Stratford Dr WS9 256 B4
Stratford Way WS11 209 F3
Stratheden Rd ST6 42 A1
Strathfield Wlk WV4 265 E3
Strathmore Cres WV5 265 D1
Strathmore Pl WS11 209 F1
Strawmoor La WV8 238 B2
Stream Meadow WS4 244 B1
Stream Pk DY6 275 F2
Stream Rd DY6, DY8 275 E2
Streamside Cl ST19 207 F4
Streather Rd B75 258 B1
Street The ST20 150 C3
Streetly Cres B74 257 E2
Streetly Dr B74 257 E2
Streetly La B74 257 E1
Streetly Wood B74 257 D1
Streets Corner Gdns
WS9 245 D2
Streets La WS6 226 C1
Streetway Rd WS14 247 D4
Stretton Ave
Newport TF10 168 C1
Stafford ST16 155 D3
Stretton Gdns WV8 238 C2
Stretton Rd
Newcastle-u-L ST5 54 C1
Walsall WV12 242 B1
Wheaton Aston ST19 206 A3
Stretton St B77 250 C2
Strine Way TF10 168 C2
Stringer Cl B75 258 A2
Stringer's St ST8 27 E4
Stringers Hill WS12 210 B4
Strode Rd WV2 266 B3
Stroma Cl 15 ST6 56 C4
Stross Ave ST6 41 F3
Stroud Cl ST3 90 A4
Stuart Ave
Draycott in t M ST11 91 E3
Trentham ST4 88 A4
Stuart Cl ST15 119 F3
Stuart Cl N ST15 119 F3
Stuart Gr ST5 56 B2
Stuart Rd ST1 57 F1
Stubbers Green Rd
Aldridge WS9 256 A4
Brownhills WS4 244 B1
Stubbs Dr ST15 120 B4
Stubbs' Gate ST5 284 C2
Stubbs La ST1 282 C2
Stubbs Rd WV3 266 A3
Stubbs St ST6 56 C4
Stubbs' St ST5 284 C2
Stubbsfield Rd ST5 284 C1
Stubby La DE6 144 A3
Stubwood Hollow ST14 95 E3
Stud Farm Cotts B78 249 F1
Studley Gate DY8 279 E3
Studley Rd WV3 265 E4
Sturgeon's Hill WS14 231 E4
Sturgess St ST4 72 A3
Stychbrook Gdns WS13 214 A1
Stychfields ST17 155 F1
Suckling Green La WV8 238 C1
Sudbourne Cl ST7 41 F4
Sudbury Hall & Mus DE6 128 B3
Sudbury Pk DE6 128 B4
Sudbury Pl ST5 71 D1
Sudbury Prim Sch DE6 128 C2
Sudbury Rd DE13 182 A2
Sudeley B77 261 E4
Sudgrove Pl ST3 90 A4
Sudlow St ST6 57 D4
Suffolk Cl ST5 71 E2
Suffolk Gr WS9 256 A4
Suffolk Rd DE15 185 E4
Sugar Loaf La
Blakedown DY10 281 D4
Kinver DY10 281 D4
Sullivan Way WS13 214 B1
Sullivan Wlk WS13 214 B1
Sumbeam Dr WS6 226 C2
Summer Dr DY3 271 E2
Summer Gr WS13 214 B1
Summer Hill DY6 275 E3
Summer La
Brownhills WS4 244 B1
Sedgley DY3 271 E2
Summer Row ST3 283 C2
Summer St
Kingswinford DY6 275 E3
Stoke-on-T ST4 72 A3
Stourbridge DY8 279 F3
Summerbank Central Prim
Sch ST6 41 E2
Summerbank Rd ST6 41 E2
Summercourt Dr DY6 275 E3
Summercourt Sq DY6 275 E3
Summerfield ST7 26 A1
Summerfield Ave DY6 275 E4
Summerfield Dr ST14 126 A4
Summerfield Rd
Burntwood WS7 229 D3
Tamworth B77 250 B2
Summerfields ST15 118 C3
Summergate DY3 271 E2
Summerhill Dr ST5 40 B1
Summerhill Gdns TF9 112 B4
Summerhill La ST18 135 F3
Summerhill Sch DY6 275 D3
Summerhouse Gr TF10 168 C2
Summerside Ave WS12 211 E2
Summervale Rd DY9 281 F3
Summerville Rd ST4 71 F2
Summit Pl DY3 271 D1
Sun St Cheadle ST10 76 C2
Hanley ST1 282 A2
Sunbeam B77 250 C2
Sunbeam St WV2 266 B4
Sunbury Ave WS14 231 F4
Sunbury Cl ST4 88 B3
Sundorne Pl ST2 58 A1
Sundour Cres WV11 241 D1
Sundown Dr ST17 174 A4
Sundridge Wlk WV4 265 E3
Sunfield Rd WS11 209 D1
Suningdale Cl DE13 147 E1
Sunley Dr WS12 210 B4
Sunningdale Stone ST15 120 A4
Tamworth B77 251 E3
Sunningdale Ave WV6 254 B3
Sunningdale Cl
Chell Heath ST6 42 A2
Stourbridge DY8 279 F1
Sunningdale Dr ST16 156 B2
Sunningdale Gr ST5 55 E4
Sunningdale Rd DY3 266 A1
Sunningdale Way WS3 243 D2
Sunny Bank ST6 56 C3
Sunny Hill Cl WV5 270 A3
Sunny Hollow ST5 56 B2
Sunny Side ST10 61 E2
Sunnybank Cl B74 256 C1
Sunnycroft Ave ST3 283 A1
Sunnyfield Oval ST2 43 E1
Sunnyhills Rd ST13 30 B2
Sunnymead Rd WS7 212 A1
Sunnymede Rd DY6 275 F2
Sunnyside
Brownhills WS9 245 D1
Swadlincote DE11 186 C4
Sunnyside Ave ST6 41 F2
Sunnyside Rd ST14 111 D1
Sunridge Ave WV5 270 A4
Sunridge Cl ST2 43 D1
Sunrise Hill WS12 210 A3
Sunset Cl Brewood WV9 224 A2
Great Wyrley WS6 226 C2
Tamworth B79 250 A3
Sunset Pl WV4 266 C2
Surrey Cl
Cannock WS11 226 C4
Rugeley WS15 196 B3
Surrey Dr
Kingswinford DY6 275 F2
Tamworth B78 250 A1
Wolv WV3 255 F1
Surrey Rd Kidsgrove ST7 26 A1
Stafford ST17 174 B4
Surrey Wlk WS9 245 D1
Surtees Gr ST4 73 D3
Sussex Ave WS9 256 A4
Sussex Dr
Cannock WS12 210 A3
Kidsgrove ST7 25 F1
Wolv WV3 255 F1
Sussex Rd DE15 185 F3
Sutherland Ave
Longton ST3 283 B1
Wolv WV1 266 C4
Sutherland Cres ST11 90 C3
Sutherland Dr
Newcastle-u-L ST5 70 C3
Wombourne WV5 265 D1
Sutherland Gr WV6 254 C2
Sutherland Prim Sch ST3 72 C1
Sutherland Rd
Cheslyn Hay WS6 226 C1
Longsdon ST9 30 A1
Longton ST3 283 C3
Stone ST15 120 B4
Tittensor ST12 88 A1
Wolv WV4 266 A3
Sutherland St ST4 72 B3
Sutton Ave B78 250 A1
Sutton Cl WS15 196 C3
Sutton Ct DY3 266 C1
Sutton Dr Stafford ST16 155 D2
Stoke-on-T ST4 71 F2
Sutton Pl ST6 42 A3
Sutton Rd Aldridge WS9 256 A1
Drayton Bassett B78 260 A4
Fazeley B78 249 E1
Hints B78 259 F3
Sutton St Brierley Hill DY8 275 F1
Newcastle-u-L ST5 55 F3
Sutton Way TF9 112 A4
Swadlincote La DE11 186 C1
Swaffham Way ST2 58 B1
Swainsfield Rd DE13 182 A1
Swainsley Cl 12 ST6 57 D4
Swaledale Ave CW12 6 A3
Swallow Cl
Huntington WS12 209 E4
Kidsgrove ST7 26 A1
Meir ST3 90 A4
Rugeley WS15 178 B1
Uttoxeter ST14 126 A3
Swallow Croft Leek ST13 30 B2
Lichfield WS13 214 A1
Swallow Wlk ST8 27 E4
Swallowdale
Brownhills WS9 245 D2
Stafford ST17 175 E3
Wolv WV6 254 C1
Swallowfall Ave DY8 279 E2
Swallowfield B79 249 F3
Swallowfields Dr WS12 210 A2
Swallowfields Rd DY3 266 B1
Swallows Cl WS3 244 A3
Swan Bank Kidsgrove ST7 40 B4
Wolv WV4 265 F2
Swan Cl Blakedown DY10 281 D1
Cheslyn Hay WS6 226 B1
Kidsgrove ST7 40 B4
Longdon WS15 197 F1
Rugeley WS15 197 D3
Stafford ST16 155 E1
Swan Corner Sh Ctr
WS7 229 E3
Swan Cotts WS14 232 C3
Swan Farm La CW3 67 D1
Swan La
Abbots Bromley WS15 161 D3
Brierley Hill DY8 275 F1
Kingswinford DY8 275 F1
Penkridge ST18 192 C3
Shareshill WV10 225 E1
Stoke-on-T ST4 71 F2
Swan Mews WS13 231 D4
Swan Pas ST11 90 C4
Swan Pool Gr WS4 244 B1
Swan Rd
Draycott in t C DE6 144 B3
Lichfield WS13 231 D4
Whittington WS14 232 C3
Swan Sq ST6 56 C4
Swan St Stoke-on-T ST4 72 A4
Stourbridge DY8 279 F3
Swan Wlk DE14 166 B1
Swanage Cl ST3 90 A4
Swancote Dr WV4 265 E3
Swanfield Rd DY8 275 F1
Swanfields WS7 229 E3
Swanholme Way ST5 85 E2
Swanland Gr ST3 73 E2
Swanmere TF10 168 C3
Swanmore Cl WV3 265 F4
Swanmote B79 249 F3
Swannington St DE13 166 A3
Swanton Pl ST4 87 F4
Swarbourn Cl DE13 182 A1
Swaythling Gr ST2 58 B1
Sweetbriar Way ST17 175 E3
Sweetbrier Dr 3 DY8 275 F1
Sweetman St WV6 255 F2
Sweetplace La ST20 189 F1
Sweetpool La DY8 281 F3
Swift B77 250 C2
Swift Cl ST7 26 A1
Swift Pl ST3 73 F3
Swin Forge Way DY3 269 F1
Swinburne Cl
Longton ST3 72 C1
Stafford ST17 174 B4
Swindale B77 262 A4
Swindon Rd DY6 275 D4
Swinfen Broun Rd
WS13 231 D4
Swinford Leys WV5 269 E3
Swingle Hill Rd ST3 72 C2
Swinscoe Hill DE6 66 A1
Swinson Cl ST14 96 A2
Swiss Dr DY8 275 F1
Swiss Lodge Dr B78 260 C4
Swithin Dr ST4 73 D3
Swynnerton Dr WV11 241 F2
Swynnerton RC Fst Sch
ST15 103 D2
Sycamore B77 261 F4
Sycamore Cl Biddulph ST6 16 C1
Blythe Bridge ST3 90 A3
Kidsgrove ST7 40 C4
Stourbridge DY8 279 E1
Uttoxeter ST14 125 F4
Sycamore Cres WS15 197 D3
Sycamore Dr Hixon ST18 158 B4
Wolv WV3 255 E1
Sycamore Gn
Cannock WS11 209 F3
Dudley DY1 271 F3
Sycamore Gr Fenton ST3 72 C2
Newcastle-u-L ST5 56 B2
Sycamore Green Prim Sch
DY1 271 F3
Sycamore Hill WS15 211 F3
Sycamore La ST17 174 A4
Sycamore Rd
Burntwood WS7 228 C4
Burton u T DE15 185 F3
Cannock WS12 210 C2
Kingswinford DY6 275 F3
Mayfield DE6 81 E4
Stone ST15 120 A4
Sycamore Way
Huntington WS12 209 E4
Market Drayton TF9 97 E1
Sycamores The WS14 231 D3
Sydenham Pl ST2 73 E4
Sydnall La TF9 112 C1
Sydney St
Burton u T DE14 166 B3
Newcastle-u-L ST5 56 B1
Syerscote La
Clifton Campville B79 218 A1
Wigginton B79 234 B1
Sykesmoor B77 262 A4
Sylvan Gr ST4 71 F2
Sylvan Way ST17 175 E3
Sytch La WV5 270 A3
Sytch Rd ST6 43 D4
T.P. Riley Com Sch WS3 243 E1
Tack Farm Rd DY8 275 E1
Tadgedale Ave TF9 99 E3
Tag La TF9 113 F2
Tagg La DE45 14 C4
Talaton Cl WV9 240 A1
Talbot B77 250 C2
Talbot Ave B74 257 D2
Talbot Cl TF10 168 B1
Talbot Cty Fst Sch ST14 141 E4
Talbot Rd Rugeley WS15 196 C3
Stafford ST17 155 F1
Wolv WV2 266 B3
Talbot St Hanley ST1 282 C1
14 Leek ST13 30 C3
Rugeley WS15 196 C4
Talbot Way TF9 97 E1
Talke Rd ST5 40 C1
Tall Ash Ave CW12 6 A2
Tall Trees Cl B74 257 E2
Talland Ave B77 250 C3
Tallis Gr ST1 57 F3
Tallpines ST17 175 E4
Talsarn Gr ST4 88 B3
Tamar Cl WS8 228 B1
Tamar Dr DY3 271 F3
Tamar Gr Cheadle ST10 76 C1
Perton WV6 254 C2
Stafford ST17 174 A4
Tamar Rd Kidsgrove ST7 26 A1
Tamworth B77 262 A3
Tame Ave WS7 229 E3
Tame Cl ST6 16 B1
Tame Ct B79 250 A3
Tame Dr WS3 244 A1
Tame Gr WS11 226 B4
Tame St B77 250 B2
Tame Valley Ind Est B77 261 E4
Tame Wlk ST3 74 A2
Tamedrive B78 250 A2
Tamworth Bsns Ctr B77 251 D2
Tamworth Bsns Pk B77 251 D2
Tamworth Cl WS8 228 C1
Tamworth Coll of F Ed
B79 250 A3
Tamworth Rd
Allen End B75 259 D1
Elford B79 233 F4
Fazeley B78 261 D4
Kingsbury CV9 262 B1
Lichfield WS14 231 F3
Polesworth B78 251 F1
Sutton Coldfield B75 259 D1
Tamworth B77 250 B1
Whittington WS14 232 A2
Tamworth Rd (Amington)
B77 250 C3
Tamworth Rd (Dosthill)
B77 261 E3
Tamworth Service Area
B77 262 B3
Tamworth St WS13 231 D4
Tamworth Sta B79 250 B3
Tan Bank TF10 168 C2
Tanfield Cl WV6 255 D2
Tanglewood Gr DY3 266 B1
Tangmere Cl WV6 254 C3
Tanhill B77 262 A4
Tanners Rd ST2 58 A4
Tannery Cl WS15 178 C1
Tansey Cl ST2 58 A2
Tansley Green Rd DY6 271 D1
Tansley View WV2 266 B4
Tansy B77 250 B2
Tanyard WS13 231 E4
Tape St ST10 76 C2
Taplin Cl ST16 155 E4
Taplow Pl WS11 209 F2
Tapton Cl WS3 243 E2
Targate Ct WS15 198 A3
Target Cl ST7 40 C3
Tarleton Rd ST1 57 F2
Tarporley Gr ST4 71 F3
Tarragon Dr ST3 90 A3
Tarrant B77 261 F4
Tarvin Gr ST6 41 F3
Tasman Dr ST16 156 A3
Tasman Gr WV6 254 C3
Tasman Sq ST1 57 F3
Tatenhill Comm DE13 164 C1
Tatenhill La
Branston DE14 184 B4
Tatenhill DE13 184 A4
Tatenhill, Rangemoore
DE13 164 B1
Tatlowfold La ST10 48 C2
Tatton Cl ST13 30 A3
Tatton St ST3 283 C2
Taunton Ave WV10 240 B2
Taunton Pl ST5 55 F4
Taunton Way ST2 58 B1
Taurus Gr ST6 41 F3
Taverners Cl WV12 242 B1
Tavistock Ave ST17 156 B1
Tavistock Cl B79 250 B4
Tavistock Cres ST5 71 D3
Tavistock Pl ST4 56 C1
Tawney Cl ST7 26 A1
Tawney Cres ST3 74 A1
Tay Cl Biddulph ST6 16 C1
Kingsley ST10 76 C3
Taylor Ave ST5 56 B2
Taylor Rd Bucknall ST2 58 A3
Wolv WV4 266 C3
Taylor St
Newcastle-u-L ST5 56 B2
Tunstall ST6 41 E4
Taylor Wlk ST17 174 B4
Taylor's La WS15 178 C1
Taynton Cl ST6 42 A4
Teal Cl ST5 85 E3
Tean Cl Burntwood WS7 229 E3
Burton u T DE15 167 D1
Tean Rd ST10 76 B1
Teanhurst Cl ST10 92 C1
Teanhurst Rd ST10 92 C1
Teasel Gr WV10 241 D4
Tebworth Cl WV9 239 F1
Tedder Rd ST16 156 A3
Teddesley Ct WS11 209 F2
Teddesley Rd
Acton Trussell ST17, ST19 193 D3
Penkridge ST19 192 C1
Teddesley Way WS12 209 E3
Teign B77 262 A3
Telegraph St ST17 155 F1
Telford Ave
Albrighton WV7 237 D3
Great Wyrley WS6 226 C2
Telford Cl
Burntwood WS7 229 D4
Congleton CW12 6 A1
Kidsgrove ST7 40 C4
Telford Dr ST16 155 F4
Telford Gdns
Brewood ST19 223 E4
Wolv WV3 265 E4
Telford Gr WS12 210 A4
Telford La ST20 171 E3
Telford Rd B79 249 F4
Telford Way ST6 42 A2
Tellwright Gr ST5 56 A4
Tellwright St ST6 42 A1
Telmah Cl DE13 147 E1
Teme Rd DY8 279 F2
Temperence Pl ST6 41 E4
Tempest St B79 250 A3
Templar Cres ST5 56 A3
Templar Terr ST5 56 A3
Templars Way ST19 207 F4
Temple Cl DE13 166 C4
Temple St Fenton ST4 72 B3
Sedgley DY3 271 E2
Templeton Ave ST2 73 E4
Ten Butts Cres ST17 174 C3
Tenacre La DY3 271 F3
Tenbury Ct WV4 265 E3
Tenbury Dr WS9 256 B4
Tenbury Gdns WV4 265 E3
Tenbury Gn ST2 58 B1
Tenby Dr ST16 155 F3
Tenby Gr ST5 55 F4
Tenford La ST10 92 B3
Tennant Pl ST5 56 A4
Tennscore Ave WS6 226 C2
Tennyson Ave
Burntwood WS7 212 A1
Kidsgrove ST7 41 D4
Sutton Coldfield B74 257 F3
Tamworth B79 250 A3
Tennyson Cl Cheadle ST10 76 A1
Market Drayton TF9 112 A4
Tennyson Gdns ST3 72 C1
Tennyson Rd
Burton u T DE14 166 B4
Essington WV10 241 D1
Sedgley DY3 271 D2
Stafford ST17 174 B4
Tenterbanks ST16 155 E2
Tercel Gr ST3 90 A4
Terence Wlk ST8 27 D1
Tern Ave ST7 26 B1
Tern Cl Biddulph ST8 27 F4
Wolv DY3 266 B2
Tern Gr TF9 99 E3
Tern View TF9 112 A4
Terrace The Cheadle ST10 76 B2
Wolv WV3 255 E1
Terrington Dr ST5 71 D1
Terry Cl Lichfield WS13 213 F1
Meir ST3 74 A2
Terson Way ST3 73 F2
Tettenhall Coll WV6 255 E2
Tettenhall Rd
WV1, WV3, WV6 255 F2
Tettenhall Wood Sch
WV6 255 D2
Teveray Dr ST19 207 F4
Tewkesbury Gr ST2 58 A2
Tewkesbury Rd WS3 242 C1
Tewnals La WS13 213 F3
Tewson Gn ST6 57 E4
Thackeray Dr Longton ST3 73 D1
Tamworth B79 250 A4
Thackeray Wlk ST17 174 B4
Thames Dr Biddulph ST8 27 F4
Cheadle ST10 76 C1
Thames Rd
Newcastle-u-L ST5 71 D2
Walsall WS3 243 F1
Thames Way ST17 174 A4
Thanet Cl DY6 275 E4
Thanet Gr ST3 283 A3
Thatcham Gn ST3 88 C4
Thatcher Gr ST8 27 D4
Thatchmoor La DE13 182 B4
Thelma Ave ST6 43 D4

324 The – Uni

Theodore Rd ST2 58 A2
Thereas Cl ST4 72 A1
Thicknall La DY9 281 F2
Third Ave Branston DE14 165 F1
Brownhills WS8 229 D1
Bucknall ST2 58 B2
Kidsgrove ST7 25 F1
Kingswinford DY6 275 F4
Thirlmere Cl
Cannock WS11 209 F1
Wolv WV6 255 E4
Thirlmere Dr WV11 242 A1
Thirlmere Gr Longton ST3 73 F2
Perton WV6 254 C2
Thirlmere Pl ST5 71 D3
Thirlmere Rd WV6 255 E4
Thirlmere Way ST17 174 C4
Thirsk Pl ST5 55 D1
Thistle Cl WS15 178 B1
Thistle Down Cl B74 257 D1
Thistleberry Ave ST5 70 C4
Thistledown Ave WS7 229 D3
Thistledown Dr WS11 210 B1
Thistledown Rd WV10 241 D4
Thistledown Wlk DY3 266 B1
Thistles The ST5 70 C4
Thistley Hough ST4 71 F3
Thistley Hough High Sch ST4 71 F3
Thistley Nook WS13 214 A1
Thomas Alleynes High Sch ST14 126 B4
Thomas Ave
Newcastle-u-L ST5 56 A2
Stafford ST16 155 D2
Stone ST15 120 B3
Thomas Barnes Cty Prim Sch B78 249 D4
Thomas Greenway WS13 214 A1
Thomas Russell Inf Sch DE13 183 F1
Thomas Russell Jun Sch DE13 183 F1
Thomas St Biddulph ST6 16 B1
Chell Heath ST7 26 C1
Kidsgrove ST7 40 B4
Leek ST13 30 B3
Tamworth B77 250 B2
Wolv WV2 266 B4
Thompson Ave WV2 266 C3
Thompson Cl ST17 174 B4
Thompson Rd WS15 197 D3
Thompstone Ave ST5 55 F2
Thor Cl WS11 210 A3
Thoresby B79 249 F3
Thorn Cl WS15 197 D4
Thorn Tree La
Bretby DE15 186 C4
Swadlincote DE15 186 C4
Thornburrow Dr ST4 71 F4
Thornbury Ct WV6 255 D2
Thornby Ave B77 261 F4
Thorncliff Gr ST1 57 F3
Thorncliff Rd ST13 31 E4
Thorncliffe View ST13 31 D4
Thorndyke St ST1 282 A1
Thorne Pl ST3 74 A2
Thornes Croft WS9 245 F2
Thornescroft Gdns DE14 185 D4
Thornewill Dr DE13 147 F1
Thorney Cl WV11 241 F1
Thorney Lanes ST14 142 C3
Thorney Rd B74 256 C1
Thorneycroft Ave ST6 42 A1
Thorneyfields La ST17 174 A4
Thornfield Ave ST13 31 D3
Thornfield Cres WS7 229 D4
Thornfield Croft DY3 271 F4
Thornham Cl ST5 71 D1
Thornham Gn ST2 58 B1
Thornhill Cl DE13 183 F1
Thornhill Dr CW3 68 C4
Thornhill Rd
Aldridge B74 257 D1
Bucknall ST2 73 F4
Cannock WS12 209 F4
Leek ST13 30 B2
Little Aston B74 257 D1
Thornleigh DY3 271 E3
Thornley Dr ST10 76 C1
Thornley Rd
Chell Heath ST6 42 A2
Essington WV11 241 F1
Thornley St DE14 166 B3
Thornton Rd ST4 72 B4
Thorny Lanes WS15 143 D1
Thornyedge Rd
Bagnall ST9 44 A1
Bagnall, Thorneyedge ST9 44 B1
Thornyfields La ST17 174 A4
Thornyhurst La WS14 246 A3
Thorpe Ave WS7 228 B4
Thorpe Cl WS7 228 B4
Thorpe Gn ST3 88 C4
Thorpe Rise ST10 76 C3
Thorpe St WS7 228 B4
Thorswood La DE6 65 D1
Three Mile La ST5 69 F2
Three Spires Sh Ctr WS13 231 D4
Three Tuns La WV10 240 B1
Three Tuns Par WV10 240 B1
Thurlstone Dr WV4 265 F2
Thurlstone Rd WS3 243 D2
Thurlwood Dr ST6 42 C1
Thurne B77 261 F4
Thursfield Ave ST7 26 A2
Thursfield Pl ST6 42 B2
Thursfield Prim Sch ST7 26 C2
Thursfield Wlk ST6 42 B3
Thurso B77 250 C3
Thurston Way ST2 73 E4
Thurvaston Rd DE6 96 C1
Thyme Gr ST3 90 A3
Tibb St ST7 39 F1
Tibberton Cl WV3 265 E4
Tiber Dr ST5 55 E3
Tickhill La ST10 75 D4
Tidebrook Pl ST7 41 F4
Tideswell Gn DE11 186 C3
Tideswell Rd ST3 283 C5
Tierney St ST1 282 C4
Tiffany La WV9 239 F1
Tilbrook Cl ST2 73 E4
Tilbury Cl WV3 265 D4
Tilcon Ave ST17 156 B1
Tildesley Cl ST19 207 F4
Tilehurst Pl ST3 72 C1
Tilery La ST3 88 B4
Tilewright Cl ST7 26 A1
Tilia Rd B77 251 D3
Till Wlk ST3 73 E3
Tillet Gn ST3 74 A2
Tilling Dr ST15 120 A3
Tillington Manor Cty Prim Sch ST16 155 E3
Tillington St ST16 155 E3
Tilson Ave ST4 71 F4
Tilstone Cl ST7 41 D4
Timber Gr ST19 223 E3
Timber La ST14 126 A3
Timber Pit La ST19 205 D2
Timberfields ST15 118 C3
Timble Cl ST2 73 E4
Times Sq ST3 283 B4
Timmis St ST1 57 D1
Timor Gr ST4 88 A4
Timothy Cl ST3 73 E3
Tinacre Hill WV6 254 C1
Tinker's Castle Rd WV5 263 E1
Tinker's La ST14 143 D4
Tinkers Green Rd B77 262 A3
Tinkers La Ashley TF9 100 A2
Brewood ST19 223 F3
Tintagel Cl
Burton u T DE13 147 F1
Perton WV6 254 C2
Tintagel Dr DY1 271 F1
Tintagel Pl ST2 73 E4
Tintern Cres WS3 242 C1
Tintern Ct WV6 254 C2
Tintern Pl ST5 55 F4
Tintern St ST1 57 F2
Tintern Way WS3 242 C1
Tipping Ave ST3 74 A1
Tipping St ST16 155 F2
Tipton Rd DY3 271 F4
Tipton St DY3 271 F4
Tirley St ST4 72 C3
Tissington Pl ST3 90 B4
Titan Way WS13 231 F4
Titchfield Cl WV10 240 C2
Tithe Barn Ct ST16 156 A2
Tithe Barn Rd ST16 156 A2
Tithebarn Rd WS15 178 C1
Tittensor CE Fst Sch ST12 88 A1
Tittensor Rd
Barlaston ST12 104 A4
Newcastle-u-L ST5 71 E3
Titterton La ST13 33 D2
Titterton St ST4 72 B3
Tittesworth Ave ST13 31 D4
Tittesworth Est ST13 20 C2
Tiverton Ave ST17 175 E4
Tiverton Cl DY6 275 F2
Tiverton Rd ST2 73 E4
Tixall Ct ST18 157 F2
Tixall Mews ST18 157 E2
Tixall Rd
Hopton ST16, ST18 156 B2
Stafford ST16, ST18 156 B2
Tixall ST18 157 D1
Toby's Hill DE6 144 B3
Toft End Rd ST5 41 D1
Tolkien Way ST4 72 A4
Toll Bar Rd ST9 59 E2
Toll Gate La B79 233 F2
Tolldish La ST18 158 B2
Tollgate Ave ST5 85 E3
Tollgate Cl ST7 40 B4
Tollgate Dr ST16 155 F4
Tollgate Ind Est ST16 155 F4
Tollgate Rd ST9 29 E3
Tolman Dr B77 250 B2
Tolson Ave B78 261 D4
Tolson Cl B77 261 E3
Tolworth Gdns WV2 266 C4
Tom Fields ST7 39 F1
Tom La DY7 268 C3
Tomkin Rd Bagnall ST9 44 A2
Endon ST9 44 A2
Tomlinson St ST6 56 B4
Tommy's La CW12 6 A2
Tonadine Cl WV11 242 A1
Tonbridge Ave ST6 42 A2
Toney Pl ST2 57 F2
Tong Cl ST19 221 F4
Tong Rd ST19 221 F4
Tongue La ST6 27 F1
Tontine Sq ST1 282 B3
Tontine St ST1 282 B3
Tontines Sh Ctr The ST1 282 B3
Toothill Rd ST14 126 B2
Top Chapel La ST6 28 A1
Top Heath Row ST6 43 D4
Top La ST4 87 E1
Top Rd
Acton Trussell ST17 175 D1
Biddulph ST8 17 E2
Top Station Rd ST7 26 B4
Topham Pl ST2 57 F2
Tor St ST1 57 E4
Tor Way WS3 243 F2
Torbay B77 250 C3
Torc Ave B77 250 C2
Torc High Sch B77 250 C1
Torfield WV8 239 F1
Torrance Cl DE14 185 D3
Torrance Gr ST14 110 C1
Torres Wlk ST1 57 F3
Torridge B77 262 A3
Torridge Dr ST17 174 A4
Torridon Cl ST4 88 B3
Torridon Rd WV11 242 A1
Torrington Ave ST17 175 F4
Torside B77 262 A4
Torvale Rd WV6 255 D1
Torville Dr ST8 27 F4
Totnes Cl DE13 166 B4
Tower Cl Biddulph ST8 27 D3
Market Drayton TF9 97 D1
Tower Hill Rd ST7 26 C4
Tower Rd Ashley TF9 99 F2
Burton u T DE15 167 D1
Cannock WS12 194 C1
Sutton Coldfield B75 258 A2
Tower Sq ST6 41 E2
Tower St DY3 266 B1
Tower View Prim Sch DE15 167 E2
Tower View Rd WS6 242 C4
Town End ST10 76 B2
Town Head ST10 78 C1
Town Hill DE13 182 A1
Town Meadows Way ST14 126 B4
Town Rd ST1 282 B4
Townend ST11 106 C4
Townend La Swinscoe DE6 65 F3
Waterhouses ST10 48 C2
Townfield Cl ST7 25 E1
Townfields WS13 231 D4
Townfold WS3 244 A2
Townsend Ave DY3 271 E4
Townsend Cl B79 236 B2
Townsend La ST7 25 D4
Townsend Pl Bucknall ST2 58 A2
Kingswinford DY6 275 E3
Townsend Prim Sch ST2 58 B2
Toy Cl WS15 178 B1
Trade St ST4 72 A4
Trafalgar Cl WS12 210 C2
Trafalgar Rd ST4 71 F4
Trafalgar St ST1 282 B4
Trafford Cl ST13 31 D3
Transport La ST3 283 B3
Tranter Cres WS11 210 A2
Tranter Rd ST2 58 A3
Tranwell Cl WV9 239 F1
Travellers Cl WS7 229 D3
Travers St ST6 56 C4
Treasure Cl B77 250 C2
Trecastle Gr ST3 73 F1
Treetops ST17 175 E4
Trefoil B77 251 D3
Tregaron Ct ST9 59 D2
Tregenna Cl ST3 90 A4
Tregew Pl ST5 55 E1
Tregony Rise WS14 231 E3
Tregowan Cl ST6 42 A2
Trenance Cl WS14 231 E4
Trenchard Ave ST16 156 A3
Trent Cl Burntwood WS7 229 E3
Cheadle ST10 76 C1
Colwich ST18 158 A1
Perton WV6 254 C2
Stafford ST17 174 C3
Trent Gr Biddulph ST8 27 E3
Newcastle-u-L ST5 71 D2
Trent Hospl (Geriatric) ST15 119 F4
Trent Ind Est DE14 166 C2
Trent La Colwich ST18 158 A1
Hixon ST18 157 F4
Newton Solney DE15 167 F4
Trent Rd Brownhills WS3 244 A1
Cannock WS11 209 F3
Forsbrook ST11 91 D4
Stone ST15 104 C1
Trent St Bucknall ST2 57 F2
Burton u T DE14 166 B1
Trent Terr
Burton u T DE14 166 C2
Norton-in-t-M ST6 43 D3
Trent Vale CE Prim Sch ST4 71 F2
Trent Valley Cotts WS13 214 C1
Trent Valley Rd
Lichfield WS13, WS14 231 E4
Stoke-on-T ST4 71 F3
Trent Valley Trad Est WS15 178 C2
Trent View Cl WS15 197 D4
Trent Wlk Hanley ST1 282 C1
Ingestre ST18 157 F4
Trentfield La ST18 137 E3
Trentfields Rd ST2 43 D1
Trentham Cl WS11 210 A1
Trentham Ct ST4 87 F4
Trentham Gardens Cl ST4 87 F4
Trentham Gr ST5 56 B2
Trentham High Sch ST4 87 F4
Trentham Rd Longton ST3 88 C4
Whitmore ST4, ST5 86 C4
Trentham Rise WV2 266 C4
Trentley Dr ST8 28 A4
Trentley Rd ST4 88 A4
Trentmill Rd ST1 57 F1
Trentside Rd ST6 43 D3
Trentway Cl ST2 58 A2
Tresham Rd DY6 275 E4
Trevelyan's Gn ST16 155 E4
Trevelyn Cl DE15 167 E1
Trevithick Cl WS7 229 E4
Trevitt Pl ST19 205 E3
Trevor Ave WS6 227 D2
Trevor Dr ST11 74 B2
Trevor Rd WS3 243 F2
Trevose Cl WS3 242 C2
Trimley Way ST2 58 A1
Trimpley Gdns WV4 265 F2
Trimpos ST10 76 A2
Triner Pl ST6 42 C2
Tring Cl ST2 73 E4
Tring Ct WV6 255 F2
Trinity Cl Cannock WS11 226 C4
Kingswinford DY8 275 E1
Shenstone WS14 246 C3
Trinity Ct ST5 55 F4
Trinity Gorse ST16 155 D4
Trinity Pl Bucknall ST2 58 A2
Congleton CW12 16 A4
Trinity Rd Eccleshall ST21 133 E3
Sutton Coldfield B75 258 B1
Uttoxeter ST14 126 B4
Trinity Rise ST16 155 D4
Trinity Sq ST14 126 B4
Trinity St ST1 282 B3
Trinity Wlk ST14 126 B4
Tristram Gr DE13 147 F1
Triton Cl WS6 226 C1
Triton Wlk ST6 42 B1
Triumph B77 250 C2
Trojan B77 250 C2
Troon B77 251 E2
Troon Cl Burton u T DE13 147 E1
Walsall WS3 243 D2
Troon Ct WV6 254 B3
Troon Pl DY8 275 E2
Troutdale Cl ST4 73 D3
Trowbridge Cres ST2 58 B2
Trubshaw Cl ST18 177 F4
Trubshaw Cross ST6 56 B4
Trubshaw Ct ST7 26 B2
Trubshaw Pl ST7 26 A2
Trubshaw St ST6 56 B4
Truro Cl Congleton CW12 15 F4
Lichfield WS13 214 A2
Truro Pl Bucknall ST2 58 A1
Cannock WS11 227 E4
Trussell Cl ST17 175 D1
Trustley Cl DE14 185 D4
Trysull Gdns WV3 265 E4
Trysull Holloway WV5 264 B2
Trysull Rd Wolv WV3 265 E4
Wombourne WV5 269 F4
Tudor Cl Burntwood WS7 229 D3
Cheslyn Hay WS6 226 C2
Lichfield WS14 231 F3
Newport TF10 169 D2
Stoke-on-T ST4 72 A3
Stone ST15 119 F3
Tudor Cres
Tamworth B77 250 C2
Wolv WV2 266 A3
Tudor Ct Essington WV11 241 F2
Newcastle-u-L ST5 56 A3
Tudor Gdns DY8 279 F3
Tudor Gr ST5 56 B2
Tudor Hollow
Blythe Bridge ST11 90 C1
Burton u T DE13 166 B4
Tudor Pl DY3 271 F3
Tudor Rd Burntwood WS7 229 E3
Cannock WS12 209 F4
Dudley DY3 271 F3
Tudor Rise
Clifton Campville B79 218 C1
Stafford ST16 155 E4
Tudor Vale DY3 271 F3
Tudor Way
Cheslyn Hay WS6 226 B1
Stafford ST17 155 D1
Tudors The ST6 41 F2
Tulip Gr ST5 284 C4
Tulley Pl ST2 58 A2
Tullis Cl ST16 155 E1
Tulsa Cl ST2 58 A1
Tunbridge Dr ST5 54 C1
Tunley St ST15 104 C1
Tunnicliffe Cl ST3 73 F2
Tunnicliffe Dr WS15 178 B1
Tunnicliffe Way ST14 110 C1
Tunstall La ST20 131 F1
Tunstall Rd Biddulph ST8 27 E3
Bosley SK11 7 E4
Congleton CW12 6 C1
Woodhouse Green
SK11, CW12 7 E4
Tunstall Road Ind Est ST8 27 D2
Tuppenhurst La
Armitage WS15 198 B2
King's Bromley WS15 198 B2
Turf Cotts WV4 265 F1
Turf Pitts La B75 258 C2
Turin Dr ST5 70 C3
Turls Hill Rd DY3 271 F4
Turls St DY3 271 F4
Turnberry B77 251 E3
Turnberry Dr ST4 88 A4
Turnberry Gr WV6 254 B3
Turnberry Rd WS3 243 D2
Turnbury Cl DE14 185 D4
Turner Ave Audley ST7 40 A1
Wolv WV14 266 C1
Turner Cl WS11 210 B1
Turner Cres ST5 55 F3
Turner Croft WS13 215 E4
Turner Gr WV6 255 D2
Turner St Hanley ST1 57 F3
Sedgley DY3 271 E2
Turner's Gr DY3 271 E2
Turner's Hill Rd DY3 271 E2
Turners La TF10 168 A2
Turney Gr ST17 174 B4
Turney Rd DY8 279 F3
Turnham Gn WV6 254 C2
Turnhill Cl ST17 174 B3
Turnhill Gr ST5 56 A4
Turnhurst Rd ST7 41 F4
Turnlea Cl ST8 27 D3
Turnock St ST2 58 B2
Turnstone Dr WV10 241 D4
Turquoise Gr WS11 210 B2
Turton Cl
Alrewas DE13 201 D1
Walsall WS3 243 D2
Tuscan Cl ST10 76 B1
Tuscan St ST3 283 C4
Tuscan Way ST5 55 E3
Tutbury B77 261 E4
Tutbury Ave WV6 255 D2
Tutbury Cl WS11 210 B2
Tutbury Gr ST3 73 E2
Tutbury & Hatton Sta DE65 146 B4
Tutbury Rd DE13 166 A4
Tutehill B77 262 A4
Tweed Gr ST5 71 D2
Tweed St ST4 72 C2
Twemlow Cl ST18 154 B1
Twemlow St ST1 57 D2
Twentylands DE13 147 E2
Twickenham Ct DY8 279 E4
Twigg St ST2 58 A1
Two Gates Cty Prim Sch B77 250 B1
Two Gates Prim Sch B77 261 E4
Twyford Cl
Aldridge WS9 256 A3
Swadlincote DE11 186 C1
Twyning Gn ST3 88 C4
Tylecote Cres ST18 158 A1
Tyler Gr 21 Burslem ST6 56 C4
Stone ST15 119 F4
Tyndall Pl ST4 71 F4
Tyne Cl WS8 228 B1
Tyne Way ST5 71 D2
Tynedale Cres WV4 266 C2
Tyneham Gr ST2 43 D1
Tyning Cl WV9 240 A1
Tyninghame Ave WV6 255 E3
Tynings La WS9 256 A3
Tynsel Parkes CE Fst Sch ST14 111 D1
Tynsel Parkes Fst Sch ST14 110 C1
Tynwald Grange ST5 56 A2
Tyrell Gr ST2 57 F4
Tyrley Cl WV6 255 D1
Tyrley Rd TF9 112 C3
Tyrol Cl DY8 279 E3
Tyson Gn ST2 73 E4
Tythebarn Dr DY6 275 D4

Ubberley Gn ST2 58 B1
Ubberley Rd ST2 58 B1
Uffington Par ST2 73 E4
Ufton Cres ST3 88 C4
Ullswater B77 262 A4
Ullswater Ave ST6 56 C4
Ullswater Dr
Cheadle ST10 76 C2
Stone ST15 120 B4
Ullswater Gdns DY6 275 E3
Ullswater Ho ST17 174 C3
Ullswater Pl WS11 209 F1
Ullswater Rd WV11 242 A1
Ulster Cl WS11 210 A2
Ulster Dr DY6 275 F2
Ulster Terr ST4 72 A3
Ulverston Rd ST3 88 C4
Umberleigh Rd ST3 88 C4
Under Rainow Rd CW12 6 C1
Underhill Cl TF10 168 C2
Underhill Jun & Inf Sch WV10 241 D1
Underhill La WV10 241 D1
Underhill Wlk DE14 166 B1
Underley Cl DY6 275 D4
Undertown La DE6 96 B3
Underwood Cl ST16 155 E4
Underwood Rd ST5 55 D1
Unicorn Pl ST6 41 F3
Union Ct ST1 282 B4
Union La WV5 264 B1
Union St
Burntwood WS7 228 C3
Burton u T DE14 166 B1
Cannock WS11 226 C3
Hanley ST1 282 B4
Leek ST13 30 C3
Unity Ave ST1 57 E4
Univ of Keele ST5 70 A4

Uni – Wat 325

Univ of Sheffield SK17 4 A4
Univ of Wolverhampton Compton Park Campus WV6 255 F1
Unwin Cres DY8 279 F3
Unwin St ST6 42 A2
Upfield Way WS15 178 B1
Uplands Ave
Caverswall ST9 59 D2
Chell Heath ST6 41 F3
Wolv WV3 265 E4
Uplands Cl
Cannock WS15 211 F3
Penkridge ST19 192 C1
Uplands Croft ST9 59 D2
Uplands Dr
Caverswall ST9 59 D2
Sedgley DY3 271 E4
Wolv WV3 265 F4
Wombourne WV5 270 A3
Uplands Gn WS15 196 B3
Uplands Jun & Inf Sch WV3 265 E4
Uplands Rd Bucknall ST2 58 A4
Stafford ST17 174 B3
Uplands The
Biddulph ST6 16 C1
Colwich ST18 158 A1
Newcastle-u-L ST5 284 C4
Upmeadows Dr ST16 155 D1
Upper Bar TF10 168 C1
Upper Belgrave Rd ST3 73 E1
Upper Brook St WS15 196 C4
Upper Cres ST4 71 F4
Upper Cross Rd WS15 196 C4
Upper Cross St ST3 283 C4
Upper Furlong St ST4 72 B3
Upper Gn WV6 255 E3
Upper Gungate B79 250 A3
Upper Hillchurch St ST1 282 C3
Upper Huntbach St ST1 282 C3
Upper Landywood La WS6 226 B1
Upper Lodge Rd WS15 197 F2
Upper Market Sq ST1 282 B3
Upper Marsh ST5 56 B2
Upper Normacot Rd
1 Longton, Longton ST3 73 E1
Longton, Normacot ST3 73 F1
Upper Sneyd Rd WV11 242 A1
Upper St WV6 255 E3
Upper St John St WS14 231 D3
Upper Villiers St WV2 266 B3
Upper Way WS15 197 D1
Upper Zoar St WV3 266 A4
Upton Ct TF9 97 E1
Upton Pl WS15 178 B1
Urmston Pl ST3 88 C4
Usam Trad Est WV10 240 B1
Usulwall Cl ST21 133 E3
Utterby Side ST2 73 E4
Uttoxeter L Ctr ST14 126 A4
Uttoxeter Race Course ST14 126 C3
Uttoxeter Rd
Abbots Bromley WS15 160 C3
Alton ST10 94 C4
Armitage WS15 198 B2
Blythe Bridge ST11 90 C4
Draycott in t M ST11 91 E3
Forsbrook ST11 90 C4
Foston DE65 129 F2
Foston, HM Detention Ctr DE65 129 E2
Hill Ridware, Blithbury WS15 180 A3
Hill Ridware, Hill Ridware WS15 198 A4
Longton ST3 283 C3
Meir ST3 74 A1
Milwich ST18 122 B3
Sandon ST15 121 E4
Stone ST15 120 C4
Upper Tean ST10, ST14 109 E4
Uttoxeter Sta ST14 126 B4
Uxbridge Cl DY3 271 E1
Uxbridge Ct Burntwood WS7 228 C3
Cannock WS12 210 B3
Uxbridge St Burton u T DE14 166 B1
Cannock WS12 210 B2

Vale Ave Aldridge WS9 256 B2
Sedgley DY3 271 E3
Vale Cl WS13 214 A1
Vale Gdns ST19 207 F4
Vale Head Dr WV6 255 D1
Vale Park (Port Vale FC) ST6 42 A1
Vale Pleasant ST5 55 E1
Vale Rise ST19 207 F4
Vale Row DY3 271 E3
Vale St
Newcastle-u-L, Chesterton ST5 55 F4
Newcastle-u-L, Silverdale ST5 55 D1
Sedgley DY3 271 E3
Stoke-on-T ST4 72 A4
Vale View Aldridge WS9 256 A2
Newcastle-u-L ST5 56 B4
Valentine Rd ST7 26 A1
Valerian Way ST3 90 A3
Valley Cty Prim Sch The ST10 78 A4
Valley Dr ST13 30 A3
Valley Gn WS6 226 C1
Valley La Lichfield WS13 231 E4
Tamworth B77 261 F4
Valley Park Sch WV6 255 F3
Valley Park Way ST3 72 C2
Valley Rd
Cannock, Hazelslade WS12 211 D3
Cannock, Hednesford WS12 210 B3
Meir ST3 74 A2
Sedgley DY3 271 F3
Stone ST15 120 A3
Walsall WS3 243 E1
Valley Side WS3 243 F1
Valley View
Brownhills WS8 245 D4
Market Drayton TF9 112 A4
Van Diemans Rd WV5 269 F3
Van Gogh Cl WS11 210 B1
Vanbrugh Ct WV6 254 C2
Vancouver Dr DE15 167 E2
Vanguard B77 261 E3
Vanity Cl ST15 105 E2
Vanity La ST15 105 E2
Varden Ct WS15 178 C1
Vardon Cl ST16 156 B2
Vaudrey Cres CW12 6 A2
Vaughan Cl B74 257 F3
Vaughan Gdns WV8 238 C2
Vaughan Way ST17 155 E1
Vaughan's La WS15 159 E3
Vauxhall Cres TF10 168 C1
Vauxhall Terr TF10 168 C2
Velvet St 4 ST6 56 C4
Venery Cl ST14 125 E4
Venice Ct ST5 70 C4
Venn Pl ST1 57 F1
Ventnor Gr ST3 88 C3
Venton Cl ST6 42 C2
Ventura Park Rd B78 250 A2
Vercourt B74 257 D2
Verdi Ct WS13 214 B1
Verdon Cl ST19 208 A4
Verity Wlk DY8 275 F1
Vermont Gn WS11 210 A2
Verney Way ST3 88 C4
Vernon Ave Audley ST7 39 E1
Brownhills WS8 245 D4
Congleton CW12 15 F4
Vernon Cl Audley ST7 39 E1
Essington WV11 241 F2
Sutton Coldfield B74 257 F3
Vernon Lodge Prep Sch ST19 206 B2
Vernon Rd ST4 72 A4
Vernon Terr DE14 166 B2
Vernon Way WS3 242 B1
Vernons Pl WV10 225 E1
Veronica Ave WV4 266 C3
Verulam Rd ST16 155 F4
Verwood Cl ST16 156 B2
Vesey Cl B74 257 F1
Vessey Terr ST5 284 C2
Vestry Ct DY8 279 F3
Vicar St DY3 271 E4
Vicar's Cl Lichfield WS13 231 D4
Stone ST15 105 E2
Vicarage Bank ST18 138 C3
Vicarage Cl Brownhills WS8 245 D4
Burton u T DE15 167 D2
Dordon B78 262 C3
Eccleshall ST21 133 E4
Vicarage Cres
Newcastle-u-L ST5 284 C1
Tittensor ST12 88 A1
Upper Tean ST10 92 C2
Vicarage Croft DE13 199 E3
Vicarage Ct DY7 278 A2
Vicarage Dr
Caverswall ST11 74 B2
Kinver DY7 278 A2
Uttoxeter ST14 110 C2
Vicarage Field DE15 166 C1
Vicarage Hill B78 260 A1
Vicarage La
Barlaston ST12 88 C1
King's Bromley DE13 199 E3
Madeley CW3 68 C3
Stoke-on-T ST4 71 F2
Vicarage Rd
Brewood ST19 223 E3
Brierley Hill DY8 279 F4
Brownhills, Ogley Rd WS8 245 D4
Brownhills, Pelsall WS3 244 A1
Cheslyn Hay WV10 225 D4
Leek ST13 30 C3
Penkridge WV10 224 C4
Sedgley DY3 271 F3
Stoke-on-T ST4 71 F4
Stourbridge DY8 279 E4
Upper Tean ST10 92 C2
Wolv WV2 266 B4
Wolv, Penn WV4 265 F2
Vicarage Way ST17 155 E1
Vicars Croft WS15 178 C1
Vichy Cl ST5 70 C4
Vickers Rd ST6 42 A3
Victor St Brownhills WS3 244 A1
Stone ST15 104 C1
Victoria Ave Audley ST7 54 C4
Hanley ST1 282 B1
Kidsgrove ST7 25 F1
Walsall WS3 243 E1
Victoria Cl ST5 55 E1
Victoria Cres DE14 166 B3
Victoria Ct Fenton ST4 72 C3
Newcastle-u-L ST5 56 B2
Victoria Dr B78 261 D4
Victoria Gdns WS13 230 C4
Victoria Gr WV5 270 A4
Victoria Hospl WS13 231 D3
Victoria Meadow DE13 199 E3
Victoria Park Rd ST6 41 F2
Victoria Pk TF10 168 C2
Victoria Pl Fenton ST4 72 C3
Newcastle-u-L, Chesterton ST5 55 F4
Newcastle-u-L, Wolstanton ST5 56 B3
Victoria Prim Sch DE14 166 B2
Victoria Rd
Brownhills WS3 244 A2
Burton u T DE14 166 B2
Fenton ST4 72 C4
Market Drayton TF9 97 D1
Newcastle-u-L ST5 284 C2
Sedgley DY3 271 F4
Stafford ST16 155 E2
Tamworth B79 250 B3
Wolv, Oxbarn WV3 265 F4
Wolv, Stockwell End WV6 255 F3
Victoria Row ST8 27 E2
Victoria Sq ST1 282 A2
Victoria St
Cannock WS11 226 B4
Cannock, Chadsmoor WS11 209 F2
Cannock, Hednesford WS12 210 B3
Cheadle ST10 76 C2
Kingswinford DY6 270 A1
Leek ST13 31 D3
Newcastle-u-L ST4 284 C2
Newcastle-u-L, Chesterton ST5 55 F4
Newcastle-u-L, Silverdale ST5 55 E1
Stafford ST16 155 F2
Stoke-on-T ST5 56 B1
Stone ST15 105 D1
Yoxall DE13 182 A2
Victoria Terr ST16 155 F3
Victoria Way ST17 175 F3
Victory Ave WS7 228 C4
Victory Cl WS12 210 C2
Victory Cres ST10 76 C2
Victory Terr B78 261 D4
Vienna Pl ST5 70 C3
Vienna Way ST3 73 F3
View St WS12 209 F3
Viewfield Ave WS12 209 F4
Viewfield Cres DY3 271 E3
Viewlands Dr WV6 255 D1
Viggars Pl ST5 55 F1
Vigo Cl WS9 244 C1
Vigo Pl WS9 256 A4
Vigo Rd WS9 244 C1
Vigo Terr WS9 244 C1
Villa Cl Biddulph ST8 27 E4
Shareshill WV10 225 E1
Villa Rd ST13 45 E4
Villa St ST4 72 A3
Village Gdns ST17 175 F4
Village The
Astbury CW12 15 D4
Endon ST9 29 D1
Kingswinford DY6 275 F4
Stafford ST17 175 F3
Villas The Ipstones ST10 62 B3
Stoke-on-T ST4 72 A3
Villiers Ind Est WV2 266 A4
Villiers St ST3 283 B1
Vincent St ST1 57 F3
Vine Bank Rd ST7 26 A1
Vine Cl ST18 158 A4
Vine La WS11 226 B3
Vine Row ST4 72 A3
Vine St DY8 275 F1
Vinebank St ST4 72 A3
Vineyard Dr TF10 168 C2
Vineyard Rd TF10 168 C2
Violet La DE15 185 F4
Violet Lane Sch DE15 185 F4
Violet Way DE15 186 A4
Virginia Dr WV4 265 F2
Virginsalley La DE6 81 E1
Viscount Rd WS7 211 F1
Viscount Wlk ST3 90 A4
Vista The DY3 266 B1
Vivian Rd ST4 72 C3
Vowchurch Way ST2 58 B1
Voyager Dr WS11 226 C3
Vulcan Rd WS13 214 C1

Waddell Cl WV14 266 C1
Wadden La ST18 138 C2
Wade Ave ST5 56 B3
Wade Cl Cheadle ST10 76 B1
Hill Ridware WS15 197 F4
Wade La WS15 197 F4
Wade St Chell Heath ST6 42 A1
Lichfield WS13 231 D4
Wadebridge Rd ST2 58 A1
Wadesmill Lawns WV10 240 C2
Wadham St ST4 72 A4
Waggon La DY10 280 C2
Waggoner's La B78 259 F4
Wain Ave
Newcastle-u-L ST5 70 C4
Norton-in-t-M ST6 42 C3
Wain Dr ST4 71 F3
Wain St ST6 41 F1
Wainrigg B77 262 A4
Wainwood Rise ST4 71 F3
Wainwright Cl DY6 275 D4
Wainwright Wlk ST1 282 C3
Wakefield Ave DE13 146 A3
Wakefield Rd ST4 71 F2
Wakeley Hill Wolv WV4 265 F2
Wombourne DY3 266 B2
Walcot Cl B75 258 A2
Walcot Gr ST2 58 A1
Waldale Cl WV12 242 B1
Walden Ave ST16 155 E3
Walden Gdns WV4 265 F3
Wales La DE13 183 E1
Walford Ave WV3 265 F4
Walford Rd DE13 147 E2
Walhouse CE Jun Sch WS11 209 E1
Walhouse Dr ST19 207 F4
Walhouse St WS11 226 C4
Walk La WV5 270 A3
Walk The DY3 266 B1
Walker Dr DY10 280 A1
Walker Rd ST6 41 F2
Walker St
Burton u T DE14 166 A1
Tunstall ST6 41 E1
Walkers Croft WS13 214 B1
Walkers Rise WS12 210 B4
Walkersgreen Rd ST5 40 B1
Walkfield Rd DE13 200 C1
Walklate Ave ST5 56 B2
Walkley Bank TF10 169 E2
Walkmill Bsns Pk WS11 226 B3
Walkmill La WS11 226 B3
Walkmill Rd TF9 112 B4
Walkmill Way WS11 226 B3
Walks The ST13 30 B3
Wall Croft WS9 256 A4
Wall Ditch DE6 35 D1
Wall Dr B74 257 F2
Wall Heath La WS14 245 F3
Wall La WS14 230 B2
Wall La Terr ST13 45 E3
Wall Rd DE14 185 D4
Wallace Cl WS11 227 F3
Wallace Ct WS6 226 B1
Wallace Rd WS8 244 C4
Wallbridge Cl ST13 30 B2
Wallbridge Dr ST13 30 B2
Wallbridge Prec ST13 30 B2
Wallbrook Rd ST18 122 C2
Walley Dr ST6 41 E3
Walley Pl ST6 57 D4
Walley St Biddulph ST8 27 E4
Burslem ST6 57 D4
Walley's Dr ST5 56 B1
Wallfield Cl ST10 92 B2
Wallheath Cres WS14 245 F3
Wallington Cl WS3 243 D1
Wallington Heath WS3 243 D1
Wallis Pl ST2 58 A3
Wallis St ST4 72 C3
Wallis Way ST2 43 D1
Wallows Wood DY3 271 D2
Walls Wood ST5 85 D4
Wallshead Way TF10 168 C1
Walmer Meadow WS9 256 A4
Walmer Pl ST4 283 B5
Walmers The WS9 256 A4
Walney Gr ST1 282 B4
Walnut Ave WV8 239 D2
Walnut Cl Cannock WS11 209 F2
Newport TF10 168 C1
Walnut Cres ST18 158 B4
Walnut Ct WS15 197 D3
Walnut Dr Cannock WS11 209 F2
Wolv WV3 255 E1
Walnut Gr Lichfield WS14 231 F4
Newcastle-u-L ST5 55 E4
Walnut Tree La TF10 188 A4
Walpole St ST3 283 D5
Walrand Cl B79 234 A1
Walsall Rd Aldridge WS9 256 A3
Brownhills, Heath End WS3 244 A1
Brownhills, Vigo WS9 244 C1
Cannock WS11 226 C4
Great Wyrley WS6 227 D1
Lichfield WS13 230 B3
Little Aston B74 257 E2
Norton Canes WS11 227 F2
Shenstone WS14 245 F4
Sutton Coldfield B74 257 E2
Wall WS13 230 B3
Walsall Wood Jun Mix Inf Sch WS9 245 D2
Walsall Wood Rd WS9 256 A4
Walsingham Gdns ST5 71 D1
Walter St WS3 244 A1
Walton Cres Fenton ST4 72 B3
Wolv WV2 266 C3
Walton Gdns WV8 238 C2
Walton Gr ST7 40 B4
Walton Grange ST15 120 A4
Walton Hall Specl Sch ST21 134 A3
Walton Heath WS3 242 C2
Walton High Sch ST17 175 F3
Walton Ind Est ST15 120 A3
Walton La ST17 176 A3
Walton Lodge ST17 175 F3
Walton Mead Cl ST17 175 F4
Walton Pl ST5 55 F3
Walton Priory Cty Mid Sch ST15 119 F3
Walton Rd Aldridge WS9 245 D1
Stoke-on-T ST4 71 F2
Walton-on-T DE15 185 E3
Wolv WV2 266 C3
Walton Way Kidsgrove ST7 40 B4
Stone ST15 119 F4
Walton-on-Trent CE Prim Sch DE12 202 B4
Waltonbury Cl ST17 175 F3
Waltonhurst La ST21 134 B2
Wanderers Ave WV2 266 B3
Wandsbeck B77 261 F4
Wannerton Rd DY10 281 D1
Wansbeck Wlk DY3 271 F3
Warburton St 14 ST6 57 D4
Ward Gr WV4 266 C2
Ward Pl ST6 42 A3
Ward Rd Codsall WV8 238 C2
Wolv WV4 266 B3
Ward St WS12 209 F3
Wardel Cres ST13 30 C2
Wardel La ST2 43 E1
Wardle Cl B75 258 A2
Wardle Pl WS11 209 F3
Wardle St
Tamworth B79 250 A3
Tunstall ST6 41 F2
Wardles La WS6 226 C1
Wardlow Cl WV4 266 A3
Wards La CW12 16 B4
Warings The WV5 269 F2
Warm Croft ST15 120 B4
Warminster Pl ST3 283 A3
Warmson Cl ST3 73 E3
Warner Rd WV8 238 C2
Warner St ST1 282 B2
Warnford Wlk WV4 265 E3
Warren Cl
Burton u T DE13 147 F1
Cannock WS12 211 D3
Lichfield WS14 231 F4
Warren Croft WS15 198 B2
Warren Ct TF9 97 E1
Warren Dr DY3 266 B1
Warren Gdns DY6 275 E3
Warren La DE14 184 C4
Warren Pl
Brownhills WS8 245 D4
Longton ST3 283 D2
Warren Rd
Burntwood WS7 229 D3
Chell Heath ST6 42 A3
Warren St ST3 283 D2
Warrens La ST16 155 D3
Warrilow Heath Rd ST5 40 B1
Warrington Dr ST13 30 B3
Warrington Rd ST4 57 E1
Warrington St ST4 72 C3
Warsill Gr ST3 73 E2
Warstone Hill Rd WV6 253 F2
Warstone Rd WS6 242 B4
Warstones Cres WV4 265 E3
Warstones Dr WV4 265 E3
Warstones Gdns WV4 265 E3
Warstones Prim Sch WV4 265 F3
Warstones Rd WV4 265 E3
Wartell Bank DY6 275 E4
Wartell Bank Ind Est DY6 275 E4
Warwick Ave Meir ST3 73 F1
Newcastle-u-L ST5 71 E2
Perton WV6 254 C2
Warwick Cl
Branston DE14 184 C4
Cannock WS11 226 C4
Kidsgrove ST7 26 A2
Market Drayton TF9 97 F1
Warwick Dr WV8 238 C2
Warwick Gr ST5 56 C2
Warwick Rd
Kingswinford DY8 275 E1
Stafford ST17 175 D4
Tamworth B77 250 C2
Warwick St Biddulph ST8 27 E4
Burton u T DE13 166 B3
Hanley ST1 57 D2
Newcastle-u-L ST5 55 F4
Warwick Way WS9 245 D1
Wasdale Dr DY6 275 F3
Wasdale Rd WS8 244 B3
Wash Dale La ST15 105 D3
Washbrook La
Norton Canes WS11 227 E3
Tissington DE6 51 F2
Washerwall La ST9 59 D2
Washerwall St ST2 73 E4
Washington Cl ST6 16 B1
Washington St ST6 41 F1
Waste La DE6 79 E2
Wastwater Ct WV6 254 C2
Wat Tyler Cl WS15 178 B2
Watchfield Cl ST3 73 F1
Water Dale WV3 255 F1
Water Eaton La ST19 207 E3
Water La Enville DY7 268 B1
Newport TF10 168 C2
Water Rd DY3 271 E1
Water St Burntwood WS7 228 C4
Kingswinford DY6 275 E4
Newcastle-u-L ST5 284 C3
Newcastle-u-L, Red Street ST5 40 B1
Stafford ST16 155 F2
Stoke-on-T ST4 72 A3
Waterbeck Gr ST4 88 B3
Waterbrook Cl ST19 207 F4
Waterdale WV5 269 F3
Waterdale Gr ST3 73 F2
Waterfall La ST10 48 C1
Waterford Dr TF10 168 C1
Waterford Rd DY6 275 E4
Watergate St ST6 41 E2

326 Wat – Whi

Waterhead Cl WV10 .... 241 D1
Waterhead Dr WV10 .... 241 D1
Waterhead Rd ST3 .... 73 F1
Waterhouses CE Prim Sch ST10 .... 48 C1
Watering Trough Bank CW3 .... 69 D4
Waterloo Bvd WS12 .... 210 C2
Waterloo Gr ST7 .... 26 A1
Waterloo Rd
Burslem ST6, ST1 .... 57 D3
Edgmond TF10 .... 168 A3
Hanley ST6, ST1 .... 57 D3
Waterloo St
Burton u T DE14 .... 166 B2
Hanley ST1 .... 282 C2
Leek ST13 .... 30 B3
Watermeadow Dr WS4 .... 244 B1
Watermint Cl WS12 .... 210 C2
Waterpark Rd DE6 .... 127 D4
Waters Dr B74 .... 257 E2
Waters Rd WS15 .... 160 C2
Waters View WS3 .... 244 A3
Waterside
Burton u T DE15 .... 185 F4
Rugeley WS15 .... 196 C3
Waterside Cl CW3 .... 68 C3
Waterside Ct ST20 .... 171 E3
Waterside Dr Longton ST3 .... 88 C4
Market Drayton TF9 .... 97 F1
Waterside Jun Sch DE15 .... 185 F4
Waterside Mews TF10 .... 168 C2
Waterside Rd
Burton u T DE15 .... 185 E4
Walton-on-T DE15 .... 185 E4
Waterside Way
Brownhills WS8 .... 228 B1
Wolv WV9 .... 240 A2
Watersmead Cl WS12 .... 210 C2
Watersmeet Ct ST15 .... 120 B3
Waterways Gdns DY8 .... 275 F1
Watery La
Abbots Bromley WS15 .... 160 B2
Ashbourne DE6 .... 81 F4
Astbury CW12 .... 15 E3
Codsall WV8 .... 239 D3
Ellastone DE6 .... 80 A2
Haughton ST18 .... 172 C3
Kingswinford DY8 .... 275 F1
Lichfield WS13 .... 214 B2
Meir ST3 .... 73 E1
Scropton DE65 .... 129 F1
Swadlincote DE11 .... 186 B3
Watford Gap Rd B75 .... 258 A4
Watford St ST4 .... 72 B4
Wathan Ave WV14 .... 266 C1
Watkin St ST4 .... 72 B3
Watkiss Dr WS15 .... 178 B1
Watlands Ave ST5 .... 56 B3
Watlands Rd ST7 .... 39 F1
Watlands View ST5 .... 56 B3
Watling St
Brownhills WS8 .... 228 B1
Cannock WS11 .... 226 B3
Dordon B78 .... 262 B3
Fazeley B78 .... 249 F1
Gre B78 .... 262 B3
Great Wyrley WS11 .... 226 B3
Hints B78 .... 248 B2
Norton Canes WS11 .... 227 E2
Tamworth B78 .... 262 B3
Watling Street Jun Mix Inf Sch WS8 .... 228 C1
Watson Cl WS15 .... 178 B2
Watson Rd
Stoke-on-T ST4 .... 71 F2
Wolv, Cinder Hill WV14 .... 266 C1
Wolv, Pendeford WV10 .... 240 A1
Watson St
Burton u T DE14 .... 166 B1
Stoke-on-T ST4 .... 72 A4
Watt Pl ST10 .... 76 B2
Wattfield Cl WS15 .... 197 D3
Wattles La ST17 .... 175 D1
Waveney B77 .... 261 F4
Waveney Ave WV6 .... 254 C2
Waveney Gr
Cannock WS11 .... 209 D1
Newcastle-u-L ST5 .... 71 D2
Waveney Wlk N ST6 .... 42 A2
Waveney Wlk S ST6 .... 42 A2
Wavenham Cl B74 .... 257 F3
Waverley Cres
Wolv, Cinder Hill WV4 .... 266 C2
Wolv, Goldthorn Hill WV4 .... 266 A3
Waverley Gdns
Rugeley WS15 .... 178 A1
Wombourne WV5 .... 270 A4
Waverley La DE14 .... 166 A2
Waverley Pl ST5 .... 71 D3
Waverley Rd WS3 .... 242 C1
Waverton Rd ST2 .... 73 F4
Wavertree Ave ST7 .... 25 F4
Waybutt La Betley CW2 .... 52 B4
Hough Common CW2 .... 52 B4
Wayfield Dr ST16 .... 155 E4
Wayfield Gr ST4 .... 71 E4
Wayside WV8 .... 239 F1
Wayside Acres WV8 .... 238 C1
Wayside Ave ST5 .... 56 B2
Wayside Dr B74 .... 257 E2
Wayte St ST1 .... 282 A4
Wealden Hatch WV10 .... 240 C2
Wealdstone Dr DY3 .... 271 E1
Weathercock La CW12 .... 6 C2
Weatheroaks WS9 .... 245 D2
Weaver Cl Biddulph ST6 .... 16 B1
Cheadle ST10 .... 76 C3
Weaver Dr ST17 .... 174 A4
Weaver Pl ST5 .... 71 D2
Weaver Rd ST14 .... 111 D1
Weaver St ST1 .... 282 B3
Weavers La ST15 .... 120 B4
Weavers The ST14 .... 95 E3
Weavers Wlk ST15 .... 103 E2
Weaving Gdns WS11 .... 209 F1
Webb St ST3 .... 74 A2
Webberley La ST3 .... 283 C3
Webley Rise WV10 .... 240 C2
Webster Ave ST3 .... 73 F3
Webster St ST5 .... 284 C2
Webster Wlk WS11 .... 210 A2
Wedgewood Cl
Burntwood WS7 .... 229 E4
Burton u T DE15 .... 167 D1
Wedgewood Meml Coll ST12 .... 88 C1
Wedgewood Rd ST18 .... 156 A4
Wedgwood Ave
Audley ST7 .... 40 A1
Newcastle-u-L ST5 .... 284 A1
Wedgwood Cl WV5 .... 269 F4
Wedgwood Ct ST1 .... 57 D2
Wedgwood Dr ST12 .... 88 C2
Wedgwood Halt ST12 .... 88 B2
Wedgwood La
Barlaston ST12 .... 88 C2
Biddulph ST6 .... 16 B1
Wedgwood Pl 18 ST6 .... 56 C4
Wedgwood Rd
Cheadle ST10 .... 76 B1
Fenton ST4 .... 72 C3
Kidsgrove ST7 .... 40 B4
Wedgwood St
17 Burslem ST6 .... 56 C4
Newcastle-u-L ST5 .... 56 B3
Wedgwood Visitor Ctr & Mus ST12 .... 88 B2
Weeford Rd B75 .... 258 C2
Weeping Cross ST17 .... 175 E4
Weetman Cl ST6 .... 41 E4
Weighton Gr ST2 .... 58 C1
Weir Bank DE15 .... 185 F3
Weir Gr ST7 .... 26 A1
Weirside DE6 .... 81 E4
Welbeck Pl ST2 .... 58 B3
Welbury Gdns WV6 .... 255 F3
Welby St ST4 .... 72 B3
Welch St ST4 .... 72 A4
Weldon Ave ST3 .... 74 A2
Welford Gr B74 .... 257 F2
Welford Rd B77 .... 261 E3
Welford Rise DE13 .... 166 A3
Well La Biddulph ST6 .... 16 B2
Great Wyrley WS6 .... 227 D1
Norbury TF10 .... 150 B2
Walsall WS3 .... 243 F1
Warslow SK17 .... 22 A1
Well St Biddulph ST8 .... 27 E4
Cheadle ST10 .... 76 C2
Forsbrook ST11 .... 91 D4
Hanley ST1 .... 282 C2
Leek ST13 .... 30 C3
Mow Cop ST7 .... 26 B4
Newcastle-u-L ST5 .... 284 C2
Welland Cl DE15 .... 167 D3
Welland Gr ST5 .... 71 D2
Wellbury Cl ST4 .... 88 B3
Weller St ST4 .... 71 F4
Wellesbourne B79 .... 250 B4
Wellesbourne Cl WV3 .... 265 D4
Wellesley St ST1 .... 282 A1
Wellfield Cl WS11 .... 226 A4
Wellfield Rd
Aldridge WS9 .... 256 A4
Alrewas DE13 .... 201 D1
Bucknall ST2 .... 58 B1
Wellington Ave WV3 .... 265 F4
Wellington Cl DY6 .... 275 F2
Wellington Cres WS13 .... 215 D2
Wellington Ct ST1 .... 282 C3
Wellington Dr
Cannock WS11 .... 226 A4
Rugeley WS15 .... 196 C4
Wellington Rd
Albrighton WV7 .... 220 C1
Branston DE14 .... 166 A1
Burton u T DE14 .... 166 A1
Hanley ST1 .... 282 C2
Kidsgrove ST7 .... 26 A1
Newport TF10 .... 168 C1
Wellington St
Burton u T DE14 .... 166 A2
Hanley ST1 .... 282 C2
Leek ST13 .... 30 C3
Newcastle-u-L ST5 .... 56 B3
Wellington St W DE14 .... 166 A2
Wellington Terr ST1 .... 282 C2
Wells Cl Biddulph ST8 .... 27 E4
Cannock WS11 .... 209 F3
Perton WV6 .... 254 B2
Wells Dr ST17 .... 175 F4
Wells La ST18 .... 191 E4
Wells Rd WV4 .... 265 F3
Wellyards Cl ST18 .... 138 B1
Welney Gdns WV9 .... 240 A2
Wendell Crest WV10 .... 240 C2
Wendling Cl ST2 .... 58 B1
Wendover Gr ST2 .... 58 B1
Wendover Rd WV4 .... 266 C1
Wendy Cl ST2 .... 58 A1
Wenger Cres ST4 .... 88 A4
Wenham Dr ST3 .... 90 A4
Wenlock B77 .... 250 B2
Wenlock Ave WV3 .... 265 F4
Wenlock Cl
Chell Heath ST6 .... 42 A4
Newcastle-u-L ST5 .... 40 C1
Sedgley DY3 .... 271 E4
Wenlock Dr TF10 .... 168 C1
Wensleydale Ave CW12 .... 6 A3
Wensleydale Cl ST1 .... 57 E4
Wentlows Ave ST10 .... 92 B3
Wentlows Rd ST10 .... 92 B3
Wentworth Cl WS7 .... 229 E4
Wentworth Ct B75 .... 258 A1
Wentworth Dr
Burton u T DE13 .... 147 E1
Kidsgrove ST7 .... 26 B2
Lichfield WS14 .... 231 E3
Stafford ST16 .... 156 B2
Wentworth Gr Hanley ST1 .... 57 F4
Perton WV6 .... 254 B3
Wentworth Rd
Stourbridge DY8 .... 279 F4
Walsall WS3 .... 242 C2
Wolv WV10 .... 240 C2
Werburgh Dr ST4 .... 88 A4
Wereton Rd ST7 .... 39 E1
Wergs Dr WV6 .... 255 D4
Wergs Hall Rd
Codsall WV8 .... 254 C4
Wolv WV8 .... 255 D4
Wergs Rd Codsall WV8 .... 254 C4
Wolv WV6 .... 255 D3
Werneth Gr WS3 .... 243 D2
Werrington Prim Sch ST9 .... 59 D2
Werrington Rd ST2 .... 58 A2
Wesker Pl ST3 .... 73 F2
Wesley Ave
Cheslyn Hay WS6 .... 226 B2
Codsall WV8 .... 239 D1
Wesley Cl WS7 .... 211 F1
Wesley Dr ST15 .... 120 B3
Wesley Gdns ST7 .... 26 A1
Wesley Pl Audley ST7 .... 54 B4
Cannock WS12 .... 210 B4
Newcastle-u-L ST5 .... 70 C4
Wesley Rd WV8 .... 239 D1
Wesley St Audley ST7 .... 40 A1
Forsbrook ST11 .... 91 D4
Tunstall ST6 .... 41 E2
Wesley Way B77 .... 250 C2
Wesleyan Rd TF9 .... 100 A3
Wessenden B77 .... 262 A4
Wessex Cl WS8 .... 244 C4
Wessex Dr
Cannock WS11 .... 209 F1
Trentham ST4 .... 88 A4
Wessex Rd WV2 .... 266 C3
West Ave
Kidsgrove ST7 .... 25 E1
Newcastle-u-L ST5 .... 56 B1
Stoke-on-T ST4 .... 71 F4
Weston CW2 .... 37 D3
West Bank ST4 .... 72 A3
West Beeches WV9 .... 224 A1
West Brampton ST5 .... 284 B3
West Butts Rd WS15 .... 178 A1
West Cl Stafford ST16 .... 156 A2
Stone ST15 .... 119 F4
West Coppice Rd WS8 .... 244 B4
West Cres ST1 .... 57 F4
West Dr Cheddleton ST13 .... 45 E4
Fazeley B78 .... 249 F1
West End Ave ST13 .... 30 B3
West Gn WV4 .... 265 E3
West Hill ST14 .... 126 B3
West Hill Ave WS12 .... 210 A3
West Hill Prim Sch WS12 .... 210 A3
West Par ST4 .... 72 B3
West Prec ST1 .... 282 B2
West St Biddulph ST8 .... 27 E4
Burton u T DE15 .... 167 D2
Cannock WS11 .... 226 C3
Leek ST13 .... 30 C3
Meir ST3 .... 74 A3
Mount Pleasant ST7 .... 26 A3
Newcastle-u-L ST5 .... 284 C2
Newcastle-u-L, Porthill ST5 .... 56 B4
Newcastle-u-L, Silverdale ST5 .... 55 D1
Stourbridge DY8 .... 279 F3
Tamworth B79 .... 250 B3
Tamworth, Kettlebrook B77 .... 250 B2
West Terr ST6 .... 42 A3
West View Mayfield DE6 .... 81 E3
Newcastle-u-L ST5 .... 56 A3
Rocester ST14 .... 96 A2
Stone ST3 .... 89 F2
Uttoxeter ST14 .... 125 D4
West View Dr DY6 .... 275 F3
West Way
Brownhills WS3 .... 244 A1
Stafford ST17 .... 174 B4
Uttoxeter ST14 .... 110 C1
West Way Gn ST17 .... 155 E1
Westacre ST1 .... 57 F2
Westacre Cres WV3 .... 255 E1
Westacre Dr DE11 .... 186 C1
Westacre Inf Sch WV3 .... 255 E1
Westbeech Rd WV6 .... 253 E3
Westbook Way WV5 .... 269 F3
Westbourne Ave
Cannock WS11 .... 209 E2
Cheslyn Hay WS6 .... 226 C2
Westbourne Cl ST13 .... 30 B3
Westbourne Cres WS7 .... 229 D4
Westbourne Dr ST6 .... 41 F3
Westbourne Rd WV4 .... 266 A3
Westbridge Park Sports Ctr ST15 .... 120 A4
Westbrook Ave WS9 .... 256 A3
Westbury Cl ST1 .... 57 F3
Westbury Hayes ST17 .... 174 A4
Westbury Rd ST5 .... 71 D2
Westcliffe Ave ST5 .... 71 D2
Westcliffe Hospl ST6 .... 41 F4
Westcott Cl DY6 .... 275 F2
Westcott La TF9 .... 130 A4
Westcroft Ave WV10 .... 241 D1
Westcroft Rd
Pattingham WV6 .... 254 C3
Sedgley DY3 .... 266 A1
Westcroft Specl Sch WV10 .... 241 D1
Westerby Dr ST9 .... 59 D2
Westerham Cl ST4 .... 87 F4
Westering Parkway WV10 .... 240 C2
Western Ave DY3 .... 271 D4
Western By Pass WS13 .... 213 F1
Western Rd
Cannock WS12 .... 210 A3
Stourbridge DY8 .... 279 F2
Western Springs Prim Sch WS15 .... 178 B1
Western Springs Rd WS15 .... 178 B1
Westfield Ave ST7 .... 39 E1
Westfield Cty Prim Sch WV5 .... 269 F4
Westfield Dr WV5 .... 269 F4
Westfield Gr WV3 .... 265 E4
Westfield Manor B75 .... 258 A2
Westfield Rd
Bucknall ST2 .... 58 A2
Burton u T DE13 .... 166 A3
Mow Cop ST7 .... 26 B4
Sedgley DY3 .... 266 C1
Westfields Cotton ST10 .... 63 F2
Leek ST13 .... 30 C3
Westfields Rd WS15 .... 197 F2
Westfields Rise CW3 .... 67 E1
Westgate Brewood ST19 .... 223 E4
Cannock WS12 .... 211 D3
Westgate Cl DY3 .... 271 F4
Westhall Cl ST19 .... 223 E3
Westhead Ave ST16 .... 156 A2
Westhead Rd DY10 .... 280 A2
Westhead Rd N DY10 .... 280 A2
Westhead Wlk ST1 .... 282 A2
Westhill WV3 .... 255 E1
Westhouse La DE6 .... 79 F2
Westland Ave WV3 .... 255 F1
Westland Gdns
Brierley Hill DY8 .... 279 F4
Wolv WV6 .... 255 F1
Westland Rd
Market Drayton TF9 .... 97 D1
Wolv WV6 .... 255 F1
Westland St ST4 .... 72 A4
Westlands Audley ST7 .... 39 F1
Woore TF9 .... 83 D4
Westlands Ave ST5 .... 70 C4
Westlands Prim Sch ST5 .... 70 C3
Westlands Rd ST14 .... 126 A3
Westleigh Rd WV5 .... 269 F3
Westmarsh Gr ST6 .... 42 A2
Westmead Rd DE13 .... 183 E1
Westmere Cl CW2 .... 37 D3
Westmill St ST1 .... 282 C1
Westminster Ave WV4 .... 266 A3
Westminster Cl ST17 .... 175 E4
Westminster Dr DE13 .... 166 B4
Westminster Pl ST4 .... 72 A1
Westminster Rd
Cannock WS11 .... 209 F3
Kingswinford DY8 .... 275 E1
Leek ST13 .... 31 D4
Westmorland Ave ST7 .... 40 C4
Westmorland Cl
Chell Heath ST6 .... 42 A4
Tamworth B78 .... 250 A1
Weston Bank ST18 .... 138 A1
Weston Cl Brewood ST19 .... 221 F4
Cannock WS11 .... 210 B1
Caverswall ST9 .... 59 D2
Newcastle-u-L ST5 .... 55 F2
Weston Coney Rd ST3 .... 74 A2
Weston Coyney Inf Sch ST3 .... 74 A3
Weston Coyney Jun Sch ST3 .... 74 A2
Weston Coyney Rd ST3 .... 73 F2
Weston Cres WS9 .... 256 A2
Weston Cty Prim Sch CW2 .... 37 E3
Weston Dr
Great Wyrley WS6 .... 226 C1
Meir ST3 .... 74 A2
Weston La
Shavington CW2 .... 37 D3
Standon ST21 .... 102 A2
Weston Park Ave DE13 .... 166 C4
Weston Rd
Albrighton WV7 .... 237 D3
Hopton ST16 .... 156 B2
Lichfield WS13 .... 214 A1
Meir ST3 .... 74 A2
Stafford ST16, ST18 .... 156 B2
Weston CW1 .... 37 D4
Weston Rd High Sch ST18 .... 156 B3
Weston St Leek ST13 .... 31 D3
Longton ST3 .... 73 E3
Westonfields Dr ST3 .... 73 F2
Westonview Ave ST3 .... 73 E3
Westport Greenway ST6 .... 41 E1
Westport Rd ST6 .... 41 F1
Westridge DY3 .... 271 E4
Westsprink Cres ST3 .... 73 F1
Westview Cl ST13 .... 30 B3
Westward Cl ST14 .... 111 D1
Westwick Cl WS9 .... 245 F2
Westwood Ave DY8 .... 279 E2
Westwood Cl ST13 .... 45 E2
Westwood Ct ST1 .... 282 C3
Westwood Fst Sch ST13 .... 30 B3
Westwood Gr ST13 .... 30 B3
Westwood Heath Rd ST13 .... 30 B3
Westwood High Sch The ST13 .... 30 A3
Westwood Manor (Cicely Haughton Sch) ST13 .... 44 C1
Westwood Park Ave ST13 .... 30 A3
Westwood Park Dr ST13 .... 30 A3
Westwood Pk DE11 .... 186 C3
Westwood Rd Leek ST13 .... 30 B3
Meir ST3 .... 74 A1
Newcastle-u-L ST5 .... 56 B3
Westwood Sch WS15 .... 180 A2
Westwood Terr 4 ST13 .... 30 B3
Westwoods Hollow WS7 .... 229 D4
Wetherall Cl WS15 .... 178 B1
Wetherby Cl
Kingsley ST10 .... 76 C3
Newcastle-u-L ST5 .... 55 F4
Wolv WV10 .... 240 B3
Wetherby Gr WS3 .... 243 D2
Wetherby Rd ST4 .... 88 A4
Wetherel Rd DE15 .... 167 E1
Wetley Ave ST9 .... 59 F2
Wetley La ST13 .... 33 D1
Wetmore La DE14 .... 166 C3
Wetmore Rd DE14 .... 166 C3
Wettenhall Dr ST13 .... 30 A2
Wetton Rd ST13 .... 34 A3
Wexford Cl DY1 .... 271 F1
Weybourne Ave ST2 .... 43 D2
Weyhill Cl WV9 .... 239 F1
Weymouth Dr B74 .... 257 F2
Whalley Ave ST4 .... 71 F3
Wharf Cl WS14 .... 231 E4
Wharf La Astbury CW12 .... 15 D2
Brownhills WS7 .... 228 C2
Burntwood WS7 .... 228 C2
Wharf Pl ST4 .... 72 B4
Wharf Rd Biddulph ST8 .... 27 E4
Burton u T DE14 .... 166 C3
Gnosall ST20 .... 171 E3
Rugeley WS15 .... 196 C4
Wharf St ST5 .... 284 C3
Wharf Terr CW3 .... 69 D4
Wharfdale Cl DY6 .... 275 D4
Wharfdale Rd CW12 .... 6 A3
Wharfedale Wlk ST3 .... 283 A3
Wharmadine La
Ashley ST21 .... 100 C4
Maer ST5 .... 84 C1
Wharwell La WS6 .... 227 D1
Whateley La B77 .... 261 F2
Whatmore St ST6 .... 42 B1
Wheat Breach Cl DE13 .... 166 A3
Wheatcroft Cl
Burntwood WS7 .... 229 D3
Penkridge ST19 .... 207 F4
Wheatfields ST6 .... 42 B2
Wheathill Cl WV4 .... 265 F2
Wheatlands Cl WS11 .... 210 B1
Wheatlands Rd DE15 .... 185 F4
Wheatlands The WV6 .... 254 B2
Wheatley Ave ST4 .... 71 F3
Wheatley Cl B75 .... 258 B2
Wheatley La DE15 .... 167 E2
Wheatley St WV2 .... 266 C3
Wheatmill Cl DY10 .... 281 D1
Wheatridge Cl DY6 .... 275 D4
Wheatsheaf Rd WV8 .... 239 F1
Wheatstone Cl DY3 .... 271 F3
Wheel Ave WV8 .... 238 C2
Wheel La WS13 .... 213 F1
Wheeler Cl WV8 .... 238 C2
Wheeler St DY8 .... 279 F3
Wheelfield WV8 .... 238 C2
Wheelock Way ST7 .... 26 A1
Whetstone Field Jun Mix Inf Sch WS9 .... 256 A2
Whetstone Gn WV10 .... 240 B1
Whetstone La WS9 .... 256 A2
Whetstone Rd ST6 .... 16 B1
Whieldon Cres ST4 .... 72 B3
Whieldon Rd ST4 .... 72 B3
Whilmot Cl WV10 .... 241 D3
Whimple Side ST2 .... 58 A1
Whimster Sq ST17 .... 174 A4
Whinberry Rise DY5 .... 271 E1
Whinyates Rise WS11 .... 226 C4
Whisper La ST4, ST5 .... 86 C4
Whiston Cl WV7 .... 237 D3
Whiston Eaves La ST10 .... 62 B1
Whitacre La WS14 .... 245 F4
Whitaker Rd ST3 .... 72 C2
Whitbread Dr ST8 .... 27 F4
Whitburn Cl WV9 .... 240 A1
Whitby Cl Stafford ST17 .... 174 B4
Walsall WS3 .... 242 C2
Whitby Way WS11 .... 226 B4
Whitchurch Gr ST5 .... 40 C1
Whitcliffe Pl ST3 .... 72 C2
Whitcombe Rd ST3 .... 74 A1
White Bark Cl WS12 .... 210 A4
White Farm Rd B74 .... 257 F2

Whi – Woo 327

White Hall Rd ST7 25 F1
White Hill DY7 277 F3
White Horse Rd WS8 228 C1
White House La DY7 268 C1
White Houses La WV10 241 D3
White Lion St ST17 155 F1
White Oak Dr
- Kingswinford DY6 275 E3
- Wolv WV3 255 E1
White Oaks ST17 175 E3
White Row WV5 264 B1
White's Dr DY3 271 F4
White's Meadow ST18 153 E2
Whitebeam Cl
- Brownhills WS8 244 C3
- Newcastle-u-L ST5 40 B1
Whitebridge La ST15 104 C1
Whitebridge Lane Ind Est ST15 104 C1
Whitefield Cl WV8 239 D1
Whitefields La ST10 49 D1
Whitehall Ave ST7 25 F1
Whitehall Cl ST14 141 E4
Whitehall Rd
- Kingswinford DY6 275 E3
- Wolv WV4 266 A2
Whitehaven Dr ST1 282 B4
Whitehead Rd ST6 42 A3
Whitehill Rd ST7 26 A1
Whitehorn Cres B74 256 B1
Whitehouse Ave WV3 265 E4
Whitehouse Cres
- Burntwood WS7 229 D4
- Essington WV11 241 F1
Whitehouse La
- Codsall WV8 238 B4
- Sandon ST15 121 D4
- Swindon DY7, DY3 269 D1
Whitehouse Rd
- Bucknall ST2 58 A3
- Newcastle-u-L ST5 56 A2
Whitehouse Rd N ST5 56 A2
Whitehurst La ST10 75 E3
Whitemill La ST15 119 F4
Whiteoaks Dr ST19 221 F4
Whiteridge Rd ST7 26 A1
Whites La CW2 37 D3
Whites Wood WV5 270 A3
Whitesands Gr ST3 90 A4
Whitesmith Cl DY3 271 E4
Whitestone Rd ST3 90 A3
Whitesytch La ST15 106 B1
Whitethorn Ave ST12 88 B1
Whitethorn Cl WS12 210 A4
Whitethorn Rd DY8 275 F1
Whitethorn Way ST5 40 C1
Whitfield Ave ST5 284 A1
Whitfield Rd
- Cannock WS12 210 B4
- Kidsgrove ST7 26 A1
- Norton-in-t-M ST6 42 B3
Whitfield St ST13 30 C2
Whitfield Valley Prim Sch ST6 42 A4
Whitgreave Ave WV10 241 D4
Whitgreave Ct ST16 155 E3
Whitgreave La
- Rugeley WS15 196 C3
- Seighford ST18 135 E2
- Whitgreave ST18 136 A2
Whitgreave Prim Sch WV10 241 D4
Whiting B77 261 E4
Whitley Ave B77 250 C3
Whitley Cl WV6 255 D1
Whitley Rd ST6 42 B3
Whitmore Ave ST9 59 D2
Whitmore Rd Keele ST5 69 F2
- Newcastle-u-L ST5 70 C2
- Stourbridge DY8 279 E3
- Swynnerton ST4, ST5 87 E4
- Tittensor ST4, ST5 87 E4
- Trentham ST4, ST5 87 E4
- Whitmore ST5 70 C2
Whitmore St ST1 57 D2
Whitney Ave DY8 279 E3
Whitridge Gr ST2 73 E4
Whittaker St WV2 266 C3
Whittingham Dr ST17 174 A4
Whittington Common Rd WS14 232 A3
Whittington Hall La DY7 279 D2
Whittington Prim Sch WS14 232 C2
Whittington Rd DY8 279 F2
Whitty La ST13 20 B3
Whitworth La WS15 178 A1
Whygate Gr ST1 57 F3
Wickets The DE15 185 F4
Widecombe Ave ST17 175 F4
Widecombe Rd ST1 57 F3
Widney Ave WS9 245 D1
Wigeon Gr WV10 241 D4
Wigford Rd B77 261 E3
Wiggington Rd B79 250 A4
Wightman Cl WS14 231 F3
Wightwick Bank WV6 255 D1
Wightwick Cl WS3 243 D1
Wightwick Ct WV6 255 D1
Wightwick Gr WV6 255 D1
Wightwick Hall Rd WV6 254 C1
Wightwick Hall Sch WV6 254 C1
Wigley Bank Rd DY7 277 E3
Wigmore Pl ST3 73 E3
Wignall Rd ST6 41 E3
Wilbraham's Wlk ST7 39 E1
Wilcox Ave WS12 210 A4
Wild Goose Ave ST7 26 B2
Wildacres DY8 279 E3
Wildfowl Wlk ST5 85 E2
Wildhay La DE6 80 B4
Wilding Rd ST6 42 B3
Wildtree Ave WV10 241 D1
Wildwood Dr ST17 175 E4
Wildwood Lawns ST17 175 E4
Wileman Pl ST4 72 C3
Wileman St ST4 72 C3
Wilfred Pl ST4 71 F4
Wilke's Rd ST18 154 C4
Wilkes Cl WS3 243 F2
Wilkes Croft DY3 271 E4
Wilkes Rd WV8 238 C2
Wilkin Rd WS8 228 B1
Wilkins Croft DE13 200 C1
Wilkinson Cl WS7 229 D4
Wilkinson St ST6 41 E1
Wilks St ST6 41 F2
Willatt Pl ST2 43 D1
Willcock Rd
- Branston DE14 185 D4
- Wolv WV2 266 C3
Willdale Gr ST1 57 F3
Willerby Fold WV10 240 C2
Willeton St ST2 58 A2
Willett Ave
- Brownhills WS7 228 C3
- Burntwood WS7 228 C3
Willey La ST20 171 E3
Willfield La ST6 43 E3
William Allitt Sch DE11 186 C4
William Ave
- Biddulph ST8 27 E4
- Meir ST3 90 B4
William Baxter Specl Sch WS12 210 A3
William Birch Rd ST2 58 A1
William Cl ST11 91 D4
William Clowes St ST6 56 C4
William Fiske Ct ST4 71 F2
William Hutson Jun Sch DE13 166 A4
William IV Rd DE13 201 D2
William MacGregor Prim Sch B77 250 B2
William Morris Ct WS15 178 B2
William Morris Gr WS11 209 F2
William Nadins Way DE11 186 C2
William Newton Cl DE65 148 A3
William Rd ST7 26 A1
William Ruston Rd ST6 42 B1
William Shrewsbury Prim Sch DE13 147 F1
William St
- Burton u T DE14 166 B3
- Congleton CW12 6 A2
- Fenton ST4 72 C3
William Terr ST6 42 A3
Williams Cl ST16 155 D2
Williams Ct ST16 155 F4
Williams Wlk ST15 103 E2
Williamson Ave
- Cannock WS12 211 E2
- Norton-in-t-M ST6 42 C3
Williamson St
- Tunstall ST6 41 F1
- Wolv WV3 266 A4
Willington Rd B79 250 A4
Williscroft Pl WS15 179 D3
Willmer Cres ST7 26 A3
Willmott Cl B75 258 B2
Willmott Rd B75 258 B2
Willotts Hill Rd ST5 40 B1
Willoughby Cl ST19 207 F4
Willoughby Ct ST14 125 E4
Willoughby Rd B79 249 F4
Willoughby St ST6 41 E4
Willow Ave WS7 229 E3
Willow Bank WV3 255 E1
Willow Brook ST18 154 C1
Willow Cl
- Brewood WV9 224 A1
- Hagley DY9 281 F3
- Kidsgrove ST7 41 D4
- Newcastle-u-L ST5 40 B1
- Stafford ST17 175 F3
- Upper Tean ST10 92 B3
Willow Dale ST15 120 B2
Willow Dr Codsall WV8 239 D2
- Swadlincote DE11 186 C4
Willow Gr
- Essington WV11 242 A2
- Fenton ST3 72 C1
Willow La ST3 90 A2
Willow Pl Biddulph ST8 17 D1
- Burton u T DE15 185 F4
Willow Rd
- Barton-u-N DE13 183 E1
- Kinver DY7 278 A2
- Stone ST15 120 A4
- Wolv WV3 265 E4
Willow Row ST3 283 B3
Willow Way ST11 91 D4
Willow Wlk WS12 209 E4
Willowbank B78 250 A1
Willowcroft ST20 151 F4
Willowdale Ave ST4 72 B3
Willowdale Grange WV6 255 F3
Willowherb Cl WS11 210 B1
Willowmoor ST17 174 C3
Willowood Gr ST3 74 B1
Willows Dr ST3 90 A2
Willows Prim Sch WS13 214 A1
Willows The
- Burton u T DE14 166 B1
- Cannock WS11 209 E1
- Leek ST13 30 B3
- Rugeley WS15 197 D3
- Stone ST15 120 A3
- Swynnerton ST15 118 C3
- Wombourne WV5 269 F3
Willowsmere Dr WS14 231 F4
Willowtree Cl WS13 214 A1
Willridding La DE6 80 B4
Wilmcote Dr B75 258 B2
Wilmore Ct ST18 137 E1
Wilmorehill La ST18 137 E1
Wilmot Cl ST5 55 F2
Wilmot Dr ST5 55 F2
Wilmot Gr ST3 73 E3
Wilmott Cl WS13 231 D4
Wilnecote High Sch B77 261 F3
Wilnecote Jun Sch B77 261 F4
Wilnecote L Ctr B77 261 F3
Wilnecote La B77 250 B1
Wilnecote Sta B77 261 E4
Wilner's View WS3 243 F3
Wilson Gr WS11 210 B1
Wilson Rd ST4 71 F1
Wilson St
- Chell Heath ST6 42 A1
- Newcastle-u-L ST5 284 B3
Wilson Way ST6 41 E3
Wiltell Rd WS14 231 D3
Wilton Ave ST9 59 F2
Wilton Cl DY3 271 F4
Wilton St ST5 284 A4
Wiltshire Gr ST5 71 E2
Wimberry Dr ST5 40 B1
Wimblebury Rd WS12 210 C1
Wimborne Ave ST3 88 C4
Wimshurst Meadow WV10 240 C2
Winceby Rd WV6 254 C2
Winchcombe Cl DY1 271 F2
Winchcombe Dr DE15 167 D1
Winchester Ave ST2 58 B1
Winchester Cl
- Armitage WS15 198 A2
- Lichfield WS13 214 B2
Winchester Ct ST17 175 E3
Winchester Dr
- Burton u T DE14 185 E4
- Newcastle-u-L ST5 70 C2
Winchester Rd
- Cannock WS11 210 A2
- Wolv WV10 240 B2
Wincote Dr WV6 255 E2
Wincote La ST21 133 E2
Windermere Dr
- Aldridge B74 256 C2
- Kingswinford DY6 275 E3
Windermere Pl WS11 209 F1
Windermere Rd
- Newcastle-u-L ST5 71 D2
- Wolv WV6 255 E4
Windermere St ST1 282 A4
Windermere Way ST10 76 C2
Windings The WS13 214 A1
Windmill Ave ST7 41 D4
Windmill Bank
- Longdon WS15 212 A3
- Wombourne WV5 270 A4
Windmill Cl
- Farewell WS13 213 F1
- Stone ST3 89 F2
- Tamworth B79 250 A4
Windmill Cres WV3 255 D1
Windmill Dr ST14 127 F2
Windmill Gr DY6 275 D4
Windmill Hill ST3 89 F2
Windmill La
- Eccleshall ST21 116 A2
- Lichfield WS13 214 A1
- Longdon WS15 212 A2
- Snelston DE6 81 F1
- Wolv WV3, WV7 255 D1
Windmill St
- Hanley ST1 282 C3
- Sedgley DY3 271 E3
Windmill View ST9 59 E2
Windmillhill La WS14 232 C3
Windrow The WV6 254 B2
Windrush Cl ST4 88 B3
Windrush Rd WS11 209 F3
Windsmoor St ST4 72 A3
Windsor Ave
- Longton ST3 283 D2
- Wolv WV4 265 F3
Windsor Cl
- Burntwood WS7 211 F1
- Sedgley DY5 271 D1
- Stone ST15 119 F3
- Tamworth B79 250 B4
Windsor Cres DY7 277 F2
Windsor Dr
- Burton u T DE15 166 C1
- Leek ST13 31 D4
- Market Drayton TF9 97 F1
Windsor Gdns
- Codsall WV8 238 C2
- Wolv WV3 265 D4
Windsor Gr
- Brownhills WS4 244 B1
- Kingswinford DY8 275 F1
Windsor Holloway DY7 278 B1
Windsor Ind Est DE14 166 C2
Windsor Park CE Mid Sch ST14 126 A4
Windsor Rd
- Albrighton WV7 237 D3
- Cheslyn Hay WS11 226 C2
- Pattingham WV6 253 E1
- Stafford ST17 175 D4
- Stourbridge DY8 279 F2
- Trentham ST4 72 A1
- Uttoxeter ST14 111 D1
- Wolv WV4 266 C3
- Wombourne WV5 269 F3
Windsor St ST5 284 C3
Windy Arbour ST10 76 C2
Windycote La ST9 60 A1
Windyridge SK17 13 D3
Winford Ave DY6 275 F2
Wingate Wlk ST3 88 C4
Winghay Cl ST6 56 B4
Winghay Pl ST6 42 A3
Winghay Rd ST7 26 B2
Winghouse La ST12 103 F4
Wingrove Ave 4 ST3 73 E1
Winifred Gdns ST3 88 C4
Winifred St ST1 282 A4
Winnipeg Cl ST4 88 A4
Winpenny Rd ST5 55 F4
Winscar Croft DY3 271 E2
Winsford Ave ST3 73 F1
Winsford Cres ST17 175 F3
Winshill Inf Sch DE15 167 D3
Winslow Dr WV6 255 F2
Winslow Gn ST2 58 B1
Winsor Ave WS12 210 A3
Winstanley Pl WS15 178 B1
Winster Gn DE11 186 C3
Winston Pl ST2 58 A2
Winston Rd
- Cookley DY11 280 A3
- Swindon DY3 269 F1
Winston Terr ST5 56 B3
Winter Cl WS13 214 B1
Winterbourne Gr ST3 73 F2
Wintercroft La DE6 51 F1
Winterfield La ST3 74 A4
Winterley Gdns DY3 271 F3
Winterside Cl ST5 40 B1
Winton Sq ST4 72 A4
Wintonfield St ST4 72 B4
Wiscombe Ave ST19 193 D1
Wise St ST3 283 C1
Wissage Ct WS13 231 E4
Wissage La WS13 214 B1
Wissage Rd WS13 231 E4
Wistmans Cl DY1 271 F1
Wistwood Hayes WV10 240 C2
Witchford Cres ST3 88 C4
Witham Way ST6 16 C1
Withern Way DY3 271 E2
Withers Rd WV8 239 D2
Withies Rd ST4 71 F2
Within La ST18 137 E1
Withington Rd ST6 42 A3
Withnell Gn ST6 42 A3
Withymere La WV5 270 B4
Withystakes Rd ST9 59 E2
Withywood Cl WV12 242 B1
Witney Cl B79 249 F4
Witney Gr WV10 240 A2
Witney Rd ST16, ST18 156 B1
Witney Wlk ST3 88 C4
Witton Rd WV4 266 A3
Witton St DY8 279 F2
Wobaston Rd
- Codsall WV9 239 F2
- Wolv WV9 240 A2
Woburn B77 250 B2
Woburn Cl ST4 88 B3
Wodehouse Cl WV5 269 F3
Wodehouse La
- Himley WV5, DY3 270 B4
- Wombourne WV5, DY3 270 B4
Woden Cl WV5 269 F4
Wogan St ST16 155 F3
Wold The WV5 267 E4
Wolfe St ST4 72 A3
Wolfscote Dale DE11 186 C1
Wolgarston High Sch ST19 208 A4
Wolgarston Way ST19 207 F4
Wollaston Ct DY8 279 E3
Wollaston Rd
- Brierley Hill DY8 279 F4
- Kinver DY7 279 E4
Wolmer Rd WV11 242 A1
Wolmore La WV5 263 D1
Wolseley B77 250 C2
Wolseley Cl ST17 177 F4
Wolseley Rd
- Newcastle-u-L ST5 56 A3
- Rugeley WS15 178 C2
- Rugeley, Sand & Gravel Quarry WS15 177 F1
- Stafford ST16 156 B2
- Stoke-on-T ST4 71 F2
Wolsey Rd WS13 213 F1
Wolstanton High Sch ST5 56 B2
Wolstanton Rd ST5 55 F3
Wolstanton Ret Pk ST5 56 C2
Wolstern Rd ST3 73 E3
Wolverhampton, Dudley & District Inst for the Blind The WV4 266 B2
Wolverhampton Girls High Sch WV6 255 F2
Wolverhampton Gram Sch WV3 255 F1
Wolverhampton Rd
- Brownhills WS3 243 F2
- Cheslyn Hay WS6 226 B1
- Cheslyn Hay, Wedge's Mills WS11 226 A4
- Codsall WV8 239 D2
- Cookley DY10 280 A2
- Essington WV11 242 A2
- Kidderminster DY10 280 A2
- Kingswinford DY6 270 B1
- Pattingham WV6 253 F2
- Penkridge ST19 207 F4
- Sedgley DY3 266 B1
- Stafford ST17 155 F1
- Walsall WS3 243 D1
Wolverhampton Rd E WV4 266 B3
Wolverhamton Rd WS11 226 A4
Wolverley Ave
- Stourbridge DY8 279 E3
- Wolv WV4 265 E3
Wolverley Ct WV7 237 D3
Wolverley Rd DY10 280 A1
Wolverson Rd WS9 245 D2
Wombourne Cl DY3 271 E4
Wombourne Ent Pk DY3 269 E2
Wombourne L Ctr WV5 269 F4
Wombourne Pk WV5 269 F2
Wombourne Rd
- Swindon DY3 269 F2
- Wombourne DY3 269 F2
Wombrook Dale WV5 269 E3
Wood Ave Brewood WV9 224 A2
- Kingsley ST10 61 E1
- Sedgley DY3 271 E2
Wood Bank La ST19 193 D1
Wood Bank Rd WV3 265 D4
Wood Cres Stafford ST16 155 D3
- Stone ST15 119 F3
Wood Ct DE14 166 B1
Wood Eaton Rd ST20 190 A4
Wood End Fst Sch CV9 262 B1
Wood End La
- Alrewas WS13 215 D3
- King's Bromley WS13 214 A4
Wood End Rd WV11 241 E1
Wood End Way WS9 245 D1
Wood Hayes Rd WV11 241 E1
Wood Hill Dr WV5 269 F3
Wood La Aldridge B74 256 C1
- Brownhills WS3 243 F2
- Cannock WS12 210 B2
- Cheslyn Hay WS11 225 F3
- Hanbury DE13 144 C2
- Kingstone ST14 124 B1
- Shenstone WS14 246 A1
- Stone ST15 119 F3
- Swadlincote DE11 186 C4
- Uttoxeter ST14 126 C3
- Wheaton Aston ST19 206 B2
- Wolv WV10 240 B1
- Yoxall DE13 182 A3
Wood Lane Prim Sch ST7 40 A1
Wood Pl ST3 74 A1
Wood Rd Codsall WV8 238 C2
- Longsdon ST13 45 D4
- Sedgley DY3 271 E2
- Wolv WV6 255 E2
- Wombourne WV5 270 A4
Wood Ridings WS13 214 A1
Wood St Audley ST7 39 F2
- Burton u T DE14 166 B1
- Kingsbury CV9 262 B1
- Leek ST13 30 C3
- Longton ST3 283 C4
- Mow Cop ST7 26 B4
- Stourbridge DY8 279 E3
Wood Terr ST1 282 A1
Wood The ST3 74 B1
Wood View Audley ST7 40 A1
- Rugeley WS15 196 C3
Woodall St ST1 57 D3
Woodbank Rd DY3 271 E4
Woodbank St ST6 56 C4
Woodberry Ave ST4 71 F3
Woodberry Cl
- Stafford ST17 174 C2
- Stoke-on-T ST4 71 F3
Woodbridge Cl
- Brownhills WS4 244 B1
- Walsall WS3 243 D2
Woodbridge Rd ST5 71 D1
Woodcock Gdns WV10 241 D4
Woodcock La ST7 26 B3
Woodcock Rd WS15 178 B1
Woodcocks' Well CE Prim Sch ST7 26 B3
Woodcote Rd WV6 255 E2
Woodcote The ST17 175 E4
Woodcroft ST7 40 A1
Woodcroft Ave
- Leek ST13 30 B2
- Tamworth B79 250 A3
Woodcroft Fst Sch ST13 30 B2
Woodcroft Rd ST13 30 B2
Woodcross La WV14 266 C1
Woodcross St WV14 266 C1
Wooddisse La ST13 33 F1
Woodedge La ST14 143 F3
Woodend Pl WV6 255 D2
Woodend St ST4 72 C3
Woodfield Ave WV4 265 F3
Woodfield Cl WS11 227 F4

328 Woo – Zou

Woodfield Ct ST13 31 D3
Woodfield Dr WS11 227 F4
Woodfield Hts WV6 255 E2
Woodfield Jun & Inf Schs WV4 265 F3
Woodfield Rd DY3 271 E2
Woodfields Dr WS14 231 F3
Woodfold Croft WS9 256 A4
Woodford Cl WV9 239 F1
Woodford Cres WS7 229 D4
Woodford End WS11 209 F2
Woodford La WV5 269 E4
Woodford Way
Cannock WS12 210 B1
Wombourne WV5 269 E3
Woodgate Ave ST7 25 D3
Woodgate St ST3 74 A1
Woodgreen WS11 226 C3
Woodhall Pl ST5 54 C1
Woodhall Rd
Kidsgrove ST7 26 B2
Wolv WV4 265 F3
Woodhaven
Brownhills WS4 244 B1
Cheslyn Hay WS11 226 A3
Woodhead Rd
Bagnall ST2 58 B4
Bucknall ST2 58 B4
Woodhead Yd ST10 76 C3
Woodheyes Lawns
WS15 178 B1
Woodhill Cl WV5 269 F3
Woodhouse High Sch B77 250 C2
Woodhouse Jun Sch ST3 283 C5
Woodhouse La
Albrighton WV7 237 E2
Biddulph ST6 16 C1
Buerton TF9 82 A4
Endon ST6 42 C3
Scropton DE65 129 F4
Tamworth B77 251 D3
Woodhouse Mid Sch ST8 16 C1
Woodhouse Rd WV6 255 D2
Woodhouse Rd N WV6 255 D2
Woodhouse Sports Ctr B77 251 D2
Woodhouse St ST4 72 A3
Woodhouses La WS7 229 F3
Woodhouses Rd WS7 230 A4
Woodhurst Cl B77 250 C3
Woodingdean Cl 12 ST3 73 E3
Woodkirk Cl ST6 42 A4
Woodland Ave
Hagley DY8 281 F3
Newcastle-u-L ST5 56 B3
Norton-in-t-M ST6 42 C2
Wolv WV6 255 D2
Woodland Cl
Albrighton WV7 237 D3
Cannock WS12 210 A4
Woodland Cres
Brownhills WS3 243 F3
Wolv WV3 265 E4
Woodland Ct WS14 258 A4
Woodland Dr
Cheslyn Hay WS11 226 C2
Foston DE6 129 E2
Woodland Gr
Chell Heath ST6 42 A1
Cookley DY10 280 B2
Sedgley DY3 271 D2
Woodland Hills CW3 68 C4
Woodland Rd
Swadlincote DE15 186 A2
Tamworth B77 251 D2
Wolv WV3 265 E4
Woodland St
Biddulph ST8 27 E3
Tunstall ST6 41 F2
Woodland View DY3 269 E2
Woodland Views ST14 127 F1
Woodland Way
Burntwood WS7 229 D3
Polesworth B78 262 C4
Woodland Wlk WS12 209 E2
Woodlands Ave
Cheddleton ST13 45 D1
Kidsgrove ST7 25 E1
Stone ST15 119 F4
Woodlands Cl
Stafford ST16 155 E4
Stone ST15 119 F4
Woodlands Cotts WV4 265 F2
Woodlands Dr WV9 224 A2
Woodlands Gr ST3 90 A2
Woodlands La WS11 225 D4
Woodlands Paddock
WV4 265 F2
Woodlands Prim Sch B77 250 C2
Woodlands Rd
Cookley DY10 280 A2
Stafford ST16 155 D4
Stoke-on-T ST4 71 F2
Wombourne WV5 270 A3
Woodlands The WS13 231 E4
Woodlands Way WS15 198 B2
Woodlawn Gr DY6 275 E3
Woodleighton Gr ST14 126 B3
Woodleighton Rd ST14 126 B3
Woodleyes Cres ST17 175 F4
Woodman La WS11 226 C2
Woodman St ST2 43 D1
Woodmill La WS15 161 D4
Woodpark La ST3 89 E4
Woodpecker View TF9 99 E2
Woodpecker Way WS11 210 B2
Woodridge Cl TF10 168 A2
Woodroffe's Cliff ST14 143 E3
Woodrow Way TF9 100 B3
Woodruff Cl ST8 27 D1
Woods Croft WS13 214 A1
Woods La DE15 167 D1
Woodseaves CE Prim Sch ST20 151 F4
Woodsetton Specl Sch DY3 271 F3
Woodshot Ave WS15 198 B2
Woodshutt's St ST7 25 F1
Woodside
Chapel Chorlton ST5 85 E2
Lawton-gate ST7 25 F2
Madeley CW3 68 C4
Sutton Coldfield B74 257 F1
Woodside Ave
Endon ST6 43 D3
Kidsgrove ST7 26 A1
Woodside Cl ST18 177 E4
Woodside Cres ST5 71 E1
Woodside Dr
Blythe Bridge ST3 90 A2
Little Aston B74 257 E3
Woodside Gr WV8 239 D1
Woodside La ST13 30 B1
Woodside Pl
Cannock WS11 209 F3
Norton-in-t-M ST2 43 D1
Woodside Villas ST3 283 D4
Woodside Way WS9 256 A3
Woodsorrel Rd DY1 271 F2
Woodstile Cl B75 258 B2
Woodstock Cl
Kingswinford DY8 275 E1
Newcastle-u-L ST5 56 B2
Woodstock Dr
Huntington WS12 209 E4
Kingswinford DY8 275 E1
Sutton Coldfield B74 257 E2
Woodstock Rd
Kidsgrove ST6 41 D4
Stafford ST17 156 B1
Woodstock St ST6 41 E4
Woodstone Ave ST9 43 F3
Woodtherne Cl ST19 207 F4
Woodthorne Cl
Rugeley WS15 178 B1
Sedgley DY1 271 E1
Woodthorne Jun & Inf Schs WV6 255 D2
Woodthorne Rd WV6 255 D3
Woodthorne Rd S WV6 255 D3
Woodthorne Wlk DY6 275 F4
Woodvale Cres ST9 43 F4
Woodview Rd DE11 186 C3
Woodville Gdns DY3 266 C1
Woodville Pl ST3 74 A1
Woodville Rd ST3 74 A1
Woodville Terr ST3 74 A1
Woodward St ST1 57 E3
Woody Bank WS6 226 C1
Woodyard Dr B79 217 E3
Woodyard La DE65 129 F3
Woolands Rise DE6 144 A4
Woolliscroft Ave ST5 56 B2
Woolliscroft Rd ST2 58 A2
Woolrich St ST6 56 C4
Woolston Ave CW12 6 A1
Woore Cty Prim Sch CW3 67 D1
Woosnam Cl DE14 185 D3
Wootton Cl WS11 210 A1
Wootton Dr ST16 155 D4
Wootton La ST10 78 C2
Wootton Rd WV3 265 E4
Woottons Ct WS11 209 F1
Worcester Cl
Cannock WS11 226 C4
Kidsgrove ST7 40 B4
Lichfield WS13 214 B2
Sutton Coldfield B75 258 B2
Worcester Ct WV3 266 A3
Worcester Gr WV6 254 B2
Worcester La B75 258 B2
Worcester Pl ST2 58 B1
Worcester Rd
Burton u T DE15 185 F3
Hagley DY9 281 F2
Whittington WS14 232 B2
Worcester St DY8 279 F2
Wordsley Green Sh Ctr DY8 275 E1
Wordsley Hospl DY6 275 F2
Wordsworth Ave
Stafford ST17 174 B4
Tamworth B79 250 A3
Wolv WV4 266 C2
Wordsworth Cl
Armitage WS15 198 A2
Burton u T DE14 166 B3
Cannock WS11 209 E2
Cheadle ST10 76 B1
Lichfield WS14 231 D3
Wordsworth Ct WV6 254 C2
Wordsworth Dr TF9 112 A4
Wordsworth Rd
Burntwood WS7 229 D4
Sedgley DY3 271 D3
Worfield Gdns WV3 265 F3
Works Dr CW3 69 D4
Worsley Dr CW12 6 A1
Worston La
Chebsey ST15, ST18 135 D3
Seighford ST15, ST18 135 D3
Worth Cl ST3 73 E2
Worthing Pl ST3 283 B3
Worthington Rd WS13 215 E3
Worthington Way DE14 166 C2
Wragby Cl WV9 240 A2
Wragg's La ST8 17 D1
Wrekin Ave TF10 168 C1
Wrekin Dr
Wolv, Bradmore WV3 265 F4
Wolv, Wergs WV6 255 D3
Wrekin La WV6 255 D3
Wrekin View
Brownhills WS8 245 D3
Huntington WS12 209 E4
Wrekin View Rd DY3 271 E4
Wren Ave WV6 254 B2
Wren Cl ST8 27 F4
Wren View Ashley TF9 99 E2
Longton ST3 283 D2
Wrenbury Cl ST5 40 B1
Wrenbury Cres ST2 58 A1
Wrenswood ST17 175 E3
Wrexham Cl ST6 16 B1
Wright Ave ST5 55 F4
Wright St
Kidsgrove ST7 25 E1
Stafford ST16 155 F3
Wright's Ave WS11 209 F3
Wrighton Cl ST2 57 F1
Wrighton Dr DY5 271 E1
Wrinehill Rd CW2 52 B4
Wrottesley Park Rd
WV6 254 B3
Wrottesley Rd WV6 255 D3
Wrottesley Rd W
Perton WV6 254 C3
Wolv WV6 255 D3
Wroxham Way ST5 71 D1
Wulfad Ct ST15 120 B4
Wulfric Cl ST19 208 A4
Wulfrun Coll WV6 255 F2
Wulfruna Gdns WV3 255 F1
Wulstan Dr ST5 56 B2
Wulstan Rd ST6 57 D3
Wyatt St ST6 41 E4
Wych Elm Rd WS8 244 C3
Wychall Dr WV10 240 C2
Wychbold Cl WV12 242 B1
Wychbold Way WV12 242 B1
Wychbury Rd WV3 265 E4
Wycherwood Gdns
ST17 175 E3
Wycliffe Rd ST6 56 C4
Wye Cl
Cheadle ST10 76 C1
Perton WV6 254 C2
Wye Dale DE11 186 C1
Wye Rd
Newcastle-u-L ST5 71 D2
Walsall WS3 243 F1
Wyggeston St DE13 166 B3
Wykeham Gr WV6 254 B2
Wymondley Gr ST4 88 A3
Wynbank Cl ST7 54 C4
Wynchcombe Ave WV4 265 E2
Wynd The DY3 266 B1
Wyndham Cres DE15 167 E2
Wyndham Rd ST3 88 C4
Wynford Pl ST2 58 A1
Wynn Rd WV4 265 F3
Wynne Cres WV4 265 E2
Wynstay Ave ST9 59 D2
Wynstay Ct ST5 71 E1
Wynyates B79 249 F3
Wyre Cl WS9 244 C2
Wyre Rd DY8 279 F4
Wyrley Brook Pk WS11 226 B3
Wyrley Cl
Brownhills WS8 228 C2
Lichfield WS14 231 D3
Wyrley La WS3 243 F4
Wyrley Rd B75 258 B1
Wyvern B77 250 C2
Wyvern Gr WS12 210 A3
Wyvis Cl WV6 255 F1

Yale St ST6 56 C4
Yardley Pl ST3 88 C3
Yardley St ST6 42 C3
Yardley Wlk ST3 88 C3
Yarlet Croft ST16 155 E3
Yarlet Hall Prep Sch ST18 136 B4
Yarlet La ST18 136 B3
Yarmouth Wlk ST3 283 D5
Yarnbrook Gr ST6 42 B2
Yarner Cl DY1 271 F1
Yarnfield Cl ST3 74 A1
Yarnfield La Stone ST15 119 D4
Swynnerton ST15 118 C3
Yarrow Cl WS3 244 A3
Yateley Cl ST2 58 A1
Yates Cft B74 257 F3
Yates St ST1 282 A2
Yaxley Ct ST5 71 D1
Yaxley Pl ST3 88 C3
Yeadon Gdns WV3 265 E4
Yeaman St ST4 72 A3
Yeatsall Rd WS15 160 C3
Yeldham Pl ST3 88 C3
Yelt La DE6 127 E4
Yelverton Ave ST17 175 E4
Yelverton Cl WS3 243 D2
Yenton Cl B78 250 A1
Yeoman Ind Est DE14 166 C3
Yeoman Way WS15 198 A2
Yeovil Pl ST3 88 C3
Yeovilton B79 250 B4
Yerley Hill DE6 66 B3
Yew Cl WS15 198 A2
Yew Pl ST5 55 E4
Yew Tree Ave
Lichfield WS14 231 F4
Longton ST3 72 C1
Yew Tree Cl
Norton Canes WS11 228 A3
Norton-in-t-M ST2 43 E1
Seighford ST18 154 C1
Yew Tree Ct ST17 174 C2
Yew Tree Dr ST19 205 E3
Yew Tree Gdns WV8 239 D2
Yew Tree La
Astbury CW12 15 E2
Wolv WV6 255 D3
Yew Tree Pl WS3 243 E2
Yew Tree Rd
Brownhills WS4 244 B1
Pattingham WV6 253 E1
Rugeley WS15 196 C3
Swadlincote DE12 186 C4
Yew Tree Terr ST7 41 D4
Yewtree Cres DE15 185 F4
York Ave
Blythe Bridge ST11 90 C1
Wolv WV3 255 F1
York Cl Biddulph ST6 16 B1
Forsbrook ST11 91 D4
Lichfield WS13 214 B2
York Cres
Stourbridge DY8 279 E4
Wolv WV3 255 F1
York Gdns WV3 255 F1
York Pl ST5 284 B3
York Rd
Cannock WS11 226 C4
Meir ST3 74 A2
Stafford ST17 175 D4
Wolv WV3 265 D4
York St
Burton u T DE14 166 B2
Hanley ST1 282 B3
Leek ST13 30 C3
Newcastle-u-L ST5 284 D3
Stone ST15 105 D1
Yorkdale Cl DY3 271 E2
Yorksand Rd B78 260 C4
Youlgreave Ave ST2 58 A1
Youlton Pl ST2 58 A1
Young Ave ST16 155 E3
Young St Cheadle ST10 76 C2
Chell Heath ST6 41 F3
Younger St ST4 72 B3
Yoxall Ave ST4 71 F4
Yoxall Rd
King's Bromley DE13 199 E4
Newborough DE13 162 C4

Zamenhof Gr ST6 42 B1
Zennor Gr ST2 58 A1
Zetland Pl ST3 88 C3
Zetland Wlk ST3 88 C3
Zion Cl WS6 226 B2
Zion St ST6 57 D4
Zoar St DY3 271 E2
Zodiac Dr ST6 41 F3
Zouche Cl DY8 279 F4

STREET ATLASES ORDER FORM

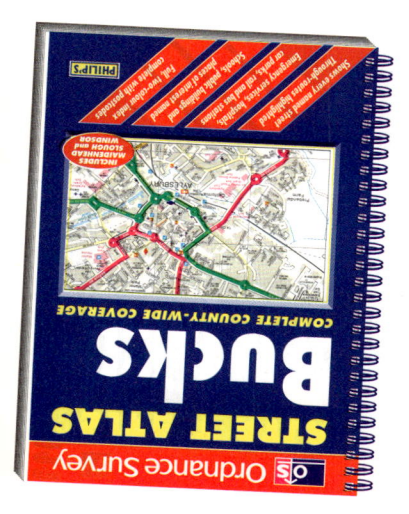

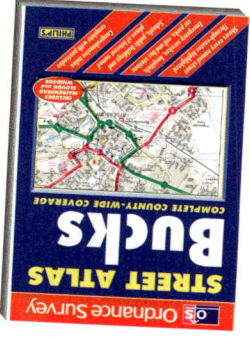

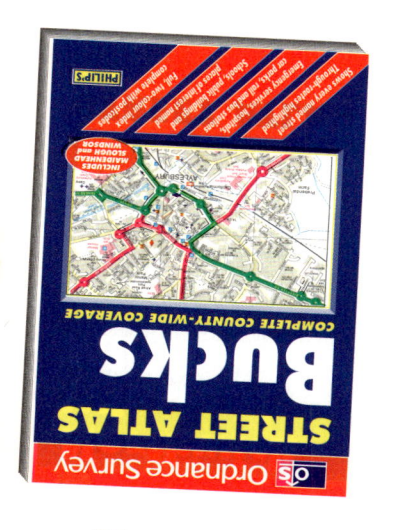

Ordnance Survey

The Street Atlases are available from all good bookshops or by mail order direct from the publisher. Orders can be made in the following ways. **By phone** Ring our special Credit Card Hotline on **01933 443863** during office hours (9am to 5pm) or leave a message on the answering machine, quoting your full credit card number plus expiry date and your full name and address. **By post or fax** Fill out the order form below (you may photocopy it) and post it to: **Philip's Direct, 27 Sanders Road, Wellingborough, Northants NN8 4NL** or fax it to: **01933 443849**. Before placing an order by post, by fax or on the answering machine, please telephone to check availability and prices.

COLOUR TOWN AND CITY EDITIONS

PAPERBACK

Quantity @ £3.50 each   £ Total

CANNOCK, LICHFIELD, RUGELEY	0 540 07625 2	◁ ☐
DERBY	0 540 07608 2	◁ ☐
NORTHWICH, WINSFORD, MIDDLEWICH	0 540 07589 2	◁ ☐
PEAK DISTRICT TOWNS	0 540 07609 0	◁ ☐
STAFFORD, STONE, UTTOXETER	0 540 07626 0	◁ ☐
WARRINGTON, WIDNES, RUNCORN	0 540 07588 4	◁ ☐

COLOUR EDITIONS

	HARDBACK	SPIRAL	POCKET	
	Quantity @ £10.99 each	Quantity @ £8.99 each	Quantity @ £4.99 each	£ Total
BERKSHIRE	0 540 06170 0 ☐	0 540 06172 7 ☐	0 540 06173 5 ☐ ◁	
	Quantity @ £12.99 each	Quantity @ £8.99 each	Quantity @ £4.99 each	£ Total
MERSEYSIDE	0 540 06480 7 ☐	0 540 06481 5 ☐	0 540 06482 3 ☐ ◁	
	Quantity @ £12.99 each	Quantity @ £9.99 each	Quantity @ £4.99 each	£ Total
SURREY	0 540 06435 1 ☐	0 540 06436 X ☐	0 540 06438 6 ☐ ◁	
	Quantity @ £12.99 each	Quantity @ £9.99 each	Quantity @ £4.99 each	£ Total
BUCKINGHAMSHIRE	0 540 07466 7 ☐	0 540 07467 5 ☐	0 540 07468 3 ☐ ◁	
DURHAM	0 540 06365 7 ☐	0 540 06366 5 ☐	0 540 06367 3 ☐ ◁	
HERTFORDSHIRE	0 540 06174 3 ☐	0 540 06175 1 ☐	0 540 06176 X ☐ ◁	
EAST KENT	0 540 07483 7 ☐	0 540 07276 1 ☐	0 540 07287 7 ☐ ◁	
WEST KENT	0 540 07366 0 ☐	0 540 07367 9 ☐	0 540 07369 5 ☐ ◁	
EAST SUSSEX	0 540 07306 7 ☐	0 540 07307 5 ☐	0 540 07312 1 ☐ ◁	
WEST SUSSEX	0 540 07319 9 ☐	0 540 07323 7 ☐	0 540 07327 X ☐ ◁	
TYNE AND WEAR	0 540 06370 3 ☐	0 540 06371 1 ☐	0 540 06372 X ☐ ◁	
SOUTH YORKSHIRE	0 540 06330 4 ☐	0 540 06331 2 ☐	0 540 06332 0 ☐ ◁	
	Quantity @ £12.99 each	Quantity @ £9.99 each	Quantity @ £5.50 each	£ Total
GREATER MANCHESTER	0 540 06485 8 ☐	0 540 06486 6 ☐	0 540 06487 4 ☐ ◁	